경제·경영학적 사고와 수학적 원리

김재철 저

법문사

* 이 책의 본문에는 네이버에서 배포한 나눔글꼴이 일부 사용되었습니다.

머 리 말

I. 어찌어찌하다 보니 20여년을 훌쩍 넘어 카이스트 경영대학원에서 미시경제학을 강의하였다. 학기 초가 되면 미시경제학에서 수학적 지식이 광범하게 필요하다는 것, 또 그 수학적 수준이 녹록지 않다는 것에 놀라는 학생들을 연례 행사처럼 보아 왔다. 시간이 지나가면서 수학적 소양이 어느 정도 있는 학생들이 정치한 수학적 기법과 교묘한 경제적 해석에 점차 매료되는 모습을 보는 것은 커다란 즐거움이었다. 그러나 수학과 다소 거리가 있는 분야를 전공한 학생들이 미시경제학의 참 맛을 아는 것은 고사하고 수학이라는 괴물에 압도당해 힘들어 하는 모습을 바라보는 것은 못내 안타까운 일이었다. 어느 누구 못지않은 우수한 학생들이 학기 내내 본질보다는 주변에 파묻혀 허덕대는 모습을 보면서 처음으로 경제학에 입문하던, 그리고 이들과 별반 다르지 않았든 젊은 시절의 모습을 회상하곤 하였다. 그리고 이들에게 수학이 (적어도 경제학에서 널리 사용되는 수학이) 실제로는 그리 어려운 것은 아니라는 것, 현실과 동떨어진 것이 아니라는 것을 알려 주고 싶었다.

저자의 대학 시절은, 그 당시 분위기 탓이기도 하였지만, 모범적인 것과는 거리가 멀었다. 무엇을 하고 지냈는지도 모를 삼년여의 무위도식에 가까운 시간을 보내고 4학년이 되었을 때에는 취업이 발등에 떨어진 불이 되었다. 취직 시험을 준비하기 위해 우연히 접하게 된 남덕우 교수님의 가격론을 읽으면서 그 논리의 교묘함에 어찌나 감탄하였는지 취업보다는 경제학을 좀 더 공부하고 싶다는 생각이 들게 된 것은 오히려 자연스러운 일이었다. 당시 국내에는 어느 정도 수준에 이르른 교과서는 그리 많지 않았기 때문에 경제학에 대한 갈증을 채우기 위해서는 원서를 구해 보아야 했다. 그즈음 원서의 가격은 한 달 용돈에 버금가는 고가이었지만, 학생들 과외 지도를 해서 번 돈으로 책을 사서 터덜거리는 버스를 타고 돌아 올 때의 설레임은 아직도 생생하다. 수학적 모형에 기반을 둔 경제학의 아름다움에 점점 더 빠져들게 되었지만 수학적 기초가 워낙 없다 보니 그 이론을 따라 잡는 것이 만만치 않았다. 그렇다고 수학을 본격적으로 공부하기에는 새로운 경제학적 지식에 대한 욕망이 너무 강했다. 그러다 보니 잠시 경제학을 잠시 접어두고 필요할 때마다 짬짬이 수학을 독학하였다. 예를 들어 효용최대화 문제를 공부할 때는 도함수와 최적화 이론을 공부하고 경제성장 이론을 공부할 때는 변분법과 최적제어이론 등을 공부하는 식이었다.

저자가 암중모색 과정에서 힘들었던 것은 수학 책들이 대체적으로 불친절하다는 점이었다. 일반적인 수학 교과서에서는 정의, 가정, 정리와 증명이 계속적으로 반복된다. 간간이 설명이 곁들여지지만 큰 그림을 파악하는 데는 별 도움이 되지 않는다. 당시 나로서는 보다 근본적인 질문에 대해서는 자문자답할 수밖에 없었다. 예를 들어 왜 극한이라는 개념이 필요한가? 연속함수는 왜 그런 식으로 정의하는 것인가? 연속함수의 연속과 일상적으로 사용하는 연속은 같은 현상을 표현하는 것인가? 최적화 이론에서 일계필요조건과 이계조건을 왜 생각하는가? 왜 볼록집합과 오목함수의 성질을 연구하는가? 도함수 외에도 왜 미분 개념이 필요한가? 왜 어떤 책은 부정적분을 다룬 다음 정적분이 나오는데 다른 책에서는 그 반대로 설명하는가? 르베그 적분은 왜 필요한가? 왜 중급 정도의 확률이론 책에서는 표본공간에 대한 설명이 처음에 잠시 나오다가 금방 사라지는가? 저자는 이러한 의문과 그 답을 찾는 것이 매우 중요하다고 생각한다. 이것은 마치 먼 길을 떠나기 전에 먼저 몇 개의 이정표를 확인해야 것과 마찬가지이다. 혼자서 공부하다 보니 유감스럽게도 어떤 분야에서도 깊이 있는 이해와 통찰을 얻지는 못했지만, 대신 내 자신을 충분히 이해시킬 때까지 끊임없이 자문하고 그 답을 찾으려는 버릇이 생긴 것은 이제 와서 생각해 보면 망외의 소득이었다. 이 책은 오랜 시간 좌충우돌, 고군분투하면서 체득한 나름대로의 깨달음을 전달하려는 노력의 결실이다.

앞에서의 '왜'에 못지않게 중요한 또 다른 종류의 '왜'도 있었다. 어떤 수학적 결과를 이해하게 되면 금방 왜 이런 것이 필요한지에 대한 궁금증이 뒤따랐다. 달리 말하자면 이 결과를 어디에 사용할 수 있을 것인가에 대한 의문이 맴돌곤 하였다. 이와 같은 질문은 수학 자체의 아름다움과 오묘함에 심취한 사람들에게는 별 의미가 없겠지만 그렇지 않은 대부분의 사람들에게는 수학 공부의 동기 부여와 관련하여 매우 중요한 것이다. 걷는 것 자체가 즐거움이 아니라면 어디를 가는지도 제대로 모르고 무작정 떠나려는 사람들이 있겠는가? 이러한 의문에 대해 다소나마 도움이 될 수 있도록 이 책에서는 경제/경영학의 비교적 간단한 예부터 복잡한 모형의 분석에 이르기까지 다양한 예제를 포함시키려 노력하였다. 예를 들어 2기간 소비-저축 문제는 4편, 5편, 6편에 걸쳐 점차 모형을 확장해 가면서 다루었다. 또 2편에서 다룬 금융자산 가격결정 모형을 확률적 시각으로 6편에서 살펴보았다. 또 수학을 전공하는 학생들이나 이공계

출신의 학생들에게도 수학이 사회과학 분석에 유용하게 사용됨을 알 수 있는 기회가 될 것이다.

II. 이 책은 여섯 개의 큰 주제를 다루고 있다. 1편에서는 이후 논의의 기반이 되는 집합과 함수 특히 연속함수에 대해 논의한다. 2편에서는 선형연립방정식의 해의 존재와 유일성을 파악하는 도구로서 행렬과 행렬식에 대해 설명하고 이를 이용하여 금융자산의 가격결정과 투입산출분석에 대해 알아 본다. 경제/경영학에서의 가장 큰 관심은 효용최대화, 이윤최대화와 또는 비용최소화와 같은 최적화 문제이다. 3편과 4편에서는 이 최적화 문제를 위한 수학적 도구인 미분 이론을 다룬다. 3편에서는 도함수, 편도함수 이론을 이용하여 일변수함수의 최적화에 대해 논의하고 4편에서는 최적화 이론을 이변수와 다변수함수 최적화 문제로 확장한다. 다변수함수의 경우 2편에서 다룬 행렬 이론이 유용하게 이용될 수 있음을 볼 것이다. 5편은 적분과 미분방정식 이론을 다룬다. 적분이론은 시장성과를 다룰 때 유용한 도구이고 미분방정식 이론은 동태적 문제를 분석할 때 필수적이다. 마지막으로 6편에서는 묵시적으로 측도 이론 관점에서의 확률 모형과 5편의 (리만) 적분 기법을 활용한 확률이론을 다루고 위험중립확률과 보험시장에 대해 살펴본다.

이 책을 쓸 때 애초부터 대학 신입생부터 대학원 1, 2학년 학생까지 모두 학습할 수 있도록 하는 것을 목표로 하였다. 학부 학생이나 수학적 소양이 다소 부족한 학생은 1편에서 3편까지 꼼꼼하게 모든 문제를 풀어 보고 예제를 학습하는 것이 좋을 것이다. 간간이 있는 Box나 * 표시가 있는 절과 부록은 차음 읽을 때는 건너 뛰어도 상관이 없다. 그러나 보다 심화된 내용을 학습하고자 한다면 그런 부분도 잘 소화하는 것이 바람직하다. 수학적 배경이 튼튼하고 경제/경영학적 응용에 더 관심이 있는 학생은 1편이나 2편은 개략적으로 훑어보아도 그리 지장은 없겠지만 완전히 건너 뛰는 것은 바람직하지 못하다. 그 이유는 뒷 부분의 논의는 항상 앞 부분의 결과를 토대로 하여 진행되기 때문이다. 다루는 주제와 내용이 점차 심화되기 때문에 많은 학생들이 장의 후반부로 갈수록, 그리고 편을 거듭하면서 점차 어려워지는 것을 느낄 것이다. 특히 6편은 그리 쉽지 않은 내용을 담고 있다. 그러나 강조하지만 이 책은 자체완비적(self-contained)이기 때문에 꾸준히 차근차근히 읽고 공부해 나가면 모든 내용을 자신의 것으로 만들 수 있을 것으로 확신한다.

이 책은 제목에 경제, 경영, 수학 모두를 포함하고 있지만 수학 책이라기보다는 경제/경영학 책으로 받아 들여지기를 바란다. 저자의 주된 관심이 복잡한 증명이나 엄밀한 정의보다는 수학적 결과와 원리가 어떻게 경제/경영 분석에 이용될 수 있는지를 전달하는 데 있기 때문이다. 실제로 책의 흐름에 지장을 주지 않는 범위 내에서 어떤 정리는 증명 없이, 어떤 정의는 의도적으로 엄밀하지 않게 제시되어 있다. 부연하자면 이 책의 초점은 수학적 개념의 이해와 경제/경영학적 응용에 있다는 점에서, 반복적인 연습을 통해 계산 능력을 키우는 것을 목적으로 하는 일반적인 미적분이나 확률 교과서와는 다르고, 정교한 수학적 결과의 도출이 목적인 고급 수학 이론 책과도 구별된다.

III. 학생들이 이 책을 덮을 즈음에 수학은, 적어도 경제/경영학에서 사용되는 수준에서는, 흥미를 잃을 만큼 난공불락의 그 무엇이 아님을 깨닫기를 바란다. 그리고 실제로 그리 될 것으로 믿는다. 나름대로 최선을 다했지만 미흡하고 아쉬운 부분이 한두 가지가 아니다. 그래도 일단 이쯤에서 마무리하고 더 다듬고 확충하는 것은 다음 기회로 미루려 한다. 석사과정 지도학생인 김광현군과 이재성군이 내용을 꼼꼼히 읽어 보고 틀린 곳과 애매한 점 등을 찾아 주었다. 또 강의를 들은 많은 학생들로부터도 도움을 받았다. 저자 자신도 몇 번에 걸쳐 읽으면서 틀린 곳을 고치고 부족한 부분을 채웠지만, 내 자신이 납득할만한 성과를 첫 작업에서 거둘 수 있으리라고는 기대하지 않는다. 어디엔가 숨어있을 오류와 다루지 못했던 주제들은 앞으로 개정과 증보를 거치면서 줄여 나가고 보완해 나갈 것이다.

이 책이 거의 마무리될 즈음 아버님께서 어머님과 우리 형제들 곁을 떠나셨다. 항상 든든한 바위 같으셨던 아버님 영전에 사랑과 존경을 가득 담아 이 책을 바친다. 예전의 나무 그늘 같은 모습이 새삼 그리운 어머님과 겨울철 따뜻한 화로 같이 나를 기다려 주는 가족에게 감사한다. 존경해 마지않는 옆방의 안병훈 교수님, 다른 동료 교수님들, 별다른 노력 없이도 주변을 즐겁게 해 주는 남다른 능력을 지닌 친구 김동협군, 여러 가지로 힘들 때 충고와 격려를 아끼지 않은 친구 배순조군, 그리고 다른 많은 친구들에게 큰 빚을 졌다. 이 책의 조판과 수식 입력은 LaTeX의 한글 버전인 '한국어 텍 시스템' ko.TeX을 통해 이루어졌다. ko.TeX이 없었다라면 이 책을 제대로 마무리하는 것은 거의 불가능하였을 것이다. 이 자리를 빌어 한국텍학회(KTS: The Korean Tex Society)와 한글 TeX 사용자 그룹(KTUG: Koeran Tex Users Group)의 노고에 깊이 감사한다. 또한 그림을 그리기 위해 TpX를, LaTeX 문서의 편집과 컴파일을 위해 Texmaker를 사용하였으며 이 탁월한 소프트웨어들을 무료로 배포하는 개발자들에게도 감사 말씀을 전한다. 끝으로 이 책의 출판에 도움을 주신 법문사 임직원, 특히 편집부 여러분에게 감사한다.

유례없는 가뭄과 아열대성 폭우로 모든 이가 지치는 2012년 여름

홍릉 연구실에서

차 례

PART I

집합과 함수

이 책에서 논의할 수학적 정의와 결과는 명시적으로 혹은 묵시적으로 집합 개념에 그 기반을 두고 있다. 경제/경영학 분석에서 거의 예외 없이 사용되는 함수 역시 집합 개념에 근거한다. 따라서 앞으로 논의할 수학적 결과들을 제대로 소화하고 나아가 경제/경영학에 응용할 수 있기 위해서는 집합에 대한 명확한 이해가 선행되어야 한다.

1장에서는 집합, 그리고 실수 체계와 벡터의 집합인 유클리드 공간에 대해 논의한다. 2장에서는 함수의 개념과 다양한 형태의 함수들에 대해 다룬다. 3장에서는 '가까움'과 극한의 개념, 그리고 이들을 토대로 정의되는 연속함수에 대해 살펴보기로 한다.

I

CHAPTER 1

집합과 유클리드 공간

집합 이론은 앞으로 논의할 수학적 도구들의 시발점이다. 사물들의 모음으로 정의되는 집합의 개념은 단순하지만 모든 수학적 이론의 초석이다. 특히 집합 이론은 유클리드 공간에서 함수의 개념을 정립하고 여러 가지 유용한 결과를 얻기 위해 반드시 필요하다.

이 장에서는 우리가 일상적으로 사용하고 있는 실수 집합과 실수 집합의 확장된 개념인 유클리드 공간, 그리고 점 또는 벡터로 불리는 유클리드 공간의 원소, 그리고 볼록집합으로 불리는 특수한 집합에 대해 알아본다.

1.1 실수 체계

실생활에서 친숙한 수는 사과 20 개 또는 사과 0.5 개 즉, 절반과 같은 수들이다. 반면 $\sqrt{2}$ 와 같은 수는 현실에서는 접하기 쉽지 않은 수이다. 이 수들은 그 성질에 따라 몇 가지 다른 이름으로 불린다. $0, \pm 1, \pm 2, \cdots$ 와 같은 수들은 **정수 (integer)** 라고 하며 이 중 특히 $1, 2 \ldots$ 는 **자연수 (natural number)** 라고 한다. m 과 n 이 정수일 때 **유리수 (rational number)** 는 $\frac{m}{n}$ $(n \neq 0)$ 으로 나타낼 수 있는 수이다. 예를 들어 2, -1, 0.5 는 각각 $\frac{2}{1}$, $\frac{-1}{1}$, $\frac{1}{2}$ 로 표현할 수 있기 때문에 유리수이다. 그러나 $\sqrt{2}$ 나 π 와 같은 수는 (실제로는 증명이 필요하지만) 두 정수의 나누기 형태로 표현할 수 없다. 이와 같은 수는 **무리수**(**irrational number**) 라고 하며 유리수와 무리수를 모두 통틀어 **실수**(**real number**) 라고 한다.

실수 체계는 빈틈이 없이 빽빽하다. 이것은 어떤 두 실수 사이에는, 반드시 다른 실수(유리수와 무리수)가 있다는 것을 의미한다. 예를 들어 유리수 1과 유리수 1.5 사이에는 유리수 1.3과 무리수 $\sqrt{2}$가 있고 유리수 1과 무리수 $\sqrt{2}$ 사이에는 유리수 1.1과 무리수 $\frac{\sqrt{6}}{2} \approx 1.2247$이 있다.

경제 / 경영학에서는 분석의 편의성 때문에 통상 모든 실수를 분석 대상으로 한다. 이것은 비현실적이지만 $\sqrt{2}$개의 사과도 사고 팔 수 있다는 것을 의미한다. 실수 체계에서는 평소 우리가 거의 의식하지 않고 사용하는 사칙연산 규칙이 있다. 또한 두 수 간의 대소 비교가 항상 가능하다. 다시 말해 두 개의 수가 있을 때 첫 번째 수는 두 번째 수보다 크거나 작거나 그렇지 않으면 같다.

실수 외에도 제곱하면 -1이 되는 수도 생각할 수 있다. 이와 같은 수를 **허수**(**imaginary number**) 라고 하며 i로 표현한다. $i^2 = -1$이고 $i^3 = (i^2)i = -i$이며 $i^4 = (i^2)(i^2) = 1$이다. a와 b가 실수일 때 $a + bi$와 같이 실수와 허수가 결합된 수를 **복소수**(**complex number**) 라고 한다. 복소수의 응용 분야는 광범하지만 여기서는 5편에서 미분방정식에 대해 논의할 때만 제한적으로 다루기로 한다.

1.2 집합의 개념과 정의

경제 / 경영 문제는 본질적으로 여러 가지 대안 중 어느 것을 선택할 것인가에 대한 문제이다. 소비자는 자신의 소득 범위 내에서 '영화 구경, 사과, 휴대전화, $\cdots$' 등을 얼마나 구입할 것인가를 생각한다. 생산자는 재화를 생산하기 위해 노동과 자본을 얼마나 고용할 것인가를 결정한다. 소비자가 자신의 소비 대안들에 대해 정확히 알지 못하다면 합리적인 소비는 기대할 수 없다. 생산자도 자신의 기술적 대안들에 대해 정보가 충분치 않으면 효율적인 생산 활동을 할 수 없게 된다. 이와 같은 대안들의 '모음'은 모든 의사결정의 출발점이라고 할 수 있다. 아래에서는 '모음'의 개념을 수학적으로 어떻게 정의하고 다룰지에 대해 논의하기로 한다.

집합(**set**) 은 명확히 정의된 '**사물**(**object**) 들의 모음'이며 보통 기호 $\{ \quad \}$를 이용해 이 안에 관심의 대상이 되는 사물들을 나열하는 형식으로 표현한다. 집합에 속하는 사물을 **원소**(**element**) 라고 부른다. 소비자, 사과와 같이 물질적이고 구체적인 것에서 숫자, 삼각형과 같은 추상적인 것까지 어떠한 사물도 집합의 원소가 될 수 있다. 예를 들어 어떤 사람이 사과와 숫자 3과 무지개를 좋아한다면 이 사람이 좋아하는 사물들의 집합은 {사과, 3, 무지개}로 표현할 수 있다.

집합은 그 자체가 사물이므로 집합도 다른 집합의 원소가 될 수 있다. 예를 들어 책상 위에 종이로 만든 세 개의 도형 직삼각형, 정삼각형과 정사각형이 놓여 있다면 이 도형들의 집합은 {직삼각형, 정삼각형, 정사각형} 으로 표현할 수 있다. 그런데 이 도형들이 삼각형은 책상의 왼쪽에 사각형은 오른쪽에 나뉘어 놓여 있다면 이 사실을 나타내기 위해 {{직삼각형, 정삼각형}, 정사각형} 으로도 표현할 수 있다.

경제 / 경영학에서 주로 관심을 갖는 사물은 숫자 (실수) 이다. 소비자는 자신의 소득과 소비하려는 재화의 가격에 관심이 있고 생산자는 임금, 이자율, 자신과 경쟁자들의 제품 가격 등에 관심을 갖는다. 최고경영자에게는 이윤, 시장점유율, 정부에게는 성장률, 물가지수, 소득분배지수 등이 중요한 관심 대상이다. 따라서 실수 집합은 경제 / 경영 분석에서 중심적인 역할을 한다.

0 이상이고 10 미만인 자연수의 집합은 '0 이상이고 10 미만인 자연수의 집합' 또는 $\{0,1,2,3,4,5,6,7,8,9\}$ 로 표현할 수 있다. 그런데 '0 이상이고 10 미만인 자연수의 집합' 또는 $\{0,1,2,3,4,5,6,7,8,9\}$ 와 같이 긴 표현을 반복적으로 사용하는 것은 거추장스러운 일이다. 그래서 집합은 일반적으로 $A, B, X, Y, \cdots$ 와 같이 영어 알파벳 대문자로 표현한다. 예를 들어 $A = \{0,1,2,3,4,5,6,7,8,9\}$ 로 정의해 두면 다음에 이 집합을 다시 참조할 필요가 있을 때에는 $\{0,1,2,3,4,5,6,7,8,9\}$ 를 반복하는 대신 A 를 사용하면 표현이 간단해진다.

집합의 원소를 나타내는 기호는 $a, b, x, y, \cdots$ 와 같은 영어 알파벳의 소문자를 주로 사용한다. 0 이상이고 10,000 미만의 자연수의 집합을 나타내기 위해 $\{\quad\}$ 에 해당 자연수들을 모두 써 넣는 것은 불편하다. 이것보다는 원소가 가지는 성질을 이용해

$$X = \{x \,|\, x\text{는 자연수}, 0 \le x < 10,000\}$$

과 같이 표현하는 것이 간편하다. 이 표현은 '|' 앞에 대표적 원소를 나타내는 기호 (여기서는 x)를 쓰고 그 성질은 '|' 뒤에 기술하는 형식이다. 이 방법은 수많은 사물들의 집합을 표현하고자 할 때 모든 원소를 나열하는 것보다는 훨씬 편리하다. 물론 $\{0, 1, \cdots, 9{,}999\}$ 와 같이 표현할 수도 있겠지만 0 이상이고 10,000 미만인 실수 집합에 관심이 있다면 이 방법으로는 표현할 수 없다. 위 표현에서 X 와 x 는 단순히 집합과 그 집합의 원소를 나타내는 기호이다. $Y = \{y \,|\, y\text{는 자연수}, 0 \le y < 10,000\}$ 과 $Z = \{z \,|\, z\text{는 자연수}, 0 \le z < 10,000\}$ 은 X 와 동일한 집합이다.

모든 실수의 집합은 보통 R 로 표현한다. 즉, $R = \{x \,|\, x\text{는 실수}, -\infty < x < \infty\}$ 이다. 그리고 유리수 집합은 Q, 정수 집합은 I, 자연수 집합은 N 으로 표현한다.

문제 1.1 다음 집합을 표현하라. (i) 당신이 좋아하는 음식들의 집합 A, (ii) 두 배를

하면 $\sqrt{2}$ 보다 커지는 유리수의 집합 B. ■

어떤 실수 x 가 집합 X 에 속하면 이 관계는 $x \in X$ 로 표현한다. 예를 들어 $X = \{x \,|\, x \text{는 짝수}\}$ 이면 $2 \in X$ 이다. 반면 어떤 실수 x 가 집합 X 에 속하지 않으면 $x \notin X$ 로 쓴다. 예를 들어 $1 \notin X$ 이다.

문제 1.2 다음 진술의 진위를 판별하라. (i) $x \in \{x\}$, (ii) $x \in \{\{x\}\}$, (iii) $\{x\} \in \{\{x\}, x\}$. ■

원소가 없는 집합을 **공집합 (empty set)** 이라고 부르며 $\emptyset$ 으로 표현한다. 한 개의 원소로 이루어진 집합은 **한원소집합 (singleton)** 이라고 한다.

예제 1.1 $X = \{x \,|\, x\text{는 실수}, x^2 < 0\} = \emptyset$ 이고 $Y = \{y \,|\, y\text{는 실수}, y^2 \le 0\} = \{0\}$ 은 한원소집합이다. 반면 $X = \{x \,|\, x\text{는 짝수}\}$ 는 공집합도 아니고 한원소집합도 아니다. ■

문제 1.3 $\emptyset = \{0\}$ 이 거짓임을 보여라. ■

1.2.1 유한집합, 가산무한집합, 비가산집합

집합 $X = \{0, 1\}$ 과 같이 원소의 개수가 유한하면 **유한집합 (finite set)** 이라고 한다. 원소의 개수가 무한히 많은 집합은 두 가지 유형으로 나뉜다. $N = \{1, 2, \cdots\}$ 와 같이 원소의 개수가 무한히 많지만 셀 수 있는 경우는 **가산무한집합 (countably infinite set)** 이라고 한다. 보다 엄밀히 말하면 어떤 집합의 원소를 N 의 원소와 일대일로 대응시킬 수 있으면 가산무한집합이다. 예를 들어 양정수의 집합 $\{0, 1, 2, \cdots\}$ 는 모든 원소에 대해 0을 1에, 1을 2에, 2를 3에와 같이 대응시킬 수 있기 때문에 가산무한집합이다. 정수 집합 I 와 유리수 집합 Q 도 역시 가산무한집합이다.

원소가 무한히 많고 셀 수 없으면 **비가산집합 (uncountable set)** 이라고 한다. 빽빽이 빈틈없이 채워져 있는 실수 집합 R 과 무리수 집합은 N 의 원소와 일대일 대응이 불가능한 비가산집합이다.

1.2.2 부분집합과 포함집합

두 집합 $X = \{1, 2\}$ 와 $Y = \{1, 2, 3, 4\}$ 를 생각하자. X 의 모든 원소 (1과 2) 는 Y 에도 속하므로 X 는 Y 의 '부분' 처럼 생각할 수 있다.

정의 1.1 (부분집합 (subset) 과 포함집합 (superset)) 두 집합 X 와 Y 를 생각하자. 모

든 $x \in X$ 에 대해 $x \in Y$ 이면 X 는 Y 의 부분집합, Y 는 X 의 포함집합이라고 하며 $X \subset Y$ 로 쓴다.

X 가 Y 의 부분집합이면 X 가 Y 에 포함된다고 하고, Y 는 X 를 포함한다고 한다. 어떤 $x \in X$ 에 대해 $x \notin Y$ 이면 X 는 Y 의 부분집합이 아니며 $X \not\subset Y$ 로 쓴다.

예제 1.2 모든 $x \in X$ 에 대해 $x \in X$ 이므로 정의에 의해 $X \subset X$ 이다. 다시 말해 어떤 집합도 자기 자신의 부분집합이며 동시에 포함집합이다. ■

예제 1.3 임의의 X 에 대해 $\emptyset \subset X$ 임을 증명하자. 만약 $\emptyset \not\subset X$ 이면 위 정의에 의해 $\emptyset$ 에는 속하지만 X 에는 속하지 않는 $\emptyset$ 의 원소가 존재한다. 그런데 정의에 의해 $\emptyset$ 은 원소가 하나도 없는 집합이기 때문에 $\emptyset \not\subset X$ 는 모순이다. ■

문제 1.4 (i) $\{1,2\} \subset \{1,2,3,4\}$ 이고 $\{1,2,3,4\} \not\subset \{1,2\}$ 임을 보여라. (ii) $\{1,2\} \not\subset \{2,3\}$ 이고 $\{2,3\} \not\subset \{1,2\}$ 임을 보여라. ■

정의 1.2 (집합의 상등(equality)) 두 집합 X 와 Y 에 대해 $X \subset Y$ 이고 $Y \subset X$ 이면 두 집합은 동일하다고 하며 $X = Y$ 로 쓴다.

위 정의에 의해 두 집합이 동일하다는 것을 보이기 위해서는 각 집합이 다른 집합의 부분집합임을 보이면 된다. $X \subset Y$ 이고 $X \neq Y$ 이면 X 를 Y 의 **진부분집합(proper subset)** 이라고 한다.

예제 1.4 $X = \{1,2\}$ 이고 $Y = \{y \,|\, y^2 - 3y + 2 = 0\}$ 이면 $X = Y$ 이다. 예를 들어 $x = 1$ 이면 $1^2 - 3 \times 1 + 2 = 0$ 이고 $x = 2$ 이면 $2^2 - 3 \times 2 + 2 = 0$ 이므로 $1 \in Y$ 이고 $2 \in Y$ 이다. 따라서 $X \subset Y$ 이다. ■

문제 1.5 위 예제에서 $Y \subset X$ 임을 보이고 이것을 이용해 $X = Y$ 임을 보여라. ■

두 집합 간의 부분집합 관계는 두 실수 간의 대소 관계와 비슷하지만 차이가 있다. 임의의 두 실수 x 와 y 에 대해서는 $x > y$, $x = y$, $x < y$ 중 하나의 관계가 성립한다. 따라서 $x \not< y$ 이면 $x > y$ 이거나 $x = y$ 이다. 그러나 집합의 경우 $X \not\subset Y$ 라고 해서 $X \supset Y$ 이거나 $X = Y$ 인 것은 아니다. 문제 1.4 의 (ii) 에서 본 바와 같이 $\{1,2\} \not\subset \{2,3\}$ 이지만 $\{1,2\} \supset \{2,3\}$ 도 아니고 $\{1,2\} = \{2,3\}$ 도 아니다.

1.2.3 전체집합

앞으로의 논의에서는 분석 대상인 모든 집합은 어떤 고정된 집합의 부분집합으로 생각하기로 한다. 이 집합을 **전체집합 (universal set)** 이라고 하며 U 로 표현한다. 실수 집합이 분석 대상이면 전체집합은 R 이다. 전체집합의 중요성을 보기 위해 방정식 $x^2-2=0$ 의 해의 집합을 X 라고 하자. 만약 $U=R$ 이면 $X=\{\sqrt{2},-\sqrt{2}\}$ 이다. 그러나 $U=Q$ 이면 $X=\emptyset$ 이다.

전체집합 U 와 부분집합 X,Y,Z 간의 관계는 그림 1.1에서 나타나 있다. U 를 벗어난 Z 의 부분집합은 고려 대상이 아님을 유의해야 한다. 그림 1.1에서와 같이 집합을 그림으로 표현한 것을 **벤 다이어그램 (Venn diagram)** 이라고 하며 다음 절에서 집합의 연산에 대해 논의할 때 유용하게 사용된다.

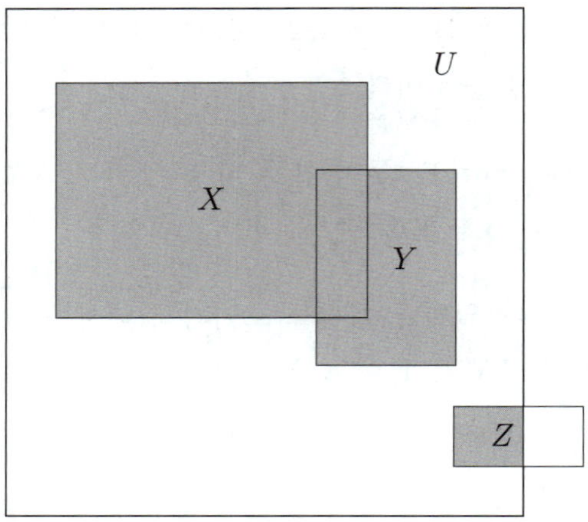

그림 1.1 전체집합

1.3 집합의 연산

우리는 일상생활 속에서 상품 가격, 체중, 기온, 나이와 같은 수많은 숫자 속에서 살고 있다. 그런데 숫자가 우리에게 유용한 이유는 더하기, 빼기, 곱하기, 나누기와 같은 사칙연산이 가능하기 때문이다. 사과를 열 개 가지고 있을 때 다른 사람에게 두 개를 준다면 $10-2=8$ 이므로 실제로 세어보지 않아도 여덟 개가 남아 있는 것을 알 수 있다.

집합에도 이와 비슷한 연산이 없다면 집합 개념은 거의 쓸모가 없을 것이다. 아래에 네 가지 집합 연산이 정의되어 있다.

정의 1.3 (집합의 연산)

(i) (**합집합**(**union**)) X 와 Y 의 합집합은 X 또는 Y 에 속하는 원소들의 집합이며 $X \bigcup Y$ 로 나타낸다. 즉, $X \bigcup Y = \{x \mid x \in X \text{ 또는 } x \in Y\}$ 이다.

(ii) (**교집합**(**intersection**)) X 와 Y 의 교집합은 X 와 Y 모두에 속하는 원소들의 집합이며 $X \bigcap Y$ 로 나타낸다. 즉, $X \bigcap Y = \{x \mid x \in X \text{ 그리고 } x \in Y\}$ 이다. $X \bigcap Y = \emptyset$ 이면 X 와 Y 는 **분리**(disjoint) 되었다고 한다.

(iii) (**차집합**(**difference**)) X 와 Y 의 차집합은 X 에는 속하지만 Y 에는 속하지 않는 원소들의 집합이며 $X - Y$ 로 나타낸다. 즉, $X - Y = \{x \mid x \in X \text{ 그리고} x \notin Y\}$ 이다.

(iv) (**여집합**(**complement**)) X 의 여집합은 X 에 속하지 않는 원소들의 집합이며 X^c 로 나타낸다. 즉, $X^c = \{x \mid x \notin X\}$ 이다. $X \subset Y$ 이면 $Y - X$ 를 **X 의 Y 에 대한 여집합**(**complement of X in Y**) 이라고 한다. 모든 원소는 U 의 원소이므로 $X^c = U - X$ 이다.

예제 1.5 $X = \{1, 2\}$, $Y = \{1, 2, 3, 4\}$ 라고 하자. $X \bigcup Y = \{1, 2, 3, 4\}$, $X \bigcap Y = \{1, 2\}$, $X - Y = \emptyset$, $Y - X = \{3, 4\}$ 이다. X^c 와 Y^c 는 U 에 따라 달라진다. $U = \{0, 1, 2, 3, 4, 5\}$ 이면 $X^c = \{0, 3, 4, 5\}$ 이고 $Y^c = \{0, 5\}$ 이다. ■

문제 1.6 (i) $U = R$ 이라고 하자. $X = \{x \mid 0 \le x \le 10\}$ 이고 $Y = \{y \mid 2 < y \le 12\}$ 일 때 $X \bigcup Y$, $X \bigcap Y$, $X - Y$, $Y - X$, X^c, Y^c 를 구하라. (ii) $X \bigcup (Y - Z) \ne (X \bigcup Y) - (X \bigcup Z)$ 인 예를 들어라. ■

그림 1.2 에 이 네 가지 집합 연산이 벤 다이어그램의 짙은 회색 부분으로 표현되어 있다. 집합의 연산과 관련하여 유용한 결과로 드 모르간 법칙이 있다.

정리 1.1 (드 모르간 법칙 (DeMorgan's laws))

(i) $(X \bigcup Y)^c = X^c \bigcap Y^c$, $(X \bigcap Y)^c = X^c \bigcup Y^c$,

(ii) $X - (Y \bigcup Z) = (X - Y) \bigcap (X - Z)$, $X - (Y \bigcap Z) = (X - Y) \bigcup (X - Z)$.

증명 (i) $x \in (X \bigcup Y)^c$ 이면 $x \notin (X \bigcup Y)$ 이다. 따라서 $x \notin X$ 이고 $x \notin Y$ 이므로 $x \in X^c$ 이고 $x \in Y^c$ 이다. $x \in X^c \bigcap Y^c$ 이므로 $(X \bigcup Y)^c \subset X^c \bigcap Y^c$ 이다. 반대로 $x \in X^c \bigcap Y^c$ 이면 $x \in X^c$ 이고 $x \in Y^c$ 이므로 $x \notin X$ 이고 $x \notin Y$ 이다. $x \notin (X \bigcup Y)$ 이므로 $x \in (X \bigcup Y)^c$ 이다. 따라서 $X^c \bigcap Y^c \subset (X \bigcup Y)^c$ 이다. 마지막으로 $X^c \bigcap Y^c \supset$

$(X \bigcup Y)^c$ 이고 $X^c \bigcap Y^c \subset (X \bigcup Y)^c$ 이므로 $X^c \bigcap Y^c = (X \bigcup Y)^c$ 이다. □

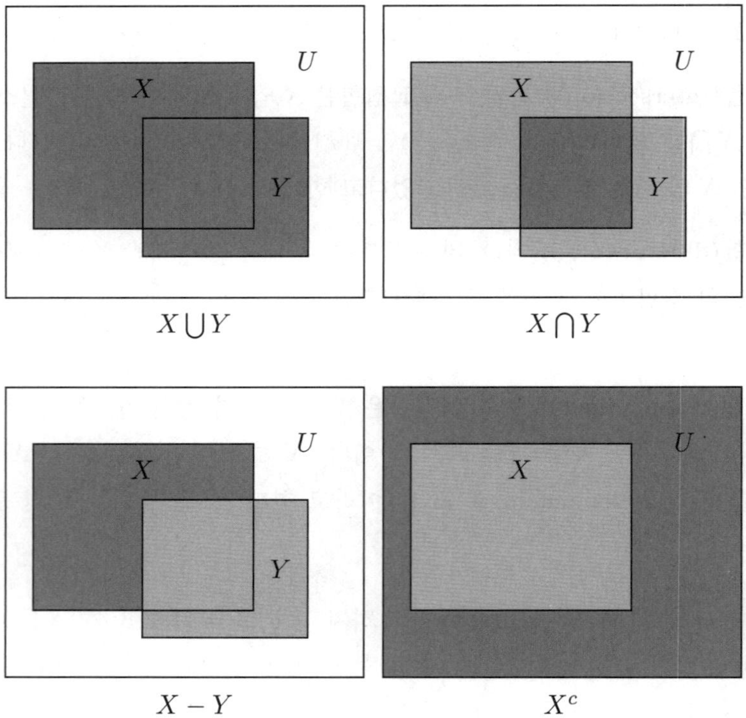

그림 1.2 집합의 연산: 벤 다이어그램

그림 1.3은 벤 다이어그램을 이용해 $(X \bigcup Y)^c = (X^c \bigcap Y)^c$ 를 나타내고 있다. 아래 두 그림을 겹쳐 공통된 회색 부분을 선택하면 위 그림의 짙은 회색 부분과 같아진다.

문제 1.7 드 모르간 법칙의 나머지 결과를 벤 다이어그램을 이용해 확인하고 증명하라. ■

문제 1.8 다음 사실을 벤 다이어그램을 이용해 확인하고 증명하라. (i) $(X^c)^c = X$, (ii) $(X - Y) \subset X$, (iii) $(X - Y) = X \bigcap Y^c$, (iv) $(X \bigcap Y) \bigcup (X \bigcap Y^c) = X$, $(X \bigcup Y) \bigcap (X \bigcup Y^c) = X$, (v) $(X \bigcap Y) \subset X \subset (X \bigcup Y)$, (vi) $X \subset Y$ 이면 $X \bigcap Y = X$, $X \bigcup Y = Y$, $X - Y = \emptyset$. ■

이제까지의 정의와 연산은 여러 개의 집합에 대해서도 마찬가지이다. $n(\geq 2)$ 개의 집합 $X^1, X^2, \cdots, X^n$ 을 생각하자. 이 집합들의 합집합은

$$\bigcup_{i=1}^{n} X^i = \{x \mid \text{어떤 } i \text{에 대해 } x \in X^i \ (i = 1, 2, \cdots, n)\}$$

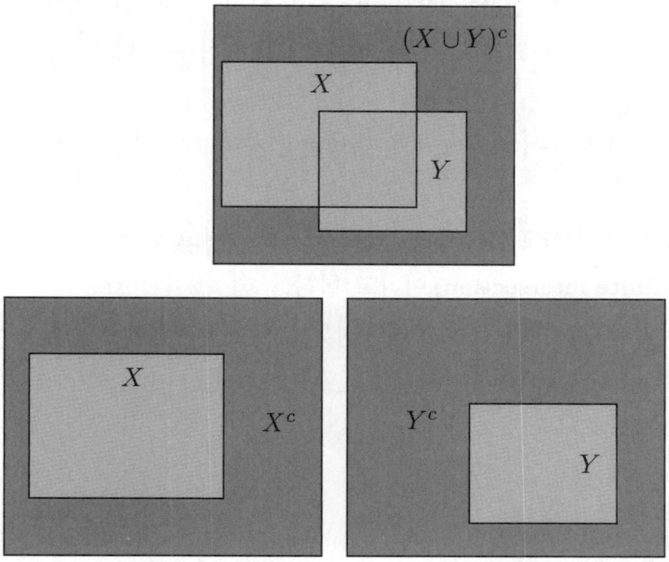

그림 1.3 드 모르간 법칙

Box 1.1 실수 체계에서는 **결합법칙** (associative law), **교환법칙** (commutative law), **분배법칙** (distributive law)과 같은 연산법칙이 성립한다. 세 실수 x, y, z를 생각하자. 결합법칙은 $x+(y+z)=(x+y)+z$와 $x(yz)=(xy)z$이다. 교환법칙은 $x+y=y+x$와 $xy=yx$, 분배법칙은 $x(y+z)=xy+xz$이다. 집합 이론에서도 비슷한 연산법칙이 있으며 아래 표에 정리되어 있다.

결합법칙	$(X \bigcup Y) \bigcup Z = X \bigcup (Y \bigcup Z)$, $(X \bigcap Y) \bigcap Z = X \bigcap (Y \bigcap Z)$.
교환법칙	$X \bigcup Y = Y \bigcup X,\ X \bigcap Y = Y \bigcap X$.
분배법칙	$X \bigcup (Y \bigcap Z) = (X \bigcup Y) \bigcap (X \bigcup Z)$, $X \bigcap (Y \bigcup Z) = (X \bigcap Y) \bigcup (X \bigcap Z)$.

표 1.1 집합의 연산법칙

문제 1.9 위 법칙들을 벤 다이어그램을 이용해 확인하라. ■

로 정의된다. $n < \infty$ 이면 **유한합집합 (finite union)**, $n = \infty$ 이면 **가산무한합집합 (countably infinite union)** 이라고 한다. 마찬가지로 $X^1, X^2, \cdots, X^n$ 의 교집합은

$$\bigcap_{i=1}^{n} X^i = \{x \mid \text{모든 } i \text{에 대해 } x \in X^i \ (i = 1, 2, \cdots, n)\}$$

이다. $n < \infty$ 이면 **유한교집합 (finite intersection)** 이고 $n = \infty$ 이면 **가산무한교집합 (countably infinite intersection)** 이라고 한다.

드 모르간 법칙은 n 개의 집합에 대해서도 성립한다. 예를 들어 $X^1, X^2, \cdots, X^n$ 에 대해 $\left(\bigcup_{i=1}^{n} X^i\right)^c = \bigcap_{i=1}^{n} (X^i)^c$ 이고 $\left(\bigcap_{i=1}^{n} X^i\right)^c = \bigcup_{i=1}^{n} (X^i)^c$ 이다. 이것은 $n = \infty$ 일 때에도 성립한다.

1.4 곱집합

두 집합의 곱집합은 다음과 같이 정의된다.

정의 1.4 (곱집합 (product set)) 두 집합 X 와 Y 에 대해 $X \times Y = \{(x, y) \mid x \in X, y \in Y\}$ 를 X 와 Y 의 곱집합이라고 한다.

예제 1.6 $X = \{\sqrt{2}, 2\}$ 와 $Y = \{-1, 1.5\}$ 이면 $X \times Y = \{(\sqrt{2}, -1), (\sqrt{2}, 1.5), (2, -1), (2, 1.5)\}$ 이다. ■

정의에서 보는 바와 같이 $X \times Y$ 의 원소는 (x, y) 로 표현되며 x 와 y 를 (x, y) 의 **성분 (component)** 이라고 한다. 앞에 위치하는 성분 x 는 X 의 원소, 뒤에 위치하는 성분 y 는 Y 의 원소를 나타내므로 x 와 y 간의 순서가 중요하다. 이것은 집합의 원소들 간에는 순서가 의미가 없는 것과 대비된다. 이와 같이 성분의 순서가 중요한 짝을 **순서 있는 짝 (ordered tuple)** 이라고 한다. 따라서 X 와 Y 의 곱집합은 성분이 X 와 Y 인 원소로 구성된 순서 있는 짝들의 집합이다. n 개의 성분으로 구성된 순서 있는 짝을 **순서 있는 n 짝 (n-ordered tuple)** 또는 간단히 **n 짝 (n-tuple)** 이라고 한다.

예제 1.7 $X = Y = R$ 이면 $R \times R = \{(x_1, x_2) \mid x_1 \in R, x_2 \in R\}$ 이다. 보통 $R \times R$ 은 R^2, n 개 R 의 곱집합 $R \times R \times \cdots \times R$ 은 R^n 으로 쓴다. ■

문제 1.10 (i) R^n 을 집합 형식으로 표현하라. (ii) $X = \{1, 2\}$, $Y = \{a, b\}$, $Z = \{c, d\}$ 일 때 다음 결과가 성립함을 보여라. (a) $X \times (Y \bigcup Z) = (X \times Y) \bigcup (X \times Z)$, (b) $X \times (Y \bigcap Z) = (X \times Y) \bigcap (X \times Z)$. ■

1.5 실직선과 구간

1.5.1 실직선

그림 1.4 에서 보는 바와 같이 실수 집합 R 은 수평선으로 나타낼 수 있으며 이 수평선을 **실직선 (real line)** 이라고 한다.

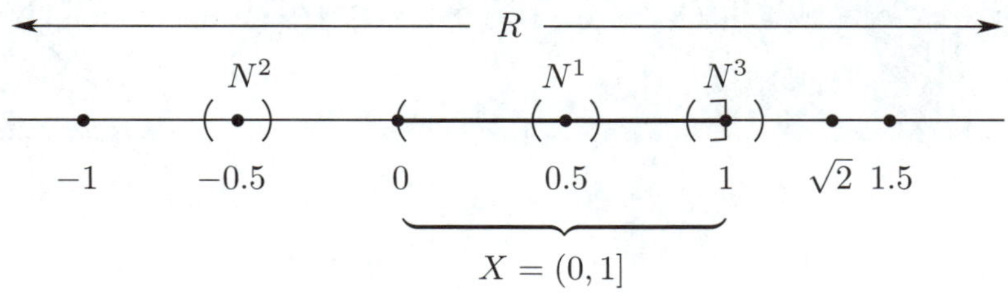

그림 1.4 실직선

모든 실수는 실직선 상의 한 **점 (point)** 에 대응시킬 수 있다. 반대로 실직선 상의 모든 점은 특정 실수와 대응된다. 예를 들어 실직선 상의 점은 0, 1 과 같은 정수, -0.5 과 같은 유리수, $\sqrt{2}$ 과 같은 무리수 등과 대응된다. 따라서 실수와 실직선 상의 점은 구별할 필요 없이 호환해 사용할 수 있다. 실직선 상에서 0 을 중심으로 오른쪽은 양수, 왼쪽은 음수를 나타낸다. 실직선이 사과의 개수를 나타내는 것이라면 점 2 는 사과 2 개를 의미한다.

Box 1.2 (최소상계와 최소하계) 실수 집합 X 의 **최소상계 (supremum 또는 least upper bound)** 는 X 에 속한 모든 수보다 크거나 같은 수 (**상계 (upper bound)**) 중에서 가장 작은 수로 정의되며 $\sup(X)$ 로 쓴다. $X = \{x | 0 < x < 1\}$ 이라고 하자. 0.9 는 상계가 아니다. 왜냐하면 0.95 는 0.9 보다 큰데 X 에 속하기 때문이다. 1.1 은 최소상계가 아니다. 왜냐하면 1.05 는 상계지만 1.1 보다 작기 때문이다. 이렇게 생각하면 $\sup(X) = 1$ 임을 알 수 있다.

문제 1.11 (i) 모든 $\epsilon > 0$ 에 대해 $x > \sup(X) - \epsilon$ 인 $x \in X$ 가 존재함을 보여라. (ii) $\sup(X) > x^0$ 이면 $x > x^0$ 인 $x \in X$ 가 존재함을 보여라. ■

최소상계는 최대와 비슷한 개념이지만 X 와 같이 최대를 갖지 않는 집합이 있으므로 최대와 최소상계가 항상 일치하는 것은 아니다. 그러나 $Y = \{y | y \leq 1\}$ 이면 $\sup(Y) = \max(Y) = 1$ 이다. X 나 Y 같이 **위로 유계 (bounded above)** 인

Box 1.2 (계속) 실수 집합의 경우 최대는 존재하지 않을 수 있으나 최소상계는 항상 존재하기 때문에 최대보다 사용하기 편리한 개념이다. 실수 집합의 **최대하계** (**infimum** 또는 **greatest lower bound**) 도 마찬가지로 정의된다. $\inf(X)$ 는 X 에 속한 모든 수보다 작거나 같은 수(**하계** (**lower bound**)) 중에서 가장 큰 수로 정의된다. 위 예제에서 $\inf(X) = 0$ 이다. **아래로 유계** (**bounded below**) 인 실수 집합은 항상 최대하계를 갖는다.

1.5.2 구 간

$a < b$ 인 두 실수 a 와 b 를 생각하자. **열린구간** (**open interval**) 은 (a, b) 로 표현하는데 b 보다는 작고 a 보다는 큰 수들의 집합을 나타낸다. 집합 기호로 나타내면

$$(a, b) \equiv \{x \mid a < x < b\}$$

이다. 그림 1.4 에서 점 0.5 주위의 구간은 열린구간 $N^1 = (0.4, 0.6)$ 을 나타낸다.

닫힌구간 (**closed interval**) 은 $[a, b]$ 로 쓰며 열린구간 (a, b) 에서 양 끝단이 포함된 구간이다. 즉,

$$[a, b] \equiv \{x|a \leq x \leq b\}$$

이다. **반열린구간** (**semi-open interval**) 또는 **반닫힌구간** (**semi-closed interval**) 은 양 끝단 중 하나만 포함되는 구간이며 $(a, b]$ 와 $[a, b)$ 로 쓴다. 그림 1.4 에서 굵은 선으로 표시된 $X = (0, 1]$ 은 반열린구간이다.

문제 1.12 반열린구간 $(a, b]$ 와 $[a, b)$ 를 집합기호를 이용하여 표현하라. ■

1.6 열린근방, 내부점과 열린집합

1.6.1 열린근방

그림 1.4 의 반열린구간 $X = (0, 1]$ 을 생각하자. 실직선 상의 점들은 X 를 기준으로 여러 가지 방법으로 구분할 수 있다. 가장 손쉽게 생각할 수 있는 기준은 X 에 속하는지 아닌지 하는 것이다. 반열린구간의 정의에 의해 -0.5, 0, 1.5 등은 X 에 속하지 않지만

0.5 와 1 등은 속한다.

다음으로 생각할 수 있는 기준은 X 에 대해 점들이 상대적으로 어디에 위치해 있는가 하는 것이다. 이 기준은 앞으로 다룰 수열의 극한과 함수의 연속성의 분석을 위해 반드시 필요한 중요한 개념이다.

실직선 상의 세 개의 점 $-0.5, 0.5, 1$ 을 생각해보자. 직관적으로 0.5 는 X 안에 있고 -0.5 는 바깥에 있으며 1 은 경계에 있음을 알 수 있다. 이 세 점의 위치적 차이를 열린구간을 이용해 특징지어 보자. 점 0.5 주위에는 X 에 완전히 포함되는 열린구간(예를 들어 $N^1 = (0.4, 0.6)$) 이 존재하므로 0.5 는 X 의 안에 있다고 할 수 있다. 마찬가지로 -0.5 주위에는 X^c 에 완전히 포함되는 열린구간(예를 들어 $N^2 = (-0.6, -0.4)$) 이 있으므로 -0.5 는 X^c 안에, 다시 말해 X 의 바깥에 있다고 할 수 있다. 반면 1 주위에는 아무리 작은 열린구간, 예를 들어 $N^3 = (0.9, 1.1)$ 에도 0.95 와 같은 X 안의 점과 1.05 와 같은 X 바깥의 점이 존재하므로 1 은 X 의 경계에 있다고 할 수 있다. 이제까지의 논의로부터 실직선 상의 모든 점들은 X 안에 있거나, 바깥에 있거나 또는 X 와 X^c 의 경계에 위치할 것으로 짐작할 수 있다.

위에서 사용한 열린구간은 일반적인 열린구간이 아니고 어떤 점으로부터 일정한 거리 내에 존재하는 점들로 구성된 특수한 열린구간이다. 예를 들어 위에서 생각한 $N^1 = (0.4, 0.6)$ 은 0.5 로부터 거리가 0.1 보다 작은 점들의 집합이다. 이와 같은 열린구간을 열린근방이라고 한다.

정의 1.5 (열린근방(open neighborhood)) 실수 x 와 어떤 $\epsilon > 0$ 에 대해 $N_\epsilon(x) = \{y \,|\, x - \epsilon < y < x + \epsilon\} = \{y \,|\, |y - x| < \epsilon\}$ 를 x 의 ϵ 열린근방(간단히 열린근방 또는 근방) 이라고 하며 $N_\epsilon(x)$ 또는 $N(x)$ 로 쓴다.

앞에서의 논의는 열린근방의 개념을 이용해 다음과 같이 정리할 수 있다. X 에 완전히 포함되는 열린근방을 갖는 점(예를 들어 0.5) 은 X 안에 있고, X^c 에 완전히 포함되는 열린근방을 갖는 점(예를 들어 -0.5) 은 X 의 바깥에 있으며, 어떤 열린근방도 X 안의 점과 X 바깥의 점(X^c 안의 점) 을 가지는 점(예를 들어 1) 은 X 의 경계에 위치한다고 할 수 있다. 아래에서는 이 사실을 이용해 내부점, 외부점, 경계점과 기타 몇 가지 관련된 중요한 개념들을 정의하기로 하자.

1.6.2 내부점

정의 1.6 (내부점(interior point)) $x \in X$ 이라고 하자. X 에 포함되는 x 의 열린근방이 존재하면 x 를 X 의 내부점이라고 한다.

예제 1.8 $X = (0,1]$ 일 때 $N_{0.1}(0.5) \subset X$ 이므로 정의에 의해 0.5 는 X 의 내부점이다. ■

문제 1.13 위 예제에서 점 -0.5, 0, 1 은 X 의 내부점이 아님을 위 정의를 이용해 보여라. ■

1.6.3 열린집합

정의 1.7 (열린집합 (open sets)) X 의 모든 점이 내부점이면 X 를 열린집합이라고 한다.

어떤 집합 X 가 열린집합인지를 판단하기 위해서는 먼저 이 집합에 속하는 '임의의' 점 x 를 선택하고 다음으로 X 에 포함되는 x 의 열린근방 $N(x)$ 가 존재하는지를 확인하면 된다.

예제 1.9 다소 이상하게 생각할 수 있지만 $\emptyset$ 은 열린집합이다. 왜냐하면 $\emptyset$ 이 열린집합이 아니라면 $\emptyset$ 의 원소 중에 내부점이 아닌 점이 존재해야 하는데 이는 $\emptyset$ 의 정의와 모순이 된다. R 도 열린집합이다. 왜냐하면 R 의 어떤 점에 대해서도 이 점의 열린근방은 R 에 포함되기 때문이다. ■

그림 1.5 의 열린구간 $X = (a,b)$ $(b > a)$ 와 임의의 점 $x \in X$ 를 생각하자. $\epsilon_a =$

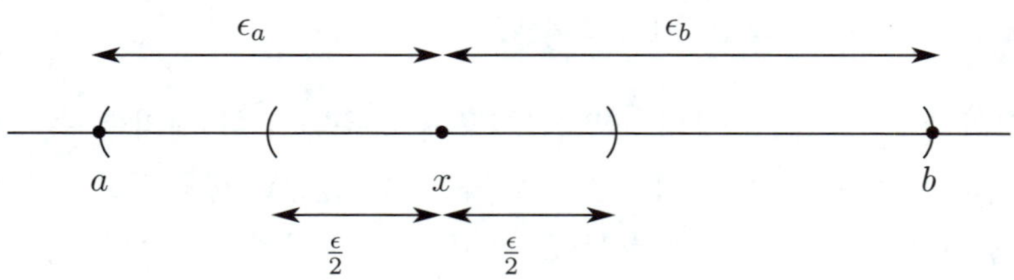

그림 1.5 열린구간

$x-a$, $\epsilon_b = b-x$ 이라고 하자. X 가 열린구간이므로 $\epsilon_a, \epsilon_b > 0$ 이다. $\epsilon = \min\{\epsilon_a, \epsilon_b\} > 0$ 이라고 하면 $N_{\epsilon/2}(x) \subset X$ 이므로 x 는 X 의 내부점이다. 따라서 열린구간 X 는 열린집합이다. 이렇게 보면 열린집합은 열린구간의 확장된 개념으로 생각할 수 있다. 또한 열린근방은 열린구간이므로 열린집합이다.

문제 1.14 다음 집합들에 대해 열린집합 여부를 확인하라. (i) $\{0\}$, $\{0,1\}$, (ii) $(0,1]$,

$[0,1]$, (iii) $\{x \in R \,|\, x$ 는 유리수$\}$, $\{x \in R \,|\, x$ 는 무리수$\}$, (iv) $\{1, \frac{1}{2}, \frac{1}{3}, \cdots\}$, $\{0, 1, \frac{1}{2}, \frac{1}{3}, \cdots\}$, $\left\{x_i \,|\, x_i = \dfrac{(-1)^i}{1+1/i}\ (i = 1, 2, \cdots)\right\}$. ■

문제 1.15 $\mathrm{Int}(X)$ 를 X 의 내부점의 집합이라고 하자. $\mathrm{Int}(X)$ 는 열린집합임을 보여라. ■

$(0,1)$ 은 열린집합이다. 마찬가지로 $(2,3)$ 도 열린집합이다. 이 두 집합의 합집합 $(0,1) \bigcup (2,3)$ 이 열린집합인지를 살펴보자. $(0,1) \bigcup (2,3)$ 에 속하는 점 x 를 생각하자. $x \in (0,1)$ 또는 $x \in (2,3)$ 이다. 전자의 경우 $x \in (0,1)$ 이 열린집합이므로 $x \in (0,1)$ 에 포함되는 x 의 열린근방이 존재하고 이 열린근방은 $(0,1) \bigcup (2,3)$ 에도 포함된다. 후자의 경우에도 마찬가지로 $(0,1) \bigcup (2,3)$ 에 포함되는 x 의 열린근방이 존재한다. 따라서 $(0,1) \bigcup (2,3)$ 은 열린집합이다. 아래 정리는 이 결과가 일반적으로 성립함을 보여 준다.

정리 1.2 열린집합의 유한합집합과 가산무한합집합은 열린집합이다.

증명 X^i $(i = 1, 2, \cdots)$ 가 열린집합일 때 $X = \bigcup_{i=1}^{\infty} X^i$ 가 열린집합임을 증명하자. $X = \emptyset$ 이면 X 는 열린집합이다. $X \neq \emptyset$ 이라고 하자. $x \in X$ 이면 어떤 k 에 대해 $x \in X^k$ 이다. X^k 가 열린집합이므로 X^k 에 포함되는 x 의 열린근방이 존재한다. 이 열린근방은 X 에 포함되므로 X 는 열린집합이다. □

열린집합의 교집합도 열린집합인지를 살펴보자. $(0,1)$ 과 $(0.5, 1.5)$ 는 각각 열린집합이다. 그리고 $(0,1) \bigcap (0.5, 1.5) = (0.5, 1)$ 역시 열린집합이다. 그러나 합집합의 경우와는 달리 열린집합의 가산무한교집합은 열린집합이 아닐 수 있다. 예를 들어 $X^1 = (-1, 1)$, $X^2 = \left(-\frac{1}{2}, \frac{1}{2}\right)$, $\cdots$, $X^i = \left(-\frac{1}{i}, \frac{1}{i}\right)$, $\cdots$ 이면 X^i $(i = 1, 2 \cdots)$ 는 모두 열린집합이지만 $\bigcap_{i=1}^{\infty} X^i = \{0\}$ 이므로 열린집합이 아니다.

정리 1.3 열린집합의 유한교집합은 열린집합이다.

증명 두 개의 열린집합 X^1 과 X^2 에 대해 증명하자. $X = X^1 \bigcap X^2$ 이라고 할 때 $X = \emptyset$ 이면 X 는 열린집합이다. $X \neq \emptyset$ 이고 $x \in X$ 이면 $N_{\epsilon_1}(x) \subset X^1$ 과 $N_{\epsilon_2}(x) \subset X^2$ 인 x 의 두 개의 열린근방이 존재한다. $\epsilon = \min\{\epsilon_1, \epsilon_2\}$ 이라고 하면 $N_\epsilon(x) \subset N_{\epsilon_1}(x) \bigcap N_{\epsilon_2}(x) \subset X$ 이다. 따라서 X 는 열린집합이다. □

문제 1.16 위 정리를 n (≥ 3) 개의 열린집합에 대해 증명하라. ■

1.6.4 외부점

정의 1.8 (외부점 (exterior point)) 실수 x 가 X^c 의 내부점이면 x 를 X 의 외부점이라고 한다.

예제 1.10 $X = (0,1]$ 일 때 $N_{0.1}(-0.5) \subset X^c$ 이므로 -0.5 는 X 의 외부점이다. ■

문제 1.17 (i) 0과 1은 $(0,1]$ 의 외부점이 아님을 보여라. (ii) $(0,1]$ 의 외부점의 집합을 구하라. (iii) x 가 X 의 외부점이면 $x \notin X$ 임을 보여라. ■

1.6.5 경계점

정의 1.9 (경계점 (boundary point)) 실수 x 의 모든 열린근방이 X 에 속하는 점과 X^c 에 속하는 점을 가지면 x 를 X 의 경계점이라고 한다.

예제 1.11 $X = (0,1]$ 일 때 $N_{0.001}(1)$ 에 속하는 두 점 0.9995 와 1.0005 중 0.9995 는 X 에 속하나 1.0005 는 X 에 속하지 않는다. 열린근방을 아무리 작게 해도 X 에 속하는 점과 X 에 속하지 않는 점이 존재하므로 1은 X 의 경계점이다. 마찬가지로 0도 경계점이다. 따라서 경계점은 1과 같이 X 의 원소일 수도 있고 0과 같이 X 의 원소가 아닐 수도 있다. ■

이제까지의 논의를 종합해 보면 X 에 대해 실직선 상의 한 점은 반드시 X 의 내부점이거나, 외부점이거나, 경계점임임을 알 수 있다.

문제 1.18 문제 1.14 의 (i), (ii), (iii), (iv) 와 (v) $N_\epsilon(x)$, (vi) $\emptyset, R$ 에 대해 내부점, 외부점 및 경계점의 집합을 구하라. ■

1.7 집적점과 닫힌집합

내부점, 외부점, 경계점의 구분 기준은 점과 집합 간의 상대적 위치 관계이다. 점들을 구분하는 또 다른 기준으로 어떤 점과 집합에 속하는 점들과의 관계를 생각할 수 있다.

1.7.1 집적점

$X = \left\{1, \frac{1}{2}, \frac{1}{3}, \cdots\right\}$ 을 생각하자. 점 0과 그 주위의 아주 작은 열린근방 $N_{0.001}(0)$ 안에는 0 외에도 0.0005 와 같은 X 의 다른 점들이 무수히 존재한다. 뿐만 아니라 0의 열린근방의 크기를 아무리 줄여도 이 성질은 계속 유지된다. 예를 들어 $N_{0.0001}(0)$ 안에는

X 의 원소 0.00005 이 속한다.

그러나 점 1은 이러한 성질을 갖지 않는다. 1 주위의 열린근방 $N_{0.6}(1)$ 안에는 1 외에도 X 의 점 $\frac{1}{2}$ 이 존재하지만 열린근방의 크기를 줄이면, 예를 들어 $N_{0.4}(1)$ 에는 1 을 제외하고는 X 의 어떤 다른 점도 속하지 않는다. 이와 같은 관점에서 두 점 1과 0 을 비교하면 1은 X 의 다른 점들로부터 '**고립 (isolated)**' 되어 있는 반면 0 주위에는 X 의 무수한 점들이 '**모여 (accumulated)**' 있다고 생각할 수 있다. 0과 같은 점을 집적점이라고 부른다.

정의 1.10 (집적점 (accumulation point)) 실수 x 의 모든 열린근방이 x 를 제외한 X 의 어떤 점을 가지면 x 를 X 의 집적점이라고 한다.

집적점은 **극한점 (limit point)** 이라고도 한다. 극한점으로 부르는 이유는 앞으로 설명할 수열의 극한과 밀접한 관계가 있기 때문이다. 그렇지만 극한점과 극한은 전혀 별개의 개념임을 유의해야 한다.

어떤 집합의 집적점은 경계점과 마찬가지로 그 집합에 속할 필요가 없다. 위 예에서 0은 $X = \{1, \frac{1}{2}, \frac{1}{3}, \cdots\}$ 의 집적점이지만 X 의 원소는 아니다.

예제 1.12 $X = (0, 1)$ 이라고 하자. 임의의 $x \in X$ 에 대해 아무리 작은 x 의 열린근방도 x 를 제외한 X 의 어떤 점을 가지는 것을 쉽게 알 수 있다. 따라서 모든 $x \in X$ 는 X 의 집적점이다. 마찬가지로 0과 1도 X 의 집적점이다. $y > 1$ 이라고 하자. $\epsilon = y - 1 > 0$ 이면 $N_{\epsilon/2}(y)$ 는 X 의 어떤 점도 갖지 않으므로 y 는 X 의 집적점이 아니다. 마찬가지로 $y < 0$ 도 X 의 집적점이 아니다. 따라서 X 의 집적점의 집합은 $[0, 1]$ 이다. ■

예제 1.13 $X = \{0\}$ 이라고 하자. X 는 0만이 원소이기 때문에 0의 어떤 열린근방도 0 이외의 X 의 다른 점을 갖지 않는다. 따라서 0은 X 의 집적점이 아니다. $x \neq 0$ 이라고 하자. x 의 열린근방이 충분히 작으면 (예를 들어 $N_{|x|/2}(x)$) 이 열린근방은 X 의 원소, 즉 0을 갖지 않기 때문에 이 x 는 X 의 집적점이 아니다. 따라서 X 의 집적점의 집합은 $\emptyset$ 이다. ■

문제 1.19 (i) 문제 1.18 의 (i)-(vi) 에 대해 집적점을 구하라. (ii) x 가 X 의 집적점이면 x 에 가장 가까운 $y \in X$ $(y \neq x)$ 는 존재하지 않음을 보여라. ■

정리 1.4 실수 x 가 X 의 집적점이면 x 를 포함하는 어떤 열린집합도 X 에 속하는 점들을 무한히 많이 가진다.

문제 1.20 위 정리를 증명하고 위 정리의 역은 성립하지 않음을 보여라.[1] ■

1.7.2 닫힌집합

$X = [0,1]$ 을 생각하자. $X^c = (-\infty, 0) \bigcup (1, \infty)$ 는 두 열린집합의 합집합이므로 열린집합이다. $X = [0,1]$ 과 같이 여집합이 열린집합인 집합을 닫힌집합이라고 한다.

정의 1.11 (닫힌집합 (closed set)) X^c 가 열린집합이면 X 를 닫힌집합이라고 한다.

예제 1.14 (i) $X = (0,1]$ 일 때 1이 X 의 내부점이 아니기 때문에 X 는 열린집합이 아니다. $X^c = (-\infty, 0] \bigcup (1, \infty)$ 인데 아무리 작은 0의 열린근방도 X^c 에 속하지 않는, 즉 X 에 속하는 점을 갖기 때문에 0은 X^c 의 내부점이 아니다. X^c 가 열린집합이 아니므로 X 는 닫힌집합이 아니다. 이와 같이 열린집합도 아니고 닫힌집합도 아닌 집합이 존재한다. (ii) $\emptyset = R^c$ 과 $R = \emptyset^c$ 는 각각 R 과 $\emptyset$ 이 열린집합이므로 닫힌집합이다. ■

문제 1.21 문제 1.18의 (i)-(vi)에 대해 닫힌집합 여부를 확인하라. ■

닫힌집합 $X = [0,1]$ 을 생각하자. 문제 1.19 (i)에서 본 바와 같이 X 의 집적점의 집합은 X 그 자체이다. 다시 말해 X 의 모든 집적점은 X 에 속한다. 반면 닫힌집합이 아닌 $Y = (0,1]$ 이나 $Z = (0,1)$ 의 경우 0은 각 집합의 집적점이지만 Y 와 Z 에 속하지 않는다. 아래 정리는 닫힌집합은 집적점과 밀접한 관계에 있음을 보여준다.

정리 1.5 X 의 모든 집적점이 X 에 속하면 X 는 닫힌집합이고 그 역도 성립한다.

문제 1.22 (i) 문제 1.21를 위 정리를 이용해 다시 풀어라. (ii) X' 이 X 의 집적점의 집합이라고 하자. X' 은 닫힌집합임을 보여라. ■

$X = [0,1]$ 를 다시 생각하자. 이 집합의 경계점은 0과 1인데 이 두 점 모두 X 에 속한다. 그러나 이 성질은 $Y = (0,1]$ 이나 $Z = (0,1)$ 에 대해서는 성립하지 않는다. 아래 정리는 어떤 집합이 닫힌집합인지는 경계점이 그 집합에 속하는지의 여부로 판단할 수 있음을 보여준다.

정리 1.6 X 의 모든 경계점이 X 에 속하면 X 는 닫힌집합이며 그 역도 성립한다.

---

[1] X 가 무수히 많은 원소를 가지고 모든 원소의 값이 유한하면 X 는 집적점을 갖는다. 이것을 **볼자노-바이어슈트라스 (Bolzano-Weierstrass)** 정리라고 한다.

문제 1.23 문제 1.21를 위 정리를 이용해 다시 풀어라. ■

이제까지의 논의로부터 닫힌집합의 여부는 그 정의를 직접 적용하여 확인할 수도 있지만 정리 1.5나 정리 1.6을 이용하여 판단할 수도 있음을 알 수 있다. 또한 닫힌집합에도 열린집합의 합집합과 교집합에 관한 정리에 상응하는 결과가 성립한다.

정리 1.7

(i) 닫힌집합의 유한합집합은 닫힌집합이다.

(ii) 닫힌집합의 유한교집합과 가산무한교집합은 닫힌집합이다.

문제 1.24 (i) $X \bigcup X'$은 닫힌집합임을 보여라. (ii) (a) $X \subset Y$이면 $X' \subset Y'$임을 보여라. (b) $X \bigcup X'$은 X를 포함하는 닫힌집합 중 가장 작은 포함집합임을 즉, Y가 닫힌집합이고 $X \subset Y \subset (X \bigcup X')$이면 $Y = X \bigcup X'$임을 보여라. (iii) $X^i = (-\infty, -\frac{1}{i}] \bigcup [\frac{1}{i}, \infty)$이면 X^i는 닫힌집합이지만 $\bigcup_{i=1}^{\infty} X^i$는 닫힌집합이 아님을 보여라. ■

1.7.3 유계집합과 컴팩트집합

집합 $X = (0,1]$과 $Y = (0,\infty)$를 생각하자. X의 모든 두 점 간의 거리는 유한하지만 Y의 경우에는 어떤 두 점에 대해서도 그보다는 더 떨어져 있는 다른 두 점이 항상 존재한다.

정의 1.12 (유계집합 (bounded set)) 모든 $x, y \in X$에 대해 $|x-y| < \infty$이면 X를 유계집합이라고 한다.

정의 1.13 (컴팩트집합 (compact set)) X가 유계집합이고 닫힌집합이면 컴팩트집합이라고 한다.

컴팩트집합은 3편과 4편에서 다룰 최적화 문제에서 해의 존재와 관련하여 중요한 역할을 한다.

문제 1.25 (i) $[0,\infty)$와 $[0,1)$는 모두 컴팩트집합이 아님을 보여라. (ii) 문제 1.18의 (i)-(vi)의 각 집합이 컴팩트집합인지를 확인하라. (iii) 다음 진술의 진위 여부를 가려라. (a) 닫힌집합은 유계집합이다. (b) 컴팩트집합들의 합집합과 교집합도 컴팩트집합이다. ■

1.8 유클리드 공간

1.8.1 실직선의 확장과 벡터

이제까지 실수 집합에 관련해 몇 가지 중요한 개념과 유용한 결과에 대해 살펴보았다. 현실에서는 한 개의 수만으로 모든 양을 표현할 수는 없다. 사과만 먹는 사람보다는 사과와 배를 모두 먹는 사람의 숫자가 훨씬 많을 것이다. 사과와 배를 먹는 사람의 과일 소비량을 표현하려면 두 개의 수가 필요하다. 사과 $\sqrt{2}$ 개와 배 2 개 소비하는 것은 $(\sqrt{2}, 2)$ 로 표현할 수 있다. (이것은 표현상으로는 열린구간과 동일하지만 전혀 다른 개념이다.) 이 표현에서 $\sqrt{2}$ 는 사과의 소비량, 2 는 배의 소비량을 뜻하므로 이 두 수의 순서가 중요하다. 이런 점에서 $(\sqrt{2}, 2)$ 는 집합 $\{\sqrt{2}, 2\}$ 와 구별된다. $\{\sqrt{2}, 2\}$ 와 $\{2, \sqrt{2}\}$ 는 동일한 두 수의 집합이지만 $(\sqrt{2}, 2)$ 와 $(2, \sqrt{2})$ 는 전혀 다른 소비량을 나타낸다.

점 $(\sqrt{2}, 2)$ 는 1.4 절에서 논의한 곱집합의 원소인 순서 있는 짝이며 $\sqrt{2}$ 와 2 는 각각 첫 번째 성분과 두 번째 성분이다. 앞으로는 순서 있는 짝을 **벡터 (vector)** 로 부르기로 한다. 성분이 n 개이고 i 번째 성분의 양이 x_i 인 벡터는 $(x_1, x_2, \cdots, x_n)$ 으로 표현하며 n 벡터라고 한다. 이것은 n 개의 재화를 소비하는 사람의 소비량을 나타낼 수도 있고 n 개의 금융자산에 투자하는 사람의 금융자산 보유량일 수도 있다. 벡터는 실수 x 나 y 와 구분하기 위해 보통 $\mathbf{x}$ 나 $\mathbf{y}$ 처럼 굵은 글씨체로 표현한다. 즉,

$$\mathbf{x} = (x_1, x_2, \cdots, x_n)$$

이다. 모든 성분이 0 인 벡터는 $\mathbf{0}$ 으로 표현한다.

1.8.2 벡터, 점 및 화살표

실수 x 가 R 의 원소인 것처럼 벡터 (x_1, x_2) 는 R^2 의 원소이다. R 을 실직선으로 표현할 수 있는 것처럼 R^2 는 **직교좌표 (rectangular coordinates)** 로 나타낼 수 있다. 그림 1.6 에 서로 직각으로 교차하는 두 개의 실직선, 즉 직교좌표가 그려져 있다.[2]

x_1 을 사과의 소비량, x_2 를 배의 소비량이라고 하면 수평 축은 사과의 소비량을, 수직 축은 배의 소비량을 나타낸다. 사과 $\sqrt{2}$ 개와 배 2 개를 소비하는 것은 점 A 로 나타낼 수 있다. 따라서 벡터 $(\sqrt{2}, 2)$ 와 직교좌표 상의 점 A 는 사실상 동일한 양을 나타낸다. 다시 말해 실수를 실직선 상의 한 점으로 생각할 수 있는 것처럼 벡터도 직교좌표 R^2 의 한 점으로 생각할 수 있다. 실직선에서의 내부점, 외부점, 경계점, 집

[2] 직교좌표는 **데카르트 좌표 (Cartesian coordinate)** 로도 부른다.

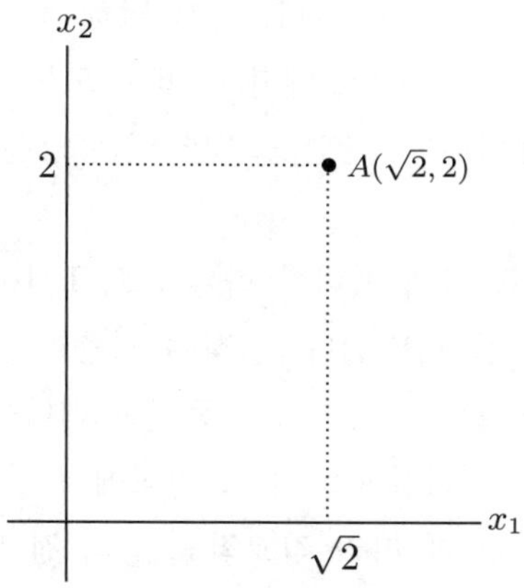

그림 1.6 R^2 에서의 직교좌표

적점과 같은 개념들과 여러 가지 유용한 결과들은 벡터를 R^2 의 한 점으로 생각하면 R^2 에서도 마찬가지로 성립한다.

마찬가지로 R^3 은 직각으로 교차하는 세 개의 실직선으로 표현되는 직교좌표로 나타낼 수 있다. 그림 1.7 에서 보는 바와 같이 $(x_1, x_2, x_3) = (4, 2, 6)$ 은 R^3 의 한 점으로 생각할 수 있다. $n \geq 4$ 이면 R^n 을 그림으로 표현하기는 어렵지만 앞에서와 마찬가지로

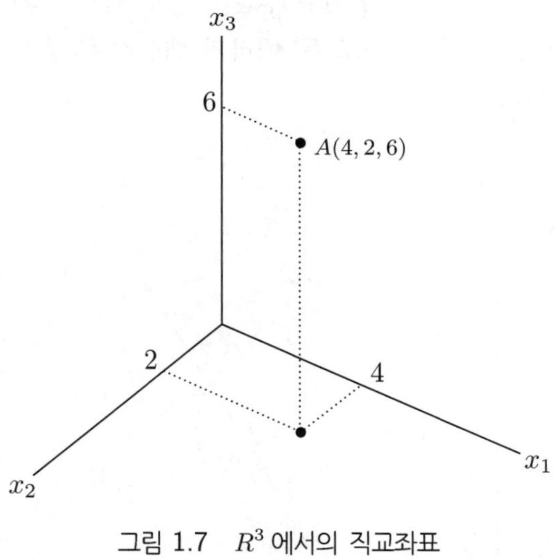

그림 1.7 R^3 에서의 직교좌표

$(x_1, x_2, \cdots, x_n)$ 을 R^n 의 한 점으로 생각할 수 있다.

벡터를 다른 관점에서 생각해 보자. 그림 1.8 에 직교좌표 상의 $(\sqrt{2}, 2)$ 는 $(0, 0)$ 에서 오른쪽으로 $\sqrt{2}$, 위로 2 의 위치에 존재한다. 이 점은 $(0, 0)$ 에서 약 $54.7°$ 의 방향으로 $\sqrt{6}$ 만큼 움직이면 도달한다. 따라서 벡터 $(\sqrt{2}, 2)$ 는 방향이 약 $54.7°$ 이고 길이가 $\sqrt{6}$

인 어떤 양을 나타낸다고 생각할 수 있다. 다시 말해 벡터는 방향과 크기(여기서는 길이)가 있는 양으로 정의할 수 있다. 예를 들어 속도는 속력(크기)과 방향에 의해 정의된다. 따라서 속도는 벡터이다. 반면 크기만 있는 양은 **스칼라**(scalar)라고 부르며 시간, 기온 등이 그 예이다.

그림 1.8에서는 직교좌표 상의 벡터를 화살표로 표시하고 있다. 화살표의 뾰족한 부분은 방향을, 길이는 크기를 나타낸다. 원점에서 출발하는 화살표와 그 오른 편에 있는 화살표는 같은 방향과 길이를 가지므로 동일한 벡터를 나타낸다. 그러나 편의상 이 장에서는 벡터를 나타내는 화살표는 주로 원점에서 출발하는 것으로 생각하기로 한다. 이렇게 하면 벡터를 필요에 따라 직교좌표 상의 점 또는 원점에서 그 점까지의 화살표로 구별하지 않고 생각할 수 있는 이점이 있다.

1.8.3 벡터의 연산

벡터들의 집합으로 무엇인가를 하기 위해서는 벡터들 간의 연산이 필요하다. 실수 체계에서는 누구나 자연스럽게 받아들이는 연산과 몇 가지 법칙이 있다. 벡터는 벡터가 가지고 있는 특수성 때문에 실수의 연산을 그대로 적용할 수는 없다. 아래에서는 세 개의 연산, 즉 벡터의 상등, 벡터의 합, 벡터의 스칼라곱에 대해 알아보기로 한다.

$(\sqrt{2}, 2)$와 $(2, 2)$는 두 벡터의 첫 번째 성분이 서로 다르기 때문에 서로 다른 벡터로 생각하는 것이 합리적이다. 반대로 두 벡터의 대응하는 성분이 같으면 두 벡터는 동일하다고 말할 수 있다.

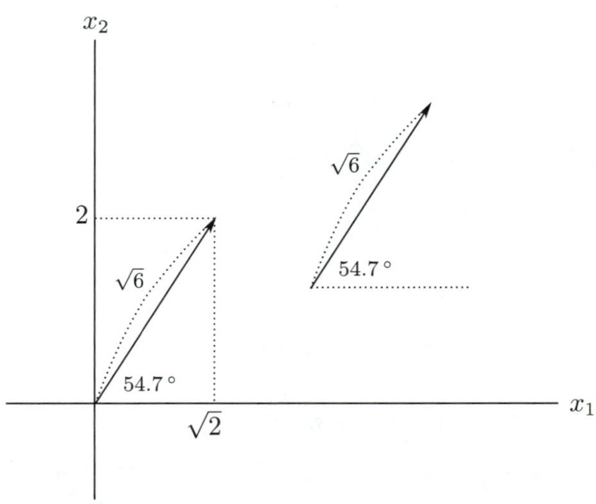

그림 1.8 화살표로 표현한 벡터

정의 1.14 (벡터의 상등 (equality)) $\mathbf{x}, \mathbf{y} \in R^n$ 일 때 $x_i = y_i \ (i = 1, 2, \cdots, n)$ 이면 두 벡터는 동일하다고 하며 $\mathbf{x} = \mathbf{y}$ 로 쓴다. 어떤 i 에 대해 $x_i \neq y_i$ 이면 $\mathbf{x}$ 와 $\mathbf{y}$ 는 다른 벡터라고 하며 $\mathbf{x} \neq \mathbf{y}$ 로 쓴다.

두 개의 벡터 $(\sqrt{2}, 2)$ 와 $(-1, 1.5)$ 의 합에 대해 생각해 보자. 직관적으로 두 벡터의 합은 각 벡터의 첫 번째 성분끼리 더한 값이 첫 번째 성분, 두 번째 성분끼리 더한 값이 두 번째 성분인 벡터로 정의하는 것이 자연스럽다. 이렇게 생각하면 $(\sqrt{2}, 2) + (-1, 1.5) = (\sqrt{2} - 1, 3.5)$ 가 된다.

정의 1.15 (벡터의 합 (addition)) $\mathbf{x}, \mathbf{y} \in R^n$ 이면 $\mathbf{x}+\mathbf{y} = (x_1+y_1, x_2+y_2, \cdots, x_n+y_n)$ 이다.

그림 1.9 에 $\mathbf{x} = (\sqrt{2}, 2)$, $\mathbf{y} = (-1, 1.5)$ 일 때 $\mathbf{x} + \mathbf{y} = (\sqrt{2} - 1, 3.5)$ 가 그려져 있다. 그림에서 볼 수 있는 것처럼 $\mathbf{x} + \mathbf{y}$ 는 원점에서 점 $\mathbf{x}$ 와 $\mathbf{y}$ 까지의 두 화살표에 의해 만

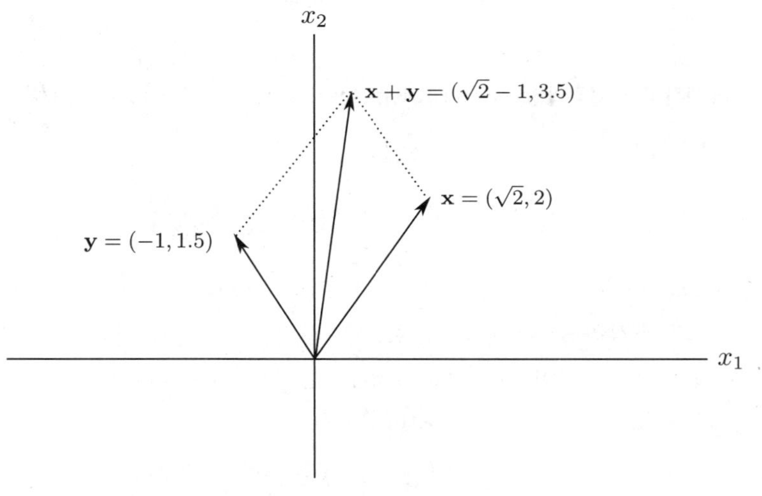

그림 1.9 벡터의 합

들어지는 평행사변형의 대각선에 해당하는 화살표로 표현된다. 이것을 **평행사변형 법칙 (parallelogram law)** 이라고 한다.[3]

벡터에 실수를 곱한 결과는 그 실수를 벡터의 각 성분에 곱해 얻은 벡터로 정의하는 것이 자연스럽다. 예를 들어 $1.5 \times (\sqrt{2}, 2) = (1.5\sqrt{2}, 3)$ 이 된다. 이 연산을 벡터의 스칼라곱이라고 한다. 그림 1.10 에 $\mathbf{x} = (\sqrt{2}, 2)$ 일 때 두 개의 스칼라곱 $1.5\mathbf{x}$ 와 $-1.5\mathbf{x}$

---

[3] 벡터를 화살표로 해석하면 평행사변형 법칙은 직교좌표와는 무관하게 성립한다.

가 나타나 있다. 이 그림에서 보는 바와 같이 양의 스칼라곱이면 방향은 바뀌지 않고 크기만 바뀌지만 음의 스칼라곱이면 크기도 바뀌고 방향은 반대가 된다.

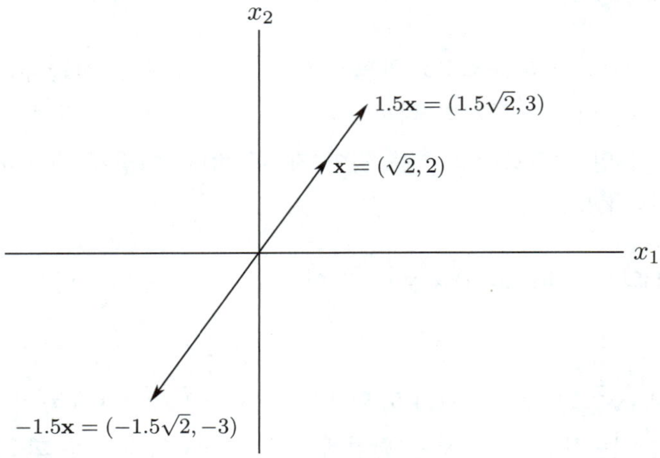

그림 1.10 벡터의 스칼라곱

정의 1.16 (벡터의 스칼라곱(scalar multiplication)) $a \in R$ 이고 $\mathbf{x} \in R^n$ 이면 $a\mathbf{x} = (ax_1, ax_2, \ldots, ax_n)$ 이다.

이 두 연산규칙을 이용해 여러 가지의 계산을 할 수 있다.

예제 1.15 $2(\sqrt{2}, 2) + (-1)(2, 2) = (2\sqrt{2}, 4) + (-2, -2) = (2\sqrt{2} - 2, 2)$ 이다. 첫 번째 등호는 벡터의 스칼라곱, 두 번째 등호는 벡터의 합 연산의 결과이다. 마찬가지로 $a, b \in R$ 이고 $\mathbf{x}, \mathbf{y} \in R^n$ 이면 $a\mathbf{x} + b\mathbf{y} = (ax_1, ax_2, \cdots, ax_n) + (by_1, by_2, \cdots, by_n) = (ax_1 + by_1, ax_2 + by_2, \cdots, ax_n + by_n)$ 이다.

$a(\mathbf{x} + \mathbf{y}) = a\mathbf{x} + a\mathbf{y}$ 와 같은 분배법칙도 성립하며 다음과 같이 확인할 수 있다. $a(\mathbf{x}+\mathbf{y}) = a(x_1+y_1, x_2+y_2, \cdots, x_n+y_n) = (ax_1+ay_1, ax_2+ay_2, \cdots, ax_n+ay_n) = (ax_1, ax_2, \cdots, ax_n) + (ay_1, ay_2, \cdots, ay_n) = a(x_1, x_2, \cdots, x_n) + a(y_1, y_2, \cdots, y_n)$ $= a\mathbf{x} + a\mathbf{y}$ 이다. ■

문제 1.26 (i) 위 예제의 $a(\mathbf{x}+\mathbf{y})$ 의 전개과정에서 벡터의 합과 스칼라곱 규칙이 어떻게 사용되는지를 확인하라. (ii) $(a + b)\mathbf{x} = a\mathbf{x} + b\mathbf{x}$ 임을 보여라. ■

$a = 1$, $b = -1$ 이면 $a\mathbf{x} + b\mathbf{y} = \mathbf{x} + (-1)\mathbf{y} = (x_1 - y_1, x_2 - y_2, \cdots, x_n - y_n)$ 이다. 기호를 간단히 하기 위해 $\mathbf{x} + (-1)\mathbf{y}$ 는 $\mathbf{x} - \mathbf{y}$ 로 쓰며 벡터의 **차(subtraction)** 라고 한다. $\mathbf{x} - \mathbf{y} = \mathbf{x} + (-1)\mathbf{y}$ 이므로 평행사변형의 법칙을 적용할 수 있으며 그림 1.11 에

$\mathbf{x}-\mathbf{y}$ 가 그려져 있다.

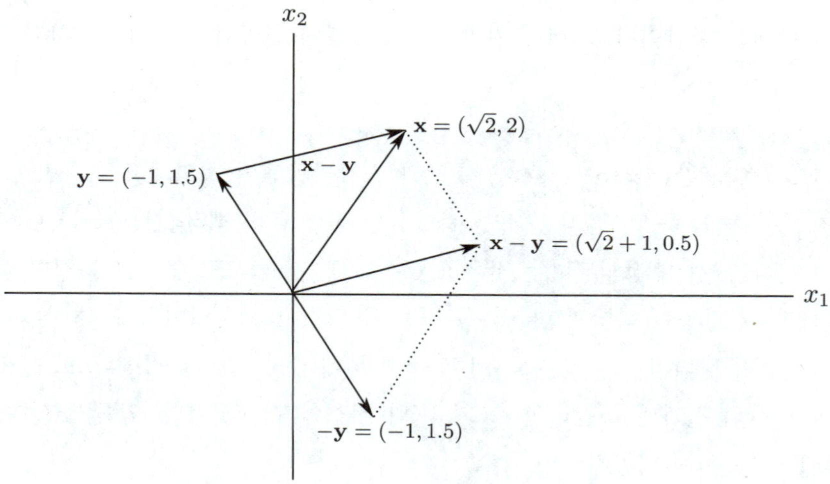

그림 1.11 벡터의 차

점 $\mathbf{y}$ 에서 출발해 점 $\mathbf{x}$ 로 향하는 화살표는 원점에서 출발해 점 $\mathbf{x}-\mathbf{y}$ 로 향하는 화살표와 방향과 크기가 같다. 다시 말해 $\mathbf{x}-\mathbf{y}$ 는 $\mathbf{x}+\mathbf{y}$ 를 구할 때 이용하는 평행사변형의 또 다른 대각선 화살표이다.

문제 1.27 (i) $\mathbf{x}=(-1,1)$ 이고 $\mathbf{y}=(2,1)$ 일 때 $2\mathbf{x}-0.5\mathbf{y}$ 를 계산하고 그 결과를 그림으로 표현하라. (ii) 다음을 보여라. (a) $\mathbf{x}-\mathbf{x}=\mathbf{0}$, (b) $\mathbf{x}-\mathbf{y}=\mathbf{0}$ 이면 $\mathbf{x}=\mathbf{y}$ 이고 그 역도 성립한다. ■

스칼라곱 외에도 두 벡터의 곱, 예를 들어 $(\sqrt{2},2)$ 과 $(-1,1.5)$ 의 곱을 생각할 수 있다. 벡터의 곱 정의는 두 가지가 있다. 여기서는 그 중 내적 (또는 **점곱 (dot product)**) 에 대해서 설명하고 다른 정의는 행렬에 대해 논의할 때 설명하기로 한다. 내적은 두 벡터의 대응하는 각각의 성분끼리 곱하고 그 결과를 모두 합한 실수이다.[4]

정의 1.17 (벡터의 내적 (inner product)) $\mathbf{x},\mathbf{y}\in R^n$ 일 때 $\mathbf{x}\mathbf{y}=\sum_{i=1}^{n}x_iy_i$ 이다.

예제 1.16 $\mathbf{x}=(\sqrt{2},2),\mathbf{y}=(-1,1.5)$ 이면 $\mathbf{x}\mathbf{y}=\sqrt{2}\times(-1)+2\times1.5=-\sqrt{2}+3$. ■

문제 1.28 (i) $(a\mathbf{x})\mathbf{y}=a(\mathbf{x}\mathbf{y})$ 임을 보여라. (ii) 분배법칙 $\mathbf{x}(\mathbf{y}+\mathbf{z})=\mathbf{x}\mathbf{y}+\mathbf{x}\mathbf{z}$ 와 $(\mathbf{x}+\mathbf{y})\mathbf{z}=\mathbf{x}\mathbf{z}+\mathbf{y}\mathbf{z}$ 이 성립함을 보여라. ■

---

[4] $\frac{\mathbf{x}}{\mathbf{y}}$ 와 같은 두 벡터의 나눗셈은 정의되지 않는다.

덧셈과 스칼라곱셈과 함께 내적 연산이 정의된 R^n 을 n 차원 **유클리드 공간 (Euclidean space)** 이라고 한다. 실직선 또는 $R = R^1$ 도 곱셈과 스카라 곱 및 내적이 정의되므로 유클리드 공간이다. 그러나 일반적으로 유클리드 공간은 R^n $(n \geq 2)$ 을 의미한다.[5]

Box 1.3 (벡터공간 (vector space)) 덧셈과 스칼라곱셈이 정의되고 교환법칙, 결합법칙, 분배법칙 등 몇 가지 공리가 성립하는 집합 V 를 **벡터공간 (vector space)** 이라고 한다. 덧셈이 정의된다는 것은 $\mathbf{x}, \mathbf{y} \in V$ 에 '덧셈'으로 불리는 특정한 연산을 행하면 그 결과인 벡터의 합 $\mathbf{x} + \mathbf{y}$ 가 V 의 원소이라는 의미이다. 마찬가지로 스칼라곱셈이 정의된다는 것은 $\mathbf{x} \in V$ 와 $a \in R$ 에 대해 '스칼라곱셈'으로 불리는 특정한 연산의 결과인 스칼라곱 $a\mathbf{x}$ 가 V 의 원소이라는 것이다. 앞에서 살펴 본 유클리드 공간은 벡터공간이다.

벡터공간을 정의를 이렇게 정의하면 반드시 크기와 방향이 있는 양만이 벡터라고 할 필요가 없다. 거꾸로 벡터공간의 원소가 벡터가 된다. 예를 들어 n 차 다항식 $a_0 + a_1x + \cdots + a_nx^n$ 들의 집합을 P, 다항식들의 합은 같은 차수의 항끼리 더하고 스칼라곱은 모든 항에 동일한 값을 곱하는 것으로 정의하자. $f(x) = a_0 + a_1x + \cdots + a_nx^n$, $g(x) = b_0 + b_1x + \cdots + b_nx^n$ 이라고 하면 $f(x)$, $g(x) \in P$ 이다. $f(x) + g(x) = (a_0 + b_0) + (a_1 + b_1)x + \cdots + (a_n + b_n)x^n$ 는 n 차 다항식이므로 $f(x) + g(x) \in P$ 이다. 또한 $a \in R$ 이면 $af(x) \in P$ 이므로 P 는 벡터공간이며 n 차 다항식은 P 에서의 벡터가 된다.

문제 1.29 $a \in R$ 이면 $af(x) \in P$ 임을 보여라. ■

1.8.4 거리와 노름

앞에서 실직선 상에서 몇 가지 중요한 개념을 논의할 때 묵시적으로 거리 개념을 사용하였다. 실직선과 직교좌표 상에서의 거리는 우리에게 이미 친숙한 개념이다. 실직선 상의 두 점 1과 3 사이의 거리는 $|1 - 3| = 2$ 이고 직교좌표상의 두 점 $(2\sqrt{2}, 3)$ 과 $(\sqrt{2}, 1)$ 간의 거리는 그림 1.12에서 보는 바와 같이 피타고라스 정리를 이용하면 $\sqrt{(2\sqrt{2} - \sqrt{2})^2 + (3 - 1)^2} = \sqrt{6}$ 이다.

---

[5] 유클리드 공간을 R^n 과 구별하기 위해 E^n 을 사용하기도 하나 이 책에서는 구별하지 않는다.

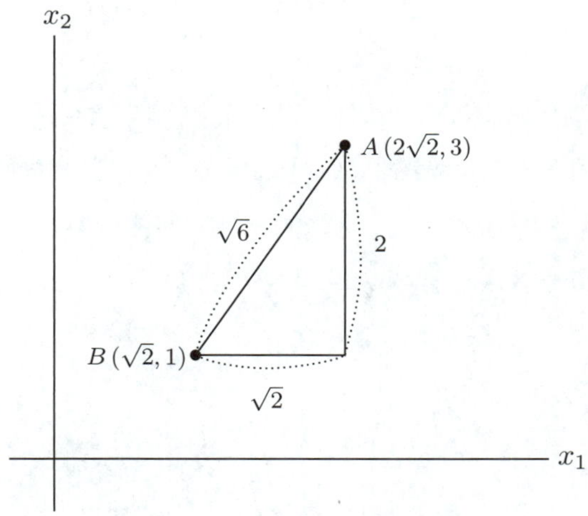

그림 1.12 두 점간의 거리

이 거리 개념을 R^n 으로 확장하자. $d(\mathbf{x}, \mathbf{y})$ 로 표현되는 두 벡터 $\mathbf{x}$ 와 $\mathbf{y}$ 간의 (유클리드) 거리는 다음과 같이 정의된다.

정의 1.18 (유클리드 거리 (Euclidean distance)) $\mathbf{x}$, $\mathbf{y} \in R^n$ 이라고 하자. $d(\mathbf{x}, \mathbf{y}) = \sqrt{(x_1 - y_1)^2 + (x_2 - y_2)^2 + \cdots + (x_n - y_n)^2}$ 을 유클리드 거리 (또는 간단히 거리) 라고 한다.

거리가 정의된 집합을 **거리공간 (metric space)** 이라고 한다. 따라서 유클리드 공간은 거리공간이다. $n = 1$ 이면 $d(x, y) = \sqrt{(x-y)^2} = |x - y|$ 인데 이것은 실직선에서의 두 점 x 와 y 간의 거리이다. $n = 2$ 이면 $d(\mathbf{x}, \mathbf{y}) = \sqrt{(x_1 - y_1)^2 + (x_2 - y_2)^2}$ 이므로 $d(\mathbf{x}, \mathbf{y})$ 는 실직선과 직교좌표 상에서의 거리 개념을 R^n 으로 확장한 것임을 알 수 있다. 거리함수 $d(\mathbf{x}, \mathbf{y})$ 는 다음 네 가지의 특성을 갖고 있다.

정리 1.8 $\mathbf{x}, \mathbf{y}, \mathbf{z} \in R^n$ 일 때 (i) $d(\mathbf{x}, \mathbf{y}) \geq 0$, (ii) $d(\mathbf{x}, \mathbf{y}) = 0 \Leftrightarrow \mathbf{x} = \mathbf{y}$, (iii) $d(\mathbf{x}, \mathbf{y}) = d(\mathbf{y}, \mathbf{x})$, (iv) $d(\mathbf{x}, \mathbf{y}) + d(\mathbf{y}, \mathbf{z}) \geq d(\mathbf{x}, \mathbf{z})$.

(i) 의 의미는 자명하다. (ii) 두 상이한 점 간의 거리는 양이고 어느 점에서 바로 그 점까지의 거리는 0 임이다. (iii) 두 점 사이의 거리는 측정 방향과는 무관하다. 따라서 $\mathbf{x}$ 에서 $\mathbf{y}$ 까지의 거리와 $\mathbf{y}$ 에서 $\mathbf{x}$ 까지의 거리를 구분할 필요 없이 $\mathbf{x}$ 와 $\mathbf{y}$ 사이의 거리로 생각하면 된다. (iv) 어느 점에서 다른 점으로 이동할 때, 또 다른 점을 거쳐 이동할 때의 거리가 직접 이동할 때의 거리보다 더 큼을 의미한다. (이것은 삼각형의 두 변

길이의 합은 나머지 한 변의 길이보다 더 크다는 것과 동일하다.)

Box 1.4 (거리 개념) 유클리드 거리는 우리에게 매우 익숙한 개념이다. 그러나 다시 생각해 보면 유클리드 거리 개념만이 유일한 거리 개념일 이유는 없다. 예를 들어 어린아이나 원시인 같으면 두 지점 사이의 거리를 멀다와 가깝다로만 인식할 수도 있다. 이 경우 $\mathbf{x}$와 $\mathbf{y}$ 간의 거리를 $d_0(\mathbf{x}, \mathbf{y})$ 라고 하면

$$d_0(\mathbf{x}, \mathbf{y}) = \begin{cases} 0, & \mathbf{x} = \mathbf{y} \\ 1, & \mathbf{x} \neq \mathbf{y} \end{cases}$$

로 정의할 수 있을 것이다. 여기서 0은 '가깝다', 1은 '멀다'를 의미한다.

문제 1.30 유클리드 거리의 성질 (iv)는 $\mathbf{x}, \mathbf{y}$와 $\mathbf{z}$가 모두 다른 점일 때 $d(\mathbf{x}, \mathbf{y}) + d(\mathbf{y}, \mathbf{z}) \geq d(\mathbf{x}, \mathbf{z})$로 대치할 수 있음을 보여라. ■

문제 1.31 $d_0(\mathbf{x}, \mathbf{y})$도 정리 1.8의 유클리드 거리가 갖는 네 특성을 만족함을 보여라. ((iv)에 대해서는 문제 1.30의 결과를 이용하라.) ■

$d_0(\mathbf{x}, \mathbf{y})$를 거리 개념으로 받아들인다면 거리는 정리 1.8의 네 특성을 갖는 어떤 양으로 정의할 수 있다. 이렇게 되면 유클리드 거리는 수 많은 거리 개념 중 하나가 된다.

문제 1.32 $\mathbf{x}, \mathbf{y} \in R^2$일 때 $d_1(\mathbf{x}, \mathbf{y}) = \max\{|x_1 - y_1|, |x_2 - y_2|\}$와 $d_2((\mathbf{x}, \mathbf{y}) = |x_1 - y_1| + |x_2 - y_2|$도 정리 1.8의 네 특성을 만족하기 때문에 거리 개념으로 사용할 수 있음을 보여라. ((iv)에 대해서는 문제 1.30의 결과를 이용하라.) ■

정의 1.19 ((유클리드) 노름(norm)) $\mathbf{x} \in R^n$이라고 하자. $\|\mathbf{x}\| = (\mathbf{x}\mathbf{x})^{1/2} = \sqrt{x_1^2 + x_2^2 + \cdots + x_n^2}$을 $\mathbf{x}$의 (유클리드) 노름이라고 한다.

예제 1.17 $\mathbf{x} = (\sqrt{2}, 2)$이면 $\|\mathbf{x}\| = \sqrt{(\sqrt{2})^2 + 2^2} = \sqrt{6}$이다. ■

정의에 의해 $d(\mathbf{x}, 0) = \|\mathbf{x}\|$이다. 따라서 $\mathbf{x}$의 노름은 원점에서 점 $\mathbf{x}$까지 거리다. 또 $\mathbf{x}$를 화살표로 생각하면 $\mathbf{x}$의 노름은 벡터 $\mathbf{x}$의 길이 또는 크기가 된다.

문제 1.33 (i) 다음을 보여라. (a) $x \in R$일 때 $\|x\| = |x|$, (b) $a \in R$이고 $\mathbf{x} \in R^n$일 때

$\|a\mathbf{x}\| = |a|\,\|\mathbf{x}\|$. (ii) $d(\mathbf{x},\mathbf{y}) = \|\mathbf{x}-\mathbf{y}\|$ 임을 보여라. (iii) $\mathbf{x} \in R^2$ 와 방향은 같고 길이가 1 인 벡터를 구하라. ■

정리 1.9 (코시-슈바르츠 부등식 (Cauchy-Schwarz inequality)) $\mathbf{x},\mathbf{y} \in R^n$ 이면 $|\mathbf{xy}| \le \|\mathbf{x}\|\,\|\mathbf{y}\|$ 이다.

예제 1.18 $\mathbf{x} = (1,1)$ 이고 $\mathbf{y} = (-1,-2)$ 이면 $|\mathbf{xy}| = 3 < \sqrt{10} = \|\mathbf{x}\|\,\|\mathbf{y}\|$ 이다. 위 정리에서 $\mathbf{y} = a\mathbf{x}$ $(a \in R)$ 이면 등호가 성립한다. 예를 들어 $\mathbf{y} = (-2,-2)$ 이면 $|\mathbf{xy}| = 4 = \|\mathbf{x}\|\,\|\mathbf{y}\|$ 이다. ■

정리 1.10 (삼각부등식 (triangle inequality), 역삼각부등식 (reverse triangle inequality)) $\mathbf{x},\mathbf{y} \in R^n$ 이면 (i) $\|\mathbf{x}+\mathbf{y}\| \le \|\mathbf{x}\| + \|\mathbf{y}\|$, (ii) $\|\mathbf{x}-\mathbf{y}\| \ge |\,\|\mathbf{x}\| - \|\mathbf{y}\|\,|$ 이다.

Box 1.5 (정리 1.10의 증명) (i) $(\|\mathbf{x}+\mathbf{y}\|)^2 = \|\mathbf{x}\|^2 + \mathbf{xy} + \mathbf{yx} + \|\mathbf{y}\|^2 \le \|\mathbf{x}\|^2 + 2|\mathbf{xy}| + \|\mathbf{y}\|^2 \le \|\mathbf{x}\|^2 + 2\|\mathbf{x}\|\|\mathbf{y}\| + \|\mathbf{y}\|^2 = (\|\mathbf{x}\| + \|\mathbf{y}\|)^2$ 이다. 두 번째 부등호는 코시-슈바르츠 부등식에 의해 성립한다. (ii) (i) 에 의해 $\|\mathbf{x}\| = \|(\mathbf{x}-\mathbf{y}) + \mathbf{y}\| \le \|\mathbf{x}-\mathbf{y}\| + \|\mathbf{y}\|$ 이므로 $\|\mathbf{x}-\mathbf{y}\| \ge \|\mathbf{x}\| - \|\mathbf{y}\|$ 이다. $\|\mathbf{x}\| - \|\mathbf{y}\| \ge 0$ 이면 (ii) 는 당연히 성립한다. $\|\mathbf{x}\| - \|\mathbf{y}\| < 0$ 이면 $\|\mathbf{y}-\mathbf{x}\| \ge \|\mathbf{y}\| - \|\mathbf{x}\|$ 이므로 $\|\mathbf{x}-\mathbf{y}\| = \|\mathbf{y}-\mathbf{x}\| \ge |\|\mathbf{y}\| - \|\mathbf{x}\|| = |\,\|\mathbf{x}\| - \|\mathbf{y}\|\,|$ 이다. □

예제 1.19 정리 1.8 (iv) $d(\mathbf{x},\mathbf{y}) + d(\mathbf{y},\mathbf{z}) \ge d(\mathbf{x},\mathbf{z})$ 를 다시 쓰면 $\|\mathbf{x}-\mathbf{y}\| + \|\mathbf{y}-\mathbf{z}\| \ge \|\mathbf{x}-\mathbf{z}\|$ 이다. $\mathbf{a} = \mathbf{x}-\mathbf{y}$, $\mathbf{b} = \mathbf{y}-\mathbf{z}$ 라고 하면 이 부등식은 $\|\mathbf{a}\| + \|\mathbf{b}\| \ge \|\mathbf{a}+\mathbf{b}\|$ 이다. 따라서 이 성질은 삼각부등식이다. ■

문제 1.34 $|x-y| + |y-z| \ge |x-z|$ 임을 보여라. ■

1.9 R^n 공간으로의 확장

실직선에서의 논의 (1.6 절 참조) 는 R^n 에서도 성립한다. 실직선에서 실수 x 의 ϵ 열린근방은 x 로부터의 거리가 $\epsilon\ (>0)$ 보다 작은 실수 집합으로 정의하였다. (유클리드) 거리 개념을 사용하면 x 의 열린근방은 $N_\epsilon(x) = \{y \in R \,|\, |y-x| < \epsilon\} = \{y \in R \,|\, d(x,y) < \epsilon\}$ 이다.

R^n 에서의 열린근방은 위 $N_\epsilon(x)$ 의 정의에서 실수 x 와 y 를 벡터 $\mathbf{x}$ 와 $\mathbf{y}$ 로, 실수

집합 R을 n 벡터의 집합 R^n 으로 대치한 것으로 정의할 수 있다. 다시 말해 $\mathbf{x} \in R^n$ 의 ϵ 열린근방은 점 $\mathbf{x}$ 로부터의 거리가 $\epsilon\,(>0)$ 보다 작은 n 벡터들의 집합이다. 실직선에서의 중요한 개념들과 결과들은 R^n 에서의 열린근방을 이용해 적절히 바꾸면 (예를 들어 실수를 벡터로, R을 R^n 으로) R^n 에서의 개념들과 결과들이 된다.

정의 1.20 (열린근방) $\mathbf{x} \in R^n$ 와 어떤 $\epsilon > 0$ 에 대해

$$N_\epsilon(\mathbf{x}) = \{\mathbf{y} \in R^n \mid d(\mathbf{x}, \mathbf{y}) < \epsilon\}$$

를 $\mathbf{x}$ 의 ϵ 열린근방 (간단히 열린근방 또는 근방) 이라고 하며 $N_\epsilon(\mathbf{x})$ 또는 $N(\mathbf{x})$ 로 쓴다.

예제 1.20 $\mathbf{x} \in R^2$ 을 생각하자. $N_\epsilon(\mathbf{x})$ 는 그림 1.13에 나타나 있는 것과 같이 중심이 $\mathbf{x}$ 이고 반지름이 ϵ 이며 주위가 포함되지 않은 **열린원반 (open disc)** 이다. ■

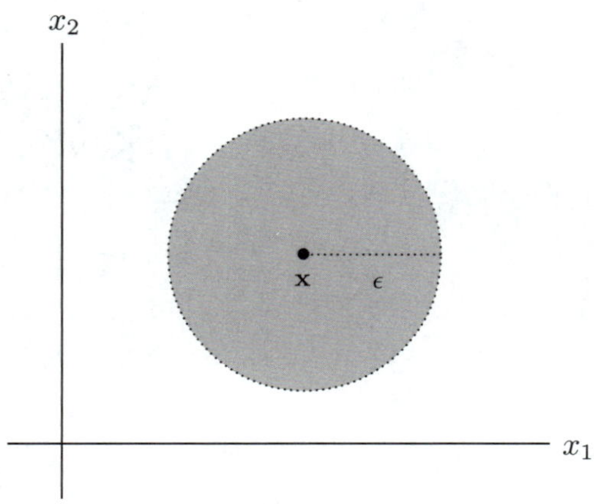

그림 1.13 열린원반

문제 1.35 $\mathbf{x} \in R^3$ 때 $N_\epsilon(\mathbf{x})$ 를 **열린공 (open ball)** 이라고 한다. 그 이유를 설명하라. ■

실직선에서의 결과를 위에서 정의한 열린근방을 이용하여 R^n 으로 확장하자.

정의 1.21

(i) **(내부점)** $\mathbf{x} \in R^n$ 이라고 하자. X 에 포함되는 $\mathbf{x}$ 의 열린근방이 존재하면 $\mathbf{x}$ 는 X 의 내부점이라고 한다.

(ii) **(외부점)** $\mathbf{x} \in R^n$ 가 X^c 의 내부점이면 $\mathbf{x}$ 를 X 의 외부점이라고 한다.

(iii) **(경계점)** $\mathbf{x} \in R^n$ 의 모든 열린근방이 X 에 속하는 점과 X^c 에 속하는 점을 가지면

$\mathbf{x}$를 X의 경계점이라고 한다.

예제 1.21 그림 1.14에서 $\mathbf{x}$ 주위에 X에 완전히 포함되는 열린근방(짙은 회색으로 표현된 부분)이 있으므로 $\mathbf{x}$는 X의 내부점이다. ■

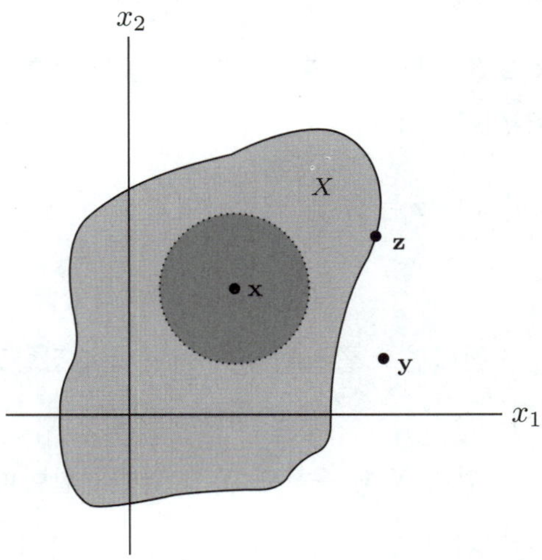

그림 1.14 내부점, 외부점, 경계점

문제 1.36 그림 1.14에서 $\mathbf{y}$는 X의 외부점, $\mathbf{z}$는 X의 경계점임을 보여라. ■

예제 1.22 $X = (0, 1)$이라고 하자. $X \subset R$이면 0.5는 내부점이지만 $X \subset R^2$이면 0.5을 둘러싼 열린원반은 $(0, 1)$에 포함되지 않으므로 내부점이 아니다. 이것은 전체집합이 어떻게 정의되는지에 따라 결과가 달라질 수 있는 예이다. ■

정의 1.22 (열린집합) $X \subset R^n$의 모든 점이 내부점이면 X는 열린집합이다.

문제 1.37 그림 1.14의 X는 열린집합이 아니고 X^c는 열린집합임을 보여라. ■

정리 1.11

(i) R^n에서의 열린집합의 유한합집합과 가산무한합집합은 열린집합이다.

(ii) R^n에서의 열린집합의 유한교집합은 열린집합이다.

정의 1.23 (닫힌집합) $X^c \subset R^n$가 열린집합이면 X를 닫힌집합이라고 한다.

문제 1.38 위 정의를 이용해 그림 1.14의 (i) X는 닫힌집합이고 (ii) $X-\{\mathbf{x}\}$와 $X-\{\mathbf{z}\}$

는 닫힌집합이 아님을 보여라. ■

정리 1.12

(i) R^n 에서의 닫힌집합의 유한합집합은 닫힌집합이다.

(ii) R^n 에서의 닫힌집합의 유한교집합과 가산무한교집합은 닫힌집합이다.

정의 1.24 (집적점) $\mathbf{x} \in R^n$ 의 모든 열린근방이 $\mathbf{x}$ 를 제외한 $X \subset R^n$ 의 어떤 점을 가지면 $\mathbf{x}$ 를 X 의 집적점이라고 한다.

문제 1.39 그림 1.14 에서 $\mathbf{x}$ 와 $\mathbf{z}$ 는 X 의 집적점이고 $\mathbf{y}$ 는 집적점이 아님을 보여라. ■

정리 1.13

(i) $\mathbf{x} \in R^n$ 가 X 의 집적점이면 $\mathbf{x}$ 를 포함하는 어떤 열린집합도 X 에 속하는 점들을 무한히 많이 가진다.

(ii) $X \in R^n$ 의 모든 집적점이 X 에 속하면 X 는 닫힌집합이며 그 역도 성립한다.

(iii) $X \subset R^n$ 의 모든 경계점이 X 에 속하면 X 는 닫힌집합이며 그 역도 성립한다.

문제 1.40 위 정리의 (i), (ii), (iii) 을 이용해 문제 1.38 을 다시 풀어라. ■

정의 1.25

(i) **(유계집합)** 모든 $\mathbf{x}, \mathbf{y} \in X \subset R^n$ 에 대해 $d(\mathbf{x}, \mathbf{y}) < \infty$ 이면 X 를 유계집합이라고 한다.

(ii) **(컴팩트집합)** $X \subset R^n$ 가 유계집합이고 닫힌집합이면 컴팩트집합이라고 한다.

문제 1.41 (i) 그림 1.14 에서 X 는 컴팩트집합이고 X^c 는 컴팩트집합이 아님을 보여라. (ii) 다음 각 집합의 내부점, 외부점, 경계점, 집적점을 구하고 열린집합 또는 닫힌집합인지를 확인하라. (a) $C = \{(x_1, x_2) | 1 - x_1^2 - x_2^2 \geq 0\}$, $C' = \{(x_1, x_2) | 1 - x_1^2 - x_2^2 = 0\}$, $C'' = \{(x_1, x_2) | 1 - x_1^2 - x_2^2 > 0\}$. (b) $S_1 = \{x \,|\, 0 \leq x < 2\}$ 이고 $S_2 = \{x \,|\, 1 < x \leq 3\}$ 일 때 $S_1 \times S_2$. ■

1.10 볼록집합

볼록집합은 3 편과 4 편에서 다룰 최적화 이론에서 중요한 역할을 한다. 볼록집합을 정의하기 위해 먼저 볼록결합의 개념을 살펴보자.

정의 1.26 (볼록결합(convex combination)) $X \subset R^n$ 을 생각하자. $t_i \in R$ $(i = 1, 2, \cdots, k)$, $\sum_{i=1}^{k} t_i = 1$ $(t_i \geq 0)$ 이고 $\mathbf{x}^i \in X$ $(i = 1, 2, \cdots, k)$ 이면 $\mathbf{x}^t = \sum_{i=1}^{k} t_i \mathbf{x}^i$ 를 $\mathbf{x}^i$ 들의 볼록결합이라고 한다.

$\mathbf{x}^t = t\mathbf{x}^1 + (1-t)\mathbf{x}^2$ 를 $\mathbf{x}^1$ 과 $\mathbf{x}^2$ 의 볼록결합이라고 하자. 그림 1.15 (a) 에서 두 점 $\mathbf{x}^1$ 과 $\mathbf{x}^2$ 를 연결하는 직선은 $\mathbf{x}^1$ 과 $\mathbf{x}^2$ 의 볼록결합의 집합을 나타낸다. (Box 1.6 참조.) $t = 0$ 이면 $\mathbf{x}^t = \mathbf{x}^2$ 이고 $t = 1$ 이면 $\mathbf{x}^t = \mathbf{x}^1$ 이다. t 가 증가하면 $\mathbf{x}$ 는 $\mathbf{x}^1$ 쪽으로

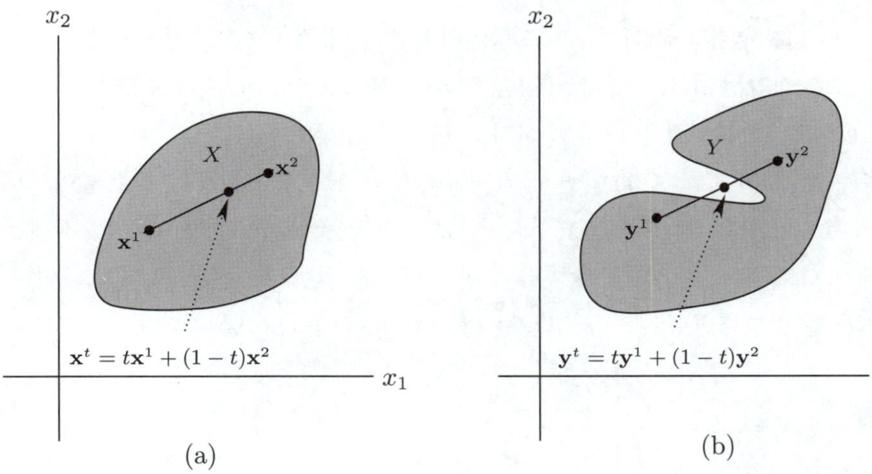

그림 1.15 볼록결합

움직인다. (b) 의 Y 와 $\mathbf{y}^t$ 에 대해서도 마찬가지로 생각할 수 있다.

정의 1.27 (볼록집합(convex set)) $X \subset R^n$ 을 생각하자. 임의의 $\mathbf{x}^1$, $\mathbf{x}^2 \in X$ 의 모든 볼록결합이 X 에 속하면 X 를 볼록집합이라고 한다.

예제 1.23 위 정의에 의해 X 의 임의의 두 점을 연결한 선이 X 안에 있게 되면 X 는 볼록집합이다. 그림 1.15 (a) 의 X 는 볼록집합이지만 (b) 의 Y 는 볼록집합이 아니다. ■

예제 1.24 $\mathbf{x}^1, \mathbf{x}^2 \in X$ 라고 하자. $C = \{\mathbf{x} \,|\, \mathbf{x} = t\mathbf{x}^1 + (1-t)\mathbf{x}^2 \ (0 \leq t \leq 1)\}$ 는 $\mathbf{x}^1$ 과 $\mathbf{x}^2$ 의 볼록결합의 집합이며 $\mathbf{x}^1$ 과 $\mathbf{x}^2$ 를 연결한 직선이다. 이 직선 상의 임의의 두 점을 연결하면 그 직선에 포함되므로 C 는 볼록집합이다.

이것을 볼록집합의 정의를 이용해 다시 생각해보자. $\mathbf{x}', \mathbf{x}'' \in C$ 이면 $\mathbf{x}' = t'\mathbf{x}^1 + (1-t')\mathbf{x}^2$ $(0 \leq t' \leq 1)$ 과 $\mathbf{x}'' = t''\mathbf{x}^1 + (1-t'')\mathbf{x}^2$ $(0 \leq t'' \leq 1)$ 로 쓸 수 있다.

$0 \le t \le 1$ 이므로 $t\mathbf{x}' + (1-t)\mathbf{x}'' = t(t'\mathbf{x}^1 + (1-t')\mathbf{x}^2) + (1-t)(t''\mathbf{x}^1 + (1-t'')\mathbf{x}^2)$ 이다. $s = tt' + (1-t)t''$ 이라고 하자. $0 \le s \le 1$ 이므로 $t\mathbf{x}' + (1-t)\mathbf{x}'' = s\mathbf{x}^1 + (1-s)\mathbf{x}^2 \in C$ 이다. ■

문제 1.42 위 예제에서 (i) $0 \le s \le 1$, (ii) $t\mathbf{x}' + (1-t)\mathbf{x}'' = s\mathbf{x}^1 + (1-s)\mathbf{x}^2 \in C$ 임을 보여라. ■

Box 1.6 (볼록결합의 집합) 아래 그림에서 OA 상의 점 C 에서 OB 와 평행인 직선을 그어 대각선 AB 와 만나는 점을 E 라고 하고 E 에서 OA 와 평행인 직선을 그려 OB 와 만나는 점을 D 라고 하자.

$\frac{OC}{OA} = t \ (0 \le t \le 1)$ 이면 삼각형 ACE 와 삼각형 AOB 는 닮은꼴이므로 $\frac{OD}{OB} = 1-t$ 이다. 점 A 를 벡터 $\mathbf{x}^1$, 점 B 를 벡터 $\mathbf{x}^2$ 라고 하자. OC 의 길이는 $t\|\mathbf{x}^1\|$ 이므로 점 C 는 벡터 $t\mathbf{x}^1$ 이다. 마찬가지로 점 D 는 벡터 $(1-t)\mathbf{x}^2$ 이다. $OCED$ 는 평행사변형이므로 점 E 는 $\mathbf{x}^t = t\mathbf{x}^1 + (1-t)\mathbf{x}^2$ 를 나타낸다.

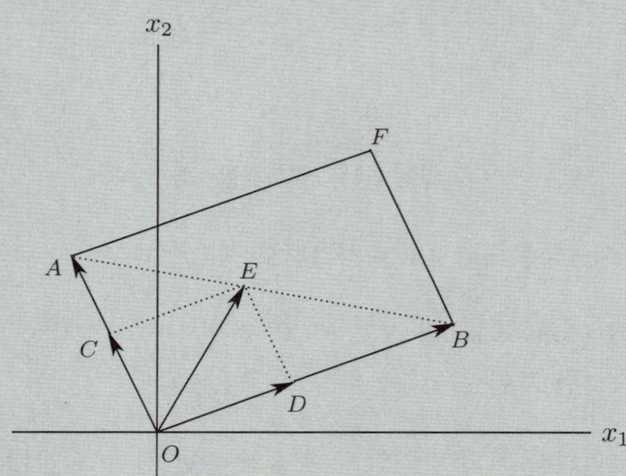

그림 1.16 볼록결합의 집합

문제 1.43 x_1-x_2 평면 상의 세 점 $\mathbf{x}^1, \mathbf{x}^2, \mathbf{x}^3$ 의 볼록결합의 집합은 이 세 점들을 연결한 삼각형과 그 내부의 점임을 보여라. ■

예제 1.25 $H = \{\mathbf{x} \in R^n \mid \mathbf{ax} = b \ (\mathbf{a} \in R^n, b \in R)\}$ 을 **초평면** (hyperplane) 이라고

한다. $\mathbf{x}', \mathbf{x}'' \in H$ 에 대해 $t\mathbf{x}' + (1-t)\mathbf{x}''$ $(0 \le t \le 1)$ 을 생각하자. $\mathbf{a}(t\mathbf{x}' + (1-t)\mathbf{x}'') = t\mathbf{ax}' + (1-t)\mathbf{ax}'' = tb + (1-t)b = b$ $(0 \le t \le 1)$ 이므로 $t\mathbf{x}' + (1-t)\mathbf{x}'' \in H$ 이다. 따라서 H 는 볼록집합이다.

그림 1.17에 초평면 $\mathbf{ax} = b$가 그려져 있다. 이 초평면 상의 두 점 $\mathbf{x}^1$과 $\mathbf{x}^2$를 생각하자. $\mathbf{ax}^1 = \mathbf{ax}^2 = b$이므로 $\mathbf{a}(\mathbf{x}^2 - \mathbf{x}^1) = 0$이다. 두 벡터의 내적이 0이면 이 두 벡터 간의 각도는 90° 이므로 (62-63쪽의 코사인 법칙 참조) $\mathbf{a}$는 초평면과 직각을 이룬다. (그림에서는 $a_1, a_2 > 0$이 가정되어 있다. $a_1, a_2 < 0$이면 화살표의 방향은 반대가 된다.) ■

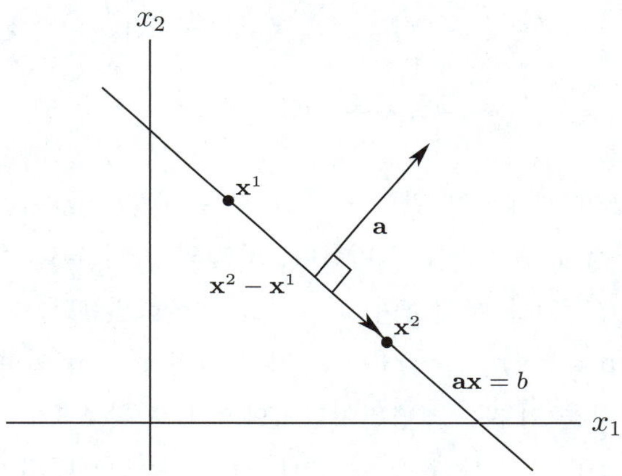

그림 1.17 초평면

문제 1.44 다음 집합들에 대해 볼록집합 여부를 확인하라. (i) R^n, (ii) $H^0 = \{\mathbf{x} \in R^n \,|\, \mathbf{ax} \le b, \mathbf{a} \in R^n, b \in R\}$, $H^1 = \{\mathbf{x} \in R^n \,|\, \mathbf{ax} < b, \mathbf{a} \in R^n, b \in R\}$, (iii) $X^0 = \{(x_1, x_2) \in R^2 \,|\, x_1^2 + x_2^2 = a^2, a \in R\}$, $X^1 = \{(x_1, x_2) \in R^2 \,|\, x_1^2 + x_2^2 \le a^2, a \in R\}$, $X^2 = \{(x_1, x_2) \in R^2 \,|\, x_1^2 + x_2^2 \ge a^2, a \in R\}$. ■

예제 1.26 다음과 같은 간단한 생산 모형을 생각하자. l을 노동 투입량, x를 X재의 산출량이라고 하자. (이 모형과 관련된 몇 가지 개념적 문제에 대해서는 2.6.1절 참조.) 기술적으로 가능한 l과 x의 조합들의 집합 $P = \{(-l, x)\}$를 **생산가능집합 (production possibilities set)** 이라고 한다. 다시 말해 $(-l, x) \in P$이면 노동 l 단위를 투입하여 X재를 x 단위 생산할 수 있다.

그림 1.18에 볼록집합인 P가 그려져 있다. $(0,0) \in P$이므로 노동 투입 없이는 생산이 이루어지지 않는다. P 윗부분의 경계선은 l이 주어질 때 얻을 수 있는 최대의

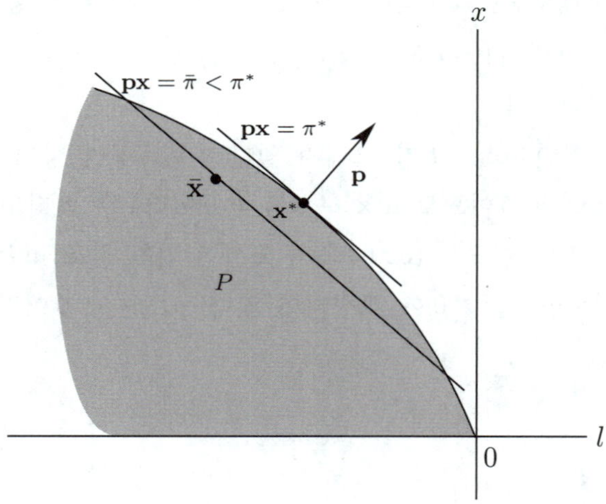

그림 1.18 생산가능집합

생산량을 나타낸다. 이 경계선이 위로 볼록한 것은 대략 노동 투입량을 증가시킬 때 늘어나는 생산량이 점차 감소함을 의미한다. X 재의 가격을 $p_x > 0$, 임금을 $w > 0$ 이라고 하자. 노동 l 단위를 투입하여 x 단위를 생산하면 (단, $(-l, x) \in P$) 이윤은 $\pi = p_x x - wl$ 이다. $\mathbf{p} = (w, p_x)$, $\mathbf{x} = (-l, x)$ 라고 하면 $\pi = \mathbf{px}$ 이다. 이 식을 만족하는 $\mathbf{x}$ 의 집합은 $\mathbf{p}$ 와 직각을 이루는 초평면이다. (예제 1.25 참조.) π 값에 따라 $\pi = \mathbf{px}$ 의 위치가 달라지며 π 값이 클 수록 위에 위치한다. $\bar{\mathbf{x}}$ 를 선택할 때의 이윤은 $\bar{\pi}$ 이고 $\mathbf{x}^*$ 를 선택할 때의 이윤은 $\pi^* > \bar{\pi}$ 이다. 그림으로부터 생산자가 이윤을 최대로 하려면 $\mathbf{x}^*$ 를 선택하여야 함을 알 수 있다. ■

문제 1.45 위 예제에서 생산자가 이윤 최대화를 목표로 한다고 하자. (i) 생산자가 노동 투입량을 무한히 증가시켜 생산량을 무한히 크게 하지 않는 이유를 직관적으로 설명하라. (ii) Y 의 굵은 경계선이 아닌 점을 선택할 가능성이 없는 이유를 설명하라. (iii) p_x 가 약간 증가할 때 생산자의 선택이 어떻게 달라지는지 설명하라. (iv) Y 의 굵은 경계선이 아래로 볼록할 때 생산자의 선택에 대해 논의하라. ■

그림 1.19 에 두 개의 볼록집합 X 와 Y, 그리고 $X \bigcap Y$((a)) 와 $X \bigcup Y$((b)) 가 그려져 있다. $X \bigcap Y$는 볼록집합이지만 $X \bigcup Y$는 볼록집합이 아니다.

정리 1.14 X 와 Y가 볼록집합이면 $X \bigcap Y$는 볼록집합이다.

볼록집합의 경계선이 직선을 포함하지 않으면 순볼록집합이라고 한다. 그런데 직선 상의 점은 직선의 양 끝 점들의 볼록집합으로 표현할 수 있음을 생각하면 순볼록집

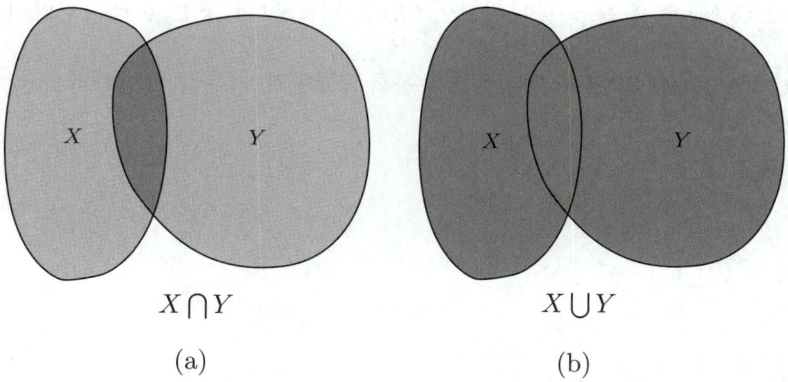

그림 1.19 볼록집합의 교집합과 합집합

합은 다음과 같이 정의할 수 있다. 먼저 극점을 정의하자.

정의 1.28 (극점 (extreme point)) 볼록집합의 한 점이 그 집합의 두 점의 볼록결합으로 표현할 수 없으면 극점이라고 한다.

예제 1.27 그림 1.20 에서 집합 X 는 볼록집합이다. 점 $\mathbf{x}^1$ 은 X 의 어떤 두 점의 볼록결합으로도 표현할 수 없으므로 극점이다. 그러나 $\mathbf{x}^2$ 는 선분 AB 상의 임의의 두 점의 볼록결합으로 표현할 수 있으므로 극점이 아니다. 마찬가지로 $\mathbf{x}^3$ 도 극점이 아니다. ■

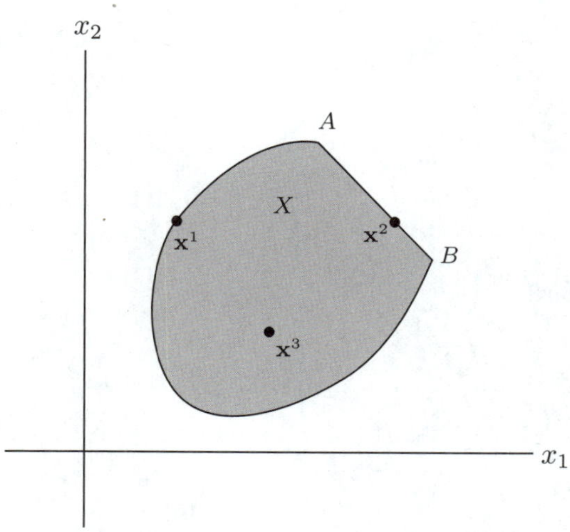

그림 1.20 극점

정의 1.29 (순볼록집합 (strictly convex set)) $X \subset R^n$ 가 볼록집합일 때 모든 경계점이 극점이면 X 를 순볼록집합이라고 한다.

그림 1.15 (a)의 X는 순볼록집합이지만 그림 1.20의 X는 순볼록집합이 아니다.

문제 1.46 문제 1.44의 볼록집합들이 순볼록집합인지 여부를 확인하라. ■

부 록

1.A 합기호

1에서 10까지 더한 값 55는 $1+2+3+4+5+6+7+8+9+10 = 55$ 또는 $1+2+\cdots+10 = 55$ 등으로 표현할 수 있다. 그러나 더하는 수가 많거나 불규칙적이면 이와 같은 방법으로 표현하는 것은 쉽지 않다. **합 (summation)** 을 나타내는 기호로 '$\sum$' 가 사용된다.

$1+2+3+4+5+6+7+8+9+10$은 $\sum_{i=1}^{10} i$로 간결하게 나타낼 수 있다. i가 정수일 때 $\sum_{i=1}^{10} i$는 i를 1에서 10까지 순차적으로 증가시키고 기호 '$\sum$'의 오른쪽에 있는 i에 해당하는 항들을 구해 모두 더한다는 의미이다. i에 해당하는 항이 x_i이고 i는 m에서 n $(n \geq m)$까지 증가한다고 하면 $\sum_{i=m}^{n} x_i$는 $x_m + x_{m+1} + \cdots + x_n$이다.

예제 1.A.1 세 수 3, 10, 2의 평균은 다음과 같이 표현할 수 있다. $x_1 = 3$, $x_2 = 10$, $x_3 = 2$이라고 하면 이 세 수의 평균은 $\frac{\sum_{i=1}^{3} x_i}{3} = \frac{x_1+x_2+x_3}{3} = 5$이다. 마찬가지로 $x_3 = 3$, $x_4 = 10$, $x_5 = 2$이면 이 세 수의 평균은 $\frac{\sum_{i=3}^{5} x_i}{3} = \frac{x_3+x_4+x_5}{3} = 5$이다. ■

문제 1.A.1 $x_2 = 3$, $x_3 = 10$, $x_4 = 2$이고 '$\sum$'의 오른쪽 항을 x_{i-2}로 표현할 때 이 세 수의 평균을 합기호를 이용해 표현하라. ■

합기호는 다음과 같은 몇 가지 유용한 성질을 갖고 있어 복잡한 계산을 간단하게 해 준다. c가 실수일 때

(i) $\sum_{i=1}^{n} c = nc$,

(ii) $\sum_{i=1}^{n} cx_i = c\sum_{i=1}^{n} x_i$,

(iii) $\sum_{i=1}^{n}(x_i + y_i) = \sum_{i=1}^{n} x_i + \sum_{i=1}^{n} y_i$,

(iv) $\sum_{i=1}^{n} i = \frac{n(n+1)}{2}, \sum_{i=1}^{n} i^2 = \frac{n(n+1)(n+2)}{6} = \frac{n^3}{3} + \frac{n^2}{2} + \frac{n}{6}$.

문제 1.A.2 $\sum_{i=1}^{n}(ax_i + by_i + c) = a\sum_{i=1}^{n} x_i + b\sum_{i=1}^{n} y_i + nc$임을 보여라. ■

이중합 (double summation) 기호가 필요한 경우도 있다. 다음과 같이 배열된 숫자들의 합을 구하는 문제를 생각하자.

$$\begin{matrix} a_{11} & a_{12} & a_{13} \\ a_{21} & a_{22} & a_{23} \end{matrix} = \begin{matrix} 1 & -1 & 3 \\ 2 & 4 & -2 \end{matrix}.$$

이 숫자들의 합은 첫 번째 행의 합과 두 번째 행의 합을 각각 구하고 그 결과를 더하면 된다. 합을 S라고 하면 $S = (a_{11}+a_{12}+a_{13})+(a_{21}+a_{22}+a_{23}) = (1+(-1)+3)+(2+4+(-2)) = 7$이다. 이 식을 합기호를 이용하면 $S = \sum_{j=1}^{3} a_{1j} + \sum_{j=1}^{3} a_{2j} = 3+4 = 7$ 나타내 수 있다. 그런데 $\sum_{j=1}^{3} a_{1j}$는 a의 첫 아래첨자가 1인 수들을 합한 것이고 $\sum_{j=1}^{3} a_{2j}$는 a의 첫 아래첨자가 2인 수들을 합한 것이다. $b_1 = \sum_{j=1}^{3} a_{1j}$, $b_2 = \sum_{j=1}^{3} a_{2j}$ 라고 하면 $S = b_1 + b_2 = \sum_{i=1}^{2} b_i$로 쓸 수 있고 이 식에 $b_i = \sum_{j=1}^{3} a_{ij}$를 대입하면 $S = \sum_{i=1}^{2}(\sum_{j=1}^{3} a_{ij})$로 쓸 수 있다.

그런데 S는 첫 번째 열의 합, 두 번째 열의 합, 세 번째 열의 합을 구하고 그 결과를 모두 더해 구할 수도 있다. 즉, $S = (a_{11}+a_{21})+(a_{12}+a_{22})+(a_{13}+a_{23}) = (1+2)+(-1+4)+(3+(-2)) = 7$이다. $b^1 = \sum_{i=1}^{2} a_{i1}$, $b^2 = \sum_{i=1}^{2} a_{i2}$, $b^3 = \sum_{i=1}^{2} a_{i3}$이라고 하면 이 식은 $S = \sum_{j=1}^{3} b^j = \sum_{j=1}^{3}(\sum_{i=1}^{2} a_{ij})$으로 다시 쓸 수 있다. 위에서의 결과와 결합하면 $S = \sum_{i=1}^{2}(\sum_{j=1}^{3} a_{ij}) = \sum_{j=1}^{3}(\sum_{i=1}^{2} a_{ij})$이므로 '( )'는 사용할 필요가 없다. i는 $1, 2, \cdots, m$까지, j는 $1, 2, \cdots, n$까지 변하면

$$\sum_{i=1}^{m}\sum_{j=1}^{n} a_{ij} = \sum_{j=1}^{n}\sum_{i=1}^{m} a_{ij}$$

이다.

예제 1.A.2 $\sum_{i=1}^{m}\sum_{j=1}^{n} c_j a_{ij} = \sum_{j=1}^{n}\sum_{i=1}^{m} c_j a_{ij}$이다. 그런데 $\sum_{i=1}^{m} c_j a_{ij}$에서 c_j는 i의 변화와 무관하므로 이 합에 관한한 상수와 다를 바 없다. 따라서 $\sum_{i=1}^{m} c_j a_{ij} = c_j \sum_{i=1}^{m} a_{ij}$이다. 이것을 원래 식에 대입하면 $\sum_{i=1}^{m}\sum_{j=1}^{n} c_j a_{ij} = \sum_{j=1}^{n} c_j \sum_{i=1}^{m} a_{ij}$이다. ■

CHAPTER 2

함 수

함수는 특별한 형태의 관계이며 경제/경영학에서 가장 널리 쓰이는 수학적 도구이다. 이 장에서는 함수의 정의, 이와 관련된 중요한 개념들과 함께 우리에게 친숙한 여러 가지 함수들에 대해 살펴본다.

2.1 관 계

현실 속의 우리의 삶은 관계로 이루어진다. 가족관계, 친구관계, 직장 동료들 간의 관계와 같은 사회적 관계로부터 생산과 투자, 소비, 대차관계, 구인/구직 등 경제적 관계에 이르기까지 수많은 관계 속에서 살고 있다. 새로운 관계를 맺고 훼손된 관계를 회복하고 기왕의 관계를 개선하기 위한 노력은 우리가 매일 매일 일상적으로 경험하는 일이다. 가정주부가 가족들의 건강을 위해 저녁 식단을 어떻게 할 것인가에 고심하는 것이나 공장장이 생산성을 높이기 위해 노력하는 것이 그 예가 될 것이다.

이와 같이 모든 개인이 알게 모르게 자신을 둘러싼 관계에 대해 생각하고 더 좋은 관계를 갖기 위해 노력하지만 학문적으로는 관계가 무엇인지, 어떻게 정의해야 하는지가 일차적인 관심 대상이다. 수학에서는 관계로 불릴 수 있는 다양한 형태의 그 무엇으로부터 공통적 특성을 추출해 일반화하는 것으로 시작한다. 이렇게 정의된 관계와 이에 부수된 개념들은 공통적으로 사용할 수 있는 의사소통의 출발점으로서 개념적

혼란을 없애고 보편타당한 연구를 가능케 한다는 점에서 큰 의미가 있다. 그러나 구체적 사안별로, 개인별로 특화된 문제를 분석하고 대안을 찾는 데는 한계가 있을 수밖에 없다.

수학적으로 '**관계 (relation)**'는 두 변량 사이의 연결 상태를 의미한다. 이 개념은 간결하다는 장점이 있지만 보다 심도 있는 연구를 하기에는 추상적이고 일반적이다. 경제/경영학에서는 관계 개념에 어느 정도의 제약이 가해진 특수한 형태의 관계 즉, '함수'를 주로 사용한다. 경제/경영학의 핵심적인 분석 도구인 모형적 접근 방법의 중심에는 함수가 자리 잡고 있다. 함수는 관계에 비해 다루기 쉽고 응용성도 높지만 현실 문제에 적용하기에는 역시 한계가 있다. 그래서 일반적인 함수보다는 두 변량이 '연속적'이고 '부드러운' 관계에 있는 특수한 함수를 주로 사용한다. 1편에서는 연속적인 함수에 대해 살펴보고 보다 특수한 '부드러운' 함수에 대해서는 3편에서 논의하기로 한다.

2.2 함 수

a, b, c 세 사람의 체중이 각각 $60kg$, $65kg$, $70kg$ 임을 알고 있는 사람에게 각각의 체중이 얼마인지를 물어보면 보통 "a는 $60kg$, b는 $65kg$, c는 $70kg$"이라고 대답할 것이다. 또는 왼쪽 열에는 a, b, c를, 오른쪽 열에는 각각의 체중을 기록한 표를 만들어 보여줄 수도 있다.

또 그림 2.1에 나타나 있는 것과 같이 왼쪽 상자에 a, b, c를, 오른쪽 상자에 60, 65, 70, 75을 기입하고 각 개인과 그 사람의 체중을 화살표로 연결시킨 그림으로 대답할 수도 있다. 이 방법들은 외견상 다르지만 모두 개인과 체중 간의 관계를 나타내고 있

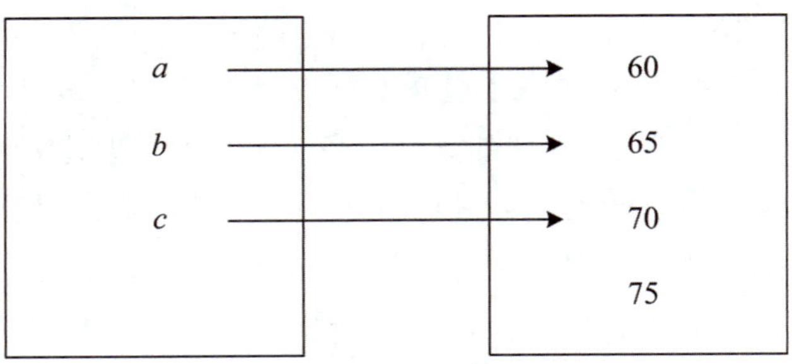

그림 2.1 개인별 체중

다는 점에서는 동일하다. (오른쪽 상자의 75는 체중이 $75kg$인 사람이 있을 가능성에 대비하여 필요하다.)

마지막 방법에 대해 좀 더 자세히 알아보자. 그림 2.1의 왼쪽 상자는 개인들의 집합,

오른쪽 상자는 체중들의 집합을 나타낸다. 첫 번째 화살표는 a로부터 60으로 향하고 있다. 이것은 a의 체중이 $60kg$임을 의미한다. 마찬가지로 두 번째 화살표는 b로부터 65로, 세 번째 화살표는 c로부터 70으로 향하며 각각 b와 c의 체중이 $65kg$과 $70kg$임을 나타낸다.

이 방법을 이용해 또 다른 관계를 생각해보자. 그림 2.2에는 개인의 애완동물에 대한 선호관계가 나타나 있다. a로부터는 두 개의 화살표가 고양이와 개에게로 향한다.

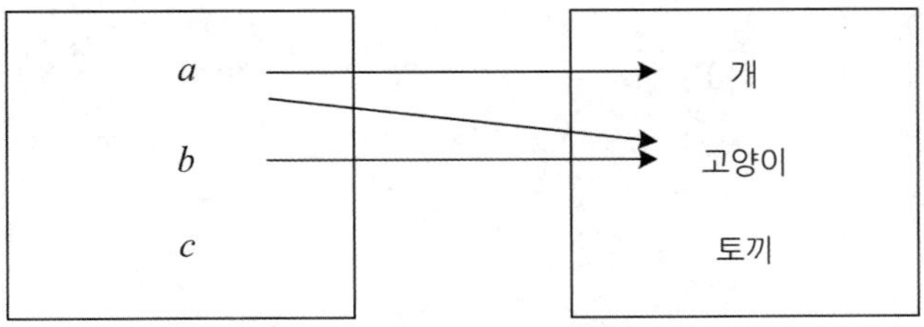

그림 2.2 개인별 애완동물

이것은 a는 고양이와 개를 모두 좋아하는 것을 나타낸다. b의 경우 고양이에게 향하는 화살표가 있지만 개와 토끼에게로 향하는 화살표는 없으므로 b는 고양이만 좋아한다. 마지막으로 c로부터는 화살표가 없으므로 c는 고양이, 개, 토끼를 모두 좋아하지 않는다. 따라서 이 선호 관계에서는 두 개의 화살표가 정의되는 사람도 있고 한 개의 화살표도 정의되지 않는 사람도 있다.

개인과 체중간의 관계는 개인의 애완동물에 대한 선호 관계에 비해 두 가지 점에서 제약적이다. 전자의 관계에서는 모든 사람이 화살표를 갖고 있지만 후자의 관계에서는 그렇지 않다. 또 전자의 관계에서는 한 사람 당 화살표가 한 개만 있지만 후자의 관계에서는 그렇지 않다. 개인과 체중 간의 관계는 개인의 애완동물 선호 관계와 달리 왼쪽 집합에 속하는 모든 개인에 대해 단 하나의 화살표만 정의되는 특수한 형태의 관계이며 이와 같은 관계를 함수라고 한다. 따라서 개인의 애완동물에 대한 선호관계는 함수가 아니다. 개인과 체중 간의 관계에서 75로 향하는 화살표는 없지만 함수가 되기 위한 두 조건에 위배되지 않으므로 함수이다. 경영/경제 분석에서는 그 범위가 너무 넓어 다루기가 쉽지 않은 관계보다는 주로 함수를 이용한다.

문제 2.1 개인의 애완동물에 대한 선호관계가 함수가 될 수 있도록 위 그림을 수정하라. ■

이제 이 함수를 대수적으로 표현하는 방법에 대해 알아보기로 하자. 먼저 왼쪽 집합을 $\{a, b, c\}$로, 오른쪽 집합을 $\{60, 65, 70, 75\}$로 나타내자. 관계를 나타내는 화살표는 개인에게 체중을 대응시키는 규칙의 역할을 한다고 생각할 수 있다. (체중) 대응 규칙을 f 로 표현하면 그림 2.1은

$$f(a) = 60,\ f(b) = 65,\ f(c) = 70$$

으로 나타낼 수 있다. 예를 들면 첫 번째 표현은 a 에게 대응 규칙 f 에 의해 60이 대응된다는 것을 나타내며 a 의 체중이 $60kg$ 임을 나타낸다.[1]

예제 2.1 그림 2.3의 직교좌표에 $x^2 + y^2 = 1$ 이 그려져 있다.

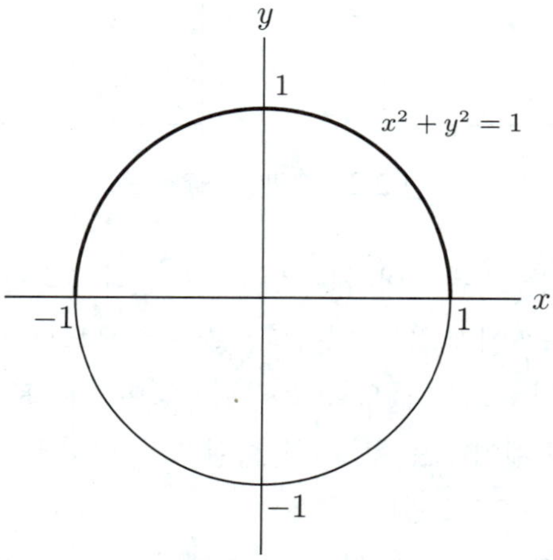

그림 2.3 관계와 함수

$x = 0$ 이면 $y = \pm 1$ 이고 $x = 2$ 이면 대응하는 y 가 존재하지 않으므로 이 관계는 함수가 아니다. $[-1, 1]$ 에 속하는 x 만 고려하여도 한 x 값에 대해 두 개의 y 값이 대응하므로 역시 함수가 아니다. 그러나 $x^2 + y^2 = 1$ 을 굵은 선으로 표시된 반원 관계, 다시 말해 $x \in [-1, 1]$ 과 $y \in [0, 1]$ 간의 관계로 국한하면 모든 x 에 대해 단 하나의 y 가 대응하므로 이 관계는 함수이다. 따라서 어떤 관계가 함수인지를 확인하려면 x 에 y 가 어떻게 대응하는가와 함께, x 와 y 가 가질 수 있는 값의 범위가 무엇인지도 함께 생각해야 한다. ■

문제 2.2 다음 x 와 y 간의 관계는 함수가 아님을 직교좌표 상에 그림을 그려 확인하라. (i) $y = \pm x$, (ii) $y \leq x$. ■

[1]함수와 관계는 사실상 순서있는 짝의 집합이다. 개인과 체중과의 함수적 관계는 $f = \{(a, 60), (b, 65), (c, 70)\}$ 으로 표현할 수 있다.

2.2.1 변수, 상수와 매개변수

변수(**variable**)는 다수의 **값**(**value**)을 가질 수 있는 양 또는 사물이다. 예를 들어 '개인'은 사람 a, b와 c를 나타내는 변수이고 '체중'은 $60, 65, 70$ 또는 75의 값을 가질 수 있는 변수이다. 변수를 나타내는 기호는 원칙적으로 그것이 가질 수 있는 값을 쉽게 연상시킬 수 있는 것을 사용하는 것이 바람직하다. 그러나 이 기호가 지나치게 복잡하면 사용하기가 불편하다. '개인' 대신에 x를 변수로 사용하면 이 변수가 취할 수 있는 값이 무엇인지를 짐작하기는 어렵지만 사용하기는 훨씬 간편하다. 마찬가지로 '체중'보다는 y가 사용하기 더 용이하다.

상수(**constant**)는 값이 고정된 양이다. π, e 또는 빛의 속도와 같이 시간과 장소에 관계없이 항상 일정한 것도 있지만 변수와 상수가 항상 명확하게 구별될 수 있는 것은 아니다. 어떤 사람의 사과에 대한 수요가

$$x = \frac{\alpha I}{p}$$

로 표현된다고 하자. 여기서 p는 사과의 가격, x는 사과에 대한 수요량 (구입하려고 하는 사과의 양), I는 소득 수준, α는 사과에 대한 선호도를 나타낸다. 이 식은 사과의 수요량은 가격에 역비례하고 소득과 선호도에 정비례함을 보여준다. 사과에 대한 선호도는 장기적으로 일정하다고 생각할 수 있으므로 α는 상수로 간주하는 것이 합리적이다. 소득은 단기적으로는 큰 변화가 없기 때문에 단기적으로는 상수로 간주해도 무방하다. 예를 들어 단기적으로 $\alpha = 1$, $I = 100$이라고 하자. p가 10에서 20으로 올라가면 사과의 수요량은 10에서 5로 감소한다. 따라서 단기적으로는 p와 q는 변수, α와 I는 상수로 생각할 수 있다.

장기적으로는 소득은 변동하므로 I는 단기적으로는 상수, 장기적으로는 변수의 성격을 갖는다. 경우에 따라 변수가 될 수도 있고 상수가 될 수 있는 양을 **매개변수** (**parameter**)라고 한다. 매개변수는 변수에 비해 상수적이고 상수에 비해서는 변수적이다. 따라서 소득은 시간적으로 매개변수이다.

매개변수 여부를 판단할 때 시간만이 유일한 고려 기준은 아니다. 예를 들어 개인별로 α와 I는 다른 값을 가질 수 있다. 두 사람의 사과에 대한 선호도가 α_1과 α_2라고 하자. (단, $\alpha_1 \neq \alpha_2$.) 첫 번째 사람의 수요에 대해 분석할 때에는 α는 α_1으로 고정된 상수이지만 두 사람의 수요에 대해 분석할 때에는 α는 α_1과 α_2 두 값을 가질 수 있는 매개변수가 된다. 또는 α_1과 α_2는 각각 서울 지역과 부산 지역의 사과에 대한 선호도로 생각할 수 있다. 따라서 변수와 상수의 구분은 획일적인 것은 아니며 문제의 성격과 분석의 목적 그리고 분석하는 사람의 판단에 따라 결정된다.

2.2.2 방정식과 항등식

등식 (equality) 은 등호의 좌변과 우변의 표현이 같다고 하는 명제이다. 명제는 참이나 거짓을 판단할 수 있는 문장 또는 식을 의미한다. (부록 2.A 참조.) 예를 들어 $(x-1)^2 = x^2-2x+1$ 과 $x-1=2$ 는 등식이다. 첫 번째 등식은 x 값에 관계없이 항상 성립한다. 이와 같이 항상 참인 등식을 **항등식** (identity) 이라고 한다. 항등식임을 강조하고자 할 때에는 등호를 '=' 대신 '≡' 으로도 나타낸다.

두 번째 등식은 x 가 특정한 값, 즉 $x=3$ 일 때에만 참이다. 이와 같은 등식을 **방정식** (equation) 이라고 한다.[2] 방정식이 참이 되는 변수 값을 방정식의 **해** (solution) 라고 하고 이 해를 찾는 것을 방정식을 푼다고 한다. 따라서 $x=3$ 은 $x-1=2$ 의 해이다. 이 해를 다시 방정식에 대입하면 $3-1=2$ 이므로 항등식이 된다. 이것은 모든 방정식에 대해 성립한다. 예를 들어 등식 $y=2x+1$ 을 생각해 보자. 이 등식은 $x=0, y=1$ 이나 $x=1, y=3$ 과 같은 특정한 x 와 y 값에 대해서만 성립하므로 방정식이다. y 값이 주어질 때 이 방정식을 x 에 대해 풀면, 즉 이 방정식이 성립하도록 하는 x 값을 구하면 $x=\frac{y-1}{2}$ 이다. 이 해를 방정식에 대입하면 $y=2\left(\frac{y-1}{2}\right)+1$ 인데 이 등식은 y 값에 관계없이 항상 성립하므로 항등식이다.

등식은 다음과 같은 기본적 성질을 갖는다. 등식이 참이면 양변에 같은 수를 더하거나, 빼거나, 곱하거나, 0이 아닌 수로 나누게 되면 또 다른 참인 등식을 얻을 수 있다. 예를 들어 $x=1$ 이고 a 가 어떤 실수면 $x+a=1+a$ 이다. 방정식은 이 기본적 성질을 이용해 해를 구할 수 있다. $2x+1=3$ 의 해를 구해보자. 이 식에서 x 가 이 식을 참으로 만드는 값, 즉 이 식의 해이라고 생각하자. 양변에서 1을 빼면 $2x+1-1=3-1=2$ 이므로 $2x=2$ 이다. 이 식은 참이다. 양변에 0.5를 곱하면 또 다른 참인 등식 $0.5\times 2x = 0.5\times 2$ 또는 $x=1$ 을 얻는다. 따라서 이 방정식의 해는 $x=1$ 이다.

2.2.3 함수의 정의

앞에서 개략적으로 논의한 함수의 개념을 엄밀하게 정의하도록 하자.

정의 2.1 (**함수** (function)) 모든 $x \in X$ 에 대해 단 하나의 $y \in Y$ 가 대응되도록 하는 규칙 f 를 집합 X 로부터 집합 Y 로의 함수 또는 **사상** (mapping) 이라고 하며 $f: X \to Y$ 로 표현한다. X 를 f 의 **정의역** (domain), Y 를 f 의 **공역** (codomain) 이라고 한다. X 의 원소 x 에 대응하는 Y 의 원소는 $f(x)$ 로 표현하며 f 하에서의 x 의 **값**

[2] 실수만 고려하면 등식 $x^2=-1$ 은 항상 거짓인 명제이다.

(value) 또는 x 의 **상**(**image**) 이라고 한다. 이 상들의 집합 $f(X) \equiv \{f(x) \mid x \in X\} \subset Y$ 를 f 의 **치역**(**range**) 이라고 한다.[3]

그림 2.4에 함수 $f : X \to Y$ 가 나타나 있다. 함수의 정의역과 공역에 대해서는

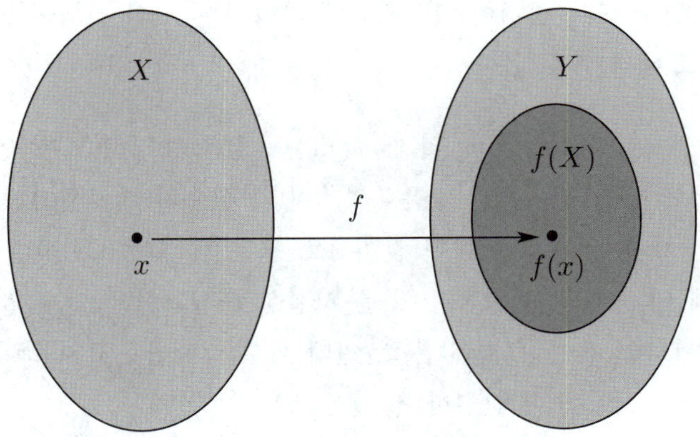

그림 2.4 함수와 함수 값

아무런 제한이 없다. 앞에서 본 것처럼 X 는 개인들의 집합일 수도 있고 Y 는 애완동물의 집합일 수도 있다.

예제 2.2 동전을 두 번 던지는 실험을 생각하자. 앞면을 H, 뒷면을 T 로 표현하면 이 실험의 결과는 집합 $\Omega = \{HH, HT, TH, TT\}$ 로 나타낼 수 있다. 앞면이 나오는 회수를 나타내는 규칙을 N 이라고 하면 함수 $N : \Omega \to R$ 의 값은 $N(HH) = 2, N(HT) = N(TH) = 1, N(TT) = 0$ 이다. 함수 N 은 **확률변수**(**random variable**) 라고 하며 6 편에서 다룬다. ■

경제 / 경영의 거의 대부분의 문제에 있어 변수와 상수는 실수와 벡터들이다. 앞으로의 논의에서는 주로 $X \subset R^n$ 이고 $Y \subset R$ 인 경우에 치중하기로 한다. $f(x)$ 값이 실수인 함수(공역 $Y \subset R$ 인 함수)를 **실가함수**(**real-valued function**) 라고 한다. 여기서는 $X \subset R$ 인 경우만 생각하고 $X \subset R^n$ $(n \geq 2)$ 인 경우는 2.6 절에서 다루기로 한다.

X 와 Y 에 대해 혼동의 여지가 없으면 $f : X \to Y$ 대신 간단히 f 또는 $f(x)$ 를 함수라고도 한다. 엄밀히 말하면 $f(x)$ 는 x 값에 따라 달라지는 변수이지만 경우에 따라 $f(x)$ 를 변수 또는 함수로 혼용해 부른다.[4]

또한 변수와 변수 값도 호환하여 사용하는 것이 편리하다. 변수는 이 변수가 취할

---

[3] $f(X)$ 를 f 하에서의 X 의 상이라고도 한다.

[4] 예제 2.2 에서 본 바와 같이 확률변수는 실제로는 함수이다.

수 있는 '모든' 값을 총칭한다. 그러나 '모든' 값은 '임의의' 한 값과 마찬가지이다. 어떤 명제가 모든 사물에 대해 성립하면 임의의 사물에 대해서도 성립하며 그 역도 역시 성립한다. 예를 들어 모든 사람은 언젠가는 죽는다면 임의로 선택한 사람도 언젠가는 죽는다. 반대로 임의로 선택한 사람이 언젠가는 죽는다면 모든 사람은 언젠가는 죽는다. 따라서 $f(x)$는 변수 또는 함수이지만 필요에 따라서는 X의 임의의 x 값에 대응하는 Y 원소의 값으로 생각할 수 있다.

예제 2.3 x가 실수이고 $f(x) = x^2$일 때 $f(x) \geq 0$임을 증명해 보자. 임의로 선택한 x 값이 x^0이면 이에 대응하는 $f(x)$ 값은 $(x^0)^2$이다. 실수의 제곱은 0 이상이기 때문에 $f(x^0) \geq 0$이다. x^0이 임의로 선택된 값이므로 모든 $f(x)$는 0 이상이라고 결론 내릴 수 있다. 그런데 이 논의에서 위첨자 '0'은 사실상 불필요함은 쉽게 알 수 있다. 임의로 선택한 x 값에 대응하는 $f(x)$ 값은 x^2인데 실수의 제곱은 0 이상이므로 $f(x) \geq 0$이다라고 생각하는 것이 보다 간결하다. ■

$f(x)$를 함수로 생각하면 $f : X \to Y$로 쓰는 것보다는 더 간편하지만 아래 예에서 보는 것처럼 정의역과 치역에 대한 정보를 잃게 되는 단점이 있다.

예제 2.4 $X, Y \subset R$이라고 하자. X의 원소에 이 원소의 두 배인 Y의 원소를 대응시키는 규칙 $f : X \to Y$는 보통 $f(x) = 2x$로 쓴다. 모든 x 값에 대해 단 하나의 y 값이 대응하므로 f는 함수이다. 그러나 $f(x) = 2x$만으로는 X와 Y가 무엇인지를 알 수 없다. ■

문제 2.3 $X = R$일 때 $f(x) = x^2$은 함수이지만 $f(x) = \pm x$는 함수일 수도 있고 아닐 수도 있음을 보여라. ■

일반적으로 함수는 $y = f(x)$와 같이 등식의 형태의 표현을 사용한다. 이것은 $f(x)$를 y라는 다른 변수로 정의한 것이다. $2x + 1$과 같이 함수의 이름이 별도로 필요하지 않은 경우나 또는 함수 이름이 $abcde$처럼 길면 $abcde$를 반복적으로 사용하기보다는 y를 사용하는 것이 편리하다.

보통 $y = f(x)$는 y는 x의 함수라고 읽으며 규칙 f에 의해 y가 x에 대응하는 것 외에도 여러 가지로 해석할 수 있다. y가 f라는 규칙을 통해 x에 의존하는 것으로 생각할 수도 있고, x가 변하면 y가 규칙 f에 따라 변하는 것으로 해석할 수도 있다. 또 x라는 투입물을 f라는 '블랙박스'에 넣으면 y라는 산출물을 얻는 것으로 생각할 수도 있다.

함수를 x 값이 달라지면 y 값도 달라지는 관계로 생각하면 x는 독립적으로 변할 수 있지만 y는 x가 변할 때에만 변화하게 된다. 이와 같은 의미에서 x를 **독립변수 (independent variable)**, y를 **종속변수 (dependent variable)** 라고 부른다. x나 y는 단순히 변수를 나타내는 기호라는 점을 유의해야 한다. 다시 말해 $y = f(x)$와 $v = f(w)$는 같은 함수 규칙을 나타낸다. 혼동의 가능성이 없으면 $y = y(x)$로 써도 상관없지만 앞의 y는 변수를, 뒤의 y는 함수를 나타낸다. 그러나 $y = f(x)$와 $y = g(x)$는 같은 변수 기호를 사용하지만 다른 함수이다.

등식은 함수를 표현하는 한 가지 방식일 뿐 함수 그 자체는 아니다. 예를 들어 $x = y^2$ $(x \geq 0)$은 등식이다. 그러나 이 등식에서 x가 독립변수이고 y가 종속변수이면 $x = 2$에 대해 두 개의 y 값 $(\pm\sqrt{2})$이 대응하므로 함수가 아니다. 등식은 함수와 같은 형식을 갖지만 등식에서의 변수는 독립/종속적 관계에 있지 않다는 점에서 일반적인 관계를 나타낸다.

함수는 등식 외에도 앞에서 논의한 것처럼 두 개의 열을 가진 표나 두 집합과 원소 간의 관계를 나타내는 화살표로도 표현할 수 있다. 또 직교좌표를 이용한 그림으로도 표현할 수 있다. 그러나 함수의 표현 방식에 관계없이 함수는 정의역의 변수(독립변수)와 공역의 변수(종속변수) 간의 특수한 관계임을 기억해야 한다.

2.3 합성함수

$z = g(y)$이고 $y = f(x)$인 두 함수를 생각하자. z는 g를 통해 y에 의존하고 y는 다시 f를 통해 x에 의존하므로 z는 x의 함수이며 합성함수라고 한다.

정의 2.2 (합성함수 (composite function)) 두 함수 $z = g(y)$와 $y = f(x)$의 합성함수는 $z = h(x) \equiv g(f(x))$이다.[5]

x에 대응하는 y는 $f(x)$이고 $f(x)$에 대응하는 z는 $g(f(x))$이다. 다시 말해 $h(x)$는 $g(y)$에서 y를 $f(x)$로 치환한 것이다. 합성함수는 어떤 변수에 두 개 또는 그 이상의 함수적 관계를 순차적으로 적용시켜 얻은 새로운 함수이다.

예제 2.5 $z = g(y) = y^2$이고 $y = f(x) = 2x$일 때 $z = h(x) = g(f(x))$를 구해 보자. $g(f(x))$는 $g(y)$에서 y를 $f(x)$로 대치한 것이다. $g(y) = y^2$이므로 $g(f(x)) = (f(x))^2$이다. $f(x) = 2x$이므로 $g(f(x)) = (2x)^2 = 4x^2$이다. 따라서 $z = h(x) = 4x^2$이다.

다음으로 $f(g(x))$를 구해보자. $f(g(x)) = 2g(x)$이다. 그런데 $g(x)$는 $g(y)$에서 y를 x로 치환한 것이므로 $g(x) = x^2$이다. 따라서 $f(g(x)) = 2x^2$이다. 이 예에서 보는

[5] h는 $g \circ f$로도 쓴다. 이 기호를 쓰면 $z = (g \circ f)(x)$이다.

것처럼 일반적으로 $g(f(x)) \neq f(g(x))$ 이다. 마찬가지로 $f(f(x)) = 2f(x) = 4x$ 이고 $f(f(y)) = 4y$ 이다. ■

문제 2.4 (i) 위 예제에서 $g(g(x)), f(g(y)), g(f(y)), f(g(f(x)))$ 와 $g(f(g(x)))$ 를 구하라. (ii) $z = h(y) = y^2$, $y = g(x) = 2x$, $z = f(w) = 2w + 1$ 이라고 하자. $h(g(f(w)))$ 와 $g(f(h(w)))$ 를 구하라. (iii) $f(x) = 2x + 1$ 를 두 함수의 합성함수로 생각할 수 있음을 보여라. ■

함수 $f(x)$ 와 $g(x)$ 로부터 여러 가지 다른 함수를 정의할 수 있다. a 가 상수이면 함수 $(af)(x) = af(x)$ 로 정의할 수 있다. 여기서 (af) 는 함수를 나타내는 기호이며 a 곱하기 f 가 아니다. g 나 h 와 같은 다른 기호를 사용해도 상관없지만 (af) 는 a 곱하기 $f(x)$ 가 x 에 대응하는 것을 시사한다는 점에서 의미가 있다.

예제 2.6 $f(x) = 2x+1$ 이면 $(2f)(x) = 4x+2$ 이다. $x = 3$ 이면 $(2f)(3) = 4\times3+2 = 14$ 이다. ■

마찬가지로 $(f+g)(x) = f(x)+g(x)$, $(f-g)(x) = f(x)-g(x)$, $(fg)(x) = f(x)g(x)$, $(f/g)(x) = f(x)/g(x)$ (단, $g(x) \neq 0$) 로 정의할 수 있다.

문제 2.5 $f(x) = 2x + 1$, $g(x) = x^2$ 일 때 $(f + g)(x)$,$(f - g)(x)$, $(fg)(x)$, $(f/g)(x)$ 를 구하라. ■

2.4 역함수

어떤 조건 하에서는 $y = f(x)$ 를 x 가 y 의 함수라고 생각할 수 있다. 이와 같이 독립변수와 종속변수의 역할이 바뀐 함수를 역함수라고 한다.

정의 2.3 (역함수 (inverse function)) $f : X \to Y$ 라고 하자. 다음 성질을 만족하는 함수 $g : Y \to X$ 가 존재하면 g 를 f 의 역함수라고 한다. $y = f(x)$ 이면 $x = g(y)$ 이고 그 역도 성립한다. 보통 $g(y) = f^{-1}(y)$ 로 쓴다.

예제 2.7 $y = f(x) = 2x$ 를 생각하자. $x = g(y) = \frac{y}{2}$ 는 $y = f(x)$ 의 역함수이다. $x = x^0$ 이면 f 에 의해 $y = y^0 = 2x^0$ 가 대응한다. 그런데 $y = y^0$ 이면 g 에 의해 $x = \frac{y^0}{2} = x^0$ 가 대응한다. ■

위 정의로부터 다음 몇 가지 사실을 알 수 있다. 먼저 $y = f(x)$ 의 역함수가 존재하면 단 하나 존재한다. 다음으로 $x = f^{-1}(y)$ 가 $y = f(x)$ 의 역함수이면 $y = f(x)$ 는 $x = f^{-1}(y)$ 의 역함수이다. 다시 말해 역함수의 역함수는 원래 함수가 된다. 위 예제에서 $y = 2x$ 의 역함수는 $x = \frac{y}{2}$ 이고 $x = \frac{y}{2}$ 의 역함수는 $y = 2x$ 이다.

문제 2.6 위 사실을 증명하라. ■

마지막으로 $y = f(x)$ 이므로 $y = f(f^{-1}(y))$ 이다. 이 등식은 모든 y 에 대해 항등적으로 성립하므로 $y = f(x)$ 를 x 에 관한 방정식으로 생각하면 $x = f^{-1}(y)$ 는 이 방정식의 해가 된다. 즉, 역함수는 원래 함수를 방정식으로 생각하여 독립변수에 대해 풀어 얻은 해라고 생각할 수 있다. 모든 x 에 대해 $f(x) = x$ 인 함수를 **항등함수 (identity function)** 라고 한다. 따라서 합성함수 $f(g(y))$ 가 항등함수이면 $g(y)$ 는 $f(x)$ 의 역함수이다.

예제 2.8 $y = 2x$ 를 x 에 관한 방정식으로 생각하고 x 에 대해 풀면 $x = \frac{y}{2}$ 이다. y 의 모든 값에 대해 x 값이 단 하나 대응하므로 이 등식은 x 가 y 의 함수임을 나타내며 $y = 2x$ 의 역함수이다. 반대로 $x = \frac{y}{2}$ 를 y 에 대해 풀면 $y = 2x$ 이므로 $y = 2x$ 는 $x = \frac{y}{2}$ 의 역함수이다. ■

$y = f(x)$ 를 x 에 대해 풀 때 그 해가 항상 y 의 함수가 되는 것은 아니다. 다시 말해 역함수가 항상 존재하지는 않는다. 그림 2.5 에 그려져 있는 함수 $y = x^2$ 의 역함수가 존재하는지를 살펴보자. 역함수가 존재한다면 독립변수는 y 이고 종속변수는 x 이다.

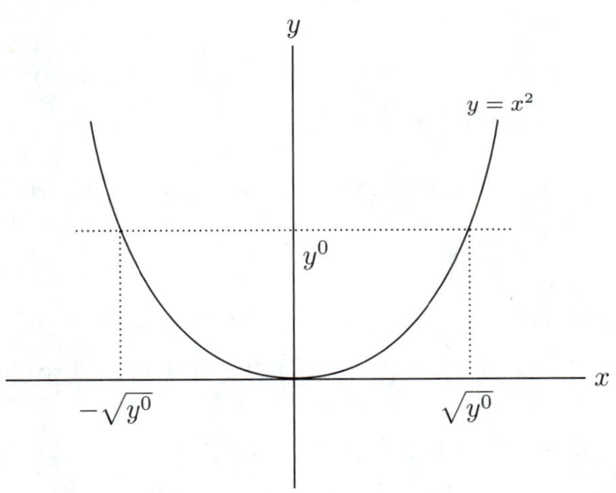

그림 2.5 역함수의 존재

그런데 그림에서 보는 것처럼 y^0 에 대해 두 개의 x 값 $\pm\sqrt{y^0}$ 이 대응하므로 역함수는 존재하지 않는다.

$y = x^2$ 의 정의역을 $x \geq 0$ 으로 국한하여 보자. 이 경우에는 y^0 에 대해 $x = \sqrt{y^0}$ 만이 대응한다. 그러나 $y^0 < 0$ 이면 대응하는 x 값은 존재하지 않으므로 역시 역함수는 존재하지 않는다. y 의 공역도 $y \geq 0$ 로 한정하면 모든 y 값에 대해 한 개의 x 값이 대응하게 되므로 역함수는 존재한다.

문제 2.7 $y = x^3$ 이 역함수를 가지는지를 확인하라. ■

이상의 논의로부터 역함수의 존재 여부는 x 와 y 간의 함수적 관계와 정의역과 공역의 범위에 의존함을 알 수 있다. 아래에서 역함수가 존재하는 조건에 대해 살펴보기로 하자.

2.4.1 일대일함수와 전사함수

정의역이 X 이고 공역이 Y 인 함수 $y = f(x)$ 를 생각하자. 일대일함수와 전사함수는 다음과 같이 정의된다.

정의 2.4 (일대일 (one-to-one) 함수) $x^1, x^2 \in X$ 에 대해 $x^1 \neq x^2$ 일 때 $f(x^1) \neq f(x^2)$ 이면 $y = f(x)$ 를 일대일함수라고 한다.

예제 2.9 $y = 2x$ 는 일대일함수이다. $x^1 \neq x^2$ 이면 $2x^1 \neq 2x^2$ 이다. ■

문제 2.8 $y = f(x)$ 가 일대일함수일 때 $f(x^1) = f(x^2)$ 이면 $x^1 = x^2$ 임을 보여라. ■

정의 2.5 (전사 (onto) 함수) 모든 $y \in Y$ 에 대해 $y = f(x)$ 가 되는 $x \in X$ 가 적어도 한 개 존재하면 $y = f(x)$ 를 전사함수라고 한다.

예제 2.10 $y = 2x$ 는 전사함수이다. 임의의 y 값에 대해 $y = 2x$ 가 되는 x 값은 $x = \frac{y}{2}$ 이다. ■

문제 2.9 (i) 공역과 치역이 같은 함수는 전사함수임을 보여라. (ii) 일대일함수이지만 전사함수가 아닌 함수와 전사함수이지만 일대일함수가 아닌 함수의 예를 들어라. ■

$y = 2x$ 이면 역함수가 존재함을 앞에서 보았다. 그런데 $y = 2x$ 가 일대일 전사함수이므로 일대일 전사함수는 역함수를 가질 것으로 생각할 수 있다.

정리 2.1 일대일 전사함수는 역함수를 가지며 그 역도 성립한다.

문제 2.10 (i) $y=1$ 의 역함수는 존재하지 않는 이유를 위 정리를 이용하여 확인하라. (ii) (a) $y=\frac{x}{1-|x|}$ 의 일대일함수, 전사함수 여부를 확인하라. (b) 정의역이 $-1<x<1$ 이면 일대일 전사함수임을 보여라. (iii) 정리 2.1 을 증명하라. ■

2.4.2 역함수의 그래프

함수 $y=f(x)$ 와 역함수 $x=f^{-1}(y)$ 를 같은 직교좌표 상에 그려 보자. 직교좌표 상의 x 축은 독립변수, y 축은 종속변수를 나타내기 때문에 역함수에서 x 와 y 를 바꾸어 $y=f^{-1}(x)$ 를 그려야 한다. $y=f(x)=2x$ 와 $y=f^{-1}(x)=\frac{x}{2}$ 의 그래프가 그림 2.6 (a) 에 나타나 있다.

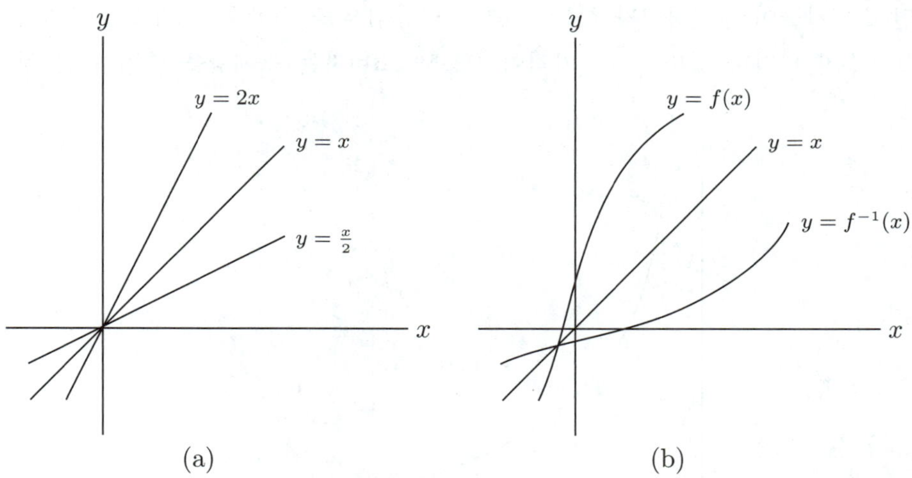

그림 2.6 역함수의 그래프

$y=f^{-1}(x)$ 와 이 함수의 역함수 $x=f(y)$ 는 x 와 y 간의 같은 관계를 나타내기 때문에 그래프가 같다. 그런데 $x=f(y)$ 는 $y=f(x)$ 에서 x 와 y 를 바꾼 것이므로 이 두 함수의 그래프는 $y=x$ 를 중심으로 대칭이다. 그림 2.6 (b) 에 $y=f(x)$ 와 $y=f^{-1}(x)$ 의 그래프가 나타나 있다.

2.5 일변수함수

일변수함수 (function of a single variable) 는 독립변수가 한 개인 함수이다. 정의 2.1 에서 정의역 $X\subset R$ 이므로 이 정의는 사실상 일변수함수에 대한 정의다. 일변수함수의 예로는 다항함수, 지수함수, 로그함수, 삼각함수 등이 있다. 독립변수가 두 개 이상이면 다변수함수라고 한다.

2.5.1 일변수함수의 예

X 재가 거래되는 시장을 생각하자. 이 시장에서의 소비자는 가격에 대한 **협상력 (bargaining power)**, 즉 가격을 깎을 능력이 없다고 하자. 가격협상력이 없는 경제주체를 **가격순응자 (price taker)** 이라고 한다. 가격순응자는 주어진 가격에 대해 몇 개를 살 것인가에 대해서만 의사결정을 한다.

X 재의 가격을 p_x 라고 하고 이 재화에 대한 전체 소비자의 수요 행태를

$$X = X^d(p_x)$$

로 표현하자. X^d 를 **(시장) 수요함수 ((market) demand function)** 라고 하며 가격이 p_x 이면 소비자들이 구매하고자 하는 총량은 $X^d(p_x)$ 임을 뜻한다. 그림 2.7 에 일반적인 수요함수가 나타나 있다. 보통 가격이 오르면 소비자는 구매량을 줄이려 할 것이기

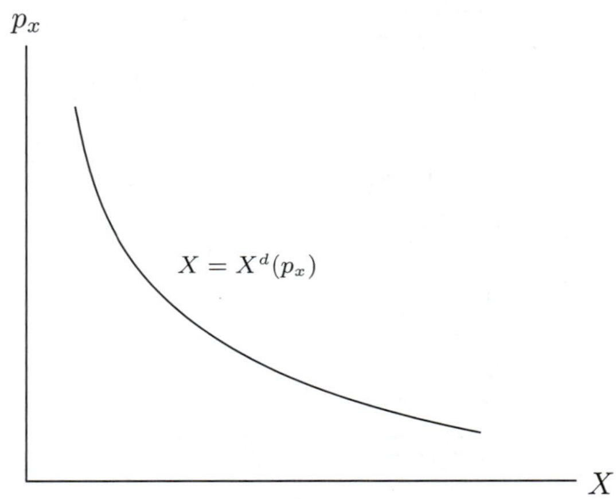

그림 2.7 수요함수

때문에 그림 2.7 에서 보는 바와 같이 이 함수는 우하향한다.[6]

2.5.2 다항함수

가장 간단한 형태의 일변수함수는

$$y = a_n x^n + a_{n-1} x^{n-1} + \cdots + a_1 x + a_0$$

[6] 수학에서는 일반적으로 독립변수를 횡축에 표시하지만 경제학에서는 독립변수인 가격을 종축에 표시한다. 이것은 역사적 우연의 소산이고 특별한 이유가 있는 것은 아니다.

로 표현되는 **다항함수**(**polynomial function**)이다. n은 비음 정수이며 $a_n, a_{n-1}, \cdots, a_1, a_0$는 상수이고 **계수**(**coefficient**)라고 한다. 이 함수의 우변 항을 **다항식**(**polynomial**)이라고 한다.

예제 2.11 $y = 2x^2 - 3x + 2$ 와 $y = -1$은 다항함수이지만 $y = \frac{1}{x}$과 $y = \sqrt{x}$는 다항함수가 아니다. ■

2.5.3 지수함수

* 지 수

a가 실수이고 n이 양정수일 때 a를 n번 거듭 곱한 $a \times a \times \cdots a$를 a^n으로 표현하며 a의 n거듭제곱이라고 한다. a^n에서 a를 **밑**(**base**), n을 **지수**(**exponent**)라고 한다. $n = 1$이면 a를 한 번 곱한 것이므로 $a^1 = a$이고 $a = 0$이면 $a^n = 0$이다. 거듭제곱은 다음 몇 가지 성질을 갖고 있다. m과 n이 양정수이면

$$\text{(i) } a^m a^n = a^{m+n}, \ \text{(ii) } (a^m)^n = a^{mn}, \ \text{(iii) } (ab)^n = a^n b^n$$

이다. 예를 들어 $a^m a^n = \underbrace{(a \times a \times \cdots a)}_{m\text{개}}\underbrace{(a \times a \times \cdots a)}_{n\text{개}} = \underbrace{a \times a \times \cdots a}_{m+n\text{개}} = a^{m+n}$이므로 (i)이 성립한다.

문제 2.11 위 (i), (ii), (iii)이 성립함을 보여라. ■

위 결과 (i), (ii), (iii)을 a^n의 지수 n이 음정수, 유리수, 그리고 실수일 때로 확장해 보자. 먼저 $a \neq 0$이고 n이 양정수라고 하자. $a^{-n} = \frac{1}{a^n}$로 정의하면 a^n과 a^{-n}은 역수의 관계에 있다. n이 음정수이면 이 정의에 의해 $a^n = a^{-(-n)} = \frac{1}{a^{-n}}$ 또는 $a^{-n} = \frac{1}{a^n}$이므로 이 정의는 n이 양정수이든 음정수이든 성립한다. n거듭제곱의 성질 (i)과 a^{-n}의 정의에 의해 $a^m a^{-n} = \frac{a^m}{a^n} = a^{m-n}$이다. $m = n$이면 $a^{m-n} = a^0 = \frac{a^m}{a^m} = 1$이다. 따라서 어떤 실수의 0거듭제곱은 1로 정의된다.

문제 2.12 $(a^m)^{-n} = \frac{1}{a^{mn}}$임을 보여라. ■

양정수 n에 대해 n거듭제곱하여 a가 되는 수를 a의 n**제곱근**(**n-th root**)이라고 하며 $a^{1/n}$을 쓴다. 예를 들어 $4^{1/4} = \sqrt{2}, -\sqrt{2}$이고 $8^{1/3} = 2$, $(-8)^{1/3} = -2$이다. n이 짝수이고 a가 양수이면 두 개의 실수 n제곱근, 양의 n제곱근과 음의 n제곱근을 갖는다 ($4^{1/4} = \sqrt{2}, -\sqrt{2}$). a가 음수이면 실수 n제곱근은 존재하지 않는다. n이 홀수이면

한 개의 실수 n 제곱근을 가지며 a가 양수이면 n 제곱근은 양수이고 $(8^{1/3} = 2)$ a가 음수이면 n 제곱근은 음수이다 $((-8)^{1/3} = -2)$.[7] n 제곱근은 $\sqrt[n]{a}$으로도 쓴다. $n = 2$이면 $\sqrt[2]{a}$ 대신 $\sqrt{a}$로 쓴다. $a > 0$일 때 양의 n 제곱근을 **주n 제곱근 (principal n-th root)** 이라고 하며 이 경우 n 제곱근은 보통 주n 제곱근을 의미한다. 정수 m과 양정수 n에 대해

$$a^{m/n} = (a^{1/n})^m = (a^m)^{1/n} = \sqrt[n]{a^m}$$

으로 정의한다.[8] 예를 들어 $(-27)^{2/3} = ((-27)^{1/3})^2 = (-3)^2) = 9$ 또는 $(-27)^{2/3} = ((-27)^2)^{1/3} = ((-3^3)^2)^{1/3} = ((3^2)^3)^{1/3} = 3^2 = 9$이다.

문제 2.13 (i) $(16)^{3/4}$를 구하라. (ii) $(-16)^{3/4}$의 실수 n 제곱근은 존재하지 않음을 보여라. (iii) 실수 n 제곱근이 존재할 때 $(a^{1/n})^m = (a^m)^{1/n}$임을 보여라. ■

$\frac{m}{n}$을 q라고 하면 q는 유리수이다. 지수가 유리수인 경우에도 위 성질 (i), (ii)와 (iii)이 성립한다. 예를 들어 $a^{3/2}$은 제곱하면 a^3이 되는 수이므로 6제곱하면 a^3을 3제곱한 것과 마찬가지다. 즉, $(a^{3/2})^6 = (a^3)^3 = a^9 = a^{3/2\times 6}$이므로 성질 (ii)가 성립한다. 다음으로 (i)이 성립하는 예를 살펴보자. $a^{3/2+1/3} = a^{11/6}$을 6거듭제곱하면 a^{11}이고 $a^{3/2}a^{1/3}$을 6거듭제곱하면 $(a^{3/2}a^{1/3})^6 = (a^{3/2})^6(a^{1/3})^6 = a^9a^2 = a^{11}$이다. 따라서 $a^{3/2+1/3} = a^{3/2}a^{1/3}$이다.

마지막으로 $a > 0$이고 x가 실수이면 $a^x = \lim_{q\to x} a^q$로 정의된다. (단, q는 유리수.) $\lim_{q\to x} a^q$는 q가 x에 접근할 때 a^q의 극한이라고 한다. 극한의 개념은 3장에서 다루는데 여기서는 a^x를 대략 x에 매우 가까운 유리수 q에서 계산한 a^q의 값과 거의 같은 값 정도로 이해하기로 한다. 이 경우에도 거듭제곱의 성질 (i), (ii), (iii)은 성립한다. 즉 $a, b > 0$이고 x가 실수이면 다음 결과가 성립한다.

$$\text{(i) } a^x a^y = a^{x+y}, \ \text{(ii) } (a^x)^y = a^{xy}, \ \text{(iii) } (ab)^x = a^x b^x.$$

문제 2.14 $a^{-x} = (a^x)^{-1} = \frac{1}{a^x}$임을 보여라. ■

지수함수

실수 $a\,(> 1)$과 x에 대해

---

[7] 실수와 복소수를 대상으로 하면 n개의 n 제곱근이 존재한다. 예를 들어 $\sqrt{2}i$와 $-\sqrt{2}i$도 4의 4제곱근이다.

[8] 위에서 본 바와 같이 $a < 0$이면 $\sqrt[n]{a^m}$이 실수가 아닐 수도 있다. 실수만을 고려한다면 이 경우는 제외하여야 한다. 그러나 복소수도 분석 대상에 포함되면 이 정의는 유효하다.

$$y = f(x) = a^x$$

를 **지수함수** (**exponential function**) 라고 하며 a 를 밑, x 를 지수라고 한다.[9]

$a^0 = 1$ 이므로 직교좌표에서 $y = a^x$ 의 y 절편은 1 이다. x 가 증가하면 a^x 역시 증가한다. 반대로 x 가 무한히 감소하면 $a^x = \frac{1}{a^{-x}} = \left(\frac{1}{a}\right)^x$ 이므로 지수가 1 보다 작은 지수함수의 x 가 무한히 증가하는 것과 마찬가지가 된다. 따라서 a^x 는 0 에 접근하게 된다. 그림 2.8 에 $y = 2^x$ 의 그래프가 그려져 있다.

일반적인 지수함수의 형태는 $y = ba^{cx}$ 로 표현된다. (단, b, c 는 상수.) 밑이 $e = 2.7182819\cdots$ 인 특수한 지수함수

$$y = be^{cx}$$

를 **자연지수함수** (**natural exponential function**) 라고 하며 경제 / 경영 분야에서 널리 활용된다. e 의 의미에 대해서는 3.3.3 절에서 논의하기로 한다.

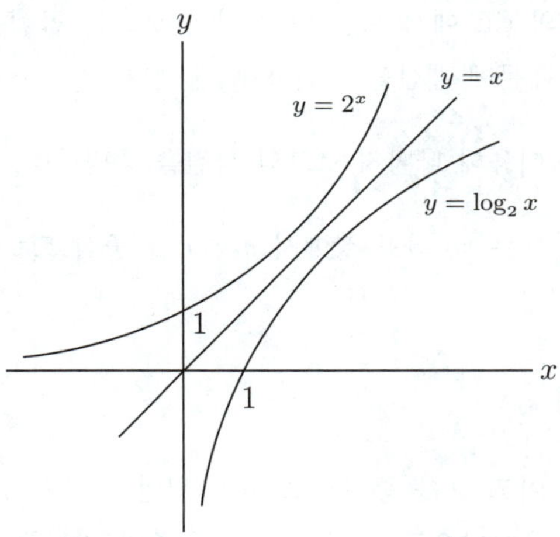

그림 2.8 지수함수와 로그함수

2.5.4 로그함수

지수함수 $y = f(x) = a^x$ 의 역함수를

---

[9] $a > 1$ 인 경우만 생각하는 이유는 다음과 같다. $a < 0$ 이면, 예를 들어 $a = -1$ 이고 $x = 0.5$ 이면 $a^x = \sqrt{-1}$ 이 되어 허수가 되는데 이 경우는 고려하지 않기로 한다. $a = 0$ 이면 항상 $a^x = 0$ 이고 $a = 1$ 이면 $a^x = 1$ 이 되므로 의미가 없다. 마지막으로 $0 < a < 1$ 인 경우에는 $a^x = (a^{-1})^{-x}$ 이고 $a^{-1} > 1$ 이므로 밑이 1 보다 큰 경우로 바꿀 수 있다.

$$x = f^{-1}(y) = \log_a y \ (y > 0)$$

로 쓰며 **로그함수(logarithmic function)**라고 한다. $x = \log_a y$를 $y = a^x$에 대입하면 $y \equiv a^{\log_a y}$이다. 따라서 a를 $\log_a y$만큼 거듭제곱하면 y가 된다. $\log_a y$를 a를 밑으로 하는 y의 **로그(logarithm)**라고 한다. 예를 들어 3을 밑으로 하는 81의 로그 $\log_3 81 = 4$이다. 왜냐하면 $3^4 = 81$이기 때문이다. $a \neq e$이면 **상용로그(common logarithm)**, $a = e$이면 **자연로그(natural logarithm)**라고 한다.

로그는 다음과 몇 가지 성질을 갖는다.

(i) $y \equiv a^{\log_a y}$,

(ii) $\log_a(xy) = \log_a x + \log_a y$, $\log_a \frac{x}{y} = \log_a x - \log_a y$,

(iii) $\log_a x^b = b \log_a x$, $\log_a x = (\log_a b)(\log_b x)$, $\log_a b = \frac{1}{\log_b a}$.

이 성질들의 증명은 어렵지 않다. 예를 들어 (i)은 사실상 로그의 정의다. (ii)의 첫 성질은 (i)과 지수법칙을 이용하면 $a^{\log_a(xy)} = xy = a^{\log_a x} a^{\log_a y} = a^{\log_a x + \log_a y}$이므로 성립한다. 성질 (ii)와 (iii)에서 보는 바와 같이 로그는 곱셈을 덧셈으로 나눗셈을 뺄셈으로 바꾸어 주기 때문에 계산을 간편하게 해 준다.

문제 2.15 지수법칙을 이용해 나머지 로그의 성질을 증명하라. ■

$y = a^x$와 $y = \log_a x$는 xy 좌표 상에서 $y = x$를 중심으로 대칭이다. 그림 2.8에 $y = \log_2 x$가 그려져 있다.

2.5.5 삼각함수

그림 2.9에 반지름이 r이고 O를 중심으로 하는 원이 그려져 있다. O에서 횡축과의 각도가 θ 도가 되도록 우상향으로 직선을 긋고 원주와 만나는 점을 A, 다시 A에서 아래로 직선을 그어 횡축과 만나는 점을 B라고 하자.

AB와 OB의 길이를 각각 a와 b라고 하면 $r^2 = a^2 + b^2$이다. θ가 변화하면 a와 b도 변화한다. (θ가 커지면 A는 원주를 따라 시계 반대방향으로 움직인다.) **사인함수(sine function)**와 **코사인함수(cosine function)**는 θ의 함수이며 다음과 같이 정의된다.

$$\sin\theta = \frac{a}{r}, \ \cos\theta = \frac{b}{r}.$$

사인함수와 코사인함수 외에도 $\tan\theta = \frac{a}{b} = \frac{\sin\theta}{\cos\theta}$, $\csc\theta = \frac{1}{\sin\theta}$, $\sec\theta = \frac{1}{\cos\theta}$, $\cot\theta = \frac{1}{\tan\theta}$와 같은 여러 가지 다른 삼각함수들과 또 이 함수들의 역함수가 있다. 이

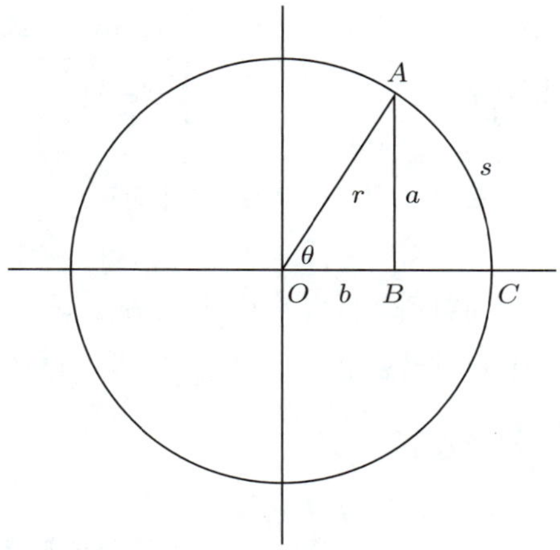

그림 2.9 삼각함수의 정의

책에서는 주로 사인함수와 코사인함수에 대해서 논의한다.

θ를 $0°$에서 시작하여 점점 증가시켜 보자. $\sin 0° = 0$, $\cos 0° = 1$임은 쉽게 알 수 있다. 그림 2.9를 참조하면 θ가 점점 커지면 $\sin\theta$는 증가하고 $\cos\theta$는 감소하게 된다. $\theta = 45°$이면 $a = b$이고 $r = \sqrt{2}a$이므로 $\sin 45° = \cos 45° = \frac{\sqrt{2}}{2}$이다. θ가 $90°$이면 $\sin 90° = 1$, $\cos 90° = 0$이다. θ가 $90°$를 넘어서면 B가 O의 왼쪽에 위치하게 된다. $b < 0$이므로 $\cos\theta < 0$이 되며, $\sin 180° = 0$, $\cos 180° = -1$이다. θ가 $180°$보다 커지면 A가 횡축의 아래에 위치하게 되므로 $a < 0$, $\sin\theta < 0$이 되어 $\sin 270° = -1$, $\cos 270° = 0$이다. θ가 $360°$가 되면 원래 시작한 점으로 돌아오므로 $\sin 360° = 0$, $\cos 360° = 1$이 된다. θ가 $360°$보다 커지게 되면 이제까지의 과정이 반복된다. 이와 같은 순환성 때문에 사인함수와 코사인함수를 **순환함수(circular function)** 라고 한다.

도와 라디안

이제까지 독립변수 θ의 단위는 '∘'로 표시되는 **도(degree)** 를 사용하였다. 그런데 도보다 더 일반적으로 사용되는 각도의 단위는 **라디안(radian)** 이다. θ에 해당하는 원호 AC의 길이를 s라고 하면 θ와 $\frac{s}{r}$는 일대일 대응 관계에 있으므로 $\frac{s}{r}$도 각도의 단위로 사용할 수 있다. 이 새로운 각도 단위를 'rad'로 쓴다. 원주의 길이는 $2\pi r$이므로 $\frac{s}{r} = \frac{\theta°}{360°}\frac{2\pi r}{r} = \frac{\theta\pi}{180}$이다. $1° = \frac{\pi}{180}\text{rad} \approx 0.0175\,\text{rad}$이고 $1\,\text{rad} = \left(\frac{180}{\pi}\right)° \approx 57.2958°$이다. 표 2.1에 도와 라디안과의 관계가 나타나 있다.

라디안을 사용하면 여러 가지 면에서 편리하다. 예를 들어 3편에서 다룰 삼각함수의 미분 공식은 독립변수의 단위가 라디안이면 매우 간단해진다. 라디안의 단위 'rad'는 생략하는 것이 보통이다. 그러나 도를 표시하고자 할 때에는 혼동을 피하기 위해

도 (∘)	0	45	90	180	270	360
라디안 (rad)	0	$\frac{\pi}{4}$	$\frac{\pi}{2}$	π	$\frac{3\pi}{2}$	2π

표 2.1 도와 라디안 간의 관계

'∘'를 사용한다. 앞으로는 명시하지 않는 한 θ의 단위는 도, x의 단위는 라디안으로 생각하기로 한다. 그림 2.10에 사인함수와 코사인함수의 그림이 나타나 있다.

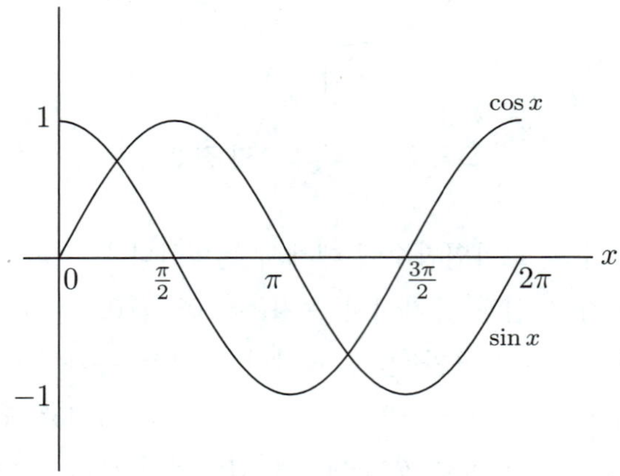

그림 2.10 사인함수와 코사인함수

유용한 결과

다음은 몇 가지 유용한 삼각함수 항등식들이다.

(i) $\sin(-x) = -\sin x$, $\cos(-x) = \cos x$,

(ii) $\sin^2 x + \cos^2 x = 1$,

(iii) $\sin(x \pm y) = \sin x \cos y \pm \cos x \sin y$, $\cos(x \pm y) = \cos x \cos y \mp \sin x \sin y$,

(iv) $\sin 2x = 2 \sin x \cos x$, $\cos 2x = 1 - 2\sin^2 x = 2\cos^2 x - 1$.

코사인 법칙

그림 2.11에 세 벡터 $\mathbf{x}, \mathbf{y}, \mathbf{x} - \mathbf{y}$가 그려져 있다. $\mathbf{x}$와 $\mathbf{y}$ 사이의 각도가 x $(0 \le x \le \pi)$ 이면

$$\|\mathbf{x} - \mathbf{y}\|^2 = \|\mathbf{x}\|^2 + \|\mathbf{y}\|^2 - 2\|\mathbf{x}\|\,\|\mathbf{y}\|\,\cos x$$

이며 이 결과를 **코사인 법칙** (**the law of cosines**) 이라고 한다.

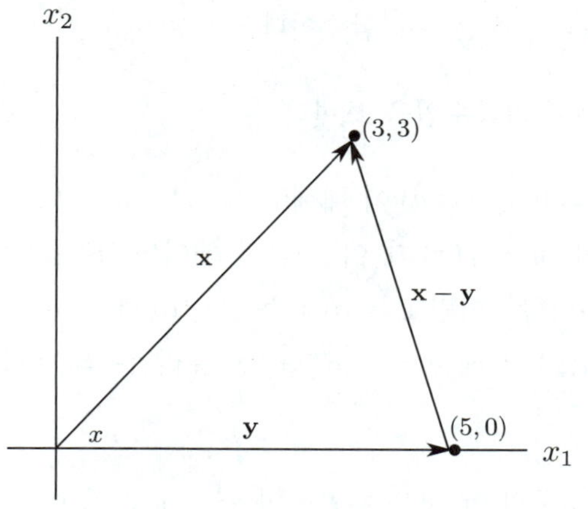

그림 2.11 코사인 법칙

예제 2.12 직교좌표 상의 삼각형 $\triangle ABC$ 를 생각하자. 변 AB 의 길이를 a, 변 BC 의 길이를 b, 변 AC 의 길이를 c 라고 하고 변 AB 와 변 BC 의 각도를 x $(0 \le x \le \pi)$ 라고 하자. 위 결과를 이용하면 $c^2 = a^2 + b^2 - 2ab\cos x$ 이다. ■

그런데 $\|\mathbf{x}-\mathbf{y}\|^2 = (\mathbf{x}-\mathbf{y})(\mathbf{x}-\mathbf{y}) = \mathbf{xx} - 2\mathbf{xy} + \mathbf{yy} = \|\mathbf{x}^2\| - 2\mathbf{xy} + \|\mathbf{y}\|^2$ 이므로 이를 위 식에 대입해 정리하면

$$\mathbf{xy} = \|\mathbf{x}\|\,\|\mathbf{y}\|\cos x$$

이다.

예제 2.13 $\mathbf{x} = (3,3)$, $\mathbf{y} = (5,0)$ 이라고 하자. $\|\mathbf{x}\| = 3\sqrt{2}$, $\|\mathbf{y}\| = 5$, $\mathbf{xy} = 15$ 이므로 $\cos x = \frac{\mathbf{xy}}{\|\mathbf{x}\|\,\|\mathbf{y}\|} = \frac{\sqrt{2}}{2}$ 이다. 따라서 $x = \frac{\pi}{4}$ 이다. ■

위 정리는 $\mathbf{x}, \mathbf{y} \in R^3$ 일 때도 성립한다. $n \ge 4$ 이면 위 결과는 두 벡터 간의 각도를 정의하는 것으로 생각할 수 있다. 즉 두 벡터 간의 각도 x 는 $\cos x = \frac{\mathbf{xy}}{\|\mathbf{x}\|\,\|\mathbf{y}\|}$ 로 정의된다. $x = \frac{\pi}{2}$ 이면 두 벡터는 **직교** (**orthogonal**) 한다고 한다. $\cos\frac{\pi}{2} = 0$ 이므로 두 벡터가 직교하는 것은 두 벡터의 내적이 0 일 때이다.

* 유리함수, 대수함수, 초월함수

다항함수보다 다소 복잡한 형태의 일변수함수는 **유리함수** (**rational function**) 이다.

유리함수는 $P(x)$ 와 $Q(x)$ 가 다항함수일 때 $y = \frac{P(x)}{Q(x)}$ 로 정의된다.

예제 2.14 $y = \frac{1}{x}$ 와 $y = \frac{x+1}{x-1}$ 은 유리함수이다. ■

문제 2.16 다항함수는 유리함수임을 보여라. ■

유리함수 $a_i(x)$ $(i = 0, 1, \cdots, n)$ 에 대해 $a_n(x)y^n + a_{n-1}(x)y^{n-1} + \cdots + a_1(x)y + a_0(x) = 0$ 을 생각하자. $y = f(x)$ 가 이 등식의 해이면 **대수함수 (algebraic function)** 라고 한다. $R(x)$ 가 유리함수이면 $y = R(x)$ 는 $y - R(x) = 0$ 의 해이므로 유리함수는 대수함수이다. $y^n - R(x)$ 의 해 $y = \sqrt[n]{R(x)}$ 즉, 유리함수의 n **제곱근 (nth root)** 은 대수함수이다.

예제 2.15 $y = \sqrt{x + \sqrt{x}}$ 의 양 변을 제곱하면 $y^2 = x + \sqrt{x}$ 이므로 $y^2 - x = \sqrt{x}$ 이다. 다시 양 변을 제곱하고 정리하면 $y^4 - 2xy^2 + x^2 - x = 0$ 이다. $y = \sqrt{x + \sqrt{x}}$ 는 이 방정식의 해이므로 대수함수이다. ■

대수함수가 아닌 모든 함수를 **초월함수 (transcendental function)** 라고 하며 지수함수, 로그함수, 삼각함수 등이 그 예이다.

2.6 다변수함수와 예

이제까지 정의역이 $X \subset R$ 인 경우, 즉 일변수함수에 대해서 논의하였다. 정의역이 $X \subset R^n$ 인 경우도 독립변수가 실수가 아니고 R^n 의 점 즉, 벡터라는 것 외에 일변수함수의 정의와 다를 바 없다.

정의 2.6 (다변수함수) 모든 $\mathbf{x} \in X \subset R^n$ 에 대해 단 하나의 $y \in Y \subset R$ 가 대응되도록 하는 규칙 f 를 집합 X 로부터 집합 Y 로의 함수 또는 사상이라고 하며 $f : X \to Y$ 또는 $f(\mathbf{x}) = f(x_1, x_2, \cdots, x_n)$ 로 표현한다.[10]

그런데 독립변수인 벡터의 성분이 n 개이므로 마치 독립변수가 n 개인 것처럼 생각해 **다변수함수 (function of several variables)** 로 부른다. 그러나 정의역의 변량은 R^n 의 벡터, 또는 점임을 잊지 말아야 한다.

---

[10] $\mathbf{x} = (x_1, x_2, \cdots, x_n)$ 이므로 $f(\mathbf{x}) = f((x_1, x_2, \cdots, x_n))$ 으로 써야 하겠지만 편의상 $y = f(x_1, x_2, \cdots, x_n)$ 로 쓴다.

2.6.1 생산함수

X 재를 x 단위 생산하는 어느 기업을 생각하자. 생산량을 말할 때 생산이 이루어지는 기간을 명확히 하지 않으면 의미가 없다. 자료를 수집해 표로 작성하는 일을 할 때 하루에 표를 5개 작성하는 것인지 일주일에 5개 작성하는 것인지를 분명히 하지 않으면 작업 성과를 평가할 수 없다. 생산은 노동과 자본을 결합하여 이루어지며 다음과 같은 **생산함수 (production function)** 로 표현할 수 있다.

$$x = f(l, k).$$

이 생산함수는 단위 기간(한 시간, 하루, 일주일, 일 년 등) 동안 노동을 l 단위, 자본을 k 단위 투입하면 x 단위의 산출물을 얻을 수 있음을 나타낸다. 엄밀히 말하면 l 과 k 는 생산 과정에서 투입되는 노동과 자본의 서비스를 의미한다. 노동서비스는 근로자의 수에 각 근로자가 일정 기간 동안 일정 시간 일할 때 (예를 들어 하루에 8시간 일할 때) 생산 활동에 기여하는 서비스 양을 곱한 것이다. 편의상 근로자 일인당 일정 기간 동안 기여하는 서비스 양을 1이라고 정의하면 노동력과 노동서비스의 양을 모두 l 로 쓸 수 있어 편리하다.[11] 자본에 대해서도 마찬가지로 생각할 수 있다. 즉, 생산함수의 k 는 자본량이 아니고 자본서비스의 양이다. 앞으로는 노동력과 노동서비스, 자본과 자본서비스를 구분하지 않고 사용하기로 한다.

경제 변량은 **저량 (stock)** 와 **유량 (flow)** 로 구분된다. 저량은 일정 시점에서 측정되는 변량이고, 유량은 일정 기간 동안에 측정되는 변량이다. 정의에 의해 일정 시점에 존재하는 자본량과 노동력은 저량이고 일정 기간 동안 생산에 투입되는 자본서비스와 노동서비스, 그리고 산출물은 유량이다. 다시 말해 생산함수에서 x, l 과 k 는 모두 유량이다. 유량은 저량의 일정 기간 동안의 변화로 생각할 수 있다. 예를 들어 자본량이 2011년 1월 1일에 100이고 2011년 1년 동안 새로운 투자가 30이 일어나고 감가상각이 10 발생하면 2012년 1월 1일의 자본량은 $100 + 30 - 10 = 120$ 이 된다.

예제 2.16 **콥-더글라스 생산함수 (Cobb-Douglas production function)** 는 다음과 같이

[11] 생산관리에서 근로자 한 사람이 한 시간 일할 때 성취할 수 있는 작업량을 **맨아워 (man-hour)** 라고 한다. 예를 들어 근로자 5 인이 8시간씩 일할 때 어떤 작업을 끝낼 수 있다면 이 작업에 필요한 맨아워는 $5 \times 8 = 40$(man-hour) 이다. 근로자 한 명이 한 시간 일하면 이 작업에 $\frac{1}{40}$ 기여할 수 있다. 근로자가 하루에 8시간 일하면 이 근로자가 기여하는 서비스 양은 $\frac{1}{40} \times 8 = \frac{1}{5}$ 이다.

정의되며

$$x = f(l,k) = Al^{\alpha}k^{\beta} \ (A, \alpha, \beta > 0, \alpha + \beta < 1, l, k \geq 0).$$

경제학에서 널리 사용된다. ■

2.6.2 효용함수

두 재화 X와 Y를 소비하고 이것으로부터 만족 또는 **효용 (utility)** 을 얻는 소비자를 생각하자.생산 활동 경우에서와 마찬가지로 재화의 소비도 단위 기간 당 발생하는 양 또는 수준으로 측정되는 유량이다.

X 재와 Y 재를 각각 x 단위와 y 단위를 소비하면

$$u = u(x, y)$$

의 효용을 얻는다고 하자. $u(x,y)$를 **효용함수 (utility function)** 라고 한다. 이 효용함수는 이변수함수라는 점에서 앞에서 다룬 생산함수와 다를 바 없다. 따라서 생산모형과 소비모형은 수학적으로 같은 결과를 공유하는 경우가 많다.

예제 2.17 **콥-더글라스 효용함수 (Cobb-Douglas utility function)** 는 다음과 같이 정의되며

$$u = u(x,y) = x^{\alpha}y^{\beta} \ (\alpha, \beta > 0, x, y \geq 0)$$

경제학에서 널리 사용된다. 생산함수와는 달리 $\alpha + \beta < 1$ 조건은 없음을 유의하라. (4편 9.3.3절 참조.) ■

그러나 효용함수는 생산함수와는 달리 논리적인 측면에서 까다로운 점이 있다. 효용은 생산량과는 달리 양적으로 측정할 수 없기 때문에 u 값은 그 자체로서는 의미가 없다. $u(1,2) = 2$이고 $u(3,3) = 4$이라고 해서 X 재와 Y 재를 각각 세 단위 소비하는 것이 한 단위와 두 단위를 소비하는 것보다 두 배의 만족을 얻는다는 것을 의미하지는 않는다. 다만 $4 > 2$이기 때문에 각각 세 단위 소비하면 한 단위와 두 단위를 소비할 때보다 만족이 더 크다고만 할 수 있다.

이와 같이 효용 수준의 상대적 크기(순서)만 의미가 있다는 점에서 효용함수는 **서수적 (ordinal)** 이다. 효용이론발전 초기에는 효용을 측정할 수 있다는 가정 하에 **기수적 (cardinal)** 효용함수를 사용하였다. 그러나 효용이 측정될 수 있는가, 그리고 개인 간의 효용을 비교할 수 있는가에 대해 심각한 의문이 있고 서수적 효용함수를 사용해도 기수적 효용함수로부터 얻을 수 있는 중요한 결론은 모두 얻을 수 있는 것이 밝혀짐으

로써 오늘날에는 효용함수는 서수적인 것만을 의미한다.[12] 그러나 효용을 마치 측정할 수 있는 것처럼, 즉 u 값이 그 자체로서 의미 있는 것처럼 생각하면 분석 결과를 해석할 때 매우 편리하다. 이와 같은 이유에서 u 값을 효용의 '양'처럼 생각하기도 한다.

2.6.3 등가곡선

다변수함수를 그래프로 표현하는 것은 쉽지 않다. 예를 들어 $y = f(x_1, x_2)$를 그림으로 표현하기 위해서는 3차원 공간이 필요한데 대부분의 사람들은 3차원적 사고에 그리 친숙하지 못하다. 지도에서는 평면 상에 각 지점의 높이를 표현하기 위해 **등고선 (contour)**을 이용한다. 경제학에서는 이 등고선의 개념이 광범하게 사용된다. 그림 2.12에서는 $y = 1, 4, 16$일 때의 $y = x_1^2 + x_2^2$의 등고선들이 그려져 있다.

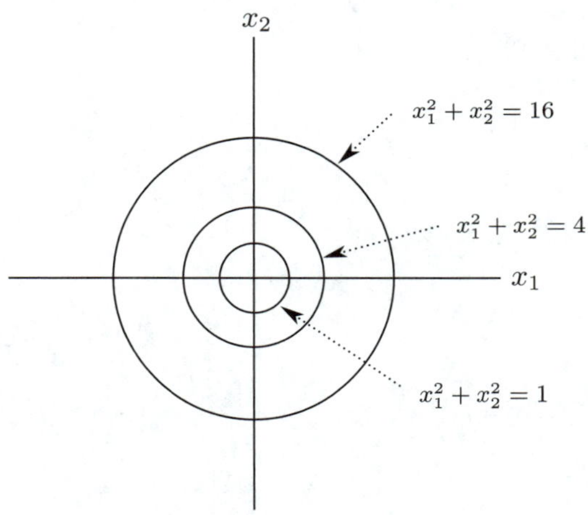

그림 2.12 등고선

예제 2.18 생산함수가 $f(l, k)$일 때 $x^0 = f(l, k)$는 x^0을 생산하기 위해 필요한 l과 k의 조합을 나타낸다. 이것을 **등량곡선 (isoquant)**이라고 한다. 그림 2.13 (a)에는 생산 수준 x^0, x^1, x^2 $(x^0 < x^1 < x^2)$에 대응하는 등량곡선들이 그려져 있다. 효용함수에 대해서도 등고선의 개념을 마찬가지로 적용할 수 있다. 효용함수가 $u(x, y)$이면 $u^0 = u(x, y)$는 u^0의 만족 수준을 얻을 수 있는 (x, y)의 조합이다. 이것을 **무차별곡선 (indifference curve)**이라고 한다. 그림 2.13 (b)에 효용 수준이 u^0, u^1, u^2 $(u^0 < u^1 < u^2)$일 때의

[12]불확실성 하에서의 의사결정을 분석할 때 유용한 폰노이만-모겐스턴 기대효용함수는 서수적이지만 동시에 기수적인 성격을 갖는다. 6편 15.2절 참조.

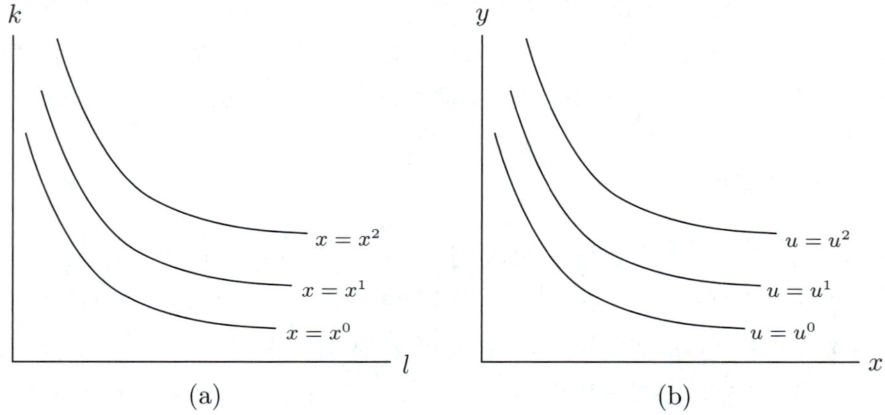

그림 2.13 등량곡선과 무차별곡선

무차별곡선들이 그려져 있다.[13] ■

[13]등량곡선과 무차별곡선이 그림에서와 같이 특별한 모양을 갖는 이유는 4편에서 논의한다. 예제 1.26의 $\pi = \mathbf{px}$는 동일한 이윤을 얻을 수 있는 생산활동을 나타내므로 **등이윤곡선 (isoprofit curve)** 이라고 한다.

부 록

2.A 명제, 필요조건과 충분조건

2.A.1 명제함수와 진리집합

명제(proposition, statement)는 참이나 거짓을 판단할 수 있는 문장 또는 식을 의미한다. 예를 들어 "제주도는 섬이다."와 "1 + 1=2."는 참인 명제이고 "우리나라에서 제일 높은 산은 한라산이다."와 "$2 \leq 1$."은 거짓인 명제이다. 그런데 x가 실수일 때 "$x - 1 = 0$."은 x값에 따라 참일 수도 있고 거짓일 수도 있다. x가 1이면 이 식은 참이지만 x가 1이 아니면 거짓이다. T는 참, F는 거짓을 나타낸다고 할 때 이것은 정의역이 $X = R$이고 공역이 $\{T, F\}$인 함수로 생각할 수 있다. 이 함수를 $a(x)$라고 하면

$$a(x) = \begin{cases} T, & x = 1 \\ F, & x \neq 1 \end{cases}$$

이다. 이와 같이 변수 x를 포함한 문장이나 식을 **명제함수**(proposition function)라고 하며 $p(x)$ 또는 간단히 p로 표현한다. 이하에서는 x는 실수로 생각하기로 한다.

$p(x)$가 명제함수일 때,

$$P = \{x \,|\, p(x) = T\}$$

를 **진리집합**(truth set)이라고 한다. 따라서

$$p(x) = \begin{cases} T, & x \in P \\ F, & x \in P^c \end{cases}$$

이다. $p(x)$의 **부정**(negation)은 "$p(x)$가 아니다."라는 명제함수이고 $\sim p(x)$로 표현한다. 따라서

$$\sim p(x) = \begin{cases} T, & x \in P^c \\ F, & x \in P \end{cases} = \begin{cases} T, & p(x) = F \\ F, & p(x) = T \end{cases}$$

이다.

x에 대한 고려 범위를 한정할 수 있다. 예를 들어 "모든 실수 x에 대해 $x-1=0$이다."는 거짓이다. 왜냐하면 $x=2$이면 $x-1=-1\neq 0$이기 때문이다. 반면 "$x-1=0$이 되는 어떤 x가 존재한다."는 $x=1$이면 $x-1=0$이므로 이 명제는 참이다. x의 범위를 한정하는 요소를 **한정자 (quantifier)** 라고 한다. 일반적으로 '모든 x에 대해 ...' 로 표현되는 한정자와 '... 인 어떤 x가 존재한다'로 표현되는 한정자가 자주 사용된다. 전자는 $\forall x$로, 후자는 $\exists x$로 표현된다. 따라서 "모든 실수 x에 대해 $x-1=0$이다."는 "$\forall x, x-1=0$."로 쓸 수 있다. 일반적으로 "모든 실수 x에 대해 $p(x)$ 이다."는 다음과 같이 쓴다.

$$\forall x, p(x).$$

마찬가지로 "$x-1=0$인 어떤 x가 존재한다."는 "$\exists x$ s. t. $x-1=0$."로 표현할 수 있으며 일반적으로 "$p(x)$ 인 어떤 x가 존재한다."는 다음과 같이 쓴다.

$$\exists x \text{ s.t. } p(x).$$

"$\forall x, x-1=0$."과 "$\exists x$ s.t. $x-1=0$."의 부정에 대해 생각해 보자. 전자는 "모든 실수 x에 대해 $x-1=0$이다."라는 명제의 부정이므로 "$x-1\neq 0$인 어떤 x가 존재한다."가 된다. 또 후자는 "$x-1=0$이 되는 어떤 x가 존재한다."라는 명제의 부정이므로 "모든 x에 대해 $x-1\neq 0$이다."가 된다. 이렇게 생각하면 '모든 x에 대해 ...'는 '... 인 어떤 x가 존재한다.'로, '... 인 어떤 x가 존재한다.'는 '모든 x에 대해 ...'로 바뀌는 것을 알 수 있다. 또 "="는 "≠"로 바뀐다. 일반적으로 위 두 한정자가 포함된 명제의 부정은 다음과 같다.

(i) $\sim(\forall x, p(x)) = \exists x \text{ s.t. } \sim p(x)$

(ii) $\sim(\exists x \text{ s.t. } p(x)) = \forall x, \sim p(x)$.

"$\forall x, p(x)$."가 참이기 위해서는 모든 $x \in X$에 대해 $p(x)$가 참이어야 하므로 진리집합 $P = X$이어야 한다. $P \neq X$이면 $p(x)$가 거짓이 되는 x가 존재하므로 "$\forall x, p(x)$."는 거짓이다. 마찬가지로 "$\exists x$ s.t. $p(x)$."가 참이기 위해서는 $p(x)$가 참인 어떤 $x \in X$가 존재해야 하므로 $P \neq \emptyset$이어야 한다. $P = \emptyset$이면 $p(x)$가 참이 되는 x가 존재하지 않으므로 "$\exists x$ s.t. $p(x)$."는 거짓이다.

2.A.2 조건부명제와 대우

식 "$x^2 - 1 = 0$."의 명제함수는

$$b(x) = \begin{cases} T, & x = \pm 1 \\ F, & x \neq 1, -1 \end{cases}$$

이다. "모든 x에 대해 $x-1=0$이 참이면 $x^2-1=0$이 참이다."라는 명제를 생각하자. 이것은 "$\forall x, a(x) \to b(x)$." 또는 보다 간단하게

$$a(x) \to b(x)$$

로 표현한다. $x = 1$이면 "$a(x)$와 $b(x)$."는 참이다. 모든 x에 대해 이 명제를 고려해야 하므로 $x \neq 1$인 경우를 생각해야 한다. 이때에는 $a(x)$는 거짓이고 $b(x)$는 참일 수도 있고 거짓일 수도 있다. 그런데 위 문장은 "$x - 1 = 0$."이 참인 경우에 대해서만 기술하고 있고 "$x - 1 = 0$."이 거짓인 경우에 대해서는 언급하지 않고 있기 때문에 이 문장이 거짓이라고 말할 수는 없다. 이와 같은 경우, 즉 $a(x)$가 거짓인 경우에는 이 문장은 참으로 정의된다.[14] 따라서 "$a(x) \to b(x)$."는 참이다. 다음으로 "$b(x) \to a(x)$."를 생각해보자. 이것은 "모든 x에 대해 "$x^2 - 1 = 0$."이 참이면 "$x - 1 = 0$"이 참이다를 의미한다. 그런데 $x = -1$이면 "$x^2 - 1 = 0$."은 참이지만 $x - 1 = -2 \neq 0$이므로 "$x^2 - 1 = 0$."은 거짓이다. 따라서 "$b(x) \to a(x)$."는 거짓이다.

"$a(x) \to b(x)$."와 같은 명제를 **조건부명제(conditional proposition)**라고 한다. A와 B를 $a(x)$와 $b(x)$의 진리집합이라고 하면 $A = \{1\}$이고 $B = \{1, -1\}$이므로 $A \subset B$이다. 일반적으로 두 개의 명제함수 $p(x)$와 $q(x)$의 진리집합이 각각 P와 Q일 때 $P \subset Q$이면 "$p(x) \to q(x)$."는 참이고 역으로 "$p(x) \to q(x)$."가 참이면 $P \subset Q$이다. 마찬가지로 $P \not\subset Q$이면 "$p(x) \to q(x)$."는 거짓이다. 왜냐하면 "$p(x) \to q(x)$."가 참이면 위 논의로부터 $P \subset Q$가 되므로 모순이다. "$p(x) \to q(x)$."가 거짓이면 $P \not\subset Q$이다.

예제 2.A.1 X를 동물의 집합이라고 하고 $p(x)$를 "x는 개이다.", $q(x)$는 x는 포유류이다."라고 하자. P는 개의 집합이고 Q는 포유류의 집합이다. $P \subset Q$이므로 $p(x) \to q(x)$, 즉 "모든 개는 포유류이다."는 참이다. 그러나 $q(x) \to p(x)$, 즉 "모든

[14] a가 "당신은 빌 게이츠이다."라고 하자. 당신이 빌 게이츠가 아니라면 b가 무엇이든지 "$a \to b$."는 참이다. 예를 들어 다음 문장은 참이다. "당신이 빌 게이츠이면 나는 스티브 잡스이다." 그러나 당신이 실제로 빌 게이츠이고 내가 스티브 잡스가 아니라면 이 명제는 거짓이다.

포유류는 개이다.”는 거짓이다. ■

“$p(x) \rightarrow q(x)$.”가 참이면 $P \subset Q$이다. $Q^c \subset P^c$이므로 “$\sim q(x) \rightarrow\sim p(x)$.”는 참이다. 마찬가지로 “$p(x) \rightarrow q(x)$.”가 거짓이면 $P \not\subset Q$이다. $Q^c \not\subset P^c$이므로 “$\sim q(x) \rightarrow\sim p(x)$.”는 거짓이다. 따라서 “$p(x) \rightarrow q(x)$.”가 참(거짓)이면 “$\sim q(x) \rightarrow\sim p(x)$.”도 참(거짓)이므로 이 두 명제는 사실상 논리적으로 동일하다. “$\sim q(x) \rightarrow\sim p(x)$.”와 “$p(x) \rightarrow q(x)$.”를 서로에 대해 **대우(contraposition)**라고 한다. “$p(x) \rightarrow q(x)$.”가 참인지의 여부를 확인하는 것 보다는 “$\sim q(x) \rightarrow\sim p(x)$.”의 참인지의 여부를 판단하는 것이 더 쉬울 때가 종종 있다.

예제 2.A.2 앞의 예에서 “$a(x) \rightarrow b(x)$.”의 대우 “$\sim b(x) \rightarrow\sim a(x)$.”는 “모든 x에 대해 $x^2 \neq 1$이면 $x \neq 1$이다.”이다 그런데 어떤 수를 제곱한 결과가 1이 아니라면 그 수는 1이 될 수 없으므로 “$\sim b(x) \rightarrow\sim a(x)$.”는 참이다. 따라서 “$a(x) \rightarrow b(x)$.”는 참이다. ■

2.A.3 필요조건과 충분조건

“$p(x) \rightarrow q(x)$.”가 참이면, 즉 $P \subset Q$이면 “$p(x) \Rightarrow q(x)$.” 또는 “$p \Rightarrow q$.”로 쓴다. 이때 p는 q를 **함의(imply)**한다고 하고 q는 p되기 위한 **필요조건(necessary condition)**이라고 한다. ‘필요’조건이라고 부르는 이유는 p가 참이기 위해서는 q가 **필연적으로(necessarily)** 참이어야하기 때문이다. 만약 q가 참이 아니라면 “$\sim q \rightarrow\sim p$.”이므로 p는 참이 될 수 없다. 앞의 예에서 “$a(x) \Rightarrow b(x)$.”이므로 b는 a의 필요조건이다. 즉, $x = 1$이 되기 위해서는 필연적으로 $x^2 = 1$이어야 한다. 달리 말하면 $x^2 \neq 1$이면 $x \neq 1$이다.

“$p(x) \Rightarrow q(x)$.”이면 p는 q가 되기 위한 **충분조건(sufficient condition)**이라고 한다. ‘충분’조건으로 부르는 이유는 q가 참이기 위해서는 p가 참인 것으로 충분하기 때문이다. “$a(x) \Rightarrow b(x)$.”에서 $x = 1$이기만 하면 $x^2 = 1$이 되므로 a는 b가 되기 위한 충분조건이다.

“$p(x) \Rightarrow q(x)$.”이고 “$q(x) \Rightarrow p(x)$.”이면 p와 q는 각각 서로에 대해 필요조건임과 동시에 충분조건이다. 이 경우 **필요충분조건(necessary and sufficient condition)**이라고 하며 “$p(x) \Leftrightarrow q(x)$.”로 쓴다.

문제 2.A.1 다음 p와 q 간의 관계를 확인하라. (i) $x \in R$일 때 p: “$x > 1$.”, q: “$x^2 > 1$.”. (ii) p: “오늘은 8월 15일이다.”, q: “오늘은 광복절이다.”. ■

CHAPTER 3

극한과 함수의 연속

함수는 관계에 비해 다루기 용이하지만 현실적인 문제를 다루기에는 역시 충분치 않다. 이 장에서는 경제/경영 모형에서 보편적으로 사용되는 특수한 형태의 함수인 연속함수에 대해 논의하고 함수의 연속성을 판별하기 위해 필요한 수열과 함수의 극한에 대해 알아본다.

3.1 연속성

3.1.1 일상생활과 연속성

연속성 (continuity) 은 수학적으로 매우 중요한 개념이다. 그런데 이 연속성의 개념은 일상생활과 동떨어진 것은 아니며 우리는 알게 모르게 이 개념과 더불어 살고 있다. 예를 들어 어저께 기온이 섭씨 -20 도인데 오늘 기온이 20 도로 올라간다면 기온이 불연속적으로 변화한다고 느낄 것이다. 불연속적이라고 느끼는 이유는 기온이 오늘과 내일 사이에는 시간적으로 큰 차이가 없음에도 불구하고 기온이 상대적으로 크게 변화하기 때문이다. 또 오늘 기온이 20 도인데 내일 기온이 -20 로 떨어질 것으로 예상해 두꺼운 외투를 준비할 사람은 거의 없을 것이다. 이것은 대부분의 사람은 기온이 하루 사이에 급격히 변화할 것으로는 생각하지 않기 때문이다.

마찬가지로 고속도로 상에서 시속 100km로 달릴 수 있는 이유는 앞에서 달리는 차가 갑자기 서버릴 것으로는 생각하지 않기 때문이다. 평상시 라면을 한꺼번에 한 달 분을 사지 않는 이유는 내일 라면 가격이 크게 오를 것으로 생각할 이유가 없기 때문이다. 자연현상이나 사회현상이 불연속적으로 변화한다면 미래에 대한 예측이 어렵게 되어 정상적인 사회 경제활동은 힘들게 될 것이다. 우리가 평상적인 일상생활을 할 수 있는 이유는 대부분의 세상사는 자각하든 못하든, 연속적으로 변화한다는 믿음을 갖고 있기 때문이다.

문제 3.1 현실 세계에서 연속적, 불연속적 사건의 예를 들어라. ■

연속적으로 변화하는 현상을 분석하는 것이 그렇지 않은 경우보다 더 용이할 것이라는 것은 쉽게 짐작할 수 있다. 따라서 변수들 간의 관계를 연속적으로 생각하는 데 현실적으로 별 무리가 없다면 연속적으로 변하는 함수적 관계를 일차적으로 분석 대상으로 삼는 것이 현명할 것이다.

연속함수에 대해서는 이미 이론적으로 잘 연구되어 있기 때문에 경제/경영학의 모형 분석에서는 보통 연속함수를 분석의 출발점으로 삼는다. 설사 불연속적인 상황이 보다 현실적이더라도 연속적 환경을 가정하여 얻은 결과를 길잡이로 활용할 수 있다는 점에서 연속함수에 기반을 둔 분석의 중요성은 떨어지지 않는다.

3.1.2 함수의 연속성

연속성을 수학적으로 엄밀히 표현하기 위해 다음 세 개의 함수를 살펴보자. 이 세 함수의 그래프는 그림 3.1에 나타나 있다. $g(0)$와 $h(0)$은 검은 점으로 표시되어 있다. 직관적으로 $y = f(x)$는 $x = 0$에서 연속이지만 $y = g(x)$와 $y = h(x)$는 $x = 0$에서 불연속이다.

$$\begin{aligned} y &= f(x) = x + 1, \\ y &= g(x) = \begin{cases} x+1, & x < 0 \\ x+2, & x \geq 0, \end{cases} \\ y &= h(x) = \begin{cases} x+1, & x \neq 0 \\ 2, & x = 0. \end{cases} \end{aligned} \tag{3-†}$$

함수가 연속인지 아닌지를 판별하는 기준을 생각해 보기 위해 그림 3.1의 세 함수 간의 차이점을 살펴보자. x를 0에 가깝게 접근시킬 때 x에 대응하는 y가 어떻게 변화하는지를 알아보자. 유의해야 할 것은 x를 0에 얼마든지, 무한히 가까워지도록

할 수 있지만 0에 도달하지는 않도록 하는 것이다. 어떤 변수가 특정 값에 무한히 가까워지는 것을 이 변수가 그 값에 수렴한다고 한다. 수렴에 대한 엄밀한 정의는 3.2.2 절에서 자세히 다룰 것이며 여기서는 직관적인 수준에서 생각한다. x가 0에 수렴하는 경로는 무수히 많지만 대표적인 두 경우만 생각해 보자. 하나는 x가 $1, \frac{1}{2}, \frac{1}{3}, \cdots$ 로 점차 줄어드는 것이고 다른 하나는 $-1, -\frac{1}{2}, -\frac{1}{3}, \cdots$ 로 점차 증가하는 것이다.

문제 3.2 x가 0에 수렴하는 다른 경로의 예를 들어라. ■

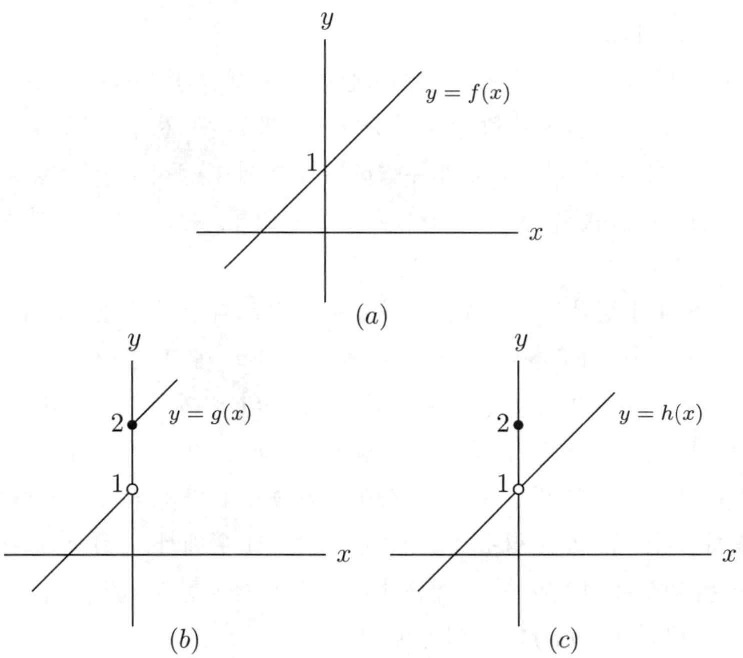

그림 3.1 연속함수와 불연속함수

식 (3-†)의 $y = f(x)$를 생각하자. (그림 3.1 (a)) x가 $1, \frac{1}{2}, \frac{1}{3}, \cdots$ 로 줄어들면서 0에 수렴하면 x에 대응하는 y는 $2, \frac{3}{2}, \frac{4}{3}, \cdots$ 로 줄어든다. 이 값들을 살펴보면 1에 무한히 가까워지는 것을 알 수 있다. 다시 말해 y는 1에 수렴한다. x가 $-1, -\frac{1}{2}, -\frac{1}{3}, \cdots$ 로 늘어나면서 0에 수렴하는 경우, x에 대응하는 y 는 $0, \frac{1}{2}, \frac{2}{3}, \cdots$ 로 증가하며 역시 1에 수렴한다. x가 이 두 가지 접근 경로 외에 다른 어떤 경로를 거쳐 0에 수렴하더라도 y 는 1에 수렴할 것임을 어렵지 않게 짐작할 수 있다.

문제 3.3 위 두 가지 경로를 혼합한 형태, $1, -1, \frac{1}{2}, -\frac{1}{2}, \frac{1}{3}, -\frac{1}{3}, \cdots$ 인 경우에도 x가 0에 접근하고 이에 해당하는 y는 1에 접근함을 확인하라. ■

식 (3-†) 의 $y = g(x)$ 경우에는 (그림 3.1 (b)) x 가 0 에 수렴하는 경로에 따라 대응하는 y 값이 서로 다른 값에 수렴한다. x 가 $1, \frac{1}{2}, \frac{1}{3}, \cdots$ 로 0 에 수렴하면 y 는 $3, \frac{5}{2}, \frac{7}{3}, \cdots$ 로 감소하면서 2 에 수렴하지만 x 가 $-1, -\frac{1}{2}, -\frac{1}{3}, \cdots$ 로 0 에 수렴하면 y 는 $0, \frac{1}{2}, \frac{2}{3}, \cdots$ 로 증가하면서 1 에 수렴한다. 앞에서의 결과와 비교하면 $y = f(x)$ 는 x 가 0 에 수렴할 때 y 는 항상 1 에 수렴하지만 $y = g(x)$ 는 그렇지 않다. 따라서 잠정적으로 다음과 같은 결론을 얻을 수 있다. 어떤 함수가 x^0 에서 연속이려면 x 가 x^0 에 수렴하는 경로에 관계없이 이에 대응하는 y 는 어떤 값 y^0 에 수렴하여야 한다. 거꾸로 이 특성을 만족하지 않으면 그 함수는 x^0 에서 불연속이라고 할 수 있다. 이 기준을 적용하면 $y = g(x)$ 는 $x = 0$ 에서 불연속이다.

그런데 이 연속성의 기준으로는 불연속함수라고 생각할 수밖에 없는 식 (3-†) 의 $y = h(x)$ 를 (그림 3.1 (c)) 연속함수의 범주에서 배제할 수 없다. 이 함수는 $y = f(x)$ 와 마찬가지로 x 가 어떤 경로로 0 에 수렴하든지 이에 대응하는 y 는 항상 1 에 수렴한다. $y = h(x)$ 를 연속함수의 범주에서 배제하기 위해서는 연속성의 기준을 강화할 필요가 있다.

$y = f(x)$ 를 다시 생각해 보면 1 은 x 가 0 에 수렴할 때 y 가 수렴하는 값일 뿐 아니라 $x = 0$ 에서의 y 값이기도 하다. 따라서 어떤 함수가 x^0 에서 연속이려면 y 가 동일한 값 y^0 에 수렴해야 할 뿐 아니라 동시에 y^0 은 그 함수의 x^0 에서의 y 값과 같아야 한다. 오른쪽 그림에서 쉽게 확인할 수 있는 것처럼 $y = h(x)$ 는 이 기준을 만족하지 못한다. 이제까지의 논의에서 어떤 함수가 $x = x^0$ 에서 연속이기 위해 만족해야 하는 두 개의 기준을 발견하였다. 즉, 어떤 함수가 x^0 에서 연속이기 위해서는 (i) x 가 어떤 경로로 x^0 에 수렴하든지에 관계없이 이에 대응하는 y 값은 동일한 값 y^0 에 수렴해야 하며, (ii) y^0 은 x^0 에 대응하는 y 값과 같아야 한다.

그런데 이제까지 '접근 경로' '수렴' 또는 '가까워지는' 등과 같은 용어들을 모호하게 사용하였기 때문에 연속성의 기준을 실제로 사용할 수 있기 위해서는 이 용어들을 명확하게 정의해야 할 필요가 있다. 이를 위해 먼저 수열과 수열의 극한에 대해 논의하기로 하자.

3.2　수열과 수열의 극한

3.2.1　수열의 정의

x 의 접근 경로 $1, \frac{1}{2}, \frac{1}{3}, \cdots$ 은 1(첫 번째 항) 에 1, 2(두 번째 항) 에 $\frac{1}{2}$, 3(세 번째 항) 에 $\frac{1}{3}, \cdots$ 이 대응되는 함수적 관계로 생각할 수 있다.

정의 3.1 (수열(sequence)) $x^i \in R$ $(i = 1, 2, \cdots)$ 이라고 하자. 수열은 $x^1, x^2, \cdots$ 또는 $< x^i >$ 로 표현되며 정의역이 $N = \{1, 2, \cdots\}$ 이고 공역이 R 인 함수이다.

x^i 를 수열 $< x^i >$ 의 i 번째 **항(term)** 이라고 한다. 수열은 유한수열과 무한수열이 있는데 여기서는 무한수열 즉, 수열의 항이 무한히 많은 경우를 생각한다.

예제 3.1 수열 $1, \frac{1}{2}, \frac{1}{3}, \cdots$ 에서 $x^1 = 1, x^2 = \frac{1}{2}, x^3 = \frac{1}{3}, \cdots$ 이다. ■

문제 3.4 수열 $1, 2, 3, \cdots$ 와 함수 $y = x$ $(x, y \in N)$ 는 동일함을 보여라. ■

3.2.2 수열의 극한

수열 $x^1 = 1, x^2 = \frac{1}{2}, x^3 = \frac{1}{3}, \cdots$ 을 생각하자. i 가 무한히 커지면 x^i 는 0에 '수렴한다' 또는 '무한히 가까워진다'라고 생각할 수 있다. 수렴을 엄밀하게 정의하기 위해서 0이 갖는 특성을 살펴보자. 두 수가 서로 가깝다는 것은 개인마다 모두 다르게 느끼는 주관적이고 자의적인 개념이다. 다행히 수렴 또는 무한히 가까워짐이라는 개념은 가깝다를 명백하게 규정하지 않아도 정의할 수 수 있다.

잠정적으로 두 수가 가깝다라는 것을 두 수 간의 거리가 $\frac{1}{10{,}000}$ 보다 작은 경우라고 정의해 보자. 이 정의에 의하면 $x^{9{,}999} = \frac{1}{9{,}999}$ 는 $|x^{9{,}999} - 0| = \frac{1}{9{,}999} > \frac{1}{10{,}000}$ 이므로 0과 가깝지 않다. 마찬가지로 $x^{10{,}000} = \frac{1}{10{,}000}$ 역시 가깝지 않다. 그러나 $x^{10{,}001} = \frac{1}{10{,}001}$ 은 $|x^{10{,}001} - 0| = \frac{1}{10{,}001} < \frac{1}{10{,}000}$ 이므로 0과 가깝다. 사실상 $i > 10{,}000$ 보다 크면 모든 x^i 는 0에 가깝다. 만약 가깝다가 두 수 간의 거리가 $\frac{1}{100{,}000}$ 보다 작은 경우라면 $i > 100{,}000$ 인 모든 x^i 는 0에 가깝다. 마찬가지로 두 수 간의 거리가 $\frac{1}{1{,}000{,}000}$ 보다 작을 때가 가깝다라고 정의하면 $i > 1{,}000{,}000$ 인 모든 x^i 는 0에 가깝게 된다.

이상의 관찰을 통해 다음과 같은 중요한 사실을 알 수 있다. 가깝다를 어떻게 정의하든지 다음 성질을 만족하는 양정수 i^0 가 존재한다. $i > i^0$ 인 모든 x^i 는 0에 가깝다. 예를 들어 첫 번째 가깝다의 정의에서는 i^0 은 10,000 또는 이보다 큰 양정수이다. 마찬가지로 두 번째 가깝다의 정의에서는 i^0 은 100,000 또는 이보다 큰 양정수이다.

그런데 다른 수는 이와 같은 성질을 갖지 않는다. $\frac{1}{2}$ 을 생각해보자. 가깝다를 두 수의 거리가 $\frac{1}{2}$ 보다 작은 경우로 정의하면 $x^1 = 1$ 을 제외하고는 모든 x^i 가 $\frac{1}{2}$ 에 가깝다. 그러나 거리가 $\frac{1}{10{,}000}$ 보다 작은 경우만 가깝다로 정의하면 $\frac{1}{2}$ 에 가까운 x^i 는 존재하지 않는다. 따라서 $\frac{1}{2}$ 은 0이 가지고 있는 (가깝다의 정의와 무관한) 위의 성질을 갖지 않는다.

문제 3.5 (i) 수열 $1, \frac{1}{2}, \frac{1}{3}, \cdots$ 에 대해 0을 제외한 어떤 수도 위 성질을 갖지 않음을

보여라. (ii) 수열 $1, 1, 1, \cdots$ 에 대해 1은 위 성질을 갖지만 다른 수는 그렇지 않음을 보여라. (iii) 수열 $1, \frac{1}{2}, 1, \frac{1}{3}, 1, \frac{1}{4}, \cdots$ 에 대해 어떤 수도, 특히 0과 1이 위 성질을 갖지 않음을 보여라. (iv) 수열 $1, -1, 1, -1, \cdots$ 에 대해 위 성질을 갖는 수는 존재하지 않음을 보여라. ■

정의 3.2 (수렴(convergence)과 극한(limit)) 모든 $\epsilon > 0$에 대해 $i > i^0$이면 $x^i \in N_\epsilon(x^0) = \{x \in R \,|\, |x - x^0| < \epsilon\}$이 되도록 하는 $x^0 < \infty$와 양정수 i^0이 존재하면 $< x^i >$는 x^0에 수렴한다고 하며 $\lim_{i\to\infty} x^i = x^0$ 또는 $i \to \infty$일 때 $< x^i > \to x^0$로 쓴다. x^0는 $< x^i >$의 극한이라고 한다. $< x^i >$가 수렴하지 않으면 **발산(diverge)** 한다고 한다.

이 정의에서 ϵ은 가깝다를 판단하는 하나의 기준이다. $< x^i >$가 x^0에 수렴하기 위한 조건이 모든 $\epsilon > 0$에 대해 성립해야 한다는 것은 가깝다를 어떻게 정의하든 상관없이 성립해야 함을 의미한다.

발산하는 수열은 두 가지 형태가 있다. $1, -1, 1, -1, \cdots$ 의 항들은 1과 -1로 반복적으로 순환하기 때문에 어떤 특정 값에 무한히 가까워지지 않는다. 반면에 $1, 2, 3, \cdots$ 의 경우에는 항들이 무한히 커지기 때문에 유한한 값으로 수렴하지 않는다. 그러나 이 경우 $\lim_{i\to\infty} x^i = +\infty$ 라고도 쓴다. 항들이 무한히 작아지면 $\lim_{i\to\infty} x^i = -\infty$로 쓴다.

> **Box 3.1** $\pm\infty$는 실수가 아닌 기호이지만 경우에 따라 숫자처럼 생각하는 것이 편리할 수 있다. $\bar{R} = R \cup \{+\infty, -\infty\}$에 몇 가지 연산을 정의한 것을 **확장된 실수체계 (extended real number system)** 라고 하며 $\bar{R} = [-\infty, +\infty]$로도 쓴다. $\bar{R}$에서는 $\pm\infty$를 다루기 위해 실수체계의 사칙연산을 제한적으로 확장하여 사용한다. 예를 들어 $x + \infty = \infty + x = +\infty$ $(x \neq -\infty)$, $x - \infty = -\infty + x = -\infty$ $(x \neq +\infty)$, $x \times (\pm\infty) = (\pm\infty) \times x = \pm\infty$ $(x > 0)$, $x \times (\pm\infty) = (\pm\infty) \times x = \mp\infty$ $(x < 0)$, $\frac{x}{\pm\infty} = 0$ $(x \neq \pm\infty)$, $\frac{\pm\infty}{x} = \pm\infty$ $(x \neq \pm\infty, x > 0)$, $\frac{\pm\infty}{x} = \mp\infty$ $(x \neq \pm\infty, x < 0)$ 이다.

예제 3.2 $x^1 = 1$, $x^2 = \frac{1}{2}$, $x^3 = \frac{1}{3}$, $\cdots$ 인 수열 $< x^i >$가 0에 수렴하는 것을 위 정의를 이용해 확인하자. $N_\epsilon(0) = \{x \,|\, -\epsilon < x < \epsilon\}$이다. $i^0 = \frac{1}{\epsilon}$이라고 하자. $i > i^0$이면 $0 < \frac{1}{i} < \frac{1}{i^0} = \epsilon$이므로 $x^i \in N_\epsilon(0)$이다. 따라서 이 수열은 0에 수렴한다. ■

문제 3.6 문제 3.5 (ii), (iii), (iv)의 수열들에 대해 위 정의를 사용해 각 수열의 수렴과

발산 여부를 다시 확인하라. ■

문제 3.7 (i) 다음 수열 $< x^i >$에 대해 $\lim_{i\to\infty} x^i$를 구하라.

$$x^i = \begin{cases} \dfrac{i+1}{i}, & i\text{가 홀수} \\ \dfrac{i-1}{i}, & i\text{가 짝수.} \end{cases}$$

(ii) $x^i \leq M < \infty$이고 $\lim_{i\to\infty} x^i = x^0$이 존재하면 $x^0 \leq M$임을 보여라. ■

3.2.3 극한의 성질

수열의 극한과 관련해 다음 몇 가지 사실을 생각해보자. 예제 3.2에서 본 바와 같이 어떤 수열의 극한이 존재하는지 여부를 정의를 이용해 직접적으로 확인하는 것은 번거로운 일이다. 아래에서는 보다 간단히 극한을 확인할 수 있는 방법에 대해 생각해보자.

극한의 정의로부터 극한 주위의 임의의 열린구간 안에는 무수히 많은 항($i > i^0$인 항들)이 있음을 알 수 있다. 따라서 이 구간 밖에 존재하는 항의 개수(i^0개)는 유한하다. 이 사실은 아래 정리에 나타나 있다.

정리 3.1 x^0이 $< x^i >$의 극한이면 어떤 $\epsilon > 0$에 대해서도 $N_\epsilon(x^0)$에 속하지 않는 항의 개수는 유한하다. 그 역도 성립한다

따라서 어떤 수열의 수렴 여부를 확인하기 위해서는 극한으로 추정되는 값 주위에 임의의 (일반적으로 충분히 작은) 열린구간을 설정하고 이 구간 내에 존재하지 않는 항의 개수가 유한개인지를 살펴보는 것이 유용한 방법이다. 예를 들어 $1, \frac{1}{2}, \frac{1}{3}, \cdots$을 생각하자. 0 주위에 아무리 작은 열린구간을 잡아도 그 구간 밖에 위치하는 항들의 개수는 유한하다. 예를 들어 $\left(-\frac{1}{100{,}000}, \frac{1}{100{,}000}\right)$ 밖에 있는 항들은 모두 100,000개이다. 따라서 0은 이 수열의 극한이다. 그러나 $\frac{1}{2}$의 열린근방 $\left(\frac{1}{4}, \frac{3}{4}\right)$에 속하지 않는 항은 $\frac{1}{2}$을 제외한 모든 항들이기 때문에 무한히 많다. 따라서 $\frac{1}{2}$는 극한이 아니다. 사실상 0을 제외한 어떤 수도 극한이 될 수 없다.

어떤 점의 모든 열린근방에 무한히 많은 항이 속하는 것은 그 점이 극한값이기 위한 필요조건이지만 충분조건은 아니다. 수열 $1, -1, 1, -1, \cdots$의 경우 1 주위에 아무리 작은 열린구간을 설정하여도 무수히 많은 항들이 이 구간에 속한다. 그러나 -1은 이 구간밖에 있으므로 그 구간에 속하지 않는 항들 역시 무한히 많다. 따라서 위 정리에

의해 1은 이 수열의 극한값이 될 수 없다. 마찬가지로 생각하면 -1을 포함한 어떤 수도 이 수열의 극한이 될 수 없다. 따라서 이 수열은 발산한다.

$1, \frac{1}{2}, \frac{1}{3}, \cdots, \frac{1}{100{,}000}, 1, \frac{1}{100{,}002}, \cdots$ 은 $1, \frac{1}{2}, \frac{1}{3}, \cdots$ 의 100,001 번째 항을 1로 대치한 것이다. 위에서와 같이 생각하면 이 수열의 극한은 0이다. 다시 말해 100,001 번째 항이 극한에서 멀리 떨어진 수 1로 대치되어도 이 수열의 수렴성은 영향을 받지 않는다. 사실상 유한개의 항이 극한에서 떨어진 수로 대치되어도 극한은 0에서 변하지 않는다. 그러나 $1, \frac{1}{2}, \frac{1}{3}, \cdots, \frac{1}{100{,}000}, 1, \frac{1}{100{,}002}, 1, \frac{1}{100{,}003}, 1 \cdots$ 과 같이 값이 1인 항이 무한히 반복되면 수열의 수렴성에 영향을 준다. 이 경우에는 극한이 존재하지 않음은 쉽게 알 수 있다.

문제 3.8 문제 3.5의 결과를 정리 3.1을 이용하여 보여라. ■

정리 3.2 $< x^i >$가 수렴하면 극한은 단 하나 존재한다.

문제 3.9 정리 3.2를 증명하라. ■

*상극한과 하극한

어떤 수 주위에 어느 수열의 무수히 많은 항들이 모여 있으면 이 수열과 관련하여 그 수에 관심을 갖는 것이 자연스럽다. 수열 $1, -1, 1, -1, \cdots$ 을 생각하자. 이 수열은 위에서 본 것처럼 수렴하지 않는다. 그러나 1 주위에 이 수열의 무한히 많은 항들이 모여 있고 마찬가지로 -1 주위에도 무수히 많은 항들이 모여 있다. 이러한 성질을 갖는 값들 중 가장 큰 값을 상극한, 가장 작은 값을 하극한이라고 한다. 위 수열에서 1은 상극한이고 -1은 하극한이다. 아래에서 상극한과 하극한을 엄밀하게 정의하자.

$\bar{x}^i = \sup\{x^k \mid k \geq i\}$, $\underline{x}^i = \inf\{x^k \mid k \geq i\}$ 라고 하자. (최소상계와 최대하계에 대해서는 Box 1.2 참조.) 상극한과 하극한은 각각

$$\bar{x} = \limsup_{i\to\infty} x^i = \lim_{i\to\infty} \bar{x}^i$$

$$\underline{x} = \liminf_{i\to\infty} x^i = \lim_{i\to\infty} \underline{x}^i$$

로 정의된다. $\bar{x}^i \leq \bar{x}^{i-1}$ 이므로 $\bar{x}^i \geq M > -\infty$ 이면 정리 3.5에 의해 수열 $< \bar{x}^i >$의 극한이 존재하며 $\bar{x}^i$의 하한 M이 존재하지 않으면 $\lim_{i\to\infty} \bar{x}^i = -\infty$ 이다. 따라서 수열 $< x^i >$의 상극한은 (마찬가지로 하극한은) 확장된 실수체계에서는 항상 존재한다. 정의에 의해 $\limsup_{i\to\infty} x^i \geq \liminf_{i\to\infty} x^i$ 이다. 쉽게 짐작할 수 있는 것처럼 $\limsup_{i\to\infty} x^i =$

$\liminf_{i\to\infty} x^i = x^0$ 이면 $< x^i >$ 의 극한이 존재하면 $\lim_{i\to\infty} x^i = x^0$ 이다. 또한 그 역도 성립한다.

문제 3.10 모든 $\epsilon > 0$ 에 대해서 (i) $\bar{x} + \epsilon$ 보다 큰 값을 갖는 항들의 개수는 유한하고, (ii) $\bar{x} - \epsilon$ 보다 큰 값을 갖는 항의 개수는 무한함을 보여라. ■

문제 3.11 다음 수열의 상극한과 하극한을 구하고 이 결과를 이용하여 각 수열의 수렴성을 확인하라. (i) $x^i = (-1)^{i-1}$, (ii) $x^i = \sin \pi i$, (iii) $x^i = \sin \frac{1}{i}$, (iv) 모든 유리수로 구성된 수열 $r^1, r^2, \cdots$. ■

3.2.4 극한 정리

예제 3.3 $z^i = 2 - \frac{1}{i}$ 인 수열 $< z^i >$ 를 생각하자. 이 수열은 두 수열 $< x^i >$ $(x^i = 2)$ 와 $< y^i >$ $(y^i = -\frac{1}{i})$ 의 합이다. 그런데 $< x^i > \to 2$ 이고 $< y^i > \to 0$ 이므로 $< z^i >$ 는 두 극한의 합인 2로 수렴할 것으로 추측할 수 있다. ■

문제 3.12 위 예제에서 $< z^i > \to 2$ 임을 보여라. ■

아래에 몇 가지 유용한 수열의 극한 결과가 정리되어 있다.

정리 3.3 $\lim_{i\to\infty} x^i = x^0$ 이고 $\lim_{i\to\infty} y^i = y^0$ 이라고 하자.

(i) a 가 실수이면 $\lim_{i\to\infty} ax^i = ax^0$,

(ii) $\lim_{i\to\infty} (x^i \pm y^i) = x^0 \pm y^0$,

(iii) $\lim_{i\to\infty} x^i y^i = x^0 y^0$,

(iv) $x^i \neq 0$ $(i = 1, 2, \cdots)$ 이고 $x^0 \neq 0$ 이면 $\lim_{i\to\infty} y^i/x^i = y^0/x^0$.

문제 3.13 예제 3.3의 수열을 이용하여 위 정리를 확인하라. ■

정리 3.4

(i) $\lim_{i\to\infty} x^i = x^0$ 이면 $\lim_{i\to\infty} |x^i - x^0| = 0$ 이고 $\lim_{i\to\infty} |x^i| = |x^0|$ 이다.

(ii) $\lim_{i\to\infty} x^i = 0$ 이고 $|y^i| \leq M < \infty$ 이면 $\lim_{i\to\infty} x^i y^i = 0$ 이다.

증명 (i) $\lim_{i\to\infty} x^i = x^0$ 이므로 모든 $\epsilon > 0$ 에 대해 $i > i^0$ 이면 $|x^i - x^0| < \epsilon$ 이 되는 i^0 이 존재한다. 수열 $< |x^i - x^0| >$ 를 생각하자. 모든 $\epsilon > 0$ 에 대해 $i > i^0$ 이면 $\big| |x^i - x^0| - 0 \big| = |x^i - x^0| < \epsilon$ 이 되는 i^0 이 존재하므로 $\lim_{i\to\infty} |x^i - x^0| = 0$ 이다. 다음으로 수열 $< |x^i| >$ 를 생각하자. 모든 $\epsilon > 0$ 에 대해 $i > i^0$ 이면 $\big| |x^i| - |x^0| \big| \leq |x^i - x^0| < \epsilon$

이 되는 i^0 이 존재하므로 $\lim_{i\to\infty}|x^i| = |x^0|$ 이다. ($||x^i| - |x^0|| \le |x^i - x^0|$ 에 대해서는 정리 1.10 참조.) (ii) $\lim_{i\to\infty} x^i = 0$ 이므로 모든 $\epsilon > 0$ 에 대해 $i > i^0$ 이면 $|x^i| < \frac{\epsilon}{M}$ 이 되는 i^0 이 존재한다. 수열 $< |x^i y^i| >$ 를 생각하자. 모든 $\epsilon > 0$ 에 대해 $i > i^0$ 이면 $|x^i y^i - 0| = |x^i|\,|y^i| \le M|x^i| < \epsilon$ 이 되는 i^0 이 존재하므로 $\lim_{i\to\infty} x^i y^i = 0$ 이다. □

문제 3.14 (i) $< x^i >$ 가 $1, -\frac{1}{2}, \frac{1}{3}, -\frac{1}{4}, \cdots$ 이고 $< y^i >$ 가 $-1, 1, -1, 1, \cdots$ 일 때 위 정리의 결과 (ii)를 확인하라. (ii) $\lim_{i\to\infty}|x^i| = 0$ 이면 $\lim_{i\to\infty} x^i = 0$ 임을 보여라. (iii) 모든 i 에 대해 $x^i \ge 0$ 이고 $\lim_{i\to\infty} x^i = a$ 이면 $a \ge 0$ 임을 보여라. 또 $x^i \le y^i$ 이고 $\lim_{i\to\infty} x^i = a$, $\lim_{i\to\infty} y^i = b$ 이면 $a \le b$ 임을 보여라. (iv) 모든 i 에 대해 $x^i \le z^i \le y^i$ 이고 $\lim_{i\to\infty} x^i = \lim_{i\to\infty} y^i = a$ 이면 $\lim_{i\to\infty} z^i = a$ 임을 보여라. ■

정리 3.5 모든 x^i 에 대해 $x^{i-1} \le x^i$ 이고 $x^i \le M < \infty$ 인 수열 $< x^i >$ 는 수렴한다. 마찬가지로 모든 i 에 대해 $x^{i-1} \ge x^i$ 이고 $-\infty < M \le x^i$ 인 수열 $< x^i >$ 는 수렴한다.

예제 3.4 $x^1 = 0, x^i = \frac{x^{i-1}+1}{2}$ 이라고 하면 $< x^i >$ 는 $0, \frac{1}{2}, \frac{3}{4}, \frac{7}{8}, \cdots$ 이다. 어떤 i 에 대해 $x^i \ge 1$ 이라고 하면 $1 - x^i = \frac{1-x^{i-1}}{2} \le 0$ 이므로 $x^{i-1} \ge 1$ 이다. 이 과정을 반복하면 $x^1 \ge 1$ 이므로 모순이다. 따라서 모든 i 에 대해 $x^i < 1$ 이다. $x^i - x^{i-1} = \frac{1-x^{i-1}}{2} > 0$ 이므로 위 정리에 의해 이 수열은 수렴한다. 극한을 a 라고 하면 $\lim_{i\to\infty} x^i = \frac{\lim_{i\to\infty} x^{i-1}+1}{2}$ 이므로 $a = \frac{a+1}{2}$ 이다. 따라서 $a = \lim_{i\to\infty} x^i = 1$ 이다.

문제 3.15 위 예제에서 임의의 $x > 1$ 에 대해 $x^1 = x$ 라고 하자. (i) 모든 i 에 대해 $x^i > 1$ 이고 $< x^i >$ 는 감소함을 보여라. (ii) (i)의 결과를 이용하여 $< x^i > \to 1$ 임을 보여라. (iii) $x \le 1$ 인 경우에도 $< x^i > \to 1$ 임을 보여라. ■

* 코시 수열

$1, \frac{1}{2}, \frac{1}{3}, \cdots$ 의 항들을 살펴보면 궁극적으로 충분히 가까워진다. 또한 이 수열은 수렴하므로 이 두 성질은 동일한 것으로 생각할 수 있다.

정의 3.3 (코시 수열(Cauchy sequence)) 모든 $\epsilon > 0$ 에 대해서 $m > i^0$, $n > i^0$ 이면 $|x^m - x^n| < \epsilon$ 이 되도록 하는 양정수 i^0 이 존재하면 $< x^i >$ 를 코시 수열이라고 한다.

정리 3.6 코시 수열은 수렴한다. 그 역도 성립한다.

코시 수열과 관련해 다음 몇 가지 점을 유의할 필요가 있다. 첫째, 어떤 수열이 코시 수열이면 수렴한다는 것은 알 수 있지만 어떤 값에 수렴할지를 알 수 있는 것은 아니다.

둘째, 인접한 항들이 점점 가까워진다고 해서 코시 수열이 되는 것은 아니다. 예를 들어 수열 $1, 1+\frac{1}{2}, 1+\frac{1}{2}+\frac{1}{3}, 1+\frac{1}{2}+\frac{1}{3}+\frac{1}{4}$ 을 생각하자. 이 수열의 인접한 항들은 점점 가까워지는 것은 쉽게 알 수 있다. 그런데 $1+\frac{1}{2}+(\frac{1}{3}+\frac{1}{4})+(\frac{1}{5}+\frac{1}{6}+\frac{1}{7}+\frac{1}{8})+\cdots > 1+\frac{1}{2}+(\frac{1}{4}+\frac{1}{4})+(\frac{1}{8}+\frac{1}{8}+\frac{1}{8}+\frac{1}{8})+\cdots = 1+\frac{1}{2}+\frac{1}{2}+\frac{1}{2}+\cdots$ 이므로 이 수열은 수렴하지 않는다.

셋째, 위 정리는 실수 집합에서 성립한다. 일반적으로 집합 A의 원소로 구성된 코시 수열이 항상 A의 원소로 수렴하는 것은 아니다. 예를 들어 1, 1.4, 1.41, 1.414, 1.4142, $\cdots$ 는 모든 항이 유리수인 코시 수열이지만 무리수 $\sqrt{2}$에 수렴한다. 코시 수열이 자신의 원소로 수렴하는 거리공간을 **완비거리공간 (complete metric space)** 이라고 한다. 실수집합 R은 완비거리공간이다.

문제 3.16 $(0,1)$ 에서 정의되는 수열 $< x^i >$ $(x^i = \frac{1}{i})$ 가 코시 수열임을 보여라. $(0,1)$ 은 완비거리공간이 아님을 보여라. ■

3.2.5 극한, 집적점과 닫힌집합

1.7.1 절에서 논의한 집적점과 극한과의 관계에 대해 알아보자. $X = (0,1]$ 이라고 하자. 이미 살펴 본 바와 같이 1은 X 의 집적점이다. X 의 원소를 항으로 하는 수열을 다음과 같이 만들자. $x^1 = 0.5$, $\epsilon^1 = 0.4$ 로 하고 $(1-\epsilon^1, 1+\epsilon^1) = (0.6, 1.4)$ 에서 1을 제외한 X 의 한 점, 예를 들어 0.75를 x^2 라고 하자. 다음으로 ϵ^2 을 $|1-x^2| = 0.25$ 보다 작은 양의 값, 예를 들어 0.2로 하고 x^3 을 $(1-\epsilon^2, 1+\epsilon^2) = (0.8, 1.2)$ 에서 1을 제외한 X 의 한 점, 예를 들어 0.9로 하자. 그림 3.2에 이 과정이 그려져 있다.

1은 집적점이기 때문에 이와 같은 방법으로 $\epsilon^3, \epsilon^4, \cdots$ 와 $x^4, x^5, \cdots$ 를 정의할 수 있다. 이렇게 해서 얻은 수열 $< x^i >$는 1로 수렴한다. X가 임의의 실수 집합이고 x 가 X 의 집적점이면 이와 같은 방법으로 x 에 수렴하는 수열을 항상 만들 수 있다.

정리 3.7 x^0 이 $X \subset R$의 집적점이면 x^0 에 수렴하는 $< x^i >$가 존재한다. (단, $x^i \in X$ 이고 $x^i \neq x^0$.) 그 역도 성립한다.

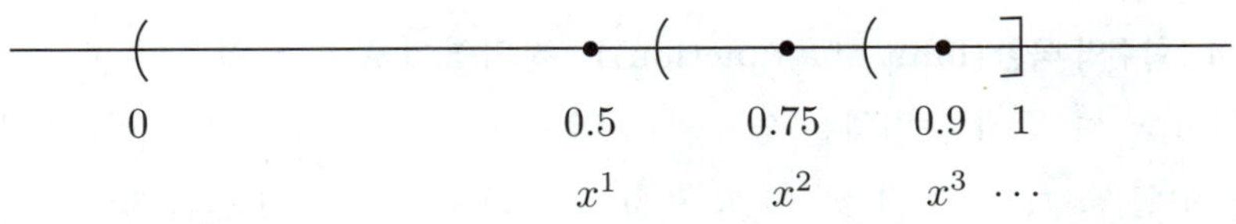

그림 3.2 집적점과 극한

문제 3.17 원소가 모두 유리수이고 집적점이 무리수인 예를 들고 이 예를 이용하여 위 정리가 성립함을 보여라. ■

문제 3.18 다음 집합에 대해 정리 3.7을 적용할 수 있는지를 확인하라. (i) $X = \{1, 2, 3, \cdots\}$, (ii) $X = (0, 1)$. ■

$X = [0, 1]$ 이라고 하자. 수열 $1, \frac{1}{2}, \frac{1}{3}, \cdots$ 의 모든 항들은 X 의 원소이며 극한 0도 X 의 원소이다. 그러나 집합 $Y = (0, 1]$ 이면 이 수열의 모든 항은 Y 의 원소이나 극한 0은 Y 에 속하지 않는다. X 가 닫힌집합이고 Y 는 그렇지 않음에 비추어 수열의 극한과 닫힌집합 간에도 밀접한 관계가 있을 것으로 짐작할 수 있다.

정리 3.8 $X \subset R$ 이라고 하자. x^0 에 수렴하는 임의의 수열 $< x^i >$ $(x^i \in X, x^i \neq x^0)$ 에 대해 $x^0 \in X$ 이면 X 는 닫힌집합이다. 역으로 X 가 닫힌집합이면 x^0 에 수렴하는 수열 $< x^i >$ $(x^i \in X, x^i \neq x^0)$ 에 대해 $x^0 \in X$ 이다.

문제 3.19 $Y = (0, 1]$ 일 때 수열 $\frac{1}{2}, \frac{2}{3}, \frac{3}{4}, \cdots$ 의 모든 항들은 Y 에 속하고 이 수열은 $1 \in Y$ 에 수렴하므로 Y 는 닫힌집합이다. 이 주장은 사실인가? ■

문제 3.20 위 정리를 증명하라. ■

3.3 함수의 극한과 연속함수

그림 3.1에서 보는 바와 같이 연속함수인 $y = f(x)$ 에 대해서는 x 가 0에 수렴하면 y 는 (i) 1에 수렴하고 (ii) 이 값은 $x = 0$ 에서의 함수 값 1과 같다. 반면 $y = g(x)$ 와 $y = h(x)$ 와 같은 불연속함수의 경우에는 (i)이나 (ii)가 성립하지 않는다. 따라서 연속함수는 (i)과 (ii)를 만족하는 함수로 정의할 수 있다. (ii)는 거의 자명하므로 함수의 극한으로 불리는 (i)에 대해 논의를 집중하기로 한다. 함수의 극한은 수열의 수렴 정의를 이용하여 정의할 수 있다.

3.3.1 함수의 극한

정의 3.4 (함수의 극한 (limit of a function)) 정의역이 $X \subset R$ 인 함수 f 를 생각하자. $x^i \in X$ 이고 $x^0 \in X$ 에 수렴하는 임의의 수열 $< x^i >$ (즉, $\lim_{i \to \infty} x^i = x^0$) 에 대해 이에 대응하는 수열 $< f(x^i) >$ 가 y^0 $(-\infty < y^0 < \infty)$ 에 수렴하면 (즉, $\lim_{i \to \infty} f(x^i) = y^0$) 이면 y^0 을 x 가 x^0 에 수렴할 때 $f(x)$ 의 극한이라고 하며 $\lim_{x \to x^0} f(x) = y^0$ 로 쓴다.

Box 3.2 (ϵ-δ 정의) 다른 함수의 극한 정의로 ϵ-δ 정의가 있다. 이 정의는 정의 3.4를 다르게 표현한 것이며 그림 3.1에서의 세 함수의 차이를 살펴보면 이해할 수 있다.

정의 3.5 (함수의 극한) 모든 $\epsilon > 0$에 대해 $0 < |x - x^0| < \delta$이면 $|f(x) - y^0| < \epsilon$이 되도록 하는 $\delta > 0$이 존재하면 y^0을 x가 x^0에 수렴할 때 $f(x)$의 극한이라고 하며 $\lim_{x \to x^0} f(x) = y^0$으로 쓴다.[a]

이 정의가 정의 3.4에서의 함수의 극한 정의와 동일함을 살펴보자. 정의 3.5의 조건이 만족되지 않는다고 하자. 이것은 어떤 $\epsilon > 0$에 대해서는 $f(x)$와 y^0 사이의 거리가 ϵ보다 작게 되는 x^0의 열린구간이 없음을 의미한다. 다시 말해 x가 x^0에 충분히 가까워도 이에 대응하는 $f(x)$와 y^0 사이의 거리가 ϵ 이상이 되므로 $\lim_{x \to x^0} f(x) = y^0$가 될 수 없다.

반대로 $\lim_{x \to x^0} f(x) \neq y^0$이라고 하면 x^0의 모든 열린구간은 어떤 $\epsilon > 0$에 대해서는 다음과 같은 성질을 갖는다. 이 열린구간 내에는 x^0에 충분히 가까워도 이에 대응하는 $f(x)$와 y^0 사이의 거리가 ϵ보다 큰 x가 존재한다. 따라서 정의 3.5의 조건이 만족되지 않는다.

문제 3.21 위 정의를 이용하여 그림 3.1의 세 함수들의 $x = 0$에서 함수의 극한을 구하라. ■

[a]이 정의에서 $|x - x^0| > 0$이므로 $x \neq x^0$임을 유의하여야 한다.

이 정의에서 수열 $< x^i >$의 수식어가 '임의의'(또는 '모든') 임을 유의해야 한다. 이것은 어떤 함수가 불연속임을 증명하려면 위 정의를 만족하지 않은 '어떤' 수열 $< x^i >$가 있음을 증명하면 됨을 의미한다.

예제 3.5 $f(x) = 2x + 1$일 때 $\lim_{x \to 0} f(x) = 1$이다. 이것을 보기 위해서 0에 수렴하는 임의의 수열 $< x^i >$와 임의의 $\epsilon > 0$을 생각하자. $\delta = \frac{\epsilon}{2}$라고 하자. $i > i^0$이면 $|x^i - 0| = |x^i| < \delta$가 되는 i^0이 존재한다. $< f(x^i) >$를 $< x^i >$에 대응하는 수열이라고 하자. $i > i^0$이면 $|f(x^i) - 1| = 2|x^i| < 2\delta = \epsilon$이므로 $< f(x^i) > \to 1$이다. $< x^i >$가 임의의 수열이므로 $\lim_{x \to 0} f(x) = 1$이다. ■

문제 3.22 그림 3.1에서 $\lim_{x \to 0} f(x)$와 $\lim_{x \to 0} h(x)$는 존재하지만 $\lim_{x \to 0} g(x)$는 존재하지 않

음을 정의 3.4를 이용해 보여라. ■

3.3.2 함수의 극한 정리와 성질

수열의 극한에 대한 논의에서 살펴본 것처럼 함수의 극한을 정의에 의해 구하는 것은 매우 번거롭다. 함수의 그래프적 성질을 알고 있으면 먼저 어떤 값에 수렴하는 임의의 x 수열을 상정하고, 다음으로 이 수열의 항들에 대응하는 y 수열이 어떤 값에 수렴하는지를 살펴보는 것이 직관적으로 사용하는 방법이다. 예제 3.5에서 $y = 2x + 1$의 그래프를 생각하면 x가 0에 접근할 때 y는 1에 접근하는 것을 쉽게 알 수 있다. 아래에 함수의 극한을 구할 때 유용한 몇 가지 결과가 정리되어 있다.

기본정리

정리 3.9 $\lim_{x \to x^0} f(x) = a$이고 $\lim_{x \to x^0} g(x) = b$라고 하자.

(i) $\lim_{x \to x^0} (f(x) \pm g(x)) = a \pm b$,

(ii) $\lim_{x \to x^0} f(x)g(x) = ab$, $\lim_{x \to x^0} \frac{f(x)}{g(x)} = \frac{a}{b}$이다. (단, $g(x) \neq 0$, $b \neq 0$.)

예제 3.6 $\lim_{x \to 1}(x^2 - x)$를 구해 보자. $\lim_{x \to 1} x^2 = 1$이고 $\lim_{x \to 1} x = 1$이므로 위 정리에 의해 $\lim_{x \to 1}(x^2 - x) = \lim_{x \to 1} x^2 - \lim_{x \to 1} x = 0$이다. 이 극한은 다음과 같이 구할 수도 있다. $\lim_{x \to 1}(x^2 - x) = \lim_{x \to 1} x(x - 1)$이다. $\lim_{x \to 1}(x - 1) = \lim_{x \to 1} x - \lim_{x \to 1} 1 = 1 - 1 = 0$이므로 $\lim_{x \to 1} x(x - 1) = 1 \times 0 = 0$이다. ■

문제 3.23 다음을 구하라. (i) $\lim_{x \to 1}(x + 1)(x^2 + 2)$, (ii) $\lim_{x \to 1} \frac{x+1}{x^2+2}$. ■

예제 3.7 다음 함수

$$y = \begin{cases} \dfrac{x^2 - 2x}{x - 2}, & x \neq 2 \\ 2, & x = 2 \end{cases}$$

에 대해 $\lim_{x \to 2} y$를 구해 보자. x가 2에 수렴할 때 $x \neq 2$이므로 $\frac{x^2-2x}{x-2} = \frac{x(x-2)}{x-2} = x$이다. $y = x$의 그래프를 그려 생각하면 $\lim_{x \to 2} y = 2$임을 알 수 있다. ■

문제 3.24 예제 3.7에서 공식 $\lim_{x \to x^0} \frac{f(x)}{g(x)} = \frac{a}{b}$를 사용할 수 없는 이유를 설명하라. ■

예제 3.8 다음 함수를 생각하자.

$$y = f(x) = \begin{cases} \cos\dfrac{1}{x}, & x \neq 0 \\ 0, & x = 0. \end{cases}$$

모든 x에 대해 y가 정의되므로 y는 x의 함수이다. $\lim_{x\to 0} f(x)$가 존재하는지를 살펴보자. x가 $\frac{1}{\pi}, \frac{1}{2\pi}, \frac{1}{3\pi}, \cdots$ 로 감소하며 0으로 접근하면 $\frac{1}{x}$은 무한히 커지게 되므로 $\cos\frac{1}{x}$는 -1과 1 사이에서 일정한 주기로 계속 진동한다. 따라서 $\lim_{x\to 0} f(x)$는 존재하지 않는다. ■

예제 3.9 다음 함수를 생각하자.

$$y = f(x) = \begin{cases} x\cos\dfrac{1}{x}, & x \neq 0 \\ 0, & x = 0. \end{cases}$$

$\left|\cos\frac{1}{x}\right| \le 1$이므로 양변에 $|x|$를 곱하면 $0 \le \left|x\cos\frac{1}{x}\right| \le |x|$이다. 임의의 수열 $< x^i >$가 0에 수렴하면 $< |x^i| >$도 0에 수렴하므로 $< \left|x^i\cos\frac{1}{x^i}\right| >$도 0에 수렴한다. 따라서 $\lim_{x\to 0} x\cos\frac{1}{x} = 0$이다. (문제 3.14 참조.) 대략적으로 생각하면 x가 0에 접근함에 따라 $\cos\frac{1}{x}$은 -1과 1 사이에서 진동한다. 그런데 x가 0에 가까워지면 그 진동 폭 역시 0에 가까워지므로 $\lim_{x\to 0} g(x) = 0$이다. ■

문제 3.25 예제 3.9에서 정리 3.9 (ii)를 이용해 $\lim_{x\to 0} g(x) = \lim_{x\to 0} x \times \lim_{x\to 0}\cos\frac{1}{x} = 0 \times \lim_{x\to 0}\cos\frac{1}{x} = 0$이라고 할 수 없는 이유는 무엇인가? ■

문제 3.26 $\lim_{x\to x^0} f(x) = y^0$이면 $\lim_{x\to x^0} |f(x) - y^0| = 0$임을 보여라. ■

오른쪽극한과 왼쪽극한

x가 x^0에 수렴한다는 것은 접근 경로에 관계없이 x가 x^0에 무한히 가까워져야 함을 의미한다. 이제 $x > x^0$인 제약 하에서 x가 x^0에 접근한다고 하자. 이 때 극한이 존재하면 이것을 **오른쪽극한 (right-hand limit)** 이라고 하며 $\lim_{x\to x^{0+}} f(x)$로 쓴다. 마찬가지로 $x < x^0$의 제약 하에서 x가 x^0에 접근할 때 극한이 존재하면 이것을 **왼쪽극한 (left-hand limit)** 이라고 하며 $\lim_{x\to x^{0-}} f(x)$로 쓴다.

정리 3.10 $\lim_{x\to x^{0+}} f(x) = \lim_{x\to x^{0-}} f(x) = y^0$이면 $\lim_{x\to x^0} f(x) = y^0$이고 그 역도 성립한다.

문제 3.27 이 정리를 이용해 그림 3.1에서의 세 함수의 극한 존재 여부를 확인하라. ■

예제 3.10 $f(x) = \frac{e^{1/x}}{1+e^{1/x}}$ 일 때 $\lim_{x\to 0^+} f(x)$ 와 $\lim_{x\to 0^-} f(x)$ 를 구해보자. $\frac{e^{1/x}}{1+e^{1/x}}$ 의 분모와 분자를 $e^{1/x}$ 로 나누면 $\frac{1}{1+1/e^{1/x}}$ 이다. $x \to 0^+$ 이면 $\frac{1}{x} \to \infty$ 이므로 $\lim_{x\to 0^+} f(x) = 1$ 이다. $x \to 0^-$ 이면 $\frac{1}{x} \to -\infty$ 이므로 $\lim_{x\to 0^-} f(x) = 0$ 이다. 따라서 $\lim_{x\to 0} f(x)$ 는 존재하지 않는다. ■

기타 결과

$y = f(x)$ 에서 x 가 x^0 에 접근할 때 y 값이 무한히 커지거나 작아지면 극한은 존재하지 않는다. 그러나 이 경우 통상 $\lim_{x\to x^0} f(x) = \infty$ 또는 $\lim_{x\to x^0} f(x) = -\infty$ 로 쓴다.

정리 3.9는 a 와 b 가 $-\infty$ 나 ∞ 일 때도 성립할 수 있다. (Box 3.1 참조.) 예를 들어 $a = \infty$ 일 때 $b \neq -\infty$ 면 $\lim_{x\to x^0}(f(x) + g(x)) = \infty + b = \infty$ 이다. 또 $a = \infty$ 이고 $b > 0$ 이면 $\lim_{x\to x^0} f(x)g(x) = \infty \times b = \infty$ 이고 $a \neq \pm\infty$ 이고 $b = \pm\infty$ 이면 $\lim_{x\to x^0} \frac{f(x)}{g(x)} = \frac{a}{b} = \frac{a}{\pm\infty} = 0$ 이다.

예제 3.11 $y = f(x) = \frac{1}{x-2}$ 의 그래프를 그려 보면 x 가 2의 오른쪽으로부터 접근하면 y 는 무한히 커지고 왼쪽으로부터 접근하면 무한히 작아지는 것을 알 수 있다. 따라서 이 함수는 x 가 2에 수렴할 때 극한은 존재하지 않지만 $\lim_{x\to 2^+} f(x) = \infty$, $\lim_{x\to 2^-} f(x) = -\infty$ 로 쓸 수 있다. ■

문제 3.28 다음을 구하라. (i) $\lim_{x\to 2^+} \frac{\sqrt{x^2-4}}{x-2}$, $\lim_{x\to 2^-} \frac{\sqrt{x^2-4}}{x-2}$, (ii) $\lim_{x\to(\pi/2)^+} \frac{x}{1-\sin x}$, $\lim_{x\to(\pi/2)^-} \frac{x}{1-\sin x}$. ■

$y = f(x)$ 일 때 x 가 유한한 값에 접근하지 않고 무한히 커지거나 작아질 경우에도 y 값이 유한한 값에 접근할 수 있다. 이 경우 $\lim_{x\to\infty} f(x) = y^0$ 와 $\lim_{x\to-\infty} f(x) = y^0$ 로 쓴다.

예제 3.12 (i) $y = \frac{1}{x}$ 라고 하자. 이 함수의 그래프를 생각하면 x 가 무한히 커질 때 $\frac{1}{x}$ 는 0에 접근한다. 따라서 $\lim_{x\to\infty} \frac{1}{x} = 0$ 이다. 마찬가지로 $\lim_{x\to-\infty} \frac{1}{x} = 0$ 이다. (ii) $y = \frac{x^2+1}{x^2-1}$ 일 때 $\lim_{x\to\infty} y$ 를 구해 보자. $\lim_{x\to\infty}(x^2+1) = \lim_{x\to\infty}(x^2-1) = \infty$ 이므로 $\lim_{x\to\infty} y = \frac{\infty}{\infty}$ 가 되어 정의되지 않는다. 그러나 우변의 분모와 분자를 x^2 으로 나누면 $y = \frac{1+1/x^2}{1-1/x^2}$ 이다. $\lim_{x\to\infty}\left(1+\frac{1}{x^2}\right) = \lim_{x\to\infty}\left(1-\frac{1}{x^2}\right) = 1$ 이므로 $\lim_{x\to\infty} y = 1$ 이다. (iii) $y = \frac{\sin x}{x}$ 라고 하자. $x \to \infty$ 이면 x 는 궁극적으로 양수이므로 $-\frac{1}{x} \leq \frac{\sin x}{x} \leq \frac{1}{x}$ 이다. $0 = \lim_{x\to\infty} -\frac{1}{x} \leq \lim_{x\to\infty} \frac{\sin x}{x} \leq \lim_{x\to\infty} \frac{1}{x} = 0$ 이므로 $\lim_{x\to\infty} \frac{\sin x}{x} = 0$ 이다. 대략적으로 생각하면 분모는 무한히 커지지만 분자는 -1 과 1 사이에서 진동하므로 $\lim_{x\to\infty} \frac{\sin x}{x} = 0$ 이다. ■

문제 3.29 다음을 구하라. (i) $\lim_{x\to\infty}\frac{(2\sqrt{x}+1)\sin x}{x}$, (ii) $\lim_{x\to\infty}\frac{x^2+1}{x}$, (iii) $\lim_{x\to\infty}\frac{x}{x^2+1}$. ■

3.3.3 수학적 상수 e와 응용

$f(x) = \left(1+\frac{1}{x}\right)^x$ 라고 하자. $f(x)$를 몇몇 x 값에 대해 계산하면 $f(0.5) = 1.7321$, $f(1) = 2$, $f(1.5) = 2.1517$, $f(2) = 2.25$, $f(2.5) = 2.3191$ 이다. 이 $f(x)$ 값들을 살펴보면 x가 증가함에 따라 같이 증가하지만 그 증가 속도는 점차 감소하므로 특정 값으로 수렴할 것을 짐작할 수 있다. 실제로 x가 무한히 커지면 $f(x)$는 $e = 2.71828\cdots$ 로 수렴한다. 즉,

$$\lim_{x\to\infty} f(x) = \lim_{x\to\infty}\left(1+\frac{1}{x}\right)^x = e$$

이다.

예제 3.13 (복리 계산) e는 지수함수와 로그함수 논의에서 중요한 역할을 하며 경제/경영 분야에서 널리 이용된다. 1년 예금 이자율이 10%라고 하자. 지금 100을 은행에 예금하면 1년 후에는 원리금 $100(1+0.1) = 110$을 돌려 받게 된다. 만약 6개월 동안만 예금하면 $100\left(1+\frac{0.1}{2}\right) = 105$를 받는다. 그런데 돌려 받은 105를 다시 6개월 동안 같은 이자율로 예금하면 원리금은 $105\left(1+\frac{0.1}{2}\right) = 100\left(1+\frac{0.1}{2}\right)^2 = 110.25$가 된다. 1년에 두 번 예금하면 한 번 예금하는 경우에 비해 $110.25 - 110 = 0.25$만큼 이익이 된다. 그 이유는 두 번 예금하는 경우에는 첫 6개월 분 이자 $105-100 = 5$에 다시 이자 $5\times 0.05 = 0.25$가 발생하기 때문이다. 1년에 두 번 이상 예금해 이자에 이자가 붙는 것을 **복리(compounding)** 이자 계산이라고 한다. 1년에 네 번 예금하면 복리 계산에 의한 원리금은 $100\left(1+\frac{0.1}{4}\right)^4 = 110.3813$이 된다.

복리 계산 과정을 일반화해 보자. 원금이 A, 이자율이 1년에 $100r$%이고 1년에 m번 복리 계산을 하며 t년 동안 예금한다고 하자. $\frac{1}{m}$년 동안의 이자율은 $\frac{r}{m}$이고 이자 계산은 mt번 이루어지기 때문에 t년 후의 원리금은 $A\left(1+\frac{r}{m}\right)^{mt}$ 이다. $x = \frac{m}{r}$ 이라고 하면 원리금은 $A\left(\left(1+\frac{1}{x}\right)^x\right)^{rt}$ 로 다시 쓸 수 있다. $m\to\infty$ 또는 $x\to\infty$ 이면 복리 계산이 연속적으로 이루어지는 셈이 된다. 이 경우 원리금은

$$\lim_{x\to\infty} A\left(\left(1+\frac{1}{x}\right)^x\right)^{rt} = A\left(\lim_{x\to\infty}\left(1+\frac{1}{x}\right)^x\right)^{rt} = Ae^{rt}$$

가 된다. 위 예에서 이자가 연속복리로 계산될 때 1년 예금하면 원리금은 $100e^{0.1} = 110.5171$이므로 이자가 상환 시에 한 번 계산되는 경우에 비해 0.5171만큼 커진다. ■

문제 3.30 (i) 위 예제에서 시간 단위를 1년으로 생각하였다. 이자율이 한 달(30일)

에 1% 이고 연속적 복리 계산이 이루어질 때 원금 100을 15일 예금하는 경우와 45일 예금하는 경우의 원리금을 구하라. (ii) r_c를 연속 복리 계산 시의 이자율, r_m을 복리 계산이 m 번 이루어질 때의 이자율이라고 하자. 연속 복리 계산과 m 번 복리 계산의 원리금 합계가 같게 되는 r_c와 r_m 간의 관계를 구하라. (iii) 연속적으로 복리 계산이 이루어질 때 원금 1의 1년 후 원리금 합계가 e가 되도록 하는 연 이자율을 구하라. ■

3.3.4 연속함수의 정의

3.1.2절에서 논의한 연속함수가 가져야할 성질 (i)과 (ii)는 함수의 극한 정의를 이용해 다음과 같이 정리할 수 있다.

정의 3.6 (연속함수(continuous function)) 정의역이 $X \subset R$인 함수 $f(x)$를 생각하자. $\lim_{x \to x^0} f(x) = f(x^0)$이면 $f(x)$는 x^0에서 연속이라고 한다. X의 모든 점에서 연속이면 $f(x)$는 연속함수이라고 한다.

Box 3.3 (ϵ-δ 정의) 앞에서 함수의 극한 정의로 ϵ-δ 정의를 살펴보았다. 함수의 연속성도 ϵ-δ로 정의할 수 있다.

정의 3.7 (연속함수) 모든 $\epsilon > 0$에 대해 $|x - x^0| < \delta$이면 $|f(x) - f(x^0)| < \epsilon$이 되도록 하는 $\delta > 0$가 존재하면 $f(x)$는 $x = x^0$에서 연속이다.[a]

이 정의는 정의 3.6과 동일하다. 이것을 보기 위해 이 정의의 조건이 만족된다고 하자. 함수의 ϵ-δ 극한 정의에 의해 $\lim_{x \to x^0} f(x) = f(x^0)$이다. 반대로 $\lim_{x \to x^0} f(x) = f(x^0)$이라고 하자. 이 정의의 조건은 함수의 ϵ-δ 극한 정의에 의해 $0 < |x - x^0| < \delta$인 경우에 성립한다. 그런데 $x = x^0$이면 항상 $|f(x) - f(x^0)| = 0 < \epsilon$이므로 이 조건은 $|x - x^0| = 0$일 때도 성립한다.

[a]함수의 극한 정의와 비교하면 $0 < |x - x^0| < \delta$가 $|x - x^0| < \delta$로, $|f(x) - y^0| < \epsilon$이 $|f(x) - f(x^0)| < \epsilon$으로 대치되었음을 유의하여야 한다.

이 정의를 이용해 $f(x)$가 $x = x^0$에서 연속인지를 판별하기 위해서는 (i) x가 x^0에 접근할 때 $f(x)$의 극한이 존재하는지를 살펴보고, 만약 존재하면 (ii) 이것이 $f(x^0)$와 같은지를 확인하면 된다.

예제 3.14 예제 3.8 로부터

$$y = f(x) = \begin{cases} x\cos\dfrac{1}{x}, & x \neq 0 \\ 0, & x = 0 \end{cases}$$

일 때 $\lim_{x\to 0} f(x) = 0$ 이고 $f(0) = 0$ 이므로 이 함수는 $x = 0$ 에서 연속이다. ■

문제 3.31 (i) 그림 3.1 에서의 세 함수의 연속성을 정의 3.6 을 이용해 판별하라. (ii) 예제 3.7 과 3.9 의 함수들의 연속성을 판별하라. ■

예제 3.15 다항함수, 지수함수, 로그함수 등은 연속함수이다. 그러나 유리함수와 초월함수는 불연속일 수 있다. (63- 64 쪽의 * 유리함수, 대수함수, 초월함수 참조.) 예를 들어

$$f(x) = \begin{cases} \dfrac{1}{x}, & x \neq 0 \\ 0, & x = 0 \end{cases}$$

는 $x = 0$ 에서 불연속이다. 또한 $\sin x$ 와 $\cos x$ 는 연속함수이지만 $\tan x$ 는 $x = \pm(2n - 1)\frac{\pi}{2}$ $(n = 1, 2, \cdots)$ 에서 불연속이다. ■

문제 3.32 다음 함수 $f(x)$ 와 $g(x)$ 를 생각하자.

$$f(x) = \begin{cases} e^{-1/x}, & x \neq 0 \\ 0, & x = 0, \end{cases} \qquad g(x) = \begin{cases} 1, & x \text{ 는 유리수} \\ 0, & x \text{ 는 무리수.} \end{cases}$$

$f(x)$ 는 $x = 0$ 에서 연속이고 $g(x)$ 는 모든 점에서 불연속임을 보여라. ■

3.3.5 연속함수의 정리와 성질

예제 3.16 $f(x)$ 가 연속함수이면 함수의 극한은 $< x^i >$ 와 $< f(x^i) >$ 의 수렴성을 생각할 필요없이 $\lim_{x\to x^0} f(x) = f(x^0)$ 로부터 직접 구할 수 있다. 예를 들어 $f(x) = 2x + 1$ 가 연속함수임을 보인다면 (실제로 연속함수이다) $\lim_{x\to 0}(2x + 1) = f(0) = 1$ 이다. ■

아래에 함수의 연속성과 관련하여 몇 가지 유용한 결과가 정리되어 있다.

정리 3.11 $f(x)$ 와 $g(x)$ 가 $x = x^0$ 에서 연속이면

(i) $f(x) \pm g(x)$, $f(x)g(x)$, $f(x)/g(x)$ $(g(x^0) \neq 0)$ 은 $x = x^0$ 에서 연속이다.

(ii) $f(x)$ 가 $x = x^0$ 에서 연속이고 $g(y)$ 가 $y = y^0$ 에서 연속이면 (단, $y^0 = f(x^0)$) $g(f(x))$ 는 $x = x^0$ 에서 연속이다.

예제 3.17 $f(x) = e^x$ 이고 $g(y) = y^2$ 이라고 하자. $f(x)$ 와 $g(y)$ 가 연속함수이므로 $g(f(x)) = e^{2x}$ 는 연속함수이다. ■

문제 3.33 $y = e^{x^2}$ 은 연속함수임을 보여라. ■

그림 3.3 에 x^0 에서 연속이고 $f(x^0) > a$ 인 함수 $f(x)$ 의 그래프가 그려져 있다. x^1 이 x^0 에 충분히 가까우면 $f(x^1)$ 도 $f(x^0)$ 에 충분히 가까우므로 $f(x^1) > a$ 임을 알 수 있다.

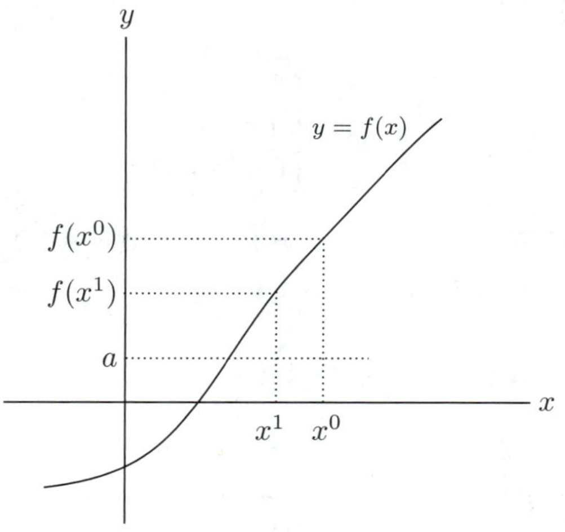

그림 3.3 연속함수의 성질

정리 3.12 $f(x)$ 가 $x = x^0$ 에서 연속일 때 $f(x^0) > a$ 이면 모든 $x \in N(x^0)$ 에 대해 $f(x) > a$ 인 x^0 의 열린근방 $N(x^0)$ 이 존재한다. 마찬가지로 $f(x^0) < a$ 이면 모든 $x \in N(x^0)$ 에 대해$f(x) < a$ 인 x^0 의 열린근방 $N(x^0)$ 이 존재한다.

문제 3.34 (i) x 가 시간이고 y 가 기온이라고 할 때 정리 3.12 의 결과를 시간과 기온 간의 관계로 설명하라. (ii) $f(x)$ 가 x^0 에서 불연속이면 정리 3.12 가 성립하지 않을 수 있음을 그림을 그려 설명하라. (iii) 위 정리를 ϵ-δ 정의를 이용하여 증명하라. ■

문제 3.35 (i) $f(x)$ 가 x^0 에서 연속이고 $f(x^0) \neq a$ 이면 x^0 근방에 $f(x) \neq a$ 인 x 가 존재함을 보여라. (ii) (a) $f(x)$ 가 x^0 에서 연속일 때 어떤 열린근방 $N(x^0)$ 의 x^0 를 제외한 모든 x 에 대해 $f(x) \leq a$ 이면 $f(x^0) \leq a$ 임을 보여라. (b) (a)에서 $f(x) \leq a$ 를

$f(x) < a$ 로, $f(x^0) \leq a$ 를 $f(x^0) < a$ 로 대치할 수 있는지 여부를 확인하라. ■

정리 3.13 (중간값 정리 (intermediate value theorem)) $f(x)$ 가 $[a,b]$ 에서 연속이고 m 이 $f(a)$ 와 $f(b)$ 사이의 값이면 $f(c) = m$ 이 되는 $c \in [a,b]$ 가 존재한다.

이 정리의 의미는 그림 3.4에 나타나 있다. 이 그림에서 $f(a) < m < f(b)$ 이다.

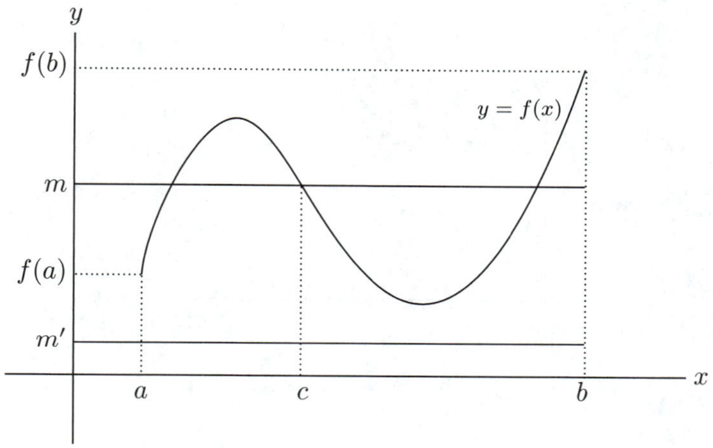

그림 3.4 중간값 정리

$f(c) = m$ 이며 c 외에도 $f(x) = m$ 이 되는 x 는 두 개가 더 있다. m 이 $f(a)$ 와 $f(b)$ 사이의 값이 아니면 이 정리는 성립하지 않을 수 있다. 그림에서 보는 바와 같이 $m' < f(a)$ 이면 $f(x) = m'$ 인 x 는 존재하지 않는다.

3.4 R^n 공간으로의 확장

1장에서 R 에서의 여러 가지 중요한 개념들과 결과들이 R^n 에서도 성립함을 보았다. 마찬가지로 R 에서의 수열의 극한과 함수의 연속성에 대한 결과도 R^n 으로 확장될 수 있다.

3.4.1 수열과 수열의 극한

정의 3.8 (수열) $\mathbf{x}^i = (x_1^i, x_2^i, \cdots, x_n^i) \in R^n$ $(i = 1, 2, \cdots)$ 이라고 하자. 수열은 $\mathbf{x}^1, \mathbf{x}^2, \cdots$ 또는 $< \mathbf{x}^i >$ 로 표현되며 정의역이 $N = \{1, 2, \cdots\}$ 이고 공역이 R^n 인 함수이다.

예제 3.18 $\mathbf{x}^1 = (1, 1)$, $\mathbf{x}^2 = \left(\frac{1}{2}, \frac{1}{2}\right)$, $\cdots$, $\mathbf{x}^n = \left(\frac{1}{n}, \frac{1}{n}\right)$ 이라고 하자. 그림 3.5에 이

수열이 표현되어 있다. 그림에서 보는 바와 같이 $< \mathbf{x}^i >$는 $(0,0)$으로 접근함을 알 수 있다. ■

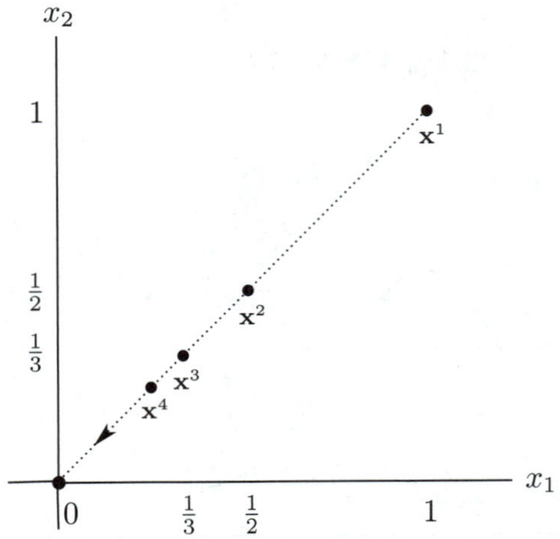

그림 3.5 R^2 에서의 수열의 극한

정의 3.9 (수열의 극한) 모든 $\epsilon > 0$에 대해서 $i > i^0$이면 $\mathbf{x}^i \in N_\epsilon(\mathbf{x}^0) = \{\mathbf{x} \in R^n \mid d(\mathbf{x}, \mathbf{x}^0) < \epsilon\}$이 되도록 하는 $\mathbf{x}^0$과 양정수 i^0이 존재하면 $< \mathbf{x}^i >$는 $\mathbf{x}^0$에 수렴한다고 하며 $\lim_{i\to\infty} \mathbf{x}^i = \mathbf{x}^0$ 또는 $< \mathbf{x}^i > \to \mathbf{x}^0$로 쓴다. $\mathbf{x}^0$를 $< \mathbf{x}^i >$의 극한이라고 한다. $< \mathbf{x}^i >$가 수렴하지 않으면 발산한다고 한다.

문제 3.36 $(1,1), \left(\frac{1}{2}, \frac{1}{2}\right), \cdots, \left(\frac{1}{n}, \frac{1}{n}\right)$이 $(0,0)$에 수렴함을 위 정의를 사용해 보여라. ■

정리 3.14

(i) $\mathbf{x}^0$이 $< \mathbf{x}^i >$의 극한이면 어떤 $\epsilon > 0$에 대해서도 $N_\epsilon(\mathbf{x}^0)$에 포함되지 않는 항의 개수는 유한하다. 그 역도 성립한다.

(ii) $< \mathbf{x}^i >$가 수렴하면 극한은 유일하다.

문제 3.37 위 정리를 증명하라. ■

정리 3.15 $\lim_{i\to\infty} \mathbf{x}^i = \mathbf{x}^0$이고 $\lim_{i\to\infty} \mathbf{y}^i = \mathbf{y}^0$라고 하자. (i) a가 실수이면 $\lim_{i\to\infty} a\mathbf{x}^i = a\mathbf{x}^0$, (ii) $\lim_{i\to\infty} (\mathbf{x}^i \pm \mathbf{y}^i) = \mathbf{x}^0 \pm \mathbf{y}^0$, (iii) $\lim_{i\to\infty} \mathbf{x}^i\mathbf{y}^i = \mathbf{x}^0\mathbf{y}^0$.

정리 3.16

(i) $\mathbf{x}^0$ 이 $X \subset R^n$ 의 집적점이면 $\mathbf{x}^0$ 에 수렴하는 $< \mathbf{x}^i >$ 가 존재한다. (단, $\mathbf{x}^i \in X$ 이고 $\mathbf{x}^i \neq \mathbf{x}^0$.) 그 역도 성립한다.

(ii) $X \subset R^n$ 이라고 하자. $\mathbf{x}^0$ 에 수렴하는 임의의 수열 $< \mathbf{x}^i >$ $(\mathbf{x}^i \in X, \mathbf{x}^i \neq \mathbf{x}^0)$ 에 대해 $\mathbf{x}^0 \in X$ 이면 X 는 닫힌집합이다. 역으로 X 가 닫힌집합이면 $\mathbf{x}^0$ 에 수렴하는 수열 $< \mathbf{x}^i >$ $(\mathbf{x}^i \in X, \mathbf{x}^i \neq \mathbf{x}^0)$ 에 대해 $\mathbf{x}^0 \in X$ 이다.

3.4.2 함수의 극한과 연속성

함수의 극한은 다음과 같이 정의된다.

정의 3.10 (함수의 극한) 정의역이 $X \subset R^n$ 인 함수 f 를 생각하자. $\mathbf{x}^i \in X$ 이고 $\mathbf{x}^0 \in X$ 에 수렴하는 임의의 수열 $< \mathbf{x}^i >$ 에 대해 이에 대응하는 수열 $< f(\mathbf{x}^i) >$ 가 y^0 에 수렴하면 y^0 를 $\mathbf{x}$ 가 $\mathbf{x}^0$ 에 수렴할 때 $f(\mathbf{x})$ 의 극한이라고 하며 $\lim_{\mathbf{x} \to \mathbf{x}^0} f(\mathbf{x}) = \mathbf{y}^0$ 으로 쓴다.

정의 3.11 (연속함수) 정의역이 $X \subset R^n$ 인 함수 $f(\mathbf{x})$ 를 생각하자. $\lim_{\mathbf{x} \to \mathbf{x}^0} f(\mathbf{x}) = f(\mathbf{x}^0)$ 이면 $f(\mathbf{x})$ 는 $\mathbf{x}^0$ 에서 연속이라고 한다. X 의 모든 점에서 연속이면 $f(\mathbf{x})$ 는 연속함수이라고 한다.

예제 3.19 다음 함수를 생각하자.

$$f(x_1, x_2) = \begin{cases} 0, & (x_1, x_2) = (0,0) \\ \frac{x_1 x_2}{x_1^2 + x_2^2}, & (x_1, x_2) \neq (0,0). \end{cases}$$

이 함수의 그래프를 그리기는 쉽지 않지만 $(0,0)$ 에서 불연속임은 위 정의를 사용해 보일 수 있다. 이것을 증명하기 위해서는 어떤 $< \mathbf{x}^i >$ 가 $(0,0)$ 에 수렴하지만 그에 대응하는 $< f(\mathbf{x}^i) >$ 는 $f(0,0) = 0$ 에 수렴하지 않음을 보이면 된다. $\mathbf{x}^i = \left(\frac{1}{i}, \frac{1}{i}\right)$ 라고 하자. $\mathbf{x}^i$ 는 $(0,0)$ 에 수렴하지만 그에 대응하는 $f(\mathbf{x}^i) = \frac{1}{2}$ 이므로 $< f(\mathbf{x}^i) >$ 는 $\frac{1}{2}$ 에 수렴한다. ■

문제 3.38 (i) 위 함수에서 $f(0,0)$ 의 값에 관계없이 항상 불연속임을 보여라. (ii) $f(x_1, x_2)$ 가 (x_1^0, x_2^0) 에서 연속이면 $g(x) = f(x, x_2^0)$ 는 $x = x_1^0$ 에서 연속임을 증명하라. 그 역은 성립하지 않음을 예제 3.19을 이용하여 보여라. ■

문제 3.39 (i) 다음 함수는 $f(0,0)$ 에서 불연속임을 보여라.

$$f(x_1,x_2)=\begin{cases}0, & (x_1,x_2)=(0,0)\\ \dfrac{x_1-x_2}{x_1+x_2}, & (x_1,x_2)\neq(0,0).\end{cases}$$

(ii) 아래에 정의되는 함수 $f(x_1,x_2)$ 의 정의역을 D 라고 하자. (a) $D=\{(x_1,x_2)|\, x_2=ax_1, a\neq 0\}$, (b) $D=\{(x_1,x_2)\,|\, x_2=ax_1^2, a\neq 0\}$, (c) $D=R^2$ 일 때 다음을 계산하고 그 결과를 이용하여 f 가 $(0,0)$ 에서 연속이 될 수 있는 조건이 있는지를 확인하라.

$$\lim_{\substack{(x_1,x_2)\to(0,0)\\(x_1,x_2)\in D}} f(x_1,x_2)=\frac{x_1x_2}{x_1^2+x_2^2}.$$

■

문제 3.40 Box 3.2와 Box 3.3을 참조하여 함수의 극한과 연속성을 ϵ-δ 정의로 표현하라. ■

정리 3.17 $f(\mathbf{x})$ 와 $g(\mathbf{x})$ 가 $\mathbf{x}^0$ 에서 연속이면

(i) $f(\mathbf{x})\pm g(\mathbf{x})$, $f(\mathbf{x})g(\mathbf{x})$, $\frac{f(\mathbf{x})}{g(\mathbf{x})}$ $(g(\mathbf{x}^0)\neq 0)$ 은 $\mathbf{x}^0$ 에서 연속이다.

(ii) $f(\mathbf{x})$ 가 $\mathbf{x}=\mathbf{x}^0$ 에서 연속이고 $g(\mathbf{y})$ 가 $\mathbf{y}=\mathbf{y}^0$ 에서 연속이면 (단, $\mathbf{y}^0=f(\mathbf{x}^0)$) $g(f(\mathbf{x}))$ 는 $\mathbf{x}=\mathbf{x}^0$ 에서 연속이다.

*사전적 선호관계

두 재화 X_1 과 X_2 를 소비하는 소비자를 생각하자. x_i 를 X_i 의 소비량이라고 하고 $\mathbf{x}^j=(x_1^j,x_2^j)$ $(j=1,2)$ 를 각 재화의 소비량을 나타내는 재화 **묶음(bundle)** j 라고 하자. 소비자가 $\mathbf{x}^1$ 을 $\mathbf{x}^2$ 보다 선호하거나 두 재화 묶음이 무차별하다고 느끼면 $\mathbf{x}^1\succsim\mathbf{x}^2$ 로, 소비자가 $\mathbf{x}^1$ 을 $\mathbf{x}^2$ 보다 선호하면 즉, $\mathbf{x}^1\succsim\mathbf{x}^2$ 이지만 $\mathbf{x}^2\succsim\mathbf{x}^1$ 이 아니면 $\mathbf{x}^1\succ\mathbf{x}^2$ 로 표현하자.[1] 마지막으로 소비자가 $\mathbf{x}^1$ 과 $\mathbf{x}^2$ 를 무차별하게 느끼면 즉, $\mathbf{x}^1\succsim\mathbf{x}^2$ 이고 $\mathbf{x}^2\succsim\mathbf{x}^1$ 인 경우는 $\mathbf{x}^1\sim\mathbf{x}^2$ 이라고 하자. $\mathbf{x}^1$ 과 $\mathbf{x}^2$ 간의 관계를 나타내는 '$\succsim$'를 소비자의 **선호관계(preference relation)** 라고 한다.

다음과 같은 선호관계를 생각하자. $x_1^1>x_1^2$ 이거나, $x_1^1=x_1^2$ 이고 $x_2^1>x_2^2$ 이면

[1] 소비자가 두 재화 묶음에 대한 선호를 정확하게 알 수 없는 경우는 없다고 가정한다.

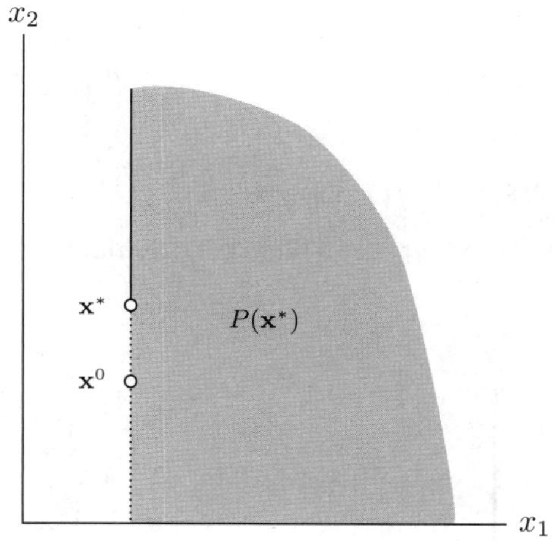

그림 3.6 사전적선호

$\mathbf{x}^1 \succ \mathbf{x}^2$ 이다. $x_1^1 = x_2^2$ 이고 $x_2^1 = x_2^2$ 이면 $\mathbf{x}^1 \sim \mathbf{x}^2$ 이다. 이 소비자는 X_2 소비량에 관계없이 X_1 을 우선적으로 선호하며 이러한 선호관계를 **사전적 선호관계(lexicographic preference relation)** 라고 한다. '사전적' 이라고 부르는 이유는 'economics' 를 사전에서 찾을 때 두 번째 이하의 글자에 관계없이 첫 번째 글자 'e' 부터 검색을 시작하는 것과 유사하기 때문이다. 그림 3.6 에 $\mathbf{x}^*$ 보다 선호되는 재화 묶음의 집합 $P(\mathbf{x}^*)$ 가 회색 부분으로 표시되어 있다. $\mathbf{x}^*$ 와 이 점보다 (수직적으로) 아래에 위치하는 점들은 $P(\mathbf{x}^*)$ 에 포함되지 않는다.

문제 3.41 (i) 위 그림에서 $\mathbf{x}^* \succ \mathbf{x}^0$ 임을 보여라. (ii) $\mathbf{x}^*$ 는 $P(\mathbf{x}^*)$ 의 집적점임을 보여라. (iii) $P(\mathbf{x}^*)$ 는은 닫힌집합이 아님을 보여라. ■

$\mathbf{x}(\epsilon) = \mathbf{x}^0 + (\epsilon, 0)$ $(\epsilon > 0)$ 이라고 하면 아무리 작은 ϵ 에 대해서도 $\mathbf{x}(\epsilon) \succ \mathbf{x}^*$ 이다. 그러나 $\mathbf{x}^* \succ \mathbf{x}(0) = \mathbf{x}^0$ 이므로 이 선호관계는 연속적이라고 할 수 없다. 연속함수의 정의에 유추하여 연속적 선호관계를 정의하자. 임의의 $\mathbf{x}$ 에 대해 $B(\mathbf{x}) = \{\mathbf{y} \,|\, \mathbf{y} \succsim \mathbf{x}\}$ 라고 하자. 즉, $B(\mathbf{x})$ 는 $\mathbf{x}$ 보다 선호되거나 무차별한 재화 묶음의 집합이다. $\mathbf{x}^0$ 에 수렴하는 임의의 수열 $< \mathbf{x}^i >$ $(\mathbf{x}^i \in B(\mathbf{x}), \mathbf{x}^i \neq \mathbf{x}^0)$ 에 대해 $\mathbf{x}^0 \in B(\mathbf{x})$ 이면 선호관계 $\succsim$ 를 연속이라고 한다.

문제 3.42 (i) 사전적 선호관계는 불연속임을 보여라. (ii) $B(\mathbf{x}) = \{\mathbf{y} \,|\, \mathbf{y} \succsim \mathbf{x}\}$ 라고 하자. 모든 $\mathbf{x}$ 에 대해 $B(\mathbf{x})$ 가 닫힌집합이면 $\succsim$ 는 연속이고 그 역도 성립함을 보여라. ■

* 디리클레 함수

함수 $f(x^0)$가 x^0에서 연속이면 x^0 주위에 연속인 구간이 존재할 것 같지만 이것은 사실이 아니다. $x^1 = 0$, $x^i = \frac{x^{i-1}+1}{2}$ $(i = 2, 3, \cdots)$, $\cdots$, $x^\infty = 1$이라고 하고 $f(x)$를 $[0, 1]$에서 다음과 같이 정의하자. $f(x^1) = f(0) = 0$, $x^{i-1} < x \le x^i$ $(i = 2, 3, \cdots)$이면 $f(x) = x^i$, $f(x^\infty) = 1$이다. 이 함수는 **디리클레(Dirichlet) 함수**로 불리며 그림 3.7에 그려져 있다.

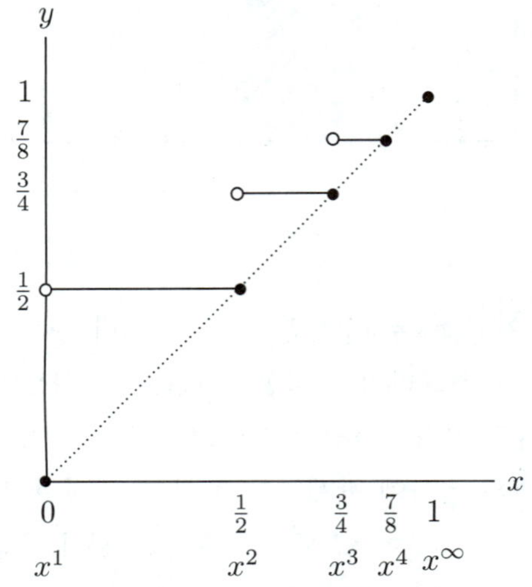

그림 3.7 디리클레 함수

$\lim_{x\to 1^-} f(x) = \lim_{i\to\infty} x^i = 1 = f(1)$이므로 $f(x)$는 x^∞에서 연속이다. 반면 이 함수는 모든 x^i $(i = 1, 2, \cdots)$에서 불연속이다. 이것을 보기 위해 임의의 x^i에 대해 $\epsilon = \frac{x^{i+1}-x^i}{2} > 0$이라고 하자. $x > x^i$이면 $f(x) \ge x^{i+1} > \frac{x^i+x^{i+1}}{2} = x^i + \epsilon$이므로 $f(x)$는 x^i에서 불연속이다. 아무리 작은 x^∞의 열린근방을 잡아도 x^i가 포함되므로 $x^\infty = 1$ 주위의 모든 x에 대해 $f(x)$가 연속인 열린근방은 존재하지 않는다.

문제 3.43 $f(x)$가 $x = 1$에서 연속임을 ϵ-δ 정의를 이용해 보여라. ■

문제 3.44 함수

$$D(x) = \begin{cases} 0, & x\text{는 무리수} \\ x, & x\text{는 유리수} \end{cases}$$

는 (i) $x = 0$에서만 연속이고 (ii) 나머지 점에서는 불연속임을 보여라. ■

PART II

행렬, 선형연립방정식과 행렬식

행렬은 숫자나 문자를 직사각형 형태로 행과 열을 배열한 것이다. 행렬은 그 자체로서는 단순히 특정한 형태로 배열한 숫자와 문자의 조합이지만 대규모의 선형체계를 분석하고 이해하는 데 있어 필수 불가결한 수학적 도구이다. 2편에서는 행렬을 이용하여 선형연립방정식의 해의 존재와 개수를 판별하는 방법에 대해 중점적으로 알아본다. 그러나 행렬의 응용 범위는 최적화 이론, 미분방정식과 같은 동태적 모형 분석에서 확률 이론, 통계학, 계량경제학에 이르기까지 광범하다.

4장에서는 행렬을 이용한 두 개의 경제/경영 모형, 금융자산시장 모형과 투입산출 분석에 대해 살펴보고 행렬 이론의 핵심적 개념인 벡터의 선형종속과 선형독립에 대해 알아본다. 아울러 행렬의 개념, 행렬의 연산, 역행렬과 이를 이용한 선형연립방정식 해의 존재와 유일성의 판단 기준 등에 대해 논의한다. 5장에서는 행렬식을 이용하여 선형종속성을 판단하고 역행렬을 계산하는 방법 등에 대해 살펴본다. 또 응용 예로써 무위험차익거래 정리와 금융자산의 가격 결정이론에 대해 논의한다.

CHAPTER 4

행렬과 선형연립방정식

이 장에서는 간단한 금융자산시장 모형과 투입산출 모형에 대해 살펴본다. 이 모형들은 복잡한 경제/경영 현상을 행렬을 이용하면 선형연립방정식 형태로 간결하게 표현할 수 있고 해를 용이하게 구할 수 있음을 보여 준다. 아울러 선형연립방정식 해의 성질을 규명하는 데 있어 필수적인 벡터의 선형종속과 선형독립에 대해 논의한다.

일반적인 선형모형을 분석하는 데 행렬은 필수 불가결하다. 선형연립방정식의 해의 존재와 유일성에 대한 분석 도구인 행렬의 유용성에 대해 살펴보고 이를 위해 행렬의 연산, 계수, 역행렬 등에 대해 알아본다.

4.1 선형연립방정식

a_{ij} $(i = 1, 2, \cdots, m;\ j = 1, 2, \cdots, n)$ 와 b_i $(i = 1, 2, \cdots, m)$ 가 상수라고 하자. 미지수가 n 개이고 방정식이 m 개인 **선형연립방정식체계(linear simultaneous equation system)**, 또는 간단히 선형연립방정식은 다음과 같이 표현된다.

$$\begin{array}{ccccccc} a_{11}x_1 & +a_{12}x_2 & + & \cdots & + & a_{1n}x_n & = & b_1 \\ a_{21}x_1 & +a_{22}x_2 & + & \cdots & + & a_{2n}x_n & = & b_2 \\ \vdots & \vdots & & \ddots & & \vdots & & \vdots \\ a_{m1}x_1 & +a_{m2}x_2 & + & \cdots & + & a_{mn}x_n & = & b_m. \end{array}$$

선형연립방정식의 해는 모든 등식을 동시에 만족하는 $x_1, x_2, \cdots, x_n$ 의 값들이다.

예제 4.1 **미지수 (unknown)** 가 두 개인 다음 세 개의 선형연립방정식 (I), (II) 와 (III) 을 생각하자.

$$\begin{aligned} \text{(I)} \quad x_1 + \ \ x_2 &= 3. \\ \text{(II)} \ 2x_1 + \ \ x_2 &= 5 \\ x_1 + \ \ x_2 &= 3. \\ \text{(III)} \ 2x_1 + \ \ x_2 &= 5 \\ x_1 + \ \ x_2 &= 3 \\ x_1 + 2x_2 &= 2. \end{aligned} \tag{4-†}$$

식 (4-†) 에서 (I) 의 해는 무수히 많다. 예를 들어 $x_1 = 2$, $x_2 = 1$ 과 $x_1 = 1$, $x_2 = 2$ 는 모두 해이다. 사실상 어떤 임의의 x_1 에 대해서도 $x_2 = 3 - x_1$ 은 해이다. (II) 의 해는 $x_1 = 2$, $x_2 = 1$ 는 단 하나이다. 마지막으로 (III) 의 해는 존재하지 않는다. 이 결과를 보면 방정식 개수와 미지수 개수의 상대적 대소에 따라 해의 존재 여부와 해의 개수가 결정될 것처럼 생각된다. 다시 말해 방정식 개수가 미지수 개수보다 작으면 해가 무수히 많이 존재하고 ((I)), 같으면 해가 한 개 존재하고 ((II)), 더 많으면 해가 존재하지 않을 것처럼 생각된다. ((III)) 그러나 이것은 사실이 아니다. 다음 문제들을 생각해 보자.

$$\begin{aligned} \text{(IV)} \ 2x_1 + \ \ x_2 &= 5 \\ 4x_1 + 2x_2 &= 8. \\ \\ \text{(V)} \ 2x_1 + \ \ x_2 &= 5 \\ x_1 + \ \ x_2 &= 3 \\ x_1 + 2x_2 &= 4. \end{aligned} \tag{4-‡}$$

식 (4-‡) 에서 (IV) 의 미지수 개수와 방정식 개수는 같지만 해가 존재하지 않는다. x_1 과 x_2 가 해이면 첫 등식으로부터 $2x_1+x_2 = 5$ 이므로 양 변을 두 배하면 $4x_1+2x_2 = 10$ 이다. 그런데 이것은 두 번째 방정식과 모순이 되므로 x_1 과 x_2 는 해가 될 수 없다. (V)

의 방정식 개수는 미지수 개수보다 많지만 해가 존재한다. (V) 에서 $x_1 = 2$, $x_2 = 1$ 은 첫 두 방정식을 만족한다. 그런데 이것을 세 번째 방정식에 대입하면 역시 성립하므로 $x_1 = 2$, $x_2 = 1$ 는 (V) 의 해이다. ■

앞에서 본 살펴본 바와 같이 단순히 미지수의 개수와 방정식의 개수를 비교하는 것만으로는 해가 존재하는지, 존재한다면 유일한지 아닌지를 판단할 수 없다. 행렬은 선형연립방정식의 해의 **존재** (**existence**) 와 **유일성** (**uniqueness**) 을 확인하고 해를 구하는 데 있어 유용한 도구이다.

4.2 금융자산시장

다음과 같은 **1 기간 2 시점** (**one-period-two-date**) **금융자산시장** (**financial asset market**) (또는 간단히 금융시장) 모형을 생각하자. 시점 0은 현재 (오늘) 를, 시점 1은 미래 (내일, 일주일 후, 또는 일 년 후 등) 를 나타낸다. 투자자가 시점 0 에서 금융자산을 거래 (구입 또는 판매) 하는 이유는 시점 1 에서 이익을 얻을 것으로 기대하기 때문이다. 그런데 투자자가 금융자산을 구입하는 시점 0 에서는 시점 1 에서의 금융시장 상황이 어떻게 될지 알 수 없다. 따라서 투자 의사결정은 일반적으로 미래가 불확실한 상황하에서 이루어진다. 오늘 어떤 기업의 주식을 주당 10,000 원에 샀는데 다음 날 12,000 원이 되면 주당 2,000 원의 차익을 얻게 된다. 물론 8,000 원으로 내리면 주당 2,000 원의 손실을 보게 된다.

시점 1 에서의 **불확실성** (**uncertainty**) 을 모형화하는 방법은 시점 1 에서 일어날 수 있는 **상태** (**state**) 가 $m(\geq 2)$ 개가 있고 각 상태 별로 실현되는 가격, 이익, 수확과 같은 양이나 화재나 사고와 같은 결과가 달라지는 것으로 생각하는 것이다. 앞의 예는 다음과 같이 모형화할 수 있다. 시점 1 에서의 주식시장 상태는 상태 1(활황) 이거나 상태 2(침체) 이다. 상태 1 에서는 주식가격이 12,000 원이고 상태 2 에서는 주식가격이 8,000 원이다. 앞으로 상태는 $i\ (i = 1, 2, \cdots, m)$ 로 표시하기로 한다.

통상적으로 **위험** (**risk**) 은 헬멧을 쓰지 않고 오토바이를 타는 것과 같이 해나 손실을 입을 우려가 있는 상황을 의미한다. 경제 / 경영학에서는 위험을 다른 의미로 사용하는데 위험 상황은 미래가 어떻게 될지를 정확하게 알 수 없고 확률적으로만 예상할 수 있는 상황을 의미한다. 일기예보에서 비가 내릴 가능성이 30 퍼센트라고 하면 우산 없이 외출하는 사람이 비를 맞을 가능성은 30 퍼센트라고 할 수 있으며 이 사람은 위험 상황에 있다고 한다.[1] 마찬가지로 미래의 상태를 정확하게 알 수 없는 상황 하에서

[1] 엄밀히 말하면 비가 올 가능성이 30 퍼센트라고 해서 이 사람이 비를 맞을 가능성이 반드

주식을 사고파는 투자자는 투자 위험에 직면하게 된다.

일반적으로 투자자는 안정적인 이익을 선호하고 투자에 따른 위험은 좋아하지 않는다. 위험을 회피하는 대표적인 방법은 보험 상품을 구입하는 것이다. 집을 소유하고 있는 사람들이 혹시 있을지 모르는 화재에 대비하여 화재 보험에 가입하거나 자동차 소유자들이 교통사고에 대비해 운전보험을 사는 것이 그 예이다. 금융자산을 거래하는 경우에도 보험을 구입하여 위험을 줄일 수 있으나 다른 금융자산을 이용하여 위험을 없애거나 줄일 수 있다. 금융자산 거래에 따른 위험을 제거하거나 줄이는 행위를 **헤징 (hedging)** 이라고 한다.

시점 1에서의 금융자산의 (시장) 가치를 **수익 (payoff)** 이라고 한다. 금융자산은 수익의 조합으로 표현할 수 있다. 앞의 예에서 주식가격이 활황 ($i = 1$) 시에는 12,000 원, 침체 ($i = 2$) 시에는 8,000 원이므로 이 주식은 (12,000, 8,000) 으로 표현할 수 있다. 편의상 배당은 없다고 가정한다. 금융시장에는 n (≥ 2) 개의 금융자산이 있으며 금융자산은 j ($j = 1, 2, \cdots, n$) 로 표시하기로 한다. 투자자의 금융자산 보유 상태를 **포트폴리오 (portfolio)** 라고 한다.

문제 4.1 시장 상황에 관계없이 일정한 수익을 주는, 즉 투자 위험이 없는 금융자산의 예를 들어라. ■

투자자의 금융자산 보유량이 양이면 이 투자자는 그 금융자산의 수익을 얻을 수 있는 권리를 갖는다. 반대로 투자자가 보유하는 금융자산 보유량이 음이면 그 금융자산의 수익을 지불하여야 하는 의무를 지게 된다. 통상 금융자산 보유량의 변화는 시장에서 금융자산을 구입하거나 판매를 통해 일어나지만 이밖에도 증여, 상속, 분실, 습득, 탈취 등을 통해서도 가능하다. 이하에서는 금융자산의 소유권의 변동은 시장 내에서의 거래를 통해서만 이루어진다고 가정한다. 다시 말해 투자자가 어떤 금융자산 보유량을 늘리려면 그 금융자산을 구입하여야 하고 줄이려면 그 금융자산을 판매하여야 한다.[2]

시 30 퍼센트라고는 할 수 없다. 왜냐하면 비가 오기 시작할 때 우산 장수가 나타날 수 있기 때문이다. 가격이 적당하다면 우산을 사서 비를 피할 수 있다. 문제는 우산 장수가 나타날는지 또는 가격이 적당할는지를 확률적으로 예측하는 것은 거의 불가능하다는 데 있다. 이런 상황을 (좁은 의미에서의) 불확실성 상황이라고 한다. 경제/경영 분석은 일반적으로 위험 상황에만 국한된다.

[2]어느 투자자가 다른 투자자로부터 금융자산을 사고팔기로 계약하면 매수하는 투자자는 **롱포지션 (long position)** 을 취한다고 하고 매도하는 투자자는 **숏포지션 (short position)** 을 취한다고 한다.

4.3 투입산출분석

가계와 산업만으로 구성된 간단한 거시경제모형을 생각하자.[3] 가계는 개별 근로자로 구성된 경제 단위이며 생산 활동과 소비 활동에 참여한다. 산업을 구성하는 기업은 (i) 근로자의 노동, (ii) 통신, 금융서비스, 원자재와 같은 타 산업의 생산물(중간투입물) 및 (iii) 기계 장비와 건물과 같은 자본재 등을 결합하여 생산 활동을 한다. 기업의 산출물 판매 대금은 (i) 근로자 임금, (ii) 통신요금, 이자, 원자재 대금과 같은 중간투입물 대금으로 지출되며 (iii) 나머지 잉여분은 주주에 대한 배당(자본재에 대한 보상)으로 지출된다. 가계는 임금과 배당 소득으로 기업의 산출물을 구입하고 소비한다. 표 4.1에 나타나 있는 간단한 숫자 예를 이용하여 이 모형을 살펴보기로 하자.

	서비스	제조	최종수요	중간투입물	총산출물
서비스	100	200	200	300	500
제조	150	450	400	600	1,000
임금 및 배당	250	350			
총산출	500	1,000			

표 4.1 투입산출표

산업은 서비스 산업과 제조 산업으로 나뉜다. 표 4.1의 숫자들은 일 년 동안 산업과 산업 간, 그리고 산업과 가계 간에 일어난 경제 활동의 크기를 보여 준다. 이 숫자들은 시장 가격으로 평가한 화폐적 가치이다.

두 번째 행과 세 번째 행은 각각 서비스 산업과 제조 산업에서 생산된 산출물이 어떻게 판매되었는지를 나타낸다. 두 번째 행의 첫 숫자는 서비스 산업의 산출물 중 100은 이 산업 내에서 서비스 생산을 위해 중간투입물로(자신에게 판매되어) 사용되었음을 의미한다. 마찬가지로 제조 산업에 판매되어 중간투입물로 사용된 부분은 두 번째 숫자 200이다. 따라서 서비스 산업의 산출물 중 중간투입물로 사용된 부분은 모두 300이다. 생산 활동에 투입되지 않고 최종적으로 최종수요(가계의 소비와 산업의 설비증대를 위한 투자)를 충족시키기 위해 사용된 서비스 산업의 산출물은 네 번째 칸에 나타나 있는 200이다. 따라서 서비스 산업에서 생산된 총산출물은 500이다. 제조 산업에 대해서도 마찬가지로 생각할 수 있다. 제조 산업의 총산출물은 1,000이고 이 중 600은 중간투입물(서비스 산업의 사용 분 150과 제조 산업의 자체 사용분 450의 합)이고 400은 최종수요이다.

[3]현실적 거시경제모형에는 가계와 산업 외에도 정부와 대외부문이 포함된다.

두 번째 열과 세 번째 열은 각각 서비스 산업과 제조 산업의 산출물 판매 대금이 어떻게 지출되었는지를 보여 준다. 두 번째 열의 첫 번째 숫자 100은 앞에서 본대로 서비스 산업에서 자신의 산출물 중 중간투입물로 사용한 부분이다. 두 번째 숫자 150은 서비스 산업에서 중간투입물로 사용하기 위해 구입한 제조 산업의 산출물 구입 대금이다. 따라서 서비스 산업은 중간투입물을 구입하기 위해 $100+150=250$을 지출하였다. 그런데 이 산업에서 생산된 산출물의 판매 수입은 500이므로 이 중 $500-250=250$은 임금과 배당으로 지급되었음을 알 수 있다. 마찬가지로 제조 산업에서는 산출물 판매 수입 1,000 중 중간투입물 구입을 위해 $200+450=650$, 임금과 배당으로 350이 지출되었다. 표 4.1과 같이 산업 간 그리고 산업과 가계 간의 거래 상황을 보여주는 표를 **투입산출표(input-output table)** 라고 한다.

Box 4.1 (삼면등가의 법칙) 국민소득은 일정기간 동안 한 국가의 모든 경제 주체가 생산한 재화와 용역의 화폐적 가치이다. 투입산출표를 이용하여 국민소득을 계산하여 보자. 국민소득을 계산하는 방법은 세 가지가 있다. 먼저 국민소득은 일정 기간 동안 생산된 총부가가치의 합이다. 다시 말해 총생산에서 생산의 중간 단계에서 사용된 부분 즉, 중간투입물을 차감한 것이다. 표 4.1의 예에서는 서비스 산업에서 발생한 부가가치는 $500-300=200$이고 제조 산업에서 발생한 부가가치는 $1{,}000-600=400$이다. 따라서 국민총생산은 $200+400=600$이며 이것을 생산국민소득이라고 한다.

생산된 재화와 용역은 소비되거나 생산 시설의 유지와 확충을 위해 사용되므로 최종수요와 같다. 이 예에서는 국민총생산 600은 서비스 산업과 제조 산업의 산출물에 대한 최종수요 200과 400의 합과 같다. 따라서 국민소득은 최종수요의 합으로도 계산할 수 있다. 이것을 지출국민소득이라고 한다. 마지막으로 국민소득은 각 생산요소에 귀속된·소득의 합으로 계산할 수 있다. 이 예에서 임금과 배당의 합계 역시 $250+350=600$이다. 이상의 논의로부터 생산국민소득, 지출국민소득과 분배국민소득은 동일함을 알 수 있고 이것을 삼면등가의 법칙이라고 부른다.

아래 표 4.2의 숫자들은 앞서 본 표 4.1에서 회색 부분의 숫자들을 각 산업의 총산출액으로 나누어 계산한 값들이다. 이 표에서 두 번째 열의 숫자들은 서비스 산업에서 1을 생산하기 위해 자신의 산출물 0.2와 제조 산업의 산출물 0.3이 필요하였음을 의미한다. 제조 산업에 대해서도 마찬가지로 생각할 수 있다. 이 표는 이미 발생한 경

	서비스	제조
서비스	0.2	0.2
제조	0.3	0.45

표 4.2 투입산출행렬 I

제활동의 결과를 회계적으로 정리한 것이며 과거의 경제활동을 설명하고 평가하는데 유용하다.

그러나 이 숫자들이 특정년도에서의 경제활동 자료가 아니고 장기간에 걸쳐 안정적으로 관찰하여 얻은 자료라고 하면 미래에도 계속 의미 있는 숫자들이라고 생각할 수 있다. 이와 같은 경우 이 모형은 과거 경제 활동에 대한 분석뿐만 아니라 현재의 경제적 환경 변화가 미래의 산업 간 상호 의존 관계에 미치는 영향을 분석하고 또 그 결과를 토대로 바람직한 경제정책을 수립하는 데 활용할 수 있다. 이와 같은 경제적 분석을 **투입산출분석 (input-output analysis)** 또는 **산업연관분석 (inter-industry analysis)** 이라고 한다. 두 산업의 생산 과정에서의 기술적 연관성을 보여주는 이 표를 **투입산출행렬 (input-output matrix)** 이라고 한다. (행렬에 대해서는 4.6 절에서 설명한다.) 또한 이 표의 숫자들을 **투입산출계수 (input-output coefficient)** 또는 **레온티에프계수 (Leontief coefficient)** 라고 한다.[4]

표 4.3은 산업이 n 개일 때의 투입산출행렬이며 a_{ij} $(i, j = 1, 2, \cdots, n)$ 는 산업 j 에서 1을 생산하기 위해 사용하는 산업 i 산출물의 시장가치를 나타낸다.

	산업 1	산업 2	$\cdots$	산업 n
산업 1	a_{11}	a_{12}	$\cdots$	a_{1n}
산업 2	a_{21}	a_{22}	$\cdots$	a_{2n}
$\vdots$	$\vdots$	$\vdots$	$\ddots$	$\vdots$
산업 n	a_{n1}	a_{n2}	$\cdots$	a_{nn}

표 4.3 투입산출행렬 II

투입산출분석에서는 다음 두 가지가 가정된다. (i) $a_{ij} \geq 0$, (ii) $\sum_{i=1}^{n} a_{ij} < 1$. (i)

[4]투입산출 모형은 노벨경제학상 수상자인 **레온티에프 (Leontief)** 교수에 의해 고안되었다. 투입산출 분석은 생산 과정에서 투입물들의 결합 관계가 일정하다는 가정에 이루어진다. 그러나 이 가정은 현실적이지 못하며 투입산출 분석의 약점이기도 하다. 생산 과정에서 석탄과 석유를 연료로 사용할 때 사용 비율은 이 연료들의 상대가격에 따라 달라진다. 또한 투입산출계수가 일정하다는 것은 투입물을 두 배로 증가시키면 산출물도 두 배가 되는 것을 의미한다. 그러나 모든 산업에서 이와 같은 **수확불변의 법칙 (law of constant returns to scale)** 이 성립하는 것은 아니다.

의 의미는 자명하다. (ii)는 다음과 같은 이유로 정당화될 수 있다. j 번째 열 숫자들의 합계 $\sum_{i=1}^{n} a_{ij}$ 는 산업 j 에서 산출물 1을 생산하기 위해 필요로 하는 중간투입물의 시장가치이다. 만약 $\sum_{i=1}^{n} a_{ij} \geq 1$ 이면 노동과 자본과 같은 생산요소에 대해 임금과 배당을 할 수 없게 되는데 이와 같은 산업은 장기적으로 존립할 수 없다.

4.4 열벡터, 행벡터와 선형결합

1.8.2 절에서 n 벡터는 $\mathbf{x} = (x_1, x_2, \cdots, x_n)$ 로 표현하였다. 선형연립방정식 해의 존재와 유일성에 대해 논의하기 위해서는 벡터를 열벡터와 행벡터로 나누는 것이 편리하다.

정의 4.1 (열벡터 (column vector) 와 행벡터 (row vector)) 열벡터는 $\mathbf{x} = \begin{bmatrix} x_1 \\ x_2 \\ \vdots \\ x_n \end{bmatrix}$ 로 행벡터는 $\mathbf{x} = [x_1\ x_2\ \cdots\ x_n]$ 로 표현한다.

열벡터와 행벡터로 구분하는 것은 단지 편의상의 이유 때문이며 두 벡터는 동일한 벡터이다.

열벡터를 행벡터로 또는 행벡터를 열벡터로 바꾸는 것을 **전치 (transpose)** 라고 한다. 열벡터 $\mathbf{x}$ 의 전치벡터 $\mathbf{x}^T = [x_1\ x_2\ \cdots\ x_n]$ 는 행벡터이다. 이하에서는 행벡터임을 명시하지 않는 한 벡터는 열벡터로 생각하기로 한다.

문제 4.2 $\left(\mathbf{x}^T\right)^T = \mathbf{x}$ 임을 보여라. ■

예제 4.2 두 금융자산 $\mathbf{a}^1$ 과 $\mathbf{a}^2$ 가 거래되는 금융시장을 생각하자. 상태 i $(i = 1, 2)$ 에서의 금융자산 j $(j = 1, 2)$ 의 수익을 a_{ij} 라고 하면 금융자산 1과 2는 각각 $\mathbf{a}^1 = \begin{bmatrix} a_{11} \\ a_{21} \end{bmatrix}$ 과 $\mathbf{a}^2 = \begin{bmatrix} a_{12} \\ a_{22} \end{bmatrix}$ 로 표현할 수 있다. 금융자산 1을 x_1 단위, 금융자산 2를 x_2 단위 보유하는 투자자의 포트폴리오는 $\mathbf{x} = \begin{bmatrix} x_1 \\ x_2 \end{bmatrix}$ 이다. 이 포트폴리오로부터 얻을 수 있는 수익은 상태 1에서는 $x_1 a_{11} + x_2 a_{12}$ 이고 상태 2에서는 $x_1 a_{21} + x_2 a_{22}$ 이므로 이 포트폴리오의 수익을 벡터로 나타내면

$$\begin{bmatrix} x_1a_{11} + x_2a_{12} \\ x_1a_{21} + x_2a_{22} \end{bmatrix} = x_1 \begin{bmatrix} a_{11} \\ a_{21} \end{bmatrix} + x_2 \begin{bmatrix} a_{12} \\ a_{22} \end{bmatrix} = x_1\mathbf{a}^1 + x_2\mathbf{a}^2$$

이다. $\mathbf{a}^1 = \begin{bmatrix} 2 \\ 1 \end{bmatrix}$, $\mathbf{a}^2 = \begin{bmatrix} 1 \\ 1 \end{bmatrix}$, $x_1 = 2$, $x_2 = 1$ 이면 이 포트폴리오 수익은 $2\begin{bmatrix} 2 \\ 1 \end{bmatrix} + \begin{bmatrix} 1 \\ 1 \end{bmatrix} = \begin{bmatrix} 5 \\ 3 \end{bmatrix}$ 이다. 즉, 상태 1에서는 수익이 5, 상태 2에서는 수익이 3이다. ■

k 개의 m 벡터 $\mathbf{a}^j = \begin{bmatrix} a_{1j} \\ a_{2j} \\ \vdots \\ a_{mj} \end{bmatrix}$ $(j = 1, 2, \cdots, k)$ 를 생각하자.

정의 4.2 (선형결합 (linear combination)) $x_1, x_2, \cdots, x_k \in R$ 일 때 $\mathbf{a}^1$, $\mathbf{a}^2$, $\cdots$, $\mathbf{a}^k$ 의 선형결합은 $x_1\mathbf{a}^1 + x_2\mathbf{a}^2 + \cdots + x_k\mathbf{a}^k = \sum_{j=1}^{k} x_j\mathbf{a}^j$ 이다.

문제 4.3 선형결합과 볼록결합의 차이를 설명하라. ■

예제 4.3 예제 4.2에서 포트폴리오 수익 $x_1\mathbf{a}^1 + x_2\mathbf{a}^2$ 는 $\mathbf{a}^1$ 과 $\mathbf{a}^2$ 의 선형결합이다. ■

예제 4.4 수익이 모든 상태에서 같은 금융자산을 **무위험자산 (risk-free asset)** 이라고 한다. 편의상 무위험자산 한 단위를 모든 상태에서 수익이 1인 자산으로 생각하면 무위험자산은 $\begin{bmatrix} 1 \\ \vdots \\ 1 \end{bmatrix}$ 로 나타낼 수 있다. 무위험자산의 시점 0에서의 가격을 β 라고 하자.

이 자산을 한 단위 판매하면 시점 0에서 β 를 받을 수 있다. 시점 1에 이르게 되면 이 자산을 구입한 사람에게 상태에 관계없이 1을 지불하여야 한다. 따라서 이 자산을 한 단위 판매하는 것은 시점 1에서 1을 주기로 하고 시점 0에서 β 를 빌리는 대차거래와 실질적으로 같다. 이자율을 r 이라고 하면 상환 원리금 합계가 $\beta + \beta r = 1$ 이므로

$$\beta = \frac{1}{1+r}$$

이다. 이 식은 무위험자산의 가격은 $1 + r$ 의 역수임을 보여준다. 일반적으로 $r > 0$ 이므로 $\beta < 1$ 이다.

β 는 다음과 같이 해석할 수 있다. 시점 0에서 이 자산을 한 단위 구입하면 시점 1에서 항상 1을 얻을 수 있으므로 시점 1에서의 1을 시점 0에서 그 가치를 평가하

면 β라고 할 수 있다. 따라서 시점 1에서 A를 받을 수 있는 무위험자산을 보유하고 있다면 이 자산의 현재 가치는 βA가 된다. β는 미래 가치(A)를 현재 가치(βA)로 할인해 주는 역할을 하므로 **시간할인요소(discount factor)**라고 한다. (β만이 유일한 시간할인요소는 아니다. 5편과 6편에서 주관적 시간할인요소를 사용하는 모형에 대해 논의한다.) ■

문제 4.4 무위험자산을 한 단위 구입하는 거래는 어떤 대차거래인지를 설명하라. ■

4.5 선형종속과 선형독립

4.5.1 정 의

예제 4.5 두 금융자산 $\mathbf{a}^1 = \begin{bmatrix} 1 \\ 2 \end{bmatrix}$과 $\mathbf{a}^2 = \begin{bmatrix} 2 \\ 4 \end{bmatrix}$를 생각하자. $\mathbf{a}^2 = 2\mathbf{a}^1$이므로 $\mathbf{a}^2$를 한 단위 구입하는 것과 $\mathbf{a}^1$을 두 단위 구입하는 것은 수익 측면에서 마찬가지이다. 따라서 $\mathbf{a}^1$과 $\mathbf{a}^2$는 실질적으로는 동일한 금융자산이다. 달리 말하면 이 두 금융자산 중 하나는 **잉여적(redundant)**이라고 할 수 있다.

세 개의 금융자산 $\mathbf{a}^1 = \begin{bmatrix} 1 \\ 2 \end{bmatrix}$, $\mathbf{a}^2 = \begin{bmatrix} 1 \\ 1 \end{bmatrix}$, $\mathbf{a}^3 = \begin{bmatrix} 3 \\ 4 \end{bmatrix}$이 있을 때 $\mathbf{a}^1$은 $\mathbf{a}^2$와 $\mathbf{a}^3$의 선형결합 $\mathbf{a}^1 = \mathbf{a}^3 - 2\mathbf{a}^2$이므로 $\mathbf{a}^1$ 보유량을 한 단위 늘리는 것은 $\mathbf{a}^3$ 보유량을 한 단위 늘리고 $\mathbf{a}^2$ 보유량을 두 단위 줄이는 것과 수익 측면에서 같다. 달리 말하면 $\mathbf{a}^1$을 한 단위 구입하는 것은 $\mathbf{a}^3$을 한 단위 구입하고 $\mathbf{a}^2$를 두 단위 판매하는 것과 마찬가지이다. 이 사실을 확인해보자. $\mathbf{a}^1$을 시점 0에서 한 단위 구입하면 시점 1에서의 수익은 상태 1에서는 1, 상태 2에서는 2가 된다. 반면 $\mathbf{a}^3$을 한 단위 구입하고 $\mathbf{a}^2$를 두 단위 판매하면, 시점 1에서의 수익은 상태 1에서는 $3 - 2 \times 1 = 1$이고 상태 2에서는 $4 - 2 \times 1 = 2$이므로 $\mathbf{a}^1$을 한 단위 구입하는 것과 수익이 같다.

마찬가지로 $\mathbf{a}^3$은 $\mathbf{a}^1$과 $\mathbf{a}^2$의 선형결합 $\mathbf{a}^3 = \mathbf{a}^1 + 2\mathbf{a}^2$으로 표현할 수 있으므로 $\mathbf{a}^3$ 한 단위 구입하는 것은 $\mathbf{a}^1$ 한 단위와 $\mathbf{a}^2$ 두 단위를 구입하는 것과 마찬가지이다. 따라서 세 금융자산 중 한 개는 잉여적이다. ■

벡터의 집합을 생각하자. 일부 벡터들이 나머지 벡터들의 선형결합으로 표현될 수 있다면 그 벡터들은 나머지 벡터들에 종속적이고 잉여적이라고 생각할 수 있다. 반면에 어떤 벡터도 다른 벡터들의 선형결합으로 표현할 수 없다면 이 벡터는 독립적이고 필수적이라고 할 수 있다. 모든 성분이 0인 벡터를 $\mathbf{0}$이라고 하자.

정의 4.3 (선형종속(linearly dependent)과 선형독립(linearly independent))

(i) R^n의 원소인 k개의 벡터 $\mathbf{a}^1, \mathbf{a}^2, \cdots, \mathbf{a}^k$에 대해 적어도 한 개는 0이 아니면서 $\sum_{j=1}^k x_j \mathbf{a}^j = \mathbf{0}$이 되도록 하는 실수 $x_1, x_2, \cdots, x_k$가 존재하면 $\mathbf{a}^1, \mathbf{a}^2, \cdots, \mathbf{a}^k$의 집합을 선형종속이라고 한다.

(ii) $\mathbf{a}^1, \mathbf{a}^2, \cdots, \mathbf{a}^k$의 집합이 선형종속이 아니면 선형독립이라고 한다. 즉, $x_1 = x_2 = \cdots = x_k = 0$일 때만 $\sum_{j=1}^k x_j \mathbf{a}^j = \mathbf{0}$이 성립하면 $\mathbf{a}^1, \mathbf{a}^2, \cdots, \mathbf{a}^k$의 집합은 선형독립이다.

예제 4.6 예제 4.5에서의 금융자산 집합 $\mathbf{a}^1, \mathbf{a}^2, \mathbf{a}^3$의 집합은 선형종속이다. ■

예제 4.7 $\mathbf{a}^1 = \begin{bmatrix} 1 \\ -1 \end{bmatrix}, \mathbf{a}^2 = \begin{bmatrix} 1 \\ 0 \end{bmatrix}$이라고 하자. 이 두 벡터의 선형결합 $x_1 \begin{bmatrix} 1 \\ -1 \end{bmatrix} + x_2 \begin{bmatrix} 1 \\ 0 \end{bmatrix} = \begin{bmatrix} x_1 + x_2 \\ -x_1 \end{bmatrix} = \begin{bmatrix} 0 \\ 0 \end{bmatrix}$이 되기 위해서는 $x_1 = x_2 = 0$이어야 하므로 이 벡터들의 집합은 선형독립이다. 반면 $\mathbf{a}^1 = \begin{bmatrix} 1 \\ -1 \end{bmatrix}, \mathbf{a}^2 = \begin{bmatrix} -2 \\ 2 \end{bmatrix}$이면 $2\mathbf{a}^1 + \mathbf{a}^2 = \mathbf{0}$이므로 이 벡터들의 집합은 선형종속이다. ■

선형종속이나 선형독립은 각 개별 벡터가 아니고 벡터들의 집합 전체에 적용되는 개념이다. $\mathbf{a}^1$이 $\mathbf{a}^2$에 선형종속, 또는 $\mathbf{a}^2$가 $\mathbf{a}^1$에 선형종속이라는 것은 부정확한 표현이다. 그러나 $\mathbf{a}^1$과 $\mathbf{a}^2$의 집합이 선형종속일 때 간단히 하기 위해 보통 $\mathbf{a}^1$과 $\mathbf{a}^2$가 선형종속이라고도 표현한다.

예제 4.8 두 벡터 $\mathbf{a}^1 = \begin{bmatrix} a_{11} \\ a_{21} \end{bmatrix} \neq \mathbf{0}$와 $\mathbf{a}^2 = \begin{bmatrix} a_{12} \\ a_{22} \end{bmatrix} \neq \mathbf{0}$을 생각하자.[5] $a_{11}a_{22} - a_{12}a_{21} = 0$이고 $a_{12} \neq 0$이라고 하자. $x = -\frac{a_{11}}{a_{12}}$이면

$$\mathbf{a}^1 + x\mathbf{a}^2 = \begin{bmatrix} a_{11} - \frac{a_{11}}{a_{12}} a_{12} \\ a_{21} - \frac{a_{11}}{a_{12}} a_{22} \end{bmatrix} = \begin{bmatrix} 0 \\ 0 \end{bmatrix}$$

[5] 뒤에서 보겠지만 $\mathbf{a}^1 = \mathbf{0}$이거나 $\mathbf{a}^2 = \mathbf{0}$이면 $\mathbf{a}^1$과 $\mathbf{a}^2$는 선형종속이다.

이므로 $\mathbf{a}^1$ 과 $\mathbf{a}^2$ 는 선형종속이다.

역으로 $\mathbf{a}^1$ 과 $\mathbf{a}^2$ 가 선형종속이면 $x_1\mathbf{a}^1 + x_2\mathbf{a}^2 = \mathbf{0}$ 이 되는 $(x_1, x_2) \neq (0, 0)$ 이 존재한다. $x_1 \neq 0$ 이면 이 식은 $\mathbf{a}^1 + x\mathbf{a}^2 = \mathbf{0}$ $(x = \frac{x_2}{x_1})$ 로 쓸 수 있다. 따라서 $a_{11} + xa_{12} = 0$, $a_{12} + xa_{22} = 0$ 이다. 이 두 식에서 x 를 소거하면 $a_{11}a_{22} - a_{12}a_{21} = 0$ 이다. ■

문제 4.5 위 예제에서 $a_{11}a_{22} - a_{12}a_{21} = 0$ 이고 $a_{12} = 0$ 일 때도 $\mathbf{a}^1$ 과 $\mathbf{a}^2$ 가 선형종속임을 보여라. ■

선형종속과 선형독립의 개념을 그림을 이용하여 살펴보기로 하자. 그림 4.1 에 $\mathbf{a}^1$

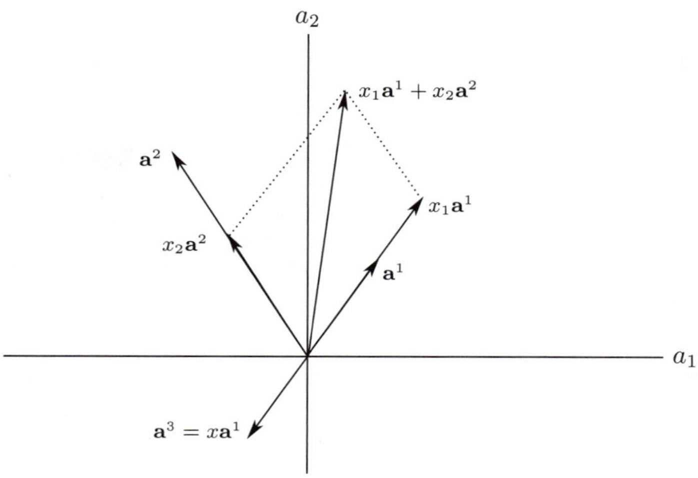

그림 4.1 선형종속과 선형독립

과 $\mathbf{a}^2$ 의 선형결합 $x_1\mathbf{a}^1 + x_2\mathbf{a}^2$ $(x_1 \neq 0, x_2 \neq 0)$ 이 그려져 있다. 이 그림을 살펴보면 $x_1\mathbf{a}^1 + x_2\mathbf{a}^2 = \mathbf{0}$ 이 될 수 있는 유일한 상황은 $x_1 = x_2 = 0$ 일 때임을 알 수 있다. 따라서 $\mathbf{a}^1$ 과 $\mathbf{a}^2$ 는 선형독립이다. 반면 $\mathbf{a}^1$ 과 $\mathbf{a}^3 = x\mathbf{a}^1$ 의 경우에는 $x\mathbf{a}^1 - 1 \times \mathbf{a}^3 = \mathbf{0}$ 이므로 선형종속이다. 이 그림에서 선형종속인 두 벡터는 원점을 통과하는 직선 상에 존재하며, 반대로 같은 원점을 통과하는 직선 상에 위치하는 벡터들은 선형종속임을 알 수 있다.

이 결과는 R^3 으로 확장할 수 있다. R^3 에서의 두 개의 벡터 $\mathbf{a}^1$ 과 $\mathbf{a}^2$ 를 생각하자. $\mathbf{a}^1$, $\mathbf{a}^2$ 와 이 두 벡터의 선형결합 $x_1\mathbf{a}^1 + x_2\mathbf{a}^2$ 는 선형종속이다. 그런데 $x_1\mathbf{a}^1 + x_2\mathbf{a}^2$ 는 $\mathbf{a}^1$ 과 $\mathbf{a}^2$ 에 의해 만들어지는 평행사변형의 대각선에 해당하는 벡터이므로 $\mathbf{a}^1$, $\mathbf{a}^2$ 와 $x_1\mathbf{a}^1 + x_2\mathbf{a}^2$ 는 원점을 통과하는 동일한 평면상에 위치하게 된다. 역으로 $\mathbf{a}^1$, $\mathbf{a}^2$ 와 이 평면상에 존재하는 임의의 벡터 $\mathbf{a}^3$ 은 선형종속이다.

4.5.2 중요한 정리들

정리 4.1

(i) $\mathbf{a} \neq \mathbf{0}$ 은 선형독립이다. 반면 $\mathbf{0}$ 을 포함하는 벡터들은 선형종속이다.

(ii) $\mathbf{a}^1, \mathbf{a}^2, \cdots, \mathbf{a}^k$ 중 어느 벡터가 나머지 벡터들의 선형결합이면 이 벡터들은 선형종속이며 그 역도 성립한다.

(iii) $\mathbf{a}^1, \mathbf{a}^2, \cdots, \mathbf{a}^k$ 중 어떤 벡터도 나머지 벡터들의 선형결합으로 표현할 수 없으면 이 벡터들은 선형독립이고 그 역도 성립한다.

증명 (i) $\mathbf{a} \neq \mathbf{0}$ 이면 $x\mathbf{a} = \mathbf{0}$ 은 $x = 0$ 일 때만 가능하다. 다음으로 $\mathbf{a}^1, \mathbf{a}^2, \cdots, \mathbf{a}^k$ 에서 $\mathbf{a}^1 = \mathbf{0}$ 이라고 하면 임의의 $x_1 \neq 0$ 에 대해 $x_1\mathbf{a}^1 + \sum_{j=2}^{k}(0 \times \mathbf{a}^j) = \mathbf{0}$ 이다. (ii) $\mathbf{a}^1$ 을 나머지 벡터들의 선형결합 즉, $\mathbf{a}^1 = \sum_{j=2}^{k} x_j\mathbf{a}^j$ 라고 하자. $\mathbf{a}^1 - \sum_{j=2}^{k} x_j\mathbf{a}^j = \mathbf{0}$ 이므로 $\mathbf{a}^1, \mathbf{a}^2, \cdots, \mathbf{a}^k$ 는 선형종속이다. 다음으로 $\mathbf{a}^1, \mathbf{a}^2, \cdots, \mathbf{a}^k$ 가 선형종속이라고 하면 적어도 한 개는 0이 아닌 $x'_1, x'_2, \cdots, x'_k$ 에 대해 $\sum_{j=1}^{k} x'_j\mathbf{a}^j = \mathbf{0}$ 이다. $x'_1 \neq 0$ 이라고 하자. 이 식을 $\mathbf{a}^1$ 에 대해 풀면 $\mathbf{a}^1 = \sum_{j=2}^{k} x_j\mathbf{a}^j \left(x_j = -\frac{x'_j}{x'_1}\right)$ 이다. (iii)은 (ii)의 대우이다. (1편 부록 2.A 참조.) □

예제 4.9 $\mathbf{a}^1 = \begin{bmatrix} 1 \\ -1 \end{bmatrix}, \mathbf{a}^2 = \begin{bmatrix} 2 \\ -2 \end{bmatrix}, \mathbf{a}^3 = \begin{bmatrix} 1 \\ 1 \end{bmatrix}$ 이라고 하면 $2\mathbf{a}^1 - \mathbf{a}^2 + 0 \times \mathbf{a}^3 = \mathbf{0}$ 이므로 $\mathbf{a}^1$, $\mathbf{a}^2$, $\mathbf{a}^3$ 은 선형종속이다. 또한 $\mathbf{a}^2 = 2\mathbf{a}^1 + 0 \times \mathbf{a}^3$ 이므로 $\mathbf{a}^2$ 는 $\mathbf{a}^1$ 과 $\mathbf{a}^3$ 의 선형결합으로 표현할 수 있다. 선형종속인 벡터들 중 임의의 벡터를 나머지 벡터들의 선형결합으로 항상 표현할 수 있는 것은 아니다. 이 예제에서 $\mathbf{a}^3$ 은 $\mathbf{a}^1$ 과 $\mathbf{a}^2$ 의 선형결합으로 표현할 수 없다. ■

선형종속인 벡터들의 집합에 몇 개의 벡터를 추가하여도 이미 기존 벡터들이 종속적인 관계에 있기 때문에 벡터들 간의 종속성은 변하지 않는다. 예를 들어 $\mathbf{a}^1$ 과 $\mathbf{a}^2$ 가 선형종속이라고 하면 적어도 한 개는 0이 아닌 x_1 과 x_2 에 대해 $x_1\mathbf{a}^1 + x_2\mathbf{a}^2 = \mathbf{0}$ 이다. 새 벡터 $\mathbf{a}^3$ 이 추가되어도 $x_1\mathbf{a}^1 + x_2\mathbf{a}^2 + 0 \times \mathbf{a}^3 = \mathbf{0}$ 이므로 $\mathbf{a}^1$, $\mathbf{a}^2$ 와 $\mathbf{a}^3$ 은 선형종속이다. 마찬가지로 $\mathbf{a}^1$, $\mathbf{a}^2$ 와 $\mathbf{a}^3$ 이 선형독립이면 $\mathbf{a}^1$ 과 $\mathbf{a}^2$ 도 선형독립이다. 왜냐하면 $\mathbf{a}^1$ 과 $\mathbf{a}^2$ 가 선형종속이면 앞에서 본대로 $\mathbf{a}^1$, $\mathbf{a}^2$ 와 $\mathbf{a}^3$ 가 선형종속이 되기 때문에 모순이다.

정리 4.2

(i) $\mathbf{a}^1, \mathbf{a}^2, \cdots, \mathbf{a}^k$ 의 집합이 선형종속이면 이 집합의 포함집합도 선형종속이다.

(ii) $\mathbf{a}^1, \mathbf{a}^2, \cdots, \mathbf{a}^k$ 의 집합이 선형독립이면 이 집합의 부분집합도 선형독립이다.

문제 4.6 위 정리를 증명하라. ■

j $(j = 1, 2, \cdots, n)$ 번째 성분만 1이고 나머지 성분은 모두 0인 n 벡터 $\mathbf{e}^j$ 를 R^n 에서의 **단위벡터** (**unit vector**) 또는 **좌표벡터** (**coordinate vector**) 라고 부른다. 즉,

$$\mathbf{e}^j = \begin{bmatrix} 0 \\ \vdots \\ 1 \\ \vdots \\ 0 \end{bmatrix} (\leftarrow j\text{번째 성분})$$

이다.

단위벡터와 관련하여 다음 두 가지 결과를 유의하도록 하자. 첫째, $\mathbf{e}^j$ 의 선형결합 $\sum_{j=1}^{n} x_j \mathbf{e}^j = \begin{bmatrix} x_1 \\ x_2 \\ \vdots \\ x_n \end{bmatrix} = \mathbf{0}$ 이기 위해서는 $x_j = 0$ $(j = 1, 2, \cdots, n)$ 이어야 하므로 모든 단위벡터로 구성된 집합은 선형독립이다. 둘째, R^n 상의 어떤 벡터도 단위벡터들의 선형결합으로 표현할 수 있다. 예를 들어 $\mathbf{a} = \begin{bmatrix} a_1 \\ a_2 \\ \vdots \\ a_n \end{bmatrix}$ 이면 $\mathbf{a} = \sum_{j=1}^{n} a_j \mathbf{e}^j$ 이다.

문제 4.7 두 번째 결과를 확인하라. ■

다음의 몇 가지 정리는 앞으로 논의할 선형연립방정식의 해의 존재와 유일성을 분석할 때 중요한 역할을 한다.

정리 4.3 $\mathbf{a}^1, \mathbf{a}^2, \cdots, \mathbf{a}^k$ 중 최대 $\rho\,(< k)$ 개의 벡터들이 선형독립이라고 하자. 나머지 $k - \rho$ 개의 벡터들은 ρ 개의 선형독립인 벡터들의 선형결합으로 표현할 수 있다. 또한 이 선형결합은 유일하다.

증명 편의상 첫 $\mathbf{a}^1, \mathbf{a}^2, \cdots, \mathbf{a}^\rho$ 가 선형독립이라고 하자. $\mathbf{a}^1, \mathbf{a}^2, \cdots, \mathbf{a}^\rho, \mathbf{a}^m$ $(\rho + 1 \leq m \leq k)$ 은 선형종속이므로 $x_1'\mathbf{a}^1 + x_2'\mathbf{a}^2 + \cdots + x_\rho'\mathbf{a}^\rho + x_m'\mathbf{a}^m = \mathbf{0}$ 이 되는 $(x_1', x_2', \cdots,$

$x'_\rho, x'_m) \neq \mathbf{0}$ 이 존재한다. $x'_m \neq 0$ 이므로 $\mathbf{a}^m = x_1\mathbf{a}^1 + x_2\mathbf{a}^2 + \cdots + x_\rho\mathbf{a}^\rho$ 이다. (단, $x_j = -\frac{x'_j}{x'_m}$ $(j = 1, 2, \cdots, \rho)$.) □

문제 4.8 (i) 위 증명에서 $x'_m \neq 0$ 임을 보여라. (ii) $\mathbf{a}^m = x_1\mathbf{a}^1 + x_2\mathbf{a}^2 + \cdots + x_\rho\mathbf{a}^\rho$ 이고 $\mathbf{a}^m = y_1\mathbf{a}^1 + y_2\mathbf{a}^2 + \cdots + y_\rho\mathbf{a}^\rho$ 이면 $x_j = y_j$ $(j = 1, 2, \cdots, \rho)$ 임을 보여라. ■

문제 4.9 (i) $\mathbf{a}^1 = \begin{bmatrix} 1 \\ 0 \\ 0 \end{bmatrix}$, $\mathbf{a}^2 = \begin{bmatrix} 0 \\ 1 \\ 0 \end{bmatrix}$ 이면 $\mathbf{a}^1$ 과 $\mathbf{a}^2$ 는 선형독립임을 보여라. (ii) $\mathbf{a}^3 = \begin{bmatrix} a_{31} \\ a_{32} \\ 0 \end{bmatrix}$ 이면 $\mathbf{a}^1$, $\mathbf{a}^2$, $\mathbf{a}^3$ 은 선형종속임을 보여라. 이 예를 이용하여 정리 4.3이 성립함을 확인하라. ■

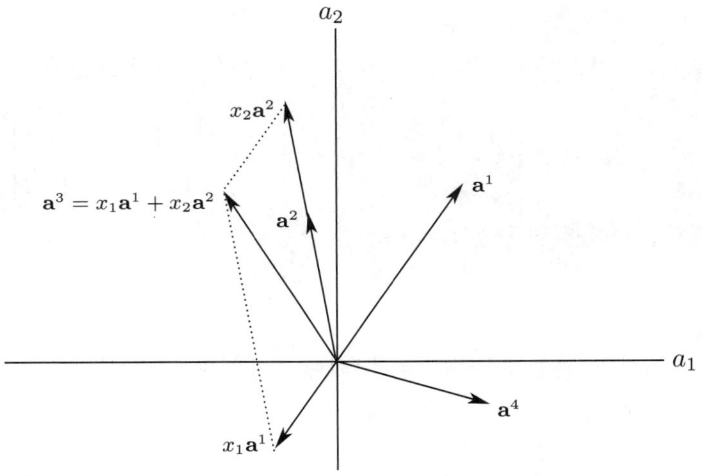

그림 4.2 R^2 에서의 선형독립 벡터

$\mathbf{e}^1 = \begin{bmatrix} 1 \\ 0 \end{bmatrix}$ 과 $\mathbf{e}^2 = \begin{bmatrix} 0 \\ 1 \end{bmatrix}$ 는 선형독립이므로 R^2 에서는 선형독립인 벡터는 적어도 2개가 있음을 알 수 있다. R^2 에서 최대 몇 개의 선형독립 벡터가 있는지를 생각해 보자. 그림 4.2에 선형독립인 벡터 $\mathbf{a}^1$, $\mathbf{a}^2$ 와 임의의 벡터 $\mathbf{a}^3$ 과 $\mathbf{a}^4$ 가 그려져 있다. 그림에서 보는 바와 같이 $\mathbf{a}^3$ 은 $\mathbf{a}^1$ 과 $\mathbf{a}^2$ 의 선형결합으로 표현할 수 있으므로 $\mathbf{a}^1$, $\mathbf{a}^2$, $\mathbf{a}^3$ 은 선형종속이다. 마찬가지로 $\mathbf{a}^1$, $\mathbf{a}^2$, $\mathbf{a}^4$ 도 선형종속이다.

문제 4.10 $\mathbf{a}^4$ 를 $\mathbf{a}^1$ 과 $\mathbf{a}^2$ 의 선형결합으로 표현할 수 있음을 확인하라. ■

이 그림으로부터 R^2 에서는 두 개의 선형독립인 벡터로 나머지 모든 벡터를 선형결합으로 표현할 수 있으므로 선형독립인 벡터가 최대 2 개일 것으로 짐작할 수 있다.

Box 4.2 (R^2 에서 최대의 선형독립인 벡터의 개수) R^2 에서 선형독립인 $\mathbf{a}^1 = \begin{bmatrix} a_{11} \\ a_{21} \end{bmatrix}$ 과 $\mathbf{a}^2 = \begin{bmatrix} a_{12} \\ a_{22} \end{bmatrix}$를 생각하자. 예제 4.8 로부터 $a_{11}a_{22} - a_{12}a_{21} \equiv d \neq 0$ 이다. $\mathbf{a}^1 = a_{11}\mathbf{e}^1 + a_{21}\mathbf{e}^2$ 이고 $\mathbf{a}^2 = a_{12}\mathbf{e}^1 + a_{22}\mathbf{e}^2$ 이므로 이것을 $\mathbf{e}^1$ 과 $\mathbf{e}^2$ 에 대해서 풀면 $\mathbf{e}^1 = \frac{a_{22}\mathbf{a}^1 - a_{21}\mathbf{a}^2}{d}$ 이고 $\mathbf{e}^2 = \frac{-a_{12}\mathbf{a}^1 + a_{11}\mathbf{a}^2}{d}$ 이다.

임의의 벡터 $\mathbf{b} = \begin{bmatrix} b_1 \\ b_2 \end{bmatrix} \neq \begin{bmatrix} 0 \\ 0 \end{bmatrix}$을 생각하면 $\mathbf{b} = b_1\mathbf{e}^1 + b_2\mathbf{e}^2 = x_1\mathbf{a}^1 + x_2\mathbf{a}^2$ 이다. (단, $x_1 = \frac{b_1a_{22} - b_2a_{12}}{d}$, $x_2 = \frac{-b_1a_{21} + b_2a_{11}}{d}$.) $(x_1, x_2) \neq (0, 0)$ 이므로 $\mathbf{a}^1, \mathbf{a}^2, \mathbf{b}$ 는 선형종속이다. 따라서 R^2 에서는 선형독립인 벡터는 최대 2 개이다.

문제 4.11 (i) $(x_1, x_2) \neq (0, 0)$ 임을 보여라. (ii) $\mathbf{a}^1 = \begin{bmatrix} 1 \\ 2 \end{bmatrix}$, $\mathbf{a}^2 = \begin{bmatrix} -1 \\ 1 \end{bmatrix}$, $\mathbf{b} = \begin{bmatrix} 2 \\ 0 \end{bmatrix}$ 일 때 위 결과를 이용하여 $\mathbf{b}$ 를 $\mathbf{a}^1$ 과 $\mathbf{a}^2$ 의 선형결합으로 표현하라. ■

정리 4.4 R^n 에서의 선형독립 벡터들은 최대 n 개이다. 따라서 $n + j$ 개의 $(j \geq 1)$ 벡터들은 선형종속이다.

예제 4.10 그림 4.2 에서 $\mathbf{a}^1$, $\mathbf{a}^2$, $\mathbf{a}^3$, $\mathbf{a}^4$ 는 선형종속이다. 마찬가지로 $\mathbf{a}^2$, $\mathbf{a}^3$, $\mathbf{a}^4$ 도 선형종속이다. ■

정리 4.5 R^n 에서의 벡터 $\mathbf{a}^1, \mathbf{a}^2, \cdots, \mathbf{a}^n$ 이 선형독립이면 어떤 $\mathbf{a} \in R^n$ 도 $\mathbf{a}^1, \mathbf{a}^2, \cdots, \mathbf{a}^n$ 의 선형결합으로 표현할 수 있다.

문제 4.12 (i) 정리 4.3 과 4.4 를 이용해 정리 4.5 를 증명하라. (ii) $\mathbf{a}^1 = \begin{bmatrix} 1 \\ 1 \end{bmatrix}$, $\mathbf{a}^2 = \begin{bmatrix} 1 \\ 2 \end{bmatrix}$, $\mathbf{a}^3 = \begin{bmatrix} 1 \\ 3 \end{bmatrix}$, $\mathbf{a}^4 = \begin{bmatrix} -2 \\ -4 \end{bmatrix}$라고 하자. $\mathbf{a}^3$ 과 $\mathbf{a}^4$ 를 $\mathbf{a}^1$ 과 $\mathbf{a}^2$ 의 선형결합으로 표현할 수 있음을 보여라. $\mathbf{a}^1$ 과 $\mathbf{a}^3$ 을 $\mathbf{a}^2$ 와 $\mathbf{a}^4$ 의 선형결합으로 표현할 수 없는 이유를 설명하라. ■

4.6 행렬의 정의

정의 4.4 (행렬 (matrix)) $m \times n$ 행렬은 m 개의 행과 n 개의 열을 갖는 직사각형 형태의 숫자 또는 문자의 배열이다. 행렬은 다음과 같이 표현된다.

$$\mathbf{A} = [a_{ij}] = \begin{bmatrix} a_{11} & a_{12} & \cdots & a_{1n} \\ a_{21} & a_{22} & \cdots & a_{2n} \\ \vdots & \vdots & \ddots & \vdots \\ a_{m1} & a_{m2} & \cdots & a_{mn} \end{bmatrix}.$$

(단, $i = 1, 2, \cdots, m$; $j = 1, 2, \cdots, n$.)

a_{ij} 의 아래 첨자 i 와 j 는 a_{ij} 가 i 번째 행과 j 번째 열에 위치함을 나타낸다. 통상 i 는 행을, j 는 열을 나타내는 기호로 사용된다. 더 정확히 말하면 앞에 있는 아래 첨자는 행, 뒤에 있는 아래 첨자는 열을 나타낸다. 행렬의 행과 열의 개수를 명시적으로 나타낼 필요가 있으면 $\mathbf{A}_{m\times n}$ 또는 $[a_{ij}]_{m\times n}$ 으로 표현한다. 행과 열의 개수가 같으면 **정사각행렬 (square matrix)** 이라고 하며 행과 열의 개수가 n 이면 n **계행렬 (nth-order matrix)** 이라고 한다. 행이 한 개인 행렬은 행벡터, 열이 한 개인 행렬은 열벡터이므로 행렬은 벡터를 확장한 것으로 생각할 수 있다.

행렬 $\mathbf{A}$ 의 i 번째 행을 $\mathbf{a}_i \equiv [a_{i1}\ a_{i2}\ \cdots\ a_{in}]$, j 번째 열을 $\mathbf{a}^j \equiv \begin{bmatrix} a_{1j} \\ a_{2j} \\ \vdots \\ a_{mj} \end{bmatrix}$ 로 나타내면 $\mathbf{A}$ 는 다음과 같이 두 가지 형식으로 표현할 수 있다.

$$\mathbf{A} = \begin{bmatrix} \mathbf{a}_1 \\ \mathbf{a}_2 \\ \vdots \\ \mathbf{a}_m \end{bmatrix}, \ \mathbf{A} = [\mathbf{a}^1\ \mathbf{a}^2\ \cdots\ \mathbf{a}^n].$$

위 식에서 보는 바와 같이 $m \times n$ 행렬은 m 개의 n(행) 벡터 또는 n 개의 m(열) 벡터로 생각할 수 있다. 거꾸로 행벡터는 행이 한 개인 행렬이고 열벡터는 열이 한 개인 행렬로 생각할 수 있다. 경제학에서는 일반적으로 가격을 나타내는 **가격벡터 (price vector)** 는 행벡터로, 수량을 나타내는 **양벡터 (quantity vector)** 는 열벡터로 표현한다. 앞으로 행과 행벡터, 열과 열벡터는 호환하여 사용하기로 한다.

예제 4.11 예제 4.2의 두 금융자산 $\mathbf{a}^1$과 $\mathbf{a}^2$를 묶어 행렬로 표현하면 $\mathbf{A} = [\mathbf{a}^1\ \mathbf{a}^2] = \begin{bmatrix} a_{11} & a_{12} \\ a_{21} & a_{22} \end{bmatrix}$이 된다. x_j를 j번째 자산의 보유량이라고 하면 투자자의 포트폴리오는 $\mathbf{x}^1 = \begin{bmatrix} x_1 \\ x_2 \end{bmatrix}$이다. ■

예제 4.12 앞으로는 투입산출분석에서 산업 j의 산출물을 j재로, j재 한 단위는 1원 어치의 산출물로 생각하기로 하자. a_{ij}는 j재를 한 단위 생산하기 위해 소요되는 i재의 (금액으로 표시한) 양이고 열벡터 $\mathbf{a}^j$는 j재를 한 단위 생산하기 위해 필요한 중간투입물의 양이라고 하면 표 4.3은 행렬과 벡터 기호를 이용하여 아래와 같이 나타낼 수 있다.

$$\mathbf{A} = \begin{bmatrix}\mathbf{a}^1 & \mathbf{a}^2 & \cdots & \mathbf{a}^n\end{bmatrix} = \begin{bmatrix} a_{11} & a_{12} & \cdots & a_{1n} \\ a_{21} & a_{22} & \cdots & a_{2n} \\ \vdots & \vdots & \ddots & \vdots \\ a_{n1} & a_{n2} & \cdots & a_{nn} \end{bmatrix}.$$

■

벡터의 경우와 마찬가지로 행렬의 전치가 필요한 경우가 있다. 행렬의 전치는 i $(i = 1, 2, \cdots, m)$번째 행을 i번째 열로 바꾸거나 또는 j $(j = 1, 2, \cdots, n)$번째 열을 j번째 행으로 바꾸는 것이다. 따라서 $\mathbf{A}$가 $m \times n$ 행렬이면 $\mathbf{A}^T = \mathbf{B}$는 $n \times m$ 행렬이며 $b_{ij} = a_{ji}$ 또는 $a_{ij} = b_{ji}$이다.

예제 4.13 $\mathbf{A} = \begin{bmatrix} 1 & 3 & 2 \\ -2 & 7 & -1 \end{bmatrix}$이라고 하자. $\mathbf{A}^T = \begin{bmatrix} 1 & -2 \\ 3 & 7 \\ 2 & -1 \end{bmatrix} = \mathbf{B}$이다. ■

문제 4.13 (i) 위 예제에서 $a_{21} = b_{12}$임을 보여라. (ii) $\mathbf{A} = [\mathbf{a}^1\ \mathbf{a}^2\ \cdots\ \mathbf{a}^n]$일 때 $\mathbf{A}^T$를 구하라. ■

4.7 행렬의 연산

행렬이 분석 도구로서 유용하기 위해서는 행렬의 연산이 필요하다. 벡터도 행렬이기 때문에 행렬의 연산 규칙은 벡터의 연산 규칙과 모순이 없어야 한다. 두 행렬 $\mathbf{A} = [a_{ij}]_{m \times n}$과 $\mathbf{B} = [b_{ij}]_{r \times s}$를 생각하자.

정의 4.5 **(행렬의 상등)** $m = r$, $n = s$ 이고 모든 i 와 j 에 대해 $a_{ij} = b_{ij}$ 이면 $\mathbf{A}$ 와 $\mathbf{B}$ 는 동일하다고 하며 $\mathbf{A} = \mathbf{B}$ 로 쓴다.

예제 4.14 $\mathbf{A}$ 의 전치행렬의 전치행렬은 $\mathbf{A}$ 이다. 즉, $(\mathbf{A}^T)^T = \mathbf{A}$ 이다. ■

문제 4.14 위 예제의 결과를 증명하고 예를 들어 확인하라. ■

$\mathbf{A} = \mathbf{A}^T$ 이면 **대칭행렬 (symmetric matrix)** 이라고 한다. $\mathbf{A}$ 는 $m \times n$ 행렬이고 $\mathbf{A}^T$ 는 $n \times m$ 행렬이기 때문에 $\mathbf{A}$ 가 대칭행렬이기 위해서는 $m = n$ 즉, $\mathbf{A}$ 는 정사각행렬이어야 한다.

예제 4.15 $\mathbf{A} = \begin{bmatrix} 1 & 3 \\ -2 & 4 \end{bmatrix}$ 이면 $\mathbf{A}^T = \begin{bmatrix} 1 & -2 \\ 3 & 4 \end{bmatrix}$ 이다. $\mathbf{A} \neq \mathbf{A}^T$ 이므로 $\mathbf{A}$ 는 대칭행렬이 아니다. 그러나 $\mathbf{B} = \begin{bmatrix} 1 & -2 \\ -2 & 4 \end{bmatrix}$ 는 대칭행렬이다. ■

행렬의 합과 행렬의 스칼라 곱은 벡터와 비슷하게 정의된다.

정의 4.6 **(행렬의 합)** $m = r$, $n = s$ 이면 $\mathbf{A} + \mathbf{B} = [a_{ij} + b_{ij}]$ 이다.

예제 4.16 2×3 행렬 $\mathbf{A} = \begin{bmatrix} 1 & 3 & 2 \\ -2 & 7 & -1 \end{bmatrix}$ 와 $\mathbf{B} = \begin{bmatrix} 3 & 9 & 0 \\ -6 & 2 & 1 \end{bmatrix}$ 을 생각하자. $\mathbf{A}+\mathbf{B} = \begin{bmatrix} 4 & 12 & 2 \\ -8 & 9 & 0 \end{bmatrix}$ 이다. ■

문제 4.15 $\mathbf{A}$ 와 $\mathbf{B}$ 가 $m \times n$ 행렬이면 $(\mathbf{A} + \mathbf{B})^T = \mathbf{A}^T + \mathbf{B}^T$ 임을 보여라. ■

정의 4.7 **(행렬의 스칼라곱)** $x \in R$ 이면 $x\mathbf{A} = [xa_{ij}]$ 이다.

예제 4.17 $\mathbf{A} = \begin{bmatrix} 1 & 3 \\ -2 & 7 \end{bmatrix}$ 이고 $t = 3$ 이면 $3\mathbf{A} = \begin{bmatrix} 3 & 9 \\ -6 & 21 \end{bmatrix}$ 이다. ■

벡터의 연산에서와 마찬가지로 이 두 연산을 이용해 여러 가지의 계산을 할 수 있다. x 와 y 가 실수일 때 $\mathbf{A}$ 와 $\mathbf{B}$ 의 합이 정의되면 $x\mathbf{A} + y\mathbf{B} = [xa_{ij} + yb_{ij}]$ 이다. $\mathbf{A} + (-1)\mathbf{B}$ 는 $\mathbf{A} - \mathbf{B}$ 로 쓴다.

예제 4.18 예제 4.16 의 $\mathbf{A}$ 와 $\mathbf{B}$ 에 대해 $2\mathbf{A} + (-1)\mathbf{B} = \begin{bmatrix} 2 & 6 & 4 \\ -4 & 14 & -2 \end{bmatrix} + \begin{bmatrix} -3 & -9 & 0 \\ 6 & -2 & -1 \end{bmatrix} =$

$\begin{bmatrix} -1 & -3 & 4 \\ 2 & 12 & -3 \end{bmatrix} = 2\mathbf{A} - \mathbf{B}$ 이다. ■

모든 성분이 0인 행렬은 $\mathbf{0}$으로 표현한다.

문제 4.16 (i) x와 y가 실수이면 $x(\mathbf{A}+\mathbf{B}) = x\mathbf{A} + x\mathbf{B}$, $(x+y)\mathbf{A} = x\mathbf{A} + y\mathbf{A}$ 임을 보여라. (ii) 다음을 보여라. (a) $\mathbf{A} - \mathbf{A} = \mathbf{0}$, (b) $\mathbf{A} - \mathbf{B} = \mathbf{0}$이면 $\mathbf{A} = \mathbf{B}$이고 그 역도 성립한다. ■

다음으로 두 행렬의 곱에 대해 정의하자. $\mathbf{A}$와 $\mathbf{B}$의 곱 $\mathbf{AB}$는 $\mathbf{A}$의 열의 개수와 $\mathbf{B}$의 행의 개수가 같을 때에만 정의된다. 즉, $n = r$이어야 한다.

정의 4.8 (행렬의 곱 (matrix product)) $n = r$이면 $\mathbf{AB} = [\mathbf{a}_i\mathbf{b}^j]_{m\times s}$ 이다.

$\mathbf{AB}$의 ij 번째 성분은 $\mathbf{A}$의 i 번째 행 $\mathbf{a}_i$와 $\mathbf{B}$의 j 번째 열 $\mathbf{b}^j$의 내적이다. 즉, $\mathbf{AB}$의 ij 번째 성분은

$$\mathbf{a}_i\mathbf{b}^j = a_{i1}b_{1j} + a_{i2}b_{2j} + \cdots + a_{in}b_{nj} = \sum_{k=1}^{n} a_{ik}b_{kj}$$

이다. $i = 1, 2, \cdots, m$이고 $j = 1, 2, \cdots, n$이므로 $\mathbf{AB}$는 $m \times s$ 행렬이다.

예제 4.19 $\mathbf{A} = \begin{bmatrix} 1 & 3 \\ -2 & 7 \\ 0 & 1 \end{bmatrix}$이고 $\mathbf{B} = \begin{bmatrix} 9 & 0 \\ 2 & 1 \end{bmatrix}$이라고 하자. $\mathbf{A}$의 열의 개수와 $\mathbf{B}$의 행의 개수는 모두 2이므로 곱셈이 가능하며

$$\mathbf{AB} = \begin{bmatrix} 1\times 9 + 3\times 2 & 1\times 0 + 3\times 1 \\ -2\times 9 + 7\times 2 & -2\times 0 + 7\times 1 \\ 0\times 9 + 1\times 2 & 0\times 0 + 1\times 1 \end{bmatrix} = \begin{bmatrix} 15 & 3 \\ -4 & 7 \\ 2 & 1 \end{bmatrix}$$

이다. ■

문제 4.17 위 예제에서 $\mathbf{BA}$를 계산할 수 있는가? ■

두 행렬 $\mathbf{A}$와 $\mathbf{B}$의 곱은 $\mathbf{AB}$와 $\mathbf{BA}$가 있을 수 있는데 두 행렬의 곱이 모두 정의될 수도 있고 하나만 될 수도 있고 모두 정의되지 않을 수도 있다. 또 모두 정의되는 경우에도 일반적으로 $\mathbf{AB} \neq \mathbf{BA}$이다.

문제 4.18 $\mathbf{A} = \begin{bmatrix} 1 & 3 \\ -2 & 7 \\ 0 & 1 \end{bmatrix}$이고 $\mathbf{B} = \begin{bmatrix} 9 & 0 & 2 \\ 2 & 1 & -3 \end{bmatrix}$일 때 $\mathbf{AB}$와 $\mathbf{BA}$를 구하고 $\mathbf{AB} \neq \mathbf{BA}$임을 보여라. ■

문제 4.19 $\mathbf{A}$가 $m \times n$ 행렬일 때 $\mathbf{A}^T\mathbf{A} = \mathbf{0}$이면 $\mathbf{A} = \mathbf{0}$임을 증명하라. ■

벡터의 경우와 마찬가지로 행렬에서도 합과 곱이 정의되면 다음과 같은 몇 가지 연산법칙이 성립한다.

(i) $\mathbf{A}$와 $\mathbf{B}$가 각각 $m \times n$ 행렬이고 $\mathbf{C}$가 $n \times r$ 행렬이면 $(\mathbf{A}+\mathbf{B})\mathbf{C} = \mathbf{AC} + \mathbf{BC}$이다.

(ii) $\mathbf{A}$가 $m \times n$ 행렬, $\mathbf{B}$가 $n \times r$ 행렬, $\mathbf{C}$가 $r \times s$ 행렬이면 $(\mathbf{AB})\mathbf{C} = \mathbf{A}(\mathbf{BC})$이다.

(iii) $\mathbf{A}$가 $m \times n$ 행렬, $\mathbf{B}$가 $n \times r$ 행렬이면 $\mathbf{A}(t\mathbf{B}) = (t\mathbf{A})\mathbf{B} = t(\mathbf{AB})$이다.

Box 4.3 ((ii)의 증명) $\mathbf{D} = \mathbf{AB}$의 ik번째 성분은 $d_{ik} = \sum_{l=1}^{n} a_{il}b_{lk}$이고 $\mathbf{DC}$의 ij번째 성분은 $\sum_{k=1}^{r} d_{ik}c_{kj} = \sum_{k=1}^{r}\sum_{l=1}^{n} a_{il}b_{lk}c_{kj} = \sum_{l=1}^{n}\sum_{k=1}^{r} a_{il}b_{lk}c_{kj}$이다. (이중합의 계산 순서를 바꿀 수 있는 것에 대해서는 1편 부록 1.A 참조.)

마지막 항의 $\sum_{k=1}^{r} a_{il}b_{lk}c_{kj}$에서 a_{il}은 k에 의존하지 않으므로 $\sum_{k=1}^{r} d_{ik}c_{kj} = \sum_{l=1}^{n} a_{il}\sum_{k=1}^{r} b_{lk}c_{kj}$가 된다. 그런데 a_{il}은 $\mathbf{A}$의 il번째 성분이고 $\sum_{k=1}^{r} b_{lk}c_{kj}$는 $\mathbf{BC}$의 lj번째 성분이므로 $\sum_{l=1}^{n} a_{il}\sum_{k=1}^{r} b_{lk}c_{kj}$는 $\mathbf{A}(\mathbf{BC})$의 ij번째 성분이다. 따라서 $(\mathbf{AB})\mathbf{C} = \mathbf{A}(\mathbf{BC})$이다.

문제 4.20 위 결과의 (i)과 (iii)을 증명하라. ■

(ii)에서 $(\mathbf{AB})\mathbf{C} = \mathbf{A}(\mathbf{BC})$이므로 연산의 순서는 중요하지 않다. 따라서 괄호 없이 $\mathbf{ABC}$로 쓸 수 있다. 마찬가지로 (iii)에서도 연산의 순서는 결과에 영향을 주지 않으므로 $t\mathbf{AB}$로 쓰는 것이 간결하다.

행렬 $\mathbf{A}_{m\times n}$과 n(열)벡터 $\mathbf{x}$의 곱에 대해 생각해보자. 벡터도 행렬이므로 행렬의 곱 연산 규칙이 적용된다. 이 경우 $\mathbf{A}$의 열의 개수와 $\mathbf{x}$의 행의 개수가 모두 n이므로 곱을 계산할 수 있으며 그 결과는 $m \times 1$ 행렬 또는 m(열)벡터가 된다.

예제 4.20 $\mathbf{A} = \begin{bmatrix} a_{11} & a_{12} \\ a_{21} & a_{22} \\ a_{31} & a_{32} \end{bmatrix}$이고 $\mathbf{x} = \begin{bmatrix} x_1 \\ x_2 \end{bmatrix}$이면 $\mathbf{A}$는 3×2이고 $\mathbf{x}$는 2×1이므로 $\mathbf{Ax}$

는 정의된다. $\mathbf{Ax} = \begin{bmatrix} a_{11} & a_{12} \\ a_{21} & a_{22} \\ a_{31} & a_{32} \end{bmatrix} \begin{bmatrix} x_1 \\ x_2 \end{bmatrix} = \begin{bmatrix} a_{11}x_1 + a_{12}x_2 \\ a_{21}x_1 + a_{22}x_2 \\ a_{31}x_1 + a_{32}x_2 \end{bmatrix}$ 는 3×1 행렬 (또는 3(열) 벡터) 이다. 또한 $(\mathbf{Ax})^T = [a_{11}x_1 + a_{12}x_2 \;\; a_{21}x_1 + a_{22}x_2 \;\; a_{31}x_1 + a_{32}x_2]$ 이며 $\mathbf{x}^T\mathbf{A}^T = [a_{11}x_1 + a_{12}x_2 \; a_{21}x_1 + a_{22}x_2 \; a_{31}x_1 + a_{32}x_2] = (\mathbf{Ax})^T$ 이다. ■

위 예제의 두 번째 결과는 일반적으로 성립한다. 즉, $\mathbf{A}$ 가 $m \times n$ 행렬, $\mathbf{B}$ 가 $n \times r$ 행렬이면 $(\mathbf{AB})^T = \mathbf{B}^T\mathbf{A}^T$ 이다.

문제 4.21 $\mathbf{A}$ 가 $m \times n$ 행렬, $\mathbf{B}$ 가 $n \times r$ 행렬 $\mathbf{C}$ 가 $r \times s$ 행렬이면 $(\mathbf{ABC})^T = \mathbf{C}^T\mathbf{B}^T\mathbf{A}^T$ 임을 보여라. ■

4.8 행렬의 분할

행렬의 연산을 행할 때 행렬을 분할하여 계산하는 것이 편리할 때가 많다. 아래 예제를 통하여 행렬의 분할에 대해 논의하자.

예제 4.21 $\mathbf{A} = \begin{bmatrix} 1 & 3 \\ -2 & 7 \\ 0 & 1 \end{bmatrix}$ 와 $\mathbf{B} = \begin{bmatrix} 9 & 0 \\ 2 & 1 \end{bmatrix}$ 이면 $\mathbf{AB} = \begin{bmatrix} 15 & 3 \\ -4 & 7 \\ 2 & 1 \end{bmatrix}$ 이다. 두 행렬을 $\left[\begin{array}{c|c} 1 & 3 \\ -2 & 7 \\ \hline 0 & 1 \end{array}\right]$ 와 $\left[\begin{array}{cc} 9 & 0 \\ \hline 2 & 1 \end{array}\right]$ 으로 **분할** (partition) 하고, $\mathbf{A}_{11} = \begin{bmatrix} 1 \\ -2 \end{bmatrix}$, $\mathbf{A}_{12} = \begin{bmatrix} 3 \\ 7 \end{bmatrix}$, $\mathbf{A}_{21} = [0]$, $\mathbf{A}_{22} = [1]$, $\mathbf{B}_{11} = [9 \;\; 0]$, $\mathbf{B}_{21} = [2 \;\; 1]$ 이라고 하면 $\mathbf{A} = \begin{bmatrix} \mathbf{A}_{11} & \mathbf{A}_{12} \\ \mathbf{A}_{21} & \mathbf{A}_{22} \end{bmatrix}$, $\mathbf{B} = \begin{bmatrix} \mathbf{B}_{11} \\ \mathbf{B}_{21} \end{bmatrix}$ 로 쓸 수 있다.[6]

$\mathbf{A}_{ij}$ $(i, j = 1, 2)$ 를 $\mathbf{A}$ 의 **부분행렬** (submatrix), $\mathbf{B}_{i1}$ $(i = 1, 2)$ 를 $\mathbf{B}$ 의 부분행렬이라고 한다. 부분행렬 $\mathbf{A}_{ij}$ 를 $\mathbf{A}$ 의 성분처럼 생각하면 $\mathbf{A}$ 는 2×2 행렬인 것처럼 생각할 수 있다. 마찬가지로 $\mathbf{B}$ 도 성분이 $\mathbf{B}_{i1}$ 인 2×1 행렬인 것처럼 생각할 수 있다.

2×2 행렬과 2×1 행렬은 곱셈이 가능하므로 곱셈 정의를 이용하면

$$\mathbf{AB} = \begin{bmatrix} \mathbf{A}_{11}\mathbf{B}_{11} + \mathbf{A}_{12}\mathbf{B}_{21} \\ \mathbf{A}_{21}\mathbf{B}_{11} + \mathbf{A}_{22}\mathbf{B}_{21} \end{bmatrix}$$

[6] $\mathbf{A}_{21}$ 와 $\mathbf{A}_{22}$ 는 실제로는 실수이지만 1×1 행렬로도 생각할 수 있다.

가 될 것으로 기대할 수 있다. 그러나 이것이 성립하기 위해서는 부분행렬들 간의 곱셈이 가능하여야 한다. 먼저 $\mathbf{A}_{11}\mathbf{B}_{11}$ 을 보면 2×2 행렬과 2×1 행렬의 곱이므로 곱셈이 가능하며 그 결과는 2×2 행렬 $\begin{bmatrix} 9 & 0 \\ -18 & 0 \end{bmatrix}$이 된다. 마찬가지로 $\mathbf{A}_{12}\mathbf{B}_{21} = \begin{bmatrix} 6 & 3 \\ 14 & 7 \end{bmatrix}$, $\mathbf{A}_{21}\mathbf{B}_{11} = [0\ 0]$, $\mathbf{A}_{22}\mathbf{B}_{21} = [2\ 1]$ 이다. 이 결과들을 대입하면

$$\mathbf{AB} = \begin{bmatrix} \begin{bmatrix} 9 & 0 \\ -18 & 0 \end{bmatrix} + \begin{bmatrix} 6 & 3 \\ 14 & 7 \end{bmatrix} \\ [0\ 0] \quad + \quad [2\ 1] \end{bmatrix} = \begin{bmatrix} \begin{bmatrix} 15 & 3 \\ -4 & 7 \end{bmatrix} \\ [2\ 1] \end{bmatrix} = \begin{bmatrix} 15 & 3 \\ -4 & 7 \\ 2 & 1 \end{bmatrix}$$

가 되는데 이것은 위에서의 결과와 같다. (마지막 결과는 **분할행렬 (partitioned matrix)** 을 다시 통상적인 형태의 행렬로 되돌린 것이다.) ■

문제 4.22 (i) 위 예제에서 $\mathbf{A} = \left[\begin{array}{c|c} 1 & 3 \\ -2 & 7 \\ 0 & 1 \end{array}\right] = [\mathbf{A}_{11}\ \mathbf{A}_{12}]$ 로 분할하는 경우에 대해 $\mathbf{AB}$ 의 계산이 가능한지 여부를 설명하라. 또 계산이 가능하면 그 결과를 구하라. (ii) $\mathbf{A}$ 와 $\mathbf{B}$ 를 다른 방법으로 분할하여 $\mathbf{AB}$ 를 계산하라. ■

위 예제에서 두 행렬의 곱은 각 행렬을 적절히 분할하고 그 분할된 행렬들을 원래 행렬들의 성분처럼 생각하여 계산할 수도 있음을 알 수 있다. 두 행렬의 합도 행렬을 적절히 분할하여 계산할 수 있다. 예를 들어 $\mathbf{A}$ 와 $\mathbf{B}$ 의 행과 열의 개수가 같고 $\mathbf{A} = \begin{bmatrix} \mathbf{A}_{11} & \mathbf{A}_{12} \\ \mathbf{A}_{21} & \mathbf{A}_{22} \end{bmatrix}$, $\mathbf{B} = \begin{bmatrix} \mathbf{B}_{11} & \mathbf{B}_{12} \\ \mathbf{B}_{21} & \mathbf{B}_{22} \end{bmatrix}$와 같이 분할할 수 있다고 하자. 모든 i 와 j 에 대해 $\mathbf{A}_{ij}$ 와 $\mathbf{B}_{ij}$ 의 행과 열의 개수가 같다면

$$\mathbf{A} + \mathbf{B} = \begin{bmatrix} \mathbf{A}_{11} + \mathbf{B}_{11} & \mathbf{A}_{12} + \mathbf{B}_{12} \\ \mathbf{A}_{21} + \mathbf{B}_{21} & \mathbf{A}_{22} + \mathbf{B}_{22} \end{bmatrix}$$

이다.

문제 4.23 $\mathbf{A} = \begin{bmatrix} 1 & 3 \\ -2 & 7 \\ 0 & 1 \end{bmatrix}$이고 $\mathbf{B} = \begin{bmatrix} 0 & 1 \\ -2 & -4 \\ 0 & 5 \end{bmatrix}$일 때 $\mathbf{A}$ 와 $\mathbf{B}$ 를 각각 네 개의 부분행렬로 분할하여 $\mathbf{A} + \mathbf{B}$ 를 계산하라. ■

4.9 선형연립방정식과 행렬

예제 4.22 4.1 절의 식 (4-†) 의 (III)

$$\begin{aligned} 2x_1 + \ \ x_2 &= 5 \\ x_1 + \ \ x_2 &= 3 \\ x_1 + 2x_2 &= 2 \end{aligned}$$

를 생각하자.

$\mathbf{A} = \begin{bmatrix} 2 & 1 \\ 1 & 1 \\ 1 & 2 \end{bmatrix}$, $\mathbf{x} = \begin{bmatrix} x_1 \\ x_2 \end{bmatrix}$, $\mathbf{b} = \begin{bmatrix} 5 \\ 3 \\ 2 \end{bmatrix}$ 이라고 하면 $\mathbf{A}$ 는 방정식 좌변의 계수들이고 $\mathbf{x}$ 와 $\mathbf{b}$ 는 각각 미지수와 우변 상수의 열벡터이다. $\mathbf{Ax} = \begin{bmatrix} 2x_1 + x_2 \\ x_1 + x_2 \\ x_1 + 2x_2 \end{bmatrix}$ 이므로 위 선형연립방정식은 $\mathbf{Ax} = \mathbf{b}$ 로 간결하게 표현할 수 있다. ■

문제 4.24 4.1 절의 식 (4-†) 의 (I) 과 (II) 를 행렬과 벡터의 형태로 표현하라. ■

4.1 절에서 생각한 미지수가 n 개이고 방정식이 m 개인 일반적인 선형연립방정식 체계를 생각하자.

$$\begin{array}{ccccccccc} a_{11}x_1 & + & a_{12}x_2 & + & \cdots & + & a_{1n}x_n & = & b_1 \\ a_{21}x_1 & + & a_{22}x_2 & + & \cdots & + & a_{2n}x_n & = & b_2 \\ \vdots & & \vdots & & \ddots & & \vdots & & \vdots \\ a_{m1}x_1 & + & a_{m2}x_2 & + & \cdots & + & a_{mn}x_n & = & b_m. \end{array}$$

$\mathbf{A} = \begin{bmatrix} a_{11} & a_{12} & \cdots & a_{1n} \\ a_{21} & a_{22} & \cdots & a_{2n} \\ \vdots & \vdots & \ddots & \vdots \\ a_{m1} & a_{m2} & \cdots & a_{mn} \end{bmatrix}$, $\mathbf{x} = \begin{bmatrix} x_1 \\ x_2 \\ \vdots \\ x_n \end{bmatrix}$, $\mathbf{b} = \begin{bmatrix} b_1 \\ b_2 \\ \vdots \\ b_m \end{bmatrix}$ 이라고 하면 이 방정식 체계는 다음과 같이 표현할 수 있다.

$$\mathbf{Ax} = \mathbf{b}.$$

선형연립방정식은 다른 행렬 형식으로도 표현할 수 있다. 앞에서 본 바와 같이

$\mathbf{A} = [\mathbf{a}^1\ \mathbf{a}^2\ \cdots\ \mathbf{a}^n]$로 쓰면 $\mathbf{A}$를 $m \times 1$ 행렬을 성분으로 하는 $1 \times n$ 행렬로 분할한 것을 생각할 수 있다. $\mathbf{Ax} = [\mathbf{a}^1\ \mathbf{a}^2\ \cdots\ \mathbf{a}^n]\begin{bmatrix} x_1 \\ x_2 \\ \vdots \\ x_n \end{bmatrix} = x_1\mathbf{a}^1 + x_2\mathbf{a}^2 + \cdots + x_n\mathbf{a}^n$ 이므로 위 선형연립방정식은 다음과 같이 쓸 수 있다.

$$\sum_{j=1}^{n} x_j \mathbf{a}^j = \mathbf{b}.$$

그런데 이 식의 왼쪽 항은 $\mathbf{a}^1, \mathbf{a}^2, \cdots, \mathbf{a}^n$의 선형결합이다. 따라서 선형연립방정식의 해가 존재하는지의 여부는 $\mathbf{b}$가 $\mathbf{a}^1, \mathbf{a}^2, \cdots, \mathbf{a}^n$의 선형결합으로 표현될 수 있는지 여부에 달려 있다. 다시 말해 $\mathbf{b}$가 $\mathbf{a}^1, \mathbf{a}^2, \cdots, \mathbf{a}^n$의 선형결합으로 표현될 수 있으면 그 계수 $x_1, x_2, \cdots, x_n$는 선형연립방정식의 해가 된다. 선형연립방정식에 대한 이 두 번째 해석은 매우 중요하기 때문에 잘 기억할 필요가 있다.

예제 4.23 4.1절의 식 (4-†)의 (III)

$$\begin{aligned} 2x_1 + \ \ x_2 &= 5 \\ x_1 + \ \ x_2 &= 3 \\ x_1 + 2x_2 &= 2 \end{aligned}$$

는 해가 없다. 첫 번째와 세 번째 식을 더하면 $3x_1 + 3x_2 = 7$ 또는 $x_1 + x_2 = \frac{7}{3}$ 이다. 그런데 이것은 두 번째 식 $x_1 + x_2 = 3$와 모순이 되므로 이 방정식의 해는 존재하지 않는다. 이것은 $\mathbf{b} = \begin{bmatrix} 5 \\ 3 \\ 2 \end{bmatrix}$를 $\mathbf{a}^1 = \begin{bmatrix} 2 \\ 1 \\ 1 \end{bmatrix}$과 $\mathbf{a}^2 = \begin{bmatrix} 1 \\ 1 \\ 2 \end{bmatrix}$의 선형결합으로 나타낼 수 없음을 의미한다. ■

예제 4.24 투자은행이 금융상품 $\mathbf{b} = \begin{bmatrix} b_1 \\ b_2 \end{bmatrix}$를 (단, $b_1 \neq b_2$) 한 단위 판매할 계획으로 있다. 시점 1에서 시장 상황에 따라 상이한 금액을 지불하여야 하므로 금융상품 판매에 따른 위험이 발생하게 된다. 투자은행이 두 금융상품 $\mathbf{a}^1$과 $\mathbf{a}^2$를 각각 x_1 단위와 x_2 단위를 사면 $x_1\mathbf{a}^1 + x_2\mathbf{a}^2$의 수익을 얻을 수 있다. 이 수익이 $\mathbf{b}$의 수익과 같게 되면 즉, $x_1\mathbf{a}^1 + x_2\mathbf{a}^2 = \mathbf{b}$ 이면 이 포트폴리오 $\mathbf{x} = \begin{bmatrix} x_1 \\ x_2 \end{bmatrix}$ 를 $\mathbf{b}$ 의 **복제포트폴리오 (replicating portfolio)** 라고 한다. ■

예제 4.25 세 금융자산 $\mathbf{a}^1 = \begin{bmatrix} 2 \\ 1 \end{bmatrix}$, $\mathbf{a}^2 = \begin{bmatrix} 1 \\ 1 \end{bmatrix}$, $\mathbf{b} = \begin{bmatrix} 0 \\ 1 \end{bmatrix}$ 과 $\mathbf{a}^1$ 과 $\mathbf{a}^2$ 로 구성된 포트폴리오 $\mathbf{x} = \begin{bmatrix} -1 \\ 2 \end{bmatrix}$ 를 생각하자. 이 포트폴리오는 $\mathbf{a}^1$ 을 한 단위 판매하고 $\mathbf{a}^2$ 를 두 단위 구입하는 것이다. 시점 1 에서 상태 1 이 실현되면 $\mathbf{a}^1$ 을 한 단위 판매하였으므로 2 를 지불하여야 하나 $\mathbf{a}^2$ 를 두 단위 구입하였으므로 2 를 받을 수 있게 되어 순수익은 0 이다. 마찬가지로 생각하면 상태 2 에서는 1 을 지불하여야 하나 수익이 2 발생하므로 순수익은 1 이다. 따라서 이 포트폴리오의 수익은 $\mathbf{b}$ 의 수익과 완전히 일치하게 되므로 $\mathbf{x}$ 는 $\mathbf{b}$ 의 복제포트폴리오이다. ■

위 예제에서 $\mathbf{b}$ 를 한 단위 판매하고 동시에 복제포트폴리오를 구입하면 시점 1 에서 시장상태에 관계없이 복제포트폴리오의 수익으로 판매한 금융상품에 대한 채무를 해소할 수 있으므로 $\mathbf{b}$ 의 판매에 따른 위험은 완전히 제거된다. 그런데 $x_1\mathbf{a}^1 + x_2\mathbf{a}^2 = [\mathbf{a}^1\ \mathbf{a}^2] \begin{bmatrix} x_1 \\ x_2 \end{bmatrix} = \mathbf{b}$ 는 $\mathbf{A}\mathbf{x} = \mathbf{b}$ 와 동일하므로 복제포트폴리오를 구하는 것, 또는 헤징전략을 수립하는 것은 사실상 선형연립방정식의 해를 구하는 것이다.

문제 4.25 투자은행이 금융자산 $\mathbf{b} = \begin{bmatrix} 1 \\ 2 \end{bmatrix}$ 를 구입하려 한다. 위 예제의 $\mathbf{a}^1$ 과 $\mathbf{a}^2$ 로 구성된 복제포트폴리오를 구하고 어떻게 헤징이 가능한지를 설명하라. ■

4.10 행렬의 계수

앞에서 본 것처럼 $\mathbf{A}\mathbf{x} = \mathbf{b}$ 는 $\sum_{j=1}^n x_j\mathbf{a}^j = \mathbf{b}$ 로 쓸 수 있다. $\mathbf{b}$ 가 $\mathbf{a}^1, \mathbf{a}^2, \cdots, \mathbf{a}^n$ 의 선형결합으로 표현될 수 있는지 여부를 알기 위해서는 $\mathbf{a}^1, \mathbf{a}^2, \cdots, \mathbf{a}^n$ 중에서 선형독립인 열의 개수가 몇 개인지를 아는 것이 중요하다. 극단적으로 $\mathbf{A}$ 의 선형독립인 열의 수가 0 이면 (모든 $\mathbf{a}^j = \mathbf{0}$ 이면) $\mathbf{b} \neq \mathbf{0}$ 는 $\mathbf{a}^1, \mathbf{a}^2, \cdots, \mathbf{a}^n$ 의 선형결합으로 표현할 수 없다. 반면 선형독립인 열의 개수가 m 이면 $\mathbf{b}$ 는 $\mathbf{a}^1, \mathbf{a}^2, \cdots, \mathbf{a}^n$ 의 선형결합으로 항상 표현할 수 있다. 이것은 $\mathbf{a}^1, \mathbf{a}^2, \cdots, \mathbf{a}^n$ 과 $\mathbf{b}$ 는 m 벡터이므로 정리 4.5 에 의해 $\mathbf{b}$ 는 이 선형독립인 벡터들의 선형결합으로 나타낼 수 있기 때문이다.

정의 4.9 (행렬의 계수(rank)) 행렬 $\mathbf{A}$ 의 계수는 선형독립인 열의 (또는 행의) 최대 개수이며 $\rho(\mathbf{A})$ 로 쓴다.[7]

예제 4.26 $\mathbf{A} = \begin{bmatrix} 1 & 2 & 3 \\ 2 & 4 & 6 \end{bmatrix}$에서 $\begin{bmatrix} 1 \\ 2 \end{bmatrix} \neq \begin{bmatrix} 0 \\ 0 \end{bmatrix}$이므로 $\rho(\mathbf{A}) \geq 1$ 이다. $\mathbf{A}$ 의 열은 2벡터이므로 선형독립인 열의 개수는 최대 2이다. 그러나 임의의 두 개의 열들은 모두 선형종속이므로 $\rho(\mathbf{A}) = 1$ 이다. 예를 들어 $2\begin{bmatrix} 1 \\ 2 \end{bmatrix} - \begin{bmatrix} 2 \\ 4 \end{bmatrix} = \begin{bmatrix} 0 \\ 0 \end{bmatrix}$이므로 첫 두 열을 선형종속이다.

다음으로 선형독립인 행의 최대 개수를 생각하자. $2[1\ 2\ 3] - [2\ 4\ 6] = [0\ 0\ 0]$ 이므로 이 두 행은 선형종속이다. $[1\ 2\ 3] \neq [0\ 0\ 0]$ 이기 때문에 선형독립인 행은 최대 한 개이다. 이 예에서 보는 바와 같이 선형독립인 열의 최대 개수와 선형독립인 행의 최대 개수는 같다. 따라서 위 정의에서와 같이 행렬의 계수는 선형독립인 최대 열의 개수나 최대 행의 개수 어느 것으로 정의하여도 상관없다. ■

문제 4.26 (i) 위 예제에서 최대의 선형독립인 행의 개수와 최대의 선형독립인 행의 개수와 같음을 보여라. (ii) 계수가 0인 행렬의 예를 들어라. ■

정리 4.6 $\mathbf{A}$ 가 $m \times n$ 행렬이라고 하자.

(i) $\rho(\mathbf{A}) \leq \min\{m, n\}$ 이다.

(ii) 행렬 $\mathbf{B}$ 의 계수가 $\rho(\mathbf{B})$ 이면 $\rho(\mathbf{AB}) \leq \min\{\rho(\mathbf{A}), \rho(\mathbf{B})\}$ 이다.

예제 4.27 $\mathbf{A} = \begin{bmatrix} 1 & 2 & 3 \\ 2 & 4 & 6 \end{bmatrix}$이고 $\mathbf{B} = \begin{bmatrix} 1 & 2 \\ 2 & 0 \\ -1 & 1 \end{bmatrix}$이라고 하자. $\rho(\mathbf{A}) = 1$, $\rho(\mathbf{B}) = 2$ 이다.

$\mathbf{AB} = \begin{bmatrix} 2 & 5 \\ 4 & 10 \end{bmatrix}$이므로 $\rho(\mathbf{AB}) = 1 = \min\{\rho(\mathbf{A}), \rho(\mathbf{B})\}$ 이다. 반면 $\mathbf{B} = \begin{bmatrix} 1 & 1 \\ 1 & 1 \\ -1 & -1 \end{bmatrix}$이면

$\mathbf{AB} = \begin{bmatrix} 0 & 0 \\ 0 & 0 \end{bmatrix}$이므로 $\rho(\mathbf{AB}) = 0 < 1 = \min\{\rho(\mathbf{A}), \rho(\mathbf{B})\}$ 이다. ■

문제 4.27 $0 < \rho(\mathbf{A}) < \min\{m, n\}$ 인 예를 들어라. ■

---

[7] 행렬의 계수는 열 또는 행 어느 것으로 정의하여도 상관없다.

Box 4.4

정리 4.7 $\mathbf{A}$ 는 $m \times n$ 행렬, $\mathbf{B}$ 는 $r \times n$ 행렬, $\mathbf{x}$ 는 n 벡터라고 하자. $\mathbf{Ax} = \mathbf{0}$ 인 모든 $\mathbf{x}$ 에 대해 $\mathbf{Bx} = \mathbf{0}$ 이면 $\rho(\mathbf{B}) \leq \rho(\mathbf{A})$ 이다.

증명 먼저 $\rho(\mathbf{A}) = n$ 인 경우에는 $\rho(\mathbf{B}) \leq n$ 이므로 $\rho(\mathbf{B}) \leq \rho(\mathbf{A})$ 이다. 다음으로 $\rho(\mathbf{A}) = \rho < n$ 인 경우를 생각하자. $\rho(\mathbf{B}) \geq \rho + 1$ 이고 편의상 $\mathbf{B}$ 의 첫 $\rho + 1$ 개의 열들이 선형독립이라고 하자. $\mathbf{a}^1, \mathbf{a}^2, \cdots, \mathbf{a}^\rho, \mathbf{a}^{\rho+1}$ 은 선형종속이므로 $\sum_{j=1}^{\rho+1} x_j \mathbf{a}^j = \mathbf{0}$ 이 되는 $(x_1, x_2, \cdots, x_\rho, x_{\rho+1}) \neq (0, 0, \cdots, 0, 0)$ 이 존재한다. $\mathbf{x} = [x_1\ x_2\ \cdots\ x_{\rho+1}\ 0\ \cdots\ 0]^T$ 라고 하면 $\mathbf{Ax} = \mathbf{0}$ 이다. 따라서 $\mathbf{Bx} = \sum_{j=1}^{\rho+1} x_j \mathbf{b}^j = \mathbf{0}$ 인데 이것은 $(x_1, x_2, \cdots, x_\rho, x_{\rho+1}) \neq (0, 0, \cdots, 0, 0)$ 이므로 모순이다. □

문제 4.28 $\mathbf{Ax} = \mathbf{0}$ 인 모든 $\mathbf{x}$ 에 대해 $\mathbf{Bx} = \mathbf{0}$ 일 때 $\rho(\mathbf{B}) < \rho(\mathbf{A})$ 인 예를 들어라. ■

정리 4.8 $\mathbf{A}$ 가 $m \times n$ 행렬이고 $\rho(\mathbf{A}) = n$ 이면 $\rho(\mathbf{A}^T\mathbf{A}) = n$ 이다.

증명 $\mathbf{Ax} = \mathbf{0}$ 이면 $\mathbf{A}^T\mathbf{Ax} = \mathbf{0}$ 이다. 위 정리에 의해 $\rho(\mathbf{A}^T\mathbf{A}) \leq \rho(\mathbf{A})$ 이다. 반대로 $\mathbf{A}^T\mathbf{Ax} = \mathbf{0}$ 이면 $\mathbf{x}^T\mathbf{A}^T\mathbf{Ax} = (\mathbf{Ax})^T\mathbf{Ax} = \mathbf{0}$ 이므로 $\mathbf{Ax} = \mathbf{0}$ 이다. $\rho(\mathbf{A}) \leq \rho(\mathbf{A}^T\mathbf{A})$ 이므로 $\rho(\mathbf{A}^T\mathbf{A}) = \rho(\mathbf{A}) = n$ 이다. □

4.11 역행렬

4.11.1 단위행렬

실수 $a\ (\neq 0)$ 의 역수 b 는 $ab = ba = 1$ 이 되는 수이며 $\frac{1}{a}$ 또는 a^{-1} 로 표기한다. 역수는 방정식의 해를 구할 때 유용하다. $2x = 2$ 의 해를 구해 보자. 양변에 2 의 역수를 곱하면 $2^{-1} \times 2x = (2^{-1} \times 2)x = 2^{-1} \times 2$ 이므로 역수의 정의에 의해 $x = 1$ 이다. 연립방정식 $\mathbf{Ax} = \mathbf{b}$ 의 해를 구할 때도 역수에 해당하는 어떤 행렬이 있다면 방정식의 양 변에 역행렬을 곱하면 해를 구할 수 있을 것으로 기대할 수 있다.

대각선상의 원소는 1 이고 나머지 다른 모든 원소는 0 인 정사각행렬을 **단위행렬** **(identity matrix, unit matrix)** 이라고 하고 $\mathbf{I}$ 로 쓴다.

예제 4.28 2계단위행렬은 $\begin{bmatrix} 1 & 0 \\ 0 & 1 \end{bmatrix}$이고 3계단위행렬은 $\begin{bmatrix} 1 & 0 & 0 \\ 0 & 1 & 0 \\ 0 & 0 & 1 \end{bmatrix}$이다. ■

단위행렬의 전치행렬도 단위행렬이므로 단위행렬은 대칭행렬이다. 단위행렬은 실수 체계에서의 1과 같은 역할을 한다. 어떤 숫자에 1을 곱해도 변함이 없는 것처럼 $\mathbf{A}$와 $\mathbf{I}$가 n계정사각행렬이면 $\mathbf{IA} = \mathbf{AI} = \mathbf{A}$이다.

문제 4.29 (i) $\mathbf{A} = \begin{bmatrix} a_{11} & a_{12} \\ a_{21} & a_{22} \end{bmatrix}$이고 $\mathbf{I}$가 2계단위행렬일 때 $\mathbf{IA} = \mathbf{AI} = \mathbf{A}$임을 보여라. 마찬가지로 $\mathbf{x} = \begin{bmatrix} x_1 \\ x_2 \end{bmatrix}$일 때 $\mathbf{Ix} = \mathbf{x}$임을 보여라. 이 결과는 $\mathbf{A}$와 $\mathbf{I}$가 $n \times n$이고 $\mathbf{x}$가 $n \times 1$일 때 일반적으로 성립함으로 보여라. (ii) $\mathbf{I}$가 n계단위행렬일 때 $\rho(\mathbf{I}) = n$임을 보여라. ■

4.11.2 역행렬의 정의

정의 4.10 (역행렬(inverse)) $\mathbf{A}$가 정사각행렬일 때 $\mathbf{AB} = \mathbf{BA} = \mathbf{I}$가 되는 정사각행렬 $\mathbf{B}$가 있으면 $\mathbf{B}$는 $\mathbf{A}$의 역행렬이며 $\mathbf{A}^{-1}$로 쓴다.

예제 4.29 $\mathbf{A} = \begin{bmatrix} 2 & 3 \\ 1 & 4 \end{bmatrix}$, $\mathbf{B} = \begin{bmatrix} \frac{4}{5} & -\frac{3}{5} \\ -\frac{1}{5} & \frac{2}{5} \end{bmatrix}$이면 $\mathbf{AB} = \begin{bmatrix} 1 & 0 \\ 0 & 1 \end{bmatrix} = \mathbf{I}$이다. 마찬가지로 $\mathbf{BA} = \mathbf{I}$이다. 따라서 $\mathbf{B} = \mathbf{A}^{-1}$이다. ■

문제 4.30 (i) 위 예제에서 $\mathbf{BA} = \mathbf{I}$임을 보여라. (ii) $\mathbf{A} = \begin{bmatrix} 3 & 1 \\ 0 & 2 \end{bmatrix}$이면 $\mathbf{A}^{-1} = \begin{bmatrix} \frac{1}{3} & -\frac{1}{6} \\ 0 & \frac{1}{2} \end{bmatrix}$임을 보여라. ■

$\mathbf{A}$의 역행렬 $\mathbf{B}$는 $\mathbf{AB} = \mathbf{BA} = \mathbf{I}$로 정의되지만 실제로는 양 등식 중 하나만 성립하면 된다. $\mathbf{AB} = \mathbf{I}$일 때 양변의 각 항 뒤에 $\mathbf{A}$를 곱하면 좌변은 $(\mathbf{AB})\mathbf{A} = \mathbf{A}(\mathbf{BA})$이고 우변은 $\mathbf{IA} = \mathbf{A}$가 된다. 양변을 비교하면 $\mathbf{A}$의 뒤에 $\mathbf{BA}$를 곱한 결과가 $\mathbf{A}$이므로 정의에 의해 $\mathbf{BA} = \mathbf{I}$이다.

실수의 경우 0을 제외한 모든 실수에 대해 역수가 존재하지만 행렬의 경우는 특별한 정사각행렬에 대해서만 역행렬이 정의될 수 있다. 행렬 $\mathbf{A} = \begin{bmatrix} 1 & 2 \\ 2 & 4 \end{bmatrix}$의 역행렬을 $\mathbf{B} = \begin{bmatrix} b_{11} & b_{12} \\ b_{21} & b_{22} \end{bmatrix}$이라고 하면 $\mathbf{AB} = \begin{bmatrix} b_{11}+2b_{21} & b_{12}+2b_{22} \\ 2b_{11}+4b_{21} & 2b_{12}+4b_{22} \end{bmatrix} = \begin{bmatrix} 1 & 0 \\ 0 & 1 \end{bmatrix}$이다. 그런데 $b_{11}+2b_{21}=1$ 이고 $2b_{11}+4b_{21}=0$ 이므로 모순이다. 따라서 $\mathbf{A}$ 의 역행렬은 존재하지 않는다. 이 예에서 알 수 있는 바와 같이 모든 정사각행렬이 역행렬을 갖는 것은 아니다. 역행렬을 갖는 행렬을 **정칙행렬 (nonsingular matrix)** 이라고 하고 그렇지 않은 행렬을 **특이행렬 (singular matrix)** 이라고 한다.

정리 4.9 $\mathbf{A}$ 의 역행렬이 존재하면 유일하다.

문제 4.31 위 정리를 증명하라. ■

정리 4.10 $\mathbf{A}$, $\mathbf{B}$ 와 $\mathbf{C}$ 가 n 계정칙행렬이라고 하자. (i) $(\mathbf{A}^{-1})^{-1} = \mathbf{A}$, (ii) $(\mathbf{AB})^{-1} = \mathbf{B}^{-1}\mathbf{A}^{-1}$, (iii) $(\mathbf{A}^T)^{-1} = (\mathbf{A}^{-1})^T$, (iv) $(\mathbf{ABC})^{-1} = \mathbf{C}^{-1}\mathbf{B}^{-1}\mathbf{A}^{-1}$.

문제 4.32 위 정리를 증명하라. ■

문제 4.33 다음을 보여라. (i) $\mathbf{A} = \begin{bmatrix} \frac{1}{2} & -\frac{1}{2} \\ -\frac{1}{2} & \frac{1}{2} \end{bmatrix}$이면 $\mathbf{A}^2 = \mathbf{A}$. (ii) $\mathbf{A} = \mathbf{I} - \frac{\boldsymbol{\iota}\boldsymbol{\iota}^T}{n}$ 이면 $\mathbf{A}$ 는 대칭행렬이고 $\mathbf{A}^2 = \mathbf{A}$. (단, $\boldsymbol{\iota}$ 는 모든 원소가 1 인 열벡터.) (iii) $\mathbf{A}^2 = \mathbf{A}$ 이고 $\mathbf{A}$ 가 정칙행렬이면 $\mathbf{A} = \mathbf{I}$. (iv) $\mathbf{A}^2 = \mathbf{A}$ 일 때 $\mathbf{B} = \mathbf{I} - \mathbf{A}$ 라고 하면 $\mathbf{B}^2 = \mathbf{B}$. (v) $\mathbf{A} = \mathbf{A}^T$ 이면 $\mathbf{A}^{-1} = (\mathbf{A}^{-1})^T$. (vi) $\mathbf{B}$ 가 $m \times n$ 이고 n 계행렬 $\mathbf{A}$ 가 정칙행렬이면 $\rho(\mathbf{BA}) = \rho(\mathbf{B})$. ■

위 예제에서 $\mathbf{A} = \begin{bmatrix} 1 & 2 \\ 2 & 4 \end{bmatrix}$는 특이행렬이며 $\rho((A)) = 1 < 2 = n$ 임을 보았다. 행렬의 계수는 행렬이 정칙행렬인지 특이행렬인지를 판별하는 데 유용하다.

정리 4.11 n 계행렬 $\mathbf{A}$ 가 정칙행렬이면 $\rho(\mathbf{A}) = n$ 이고 그 역도 성립한다.[8]

문제 4.34 위 정리의 앞 부분을 정리 4.6를 이용하여 증명하라. ■

[8] 정리 5.13 참조.

4.11.3 미지수와 방정식의 개수가 같은 선형연립방정식의 해

이제까지 논의한 역행렬을 이용하여 미지수와 방정식이 n 개로 같은 선형연립방정식 $\mathbf{Ax} = \mathbf{b}$ 의 해에 대하여 생각해 보자. 미지수와 방정식의 개수가 같으므로 $\mathbf{A}$ 는 정사각행렬이다.

정리 4.12 $\mathbf{A}^{-1}$ 이 존재하면 $\mathbf{x} = \mathbf{A}^{-1}\mathbf{b}$ 는 $\mathbf{Ax} = \mathbf{b}$ 의 해이다.

증명 $\mathbf{x} = \mathbf{A}^{-1}\mathbf{b}$ 를 $\mathbf{Ax} = \mathbf{b}$ 에 대입하면 $\mathbf{A}(\mathbf{A}^{-1}\mathbf{b}) = \mathbf{b}$ 이다. □

예제 4.30 4.1 절의 식 (4-†) (II) 에서 $\mathbf{A} = \begin{bmatrix} 2 & 1 \\ 1 & 1 \end{bmatrix}$ 이고 $\mathbf{A}$ 의 역행렬은 $\mathbf{A}^{-1} = \begin{bmatrix} 1 & -1 \\ -1 & 2 \end{bmatrix}$ 이다. (역행렬을 구하는 일반적인 방법에 대해서는 5.3 절에서 논의한다.) $\mathbf{x} = \begin{bmatrix} x_1 \\ x_2 \end{bmatrix} = \mathbf{A}^{-1}\mathbf{b} = \begin{bmatrix} 1 & -1 \\ -1 & 2 \end{bmatrix}\begin{bmatrix} 5 \\ 3 \end{bmatrix} = \begin{bmatrix} 2 \\ 1 \end{bmatrix}$ 이므로 이 연립방정식의 해는 $x_1 = 2$, $x_2 = 1$ 이다. ■

문제 4.35 문제 4.25 를 $\mathbf{Ax} = \mathbf{b}$ 의 형태로 바꾸고 복제포트폴리오를 구하라. ■

예제 4.31 4.3 절에서의 투입산출행렬을 $\mathbf{A}$, 총산출물을 $\mathbf{x}$ 라고 하자. $\mathbf{a}^j$ 는 j 재를 한 단위 생산하기 위해 소요되는 중간투입물의 양이므로 소요되는 총중간생산물은 $\sum_{j=1}^{n} x_j\mathbf{a}^j = \mathbf{Ax}$ 이다. 최종수요가 $\mathbf{b}$ 이면 총산출물은 중간생산물과 최종수요의 합이므로 $\mathbf{x} = \mathbf{Ax} + \mathbf{b}$ 또는 $(\mathbf{I} - \mathbf{A})\mathbf{x} = \mathbf{b}$ 이다. $\mathbf{I} - \mathbf{A}$ 의 역행렬이 존재하면

$$\mathbf{x} = (\mathbf{I} - \mathbf{A})^{-1}\mathbf{b}$$

이다. $\mathbf{A} = \begin{bmatrix} 0.2 & 0.2 \\ 0.3 & 0.45 \end{bmatrix}$ 이면 $(\mathbf{I} - \mathbf{A})^{-1} = \begin{bmatrix} 1.4474 & 0.5263 \\ 0.7895 & 2.1053 \end{bmatrix}$ 이다.

최종수요 $\mathbf{b} = \begin{bmatrix} 200 \\ 400 \end{bmatrix}$ 이면 $\begin{bmatrix} 1.4474 & 0.5263 \\ 0.7895 & 2.1053 \end{bmatrix}\begin{bmatrix} 200 \\ 400 \end{bmatrix} = \begin{bmatrix} 500 \\ 1,000 \end{bmatrix}$ 이므로 총산출물은 각각 500 과 1,000 이다. 서비스 산업의 최종수요가 10%(20), 제조 산업의 최종수요가 20%(80) 씩 증가하면 총산출물은 $\begin{bmatrix} 1.4474 & 0.5263 \\ 0.7895 & 2.1053 \end{bmatrix}\begin{bmatrix} 220 \\ 480 \end{bmatrix} = \begin{bmatrix} 571.05 \\ 1,184.2 \end{bmatrix}$ 이 되므로 서비스 산업의 산출물은 71.05, 제조 산업의 산출물은 184.2 가 증가한다. ■

Box 4.5 $(\mathbf{I}-\mathbf{A})^{-1}$는 행렬의 무한급수 형태로 근사화할 수 있다. $(\mathbf{I}+\mathbf{A}+\mathbf{A}^2+\cdots+\mathbf{A}^{n-1})(\mathbf{I}-\mathbf{A})=\mathbf{I}-\mathbf{A}+\mathbf{A}-\mathbf{A}^2+\cdots-\mathbf{A}^n=\mathbf{I}-\mathbf{A}^n$이다. 따라서 $\lim_{n\to\infty}\mathbf{A}^n=\mathbf{0}$이면 $(\mathbf{I}-\mathbf{A})^{-1}=\mathbf{I}+\mathbf{A}+\mathbf{A}^2+\cdots$로 생각할 수 있다. 앞에서 가정한 $a_{ij}\geq 0$과 $\sum_{i=1}^{n}a_{ij}<1$은 $\lim_{n\to\infty}\mathbf{A}^n=\mathbf{0}$이 되기 위한 충분조건이다.

예제 4.31의 $\mathbf{A}=\begin{bmatrix}0.2 & 0.2\\ 0.3 & 0.45\end{bmatrix}$를 생각하자. $\mathbf{A}^{15}=\begin{bmatrix}0.0001 & 0.0002\\ 0.0003 & 0.0003\end{bmatrix}\approx\mathbf{0}$이므로 $\mathbf{I}+\sum_{j=1}^{15}\mathbf{A}^i\approx(\mathbf{I}-\mathbf{A})^{-1}$일 것으로 기대할 수 있다. 실제로 $\mathbf{I}+\sum_{j=1}^{15}\mathbf{A}^i=\begin{bmatrix}1.4472 & 0.5261\\ 0.7891 & 2.1048\end{bmatrix}\approx\begin{bmatrix}1.4474 & 0.5263\\ 0.7895 & 2.1053\end{bmatrix}=(\mathbf{I}-\mathbf{A})^{-1}$이다.

4.12 선형연립방정식과 계수 조건

선형연립방정식 $\mathbf{Ax}=\mathbf{b}$에서 $\mathbf{A}$가 정사각행렬이고 (즉, 미지수와 방정식의 개수가 같고) $\mathbf{A}^{-1}$이 존재할 때 (즉, $\mathbf{A}$가 정칙행렬일 때) 해를 구하는 방법에 대해서는 4.11.3절에서 논의하였다. 그러나 미지수와 방정식의 개수는 일반적으로 다르다. 여기에서는 미지수와 방정식의 개수에 제약이 없는 일반적인 선형연립방정식의 해의 성질에 대해 논의하자.

예제 4.32 다음과 같은 선형연립방정식을 생각하자.

$$x_1+x_2+3x_3=5$$
$$2x_1+x_2+4x_3=7.$$

$\mathbf{A}=\begin{bmatrix}1 & 1 & 3\\ 2 & 1 & 4\end{bmatrix}$, $\mathbf{x}=\begin{bmatrix}x_1\\ x_2\\ x_3\end{bmatrix}$, $\mathbf{b}=\begin{bmatrix}5\\ 7\end{bmatrix}$라고 하면 이 선형연립방정식은 $\mathbf{Ax}=\mathbf{b}$로 쓸 수 있다. 이 연립방정식의 해는 $\sum_{j=1}^{3}x_j\mathbf{a}^j=\mathbf{b}$를 만족하는 x_1,x_2,x_3이다.

$\mathbf{a}^1,\mathbf{a}^2,\mathbf{a}^3,\mathbf{b}\in R^2$이고 $\mathbf{a}^1$과 $\mathbf{a}^2$는 선형독립이므로 정리 4.5에 의해 $\mathbf{b}$는 $\mathbf{a}^1$과 $\mathbf{a}^2$의 선형결합으로 표현할 수 있다. 실제로 $\mathbf{b}=2\mathbf{a}^1+3\mathbf{a}^2$이다. 따라서 $x_1=2$, $x_2=3$, $x_3=0$은 이 선형연립방정식의 해이다. 그런데 이 해 외에도 다른 해가 존재한다. $\mathbf{a}^3=\mathbf{a}^1+2\mathbf{a}^2$이므로 이것을 $\mathbf{b}=x_1\mathbf{a}^1+x_2\mathbf{a}^2+x_3\mathbf{a}^3$에 대입하여 정리하면

$\mathbf{b} = (x_1 + x_3)\mathbf{a}^1 + (x_2 + 2x_3)\mathbf{a}^2$ 이다. 따라서 $x_1 + x_2 = 2$ 와 $x_2 + 2x_3 = 3$ 을 만족하는 어떤 x_1, x_2, x_3 도 이 선형연립방정식의 해가 된다. 위에서 구한 $x_1 = 2,\ x_2 = 3,\ x_3 = 0$ 는 위 조건을 만족한다. 또한 $x_1 = 1,\ x_2 = 1,\ x_3 = 1$ 도 위 조건을 만족하므로 역시 해이다. ■

위 예제는 선형연립방정식의 해의 존재와 해의 개수와 관련하여 다음 두 가지 점을 시사한다. 첫째, 이 선형연립방정식이 해를 갖는 이유는 $\mathbf{b}$ 가 $\mathbf{a}^1, \mathbf{a}^2, \mathbf{a}^3$ 의 선형결합으로 표현될 수 있기 때문이다. 둘째, x_1, x_2, x_3 중 하나를 임의의 값으로 정하면 나머지 두 미지수는 유일하게 결정된다. 예를 들어 $x_3 = 0$ 이면 $x_1 = 2, x_2 = 3$ 이고 $x_3 = 1$ 이면 $x_1 = x_2 = 1$ 이다. x_3 값은 임의로 정할 수 있으므로 실제로는 무수히 많은 해가 존재한다. 아래에서는 이 사실을 일반화하자.

문제 4.36 다음과 같은 선형연립방정식을 생각하자.

$$\begin{aligned} x_1 + \ \ x_2 + \ \ x_3 &= 2 \\ x_1 + 2x_2 + 3x_3 &= 4 \\ x_1 + 3x_2 + 5x_3 &= 6 \end{aligned}$$

(i) 이 방정식을 $\mathbf{Ax} = \mathbf{b}$ 와 $\sum_{j=1}^{3} x_j \mathbf{a}^j = \mathbf{b}$ 의 형태로 표현하라. (ii) $\mathbf{a}^1, \mathbf{a}^2, \mathbf{a}^3$ 이 선형종속임을 보여라. (iii) 해가 무수히 많음을 보여라. ■

4.12.1 미지수의 개수와 해의 성질

4.9 절에서 미지수가 n 개이고 방정식이 m 개인 선형연립방정식은 $\mathbf{Ax} = \mathbf{b}$ 로 표현할 수 있고, 이 선형연립방정식이 해를 가진다는 것은 $\mathbf{b}$ 가 $\mathbf{A}$ 의 열들의 선형결합으로 표현할 수 있다는 것임을 보았다.

편의상 $\mathbf{A}$ 의 첫 $\rho(\mathbf{A})$ 개의 열, $\mathbf{a}^1, \mathbf{a}^2, \cdots, \mathbf{a}^{\rho(\mathbf{A})}$ 가 선형독립이라고 하고

$$[\mathbf{A} \,|\, \mathbf{b}] \equiv [\mathbf{a}^1\ \mathbf{a}^2\ \cdots\ \mathbf{a}^n\ \mathbf{b}]$$

를 $\mathbf{A}$ 의 마지막 열 뒤에 $\mathbf{b}$ 를 더한 행렬이라고 하자. $\rho(\mathbf{A}) \le \rho([\mathbf{A} \,|\, \mathbf{b}]) \le \rho(\mathbf{A}) + 1$ 임은 자명하다.

정리 4.13

(i) $\rho(\mathbf{A}) = \rho([\mathbf{A} \,|\, \mathbf{b}])$ 이면 해가 존재한다. 그 역도 성립한다.

(ii) 해가 존재할 때 $n-\rho(\mathbf{A})$ 개의 미지수 x_j $(j=\rho(\mathbf{A})+1,\cdots,n)$ 의 값을 임의로 정하면 나머지 미지수의 해는 유일하게 정해진다.[9]

증명 ((ii)의 증명. (i)의 증명과 (ii)의 다른 증명에 대해서는 Box 4.6 참조.) $\mathbf{A}=\begin{bmatrix}\mathbf{A}_{11} & \mathbf{A}_{12}\\ \mathbf{A}_{21} & \mathbf{A}_{22}\end{bmatrix}$, $\mathbf{x}=\begin{bmatrix}\mathbf{x}_1\\ \mathbf{x}_2\end{bmatrix}$, $\mathbf{b}=\begin{bmatrix}\mathbf{b}_1\\ \mathbf{b}_2\end{bmatrix}$이라고 하자. $\mathbf{A}_{11}$은 $\rho\times\rho$ 행렬, $\mathbf{A}_{12}$는 $\rho\times(n-\rho)$ 행렬, $\mathbf{A}_{21}$은 $(m-\rho)\times\rho$ 행렬, $\mathbf{A}_{22}$는 $(m-\rho)\times(n-\rho)$ 행렬이고 $\mathbf{x}_1$은 ρ 열벡터, $\mathbf{x}_2$는 $(n-\rho)$ 열벡터, $\mathbf{b}_1$은 ρ 열벡터, $\mathbf{b}_2$는 $(m-\rho)$ 열벡터이다. (단, $\rho=\rho(\mathbf{A})$.) $\mathbf{Ax}=\mathbf{b}$로부터 $\mathbf{A}_{11}\mathbf{x}_1+\mathbf{A}_{12}\mathbf{x}_2=\mathbf{b}_1$이다. $\rho(\mathbf{A}_{11})=\rho$이므로 $\mathbf{A}_{11}$은 정칙행렬이다. 따라서 $\mathbf{x}_1=\mathbf{A}_{11}^{-1}(\mathbf{b}_1-\mathbf{A}_{12}\mathbf{x}_2)$이고 $\mathbf{x}_2$를 임의의 값으로 정하면 $\mathbf{A}_{11}^{-1}$이 유일하므로 $\mathbf{x}_1$은 유일하게 정해진다. □

예제 4.33 예제 4.32에서 다음과 같이 행렬과 벡터를 분할하자.

$$\mathbf{A}=\left[\begin{array}{cc|c}1&1&3\\2&1&4\end{array}\right],\ \mathbf{x}=\left[\begin{array}{c}x_1\\x_2\\\hline x_3\end{array}\right],\ \mathbf{b}=\begin{bmatrix}5\\7\end{bmatrix}.$$

$\begin{bmatrix}1&1\\2&1\end{bmatrix}\begin{bmatrix}x_1\\x_2\end{bmatrix}+\begin{bmatrix}3\\4\end{bmatrix}x_3=\begin{bmatrix}5\\7\end{bmatrix}$이므로 $\begin{bmatrix}x_1\\x_2\end{bmatrix}=\begin{bmatrix}1&1\\2&1\end{bmatrix}^{-1}\begin{bmatrix}5-3x_3\\7-4x_3\end{bmatrix}=\begin{bmatrix}-1&1\\2&-1\end{bmatrix}\begin{bmatrix}5-3x_3\\7-4x_3\end{bmatrix}$이다.

$x_3=0$이면 $x_1=2$, $x_2=3$이고 $x_3=1$이면 $x_1=x_2=1$이다. 이것은 앞에서 구한 해와 동일하다. ■

정리 4.13으로부터 다음 두 가지 보조적인 결과를 얻는다.

정리 4.14

(i) $\rho(\mathbf{A})<\rho([\mathbf{A}\,|\,\mathbf{b}])$이면 해는 존재하지 않고 그 역도 성립한다.

(ii) $\rho(\mathbf{A})=\rho([\mathbf{A}\,|\,\mathbf{b}])=n$이면 해는 유일하고 그 역도 성립한다.

문제 4.37 (i) 위 정리를 증명하라. (ii) $\rho(\mathbf{A})=\rho([\mathbf{A}\,|\,\mathbf{b}])<n$이면 해가 무수히 많고 그 역도 성립함을 보여라. ■

[9] 임의의 값으로 정할 수 있는 미지수들은 선형독립인 열들에 해당하는 $\rho(\mathbf{A})$ 개의 미지수들을 제외한 나머지 $n-\rho(\mathbf{A})$ 개의 미지수들이다.

Box 4.6 (정리 4.13의 증명) (i) $\rho(\mathbf{A}) = \rho$ 라고 하자. $[\mathbf{A}\,|\,\mathbf{b}]$ 의 열의 개수는 $n+1\ (> n \geq \rho)$ 이다. $\rho([\mathbf{A}\,|\,\mathbf{b}]) = \rho$ 이면 $[\mathbf{A}\,|\,\mathbf{b}]$ 에는 최대 ρ 개의 선형독립인 열들이 있다. 정리 4.3에 의해 $\mathbf{b} = \sum_{j=1}^{\rho} x'_j \mathbf{a}^j$ 로 쓸 수 있다. 따라서 $(x'_1, x'_2, \cdots, x'_\rho, 0, \cdots, 0)$ 은 $\mathbf{Ax} = \mathbf{b}$ 의 해이다. 역으로 $\mathbf{Ax} = \mathbf{b}$ 의 해가 존재하면 $\mathbf{b}$ 는 $\mathbf{A}$ 의 열들의 선형결합으로 표현할 수 있다. 즉, $\mathbf{b} = \sum_{j=1}^{n} x_j \mathbf{a}^j$ 이다. $\rho = n$ 이면 $\rho([\mathbf{A}\,|\,\mathbf{b}]) = \rho$ 임은 자명하다. $\rho < n$ 인 경우를 생각하자. 정리 4.3에 의해 $\mathbf{a}^k = \sum_{j=1}^{\rho} c_j^k \mathbf{a}^j\ (k = \rho+1, \cdots, n)$ 로 쓸 수 있으므로 $\mathbf{b} = \sum_{j=1}^{n} x_j \mathbf{a}^j = \sum_{j=1}^{\rho} x_j \mathbf{a}^j + \sum_{k=\rho+1}^{n} x_k \mathbf{a}^k = \sum_{j=1}^{\rho} x_j \mathbf{a}^j + \sum_{k=\rho+1}^{n} x_k \sum_{j=1}^{\rho} c_j^k \mathbf{a}^j = \sum_{j=1}^{\rho} x_j \mathbf{a}^j + \sum_{j=1}^{\rho} \sum_{k=\rho+1}^{n} x_k c_j^k \mathbf{a}^j = \sum_{j=1}^{\rho} (x_j + \sum_{k=\rho+1}^{n} x_k c_j^k) \mathbf{a}^j = \sum_{j=1}^{\rho} x'_j \mathbf{a}^j$ 이다. (단, $x'_j = x_j + \sum_{k=\rho+1}^{n} x_k c_j^k$.) $\mathbf{b}$ 가 $\mathbf{a}^1, \mathbf{a}^2, \cdots, \mathbf{a}^\rho$ 의 선형결합이므로 $\rho([\mathbf{A}\,|\,\mathbf{b}]) = \rho$ 이다.

(ii) 해가 존재한다고 하자. 즉, $\sum_{j=1}^{n} x_j \mathbf{a}^j = \mathbf{b}$ 가 되는 $x_1, x_2, \cdots, x_n$ 이 존재한다. 위 증명으로부터 $\mathbf{b} = \sum_{j=1}^{\rho} x'_j \mathbf{a}^j$ 이다. (단, $x'_j = x_j + \sum_{k=\rho+1}^{n} x_k c_j^k$.) $\mathbf{b} = \sum_{j=1}^{\rho} c_j^b \mathbf{a}^j$ 로 쓸 수 있으므로 $\sum_{j=1}^{\rho} x'_j \mathbf{a}^j - \sum_{j=1}^{\rho} c_j^b \mathbf{a}^j = \sum_{j=1}^{\rho} (x'_j - c_j^b) \mathbf{a}^j = \mathbf{0}$ 이다. $\mathbf{a}^1, \mathbf{a}^2, \cdots, \mathbf{a}^\rho$ 들은 선형독립이므로 $x'_j = c_j^b$ 이다. 따라서 $x_j = c_j^b - \sum_{k=\rho+1}^{n} x_k c_j^k\ (j = 1, 2, \cdots, \rho)$ 이다. $x_k\ (k = \rho+1, \cdots, n)$ 를 임의의 값으로 정하면 $c_j^s\ (s = b, 1, 2, \cdots, \rho)$ 가 유일하므로 x_j 도 유일하게 결정된다. □

문제 4.38 위 증명은 예제 4.32를 일반화한 것임을 확인하라. ■

4.1절의 식 (4-†)의 (I), (II), (III), (IV), (V)를 생각하자.

(I) $\mathbf{A} = [1\,1]$, $[\mathbf{A}\,|\,\mathbf{b}] = [1\,1\,3]$ 이므로 $\rho(\mathbf{A}) = \rho([\mathbf{A}\,|\,\mathbf{b}]) = 1$ 이다. 따라서 해가 존재한다. $n - \rho = 2 - 1 = 1$ 개의 미지수의 값을 임의로 정하면 다른 미지수 값은 유일하게 결정된다. 예를 들어 $x_2 = 2$ 이면 $x_1 = 1$, $x_1 = 2$ 이면 $x_2 = 1$ 이 해가 된다. 따라서 해는 무수히 많다.

(II) $\mathbf{A} = \begin{bmatrix} 2 & 1 \\ 1 & 1 \end{bmatrix}$, $[\mathbf{A}\,|\,\mathbf{b}] = \begin{bmatrix} 2 & 1 & 5 \\ 1 & 1 & 3 \end{bmatrix}$ 이다. $\rho(\mathbf{A}) = \rho([\mathbf{A}\,|\,\mathbf{b}]) = 2 = n$ 이므로 해는 존재하며 $x_1 = 2$, $x_2 = 1$ 가 유일한 해이다.

(III) $\mathbf{A} = \begin{bmatrix} 2 & 1 \\ 1 & 1 \\ 1 & 2 \end{bmatrix}$, $[\mathbf{A} \,|\, \mathbf{b}] = \begin{bmatrix} 2 & 1 & 5 \\ 1 & 1 & 3 \\ 1 & 2 & 2 \end{bmatrix}$ 이다. $\rho(\mathbf{A}) = 2 < 3 = \rho([\mathbf{A} \,|\, \mathbf{b}])$ 이므로 해가 존재하지 않는다.

(IV) $\mathbf{A} = \begin{bmatrix} 2 & 1 \\ 4 & 2 \end{bmatrix}$, $[\mathbf{A} \,|\, \mathbf{b}] = \begin{bmatrix} 2 & 1 & 5 \\ 4 & 2 & 8 \end{bmatrix}$ 이다. $\rho(\mathbf{A}) = 1 < 2 = \rho([\mathbf{A} \,|\, \mathbf{b}])$ 이므로 해는 존재하지 않는다.

(V) $\rho(\mathbf{A}) = \rho([\mathbf{A} \,|\, \mathbf{b}]) = 2 = n$ 이므로 해는 존재하며 $x_1 = 2$, $x_2 = 1$ 가 유일한 해이다.

문제 4.39 (i) 다음 연립방정식의 해의 존재와 유일성을 확인하라.

$$\begin{aligned} x_1 + x_2 &= 1 \\ 2x_1 + x_2 &= 2 \\ x_1 + 2x_2 &= 1. \end{aligned}$$

(ii) 다음 선형연립방정식을 생각하자.

$$\begin{aligned} x_1 + kx_2 &= 1 \\ kx_1 + x_2 &= 1. \end{aligned}$$

이 방정식의 해가 (a) 유일하기 위한, (b) 무수히 많기 위한, (c) 존재하지 않기 위한 k 의 조건을 구하라. ■

문제 4.40 어느 기업이 l 단위의 노동과 k 단위의 자본을 보유하고 있다. 이 기업은 X 재와 Y 재를 각각 x 단위와 y 단위를 생산한다. X 재 한 단위를 생산하기 위해서는 한 단위의 노동과 두 단위의 자본이 필요하고 Y 재 한 단위를 생산하기 위해서는 한 단위의 노동과 한 단위의 자본이 필요하다. (i) 보유하고 있는 노동과 자본을 모두 사용하여 이 기업이 X 재와 Y 재를 각각 몇 단위 생산할 수 있는지를 구하라. (ii) $l = 50$, $k = 80$ 이면 X 재와 Y 재를 각각 얼마나 생산할 수 있는가? (iii) 두 재화를 모두 생산하기 위해 최소로 필요한 노동과 자본과 보유량의 범위를 구하라. ■

4.12.2 방정식의 개수와 해의 성질

앞 절에서는 $\mathbf{A}$, $[\mathbf{A}\,|\,\mathbf{b}]$ 의 계수와 미지수의 개수(n) 간의 관계에 따라 해의 존재와 유일성이 달라짐을 보았다. 여기서는 $\mathbf{A}$, $[\mathbf{A}\,|\,\mathbf{b}]$ 의 계수와 방정식의 개수(m) 간의 관계가 해의 성질에 미치는 영향에 대해 살펴보자.

정리 4.15

(i) $\rho(\mathbf{A}) = m$ 이면 해가 존재하고 $\rho(\mathbf{A}) = m = n$ 이면 해는 유일하다.

(ii) $\rho(\mathbf{A}) = \rho([\mathbf{A}\,|\,\mathbf{b}]) < m$ 이면 $\mathbf{A}$ 의 선형독립인 $\rho(\mathbf{A})$ 개의 행에 해당하지 않는 방정식들은 불필요하다.

Box 4.7 (정리 4.15의 증명) (i) $\rho(\mathbf{A}) = m \le \min\{m, n\}$ 이므로 $m \le n$ 이다. $m = \rho(\mathbf{A}) \le \rho([\mathbf{A}\,|\,\mathbf{b}]) \le \min\{m, n+1\} = m$ 이므로 $\rho(\mathbf{A}) = \rho([\mathbf{A}\,|\,\mathbf{b}])$ 이다. 따라서 정리 4.13의 (i)에 의해 해가 존재한다. $\rho(\mathbf{A}) = m = n$ 이면 $\rho([\mathbf{A}\,|\,\mathbf{b}]) = n$ 이므로 해는 유일하다.[a] (ii) 편의상 $\mathbf{A}$ 의 첫 $\rho = \rho(\mathbf{A}) < m$ 개의 행이 선형독립이라고 하자. $\mathbf{A}_\rho = \begin{bmatrix} \mathbf{a}_1 \\ \mathbf{a}_2 \\ \vdots \\ \mathbf{a}_\rho \end{bmatrix}$, $\mathbf{b}_\rho = \begin{bmatrix} b_1 \\ b_2 \\ \vdots \\ b_\rho \end{bmatrix}$ 라고 하면 $\mathbf{A}_\rho \mathbf{x} = \mathbf{b}_\rho$ 는 (i)에 의해 해를 갖는다. 이 해를 $\bar{\mathbf{x}}$ 라고 하면 $\mathbf{a}_i \bar{\mathbf{x}} = b_i$ $(i = 1, 2, \cdots, \rho)$ 이다. $[\mathbf{a}_1\ b_1]$, $[\mathbf{a}_2\ b_2]$, $\cdots$, $[\mathbf{a}_\rho\ b_\rho]$ 는 선형독립이지만 $[\mathbf{a}_1\ b_1]$, $[\mathbf{a}_2\ b_2]$, $\cdots$, $[\mathbf{a}_m\ b_m]$ 은 선형종속이다. $\rho + 1 \le l \le m$ 이면 정리 4.3에 의해 $[\mathbf{a}_l\ b_l] = \sum_{k=1}^{\rho} c_k^l [\mathbf{a}_k\ b_k]$ 로 쓸 수 있다. 따라서 $\mathbf{a}_l \bar{\mathbf{x}} = \left(\sum_{k=1}^{\rho} c_k^l \mathbf{a}_k\right) \bar{\mathbf{x}} = \sum_{k=1}^{\rho} c_k^l \mathbf{a}_k \bar{\mathbf{x}} = \sum_{k=1}^{\rho} c_k^l b_k = b_l$ 이며 $\bar{\mathbf{x}}$ 는 나머지 $m - \rho$ 개 방정식도 만족한다. □

문제 4.41 위 증명에서 (i) $[\mathbf{a}_1\ b_1]$, $[\mathbf{a}_2\ b_2]$, $\cdots$, $[\mathbf{a}_\rho\ b_\rho]$ 는 선형독립이고 (ii) $[\mathbf{a}_1\ b_1]$, $[\mathbf{a}_2\ b_2]$, $\cdots$, $[\mathbf{a}_m\ b_m]$ 은 선형종속임을 증명하라. ■

[a](다른 증명) $m = n$ 이면 $\mathbf{A}$ 는 정사각행렬이다. $\rho(\mathbf{A}) = m = n$ 이면 역함수가 존재하며 $\mathbf{A}^{-1}$ 이 유일하기 때문에 $\mathbf{x} = \mathbf{A}^{-1}\mathbf{b}$ 는 유일해이다.

정리 4.15의 (i)의 역은 성립하지 않는다. $\rho(\mathbf{A}) < m$ 인 경우에도 해가 존재할 수

있다. (아래 * 불완전시장 참조.)

예제 4.34 4.1 절의 식 (4-†) 의 (I) 에서 $\rho(\mathbf{A}) = 1 = m$ 이고 (II) 에서 $\rho(\mathbf{A}) = 2 = m$ 이므로 이 두 문제는 해를 갖는다. (II) 의 경우는 $m = n = 2$ 이므로 해는 유일하다. (V) 에서는 $\rho(\mathbf{A}) = \rho([\mathbf{A} \,|\, \mathbf{b}]) = 2 < 3 = m$ 이다. $\mathbf{A}$ 의 어느 두 행도 선형 독립이므로 세 방정식 중 하나는 불필요하다. ■

예제 4.35 앞에서 본 바와 같이 복제포트폴리오를 구성하는 것은 선형연립방정식의 해를 구하는 것이다. 시점 1 에서의 상태가 m 개이고 n 개의 금융자산이 있을 때 $\mathbf{A}$ 를 수익행렬, $\mathbf{b}$를 헤징대상 자산, $\mathbf{x}$ 를 $\mathbf{b}$ 의 복제포트폴리오라고 하면 $\mathbf{Ax} = \mathbf{b}$ 이다. $\rho(\mathbf{A}) = m$ 이라고 하자. 시장 상태의 개수만큼 독립적인 금융자산이 존재하면 정리 4.15 의 (i) 에 의해 복제포트폴리오 $\mathbf{x}$ 가 존재하므로 투자 위험은 완전히 제거될 수 있다. 이와같은 시장을 **완전시장 (complete market)** 이라고 한다. $\rho(\mathbf{A}) = m < n$ 이면 정리 4.13 (ii) 에 의해 $n - m$ 개의 금융자산 보유량은 임의로, 예를 들어 0 으로 정할 수 있다. 따라서 $n - m$ 자산들은 복제포트폴리오를 구성하는 데 불필요하다고 할 수 있다. ■

* 불완전시장

정리 4.15 의 (i) 의 역은 성립하지 않는다. 다시 말해 $\rho(\mathbf{A}) < m$ 인 경우에도 해가 존재할 수 있다. $\rho(\mathbf{A}) = n$ 인 금융시장을 생각하자. 이것은 $n < m$, 즉 금융자산시장 모형에서 시장 상태의 개수보다 금융자산의 개수가 적은 경우이다. ($\rho(\mathbf{A}) < n$ 인 경우도 비슷한 결과를 얻을 수 있다.) $\rho(\mathbf{A}) < m$ 인 금융시장은 **불완전시장 (incomplete market)** 이라고 한다.

$\mathbf{Ax} = \mathbf{b}$ 의 양 변 각 항의 앞 부분에 $\mathbf{A}^T$ 를 곱하면 $\mathbf{A}^T\mathbf{Ax} = \mathbf{A}^T\mathbf{b}$ 가 된다. $\mathbf{A}^T\mathbf{A}$ 는 n 계행렬이며 Box 4.4 의 정리 4.7 에 의해 $\rho(\mathbf{A}^T\mathbf{A}) = n$ 이다. 따라서 $\mathbf{x} = (\mathbf{A}^T\mathbf{A})^{-1}\mathbf{A}^T\mathbf{b}$ 는 해가 될 가능성이 있다. 이것을 확인하기 위해 원래 식에 대입하면 $\mathbf{A}(\mathbf{A}^T\mathbf{A})^{-1}\mathbf{A}^T\mathbf{b} = \mathbf{b}$ 인데 이 등식이 만족되면 $\mathbf{x} = (\mathbf{A}^T\mathbf{A})^{-1}\mathbf{A}^T\mathbf{b}$ 는 해가 된다. 그렇지 않으면 해는 존재하지 않는다.

문제 4.42 4.1 절의 식 (4-†) (III) 에서 (i) $\rho(\mathbf{A}) = n = 2 < 3 = m$ 이다. $\mathbf{A}^T\mathbf{A} = \begin{bmatrix} 6 & 5 \\ 5 & 6 \end{bmatrix}$ 와 $(\mathbf{A}^T\mathbf{A})^{-1} = \frac{1}{11}\begin{bmatrix} 6 & -5 \\ -5 & 6 \end{bmatrix}$ 임을 보여라. (ii) $\mathbf{A}(\mathbf{A}^T\mathbf{A})^{-1}\mathbf{A}^T$ 를 계산하라. $\mathbf{b} = \begin{bmatrix} 5 \\ 3 \\ 2 \end{bmatrix}$

이면 해가 없고 $\mathbf{b}' = \begin{bmatrix} 5 \\ 3 \\ 4 \end{bmatrix}$ 이면 해가 존재함을 보여라. ■

문제 4.43 위 문제에서 (i) $\rho([\mathbf{A} \,|\, \mathbf{b}]) = 3 > 2 = \rho(\mathbf{A})$ 이고 $\rho([\mathbf{A} \,|\, \mathbf{b}']) = 2 = \rho(\mathbf{A})$ 임을 보여라. (ii) 위 문제를 불완전시장에서의 복제포트폴리오와 관련하여 해석하라. ■

4.13 동차선형연립방정식

전 절에서의 결과는 $\mathbf{b} = \mathbf{0}$ 또는 $\mathbf{b} \neq \mathbf{0}$ 의 여부에 관계없이 성립한다. $\mathbf{b} \neq \mathbf{0}$ 이면 **비동차 (nonhomogeneous)** 선형연립방정식, $\mathbf{b} = \mathbf{0}$ 이면 **동차 (homogeneous)** 선형연립방정식이라고 한다. 여기서는 동차선형연립방정식 $\mathbf{A}\mathbf{x} = \mathbf{0}$ 의 해에 대해 살펴보기로 하자.

$\rho(\mathbf{A}) = \rho([\mathbf{A} \,|\, \mathbf{0}])$ 이므로 동차선형연립방정식의 해는 항상 존재한다. $\mathbf{A} \cdot \mathbf{0} = \mathbf{0}$ 이므로 $\mathbf{x} = \mathbf{0}$ 은 모든 동차선형연립방정식의 해이며 **자명한 (trivial)** 해라고 한다. $\mathbf{x} \neq \mathbf{0}$ 인 해는 **자명하지 않은 (nontrivial)** 해라고 하는데 이 해의 존재 여부는 $\mathbf{a}^1, \mathbf{a}^2, \cdots, \mathbf{a}^n$ 의 선형종속성에 달려 있다.

예제 4.36 다음 동차선형연립방정식을 생각하자.

$$\begin{aligned} x_1 + x_2 &= 0 \\ 2x_1 + x_2 &= 0 \\ 3x_1 + 3x_2 &= 0. \end{aligned}$$

$\mathbf{a}^1 = \begin{bmatrix} 1 \\ 2 \\ 3 \end{bmatrix}, \mathbf{a}^2 = \begin{bmatrix} 1 \\ 1 \\ 3 \end{bmatrix}$ 이므로 $\mathbf{a}^1$ 과 $\mathbf{a}^2$ 는 선형독립이다. 따라서 $x_1\mathbf{a}^1 + x_2\mathbf{a}^2 = \mathbf{0}$ 을 만족하는 x_1 과 x_2 는 $x_1 = x_2 = 0$ 밖에 없다. 그러나

$$\begin{aligned} x_1 + x_2 &= 0 \\ 2x_1 + 2x_2 &= 0 \\ 3x_1 + 3x_2 &= 0 \end{aligned}$$

의 경우에는 $\mathbf{a}^1 = \begin{bmatrix} 1 \\ 2 \\ 3 \end{bmatrix}, \mathbf{a}^2 = \begin{bmatrix} 1 \\ 2 \\ 3 \end{bmatrix}$ 이므로 $\mathbf{a}^1$ 과 $\mathbf{a}^2$ 는 선형종속이다. $x_1\mathbf{a}^1 + x_2\mathbf{a}^2 = \mathbf{0}$ 을

만족하는 x_1과 x_2는 무수히 많다. $x_1 = x_2 = 0$ 외에도 $x_1 = 1$, $x_2 = -1$과 $x_1 = 2$, $x_2 = -2$ 등도 모두 해이다. $\rho(\mathbf{A}) = 1$이고 방정식의 개수가 3이므로 정리 4.15의 (ii)에 의해 (선형독립이 아닌 행에 해당하는) $3 - 1 = 2$개의 방정식은 불필요하다. 예를 들어 첫 행을 선형독립 행으로 생각하면 두 번째, 세 번째 방정식은 불필요하다. ■

정리 4.16 $\mathbf{Ax} = \mathbf{0}$은 $\rho(\mathbf{A}) < n$이면 자명하지 않은 해를 가진다. 그 역도 성립한다.

문제 4.44 위 정리를 증명하라. ■

문제 4.45 (i) 다음 선형연립방정식을 생각하자.

$$\begin{aligned} x_1 + x_2 + x_3 &= b_1 \\ x_1 + 2x_2 + 3x_3 &= b_2. \end{aligned}$$

다음 각각의 경우에 대해 해의 성질에 대해 (직접 구하지 않고) 논의하라. (a) $b_1 = b_2 = 0$, (b) $b_1 = 2$, $b_2 = 3$. (ii) 다음과 같은 동차선형연립방정식을 생각하자.

$$\begin{aligned} x_1 + x_2 + x_3 &= 0 \\ x_1 + 2x_2 + 3x_3 &= 0 \\ 2x_1 + 3x_2 + kx_3 &= 0. \end{aligned}$$

위 방정식이 자명하지 않은 해를 가질 조건과 이 조건이 성립할 때의 해를 구하라. (iii) $\mathbf{A} = \begin{bmatrix} a_{11} & 0 \\ a_{21} & a_{22} \end{bmatrix}$이고 $\mathbf{x} = \begin{bmatrix} x_1 \\ x_2 \end{bmatrix}$이라고 하자. $\mathbf{Ax} = \lambda\mathbf{x}$가 자명하지 않은 해를 가질 수 있는 λ 값을 구하라. ■

CHAPTER 5

행렬식과 역행렬

이 장에서는 행렬식에 대해 논의한다. 4.11.2절에서 정사각행렬은 역행렬을 가질 수 있으나 항상 그렇지는 않음을 보았다. **행렬식** (**determinant**)을 이용하여 역행렬의 존재 여부를 확인하고, 존재할 경우 역행렬의 계산할 수 있음에 대해 논의하기로 한다. 또한 행렬식에 관련된 결과들을 활용하여 금융자산의 가격을 결정하는 방법에 대해 알아본다.

5.1 행렬식의 정의

정사각행렬 $\mathbf{A}$의 행렬식은 이 행렬에 대해 정의되는 실수이며 $|\mathbf{A}|$로 쓴다. $|\mathbf{A}|$는 아래에서 보는 바와 같이 **순차적으로** (**successively**) 정의된다. 먼저 2계행렬 $\mathbf{A} = \begin{bmatrix} a_{11} & a_{12} \\ a_{21} & a_{22} \end{bmatrix}$의 행렬식은 다음과 같이 정의된다.

$$|\mathbf{A}| = a_{11}a_{22} - a_{12}a_{21}.$$

예제 5.1 $|\mathbf{A}| = \begin{vmatrix} 2 & 1 \\ 1 & 1 \end{vmatrix} = 2 \times 1 - 1 \times 1 = 1$이고 $|\mathbf{B}| = \begin{vmatrix} 2 & 1 \\ 2 & 1 \end{vmatrix} = 2 \times 1 - 2 \times 1 = 0$이다. 이

두 행렬을 비교하면 $\rho(\mathbf{A}) = 2$, $|\mathbf{A}| \neq 0$ 이고 $\rho(\mathbf{B}) = 1$, $|\mathbf{B}| = 0$ 임을 알 수 있다. 따라서 정사각행렬의 열들이 선형독립이면 행렬식은 0이 아니고 선형종속이면 행렬식이 0일 것으로 짐작할 수 있다. 뒤에서 살펴보겠지만 이것은 사실이다. 다시 말해 어떤 정사각행렬이 정칙행렬인지의 여부를 알기 위해서는 그 행렬의 행렬식을 확인하면 된다. ■

3계 이상의 행렬에 대해 행렬식을 정의하기 위해서는 소행렬식과 여인수의 개념이 필요하다. $\mathbf{A}$ 가 3계행렬일 때 $\mathbf{A}$ 에서 i 번째 행과 j 번째 열을 제거하여 얻은 2계행렬의 행렬식을 a_{ij} 의 **소행렬식 (minor)** 이라고 하며 M_{ij} 로 쓴다. M_{ij} 는 2계행렬의 행렬식이기 때문에 앞에서의 정의를 이용하여 계산할 수 있다.

예제 5.2 $\mathbf{A} = \begin{vmatrix} a_{11} & a_{12} & a_{13} \\ a_{21} & a_{22} & a_{23} \\ a_{31} & a_{32} & a_{33} \end{vmatrix}$ 이면 모두 9개의 소행렬식이 있다. 예를 들어 $M_{11} = \begin{vmatrix} a_{22} & a_{23} \\ a_{32} & a_{33} \end{vmatrix} = a_{22}a_{33} - a_{23}a_{32}$, $M_{12} = \begin{vmatrix} a_{21} & a_{23} \\ a_{31} & a_{33} \end{vmatrix} = a_{21}a_{33} - a_{23}a_{31}$, $M_{13} = \begin{vmatrix} a_{21} & a_{22} \\ a_{31} & a_{32} \end{vmatrix} = a_{21}a_{32} - a_{22}a_{31}$ 이다. ■

문제 5.1 M_{23} 를 구하라. ■

$C_{ij} = (-1)^{i+j}M_{ij}$ 를 a_{ij} 의 **여인수 (cofactor)** 라고 한다. 3계행렬 $\mathbf{A}$ 의 행렬식은 여인수를 사용하여 다음과 같이 정의된다.

$$|\mathbf{A}| = \sum_{j=1}^{3} a_{ij}C_{ij} = \sum_{i=1}^{3} a_{ij}C_{ij}.$$

위 식에서 보는 바와 같이 3계행렬 $\mathbf{A}$ 의 행렬식은 $\mathbf{A}$ 의 행과 열 중 하나를 선택하고 그 행 또는 열의 각 성분에 그 성분의 여인수를 곱한 후 이를 모두 더한 것이다. 아래 예에서 보는 바와 같이 $|\mathbf{A}|$ 는 어떤 행이나 열을 선택하든 관계없이 동일하다.

예제 5.3 $\mathbf{A} = \begin{bmatrix} 1 & -1 & 2 \\ 3 & 0 & -2 \\ -3 & 1 & 2 \end{bmatrix}$ 일 때 두 번째 행의 각 원소에 대해 여인수를 구해 보자. $C_{21} = (-1)^{2+1}M_{21} = -\begin{vmatrix} -1 & 2 \\ 1 & 2 \end{vmatrix} = 4$, $C_{22} = (-1)^{2+2}M_{22} = \begin{vmatrix} 1 & 2 \\ -3 & 2 \end{vmatrix} = 8$, $C_{23} =$

$(-1)^{2+3}M_{23} = -\begin{vmatrix} 1 & -1 \\ -3 & 1 \end{vmatrix} = 2$ 이므로 $|\mathbf{A}| = 3 \times 4 + 0 \times 8 + (-2) \times 2 = 8$ 이다.[1] ■

문제 5.2 위 예제에서 세 번째 열을 선택하여 $|\mathbf{A}| = 8$ 임을 확인하라. ■

예제 5.4 예제 5.2에서 첫 행을 이용하여 행렬식을 구하면 $|\mathbf{A}| = a_{11}C_{11} + a_{12}C_{12} + a_{13}C_{13} = a_{11}a_{22}a_{33} + a_{12}a_{23}a_{31} + a_{13}a_{21}a_{32} - (a_{13}a_{22}a_{31} + a_{12}a_{21}a_{33} + a_{11}a_{23}a_{32})$ 이다. 이 공식은 그림 5.1을 이용하여 쉽게 기억할 수 있다. 이 공식을 이용하면 여인수를 구할 필요가 없기 때문에 행렬식 계산이 간단해진다. 그림에서 우하향하는 굵은 실선 상의 세 성분의 곱들은 더하는 값들이고, 좌하향하는 점선상의 성분들의 곱들은 빼는 값들이다. 그러나 4계 이상의 행렬에 대해서는 이와 같이 간단히 계산할 수 있는 방법은 없다. ■

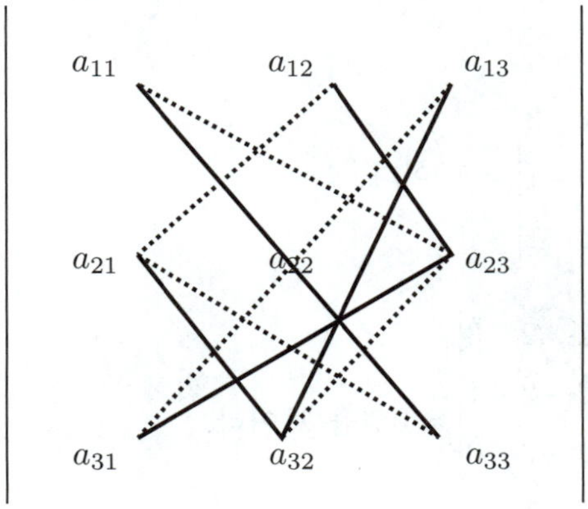

그림 5.1 행렬식의 계산

문제 5.3 위 예제의 결과를 확인하고 예제 5.3의 행렬식을 이 공식을 이용하여 계산하라. ■

n 계행렬의 행렬식은 이상의 방법을 순차적으로 적용하여 정의한다. 예를 들어 4계행렬의 경우 임의의 한 행을 선택하고 그 행의 각 성분의 소행렬식을 구하면 그 소행렬식은 3계행렬의 행렬식이다. 앞에서 논의한 방법으로 각 소행렬식에 해당하는 여인수를 구하고, 그 결과를 각 성분에 곱한 다음 모두 더하면 4계행렬의 행렬식이 된

[1] $a_{22} = 0$ 이므로 C_{22} 는 사실상 계산할 필요가 없다. 실제로 행렬식을 계산할 때 0이 많은 행이나 열을 선택하는 것이 좋은 방법이다.

다. 이와 같은 방법으로 $n-1$ 계행렬의 행렬식을 계산하면 이를 이용하여 n 계행렬의 행렬식을 정의할 수 있다. 행렬식을 계산하는 이 방법을 라플라스 전개라고 한다.

정의 5.1 (라플라스 전개(Laplace expansion)) (i) $\mathbf{A}$ 가 2 계행렬이면 $|\mathbf{A}| = a_{11}a_{22} - a_{12}a_{21}$, (ii) $\mathbf{A}$ 가 $n\,(\geq 3)$ 계행렬이면 $|\mathbf{A}| = \sum_{j=1}^{n} a_{ij}C_{ij} = \sum_{i=1}^{n} a_{ij}C_{ij}$ 이다.

예제 5.5 행렬식을 구할 때 여인수 계산을 줄이기 위해 0이 많이 있는 행 혹은 열을 찾는 것이 좋다. $\mathbf{A} = \begin{bmatrix} 1 & -1 & 2 & 3 \\ 3 & 0 & -2 & -1 \\ -3 & 1 & 2 & 1 \\ 0 & 2 & -1 & 0 \end{bmatrix}$를 생각하자. 네 번째 행에 0이 두 개 있으므로 이 행에 의한 전개를 하면 계산량을 줄일 수 있다. $|\mathbf{A}| = 2 \times (-1)^{4+2} \begin{vmatrix} 1 & 2 & 3 \\ 3 & -2 & -1 \\ -3 & 2 & 1 \end{vmatrix} + (-1) \times (-1)^{4+3} \begin{vmatrix} 1 & -1 & 3 \\ 3 & 0 & -1 \\ -3 & 1 & 1 \end{vmatrix} = 10$이다.[2] ■

문제 5.4 $|\mathbf{A}| = \begin{vmatrix} 1 & -1 & 2 & 3 \\ 3 & 0 & -2 & -1 \\ 0 & 2 & -2 & 0 \\ -3 & 1 & 1 & 1 \end{vmatrix} = 0$임을 보여라. ■

5.2 중요한 정리들

아래에서는 행렬식과 열들 간의 선형독립 여부와 관련하여 유용한 정리들을 살펴본다. 이 정리들은 행에 대해서도 마찬가지로 성립한다. (증명은 부록 5.A 참조.)

5.2.1 기본적 정리

행렬의 정의로부터 다음 세 가지 기본적 성질을 얻을 수 있다.

[2] 계수가 높은 행렬의 연산, 행렬식, 역행렬 등을 계산하는 것은 상당히 많은 계산량을 요하므로 쉽지 않다. 그러나 이와 같은 계산을 해 주는 소프트웨어가 많이 개발되어 있다.

정리 5.1 행렬식은 다음과 같은 의미에서 열의 선형함수이다. $x, y \in R$이고 $\mathbf{a}^k = x\mathbf{b} + y\mathbf{c}$이면 $|\mathbf{A}| = x|\mathbf{a}^1\ \mathbf{a}^2\ \cdots\ \mathbf{b}\ \cdots\ \mathbf{a}^n| + y|\mathbf{a}^1\ \mathbf{a}^2\ \cdots\ \mathbf{c}\ \cdots\ \mathbf{a}^n|$이다.

예제 5.6 $\begin{vmatrix} 2 & 5 \\ 1 & -3 \end{vmatrix} = \begin{vmatrix} 2 & 2\times 3 + (-1)\times 1 \\ 1 & 2\times 1 + (-1)\times 5 \end{vmatrix} = 2\begin{vmatrix} 2 & 3 \\ 1 & 1 \end{vmatrix} + (-1)\begin{vmatrix} 2 & 1 \\ 1 & 5 \end{vmatrix} = 2(-1) + (-9) = -11.$ ■

정리 5.2 두 인접한 열들이 동일하면 행렬식은 0이다. 즉, $\mathbf{a}^k = \mathbf{a}^{k+1}$이면 $|\mathbf{A}| = 0$이다.

예제 5.7 $\begin{vmatrix} -2 & -2 & 3 \\ 1 & 1 & 3 \\ 3 & 3 & 1 \end{vmatrix} = (-2)\times 1\times 1 + (-2)\times 3\times 3 + 3\times 3\times 1 - (3\times 1\times 3 + 1\times (-2)\times 1 + (-2)\times 3\times 3) = 0.$ ■

정리 5.3 $\mathbf{I}$가 단위행렬이면 행렬식은 1이다. 즉, $|\mathbf{I}| = 1$이다.[3]

5.2.2 추가적 정리

행렬식의 정의와 기본적 성질들로부터 다음과 같은 추가적인 성질들을 얻을 수 있다.

정리 5.4 $|\mathbf{A}| = |\mathbf{A}^T|$이다.

예제 5.8 $\begin{vmatrix} 2 & 5 \\ 1 & -3 \end{vmatrix} = \begin{vmatrix} 2 & 1 \\ 5 & -3 \end{vmatrix} = -11.$ ■

정리 5.5 어느 열을 x배 하면 행렬식은 x배가 된다. 즉, $|\mathbf{a}^1\ \mathbf{a}^2\ \cdots\ x\mathbf{a}^k\ \cdots\ \mathbf{a}^n| = x|\mathbf{A}|$이다.

예제 5.9 $\begin{vmatrix} 6 & 5 \\ 3 & -3 \end{vmatrix} = -33 = 3\times\begin{vmatrix} 2 & 5 \\ 1 & -3 \end{vmatrix}.$ ■

[3] 역으로 행렬식은 정의역이 정사각행렬의 집합이고 공역이 실수 집합이며 정리 5.1, 5.2와 5.3의 성질들을 만족하는 함수로 정의할 수 있다.

정리 5.6

(i) 인접한 두 열을 바꾸면 행렬식의 부호가 바뀐다. 즉, $|\mathbf{a}^1\ \mathbf{a}^2\ \cdots\ \mathbf{a}^k\ \mathbf{a}^{k+1} \cdots \mathbf{a}^n| = -|\mathbf{a}^1\ \mathbf{a}^2\ \cdots\ \mathbf{a}^{k+1}\ \mathbf{a}^k\ \cdots\ \mathbf{a}^n|$이다.

(ii) 상이한 두 열을 바꾸면 행렬식의 부호가 바뀐다. 즉, $|\mathbf{a}^1\ \mathbf{a}^2\ \cdots\ \mathbf{a}^k\ \cdots\ \mathbf{a}^l\ \cdots \mathbf{a}^n| = -|\mathbf{a}^1\ \mathbf{a}^2\ \cdots\ \mathbf{a}^l\ \cdots\ \mathbf{a}^k\ \cdots\ \mathbf{a}^n|$이다.

(iii) 두 열이 동일하면 행렬식은 0이다.[4]

예제 5.10 $\begin{vmatrix} 2 & 5 \\ 1 & -3 \end{vmatrix} = -11 = -\begin{vmatrix} 5 & 2 \\ -3 & 1 \end{vmatrix}.$ ■

정리 5.7 다른 열에 의한 라플라스 전개 값은 0이다. 즉, $\sum_{i=1}^{n} a_{ik}C_{il} = 0\ (k \neq l)$이다.

예제 5.11 $\mathbf{A} = \begin{bmatrix} 1 & -1 & 2 \\ 3 & 0 & -2 \\ -3 & 1 & 2 \end{bmatrix}$를 생각하자. $|\mathbf{A}| = 8$이다. 첫 번째 행에 의한 전개를 두 번째 행의 원소에 대한 여인수를 사용하여 계산하면 $C_{21} = 4$, $C_{22} = 8$, $C_{23} = 2$이므로 $1 \times 4 + (-1) \times 8 + 2 \times 2 = 0$이다. ■

문제 5.5 위 예제에서 세 번째 행에 의한 전개를 두 번째 행의 원소에 대한 여인수를 사용하여 계산하라. ■

정리 5.8 어느 열의 x배를 다른 열에 더하면 행렬식은 변하지 않는다. 즉, $|\mathbf{a}^1\ \mathbf{a}^2 \cdots \mathbf{a}^k + x\mathbf{a}^l\ \cdots\ \mathbf{a}^n| = |\mathbf{A}|\ (k \neq l)$ 이다.

예제 5.12 $\begin{vmatrix} 2+5\times 2 & 5 \\ 1+(-3)\times 2 & -3 \end{vmatrix} = \begin{vmatrix} 12 & 5 \\ -5 & -3 \end{vmatrix} = -11.$ ■

정리 5.9 행렬의 열들이 선형종속이면, 즉, $\rho(\mathbf{A}) < n$이면 행렬식은 0이고 그 역도 성립한다.

예제 5.13 $\begin{bmatrix} 2 \\ 1 \end{bmatrix}$과 $\begin{bmatrix} 6 \\ 3 \end{bmatrix}$은 선형종속이고 $\begin{vmatrix} 2 & 6 \\ 1 & 3 \end{vmatrix} = 0$이다. ■

[4] 정리 5.2는 이 정리 (iii)의 특수한 경우이다.

정리 5.10

(i) 두 행렬의 곱의 행렬식은 두 행렬식의 곱과 같다. 즉, $|\mathbf{AB}| = |\mathbf{A}|\,|\mathbf{B}|$이다.

(ii) 정칙행렬의 역행렬의 행렬식은 행렬식의 역수다. 즉, $|\mathbf{A}^{-1}| = \dfrac{1}{|\mathbf{A}|}$이다. 또한 $|\mathbf{A}| \neq 0$이고 $|\mathbf{A}^{-1}| \neq 0$이다.

예제 5.14 (i) $\mathbf{A} = \begin{bmatrix} 2 & 5 \\ 1 & -3 \end{bmatrix}$이고 $\mathbf{B} = \begin{bmatrix} -2 & 0 \\ 3 & 1 \end{bmatrix}$이라고 하자. $|\mathbf{AB}| = \begin{vmatrix} 11 & 5 \\ -11 & -3 \end{vmatrix} = 22 = \begin{vmatrix} 2 & 5 \\ 1 & -3 \end{vmatrix}\begin{vmatrix} -2 & 0 \\ 3 & 1 \end{vmatrix}$이다. (ii) $\mathbf{A} = \begin{bmatrix} 2 & 3 \\ 1 & 4 \end{bmatrix}$이면 $\mathbf{A}^{-1} = \begin{bmatrix} \frac{4}{5} & -\frac{3}{5} \\ -\frac{1}{5} & \frac{2}{5} \end{bmatrix}$이다. $|\mathbf{A}| = 5$이고 $|\mathbf{A}^{-1}| = \frac{1}{5}$이다. ■

문제 5.6 다음 행렬식을 계산하라.

$$\text{(i)} \begin{vmatrix} a & b & c & d \\ e & f & g & 0 \\ 0 & e & f & 0 \\ 0 & 0 & h & 0 \end{vmatrix}, \quad \text{(ii)} \begin{vmatrix} 2 & 3 & -1 & 2 & 1 \\ 0 & 1 & -1 & 1 & 2 \\ 0 & 0 & -1 & 2 & 3 \\ 0 & 0 & 0 & 1 & 4 \\ 0 & 0 & 0 & 2 & 5 \end{vmatrix}, \quad \text{(iii)} \begin{vmatrix} (x_1+x_2)^2 & (x_2+x_3)^2 & (x_1+x_3)^2 \\ x_1^2+x_2^2 & x_2^2+x_3^2 & x_1^2+x_3^2 \\ x_1x_2 & x_2x_3 & x_1x_3 \end{vmatrix},$$

$$\text{(iv)} \begin{vmatrix} 0 & -a & -b & -c & -d \\ a & 0 & -e & -f & -g \\ b & e & 0 & -h & -i \\ c & f & h & 0 & -j \\ d & g & i & j & 0 \end{vmatrix}, \quad \text{(v)} \begin{vmatrix} c^2-a^2 & a^2-b^2 & b^2-c^2 \\ b^2+c^2 & a^2+c^2 & a^2+b^2 \\ a^2+b^2 & b^2+c^2 & a^2+c^2 \end{vmatrix}, \quad \text{(vi)} \begin{vmatrix} 1 & 1 & 1 \\ a & b & c \\ a^2 & b^2 & c^2 \end{vmatrix}.$$

■

문제 5.7 (i) $\mathbf{A}^2 = \mathbf{A}$이면 $|\mathbf{A}| = 0$이거나 1임을 보여라. $\mathbf{I}$와 $\mathbf{0}$이 아니면서 이 성질을 갖는 $\mathbf{A}$의 예를 들어라. (ii) $\mathbf{A}$가 n계정사각행렬이고 n이 홀수이면 $\mathbf{A}^{-1} = -\mathbf{A}$이 될 수 없음을 보여라. ■

5.3 역행렬의 계산

이계행렬 $\mathbf{A} = \begin{bmatrix} a_{11} & a_{12} \\ a_{21} & a_{22} \end{bmatrix}$의 역행렬을 구해보자. $|\mathbf{A}| = a_{11}a_{22} - a_{12}a_{21}$이고 여인수들은

각각 $C_{11} = a_{22}$, $C_{12} = -a_{21}$, $C_{21} = -a_{12}$, $C_{22} = a_{11}$ 이다.
$\mathbf{C} = \begin{bmatrix} C_{11} & C_{12} \\ C_{21} & C_{22} \end{bmatrix} = \begin{bmatrix} a_{22} & -a_{21} \\ -a_{12} & a_{11} \end{bmatrix}$이라고 하면 $\mathbf{C}^T = \begin{bmatrix} a_{22} & -a_{12} \\ -a_{21} & a_{11} \end{bmatrix}$이고 $\mathbf{AC}^T =$ $\begin{bmatrix} a_{11}a_{22} - a_{12}a_{21} & -a_{11}a_{12} + a_{11}a_{12} \\ a_{21}a_{22} - a_{21}a_{22} & a_{11}a_{22} - a_{12}a_{21} \end{bmatrix} = |\mathbf{A}|\mathbf{I}$ 이다. $|\mathbf{A}| \neq 0$ 이면 $\dfrac{\mathbf{AC}^T}{|\mathbf{A}|} = \mathbf{I}$ 이고 마찬가지로 $\dfrac{\mathbf{C}^T\mathbf{A}}{|\mathbf{A}|} = \mathbf{I}$ 이다. 따라서

$$\mathbf{A}^{-1} = \frac{\mathbf{C}^T}{|\mathbf{A}|}$$

이다.

예제 5.15 $\mathbf{A} = \begin{bmatrix} 1 & 1 \\ 1 & 2 \end{bmatrix}$라고 하자. $|\mathbf{A}| = 1$ 이다. $\mathbf{C} = \begin{bmatrix} 2 & -1 \\ -1 & 1 \end{bmatrix}$이므로 $\mathbf{A}^{-1} = \begin{bmatrix} 2 & -1 \\ -1 & 1 \end{bmatrix}$ 이다. ■

위 결과를 $\mathbf{A}$ 가 n 계행렬인 경우로 확장하자.

$$\mathbf{C}^T = [C_{ji}] = \begin{bmatrix} C_{11} & C_{21} & \cdots & C_{n1} \\ C_{12} & C_{22} & \cdots & C_{n2} \\ \vdots & \vdots & \vdots & \vdots \\ C_{1n} & C_{2n} & \cdots & C_{nn} \end{bmatrix}$$

를 $\mathbf{A}$ 의 **수반행렬 (adjoint matrix)** 이라고 한다.

정리 5.11 $\mathbf{A}$ 가 n 계행렬일 때 $|\mathbf{A}| \neq 0$ 이면 $\mathbf{A}^{-1}$ 이 존재하고 $\mathbf{A}^{-1} = \dfrac{\mathbf{C}^T}{|\mathbf{A}|}$ 이다.

증명 $\mathbf{AC}^T$ 의 ij 번째 성분은 $\sum_{k=1}^{n} a_{ik}C_{jk}$ 이다. $i = j$ 라고 하자. $\sum_{k=1}^{n} a_{ik}C_{jk} = \sum_{k=1}^{n} a_{jk}C_{jk}$ 이므로 $|\mathbf{A}|$ 이다. 그러나 $i \neq j$ 이면 다른 행에 의한 라플라스 전개이므로 0 이다. 따라서 $\mathbf{AC}^T = |\mathbf{A}|\mathbf{I}$ 이며 마찬가지로 $\mathbf{C}^T\mathbf{A} = |\mathbf{A}|\mathbf{I}$ 이다. 따라서 $|\mathbf{A}| \neq 0$ 이면 $\frac{\mathbf{C}^T}{|\mathbf{A}|} = \mathbf{A}^{-1}$ 이다. □

예제 5.16 $\mathbf{A} = \begin{bmatrix} 1 & -1 & 2 \\ 2 & 2 & 0 \\ 0 & 1 & 1 \end{bmatrix}$이라고 하자. $|\mathbf{A}| = 8$ 이고 $C_{11} = 2$, $C_{12} = -2$, $C_{13} = 2$,

$C_{21} = 3$, $C_{22} = 1$, $C_{23} = -1$, $C_{31} = -4$, $C_{32} = 4$, $C_{33} = 4$ 이다. 따라서 $\mathbf{A}^{-1} = \frac{1}{8}\begin{bmatrix} 2 & 3 & -4 \\ -2 & 1 & 4 \\ 2 & -1 & 4 \end{bmatrix}$ 이다. ■

문제 5.8 역행렬을 구하라. (i) $\mathbf{A} = \begin{bmatrix} 1 & -1 & 2 \\ 3 & 0 & -2 \\ -3 & 1 & 2 \end{bmatrix}$, (ii) $\mathbf{B} = \begin{bmatrix} 1 & 2 & 3 & 4 \\ 0 & 1 & 2 & 3 \\ 0 & 0 & 1 & 2 \\ 0 & 0 & 0 & 1 \end{bmatrix}$. ■

5.4 계수, 정칙행렬과 행렬식 간의 관계

행렬의 계수와 행렬식은 정사각행렬이 정칙행렬인지 특이행렬인지를 판별하는 데 유용하다.

정리 5.12 행렬 $\mathbf{A}$ 의 계수는 행렬식이 0이 아닌 $\mathbf{A}$ 의 가장 큰 부분정사각행렬의 계수이며 그 역도 성립한다.

예제 5.17 $\mathbf{A} = \begin{bmatrix} 2 & 1 & 4 \\ 1 & -1 & -1 \\ 0 & 2 & 4 \\ -1 & 1 & 1 \end{bmatrix}$ 라고 하자. $\mathbf{A}$ 에는 4개의 3계부분정사각행렬이 있는데 이 부분정사각행렬들의 행렬식은 모두 0이다. 예를 들어 $\mathbf{A}' = \begin{bmatrix} 2 & 1 & 4 \\ 1 & -1 & -1 \\ 0 & 2 & 4 \end{bmatrix}$ 라고 하면 $|\mathbf{A}'| = 0$ 이다. 반면 $\mathbf{A}'' = \begin{bmatrix} 2 & 1 \\ 1 & -1 \end{bmatrix}$ 이라고 하면 $|\mathbf{A}''| = -3 \neq 0$ 이므로 $\rho(\mathbf{A}) = 2$ 이다. ■

정리 5.13

(i) n 계행렬 $\mathbf{A}$ 의 $\rho(\mathbf{A}) = n$ 이면 $|\mathbf{A}| \neq 0$ 이고 그 역도 성립한다.

(ii) n 계행렬 $\mathbf{A}$ 가 정칙행렬이면 $\rho(\mathbf{A}) = n$ 이고 그 역도 성립한다.

증명 (i) 이 결과는 정리 5.9과 동일하다. 정리 5.12를 이용하여 다음과 같이 증명할

수도 있다. $\rho(\mathbf{A}) = n$ 이라고 하자. 정리 5.12에 의해 n은 행렬식이 0이 아닌 $\mathbf{A}$의 가장 큰 부분정사각행렬의 계수이다. $\mathbf{A}$는 그 자신의 가장 큰 부분정사각행렬이므로 $|\mathbf{A}| \neq 0$이다. 정리 5.12에 의해 그 역도 성립한다. (ii) $\mathbf{A}$가 정칙행렬이면 정리 5.10의 (ii)에 의해 $|\mathbf{A}| \neq 0$이다. (i)에 의해 $\rho(\mathbf{A}) = n$이다. 역으로 $\rho(\mathbf{A}) = n$이면 (i)로부터 $|\mathbf{A}| \neq 0$이다. 정리 5.11에 의해 $|\mathbf{A}| \neq 0$이면 역행렬이 존재한다. □

정리 5.13으로부터 다음 결과를 얻는다. 첫째, $|\mathbf{A}| \neq 0 \Leftrightarrow \rho(\mathbf{A}) = n \Leftrightarrow \mathbf{A}^{-1}$이 존재한다. 역으로 $|\mathbf{A}| = 0 \Leftrightarrow \rho(\mathbf{A}) < n \Leftrightarrow \mathbf{A}^{-1}$이 존재하지 않는다. 둘째, 정칙행렬은 역행렬이 존재하는 정사각행렬로 정의하였지만 위 정리에 의해 행렬식이 0이 아닌 정사각행렬 또는 행렬의 모든 열(행)들이 선형독립인 정사각행렬로 정의할 수도 있다.

문제 5.9 특이행렬을 행렬식과 선형독립성을 이용하여 정의하라. ■

예제 5.18 $\mathbf{a}^1, \mathbf{a}^2, \cdots, \mathbf{a}^n \in R^n$이 선형독립이라고 하자. 정리 4.5에 의해 임의의 $\mathbf{a} \in R^n$는 $\mathbf{a}^1, \mathbf{a}^2, \cdots, \mathbf{a}^n$의 선형결합으로 표현될 수 있다. 이것은 다음과 같이 생각할 수도 있다. $\mathbf{A} = [\mathbf{a}^1\ \mathbf{a}^2\ \cdots\ \mathbf{a}^n]$이라고 하면 $\rho(\mathbf{A}) = n$이므로 $\mathbf{A}^{-1}$이 존재한다. $\mathbf{x} = \mathbf{A}^{-1}\mathbf{a}$라고 하면 $\mathbf{A}\mathbf{x} = \mathbf{A}(\mathbf{A}^{-1}\mathbf{a}) = \mathbf{a}$이므로 $\mathbf{a} = \sum_{j=1}^{n} x_j \mathbf{a}^j$이다. 예를 들어 $\mathbf{A} = \begin{bmatrix}\mathbf{a}^1 & \mathbf{a}^2\end{bmatrix} = \begin{bmatrix} 1 & 1 \\ -1 & 2 \end{bmatrix}$이고 $\mathbf{a} = \begin{bmatrix} 3 \\ 1 \end{bmatrix}$이면 $\mathbf{x} = \mathbf{A}^{-1}\mathbf{a} = \begin{bmatrix} \frac{5}{3} \\ \frac{4}{3} \end{bmatrix}$이다. 따라서 $\mathbf{a} = \frac{5}{3}\mathbf{a}^1 + \frac{4}{3}\mathbf{a}^2$이다. ■

예제 5.19 $\begin{bmatrix} 1 & 2 \\ 2 & 4 \end{bmatrix}$의 선형독립인 최대의 열의 개수는 1이기 때문에 위 정리에 의해 특이행렬이다. $|\mathbf{A}| = 0$이고 $\mathbf{A}$의 역행렬은 존재하지 않는다. ■

문제 5.10 $\mathbf{A} = \begin{bmatrix} 1 & -1 & 2 \\ 3 & 0 & -2 \\ -3 & 1 & 2 \end{bmatrix}$가 정칙행렬임을 위에서 논의한 세 가지 기준을 사용하여 보여라. ■

5.5 크래머 공식

크래머 공식으로 불리는 아래 결과는 미지수와 방정식이 n개이고 $\rho(\mathbf{A}) = n$인 선형연립방정식 $\mathbf{A}\mathbf{x} = \mathbf{b}$의 해를 구할 때 유용하다.

정리 5.14 (크래머 공식 (Cramer's rule)) 선형연립방정식 $\mathbf{A}\mathbf{x} = \mathbf{b}$의 $\mathbf{A}$에서 k 번째

열 $\mathbf{a}^k$ 를 $\mathbf{b}$ 로 대치한 행렬의 행렬식을 $|\mathbf{A}^k| = |\mathbf{a}^1\ \mathbf{a}^2\ \cdots \mathbf{a}^{k-1}\mathbf{b}\ \mathbf{a}^{k+1}\ \cdots\ \mathbf{a}^n|$ 라고 하면 이 방정식의 해 x_k $(k = 1, 2, \cdots, n)$ 는

$$x_k = \frac{|\mathbf{A}^k|}{|\mathbf{A}|}$$

이다.

증명 $\mathbf{b} = \sum_{j=1}^{n} x_j \mathbf{a}^j$ 를 $|\mathbf{A}^k|$ 에 대입하면 $|\mathbf{A}^k| = \sum_{j=1}^{n} x_j |\mathbf{D}^j|$ 이다. (단, $|\mathbf{D}^j| = |\mathbf{a}^1\ \mathbf{a}^2 \cdots \mathbf{a}^{k-1}\ \mathbf{a}^j\ \mathbf{a}^{k+1} \cdots \mathbf{a}^n|$.) $|\mathbf{D}^j| = \begin{cases} |\mathbf{A}|, & j = k \\ 0, & j \neq k \end{cases}$ 이므로 $|\mathbf{A}^k| = x_k|\mathbf{A}|$ 이다. □

예제 5.20 4.1절의 식 (4-†) 의 (II) 를 $\mathbf{A}\mathbf{x} = \mathbf{b}$ 형태로 표현하면 $\mathbf{A} = \begin{bmatrix} 2 & 1 \\ 1 & 1 \end{bmatrix}$ 이고 $\mathbf{b} = \begin{bmatrix} 5 \\ 3 \end{bmatrix}$ 이다. 따라서 $x_1 = \begin{vmatrix} 5 & 1 \\ 3 & 1 \end{vmatrix} \Big/ \begin{vmatrix} 2 & 1 \\ 1 & 1 \end{vmatrix} = 2$ 이다. ■

문제 5.11 위 예제에서 x_2 를 구하라. ■

> **Box 5.1** 정리 5.11의 $\mathbf{A}^{-1} = \frac{\mathbf{C}^T}{|\mathbf{A}|}$ 는 크래머 공식을 이용하여 구할 수 있다. $\mathbf{A}$ 의 역행렬 $\mathbf{A}^{-1}$ 을 $\mathbf{B} = [\mathbf{b}^1\ \mathbf{b}^2 \cdots \mathbf{b}^n]$ 이라고 하면 $\mathbf{A}\mathbf{b}^j = \mathbf{e}^j$ 이다. 여기서 $\mathbf{e}^j$ 는 j 번째 원소가 1인 단위벡터이다. 크래머 공식을 이용하면 $b_{ij} = \dfrac{|\mathbf{a}^1\ \mathbf{a}^2 \cdots \mathbf{a}^{i-1}\ \mathbf{e}^j\ \mathbf{a}^{i+1} \cdots \mathbf{a}^n|}{|\mathbf{A}|}$ 이다. 그런데 분자의 i 번째 열은 j 번째 성분만 1이고 나머지 성분은 모두 0이다. 이 행렬식을 i 번째 행으로 라플라스 전개하면 C_{ji} 이므로 $b_{ij} = \frac{C_{ji}}{|\mathbf{A}|}$ 이다.

예제 5.21 예제 4.31에서 투입산출행렬이 $\mathbf{A} = \begin{bmatrix} 0.2 & 0.2 \\ 0.3 & 0.45 \end{bmatrix}$ 이고 서비스 산업의 최종수요가 220, 제조 산업의 최종수요가 480이면 이 수요를 충족시키기 위해 필요한 양 산업의 총산출물은 각각 571.05와 1,184.2임을 보았다.

이 결과를 크래머 공식을 이용하여 구해보자. $\mathbf{I} - \mathbf{A} = \begin{bmatrix} 0.8 & -0.2 \\ -0.3 & 0.55 \end{bmatrix}$ 이고 $\mathbf{b} = \begin{bmatrix} 220 \\ 480 \end{bmatrix}$

이므로 서비스 산업의 산출은 $\begin{vmatrix} 220 & -0.2 \\ 480 & 0.55 \end{vmatrix} \Big/ \begin{vmatrix} 0.8 & -0.2 \\ -0.3 & 0.55 \end{vmatrix} = 571.05$ 이고 제조 산업의 산출은 $x_1 = \begin{vmatrix} 0.8 & 220 \\ -0.3 & 480 \end{vmatrix} \Big/ \begin{vmatrix} 0.8 & -0.2 \\ -0.3 & 0.55 \end{vmatrix} = 1{,}184.2$ 이다. ■

5.6 콜옵션의 가격

두 개의 금융자산, 무위험채권 B 와 주식 S 가 거래되는 금융시장을 생각하자. 이 시장은 시점 0 에서의 무위험채권의 가격은 $\beta < 1$ 이고 주식의 가격은 S_0 이다. 시점 1 에서의 무위험채권의 수익을 상태에 관계없이 1 이라고 하면 $B = \begin{bmatrix} 1 \\ 1 \end{bmatrix}$ 이다. 시점 1 에서 주식 가격은 상태 1 에서는 uS_0, 상태 2 에서는 dS_0 이다. $S = \begin{bmatrix} uS_0 \\ dS_0 \end{bmatrix}$ 라고 하면 이 두 금융자산의 수익행렬은 $A = \begin{bmatrix} 1 & uS_0 \\ 1 & dS_0 \end{bmatrix}$ 이다.

5.6.1 무위험차익거래

의미있는 금융자산시장 모형의 분석을 위해서는 u, d, β 의 관계에 대한 가정이 필요하다. $u \le \frac{1}{\beta}$ 인 경우를 생각하자. 어느 투자자가 시점 0 에서 주식을 보유하고 있는 사람으로부터 주식 한 단위를 빌려서 팔고 그 매각 대금 S_0 로 무위험채권을 $\frac{S_0}{\beta}$ 단위를 산다고 하자. (시점 0 에서 주식을 빌려 판매하고 시점 1 에서 주식을 구입하여 되갚는 거래를 **공매도 (short selling)** 라고 한다.)

시점 1 이 되면 채권 투자로부터 어떤 상태가 실현되든 상관없이 $\frac{S_0}{\beta}$ 의 수익을 얻는다. 주식 한 단위를 매입하여 돌려주어야 하는데 상태 1 에서는 주식 가격이 uS_0 이므로 $\frac{S_0}{\beta} - uS_0 \ge 0$ 의 차익을 얻을 수 있다. 상태 2 에서는 $\frac{S_0}{\beta} - dS_0 > \frac{S_0}{\beta} - uS_0 \ge 0$ 의 차익을 얻는다. 거래에 따른 비용이 들지 않는다고 가정하면 상태 1 에서는 비음의, 상태 2 에서는 양의 차익을 얻을 수 있게 된다.

이와 같이 아무런 위험 없이 차익을 얻을 수 있는 거래를 **무위험차익거래 (arbitrage)** 라고 한다. 시장에서 무위험차익거래 기회가 일시적으로는 있을 수 있다. 그러나 조만간 이 기회에 대한 정보가 투자자들에게 알려지게 되면 투자자들은 기회를 활용하려 한다. 즉, 모든 투자자들이 무위험채권을 사려할 것이기 때문에 무위험채권의 가격이 올라가게 된다. 이와 같은 현상은 $u \leq \frac{1}{\beta}$ 인 한 지속될 것이기 때문에 궁극적으로는 $\frac{1}{\beta} < u$ 가 된다. 무위험차익거래 기회에 대한 정보가 확산되는 것을 방해하는 제도적, 환경적 제약이 없다고 가정하면 이 조정과정은 신속하게 일어나게 될 것이므로 $u \leq \frac{1}{\beta}$ 인 가능성은 무시할 수 있다.

문제 5.12 (i) 주식 판매 대금 S_0 을 채권을 사는 대신 다른 사람에게 이자율 r 로 빌려 준다고 생각하고 위에서의 논의를 재현하라. (차입자의 부도 가능성은 없다고 가정한다.) (ii) $d \geq \frac{1}{\beta}$ 인 경우에도 무위험차익거래가 가능함을 보여라. ■

이하에서는 무위험차익거래 기회가 없는 상황에 대해서만 논의를 집중하기로 한다. 즉

$$0 < d < \frac{1}{\beta} < u$$

라고 가정한다.

5.6.2 콜옵션, 복제포트폴리오와 콜옵션의 가격

주식에 대한 **(유럽피안) 콜옵션** (**(European) call option**) C 를 생각하자. 콜옵션은 시점 1에서 일정한 가격에 주식을 살 수 있는 권리를 말한다. 콜옵션 한 단위를 보유하면 시점 1에서 가격 X 에 주식 한 단위를 살 수 있다고 하자. 이 가격을 **행사가격** (**strike price**) 이라고 한다. 콜옵션의 시점 1에서의 수익을 C_u, 상태 2에서는 C_d 라고 하면 콜옵션은 $C = \begin{bmatrix} C_u \\ C_d \end{bmatrix}$ 로 표현할 수 있다. $|\mathbf{A}| = (u-d)S_0 \neq 0$ 이므로 B 와 S 는 선형독립이다. B, S, C 는 각각 2벡터이므로 C 를 B 와 S 의 선형결합으로 나타낼 수 있다. $C = xB + \triangle S$ 또는

$$\begin{bmatrix} 1 & uS_0 \\ 1 & dS_0 \end{bmatrix} \begin{bmatrix} x \\ \triangle \end{bmatrix} = \begin{bmatrix} C_u \\ C_d \end{bmatrix}$$

로 쓸 수 있다. 이 선형연립방정식을 x 와 $\triangle$ 에 대해 역행렬 또는 크래머 공식을 이용하여 구하면 다음과 같다.[5]

[5] C_u 와 C_d 는 시점 1에서의 상태별 콜옵션의 가치이므로 무위험차익거래의 가능성이 없으면 콜옵션의 각 상태에서의 가격이 된다. 따라서 $\triangle = \frac{C_u - C_d}{(u-d)S_0} = \frac{\triangle C}{\triangle S}$ 는 시점 1에서의 주식가격의 변동부분에 대한 콜옵션의 가격 변동의 상대적 비율이며 **콜옵션의 델타** (**delta**) 라고 부른다. $C = xB + \triangle S$ 를 다시 쓰면 $-C + \triangle S = -xB$ 이다. 이것은 콜옵션을 한 단위 판매하고 주식을 $\triangle$ 단위 구입하면 포트폴리오의 가치는 일정함을 의미한다. 이와 같이 콜옵션의 판매에 따른

$$\begin{bmatrix} x \\ \triangle \end{bmatrix} = \begin{bmatrix} \dfrac{uC_d - dC_u}{u-d} \\ \dfrac{C_u - C_d}{(u-d)S_0} \end{bmatrix}.$$

$dS_0 \leq X \leq uS_0$ 이라고 가정하자. 상태 1에서는 X에 주식 한 단위를 사서 팔면 $C_u = uS_0 - X$의 수익을 얻는다. 상태 2에서는 행사가격이 주식가격보다 높기 때문에 이 권리를 행사하지 않을 것이므로 $C_d = 0$이다. $C_u = uS_0 - X$와 $C_d = 0$을 위 식에 대입하면 $x = -\frac{d(uS_0-X)}{(u-d)} < 0$, $\triangle = \frac{(uS_0-X)}{(u-d)S_0} > 0$이다. 이 콜옵션의 복제포트폴리오는

$$\begin{bmatrix} x \\ \triangle \end{bmatrix} = \begin{bmatrix} -\dfrac{d(uS_0 - X)}{u-d} \\ \dfrac{uS_0 - X}{(u-d)S_0} \end{bmatrix}$$

이다.

Box 5.2 $dS_0 < X < uS_0$일 때 콜옵션의 복제포트폴리오를 역행렬을 이용하여 구해보자. $\begin{bmatrix} x \\ \triangle \end{bmatrix} = \begin{bmatrix} 1 & uS_0 \\ 1 & dS_0 \end{bmatrix}^{-1} \begin{bmatrix} uS_0 - X \\ 0 \end{bmatrix}$이다. $\begin{bmatrix} 1 & uS_0 \\ 1 & dS_0 \end{bmatrix}^{-1} = \frac{1}{(d-u)S_0} \begin{bmatrix} dS_0 & -uS_0 \\ -1 & 1 \end{bmatrix}$ 이므로 $\begin{bmatrix} x \\ \triangle \end{bmatrix} = \begin{bmatrix} -\dfrac{d(uS_0 - X)}{u-d} \\ \dfrac{uS_0 - X}{(u-d)S_0} \end{bmatrix}$이다.

문제 5.13 $X > uS_0$인 경우와 $X < dS_0$인 경우의 콜옵션의 복제포트폴리오를 구하라. ■

앞에서 구한 $-x = \frac{d(uS_0-X)}{u-d}$ 단위의 채무와 $\triangle = \frac{uS_0-X}{(u-d)S_0}$ 단위의 주식으로 구성된 포트폴리오가 실제로 복제포트폴리오인지를 살펴보자. 시점 1에서 상태 1이 실현되면 주식 가치는 $uS_0\triangle = \frac{u(uS_0-X)}{u-d}$가 되는데 $\frac{d(uS_0-X)}{u-d}$을 갚아야 하므로 이 포트폴리오의 가치는 $\frac{u(uS_0-X)}{u-d} - \frac{d(uS_0-X)}{u-d} = uS_0 - X = C_u$이다. 이것은 콜옵션의 상태 1에서의 수익과 같다.

문제 5.14 시점 1에서 상태 2가 실현되면 복제포트폴리오의 가치는 0임을 보여라. ■

위험을 제거하는 것을 델타헤징전략이라고 한다.

예제 5.22 $r = 0.05$, $S_0 = 100$, $u = 1.2$, $d = 0.9$ 일 때 행사가격이 $X = 110$ 인 콜옵션을 생각하자. 시점 1에서 상태 1이 실현되면 콜옵션의 수익은 $120 - 110 = 10$ 이고 상태 2에서는 0이다. 위 결과를 이용하면 $x = -\frac{0.9\times 10}{0.3} = -30$, $\triangle = \frac{10}{0.3\times 100} = \frac{1}{3}$ 이다. 시점 1에서 상태 1이 실현되면 보유 주식 $\frac{1}{3}$ 단위를 판매하여 $\frac{1}{3}\times 120 = 40$ 의 수익을 얻는데 30을 갚아야 하므로 순수익은 10이 된다. 이것은 콜옵션 한 단위의 상태 1에서의 수익과 같다. 상태 2에서는 보유주식 $\frac{1}{3}$ 단위를 판매하면 수익이 $\frac{1}{3}\times 90 = 30$ 이므로 순수익은 0이다. 이것은 콜옵션 한 단위의 상태 2에서의 수익과 같다. ■

복제포트폴리오를 구성하여 위험을 제거할 수는 있지만 이 거래로부터 이익을 얻을지 혹은 손실을 볼지는 콜옵션의 가격에 달려 있다. 시점 0에서의 무위험채권 한 단위의 가격은 β 이고 주식 가격은 S_0 이므로 복제포트폴리오를 구성할 때 소요되는 비용 또는 복제포트폴리오의 가치는 다음과 같다.

$$V_0 = \beta x + S_0\triangle = \frac{(1-\beta d)(uS_0 - X)}{u-d}.$$

콜옵션의 시점 0에서의 가격을 C_0 이라고 하자. 만약 $C_0 > V_0$ 이면 즉 콜옵션이 복제포트폴리오의 가치보다 비싸게 거래되는 경우를 생각해보자. 시점 0에서 상대적으로 비싼 콜옵션을 판매하고 싼 복제포트폴리오를 구입하면 무위험차익거래가 가능하다. 다시 말해 시점 0에서 콜옵션을 한 단위 판매하여 C_0 을 받고 복제포트폴리오를 구입하면 $C_0 - V_0 > 0$ 의 차익을 얻는다. 시점 1에서는 복제포트폴리오로부터 얻는 수익과 콜옵션을 판매하여 발생한 채무는 상태에 관계없이 상계되므로 순수익은 0이 된다. 따라서 아무런 위험 없이 차익을 얻을 수 있다. 이것은 $C_0 - V_0 < 0$ 인 경우에도 마찬가지다.

콜옵션과 복제포트폴리오 거래를 자세히 살펴보자. x 단위의 무위험채권을 구입하면 βx 를 시점 0에서 지불하고 시점 1에서 x 를 받는다. 이것은 사실상 시점 0에서 βx 를 빌려 주고 시점 1에서 x 를 돌려받는 대차관계다. 그런데 위에서 구한 콜옵션의 복제포트포리오에서 $x < 0$ 이므로 이 대차관계는 시점 0에서 $-\beta x$ 를 빌리고 시점 1에서 $-x$ 를 갚는 것이다. 따라서 콜옵션을 한 단위 판매하고 복제포트폴리오를 구입하는 것은 콜옵션 판매대금과 차입금으로 주식을 구입하는 것이며 이 거래의 차익은 $(C_0 - \beta x) - \triangle S_0 = C_0 - V_0$ 이다.

결론적으로 $C_0 - V_0 \neq 0$ 이면 무위험차익거래가 가능하게 된다. 다시 말해 무위험차익거래의 기회가 존재하지 않는 시장에서는 $C_0 = V_0$ 이다.[6]

[6] 복제포트폴리오의 가치와 가격은 시점 1에서 각각의 상태가 일어날 실제 확률과 무관함을 유의할 필요가 있다.

예제 5.23 예제 5.22에서 $C_0 = V_0 = -\frac{30}{1.05} + \frac{100}{3} = 4.7619$이다. ■

5.7 무위험차익거래 정리

5.7.1 균형과 무위험차익거래

균형(equilibrium)은 일단 도달하면 외부적 교란 요인이 없는 한 그 상태에서 계속 머무르는 성질을 갖는 상태를 의미한다. **시장균형**(market equilibrium)은 시장에서 거래되는 재화에 대한 수요와 공급이 일치하는 가격, **균형가격**(equilibrium price)으로 대표된다. 가격이 100일 때 사고자 하는 양이 200이고 팔고자 하는 양이 150이면 수요자 간의 경쟁을 통해 가격이 오르려는 경향을 보일 것이므로 가격 100은 유지되기 어렵게 된다. 반대로 가격이 200일 때 사고자 하는 양이 팔고자 하는 양에 미치지 못한다고 하면 판매자 간의 경쟁으로 가격은 내려가게 될 것이다. 가격이 150일 때 사고자 하는 양과 팔고자 하는 양이 일치한다면 이 가격은 외부적 상황이 변하지 않는 한 그 수준에서 계속 유지되게 될 것이다. 따라서 이 예에서는 균형가격은 150이 된다. 역으로 시장 외적인 상황에 변화가 없음에도 불구하고 가격 변동을 일으키는 내적인 힘이 있다면 시장은 균형 상태에 있다고 할 수 없다. 이제 금융자산 시장에서의 균형이 이루어지기 위한 필요조건을 생각해 보자.

무위험차익거래 행위는 금융자산들 간의 가격 차이를 이용하여 아무런 비용 없이 확실하게 차익을 얻을 수 있는 거래 행위를 의미한다. 무위험차익거래 기회가 존재하면 많은 사람들이 이 기회를 이용하여 차익을 얻으려 할 것이기 때문에 금융자산들의 가격에 변동이 일어나게 된다. 거래비용(거래 수수료, 세금), 정보, 또는 제도적 요인(공매도 금지, 유동성 규제) 등과 같은 '**마찰**(friction)'이 없는 시장에서는 무위험차익거래는 존재하더라도 짧은 시간 내에 사라지게 된다. 따라서 금융시장이 균형 상태에 있기 위해서는 무위험차익거래 가능성이 없어야 한다. 무위험차익거래가 불가능하게 되면 아래에서 살펴보겠지만 (파생적) 금융자산 가격들은 일정한 관계에 있게 되며 이 사실은 금융자산의 가격을 결정하는 데 중요한 역할을 한다.

예제 5.24 세 개 금융자산의 수익행렬을 $\mathbf{A} = [\mathbf{a}^1\ \mathbf{a}^2\ \mathbf{a}^3] = \begin{bmatrix} 1 & 2 & 1 \\ 1 & 3 & 2 \end{bmatrix}$을 생각하자. $\mathbf{a}^1$ 한 단위와 $\mathbf{a}^3$ 한 단위로 구성된 포트폴리오의 수익은 $\mathbf{a}^2$ 한 단위의 수익과 같다. 따라서 $\mathbf{a}^1$과 $\mathbf{a}^3$ 각각 한 단위로 구성된 포트폴리오는 $\mathbf{a}^2$의 복제포트폴리오다.

$\mathbf{a}^j$의 가격을 q_j라고 하면 $q_1 + q_3 = q_2$이어야 한다. 그렇지 않으면 아무런 위험

없이 거래차익을 얻을 수 있다. 예를 들어 시점 0에서 $q_1+q_3>q_2$이면 상대적으로 싼 $\mathbf{a}^2$를 한 단위 사고 상대적으로 비싼 복제포트폴리오 즉, $\mathbf{a}^1$ 한 단위와 $\mathbf{a}^3$ 한 단위를 파는 거래를 통해 위험 없이 이익을 얻을 수 있다. $\mathbf{a}^2$ 한 단위를 구입하는 데 드는 비용은 q_2이고 $\mathbf{a}^1$ 한 단위와 $\mathbf{a}^3$ 한 단위를 팔면 q_1+q_3의 수입을 얻는다. 따라서 시점 0에서 $q_1+q_3-q_2>0$의 이익을 얻는 반면 시점 1에서는 어떤 상태가 일어나든지 간에 $\mathbf{a}^2$의 수익으로 $\mathbf{a}^1$과 $\mathbf{a}^3$에 대한 채무를 해소할 수 있다. ■

문제 5.15 $q_1+q_3<q_2$인 경우에도 아무런 위험 없이 이익을 얻을 수 있음을 보여라. ■

$q_1+q_3=q_2$이더라도 무위험차익거래 기회가 없는 것은 아니다.

예제 5.25 예제 5.24에서 금융자산들의 가격벡터가 $\mathbf{q}=[q_1\ q_2\ p_3]=\left[\frac{1}{2}\ \frac{3}{2}\ 1\right]$이면 $q_1+q_3=q_2$이다. 그런데 $\mathbf{a}^3$의 가격이 $\mathbf{a}^1$의 두 배이지만 수익은 그렇지 않기 때문에 $\mathbf{a}^3$이 $\mathbf{a}^1$에 비해 상대적으로 가격이 높다고 할 수 있다. $\mathbf{a}^3$을 한 단위 팔고 $\mathbf{a}^1$을 두 단위 사는 거래를 생각하여 보자. 이 포트폴리오를 구성하는 데 드는 비용은 0이다. 시점 1에서 상태 1이 실현되면 $\mathbf{a}^1$ 두 단위를 구입하였기 때문에 2를 얻게 되지만 $\mathbf{a}^3$을 한 단위 판매하였으므로 1을 갚아야 한다. 따라서 $2-1=1$의 차익을 얻을 수 있다. 상태 2에서는 동일한 금액의 채권과 채무가 발생하므로 차익은 없다. 따라서 어떤 상태가 실현되든지 아무런 위험 없이 거래차익을 얻을 수 있다. ■

예제 5.26 위 예제에서 가격벡터가 $\mathbf{q}=\left[\frac{5}{6}\ \frac{13}{6}\ \frac{4}{3}\right]$이면 무위험차액거래의 기회는 없다. 이것을 보기 위해 포트폴리오 $\mathbf{x}=\begin{bmatrix}x_1\\x_2\\x_3\end{bmatrix}$을 생각하자. $\mathbf{x}$로부터 얻을 수 있는 수익은 $\mathbf{A}\mathbf{x}=\begin{bmatrix}x_1+2x_2+x_3\\x_1+3x_2+2x_3\end{bmatrix}$이고 소요되는 비용은 $\mathbf{q}\mathbf{x}=\frac{5x_1}{6}+\frac{13x_2}{6}+\frac{4x_3}{3}$이다.

$\mathbf{q}\mathbf{x}=0$인 포트폴리오 $\mathbf{x}$를 생각하자. 이것은 아무런 비용 없이 이 포트폴리오를 구성할 수 있음을 의미한다. 이 경우 $x_1=-\frac{13x_2}{5}-\frac{8x_3}{5}$이므로 이것을 상태별 수익에 대입하면 상태 1에서의 수익은 $\mathbf{a}_1\mathbf{x}=-\frac{3(x_2+x_3)}{5}$이고 상태 2에서의 수익은 $\mathbf{a}_2\mathbf{x}=\frac{2(x_2+x_3)}{5}$이다. 이 수익들을 살펴보면 $\mathbf{a}_1\mathbf{x}=\mathbf{a}_2\mathbf{x}=0$이거나 $\mathbf{a}_1\mathbf{x}$와 $\mathbf{a}_2\mathbf{x}$ 둘 중 하나는 음이다. 따라서 무위험차익거래는 불가능하다. ■

문제 5.16 $\mathbf{q}\mathbf{x}<0$이고 $\mathbf{A}\mathbf{x}\geq 0$이면 무위험차익거래가 가능함을 설명하라. 위 예제

에서는 이것이 불가능함을 보여라. ■

이제까지의 논의로부터 무위험차익거래는 다음과 같이 정의할 수 있다.

정의 5.2 (무위험차익거래) n 개의 금융자산 $\mathbf{a}^1, \mathbf{a}^2, \cdots, \mathbf{a}^n$ 이 거래되고 이들의 가격벡터가 $\mathbf{q} = [q_1\ q_2\ \cdots\ p_n]$ 이라고 하자. 다음 두 가지 조건 중 하나가 만족되는 포트폴리오 $\mathbf{x}$ 가 있으면 무위험차익거래가 가능하다.

(i) $\mathbf{qx} = 0$ 이고 $\mathbf{Ax} \geq \mathbf{0}$ (단, $\mathbf{Ax}$ 의 성분 중 적어도 하나는 0보다 크다.)

(ii) $\mathbf{qx} < 0$ 이고 $\mathbf{Ax} \geq \mathbf{0}$.

5.7.2 애로우 증권, 상태가격과 무위험차익거래의 가능성

여기에서는 무위험차익거래의 가능성 여부를 어떻게 확인할 수 있는지에 대해 논의하기로 하자. **애로우 증권** (arrow security) 은 특정 상태에서 단위수익을 지불하는 증권이다. 따라서 m 개의 상태가 있으면 m 개의 애로우 증권이 있다.

상태가 k 일 때 단위수익을 지불하는 애로우 증권은 $\mathbf{e}^k = \begin{bmatrix} 0 \\ \vdots \\ 1 \\ \vdots \\ 0 \end{bmatrix}$ ($\leftarrow k$번째 성분) 으로, 모든 애로우 증권의 수익행렬은 아래와 같은 m 계단위행렬로 표현할 수 있다.

$$\mathbf{E} = \begin{bmatrix} 1 & 0 & \cdots & 0 \\ 0 & 1 & \cdots & 0 \\ \vdots & \vdots & \ddots & \vdots \\ 0 & 0 & \cdots & 1 \end{bmatrix}.$$

애로우 증권의 가격을 **상태가격** (state price) 이라고 한다. $\mathbf{e}^k$ 의 가격을 α_k, 모든 애로우 증권의 가격을 $\boldsymbol{\alpha} = [\alpha_1\ \alpha_2\ \cdots\ \alpha_m]$ 이라고 하자. 만약 모든 애로우 증권이 거래되면 $\rho(\mathbf{E}) = m$ 이므로 시장은 완전하고 모든 금융자산은 애로우 증권으로 복제가 가능하다. 금융자산 $\mathbf{a}^j = \begin{bmatrix} a_{1j} \\ a_{2j} \\ \vdots \\ a_{mj} \end{bmatrix}$ 는 $\mathbf{e}^1$ 을 a_{1j} 단위, $\mathbf{e}^2$ 를 a_{2j} 단위, $\cdots$, $\mathbf{e}^m$ 을 a_{mj} 단위

보유하는 것과 마찬가지다. 따라서 균형에서는(무위험차익거래의 가능성이 없으므로) $\alpha_1 a_{1j} + \alpha_2 a_{2j} + \cdots + \alpha_m a_{mj} = \boldsymbol{\alpha}\mathbf{a}^j = q_j$ 이어야 한다. 벡터와 행렬로 표현하면 균형에서는

$$\boldsymbol{\alpha}\mathbf{A} = \mathbf{q}$$

이어야 한다.

정리 5.15 (무위험차익거래 정리(arbitrage theorem)) n 개의 금융자산 $\mathbf{a}^1, \mathbf{a}^2, \cdots, \mathbf{a}^n$ 이 거래되고 이들의 가격벡터가 $\mathbf{q} = [q_1\ q_2\ \cdots\ q_n]$ 이라고 하자. $\boldsymbol{\alpha}\mathbf{A} = \mathbf{q}$ 가 되도록 하는 상태가격벡터 $\boldsymbol{\alpha}$ 가 존재하고 모든 상태가격 $\alpha_i > 0$ $(i = 1, 2, \cdots, m)$ 이면 무위험차익거래는 불가능하다. 그 역도 성립한다.[7]

예제 5.27 수익행렬이 $\mathbf{A} = \begin{bmatrix} 1 & 2 & 1 \\ 1 & 3 & 2 \end{bmatrix}$ 이고 $\mathbf{q} = [\frac{5}{6}\ \frac{13}{6}\ \frac{4}{3}]$ 라고 하자. 이 경우 예제 5.26에서 무위험차익거래가 불가능함은 이미 보았지만 위 정리를 적용하여 다시 살펴보자. $\boldsymbol{\alpha} = [\frac{1}{3}\ \frac{1}{2}]$ 이면 $\boldsymbol{\alpha}\mathbf{A} = \mathbf{q}$ 이다.[8] $\alpha_1, \alpha_2 > 0$ 이므로 위 정리에 의해 무위험차익거래는 불가능하다. 그러나 $\mathbf{q} = [\frac{1}{2}\ \frac{3}{2}\ 1]$ 이면 $\boldsymbol{\alpha} = [0\ \frac{1}{2}]$ 이므로 예제 5.25에서 본 바와 같이 무위험차익거래가 가능하다. ■

문제 5.17 (i) $\mathbf{q} = [\frac{1}{2}\ \frac{3}{2}\ 1]$ 이면 $\boldsymbol{\alpha} = [0\ \frac{1}{2}]$ 임을 위 예제의 각주를 참고하여 확인하라. (ii) $\mathbf{q} = [\frac{1}{2}\ \frac{1}{2}\ \frac{1}{2}]$ 이면 $\boldsymbol{\alpha}\mathbf{A} = \mathbf{q}$ 를 만족하는 $\boldsymbol{\alpha}$ 는 존재하지 않으므로 무위험차익거래가 가능하다. 이 사실을 확인하고 무위험차익거래가 가능한 예를 보여라. ■

위 정리는 시장이 완전하든 불완전하든 성립한다는 점에서 매우 유용하다.

예제 5.28 $\mathbf{A} = \begin{bmatrix} 1 & 2 \\ 2 & 4 \end{bmatrix}$ 이고 $\mathbf{q} = [\frac{4}{3}\ \frac{8}{3}]$ 이라고 하자. $\mathbf{a}^1$ 과 $\mathbf{a}^2$ 는 선형종속이므로 불완전 시장이다. $\boldsymbol{\alpha}\mathbf{A} = \mathbf{q}$ 에서 의미 있는 식은 $\alpha_1 + 2\alpha_2 = \frac{4}{3}$ 하나 밖에 없다. α_2 를 임의로 선택하면 $\alpha_1 = \frac{4}{3} - 2\alpha_2$ 이다. $0 < \alpha_2 < \frac{2}{3}$ 이면 $\alpha_1 > 0$ 이므로 위 정리에 의해 무위험

---

[7] 무위험차익거래가 불가능할 때 상태가격이 단 한 개만 존재하면 시장은 완전하고 그렇지 않으면 불완전하다.

[8] $\boldsymbol{\alpha} = [\frac{1}{3}\ \frac{1}{2}]$ 는 다음과 같이 구할 수 있다. $\boldsymbol{\alpha}\mathbf{A} = \mathbf{q}$ 의 양 변에 $\mathbf{A}^T$ 를 각 항의 뒤에 곱하면 $\boldsymbol{\alpha}\mathbf{A}\mathbf{A}^T = \mathbf{q}\mathbf{A}^T$ 이므로 $\boldsymbol{\alpha}\mathbf{A} = \mathbf{q}$ 를 만족하는 $\boldsymbol{\alpha}$ 가 존재한다면 $\boldsymbol{\alpha} = \mathbf{q}\mathbf{A}^T(\mathbf{A}\mathbf{A}^T)^{-1}$ 이어야 한다. $\mathbf{A}^T(\mathbf{A}\mathbf{A}^T)^{-1} = \begin{bmatrix} \frac{5}{3} & -1 \\ \frac{1}{3} & 0 \\ -\frac{4}{3} & 1 \end{bmatrix}$ 이므로 $\boldsymbol{\alpha} = [\frac{1}{3}\ \frac{1}{2}]$ 이다.

차익거래의 가능성은 없다. 이 경우에는 상태가격이 무수히 많이 존재한다. ■

문제 5.18 위 예제에서 (i) 무위험차익거래가 불가능함을 보여라. (ii) $\mathbf{q} = [2\ 2]$이면 무위험차익거래가 불가능한 상태가격은 존재하지 않음을 보여라. ■

5.7.3 금융자산의 가격결정

무위험차익거래 정리는 무위험차익거래 가능성 여부를 확인하는 것 뿐 아니라 금융자산의 가격 결정에도 유용하다. 마찰이 존재하지 않는 시장 균형에서는 무위험차익거래 기회는 존재하지 않기 때문에 모든 상태가격은 0보다 클 뿐 아니라 $\boldsymbol{\alpha}\mathbf{A} = \mathbf{q}$를 만족하여야 한다. 따라서 임의의 금융자산 $\mathbf{a}^j$ 의 가격은 다음과 같다.

$$q_j = \boldsymbol{\alpha}\mathbf{a}^j$$

예제 5.29 5.6.2절 말미에서 계산한 콜옵션의 가격을 상태가격으로 다시 계산해 보자. 수익행렬은 $\mathbf{A} = \begin{bmatrix} 1 & uS_0 & C_u \\ 1 & dS_0 & C_d \end{bmatrix}$이므로

$$\begin{aligned} \boldsymbol{\alpha}\mathbf{A} &= [\alpha_1 + \alpha_2\ \ \alpha_1 uS_0 + \alpha_2 dS_0\ \ \alpha_1 C_u + \alpha_2 C_d\ ] \\ &= [\beta\ \ S_0\ \ C_0\ ] \\ &= \mathbf{q} \end{aligned}$$

이다. 첫 두 식으로부터

$$\alpha_1 = \frac{1-\beta d}{u-d}$$
$$\alpha_2 = \frac{\beta u - 1}{u-d}$$

이다. 가정에 의해 $d < \frac{1}{\beta} < u$ 이므로 $\alpha_1, \alpha_2 > 0$ 이다. $C_u = uS_0 - X$, $C_d = 0$ 이면

$$C_0 = \alpha_1 C_u + \alpha_2 C_d = \frac{(1-\beta d)(uS_0 - X)}{u-d}$$

이고 이것은 앞에서 구한 것과 결과와 같다. ■

문제 5.19 위 예제에서 $\alpha_1 + \alpha_2 = \beta$ 이다. 그 이유를 설명하라. ■

이상의 결과를 정리하면 시장에서 거래되는 금융자산으로부터 구한 상태가격이 모

두 0보다 크면 이 가격벡터를 이용하여 새로운 금융자산의 (무위험차익거래가 불가능한) 가격을 결정할 수 있다. 상태가격이 존재하지 않거나 0 이하면 무위험차익거래가 가능하다. 따라서 이 경우에는 시장은 불균형 상태에 있게 되므로 가격 결정은 의미가 없게 된다.

이 가격결정 모형에서는 기존 시장, 예를 들어 무위험채권 시장과 주식시장이 균형 상태에 있음이 전제되어 있다. 시점 0에서의 무위험채권 가격과 주식 가격은 각 시장에서의 수요와 공급에 의해 결정된다. 각 상태가 실현되는 실제 확률은 수요와 공급의 결정 요인 중 하나이다. 예를 들어 극단적으로 상태 2가 실현될 확률이 0이라고 하자. 무위험차익거래가 불가능하기 위해서는 애로우 증권 $\mathbf{e}^2$의 가격 α_2는 0이어야 한다. 이것은 $u = \frac{1}{\beta}$ 이므로 위 식에서 확인할 수 있다.

문제 5.20 위 논의를 확인하라. ■

5.6.2절에서는 새로운 금융자산의 가격을 결정하기 위해서는 복제포트폴리오를 계산하고 이를 이용해서 가격을 결정하지만 여기서는 상태가격을 구하고 이것을 이용하여 가격을 결정한다. 상태가격을 이용하여 금융자산의 가격을 결정하는 것은 기초가 되는 금융자산을 애로우 증권으로 대치함으로써 복제포트폴리오를 용이하게 계산할 수 있다는 점에서 유용하다.

부 록

5.A 행렬식과 관련된 정리들의 증명

5.A.1 기본적 정리

정리 5.1 행렬식은 다음과 같은 의미에서 열의 선형함수이다. $x, y \in R$ 이고 $\mathbf{a}^k = x\mathbf{b} + y\mathbf{c}$ 이면 $|\mathbf{A}| = x|\mathbf{a}^1\ \mathbf{a}^2\ \cdots\ \mathbf{b}\ \cdots\ \mathbf{a}^n| + y|\mathbf{a}^1\ \mathbf{a}^2\ \cdots\ \mathbf{c}\ \cdots\ \mathbf{a}^n|$ 이다.

증명 C_{ik} 를 $a_{ik} = xb_i + yc_i$ 의 여인수라고 하면 $|\mathbf{A}| = \sum_{i=1}^n a_{ik}C_{ik} = \sum_{i=1}^n (xb_i + yc_i)C_{ik} = x|\mathbf{a}^1\ \mathbf{a}^2\ \cdots\ \mathbf{b}\ \cdots\ \mathbf{a}^n| + y|\mathbf{a}^1\ \mathbf{a}^2\ \cdots\ \mathbf{c}\ \cdots\ \mathbf{a}^n|$ 이다. □

정리 5.2 두 인접한 열들이 동일하면 행렬식은 0이다. 즉, $\mathbf{a}^k = \mathbf{a}^{k+1}$ 이면 $|\mathbf{A}| = 0$ 이다.

증명 C_{ik} 를 a_{ik} 의 여인수라고 하면 $C_{i,k+1} = -C_{ik}$ 이다. $|\mathbf{A}| = \sum_{i=1}^n a_{ik}C_{ik} = \sum_{i=1}^n a_{i,k+1}C_{i,k+1} = \sum_{i=1}^n a_{ik}(-C_{ik}) = -|\mathbf{A}|$ 이므로 $|\mathbf{A}| = 0$ 이다. □

정리 5.3 $\mathbf{I}$ 가 단위행렬이면 행렬식은 1이다. 즉, $|\mathbf{I}| = 1$이다.

증명 $\mathbf{I}$ 가 n 계행렬이고 $\mathbf{I}_k\ (k = n-1, n-2, \cdots, 1)$ 을 k 계행렬이라고 하자. C_{11} 을 $\mathbf{I}$ 의 $a_{11} = 1$ 의 여인수라고 하면 $|\mathbf{I}| = 1 \times C_{11}$ 이다. $C_{11} = |\mathbf{I}_{n-1}|$ 이므로 $|\mathbf{I}| = |\mathbf{I}_{n-1}|$ 이다. 마찬가지로 순차적으로 생각하면 $|\mathbf{I}_{n-1}| = |\mathbf{I}_{n-2}| = \cdots = |\mathbf{I}_1| = |1| = 1$ 이다. □

5.A.2 추가적 정리

정리 5.4 $|\mathbf{A}| = |\mathbf{A}^T|$ 이다.

증명 $\mathbf{A}$ 가 2계정사각형 행렬이면 $|\mathbf{A}| = |\mathbf{A}^T| = a_{11}a_{22} - a_{12}a_{21}$ 이다. $n-1$ 계행렬에 대해 $|\mathbf{A}| = |\mathbf{A}^T|$가 성립하면 n 계행렬에 대해서도 성립함을 보이자. $\mathbf{B} = \mathbf{A}^T$, b_{ij} 를 $\mathbf{B}$ 의 ij 번째 성분, $\hat{C}_{ij}$ 를 b_{ij} 의 여인수라고 하자. $b_{j1} = a_{1j}$ 이고 $\hat{C}_{j1} = C_{1j}$ 이므로 $|\mathbf{B}| = \sum_{j=1}^n b_{j1}\hat{C}_{j1} = \sum_{j=1}^n a_{1j}C_{1j} = |\mathbf{A}|$ 이다. □

정리 5.5 어느 열을 x 배 하면 행렬식은 x 배가 된다. 즉, $|\mathbf{a}^1\ \mathbf{a}^2\ \cdots\ x\mathbf{a}^k\ \ \cdots\ \mathbf{a}^n| = x|\mathbf{A}|$ 이다.

증명 $x = 0$ 이면 위 식은 자동적으로 성립한다. $x \neq 0$ 이라고 하자. $\mathbf{a}^k = \frac{1}{x}(x\mathbf{a}^k)$ 이므로 기본적 정리 (i)에 의해 $|\mathbf{A}| = \frac{1}{x}|\mathbf{a}^1\ \mathbf{a}^2\ \cdots\ x\mathbf{a}^k\ \cdots \mathbf{a}^n|$ 이다. □

정리 5.6

(i) 인접한 두 열을 바꾸면 행렬식의 부호가 바뀐다. 즉, $|\mathbf{a}^1\ \mathbf{a}^2\ \cdots\ \mathbf{a}^k\ \mathbf{a}^{k+1} \cdots \mathbf{a}^n| = -|\mathbf{a}^1\ \mathbf{a}^2\ \cdots\ \mathbf{a}^{k+1}\ \mathbf{a}^k\ \cdots\ \mathbf{a}^n|$이다.

(ii) 상이한 두 열을 바꾸면 행렬식의 부호가 바뀐다. 즉, $|\mathbf{a}^1\ \mathbf{a}^2\ \cdots\ \mathbf{a}^k\ \cdots\ \mathbf{a}^l\ \cdots\ \mathbf{a}^n| = -|\mathbf{a}^1\ \mathbf{a}^2\ \cdots\ \mathbf{a}^l\ \cdots\ \mathbf{a}^k\ \cdots\ \mathbf{a}^n|$이다.

(iii) 두 열이 동일하면 행렬식은 0이다.

증명 (i) $\mathbf{B} = [\mathbf{a}^1\ \mathbf{a}^2\ \cdots\ \mathbf{a}^k + \mathbf{a}^{k+1}\ \mathbf{a}^k + \mathbf{a}^{k+1}\ \cdots\ \mathbf{a}^n]$이라고 하자. 기본적 정리 (i)과 (ii)에 의해 $0 = |\mathbf{B}| = |\mathbf{a}^1\ \mathbf{a}^2\ \cdots\ \mathbf{a}^k + \mathbf{a}^k\ \cdots\ \mathbf{a}^n| + |\mathbf{a}^1\ \mathbf{a}^2\ \cdots\ \mathbf{a}^k + \mathbf{a}^{k+1} \cdots\ \mathbf{a}^n| + |\mathbf{a}^1\ \mathbf{a}^2\ \cdots\ \mathbf{a}^{k+1} + \mathbf{a}^k\ \cdots\ \mathbf{a}^n| + |\mathbf{a}^1\ \mathbf{a}^2\ \cdots\ \mathbf{a}^{k+1} + \mathbf{a}^{k+1} \cdots\ \mathbf{a}^n| = |\mathbf{a}^1\ \mathbf{a}^2\ \cdots\ \mathbf{a}^k + \mathbf{a}^{k+1}\ \cdots\ \mathbf{a}^n| + |\mathbf{a}^1\ \mathbf{a}^2\ \cdots\ \mathbf{a}^{k+1} + \mathbf{a}^k\ \cdots\ \mathbf{a}^n|$이다. (ii) k 번째 열과 l 번째 열을 바꾸기 위해서는 인접한 열을 홀수 번 바꾸어야 한다. (iii) 두 동일한 열이 인접할 때까지 열들을 바꾸게 되면 행렬식의 부호만 바뀌게 된다. 인접하게 되면 기본적 정리 (ii)에 의해 행렬식은 0이 되므로 인접하지 않더라도 두 열이 동일하면 행렬식은 0이다. □

정리 5.7 다른 열에 의한 라플라스 전개 값은 0이다. 즉, $\sum_{i=1}^n a_{ik}C_{il} = 0\ (k \neq l)$ 이다.

증명 $\mathbf{B} = [\mathbf{a}^1\ \mathbf{a}^2\ \cdots\ \mathbf{a}^k\ \cdots\ \mathbf{a}^{l-1}\ \mathbf{a}^k\ \mathbf{a}^{l+1}\ \cdots\ \mathbf{a}^n]$이라고 하자. 두 열이 동일하므로 $|\mathbf{B}| = 0$ 이다. 그런데 $|\mathbf{B}|$ 를 l 번째 열에 의해 전개하여 구하면 $0 = |\mathbf{B}| = \sum_{i=1}^n b_{il}C_{il} = \sum_{i=1}^n a_{il}C_{il}\ (k \neq l)$ 이다. □

정리 5.8 어느 열의 x 배를 다른 열에 더하면 행렬식은 변하지 않는다. 즉, $|\mathbf{a}^1\ \mathbf{a}^2\ \cdots\ \mathbf{a}^k + x\mathbf{a}^l\ \cdots\ \mathbf{a}^n| = |\mathbf{A}|\ (k \neq l)$ 이다.

증명 $|\mathbf{a}^1\ \mathbf{a}^2\ \cdots\ \mathbf{a}^k + x\mathbf{a}^l\ \cdots\ \mathbf{a}^n| = |\mathbf{a}^1\ \mathbf{a}^2\ \cdots\ \mathbf{a}^k\ \cdots\ \mathbf{a}^l\ \cdots\ \mathbf{a}^n| + |\mathbf{a}^1\ \mathbf{a}^2 \cdots x\mathbf{a}^l\ \cdots\ \mathbf{a}^l\ \cdots\ \mathbf{a}^n| = |\mathbf{A}| + x|\mathbf{a}^1\ \mathbf{a}^2\ \cdots\ \mathbf{a}^l\ \cdots\ \mathbf{a}^l\ \cdots\ \mathbf{a}^n| = |\mathbf{A}|$ 이다. □

정리 5.9 행렬의 열들이 선형종속이면, 즉, $\rho(\mathbf{A}) < n$ 이면 행렬식은 0이고 그 역도 성립한다.

증명 $\rho(\mathbf{A}) = 0$ 이면 $|\mathbf{A}| = 0$은 자명하다. $\rho(\mathbf{A}) \geq 1$이라고 하자. 정리 4.3에 의해 $\mathbf{a}^1, \mathbf{a}^2, \cdots, \mathbf{a}^n$ 중 한 열은 나머지 열들의 선형결합으로 표현할 수 있다. $\mathbf{a}^k = \sum_{j=1, j\neq k}^{n} x_j \mathbf{a}^j$ 라고 하자. $|\mathbf{A}| = |\mathbf{a}^1\ \mathbf{a}^2\ \cdots\ \sum_{j=1, j\neq k} x_j^k\ \mathbf{a}^j\ \cdots\ \mathbf{a}^n| = x_1|\mathbf{a}^1\ \mathbf{a}^2\ \cdots\ \mathbf{a}^1\ \cdots\ \mathbf{a}^n| + x_2|\mathbf{a}^1\ \mathbf{a}^2\ \cdots\ \mathbf{a}^2\ \cdots\ \mathbf{a}^n| + \cdots + x_n|\mathbf{a}^1\ \mathbf{a}^2\ \cdots\ \mathbf{a}^n\ \cdots\ \mathbf{a}^n| = 0$ 이다. (역에 대한 증명은 생략한다. 정리 5.13 참조.) □

정리 5.10

(i) 두 행렬의 곱의 행렬식은 두 행렬식의 곱과 같다. 즉, $|\mathbf{AB}| = |\mathbf{A}|\,|\mathbf{B}|$이다.

(ii) 정칙행렬의 역행렬의 행렬식은 행렬식의 역수다. 즉, $|\mathbf{A}^{-1}| = \dfrac{1}{|\mathbf{A}|}$ 이다. 또한 $|\mathbf{A}| \neq 0$ 이고 $|\mathbf{A}^{-1}| \neq 0$ 이다.

증명 (i) $n = 2$인 경우에 대해서 증명한다.[9] $\mathbf{AB} = [\mathbf{a}^1\ \mathbf{a}^2]\begin{bmatrix} b_{11} & b_{12} \\ b_{21} & b_{22} \end{bmatrix} = [b_{11}\mathbf{a}^1 + b_{21}\mathbf{a}^2\ \ b_{12}\mathbf{a}^1 + b_{22}\mathbf{a}^2]$이므로 기본적 정리 (i)에 의해 $|\mathbf{AB}| = b_{12}|b_{11}\mathbf{a}^1 + b_{21}\mathbf{a}^2\ \mathbf{a}^1| + b_{22}|b_{11}\mathbf{a}^1 + b_{21}\mathbf{a}^2\ \mathbf{a}^2| = b_{12}(b_{11}|\mathbf{a}^1\ \mathbf{a}^1| + b_{21}|\mathbf{a}^2\ \mathbf{a}^1|) + b_{22}(b_{11}|\mathbf{a}^1\ \mathbf{a}^2| + b_{21}|\mathbf{a}^2\ \mathbf{a}^2|) = b_{12}b_{21}|\mathbf{a}^2\ \mathbf{a}^1| + b_{11}b_{22}|\mathbf{a}^1\ \mathbf{a}^2| = (b_{11}b_{22} - b_{12}b_{21})|\mathbf{A}| = |\mathbf{A}||\mathbf{B}|$. (ii) $1 = \mathbf{I} = |\mathbf{AA}^{-1}| = |\mathbf{A}||\mathbf{A}^{-1}|$. □

[9] 일반적인 경우의 증명도 기본적으로 같지만 추가적인 논의가 필요하기 때문에 생략한다.

PART III

도함수와 일변수함수의 최적화

모든 사람은 알게 모르게 일상적으로 수많은 의사결정을 한다. 학생들은 용돈으로 영화구경을 갈지 책을 살지를 고민하며 기업의 인사 담당자는 어떤 입사 지원자를 고용할지를 결정하여야 한다. 기업의 홍보 담당자는 매출과 시장점유율을 올리기 위해 광고를 얼마나 하는 것이 가장 효과적일지에 대해 숙고한다. 일반적으로 사람들은 만족이나 매출은 가능한 한 크게 하려하고 비용이나 위험 등은 줄이려 한다. 또 이 목표를 달성하기 위해 어떤 수단을 택할 것인가를 생각한다.

목표를 달성하기 위한 수단을 찾는 방법은 여러 가지가 있다. 손쉽게 동전을 던지거나 직관에 의존할 수도 있다. 매일 매일 반복되는 문제라면 과거의 결정을 그대로 답습하는 것이 방법이 될 수 있다. 이밖에도 전문가로부터 조언을 얻거나 심지어는 점쟁이를 찾을 수도 있다. **수학적 최적화이론**(**mathematical optimization theory**)은 **경제적 비용편익분석**(**cost-benefit analysis**)을 위해 사용할 수 있는 유용한 수학적 도구이다. 이 장에서는 수단이 한 개만 있을 때 **최적해**(**optimal solution**)를 구하는 방법에 대해 논의하기로 한다. 현실적으로 수단이 한 개밖에 없는 경우는 드물지만 근본적인 분석의 틀은 수단이 한 개이든 여러 개이든 근본적으로 달라질 것이 없다. 4편에서는 3편에서 얻은 결과를 수단이 여러 개 있는 경우로 확장할 것이다.

최적화 문제를 다루는 핵심적인 수학적 도구는 미분이며 6장에서는 도함수의 기초적 개념과 몇 가지 중요한 결과들에 대해 다루고 제약조건이 없을 때 최적해를 발견하는 방법에 대해 논의한다. 7장에서는 도함수 개념을 확장한 편도함수에 대해 알아본다. 편도함수는 제약조건이 없을 때 최적해의 성질을 분석할 때 필요할 뿐 아니라, 제약조건이 있을 때 최적해를 발견하고 해의 성질을 파악하기 위해서도 반드시 필요하다.

CHAPTER 6

도함수와 제약조건이 없는 최대화

이 장에서는 선택변수가 한 개인 일변수함수의 최대화 문제의 예로 두 개의 경제적 모형을 살펴보기로 한다. 독점기업의 이윤최대화 문제는 선택변수에 제약이 없는 경우이며 독점기업에 대한 가격규제 문제는 선택변수에 제약이 있는 경우이다.

6.1 일변수함수의 최적화 모형

아이스크림 가게를 지나다 보면 아이스크림을 사고 싶은 생각이 들 때가 있다. 아이스크림을 주문할 때 짧은 시간이지만 많은 생각을 하게 된다. 지갑에 돈이 얼마나 있는지, 아이스크림의 가격은 얼마인지, 다른 대체 기호식품인 커피의 가격은 얼마인지 등을 생각해 본 다음 몇 개를 살 것인지, 어떤 맛을 선택할지 등등을 결정하게 된다. 일주일쯤 후에 다시 아이스크림 가게를 지나다 세일 광고가 눈에 띄게 되면 아이스크림을 사고자 하는 생각은 일주일 전과는 달라질 것이다. 가격이 낮아졌으므로 더 많이 살 가능성이 많지만 반드시 그런 것은 아니다. 주머니 사정이 좋지 않을 수도 있고 날씨가 쌀쌀해서 별로 먹고 싶은 생각이 들지 않을 수도 있다. 이 이야기는 다음과 같은 두 가지 질문으로 요약할 수 있다.

(i) 아이스크림 콘을 몇 개나 살 것인가?

(ii) 아이스크림 가게의 판촉활동이나 용돈, 날씨 같은 것들이 달라지면 아이스크림 구입 양과 아이스크림을 먹을 때의 만족 수준은 얼마나 달라지는가?

이제 이 예화를 간단한 모형으로 표현해 보자. $u(x, p_x, I)$ 는 용돈을 I 만큼 가지고 있는 사람이 아이스크림 콘 한 개 당 p_x 를 지불하고 x 개를 살때 느끼는 만족 수준을 나타낸다고 하자.[1] 일반적으로 x 와 I 가 커지면 u 가 커지고 p_x 가 올라가면 u 는 작아진다. 만족 수준을 최대로 하는 아이스크림 소비량 x^* 는 가격과 용돈의 크기에 따라 달라질 것이므로 함수 $x^* = x(p_x, I)$ 로 쓸 수 있다. 따라서 최대로 얻을 수 있는 만족 수준은 $u(x(p_x, I), p_x, I)$ 가 된다. 이것은 p_x 와 I 에 의존하므로 다시 $v(p_x, I)$ 로 쓸 수 있다. 앞서 두 질문은 다음과 같이 표현할 수 있다.

(i) p_x 와 I 가 주어질 때 $x^* = x(p_x, I)$ 를 어떻게 발견할 것인가?

(ii) p_x 와 I 가 변화하면 x^* 와 $v(p_x, I)$ 는 얼마나 달라지는가?

6.1.1　독점기업의 이윤최대화 (제약조건이 없는 최대화)

한 개의 기업이 독점적으로 X 재를 생산하여 공급하는 시장을 생각하자. 소비자는 가격에 대한 협상력(가격을 깎을 능력)이 없다. 1편 2.5.1 절에서 논의한 바와 같이 가격순응자인 소비자들은 독점기업이 가격을 제시하면 몇 개를 살 것인가에 대해서만 의사결정을 한다. 독점기업은 자신만이 유일한 공급자이며 가격을 원하는 대로 정할 수 있는 **가격책정자 (price maker)** 이다.

1편 2.5.1 절에서와 같이 X 재의 가격이 p_x 일 때 (시장) 수요함수는

$$X = X^d(p_x)$$

이며 X^d 는 우하향한다. X^d 는 일대일 전사함수이므로 1편 정리 2.1 에 의해 역함수가 존재한다. 이 역함수

$$p_x = D(X)$$

를 **역 (시장) 수요함수 (inverse (market) demand function)** 라고 한다. (즉, $D^{-1}(p_x) = X^d(p_x)$ 이고 $(X^d)^{-1}(X) = D(X)$ 이다.) 이 함수는 독점기업이 X 단위를 판매하고자 하면 가격을 $D(X)$ 로 책정해야 하는 것으로 해석할 수 있다. 미시경제학에서는 이 두 종류의 수요함수가 모두 사용된다.

[1] 이 모형은 미시경제학의 일반적인 소비자 선택 모형과는 다소 거리가 있다. (4편 9.1 절 참조.)

독점기업이 X 단위를 공급하면 **수입**(revenue)은 $R(X) = D(X)X$ 이다. 독점기업이 X 단위를 공급하는 데 소요되는 생산과 유통 **비용**(cost)을 $C(X)$ 라고 하면 **이윤**(profit) $\pi(X) = R(X) - C(X) = D(X)X - C(X)$ 가 된다. 기업은 이윤을 최대로 하는 것을 목표로 한다고 가정하면 독점기업의 문제는 아래에 나타나 있는 것처럼 $\pi(X)$ 를 최대로 하는 X 를 찾는 것이다.

$$\max_{X} \pi(X) = D(X)X - C(X).$$

6.1.2 가격규제 하의 독점기업 (제약조건이 있는 최대화)

흔히 독점기업은 경쟁적 기업에 비해 가격을 높게 책정하는 경향이 있다.[2] 규제기관이 독점기업의 가격이 일정 가격 $\bar{p}_x$ 를 초과하지 못하도록 가격을 규제한다고 하자. **가격규제**(price regulation)는 $X^d(\bar{p}_x)$ 이상 공급하도록 강제하는 것과 마찬가지이므로 가격규제 하의 독점기업의 이윤최대화 문제는 다음과 같이 쓸 수 있다.

$$\max_{X} \pi(X) = D(X)X - C(X) \text{ s.t. } X \geq X^d(\bar{p}_x).$$

's.t.'는 'subject to'의 약자이며 '제약 하에서'를 의미한다. 가격규제 문제는 $X \geq X^d(\bar{p}_x)$ 의 제약 하에서 $\pi(X)$ 를 최대로 하는 X 를 구하는 문제이다.

* 수직적 관계

한 기업이 다른 기업의 생산물을 구입하여 이것을 원료로 자신의 재화를 생산하면 이 두 기업은 **수직적 관계**(vertical relation)에 있다고 한다. 전자를 **하류**(downstream) 기업, 후자를 **상류**(upstream) 기업이라고 한다. 예를 들어 원유를 사서 정유제품을 생산하는 정유사는 하류기업이고 원유생산업자는 상류기업이다.

수직적 관계에 있는 두 기업, 도매업자와 이 도매업자로부터 재화를 구입하여 최종 소비자에게 판매하는 소매업자의 가격 책정 문제를 생각하자. 도매업자는 소매업자에게 도매가격 w 에 X 단위를 공급하고 소매업자는 X 단위를 다시 소매가격 p_x 에 소비자에게 판매한다. 소비자는 가격순응자인 반면 도매업자는 도매가격을 소매업자와 가격협상 없이 정할 수 있는 가격책정자이다. 소매업자는 도매업자에 대해서는 가격순응자이지만 소비자에 대해서는 가격책정자이다.

X 재에 대한 소비자의 수요함수는 $p_x = D(X)$ 이고 소매업자에게 발생하는 비용은

[2]경쟁적 기업은 가격이 주어지면 얼마나 생산하고 공급할 것인가만을 결정하는 가격순응자적 기업을 의미한다.

도매업자에게 지불하는 구매 비용이 전부라고 하자. 소매업자가 도매업자에게 wX 를 지불하고 X 단위를 주문하여 소비자에게 판매하면 수입은 $R(X) = D(X)X$ 이므로 소매업자의 이윤은 $\pi^r(X) = (D(X) - w)X$ 가 된다. 소매업자는 이윤을 최대로 하기 위해서 다음 문제를 푼다.

$$\max_X \pi^r(X) = (D(X) - w)X.$$

소매업자의 이윤을 최대로 하는 판매량을 X^* 라고 하자. X^* 는 w 에 따라 달라질 것이므로 $X^* = X(w)$ 이다. $X(w)$ 를 팔기 위해서 소매업자는 도매업자에게 $X(w)$ 를 주문한다. 따라서 $X(w)$ 는 도매업자의 입장에서는 자신이 공급하는 X 재에 대한 수요함수가 된다. 도매업자의 비용함수가 $C(X)$ 이면 도매업자의 이윤은 $\pi^w(w) = wX(w) - C(X(w))$ 이다. 도매업자의 이윤최대화 문제는 다음과 같다.

$$\max_w \pi^w(w) = wX(w) - C(X(w)).$$

문제 6.1 이 모형에서는 도매업자의 선택변수를 소매업자업자와는 달리 가격변수 w 로 설정하였다. 그러나 이것은 단지 분석의 편의상의 문제이며 도매업자의 이윤을 판매량의 함수로 정의할 수도 있다. 판매량을 선택변수로 하는 도매업자의 이윤최대화 문제를 기술하라. ■

6.1.3 최대화 문제와 관련된 질문

위 두 문제에 있어서도 아이스크림 예화와 마찬가지로 다음과 같은 두 가지 질문을 생각할 수 있다.

(i) 이윤을 최대로 하는 공급량이 있는지, 만약 있다면 어떤 방법으로 구할 수 있는가?

(ii) 비용조건과 수요조건이 변화하면 독점기업은 공급량을 어떻게 바꿀 것인가? 도매가격 또는 수요조건, 또는 규제가격이 달라지면 최대 이윤은 얼마나 달라지는가?

이 장에서는 선택변수에 제약조건이 없을 때의 일반적인 의사결정과 관련하여 의사결정자가 직면하는 다음 두 가지 질문에 대해 논의하기로 한다.

(i) 목표를 달성하기 위해서는 어떤 수단을 선택하여야 하는가?

(ii) 여건 또는 환경이 달라지면 선택 수단을 어떻게 바꾸어야 하는가? 그 결과 성과는 어떻게 달라지는가?

6.2 최적의 개념

6.2.1 최적해의 존재

최적화 문제를 생각하는 것이 의미가 있으려면 최적해가 존재하여야 한다. 아래 세 개의 그림에서 최대와 최소가 존재하는지를 살펴보자. 그림들에서 $x^{\max}$ 와 $x^{\min}$ 은 각각 함수 값이 최소와 최대가 되는 x 값을 의미한다. (최대와 최소에 대한 엄밀한 정의는 뒤에서 다룬다.)

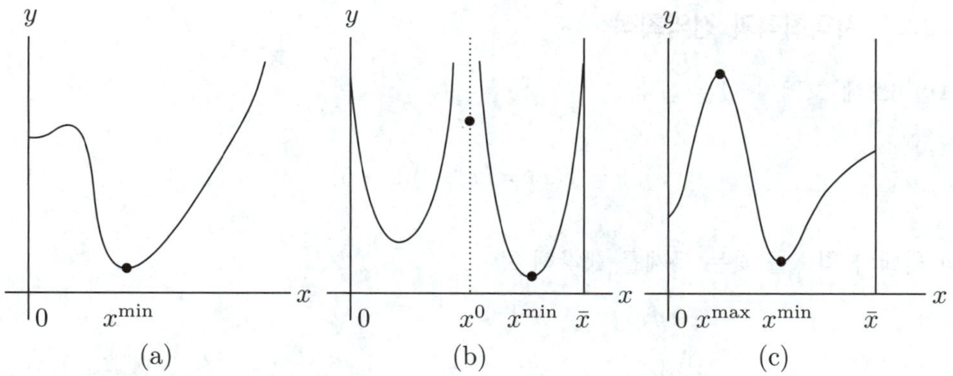

그림 6.1 최대와 최소 I

위 그림의 (a)와 (b)에서 최소는 존재하지만 최대는 존재하지 않는다. 최대가 존재하지 않는다는 것은 함수 값이 정의역 내에서 무한히 커질 수 있다는 것을 의미한다. 다음으로 (c)에서는 최대와 최소가 모두 존재한다. 이 세 그림의 차이점을 살펴보자. (c)에서는 정의역이 컴팩트집합, $[0, \bar{x}]$ 인 연속함수가 그려져 있다. 그러나 (a)와 (b)에서는 그렇지 않다. (a)에서는 정의역이 **유계가 아닌 집합(unbounded set)** 이고 (b)에서는 함수가 불연속이다. 다음 정리는 (c)에 나타나 있는 두 특성이 만족되면 최대와 최소가 존재함을 보여 준다.

정리 6.1 (바이어슈트라스 정리(Weierstrass theorem)) 정의역이 $X \subset R$ 인 연속함수 $y = f(x)$ 를 생각하자. X 가 컴팩트집합이면 $f(x)$ 는 X 에서 최대와 최소를 갖는다.

예제 6.1 어떤 사람이 W 만큼의 부를 갖고 있고 그 부를 활용하면 $u(W)$ 만큼의 만족을 얻는다고 하자. $W \in [0, \bar{W}]$ 이고 $u(W)$ 가 연속함수이면 위 정리에 의해 이 사람의

만족이 최대와 최소가 되는 부의 수준이 존재한다. ■

대부분의 경우 경제/경영 문제에서 목적함수를 연속함수로, 선택변수의 집합을 컴팩트집합으로 가정하는 이유는 최대와 최소가 보장되는 문제를 생각하기 위해서이다.

위 정리에서 목적함수가 연속이고 정의역이 컴팩트집합인 것은 최대와 최소가 존재하기 위한 충분조건이며 필요조건은 아니다. 이 조건들이 만족되지 않아도 최대와 최소가 존재할 수 있다. 예를 들어 $f(x) = \sin x$ 이고 $X = (0, \infty)$ 이면 정의역이 컴팩트집합이 아니지만 $f(x)$ 의 최대는 1이고 최소는 -1 이다.

문제 6.2 목적함수가 연속이 아니지만 최대와 최소가 있는 경우를 그림을 그려 보여라. ■

6.2.2 지역최적과 전역최적

그림 6.2에 그려져 있는 함수

$$y = f(x) = (x-2)(x-5)^2$$

의 최대와 최소를 찾는 문제를 생각해 보자.

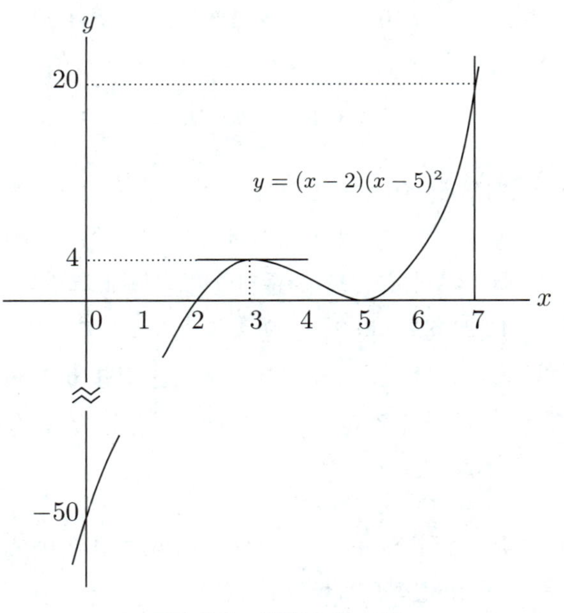

그림 6.2 최대와 최소 II

x 의 선택 범위는 $0 \le x \le 7$ 로 제한되어 있다. 그림을 보면 y 는 $x = 7$ 일 때 최대가

되며 최댓값은 20이다. 또한 $x = 0$일 때 y는 최소가 되며 최솟값은 -50이다.

문제 6.3 (i) x를 선택할 수 있는 범위가 $x \geq 0$이라고 하자. $x = 100{,}000$에서 y가 최대가 된다는 주장이 틀린 이유를 설명하라. (ii) 최소가 존재하지 않는 x의 선택 범위의 예를 들어라. ■

$x = 7$일 때 y 값은 x의 선택 범위 내에서 가능한 어떤 y 값보다도 크다. 이와 같은 성질을 갖는 x를 **전역최대점 (global maximum point)** 이라고 하고 그에 대응하는 y 값을 **전역최대 (global maximum)** 라고 한다. **전역최소점 (global minimum point)** 과 **전역최소 (global minimum)** 도 마찬가지로 정의된다. (바이어슈트라스 정리에서의 최대와 최소는 전역최대와 전역최소이다.)

$x = 3$일 때 y 값 4는 전역최대 20보다는 작지만 $x = 3$ 주위의 충분히 작은 열린 근방 내에서는 가장 크다. 예를 들어 열린구간 $(2, 4)$ 내에서는 $x = 3$일 때 y가 최대가 된다. 이와 같은 성질을 갖는 x를 **지역최대점 (local maximum point)** 이라고 하며 그에 대응하는 y 값을 **지역최대 (local maximum)** 라고 한다. $x = 2$이면 $y = 0$인데 이 점은 지역최대점이 될 수 없다. 왜냐하면 $x = 2$ 주위에 아무리 작은 열린근방을 선택하여도 이 열린근방 내에는 y 값이 0보다 큰 x가 항상 존재하기 때문이다. **지역최소점 (local minimum point)** 과 **지역최소 (local minimum)** 도 마찬가지로 정의된다.

문제 6.4 (i) $x = 5$는 지역최소점임을 보여라. (ii) $x = 6$은 지역최대점, 지역최소점, 전역최대점, 전역최소점이 아님을 보여라. ■

전역최대점에서는 지역최대가 되기 위한 조건이 자동적으로 충족되므로 전역최대는 항상 지역최대이다. 그러나 그 역은 성립하지 않는다. 마찬가지로 전역최소는 지역최소이지만 그 역은 성립하지 않는다.

문제 6.5 전역최대점 $x = 7$은 지역최대점임을 보여라. ■

최대와 최소의 정의에 관련하여 유의하여야 할 것은 대소 관계는 **약한 부등관계 (weak inequality)** 라는 점이다. 최대는 다른 값보다 크다는 것이 아니고 다른 값보다 작지 않다는 것이다. 함수 $y = 1$을 생각해 보자. 임의의 x를 선택하면 이 x에 대응하는 y 값, 즉 1보다 더 큰 y 값을 갖는 x는 존재하지 않는다. 따라서 모든 x는 전역최대점이다.

문제 6.6 $y = 1$이면 모든 x는 지역최대점, 전역최소점, 지역최소점임을 보여라. ■

6.2.3 몇 가지 고려사항

앞으로의 논의는 다음과 같은 이유로 주로 지역최대점에 대해 논의를 집중하기로 한다. 첫째, 함수 $f(x)$ 를 최소로 하는 것은 $-f(x)$ 를 최대로 하는 것과 마찬가지이기 때문에 최소화 분석은 최대화 분석과 다를 바 없다. 둘째, 전역최대를 찾는 일반적인 방법은 없다. 전역최대화에 대한 논의는 일반적으로 지역최대점이 전역최대점이 될 수 있는 조건이나 상황을 찾는 것에 한정되며 7.6.3 절에서 논의한다.

그림은 최대점 또는 최소점을 찾는 유용한 도구이기는 하지만 한계가 있다. 첫째로 경제나 경영 분야에서는 함수의 구체적인 형태를 알 수 없는 것이 보통이기 때문에 그림을 그릴 수 없는 경우가 대부분이다. 둘째, 설사 구체적인 함수 형태를 안다고 하더라도 그림을 이용해서는 정확한 최적값을 구하기 어렵다. 또 선택변수가 여러 개이면 그림을 그리는 것 자체가 용이하지 않다. 셋째, 경제 / 경영 분야에는 **정성적 (qualitative)** 인 분석에 관심을 갖는 경우가 많다. 최적해가 존재하는지 또 존재한다면 주변 여건이나 환경의 변화에 따라 최적해가 어떻게 변화하는지에 대해 알고자 할 때 그림은 유용한 도구이기는 하지만 제약이 있다. 그림을 사용할 때의 한계를 극복하기 위해서는 앞으로 논의할 해석학적 방법이 필요하다.[3]

함수 $f(x)$ 의 최적해를 찾는 일반적인 방법은 해가 가지는 특성을 찾고 이 특성을 만족하는 선택변수 값들에만 주의를 집중하는 것이다. 다시 말해 해가 될 가능성이 없는 선택변수 값을 제거하는 것이 일차적으로 해야 할 일이다. 최적해가 지니는 특성을 찾는 것은 최적해의 필요조건을 찾는 것이다. 필요조건을 만족하는 선택변수 값이 없으면 해는 존재하지 않는다. 그러나 하나 또는 여러 개의 선택변수 값들이 필요조건을 만족한다고 해서 반드시 해가 존재하는 것은 아니다. 필요조건은 단지 해가 될 수 없는 선택변수 값을 걸러내는 역할만을 할 뿐이다. (필요조건과 충분조건에 대해서는 1 편 부록 2.A 를 참조.)

필요조건을 만족하는 해가 어떤 조건을 만족하면 최적해임을 알 수 있다고 하자. 이 조건을 최적해의 충분조건이라고 한다. 최적화 이론은 최적해의 필요조건과 충분조건에 대한 것이다. 이 장에서는 상대적으로 분석하기 쉬운 일변수함수에 대해 최적화 이론을 살펴보고 4 편에서는 이 결과들을 다변수함수의 경우로 확장한다.

6.2.4 최대화 문제

$f(x)$ 를 최대로 하는 x 값을 찾는 일반적인 최대화 문제는 다음과 같이 쓸 수 있다.

[3] 그림 6.2 는 앞으로 논의할 도함수 개념을 이용하여 그린 것이다.

$$\max_x f(x) \text{ s.t. } x \in C \subset R$$

$f(x)$ 를 **목적함수 (objective function)**, x 를 **선택변수 (choice variable)** 로 부른다. 위 문제는 집합 C 의 원소 중에서 $f(x)$ 를 최대로 하는 x 를 찾는 문제이다. R 의 부분집합인 C 는 **제약집합 (constraint set)** 이라고 하며 선택할 수 있는 x 는 C 의 원소로 제한된다. 그림 6.2 의 최대화 문제에서는 $C = \{x \,|\, 0 \le x \le 7\}$ 이다. $C = R$ 이면 제약이 없는 최대화 문제가 된다.

문제 6.7 (i) 독점기업 문제와 (ii) 가격규제하의 독점기업 문제에서 목적함수, 선택변수, 제약집합을 식별하라. ■

전역최대와 지역최대는 다음과 같이 정의된다.

정의 6.1 (전역최대와 지역최대)

(i) 모든 $x \in C$ 에 대해 $f(x^*) \ge f(x)$ 이면 x^* 를 전역최대점이라고 한다.

(ii) 모든 $x \in (N(x^*) \cap C)$ 에 대해 $f(x^*) \ge f(x)$ 인 $N(x^*)$ 가 존재하면 x^* 를 지역최대점이라고 한다.

문제 6.8 (i) 그림 6.1 에서 이 정의를 이용하여 지역최대점과 전역최대점을 발견하라. (ii) 그림 6.2 에서 $C = [1, 5]$ 일 때 전역최대점과 지역최대점을 구하라. ■

그림 6.2 에서 살펴본 바와 같이 지역최대점은 $x = 3$ 과 $x = 7$ 두 개가 있다. 그런데 $x = 3$ 은 제약집합 $(-\infty, 7]$ 의 내부점이고 $x = 7$ 은 경계점이기 때문에 전자는 **내부해 (interior solution)** 후자는 **경계해 (boundary solution)** 라고 한다. 내부해인 $x = 3$ 을 살펴보면 이 점에서 목적함수의 기울기 (엄밀히 말해 목적함수 그래프의 접선의 기울기) 가 0 임을 알 수 있다.

일반적으로 $y = f(x)$ 의 지역최대점이 내부해이면 그 점에서의 목적함수의 기울기는 0 이 된다. 따라서 목적함수의 기울기가 0 인 것은 지역최대점이 내부해이기 위한 필요조건이다. 이 필요조건은 목적함수와 제약집합을 그림으로 표현할 수 없거나 정확하게 그릴 수 없는 경우에 내부해인 지역최대점을 찾는 데 매우 유용하다. 앞으로 논의하겠지만 지역최대점이 경계해인 경우에도 목적함수의 기울기는 중요한 역할을 한다. 따라서 최적화 문제를 다루기 위해서는 함수의 기울기를 해석학적으로 표현하는 방법에 대해 살펴볼 필요가 있다.

Box 6.1 전역최소와 지역최소도 정의 6.1 에 유추하여 정의할 수 있다. $\min_{x \in C} f(x)$ 와 $\max_{x \in C} -f(x)$ 의 전역최대점이 동일함을 살펴보자. $x^* \in C$ 가 $\min_{x \in C} f(x)$ 의 전역최소점, $x^{**} \in C$ 가 $\max_{x \in C} -f(x)$ 의 전역최대점이라고 하면 $f(x^*) \leq f(x^{**})$ 이고 $-f(x^{**}) \geq -f(x^*)$ 이다. 이 두 부등식을 결합하면 $\min_{x \in C} f(x) = f(x^*) = f(x^{**}) = \max_{x \in C} -f(x)$ 이므로 x^{**} 는 $\min_{x \in C} f(x)$ 의 전역최소점이고 x^* 는 $\max_{x \in C} -f(x)$ 의 전역최대점이다.

문제 6.9 x^* 가 $\min_{x \in C} f(x)$ 의 지역최대점이면 $\max_{x \in C} -f(x)$ 의 지역최대점임을 보여라. ■

6.3 도함수의 개념

이 절에서는 도함수에 대해 살펴본다. 도함수는 말 그대로 어떤 함수로부터 유도된 새로운 함수이다. 일계도함수는 함수의 기울기를 나타내며 이계도함수는 기울기가 변화하는 정도를 나타낸다. 일계도함수와 이계도함수는 최적화를 위한 필요조건과 충분조건을 도출할 때 필요하다.

6.3.1 도함수의 그래프적 해석

그림 6.3 에서 점 $(1,1)$ 을 P, $y = x^2$ 상의 임의의 두 점을 각각 Q^1 과 Q^2 라고 하자. 또 P 를 지나는 수평선과 Q^1 을 지나는 수직선이 만나는 점을 R^1, Q^2 를 지나는 수직선이 만나는 점을 R^2 라고 하자.

편의상 R^iQ^i 와 PR^i 가 각각 선분 R^iQ^i 와 PR^i 의 길이를 나타낸다고 하자. (단, $i = 1, 2, \cdots$.) 선분 PQ^1 의 기울기는 $\frac{R^1Q^1}{PR^1}$ 이고 마찬가지로 PQ^2 의 기울기는 $\frac{R^2Q^2}{PR^2}$ 이다. 이와 같이 $y = x^2$ 곡선을 따라 $Q^1, Q^2, \cdots$ 가 P 의 오른쪽으로부터 P 로 접근하면 PQ^i 의 기울기는 $y = x^2$ 곡선의 P 에서의 접선의 기울기 (또는 단순히 기울기로 표현한다) 로 수렴한다. 그런데 이것은 Q^i 가 P 의 왼쪽으로부터 접근하거나 P 를 중심으로 왼쪽, 오른쪽으로 번갈아 가면서 접근하여도 마찬가지다. 사실상 Q^i 가 P 에 어떤 경로를 거쳐 접근하여도 PQ^i 의 기울기는 P 에서의 기울기로 수렴한다.

문제 6.10 (i) Q^i 가 P 의 왼쪽으로부터 접근하여도 PQ^i 의 기울기는 P 에서의 기울기로 수렴함을 확인하라. (ii) 함수가 어떤 점에서 불연속이거나 '뾰족'할 경우 '합리적'인 기울기를 정의하기 어려움을 보여라. ■

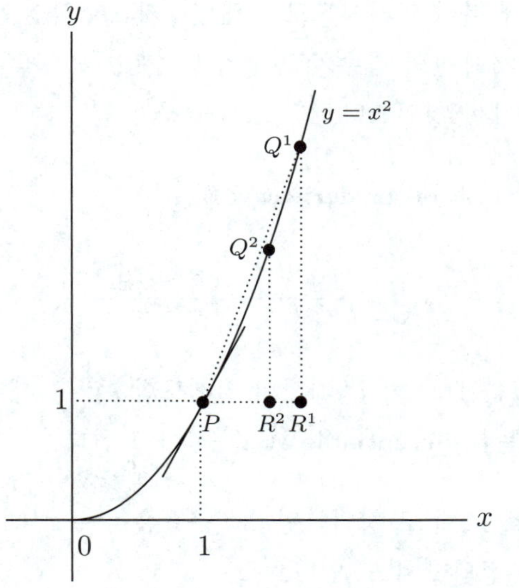

그림 6.3 도함수

위에서 관찰한 사실을 수식으로 표현해 보자. $y = x^2$ 상에서 P 가 아닌 임의의 점 (x, y) 를 Q 라고 하자. $\triangle x = x-1, \triangle y = y-1$ 로 정의하면 Q 의 좌표는 $(1+\triangle x, 1+\triangle y)$ 로 표현할 수 있다. $1 + \triangle y = (1 + \triangle x)^2$ 이므로 PQ 의 기울기는

$$\frac{\triangle y}{\triangle x} = \frac{(1 + \triangle x)^2 - 1}{\triangle x} = 2 + \triangle x$$

가 된다. Q 가 P 에 접근하는 것은 $\triangle x$ 가 0으로 수렴하는 것과 마찬가지이다. $\frac{\triangle y}{\triangle x} = 2 + \triangle x$ 는 $\triangle x$ 의 함수이므로 $\triangle x$ 가 0으로 수렴할 때 이 함수의 극한은 $\lim_{\triangle x \to 0} \frac{\triangle y}{\triangle x} = 2$ 이다. 따라서 $x = 1$ 에서 $y = x^2$ 곡선의 기울기는 2이다. (함수의 극한에 대해서는 1편 3.3.1 절 참조.)

6.3.2 도함수의 정의

이상의 논의를 일반적인 함수 $y = f(x)$ 로 확장해 보자. $y = f(x)$ 상의 임의의 점 (x, y) 를 생각하자. x 로부터 $\triangle x \neq 0$ 만큼 변할 때 y 가 $\triangle y$ 만큼 변한다고 하면 $y + \triangle y = f(x + \triangle x)$ 이므로 $\triangle y = f(x + \triangle x) - f(x)$ 이다. 따라서

$$\frac{\triangle y}{\triangle x} = \frac{f(x + \triangle x) - f(x)}{\triangle x}$$

이다. $\frac{\triangle y}{\triangle x}$ 는 $\triangle x$ 와 x 에 따라 달라지므로 독립변수가 $\triangle x$ 와 x 인 이변수함수이다. $x = x^0$ 로 고정하면 $\frac{\triangle y}{\triangle x}$ 는 $\triangle x$ 만의 함수처럼 생각할 수 있다. $y = f(x)$ 의 $x = x^0$ 에서의 일계도함수는 다음과 같이 정의된다.

정의 6.2 (일계도함수 (first order derivative))

$$\lim_{\triangle x \to 0} \frac{f(x^0 + \triangle x) - f(x^0)}{\triangle x}$$

가 존재하면 그 극한값을 $f(x)$ 의 x^0 에서의 일계도함수라고 하며 $f'(x^0)$ 로 쓴다. 또한 $f(x)$ 는 x^0 에서 **미분가능 (differentiable at x^0)** 하다고 한다.[4]

이 정의에서 $x = x^0 + \triangle x$ 로 정의하면 $\triangle x \to 0$ 은 $x \to x^0$ 과 마찬가지이다. 따라서 도함수는 다음과 같이 정의할 수도 있다.

$$f'(x^0) = \lim_{x \to x^0} \frac{f(x) - f(x^0)}{x - x^0}.$$

$f(x)$ 가 정의역 내의 모든 x 에 대해 도함수가 존재하면 $f(x)$ 는 미분가능하다고 하며 도함수 $f'(x)$ 는 다음과 같이 정의된다.

$$f'(x) = \lim_{\triangle x \to 0} \frac{f(x + \triangle x) - f(x)}{\triangle x}.$$

즉, $f'(x)$ 는 앞에서의 도함수의 정의에서 x^0 를 x 로 대치한 것이다. $f'(x)$ 를 구하는 것을 $f(x)$ 를 x 에 대해 **미분한다 (differentiate)** 고 한다. 역으로 $f'(x)$ 가 주어지면 $f'(x^0)$ 는 $x = x^0$ 일 때의 $f'(x)$ 의 값이다.[5]

예제 6.2 곡선 $y = x^2$ 상의 임의의 점 (x, y) 를 생각하자. $\triangle y = (x + \triangle x)^2 - x^2$ 이므로 $\frac{\triangle y}{\triangle x} = \frac{(x+\triangle x)^2 - x^2}{\triangle x} = 2x + \triangle x$ 이다. $\lim_{\triangle x \to 0} \frac{\triangle y}{\triangle x} = 2x$ 이므로 $x = x^0$ 에서의 기울기는 $2x^0$ 이 된다. $x^0 = 1$ 이면 기울기는 $2 \times 1 = 2$ 이고, $x^0 = 2$ 이면 기울기는 $2 \times 2 = 4$ 이다. ■

$f'(x)$ 를 도함수로 부르는 이유는 이것이 x 값에 따라 달라지므로 x 의 '함수' 이고 $f(x)$ 로부터 '**유도 (derived)**' 되기 때문이다. $f'(x)$ 는 $\frac{dy}{dx}$ 또는 $\frac{df}{dx}$ 등으로도 쓴다. 도함수가 $\frac{\triangle y}{\triangle x}$ 의 극한으로 정의되지만 $\frac{dy}{dx}$ 와 $\frac{df}{dx}$ 는 그 전체가 x 의 함수를 나타내는 하나의

---

[4] 도함수는 정의역의 내부점에서만 정의된다. 예를 들어 $X = [a, b]$ 이면 도함수는 (a, b) 에서 정의된다. 경우에 따라서는 함수의 오른쪽 극한과 왼쪽 극한의 정의를 이용하여 a 에서의 도함수를 $\lim_{\triangle x \to 0+} \frac{f(a+\triangle x) - f(a)}{\triangle x}$ 로, b 에서의 도함수를 $\lim_{\triangle x \to 0-} \frac{f(b+\triangle x) - f(b)}{\triangle x}$ 로 정의하기도 한다.

[5] $f'(x^0)$ 는 $f(x^0)$ 을 x 에 대해 미분한 것이 아님을 유의하여야 한다.

기호이며 dy 나 df 를 dx 로 나눈 것이 아니다. 다시 말해 $\frac{dy}{dx}$ 와 $\frac{df}{dx}$ 는 각각 $\frac{dy}{dx}(x)$ 와 $\frac{df}{dx}(x)$ 로 생각하여야 한다.[6]

문제 6.11 (i) $y = f(x) = x^3$ 일 때 $f'(x)$ 와 $f'(2)$ 를 구하라. (ii) $y = f(x) = \ln x$ $(x > 0)$ 라고 하자. $\frac{\triangle y}{\triangle x} = \frac{1}{x}\ln\left(1+\frac{\triangle x}{x}\right)^{x/\triangle x}$ 임을 보여라. 이 결과를 이용하여 $f'(x)$ 를 구하라. ■

예제 6.3 다음 함수를 생각하자.

$$y = f(x) = \begin{cases} x^2\cos\frac{1}{x}, & x \neq 0 \\ 0, & x = 0. \end{cases}$$

$f'(0)$ 를 구해 보자. $\frac{f(0+\triangle x)-f(0)}{\triangle x} = \triangle x\cos\frac{1}{\triangle x}$, $\lim\limits_{\triangle x\to 0}\triangle x\cos\frac{1}{\triangle x} = 0$ 이므로 $f'(0) = 0$ 이다. (1편 예제 3.9 참조.) ■

도함수와 관련하여 다음 몇 가지를 유의할 필요가 있다. 첫째, 도함수의 정의 $f'(x) = \lim\limits_{\triangle x\to 0}\frac{f(x+\triangle x)-f(x)}{\triangle x}$ 에서 만약 $\lim\limits_{\triangle x\to 0} f(x+\triangle x)-f(x) \neq 0$ 이면 $f'(x)$ 는 존재하지 않는다. 따라서 $\lim\limits_{\triangle x\to 0} f(x+\triangle x)-f(x) = 0$ 즉, $f(x)$ 는 연속함수이어야 함을 알 수 있다.

정리 6.2 함수 $f(x)$ 가 x^0 에서 미분가능하면 그 점에서 연속이다.

증명 $\lim\limits_{x\to x^0}(f(x)-f(x^0)) = \lim\limits_{x\to x^0}\frac{f(x)-f(x^0)}{x-x^0}(x-x^0) = \lim\limits_{x\to x^0}\frac{f(x)-f(x^0)}{x-x^0}\lim\limits_{x\to x^0}(x-x^0) = 0.$ □

문제 6.12 위 증명의 각 단계를 확인하라. ■

둘째, $f(x)$ 가 연속함수라고 해서 도함수가 항상 존재하는 것은 아니다. $\triangle x$ 가 0 에 가까워질 때 $f(x+\triangle x)-f(x)$ 가 0에 수렴하지만 $\triangle x$ 보다 더 느리게 수렴하면 $\frac{f(x+\triangle x)-f(x)}{\triangle x}$ 는 ∞ 나 $-\infty$ 가 될 것이므로 $f'(x)$ 는 존재하지 않는다. 따라서 미분가능한 함수는 연속함수 중 위 성질이 만족되는 특별한 함수이다.

셋째, 도함수는 $\frac{\triangle y}{\triangle x}$ 의 극한이므로 단 하나만 존재한다. 이것은 어떤 점에서의 접선은 하나만 있을 수 있음을 의미한다. 아래 예제를 살펴 보자.

---

[6] 7.2 절에서는 $\frac{dy}{dx}$ 를 dy 나누기 dx 로 생각할 수 있음에 대해 논의한다.

예제 6.4

$$y = f(x) = \begin{cases} -x, & x \geq 0 \\ x, & x < 0. \end{cases}$$

이 함수는 그림 6.4에 x축 아래의 꺾어진 직선으로 그려져 있다. $x = 0$에서 미분가능

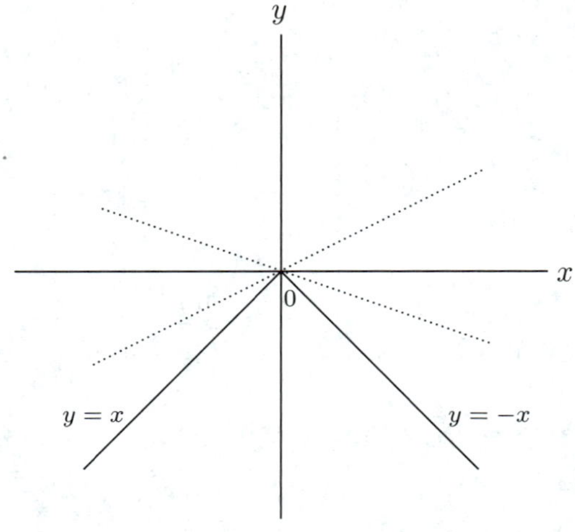

그림 6.4 미분불가능 함수

하다고 하자. $\triangle x > 0$이면 $\frac{f(0+\triangle x)-f(0)}{\triangle x} = \frac{-\triangle x}{\triangle x} = -1$이므로 $\lim_{\triangle x \to 0^+} \frac{\triangle y}{\triangle x} = -1$이다. 반면 $\triangle x < 0$이면 $\lim_{\triangle x \to 0^-} \frac{\triangle y}{\triangle x} = 1 \neq \lim_{\triangle x \to 0^+} \frac{\triangle y}{\triangle x}$이므로 $x = 0$에서 $\frac{\triangle y}{\triangle x}$의 극한값은 존재하지 않는다. 따라서 $x = 0$에서 미분불가능하다. ■

이 예제에서는 미분이 불가능한 $x = 0$에서 점선으로 표시된 '접선과 같은 것'이 '무수히' 많다. 그러나 이것은 다시 생각하면 접선이 없다고 하는 것과 마찬가지다. 이 함수를 살펴 보면 $x = 0$에서 함수의 모양이 '뾰족'함을 알 수 있다. 뒤집어 말하면 어떤 점에서 미분이 가능하기 위해서는 그림 6.3에서와 같이 그 점에서 함수의 모양이 '부드러워야' 한다.

네째, '뾰족'한 점이 없는 함수도 미분이 가능하지 않을 수 있다. 다음 예제를 살펴 보자.

예제 6.5 다음 함수를 생각하자.

$$y = f(x) = \begin{cases} x \cos \frac{1}{x}, & x \neq 0 \\ 0, & x = 0. \end{cases}$$

$\frac{f(0+\triangle x)-f(0)}{\triangle x} = \cos\frac{1}{\triangle x}$ 이다. 그런데 $\lim_{\triangle x \to 0} \cos\frac{1}{\triangle x}$ 는 존재하지 않으므로 $f(x)$ 는 $x=0$ 에서 미분가능하지 않다. (1편 예제 3.8 참조.) ■

위 예제에서의 $f(x)$ 는 $x=0$ 에서 도함수가 존재하지 않는다. 그러나 x 가 0에 접근하면 $f(x)$ 값도 0에 접근하므로 $x=0$ 주위에서 곡선의 모양과 기울기를 알아보기가 쉽지 않다. 실제로 이 점 주위에서 평균 기울기가 -1 에서 1 사이에서 순환적으로 변화하므로 '부드럽지' 못하다. 만약 함수가 어떤 점에서 불연속이라면 모양이 부드럽지 못하기 때문에 미분이 불가능하다.

문제 6.13

$$f(x) = \begin{cases} \left|\frac{x^3-x}{x}\right|, & x \neq 0 \\ 1, & x = 0. \end{cases}$$

일 때 $f(x)$ 는 $x = \pm 1$ 에서 미분 불가능함을 보여라. ■

$f'(x)$ 는 함수이므로 역시 도함수를 가질 수 있다. $f'(x)$ 의 일계도함수를 $f(x)$ 의 이계도함수라고 하며 $f''(x)$ 로 표현한다. 이렇게 순차적으로 정의된 도함수를 **고계도함수 (higher order derivatives)** 라고 하며 $f''(x)$, $f'''(x)$, $\cdots$, $f^{(n)}$ 또는 $\frac{d^2y}{dx^2}$, $\frac{d^3y}{dx^3}$, $\cdots$, $\frac{d^ny}{dx^n}$ 등으로 표현한다.

앞에서 본 바와 같이 미분가능한 함수는 연속이다. 그러나 그 도함수도 연속인 것은 아니다. 앞으로 논의할 많은 결과들 예를 들어 테일러 정리나 지역최대화를 위한 조건들을 얻기 위해서는 n 계도함수가 존재하고 $n-1$ 계도함수까지 연속이라는 가정으로 충분하지만 편의상 n 계도함수가 존재하고 연속이라는 보다 강한 가정을 하기로 한다. 이것을 n **계연속미분가능**하다고 한다. (Box 6.2 참조.) $f'(x) > 0$ 이면 x 에서의 기울기가 양이므로 x 가 약간 증가하면 f 값이 커진다. $f'(x) > 0$ 이고 $f''(x) > 0$ 이면 x 가 약간 증가할 때 x 에서의 기울기가 가팔라지므로 f 값이 더 빠른 속도로 증가한다.

문제 6.14 그림을 그려 다음 상황에서 x 가 약간 증가할 때 f 값의 변화를 설명하라. (i) $f'(x) > 0$, $f''(x) < 0$. (ii) $f'(x) = 0$ 이고 $f''(x) < 0$. (iii) $f'(x) = 0$, $f''(x) = 0$. ■

Box 6.2 정의역이 열린구간일 때 n 계도함수가 존재하면 $n-1$ 계도함수까지는 자동적으로 연속이다. 그러나 n 계도함수가 연속이라는 보장은 없다. 또한 정의역이 닫힌구간이면 $n-1$ 계까지의 도함수가 그 구간의 끝점에서 연속이 아닐 수도 있다. 아래 예는 일계도함수가 불연속인 경우이다.

Box 6.2 (계속)

$$f(x) = \begin{cases} x^2 \cos \frac{1}{x}, & x \neq 0 \\ 0, & x = 0 \end{cases}$$

이면 일계도함수는 다음과 같다.

$$f'(x) = \begin{cases} \sin \frac{1}{x} + 2x \cos \frac{1}{x}, & x \neq 0 \\ 0, & x = 0. \end{cases}$$

($x \neq 0$ 일 때 $f'(x)$ 는 아래에서 논의할 도함수 공식을 이용하여 구할 수 있다.) x 가 0 으로 접근할 때 $f'(x) = \sin \frac{1}{x}$ 는 진동하므로 0 에 수렴하지 않는다. 따라서 $f'(x)$ 는 $x = 0$ 에서 불연속이다.

6.4 도함수 정리

6.4.1 도함수 공식과 법칙

경제 / 경영학에서는 $y = x^2$ 과 같은 구체적인 형태의 함수를 가지고 분석하는 경우가 많다. 이와 같은 함수의 도함수를 정의를 이용하여 매번 구하는 것은 매우 번거로운 일이다. 이보다는 정의를 이용하여 도함수를 사전에 구해 놓고 필요할 때에 이를 참조하는 것이 편리하다. 표 6.1 에 경제 / 경영학에서 자주 쓰이는 함수들의 도함수 공식이 정리되어 있다.

$f(x)$ 와 $g(x)$ 가 미분가능하다고 하자. 한 두 함수 를 생각하자. 1 편 2.3 절에서 $(af), (f+g), (f-g), (fg), (f/g)$ 를 다음과 같이 정의하였다. (단 a 는 상수.) $(af)(x) = af(x)$, $(f+g)(x) = f(x) + g(x)$, $(f-g)(x) = f(x) - g(x)$, $(fg)(x) = f(x)g(x)$, $(f/g)(x) = f(x)/g(x)$ (단, $g(x) \neq 0$.) 이 함수들에 대해 다음과 같은 미분법칙이 성립한다.

(i) $(af)'(x) = af'(x)$,

(ii) $(f \pm g)'(x) = f'(x) \pm g'(x)$,

(iii) $(fg)'(x) = f(x)g'(x) + f'(x)g(x)$,

(iv) $(f/g)'(x) = \frac{f'(x)g(x)-f(x)g'(x)}{g(x)^2}$. (단, $g(x) \neq 0$.)

$y = f(x)$	$\frac{dy}{dx}$
$y = c$, c는 상수	$\frac{dy}{dx} = 0$
$y = x^n$	$\frac{dy}{dx} = nx^{n-1}$
$y = e^x$	$\frac{dy}{dx} = e^x$
$y = \ln x$	$\frac{dy}{dx} = \frac{1}{x}$
$y = a^x$, a는 실수	$\frac{dy}{dx} = a^x \ln a$
$y = \log_a x$, a는 실수	$\frac{dy}{dx} = \frac{1}{x \ln a}$
$y = \sin x$	$\frac{dy}{dx} = \cos x$
$y = \cos x$	$\frac{dy}{dx} = -\sin x$

표 6.1 도함수 공식

이 법칙들은 도함수와 극한의 성질을 이용하여 도출할 수 있다. 예를 들어

$$\begin{aligned}(af)'(x) &= \lim_{\triangle x \to 0} \frac{(af)(x+\triangle x)-(af)(x)}{\triangle x} \\ &= \lim_{\triangle x \to 0} \frac{af(x+\triangle x)-af(x)}{\triangle x} \\ &= af'(x)\end{aligned}$$

이다. 나머지 결과들에 대한 증명은 생략한다.

예제 6.6 $y = (x-2)(x-5)^2$의 도함수를 구해보자. $f(x) = x-2$, $g(x) = (x-5)^2 = x^2-10x+25$라고 하면 $y = f(x)g(x)$이다. 표 6.1의 도함수 공식에 의해 $f'(x) = 1$이고 도함수 공식과 (i)과 (ii)를 이용하면 $g'(x) = \frac{d(x^2)}{dx} - \frac{d(10x)}{dx} + \frac{d(25)}{dx} = 2x-10 = 2(x-5)$이다. 마지막으로 (iii)을 이용하면 $\frac{dy}{dx} = (x-2)(2(x-5)) + (x-5)^2 = 3(x-3)(x-5)$이다. ■

문제 6.15 위 예제에서 $f''(x)$를 구하라. ■

문제 6.16 예제 6.3의

$$y = f(x) = \begin{cases} x^2 \cos\frac{1}{x}, & x \neq 0 \\ 0, & x = 0. \end{cases}$$

의 $f'(x)$ 를 구하라. ■

* 도함수를 이용한 함수 그래프 그리기

도함수는 복잡한 함수의 그래프 형태를 파악하는 데 유용하다. 함수 $z(t)$ $(t \geq 0)$ 의 도함수가

$$\frac{dz}{dt} = -\beta z^2 + (\beta N - \mu)z + \mu N = -(z - N)(\beta z + \mu)$$

라고 하자. (단, $\beta, \mu, N > 0$ 이고 $z(0) = 0$ 이다.) 도함수를 포함하고 있는 이 식은 미분방정식이라고 부른다. 이 미분방정식 해의 형태에 대해 알아 보기로 하자. (일반적인 미분방정식의 해는 5편에서 다룬다. 이 미분방정식 해는 $z(t) = \frac{N(1-e^{-\rho t})}{1+\frac{\beta N}{\mu}e^{-\rho t}}$ 이며 (단, $\rho = \beta N + \mu$ 이고 5편 430-431쪽의 *신상품 확산 모형에서 그 도출 과정이 설명되어 있다.) z 의 도함수가 존재하므로 z 는 t 의 연속함수이다.

(i) $\frac{dz(0)}{dt} = \mu N > 0$. z 는 $t = 0$ 에서 증가한다.

(ii) $t > 0$ 이면 $z > 0$. $z(t^0) \leq 0$ $(t^0 > 0)$ 이라고 하자. (i) 에 의해 $z(\bar{t}) = 0$ 이고 $\frac{dz(\bar{t})}{dt} \leq 0$ 인 $\bar{t}$ $(0 < \bar{t} \leq t^0)$ 가 존재한다. 그러나 $\frac{dz}{dt}$ 에 $z(\bar{t}) = 0$ 을 대입하면 $\frac{dz(\bar{t})}{dt} = \mu N > 0$ 이므로 모순이다.

(iii) $t > 0$ 이면 $z < N$ 이고 $\frac{dz}{dt} > 0$. $z(t^1) > N$ $(t^1 > 0)$ 이라고 하자. $z(\hat{t}) > N$ 이고 $\frac{dz(\hat{t})}{dt} > 0$ 인 $\hat{t}$ $(0 < \hat{t} \leq t^1)$ 가 존재한다. 그러나 $\frac{dz}{dt}$ 에 $z(\hat{t})$ 을 대입하면 $\frac{dz(\hat{t})}{dt} < 0$ 이므로 모순이다. 따라서 $z \leq N$ 이다.[7] z 는 항상 증가한다.

(iv) $\lim_{t\to\infty} z(t) = N$. z 는 N 에 **점근적으로 (asymptotically)** 수렴한다. $z(t)$ 는 증가하고 N 에 도달할 수 없으므로 $t \to \infty$ 이면 어떤 값 z^∞ 에 수렴하며 $\lim_{t\to\infty} \frac{dz}{dt} = 0$ 이다. $\lim_{t\to\infty} \frac{dz}{dt} = -((z^\infty - N)(\beta z^\infty + \mu) = 0$ 이므로 $\lim_{t\to\infty} z(t) = N$ 이다.

(v) $z(t)$ 의 변곡점 t^* 가 존재한다. $\frac{d^2z}{dt^2} = (-2\beta z + \beta N - \mu)\frac{dz}{dt}$ 이다. t^* 를 $z(t^*) = z^* = \frac{\beta N - \mu}{2\beta}$ 로 정의하면 $\frac{d^2z(t^*)}{dt^2} = 0$ 이다. $\frac{dz}{dt} > 0$ 이므로 $t < t^*$ 이면 $z < z^*$ 이고 따라서 $\frac{d^2z}{dt^2} > 0$ 이며 마찬가지로 $t > t^*$ 이면 $\frac{d^2z}{dt^2} < 0$ 이다. 따라서 $t < t^*$ 이면 z 는 점점 빠르게 증가하고 $t > t^*$ 이면 점점 느리게 증가한다. $t^* > 0$ 인 경우가 그림 6.5에 나타나 있으며 z 는 S 자 형태의 곡선임을 알 수 있다.

---

[7] 미분방정식 $\frac{dz}{dt} = f(t, z)$ 을 생각하자. ($f(t, z)$ 가 어떤 조건을 만족하면) 특정한 점 (t^0, z^0) 을 지나는 $z(t)$ 는 단 하나 존재한다. 모든 t 에 대해 $z(t) = N$ 은 (t^0, N) 을 지나는 위 미분방정식의 해이므로 $(0, 0)$ 을 지나고 위 미분방정식을 만족하는 $z(t)$ 는 유한한 t^0 에 N 에 도달할 수 없다.

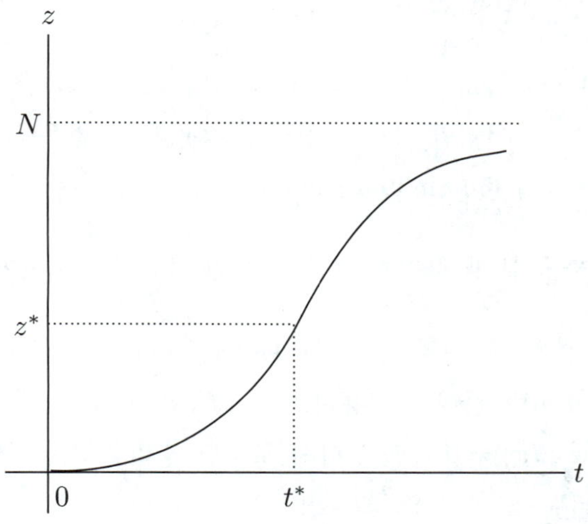

그림 6.5 S 자 곡선

문제 6.17 $t^* < 0$ 일 때 z 의 형태를 그려라. ■

6.4.2 로피탈 정리

$\lim_{x\to 0}\frac{\sin x}{x}$ 를 생각하자. 이 경우는 $\frac{\lim_{x\to x^0}\sin x}{\lim_{x\to x^0} x} = \frac{0}{0}$ 의 형태가 되므로 $\lim_{x\to x^0} f(x)/g(x) = \lim_{x\to x^0} f(x)/\lim_{x\to x^0} g(x)$ 공식을 적용할 수 없다. 아래 정리에 $\lim_{x\to x^0} f(x)/\lim_{x\to x^0} g(x)$ 가 $\frac{0}{0}$, $\frac{\pm\infty}{\pm\infty}$ 또는 $\frac{\pm\infty}{\mp\infty}$ 형태일 때 $\lim_{x\to x^0} f(x)/g(x)$ 를 구하는 방법이 나타나 있다.

정리 6.3 (로피탈 정리 (L'Hopital's rule)) $\lim_{x\to x^0} f(x)/\lim_{x\to x^0} g(x)$ 가 $\frac{0}{0}$, $\frac{\pm\infty}{\pm\infty}$ 또는 $\frac{\pm\infty}{\mp\infty}$ 형태일 때 $\lim_{x\to x^0} f'(x)/g'(x) = a$ 이면 $\lim_{x\to x^0} f(x)/g(x) = a$ 이다. (단, a 는 실수이거나 $\pm\infty$.)

예제 6.7 $\lim_{x\to 0}\frac{\sin x}{x} = \lim_{x\to 0}\frac{\cos x}{1} = 1$ 이다. 또 다른 예로서 $\lim_{x\to\infty}\frac{x}{e^x}$ 를 생각하자. 이 경우 $\lim_{x\to 0} x/\lim_{x\to 0} e^x = \frac{\infty}{\infty}$ 이다. 로피탈 정리를 이용하면 $\lim_{x\to\infty}\frac{x}{e^x} = \lim_{x\to\infty}\frac{1}{e^x} = 0$ 이다. 마찬가지로 $\lim_{x\to\infty}\frac{e^x}{x} = \lim_{x\to\infty}\frac{e^x}{1} = \infty$ 이다. ■

$\lim_{x\to x^0} f(x)/\lim_{x\to x^0} g(x)$ 가 $\frac{0}{0}$, $\frac{\pm\infty}{\pm\infty}$ 또는 $\frac{\pm\infty}{\mp\infty}$ 형태라고 해서 항상 로피탈 정리가 성립하는 것은 아니며 $\lim_{x\to x^0} f'(x)/g'(x)$ 가 존재하는 경우에만 성립한다.

예제 6.8 $f(x) = x + \sin x$, $g(x) = x$ 라고 하자. $\lim_{x\to\infty} f(x)/g(x) = \lim_{x\to\infty}(1 + \frac{\sin x}{x}) = 1$ 이다. 이 경우 $\lim_{x\to\infty} f(x) = \lim_{x\to\infty} g(x) = \infty$ 이지만 $\lim_{x\to\infty} f'(x)/g'(x) = \frac{1+\cos x}{1}$ 는 존재

하지 않으므로 로피탈 정리를 적용할 수 없다. ■

문제 6.18 (i) $f(x) = x^2 \sin\frac{1}{x}$, $g(x) = \sin x$ 이면 $\lim_{x\to 0} f(x)/g(x) = 0$ 임을 보여라. $\lim_{x\to 0} f(x) = \lim_{x\to 0} g(x) = 0$ 이지만 로피탈 정리를 적용할 수 없음을 보여라. (ii) 다음을 구하라. (a) $\lim_{x\to 0}\frac{a^x-1}{x}$, (b) $\lim_{x\to 0} x\ln x$, (c) $\lim_{x\to 0}\frac{x^n}{e^x-1}$, (d) $\lim_{x\to 1}\frac{x^2-1}{x-1}$. ■

$\lim_{x\to x^0} f(x)/g(x)$ 를 구할 때 로피탈 정리를 두 번 이상 적용하여야 하는 경우도 있다.

예제 6.9 $\lim_{x\to 0}\frac{\sin^2 x}{x^2}$ 를 구해 보자. $f(x) = \sin^2 x$, $g(x) = x^2$ 으로 하면 $\lim_{x\to 0} f(x) = \lim_{x\to 0} g(x) = 0$ 이다. 로피탈 정리를 적용하면 $\lim_{x\to 0} f'(x)/g'(x) = \lim_{x\to 0}\frac{2\sin x\cos x}{2x}$ 이다. 그런데 $\lim_{x\to 0} f'(x) = \lim_{x\to 0} g'(x) = 0$ 이므로 다시 로피탈 정리를 적용하면 $\lim_{x\to 0} f(x)/g(x) = \lim_{x\to 0} f''(x)/g''(x) = \lim_{x\to 0}\frac{2(-\sin^2 x+\cos^2 x)}{2} = 1$ 이다. ■

문제 6.19 $\lim_{x\to\infty}\frac{x^n}{e^x}$ 를 구하라. ■

6.5 순간변화율

그림 6.3 에서 $\frac{\triangle y}{\triangle x}$ 는 선분 PQ^i 의 기울기로, $\frac{dy}{dx}$ 는 점 P 에서의 접선의 기울기로 생각하였다. $\frac{\triangle y}{\triangle x}$ 와 $\frac{dy}{dx}$ 의 의미를 다른 상황에서 살펴보자. $y = x^2$ $(x \geq 1)$ 에서 x 는 시간을 나타내고 y 는 어떤 지역의 인구를 나타낸다고 하자. (편의상 인구는 실수로 나타낼 수 있다고 가정한다.) x 는 1, $\frac{366}{365}$, 1.25, 3 과 같은 값을 가질 수 있는데 이 숫자들이 무엇을 의미하는지는 시간 단위가 무엇인가에 따라 달라진다. 단위 시간이 1년이고 현재를 $x = 1$ 로 나타내면 $\frac{366}{365}$ 는 내일을, 1.25 는 3 달 후, 3 은 2 년 후를 의미한다. 따라서 현재의 인구는 1 명, 하루 후에는 $(\frac{366}{365})^2 \approx 1.0055$ 명, 3 달 후에는 $(1.25)^2 = 1.5625$ 명, 2 년 후에는 $3^2 = 9$ 명이 된다.

$x = 3$ 이면 시간이 현재로부터 $\triangle x = 3 - 1 = 2$(년) 만큼 경과한 것이다. 이에 따라 인구는 $\triangle y = 9 - 1 = 8$(명) 증가한다. $\frac{\triangle y}{\triangle x} = 4.5$(명 / 년) 이므로 향후 2 년간 1 년에 평균적으로 4.5 명이 증가하는 셈이다. 이런 의미에서 $\frac{\triangle y}{\triangle x}$ 를 **(년) 평균변화율 ((yearly) average rate of change)** 이라고 한다. $x = 1.25$ 이면 $\frac{\triangle y}{\triangle x} = \frac{0.5625}{0.25} \approx 2.25$(명 / 년) 이다. 이것은 3 개월 동안의 인구증가 추세가 1 년 동안 지속되면 대략 2.25 명이 늘어날 것임을 의미한다. $x = \frac{366}{365}$ 이면 $\frac{\triangle y}{\triangle x} = \frac{0.0055}{1/365} \approx 2.0075$(명 / 년) 이므로 하루 동안의 인구증가 추세가 1 년 동안 지속되면 대략 2.0075 명 늘어나게 된다. 요약하면 $\frac{\triangle y}{\triangle x}$ 는 $\triangle x$ 년 동안 증가한 인구를 1 년 동안 증가한 인구로 환산한 것이다.

앞에서 본 바와 같이 평균변화율은 분석 기간을 얼마나 길게 잡을 것인가에 따라 달라진다. $\triangle x$ 를 무한히 줄여 갈 때 $\frac{\triangle y}{\triangle x}$ 가 어떤 값에 수렴하면 이것을 **순간변화율 (instantaneous rate of change)** 라고 한다. 쉽사리 짐작할 수 있는 것처럼 순간변화율은 도함수 $\frac{dy}{dx}$ 이다. 평균변화율과 마찬가지로 순간변화율의 단위 역시 (명/년) 임을 잊지 말아야 한다. 순간변화율은 특정 x 값에서의 '순간적' 인 변화율로 생각하지만 엄밀히 말하자면 어느 한 순간에는 변화가 일어날 수 없으므로 합당한 표현이라고는 할 수는 없다. $\frac{dy}{dx}$ 를 x 에서의 y 의 순간적 변화라고 표현하더라도 이것은 x 가 약간 변화하면 순간변화율이 평균변화율의 좋은 근삿값이라는 것을 유념하고 사용하여야 한다.

$f'(x) > 0$ 이면 x 주위에서의 기울기 즉, 순간변화율이 양이므로 x 가 약간 증가하면 그에 대응하여 y 도 역시 증가한다. $f'(x) < 0$ 이면 반대의 결과를 얻는다. 그러나 $f'(x) = 0$ 이면 x 가 약간 변화할 때 y 가 변하지 않는다고 말할 수는 없다. y 는 증가할 수도, 감소할 수도, 아니면 변화하지 않을 수도 있다. 다시 말해 y 값이 '순간적' 으로 변화하지 않는다는 것은 x 가 약간 변화할 때 y 에 주는 영향은 미미하다는 것만을 의미하는 것이다. 그러나 영향이 미미하더라도 양일 수도 있고 음일 수도 있다.

문제 6.20 $f'(x) = 0$ 일 때 x 가 변화하면 y 는 증가할 수도, 감소할 수도, 아니면 변화하지 않을 수도 있음을 그림을 그려 설명하라. ■

6.6 도함수의 응용

6.6.1 한계비용

경제/경영 문제에서 순간변화율의 개념을 이해하는 것은 경제 변량이 일반적으로 최소 단위를 갖기 때문에 쉽지 않다. X 단위를 공급하기 위해 필요한 생산비용 C 는 $C = C(X)$ 표현된다고 하자. 현재 100 단위를 생산하고 있으며 이에 소요되는 비용이 100 일 때 (즉, $100 = C(100)$) 5 단위를 추가적으로 더 생산하면 ($\triangle X = 5$) 추가적으로 비용이 10 이 ($\triangle C = 10$) 발생하면 $\frac{\triangle C}{\triangle X} = 2$ 이다. $\triangle X$ 와 $\triangle C$ 간의 관계가 일정하면 현재 생산량 100 단위에서 한 단위 더 생산할 때 소요되는 추가적 비용은 2 가 된다. ($\triangle X$ 와 $\triangle C$ 간의 관계는, $C(X)$ 가 선형함수가 아닌 한, X 와 $\triangle X$ 에 따라 달라지므로 이것은 일반적으로 사실이 아니다.)

$\triangle X$ 가 매우 작은 양이면 $C'(X) = \lim_{\triangle X \to 0} \frac{\triangle C}{\triangle X}$ 에 대해서도 마찬가지로 생각할 수 있다. 경제학에서는 (엄밀히 말하면 사실이 아니지만) 편의상 $C'(X)$ 를 현재 X 단위를 생산하고 있을 때 생산을 한 단위 늘리기 위해 필요한 추가 생산비용으로 해석한다. '추가적 한 단위 변화' 를 **한계 (marginal)** 라는 용어로 표현한다. 따라서 $C'(X)$ 는 **한계**

비용 (marginal cost) 이라고 부르며 $MC(X)$ 또는 간단히 MC 로도 쓴다.

일반적으로 $C'(X) = MC(X) \geq 0$, $C''(X) = MC'(X) \geq 0$ 으로 가정한다. 한계비용이 양임은(엄밀히 말하면 음이 아님은) 자명하다. 한계비용이 생산량의 증가함수라는 것은 (엄밀히 말하면 감소함수가 아니라는 것은) $X^2 > X^1$ 이면 $MC(X^2) \geq MC(X^1)$ 임을 뜻한다. 이것은 한 단위 추가 생산을 위해 필요한 비용은 현재 생산량이 클 때(X^2)가 작을 때(X^1)보다 더 크다는 것을 의미하며, 생산량이 늘어나면서 생산에 필요한 자원과 요소를 구하기가 점점 어려워지면 일어날 수 있다. 그림 6.6 에 우상향하는 (즉, $MC'(X) > 0$ 인) 한계비용곡선 MC 곡선이 그려져 있다.

문제 6.21 $MC'(X) \leq 0$ 인 상황을 설명하라. ■

6.6.2 한계수입

6.1.1 절에서 본 바와 같이 X 단위를 공급하는 독점기업의 수입은 $R(X) = D(X)X$ 이고 이것을 X 에 대해 미분하면

$$R'(X) = D(X) + D'(X)X$$

이다. 수요함수는 우하향하는 것으로 가정하므로 $D'(X) < 0$ 이다.

$R'(X)$ 는 현재 X 단위를 공급하고 있을 때 추가적으로 한 단위 더 공급하여 얻을 수 있는 추가 수입이다. $R'(X)$ 를 **한계수입 (marginal revenue)** 이라고 하며 $MR(X)$ 또는 간단히 MR 이라고 쓴다. 한계비용과 마찬가지로 한계수입에는 '현재 공급량이 X 단위일 때'가 전제되어 있음을 잊지 말아야 한다. 위 식에서 $D'(X) < 0$ 이므로

$$MR(X) < D(X) = p_x$$

이다. 이것은 추가적으로 한 단위를 더 공급하여 얻을 수 있는 한계수입은 현재 가격(현재 공급량이 X 단위일 때 받을 수 있는 가격)보다 작음을 의미한다. 그 이유를 살펴보자. 독점기업이 현재 X 단위를 가격 p_x 에 공급하고 있다고 하자. 이 기업이 한 단위를 더 공급하려 할 때 가격이 변화하지 않는다면 추가적인 수입은 p_x 가 된다. 그러나 수요곡선이 우하향하므로 ($D'(X) < 0$) 독점기업이 추가적으로 한 단위를 더 팔기 위해서는 가격을 낮추어야 한다. 따라서 추가 수입은 현재 가격 p_x 에 미치지 못하게 된다.

선형 수요함수 $D(X) = a - bX$ $(a, b > 0)$ 를 생각하자. $R(X) = (a - bX)X$ 이므로

$$MR(X) = a - 2bX$$

이다. $D(X)$ 와 $MR(X)$ 는 모두 p_x 축의 같은 절편 a 에서 출발하지만 $MR(X)$ 가 $D(X)$ 보다 두 배 가파르게 우하향한다. 그림 6.6 에 일반적인 수요곡선 $D(X)$ 와 $MR(X)$ 곡선이 그려져 있다.

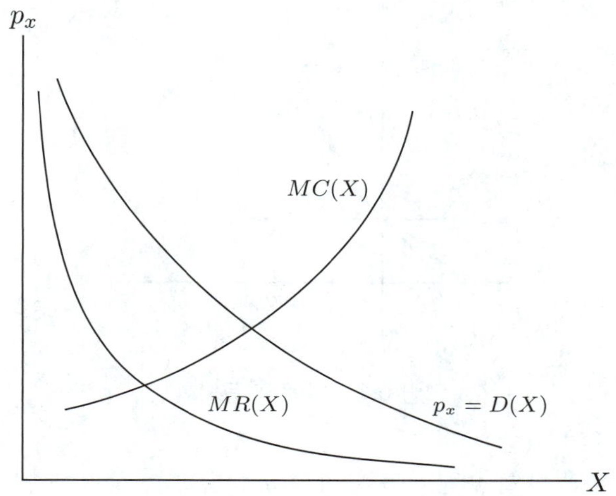

그림 6.6 한계수입과 한계비용곡선

문제 6.22 (i) 그림 6.6 에서는 $MR(X)$ 곡선이 우하향하는 것으로 그려져 있으나 항상 그렇지는 않다. $D(X) = X - \ln X$ $(0 < X \leq 1)$ 라고 하자. $MR(X) = 2X - \ln X - 1$ 임을 보이고 $D(X)$ 와 $MR(X)$ 의 그림을 그려 $MR(X)$ 가 우상향할 수 있음을 확인하라. (ii) 일반적인 수요함수 $D(X)$ 에 대해 $\frac{d(MR)}{dX}$ 를 구하고 이를 이용하여 MR 이 우상향할 수 있음을 보여라. ■

6.7 테일러 정리와 평균값 정리

예제 6.10 $y = e^{0.25}$ 의 근삿값을 구해 보자. 그림 6.7 에 $y = e^x$ 가 그려져 있다. $x = 0.25$ 일 때 세 다항함수 $y = 1$, $y = 1 + x$, $y = 1 + x + \frac{x^2}{2}$ 의 y 값은 각각 1, 1.25, 1.28125 이다. 그림으로부터 이 세 값 중 $e^{0.25} \approx 1.2840$ 의 가장 좋은 근삿값은 1.28125 임을 알 수 있다. ■

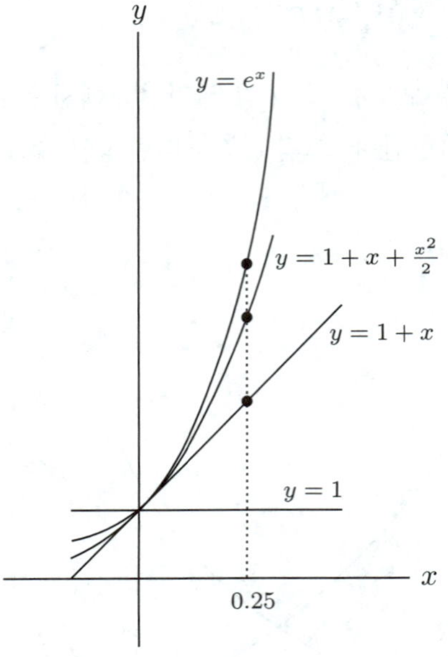

그림 6.7 $e^{0.25}$ 의 근사화

그림 6.8 의 $x = x^0$ 에서 미분가능한 함수 $y = f(x)$ 를 생각하자. 임의의 x 에 대해

$$R_1 = f(x) - (f(x^0) + f'(x^0)(x - x^0))$$

이라고 하자. 그림에서 보는 바와 같이 R_1 은 $f(x)$ 를 $f(x^0) + f'(x^0)(x - x^0)$ 로 근사화할 때 발생하는 오차이다. x 가 x^0 에 가까워지면 오차가 작아질 것이기 때문에 $\lim_{x \to x^0} R_1 = 0$ 이다. 따라서 x 가 x^0 에 충분히 가까우면 $f(x^0) + f'(x^0)(x - x^0)$ 를 $f(x)$ 의 근삿값으로 사용할 수 있다. 그런데

$$\lim_{x \to x^0} \frac{R_1}{x - x^0} = \lim_{x \to x^0} \left(\frac{f(x) - f(x^0)}{x - x^0} - f'(x^0) \right) = 0$$

이므로 x 가 x^0 에 가까워지는 것보다 더 빠르게 R_1 이 0 으로 수렴한다.

예제 6.11 $f(x) = x^2$ 이면 $R_1 = x^2 - ((x^0)^2 + 2x^0(x - x^0)) = (x - x^0)^2$ 이므로 $\lim_{x \to x^0} \frac{R_1}{x - x^0} = \lim_{x \to x^0} (x - x^0) = 0$ 이다. ■

$f(x) \approx f(x^0) + f'(x^0)(x - x^0) = f'(x^0)x + (f(x^0) - f'(x^0)x^0)$ 는 x 에 대해 선형식이므로 x^0 에서 $f(x)$ 의 도함수를 구하는 것은 $f(x)$ 를 x^0 근방에서 선형으로 근사화하는 것으로 해석할 수 있다. 이 해석을 확장하면 $f(x)$ 를 x^0 근방에서 2 항식, 3 항식과 같은 다항식으로 근사화하는 것도 생각할 수 있다. $[a, b]$ 에서 정의되는 $f(x)$ 를

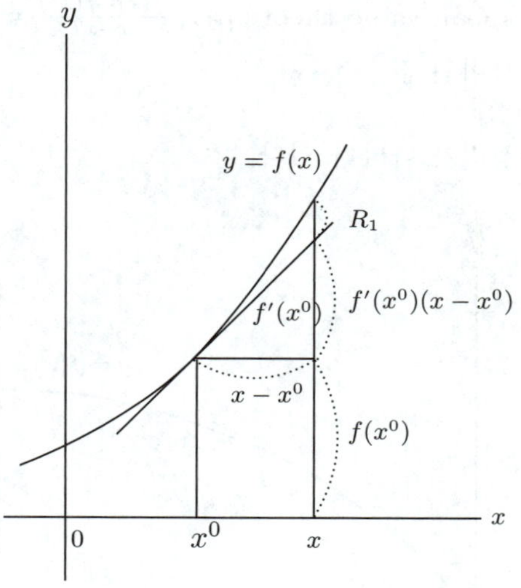

그림 6.8 테일러 정리

생각하자. 테일러 정리는 $f^{(n+1)}(x)$ 이 존재하면 $f(x)$ 는 n 차다항식으로 근사화 또는 n **계전개** (**nth order expansion**) 할 수 있음을 보여 준다.[8]

정리 6.4 (테일러 정리 (Taylor's theorem)) $f(x) = f(x^0) + f'(x^0)(x - x^0) + f''(x^0)\frac{(x-x^0)^2}{2!} + \cdots + f^n(x^0)\frac{(x-x^0)^n}{n!} + R_n$ 이다. (단, $R_n = f^{(n+1)}(\theta)\frac{(x-x^0)^{n+1}}{(n+1)!}$ 이고 θ 는 x^0 와 x 사이의 값.) [9]

R_n 은 $f(x)$ 를 n 차다항식으로 전개할 때 발생하는 오차 또는 **나머지** (**remainder**)를 나타낸다. $\lim_{x \to x^0} \frac{R_n}{(x-x^0)^n} = \lim_{x \to x^0} f^{(n+1)}(\theta)\frac{x-x^0}{(n+1)!}$ 이므로 R_n 은 x 가 x^0 에 가까워질 때 $(x - x^0)^n$ 보다 빨리 0 으로 수렴한다.

예제 6.12 (i) $n = 0$ 이면 $f(x) = f(x^0) + R_0 = f(x^0) + f'(\xi)(x - x^0)$ 이다. (단, ξ 는 x^0 와 x 사이의 값.) (ii) $n = 1$ 이면 $f(x) = f(x^0) + f'(x^0)(x - x^0) + R_1 = f(x^0) + f'(x^0)(x - x^0) + f''(\omega)\frac{(x-x^0)^2}{2}$ 이다. (단, ω 는 x^0 와 x 사이의 값.) (iii) $n = 2$ 이면 $f(x) = f(x^0) + f'(x^0)(x - x^0) + f''(x^0)\frac{(x-x^0)^2}{2} + R_2 = f(x^0) + f'(x^0)(x - x^0) + f''(x^0)\frac{(x-x^0)^2}{2} + f'''(\theta)\frac{(x-x^0)^3}{6}$ 이다. (단, θ 는 x^0 와 x 사이의 값.) ■

---

[8] 이 정리의 전제조건은 (a, b) 의 모든 x 에 대해 $f^{(n+1)}(x)$ 가 존재하고 $[a, b]$ 의 모든 x 에 대해 $f^{(n)}(x)$ 이 연속이고 $x^0 \in [a, b]$ 이다. 그러나 앞에서 모든 n 에 대해 n 계도함수가 존재하고 연속이라고 가정하였기 때문에 이 정리의 전제조건은 자동적으로 성립한다. 이하에서는 이 전제조건은 생략하기로 한다.

[9] $n! = 1 \times 2 \times \cdots \times n$ 은 n **계승** (**factorial**) 이다.

정리 6.5 (평균값 정리(mean value theorem)) $\frac{f(x)-f(x^0)}{x-x^0} = f'(\xi)$ 이 되는 ξ가 존재한다. (단, ξ는 x^0와 x 사이의 값.)

그림 6.9에 평균값 정리가 나타나 있다.

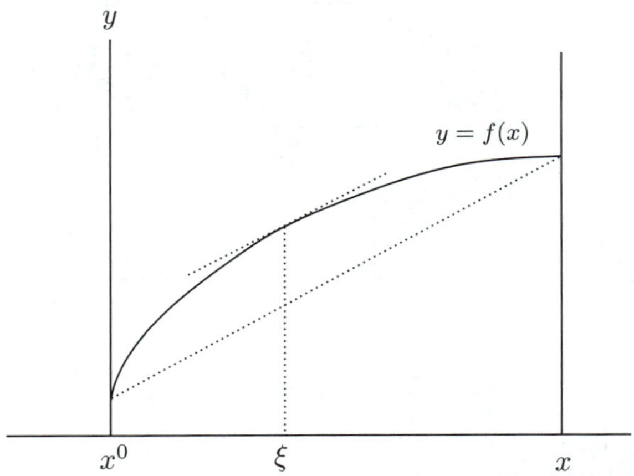

그림 6.9 평균값 정리

평균값 정리는 사실상 예제 6.12 (i)이다. 평균값 정리는 다음과 같이 해석할 수 있다. 시점 x^0에서 지점 $f(x^0)$를 출발하여 시점 x에 지점 $f(x)$에 도달한 자동차의 평균속도는 $\frac{f(x)-f(x^0)}{x-x^0}$이다. 평균값 정리는 시점 x^0와 시점 x 사이에 순간적으로 속도가 평균속도와 일치하는 시점 ξ가 있음을 보여준다. (그림 6.9 참조.)

문제 6.23 $f(x)$가 $[a,b]$ $(a < b)$에서 연속이고 (a,b)에서 미분가능하다고 하자. 평균값 정리를 이용하여 다음을 보여라. (i) $f'(x) = 0$ $(x \in (a,b)$이면 $f(x) = f(a)$ $(x \in [a,b])$이다. (단, c는 상수.) (ii) $f'(x) > 0$ $(x \in (a,b)$이면 $f(x)$는 증가함수 즉, $a < x^1 < x^2 < b$일 때 $f(a) < f(x^1) < f(x^2) < b$이다. ■

x와 x^0의 차이가 크지 않으면 R_n을 무시할 수 있으므로

$$\begin{aligned} f(x) &\approx f(x^0) + f'(x^0)(x-x^0) + f''(x^0)\frac{(x-x^0)^2}{2!} \\ &+ \cdots + f^n(x^0)\frac{(x-x^0)^{(n)}}{n!} \end{aligned}$$

로 쓸 수 있다.

예제 6.13 예제 6.10에서 $e^{0.25}$를 $1 + 0.25 + \frac{0.25^2}{2}$로 근사화하였다. 이것은 사실상 테일러 정리를 이용하여 근삿 값을 계산한 것이다. $e^{0.1}$의 근삿값을 구해 보자. $f(x) = e^x$

이면 $f'(x) = f''(x) = e^x$ 이다. $x^0 = 0$ 이면 $e^x \approx e^0 + e^0(x-0) + e^0\frac{(x-0)^2}{2} = 1 + x + \frac{x^2}{2}$ 이다. $x = 0.1$ 이면 $e^{0.1} \approx 1.1051709$ 이고 $1 + x + \frac{x^2}{2} = 1.105$ 이다. 반면 $x = 1$ 이면 $e^1 \approx 2.7182818$ 이고 $1 + x + \frac{x^2}{2} = 2.5$ 이므로 $x = 0.1$ 일 때에 비해 오차가 상대적으로 크다. ■

문제 6.24 (i) $f(x) = x^2$ 이면 $R_n = 0$ $(n \geq 2)$ 임을 보이고 그 이유를 설명하라. (ii) $\sqrt[4]{627}$ 의 근삿값을 계산하라. (힌트: $627 = 5^4 + 2$ 임을 이용하라.) (iii) $f(x) = \ln x$ 를 $x = 1$ 에서 테일러 3계전개하여 $\ln 1.2$ 의 근삿값을 구하라. ■

예제 6.14 $f(x) = x^2$ 이고 $x^0 = 1$, $x = 1.01$ 이라고 하자. $f(1.01) = 1.0201$ 이다. 테일러 정리에 의해 $n = 0$ 이면 $f(1.01) = f(1) + R_0$, 즉 $1.0201 = 1 + R_0$ 이다. $R_0 = 0.0201 = f'(\xi)(1.01 - 1)$ 이고 $f'(\xi) = 2\xi$ 이므로 $\xi = 1.005$ 이며 $x^0 < \xi < x$ 이다. $n = 1$ 이면 $f(1.01) = f(1) + f'(1)(1.01 - 1) + R_1 = 1.02 + R_1 = 1.0201$ 이다. $|R_1| = 0.0001 < 0.0201 = |R_0|$ 이므로 선형근사화가 그렇지 않은 경우보다 더 좋은 근사화다. $n = 2$ 이면 $f(1.01) = 1 + 2 \times (1.01 - 1) + (2 \times (0.01)^2)/2 = 1.0201$ 이므로 $R_2 = 0$ 이다. 따라서 이계근사화가 선형근사화보다 더 좋은 근사화다. 일반적으로 x 가 x^0 에 충분히 가까우면 고계근사화할수록 더 좋은 근삿값을 얻을 수 있다.

x 가 x^0 에서 멀리 떨어지면 고계근사화가 반드시 더 좋은 결과를 가져오지는 않는다. $f(x) = \frac{1}{1+x^2}$ 을 $x^0 = 0$ 에서 테일러 전개하자. $f'(0) = 0$ 이고 $f''(0) = -2$ 이다. 따라서 $R_0 = R_1 = f(x) - 1$ 이고 $R_2 = f(x) - 1 + x^2$ 이다. $x^0 = 1.5$ 이면 $R_0 = R_1 = -0.6923$ 이고 $R_2 = 1.5577$ 이므로 이계근사화의 오차가 더 크다. 그러나 x^0 가 x 와 가까우면 예를 들어 $x^0 = 0.5$ 이면 $R_0 = R_1 = -0.2$ 이고 $R_2 = 0.05$ 이므로 이계근사화가 더 좋은 근사화이다. ■

문제 6.25 (i) $y = \sin x$ 를 $x^0 = 0$ 에서 5계테일러 전개하고 이를 이용하여 $x = \frac{\pi}{6}$ 의 근삿값과 오차를 구하라. (ii)

$$f(x) = \begin{cases} e^{-1/x} & x > 0 \\ 0, & x \leq 0 \end{cases}$$

를 생각하자. (a) $f'(x)$ 를 구하라. $f'(x)$ 가 $x = 0$ 에서 연속임을 보여라. (이것을 위해 모든 n 에 대해 $\lim_{x \to 0} \frac{e^{-1/x}}{x^n} = 0$ 임을 이용하라.) (b) $f(x)$ $(x > 0)$ 를 $x^0 = 0$ 에서 테일러 전개를 하면 $R_0 = R_1 = f(x)$ 임을 보여라.[10] ■

---

[10] 사실상 $f(x)$ 는 무한히 연속 미분가능하며 $f^{(n)} = 0$ 이다. 따라서 모든 n 에 대해 $R_n = f(x)$ 이다. 다시 말해 x 가 주어질 때 n 이 무한히 커져도 테일러 근사화에 의한 값은 $f(x)$ 에

6.8 연쇄법칙

미분가능한 두 함수 $z = g(y)$ 와 $y = f(x)$ 와 이 두 함수의 합성함수 $z = g(f(x)) \equiv h(x)$ 를 생각하자. $\frac{dz}{dx}$ 를 구하기 위해서는 두 가지 방법이 있다. 첫 번째 방법은 $h(x)$ 를 계산한 다음 이것으로부터 직접 $h'(x)$ 를 구하는 것이다.

예제 6.15 $z = g(y) = 2y^4 + 1$, $y = f(x) = x^3$ 이라고 하자. 이 두 식으로부터 $z = h(x) = 2x^{12} + 1$ 이므로 $h'(x) = 24x^{11}$ 이다. ■

두 번째 방법은 y 를 소거하지 않고 연쇄법칙을 사용하여 간접적으로 구하는 것이다.

정리 6.6 (연쇄법칙 (chain rule)) $z = g(y)$ 와 $y = f(x)$ 가 미분가능하고 $z = g(f(x)) \equiv h(x)$ 이면 $\frac{dz}{dx} = h'(x) = g'(y)f'(x)$ 이다. (증명은 Box 7.1 참조.)

합성함수의 정의에 의해 x 가 변화하면 y 에 영향을 주고 이것이 또 z 에 연쇄적으로 영향을 준다. 연쇄법칙은 x 의 변화가 z 에 주는 총영향이 개별적 영향 $f'(x)$ 와 $g'(y)$ 가 곱의 형태로 결합된 것임을 보여 준다.

예제 6.16 예제 6.15에서 연쇄법칙을 이용하면 $g'(y) = 8y^3$ 이고 $f'(x) = 3x^2$ 이므로 $h'(x) = 24y^3x^2 = 24x^{11}$ 이다. ■

연쇄법칙은 여러 가지 형태의 함수의 도함수를 구하는 데 유용하다. $y = f(x)$ 의 역함수가 $x = g(y)$ 일 때 이것의 도함수를 구해보자. 이 역함수를 원래 식에 대입하면 항등식 $y \equiv f(g(y))$ 이 된다. 왼쪽 항과 오른쪽 항은 각각 y 의 함수이므로 각 항을 y 에 대해 미분하면 같아야 한다. 왼쪽 항의 도함수는 1이고 오른쪽 항의 도함수는 연쇄법칙을 이용하여 구하면 $f'(x)g'(y)$ 이므로 $1 = f'(x)g'(y)$ 이 된다. 따라서

$$g'(y) = \frac{1}{f'(x)} = \frac{1}{f'(g(y))}$$

이다.

예제 6.17 $y = f(x) = x^2$ $(x \geq 0)$ 이라고 하면 역함수는 $x = g(y) = \sqrt{y}$ 이다. $g'(y) = \frac{1}{2\sqrt{y}} = \frac{1}{2x}$ 인데 이것은 $\frac{1}{f'(x)} = \frac{1}{2x}$ 과 같다. ■

수렴하지 않는다. 이와 같은 함수를 **비해석함수 (nonanalytic function)** 라고 한다.

문제 6.26 $x \leq 0$ 일 때 위 예의 결과가 성립함을 확인하라. ■

다음으로 $y = f(t)$, $x = g(t)$ 이면 y 는 t 를 매개로 하여 x 에 의존하므로 y 는 x 의 **매개변수함수 (parametric function)** 라고 한다. $x = g(t)$ 의 역함수 $t = h(x)$ 가 존재한다면 $y = f(h(x))$ 가 된다. 연쇄법칙에 의해

$$\frac{dy}{dx} = f'(t)h'(x) = \frac{f'(t)}{g'(t)}$$

이다.

예제 6.18 $y = f(t) = t^2$ 이고 $x = g(t) = \ln t$ 이라고 하자. $t = e^x$ 이므로 양 식에서 t 를 소거하면 $y = e^{2x}$ 이고 $\frac{dy}{dx} = 2e^{2x}$ 이다. 연쇄법칙을 이용하면 $\frac{dy}{dx} = \frac{f'(t)}{g'(t)} = \frac{2t}{1/t} = 2t^2 = 2e^{2x}$ 이다. ■

문제 6.27 $y = f(t)$, $x = g(t)$ 일 때 $\frac{d^2y}{dx^2} = \frac{g'f'' - f'g''}{(g')^3}$ 임을 보여라. $y = f(t) = t^2$, $x = g(t) = \ln t$ 일 때 $\frac{d^2y}{dx^2}$ 를 구하고 연쇄법칙을 이용하여 얻은 결과와 비교하라. ■

6.9 제약조건이 없는 최대화

이제까지 논의한 도함수 개념을 이용하여 제약조건이 없는 최대화 문제의 지역최대점을 찾는 방법에 대해 살펴보자.

6.9.1 일계필요조건

다음과 같은 제약조건이 없는 최대화 문제를 생각하자. $f(x)$ 는 이계연속미분가능함수라고 하자.

$$\max_x f(x)$$

만약 지역최대점이 있다면 이 점은 반드시 내부해이어야 한다. 6.2.4 절에서의 논의를 상기하면 내부해인 지역최대점의 특성은 다음과 같다.

정리 6.7 (일계필요조건 (first-order necessary condition)) x^* 가 $\max_x f(x)$ 의 지역최대점이면 $f'(x^*) = 0$ 이다.

Box 6.3 (정리 6.7의 증명) 지역최대점의 정의에 의해 모든 $x \in N(x^*)$ 에 대해 $f(x^*) \geq f(x)$ 가 되도록 하는 $N(x^*)$ 가 존재한다. $x \in N(x^*)$ 를 생각하자. 테일러 정리(평균값 정리)에 의해 $f(x) - f(x^*) = f'(\xi)(x - x^*) \leq 0$ 이다. (단, ξ 는 x 와 x^* 사이의 값.) x^* 가 내부해이기 때문에 이 부등식은 $x > x^*$ 인 경우와 $x < x^*$ 인 경우 모두 성립하여야 한다. $x > x^*$ 이면 $f'(\xi) \leq 0$ 이다. x 가 x^* 에 수렴하면 ξ 도 x^* 에 수렴하고 $f'(x)$ 가 연속함수이므로 $\lim\limits_{\xi \to x^*} f'(\xi) = f'(x^*) \leq 0$ 이다. $x < x^*$ 인 경우에도 마찬가지로 생각하면 $f'(x^*) \geq 0$ 이므로 양 부등식을 결합하면 $f'(x^*) = 0$ 이다. □

일계필요조건(first order necessary condition) (또는 간단히 일계조건)이라고 부르는 이유는 이 조건이 일계도함수('일계')에 의해 표현되며 지역최대점이 만족하여야 하는 성질('필요조건')에 관한 것이기 때문이다. 이 정리의 그래프적 의미는 이미 살펴본 바와 같이 지역최대점에서 목적함수의 접선이 수평이어야 한다는 것이다.

일계조건 $f'(x^*) = 0$ 은 지역최대점 x^* 에서 성립하는 성질을 나타내지만 보통 일계조건을 $f'(x) = 0$ 으로도 쓴다. 이 식은 사전적으로 지역최대점을 알 수 없기 때문에 지역최대점이 될 가능성이 있는 해를 구하는 데 사용한다.

예제 6.19 그림 6.2에서 $x = 3$ 은 $f(x) = (x-2)(x-5)^2$ 의 지역최대점임을 보았다. $f'(x) = 3(x-3)(x-5)$ 이므로 $f'(3) = 0$ 이다. 따라서 $x = 3$ 는 일계필요조건을 만족한다. ■

대부분의 최적화 문제를 그림을 그려 지역최대점을 구하기는 쉽지 않다. 일계필요조건은 지역최대점이 아닌 점을 걸러낼 수 있는 유용한 방법이다. 위 예에서 $f'(x) = 0$ 이 되는 x 값은 3이거나 5이다. 따라서 정리 6.7에 의해 지역최대점이 있다면 $x = 3$, $x = 5$, 또는 두 값 모두가 지역최대점이 될 수 있다. 달리 말하면 다른 x 값은 지역최대점이 될 수 없다. $x = 3$ 또는 $x = 5$ 가 지역최대점일 가능성은 있지만 실제로 지역최대점인지는 이 단계에서는 알 수 없다. ($x = 5$ 는 사실상 지역최소점이다.) 이를 확인하기 위해서는 다음 절에 논의할 이계조건이 필요하다.

예제 6.20 $f(x) = e^x$ 이면 모든 x 에 대해 $f'(x) = e^x > 0$ 이므로 지역최대점은 존재하지 않는다. ■

예제 6.21 $D(X) = a - bX$ $(a, b > 0)$ 이고 $C(X) = cX^2$ $(c > 0)$ 이면 독점기업의

이윤함수는 $\pi(X) = (a - bX)X - cX^2$ 이다. $\max_X \pi(X)$ 의 일계조건은

$$\pi'(X) = a - 2bX - 2cX = 0$$

이다. 이 식의 해를 X^m 이라고 하면

$$X^m = \frac{a}{2(b+c)}$$

이다. X^m 은 필요조건만을 만족하므로 아직은 지역최대점인지를 알 수 없다. 그러나 뒤에서 보겠지만 X^m 은 실제로 전역최대점이다. X^m 을 공급하기 위해서 독점기업은 가격을

$$D(X^m) = p_x^m = \frac{a(b+2c)}{2(b+c)}$$

로 책정하며 독점이윤

$$\pi^m = \frac{a^2}{4(b+c)}$$

을 얻는다. ■

예제 6.22 위 예제에서 수요함수와 비용함수에 대한 정보는 일반적으로 완전치 않다. 6.6 절에서 본 바와 같이 수요함수에 대해서는 $D'(X) < 0$ 이고 비용함수에 대해서는 $C'(X) \geq 0$, $C''(X) \geq 0$ 으로 생각할 수 있지만 구체적인 형태는 알 수 없는 것이 일반적이다. $\max_X \pi(X) = D(X)X - C(X)$ 의 일계조건은

$$\pi'(X) = (D(X) + D'(X)X) - C'(X) = MR(X) - MC(X) = 0$$

이다. $D(X)$ 와 $C(X)$ 의 정확한 형태를 모르므로 이 식의 해를 위 예제에서와 같이 **닫힌형식 (closed form)** 으로 구할 수는 없다. 그러나 $D(X)$ 와 $C(X)$ 의 함수 형태에 대한 정보를 이용하면 해의 정성적인 성질에 대해서 어느 정도는 알 수 있다. 이것에 대해서는 7.4 절에서 다루기로 한다.

이윤최대화의 일계조건을 다시 쓰면 $MR(X) = MC(X)$ 이다. 어떤 공급량 X' 에서 $MR(X') > MC(X')$ 이면 공급량을 약간 늘림으로써 이윤을 증가시킬 수 있다. 왜냐하면 추가 수입이 추가 비용보다 크기 때문이다. 따라서 X' 은 이윤이 최대가 되는 공급량이 아니다. 마찬가지로 $MR(X') < MC(X')$ 이면 X' 은 이윤을 최대로 하는 공급량이 아니다. 다시 말해 독점기업이 이윤을 최대로 하기 위해서는 한계수입과 한계비용이 같아지는 공급량을 선택하여야 한다. ■

문제 6.28 예제 6.21 에서의 이윤최대화 일계조건을 $MR(X) = MC(X)$ 의 형태로 표현하라. ■

그림 6.10 에 $MR(X)$ 와 $MC(X)$ 가 그려져 있다. 이 두 곡선이 만나는 X^m 이 지역

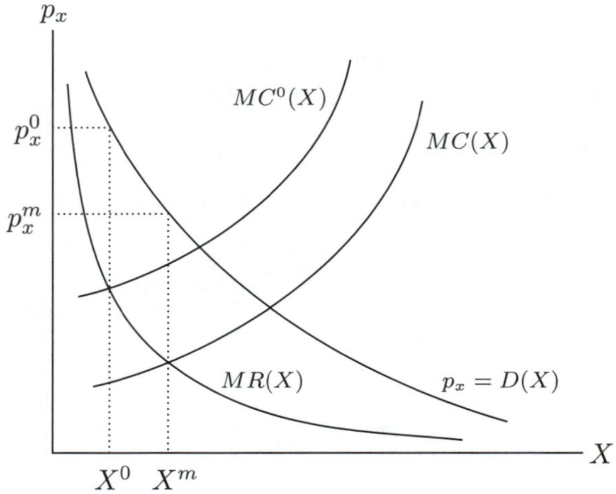

그림 6.10 이윤최대화

최대점이라고 하자. (실제로 전역최대점이다.) 독점기업은 X^m 을 가격 p_x^m 에 공급할 때 이윤이 최대가 된다.

6.9.2 임계점과 변곡점

앞에서 x^* 가 지역최대점이면 $f'(x^*) = 0$ 이어야 함을 보았다. $f'(x) = 0$ 를 만족하는 점 x 를 **임계점 (critical point)** 이라고 한다. 따라서 지역최대점은 임계점이다. 그림 6.2 를 보면 지역최소점 $x = 5$ 에서의 기울기도 역시 0 이다. 그러므로 지역최소점도 임계점이다. 지역최대점과 지역최소점 외에도 **변곡점 (inflection point)** 이라고 부르는 또 다른 종류의 임계점이 있다.

그림 6.11 에 $y = f(x) = x^3$ 이 그려져 있다. $f'(0) = 0$ 이므로 $x = 0$ 은 임계점이지만 지역최대점도 아니고 지역최소점도 아니다. $x = 0$ 주위에서 이 함수의 모양을 살펴보면 $x < 0$ 일 때는 위로 볼록하고 $x > 0$ 이면 아래로 볼록하다. 이러한 성질을 갖고 있는 점을 변곡점이라고 한다. 이것을 이계도함수로 표현하면 $x < 0$ 이면 기울기가 점차 감소하므로 $f''(x) < 0$ 이고 $x > 0$ 이면 기울기가 점차 증가하므로 $f''(x) > 0$ 이다. 따라서 변곡점은 그 점 주위에서 이계도함수의 부호가 바뀌는 점이라고 정의할 수 있다. 반면 그림 6.2 에서는 지역최대점 근방과 지역최소점 근방에서는 $f''(x)$ 의 부

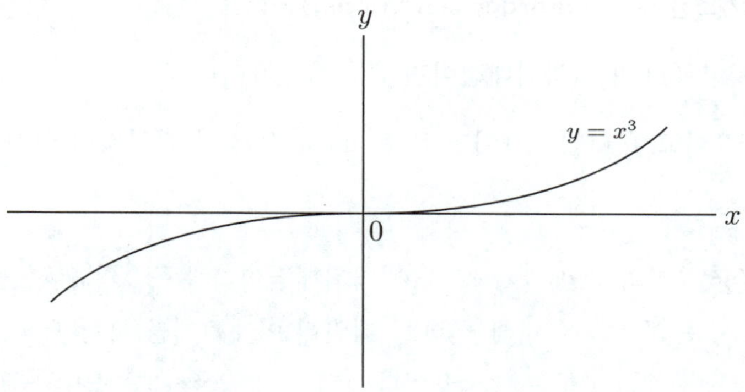

그림 6.11 변곡점

호가 변하지 않음을 알 수 있다.

기울기가 0이 되는 점 즉, 임계점은 지역최대점, 지역최소점 또는 변곡점 중 하나이므로 지역최대점을 찾기 위해서는 임계점 중 지역최소점과 변곡점을 제거할 수 있는 (충분) 조건이 필요하다.

6.9.3 이계필요조건과 이계충분조건

그림 6.2에서 지역최대점인 $x = 3$을 생각해보자. x가 3보다 약간 작은 값에서 시작하여 점차 증가하면 $f(x)$의 기울기 즉 $f'(x)$는 양에서 0을 거쳐 음으로 점차 감소한다. 따라서 x^*가 지역최대점이면 $f''(x^*) < 0$이 될 것으로 생각할 수 있다. 그런데 함수 $y = f(x) = 1$의 경우 모든 x가 지역최대점인데 이 경우에는 $f'(x)=0$이므로 $f''(x^*) = 0$이다. 따라서 x^*가 지역최대점이면 $f''(x^*) \leq 0$이다. 다시 말해 $f''(x^*) \leq 0$는 x^*가 지역최대점이 되기 위한 필요조건이다. 이 조건은 이계도함수를 사용하기 때문에 **이계필요조건 (second-order necessary condition)** 이라고 한다. 그림 6.2에서 $x = 5$ 주위에서는 기울기가 점차 증가하므로 $f''(5) > 0$이며 $x = 5$는 지역최대점이 될 수 없음을 알 수 있다.

이계필요조건도 결국 필요조건이므로 지역최대점을 찾는 데는 충분치 않다. 그림 6.11의 $y = f(x) = x^3$을 생각하면 $f'(0) = f''(0) = 0$이므로 $x = 0$은 지역최대점이 되기 위한 일계필요조건과 이계필요조건을 만족한다. 그러나 $x = 0$은 이미 살펴본 바와 같이 지역최대점도 지역최소점도 아닌 변곡점이다. 따라서 이계필요조건에서 $f''(x^*) = 0$인 경우를 배제하면 변곡점일 가능성을 없앨 수 있다. 이상의 논의를 종합하면 이계필요조건과 이계충분조건은 다음과 같다.

정리 6.8 (이계조건 (second-order conditions))

(i) x^* 가 $\max_x f(x)$ 의 지역최대점이면 $f''(x^*) \le 0$ 이다.

(ii) $f'(x^*) = 0$ 이고 $f''(x^*) < 0$ 이면 x^* 는 $\max_x f(x)$ 의 지역최대점이다.

Box 6.4 (정리 6.8의 증명) (i) x^* 가 지역최대점이 되는 x^* 의 열린근방 $N(x^*)$ 를 생각하자. $x \in N(x^*)$ 에 대해 $f(x)$ 를 테일러 이계전개를 하면 $f(x) - f(x^*) = f'(x^*)(x - x^*) + f''(\omega)\frac{(x-x^*)^2}{2} \le 0$ 이다. (단, ω 는 x 와 x^* 사이의 값.) 일계필요조건의 증명으로부터 $f'(x^*) = 0$ 이므로 $f''(\omega) \le 0$ 이다. x 가 x^* 에 수렴하면 ω 도 x^* 에 수렴하고 $f''(x)$ 가 연속함수이므로 $\lim_{\omega \to x^*} f''(\omega) = f''(x^*) \le 0$ 이다. (ii) $f''(x)$ 가 연속이고 $f''(x^*) < 0$ 이므로 모든 $x \in N(x^*)$ 에 대해 $f''(x) < 0$ 이 되는 $N(x^*)$ 이 존재한다.[a] 따라서 이 열린근방 내에서는 $f(x) = f(x^*) + f''(\omega)\frac{(x-x^*)^2}{2} < f(x^*)$ 이다. □

[a]모든 $x \in N(x^*)$ 에 대해 $f''(x) < 0$ 인 $N(x^*)$ 이 존재하는 것에 대해서는 정리 3.12 를 참조.

일계조건에서와 마찬가지로 이계조건에서도 보통 '*'를 생략하고 사용한다. 예를 들어 이계충분조건은 $f'(x) = 0$ 과 $f''(x) < 0$ 로도 쓴다. 이것은 일계조건 $f'(x) = 0$ 의 해 x 가 $f''(x) < 0$ 을 만족하면 이 x 는 지역최대점임을 의미한다.

예제 6.23 $f'(x) = 3(x-3)(x-5)$ 이므로 $f''(x) = 6(x-4)$ 이다. $f''(3) = -6$ 이고 $f''(5) = 6$ 이므로 $x = 3$ 는 지역최대점이다. ■

예제 6.24 예제 6.22에서 일계조건을 만족하는 X 를 X^m 이라고 하자. $\pi''(X) = 2D'(X) + XD''(X) - C''(X)$ 이고 $D'(X) < 0$, $C''(X) \ge 0$ 이므로 $X^m D''(X^m)$ 이 지나치게 큰 양의 값이 아니면 이계충분조건은 만족된다. 예제 6.21에서의 수요함수는 선형이므로 $D''(X) = 0$ 이다. 따라서 이 경우에는 $\pi''(X)$ 는 항상 음이다. 이계충분조건이 모든 X 에 대해 성립하므로 일계조건을 만족하는 X 는 지역최대점이다. ■

예제 6.25 예제 6.22의 일계조건 $\pi'(X) = MR(X) - MC(X) = 0$ 을 다시 생각하자. 이 일계조건의 해를 X^m 이라고 하자. 즉 $\pi'(X^m) = 0$ 이다. 이계조건을 확인하기 위해서는 $\pi''(X) = MR'(X) - MC'(X)$ 에 X^m 을 대입한 후 $\pi''(X^m)$ 의 부호가 음인지를 살펴보아야 한다. 이 조건이 만족되면 X^m 은 지역최대점이다.

그림 6.10의 수요와 비용 상황을 살펴보면 $MR(X)$는 우하향하고 $MC(X)$는 우상향하므로 모든 X에 대해 $MR'(X) < 0$이고 $MC'(X) > 0$이다. 따라서 이계조건은 모든 X, 특히 X^m에 대해 만족되므로 X^m은 지역최대점이다. 이계충분조건은 지역최대점에 관한 것이므로 그 점 주위에서만 성립하면 된다. 다시 말해 $X = X^m$에서 MR의 기울기가 MC의 기울기보다 작으면 이계충분조건이 성립한다.

그런데 이 그림에서는 모든 X에 대해 MR의 기울기가 MC의 기울기보다 작다. $X' > X^m$이면 $MR(X') < MC(X')$이므로 $\pi'(X') = MR(X') - MC(X') < 0$이다. 이것은 X'보다 더 적게 공급하면 이윤이 증가함을 의미한다. 반대로 $X' < X^m$이면 $\pi(X') > 0$이므로 X'보다 더 많이 공급하면 이윤이 증가하게 된다. 따라서 이윤은 $X = X^m$일 때 최대가 된다. 요약하면 $\pi(X)$는 위로 볼록하고 $X = X^*$에서 최대인 곡선이므로 X^m는 지역최대점일 뿐 아니라 전역최대점이다.[11] ■

예제 6.26 수요함수와 비용함수가 각각 $D(X) = X - \ln X$ $(0 < X \leq 1)$과 (문제 6.22 참조.) $C(X) = 0.8X$라고 하면 이윤함수는 $\pi(X) = (X - \ln X)X - 0.8X$이다. 일계조건은 $\pi'(X) = 2X - \ln X - 1.8 = 0$이고 이 일계조건을 만족하는 해는 $X = 0.303$과 $X = 0.768$ 두 개가 있다.

이계조건을 확인하기 위해 $\pi(X)$의 이계도함수를 구하면 $\pi''(X) = 2 - \frac{1}{X}$이다. $\pi''(0.303) = -1.300 < 0$이고 $\pi''(0.768) = 0.698 > 0$이다. 따라서 $X = 0.303$만이 지역최대점이다. 그림 6.12에 수요곡선, 한계수입곡선, 한계비용곡선이 그려져 있다. $X = 0.303$와 $x = 0.768$은 $MR(X)$와 $MC(X)$가 만나는 점들이다. $MR(0) > MC(0)$이므로 X가 0에서 증가하면 π는 증가하다가 MR과 MC가 같아지는 $X = 0.303$에서 최대가 되고 그 이후부터는 $MR < MC$이므로 감소하기 시작한다. $X = 0.768$에서 최소가 되고 그 이후에는 다시 증가한다. 따라서 $X = 0.303$는 지역최대점이고 $X = 0.768$는 지역최소점이다. $X = 0.303$가 전역최대점인지를 확인하기 위해서는 $X = 1$에서의 이윤과 비교하여야 한다. $\pi(0.303) = 0.211$이고 $\pi(1) = 0.2$이므로 $X = 0.303$는 전역최대점이다.[12] ■

최소화 문제의 일계조건과 이계조건

최소화 문제의 일계조건과 이계조건은 최대화 문제의 일계조건과 이계조건을 이용하여 구할 수 있다. (Box 6.1 참조.)

[11] 전역최대화에 대해서는 7.6.3절 참조.

[12] $\pi(0.768) = 0.178$이다.

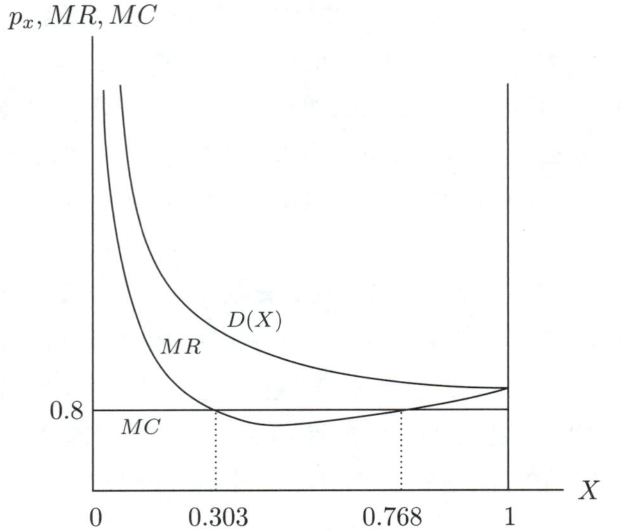

그림 6.12 이윤최대화 이계조건

정리 6.9 (일계조건) x^* 가 $\min_x f(x)$ 의 지역최소점이면 $f'(x^*) = 0$ 이다.

정리 6.10 (이계조건)

(i) x^* 가 $\min_x f(x)$ 의 지역최소점이면 $f''(x^*) \geq 0$ 이다.

(ii) $f'(x^*) = 0$ 이고 $f''(x^*) > 0$ 이면 x^* 는 $\min_x f(x)$ 의 지역최소점이다.

문제 6.29 최대화 문제의 일계, 이계조건을 이용하여 위 정리들을 증명하라. ■

Box 6.5 $f'(x^*) = f''(x^*) = \cdots = f^{(n-1)}(x^*) = 0$ 이고 $f^{(n)}(x^*) \neq 0$ 이라고 하자.

(i) n 이 짝수이고 $f^{(n)}(x^*) < 0$ 이면 x^* 는 지역최대점,

(ii) n 이 짝수이고 $f^{(n)}(x^*) > 0$ 이면 x^* 는 지역최소점,

(iii) n 이 홀수이면 x^* 는 변곡점이다.

예제 6.27 $y = f(x) = -x^4$ 이면 $f'(0) = f''(0) = f'''(0) = 0$ 이고 $f''''(0) = -24 < 0$ 이므로 $x = 0$ 은 지역최대점이다. 반면 $y = f(x) = x^3$ 이면 $f'(0) = f''(0) = 0$ 이고, $f'''(0) = 6 \neq 0$ 이므로 $x = 0$ 은 변곡점이다. ■

예제 6.28 월 초에 월급 T를 받는 사람을 생각하자. 이 사람은 T를 받으면 모두 월 이자율이 $100r\%$인 채권을 구입한다. 한 달간 생활에 필요한 현금을 얻기 위해 m 번 동일한 양의 채권을 판다. 채권 판매 일 회 당 수수료는 b이라고 하면 총수수료는 bm이다. 채권을 팔 때마다 현금 $\frac{T}{m}$을 얻으므로 평균적으로 보유하는 현금은 $d = \frac{T}{2m}$이다. d를 (거래 목적으로 필요한) **통화 (화폐) 수요 (demand for money)** 라고 한다. 따라서 현금 보유로 인해 $\frac{rT}{2m}$의 이자 손실이 발생하며 총비용은 $C = bm + \frac{rT}{2m}$이다. ■

문제 6.30 위 예제에서 (i) 총비용을 최소로 하는 거래 횟수 m^*의 일계조건을 구하고 이계충분조건을 확인하라. (ii) 통화수요를 구하라. (iii) 수수료의 증가, 월급과 이자율의 상승이 거래 횟수와 가통화수요에 미치는 영향을 분석하라. ■

CHAPTER 7

편도함수와 제약조건이 있는 최대화

이 장에서는 6장에서 논의한 도함수의 개념을 두 가지 방향으로 확장한다. 첫째, 독립변수가 두 개일 때 편도함수를 정의하고 이와 관련된 여러 가지 결과들을 살펴본다. 둘째, 전체가 하나의 기호인 $\frac{dy}{dx}$를 변량 dx와 다른 변량 dy의 비율로 생각할 수 있음에 대해 논의한다. $\frac{dy}{dx}$가 $\triangle x$가 0에 수렴할 때 $\frac{\triangle y}{\triangle x}$의 극한값임을 생각하면 $\frac{dy}{dx}$를 변량 dy를 변량 dx로 나눈 것으로 해석할 수 있다. 이렇게 생각하면 도함수를 계산하고 결과를 해석하는 것이 상대적으로 용이해지는 이점이 있다.

다음으로 편도함수 개념을 활용하여 환경의 변화가 최적해에 주는 영향을 분석하고 제약 조건이 있을 때의 최적해를 구하는 방법에 대해 알아본다. 이와 같은 분석에서는 독립변수가 두 개 이상이므로 편도함수는 반드시 필요한 분석 도구이다.

7.1 편도함수

7.1.1 비교정태분석 개요

6장 처음에 독점기업의 이윤최대화 문제와 관련하여 세 가지 질문을 생각하였다. 첫 번째 질문인 최적 공급량을 구하는 방법에 대해서는 6.9절에서 설명하였다. 이 절에서는 두 번째와 세 번째 질문인 비용과 수요 조건의 변화가 최적 공급량과 이윤에 미치는 영향에 대해 생각하기로 하자.

예제 7.1 예제 6.21에서 독점기업의 이윤은 공급량이 선택변수임을 나타내기 위해 $\pi(X) = (a - bX)X - cX^2$ 으로 표현하였다. 그러나 독점기업의 이윤은 공급량이 변하지 않아도 이 기업의 비용과 수요 조건에 따라 달라진다. 원자재 가격이 내리거나 독점기업의 상품에 대한 소비자의 선호도가 높아지면 같은 양을 공급하여도 이윤이 늘어난다. 따라서 이윤함수는 정확히 표현하면 $\pi(X; a, b, c)$ 이다. 괄호안의 X 와 a, b, c 를 ';' 으로 구분하는 것은 전자는 선택변수이고 후자는 **환경변수(environmental variable)** 로, 이 변수들의 성격이 다른 것을 표시하기 위한 것이다. (환경변수는 1편 2.2.1절에서 논의한 매개변수이다.) $\pi(X; a, b, c)$ 로 쓰는 것은 이와 같은 경제학적 고려 때문이고 수학적으로는 X, a, b, c 가 모두 독립변수이므로 $\pi(X, a, b, c)$ 로 써도 무방하다.

$\max_X \pi(X; a, b, c)$ 의 해는 $X^m = \frac{a}{2(b+c)}$ 이다. 최적해 X^m 은 a, b, c 에 의존하므로 $X^m = X(a, b, c)$ 로 쓸 수 있다. 이 X^m 을 π 에 대입하면

$$\pi^m = \pi(X^m; a, b, c) = \pi(X(a, b, c); a, b, c) = \frac{a^2}{4(b+c)}$$

는 a, b, c 만의 함수이다. 따라서 $\pi^m = \pi(a, b, c)$ 로 쓸 수 있다. 엄밀히 말하면 최대이윤을 나타내는 함수 $\pi(a, b, c)$ 와 이윤함수 $\pi(X; a, b, c)$ 는 다른 함수이기 때문에 같은 기호 π 를 사용하는 것은 바람직하지 않다. 그러나 두 함수의 독립변수(a, b, c 와 X, a, b, c) 들이 달라 혼동의 가능성이 없기 때문에 편의상 용인된다.

두 번째와 세 번째 질문은 a, b, c 와 같은 환경변수가 변할 때 X^m 과 π^m 이 어떻게 변화하는가에 대한 분석이다. 이것을 비교정태분석이라고 하며 7.4절에서 자세히 다루기로 한다. ■

예제 7.2 앞으로 주로 해석학적 방법에 의한 비교정태분석에 대해 논의하겠지만 그래프적 분석도 자주 사용된다. 한계비용이 상승하면 (모든 생산량 수준 X 에 대해 추가적으로 한 단위 더 생산하는 비용이 올라가면) 그림 6.10에 나타나 있는 것과 같이 한계비용곡선은 $MC(X)$ 에서 $MC^0(X)$ 로 상승 이동한다. 이렇게 되면 이윤을 최대로 하는 공급량은 X^0 로 줄어들고 가격은 p_x^0 로 상승한다. 이것은 비용조건의 악화를 독점기업이 공급량을 줄이고 가격을 올림으로써 대처함을 의미한다. ■

문제 7.1 수요 조건이 좋아지면 독점기업의 최적 공급량과 가격이 어떻게 변하는지를 그래프를 이용하여 분석하라. ■

환경변수가 한 개인 경우의 최대화 문제는

$$\max_x f(x, a)$$

이다. 최적해 x^* 는 a 에 따라 달라질 것이므로 $x^* = x(a)$ 로 쓸 수 있고 목적함수의 최적 값은 $f^* = f(x(a), a) = f(a)$ 로 쓸 수 있다. a 가 약간 변화할 때 x^* 와 f^* 에 미치는 영향은 각각을 a 에 대해 미분하면 계산할 수 있다.

환경변수가 두 개이면 최대화 문제는 $\max_x f(x, a, b)$ 이고 최적해와 목적함수의 최대 값은 각각 $x^* = x(a, b)$ 와 $f^* = f(x(a, b), a, b) = f(a, b)$ 로 쓸 수 있다. 직관적으로 a 또는 b 의 변화가 x^* 와 f^* 에 미치는 영향은 각각을 a 또는 b 에 대해 미분하면 구할 수 있을 것으로 생각할 수 있다. 이를 위해서는 일변수함수의 미분 개념을 다변수함수의 미분 개념으로 확장해야 한다. 앞으로 논의할 결과들은 주로 이변수함수를 중심으로 이루어지지만 다변수함수의 경우에도 마찬가지로 적용된다.

7.1.2 편도함수

예제 7.3 이변수함수

$$y = f(x_1, x_2) = x_1^2 x_2^2$$

를 생각하자. $x_2 = 1$ 이면 $y = x_1^2$ 이므로 x_1 이 독립변수인 일변수함수로 생각할 수 있다. y 를 x_1 에 대해 미분하면 도함수는 $2x_1$ 이 된다. 마찬가지로 $x_2 = 2$ 이면 $y = 4x_1^2$ 이고 도함수는 $8x_1$ 이다. 이제 x_2 를 임의의 상수로 생각하면 도함수는 $2x_1x_2^2$ 이며 x_1 과 x_2 의 함수이다. 마찬가지로 x_1 을 임의의 상수로 생각하고 y 의 x_2 에 대한 도함수를 구하면 $2x_1^2x_2$ 이며 역시 x_1 과 x_2 의 함수이다. 이와 같이 생각하면 $y = x_1^2x_2^2$ 는 x_1 과 x_2 의 함수인 두 개의 도함수를 가진다. ■

정의 7.1 (일계편도함수 (first-order partial derivative)) $y = f(x_1, x_2)$ 에서 x_2 를 임의의 값으로 고정하자.

$$\lim_{\triangle x_1 \to 0} \frac{f(x_1 + \triangle x_1, x_2) - f(x_1, x_2)}{\triangle x_1}$$

가 존재하면 이 값을 $f(x_1, x_2)$ 의 x_1 에 대한 (일계) 편도함수라고 하며 $\frac{\partial f(x_1,x_2)}{\partial x_1}$ 로 쓴다. x_2 에 대한 (일계) 편도함수 $\frac{\partial f(x_1,x_2)}{\partial x_2}$ 도 마찬가지 방법으로 정의된다.

문제 7.2 x_2 에 대한 편도함수를 정의하라. ■

x_1 에 대한 편도함수는 $\frac{\partial f(x_1,x_2)}{\partial x_1}$ 외에도 $f_{x_1}(x_1,x_2)$ 와 $f_1(x_1,x_2)$ 등도 사용된다. x_1 에 대한 편도함수는 첫 번째 변수에 대한 편도함수로 이해하면 그 의미가 더 분명하다. $f_1(x_1,x_2)$ 의 아래첨자 1은 이 점을 부각시키기 위한 것이며 그 이유에 대해서는 뒤에서 연쇄법칙에 대해 논의할 때 설명한다. 편의상 독립변수를 명시적으로 쓰지 않고 $\frac{\partial f}{\partial x_1}$, f_{x_1} 과 f_1 등으로도 쓴다.

예제 7.4 $f(x_1,x_2) = x_1^2x_2 - x_2^2$ 에서 x_2 를 상수로 생각하고 x_1 에 대해 미분하면 $f_1 = 2x_1x_2$ 이고 마찬가지로 $f_2 = x_1^2 - 2x_2$ 이다. ■

편도함수를 성분으로 하는 벡터를 기울기벡터라고 한다. (부록 7.B 참조.)

정의 7.2 (기울기벡터 (gradient)) $(f_1(x_1,x_2), f_2(x_1,x_2))$ 를 $f(x_1,x_2)$ 의 기울기벡터라고 하며 $\nabla f(x_1,x_2)$ 로 쓴다.

특정한 점 (x_1^0,x_2^0) 에서의 편도함수의 값은 $\frac{\partial f(x_1,x_2)}{\partial x_1}\Big|_{x_1=x_1^0,x_2=x_2^0}$ 로 표현한다. 그러나 이 표현은 너무 길어 불편하기 때문에 간단히 $\frac{\partial f(x_1^0,x_2^0)}{\partial x_1}$ 또는 $f_1(x_1^0,x_2^0)$ 나 더 간단히 f_1^0 로 쓴다. $f_1(x_1^0,x_2^0)$ 는 $f(x_1^0,x_2^0)$ 을 x_1 으로 편미분한 것이 아니고 편도함수를 (x_1^0,x_2^0) 에서 계산한 것임을 잊지 말아야 한다.

일계편도함수가 x_1 과 x_2 의 함수이므로 이계편도함수도 마찬가지로 정의할 수 있다. 일계편도함수의 x_1 과 x_2 에 대한 일계편도함수는 원래 함수의 이계편도함수이다. 즉, $\frac{\partial f(x_1,x_2)}{\partial x_1}$ 의 x_1 에 대한 편도함수 $\frac{\partial(\partial f(x_1,x_2)/\partial x_1)}{\partial x_1}$ 는 $f(x_1,x_2)$ 의 x_1 에 대한 이계편도함수이다.[1] 이밖에도 이계편도함수는 $\frac{\partial}{\partial x_1}\left(\frac{\partial f(x_1,x_2)}{\partial x_1}\right)$, $\frac{\partial^2 f(x_1,x_2)}{\partial x_1^2}$, $f_{x_1x_1}(x_1,x_2)$ 또는 $f_{11}(x_1,x_2)$ 등으로 쓰며, 변수 x_1 과 x_2 를 생략하고 $\frac{\partial}{\partial x_1}\left(\frac{\partial f}{\partial x_1}\right)$, $\frac{\partial^2 f}{\partial x_1^2}$, $f_{x_1x_1}$ 또는 f_{11} 으로도 쓴다. 일계편도함수가 두 개이므로 이계편도함수는 네 개가 있다.

$f(x_1,x_2)$ 의 x_1 과 x_2 에 대한 편도함수 즉, $\frac{\partial f(x_1,x_2)}{\partial x_1}$ 의 x_2 에 대한 편도함수는 $\frac{\partial(\partial f(x_1,x_2)/\partial x_1)}{\partial x_2}$, $\frac{\partial}{\partial x_2}\left(\frac{\partial f(x_1,x_2)}{\partial x_1}\right)$, $\frac{\partial^2 f(x_1,x_2)}{\partial x_1\partial x_2}$, $f_{x_1x_2}(x_1,x_2)$, 또는 $f_{12}(x_1,x_2)$ 등으로 쓰며 위에서와 마찬가지로 x_1 과 x_2 를 생략하고 쓸 수도 있다. $\frac{\partial f(x_1,x_2)}{\partial x_2}$ 의 x_1 에 대한 편도함수 $\frac{\partial^2 f(x_1,x_2)}{\partial x_2\partial x_1}$, 그리고 $f(x_1,x_2)$ 의 x_2 에 대한 이계편도함수 $\frac{\partial^2 f(x_1,x_2)}{\partial x_2^2}$ 도 마찬가지로 정의된다.

정리 7.1 (영의 정리 (Young's theorem)) f_1, f_2, f_{12} 가 존재하고 f_{12} 가 연속함수이면 f_{21} 도 존재하고 양 편도함수는 같다. 즉, $\frac{\partial^2 f(x_1,x_2)}{\partial x_2\partial x_1} = \frac{\partial^2 f(x_1,x_2)}{\partial x_1\partial x_2} = \frac{\partial(\partial f/\partial x_2)}{\partial x_1}$ 이다.

[1] $\frac{\partial(\partial f(x_1,x_2)/\partial x_1)}{\partial x_1}$ 는 엄밀히 말하면 $\frac{\partial(\partial f(x_1,x_2)/\partial x_1)(x_1,x_2)}{\partial x_1}$ 이다.

이 정리에 의해 f_{12} 가 연속함수면 $f(x_1, x_2)$ 를 x_1 과 x_2 에 대해 이계편미분할 때 그 순서와는 관계없이 결과가 같다.

문제 7.3 $f(x_1, x_2) = x_1^2 x_2 - x_2^2$ 의 $f_{11}, f_{12}, f_{21}, f_{22}$ 를 구하고 영의 정리가 성립함을 확인하라. ■

이제까지 논의는 변수가 n 개인 다변수함수 $y = f(x_1, x_2, \cdots, x_n)$ 로 쉽게 확장할 수 있다. x_i 를 제외한 나머지 변수들을 임의의 값으로 고정하자.

$$\lim_{\triangle x_i \to 0} \frac{f(x_1, x_2, \cdots, x_{i-1}, x_i + \triangle x_i, x_{i+1}, \cdots, x_n) - f(x_1, x_2, \cdots, x_n)}{\triangle x_i}$$

이 존재하면 이 극한값을 $y = f(x_1, x_2, \cdots, x_n)$ 의 x_i 에 대한 (일계) 편도함수라고 하며 $\frac{\partial f(x_1, x_2, \cdots, x_n)}{\partial x_i}$ 로 쓴다.

$\frac{\partial f(x_1, x_2, \cdots, x_n)}{\partial x_i}$ 는 간단히 $\frac{\partial f}{\partial x_i}$ 또는 f_i 로 쓴다. $f(x_1, x_2, \cdots, x_n)$ 의 x_i 와 x_j 에 대한 이계편도함수는 $\frac{\partial^2 f(x_1, x_2, \cdots, x_n)}{\partial x_i \partial x_j}$, $\frac{\partial^2 f}{\partial x_i \partial x_j}$, f_{ij} 등으로 쓴다. $x_i = x_j$ 이면 이 편도함수들은 $\frac{\partial^2 f(x_1, x_2, \cdots, x_n)}{\partial x_i^2}$, $\frac{\partial^2 f}{\partial x_i^2}$, f_{ii} 가 된다. f_{ij} 가 연속함수이면 영의 정리에 의해 $f_{ij} = f_{ji}$ 이다. (단, $i \neq j$.)

문제 7.4 다음 함수들의 x_1 에 대한 일계, 이계편도함수를 구하라. (i) $y = x_1^2 x_2$, (ii) $y = \cos x_1 e^{x_2}$, (iii) $y = \frac{x_1}{x_2} + \frac{x_2}{x_1}$, (iv) $y = (x_1 + 2x_2) \ln x_1^2$. ■

7.1.3 미분가능성과 연속성

편도함수가 도함수를 완전하게 확장하는 것은 아니다. $\frac{dy}{dx}$ 는 $\triangle x$ 가 0 에 접근하는 경로에 관계없이 $\frac{\triangle y}{\triangle x}$ 가 일정한 값에 수렴할 때 정의된다. 그러나 $\frac{\partial f(x_1, x_2)}{\partial x_1}$ 의 정의에서는 $\triangle x_2$ 가 일정한 값으로 고정된 상태에서 $\triangle x_1$ 이 0 에 접근한다. 다시 말해 편도함수의 정의에서는 $\triangle \mathbf{x} = (\triangle x_1, \triangle x_2)$ 가 $\mathbf{0} = (0, 0)$ 에 접근하는 경로는 x_1 축 또는 x_2 축에 평행인 경로로 국한된다.

그러나 $\triangle \mathbf{x}$ 가 $\mathbf{0}$ 에 접근할 수 있는 경로는 무수히 많다. 예를 들어 $\triangle x_1 = \triangle x_2$ 이면서 $\triangle \mathbf{x}$ 가 $\mathbf{0}$ 으로 접근할 수도 있고 $\triangle x_1 = (\triangle x_2)^2$ 이면서 $\mathbf{0}$ 으로 접근할 수도 있다. $\triangle \mathbf{x}$ 가 $\mathbf{0}$ 에 접근하는 모든 경로를 고려하기보다는 특정한 접근 경로만을 고려하는 것이 상대적으로 쉬울 것은 분명하다. 이런 점에서 편도함수를 사용하는 이점이 있다. 반면 일변수함수가 어떤 점 x 에서 도함수를 가지면 그 점에서 그 함수는 연속이지만 이변수 또는 다변수함수의 경우에는 모든 편도함수가 존재해도 연속성이 보장되지 않는다.

예제 7.5 다음 함수를 생각하자.

$$y = f(x_1, x_2) = \begin{cases} 0 & (x_1, x_2) = (0, 0) \\ \frac{x_1 x_2}{x_1^2 + x_2^2}, & (x_1, x_2) \neq (0, 0) \end{cases}$$

$f_1(0,0)$ 을 구해 보자. $f(0 + \triangle x_1, 0) - f(0,0) = \frac{\triangle x_1 \times 0}{(\triangle x_1)^2}$ 이다. 따라서 $f_1(0,0) = 0$ 이고 마찬가지로 $f_2(0,0) = 0$ 이다. 따라서 모든 편도함수는 존재하지만 1편 예제 3.19 에서 본 바와 같이 이 함수는 $(0,0)$ 에서 불연속이다. ■

문제 7.5 다음 함수는 $(x_1, x_2) = (0,0)$ 에서 편도함수는 존재하지만 연속이 아님을 보여라.

$$y = f(x_1, x_2) = \begin{cases} 0 & x_1 x_2 = 0 \\ 1, & x_1 x_2 \neq 0 \end{cases}$$

■

부록 7.A 에서 $\triangle \mathbf{x}$ 가 $\mathbf{0}$ 에 접근하는 모든 경로를 고려하는 다변수함수의 **미분가능성 (differentiability)** 에 대해 논의한다. 어떤 함수가 이 일반적인 정의에 의해 미분가능하면 연속이다. 미분가능성을 확인하는 것은 용이한 일이 아니다. 그러나 어떤 함수의 편도함수가 존재하고 연속이면 이 함수는 미분가능하다. (부록 7.A 참조.) 경제 / 경영 분석에서는 편도함수가 연속이라고 가정함으로써 미분가능성에 대한 논의를 우회하는 것이 보통이다.

7.1.4 테일러 정리

이변수함수 경우의 테일러 정리는 다음과 같다. 3 계 이상의 전개는 식이 복잡하며 일반적으로는 2 계전개로 충분하다. (아래 테일러 n 계전개* 참조.)

정리 7.2 (테일러 정리)

(i) $f(x_1, x_2) = f(x_1^0, x_2^0) + f_1(x_1^0, x_2^0)(x_1 - x_1^0)$
$+ f_2(x_1^0, x_2^0)(x_2 - x_2^0) + R_1$, (단, R_1은 나머지 항.)

(ii) $f(x_1, x_2) = f(x_1^0, x_2^0) + f_1(x_1^0, x_2^0)(x_1 - x_1^0) + f_2(x_1^0, x_2^0)(x_2 - x_2^0)$
$+ \frac{1}{2}((f_{11}(x_1^0, x_2^0)(x_1 - x_1^0)^2 + 2f_{12}(x_1^0, x_2^0)(x_1 - x_1^0)(x_2 - x_2^0)$
$+ f_{22}(x_1^0, x_2^0)(x_2 - x_2^0)^2) + R_2$. (단, R_2는 나머지 항.)

예제 7.6 테일러 정리는 일변수함수의 경우에서와 마찬가지로 근삿값을 구하는 데 유용하다. $f(x_1, x_2) = x_1^3 + x_1 x_2$ 이면 $f_1 = 3x_1^2 + x_2$, $f_2 = x_1$, $f_{11} = 6x_1$, $f_{12} = f_{21} = 1$, $f_{22} = 0$ 이다. $x_1 = 0.95$, $x_2 = 0.9$ 이고 $x_1^0 = x_2^0 = 1$ 이면 $f(0.95, 0.9) = 1.7124$, $f(1,1) = 2$ 이다. 테일러 일계전개에 의한 근삿값은 $2+4\times(0.95-1)+1\times(0.9-1) = 1.7$ 이다. 반면 테일러 이계전개에 의한 근삿값은 $2+4\times(0.95-1)+1\times(0.9-1)+\frac{1}{2}(6\times(0.95-1)^2+2\times1\times(0.95-1)(0.9-1)) = 1.7125$ 이다. ■

* 테일러 n 계전개

이변수함수의 n 계전개는 다음과 같다.

$$\begin{aligned} f(x_1, x_2) &= f(x_1^0, x_2^0) + \sum_{k=1}^{n} \frac{1}{k!}\left[\left(\frac{\partial}{\partial x_1}\right)(x_1 - x_1^0)\right. \\ &\quad \left. + \left(\frac{\partial}{\partial x_2}\right)(x_2 - x_2^0)\right]^k f(x_1^0, x_2^0) + R_n \\ &= f(x_1^0, x_2^0) + \sum_{k=1}^{n} \frac{1}{k!} A_k + R_n \end{aligned}$$

이다. (단, R_n 은 나머지 항.)

위 식에서 $\left(\frac{\partial}{\partial x_1}\right)$ 와 $\left(\frac{\partial}{\partial x_2}\right)$ 를 기호로 생각하여 A_k 을 이항전개한 후 $f(x_1^0, x_2^0)$ 에 대해 연산한다.[2] 예를 들어

$$\begin{aligned} A_1 &= \left(\frac{\partial}{\partial x_1}\right) f(x_1^0, x_2^0)(x_1 - x_1^0) + \left(\frac{\partial}{\partial x_2}\right) f(x_1^0, x_2^0)(x_2 - x_2^0) \\ &= f_1(x_1^0, x_2^0)(x_1 - x_1^0) + f_2(x_1^0, x_2^0)(x_2 - x_2^0) \end{aligned}$$

이고

$$\begin{aligned} A_2 &= \left(\frac{\partial}{\partial x_1}\right)^2 f(x_1^0, x_2^0)(x_1 - x_1^0)^2 \\ &\quad + 2\left(\frac{\partial}{\partial x_1}\right)\left(\frac{\partial}{\partial x_2}\right) f(x_1^0, x_2^0)(x_1 - x_1^0)(x_2 - x_2^0) \\ &\quad + \left(\frac{\partial}{\partial x_2}\right)^2 f(x_1^0, x_2^0)(x_2 - x_2^0)^2 \\ &= f_{11}(x_1^0, x_2^0)(x_1 - x_1^0)^2 + 2f_{12}(x_1^0, x_2^0)(x_1 - x_1^0)(x_2 - x_2^0) \\ &\quad + f_{22}(x_1^0, x_2^0)(x_2 - x_2^0)^2. \end{aligned}$$

---

[2] $(a+b)^k = \sum_{i=0}^{k} \binom{k}{i} a^i b^{k-i}$.

이다. (정리 11.3 참조.)

문제 7.6 $n = 3$ 일 때 테일러 정리를 기술하라. ■

7.1.5 음함수 정리

$F(x, y) = x^2 + y^2 - 1 = 0$ $(0 \le x \le 1)$ 과 $x^2 + y - 1 = 0$ 는 각각 원과 포물선을 나타내는 등식이다. 이와 같이 모든 변수가 등호의 한 쪽에 있는 등식 또는 x 와 y 간의 관계를 **음함수 (implicit function)** 라고 하며 일반적으로 $F(x, y) = 0$ 의 형태로 표현한다. $x^2 + y - 1 = 0$ 의 경우에는 이 식을 y 에 대해 풀면 $y = 1 - x^2$ 이다. 하나의 x 값에 대해 하나의 y 값이 대응하므로 이 관계는 함수이다. 반면 $x^2 + y^2 - 1 = 0$ 을 y 에 대해 풀면 $y = \pm\sqrt{1 - x^2}$ 이므로 하나의 x 값에 대해 두 개의 y 값이 대응한다. 따라서 $x^2 + y^2 - 1 = 0$ 은 함수가 아니다. 음함수 정리는 $F(x, y) = 0$ 가 (지역적으로) 함수가 될 수 있는, 다시 말해 $F(x, y) = 0$ 로부터 y 를 x 의 함수 즉, $y = f(x)$ 의 형태로 풀어낼 수 있는 충분조건에 대한 것이다. $y = f(x)$ 의 형태의 함수를 음함수와 대비하여 **양함수 (explicit function)** 라고 한다.

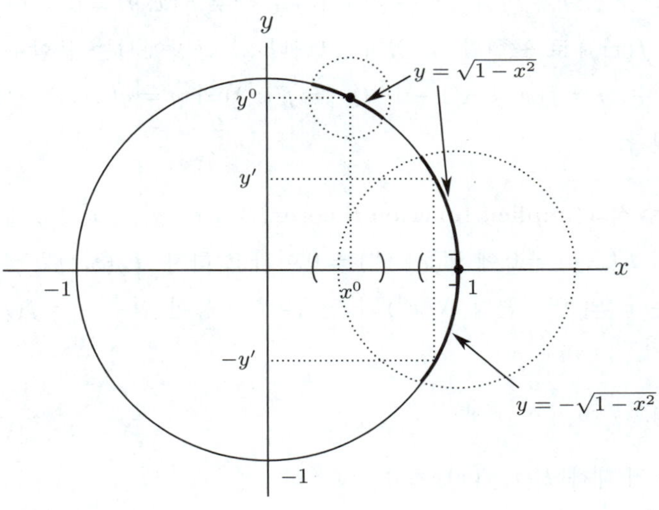

그림 7.1 음함수 정리

앞에서의 논의를 보다 엄밀하게 하기 위해 그림 7.1에 나타나 있는 $F(x, y) = x^2 + y^2 - 1 = 0$ 을 생각하자. $F(x, y) = 0$ 의 점 (x^0, y^0) 를 생각하자. 즉, $F(x^0, y^0) = 0$ 이다. $F(x, y) = 0$ 은 (x^0, y^0) 을 지나는 원주인데 모든 x $(0 \le x \le 1)$ 에 대해 두 개의 y 값이 대응하므로 이것은 x 의 함수가 아니다. 그러나 점선으로 표시된 (x^0, y^0) 의 근방

에 속하는 (x, y) 에 대해서만 생각하면 $F(x, y) = 0$ 는 (x^0, y^0) 을 지나는 굵은 곡선이 된다. 이 곡선의 식은 $y = f(x) = \sqrt{1-x^2}$ 인데 $F(x, f(x)) = x^2 + (\sqrt{1-x^2})^2 - 1 \equiv 0$ 이므로 $y = f(x)$ 는 $F(x, y) = 0$ 를 y 에 대해 풀어 얻은 해이다. 다시 말해 (x^0, y^0) 의 근방에서는 음함수 $F(x, y) = 0$ 를 양함수 $y = f(x)$ 로 표현할 수 있다.

그런데 모든 점에 대해 이와 같이 생각할 수 있는 것은 아니다. $(x^1, y^1) = (1, 0)$ 을 생각하자. 점선으로 표시된 $(1, 0)$ 의 근방의 (x, y) 에 대해 $F(x, y) = 0$ 는 $(1, 0)$ 을 지나는 굵은 곡선이다. 그러나 $x = 1$ 근방의 모든 x 에 대해 두 개의 y 값이 대응하므로 이것은 함수가 아니다. 이 사실은 $(1, 0)$ 의 근방을 아무리 줄여도 변하지 않는다. 따라서 $(1, 0)$ 근방에서는 음함수 $F(x, y) = 0$ 를 양함수로 표현할 수 없다.

이상의 논의로부터 음함수를 전역적으로 양함수로 표현할 수 없는 경우에도 지역적 ((x^0, y^0) 의 근방) 으로 가능할 수 있지만 $(1, 0)$ 의 근방과 같이 항상 그런 것은 아님을 알 수 있다. (x^0, y^0) 과 $(1, 0)$ 은 $F_y(x^0, y^0) = 2y^0 \neq 0$ 인 반면 $F_y(1, 0) = 0$ 이라는 점에서 차이가 있다. 이 점에 착안하면 $F_y(x^0, y^0) \neq 0$ 이면 양함수 $y = f(x)$ 로 쓸 수 있는 (x^0, y^0) 의 열린근방이 있을 것으로 기대할 수 있다.

음함수 정리는 음함수를 (x 의) 양함수로 표현할 수 있는지에 대한 것이다. 따라서 (x^0, y^0) 와 $(x^1, y^1) = (1, 0)$ 근방에 대한 논의는 다음과 같이 x^0 과 x^1 근방에 대한 것으로 바꾸어 생각할 필요가 있다. x^0 근방에서는 음함수 $F(x, y) = 0$ 를 한 개의 양함수 $y = f(x)$ $(y^0 = f(x^0))$ 로 표현할 수 있다. 그러나 x^1 근방에서는 음함수 $F(x, y) = 0$ 가 두 개의 양함수, $y = f(x) = \sqrt{1-x^2}$ $(y^1 = f(x^1))$ 와 $y = g(x) = -\sqrt{1-x^2}$ $(y^1 = g(x^1))$ 로 표현된다.

정리 7.3 (음함수 정리 (implicit function theorem)) $F(x, y)$ 가 x 와 y 에 대해 연속편도함수를 가지며 $F(x, y) = 0$ 에 $F(x^0, y^0) = 0$ 이라고 하자. $F_y(x^0, y^0) \neq 0$ 이면 다음 성질을 만족하는 x^0 의 열린근방 $N(x^0)$ 과 연속미분가능한 함수 $y = f(x)$ 가 단 하나 존재한다.

(i) $y^0 = f(x^0)$,

(ii) $x \in N(x^0)$ 에 대해 $F(x, f(x)) \equiv 0$,

(iii) $\dfrac{dy}{dx} = -\dfrac{F_x}{F_y}$.[3]

예제 7.7 $F(x, y) = x^2 + y^2 - 1 = 0$ 에 음함수 정리를 적용해 보자. $(x^0, y^0) = \left(\frac{1}{2}, \frac{\sqrt{3}}{2}\right)$ 이면 $F(x^0, y^0) = 0$ 이다. $F_y\left(\frac{1}{2}, \frac{\sqrt{3}}{2}\right) = \sqrt{3} \neq 0$ 이므로 (x^0, y^0) 는 음함수 정리의 충

[3] (iii) 에 대해서는 7.3.4 절 음함수의 미분에 대한 논의를 참조.

분조건을 만족한다. $y = f(x) = \sqrt{1-x^2}$ 는 음함수 정리의 (i)과 (ii)를 만족하지만 $y = g(x) = -\sqrt{1-x^2}$ 는 (i)을 만족하지 않는다. $y = \sqrt{1-x^2}$ 를 x 에 대해 미분하면 $\frac{dy}{dx} = -x(1-x^2)^{-1/2}$ 이다. 그런데 $\frac{dy}{dx} = -\frac{F_x}{F_y} = -\frac{x}{y}$ 이므로 (iii)이 성립한다. 점 $(1,0)$ 에서는 $F_y(1,0) = 0$ 이다. $(1,0)$ 의 어떤 근방에 대해서도 $y = f(x)$ 와 $y = g(x)$ 모두 (i)과 (ii)를 만족한다. ■

문제 7.7 위 정리에서 $F_y(x^0, y^0) \neq 0$ 는 충분조건이다. 이 조건이 필요조건이 아님을 $F(x,y) = x - y^3 = 0$ 에 대해 확인하라. ■

문제 7.8 (i) $F(x,y) = x^2 - 2xy + y^2 - x + 1 = 0$ $(x \geq 1)$ 의 그림을 그려라. (ii) $x = 1$ 의 근방에서 y 를 x 의 함수로 풀 수 없음과 음함수 정리의 충분조건이 만족되지 않음을 보여라. (iii) $(x^0, y^0) = (2,1)$ 이면 x^0 의 근방에서 y 를 x 의 함수로 풀 수 있음을 보이고 $\frac{dy}{dx}$ 를 구하라. (iv) $(1,1)$ 을 제외한 모든 (x,y) 근방에서 y 를 x 의 함수로 풀 수 있음을 보여라. ■

음함수 정리는 변수와 함수의 개수에 관계없이 성립한다. 변수가 세 개인 두 개의 음함수 $F^1(x, y_1, y_2) = 0$ 과 $F^2(x, y_1, y_2) = 0$ 에 대해 음함수정리를 생각해 보자. (일반적인 경우는 아래 214-215쪽의 *음함수 정리의 일반화 참조.) F^1 과 F^2 가 x, y_1, y_2 에 대해 연속편도함수를 가지며 $F^1(x^0, y_1^0, y_2^0) = 0$ 이고 $F^2(x^0, y_1^0, y_2^0) = 0$ 이라고 하자.

$$\nabla_{\mathbf{y}}\mathbf{F} = \begin{bmatrix} \dfrac{\partial F^1}{\partial y_1} & \dfrac{\partial F^1}{\partial y_2} \\ \dfrac{\partial F^2}{\partial y_1} & \dfrac{\partial F^2}{\partial y_2} \end{bmatrix}$$

이고 $|\nabla_{\mathbf{y}}\mathbf{F}^0|$ 은 $|\nabla_{\mathbf{y}}\mathbf{F}|$ 를 (x^0, y_1^0, y_2^0) 에서 계산한 값이라고 하자.

$|\nabla_{\mathbf{y}}\mathbf{F}^0| \neq 0$ 이면 다음 성질을 만족하는 x^0 의 열린근방 $N(x^0)$ 와 연속미분가능한 함수 $y_i = f^i(x)$ $(i = 1, 2)$ 가 각각 단 하나 존재한다.

(i) $y_i^0 = f^i(x^0)$ $(i = 1, 2)$,

(ii) $x \in N(x^0)$ 에 대해 $F^i(x, f^1(x), f^2(x)) = 0$,

(iii) $\nabla_x \mathbf{y} = \begin{bmatrix} \frac{dy_1}{dx} \\ \frac{dy_2}{dx} \end{bmatrix}$, $\nabla_x \mathbf{F} = \begin{bmatrix} \frac{\partial F^1}{\partial x} \\ \frac{\partial F^2}{\partial x} \end{bmatrix}$ 라고 하면 $\nabla_x \mathbf{y} = -\left(\nabla_{\mathbf{y}}\mathbf{F}\right)^{-1} \nabla_x \mathbf{F}$ 이다.

예제 7.8 $F^1(x, y_1, y_2) = x^2 + y_1^2 + y_2^2 - 1 = 0$, $F^2(x, y_1, y_2) = x + y_1 - 1 = 0$ 과 이 두 식을 만족하는 점 $(x^0, y_1^0, y_2^0) = \left(\frac{1}{2}, \frac{1}{2}, \frac{\sqrt{2}}{2}\right)$ 를 생각하자. $\nabla_{\mathbf{y}}\mathbf{F} = \begin{bmatrix} 2y_1 & 2y_2 \\ 1 & 0 \end{bmatrix}$ 이므로

$|\nabla_{\mathbf{y}}\mathbf{F}| = -2y_2$ 이다. $|\nabla_{\mathbf{y}}\mathbf{F}^0| = -\sqrt{2} \neq 0$ 이므로 (x^0, y_1^0, y_2^0) 는 음함수 정리의 충분조건을 만족한다. $y_1 = 1 - x_1$ 과 $y_2 = \sqrt{2x(1-x)}$ 는 (i) 과 (ii) 를 만족하므로 (x^0, y_1^0, y_2^0) 의 열린근방에서 y_1 과 y_2 는 x 의 함수이다. (iii) 에 의해

$$\begin{bmatrix} \dfrac{dy_1}{dx} \\ \dfrac{dy_2}{dx} \end{bmatrix} = -\begin{bmatrix} 2y_1 & 2y_2 \\ 1 & 0 \end{bmatrix}^{-1} \begin{bmatrix} 2x_1 \\ 1 \end{bmatrix} = \begin{bmatrix} -1 \\ \dfrac{y_1 - x}{y_2} \end{bmatrix}$$

이다. $y_1 = 1 - x$ 와 $y_2 = \sqrt{2x(1-x)}$ 을 각각 x 에 대해 미분하면 $\frac{dy_1}{dx} = -1$ 이고 $\frac{dy_2}{dx} = (2x(1-x))^{-1/2}(1-2x) = \frac{y_1 - x}{y_2}$ 이므로 (iii) 이 성립함을 확인할 수 있다.

$(x^1, y_1^1, y_2^1) = (1, 0, 0)$ 도 $F^1(x, y_1, y_2) = 0$ 과 $F^2(x, y_1, y_2) = 0$ 을 만족한다. 그러나 $|\nabla_{\mathbf{y}}\mathbf{F}^1| = 0$ 이므로 음함수 정리의 충분조건을 만족되지 않는다. $y_1 = 1 - x_1$ 이므로 y_1 은 x 의 함수이다. 그러나 y_2 는 x 의 양함수로 표현할 수 없다. $F^1(x, y_1, y_2) = 0$ 에 $y_1 = 1 - x$ 을 대입하여 정리하면 타원을 나타내는 $2\left(x - \frac{1}{2}\right)^2 + y_2^2 = \frac{1}{2}$ 이 된다. $(x^1, y_2^1) = (1, 0)$ 의 열린근방에서는 모든 x 에 대해 두 개의 y_2 가 대응하므로 y_2 는 x 의 함수가 될 수 없다. ■

예제 7.9 $y = f(x)$ 를 생각하자. $y^0 = f(x^0)$ 이고 $f'(x^0) \neq 0$ 이라고 하자. 이 함수는 음함수 $F(x, y) = f(x) - y = 0$ 으로 바꿀 수 있다. $F_x^0 = f'(x^0) \neq 0$ 이므로 음함수 정리에 의해 x^0 의 열린근방에서 (i) 과 (ii) 를 만족하는 미분가능한 함수 $x = g(y)$ 가 단 하나 존재하며 이 함수는 $y = f(x)$ 의 역함수이다. 또한 (iii) 에 의해 $g'(y) = -\frac{F_y}{F_x} = \frac{1}{f'(x)}$ 이다. 따라서 앞에서 이미 본 바 있듯이 역함수의 도함수는 원래 함수의 도함수의 역수이다. ■

문제 7.9 $y = x^2$ 의 역함수가 존재하지 않는 x 의 근방을 구하라. 역함수가 존재할 때 $\frac{dx}{dy}$ 를 구하라. ■

* 음함수 정리의 일반화

독립변수가 $m + n$ 개인 m 개의 음함수에 대해 음함수 정리는 다음과 같다.

정리 7.3 (음함수 정리)

$\mathbf{x} \in R^n$, $\mathbf{y} \in R^m$ 이고 m 개의 음함수 $F^i(\mathbf{x}, \mathbf{y}) = 0$ $(i = 1, 2, \cdots, m)$ 에 대해 F^i 는 $\mathbf{x}$ 와 $\mathbf{y}$ 에 대해 연속편도함수를 가지며 $F^i(\mathbf{x}^0, \mathbf{y}^0) = 0$ $(i = 1, 2, \cdots, m)$ 이라고 하자.

$$\nabla_{\mathbf{y}}\mathbf{F} = \begin{bmatrix} \dfrac{\partial F^1}{\partial y_1} & \cdots & \dfrac{\partial F^1}{\partial y_m} \\ \vdots & \ddots & \vdots \\ \dfrac{\partial F^m}{\partial y_1} & \cdots & \dfrac{\partial F^m}{\partial y_m} \end{bmatrix}$$

이고 $|\nabla_{\mathbf{y}}\mathbf{F}^0|$는 $|\nabla_{\mathbf{y}}\mathbf{F}|$를 $(\mathbf{x}^0, \mathbf{y}^0)$에서 계산한 값이라고 하자. $|\nabla_{\mathbf{y}}\mathbf{F}^0| \neq 0$이면 다음 성질을 만족하는 $\mathbf{x}^0$의 열린근방 $N(\mathbf{x}^0)$과 연속미분가능한 함수 $y_i = f^i(\mathbf{x})$ $(i = 1, 2, \cdots, m)$가 단 하나 존재한다.

(i) $y_i^0 = f^i(\mathbf{x}^0)$,

(ii) $\mathbf{x} \in N(\mathbf{x}^0)$에 대해 $F^i(\mathbf{x}, f^1(\mathbf{x}), \cdots, f^m(\mathbf{x})) = 0,\ (i = 1, 2, \cdots, m)$,

(iii)

$$\nabla_{\mathbf{x}}\mathbf{y} = \begin{bmatrix} \dfrac{\partial y_1}{\partial x_1} & \cdots & \dfrac{\partial y_1}{\partial x_n} \\ \vdots & \ddots & \vdots \\ \dfrac{\partial y_m}{\partial x_1} & \cdots & \dfrac{\partial y_m}{\partial x_n} \end{bmatrix}, \nabla_{\mathbf{x}}\mathbf{F} = \begin{bmatrix} \dfrac{\partial F^1}{\partial x_1} & \cdots & \dfrac{\partial F^1}{\partial x_n} \\ \vdots & \ddots & \vdots \\ \dfrac{\partial F^m}{\partial x_1} & \cdots & \dfrac{\partial F^m}{\partial x_n} \end{bmatrix}$$

이면

$$\nabla_{\mathbf{x}}\mathbf{y} = -\left(\nabla_{\mathbf{y}}\mathbf{F}\right)^{-1}\nabla_{\mathbf{x}}\mathbf{F}$$

이다.

문제 7.10 $m = 2$이고 $n = 4$일 때 음함수 정리를 기술하라. ■

7.2 미 분

7.2.1 미분의 개념

미분가능한 함수 $y = f(x)$를 생각하자. $\lim_{\triangle x \to 0} \frac{\triangle y}{\triangle x} = f'(x)$이다. $\triangle x$와 $\triangle y$를 각각 x와 y의 **증분 (increment)**이라고 한다. $\triangle x$는 x의 **미분 (differential)**이라고 부르며 dx로도 표현한다. 즉, $\triangle x \equiv dx$이다.[4]

[4] $\triangle x \equiv dx$이지만 dx는 보통 '**무한히 작은 (infinitesimally)**' x의 변량을 의미한다.

$\lim_{\triangle x \to 0} \frac{\triangle y}{\triangle x} = f'(x)$ 는 다음과 같이 쓸 수 있다.[5]

$$\frac{\triangle y}{\triangle x} = f'(x) + \eta(x; \triangle x) \text{ (단, } \lim_{\triangle x \to 0} \eta(x; \triangle x) = 0).$$

문제 7.11 위 결과를 증명하라. ■

위 결과는 $\triangle x$ 가 충분히 작으면 어떤 점 x 에서의 접선의 기울기는 평균적 기울기와 거의 같음을 의미한다. 이하에서는 필요에 따라 $\eta(x; \triangle x) = \eta$ 로 쓰기로 한다.

Box 7.1 (연쇄법칙의 증명)

$\frac{\triangle y}{\triangle x} = f'(x) + \eta(x; \triangle x)$ 의 양 변에 $\triangle x$ 을 곱하면 $\triangle y = f'(x) \triangle x + \eta \triangle x$ 이다. (단, $\lim_{\triangle x \to 0} \eta = 0$.) 6.8절에서 논의한 연쇄법칙을 이 결과를 이용하여 증명하자.

정리 6.6 (연쇄법칙) $z = g(y)$ 와 $y = f(x)$ 가 미분가능하고 $z = g(f(x)) \equiv h(x)$ 이면 $\frac{dz}{dx} = h'(x) = g'(y)f'(x)$ 이다.

증명 $z = g(y)$ 가 미분가능하므로 $\triangle z = g'(y) \triangle y + \epsilon \triangle y$ 이다. (단, $\lim_{\triangle y \to 0} \epsilon = 0$.) 그런데 $y = f(x)$ 가 역시 미분가능하므로 $\triangle y = f'(x) \triangle x + \eta \triangle x$ 이다. (단, $\lim_{\triangle x \to 0} \eta = 0$.) $\triangle x \to 0$ 이면 $\triangle y \to 0$ 이기 때문에 $\epsilon \to 0$ 이다. $\triangle z$ 를 $\triangle x$ 로 나누면 $\frac{\triangle z}{\triangle x} = g'(y)\frac{\triangle y}{\triangle x} + \epsilon \frac{\triangle y}{\triangle x}$ 이므로 $\lim_{\triangle x \to 0} \frac{\triangle z}{\triangle x} = g'(y)f'(x)$ 이다. 그런데 도함수는 유일하므로 $h'(x) = g'(y)f'(x)$ 이다. □

예제 7.10 $y = x^2$ 이라고 하자. $\triangle y = (x + \triangle x)^2 - x^2 = 2x\triangle x + (\triangle x)^2$ 이므로 $\frac{\triangle y}{\triangle x} = 2x + \triangle x$ 이다. 따라서 $\eta = \triangle x$ 이다. ■

문제 7.12 (i) $y = x^3$ 일 때 η 를 구하라. (ii) 모든 x 와 $\triangle x$ 에 대해 $\eta = 0$ 인 예를 들어라. ■

[5] 위 식에서 $\eta(x; \triangle x)$ 는 x 와 $\triangle x$ 의 함수이지만 $\lim_{\triangle x \to 0} \eta = 0$ 를 구할 때 x 는 임의의 고정된 값으로 생각한다.

Box 7.2 (미분가능성) $\triangle y - a(x)\triangle x = \eta\triangle x$ (단, $\lim_{\triangle x \to 0} \eta = 0$)이 되는 함수 $a(x)$가 존재하면, 다시 말해 $\triangle x$가 충분히 0에 가까울 때 $a(x)\,dx \approx \triangle y$이 되는 $a(x)$가 존재하면 함수 $y = f(x)$는 미분가능하고 $a(x) = f'(x)$이다. 또 그 역도 성립한다.

문제 7.13 위 사실을 증명하라. ■

$y = f(x)$의 도함수가 존재하는 것과 $\triangle y - a(x)\triangle x = \eta\triangle x$ (단, $\lim_{\triangle x \to 0} \eta = 0$)이 성립하는 함수 $a(x)$가 존재하는 것은 동일하므로 미분가능성은 후자의 조건을 사용하여 정의할 수도 있다. 독립변수가 두 개 이상일 때의 미분가능성을 후자의 방식으로 정의한다. (부록 7.A 참조).

$\triangle x$가 충분히 작으면 $\frac{\triangle y}{\triangle x} \approx f'(x)$이므로

$$\triangle y \approx f'(x)\triangle x$$

이다. 따라서 $f'(x)\triangle x$를 $\triangle y$의 근삿값으로 사용할 수 있다. 이 생각을 체계화해 보자. dy를 $f'(x)$에 dx를 곱하여 얻은 어떤 양으로 정의하자. 예를 들어 $y = x^2$이면 $dy = \frac{dy}{dx}dx = 2x\,dx$이다. 여기서 dx와 dy는 어떤 양을 나타내는 기호이며 첫 번째 등호 뒤의 $\frac{dy}{dx}$는 도함수를 나타내는 기호이다.

정의 7.3 (y**의 미분(differential)**) $dy = f'(x)\,dx$를 y의 미분이라고 한다. dy는 df로도 쓴다.

문제 7.14 다음을 보여라. (i) c가 상수이면 $dc = 0$, (ii) $d(x^n) = nx^{n-1}\,dx$, (iii) $d(e^x) = e^x\,dx$, (iv) $d(\ln x) = \frac{dx}{x}$, (v) $d(\sin x) = \cos x\,dx$, (vi) $d(\cos x) = -\sin x\,dx$, (vii) $f(x) = g(x) + c$이면 $df = dg$. (단, c는 상수.) ■

dx와 dy는 실수이므로 사칙연산이 가능하다. $dy = f'(x)\,dx$의 양 변을 dx로 나누면 $\frac{dy}{dx} = f'(x)$이다. 따라서 도함수 $f'(x)$는 두 미분 dy와 dx의 비율로 생각할 수 있다. 앞에서의 결과 $\triangle y \approx f'(x)\triangle x$는 $\triangle x \equiv dx$이므로

$$\triangle y \approx dy$$

으로 쓸 수 있다. 다시 말해 dx가 충분히 작으면 dy는 $\triangle y$의 좋은 근삿값이라고 할

수 있다.

예제 7.11 순간변화율로서의 도함수는 이해하기가 다소 어려운 점이 있지만 미분의 개념은 '변화'와 관련된 것이므로 상대적으로 이해하기가 쉽다. 도함수가 $f'(x)$ 일 때 x 가 약간 dx 만큼 변하면 y 는 대략 $dy = f'(x)\,dx$ 만큼 변화한다고 할 수 있다. 예제 3.13에서 원금 A 를 연 이자율 $100r\%$ 연속복리로 은행에 예금하면 t 년 후에는 원리금이 $V = Ae^{rt}$ 가 됨을 보았다. $dV = rAe^{rt} = rV\,dt$ 인데 이것은 예금기간을 t 년에서 dt 년 늘리면 원리금은 대략 $rV\,dt$ 가 늘어나는 것을 의미한다. 예를 들어 하루 더 예금하면 원리금은 대략 $\frac{rV}{365}$ 가 늘어난다. ■

예제 7.12 $y = x^2$ 이면 $dy = 2x\,dx$ 이다. $x = 1$, $\triangle x = 0.01$ 라고 하자. $dy = 2 \times 0.01 = 0.02$ 이고 $\triangle y = 2 \times 1 \times 0.01 + (0.01)^2 = 0.0201$ 이다. ■

예제 7.13 문제 6.24 (ii)의 $\sqrt[4]{627}$ 를 계산해 보자. $y = f(x) = \sqrt[4]{x}$ 라고 하면 $f'(x) = \frac{x^{-3/4}}{4}$ 이다. $x = 625$, $dx = \triangle x = 2$ 라고 하자. $dy = f'(625) \times 2 = 0.004$ 이다. 따라서 $\sqrt[4]{627} = f(x + dx) \approx f(x) + dy = \sqrt[4]{625} + dy = 5.004$ 이다. ■

예제 7.14 x^* 가 지역최대점이라고 하자. 즉, x^* 의 어떤 근방에 속하는 모든 x 에 대해 $f(x^*) \geq f(x)$ 이다. $f'(x^*) > 0$ 이면 충분히 작은 $dx > 0$ 에 대해 $\triangle y \approx dy = f'(x^*)\,dx > 0$ 이다. x^* 에서 x 를 약간 증가시키면 y 값을 증가시킬 수 있으므로 모순이다. 마찬가지로 $f'(x^*) < 0$ 이 될 수 없다. 따라서 x^* 가 지역최대점이면 $f'(x^*) = 0$ 이며 이것은 정리 6.7의 결과이다. 이 필요조건을 미분 형식으로 표현하면 $dy = 0$ 이다. ■

예제 7.15 예제 6.22에서 독점기업의 이윤최대화 일계조건은 $MR(X) = MC(X)$ 이고 이윤을 최대로 하는 공급량 X^m 은 이 식을 만족하여야 함을 보았다. 이 식을 미분의 개념을 사용하여 도출하기로 하자.

독점기업이 현재 X 단위를 공급하고 있다고 하자. 공급량을 dX 만큼 약간 증가시키면 수입이 $p_x dX = D(X)\,dX$ 만큼 증가한다. 그러나 동시에 가격이 $dp_x = D'(X)\,dX$ 만큼 변화하므로 수입은 $X dp_x = D'(X)X\,dX$ 만큼 추가적으로 변화한다. 따라서 수입의 순 변화는 $(D(X) + D'(X)X)\,dX = MR(X)\,dX$ 이다. 또 공급이 증가하면 비용은 $dC = C'(X)\,dX = MC(X)\,dX$ 만큼 증가하게 된다. 따라서 이윤의 변화는

$$\triangle\pi(X) \approx d\pi(X) = (MR(X) - MC(X))\,dx$$

이다.

공급량이 X^0 일 때 $MR(X^0) > MC(X^0)$ 라고 하자. $dX > 0$ 이면 $d\pi(X^0) > 0$ 이다. dX 가 충분히 작으면 $d\pi(X^0) \approx \triangle\pi(X^0) > 0$ 이므로 공급량을 약간 늘리면 이윤은 증가한다. 따라서 X^0 은 이윤을 최대화하는 공급량이 아니다. 마찬가지로 $MR(X^0) < MC(X^0)$ 이면 공급량을 약간 줄여 이윤을 증가시킬 수 있다. 따라서 X^m 이 이윤을 최대로 하는 공급량이면 $MR(X^m) = MC(X^m)$ 이다. ■

문제 7.15 위 예제에서 $X = X^m$ 이라고 하자. 공급량을 약간 dX 만큼 변화시키면 $d\pi = 0$ 이므로 이윤의 변화는 없다. 이 논의의 진위를 확인하라. ■

7.2.2 코시 불변성 법칙

근삿값 계산에 관한 한 미분 개념은 특별히 유용하다고 할 수 없다. 실제로 미분을 이용한 근삿값 계산은 테일러 일계근사화와 동일하다. 그러나 도함수를 구할 때 미분 개념을 사용하면 계산이 보다 용이해진다. 그 이유는 미분을 구할 때는 변수가 독립변수인지 종속변수를 구분할 필요가 없기 때문이다. 반면 도함수는 독립변수의 변화에 대응하는 종속변수의 순간적 변화율이기 때문에 연쇄법칙에서 본 바와 같이 도함수를 계산하기 전에 먼저 독립변수와 종속변수가 구분되어야 한다. 이 차이가 도함수 계산에 미치는 영향에 대해 알아보자.

미분가능한 두 함수 $z = g(y)$ 와 $y = f(x)$, 그리고 이 두 함수의 합성함수 $z = g(f(x)) \equiv h(x)$ 를 생각하자. 정의 7.3에서 $dy = f'(x)\,dx$ 를 정의할 때 묵시적으로 y 는 종속변수, x 는 독립변수로 생각하였다. $z = h(x)$ 에 대해 x 가 독립변수이므로 $dz = h'(x)\,dx$ 로 정의하는 데 아무런 문제가 없다. 그러나 $z = g(y)$ 에 대해서는 y 가 종속변수임에도 불구하고 $dz = g'(y)\,dy$ 로 정의할 수 있는지, 그리고 할 수 있다면 $dz = h'(x)\,dx$ 의 dz 와 같은 기호 dz 를 사용하는 것이 적절할지는 확실치 않다. 이 점에 대해 알아보자.

연쇄법칙에 의해 $h'(x)\,dx = g'(y)f'(x)\,dx$ 이다. 그런데 $y = f(x)$ 에서 x 가 독립변수이므로 $dy = f'(x)\,dx$ 이다. 이것을 앞 식에 대입하면 $h'(x)\,dx = g'(y)\,dy$ 이다. 따라서 y 가 독립변수이든 또는 다른 함수의 종속변수이든 관계없이 $dz = h'(x)\,dx$ 와 $dz = g'(y)\,dy$ 로 쓸 수 있음을 알 수 있다. 이것을 코시 불변성 법칙이라고 하며 아래 정리에 나타나 있다. 이 법칙은 미분을 구하는 중간 과정에서 독립변수와 종속변수를 구별할 필요가 없기 때문에 복잡한 도함수의 계산을 쉽게 해 준다. 이것은 특히 다변수함수의 경우에 매우 유용하다.

정리 7.4 (코시 불변성 법칙 (Cauchy's invariance rule)) $y = f(x)$ 가 미분가능하면

$dy = f'(x)\,dx$ 는 x 가 독립변수이든 종속변수이든 관계없이 성립한다.

$z = g(y)$ 와 $y = f(x)$ 의 합성함수 $z = g(f(x)) \equiv h(x)$ 의 도함수 $h'(x)$ 는 $h(x)$ 를 구한 다음 이 함수를 x 에 대해 직접 미분하여 (필요하면 연쇄법칙을 이용하여) 구할 수 있다. 또 다른 방법은 코시 불변성 법칙을 이용하는 것이다. 앞에서 본 바와 같이 $dz = g'(y)\,dy$ 에 $dy = f'(x)\,dx$ 를 대입하면 $dz = g'(y)f'(x)\,dx$ 를 얻는다. x 를 독립변수로 간주하여 양변을 dx 를 나누어 $\frac{dz}{dx} = g'(y)f'(x)$ 인데 도함수는 유일하므로 $h'(x) = g'(y)f'(x)$ 이다.

예제 7.16 $z = g(y) = e^y$, $y = f(x) = x^2$ 이라고 하자. $z = h(x) = e^{x^2}$ 을 연쇄법칙에 의해 미분하면 $h'(x) = 2xe^{x^2}$ 이다. 미분 개념(코시 불변성 법칙)을 이용하여 $h'(x)$ 를 구해 보자. $dz = e^y\,dy$ 이고 $dy = 2x\,dx$ 이므로 $dz = e^y(2x)\,dx$ 이다. 양변을 dx 로 나누면 $\frac{dz}{dx} = 2xe^y$ 이다. ■

예제 7.17 위 예제에서는 미분 개념을 이용하여 도함수를 구하는 방법이 특별히 유용하다고는 할 수 없다. 그러나 보다 복잡한 함수의 도함수나 다변수함수의 편도함수를 구할 때는 이 방법이 매우 편리하다. $z = g(x) = 2x^4 + 1$, $y = f(x) = x^3$ 일 때 $\frac{dz}{dy}$ 를 구해보자. 두 식을 이용하여 x 을 소거하면 $z = h(y) = 2y^{4/3} + 1$ 이다. 따라서 $h'(y) = \frac{8y^{1/3}}{3}$ 이다.

이것을 미분을 이용하여 구해 보자. $dz = 8x^3\,dx$ 이고 $dy = 3x^2\,dx$ 이다. dx 를 소거하면 $dz = \frac{8x}{3}\,dy$ 이다. y 를 독립변수로 생각하고 양 변을 dy 로 나누면 $\frac{dz}{dy} = \frac{8x}{3}$ 이다. $x = y^{1/3}$ 이므로 $\frac{dz}{dy} = \frac{8y^{1/3}}{3}$ 이고 이것은 앞에서 구한 것과 같은 결과다. 이 유도 과정에서 y 가 독립변수인지의 여부는 $\frac{dz}{dy}$ 를 구하는 마지막 단계에서 고려하였음을 유의할 필요가 있다. ■

문제 7.16 (i) $z = (y+1)^{10}$, $y = \ln x$ 일 때 $\frac{dz}{dx}$ 를 구하라. (ii) $z = (x+1)^2$, $y = e^x$ 일 때 $\frac{dz}{dy}$ 를 구하라. ■

미분 개념의 유용성을 보여주는 다른 예를 살펴보자. $x = g(y)$ 가 $y = f(x)$ 의 역함수라고 하자. $dx = g'(y)\,dy$ 이고 $dy = f'(x)\,dx$ 이므로 $dx = g'(y)f'(x)\,dx$ 이다. 양 변을 dx 로 나누면 6.8 절에서 연쇄법칙을 이용하여 구한 것과 같은 결과 $g'(y) = \frac{1}{f'(x)} = \frac{1}{f'(g(y))}$ 을 얻는다. 이것은 $dy = f'(x)\,dx$ 에서 y 를 독립변수로 간주하여 양 변을 dy 로 나누어 구할 수도 있다.

$dy = f'(x)\,dx$ 이므로 dy 는 x 와 dx 의 함수이다. dx 를 고정된 값으로 생각하면 y 의 **이계미분** (second-order differential) 은 $d^2y \equiv d(dy) = d(f'(x)\,dx) = f''(x)\,(dx)^2$

$\equiv f''(x)\,dx^2$ 으로 정의할 수 있다. 양 변을 dx^2 으로 나누면 $\frac{d^2y}{dx^2} = f''(x)$ 로 쓸 수 있다. (이 식으로부터 부수적으로 $f(x)$ 의 이계도함수를 $\frac{d^2y}{dx^2}$ 로 쓰는 이유를 알 수 있다. dx^2 은 dx 의 제곱이지만 d^2y 는 dy 의 미분을 나타낸다.) 마찬가지로 생각하면 y 의 n **계미분 (higher-order differential)** 은 $d^ny = f^{(n)}(x)(dx)^n \equiv f^{(n)}(x)dx^n$ 으로 정의할 수 있으며 $\frac{d^ny}{dx^n} = f^{(n)}$ 으로 쓸 수 있다.

그러나 x 가 어느 함수의 종속변수이면 dx 를 고정된 값으로 생각할 수 없으므로 이계 이상의 미분을 위에서와 같이 정의하는 것은 합당하지 않다. x 가 다른 변수의 종속변수이면 $d^2y = d(f'(x)\,dx) = f''(x)\,dx^2 + f'(x)\,d(dx) = f''(x)\,dx^2 + f'(x)\,d^2x$ 이므로 앞에서의 결과와 다르게 된다. 이계 또는 고계미분은 일반적으로 코시 불변성 법칙이 성립하지 않으므로 x 가 독립변수인 경우에만 제한적으로 사용된다.

7.2.3 미분의 응용

수요의 가격탄력성

$y = f(x)$ 라고 하자. x 가 $\triangle x$ 만큼 변화하면 y 는 $\triangle y$ 만큼 변한다. x 의 변화율을 $\frac{\triangle x}{x}$, y 의 변화율을 $\frac{\triangle y}{y}$ 라고 하면 이 두 변화율의 비율

$$\epsilon_{yx} = \frac{\frac{\triangle y}{y}}{\frac{\triangle x}{x}} = \frac{\triangle y}{\triangle x}\frac{x}{y}$$

를 y 의 x 에 대한 **탄력성 (elasticity)** 이라고 한다. 탄력성은 x 의 변화에 따른 y 의 변화 정도를 나타내는 (단위가 없는) 실수이다.

$X = X^d(p_x)$ 가 수요함수이면 수요의 가격탄력성 ϵ_{Xp_x} 는

$$\epsilon_{Xp_x} = \frac{\frac{\triangle X}{X}}{\frac{\triangle p_x}{p_x}} = \frac{\triangle X}{\triangle p_x}\frac{p_x}{X}$$

이다. 일반적으로 가격이 상승하면 수요량은 감소하기 때문에 $\epsilon_{Xp_x} < 0$ 이다. 가격이 10% 상승할 때 수요량이 15% 감소한다면 $\frac{\triangle p_x}{p_x} = 0.1$ 이고 $\frac{\triangle X}{X} = -0.15$ 이므로 $\epsilon_{Xp_x} = \frac{-0.15}{0.1} = -1.5$ 이다. 수요탄력성이 -1.5 이라는 것은 대략 가격이 1% 상승하거나 하락하면 그에 따라 수요량이 1.5% 감소하거나 증가하는 것으로 생각할 수 있다.

예제 7.18 선형 수요함수 $X = 1 - p_x$ 를 생각해 보자. $X + \triangle X = 1 - (p_x + \triangle p_x)$ 이므로 $\frac{\triangle X}{\triangle p_x} = -1$ 이다. 따라서 가격탄력성은 $\epsilon_{Xp_x} = -\frac{p_x}{X}$ 이다. 현재 가격이 $p_x = 0.5$ 이면 $X = 0.5$ 이므로 $\epsilon_{Xp_x} = -1$ 이고, 가격이 $p_x = 0.8$ 이면 $X = 0.2$ 이므로 $\epsilon_{Xp_x} = -4$

이다. ■

가격탄력성은 가격 수준과 가격 변동 폭에 따라 달라진다. 선형 수요함수의 경우에는 $\frac{\triangle X}{\triangle p_x}$ 는 수요함수의 기울기와 일치하므로 위 예제에서 본 바와 같이 가격탄력성은 가격 수준에만 의존한다.[6] 그러나 비선형 수요함수의 경우에는 가격 변동 폭에 따라서도 수요탄력성이 달라진다. 비선형 수요함수 $X = p_x^{-1/2}$ 를 생각하자. $p_x = 1$ 이고 $X = 1$ 일 때 $\triangle p_x = 0.1$ 이면 $\frac{\triangle X}{\triangle p_x} = -0.4654$ 이지만 $\triangle p_x = 0.05$ 이면 $\frac{\triangle X}{\triangle p_x} = -0.4820$ 이다. 따라서 $\triangle p_x$ 의 크기에 따라 수요탄력성이 달라진다. 수요탄력성이 가격 변동 폭에 따라 달라지는 문제점은 수요탄력성을

$$\epsilon_{Xp_x} = \lim_{\triangle p_x \to 0} \frac{\triangle X}{\triangle p_x}\frac{p_x}{X} = \frac{dX}{dp_x}\frac{p_x}{X}$$

로 정의함으로써 해결할 수 있다. 도함수는 유일하므로 수요탄력성은 가격 수준에만 의존하게 된다. $\frac{\triangle X}{\triangle p_x}\frac{p_x}{X}$ 를 **호탄력성 (arc elasticity)**, $\frac{dX}{dp_x}\frac{p_x}{X}$ 를 **점탄력성 (point elasticity)** 이라고 한다.

(점) 탄력성은 미분개념을 이용하여 정의할 수 있다. $d(\ln p_x) = \frac{dp_x}{p_x}$, $d(\ln X) = \frac{dX}{X}$ 이므로

$$\epsilon_{Xp_x} = \frac{d(\ln X)}{d(\ln p_x)} = \frac{dX}{dp_x}\frac{p_x}{X}$$

이다.

예제 7.19 수요함수가 $X = ap_x^{-b}$ $(a > 0, b > 0)$ 일 때 ϵ_{Xp_x} 를 구해 보자. $\frac{dX}{dp_x} = -abp_x^{-b-1}$ 이므로 $\epsilon_{Xp_x} = -abp_x^{-b-1}\frac{p_x}{ap_x^{-b}} = -b$ 이다. 이 수요함수는 가격 수준에 관계없이 가격탄력성이 일정하므로 실증분석에서 사용하기가 편리하다. 미분 개념을 이용하여 탄력성을 구해 보자. $\ln X = \ln a - b \ln p_x$ 이므로 $d(\ln x) = d(\ln a) - d(b \ln p_x) = -bd(\ln p_x)$ 이다. 따라서 $\epsilon_{Xp_x} = \frac{d(\ln X)}{d(\ln p_x)} = -b$ 이다. ■

문제 7.17 (i) $y = ce^x$ 일 때 ϵ_{yx} 를 구하라. (ii) (a) $MR = D(X) + D'(X)X = p_x\left(1 + \frac{1}{\epsilon_{Xp_x}}\right)$ 임을 보여라. (b) p_x^m 과 X^m 이 독점가격과 공급량이면 $\frac{p_x^m - MC^m}{p_x^m} = -\frac{1}{\epsilon_{Xp_x}^m}$ 임을 보여라.[7] (단, $MC^m = MC(X(p_x^m))$, $\epsilon_{Xp_x}^m = \epsilon_{Xp_x}\big|_{(p_x^m, X^m)}$.) ■

[6] X 가 p_x 의 함수이므로 $-\frac{p_x}{X}$ 는 p_x 에 의존한다.

[7] 이 식은 **역탄력성 법칙 (inverse elasticity rule)** 으로 불린다. 왼쪽 항 $\frac{p_x^m - MC}{p_x^m}$ 은 가격에 대한 이윤 마진율을 나타낸다. 역탄력성 법칙은 수요가 탄력적일수록 ($|\epsilon_{Xp_x}^m|$ 이 클수록) 독점기업은 마진율을 낮출 것임을 의미한다. 이것은 **러너 인덱스 (Lerner index)** 로 불리며 독점력의 크기를 나타내는 지수로 사용된다.

순간성장률

유엔통계에 의하면 우리나라의 인구는 2000년에 4,640만 명, 2005년에 4,750만 명에서 2010년에는 4,850만 명으로 늘었다. 2000년을 기준으로 **연평균인구성장률 (average rate of population growth yearly)** 을 계산해보자. 2000년에서 2010년 사이에 210만 명이 증가하였으므로 연평균 $\frac{210}{10} = 21$ 만 명 씩 증가한 셈이다. 따라서 연평균인구성장률은 $\frac{21}{4{,}640} \times 100 = 0.45(\%)$ 이다. 그런데 대상 기간을 2010년까지가 아니고 2005년까지로 하면 다른 결과가 나온다. 이 기간 동안의 인구 증가는 110만 명이므로 연평균인구성장률은 $\frac{22}{4{,}640} \times 100 = 0.47(\%)$ 이다. 어느 성장률을 채택할지는 분석의 목적에 따라 달라진다.

$P(t)$ 를 t 년의 인구라고 하면 $P(2000) = 4{,}640$, $P(2005) = 4{,}750$, $P(2010) = 4{,}850$ 이다. t 년에서 $\triangle t$ 년 만큼 시간이 경과할 때 인구가 $\triangle P$ 만큼 증가한다면 연평균인구성장률은 $\frac{\triangle P/\triangle t}{P(t)}$ 이다. 호탄력성 대신 점탄력성을 생각하는 것과 마찬가지 이유로 **연순간인구성장률 (instantaneous rate of population growth yearly)**

$$\frac{dP/dt}{P(t)} = \lim_{\triangle t \to 0} \frac{\triangle P/\triangle t}{P(t)}$$

을 사용하면 고려 기간에 따라 달라지는 연평균인구성장률의 부정확성 문제를 해결할 수 있다.

예제 7.20 복리계산이 연속적으로 이루어질 때 원금 A 를 년 이자율 $100r\%$ 로 t 년 빌려 주면 원리금합계 $V = Ae^{rt}$ 이다. $\frac{dV/dt}{V} = r$ 이므로 연이자율은 연순간성장률이다. ■

시간 t 에 따라 변하는 변량 $x(t)$ 에 대해

$$\frac{dx/dt}{x(t)}$$

를 x 의 **순간성장률 (instantaneous rate of growth)** (또는 **비례적변화율 (proportional rate of change)**, **퍼센티지변화율 (percentage rate of change)**) 이라고 한다. $d(\ln x) = \frac{dx}{x}$ 이므로 순간성장률은

$$\frac{dx/dt}{x} = \frac{d(\ln x)}{dt}$$

로 표현할 수도 있다. 일반적으로 변수들의 곱으로 표현되는 변수의 성장률을 계산할 때 먼저 로그를 취한 후 미분을 구하면 계산이 편리해진다. 왜냐하면 로그를 구하면

곱셈 형태를 덧셈 형태로 바꿀 수 있기 때문이다. 위 예제에서 $\ln V = \ln A + rt$ 이므로 $d(\ln V) = r\,dt$ 이다. 따라서 $\frac{dV/dt}{V} = \frac{d(\ln V)}{dt} = r$ 로 계산할 수 있다.

예제 7.21 시점 t 에서의 한 국가의 생산량 $(q(t))$ 은 노동 $(l(t))$ 의 투입량과 기술 수준 $(A(t))$ 에 의존하며 $q(t) = A(t)f(l(t))$ 라고 하자. 양 변에 로그를 취한 후 다시 미분을 구하면 $d(\ln q) = d(\ln A) + d(\ln f(l))$ 이므로

$$\frac{d(\ln q)}{dt} = \frac{d(\ln A)}{dt} + \frac{d(\ln f(l))}{dt} = \frac{d(\ln A)}{dt} + \frac{d(\ln f(l))}{d(\ln l)}\frac{d(\ln l)}{dt}$$

이다. 변수 x 의 순간성장률을 G_x 라고 하면 이 식은

$$G_q = G_A + \epsilon_{ql} G_l$$

이 된다. 즉, 생산량의 성장률은 기술진보율과 생산의 노동탄력성으로 가중한 노동력 성장률의 합이다. ■

문제 7.18 $\epsilon_{ql} = \frac{d(\ln f(l))}{d(\ln l)}$ 임을 보여라. ■

7.3 다변수함수의 미분

7.2 절에서 일변수함수 $y = f(x)$ 에 대해 $\triangle y = f'(x)\triangle x + \eta \triangle x$ 로 쓸 수 있음을 보았다. (단, $\lim_{\triangle x \to 0} \eta = 0$.) 이변수함수 $y = f(x_1, x_2)$ 에 대해 이에 상응하는 공식을 생각할 수 있다. $y = f(x_1, x_2)$ 에 대해 $\triangle x_i$ $(i = 1, 2)$ 와 $\triangle y$ 를 각각 x_i 와 y 의 증분이라고 한다. 일변수함수의 경우와 마찬가지로 독립변수의 증분은 미분과 동일하다. 즉, $\triangle x_i \equiv dx_i$ 이다.

정리 7.5 $y = f(x_1, x_2)$ 의 일계편도함수 $f_1(x_1, x_2)$ 과 $f_2(x_1, x_2)$ 가 존재하고 연속이면 $\triangle y = f_1(x_1, x_2)\triangle x_1 + f_2(x_1, x_2)\triangle x_2 + \eta_1 \triangle x_1 + \eta_2 \triangle x_2$ 이다. (단, $\triangle x_1 \to 0$, $\triangle x_2 \to 0$ 이면 $\eta_1 \to 0$, $\eta_2 \to 0$ 이다.)

7.3.1 전도함수

$y = f(x_1, x_2)$ 이고 $x_1 = a(t)$ 과 $x_2 = b(t)$ 라고 하면 $y = f(a(t), b(t)) \equiv g(t)$ 이므로 y 는 t 의 합성함수이다. f_1 과 f_2 가 존재하고 연속이라고 가정하면 정리 7.5 로부터 $\triangle y = f_1 \triangle x_1 + f_2 \triangle x_2 + \eta_1 \triangle x_1 + \eta_2 \triangle x_2$ 이다. (단, $\triangle x_1 \to 0$, $\triangle x_2 \to 0$ 이면 $\eta_1 \to 0$,

$\eta_2 \to 0$.) 이 식의 양변을 $\triangle t$ 로 나누면 $\frac{\triangle y}{\triangle t} = f_1\frac{\triangle x_1}{\triangle t} + f_2\frac{\triangle x_2}{\triangle t} + \eta_1\frac{\triangle x_1}{\triangle t} + \eta_2\frac{\triangle x_2}{\triangle t}$ 이다. a' 과 b' 이 존재하면 $\triangle t \to 0$ 일 때 $\lim_{\triangle t \to 0}\frac{\triangle y}{\triangle t} = f_1a' + f_2b'$ 이 된다. 도함수는 유일하므로

$$g' = f_1a' + f_2b'$$

이다. g' 을 **전도함수 (total derivative)** 라고 한다.

문제 7.19 $\triangle t \to 0$ 이면 $\eta_1\frac{\triangle x_1}{\triangle t} \to 0$, $\eta_2\frac{\triangle x_2}{\triangle t} \to 0$ 임을 보여라. ■

Box 7.3 (정리 7.5의 증명) 임의의 x_1, x_2, $\triangle x_1$, $\triangle x_2$ 에 대해 $\triangle y = f(x_1 + \triangle x_1, x_2 + \triangle x_2) - f(x_1, x_2) = (f(x_1 + \triangle x_1, x_2) - f(x_1, x_2)) + (f(x_1 + \triangle x_1, x_2 + \triangle x_2) - f(x_1 + \triangle x_1, x_2))$ 이다. 7.2 절의 결과를 이용하면 $f(x_1 + \triangle x_1, x_2) - f(x_1, x_2) = f_1(x_1, x_2)\triangle x_1 + \eta_1\triangle x_1$ 이다. (단, $\lim_{\triangle x_1 \to 0}\eta_1 = 0$.) 다음으로 $f(x_1+\triangle x_1, x_2+\triangle x_2) - f(x_1+\triangle x_1, x_2) = f_2(x_1+\triangle x_1, x_2)\triangle x_2 + \epsilon\triangle x_2$ (단, $\lim_{\triangle x_2 \to 0}\epsilon = 0$.) 그런데 f_2 는 연속이므로 $\lim_{\triangle x_1 \to 0} f_2(x_1 + \triangle x_1, x_2) = f_2(x_1, x_2)$ 또는 $f_2(x_1 + \triangle x_1, x_2) = f_2(x_1, x_2) + \epsilon'$ (단, $\lim_{\triangle x_1 \to 0}\epsilon' = 0$). 따라서 $f(x_1 + \triangle x_1, x_2+\triangle x_2) - f(x_1+\triangle x_1, x_2) = f_2(x_1, x_2)\triangle x_2 + \eta_2\triangle x_2$ 이다. (단, $\eta_2 = \epsilon + \epsilon'$, $\lim_{\substack{\triangle x_1 \to 0 \\ \triangle x_2 \to 0}}\eta_2 = 0$.) □

t 의 변화는 두 가지 경로로 y 에 영향을 준다. 먼저 x_1 에 영향을 주고 이는 다시 y 에 영향을 주는데 연쇄법칙에 의해 이 영향은 곱의 형태 f_1a' 이다. 마찬가지로 t 의 변화가 x_2 와 또 이를 통해 y 에 주는 영향은 f_2b' 이다. 전도함수는 t 의 변화가 y 에 주는 총 영향을 나타내며 각 개별 연쇄적 영향의 합이다.

예제 7.22 $y = x_1^2 + x_1 \ln x_2$, $x_1 = t^2$, $x_2 = e^t$ 라고 하자. $\frac{\partial y}{\partial x_1} = 2x_1 + \ln x_2$, $\frac{\partial y}{\partial x_2} = \frac{x_1}{x_2}$, $\frac{\partial x_1}{dt} = 2t$, $\frac{\partial x_2}{dt} = e^t$ 이다. 따라서 $\frac{dy}{dt} = 2t(2x_1 + \ln x_2) + \frac{x_1}{x_2}e^t$ 이다. ■

문제 7.20 $\frac{d(f(x)g(x))}{dx} = f(x)g'(x) + g(x)f'(x)$ 를 위 결과를 이용하여 증명하라. ($x_1 = f(x)$, $x_2 = g(x)$ 로 정의하라.) ■

예제 7.23 $y = f(x_1, x_2)$ 이고 x_1 과 x_2 가 각각 이변수함수 즉, $x_1 = a(s, t)$ 와 $x_2 = b(s, t)$ 인 경우를 생각하자. $y = f(a(s,t), b(s,t)) \equiv g(s,t)$ 이므로 y 는 s 와 t 의 함수이다. t 를 임의의 값으로 고정하면 y 는 사실상 s 만의 함수이므로 앞에서의 결과를

이용하여 s 가 x_1 과 x_2 에 주는 영향을 계산할 수 있다. 이 영향은 t 가 고정되었다는 가정 하에 계산하므로 편도함수로 표현하여야 하며 $\frac{\partial y}{\partial s} = f_1 a_1 + f_2 b_1$ 이다. 마찬가지로 $\frac{\partial y}{\partial t} = f_1 a_2 + f_2 b_2$ 이다. ■

문제 7.21 $y = x_1^2 + x_1 \ln x_2$, $x_1 = s^2 t$, $x_2 = e^s + t$ 일 때 $\frac{\partial y}{\partial s}$ 와 $\frac{\partial y}{\partial t}$ 를 구하라. ■

7.3.2 전미분

정리 7.5 로부터 y 의 미분 dy 는 다음과 같이 정의된다.

정의 7.4 (전미분 (total differential)) $dy = f_1(x_1, x_2)\, dx_1 + f_2(x_1, x_2)\, dx_2$ 를 y 의 전미분이라고 한다.

예제 7.24 $y = x_1^2 x_2$ 이면 $dy = 2x_1 x_2\, dx_1 + x_1^2\, dx_2$ 이다. ■

문제 7.22 다음 각 함수에 대해 dy 를 구하라. (i) $y = e^{x_1} e^{x_2}$, (ii) $y = x_2 \ln x_1$. ■

일변수함수의 경우와 마찬가지로 $\triangle x_i$ $(i = 1, 2)$ 가 충분히 작으면 $\triangle y \approx dy$ 이다. 따라서 dy 는 $\triangle y$ 의 좋은 근삿값이다.

예제 7.25 $y = x_1^2 + x_2^2$ 이고 $x_1 = x_2 = 1$ 이라고 하자. $\triangle x_1 = 0.01$ 이고 $\triangle x_2 = 0.005$ 이면 $\triangle y = 1.01^2 + 1.005^2 - 1 = 0.0301$ 이고 $dy = 2 \times 1 \times 0.01 + 2 \times 1 \times 0.005 = 0.03$ 이다. ■

f 와 g 가 미분가능한 함수일 때 미분의 경우에도 도함수 법칙과 유사한 다음 법칙이 성립한다.

(i) $d(cf) = c\, df$ (단 c 는 상수),

(ii) $d(f \pm g) = df \pm dg$,

(iii) $d(fg) = f\, dg + g\, df$,

(iv) $d(f/g) = \frac{g\, df - f\, dg}{g^2}$ (단, $g \neq 0$).

문제 7.23 위 법칙 (ii) 와 (iii) 을 이용하여 (iv) 를 증명하라. ■

예제 7.26 $f(x) = x^2 y$, $g(y) = y^3$ 라고 하자. $f + g = x^2 y + y^3$ 이므로 정의에 의해 $d(f+g) = 2xy\, dx + (x^2 + 3y^2)\, dy$ 이다. $df = 2xy\, dx + x^2\, dy$ 이고 $dg = 3y^2\, dy$ 이므로 $df + dg = (2xy\, dx + x^2\, dy) + 3y^2\, dy = 2xy\, dx + (x^2 + 3y^2)\, dy = d(f+g)$ 이다. ■

문제 7.24 위 예제를 이용하여 $d(fg) = f\,dg + g\,df$ 가 성립함을 보여라. ■

Box 7.4

다변수함수 $y = f(\mathbf{x})$ 의 편도함수 f_i $(i = 1, 2, \cdots, n)$ 가 존재하고 연속이며 $d\mathbf{x} = \begin{bmatrix} dx_1 \\ dx_2 \\ \vdots \\ dx_n \end{bmatrix}$ 이라고 하자.

정의 7.5 (다변수함수의 전미분) $dy = \sum_{i=1}^{n} f_i(\mathbf{x})\,dx_i = \nabla f(\mathbf{x})\,d\mathbf{x}$ 를 y 의 전미분이라고 한다.

$\triangle y = \sum_{i=1}^{n} f_i(\mathbf{x})\,\triangle x_i + \sum_{i=1}^{n} \eta_i\,\triangle x_i = dy + \boldsymbol{\eta}\triangle\mathbf{x}$ 이다. (단, $\triangle\mathbf{x} \to \mathbf{0}$ 이면 $\boldsymbol{\eta} = \begin{bmatrix} \eta_1 \\ \eta_2 \\ \vdots \\ \eta_n \end{bmatrix} \to \mathbf{0}$.) dy 는 $\triangle y$ 의 좋은 근삿값이다.

7.3.3 코시 불변성 법칙

일변수함수의 경우에서 코시 불변성 법칙을 이용하여 도함수를 용이하게 구할 수 있음을 보았다. 이 정리는 다변수함수의 경우에도 마찬가지로 성립한다. 예를 들어 $y = f(x_1, x_2)$ 이고 $x_1 = a(t)$ 이고 $x_2 = b(t)$ 라고 하자. $y = f(a(t), b(t)) \equiv g(t)$ 이므로 y 는 t 의 합성함수이다. $y = g(t)$ 로 생각하면 $dy = g'(t)\,dt$ 이다. 그런데 7.3.1 절에서 $g' = f_1 a' + f_2 b'$ 임을 보았다. $g'\,dt = (f_1 a' + f_2 b')\,dt = f_1 a'\,dt + f_2 b'\,dt = f_1\,dx_1 + f_2\,dx_2$ 이다. 따라서 dy 는 $g'\,dt$ 와 $f_1\,dx_1 + f_2\,dx_2$ 를 나타내는 데 모두 사용할 수 있다.

정리 7.6 (코시 불변성 법칙) $y = f(x_1, x_2)$ 이고 모든 편도함수가 연속함수이면 $dy = f_1(x_1, x_2)\,dx_1 + f_2(x_1, x_2)\,dx_2$ 는 x_1 과 x_2 가 독립변수이든 종속변수이든 관계없이 성립한다.

문제 7.25 $y = f(x_1, x_2) = e^{x_1^2+x_2^2}$ 이라고 하자. $x_1 = x_1(r, \theta) = r\cos\theta$, $x_2 = x_2(r, \theta) = r\sin\theta$ 이면 $g(r, \theta) = f(x_1(r, \theta), x_2(r, \theta)) = e^{r^2}$ 이다. ($x_1 = r\cos\theta$, $x_2 = r\sin\theta$ 로 표현하는 것을 **극좌표변환 (polar coordinate transformation)** 이라고 한다.) $dg = 2re^{r^2}\,dr = df$ 임을 보여라. ■

예제 7.27 7.3.1 절에서 $y = f(x_1, x_2)$ 이고 $x_1 = a(t)$, $x_2 = b(t)$ 일 때 도함수의 정의를 이용하여 전도함수 $\frac{dy}{dt}$ 를 구하였다. 이것을 미분 개념을 이용하여 구해 보자. $dy = f_1\,dx_1 + f_2\,dx_2 = (f_1a' + f_2b')\,dt$ 이므로 t 를 독립변수로, y 를 종속변수로 생각하여 양변을 dt 로 나누면 $\frac{dy}{dt} = f_1a' + f_2b'$ 을 얻을 수 있다.

$y = x_1^2 + x_1\ln x_2$, $x_1 = t^2$, $x_2 = e^t$ 라고 하자. $dy = (2x_1 + \ln x_2)\,dx_1 + \frac{x_1}{x_2}\,dx_2$, $dx_1 = 2t\,dt$ 이고 $dx_2 = e^t\,dt$ 이다. dx_1 과 dx_2 를 dy 에 대입하면 $dy = ((2x_1 + \ln x_2)(2t) + \frac{x_1}{x_2}e^t)\,dt$ 이므로 $\frac{dy}{dt} = 2t(2x_1 + \ln x_2) + \frac{x_1}{x_2}e^t$ 이다. ■

예제 7.28 예제 7.23 의 $y = f(x_1, x_2)$, $x_1 = a(s, t)$ 와 $x_2 = b(s, t)$ 를 생각하자. $dy = f_1\,dx_1 + f_2\,dx_2$, $dx_1 = a_1\,ds + a_2\,dt$ 이고 $dx_2 = b_1\,ds + b_2\,dt$ 이다. dx_1 과 dx_2 를 dy 에 대입하여 정리하면 $dy = (f_1a_1 + f_2b_1)\,ds + (f_1a_2 + f_2b_2)\,dt$ 이다. $\frac{\partial y}{\partial s}$ 를 구하기 위해 t 를 고정하면 즉, $dt = 0$ 으로 하면 $\frac{\partial y}{\partial s} = f_1a_1 + f_2b_1$ 이다. 마찬가지로 $ds = 0$ 으로 하면 $\frac{\partial y}{\partial t} = f_1a_2 + f_2b_2$ 이다.[8] ■

예제 7.29 $y = f(x_1, x_2)$, $s = a(x_1, x_2)$, $t = b(x_1, x_2)$ 일 때 $\frac{\partial y}{\partial s}$ 와 $\frac{\partial y}{\partial t}$ 를 구해 보자. $dy = f_1\,dx_1 + f_2\,dx_2$, $ds = a_1\,dx_1 + a_2\,dx_2$, $dt = b_1\,dx_1 + b_2\,dx_2$ 이다. 마지막 두 식을 행렬 형식으로 쓰면 $\begin{bmatrix} a_1 & a_2 \\ b_1 & b_2 \end{bmatrix}\begin{bmatrix} dx_1 \\ dx_2 \end{bmatrix} = \begin{bmatrix} ds \\ dt \end{bmatrix}$ 이 된다. 크래머의 법칙을 이용하면 $dx_1 = \frac{b_2\,ds - a_2\,dt}{|J|}$, $dx_2 = \frac{a_1\,dt - b_1\,ds}{|J|}$ 이다. (단, $|J| = \begin{vmatrix} a_1 & a_2 \\ b_1 & b_2 \end{vmatrix} = a_1b_2 - a_2b_1 \neq 0$ 으로 가정한다.) dx_1 과 dx_2 를 dy 에 대입하여 정리하면 $dy = \frac{(f_1b_2 - f_2b_1)\,ds + (f_2a_1 - f_1a_2)\,dt}{|J|}$ 이다. 따라서 $\frac{\partial y}{\partial s} = \frac{f_1b_2 - f_2b_1}{|J|}$ 이고 $\frac{\partial y}{\partial t} = \frac{f_2a_1 - f_1a_2}{|J|}$ 이다.

$y = x_1x_2^2$, $s = x_1 - x_2$, $t = x_1 + x_2$ 라고 하자. $dy = x_2^2\,dx_1 + 2x_1x_2\,dx_2$, $ds = dx_1 - dx_2$, $dt = dx_1 + dx_2$ 이므로 $dx_1 = \frac{ds + dt}{2}$, $dx_2 = \frac{dt - ds}{2}$ 이다. $dy = \frac{(x_2 - 2x_1)x_2}{2}\,ds + \frac{(2x_1 + x_2)x_2}{2}\,dt$ 이므로 $\frac{\partial y}{\partial s} = \frac{(x_2 - 2x_1)x_2}{2}$, $\frac{\partial y}{\partial t} = \frac{(2x_1 + x_2)x_2}{2}$ 이다. ■

---

[8] $\frac{\partial y}{\partial s}$ 에만 관심이 있다면 dx_1 과 dx_2 를 계산할 때 처음부터 $dt = 0$ 으로 하면 계산을 더 간단하게 할 수 있다.

문제 7.26 (i) $y = x_1(1+x_2)$ 이고 $x_1 = x_2^2$ 일 때 $\frac{dy}{dx_2}$ 를 구하라. (ii) $y = x_1^3 x_2$ 이고 $x_1 = (1+2x_2)^3$ 일 때 $\frac{dy}{dx_2}$ 를 구하라. (iii) $y = x_1 \ln x_2$, $x_1 = s+2t$, $x_2 = s^2$ 일 때 $\frac{\partial y}{\partial s}$ 와 $\frac{\partial y}{\partial t}$ 를 구하라. (iv) $y = x_1 x_2^2$ 라고 하자. (a) $x_1 = (s+t)^2$, $x_2 = (s-t)^2$ 일 때와 (b) $s = (x_1+x_2)^2$, $t = x_1^2$ 일 때 $\frac{\partial y}{\partial s}$ 와 $\frac{\partial y}{\partial t}$ 를 구하라. ■

7.3.4 음함수의 미분

음함수 $F(x_1, x_2, y) = 0$ 에 대해 $F(x_1^0, x_2^0, y^0) = 0$ 이라고 하자. $F_y(x_1^0, x_2^0, y^0) \neq 0$ 이면 음함수 정리에 의해 (x_1^0, x_2^0) 의 열린근방에서 이 음함수를 $y = f(x_1, x_2)$ 로 풀 수 있으며 음함수 정리 (iii)을 이용하여 $f_i(x_1, x_2)$ $(i = 1, 2)$ 를 구할 수 있다.

이 편도함수들을 전미분을 이용하여 직접 구해보자. $dF = F_1(x_1, x_2, y)\,dx_1 + F_2(x_1, x_2, y)\,dx_2 + F_y(x_1, x_2, y)\,dy$ 이다. (x_1^0, x_2^0) 의 열린근방에서 $y = f(x_1, x_2)$ 이면 $F(x_1, x_2, f(x_1, x_2)) \equiv 0$ 이므로 $dF(x_1, x_2, f(x_1, x_2)) = 0$ 이다. x_2 를 고정하면 즉, $dx_2 = 0$ 이면 $F_1(x_1, x_2, f(x_1, x_2))\,dx_1 + F_y(x_1, x_2, f(x_1, x_2))\,dy = 0$ 이다. 양 변을 dx_1 으로 나누고 정리하면 (x_1^0, x_2^0) 의 열린근방에서

$$f_1(x_1, x_2) = -\frac{F_1(x_1, x_2, f(x_1, x_2))}{F_y(x_1, x_2, f(x_1, x_2))}$$

이다.[9]

문제 7.27 $f_2(x_1, x_2) = -\frac{F_2(x_1, x_2, f(x_1, x_2))}{F_y(x_1, x_2, f(x_1, x_2))}$ 임을 보여라. ■

예제 7.30 $F(x_1, x_2, y) = x_1^2 + 2x_2^2 - 3x_1 y = 0$ 이라고 하자. $x_1 \neq 0$ 인 임의의 점 (x_1, x_2, y) 를 생각하자. $y = \frac{x_1^2 + 2x_2^2}{3x_1}$ 이므로 x_1 에 대해 편미분하면 $f_1(x_1, x_2) = \frac{x_1^2 - 2x_2^2}{3x_1^2}$ 이다. $f_1(x_1, x_2)$ 를 전미분을 이용하여 구해 보자. $dF = (2x_1 - 3y)\,dx_1 + 4x_2\,dx_2 - 3x_1\,dy = 0$ 이다. $dx_2 = 0$ 으로 하면 $f_1(x_1, x_2) = \frac{2x_1 - 3y}{3x_1} = \frac{x_1^2 - 2x_2^2}{3x_1^2}$ 이다. ■

문제 7.28 (i) 위 예제에서 $f_2(x_1, x_2)$ 를 구하라. (ii) 위 예제에서 $(1, 1, 1)$ 의 근방에서 $F = 0$ 를 x_1 에 대해 풀 수 있음을 보여라. x_2 와 y 를 독립변수라고 할 때 $\frac{\partial x_1}{\partial x_2}$ 와 $\frac{\partial x_1}{\partial y}$ 를 구하라. ■

예제 7.31 $y = f(x)$ 의 역함수를 $x = g(y)$ 라고 하면 $\frac{dx}{dy} = \frac{1}{f'(x)}$ 임을 앞에서 본 바

[9] 이 결과는 연쇄법칙을 이용하여 구할 수도 있다. $F(x_1, x_2, f(x_1, x_2)) \equiv 0$ 의 양변을 x_1 에 대해 편미분하면 $F_1(x_1, x_2, f(x_1, x_2)) + F_y(x_1, x_2, f(x_1, x_2)) f_1(x_1, x_2) = 0$ 이므로 $f_1(x_1, x_2) = -\frac{F_1(x_1, x_2, f(x_1, x_2))}{F_y(x_1, x_2, f(x_1, x_2))}$ 이다.

있다. 이 결과를 음함수 정리를 이용하여 구해 보자. $F(x,y) = y - f(x)$ 라고 하면 $y = f(x)$ 는 $F(x,y) = 0$ 으로 쓸 수 있다. $y^0 = f(x^0)$ 이면 $F(x^0, y^0) = 0$ 이다. 음함수 정리에 의해 $F_x(x^0) = -f'(x^0) \neq 0$ 이면 y^0 의 열린근방에 $x = g(y)$ 가 존재한다. $dF = dy - f'(g(y))dx = 0$ 이므로 $\frac{dx}{dy} = \frac{1}{f'(g(y))}$ 이다. ■

7.4 비교정태분석

예제 7.32 예제 6.21에서 수요함수가 선형이면 독점기업의 이윤을 최대로 하는 공급량은 $X^m = \frac{a}{2(b+c)}$ 임을 보았다. X^m 을 c 에 대해 미분하면 $\frac{\partial X^m}{\partial c} = -\frac{a}{2(b+c)^2} < 0$ 이다. 이것은 독점기업의 한계비용이 약간 증가하면 또는 비용 조건이 약간 악화되면 이 기업은 이윤을 최대로 하기 위해 공급량을 줄이게 됨을 의미한다. $p_x^m = \frac{a(b+2c)}{2(b+c)}$ 을 c 에 대해 편미분하면 $\frac{\partial p_x^m}{\partial c} = \frac{ab}{2(b+c)^2} > 0$ 이므로 독점기업은 비용 상승을 가격 인상으로 대처하게 된다. ■

문제 7.29 a 와 b 의 변화가 X^m 와 p_x^m 에 미치는 영향을 분석하고 결과를 해석하라. ■

위 예제에서와 같이 환경변수의 변화가 선택변수에 미치는 영향을 분석하는 것을 **비교정태분석 (comparative statics)** 이라고 한다. (7.1.1절 참조.) 이 분석은 환경변수가 변화하기 전의 선택변수의 값과 변화한 후의 선택변수 값만을 '비교'하고 선택변수가 변해가는 과정은 고려하지 않기 때문에 '정태'적이다. 비교정태분석은 환경변수가 다른 두 시점에서 경제주체의 행동 양식이 어떻게 다른지를 분석하는 것으로 생각할 수 있다. 또는 같은 시점에서 특정 환경변수 값만 다르고 그 외에는 동일한 두 경제 주체의 행동 양식을 비교하는 것으로 생각할 수도 있다.

예제 7.33 예제 6.21에서의 독점기업의 공급량을 $X^m = \frac{a}{2(b+c)}$ 와 같이 닫힌형식으로 구할 수 있으면 수요와 비용조건의 변화가 이윤에 미치는 영향은 정량적으로 구할 수 있다. 위에서 본 것처럼 $\frac{\partial X^m}{\partial c} = -\frac{a}{2(b+c)^2}$ 이므로 a, b, c 값을 통계적 방법 등을 통해 추정할 수 있으면 한계비용이 약간 증가할 때 공급량이 얼마나 줄어드는지를 계산할 수 있다. 대부분의 경우 수요함수와 비용함수의 정확한 형태를 알 수 없는 것이 보통이므로 X^m 을 닫힌형식으로 구하는 것은 가능하지 않다. ■

정량적인 결과를 얻기 어려운 상황 하에서 환경변수가 변화가 최적 선택변수에 미치는 영향을 정성적으로 분석하는 방법에 대해 생각하자. 아래에서 보겠지만 이 비교정태분석은 사실상 음함수 정리의 도출 과정과 '거의' 같다. a 가 환경변수인 다음과 같은 최대화 문제를 생각하자.

$$\max_x f(x, a).$$

$a = a^0$ 일 때 $f_x(x^0, a^0) = 0$ 이고 $f_{xx}(x^0, a^0) < 0$ 이라고 하자. 이계충분조건이 만족되므로 x^0 은 지역최대점이다. 음함수의 정리에 의해 a^0 의 근방에서 $x(a^0) = x^0$ 이고 $f_x(x(a), a) = 0$ 인 연속미분가능한 $x(a)$ 가 존재한다. $x^* = x(a)$ 를 환경변수가 a 일 때의 지역최대점이라고 가정하자. (이 가정에 대한 보다 자세한 논의는 8.5절 참조.) 7.3.4절에서 논의한 음함수의 미분 방법을 이용하면

$$\frac{dx^*}{da} = -\frac{f_{xa}(x(a), a)}{f_{xx}(x(a), a)}$$

이다. 비교정태분석은 a 가 a^0 에서 약간 변화할 때 지역최대점이 x^0 에서 얼마나 변화하는가 즉, $\frac{dx^*}{da}\mid_{a=a^0}$ 를 구하는 것이다. 위 결과를 이용하면

$$\frac{dx^*}{da}\mid_{a=a^0} = -\frac{f_{xa}(x(a^0), a^0)}{f_{xx}(x(a^0), a^0)} = -\frac{f_{xa}(x^0, a^0)}{f_{xx}(x^0, a^0)}$$

이다. 그런데 윗첨자 '0'은 별 의미가 없으므로 비교정태분석 결과는 보통 $\frac{dx^*}{da} = -\frac{f_{xa}(x(a),a)}{f_{xx}(x(a),a)}$ 또는 $\frac{dx^*}{da} = -\frac{f_{xa}(x^*,a)}{f_{xx}(x^*,a)} = -\frac{f^*_{xa}}{f^*_{xx}}$ 등으로 표현한다.

예제 7.34 예제 6.21에서 $\pi(X) = (a - bX)X - cX^2$ 이므로 $\frac{dX^m}{dc} = -\frac{\pi^m_{Xc}}{\pi^m_{XX}} = -\frac{-2X^m}{-2(b+c)} = -\frac{a}{2(b+c)^2}$ 이며 예제 7.32에서의 결과와 동일하다. ■

일반적으로 환경변수는 여러 개 있을 수 있다. 어떤 환경변수의 변화에 대한 비교정태분석을 할 때 순수하게 이 환경변수 변화의 효과만 알기 위해서는 '**다른 환경변수는 변하지 않는다 (ceteris paribus)**'라고 가정한다. 따라서 비교정태분석 결과는 편도함수 형태로 표현된다.

예제 7.35 독점기업의 수요함수와 비용함수가 각각 $\alpha D(X)$, $\beta C(X)$ 라고 하자 (단, $\alpha, \beta > 0$). 동일한 X 에 대해서 α 가 증가하면 독점자는 더 높은 가격을 책정할 수 있으므로 α 가 커지면 독점기업의 입장에서는 시장상황이 호전되는 것으로 생각할 수 있다. 반면 동일한 X 에 대해 β 가 증가하면 공급비용이 증가하므로 독점기업의 비용조건이 악화된다.

독점기업의 이윤함수는 $\pi(X, \alpha, \beta) = \alpha D(X)X - \beta C(X)$ 이고 이윤최대화를 위한 일계조건은 $\pi_X(X, \alpha, \beta) = \alpha(D(X) + D'(X)X) - \beta C'(X) = 0$ 이다. 편의상 모든 X, α, β 에 대해 $\pi_{XX}(X, \alpha, \beta) = \alpha(D''(X)X + 2D'(X)) - \beta C''(X) < 0$ 이라고 가정하자. 따라서 이계충분조건은 자동적으로 성립한다. 일계조건의 해(최적 공급량)를

$X^m = X(\alpha, \beta)$ 라고 하자. 일계조건의 미분을 구하면

$$d\pi_X = \pi^m_{XX}\, dX^m + \pi^m_{X\alpha}\, d\alpha + \pi^m_{X\beta}\, d\beta = 0$$

이다. (단, $\pi^m_{Xi} = \pi_{Xi}(X(\alpha,\beta), \alpha, \beta)$ $(i = \alpha, \beta)$.)

α 의 변화가 π^m 에 미치는 영향을 분석하기 위해 β 는 변하지 않는 것으로 즉, $d\beta = 0$ 으로 가정하자. $\pi^m_{XX}\, dX^m + \pi^m_{X\alpha}\, d\alpha = 0$ 이므로 $\frac{\partial X^m}{\partial \alpha} = -\frac{\pi^m_{X\alpha}}{\pi^m_{XX}}$ 이다. 가정에 의해 분모는 음이다. $MR(X^m) = \alpha(D(X^m) + D'(X^m)X^m) > 0$ 으로 생각할 수 있으므로 $\pi^m_{X\alpha} = D(X^m) + D'(X^m)X^m > 0$ 이다. 따라서

$$\frac{\partial X^m}{\partial \alpha} > 0$$

이다. 이것은 시장 상황이 좋아지면 독점기업은 공급량을 늘릴 것임을 의미한다. ■

문제 7.30 위 예제에서 (i) $MR(X^m) > 0$ 으로 가정할 수 있는 이유를 설명하라. (ii) 시장상황이 좋아질 때 독점기업의 가격 전략을 분석하라. (iii) 비용조건이 악화될 때 독점기업의 공급 및 가격 전략의 변화를 분석하라. ■

7.5 포락선 정리

최적화와 관련하여 세 번째 질문인 환경변수의 변화가 성과에 미치는 영향에 대해 생각하자.

예제 7.36 예제 6.21 에서 독점기업의 최대이윤은 $\pi^m = \frac{a^2}{4(b+c)}$ 이다. 한계비용 c 가 약간 증가하면 $\frac{\partial \pi^m}{\partial c} = -\frac{a^2}{4(b+c)^2} < 0$ 이므로 이윤은 감소한다. 따라서 비용조건이 나빠지면 독점기업의 이윤은 감소한다. ■

문제 7.31 (i) 위 예제에서 a 와 b 의 변화가 독점기업의 이윤에 미치는 영향을 계산하고 결과를 해석하라. (ii) 예제 6.21 의 독점기업 모형을 수정하여 수요함수가 $\alpha(a - bX)$ 이고 비용함수가 $\beta c X^2$ 이라고 하자. 예제 6.21 의 결과를 이용하여 독점기업의 최적공급량은 $X^m = X(\alpha, \beta) = \frac{\alpha a}{2(\alpha a + \beta c)}$, 최대이윤은 $\pi^m = \pi^m(\alpha, \beta) = \frac{\alpha^2 a^2}{4(\alpha b + \beta c)}$ 임을 보여라. ■

$\max_x f(x, a)$ 의 지역최대점 $x^* = x(a)$ 을 목적함수에 대입하고 그 결과를

$$v(a) \equiv f(x(a), a) = f(x^*, a)$$

라고 하자. $v(a)$ 는 a 값이 주어질 때 얻을 수 있는 f 의 최댓값이다.

정리 7.7 (포락선 정리 (envelope theorem)) $\frac{dv}{da} = f_a(x^*, a)$ 이다.

증명 $v(a) = f(x^*, a)$ 양변의 미분을 구하면 $dv = f_x(x^*, a)dx^* + f_a(x^*, a)\,da$ 이다. $f_x(x^*, a) = 0$ 이므로 위 결과를 얻는다. □

포락선 정리가 의미하는 바는 다음과 같다. a 의 변화는 두 가지 경로로 목적함수 f 에 영향을 준다. 첫째, a 가 변화하면 $x^* = x(a)$ 가 변화하고 이것이 다시 f 에 영향 $(f_x(x^*, a)\frac{dx}{da})$ 을 준다. 둘째 a 의 변화는 f 에 직접적으로도 영향 $(f_a(x^*, a))$ 을 준다. 포락선 정리는 a 의 변화가 f 에 주는 영향 중 첫 번째 간접적인 영향은 무시할 수 있음을 보여준다. 이것은 a 가 x^* 를 통해 f 에 주는 영향은 x^* 근방에서는 거의 미미하기 때문이다. (x^* 근방에서 f 는 거의 '평평하다'.) 예를 들어 독점기업이 생산량을 X^m 에서 약간 증가시키면 판매량 증가에 따른 이윤의 증가와 가격 하락에 따른 이윤의 감소가 거의 상쇄된다. ($\pi_X(X^m) = 0$.) 그러나 a 의 변화가 목적함수 전체에 미치는 영향은 무시할 수 없다. 예를 들어 독점기업의 제품에 대한 선호도가 올라 가면 (생산량에 관계없이) 이윤은 증가한다. 정리하면 환경의 변화가 성과에 미치는 영향은 직접적인 효과만 고려하면 된다.

포락선 정리에 의해 $\frac{dv}{da}$ 를 계산할 때 $x(a)$ 를 $f(x, a)$ 에 대입한 후 a 에 대한 전도함수를 구할 필요 없이, $f(x, a)$ 를 먼저 a 에 대해 편미분한 다음 x 에 $x^* = x(a)$ 를 대입하면 되므로 $f_x(x(a), a)\frac{dx}{da}$ 는 계산할 필요가 없다.

예제 7.37 예제 7.36에서 $\frac{\partial \pi^m}{\partial c} = -\frac{a^2}{4(b+c)^2}$ 임을 보았다. 이것을 포락선 정리를 사용하여 다시 구해 보자. $\pi(X) = (a - bX)X - cX^2$ 로부터 $\frac{\partial \pi}{\partial c} = -X^2$ 이다. 예제 6.21로부터 $X^m = \frac{a}{2(b+c)}$ 이므로 $\frac{\partial \pi^m}{\partial c} = -(X^m)^2 = -\frac{a^2}{4(b+c)^2}$ 이다. ■

예제 7.38 문제 7.31에서 독점기업의 최적공급량은 $X^m = X(\alpha, \beta) = \frac{\alpha a}{2(\alpha b + \beta c)}$, 최대이윤은 $\pi^m = \frac{\alpha^2 a^2}{4(\alpha b + \beta c)}$ 이고 $\frac{\partial \pi^m}{\partial \alpha} = \frac{a^2}{4}\frac{\alpha^2 b + 2\alpha\beta c}{(\alpha b + \beta c)^2}$ 이다. 포락선 정리를 이용하면 $\frac{\partial \pi(X, \alpha, \beta)}{\partial \alpha} = (a - bX)X$ 에 X^m 를 대입하면 같은 결과를 얻는다. ■

문제 7.32 위 예제의 결론을 확인하라. ■

7.6 전역최대와 오목함수

전역최대는 항상 지역최대이지만 그 역은 일반적으로 성립하지 않는다. 지역최대점을 찾아도 전역최대점이 아니면 별 의미가 없다. 지역최대점을 찾는 수학적 도구는 미분인데 이것과 관련된 여러 가지 성질은 어떤 점 근방에서 지역적으로만 성립하기 때문에 전역최대점을 찾는 데는 사용할 수 없다. 이러한 이유로 전역최대점에 관한 논의는 일반적으로 지역최대점이 전역최대점이 될 수 있는 조건을 찾는 것에 집중된다.

x^* 가 지역최대점이 되기 위한 충분조건은 $f'(x^*) = 0$ 이고 $f''(x^*) < 0$ 이다. 이 조건들이 충분조건이 되는 이유는 x^* 보다 약간 큰 x 에 대해서는 $f'(x) < 0$ 이고 약간 작은 x 에 대해서는 $f'(x) > 0$ 이므로 x^* 에서 어느 방향으로 움직이든지 f 값은 감소하기 때문이다. 이 생각을 확장하면 목적함수 $f(x)$ 의 이계도함수가 모든 x 에 대해 $f''(x) \leq 0$ 이고 $f'(x^*) = 0$ 이면 x^* 에서 어느 방향으로 움직이든지 f 값은 증가하지 않기 때문에 x^* 는 전역최대점이 된다. 함수의 이와 같은 성질은 아래에서 정의하는 오목함수가 미분 가능할 때 갖는 성질이다.

7.6.1 오목함수의 정의

정의 7.6 ((순) 오목함수 ((strictly) concave function)) 볼록집합 $X \subset R$ 에서 정의되는 함수 $f(x)$ 를 생각하자. 임의의 두 점 x^a 와 x^b 에 대해 $x^t = tx^a + (1-t)x^b$ 라고 하자.

(i) $0 \leq t \leq 1$ 일 때 $f(x^t) \geq tf(x^a) + (1-t)f(x^b)$ 이면 $f(x)$ 를 오목함수라고 한다.

(ii) $0 < t < 1$ 이고 $x^a \neq x^b$ 일 때 $f(x^t) > tf(x^a) + (1-t)f(x^b)$ 이면 $f(x)$ 를 순오목함수라고 한다.

문제 7.33 순오목함수는 오목함수와는 달리 $0 < t < 1$ 이고 $x^a \neq x^b$ 인 경우에만 정의되는 이유를 설명하라. ■

오목함수 $f(x)$ 를 그림 7.2 의 그래프를 이용하여 살펴보기로 하자. A 와 B 는 각각 $(x^a, f(x^a))$ 와 $(x^b, f(x^b))$ 를 나타낸다. $0 \leq t \leq 1$ 일 때 이 두 점의 볼록결합 C 는 $(x^a, f(x^a)) + (1-t)(x^b, f(x^b)) = (x^t, tf(x^a) + (1-t)f(x^b))$ 로 표현된다. D $(x^t, f(tx^a + (1-t)x^b))$ 가 C 의 위에 위치하므로 $f(x^t) \geq tf(x^a) + (1-t)f(x^b)$ 이다. 이것은 0과 1 사이의 모든 t 에 대해 성립하므로 $f(x)$ 는 오목함수이다.

ADB 는 ACB 위에 위치한다. 달리 말하면 오목함수 $f(x)$ 의 그래프를 임의의 선분으로 자르고 그 교점을 x^a 와 x^b 라고 하면 x^a 와 x^b 사이의 x 에 대해서는 $f(x)$ 의 그래프가 이 선분 위에 위치한다.

예제 7.39 $f(x) = -x^2$ 이라고 하자. $f(x^t) = -(tx^a + (1-t)x^b)^2 = -t^2(x^a)^2 - 2t(1-t)x^a x^b - (1-t)^2(x^b)^2$ 이고 $tf(x^a) + (1-t)f(x^b) = -t(x^a)^2 - (1-t)(x^b)^2$ 이다. $0 < t < 1$

이고 $x^a \neq x^b$ 이면 $f(tx^a+(1-t)x^b)-(tf(x^a)+(1-t)f(x^b)) = t(1-t)(x^a-x^b)^2 > 0$ 이다. 따라서 $f(x) = -x^2$ 는 순오목함수이다. ■

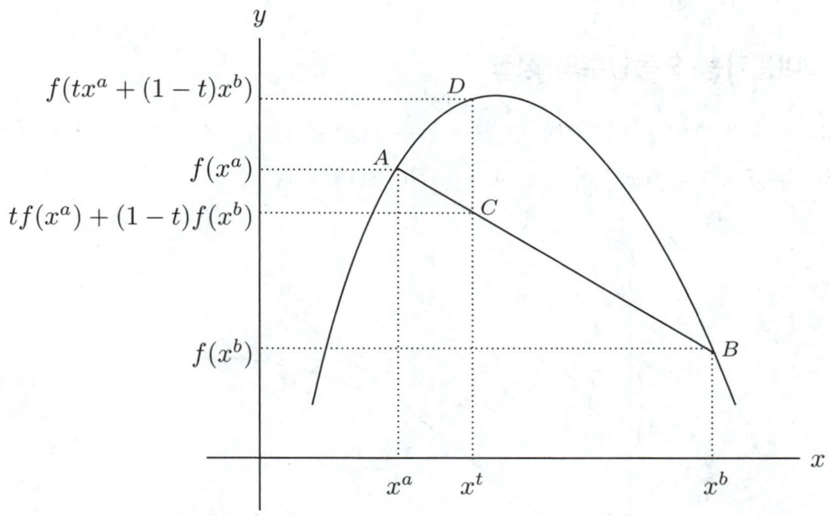

그림 7.2 오목함수

문제 7.34 다음 함수의 오목성과 순오목성을 그림을 그려 확인하라. (i) $f(x) = a + bx$ (단, a, b 는 상수), (ii) $f(x) = \ln x$, (iii) $f(x) = e^x$, (iv) $f(x) = \sin x$ $(0 \leq x \leq 2\pi)$. ■

정리 7.8 $f^1(x)$ 와 $f^2(x)$ 가 오목함수이고 $s_1 \geq 0, s_2 \geq 0$ 이면 $s_1 f^1(x) + s_2 f^2(x)$ 도 오목함수이다.

문제 7.35 위 정리를 증명하라. ■

그림 7.2 의 오목함수는 미분가능하다. 그러나

$$f(x) = \begin{cases} -x, & x \geq 0 \\ x, & x < 0 \end{cases}$$

는 $x = 0$ 에서 미분이 불가능하지만 정의에 의해 오목함수이다. 따라서 오목함수이지만 미분가능하지 않을 수도 있다. (그러나 이 함수의 경우에도 한 점을 제외하고는 미분이 가능하다. 실제로 오목함수는 '거의 모든 점에서' 미분이 가능하다.)

정의 7.7 ((순) 볼록함수 ((strictly) convex function)) $-f(x)$ 가 (순) 오목함수이면 $f(x)$ 는 (순) 볼록함수이다.

문제 7.36 (i) 볼록함수와 순볼록함수의 예를 그래프로 그려라. (ii) 문제 7.34 의 함수들에 대해 볼록성과 순볼록성에 대해 논의하라. ■

7.6.2 미분가능 오목함수의 성질

그림 7.3 에 그려져 있는 미분가능한 오목함수 $f(x)$ 를 생각하자. AC 는 $f'(x^a)(x^b - x^a)$ 이고 BC 는 $f(x^b) - f(x^a)$ 이므로 AC 는 BC 보다 길다.

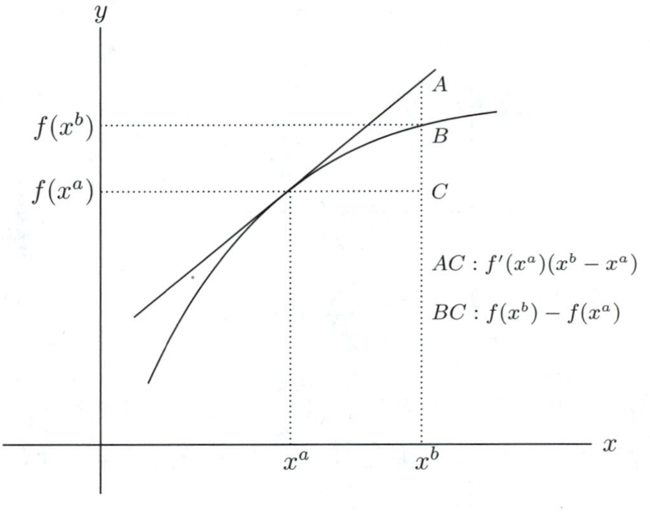

그림 7.3 미분가능 오목함수

이 결과는 다음 정리에 나타나 있다.

정리 7.9 $f(x)$ 가 일계연속미분가능하다고 하자.

(i) $f(x)$ 가 오목함수이면 임의의 x^a 와 x^b 에 대해 $f(x^b) \leq f(x^a) + f'(x^a)(x^b - x^a)$ 이고 그 역도 성립한다.

(ii) $f(x)$ 가 순오목함수이면 임의의 서로 다른 x^a 와 x^b 에 대해 $f(x^b) < f(x^a) + f'(x^a)(x^b - x^a)$ 이고 그 역도 성립한다.

문제 7.37 위 정리는 $x^a > x^b$ 일 때도 성립함을 그림으로 보여라. ■

예제 7.40 $f(x) = -x^2$ 는 예제 7.39 에서 본 바와 같이 순오목함수이다. $x^a \neq x^b$ 이면

$f(x^b) - (f(x^a) + f'(x^a)(x^b - x^a)) = -(x^b - x^a)^2 < 0$ 이다. ■

Box 7.5 (정리 7.9의 증명) (i) $x^a = x^b$ 이면 부등식은 자동적으로 성립한다. $x^a \neq x^b$ 라고 하자. $0 \leq t < 1$ 일 때 $f(x)$ 가 오목함수이므로 $f(tx^a + (1-t)x^b) \geq tf(x^a) + (1-t)f(x^b)$ 이다. 좌변은 테일러 정리에 의해 $f(tx^a + (1-t)x^b) = f(x^a + (1-t)(x^b - x^a)) = f(x^a) + f'(\xi)(1-t)(x^b - x^a)$ 이고 우변은 $f(x^a) + (1-t)(f(x^b) - f(x^a))$ 이다. (단, ξ 는 x^a 과 $tx^a + (1-t)x^b$ 사이의 값.) 이 부등식을 정리하면 $f'(\xi)(1-t)(x^b - x^a) \geq (1-t)(f(x^b) - f(x^a))$ 이다. 양변을 $1-t$ 로 나누고 $t \to 1$ 일 때의 극한을 구하면 $\lim_{t \to 1} f'(\xi)(x^b - x^a) = f'(x^a)(x^b - x^a) \geq f(x^b) - f(x^a)$ 이다. 다음으로 반대 방향을 증명하자. $f(x^a) \leq f(x^t) + f'(x^t)(x^a - x^t)$ 이고 $f(x^b) \leq f(x^t) + f'(x^t)(x^b - x^t)$ 이다. 첫 번째 부등식에 t 를, 두 번째 부등식에 $1-t$ 를 곱한 후 더하면 $tf(x^a) + (1-t)f(x^b) \leq f(x^t) + f'(x^t)(tx^a - tx^t + (1-t)x^b - (1-t)x^t) = f(x^t)$ 이다. (ii) 순오목함수는 오목함수이므로 (i) 에서 $f'(x^a)(x^b - x^a) \geq f(x^b) - f(x^a)$ 이다. 그런데 $f'(x^a)(x^b - x^a) = f(x^b) - f(x^a)$ 이면 $f'(x^a) = \frac{f(x^b)-f(x^a)}{x^b-x^a} = \frac{f(x^a)-f(x^b)}{x^a-x^b} = f'(x^b)$ 이므로 $f'(x)$ 는 상수다. $f(x)$ 는 선형함수이므로 순오목함수가 될 수 없다. 역 명제는 (i) 에서와 같은 방법으로 증명할 수 있다. □

$f(x)$ 가 이계연속미분가능하면 오목함수의 여부는 이계도함수의 부호를 이용하여 판별할 수 있다.

정리 7.10 $f(x)$ 가 이계연속미분가능하다고 하자.

(i) $f''(x) \leq 0$ 이면 $f(x)$ 는 오목함수이고 그 역도 성립한다.

(ii) $f''(x) < 0$ 이면 $f(x)$ 는 순오목함수이다.[10]

예제 7.41 $f(x) = -x$ 은 오목함수이고 $f''(x) = 0$ 이다. $f(x) = -x^2$ 이면 $f(x) = -2$ 이므로 순오목함수이다. 그러나 $f(x) = -x^4$ 은 순오목함수지만 $f''(x) = 0$ 이다. 따라서 7.10의 역은 성립하지 않는다. ■

문제 7.38 (i) 정리 7.10 (ii) 를 증명하고 (ii) 의 역의 증명에 7.6의 (i) 의 증명을 적용할 수 없는 이유를 설명하라. (ii) $f(x) = -x^4$ 의 그래프를 그려 순오목함수임을 확인하고

[10] $f(x)$ 가 볼록함수이면 부등호의 방향이 반대이다.

정리 7.10 (ii) 의 역은 성립하지 않음을 보여라. ■

Box 7.6 (정리 7.10의 증명) 임의의 점 x^a 와 x^b 를 생각하자. (i) 테일러 정리에 의해 $f(x^b) = f(x^a) + f'(x^a)(x^b - x^a) + \frac{1}{2}f''(\omega)(x^b - x^a)^2$ 이다. (단 ω 는 x^a 와 x^b 사이의 값이다.) 모든 x 에 대해 $f''(x) \leq 0$ 이면 $\frac{1}{2}f''(\omega)(x^b - x^a)^2 = f(x^b) - f(x^a) - f'(x^a)(x^b - x^a) \leq 0$ 이므로 정리 7.9에 의해 $f(x)$ 는 오목함수이다. 반대로 정리 7.9와 테일러 정리에 의해 $0 \geq f(x^b) - (f(x^a) + f'(x^a)(x^b - x^a)) = \frac{1}{2}f''(\omega)(x^b - x^a)^2$ 이므로 $f''(\omega) \leq 0$ 이다. f'' 가 연속이므로 $f''(x^a) \leq 0$ 이다. x^a 가 임의의 값이므로 $f''(x) \leq 0$ 이다. (ii) 생략. □

7.6.3 전역최대

경제/경영 연구에서는 현실에 그리 위배되지 않으면 목적함수를 보통 오목함수로 가정한다. 그 이유는 목적함수가 오목함수면 일계필요조건을 만족하는 점은 충분조건을 고려할 필요 없이 자동적으로 전역최대점이 되기 때문이다.

정리 7.11 목적함수 $f(x)$ 가 일계연속미분가능한 오목함수이고 $f'(x^*) = 0$ 이면 x^* 는 전역최대점이다.

증명 정리 7.9에 의해 $f(x) \leq f(x^*) + f'(x^*)(x - x^*) = f(x^*)$ 이다. □

예제 7.42 예제 6.24에서 $\pi''(X) = 2D'(X) + XD''(X) - C''(X)$ 이다. $D'(X) < 0$, $C''(X) > 0$ 로 가정하므로 $D''(X) \leq 0$ 또는 $D''(X)$ 가 지나치게 0보다 크지 않으면 $\pi(X)$ 는 순오목함수이다. 따라서 이 경우에는 $\pi(X^*) = 0$ 이면 x^* 는 전역최대점이다. 수요함수가 선형이면 $D''(X) = 0$ 이다. 따라서 지역최대점 $X^m = \frac{a}{2(b+c)}$ 는 전역최대점이다. ■

전역최대점은 여러 개 존재할 수 있다. 예를 들어 $f(x) = 1$ 이면 모든 x 는 지역최대점이며 동시에 전역최대점이다. 아래 정리는 전역최대점의 볼록결합도 전역최대점임을 보여 준다.

정리 7.12 (오목성과 전역최대)

(i) 목적함수 $f(x)$ 가 오목함수이고 전역최대점이 존재하면 전역최대점의 집합은 볼록집합이다.

(ii) 목적함수 $f(x)$ 가 순오목함수이고 전역최대점이 존재하면 단 하나 존재한다.

증명 (i) x^* 와 x^{**} 가 전역최대점이라고 하자. $\bar{x} = tx^* + (1-t)x^{**}$ $0 \le t \le 1)$ 이면 $f(x)$ 가 오목함수이므로 $f(x^*) \ge f(\bar{x}) \ge tf(x^*) + (1-t)f(x^{**}) = f(x^*)$ 이다. (ii) 생략. □

문제 7.39 위 정리 (ii)를 증명하라. ■

Box 7.7 정리 7.11의 결과는 미분가능성과는 관계없이 항상 성립한다.

정리 7.13 목적함수 $f(x)$ 가 오목함수이고 x^* 가 지역최대점이면 x^* 는 전역최대점이다.

증명 x^* 가 지역최대점이므로 모든 $x \in N(x^*)$ 에 대해 $f(x^*) \ge f(x)$ 인 $N(x^*)$ 가 존재한다. 만약 x^* 가 전역최대점이 아니면 $f(x^0) > f(x^*)$ 인 $x^0 \in X$ 가 존재한다. f 가 오목함수이므로 $0 < t < 1$ 에 대해 $f(tx^0+(1-t)x^*) \ge tf(x^0)+(1-t)f(x^*) > f(x^*)$ 이다. t 가 충분히 작으면 $tx^0 + (1-t)x^* \in N(x^*)$ 이므로 모순이다. □

문제 7.40 미분이 가능하지 않은 $f(x)$ 에 대해 위 정리가 성립하는 경우를 그림으로 보여라. ■

예제 7.43 x^* 가 지역최대점이 되기 위한 이계충분조건 $f(x^*) = 0$ 이고 $f''(x^*) < 0$ 이다. 이것은 x^* 가 임계점일 때 x^* 근방에서 $f(x)$ 가 지역적으로 순오목함수이면 x^* 는 지역최대점이라는 의미이다. 반면 정리 7.11은 $f(x)$ 가 x 의 모든 정의역에서 오목함수이면 임계점은 전역최대점임을 보여준다. 이 두 가지 결과 모두 충분조건이지만 전자는 후자와는 달리 순오목함수인 경우에만 성립한다. 져역적 오목성만으로는 $y = f(x) = x^2$ 과 같이 볼록함수이면서 $f''(0) = 0$ 인 경우를 배제할 수 없기 때문이다. ■

목적함수가 오목함수이면 지역최대점이 전역최대점이 되는 이점 외에도 또 다른 이점이 있다. $\max_x f(x,a)$ 의 해가 $x^* = x(a)$ 이면 앞에서 논의한 바와 같이 $\frac{dx^*}{da} = -\frac{f^*_{xa}}{f^*_{xx}}$ 이다. 목적함수가 a 값에 관계없이 순오목함수로 가정하면 $f_{xx} < 0$ 이므로 항상 $f^*_{xx} < 0$ 이다. 따라서 비교정태분석을 위해서는 분자의 부호만 확인하면 된다.

예제 7.44 예제 7.35에서 $\frac{\partial X^m}{\partial \alpha} = -\frac{\pi^m_{X\alpha}}{\pi^m_{XX}}$ 의 부호를 확인할 때 $X(\alpha, \beta)$ 가 이윤최대화를

위한 이계충분조건을 만족한다고 가정하였다. 이것은 $\pi^m_{XX} < 0$ 임을 의미하므로 $\frac{\partial X^m}{\partial \alpha}$ 의 부호는 $\pi^m_{X\alpha}$ 의 부호와 반대가 된다. 그런데 이윤함수가 순오목함수라고 가정하면 $\pi^m_{XX} < 0$ 은 자동적으로 성립한다. ■

이제까지의 지역최대, 전역최대 그리고 목적함수의 오목성에 대한 논의는 그림 7.4와 같이 요약할 수 있다. 예를 들어 '지역최대' 상자에서 '$f''(x^*) \leq 0$' 상자로의 화살표는 지역최대점 근방에서는 목적함수가 지역적으로 오목하여야 함을 의미한다. 즉, 지역최대점을 위한 이계필요조건이다. '순오목성' 상자와 '임계점' 상자는 굵은 선으로 연결되어 있고 그 선으로부터 '유일,전역최대' 상자로 화살표가 향한다. 이것은 목적함수가 순오목함수이면 임계점은 전역최대점이고 유일함을 의미한다.

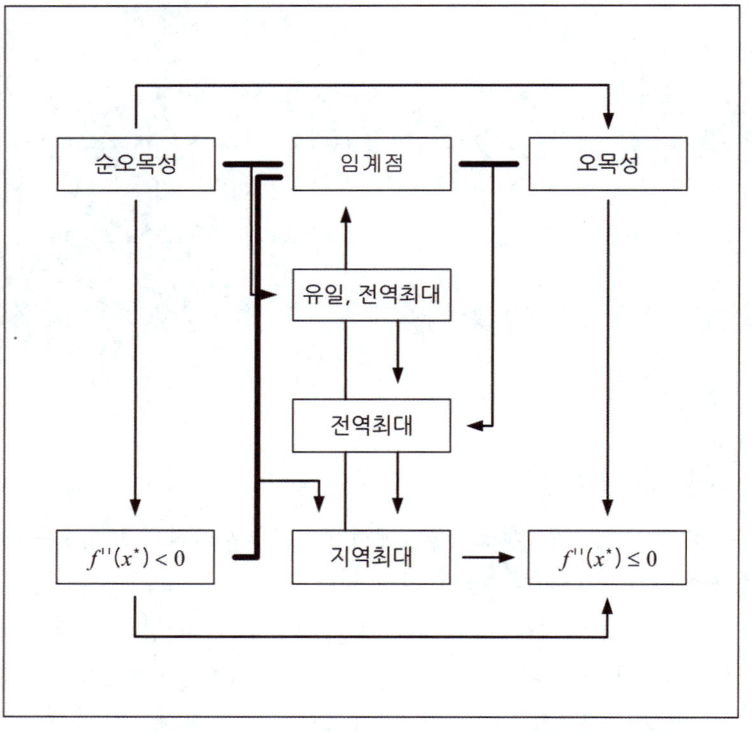

그림 7.4　제약조건이 없는 최대화와 오목성

7.7　제약조건이 있는 최대화

제약조건이 있는 경우의 최적화를 위한 일계조건을 구하는 대표적인 방법은 **라그랑즈 방법 (Lagrangian method)** 이다. 이 장에서는 일변수함수 경우의 라그랑즈 방법을 다룬다. 실제로 일변수함수의 경우에는 라그랑즈 방법이 그리 유용하다고 할 수 없다.

그러나 다수의 선택변수와 다양한 형태의 제약조건이 있는 최적화 문제를 다룰 때에는 라그랑즈 방법은 거의 필수적이다. 라그랑즈 방법의 핵심적 원리는 일변수함수의 경우든 다변수함수의 경우든 본질적으로 다를 바 없다. 따라서 일변수함수의 경우의 라그랑즈 방법을 잘 이해하는 것이 중요하다. 이계조건, 비교정태분석과 전역최대화 문제는 다변수함수의 최대화 문제에서 더 큰 의미가 있으므로 4편에서 다루기로 한다.

7.7.1 경계해와 기울기

그림 6.2로 돌아가 $y = f(x) = (x-2)(x-5)^2$의 최대화 문제를 다시 생각하자. 제약조건이 없는 최대화 문제에서는 $x = 3$만이 지역최대점이지만 제약조건이 $x \leq 7$이면 $x = 7$도 지역최대점이다. 따라서 제약조건이 없는 경우 지역최대점이 있다면 반드시 내부해이지만 제약조건이 있는 경우에는 내부해일 수도 있고 경계해일 수도 있다.

내부해인 $x = 3$에 대해서는 $f'(3) = 0$, 즉 그 점에서 기울기가 0이다. 반면에 경계해인 $x = 7$의 경우에는 기울기의 특성이 내부해와는 차이가 있다. $x = 3$일 때에는 지역최대점인지를 판별하기 위해 $f(3)$과 3보다 약간 작은 x와 약간 큰 x에 대한 f 값들을 비교하여야 한다. 그러나 $x = 7$이면 7보다 약간 작은 x에 대한 f 값만을 고려하면 된다. 이것은 $x = 7$의 왼쪽에서의 기울기만 문제가 됨을 의미한다. 그림 6.2로부터 $f'(7) > 0$임을 알 수 있다.

그러나 경계해에서의 기울기가 항상 양이어야 하는 것은 아니다. 만약 제약조건이 $x \leq 3$이면 $x = 3$이 경계해인데 기울기는 0이다. 최대화 문제의 제약조건이 $4 \leq x \leq 5$이면 $x = 4$만이 경계해인 지역최대점이다. 이 점에서의 기울기는 $f'(4) < 0$이다. 따라서 내부해의 경우에는 기울기가 반드시 0이지만 경계해의 경우에는 제약조건에 따라 어떤 값도 가능하다.

7.7.2 부등식 제약조건 하의 최대화

라그랑즈 방법에 대해 논의하기 전에 제약조건이 $x \geq 0$일 때의 최대화 문제와 최소화 문제의 일계필요조건에 대해 먼저 생각하기로 하자. 이 필요조건은 그 자체로서도 의미가 있지만 앞으로 논의할 라그랑즈 방법과 밀접하게 관련된다.

그림 7.5에 두 함수 $f^1(x)$와 $f^2(x)$가 그려져 있다. 그림에서 보는 바와 같이 $f^1(x)$의 지역최대점은 내부해이고 $f^2(x)$의 지역최대점은 경계해이다. 내부해인 경우 그 점에서의 목적함수의 기울기는 0이고 경계해인 경우에는 기울기가 음이거나 0임을 쉽게 알 수 있다.

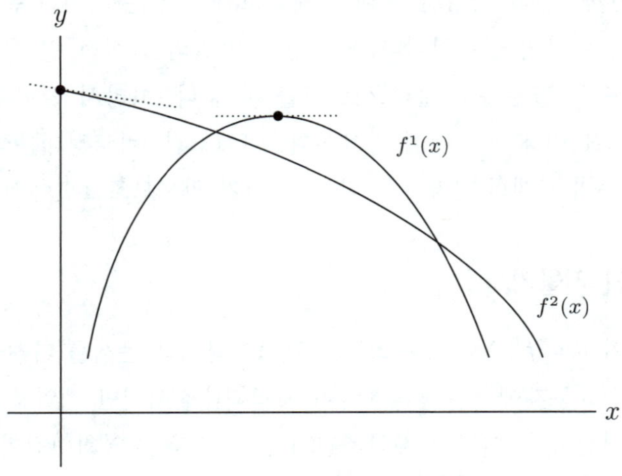

그림 7.5 내부해와 경계해

문제 7.41 최적해가 경계해일 때 목적함수의 기울기가 0이 되는 상황을 그려라. ■

선택변수가 비음인 다음 최대화 문제를 생각하자.

$$\max_{x \geq 0} f(x).$$

정리 7.14 (일계필요조건 (최대)) x^* 가 $\max_{x\geq 0} f(x)$ 의 지역최대점이면 (i) $f'(x^*) \leq 0$, (ii) $x^* \geq 0$, (iii) $f'(x^*)x^* = 0$ 이다.

증명 $x^* > 0$ 또는 $x^* = 0$ 이다. 전자의 경우에는 x^* 는 내부해이기 때문에 $f'(x^*) = 0$ 이다. 따라서 (i), (ii) 와 (iii) 이 모두 성립한다. $x^* = 0$ 이면 테일러 정리에 의해 x^* 에 충분히 가까운 $x > 0$ 에 대해 $f(x) - f(0) = f'(\xi)x \leq 0$ 이므로 $f'(\xi) \leq 0$ 이다. (단, ξ 는 x 와 0 사이의 값.) x 가 0에 수렴하면 ξ 도 0에 수렴한다. $f'(x)$ 는 연속이므로 $\lim_{\xi\to 0} f'(\xi) = f'(0) \leq 0$ 이다. 따라서 (i) 이 성립한다. (ii) 와 (iii) 역시 자동적으로 성립한다. □

위 정리의 조건들을 자세히 살펴보자. $f'(x^*) < 0$ 이면 (iii) 에 의해 $x^* = 0$ 이어야 한다. 이것은 지역최대점에서 목적함수의 기울기가 음이면 이 점은 경계해라는 것을 의미한다. 그러나 $f'(x^*) = 0$ 이면 (iii) 은 자동적으로 성립하므로 $x^* > 0$ 일지 $x^* = 0$ 일지 알 수 없다. 다시 말해 지역최대점에서 목적함수의 기울기가 0이면 내부해일수도 있고 경계해일 수도 있다.

역으로 $x^* > 0$ 이면 (iii) 으로부터 $f'(x^*) = 0$ 이어야 한다. 따라서 지역최대점이 내부해이면 그 점에서의 목적함수의 기울기는 0이어야 한다. 그러나 $x^* = 0$ 이면 (iii)으로부터 아무런 정보를 얻을 수 없다. 단지 (i)로부터 $f'(x^*) \leq 0$ 이기 때문에 경계해의 경우 목적함수의 기울기는 음이거나 0이어야 함을 알 수 있을 뿐이다.

예제 7.45 $\max_{x \geq 0} f(x) = -x^2$ 을 생각하자. $f'(0) = 0$ 이고 $f''(0) = -2 < 0$ 이므로 $x = 0$ 은 지역최대점이며 경계해이다. ■

문제 7.42 (i) 그림 7.5에서 이 정리가 성립함을 확인하라. (ii) $\max_{x \leq 0} f(x)$ 에 대해 위 정리를 참고하여 일계조건을 기술하라. ■

Box 7.8 a 가 상수일 때 x^* 가 $\max_{x \geq a} f(x)$ 를 생각하자.

문제 7.43 x^* 가 지역최대점이기 위한 일계필요조건은 (i) $f'(x^*) \leq 0$, (ii) $x^* \geq a$, (iii) $f'(x^*)(x^* - a) = 0$ 임을 보여라. ■

$f'(a) < 0$ 이면 $x = a$ 는 위 문제의 세 조건들을 만족하므로 경계해가 될 가능성이 있다. 그런데 $f'(x)$ 가 연속이므로 $x \in [a, \bar{x}]$ $(\bar{x} > a)$ 에 대해 $f'(x) < 0$ 인 $\bar{x}$ 가 존재하며 이 구간 내에서는 $f(a) > f(x)$ 이다. (문제 6.23 참조.) 즉, $x = a$ 는 경계해이다. 다시 말해 일변수함수의 최적화 문제에서 경계점에서의 일계도함수 부호가 음이면 경계해이다.

예제 7.46 예제 7.47에서 $f'(0) = -45 < 0$ 이므로 $x = 0$ 은 지역최대점이다. ■

문제 7.44 경계점 a 에서 $f'(a) = 0$ 일 때 위에서의 논의를 적용하여 a 가 경계해라고 말할 수 있는가? ■

$f'(a) = 0$ 인 경우를 생각하자. 제약조건이 없을 때 이계조건은 a 와 a 근방의 x 를 비교하여 구하였다. (정리 6.8의 증명 참조.) 이 논의는 $x \geq a$ 에 대해서도 적용되므로 제약조건이 있는 경우에도 이계조건은 마찬가지이다. 즉, 이계필요조건은 $f''(a) \leq 0$ 이고 이계충분조건은 $f'(a) = 0$ 와 $f''(a) < 0$ 이다.

문제 7.45 위 사실을 그림을 그려 확인하고 $\max_{x \geq 0} f(x) = x^2$ 에서는 지역최대점이 존재하지 않음을 보여라. ■

예제 7.47 정리 7.14를 이용하여 $\max_{x \geq 0} f(x) = -(x-2)(x-5)^2$ 의 해를 구해 보자.

위에서 본 바와 같이 내부해이면 $f'(x) = -3(x-3)(x-5) = 0$ 이어야 하는데 이것을 만족하는 것은 $x = 3$과 $x = 5$이다. 또한 $x = 3$과 $x = 5$는 모두 양이므로 내부해가 될 가능성이 있다. 다음으로 $f'(0) = -45 < 0$이므로 $x = 0$은 경계해가 될 가능성이 있다.

제약조건이 있을 때의 지역최대점이 내부해이면 이 해는 제약조건이 없는 경우에도 지역최대점이다. 따라서 $x = 3$과 $x = 5$에 대해서는 정리 6.8의 이계조건을 적용할 수 있다. $f''(x) = -6(x-4)$이다. $f''(3) = 6 > 0$이므로 $x = 3$은 이계필요조건을 만족하지 못한다. 따라서 지역최대점이 아니다. 반면 $f''(5) = -6 < 0$은 이계충분조건을 만족하므로 $x = 5$는 지역최대점이다. ■

다음으로 제약조건이 $x \geq 0$인 최소화 문제의 일계필요조건은 다음과 같다.

정리 7.15 (일계필요조건 (최소)) x^*가 $\min_{x\geq 0} f(x)$의 지역최소점이면 (i) $f'(x^*) \geq 0$, (ii) $x^* \geq 0$, (iii) $f'(x^*)x^* = 0$이다.

증명 x^*가 $\min\limits_{x\geq 0} f(x)$의 해이면 x^*는 $\max_{x\geq 0} -f(x)$의 해이므로 (Box 6.1 참조) 정리 7.14에 의해 일계필요조건은 (i) $-f'(x^*) \leq 0$, (ii) $x^* \geq 0$, (iii) $(-f'(x^*))x^* = 0$이다. □

문제 7.46 (i) 위 정리가 성립함을 그림을 그려 보여라. (ii) 정리 7.14의 증명을 이용하여 위 정리를 증명하라. ■

7.8 라그랑즈 방법

앞에서 살펴 본 비음 조건 하에서의 최적화를 위한 일계필요조건을 라그랑즈 방법으로 불리는 일반적인 제약조건 하에서의 일계필요조건으로 확장하자.

7.8.1 표준적 문제

다음 최대화 문제를 생각하자.

$$\max_x f(x) \text{ s.t. } g(x) \geq 0.$$

선택변수의 부호에 제약이 없고 제약조건이 부등식 형태의 문제를 **표준적 문제 (standard problem)** 라고 한다. 표준적 문제의 부등식 제약조건은 항상 '≥' 형태로 표현된다. 부등호의 왼쪽 항은 선택변수의 함수, 오른쪽 항은 0(또는 상수)이다. 예를 들어 제약조건이 $2x \le a$ 이면 $g(x) = a - 2x$ 이고 $2x \ge a$ 이면 $g(x) = 2x - a$ 이다. 또한 제약식 $g(x)$ 는 일반적인 함수이므로 다양한 형태의 제약집합이 가능하다. 예를 들어 $g(x) = x^2 - 1$ 이면 제약집합은 $(-\infty, -1] \cup [1, \infty)$ 이다.

λ 가 실수일 때 목적함수와 제약조건을 결합한 새로운 함수를 아래와 같이 정의하자.

$$L(x, \lambda) = f(x) + \lambda g(x).$$

λ 는 **라그랑즈 승수 (Lagrangian multiplier)** 라고 부르며 $L(x, \lambda)$ 는 **라그랑즈 함수 (Lagrangian function)** 라고 부른다. 라그랑즈 함수는 단순히 제약조건의 왼쪽 항 $g(x)$ 에 라그랑즈 승수 λ 를 곱한 것을 목적함수 $f(x)$ 더한 것이다. 이 함수의 의미에 대해서는 앞으로 논의하기로 한다.

아래 정리는 쿤-터커 정리로 불리며 수학적 최적화 이론의 핵심이다.[11]

정리 7.16 (쿤-터커 정리 (Kuhn-Tucker theorem)) x^* 가 $\max_x f(x)$ s.t. $g(x) \ge 0$ 의 지역최대점이면 다음 조건을 만족하는 $\lambda^* \ge 0$ 가 존재한다.

(i) $L_x(x^*, \lambda^*) = f'(x^*) + \lambda^* g'(x^*) = 0,$

(ii) $L_\lambda(x^*, \lambda^*) = g(x^*) \ge 0,\ \lambda^* \ge 0,\ \lambda^* L_\lambda(x^*, \lambda^*) = \lambda^* g(x^*) = 0.$

이 정리의 조건 (i) 과 (ii) 는 **쿤-터커 조건 (Kuhn-Tucker conditions)** 이라고 한다. 이 정리는 일반적인 형태의 제약조건 하의 다변수함수의 최대화 문제에도 성립한다. 예를 들어 앞에서 논의한 $\max_{x \ge 0} f(x)$ 는 $\max_x f(x)$ s.t. $g(x) \ge 0$ 에서 $g(x) = x$ 와 동일하다. 이 경우 라그랑즈 함수는 $L(x, \lambda) = f(x) + \lambda x$ 이다. 쿤-터커 정리의 (i) 로부터 $L_x(x^*, \lambda^*) = f'(x^*) + \lambda^* = 0$ 이고 (ii) 에서 $\lambda^* \ge 0$ 이므로 $f'(x^*) \le 0$ 이다. 이것은 정리 7.14 의 (i) 이다. 마찬가지로 (ii) 에서 $g(x^*) = x^* \ge 0$ 와 $\lambda^* g(x^*) = -f'(x^*) x^* = 0$ 은 정리 7.14 의 나머지 두 조건이다.

문제 7.47 $\min_{x \ge 0} f(x)$ 의 쿤-터커 조건을 구하고 정리 7.15 의 일계필요조건과 일치함을 보여라. ■

제약조건이 없는 경우와 마찬가지로 쿤-터커 조건은 지역최대점이 아닌 점을 제거하는 데 사용할 수 있다. 위 첨자 '*' 를 생략하고 쿤-터커 조건을 다시 쓰면

[11] 제약조건이 제약자격이라고 불리는 조건이 만족되지 않으면 쿤-터커 정리는 성립하지 않을 수 있다. Box 7.9 에 그 예가 설명되어 있다. 일반적으로 경제 / 경영 분야에서는 암묵적으로 제약자격 조건이 만족된다고 가정한다. 제약조건에 대해서는 4 편 11 장 부록 11.B.2 에서 다룬다. 이 정리에 대한 증명은 4 편 다변수함수의 경우를 참조.

$$\text{(i) } L_x(x, \lambda) = f'(x) + \lambda g'(x) = 0,$$
$$\text{(ii) } L_\lambda(x, \lambda) \geq 0, \lambda \geq 0, \lambda L_\lambda(x, \lambda) = 0$$

이다. 지역최대점을 찾기 위해서는 먼저 (i)과 (ii)를 만족하는 x와 λ를 찾아야 한다.

예제 7.48 $\max_x x$ s.t. $x^2 - 1 \geq 0$을 생각하자. 그림을 그려 생각하면 $x = -1$이 지역최대점임은 쉽게 알 수 있다. 라그랑즈함수는

$$L(x, \lambda) = x + \lambda(x^2 - 1)$$

이고 쿤-터커 조건은

$$\text{(i) } L_x = 1 + 2\lambda x = 0,$$
$$\text{(ii) } L_\lambda = x^2 - 1 \geq 0, \lambda \geq 0, \lambda L_\lambda = \lambda(x^2 - 1) = 0$$

이다. $\lambda = \frac{1}{2}$과 $x = -1$는 (i)과 (ii)를 만족한다.

쿤-터커 정리를 이용하여 내부해가 없음을 보일 수 있다. 내부해가 있다면 $x^2 - 1 > 0$이므로 (ii)의 세 번째 조건에서 $\lambda = 0$이어야 한다. 그런데 (i)에서 $1 + 2\lambda x = 1 \neq 0$이므로 모순이다. ■

문제 7.48 위 예제에서 $x = 1$은 지역최대점이 아님을 보여라. ■

라그랑즈 방법과 관련하여 몇 가지 중요한 사실을 살펴보자. x^*가 지역최대점이고 λ^*가 이에 해당하는 라그랑즈 상수라고 하자. 첫째, 쿤-터커 조건 (ii)로부터 $\lambda^* g(x^*) = 0$이므로 $L(x^*, \lambda^*) = f(x^*)$이다. 지역최대점에서는 라그랑즈함수의 값과 목적함수의 값은 같다.

둘째, $\lambda^* = 0$이면 (i)의 조건은 $f'(x^*) = 0$이다. 그런데 이것은 x에 대한 제약조건이 없는 경우의 지역최대점의 일계필요조건이다. 따라서 x^*는 $\max_x f(x)$의 지역최대점이다. 반면 $\lambda^* > 0$이면 (ii)에서 $g(x^*) = 0$이므로 x^*는 경계해가 된다.

문제 7.49 x^*가 경계해이면 $\lambda^* > 0$인가? x^*가 내부해이면 $\lambda^* > 0$이 될 수 있는가? ■

셋째, x^*가 내부해이면 이 점 주위에서 x를 (약간) 변화시킬 수 있다. 따라서 제약조건이 없는 경우에 논의하였던 이계조건이 그대로 적용된다. 다시 말해 지역최대점에 관한 한 제약식이 없는 것과 마찬가지이다. x^*가 경계해일지라도 $f'(x^*) = 0$이면 x^*

는 내부해와 다를 바 없으므로 이계조건은 역시 성립한다.

넷째, 라그랑즈 함수의 의미를 자세히 살펴보자. 먼저 λ가 고정되어 있다고 하면 $L(x,\lambda)$는 x만의 함수이다. 조건 (i)에서 $L_x(x,\lambda)=0$인데 이는 제약조건이 없는 경우 $L(x,\lambda)$를 x에 대해 최대화할 때의 필요조건이다. 따라서 라그랑즈 방법은 제약조건이 있는 최대화 문제를 제약조건이 없는 문제로 변환한 것으로 생각할 수 있다. 이 변환에는 λ라는 선택변수가 추가되므로 제약조건을 선택변수와 교환한 셈이다. 직관적으로 제약조건보다는 변수를 다루는 것이 더 용이할 것임은 명백하다.

마지막으로 x가 주어져 있다고 하면 (ii)는 제약조건이 $\lambda \geq 0$일 때 $L(x,\lambda)$를 λ에 대해 최소화하는 문제의 일계필요조건이다. 따라서 라그랑즈 방법은 $L(x,\lambda)$를 x에 대해 최대화하고 λ에 대해서는 ($\lambda \geq 0$라는 제약조건이 하에서) 최소화하는 셈이 된다. 이것은 기수가 말안장에 앉을 때 그 앉는 위치가 보는 방향에 따라 말안장의 최대점일 수도 있고 최소점일 수도 있는 것과 비슷하다. 이 점에 착안하여 (x^*,λ^*)를 **안장점 (saddle point)** 이라고 한다. 안장점적 시각은 다양한 형태의 제약조건을 갖는 다변수함수의 최적화 문제를 다룰 때 매우 유용하다.

쿤-터커 조건은 부등식을 포함하고 있기 때문에 이 조건을 만족하는 x와 λ는 일반적으로 **시행착오 (trial-and-error)** 과정을 거쳐 구할 수 밖에 없다.

예제 7.49 $\max_x 2x - x^2$ s.t. $x \leq 2$를 생각하자. 라그랑즈 함수는

$$L(x,\lambda) = 2x - x^2 + \lambda(2-x)$$

이고 쿤-터커 조건은

$$\text{(i) } L_x = 2 - 2x - \lambda = 0,$$
$$\text{(ii) } L_\lambda = 2 - x \geq 0, \lambda \geq 0, \lambda L_\lambda = 0$$

이다. 이 두 조건을 만족하는 x와 λ를 구해보자. (ii)에서 $\lambda \geq 0$이므로 $\lambda > 0$이거나 $\lambda = 0$이다. 먼저 $\lambda > 0$이라고 하면 (ii)로부터 $x = 2$이다. 그러나 이 경우 (i)에서 $\lambda = -2$가 되므로 모순이다. 다음으로 $\lambda = 0$이면 (i)로부터 $x = 1$이고 이것은 (ii)를 만족한다. 따라서 $x = 1 < 2$은 내부해가 될 수 있다. $f''(1) = -2 < 0$이므로 $x = 1$은 이계충분조건을 만족한다. 따라서 $x = 1$는 지역최대점이다. ■

문제 7.50 위 예제에서 $x = 1$은 전역최대점임을 보여라. ■

예제 7.50 예제 6.21에서 수요함수가 $D(X) = a - bX$이고 비용함수가 $C(X) = cX^2$인

독점기업의 이윤을 최대로 하는 공급량은 $X^m = \frac{a}{2(b+c)}$ 이고 가격은 $p_x^m = \frac{a(b+2c)}{2(b+c)} < a$ 임을 보았다. 이제 정부가 가격을 $\bar{p}_x$ (단, $\bar{p}_x \geq \frac{ac}{b+c}$) 이하로 책정하도록 하는 가격규제 (즉, $a - bX = p_x \leq \bar{p}_x$)를 시행한다고 하자.[12] 가격규제 하에서의 독점기업의 이윤최대화 문제는

$$\max_X (a - bX)X - cX^2 \text{ s.t. } \bar{p}_x - a + bX \geq 0$$

이다. 라그랑즈 함수는

$$L(X, \lambda) = (a - bX)X - cX^2 + \lambda(\bar{p}_x - a + bX)$$

이고 쿤-터커 조건은

$$\text{(i) } L_X = a - 2(b + c)X + b\lambda = 0,$$
$$\text{(ii) } L_\lambda = \bar{p}_x - (a - bX) \geq 0, \lambda \geq 0, \lambda L_\lambda = 0$$

이다.

먼저 $\bar{p}_x \geq p_x^m$ 인 경우를 생각하자. 이 경우에는 규제가격이 독점가격보다 크므로 이 가격규제는 아무런 실효성이 없음은 자명하다. 이것은 (i)과 (ii)에 $\lambda = 0$, $X = X^m$ 를 대입하면 두 조건 모두 성립하는 것으로부터 알 수 있다. 이 사실을 쿤-터커 조건 (i)과 (ii)를 만족하는 해 X^r 와 λ^r 를 실제로 구해서 확인해 보자. $\lambda^r > 0$ 일 가능성을 생각하자. (i)로부터 $X^r = \frac{a+b\lambda^r}{2(b+c)} > X^m$ 이다. (ii)로부터 $0 = \bar{p}_x - (a - bX^r) > p_x^m - (a - bX^m) = 0$ 이므로 모순이다. 따라서 $\lambda^r = 0$ 과 $X^r = X^m$ 는 (i)과 (ii)의 해이다. 독점기업은 가격을 $p_x^r = p_x^m$ 을 책정하고 이윤 $\pi^r = \pi^m$ 을 얻는다.

다음으로 $\bar{p}_x < p_x^m$ 라고 하자. $\lambda^r = 0$ 이면 (i)로부터 $X^r = X^m$ 이고 $\bar{p}_x \geq a - bX^r = p_x^m$ 이므로 모순이다. 따라서 $\lambda^r > 0$ 이다. (ii)로부터 $X^r = \frac{a-\bar{p}_x}{b}$ 이고 (i)로부터 $\lambda^r = \frac{a(b+2c)-2(b+c)\bar{p}_x}{b^2} = \frac{2(b+c)(\bar{p}_x - p_x)}{b^2} > 0$ 이다. 수요함수로부터 $p_x^r = a - bX^r = \bar{p}_x$ 이다. 독점기업은 이윤을 최대로 하기 위해 허용된 최대의 가격을 책정하며 이윤 $\pi^r = \frac{(a-\bar{p}_x)((b+c)\bar{p}_x - ac)}{b^2}$ 을 얻는다. ■

문제 7.51 위 예제에서 실효성이 없는 가격규제도 시장조건이 좋아지거나 비용조건이 악화되면 유효해질 수 있음을 보여라. ■

---

[12] $p_x = a - bX$ 이므로 $p_x \leq \bar{p}_x$ 는 $X \geq \frac{a-\bar{p}_x}{b}$ 와 동일하다. 즉, 가격규제는 독점기업으로 하여금 일정량 이상을 생산하도록 규제하는 수량규제와 마찬가지이다. $\bar{p}_x \geq \frac{ac}{b+c}$ 가정은 뒤에서 보겠지만 피규제기업의 이윤이 0 이상이 되기 위해 필요하다.

Box 7.9 (슬레이터 예(Slater's example)) 다음 최대화 문제를 생각하자.

$$\max_x x \text{ s.t. } -x^2 \geq 0.$$

라그랑즈 함수는

$$L(x, \lambda) = x + \lambda(-x^2)$$

이고 쿤-터커 조건은

$$\text{(i) } L_x = 1 - 2\lambda x = 0,$$

$$\text{(ii) } L_\lambda = -x^2 \geq 0, \lambda \geq 0, \lambda L_\lambda = 0$$

이다. 제약집합은 한원소집합 $\{0\}$ 이기 때문에 이 문제의 해는 당연히 $x^* = 0$ 이지만 (i)은 만족되지 않는다. 따라서 쿤-터커 정리(정리 7.16)가 항상 성립하는 것은 아니다.

제약조건이 **제약자격(constraint qualification)** 이라고 불리는 조건을 만족하면 쿤-터커 정리는 성립한다. (슬레이터 제약자격은 제약집합이 내부점을 가지는 것이다. 이 예에서는 제약집합은 $\{0\}$ 이므로 내부점이 존재하지 않는다.) 다시 말해 쿤-터 정리의 앞 부분은 엄밀히 말하면 'x^*가 $\max_x f(x)$ s.t. $g(x) \geq 0$의 지역최대점이고 제약자격을 만족하면'이다. 4편에서는 제약자격을 명시적으로 고려하며 4편 부록 11.B.2에서 제약자격에 대해서 보다 자세히 논의한다. 그러나 제약자격이 만족되지 않는다고 해서 반드시 쿤-터커 정리가 성립하지 않는 것은 아니다.

문제 7.52 목적함수가 $f(x) = x^2$ 이면 쿤-터커 정리가 성립함을 보여라. ■

7.8.2 비음 제약조건

일반적으로 경제/경영 변수는 음이 아니다. 이와 같은 문제를 다루기 위해서는 표준적인 문제에 다음과 같이 선택변수에 대한 제약조건을 명시적으로 부가하여야 한다.

$$\max_{x \geq 0} f(x) \text{ s.t. } g(x) \geq 0$$

이 경우의 쿤-터커 정리는 다음과 같다.

정리 7.17 x^* 가 $\max_{x\geq 0} f(x)$ s.t. $g(x) \geq 0$ 의 지역최대점이면 다음 조건을 만족하는 $\lambda^* \geq 0$ 가 존재한다.

(i) $L_x(x^*, \lambda^*) = f'(x^*) + \lambda^* g'(x^*) \leq 0,\ x^* \geq 0,\ x^* L_x(x^*, \lambda^*) = 0,$

(ii) $L_\lambda(x^*, \lambda^*) = g(x^*) \geq 0,\ \lambda^* \geq 0,\ \lambda^* L_\lambda(x^*, \lambda^*) = \lambda^* g(x^*) = 0.$

Box 7.10 (정리 7.17의 증명) $x \geq 0$ 을 새로운 제약조건으로 생각하면 라그랑즈함수는 $\tilde{L}(x, \lambda, \mu) = f(x) + \lambda g(x) + \mu x$ 로 쓸 수 있다. λ 와 μ 는 각각 $g(x) \geq 0$ 과 $x \geq 0$ 는 제약조건에 해당하는 라그랑즈 승수이다. 안장점적 사고를 적용하면 $\max_{x\geq 0} f(x)$ s.t. $g(x) \geq 0$ 는 $\tilde{L}(x, \lambda, \mu)$ 를 x 에 대해 최대화하고 $\lambda \geq 0$ 과 $\mu \geq 0$ 에 대해 최소화하는 문제로 생각할 수 있다. 정리 7.16의 결과를 이용하여 필요조건(쿤-터커 조건)을 구하면 (i) $\tilde{L}_x = f'(x) + \lambda g'(x) + \mu = 0$, (ii-a) $\tilde{L}_\lambda = g(x) \geq 0$, $\lambda \geq 0$, $\lambda \tilde{L}_\lambda = 0$, (ii-b) $\tilde{L}_\mu = x \geq 0$, $\mu \geq 0$, $\mu \tilde{L}_\mu = 0$ 이다. (i) 과 (ii-b)을 결합하면 $f'(x) + \lambda g'(x) = -\mu \leq 0$, $x \geq 0$, $x(f'(x) + \lambda g'(x)) = 0$ 이다. □

정리 7.16과 비교하면 제약조건은 마찬가지이므로 (ii)는 동일하다. 그러나 x 에 대한 비음 조건 때문에 (i)이 달라진다. (i)은 λ 가 주어질 때 $x \geq 0$ 조건 하에 $L(x, \lambda)$ 를 x 에 대해 최대화하는 문제의 일계필요조건이다.

예제 7.51 $\max_{x\geq 0} x$ s.t. $x^2 - 1 \geq 0$ 를 생각하자. 라그랑즈함수는

$$L(x, \lambda) = x + \lambda(x^2 - 1)$$

이고 쿤-터커 조건은

$$\text{(i) } L_x = 1 + 2\lambda x \leq 0, x \geq 0, x L_x = 0,$$
$$\text{(ii) } L_\lambda = x^2 - 1 \geq 0, \lambda \geq 0, \lambda L_\lambda = 0$$

이다. $1 + 2\lambda x$ 는 $\lambda \geq 0$ 이므로 항상 0보다 크다. (i)이 성립할 수 없으므로 지역최대점은 존재하지 않는다. ■

문제 7.53 $\max_{x\geq 0} 2x - x^2$ s.t. $x \leq 2$ 의 지역최대점을 구하라. ■

7.8.3 등식 제약조건

제약조건이 반드시 부등식일 필요는 없다. 제약조건이 등식일 때의 최대화 문제는 다음과 같다.

$$\max_x f(x) \text{ s.t. } g(x) = 0$$

이 경우의 쿤-터커 정리는 다음과 같다.[13]

정리 7.18 x^* 가 $\max_x f(x)$ s.t. $g(x) = 0$ 의 지역최대점이면 다음 조건을 만족하는 λ^* 가 존재한다.

(i) $L_x(x^*, \lambda^*) = f'(x^*) + \lambda^* g'(x^*) = 0$,

(ii) $L_\lambda(x^*, \lambda^*) = g(x^*) = 0$.

Box 7.11 (정리 7.18의 증명) $g(x) = 0$ 는 $g(x) \geq 0$ 과 $-g(x) \geq 0$ 으로 표현할 수 있다. 따라서 라그랑즈 함수는 $\tilde{L}(x, \lambda_1, \lambda_2) = f(x) + \lambda_1 g(x) - \lambda_2 g(x)$ 이다. 쿤-터커 조건은 (i) $\tilde{L}_x(x, \lambda_1, \lambda_2) = f'(x) + \lambda_1 g'(x) - \lambda_2 g'(x) = 0$, (ii) $\tilde{L}_{\lambda_1}(x, \lambda_1, \lambda_2) = g(x) \geq 0$, $\lambda_1 \geq 0$, $\lambda_1 \tilde{L}_{\lambda_1}(x, \lambda_1, \lambda_2) = \lambda_1 g(x) = 0$, $\tilde{L}_{\lambda_2}(x, \lambda_1, \lambda_2) = -g(x) \geq 0$, $\lambda_2 \geq 0$, $\lambda_2 \tilde{L}_{\lambda_2}(x, \lambda_1, \lambda_2) = -\lambda_2 g(x) = 0$ 이다.

$\lambda = \lambda_1 - \lambda_2$ 로 하고 (ii)를 정리하자. λ_1 과 λ_2 는 어느 것이 클지 알 수 없으므로 λ 의 부호는 정할 수 없다. $\tilde{L}_{\lambda_1}(x, \lambda_1, \lambda_2) \geq 0$ 과 $\tilde{L}_{\lambda_2}(x, \lambda_1, \lambda_2) \geq 0$ 로부터 $g(x) = 0$ 이다. 마지막으로 $\lambda_1 \tilde{L}_{\lambda_1}(x, \lambda_1, \lambda_2) = \lambda_2 \tilde{L}_{\lambda_2}(x, \lambda_1, \lambda_2) = 0$ 은 자동적으로 성립한다. 따라서 의미 있는 조건은 $g(x) = 0$ 인데 이것은 $\tilde{L}_\lambda(x, \lambda) = 0$ 과 동일하다.

정리 7.16과 비교하면 (ii)에서 차이가 있다. (ii)는 x 가 주어질 때 λ 의 부호에 대한 제약이 없는 경우, $L(x, \lambda)$ 를 λ 에 대해 최소화하는 문제의 필요조건이다. (201쪽 최소화 문제의 일계조건과 이계조건 참조.)

[13] 예산을 배정 받아 집행하는 기관은 연말에 예산 일부가 집행되지 않고 남으면 다음 해 예산 심의 시 예산 삭감과 같은 불이익을 받을 수 있다. 통상 집행기관은 예산 삭감을 싫어하기 때문에 불요불급한 사업이라도 추진하여 예산을 완전히 사용하려 하는 경향이 있다.

예제 7.52 $\max_x x$ s.t. $x^2 - 1 = 0$ 을 생각하자. 라그랑즈함수는

$$L(x, \lambda) = x + \lambda(x^2 - 1)$$

이고 쿤-터커 조건은

$$\text{(i) } L_x = 1 + 2\lambda x = 0,$$
$$\text{(ii) } L_\lambda = x^2 - 1 = 0$$

이다. (i) 과 (ii) 의 해 $(x^A, \lambda^A) = \left(1, -\frac{1}{2}\right)$ 과 $\left(x^B, \lambda^B\right) = \left(-1, \frac{1}{2}\right)$ 는 지역최대점일 가능성이 있다. ■

문제 7.54 $\max_x (x-2)(x-5)^2$ s.t. $b - x = 0$ 의 지역최대점을 구하라. (단, b 는 상수.) ■

이상의 논의를 요약하면 선택변수에 대해 비음 제약이 없으면 $L(x, \lambda)$ 를 x 에 대한 제약 없이 x 에 대해 최대화하는 것이므로 $L_x = 0$ 이어야 하고, 비음 조건이 있으면 $L(x, \lambda)$ 를 $x \geq 0$ 의 제약조건 하에 x 에 대해 최대화하는 것이므로 $L_x \leq 0$, $x \geq 0$, $xL_x = 0$ 이어야 한다. 또 제약조건이 부등식이면 $L(x, \lambda)$ 를 $\lambda \geq 0$ 의 조건 하에 λ 에 대해 최소화하는 것이므로 $L_\lambda \geq 0$, $\lambda \geq 0$, $\lambda L_\lambda = 0$ 이어야 하며 등식이면 $L(x, \lambda)$ 를 λ 에 대한 제약 없이 λ 에 대해 최소화하는 것이므로 $L_\lambda = 0$ 이어야 한다.

7.8.4 라그랑즈 상수의 해석

다음 문제를 생각하자.

$$\max_x f(x) \text{ s.t. } g(x) \leq b.$$

라그랑즈 함수는

$$L(x, \lambda, b) = f(x) + \lambda(b - g(x))$$

이고 쿤-터커 조건은

$$\text{(i) } L_x = f'(x) - \lambda g'(x) = 0,$$
$$\text{(ii) } L_\lambda = b - g(x) \geq 0, \lambda \geq 0, \lambda L_\lambda = 0$$

이다. 이 문제의 해는 b 값에 따라 달라지므로 $x^* = x(b)$ 와 $\lambda^* = \lambda(b)$ 이다.

$v(b) \equiv f(x(b))$ 로 정의하면 $v(b)$ 는 b 가 주어질 때 f 가 가질 수 있는 최댓값이다.

정리 7.19 $\frac{dv(b)}{db} = \lambda^*$ 이다.

증명 $dv = f'(x^*)dx^* = \lambda^* g'(x^*)dx^*$ 이다. $\lambda^* > 0$ 이면 (ii) 에서 $g(x(b)) = b$ 이므로 $g'(x^*)dx^* = db$ 이다. 따라서 $\frac{dv}{db} = \lambda^*$ 이다. $\lambda^* = 0$ 이면 (i) 에서 $f'(x^*) = 0 = \lambda^*$ 이므로 $dv = 0$ 이다. 따라서 $\frac{dv}{db} = 0 = \lambda^*$ 이다. □

최대화 문제에서 제약조건이 약간 느슨해지면 목적함수의 값은 일반적으로 증가하게 되는데 위 정리는 이 변화가 λ^* 임을 보여 준다.

예제 7.53 $\max_x (x-2)(x-5)^2$ s.t. $b - x = 0$. 문제 7.54 에서 $x^* = x(b) = b$ 이고 $\lambda^* = \lambda(b) = 3(b-3)(b-5)$ 이다. $v(b) = (b-2)(b-5)^2$ 이고 $\frac{dv}{db} = 3(b-3)(b-5) = \lambda^*$ 이다. ■

예제 7.54 위 예제에서 $v(7) = 20$ 이고 $v(7.01) = 20.241$ 이다. $\frac{\triangle v}{\triangle b} = \frac{0.241}{0.01} = 24.1 \approx \lambda(7) = 24$ 이다. 마찬가지로 $v(3) = 4$ 이고 $v(3.01) = 3.9997$ 이므로 $\frac{\triangle v}{\triangle b} = \frac{0.0003}{0.01} = 0.03 \approx \lambda(3) = 0$ 이다. ■

예제 7.55 예제 7.50 의 가격규제하의 독점기업 문제를 생각하자. $\bar{p}_x \geq p_x^m$ 이면 $\pi^r = \pi^m$ 이므로 $\frac{\partial \pi^r}{\partial \bar{p}_x} = 0 = \lambda^r$ 이다. 반대로 $\bar{p}_x < p_x^m$ 이면 $\pi^r = \frac{(a-\bar{p}_x)((b+c)\bar{p}_x - ac)}{b^2}$ 이므로 $\frac{\partial \pi^r}{\partial \bar{p}_x} = \frac{a(b+2c)-2(b+c)\bar{p}_x}{b^2} = \lambda^r$ 이다. ■

7.8.5 포락선 정리

a 와 b 가 매개변수일 때 다음 문제를 생각하자.

$$\max_x f(x,a) \text{ s.t. } b - g(x,a) \geq 0.$$

지역최대점이 $x^* = x(a,b)$ 이고 $\lambda^* = \lambda(a,b)$ 가 이에 대응하는 라그랑즈 승수, 그리고 $v(a,b) \equiv f(x(a,b),a) = f(x^*,a)$ 라고 하자.

정리 7.20 (포락선 정리) (i) $\frac{\partial v(a,b)}{\partial a} = \frac{\partial L(x^*,\lambda^*,a,b)}{\partial a}$, (ii) $\frac{\partial v(a,b)}{\partial b} = \frac{\partial L(x^*,\lambda^*,a,b)}{\partial b} = \lambda^*$ 이다.

증명 $dv = \left(f_x^* \frac{\partial x}{\partial a} + f_a^*\right) da + f_x^* \frac{\partial x}{\partial b} db = \left(\lambda^* g_x^* \frac{\partial x}{\partial a} + f_a^*\right) da + \lambda^* g_x^* \frac{\partial x}{\partial b} db$ 이다. $\lambda^* > 0$ 이면 $b - g(x^*,a) = 0$ 이므로 $db = \left(g_x^* \frac{\partial x}{\partial a} + g_a^*\right) da + g_x^* \frac{\partial x}{\partial b} db$ 이다. (i) $db = 0$ 이면

$g_x^* \frac{\partial x}{\partial a} + g_a^* = 0$ 이다. 이것을 dv 에 대입하면 $dv = (f_a^* - \lambda^* g_a^*)\, da = \frac{\partial L^*}{\partial a}\, da$ 이다. (ii) $da = 0$ 이면 $g_x^* \frac{\partial x}{\partial b} = 1$ 이다. 이것을 dv 에 대입하면 $dv = \lambda^*\, db = \frac{\partial L^*}{\partial b}\, db$ 이다. □

문제 7.55 $\lambda^* = 0$ 일 때 위 정리를 증명하라. ■

이 정리는 제약조건이 없는 경우와 마찬가지로 매개변수의 변화가 목적함수의 최댓값에 미치는 영향은 직접적인 영향만을 고려하면 되고 최적해의 변화에 따른 간접적인 영향은 무시할 수 있음을 보여준다. 앞에서 살펴본 라그랑즈 승수에 대한 해석은 포락선 정리 (ii) 이다.

예제 7.56 $a, b > 0$ 일 때 $\max_x ax$ s.t. $b - (x-a)^2 = 0$ 을 생각하자. 제약식을 만족하는 해는 $x = a + \sqrt{b}, x = a - \sqrt{b}$ 이므로 지역최대점은 $x^* = a + \sqrt{b}$ 이다. $v(a,b) = a^2 + a\sqrt{b}$ 이므로 $\frac{\partial v(a,b)}{\partial a} = 2a + \sqrt{b}$ 이다. 라그랑즈 함수는 $L(x, \lambda, a, b) = ax + \lambda(b - (x-a)^2)$ 이고 쿤-터커 조건은

$$\text{(i) } L_x(x, \lambda, a, b) = a - 2\lambda(x - a) = 0,$$
$$\text{(ii) } L_\lambda(x, \lambda, a, b) = b - (x-a)^2 = 0$$

이다. $x^* = a + \sqrt{b}$, $\lambda^* = \frac{a\sqrt{b}}{2b}$ 는 쿤-터커 조건의 해이다. $\frac{\partial L(x,\lambda,a,b)}{\partial a} = x + 2\lambda(x-a)$ 이므로 $\frac{\partial L(x^* \lambda^*, a, b)}{\partial a} = a + \sqrt{b} + 2\frac{a\sqrt{b}}{2b}\sqrt{b} = 2a + \sqrt{b} = \frac{\partial v(a,b)}{\partial a}$ 이다. 또한 $\frac{\partial v(a,b)}{\partial b} = \frac{a\sqrt{b}}{2b} = \lambda^* = \frac{\partial L(x^*, \lambda^*, a, b)}{\partial b}$ 이다. ■

예제 7.57 예제 7.50 에서 규제가격 $\bar{p}_x < p_x^m$ 이면 $\pi^r = \frac{(a - \bar{p}_x)((b+c)\bar{p}_x - ac)}{b^2}$ 임을 보았다. $\frac{\partial \pi^r}{\partial a} = \frac{(b+2c)\bar{p}_x - 2ac}{b^2}$ 이다. 반면 $\frac{\partial L(X^r, \lambda^r, a, b, c)}{\partial a} = X^r - \lambda^r = \frac{(b+2c)\bar{p}_x - 2ac}{b^2} = \frac{\partial \pi^r}{\partial a}$ 이다. ■

문제 7.56 위 예제에서 $b, c, \bar{p}_x$ 가 변할 때 포락선 정리가 성립함을 보여라. ■

부 록

7.A 다변수함수의 미분가능성

일변수함수 $y = f(x)$ 에 대해 $\lim_{\triangle x \to 0} \frac{f(x+\triangle x)-f(x)}{\triangle x}$ 가 존재하면 미분가능하다. 이변수함수 $y = f(x_1, x_2) = f(\mathbf{x})$ $(\mathbf{x} = (x_1, x_2))$ 에 대해 이 정의를 직접적으로 확장할 수는 없다. 다시 말해 x 를 $\mathbf{x}$ 로, $\triangle x$ 를 $\triangle \mathbf{x}$ 로 바꾸는 것으로 미분가능성을 정의할 수는 없다. 왜냐하면 실수$(f(\mathbf{x} + \triangle \mathbf{x}) - f(\mathbf{x}))$를 벡터$(\triangle \mathbf{x})$로 나누는 것은 정의되지 않기 때문이다.

7.2 절에서 일변수함수 $y = f(x)$ 가 미분가능하면 $f(x + \triangle x) - f(x) - f'(x)\triangle x = \eta \triangle x$ (단, $\lim_{\triangle x \to 0} \eta = 0$)로 쓸 수 있음을 보았다. 어떤 함수 $a(x)$ 에 대해 $f(x + \triangle x) - f(x) - a(x)\triangle x = r(x; \triangle x)$ 라고 하자. x 가 임의의 값으로 고정되면 $a(x)$ 는 상수이고 $r(x; \triangle x)$ 는 $\triangle x$ 만의 함수로 생각할 수 있다. $r(x; \triangle x)$ 는 $f(x + \triangle x) - f(x)$ 를 $\triangle x$ 의 선형함수 $a(x)\triangle x$ 로 근사화할 때 발생하는 오차이다.

$$\frac{|r(x; \triangle x)|}{|\triangle x|} = \left| \frac{r(x; \triangle x)}{\triangle x} \right| = \left| \frac{f(x + \triangle x) - f(x)}{\triangle x} - a(x) \right|$$

이므로 다음 정리를 얻는다.

정리 7.A.1

$$\lim_{\triangle x \to 0} \frac{|r(x; \triangle x)|}{|\triangle x|} = 0$$

이 되도록 하는 $a(x)$ 가 존재하면 $f(x)$ 는 x 에서 미분가능하며 $f'(x) = a(x)$ 이다.

문제 7.A.1 위 정리를 증명하라. ■

위 정리는 $f(x)$ 가 미분가능하기 위해서는 $\triangle x$ 가 0으로 접근할 때 근사화에 따른 오차가 더 빠른 속도로 감소해야함을 시사한다.

이변수함수 $y = f(x_1, x_2)$ 에 대해서 위 정리를 이용하여 미분가능성을 정의해 보자. 임의의 점(x_1, x_2)을 생각하자. 이 점에서 x_1 과 x_2 가 각각 $\triangle x_1$ 과 $\triangle x_2$ 만큼 변하면 y는 $\triangle y = f(x_1 + \triangle x_1, x_2 + \triangle x_2) - f(x_1, x_2)$ 만큼 변한다. x_1과 x_2의 함수 $a^1(x_1, x_2)$와 $a^2(x_1, x_2)$에 대해 $f(x_1 + \triangle x_1, x_2 + \triangle x_2) - f(x_1, x_2) - (a^1(x_1, x_2)\triangle x_1 + a^2(x_1, x_2)\triangle x_2) = r(x_1, x_2; \triangle x_1, \triangle x_2)$ 라고 하면 r은 $\triangle y$를 $\triangle x_1$과 $\triangle x_2$의 선형함수 $a^1(x_1, x_2)\triangle x_1 + a^2(x_1, x_2)\triangle x_2$로 근사화할 때의 오차이다.

이상의 논의를 벡터 기호를 사용하여 다시 표현하면 간단해지고 다변수함수의 경우에도 그대로 적용할 수 있기 때문에 편리하다. $\mathbf{x} = \begin{bmatrix} x_1 \\ x_2 \end{bmatrix}$, $\triangle \mathbf{x} = \begin{bmatrix} \triangle x_1 \\ \triangle x_2 \end{bmatrix}$, $\mathbf{a}(\mathbf{x}) = [a_1(\mathbf{x})\ a_2(\mathbf{x})]$ 라고 하면 $a^1(x_1, x_2)\triangle x_1 + a^2(x_1, x_2)\triangle x_2 = \mathbf{a}(\mathbf{x})\triangle \mathbf{x}$ 이다. 따라서 위 식은

$$f(\mathbf{x} + \triangle \mathbf{x}) - f(\mathbf{x}) - \mathbf{a}(\mathbf{x})\triangle \mathbf{x} = r(\mathbf{x}; \triangle \mathbf{x})$$

로 쓸 수 있다. 일변수 함수의 경우에서와 같이 $\triangle \mathbf{x}$가 $\mathbf{0}$로 접근할 때 근사화에 따른 오차가 더 빠른 속도로 감소하면 $f(\mathbf{x})$는 미분가능하다고 정의할 수 있다.

정의 7.A.1 (미분가능성 (differentiability))

$$\lim_{\triangle \mathbf{x} \to 0} \frac{|r(\mathbf{x}; \triangle \mathbf{x})|}{\|\triangle \mathbf{x}\|} = 0$$

이 되도록 하는 $\mathbf{a}(\mathbf{x})$가 존재하면 $f(\mathbf{x})$는 $\mathbf{x}$에서 미분가능하다.

이 정의에서 $|r(\mathbf{x}; \triangle \mathbf{x})|$는 $r(\mathbf{x}; \triangle \mathbf{x})$의 절대값이며 $\|\triangle \mathbf{x}\|$는 $\triangle \mathbf{x}$의 노름이므로 $\frac{|r(\mathbf{x}; \triangle \mathbf{x})|}{\|\triangle \mathbf{x}\|}$는 $\mathbf{x}$가 임의의 고정된 점일 때 $\triangle \mathbf{x}$의 실변수함수이다. 함수의 극한은 $\mathbf{0} = (0, 0)$에 접근하는 모든 $\triangle \mathbf{x}$의 경로에 대해 존재하여야 하므로 편도함수와는 달리 일반적인 정의이다. $f(\mathbf{x})$가 미분가능하면 함수 $f(\mathbf{x})$의 미분은

$$df = df(\mathbf{x}; \triangle \mathbf{x}) = \mathbf{a}(\mathbf{x})\triangle \mathbf{x}$$

문제 7.A.2 $f(\mathbf{x})$가 $\mathbf{x}$에서 미분가능하면 편미분이 가능함을 보여라. ■

함수의 $f(\mathbf{x})$가 미분가능하면 이 함수의 미분은 편도함수로 표현할 수 있다.

정리 7.A.2 $f(\mathbf{x})$가 $\mathbf{x}$에서 미분가능하면 $\mathbf{a}(\mathbf{x}) = \nabla f(\mathbf{x})$이다.

예제 7.A.1 $y = f(x_1, x_2) = x_1^2 + x_2^2$을 생각하자. $\mathbf{a}(\mathbf{x}) = [2x_1\ 2x_2]$ 라고 하자. $r(\mathbf{x}; \triangle \mathbf{x}) = (x_1 + \triangle x_1)^2 + (x_2 + \triangle x_2)^2 - x_1^2 - x_2^2 - 2x_1\triangle x_1 - 2x_2\triangle x_2 = (\triangle x_1)^2 + (\triangle x_2)^2$ 이다. $\|\mathbf{x}\| = \sqrt{(\triangle x_1)^2 + (\triangle x_2)^2}$ 이므로 $\frac{|r(\mathbf{x}; \triangle \mathbf{x})|}{\|\triangle \mathbf{x}\|} = \sqrt{(\triangle x_1)^2 + (\triangle x_2)^2}$ 이다.

$\lim_{\triangle\mathbf{x}\to 0}\frac{|r(\mathbf{x};\triangle\mathbf{x}|}{\|\triangle\mathbf{x})\|}=0$ 이므로 이 함수는 미분가능하다. 또한 $\nabla f(\mathbf{x})=[2x_1\ 2x_2]$ 이므로 $\mathbf{a}(\mathbf{x})=\nabla f(\mathbf{x})$ 이다. ■

예제 7.A.2 다음 함수

$$y=f(x_1,x_2)=\begin{cases}0, & (x_1,x_2)=(0,0)\\ \frac{x_1x_2}{x_1^2+x_2^2}, & (x_1,x_2)\neq(0,0)\end{cases}$$

가 $x_1=x_2=0$ 에서 미분가능한지를 생각하자. 미분가능하다고 가정하면

$$\lim_{\triangle\mathbf{x}\to 0}\frac{|r(\mathbf{x};\triangle\mathbf{x}|}{\|\triangle\mathbf{x}\|}=\lim_{\triangle\mathbf{x}\to 0}\frac{\left|\frac{\triangle x_1\triangle x_2}{(\triangle x_1)^2+(\triangle x_2)^2}-a_1\triangle x_1-a_2\triangle x_2\right|}{\sqrt{(\triangle x_1)^2+(\triangle x_2)^2}}=0$$

이 되도록 하는 a_1 과 a_2 가 있다. $\triangle\mathbf{x}$ 가 $\triangle x_2=0$ 이면서 $(0,0)$ 으로 수렴하면 $a_1=0$ 이어야 한다. 마찬가지로 생각하면 $a_2=0$ 이다. 그런데 위 식에 $a_1=a_2=0$ 을 대입하고 $\triangle x_1=\triangle x_2=\triangle x$ 인 수렴 경로를 생각하면 $\frac{|r(0;\triangle x)|}{|\triangle x|}=\frac{1}{2\sqrt{2}|\triangle x|}$ 은 $\triangle x\to 0$ 일 때 0 으로 수렴하지 않는다. 따라서 이 함수는 미분가능하지 않다. ■

아래 정리는 미분가능성이 연속성을 내포함을 보여준다.

정리 7.A.3 $f(\mathbf{x})$ 가 미분가능하면 연속함수이다.

문제 7.A.3 위 정리를 증명하라. ■

정의에서 본 바와 같이 함수의 미분가능성을 확인하는 것은 번거롭다. 다행히 아래 정리는 편도함수의 연속성이 미분가능성을 보장함을 보여준다.

정리 7.A.4 $f(\mathbf{x})$ 의 편도함수가 존재하고 연속이면 $f(\mathbf{x})$ 는 미분가능하다.

증명 정리 7.5로부터 $\triangle y=f(\mathbf{x}+\triangle\mathbf{x})-f(\mathbf{x})=\nabla f(\mathbf{x})\triangle\mathbf{x}+\boldsymbol{\eta}\triangle\mathbf{x}$ 이다. (단, $\boldsymbol{\eta}=(\eta_1,\eta_2)$.) $\mathbf{a}(\mathbf{x})=\nabla f(\mathbf{x})$ 라고 하자. $\triangle\mathbf{x}\to\mathbf{0}$ 이면 코시-슈바르츠 부등식(1편 정리 1.9 참조)에 의해 $0\leq\frac{|r(\mathbf{x};\triangle\mathbf{x})|}{\|\triangle\mathbf{x}\|}=\frac{|\boldsymbol{\eta}\triangle\mathbf{x}|}{\|\triangle\mathbf{x}\|}\leq\frac{\|\boldsymbol{\eta}\|\|\triangle\mathbf{x}\|}{\|\triangle\mathbf{x}\|}=\|\boldsymbol{\eta}\|\to 0$ 이다. 따라서 $\lim_{\triangle\mathbf{x}\to 0}\frac{|r(\mathbf{x};\triangle\mathbf{x})|}{\|\triangle\mathbf{x}\|}=0$ 이다. □

$\mathbf{x}\in R^n$ 이고 임의의 $\mathbf{x}$ 에 대해 $\mathbf{a}(\mathbf{x})\in R^n$ 로 생각하면 이상의 논의는 일반적인 다변수함수의 미분가능성에 대한 것이 된다.

7.B　기울기벡터의 그래프적 해석

미분가능한 함수 $g(\mathbf{x})$ 를 생각하자. 그림 7.B.1 에 $g(x_1, x_2) = g(\mathbf{x}) = 0$ 의 그래프가 그려져 있다. 회색으로 표시된 부분은 $g(\mathbf{x}) > 0$ 인 영역을 나타낸다. $g(\mathbf{x}) = 0$ 그래프

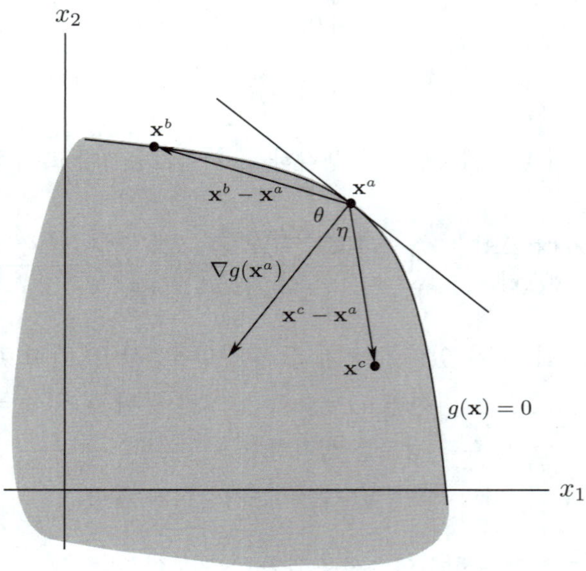

그림 7.B.1　기울기벡터

상의 두 점 $\mathbf{x}^a$ 와 $\mathbf{x}^b$ 를 생각하자. $\nabla g(\mathbf{x}^a) \neq \mathbf{0}$ 이라고 하자. $\mathbf{x}^b - \mathbf{x}^a$ 는 $\mathbf{x}^a$ 에서 $\mathbf{x}^b$ 로 향하는 화살표로 표현된다. $r = g(\mathbf{x}^b) - g(\mathbf{x}^a) - \nabla g(\mathbf{x}^a)(\mathbf{x}^b - \mathbf{x}^a)$ 이고 $\mathbf{x}^b - \mathbf{x}^a$ 와 $\nabla g(\mathbf{x}^a)$ 사이의 각도를 θ 라고 하면

$$\begin{aligned} 0 &= \lim_{\mathbf{x}^b \to \mathbf{x}^a} \frac{|r|}{\|\mathbf{x}^b - \mathbf{x}^a\|} = \lim_{\mathbf{x}^b \to \mathbf{x}^a} \frac{|\nabla g(\mathbf{x}^a)(\mathbf{x}^b - \mathbf{x}^a)|}{\|\mathbf{x}^b - \mathbf{x}^a\|} \\ &= \lim_{\mathbf{x}^b \to \mathbf{x}^a} \frac{\|\nabla g(\mathbf{x}^a)\| \, \|\mathbf{x}^b - \mathbf{x}^a\| \, |\cos\theta|}{\|\mathbf{x}^b - \mathbf{x}^a\|} \\ &= \lim_{\mathbf{x}^b \to \mathbf{x}^a} \|\nabla g(\mathbf{x}^a)\| \, |\cos\theta| \end{aligned}$$

이다. (62-63 쪽 코사인 법칙 참조.) 따라서 $\mathbf{x}^b$ 와 $\mathbf{x}^a$ 가 충분히 가까우면 $\theta \approx 90°$ 가 되므로 $\mathbf{x}^b - \mathbf{x}^a$ 와 $\nabla g(\mathbf{x}^a)$ 는 거의 직각을 이루게 된다. 그런데 $\mathbf{x}^b$ 가 $\mathbf{x}^a$ 에 수렴하면 $\mathbf{x}^b - \mathbf{x}^a$ 의 방향은 $\mathbf{x}^a$ 에서 $g(\mathbf{x}) = 0$ 의 접선의 기울기에 가까워지므로 $\nabla g(\mathbf{x}^a)$ 는 $\mathbf{x}^a$ 에서 $g(\mathbf{x}) = 0$ 의 접선과 직각을 이룬다.

다음으로 $g(\mathbf{x}^c) > 0$ 인 $\mathbf{x}^c$ 를 생각하자. $\mathbf{x}^c$ 는 회색으로 표시된 부분의 내부에 위

치한다. $\mathbf{x}^c - \mathbf{x}^a$ 와 $\nabla g(\mathbf{x}^a)$ 사이의 각도를 η 라고 하면 $g(\mathbf{x}^c) - g(\mathbf{x}^a) = g(\mathbf{x}^c) \approx \nabla g(\mathbf{x}^a)(\mathbf{x}^c - \mathbf{x}^a) = \|\nabla g(\mathbf{x}^a)\| \|\mathbf{x}^c - \mathbf{x}^a\| \cos\eta$ 이다. 그런데 $g(\mathbf{x}^c) > 0$ 이므로 $\mathbf{x}^c$ 와 $\mathbf{x}^a$ 가 충분히 가까우면 $\|\nabla g(\mathbf{x}^a)\| \|\mathbf{x}^c - \mathbf{x}^a\| \cos\eta > 0$ 또는 $\cos\eta > 0$ 이다. 이것은 $\mathbf{x}^c - \mathbf{x}^a$ 와 $\nabla g(\mathbf{x}^a)$ 사이의 각도가 예각임을 의미하므로 $\nabla g(\mathbf{x}^a)$ 는 그림에서 보는 바와 같이 $g(\mathbf{x}) > 0$ 인 방향, 즉 $g(\mathbf{x})$ 가 증가하는 방향(회색부분 쪽)을 가리키게 된다.

문제 7.1 $g(x_1, x_2) = x_1^2 + x_2^2$ 이라고 하자. $\nabla g(1, \sqrt{2})$, $\nabla g(1, 0)$ 과 $\nabla g(0, 0)$ 을 구하고 그림으로 표현하라. ■

PART IV

다변수함수의 최적화와 응용

다변수함수의 최적화는 근본적으로 일변수함수의 경우와 다를 바 없다. 일변수함수 최대화 논의에서 얻은 결과의 대부분은 다변수함수 경우에도 성립한다. 예를 들어 제약조건이 없을 때, 일변수함수의 지역최대점에서의 도함수 값이 0인 것과 마찬가지로 다변수함수의 경우에도 지역최대점에서 편도함수 값이 0이다. 그러나 일변수함수 경우의 결과를 다변수함수 경우로 확장하기 위해서는 보완이 필요하다. 예를 들어 제약조건이 없는 다변수함수의 최대화 문제에서 이계충분조건은 편도함수 값이 0이고 이계편도함수의 값들이 음인 것 외에도 이계편도함수들 간의 관계에 대한 추가적 조건이 필요하다.

4편에서는 이변수함수의 최대화 문제에 대해 주로 논의한다. 다변수함수의 최대화 문제를 다루기 위해서는 행렬과 벡터를 사용하는 것이 필수적이다. 그리고 이와 관련하여 몇 가지 새로운 개념들을 도입하여야 하지만 이변수함수의 경우에는 이 새로운 개념들을 굳이 사용하지 않고도 핵심적인 결과들을 쉽게 얻을 수 있다.

8장에서는 제약조건이 없는 최대화 문제의 해를 발견하기 위한 방법과 해의 성질에 대해 논의한다. 9장과 10장에서는 제약조건이 있는 최적화 문제의 해를 찾는 데 있어 필수불가결한 수학적 도구인 라그랑즈 방법과 최적해의 성질에 대해 논의한다. 10장 마지막 부분에서는 이윤 최대를 목표로 하는 기업들과 효용 최대를 목적으로 하는 소비자들 간의 상호작용이 시장에서 가격과 거래량으로 나타나는 메커니즘에 대해 알아본다. 11장에서는 이변수함수의 최적화 논의를 행렬과 벡터를 이용하여 일반화하며 부록에서는 최소화 문제와 제약자격에 대해 논의한다.

CHAPTER 8

제약조건이 없는 최대화

3편 6.9절에서 선택변수가 한 개이고 제약조건이 없을 때의 최적화 문제에 대해 논의하였다. 이 장에서는 이 결과를 선택변수가 두 개일 때로 확장한다. 아울러 제약조건이 없는 경제적 모형으로서 경쟁적 기업의 이윤최대화 문제를 생각한다.

8.1 이변수함수의 최대화

일반적인 이변수함수 $f(x_1, x_2)$ 의 최대화 문제는 다음과 같다.

$$\max_{x_1, x_2} f(x_1, x_2) \text{ s.t. } (x_1, x_2) \in C \subset R^2.$$

이 최대화 문제의 전역최대와 지역최대는 다음과 같이 정의된다.

정의 8.1 (전역최대와 지역최대)

(i) 모든 $(x_1, x_2) \in C$ 에 대해 $f(x_1^*, x_2^*) \geq f(x_1, x_2)$ 이면 (x_1^*, x_2^*) 를 전역최대점이라고 한다.

(ii) 모든 $(x_1, x_2) \in (N(x_1^*, x_2^*) \bigcap C)$ 에 대해 $f(x_1^*, x_2^*) \geq f(x_1, x_2)$ 인 $N(x_1^*, x_2^*)$ 가 존재하면 (x_1^*, x_2^*) 를 지역최대점이라고 한다.

바이어슈트라스 정리는 다음과 같다.

정리 8.1 (바이어슈트라스 정리) 정의역이 $X \subset R^2$ 인 연속함수 $y = f(x_1, x_2)$ 를 생각하자. X 가 컴팩트집합이면 $f(x_1, x_2)$ 는 X 에서 전역최대와 전역최소를 갖는다.

문제 8.1 위 정의와 정리를 일변수함수 경우의 최대의 정의와 바이어슈트라스 정리와 비교하라. ■

이 장에서는 제약조건이 없는 최대화 문제 즉, $C = R^2$ 일 때

$$\max_{x_1, x_2} f(x_1, x_2)$$

의 해를 구하는 방법에 대해 알아 본다. 이미 언급한 바 있듯이 이 문제의 해답을 구하는 것은 일변수함수 최대화 문제의 해를 발견하는 것과 본질적으로 다를 바 없다. 거꾸로 일변수함수 최대화 문제는 이변수 또는 다변수함수 최대화 문제의 특수한 경우라고 할 수 있다.

8.2 경쟁기업의 이윤최대화

다수의 동일한 기업이 존재하고 가격, 품질 등에 대한 정보가 완전한 시장을 **완전경쟁시장 (perfectly competitive market)** 이라고 하며, 경쟁시장에서 생산 활동을 하는 기업을 **경쟁기업 (competitive firm)** 이라고 한다. 경쟁기업은 상품시장과 생산요소시장에서 수많은 경쟁자와 경쟁하기 때문에 양 시장 모두에서 가격에 대해 협상력이 없는 가격순응자이다. X 재가 거래되는 시장에서 각 기업의 공급량을 x 라고 하자. (1편 6.1.1절에서는 독점기업이 시장 전체에 공급하므로 공급량을 X 로 표현하였다.)

대표적인 기업의 생산함수를

$$x = f(l, k)$$

라고 하자. 1편 2.6절에서 논의한 바와 같이 이 생산함수는 일정 기간 동안 노동을 l 단위, 자본을 k 단위 투입하면 x 단위의 산출물을 얻는 기술적 관계를 나타낸다. 경쟁기업은 상품 가격과 생산요소 가격이 주어지면 이윤을 최대로 하는 자본과 노동의 고용량을 선택한다. X 재 한 단위 가격을 p_x, (단위당) 임금을 w, (단위당) 임대료를 v, 이윤을 π 라고 하면 이 기업의 이윤최대화 문제는

$$\begin{aligned}\max_{l \geq 0, k \geq 0} \pi(l, k; p_x, w, v) &= p_x x - wl - vk \\ &= p_x f(l, k) - wl - vk\end{aligned}$$

이다.

$f_l(l,k) \equiv \frac{\partial f(l,k)}{\partial l}$ 는 **노동의 한계생산물 (marginal product of labor)** 이라고 부른다.[1] 이것은 노동과 자본을 각각 l 단위와 k 단위를 투입하여 생산하고 있는 상황에서 노동을 '한 단위' 더 투입할 때 추가적으로 얻을 수 있는 생산량의 증가분을 뜻한다. 노동과 자본의 고용 수준에 따라 한계생산물의 크기가 달라지는 것이 일반적이므로 노동의 한계생산물 f_l 은 (현재 투입량) l 과 k 의 함수이다. 마찬가지로 $f_k(l,k) \equiv \frac{\partial f(l,k)}{\partial k}$ 는 **자본의 한계생산물 (marginal product of capital)** 을 나타낸다.

일정한 면적의 농지에 많은 농부들이 일하고 있을 때 농부 한 명이 더 일하게 되면 다른 농부들에게 방해가 되어 총 생산량은 오히려 줄어들 수도 있다. 이렇게 되면 추가로 투입된 농부의 한계생산물은 음이다. 임금은 일반적으로 양이기 때문에 이 (한계적) 농부가 일하게 되는 상황은 현실에서는 거의 일어나지 않는다. 따라서 기술적으로는 $f_l, f_k \leq 0$ 일 수 있지만 경제적으로는 의미가 없으므로 한계생산물이 0 이거나 음일 가능성은 무시하는 것이 보통이다. 다시 말해 $f_l, f_k > 0$ 으로 가정하는 것이 합리적이다.

예제 8.1 콥-더글라스 생산함수 $f(l,k) = Al^\alpha k^\beta$ 의 경우 $f_l = A\alpha l^{\alpha-1}k^\beta$ 이다. $A = 4$, $\alpha = \beta = \frac{1}{4}$ 이면 $f_l = l^{-3/4}k^{1/4}$ 이다. 노동 투입량이 100 단위, 자본 투입량이 200 단위일 때 노동 투입량을 한 단위 늘리면 생산물은 대략 $100^{-3/4}200^{1/4} = 0.1189$ 단위 늘어난다. ■

생산함수 $x = f(l,k)$ 에서 $x = \bar{x}$ 로 고정하면 등량곡선 $\bar{x} = f(l,k)$ 를 얻는다. (1편 2.6절 참조.) 이 식을 k 에 대해 풀고 $k = k(l)$ 이라고 하자. $f_l\,dl + f_k\,dk = 0$ 이므로

$$\left.\frac{dk}{dl}\right|_{x=\bar{x}} = -\frac{f_l(l,k(l))}{f_k(l,k(l))} = -\frac{f_l}{f_k}$$

이다. 이 식은 다음과 같이 해석할 수 있다. 노동 투입량을 한 단위 더 늘리면 생산은 f_l 단위 늘어난다. 자본 투입량을 한 단위 줄이면 생산은 f_k 단위 감소하므로 자본 투입량을 $\frac{f_l}{f_k}$ 단위 줄이게 되면 생산량은 변하지 않는다. 따라서 $-\left.\frac{dk}{dl}\right|_{x=\bar{x}} = \frac{f_l}{f_k}$ 은 노동 투입량을 한 단위 늘리지만 생산 수준은 $\bar{x}$ 단위로 유지하기를 원할 때 줄여야 하는 자본 투입량이다. 이것을 **(노동의 자본에 대한) 기술적대체율 (technical rate of substitution (of labor for capital): TRS)** 이라고 한다. 즉,

$$TRS = -\left.\frac{dk}{dl}\right|_{x=\bar{x}} = \frac{f_l}{f_k}$$

[1] 도함수의 경제학적 해석, 특히 '한계'의 개념에 대해서는 3편 6.6절 참조.

이다.

기술적대체율이 클 때 노동 투입량을 한 단위 줄이면서 생산량을 유지하기 위해서는 자본 투입량을 크게 늘려야 한다. 이것은 생산 과정에서 노동의 기여도가 자본에 비해 상대적으로 더 높음을 의미한다. 따라서 기술적대체율은 생산 과정에서 (자본으로 표시한) 노동의 상대적 중요도를 의미하는 것으로 해석할 수 있다. 1편 그림 2.13 (a)에서 등량곡선은 원점에 대해 볼록하게 그려져 있다. 이것은 노동의 투입이 늘어날수록 등량곡선이 평평해는 것, 즉 노동의 상대적 중요도가 줄어드는 것을 가정하고 있는 셈이다.

8.3 일계필요조건

일변수함수의 경우 x^* 가 지역최대점이면 그 점에서의 도함수 값이 0이어야 함을 보았다. 이변수함수의 경우에도 마찬가지로 (x_1^*, x_2^*) 가 지역최대점이면 그림 8.1에서 보는 바와 각 변수에 대한 편도함수의 값이 그 점에서 각각 0이어야 한다. $f(x_1, x_2)$ 가 연속미분가능함수라고 하자.

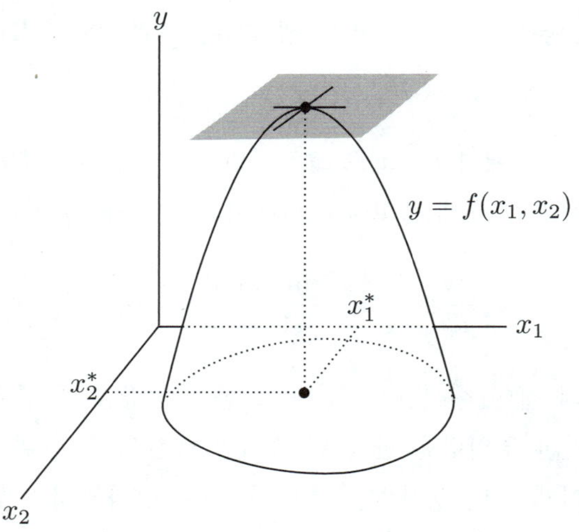

그림 8.1 지역최대

아래 일계필요조건(간단히 일계조건)에 이 사실이 나타나 있다. $f_i^* \equiv f_i(x_1^*, x_2^*)$ $(i = 1, 2)$ 라고 하자.

정리 8.2 (일계필요조건) (x_1^*, x_2^*) 가 $\max_{x_1, x_2} f(x_1, x_2)$ 의 지역최대점이면 $f_1(x_1^*, x_2^*) = f_2(x_1^*, x_2^*) = 0$ 이다.

증명 임의의 $(\triangle x_1, \triangle x_2) \neq (0,0)$ 과 실수 a 에 대해 $h(a) = f(x_1^* + a\triangle x_1, x_2^* + a\triangle x_2)$ 라고 하자. $h(0) = f(x_1^*, x_2^*)$ 이므로 h 는 $a = 0$ 일 때 지역최대가 된다. 따라서 $h'(0) = 0$ 이다. 연쇄법칙에 의해 $h'(a) = f_1(x_1^* + a\triangle x_1, x_2^* + a\triangle x_2)\triangle x_1 + f_2(x_1^* + a\triangle x_1, x_2^* + a\triangle x_2)\triangle x_2$ 이므로 $h'(0) = f_1^*\triangle x_1 + f_2^*\triangle x_2$ 이다. 그런데 $(\triangle x_1, \triangle x_2)$ 가 임의의 벡터이므로 이 식이 성립하기 위해서는 $f_1^* = f_2^* = 0$ 이어야 한다. □

일변수함수의 경우와 마찬가지로 일계조건 $f_1^* = f_2^* = 0$ 을 보통 $f_1 = f_2 = 0$ 으로 쓴다. 그 이유는 사전적으로 지역최대점을 알 수 없기 때문에 이 식을 풀어 지역최대점이 될 가능성이 있는 해를 구하는 데 사용할 수 있기 때문이다.

예제 8.2 다음 최대화 문제 $\max_{x_1,x_2}\ f(x_1, x_2) = -\frac{4}{3}x_1^3 + 2x_1x_2 - x_2^2$ 을 생각하자. 일계조건은

$$
\begin{aligned}
f_1 &= -4x_1^2 + 2x_2 = 0, \\
f_2 &= 2x_1 - 2x_2 = 0
\end{aligned}
$$

이고 이 연립방정식의 해는 $(x_1^A, x_2^A) = \left(\frac{1}{2}, \frac{1}{2}\right)$ 과 $(x_1^B, x_2^B) = (0,0)$ 이다. 따라서 이 두 점만이 지역최대점이 될 가능성이 있다. ■

예제 8.3 기업의 이윤을 최대로 하는 l 과 k 는 항상 양이라고 가정하자. 이윤최대화문제 $\max_{l,k}\ \pi(l, k; p_x, w, v) = p_x f(l, k) - wl - vk$ 의 전역최대점을 l^* 와 k^* 라고 하자. 이 문제는 제약조건이 없는 최대화 문제이므로 l^* 와 k^* 는 일계조건

$$
\begin{aligned}
\pi_l &= p_x f_l - w = 0, \\
\pi_k &= p_x f_k - v = 0
\end{aligned}
$$

을 만족하여야 한다.

이 식이 의미하는 바를 살펴보자. 현재 노동 투입량과 자본 투입량이 각각 l^0 과 k^0 라고 하자. 노동을 한 단위 더 투입하면 생산량은 $f_l^0\,dl \equiv f_l(l^0, k^0)\,dl$ 만큼 늘어나므로 수입은 $p_x f_l^0\,dl$ 만큼 늘어나지만 비용도 $w\,dl$ 만큼 늘어나므로 이윤은 $(p_x f_l^0 - w)\,dl$ 만큼 변화한다. $p_x f_l^0 > w$ 이면 노동 투입량을 한 단위 증가시켜 이윤을 늘릴 수 있으므로 현재 노동과 자본 투입량 (l^0, k^0) 은 최적이 될 수 없다. 반대로 $p_x f_l^0 < w$ 이면 노동 투입량을 한 단위 감소시켜 이윤을 늘릴 수 있으므로 (l^0, k^0) 은 역시 최적이 아니다. 따라서 l^0 이 최적 노동 투입량이 되기 위해서는 $p_x f_l^0 = w$ 이어야 하며, 마찬가지로 k^0 이 최적 자본 투입량이 되기 위해서는 $p_x f_k^0 = v$ 이어야 한다.

일계조건으로부터 $p_x f_l^* = w$ 와 $p_x f_k^* = v$ 이다. 첫 번째 식을 두 번째 식으로 나누

면

$$\frac{f_l^*}{f_k^*} = \frac{w}{v}$$

인데 이것은 노동과 자본이 최적으로 투입된 상태에서는 기술적대체율과 임금 / 임대료 비율이 같아야 함을 의미한다. 임금 / 임대료의 비율은 생산요소시장에서 노동을 자본으로 대체할 수 있는 정도를 나타낸다. 노동을 자본으로 대체하기 위해 노동 투입량을 한 단위 늘리려면 자본 투입량을 $\frac{w}{v}$ 단위 줄여야 한다. 시장에서의 가격은 소비자와 기업 간의 다양한 선호와 판단의 상호작용 결과이므로 $\frac{w}{v}$ 는 시장에서 평가된 노동과 자본의 경제적(평균적, 객관적) 대체율로 생각할 수 있다. 이윤최대화의 일계조건은 생산요소 투입이 최적이 되기 위해서 기술적대체율과 경제적대체율이 같아야 함을 의미한다. ■

예제 8.4 위 예제에서 생산함수가 콥-더글라스 생산함수 $x = f(l,k) = Al^\alpha k^\beta$ 라고 하자. 이윤함수는

$$\pi(l,k;p,w,v) = p_x A l^\alpha k^\beta - wl - vk$$

이고 이윤최대화 일계조건은

$$\pi_l = p_x A\alpha l^{\alpha-1}k^\beta - w = 0,$$
$$\pi_k = p_x A\beta l^\alpha k^{\beta-1} - v = 0$$

이다.

두 식을 다시 쓰면 $p_x A\alpha l^{\alpha-1}k^\beta = w$ 이고 $p_x A\beta l^\alpha k^{\beta-1} = v$ 이다. 첫 번째 식을 두 번째 식으로 나누면 $\frac{\alpha}{\beta}\frac{k}{l} = \frac{w}{v}$ 이다. 이 식을 k 에 대해 풀면 $k = \alpha^{-1}\beta w v^{-1} l$ 이 된다. 이것을 $\pi_l = 0$ 에 대입하여 정리하면

$$l = M_l p_x^{1/(1-\alpha-\beta)} w^{(\beta-1)/(1-\alpha-\beta)} v^{-\beta/(1-\alpha-\beta)},$$
$$k = M_k p_x^{1/(1-\alpha-\beta)} w^{-\alpha/(1-\alpha-\beta)} v^{(\alpha-1)/(1-\alpha-\beta)}$$

이다. 위 식에서

$$M_l = A^{1/(1-\alpha-\beta)} \alpha^{(1-\beta)/(1-\alpha-\beta)} \beta^{\beta/(1-\alpha-\beta)},$$
$$M_k = A^{1/(1-\alpha-\beta)} \alpha^{\alpha/(1-\alpha-\beta)} \beta^{(1-\alpha)/(1-\alpha-\beta)}$$

이다.

이 일계조건의 해는 다루기가 너무 복잡하므로 $\alpha = \beta = \frac{1}{4}$ 인 경우를 생각하자.

$M_l = M_k = \frac{A^2}{16}$ 이고

$$l = \left(\frac{Ap_x}{4}\right)^2 \frac{1}{w^{3/2}v^{1/2}}, \quad k = \left(\frac{Ap_x}{4}\right)^2 \frac{1}{w^{1/2}v^{3/2}}$$

이다. l 과 k 를 생산함수와 이윤함수에 대입하면

$$x = \frac{A^2 p_x}{4} \frac{1}{(wv)^{1/2}}, \quad \pi = \frac{A^2 p_x^2}{8} \frac{1}{(wv)^{1/2}}$$

이다.

문제 8.2 위 예제의 풀이 과정을 확인하라. ■

위에서 구한 l 과 k 는 일계조건만을 만족하므로 지역최대점인지는 알 수 없다. 그러나 앞으로 보겠지만 이 해는 지역최대점일 뿐 아니라 전역최대점이다. 앞으로는 이 해를 각각 l^*, k^*, x^* 와 π^* 로 쓰기로 한다. ■

8.4 이계필요조건과 충분조건

일변수함수의 경우 이계조건을 목적함수의 이계도함수를 이용하여 구하였다. 이변수함수의 경우에도 마찬가지로 이계편도함수를 이용하여 이계조건을 구할 수 있다. $f_{ij}^* \equiv f_{ij}(x_1^*, x_2^*)(i, j = 1, 2)$ 라고 하자.

정리 8.3 (이계조건)

(i) (x_1^*, x_2^*) 가 $\max_{x_1, x_2} f(x_1, x_2)$ 의 지역최대점이면 $f_{11}(x_1^*, x_2^*) \le 0$, $f_{22}(x_1^*, x_2^*) \le 0$, $f_{11}(x_1^*, x_2^*) f_{22}(x_1^*, x_2^*) - f_{12}^2(x_1^*, x_2^*) \ge 0$ 이다.

(ii) $f_1(x_1^*, x_2^*) = f_2(x_1^*, x_2^*) = 0$, $f_{11}(x_1^*, x_2^*) < 0$, $f_{11}(x_1^*, x_2^*) f_{22}(x_1^*, x_2^*) - f_{12}^2(x_1^*, x_2^*) > 0$ 이면 (x_1^*, x_2^*) 는 $\max_{x_1, x_2} f(x_1, x_2)$ 의 지역최대점이다.

문제 8.3 정리 8.3의 충분조건 (ii) 에서 $f_{22}(x_1^*, x_2^*) < 0$ 은 불필요하다. $f_{11}^* < 0$ 과 $f_{11}^* f_{22}^* - (f_{12}^*)^2 > 0$ 이면 $f_{22}^* < 0$ 임을 보여라. ■

예제 8.5 예제 8.2 에서 $f_{11} = -8x_1$, $f_{12} = 2$, $f_{22} = -2$ 이다. $f_{ij}^k \equiv f_{ij}(x_1^k, x_2^k)(i, j = 1, 2; k = A, B)$ 라고 하자. $f_{11}^A = -4 < 0$ 이고 $f_{11}^A f_{22}^A - (f_{12}^A)^2 = 4 > 0$ 이므로 $(x_1^A, x_2^A) = (\frac{1}{2}, \frac{1}{2})$ 은 지역최대점이다. 반면 $f_{11}^B = 0$ 이지만 $f_{11}^B f_{22}^B - (f_{12}^B)^2 = -4 < 0$ 이므로 이계

필요조건을 만족하지 못한다. 따라서 $(x_1^B, x_2^B) = (0,0)$ 은 지역최대점이 아니다.[2] ■

Box 8.1 (정리 8.3의 증명) (i) 일변수함수의 이계필요조건으로부터 $h''(0) = f_{11}^*(\triangle x_1)^2 + 2f_{12}^*\triangle x_1 \triangle x_2 + f_{22}^*(\triangle x_2)^2 \leq 0$ 이다. $f_{11}^* > 0$ 이면 $\triangle x_1 \neq 0$, $\triangle x_2 = 0$ 에 대해서는 $h''(0) > 0$ 이 되므로 모순이다. 따라서 $f_{11}^* \leq 0$ 이고 마찬가지로 $f_{22}^* \leq 0$ 이다. 먼저 $f_{11}^* < 0$ 인 경우를 생각하자. $\triangle x_2 \neq 0$, $\triangle x_1 = -\frac{f_{12}^*}{f_{11}^*}\triangle x_2$ 이면 $h''(0) = \frac{1}{f_{11}^*}(f_{11}^* f_{22}^* - (f_{12}^*)^2)(\triangle x_2)^2 \leq 0$ 이므로 $f_{11}^* f_{22}^* - (f_{12}^*)^2 \geq 0$ 이다. 다음으로 $f_{11}^* = 0$ 이면 $h''(0) = 2f_{12}^*\triangle x_1 \triangle x_2 + f_{22}^*(\triangle x_2)^2$ 이다. 모든 $(\triangle x_1, \triangle x_2)$ 에 대해 $h''(0) \leq 0$ 이므로 $f_{12}^* = 0$ 이어야 한다. 따라서 $f_{11}^* f_{22}^* - (f_{12}^*)^2 \geq 0$ 이다. (ii) $f_{11}^* < 0$ 이므로 $h''(0) = \frac{1}{f_{11}^*}((f_{11}^*\triangle x_1 + f_{12}^*\triangle x_2)^2 + (f_{11}^* f_{22}^* - (f_{12}^*)^2)(\triangle x_2)^2)$ 로 쓸 수 있다. $(\triangle x_1, \triangle x_2) \neq (0,0)$ 이므로 $h''(0) < 0$ 이다. $h'(0) = 0$ 이므로 $a = 0$ 은 h 의 지역최대점이다. 마지막으로 $(\triangle x_1, \triangle x_2)$ 는 임의의 벡터이므로 (x_1^*, x_2^*) 는 지역최대점이다. □

예제 8.6 생산함수 $f(l,k)$ 가 모든 l 과 k 에 대해 $f_{ll} < 0$ 과 $f_{ll}f_{kk} - f_{lk}^2 > 0$ 이라고 가정하자. $f_{ll} < 0$ 은 현재 투입하고 있는 노동 투입량이 클수록 추가적으로 투입하는 노동의 생산에 대한 기여가 적다는 것을 의미한다. $\pi_{ll} = p_x f_{ll}$, $\pi_{lk} = p_x f_{lk}$, $\pi_{kk} = p_x f_{kk}$ 이므로 $\pi_{ll} < 0$, $\pi_{ll}\pi_{kk} - \pi_{lk}^2 = p_x^2(f_{ll}f_{kk} - f_{lk}^2) > 0$ 이다. 이 조건은 모든 l 과 k 에 대해 성립하므로 일계조건의 해 l^* 와 k^* 는 이윤 최대화 문제의 지역최대점이다. ■

예제 8.7 콥-더글라스 생산함수를 생각하자. $f_{ll} = A\alpha(\alpha-1)l^{\alpha-2}k^\beta < 0$, $f_{lk} = A\alpha\beta l^{\alpha-1}k^{\beta-1}$, $f_{kk} = A\beta(\beta-1)l^\alpha k^{\beta-2} < 0$ 이다. $\alpha, \beta > 0$, $\alpha + \beta < 1$ 이므로 $\alpha, \beta < 1$ 이다. 따라서

$$f_{ll}f_{kk} - f_{lk}^2 = A^2\alpha\beta(1-\alpha-\beta)l^{2(\alpha-1)}k^{2(\beta-1)} > 0$$

이다. 예제 8.6의 결과를 이용하면 모든 l 과 k 에 대해 $\pi_{ll} < 0$, $\pi_{ll}\pi_{kk} - \pi_{lk}^2 > 0$ 이므로 예제 8.4의 일계조건의 해 l^* 와 k^* 는 지역최대점이다. ■

[2] $f(0,0) = 0$ 이지만 $f(0.01, 0.01) \approx 0.0001$, $f(-0.01, 0.01) \approx -0.0003$ 이다.

8.5 비교정태분석

예제 8.8 예제 8.4의 기업 이윤최대화 문제에서 최적 선택은 $l^* = \left(\frac{Ap_x}{4}\right)^2 \frac{1}{w^{3/2}v^{1/2}}$, $k^* = \left(\frac{Ap_x}{4}\right)^2 \frac{1}{w^{1/2}v^{3/2}}$, $x^* = \frac{A^2p_x}{4}\frac{1}{(wv)^{1/2}}$ 임을 보았다. p_x, w 와 v 와 같은 환경변수의 변화가 l^*, k^*, x^* 에 미치는 영향을 구해 보자.

$$\frac{\partial x^*}{\partial p_x} = \frac{A^2}{4}\frac{1}{(wv)^{1/2}} > 0,$$
$$\frac{\partial x^*}{\partial w} = -\frac{A^2p_x}{8}\frac{1}{w^{3/2}v^{1/2}} < 0,$$
$$\frac{\partial x^*}{\partial v} = -\frac{A^2p_x}{8}\frac{1}{w^{1/2}v^{3/2}} < 0$$

이므로 X 재의 가격이 오르면 기업은 생산을 늘리고 생산요소의 가격이 오르면 생산을 줄인다.

$$\frac{\partial l^*}{\partial p_x} = \frac{A^2p_x}{8}\frac{1}{w^{3/2}v^{1/2}} > 0,$$
$$\frac{\partial l^*}{\partial w} = -\frac{3}{2}\left(\frac{Ap_x}{4}\right)^2\frac{1}{w^{5/2}v^{1/2}} < 0,$$
$$\frac{\partial l^*}{\partial v} = -\frac{1}{2}\left(\frac{Ap_x}{4}\right)^2\frac{1}{w^{3/2}v^{3/2}} < 0$$

이다. X 재의 가격이 상승하면 노동 투입량 역시 늘린다. 이것은 위에서 본 바와 같이 가격 상승에 따라 생산을 늘리기 위해 노동 투입량을 늘려야 함을 의미한다. 자본에 대해서도 마찬가지로 생각할 수 있다. 반면 생산요소의 가격이 오르면 기업은 생산을 줄이고 이에 따라 노동(마찬가지로 자본)의 투입량을 줄인다.[3]

$l^* = \left(\frac{Ap_x}{4}\right)^2 \frac{1}{w^{3/2}v^{1/2}}$ 의 양 변에 로그를 취하고 다시 미분을 취하면 $d\ln l^* = 2\,(d\ln A + d\ln p_x) - \frac{3}{2}\,d\ln w - \frac{1}{2}\,d\ln v$ 이다. 따라서

$$\epsilon_{l^*w} = \frac{d\ln l^*}{d\ln w} = -\frac{3}{2},$$
$$\epsilon_{l^*v} = \frac{d\ln l^*}{d\ln v} = -\frac{1}{2}$$

이다. 이것은 임금 상승이 노동 투입량에 미치는 영향이 임대료 상승이 노동 투입량에 미치는 영향보다 큼을 의미한다. ■

[3] 이것은 모든 생산함수에 대해 성립하는 것은 아니다. 경우에 따라 생산량이 증가하면 자본 집약적 생산 활동이 비용 측면에서 더 유리할 수 있다. 생산량이 늘어날 때 투입량이 줄어드는 생산요소를 **열등생산요소(inferior production factor)** 라고 한다.

일반적인 최대화 문제에서 최적 선택변수를 위 예제에서와 같이 닫힌 형식으로 항상 구할 수 있는 것은 아니다. 최대화 문제

$$\max_{x_1, x_2} f(x_1, x_2, a)$$

에서 $a = a^0$ 일 때의 $f_1(x_1^0, x_2^0, a^0) = 0$, $f_2(x_1^0, x_2^0, a^0) = 0$ 이고 $f_{11}^0 < 0$, $f_{11}^0 f_{22}^0 - (f_{12}^0)^2 > 0$ 이라고 하자. (단, $f_{ij}^0 \equiv f_{ij}(x_1^0, x_2^0, a^0)$ $(i, j = 1, 2)$.) 이계충분조건이 만족되므로 x_1^0 와 x_2^0 은 $a = a^0$ 일 때의 지역최대점이다. $\begin{vmatrix} f_{11}^0 & f_{12}^0 \\ f_{21}^0 & f_{22}^0 \end{vmatrix} = f_{11}^0 f_{22}^0 - (f_{12}^0)^2 > 0$ 이므로 음함수의 정리에 의해 a^0 의 근방에 $f_1(x_1(a), x_2(a), a) = 0$, $f_2(x_1(a), x_2(a), a) = 0$ 인 연속미분가능함수 $x_1^* = x_1(a)$ 와 $x_2^* = x_2(a)$ 가 존재한다. (단, $x_1^0 = x_1(a^0)$, $x_2^0 = x_2(a^0)$.) 이 근방을 $N(a^0)$ 라고 하자. f 가 이계연속미분가능하면 $N'(a^0)$ 에 속하는 모든 a 에 대해 $f_1^* = 0$, $f_2^* = 0$ 이고 $f_{11}^* < 0$, $f_{11}^* f_{22}^* - (f_{12}^*)^2 > 0$ 인 충분히 작은 a^0 의 근방 $N'(a^0)$ $(\subset N(a^0))$ 이 존재한다. 따라서 x_1^* 와 x_2^* 는 환경변수가 a 일 때의 지역최대점이다.

일계조건으로부터 $df_1 = f_{11}^* \, dx_1^* + f_{12}^* \, dx_2^* + f_{13}^* \, da = 0$, $df_2 = f_{21}^* \, dx_1^* + f_{22}^* \, dx_2^* + f_{23}^* \, da = 0$ 이다. (단, $f_{ij}^* \equiv f_{ij}(x_1^*, x_2^*, a)$ $(i, j = 1, 2)$). 이 식을 dx_1^* 와 dx_2^* 가 미지수인 선형연립방정식으로 생각하고 행렬과 벡터의 형태로 정리하면 $\begin{bmatrix} f_{11}^* & f_{12}^* \\ f_{21}^* & f_{22}^* \end{bmatrix} \begin{bmatrix} dx_1^* \\ dx_2^* \end{bmatrix} = \begin{bmatrix} -f_{13}^* \, da \\ -f_{23}^* \, da \end{bmatrix}$ 이다. 따라서

$$\begin{bmatrix} \dfrac{dx_1^*}{da} \\ \dfrac{dx_2^*}{da} \end{bmatrix} = \begin{bmatrix} f_{11}^* & f_{12}^* \\ f_{21}^* & f_{22}^* \end{bmatrix}^{-1} \begin{bmatrix} -f_{13}^* \\ -f_{23}^* \end{bmatrix}$$

이다. a 가 a^0 에서 약간 변할 때 $x_1(a^0) = x_1^0$ 와 $x_2(a^0) = x_2^0$ 에 주는 영향은 위 식에서 f_{ij}^* 에 f_{ij}^0 을 대입하여 구할 수 있다.[4] 그러나 윗첨자 '0' 은 별 의미가 없으므로 비교정태분석 결과는 보통 위와 같은 식으로 표현한다.

3 편 7.4 절에서 언급한 바 있듯이 환경변수가 여러 개인 경우의 비교정태분석은 분석 대상이 되는 환경변수 한 개를 제외한 나머지 다른 환경변수는 변하지 않는다는 가정 하에 이루어진다.

[4] 이것은 사실상 3 편 7.1.5 절의 음함수 정리 (iii) 의 편도함수를 구하는 과정이다.

예제 8.9 예제 8.3의 기업의 이윤최대화 문제에서 생산요소의 가격 상승이 노동과 자본의 고용에 미치는 영향을 분석하자. 모든 l과 k에 대해 $f_{ll} < 0$, $f_{ll}f_{kk} - f_{lk}^2 > 0$ 이라고 가정하자. 어떤 p_x^0, w^0, v^0에 대해 일계조건의 해가 존재하면 이 해는 자동적으로 이계충분조건을 만족하므로 지역최대점이다. (p_x^0, w^0, v^0)의 근방에서 일계조건의 해를 $l^* = l(p_x, w, v)$와 $k^* = k(p_x, w, v)$ 라고 하자.

p_x와 v는 변하지 않고 w만 변화할 때 l^*와 k^*에 미치는 영향을 알기 위해 일계조건 양 변의 미분을 구하면 $d\pi_l = p_x(f_{ll}^* \, dl^* + f_{lk}^* \, dk^*) - dw = 0$, $d\pi_k = p_x(f_{kl}^* \, dl^* + f_{kk}^* \, dk^*) = 0$이다. (단, $f_{ij}^* = f_{ij}(l^*, k^*)$ $(i, j = l, k)$이고 p_x와 v는 변하지 않으므로 $dp_x = dv = 0$.) 이것을 행렬과 벡터 형태로 표현하면

$$\begin{bmatrix} p_x f_{ll}^* & p_x f_{lk}^* \\ p_x f_{kl}^* & p_x f_{kk}^* \end{bmatrix} \begin{bmatrix} dl^* \\ dk^* \end{bmatrix} = \begin{bmatrix} dw \\ 0 \end{bmatrix}$$

이다. dl^*과 dk^*에 대해 풀고 그 결과를 정리하면

$$\frac{\partial l^*}{\partial w} = \frac{f_{kk}^*}{p_x(f_{ll}^* f_{kk}^* - (f_{lk}^*)^2)} < 0, \quad \frac{\partial k^*}{\partial w} = -\frac{f_{lk}^*}{p_x(f_{ll}^* f_{kk}^* - (f_{lk}^*)^2)}$$

이다. 임금이 상승하면 기업은 노동 투입량은 줄이나 자본 투입량에 대한 영향은 f_{lk}^*의 부호에 따라 달라진다. ■

Box 8.2 예제 8.3의 이윤최대화를 위한 일계조건에서 p_x, w, v를 모두 변수로 생각하자. 일계조건 양변의 미분을 구하면 $d\pi_l = p_x(f_{ll}^* \, dl^* + f_{lk}^* \, dk^*) + f_l^* \, dp_x - dw = 0$, $d\pi_k = p_x(f_{kl}^* \, dl^* + f_{kk}^* \, dk^*) + f_k^* \, dp_x - dv = 0$이다. 이것을 행렬 형태로 표현하면 $\begin{bmatrix} p_x f_{ll}^* & p_x f_{lk}^* \\ p_x f_{kl}^* & p_x f_{kk}^* \end{bmatrix} \begin{bmatrix} dl^* \\ dk^* \end{bmatrix} = \begin{bmatrix} dw - f_l^* \, dp_x \\ dv - f_k^* \, dp_x \end{bmatrix}$이다. 따라서

$$\begin{bmatrix} dl^* \\ dk^* \end{bmatrix} = \frac{1}{p_x(f_{ll}^* f_{kk}^* - (f_{lk}^*)^2)} \begin{bmatrix} (f_k^* f_{lk}^* - f_l^* f_{kk}^*) \, dp_x + f_{kk}^* \, dw - f_{lk}^* \, dv \\ (f_l^* f_{kl}^* - f_k^* f_{ll}^*) \, dp_x - f_{kl}^* \, dw + f_{ll}^* \, dv \end{bmatrix}$$

이다.

문제 8.4 위 결과를 이용하여 (i) $dp_x = dv = 0$이면 예제 8.9의 결과와 같음을 보여라. (ii) $\frac{\partial l^*}{\partial p_x}$와 $\frac{\partial l^*}{\partial v}$를 구하라. ■

문제 8.5 위 예제에서 (i) $f_{lk}^* > 0$ 이면 $\frac{\partial k^*}{\partial w} < 0$ 인 이유를 직관적으로 설명하라. (ii) 임대료의 상승과 생산물 가격의 상승이 노동과 자본 투입량에 미치는 영향을 분석하라. (iii) 예제 8.4의 콥-더글라스 생산함수를 생각하자. 위 예제의 결과를 이용하여 $\frac{\partial l^*}{\partial w}$ 를 계산하고 예제 8.4에서의 결과가 같음을 확인하라. ■

8.6 포락선 정리

매개변수의 변화가 목적함수의 최댓값에 미치는 영향은 포락선 정리를 이용하여 분석할 수 있다.

예제 8.10 예제 8.4에서 기업의 최대 이윤은 $\pi^* = \frac{A^2p_x^2}{8}\frac{1}{(wv)^{1/2}}$ 이다. p_x, w, v 의 변화가 π^* 에 미치는 영향은 다음과 같다.

$$\frac{\partial \pi^*}{\partial p_x} = \frac{A^2p_x}{4}\frac{1}{(wv)^{1/2}} > 0,$$
$$\frac{\partial \pi^*}{\partial w} = -\left(\frac{Ap_x}{4}\right)^2\frac{1}{w^{3/2}v^{1/2}} < 0,$$
$$\frac{\partial \pi^*}{\partial v} = -\left(\frac{Ap_x}{4}\right)^2\frac{1}{w^{1/2}v^{3/2}} < 0$$

이다. 따라서 기업의 이윤은 X 재 가격이 오르거나, 임금이나 임대료가 내리면 증가한다. ■

$\max_{x_1,x_2} f(x_1,x_2,a)$ 의 지역최대점을 $x_1^* = x_1(a)$, $x_2^* = x_2(a)$ 라고 하자. $v(a) \equiv f(x_1(a),x_2(a),a) = v(x_1^*,x_2^*,a)$ 로 정의하면 $v(a)$ 는 주어진 a 에 대해 f 가 가질 수 있는 최댓값이다.

정리 8.4 (포락선 정리) $\dfrac{dv}{da} = f_a(x_1^*,x_2^*,a).$

문제 8.6 위 정리를 증명하라. ■

포락선 정리에 의해 a 의 변화가 목적함수 f 에 주는 영향은 a 가 목적함수에 미치는 직접적인 영향 ($f_a^* = f_a(x_1^*,x_2^*,a)$) 만을 고려하면 된다. 즉, a 가 x_1^* 와 x_2^* 에 영향을 주고 이것이 다시 목적함수에 주는 간접적 영향$\left(f_1^*\frac{dx_1^*}{da} + f_2^*\frac{dx_2^*}{da}\right)$ 은 무시할 수 있다.

이제까지는 환경변수가 한 개인 경우를 생각하였지만 포락선 정리는 환경변수가 몇 개이든지 상관없이 성립한다. 예를 들어 $\max_{x_1,x_2} f(x_1,x_2,a,b)$ 의 지역최대점이

$x_1^* = x_1(a,b)$ 과 $x_2^* = x_2(a,b)$ 이고 $v(a,b) \equiv f(x_1^*, x_2^*, a, b)$ 이면

$$\frac{\partial v}{\partial a} = f_a^*, \ \frac{\partial v}{\partial b} = f_b^*$$

이다.

예제 8.11 예제 8.3에서 $\pi^*(p_x, w, v) = \pi(l^*, k^*, p_x, w, v)$ 로 정의하면 포락선 정리에 의해 $\frac{\partial \pi^*}{\partial p_x} = \frac{\partial \pi(l^*, k^*; p_x, w, v)}{\partial p_x} = f(l^*, k^*) = x^* > 0$ 이다. ■

문제 8.7 예제 8.10의 결과를 포락선 정리를 이용하여 구하라. ■

8.7 전역최대와 오목함수

8.7.1 오목함수

3편 7.6.1절에서 논의한 일변수 오목함수의 정의와 몇 가지 정리는 이변수함수의 경우에는 다음과 같이 확장된다.

정의 8.2 ((순) 오목함수) 볼록집합 $X \subset R^2$ 에서 정의되는 함수 $f(x_1, x_2)$ 를 생각하자. 임의의 두 점 (x_1^a, x_2^a) 와 (x_1^b, x_2^b) 에 대해 $(x_1^t, x_2^t) = (tx_1^a + (1-t)x_1^b, tx_2^a + (1-t)x_2^b)$ 라고 하자.

(i) $0 \le t \le 1$ 일 때 $f(x_1^t, x_2^t) \ge tf(x_1^a, x_2^a) + (1-t)f(x_1^b, x_2^b)$ 이면 $f(x_1, x_2)$ 를 오목함수라고 한다.

(ii) $0 < t < 1$ 이고 $(x_1^a, x_2^a) \ne (x_1^b, x_2^b)$ 일 때 $f(x_1^t, x_2^t) > tf(x_1^a, x_2^a) + (1-t)f(x_1^b, x_2^b)$ 이면 $f(x_1, x_2)$ 를 순오목함수라고 한다.

문제 8.8 $f(x_1, x_2) = -x_1^2 - x_2^2$ 은 순오목함수임을 보여라. ■

정리 8.5 $f^1(x_1, x_2)$ 와 $f^2(x_1, x_2)$ 가 오목함수이고 $s_1, s_2 \ge 0$ 이면 $s_1 f^1(x_1, x_2) + s_2 f^2(x_1, x_2)$ 도 오목함수이다.

미분가능한 일변수함수의 오목성 여부는 일계도함수 또는 이계도함수의 부호로 판별할 수 있음을 보았다. 이것을 이변수함수 $f(x_1, x_2)$ 의 경우로 확장하자. 일계미분가능함수의 경우에는 판별 기준이 본질적으로 달라지지 않는다. (정리 7.9 참조.) 이계미분가능함수의 경우 정리 7.10의 결과를 참조하면 이계편도함수 f_{11} 과 f_{22} 의 부호로 오목성을 판별할 수 있을 것 같지만 이것으로는 충분치 않고 f_{12} 를 포함하는 새로운

조건이 필요하다.

정리 8.6 $f(x_1, x_2)$가 일계연속미분가능하다고 하자.

(i) $f(x_1, x_2)$가 오목함수이면 임의의 (x_1^a, x_2^a)와 (x_1^b, x_2^b)에 대해 $f(x_1^b, x_2^b) \leq f(x_1^a, x_2^a) + f_1(x_1^a, x_2^a)(x_1^b - x_1^a) + f_2(x_1^a, x_2^a)(x_2^b - x_2^a)$이고 그 역도 성립한다.

(ii) $f(x_1, x_2)$가 순오목함수이면 임의의 서로 다른 (x_1^a, x_2^a)와 (x_1^b, x_2^b)에 대해 $f(x_1^b, x_2^b) < f(x_1^a, x_2^a) + f_1(x_1^a, x_2^a)(x_1^b - x_1^a) + f_2(x_1^a, x_2^a)(x_2^b - x_2^a)$이고 그 역도 성립한다.

정리 8.7 $f(x_1, x_2)$가 이계연속미분가능하다고 하자.[5]

(i) $f_{11}(x_1, x_2) \leq 0,\ f_{22}(x_1, x_2) \leq 0,\ f_{11}(x_1, x_2)f_{22}(x_1, x_2) - f_{12}^2(x_1, x_2) \geq 0$이면 $f(x_1, x_2)$는 오목함수이고 그 역도 성립한다.

(ii) $f_{11}(x_1, x_2) < 0,\ f_{11}(x_1, x_2),\ f_{22}(x_1, x_2) - f_{12}^2(x_1, x_2) > 0$이면 $f(x_1, x_2)$는 순오목함수이다.[6]

예제 8.12 $f(x_1, x_2) = -(x_1 + x_2)^2$이라고 하자. $f_{11} = -2 < 0,\ f_{22} = -2 < 0,\ f_{11}f_{22} - f_{12}^2 = 0$이다. 따라서 $f(x_1, x_2)$는 오목함수이다. 그러나 $f_{11}f_{22} - f_{12}^2 = 0$이므로 위 정리만으로는 순오목함수 여부는 알 수 없다. ■

문제 8.9 $f(x_1, x_2) = -(x_1 + x_2)^2$는 순오목함수가 아님을 보여라. ■

예제 8.13 콥-더글라스 생산함수 $q = f(l, k) = Al^\alpha k^\beta$의 오목성에 대해 생각하자. $f_l = A\alpha l^{\alpha-1}k^\beta$, $f_k = A\beta l^\alpha k^{\beta-1}$, $f_{ll} = A\alpha(\alpha-1)l^{\alpha-2}k^\beta$, $f_{lk} = A\alpha\beta l^{\alpha-1}k^{\beta-1}$, $f_{kk} = A\beta(\beta-1)l^\alpha k^{\beta-2}$, $f_{ll}f_{kk} - f_{lk}^2 = A^2\alpha\beta(1-\alpha-\beta)l^{2(\alpha-1)}k^{2(\beta-1)}$이다. $\alpha, \beta > 0$이고 $\alpha + \beta < 1$이므로 $\alpha, \beta < 1$이다. 따라서 $f_{ll} < 0$이고 $f_{ll}f_{kk} - f_{lk}^2 > 0$이므로 f는 순오목함수이다. ■

문제 8.10 (i) $\alpha + \beta > 1$이면 $f(l, k) = Al^\alpha k^\beta$는 오목함수가 아님을 보여라. (ii) $\alpha + \beta \geq 1$이면 $f(l, k) = Al^\alpha k^\beta$는 순오목함수가 아님을 보여라. ■

---

[5] 실변수함수 $f(\mathbf{x})$를 생각하자. (단, $\mathbf{x} \in R^n$.) n벡터 $\mathbf{a}(\mathbf{x})$와 $n \times n$ 행렬 $\mathbf{A}(\mathbf{x})$에 대해 $r(\mathbf{x}; \triangle\mathbf{x}) = f(\mathbf{x} + \triangle\mathbf{x}) - f(\mathbf{x}) - \mathbf{a}(\mathbf{x})\triangle\mathbf{x} - \frac{1}{2}\triangle\mathbf{x}^T\mathbf{A}(\mathbf{x})\triangle\mathbf{x}$라고 하자. $\lim_{\triangle\mathbf{x}\to 0} \frac{|r(\mathbf{x}; \triangle\mathbf{x})|}{\| \triangle\mathbf{x} \|^2} = 0$이면 $f(\mathbf{x})$는 이계미분가능함수이다.

[6] 이 결과의 역은 성립하지 않음을 유의하라.

문제 8.11 볼록함수와 순볼록함수를 정의하고 일계미분가능할 때와 이계미분가능할 때의 판별 기준을 제시하라. ■

8.7.2 전역최대

정리 8.8 목적함수 $f(x_1, x_2)$가 일계연속미분가능한 오목함수이고 $f_1(x_1^*, x_2^*) = f_2(x_1^*, x_2^*) = 0$이면 (x_1^*, x_2^*)는 전역최대점이다.[7,8]

증명 정리 8.6에 의해 $f(x_1, x_2) \le f(x_1^*, x_2^*) + f_1(x_1^*, x_2^*)(x_1 - x_1^*) + f_2(x_1^*, x_2^*)(x_2 - x_2^*) = f(x_1^*, x_2^*)$이다.

정리 8.9 (오목성과 전역최대)

(i) 목적함수 $f(x_1, x_2)$가 오목함수이고 전역최대점이 존재하면 전역최대점의 집합은 볼록집합이다.

(ii) 목적함수 $f(x_1, x_2)$가 순오목함수이고 전역최대점이 존재하면 단 하나 존재한다.

문제 8.12 위 정리를 증명하라. ■

예제 8.14 예제 8.13에서 $\alpha + \beta < 1$이므로 생산함수와 이윤함수 모두 순오목함수이다. 따라서 기업 이윤의 최대화 문제의 지역최대점 (l^*, k^*)는 유일한 전역최대점이다. ■

---

[7] 이 결과는 미분가능성과는 관계없이 항상 성립한다. 증명은 일변수함수 경우와 유사하다. (3편 Box 7.7의 정리 7.11 참조.)

[8] 정리 8.3 (ii)의 충분조건 중 이계도함수와 관련된 부분은 일계조건의 해 (x_1^*, x_2^*) 근방에서 $f(x_1, x_2)$가 순오목함을 의미한다. 정리 8.8로부터 (x_1^*, x_2^*)가 지역최대점임을 유추할 수 있다.

CHAPTER 9

제약조건이 있는 최대화 : 라그랑즈 방법

9.1 소비자의 효용최대화

수많은 (동일한) 가격순응적 소비자들이 존재하는 시장을 생각하자. 대표적 소비자의 효용함수는 $u(x, y)$ 이다. $u(x, y)$ 는 이 소비자가 X 재와 Y 재를 각각 x 단위와 y 단위 소비할 때 얻는 효용 정도를 나타낸다. X 재와 Y 재의 가격을 각각 p_x 와 p_y 라고 하면 소비에 소요되는 지출액은 $p_x x + p_y y$ 이다. 소비자의 소득이 I 이면 소비 지출액이 소득을 초과할 수 없으므로

$$p_x x + p_y y \leq I$$

이어야 한다. 이 부등식을 **예산제약조건 (budget constraint)** 이라고 한다. 소비자의 효용최대화 문제는 다음과 같다.

$$\max_{x \geq 0, y \geq 0} u(x, y) \text{ s.t. } p_x x + p_y y \leq I.$$

$u_i(x, y) > 0$ $(i = x, y)$ 이라고 가정하자. 1편 2.6.2 절에서 논의한 바와 같이 효용함수는 서수적이기 때문에 u 값은 의미가 없다. u_x 와 u_y 도 마찬가지로 값 자체로서는 의미가 없다. $u_x = 1$ 은 X 재를 한 단위 더 소비하면 효용이 '한 단위' 증가한다는 것이

아니고 '$1 > 0$' 이기 때문에 효용이 더 커진다지는 것을 의미한다. 그러나 마치 효용이 '한 단위' 증가하는 것처럼 생각하는 것이 여러모로 편리할 때가 많다. (1편 2.6절 참조.)

예제 9.1 콥-더글라스 효용함수는 $u(x, y) = x^{\alpha} y^{\beta}$ $(\alpha, \beta > 0, x, y \geq 0)$ 으로 정의된다.[1] ■

효용함수에서 u 값을 $\bar{u}$ 로 고정하면 무차별곡선 $\bar{u} = u(x, y)$ 를 얻는다. (1편 2.6절 참조.) y 를 x 의 함수로 생각하면 $du = u_x\, dx + u_y dy = 0$ 이다.

$$\left.\frac{dy}{dx}\right|_{u=\bar{u}} = -\frac{u_x(x, y(x))}{u_y(x, y(x))} = -\frac{u_x}{u_y}$$

는 기술적대체율과 마찬가지로 효용 수준을 그대로 유지하면서 x 를 한 단위 더 소비하려면 줄여야 하는 y 의 소비량을 의미한다. 이것을 **(X 의 Y 에 대한) 한계대체율 (marginal rate of substitution of X for Y: MRS)** 이라고 한다. 즉,

$$MRS = -\left.\frac{dy}{dx}\right|_{u=\bar{u}} = \frac{u_x}{u_y}$$

이다. MRS 는 소비 활동에 있어 Y 재로 평가한 X 재의 상대적 중요도를 나타낸다. 1편 그림 2.13 (b) 에서 무차별곡선은 원점에 대해 볼록하게 그려져 있다. 이것은 X 재의 소비가 늘어날수록 무차별곡선이 평평해는 것, 즉 X 재의 상대적 중요도가 줄어드는 것을 의미한다.

* 소비-저축 모형 I

2기간에 걸쳐 사는 개인을 생각하자. 1기에서의 이 개인의 소득은 w 이고 2기에서는 소득이 없다. 1기에서의 소비량을 c_1, 2기에서의 소비량을 c_2, 두 기간의 소비로부터 얻는 효용을 $u = u(c_1, c_2)$ 라고 하자. 소비를 많이 하면 효용이 증가할 것이기 때문에 $u_i > 0$ $(i = 1, 2)$ 이고 u 는 순오목함수이다.

이자율을 $r > 0$ 이라고 하자. 1기에 c_1 을 소비하고 나머지 부분 $w - c_1$ 을 예금하면 2기에서는 $(1 + r)(w - c_1)$ 을 돌려받는다. 2기에서는 소득이 없으므로 2기의 소비는 $(1 + r)(w - c_1)$ 을 초과할 수 없다. 따라서 $c_2 \leq (1 + r)(w - c_1)$ 이어야 한다. 이것은 2기간 효용최대화 문제에서의 예산제약조건이다.

[1] 콥-더글라스 생산함수와는 달리 $\alpha + \beta < 1$ 제약이 없음을 유의하라.

2편 예제 4.4에서 살펴본 바와 같이 $\frac{1}{1+r} = \beta$는 시간할인요소로 생각할 수 있다. 시간할인요소를 이용하여 예산제약조건을 다시 쓰면 $c_1 + \beta c_2 \le w$이다. 이 식은 현재(1기) 소비와 미래(2기) 소비의 현재 가치의 합은 현재 소득을 초과할 수 없음을 의미한다. 생존을 위해 필요한 최소 소비량은 매기 0이라고 하면 $c_1, c_2 \ge 0$이어야 한다. 이 개인의 효용최대화 문제는 다음과 같은 최적 소비 계획 문제가 된다.

$$\max_{c_1 \ge 0, c_2 \ge 0} u(c_1, c_2) \text{ s.t. } c_1 + \beta c_2 \le w.$$

$-\frac{dc_2}{dc_1} = \frac{u_1}{u_2}$는 **($c_1$의 c_2에 대한) 한계대체율 (marginal rate of substitution of c_1 for c_2: MRS)** 이며 이 개인의 미래 소비로 평가한 현재 소비의 상대적 중요도를 나타낸다.

문제 9.1 $c_2 \ge 0$이기 때문에 $c_1 \le w$이어야 한다. 이것은 2기에서 소득이 없기 때문에 1기에서 차입은 불가능함을 의미한다. 1기와 2기의 소득이 각각 w_1과 w_2일 때 효용최대화 문제를 기술하라. 1기에서 최대 얼마까지 빌려 주고 빌릴 수 있는가? ■

9.2 최대화 문제의 단순화

일반적으로 선택변수의 부호에 대한 제약이 많을수록, 부등식 제약조건이 많을수록 분석이 복잡해진다. 최적화 문제를 분석할 때 수학적으로는 생각할 수 있는 모든 해의 가능성을 생각해야 하지만 경제/경영 문제를 고려할 때에는 직관에 부합되는 해에 대해 더 많은 관심을 갖는다. 다시 말해 최적해에 대해 사전적인 정보가 있으면 이를 활용하여 최적화 문제를 다루기 쉬운 형태로 바꾸어 생각하는 것이 현명하다. 그림 9.1을 살펴보자.

제약집합 $\{(x_1, x_2) \mid g(x_1, x_2) \ge 0\}$은 회색으로 표시된 부분이며 제약집합의 경계선은 $\{(x_1, x_2) \mid g(x_1, x_2) = 0\}$이다. 등가곡선이 동심원이고 동심원의 반지름이 작을수록 목적함수의 값이 큰 세 목적함수 $f^1(x_1, x_2)$, $f^2(x_1, x_2)$와 $f^3(x_1, x_2)$를 생각하자. 목적함수가 $f^1(x_1, x_2)$이고 x_1과 x_2의 부호에 대해 제약이 없으면 A가 지역최대점이다. 그러나 x_1과 x_2의 부호에 대해 비음제약이 있으면 A에서는 $x_1 < 0$이므로 A는 지역최대점이 될 수 없고 B가 지역최대점이 된다. 따라서 이 경우에는 비음제약이 있느냐 없느냐에 따라 지역최대점이 달라진다. 즉, $\max_{x_1 \ge 0, x_2 \ge 0} f^1(x_1, x_2)$ s.t. $g(x_1, x_2) \ge 0$과 $\max_{x_1, x_2} f^1(x_1, x_2)$ s.t. $g(x_1, x_2) \ge 0$의 해는 다르다. $x_1^* = 0$이거나 $x_2^* = 0$이면 **모서리해 (corner solution)** 라고 한다.

목적함수가 $f^2(x_1, x_2)$이면 x_1과 x_2의 부호에 대해 비음제약 여부에 관계없이 C가 지역최대점이다. 다시 말해 $\max_{x_1 \ge 0, x_2 \ge 0} f^2(x_1, x_2)$ s.t. $g(x_1, x_2) \ge 0$과 $\max_{x_1, x_2}$

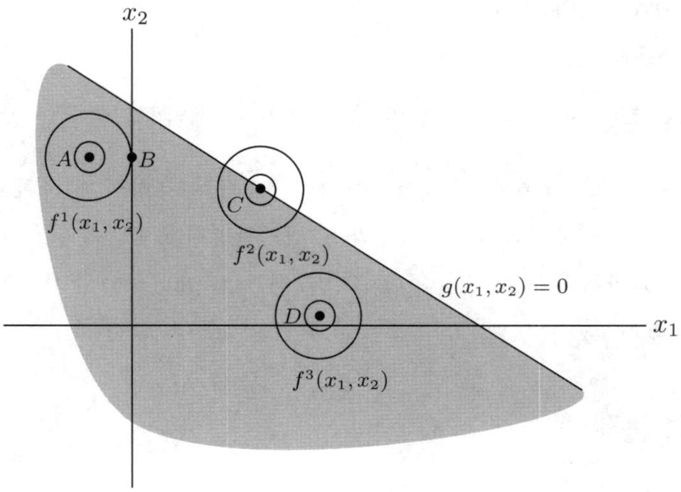

그림 9.1 최적해의 유형

$f^2(x_1, x_2)$ s.t. $g(x_1, x_2) \geq 0$ 의 해는 같다. 이것은 선택변수에 비음제약이 있을 때 지역최대점에서 최적 선택변수 값이 모두 0보다 크다는 것을 사전에 알 수 있거나 또는 가정할 수 있으면 비음제약이 없는 경우의 최대화 문제로 바꾸어 생각할 수 있음을 의미한다. 제약조건이 줄어들기 때문에 당연히 최적해를 위한 필요조건이 간단해진다.

$(x_1, x_2) \in C$ 에 대해 제약조건이 등식 $(g(x_1, x_2) = 0)$ 으로 성립하면 이 제약조건은 (x_1, x_2) 에서 **적극적(active 또는 effective)** 이라고 하며 순부등식 $(g(x_1, x_2) > 0)$ 으로 성립하면 **소극적(inactive 또는 ineffective)** 이라고 한다. 앞에서 살펴본 대로 $\max_{x_1, x_2} f^2(x_1, x_2)$ s.t. $g(x_1, x_2) \geq 0$ 의 지역최대점 C 에서는 제약조건이 적극적이다. 그런데 C 는 $\max_{x_1, x_2} f^2(x_1, x_2)$ s.t.$g(x_1, x_2) = 0$ 의 지역최대점이기도 하다. 따라서 지역최대점에서 제약조건이 등식으로 성립하는 것을 알 수 있거나 가정할 수 있으면 최대화 문제의 부등식 제약조건을 등식 제약조건으로 바꾸어 풀 수 있다. 부등식 제약조건보다는 등식 제약조건이 더 다루기가 쉬울 것은 자명하다.

$\max_{x_1, x_2} f^3(x_1, x_2)$ s.t. $g(x_1, x_2) \geq 0$ 의 지역최대점 D 에서는 제약조건이 소극적이다. 그런데 D 는 $\max_{x_1, x_2} f^3(x_1, x_2)$ 의 지역최대점이므로 지역최대점에서 제약조건이 순부등식으로 성립하는 것을 알 수 있거나 가정할 수 있으면 제약조건을 무시할 수 있다. 이제까지의 논의를 정리하면 다음과 같다. 사전적 지식이나 가정을 통해 지역최대점에서

(i) 선택변수의 값이 0보다 크다는 것을 알 수 있으면 비음 제약조건은 무시할 수 있다.

(ii) 부등식 제약조건이 적극적임을 알 수 있으면 이 제약조건을 등식 제약조건으로 바꿀 수 있다.

(iii) 부등식 제약조건이 소극적임을 알 수 있으면 이 제약조건을 무시할 수 있다.

문제 9.2 다음 각각의 최대화 문제를 (i) 그림 9.1를 이용하여 분석하고 (ii) 지역최대점에서 소극적 제약조건과 적극적 제약조건을 판별하고 그 결과를 이용하여 최적화 문제를 단순화하라. (a) $\max_{x_1,x_2\geq 0}\ f^1(x_1,x_2)$ s.t. $g(x_1,x_2)\geq 0$, (b) $\max_{x_1,x_2\geq 0}$ $f^2(x_1,x_2)$ s.t. $g(x_1,x_2)=0$, (c) $\max_{x_1,x_2\geq 0}\ f^3(x_1,x_2)$ s.t. $g(x_1,x_2)=0$. ■

9.3 표준적 문제

부등식 제약조건이 한 개인 다음 최대화 문제를 생각하자.

$$\max_{x_1,x_2} f(x_1,x_2) \text{ s.t. } g(x_1,x_2)\geq 0.$$

일변수함수의 경우에서와 같이 (3 편 7.8.1 절 참조) 선택변수 x_1과 x_2의 부호에 대해 제약이 없고 제약조건이 $g(x_1,x_2)\geq 0$ 형태의 부등식으로 표현된 최대화 문제를 표준적 문제라고 한다.[2]

표준적 문제는 부등식 형태의 제약조건만을 생각하기 때문에 응용적 측면에서 매우 제한적으로 보인다. 예를 들어 가격이나 수량과 같이 대부분의 경제/경영의 변수들은 비음이다. 또 제약조건이 등식일 수도 있다. 일반적인 최적화 문제에서는 선택변수의 일부에만 비음 제약이 있고 제약조건의 일부는 부등식, 나머지는 등식일 수 있다. 앞으로 다양한 형태의 문제에 대해 다룰 것이며 어떠한 형태의 최적화 문제도 표준적 문제의 변형으로 생각할 수 있음을 볼 것이다.

9.3.1 쿤-터커 정리의 그래프적 접근

최대화 문제

$$\max_{x_1,x_2} f(x_1,x_2) \text{ s.t. } g(x_1,x_2)\geq 0$$

을 그림 9.2의 그래프를 이용하여 살펴보자.

제약집합은 회색으로 표시된 $g(x_1,x_2)=0$ 곡선과 그 아랫부분이다. f의 등가곡선 $f(x_1,x_2)=f^i$ $(i=1,2,3)$는 우하향하는 곡선으로 나타나 있다. $f^1<f^2<f^3$

[2]이하에서는 목적함수와 제약조건의 함수는 모두 이계연속미분가능하다고 가정한다.

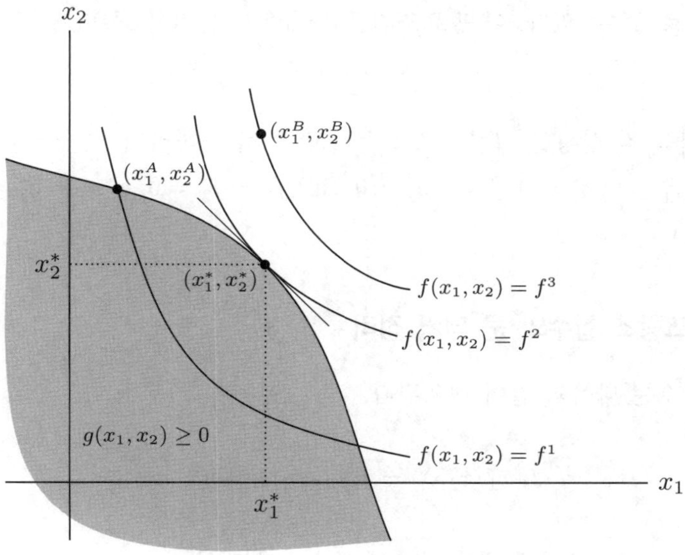

그림 9.2 쿤-터커 정리의 그래프적 해석

이라고 가정하면 위에 위치하는 등가곡선일수록 f 값이 크다. 그림에 나타나 있는 세 점 (x_1^A, x_2^A), (x_1^B, x_2^B), (x_1^*, x_2^*)를 생각하자. (x_1^A, x_2^A), (x_1^*, x_2^*)는 모두 제약조건을 만족한다. 그런데 $f(x_1^A, x_2^A) < f(x_1^*, x_2^*)$이기 때문에 (x_1^A, x_2^A)는 전역최대점이 될 수 없다. 또한 (x_1^A, x_2^A) 근방에 $f(x_1^A, x_2^A)$보다 f 값이 더 큰 (제약집합 내의) 점이 존재하므로 (x_1^A, x_2^A)는 지역최대점도 될 수 없다. $f(x_1^B, x_2^B) > f(x_1^*, x_2^*)$이지만 (x_1^B, x_2^B)는 제약조건을 만족하지 못한다. 이와 같이 생각하면 (x_1^*, x_2^*)은 전역최대점이며 따라서 지역최대점임을 알 수 있다.

지역최대점 (x_1^*, x_2^*)의 성질을 살펴보자. 이 점에서 두 곡선 $f(x_1, x_2) = f^2$와 $g(x_1, x_2) = 0$이 접하므로 양 곡선의 기울기가 같다. (x_1^*, x_2^*)에서의 양 곡선의 기울기는 각각 $\left.\frac{dx_2}{dx_1}\right|_{f=f^2} = -\frac{f_1(x_1^*, x_2^*)}{f_2(x_1^*, x_2^*)}$와 $\left.\frac{dx_2}{dx_1}\right|_{g=0} = -\frac{g_1(x_1^*, x_2^*)}{g_2(x_1^*, x_2^*)}$이다. ($f_2(x_1^*, x_2^*) \neq 0$, $g_2(x_1^*, x_2^*) \neq 0$을 가정한다.) 따라서

$$\frac{f_1(x_1^*, x_2^*)}{f_2(x_1^*, x_2^*)} = \frac{g_1(x_1^*, x_2^*)}{g_2(x_1^*, x_2^*)}$$

이다. 이 조건은 (x_1^*, x_2^*)에서 만족되어야 하는 성질이므로 (x_1^*, x_2^*)가 지역최대점이 되기 위한 필요조건이다.

문제 9.3 (x_1^A, x_2^A)에서는 위 필요조건이 성립하지 않음을 보여라. ■

$\lambda^* = -\frac{f_1(x_1^*,x_2^*)}{g_1(x_1^*,x_2^*)} = -\frac{f_2(x_1^*,x_2^*)}{g_2(x_1^*,x_2^*)}$ 로 정의하면 위 필요조건은 $f_1^* + \lambda^* g_1^* = 0$, $f_2^* + \lambda^* g_2^* = 0$ 으로 쓸 수 있다. 이 필요조건은 아래에서 논의할 쿤-터커 정리의 주된 결과이다.

문제 9.4 다음 각 상황을 그림으로 표현하고 λ^* 를 구하라. (i) $f_1* = g_1^* = 0$, $f_2^* \neq 0$, $g_2^* \neq 0$, (ii) $f_1^* \neq 0$, $g_1^* \neq 0$, $f_2* = g_2^* = 0$, (iii) $f_1^* = f_2^* = 0$, $g_1^* \neq 0$, $g_2^* \neq 0$. (3편 부록 7.B절 참조.) ■

9.3.2 라그랑즈 함수와 쿤-터커 정리

라그랑즈 함수는 다음과 같이 정의된다.

$$L(x_1, x_2, \lambda) = f(x_1, x_2) + \lambda g(x_1, x_2).$$

위 식에서 λ는 제약조건에 대한 라그랑즈 승수라고 한다.

지역최대점이 존재할 때 이 점이 갖는 성질, 즉 일계필요조건은 라그랑즈 함수를 이용하여 표현할 수 있으며 이것을 쿤-터커 조건이라고 부른다. 쿤-터커 조건에 대해 논의하기에 앞서 이 조건이 성립하기 위한 충분조건인 제약자격에 대해 살펴보자.

정의 9.1 (제약자격 (contraint qualification)) (x_1^*, x_2^*)가 지역최대점일 때 이 점에서 적극적인 제약조건들의 기울기벡터들이 선형독립이면 (x_1^*, x_2^*)는 제약자격을 만족한다.[3]

이 제약자격은 일반적인 최대화 문제에 대한 것이다. 여기서 논의하고 있는 것과 같이 제약조건이 한 개일 때에는 다음과 같이 제약자격을 단순화할 수 있다. 제약조건은 지역최대점에서 적극적일 수도 있고 아닐 수도 있다. 제약조건이 소극적이면 제약자격은 생각할 필요가 없다. 2편 정리 4.1에 의해 **0** 벡터는 항상 선형종속이므로 제약조건이 지역최대점에서 적극적이면 제약자격은 이 점에서의 기울기벡터가 **0** 벡터가 아니어야 함을 의미한다. 다시 말해 제약조건이 $g(x_1, x_2) \geq 0$ 한 개인 경우의 제약자격은 다음과 같다.

$$g(x_1^*, x_2^*) = 0 \text{ 이면 } (g_1(x_1^*, x_2^*), g_2(x_1^*, x_2^*)) \neq (0, 0).$$

[3] 제약자격에 대해서는 부록 11.B.2절에서 자세히 다루기로 한다. 제약자격은 수학적으로는 매우 중요한 문제이지만 실제 경제/경영 분야에서 제약자격이 문제가 되는 경우는 거의 없다.

예제 9.2 $\max_{x_1,x_2} f(x_1,x_2) = -x_1$ s.t. $g(x_1,x_2) = x_1^3 - x_2^2 \geq 0$을 생각하자. 제약조건으로부터 $x_1^3 \geq x_2^2 \geq 0$이므로 $x_1 \geq 0$이다. 따라서 $f(x_1,x_2)$의 전역최대점과 지역최대점은 $x_1^* = x_2^* = 0$이다. 그런데 $(g_1^*, g_2^*) = (0,0)$이므로 제약자격은 만족되지 않는다. ■

문제 9.5 $g(x_1,x_2) = -x_1^2 - x_2^2$이면 목적함수 형태와 관계없이 제약자격이 만족되지 않음을 보여라. ■

$L_i = L_i(x_1,x_2,\lambda) = f_i(x_1,x_2) + \lambda g_i(x_1,x_2)$ $(i = 1,2)$, $L_\lambda = L_\lambda(x_1,x_2,\lambda) = g(x_1,x_2)$로 정의하고, 필요한 경우 지역최대점 (x_1^*, x_2^*)에서의 해당 함수 값은 윗첨자 $*$로 표시하자.

정리 9.1 (쿤-터커 정리) (x_1^*, x_2^*)가 $\max_{x_1,x_2} f(x_1,x_2)$ s.t. $g(x_1,x_2) \geq 0$의 지역최대점이고 제약자격을 만족하면 다음 조건을 만족하는 λ^*가 존재한다.

(i) $L_1(x_1^*, x_2^*, \lambda^*) = 0$, $L_2(x_1^*, x_2^*, \lambda^*) = 0$,

(ii) $L_\lambda(x_1^*, x_2^*, \lambda^*) \geq 0$, $\lambda^* \geq 0$, $\lambda^* L_\lambda(x_1^*, x_2^*, \lambda^*) = 0$.

증명 (x_1^*, x_2^*)에서 제약조건이 적극적인 경우와 소극적인 경우로 나누어 생각하자. 소극적이면 즉, $g(x_1^*, x_2^*) > 0$이면 (x_1^*, x_2^*)는 $\max_{x_1,x_2} f(x_1,x_2)$의 지역최대점이다. 8.3절에서 본 바와 같이 $f_i^* = 0$, $(i = 1,2)$이므로 $\lambda^* = 0$이면 $L_i(x_1^*, x_2^*, \lambda^*) = f_i^* = 0$, $L_\lambda(x_1^*, x_2^*, \lambda^*) = g^* > 0$이다. 따라서 (i)과 (ii) 모두 성립한다.

$g(x_1^*, x_2^*) = 0$의 경우에는 $L_\lambda^* = g^* = 0$이므로 (ii)의 첫 번째와 세 번째 식은 자동적으로 성립한다. 제약자격을 만족하므로 g_1^*와 g_2^* 중 하나는 0이 아니다. 편의상 $g_2^* \neq 0$이라고 하자. $\lambda^* = -\frac{f_2^*}{g_2^*}$로 하면 $L_2^* = f_2^* + \lambda^* g_2^* = f_2^* - \frac{f_2^*}{g_2^*} g_2^* = 0$이다. 다음으로 $L_1^* = 0$을 증명하자. $g_2^* \neq 0$이므로 음함수 정리에 의해 $x_2^* = x_2(x_1^*)$이고 $g(x_1, x_2(x_1)) = 0$인 함수 $x_2(x_1)$이 존재한다. $h(x_1) = f(x_1, x_2(x_1))$이라고 하면 x_1^*의 근방에서 $h(x_1^*) = f(x_1^*, x_2(x_1^*)) = f(x_1^*, x_2^*) \geq f(x_1, x_2(x_1)) = h(x_1)$이다. 따라서 $h(x_1)$은 x_1^*에서 지역최대가 된다. $h'(x_1) = f_1(x_1, x_2(x_1)) + f_2(x_1, x_2(x_1)) \frac{dx_2}{dx_1}$이므로 일변수함수의 일계필요조건으로부터 $h'(x_1^*) = f_1^* + f_2^* \frac{dx_2(x_1^*)}{dx_1} = f_1^* + f_2^* \left(-\frac{g_1^*}{g_2^*}\right) = f_1^* + \lambda^* g_1^* = L_1^* = 0$이다.

마지막으로 (ii)의 $\lambda^* \geq 0$을 증명하자. $\lambda^* < 0$이면 f_2^*와 g_2^*는 같은 부호이다. $f_2^*, g_2^* > 0$인 경우를 생각하자. $\triangle x_2 \in (0, \delta^1)$이면 $\triangle f^* = f(x_1^*, x_2^* + \triangle x_2) - f(x_1^*, x_2^*) > 0$이 되도록 하는 $\delta^1 > 0$이 존재한다. 마찬가지로 $\triangle x_2 \in (0, \delta^2)$이면 $\triangle g^* = g(x_1^*, x_2^* + \triangle x_2) - g(x_1^*, x_2^*) = g(x_1^*, x_2^* + \triangle x_2) > 0$이 되도록 하는 $\delta^2 > 0$

가 존재한다. $\delta = \min\{\delta^1, \delta^2\} > 0$ 라고 하자. $\triangle x_2 \in (0, \delta)$ 이면 $(x_1^*, x_2^* + \triangle x)$ 는 제약조건을 만족하고 이 점에서의 f 값은 f^* 보다 크므로 모순이다. $f_2^*, g_2^* < 0$ 인 경우도 마찬가지로 모순이다. □

문제 9.6 위 증명에서 $f_2^*, g_2^* < 0$ 도 가능하지 않음을 보여라. ■

예제 9.3 예제 9.2에서 $\max_{x_1,x_2} \ f(x_1, x_2) = -x_1$ s.t. $g(x_1, x_2) = x_1^3 - x_2^2 \geq 0$ 은 제약자격이 성립하지 않음을 보았다. 라그랑즈 함수는 $L = -x_1 + \lambda(x_1^3 - x_2^2)$ 이다. 전역최대점 (따라서 지역최대점) $(0, 0)$ 에서 $L_1 = -1 + 3\lambda x_1^2 = 0$ 은 성립하지 않는다. ■

문제 9.7 $\max_{x_1,x_2} \ f(x_1, x_2) = x_1$ s.t. $g(x_1, x_2) = x_1^3 - x_2^2 \geq 0$ 를 생각하자. 지역최대점이 존재하면 제약자격이 성립함을 보여라. 쿤-터커 조건을 만족하는 (x_1, x_2) 는 존재하지 않음을 보이고 쿤-터커 정리가 성립하지 않는 이유를 설명하라. ■

쿤-터커 정리와 관련하여 다음 몇 가지 사항을 유의할 필요가 있다. 첫째, 쿤-터커 정리는 지역최대점이 만족해야 하는 필요조건에 관한 것이다. 다시 말해 쿤-터커 조건 (정리 9.1의 (i)과 (ii))을 만족하는 점은 지역최대점이 될 수 있는 후보일 뿐이며 지역최대점이 된다는 보장은 없다. 지역최대점이 존재하면 쿤-터커 조건을 만족하는 점이 한 개 이상 있지만 지역최대점이 없다고 해서 쿤-터커 조건을 만족하는 해가 없다는 것은 아니다.

둘째, 쿤-터커 조건은 일변수함수의 경우에서와 같이 (i)은 λ가 주어질 때 L을 x_1과 x_2에 대해 최대화하기 위한 필요조건이고 (ii)는 x_1과 x_2가 주어질 때 L을 $\lambda \geq 0$ 조건 하에서 λ에 대해 최소화하기 위한 필요조건이다. 따라서 라그랑즈 방법은 본질적으로 안장점을 찾기 위한 방법이며 선택변수와 제약조건의 개수와 형태에 관계없이 성립한다.

9.3.3 쿤-터커 정리의 적용

예제 I

다음 최대화 문제를 생각하자.

$$\max_{x_1,x_2} \ f(x_1, x_2) = \left(x_1 - \frac{1}{2}\right)^2 + \left(x_2 + \frac{1}{2}\right)^2 \ \text{s.t.} \ x_1^2 + x_2^2 \leq 1.$$

제약조건은 $g(x_1, x_2) = 1 - x_1^2 - x_2^2 \geq 0$ 이다. 그림 9.3을 살펴보자.

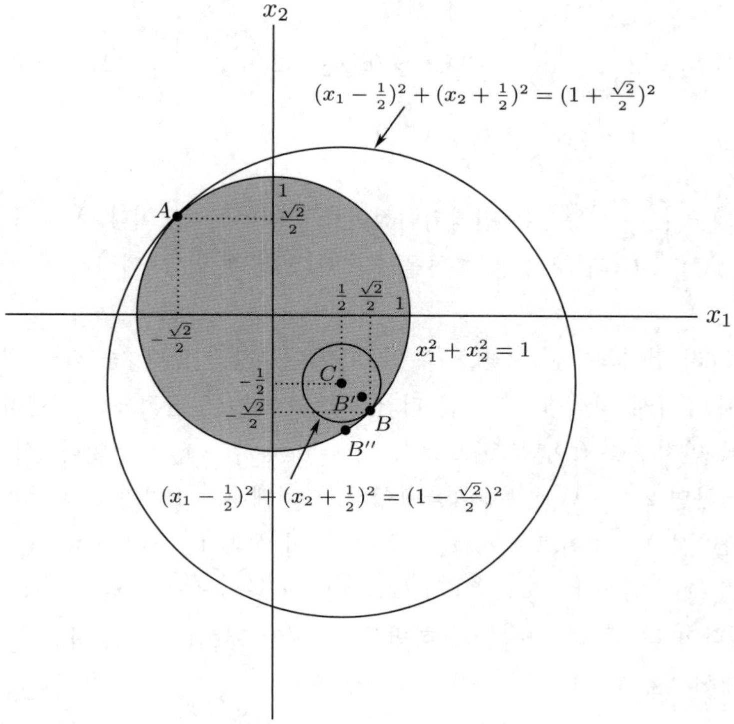

그림 9.3 쿤-터커 정리의 적용 I

목적함수의 등가곡선을 $f(x_1, x_2) = \left(x_1 - \frac{1}{2}\right)^2 + \left(x_2 + \frac{1}{2}\right)^2 = r^2$ 이라고 하면 이 식은 중심이 $\left(\frac{1}{2}, -\frac{1}{2}\right)$ 이고 반지름이 r 인 원을 나타낸다. 이 그림에 두 개의 등가곡선(작은 원과 큰 원)이 그려져 있다. 제약집합 $\{(x_1, x_2) \,|\, 1 - x_1^2 - x_2^2 \geq 0\}$ 은 원 $x_1^2 + x_2^2 = 1$ 의 경계선과 내부의 회색으로 표시된 부분이다. 따라서 이 문제는 중심이 $\left(\frac{1}{2}, -\frac{1}{2}\right)$ 이고 제약집합 내의 점을 지나는 원 중에서 반지름이 가장 큰 원을 찾는 문제다. 그림에서 반지름이 가장 큰 원은 $x_1^2 + x_2^2 = 1$ 과 $\left(-\frac{\sqrt{2}}{2}, \frac{\sqrt{2}}{2}\right)$ 에서 접하는 원 $\left(x_1 - \frac{1}{2}\right)^2 + \left(x_2 + \frac{1}{2}\right)^2 = \left(1 + \frac{\sqrt{2}}{2}\right)^2$ 이다. 따라서 $(x_1^*, x_2^*) = \left(-\frac{\sqrt{2}}{2}, \frac{\sqrt{2}}{2}\right)$ 은 이 문제의 전역최대점이다.

이 문제에 라그랑즈 방법을 적용해 보자. 먼저 지역최대점 (x_1^*, x_2^*) 이 존재하면 이 점은 제약자격을 만족함을 보기로 하자. 제약자격을 만족하지 않으면 $g(x_1^*, x_2^*) = 0$ 이고 $g_1^* = g_2^* = 0$ 이어야 한다. $g_1 = -2x_1,\ g_2 = -2x_2$ 이므로 $(x_1^*, x_2^*) = (0, 0)$ 인데 $g(0, 0) > 0$ 이므로 모순이다.

라그랑즈 함수는

$$L(x_1, x_2, \lambda) = \left(x_1 - \frac{1}{2}\right)^2 + \left(x_2 + \frac{1}{2}\right)^2 + \lambda\left(1 - x_1^2 - x_2^2\right)$$

이고 쿤-터커 조건은

$$\text{(i) } L_1 = 2\left(x_1 - \frac{1}{2}\right) - 2\lambda x_1 = 0,\ L_2 = 2\left(x_2 + \frac{1}{2}\right) - 2\lambda x_2 = 0,$$

$$\text{(ii) } L_\lambda = 1 - x_1^2 - x_2^2 \geq 0,\ \lambda \geq 0,\ \lambda L_\lambda = 0$$

이다. $(x_1^*, x_2^*) = \left(-\frac{\sqrt{2}}{2}, \frac{\sqrt{2}}{2}\right)$ 는 전역최대점이므로 지역최대점이다. $\lambda^* = 1 + \frac{\sqrt{2}}{2}$ 라고 하면 $(x_1^*, x_2^*, \lambda^*)$ 가 (i)과 (ii)를 만족함을 쉽게 확인할 수 있다. 따라서 쿤-터커 정리가 성립한다.

그림을 그려 전역최대점을 찾을 수 있는 경우는 많지 않다. 쿤-터커 정리를 이용하여 이 문제를 다시 생각해 보자. 쿤-터커 조건의 해는 일반적으로 시행착오 과정을 통해 구한다. 먼저 $\lambda > 0$ 이면 (ii)로부터 $L_\lambda = 1 - x_1^2 - x_2^2 = 0$ 이다. 식 $L_1 = 0$ 과 $L_2 = 0$ 을 더하면 $2(1-\lambda)(x_1 + x_2) = 0$ 이다. 그런데 $\lambda = 1$ 이면 $L_1 = -1$ 이 되므로 모순이다. 따라서 $\lambda \neq 1$ 이고 $x_1 + x_2 = 0$ 이다. 이 식과 $1 - x_1^2 - x_2^2 = 0$ 을 x_1 과 x_2 에 대해 풀면 $(x_1, x_2) = \left(-\frac{\sqrt{2}}{2}, \frac{\sqrt{2}}{2}\right)$ 와 $(x_1, x_2) = (\frac{\sqrt{2}}{2}, -\frac{\sqrt{2}}{2})$ 을 얻는다. $L_1 = 0$ 에 이 결과를 대입하여 라그랑즈 승수를 구하면 앞의 해에 대해서는 $\lambda = 1 + \frac{\sqrt{2}}{2} > 0$ 이고 뒤의 해에 대해서는 $\lambda = 1 - \frac{\sqrt{2}}{2} > 0$ 이다. 따라서

$$(x_1^A, x_2^A, \lambda^A) = \left(-\frac{\sqrt{2}}{2}, \frac{\sqrt{2}}{2}, 1 + \frac{\sqrt{2}}{2}\right),$$

$$(x_1^B, x_2^B, \lambda^B) = \left(\frac{\sqrt{2}}{2}, -\frac{\sqrt{2}}{2}, 1 - \frac{\sqrt{2}}{2}\right)$$

는 쿤-터커 조건 (i)과 (ii)의 해이다. 그림 9.3의 A 와 B 는 각각 (x_1^A, x_2^A) 와 (x_1^B, x_2^B) 를 나타낸다.

다음으로 $\lambda = 0$ 이라고 하자. (i)로부터 $x_1 = \frac{1}{2}$ 이고 $x_2 = -\frac{1}{2}$ 이다. 이것을 (ii)의 L_λ 에 대입하면 $L_\lambda = 1 - (\frac{1}{2})^2 - (-\frac{1}{2})^2 = \frac{1}{2} > 0$ 이므로

$$(x_1^C, x_2^C, \lambda^C) = \left(\frac{1}{2}, -\frac{1}{2}, 0\right)$$

도 역시 (i)과 (ii)의 해이다. (x_1^C, x_2^C) 는 그림 9.3에서 C 로 표시된다. A 와 B 에서는 제약조건 $x_1^2 + x_2^2 \leq 1$ 이 적극적이고 C 에서는 소극적이다.

이제까지 쿤-터커 조건을 만족하는 세 개의 해를 구하였다. 쿤-터커 정리로부터 알 수 있는 것은 이 해들은 지역최대점이 될 수도 있다는 것뿐이고 세 점 모두 지역최대점이 아닐 수도 있지만 쿤-터커 정리로는 확인할 수 없다. 이 해들의 성질을 알기 위해

그림 9.3를 다시 살펴보자. A는 전역최대점이자 지역최대점이다. 그러나 B와 C는 지역최대점이 아니다. $\left(x_1 - \frac{1}{2}\right)^2 + \left(x_2 + \frac{1}{2}\right)^2 \geq 0$이고 C를 지나는 원의 반지름은 0이므로 C는 전역최소점이자 지역최소점이다.

다음으로 B를 지나는 원보다 B'을 지나는 원은 더 작고 B''을 지나는 원은 더 크다. B의 주위에 아무리 작은 열린근방을 잡아도 B'과 B''과 같은 점들이 존재한다. 따라서 B는 지역최대점도 아니고 지역최소점도 아니다. 그러나 이미 언급한 바와 같이 그림을 이용하여 지역최대성 여부를 가리는 것은 일반적으로 가능한 방법은 아니다. 앞으로 논의할 이계조건은 지역최대성을 판단할 수 있는 유용한 도구이다.

*쿤-터커 조건과 전역최대점

쿤-터커 조건은 지역최대점을 위한 필요조건이지만 전역최대점을 찾는 데도 도움이 될 수 있다. 다음 두 가지 조건이 성립한다고 하자.

(i) 전역최대점 (x_1^*, x_2^*)이 존재한다.

(ii) 전역최대점 (x_1^*, x_2^*)에서 제약자격이 만족된다.

쿤-터커 조건을 만족하는 해의 집합을 S라고 하자. 전역최대점은 지역최대점이고 그 점에서 제약자격이 만족되므로 $(x_1^*, x_2^*) \in S$이다. 따라서 S에 포함되는 모든 해에 대해 f 값을 계산하여 그 값이 가장 큰 해가 전역최대점이다.[4]

전역최대점이 존재하는지의 여부를 판별하기 위해서는 바이어슈트라스 정리를 이용할 수 있다. 예제 I에서 쿤-터커 조건을 만족하는 세 점 중 전역최대점이 있는지를 확인하자. 먼저 위 조건 (i)을 생각하자. $f(x_1, x_2)$는 다항함수이므로 연속함수이다. 제약집합 $C = \{(x_1, x_2) \,|\, 1 - x_1^2 - x_2^2 \geq 0\}$는 모든 경계점을 포함하므로 닫힌집합이며 C의 임의의 두 점간의 거리는 유한하므로 유계집합이다. C는 컴팩트집합이므로 위 최대화 문제는 전역최대점과 전역최소점을 갖는다. 전역최대점을 (x_1^*, x_2^*)라고 하자.

앞에서 본 바와 같이 (x_1^*, x_2^*)는 제약자격을 만족하므로 전역최대점은 쿤-터커 조건을 만족한다. 쿤-터커 조건의 세 해에 대해 f 값을 구해 보면 (x_1^A, x_2^A)에 대해서는 $\frac{3+2\sqrt{2}}{2}$, (x_1^B, x_2^B)에 대해서는 $\frac{3-2\sqrt{2}}{2}$, (x_1^C, x_2^C)에 대해서는 0이다. 따라서 (x_1^A, x_2^A)가 전역최대점이다.

[4] 그러나 위 두 조건 중 하나라도 성립하지 않으면 쿤-터커 조건의 해 중에서 전역최대점을 찾을 수 있다는 보장이 없다.

예제 II

다음 최대화 문제를 생각하자.

$$\max_{x_1, x_2} f(x_1, x_2) = -x_1^2 + x_2 \text{ s.t. } x_1^2 + x_2^2 \le 1.$$

제약조건은 $g(x_1, x_2) = 1 - x_1^2 - x_2^2 \ge 0$ 이다. 등가곡선 $f(x_1, x_2) = -x_1^2 + x_2 = a$ 또는 $x_2 = x_1^2 + a$ 는 x_2 축의 절편이 a 인 포물선이다. 따라서 이 문제는 제약집합 내의 점을 지나는 포물선 중 가장 위에 위치하는 포물선을 찾는 문제이다.

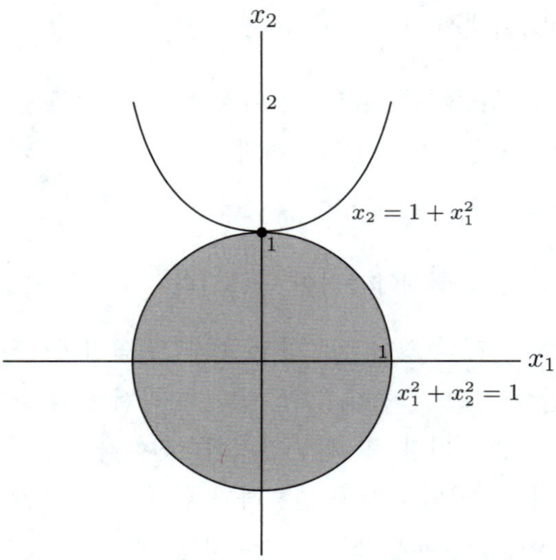

그림 9.4 쿤-터커 정리의 적용 II

그림 9.4 에서 가장 위에 위치하는 포물선은 $x_2 = 1 + x_1^2$ 이며 $(x_1, x_2) = (0, 1)$ 에서 $x_1^2 + x_2^2 = 1$ 와 접한다. 따라서 전역최대점은 $(x_1^*, x_2^*) = (0, 1)$ 이다. 이 문제를 쿤-터커 정리를 이용하여 생각해 보자. 라그랑즈 함수는

$$L(x_1, x_2, \lambda) = -x_1^2 + x_2 + \lambda(1 - x_1^2 - x_2^2)$$

이고 쿤-터커 조건은

$$\text{(i) } L_1 = -2x_1(1 + \lambda) = 0, \; L_2 = 1 - 2\lambda x_2 = 0,$$

$$\text{(ii) } L_\lambda = 1 - x_1^2 - x_2^2 \ge 0, \; \lambda \ge 0, \; \lambda L_\lambda = 0$$

이다. $\lambda^* = \frac{1}{2}$ 이면 $(x_1^*, x_2^*) = (0, 1)$ 은 (i)과 (ii)를 만족한다.

다음으로 쿤-터커 조건을 만족하는 해를 구해 보자 $L_1 = 0$ 에서 $\lambda \geq 0$ 이므로 $x_1 = 0$ 이다. $L_2 = 0$ 으로부터 $\lambda > 0$ 임을 알 수 있다. $\lambda L_\lambda = 0$ 이므로 $L_\lambda = 1 - x_1^2 - x_2^2 = 0$ 이다. 따라서 $x_2 = \pm 1,\ \lambda = \pm\frac{1}{2}$ 이다. $\lambda > 0$ 이므로 쿤-터커 조건을 만족하는 해는

$$(x_1, x_2, \lambda) = \left(0, 1, \frac{1}{2}\right)$$

이다.

예제 III: 소비자의 효용최대화 I

9.1 절의 소비자의 효용최대화 문제

$$\max_{x \geq 0, y \geq 0} \ u(x, y) \text{ s.t. } p_x x + p_y y \leq I$$

에 대해 논의하기 위해 그림 9.5을 살펴보자.

예산제약조건을 만족하는 집합은 그림 9.5의 회색 부분으로 나타나 있으며 두 개의 무차별 곡선이 그려져 있다. 1편 2.6 절에서 본 바와 같이 무차별곡선이 위에 위치할수록 효용 수준이 높다. 따라서 효용최대화 문제는 예산제약집합 내의 점 중 가장 위에 위치하는 무차별곡선을 찾는 문제이다. 그림에서 보는 바와 같이 가장 위에 위치하는 무차별곡선은 예산제약식 $p_x x + p_y y = I$ 와 점 (x^*, y^*) 에서 접하는 무차별곡선이다. 따라서 이 점은 전역최대점이자 지역최대점이다.

(x^*, y^*) 에서 무차별곡선과 예산제약식의 기울기가 같다. 무차별곡선의 기울기는 $-MRS$, 예산제약식의 기울기는 $-\frac{p_x}{p_y}$ 이므로

$$MRS^* = \frac{p_x}{p_y}$$

이다. (단, MRS^* 는 (x^*, y^*) 에서 계산된 MRS.) 이것은 효용을 최대로 하기 위해서는 한계대체율과 가격비가 같아지도록 X 재와 Y 재를 소비하여야 함을 의미한다.

한계대체율과 가격비가 다르면 최적소비가 이루어지지 않음을 살펴보자. 그림 9.5의 (x^0, y^0) 에서 $MRS^0 = \frac{u_x^0}{u_y^0} > \frac{p_x}{p_y}$ 이다. X 재에 대한 소비자의 주관적 중요도가 시장에서 평가한 객관적 중요도보다 크므로 시장 거래를 통해 X 재의 소비를 약간 증가시키면 효용이 증가할 것으로 기대할 수 있다. X 재의 소비를 dx 만큼 증가시키면 효용은 $u_x^0\, dx$ 만큼 증가한다. 그러나 비용지출이 $p_x\, dx$ 만큼 늘어나므로 Y 재의 소비를 $\frac{p_x\, dx}{p_y}$

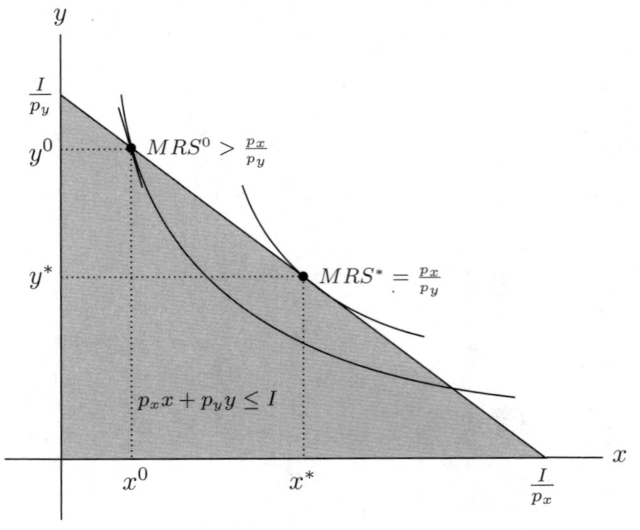

그림 9.5 쿤-터커 정리의 적용 III: 효용최대화

만큼 줄여야 한다. 이에 따라 효용은 $u_y^0\,dy = \frac{u_y^0 p_x\,dx}{p_y}$ 만큼 감소한다. 효용의 변화는

$$du = u_x^0\,dx - \frac{u_y^0 p_x\,dx}{p_y} = u_y^0\left(\frac{u_x^0}{u_y^0} - \frac{p_x}{p_y}\right)dx > 0$$

이므로 효용이 증가한다. 마찬가지로 $\frac{u_x^0}{u_y^0} < \frac{p_x}{p_y}$ 이면 X 재의 소비량을 약간 줄임으로써 효용을 증가시킬 수 있다.

이제까지의 논의를 쿤-터커 정리를 이용하여 다시 살펴 보자. 문제를 단순화하기 위해 지역최대점 (x^*, y^*) 가 존재하고 $x^*, y^* > 0$ 이라고 가정하면 9.2절에서 논의한대로 이 문제는 $\max_{x,y}\ u(x,y)$ s.t. $p_x x + p_y y \le I$ 로 바꾸어 생각할 수 있다.[5] 라그랑즈 함수는

$$L(x, y, \lambda) = u(x, y) + \lambda(I - p_x x - p_y y)$$

[5] $p_x, p_y > 0$ 이므로 이 문제의 제약자격은 항상 성립한다. 그러나 이 문제의 지역최대점이 항상 $x^*, y^* > 0$ 이라는 보장은 없다. 비음 제약조건 없이 구한 해가 $x^* \le 0$ 이거나 $y^* \le 0$ 이면 애초 가정이 틀린 것이므로 원래 최대화 문제 $\max_{x\ge 0, y\ge 0}\ u(x,y)$ s.t. $p_x x + p_y y \le I$ 를 다시 풀어야 한다. 비음 제약이 있는 최대화 문제에 대해서는 9.4절을 참조하라.

이고 쿤-터커 조건은

$$\text{(i) } L_x = u_x - \lambda p_x = 0,\ L_y = u_y - \lambda p_y = 0,$$
$$\text{(ii) } L_\lambda = I - p_x x - p_y y \geq 0,\ \lambda \geq 0,\ \lambda L_\lambda = 0$$

이다. $u_x, u_y > 0$ 이라고 가정하였으므로 (i)로부터 $\lambda^* = 0$ 이 될 수 없다. $\lambda^* > 0$ 이므로 $I - p_x x^* - p_y y^* = 0$ 이다. 이것은 효용을 최대로 하기 위해서는 자신의 소득을 모두 소비하여야 함을 의미한다. (i)로부터 $u_x^* = \lambda^* p_x,\ u_y^* = \lambda^* p_y$ 이므로 양 식을 나누면 앞에서 본 바와 같이

$$MRS^* = \frac{p_x}{p_y}$$

을 얻는다.

효용함수는 서수적이므로 u 값은 그 자체로서는 의미가 없으며 두 u 값을 비교할 때에만 의미가 있다. 소비자의 효용함수가 $u(x,y) = x^{\frac{2}{3}} y^{\frac{1}{3}}$ 이면 $u(1,2) = 1.26$, $u(2,1) = 1.59$ 이다. $u(2,1) > u(1,2)$ 이기 때문에 이 소비자는 $(2,1)$ 을 $(1,2)$ 보다 더 좋아한다. $\phi(z) = \ln z$ 라고 하자. $\tilde{u}(x,y) = \phi(u(x,y)) = \frac{2}{3}\ln x + \frac{1}{3}\ln y$ 이면 $\tilde{u}(1,2) = 0.23$, $\tilde{u}(2,1) = 0.46$ 이다. $\tilde{u}(2,1) > \tilde{u}(1,2)$ 이므로 $\tilde{u}$ 도 이 소비자가 $(2,1)$ 을 $(1,2)$ 보다 더 좋아한다는 사실을 나타내는 효용함수로 생각할 수 있다. 이 사실로부터 $\phi(z)$ 가 순증가함수이면 효용함수 $u(x,y)$ 와 $\tilde{u}(x,y) = \phi(u(x,y))$ 는 동일한 선호체계를 반영함을 알 수 있다.

문제 9.8 $u(x,y) = x^\alpha y^\beta$ 와 $\tilde{u}(x,y) = a + bx^{n\alpha} y^{n\beta}$ 가 같은 선호체계를 나타낼 조건을 구하라. ■

문제 9.9 (i) $\phi'(z) > 0$ 이면 $\phi(z)$ 는 순증가함수이지만 그 역은 성립하지 않음 보여라. (ii) $\phi(z)$ 가 순증가함수일 때 $\max_{x,y}\ u(x,y)$ s.t. $p_x x + p_y y \leq I$ 와 $\max_{x,y}\ \tilde{u}(x,y) = \phi(u(x,y))$ s.t. $p_x x + p_y y \leq I$ 는 최적해에 관한 동일한 문제임을 보이고 그 이유를 직관적으로 설명하라. ■

예제 9.4 효용함수가 $u(x,y) = x^\alpha y^\beta$ 인 효용최대화 문제는 $\ln u(x,y) = \alpha \ln x + \beta \ln y$ 로 바꾸는 것이 편리하다. 지역최대점 (x^*, y^*) 가 존재하고 $x^*, y^* > 0$ 이라고 하자. 라그랑즈함수는

$$L(x,y,\lambda) = \alpha \ln x + \beta \ln y + \lambda(I - p_x x - p_y y)$$

이고 쿤-터커 조건은

$$\text{(i) } L_x = \frac{\alpha}{x} - \lambda p_x = 0,\ L_y = \frac{\beta}{y} - \lambda p_y = 0,$$

$$\text{(ii) } L_\lambda = I - p_x x - p_y y \geq 0,\ \lambda \geq 0,\ \lambda L_\lambda = 0$$

이다. 쿤-터커 조건을 만족하는 해를 구해 보자. 먼저 $\lambda = 0$ 이면 $L_x = \frac{\alpha}{x} = 0$ 이 되므로 모순이다. 따라서 $\lambda > 0$ 이고 $L_\lambda = 0$ 이다. (i)을 다시 쓰면 $\frac{\alpha}{x} = \lambda p_x$, $\frac{\beta}{y} = \lambda p_y$ 이다. 첫 번째 식을 두 번째 식으로 나누어 정리하면 $\frac{\alpha y}{\beta x} = \frac{p_x}{p_y}$ 이다. 이 식과 (ii)로부터 쿤-터커 조건을 만족하는 해는

$$x = \frac{\alpha}{\alpha+\beta}\frac{I}{p_x},\ y = \frac{\beta}{\alpha+\beta}\frac{I}{p_y},\ \lambda = \frac{\alpha+\beta}{I}$$

이다. 앞으로 논의할 이계충분조건과 전역최대화 조건을 이용하면 위에서 구한 x 와 y 는 사실상 지역최대점일 뿐만 아니라 전역최대점이다. 즉, $x^* = \frac{\alpha}{\alpha+\beta}\frac{I}{p_x}$, $y^* = \frac{\beta}{\alpha+\beta}\frac{I}{p_y}$ 이다. [6]

(x^*, y^*) 에서 $MRS^* = \frac{p_x}{p_y}$ 인지를 확인해 보자. 이를 위해 $\bar{u}$ 가 고정된 값일 때 무차별곡선 $\bar{u} = \alpha \ln x + \beta \ln y$ 의 형태에 대해 알 필요가 있다. 먼저 $d\bar{u} = 0 = \frac{\alpha}{x}dx + \frac{\beta}{y}dy$ 으로부터

$$\left.\frac{dy}{dx}\right|_{u=\bar{u}} = -\frac{\alpha}{\beta}\frac{y}{x} < 0$$

이므로 무차별곡선은 우하향한다. 다음으로

$$\left.\frac{d^2y}{dx^2}\right|_{u=\bar{u}} = -\frac{\alpha}{\beta}\frac{x\frac{dy}{dx} - y}{x^2} = \frac{\alpha(\alpha+\beta)}{\beta^2}\frac{y}{x^2} > 0$$

이므로 x 가 커질수록 무차별곡선은 평평해진다. $MRS = -\left.\frac{dy}{dx}\right|_{u=\bar{u}}$ 이므로

$$\frac{d(MRS)}{dx} = -\left.\frac{d^2y}{dx^2}\right|_{u=\bar{u}} < 0$$

이다. x 가 커질수록 MRS 는 줄어들므로 (Y 재로 표시한) X 재의 주관적 중요도가 감소한다. 마지막으로 $MRS^* = \frac{\alpha}{\beta}\frac{y^*}{x^*} = \frac{\alpha}{\beta}\left(\frac{\alpha+\beta}{\alpha}\frac{p_x}{I}\right)\left(\frac{\beta}{\alpha+\beta}\frac{I}{p_y}\right) = \frac{p_x}{p_y}$ 이다. ■

---

[6] 쿤-터커 조건을 구할 때 지역최대점이 양의 값을 갖는다고 가정하였다. 그런데 실제로 쿤-터커 조건의 해가 모두 양이므로 이 가정과 모순이 되지 않는다.

* 소비-저축 모형 II

소비-저축 모형의 최적 소비 계획 문제

$$\max_{c_1 \geq 0, c_2 \geq 0} \ u(c_1, c_2) \text{ s.t. } c_1 + \beta c_2 \leq w$$

를 생각하자. 지역최대점 (c_1^*, c_2^*) 가 존재하고 $c_1^*, c_2^* > 0$ 이라고 가정하자. 라그랑즈 함수는

$$L(c_1, c_2, \lambda) = u(c_1, c_2) + \lambda (w - c_1 - \beta c_2)$$

이고 쿤-터커 조건은

$$\text{(i) } L_1 = u_1 - \lambda = 0, \ L_2 = u_2 - \lambda\beta = 0,$$

$$\text{(ii) } L_\lambda = w - c_1 - \beta c_2 \geq 0, \ \lambda \geq 0, \ \lambda L_\lambda = 0$$

이다.

$u_1 > 0$ 이므로 $L_1^* = 0$ 으로부터 $\lambda^* > 0$ 이고 $w - c_1^* - \beta c_2^* = 0$ 이다. 이 식을 다시 쓰면 $(1+r)(w - c_1^*) - c_2^* = 0$ 이므로 마지막 기간인 2기에서는 저축할 유인이 없음을 알 수 있다. $L_1^* = 0, \ L_2^* = 0$ 에서 λ^* 를 소거하면

$$\frac{u_1^*}{u_2^*} = MRS^* = \frac{1}{\beta} = 1 + r$$

이다. 따라서 효용을 최대로 하기 위해서는 한계대체율이 총이자율과 같아지도록 소비하여야 한다.

이 식의 의미를 이해하기 위해 $(c_1^0, c_2^0) \neq (c_1^*, c_2^*)$ 이고 $\frac{u_1^0}{u_2^0} > 1 + r$ 이라고 하자. (단, $u_i^0 \ (i = 1, 2)$ 는 (c_1^0, c_2^0) 에서 계산된 u_i 값.) 즉, 1기 소비의 주관적 중요도$(\frac{u_1^0}{u_2^0})$ 가 객관적 중요도$(1 + r = \frac{1}{\beta})$보다 크다. 1기에서의 소비량을 약간 $dc_1 > 0$ 만큼 늘리면 저축이 그만큼 줄어들므로 2기에서는 $(1+r)\,dc_1$ 만큼 소비를 줄여야 한다.[7] $du = u_1^0\,dc_1 + u_2^0\,dc_2 = u_1^0\,dc_1 + u_2^0(-(1+r)\,dc_1) = (u_1^0 - (1+r)u_2^0)\,dc_1 > 0$ 이므로 효용이 증가한다. 따라서 (c_1^0, c_2^0) 는 최적 소비-저축 계획이 아니다.

예제 9.5 $v(c) = c^\alpha \ (0 < \alpha < 1)$ 를 단위 기간 동안 c 를 소비할 때 얻는 효용,

$$u(c_1, c_2) = v(c_1) + \gamma v(c_2) = c_1^\alpha + \gamma c_2^\alpha$$

---

[7] $c_+ \beta c_2 = w$ 이므로 $dc_1 + \beta\,dc_2 = 0$ 이다.

를 2기간에 걸쳐 얻는 효용이라고 하자. $MRS = \frac{c_1^{\alpha-1}}{\gamma c_2^{\alpha-1}}$ 이다. $c_1 = c_2$ 이면 $MRS = \frac{1}{\gamma}$ 이므로 $\frac{1}{\gamma}$ 은 대략 소비자가 주관적으로 느끼는 1기 소비의 (2기 소비에 대한 상대적) 중요도를 나타내는 지표로 간주할 수 있다. 역으로 γ 는 2기 소비의 (1기 소비에 대한 상대적) 중요도이므로 (주관적) 시간할인요소로 생각할 수 있다.

2편 예제 4.4 에서는 총이자율의 역수를 시간할인요소로 생각하였지만 반드시 그럴 이유는 없다. 여기서는 γ 가 총이자율과 관계없이 1기 소비에 대한 2기 소비의 상대적 가치를 나타내는 주관적인 양으로 생각하기로 한다. 일반적으로 소비자들은 미래 소비보다는 현재 소비를 더 높이 평가하므로 γ 는 1보다 작다고 가정하는 것이 합리적이다. 그러나 미래가 완전히 의미 없는 것은 아니므로 $\gamma > 0$ 으로 가정한다. 즉, $0 < \gamma < 1$ 이다. 지역최대점 (c_1^*, c_2^*) 가 존재하고 $c_1^*, c_2^* > 0$ 이라고 가정하자. 라그랑즈함수는

$$L(c_1, c_2, \lambda) = c_1^\alpha + \gamma c_2^\alpha + \lambda(w - c_1 - \beta c_2)$$

이고 쿤-터커 조건은

$$\begin{aligned}
&\text{(i) } L_1 = \alpha c_1^{\alpha-1} - \lambda = 0,\ L_2 = \alpha\gamma c_2^{\alpha-1} - \lambda\beta = 0,\\
&\text{(ii) } L_\lambda = w - c_1 - \beta c_2 \geq 0,\ \lambda \geq 0,\ \lambda L_\lambda = 0
\end{aligned}$$

이다.

쿤-터커 조건을 만족하는 해를 구해보자. $\lambda = 0$ 이면 (i) 에서 $\alpha c_1^{\alpha-1} = 0$ 이기 때문에 모순이다. 따라서 $\lambda > 0$ 이고 $L_\lambda = 0$ 이다. $L_1 = 0,\ L_2 = 0$ 에서 λ 를 소거하면 $c_2 = (\frac{\gamma}{\beta})^{1/(1-\alpha)} c_1$ 이다. $L_\lambda = 0$ 에 c_2 를 대입한 후 해를 구하면

$$\begin{aligned}
c_1 &= \frac{w}{1 + \phi(\beta,\gamma)} > 0\ (\phi(\beta,\gamma) = \beta^{-\alpha/(1-\alpha)}\gamma^{1/(1-\alpha)}),\\
c_2 &= \left(\frac{\gamma}{\beta}\right)^{1/(1-\alpha)} c_1 > 0,\\
\lambda &= \frac{\alpha}{c_1^{1-\alpha}} > 0
\end{aligned}$$

이다. 앞으로 논의할 이계충분조건과 전역최대화 조건을 이용하면 위에서 구한 c_1 과 c_2 는 지역최대점일 뿐만 아니라 전역최대점이다. 즉, $c_1 = c_1^*,\ c_2 = c_2^*$ 이다.

c_1^* 과 c_2^* 에 대해 몇 가지 사실을 살펴보자. γ 는 소비자의 현재에 대한 미래의 주관적 평가이다. 반면 β 는 시장에서의 현재에 대한 미래의 객관적 평가이다. $\gamma = \beta$ 이면, 즉 주관적으로 객관적으로 미래를 현재와 동등하게 평가하는 경우 $c_1^* = c_2^* = \frac{w}{1+\beta}$ 이므로 양 기간 모두 같은 양을 소비하는 것이 최적이다. 소비자가 다른 소비자들에 비해

미래를 상대적으로 낮게 평가할 때에는 ($\gamma < \beta$) $c_2^* = \left(\frac{\gamma}{\beta}\right)^{1/(1-\alpha)} c_1^* < c_1^*$ 이므로 1기에 더 많이 소비하려 한다. 다시 말해 이 소비자의 입장에서는 이자율이 상대적으로 낮기 때문에 1기에서 저축할 유인이 적게 된다. 극단적으로 $\gamma \approx 0$ 이면, 다시 말해 주관적으로 미래가 별 의미가 없다고 생각하면 $\lim_{\gamma \to 0} c_1^* = w$ 이므로 이 소비자는 거의 모든 소득을 1기에서 소비하게 된다. ■

문제 9.10 β 와 γ 의 변화가 c_1^*, c_2^* 에 미치는 영향을 분석하라. ■

9.3.4 다수의 제약조건

정리 9.1은 제약조건이 한 개인 경우이지만 라그랑즈 방법은 제약조건의 개수에 관계없이 성립한다. 제약조건이 두 개인 다음 문제를 생각하자.

$$\max_{x_1, x_2} f(x_1, x_2) \text{ s.t. } g^1(x_1, x_2) \geq 0,\ g^2(x_1, x_2) \geq 0.$$

각 제약조건에 대한 라그랑즈 승수를 λ_1 과 λ_2 라고 하면 라그랑즈 함수는 다음과 같다.

$$L(x_1, x_2, \lambda_1, \lambda_2) = f(x_1, x_2) + \lambda_1 g^1(x_1, x_2) + \lambda_2 g^2(x_1, x_2)$$

정리 9.2 (쿤-터커 정리) (x_1^*, x_2^*) 가 $\max_{x_1, x_2} f(x_1, x_2)$ s.t. $g^1(x_1, x_2) \geq 0$, $g^2(x_1, x_2) \geq 0$ 의 지역최대점이고 제약자격을 만족하면 다음 조건을 만족하는 $(\lambda_1^*, \lambda_2^*)$ 가 존재한다.

(i) $L_1(x_1^*, x_2^*, \lambda_1^*, \lambda_2^*) = 0,\ L_2(x_1^*, x_2^*, \lambda_1^*, \lambda_2^*) = 0,$

(ii) $L_{\lambda_1}(x_1^*, x_2^*, \lambda_1^*, \lambda_2^*) \geq 0,\ \lambda_1^* \geq 0,\ \lambda_1^* L_{\lambda_1}(x_1^*, x_2^*, \lambda_1^*, \lambda_2^*) = 0,\ L_{\lambda_2}(x_1^*, x_2^*, \lambda_1^*, \lambda_2^*) \geq 0,\ \lambda_2^* \geq 0,\ \lambda_2^* L_{\lambda_2}(x_1^*, x_2^*, \lambda_1^*, \lambda_2^*) = 0.$

예제 IV

예제 I의 문제에 제약조건 $x_2 \geq x_1$ 이 추가된 다음 최대화 문제를 생각하자.

$$\max_{x_1, x_2} \left(x_1 - \frac{1}{2}\right)^2 + \left(x_2 + \frac{1}{2}\right)^2 \text{ s.t. } x_1^2 + x_2^2 \leq 1,\ x_2 \geq x_1.$$

그림 9.6에 제약집합은 회색 부분으로 표시되어 있다. 전역최대점은 예제 I에서와 마찬가지로 점 A 로 표시된 $\left(-\frac{\sqrt{2}}{2}, \frac{\sqrt{2}}{2}\right)$ 이다. 라그랑즈 함수는

$$L(x_1, x_2, \lambda_1, \lambda_2) = \left(x_1 - \frac{1}{2}\right)^2 + \left(x_2 + \frac{1}{2}\right)^2 + \lambda_1(1 - x_1^2 - x_2^2) + \lambda_2(x_2 - x_1)$$

이고 쿤-터커 조건은

$$\text{(i) } L_1 = 2\left(x_1 - \frac{1}{2}\right) - 2\lambda_1 x_1 - \lambda_2 = 0,$$
$$L_2 = 2\left(x_2 + \frac{1}{2}\right) - 2\lambda_1 x_2 + \lambda_2 = 0,$$

$$\text{(ii) } L_{\lambda_1} = 1 - x_1^2 - x_2^2 \geq 0,\ \lambda_1 \geq 0,\ \lambda_1 L_{\lambda_1} = 0,$$
$$L_{\lambda_2} = x_2 - x_1 \geq 0, \lambda_2 \geq 0,\ \lambda_2 L_{\lambda_2} = 0$$

이다.

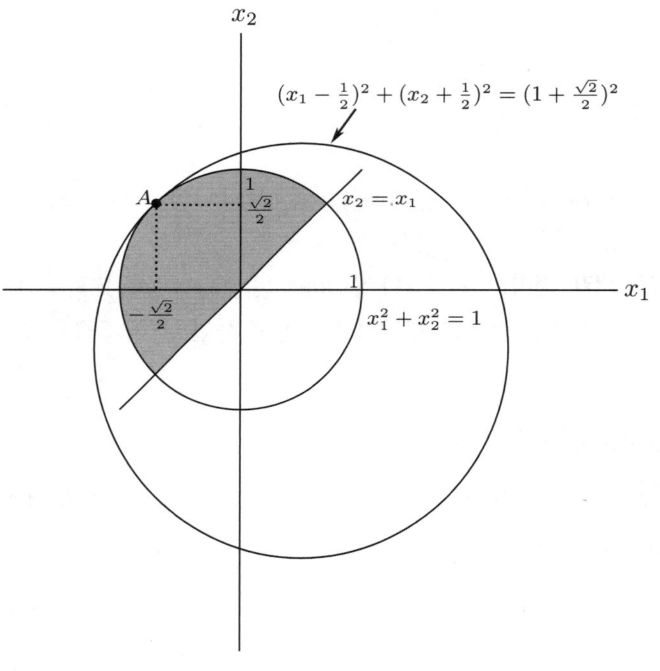

그림 9.6 쿤-터커 정리의 적용 **IV**

$L_2 = 0$ 에서 $L_1 = 0$ 를 뺀 후 정리하면 $(x_2 - x_1)(1 - \lambda_1) + 1 + \lambda_2 = 0$ 이다. $x_2 = x_1$ 이거나 $\lambda_1 \leq 1$ 이면 모순이다. $x_2 > x_1$ 이므로 $\lambda_2 = 0$ 이고 따라서 (i)은 예제 I의 쿤-터커 조건 (i)과 같다. $\lambda_1 > 1$ 이므로 예제 I의 해 중 $(x_1^A, x_2^A, \lambda_1^A) = \left(-\frac{\sqrt{2}}{2}, \frac{\sqrt{2}}{2}, 1 + \frac{\sqrt{2}}{2}\right)$ 만이 (i)과 (ii)를 만족한다. 따라서 위 쿤-터커 조건의 해는

$$(x_1^A, x_2^A, \lambda_1^A, \lambda_2^A) = \left(-\frac{\sqrt{2}}{2}, \frac{\sqrt{2}}{2}, 1 + \frac{\sqrt{2}}{2}, 0\right)$$

이다.

Box 9.1 289쪽의 *쿤-터커 조건과 전역최대점을 참조하여 예제 IV의 (x_1^A, x_2^A)가 전역최대점임을 살펴보자. 바이어슈트라스 정리에 의해 이 예제의 최대화 문제는 전역최대점을 갖는다. $g^1(x_1, x_2) = 1 - x_1^2 - x_2^2$, $g^2(x_1, x_2) = x_2 - x_1$ 이라고 하면 g^1 과 g^2 의 기울기벡터는 각각 $(g_1^1, g_2^1) = (-2x_1, -2x_2)$, $(g_1^2, g_2^2) = (-1, 1)$ 이다. 지역최대점 (x_1^*, x_2^*) 에서 g^1 만 적극적이면 앞에서 본 바와 같이 제약자격이 만족된다. g^2 만 적극적이면 $(g_1^2, g_2^2) = (-1, 1) \neq (0, 0)$ 이므로 역시 제약자격이 만족된다.

g^1 과 g^2 모두 적극적이면 $x_1^* = x_2^* \neq 0$ 이므로 (g_1^1, g_2^1) 와 (g_1^2, g_2^2) 는 선형독립이다. 따라서 이 경우에도 제약자격이 만족된다. 전역최대점은 쿤-터커 조건을 만족하는 해 중 하나인데 이 경우에는 (x_1^A, x_2^A) 하나밖에 없으므로 이 해는 전역최대점이다.

9.3.5 제약조건의 적극성과 라그랑즈 승수

제약조건의 적극성과 라그랑즈 승수 간의 관계에 대해 살펴보자. 예제 IV의 A 에서 $x_1^2 + x_2^2 \leq 1$ 는 지역최대점에서 적극적이고 $x_2 \geq x_1$ 는 소극적이다. 그림 9.7에 두 제약조건과 점 A 의 충분히 작은 근방 N 이 그려져 있다. 제약집합을 C, 이 근방과 제약집합의 교집합을 $N \cap C = S$ 라고 하자.

이 점이 지역최대점인지를 확인하기 위해서는 점 A 를 S 에 속하는 다른 점과 비교하여야 한다. 그런데 제약조건 $x_2 \geq x_1$ 이 없어도 S 는 변화하지 않으므로 A 의 지역적 성질은 소극적 제약조건 $x_2 \geq x_1$ 의 영향을 받지 않는다. 그러나 제약조건 $x_1^2 + x_2^2 \leq 1$ 이 없으면 $S = N$ 이 되므로 A 의 지역적 성질은 적극적 제약조건 $x_1^2 + x_2^2 \leq 1$ 과는 밀접하게 연관된다.

쿤-터커 조건 (ii)는 이 사실을 보여 준다. 소극적 제약조건에 대응하는 라그랑즈 승수 값은 0이다. 이것은 제약조건이 지역최대점에서 소극적임을 (사전에) 안다면 라그랑즈 함수에서 이 제약조건을 생략할 수 있음을 의미한다. 역으로 라그랑즈 승수 값이 0보다 크면 이에 대응하는 제약조건은 지역최대점에서 적극적이며 이 제약조건은 라그랑즈 함수에 반드시 포함되어야 한다.

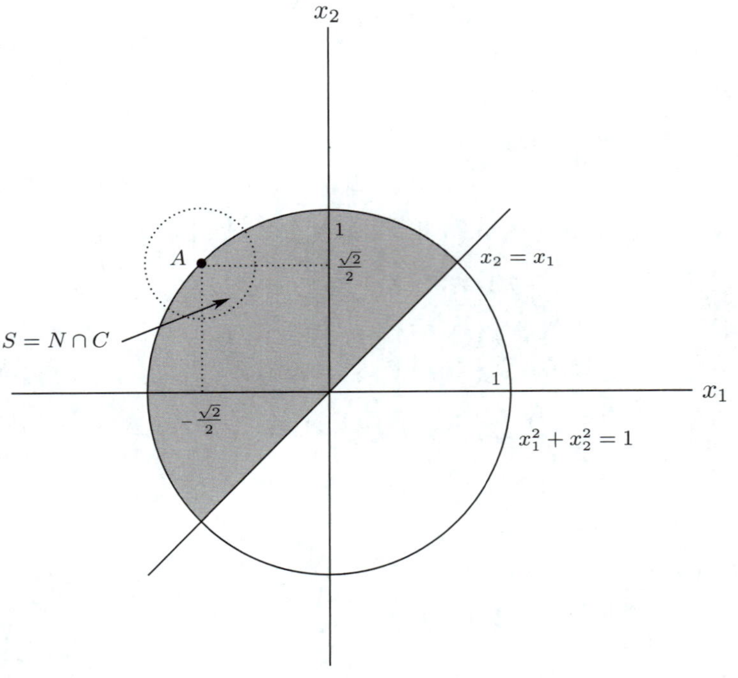

그림 9.7 제약조건과 라그랑즈 승수

문제 9.11 다음 명제의 진위 여부를 확인하라. (i) 라그랑즈 승수 값이 0 이면 제약조건은 지역최대점에서 소극적이다. (ii) 지역최대점에서 제약조건이 적극적이면 라그랑즈 승수 값은 0 보다 크다. ■

문제 9.12 $\max_{x_1,x_2}\ -x_1^2 + x_2$ s.t. $x_1^2 + x_2^2 \leq 1,\ x_1 + x_2 \leq 0$ 을 생각하자. (i) 그림을 그려 전역최대점을 구하라. (ii) 제약자격이 만족됨을 보여라. 라그랑즈 함수와 쿤-터커 조건을 나열하고 쿤-터커 조건의 해를 구하라. 전역최대점이 쿤-터커 조건의 해임을 보여라. ■

예제 V

예제 I 의 문제에 제약조건 $x_1 + x_2 \geq 1$ 이 추가된 다음 최대화 문제를 생각하자.

$$\max_{x_1,x_2}\ \left(x_1 - \frac{1}{2}\right)^2 + \left(x_2 + \frac{1}{2}\right)^2 \text{ s.t. } x_1^2 + x_2^2 \leq 1,\ x_1 + x_2 \geq 1.$$

그림 9.8 에서 제약집합은 회색 부분으로 표시되어 있고 전역최대점은 점 D 이다. 이 점에서 두 제약조건은 모두 적극적이다. 라그랑즈 함수는

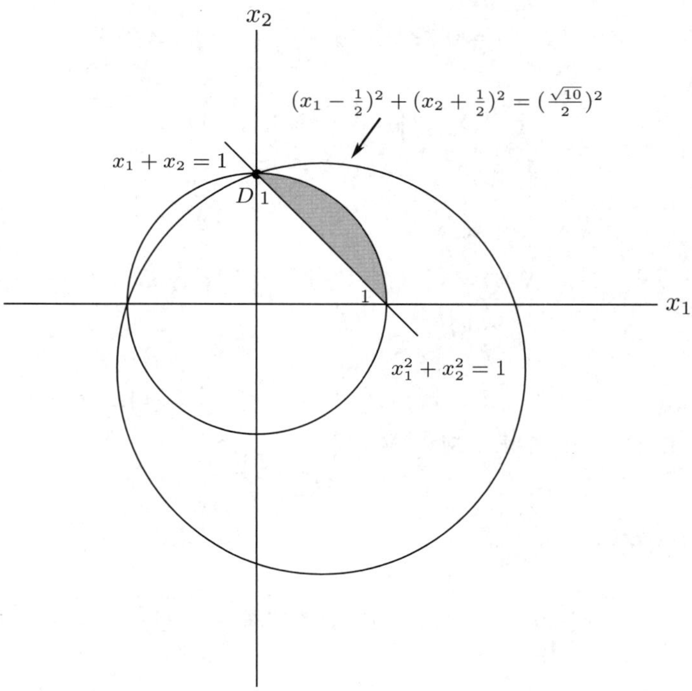

그림 9.8 쿤-터커 정리의 적용 **V**

$$L(x_1, x_2, \lambda_1, \lambda_2) = \left(x_1 - \frac{1}{2}\right)^2 + \left(x_2 + \frac{1}{2}\right)^2 + \lambda_1(1 - x_1^2 - x_2^2) + \lambda_2(x_1 + x_2 - 1)$$

이고 쿤-터커 조건은

$$\begin{aligned}
&\text{(i) } L_1 = 2\left(x_1 - \frac{1}{2}\right) - 2\lambda_1 x_1 + \lambda_2 = 0,\\
&\quad L_2 = 2\left(x_2 + \frac{1}{2}\right) - 2\lambda_1 x_2 + \lambda_2 = 0,\\
&\text{(ii) } L_{\lambda_1} = 1 - x_1^2 - x_2^2 \ge 0,\ \lambda_1 \ge 0,\ \lambda_1 L_{\lambda_1} = 0,\\
&\quad L_{\lambda_2} = x_1 + x_2 - 1 \ge 0,\ \lambda_2 \ge 0,\ \lambda_2 L_{\lambda_2} = 0
\end{aligned}$$

이다.

$L_1 = 0$과 $L_2 = 0$을 더한 후 정리하면 $(1-\lambda_1)(x_1+x_2)+\lambda_2 = 0$이다. $\lambda_1 = 1$이면 $\lambda_2 = 0$인데 이것은 $L_2 = 0$과 모순이다. $\lambda_1 < 1$이면 이 식의 좌변은 $x_1 + x_2 \ge 1$이므로 양이 되어 역시 모순이 된다. $\lambda_1 > 1$이므로 위 식으로부터 $\lambda_2 > 0$이다. 따라서

$x_1^2 + x_2^2 = 1,\ x_2 + x_1 = 1$ 이이다. 이 두 연립방정식은 두 개의 해 $(0,1)$ 과 $(1,0)$ 를 갖는다. 그런데 $x_2 = 0$ 이면 $L_2 = 0$ 은 $1 + \lambda_2 = 0$ 이 되어 모순이다. 따라서 해는

$$(x_1^D, x_2^D, \lambda_1^D, \lambda_2^D) = (0, 1, 2, 1)$$

이다.

문제 9.13 위 예제에서 $(x_1, x_2) = (0, 1)$ 는 전역최대점임을 Box 9.1를 참조하여 보여라. ■

문제 9.14 $\max_{x_1, x_2} -x_1^2 + x_2$ s.t. $x_1^2 + x_2^2 \leq 1, x_1 \leq -\frac{1}{2}$ 의 라그랑즈 함수와 쿤-터커 조건을 나열하고 쿤-터커 조건의 해를 구하라. ■

9.4 비음 제약조건

표준적 문제에 제약조건 $x_i \geq 0$ 부가된 다음 최대화 문제를 생각하자. 편의상 $i = 1$ 이라고 하자.

$$\max_{x_1 \geq 0, x_2} f(x_1, x_2) \text{ s.t. } g(x_1, x_2) \geq 0.$$

라그랑즈 함수는 표준적 문제에서와 같다. 즉,

$$L(x_1, x_2, \lambda) = f(x_1, x_2) + \lambda g(x_1, x_2)$$

이다.

정리 9.3 (쿤-터커 정리) (x_1^*, x_2^*) 가 $\max_{x_1 \geq 0, x_2} f(x_1, x_2)$ s.t. $g(x_1, x_2) \geq 0$ 의 지역최대점이고 제약자격을 만족하면 다음 조건을 만족하는 λ^* 가 존재한다.

(i) $L_1(x_1^*, x_2^*, \lambda^*) \leq 0,\ x_1^* \geq 0,\ x_1^* L_1(x_1^*, x_2^*, \lambda^*) = 0,\ L_2(x_1^*, x_2^*, \lambda^*) = 0,$

(ii) $L_\lambda(x_1^*, x_2^*, \lambda^*) \geq 0,\ \lambda^* \geq 0,\ \lambda^* L_\lambda(x_1^*, x_2^*, \lambda^*) = 0.$

정리 9.1과 비교하면 x_1 에 대한 조건만 다르고 나머지는 동일함을 알 수 있다. 앞에서 살펴 본 바와 같이 선택변수에 대한 필요조건은 L 의 최대화 조건이다. 그런데 x_1 에 대해 비음의 조건이 있으므로 위 조건은 정리 7.14에서 본 바와 같이 $x_1 \geq 0$ 조건 하에서 L 을 최대화하는 문제의 필요조건이다.

Box 9.2 (정리 9.3의 증명) $x_1 \geq 0$을 새로운 제약조건으로 생각하면 이 문제는 두 개의 부등 제약조건을 갖는 표준적 문제로 생각할 수 있다. $g(x_1, x_2) \geq 0$에 대한 라그랑즈 승수를 λ, $x_1 \geq 0$에 대한 라그랑즈 승수를 μ라고 하면 라그랑즈 함수는 $\tilde{L}(x_1, x_2, \lambda, \mu) = f(x_1, x_2) + \lambda g(x_1, x_2) + \mu x_1 = L(x_1, x_2, \lambda) + \mu x_1$이다. 쿤-터커 조건은 (i) $\tilde{L}_1 = f_1 + \lambda g_1 + \mu = 0$, $\tilde{L}_2 = f_2 + \lambda g_2 = 0$, (ii-a) $\tilde{L}_\lambda = g \geq 0$, $\lambda \geq 0$, $\lambda \tilde{L}_\lambda = 0$, (ii-b) $\tilde{L}_\mu = x_1 \geq 0$, $\mu \geq 0$, $\mu \tilde{L}_\mu = 0$이다. (i)과 (ii-b)로부터 $\tilde{L}_1 = L_1 + \mu = 0$이므로 $-\mu = L_1 \leq 0$, $\tilde{L}_\mu = x_1 \geq 0$, $\mu \tilde{L}_\mu = x_1(-L_1) = 0$, $\tilde{L}_2 = f_2 + \lambda g_2 = L_2 = 0$이다. (ii-a)로부터 $\tilde{L}_\lambda = L_\lambda = g \geq 0$, $\lambda \geq 0$, $\lambda \tilde{L}_\lambda = \lambda L_\lambda = 0$이다. □

문제 9.15 위 증명에서 $\tilde{L}$에 대한 조건들로부터 L에 대한 조건들을 유도하였다. 그 반대 경우도 성립함을 보여라. ■

예제 VI

다음 최대화 문제를 생각하자.

$$\max_{x_1 \geq 0, x_2} \left(x_1 - \frac{1}{2}\right)^2 + \left(x_2 + \frac{1}{2}\right)^2 \text{ s.t. } x_1^2 + x_2^2 \leq 1.$$

제약집합은 그림 9.9의 회색으로 표시된 부분이고 전역최대점은 $(x_1^*, x_2^*) = (0, 1)$이다. 라그랑즈 함수는

$$L(x_1, x_2, \lambda) = \left(x_1 - \frac{1}{2}\right)^2 + \left(x_2 + \frac{1}{2}\right)^2 + \lambda(1 - x_1^2 - x_2^2)$$

이고 쿤-터커 조건은

$$\begin{aligned}
\text{(i) } L_1 &= 2\left(x_1 - \frac{1}{2}\right) - 2\lambda x_1 \leq 0, \ x_1 \geq 0, \ x_1 L_1 = 0, \\
L_2 &= 2(x_2 + \frac{1}{2}) - 2\lambda x_2 = 0, \\
\text{(ii) } L_\lambda &= 1 - x_1^2 - x_2^2 \geq 0, \ \lambda \geq 0, \ \lambda L_\lambda = 0
\end{aligned}$$

이다.

$x_1 > 0$이면 $L_1 = 0$이므로 쿤-터커 조건은 예제 I에서의 조건과 같다. 예제 I의

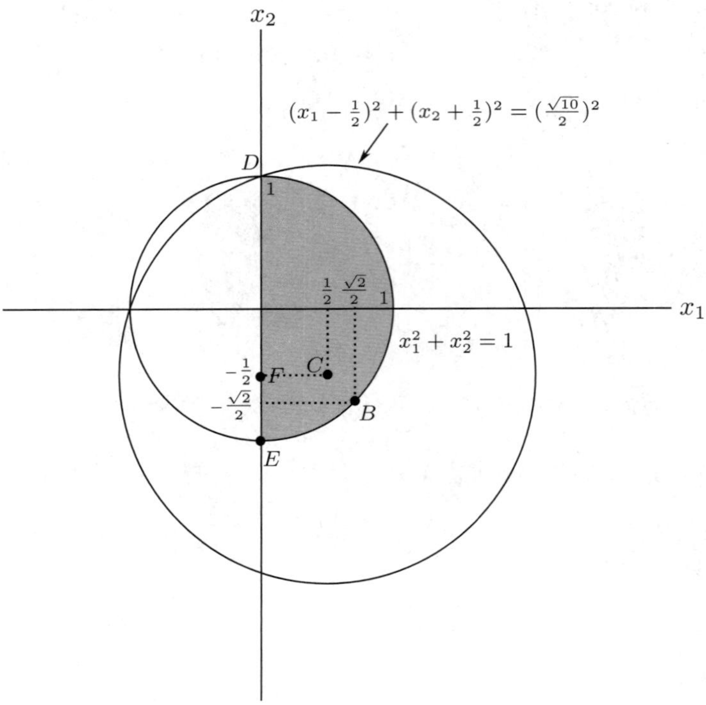

그림 9.9 쿤-터커 정리의 적용 **VI**

결과 중 $x_1 > 0$ 인 해는

$$(x_1^B, x_2^B, \lambda^B) = \left(\frac{\sqrt{2}}{2}, -\frac{\sqrt{2}}{2}, 1 - \frac{\sqrt{2}}{2}\right),\ (x_1^C, x_2^C, \lambda^C) = \left(\frac{1}{2}, -\frac{1}{2}, 0\right)$$

이다.

$x_1 = 0$ 인 경우를 생각하자. $\lambda > 0$ 이면 $L_\lambda = 1 - x_2^2 = 0$ 이므로 $x_2 = \pm 1$ 이다. $L_2 = 0$ 으로부터 $x_2 = 1$ 에 대해서는 $\lambda = \frac{3}{2}$ 이고 $x_2 = -1$ 에 대해서는 $\lambda = \frac{1}{2}$ 이다. 따라서

$$(x_1^D, x_2^D, \lambda^D) = \left(0, 1, \frac{3}{2}\right),\ (x_1^E, x_2^E, \lambda^E) = \left(0, -1, \frac{1}{2}\right)$$

도 해이다. $\lambda = 0$ 이면 $x_2 = -\frac{1}{2}$ 이므로

$$(x_1^F, x_2^F, \lambda^F) = \left(0, -\frac{1}{2}, 0\right)$$

도 역시 해이다.

문제 9.16 위 예제에서 $(x_1, x_2) = (0, 1)$는 전역최대점임을 Box 9.1를 참조하여 보여라. ■

문제 9.17 (i) $\max_{x_1 \geq 0, x_2} -x_1^2 + x_2$ s.t. $x_1^2 + x_2^2 \leq 1, x_1 + x_2 \leq 0$의 라그랑즈 함수와 쿤-터커 조건을 나열하고 쿤-터커 조건의 해를 구하라. (ii) $\max_{x_1 \geq 0, x_2} f(x_1, x_2)$ s.t. $g(x_1, x_2) \geq 0$의 쿤-터커 조건의 해를 $(x_1^*, x_2^*, \lambda^*)$라고 하자. $\max_{x_1, x_2} f(x_1, x_2)$ s.t. $g(x_1^*, x_2^*) \geq 0, x_1 \geq 0$의 쿤-터커 조건의 해는 $(x_1^*, x_2^*, \lambda^*, -f_1^* - \lambda^* g_1^*)$임을 보여라. ■

예제 9.6 $\max_{x_1 \leq 0, x_2} \left(x_1 - \frac{1}{2}\right)^2 + \left(x_2 + \frac{1}{2}\right)^2$ s.t. $x_1^2 + x_2^2 \leq 1$을 생각하자. $y = -x_1$으로 정의하면 이 문제는 $\max_{y \geq 0, x_2} \left(y + \frac{1}{2}\right)^2 + \left(x_2 + \frac{1}{2}\right)^2$ s.t. $y^2 + x_2^2 \leq 1$이 된다. 라그랑즈 함수는

$$L(y, x_2, \lambda) = \left(y + \frac{1}{2}\right)^2 + \left(x_2 + \frac{1}{2}\right)^2 + \lambda(1 - y^2 - x_2^2)$$

이고 쿤-터커 조건은

$$\begin{aligned}
\text{(i) } L_y &= 2\left(y + \frac{1}{2}\right) - 2\lambda y \leq 0,\ y \geq 0,\ yL_y = 0,\\
L_2 &= 2\left(x_2 + \frac{1}{2}\right) - 2\lambda x_2 = 0,\\
\text{(ii) } L_\lambda &= 1 - y^2 - x_2^2 \geq 0,\ \lambda \geq 0,\ \lambda L_\lambda = 0
\end{aligned}$$

이다.

$\lambda = 0$이면 $L_y \leq 0$으로부터 $y \leq -\frac{1}{2}$이므로 모순이다. 마찬가지로 $y = 0$이면 $L_y = 1 \leq 0$이 되어 역시 모순이므로 $y > 0$이다. 따라서 $L_y = 0$이고 $L_\lambda = 0$이다. $L_y = 0$과 $L_2 = 0$을 비교하면 $y = x_2$이므로 $y = x_2 = \frac{\sqrt{2}}{2}$이다. 따라서 쿤-터커 조건의 해는

$$(x_1^A, x_2^A, \lambda^A) = \left(-\frac{\sqrt{2}}{2}, \frac{\sqrt{2}}{2}, 1 + \frac{\sqrt{2}}{2}\right)$$

이다. ■

예제 VII: 소비자의 효용최대화 II

예제 III의 효용최대화 문제

$$\max_{x \geq 0, y \geq 0} u(x, y) \text{ s.t. } p_x x + p_y y \leq I$$

를 다시 생각하자. 지역최대점이 (x^*, y^*)일 때 예제 III에서와는 달리 $x^*, y^* > 0$인지 여부를 사전적으로 알 수 없다고 하자. 라그랑즈 함수는

$$L(x, y, \lambda) = u(x, y) + \lambda(I - p_x x - p_y y)$$

이고 쿤-터커 조건은

$$\begin{aligned} \text{(i) } L_x &= u_x - \lambda p_x \leq 0,\ x \geq 0,\ xL_x = 0, \\ L_y &= u_y - \lambda p_y \leq 0,\ y \geq 0,\ yL_y = 0, \\ \text{(ii) } L_\lambda &= I - p_x x - p_y y \geq 0,\ \lambda \geq 0,\ \lambda L_\lambda = 0 \end{aligned}$$

이다.

$x = y = 0$은 지역최대점이 될 수 없다. 왜냐하면 (ii)에서 $x = y = 0$이면 $L_\lambda > 0$이므로 $\lambda = 0$인데 (i)에서 $L_x = u_x \leq 0$이 되므로 모순이다. 따라서 소비자가 효용을 최대로 하기 위해서는 X재와 Y재 중 적어도 하나는 반드시 소비를 하여야 한다. 그러나 양 재화를 모두 소비하여야 하는 것은 아니며 소비자의 선호에 따라 한 재화는 소비하지 않을 수 있다. 예제 III에서는 두 재화 모두를 선호하는, 따라서 모두 를 소비하는 소비자의 효용최대화 문제를 생각한 셈이다.

아래에서 X재만을 소비하는 상황을 살펴보자. $u(x, y) = \ln x + y$이고 $I \leq p_y$라고 하자. 쿤-터커 조건은

$$\text{(i) } L_x = \frac{1}{x} - \lambda p_x \leq 0,\ x \geq 0,\ xL_x = 0,$$

$$\begin{aligned} L_y &= 1 - \lambda p_y \leq 0,\ y \geq 0,\ yL_y = 0, \\ \text{(ii) } L_\lambda &= I - p_x x - p_y y \geq 0,\ \lambda \geq 0,\ \lambda L_\lambda = 0 \end{aligned}$$

이다. (i)로부터 $x \neq 0$이므로 $x > 0$이고 $\frac{1}{x} - \lambda p_x = 0$이다. 마찬가지로 $\lambda = 0$이 될 수 없으므로 $\lambda > 0$이고 $I - p_x x - p_y y = 0$이다. $y > 0$이면 $1 - \lambda p_y = 0$이다. $y = \frac{I - p_x x}{p_y} = \frac{I - 1/\lambda}{p_y} = \frac{I - p_y}{p_y} \leq 0$이므로 모순이다. 따라서 $y = 0$, $x = \frac{I}{p_x}$, $\lambda = \frac{1}{I}$이다. 이 해가 지역최대점이라고 하자. (실제로 전역최대점이다.)

이 결과는 소득이 충분하지 않으면 Y재는 소비하지 않는 것이 최적임을 보여 준다. 그 이유를 살펴보자. 이 소비자의 한계대체율은 $MRS = \frac{u_x}{u_y} = \frac{1}{x}$이다. $p_x x = I - p_y y \leq I \leq p_y$이므로 구매 가능한 x에 대해서는 항상 $MRS \geq \frac{p_x}{p_y}$이다. 따라서 모든 소득을 X재의 구입에 사용하는 것이 최적이다. 그림 9.10에 이 상황이 표현되어

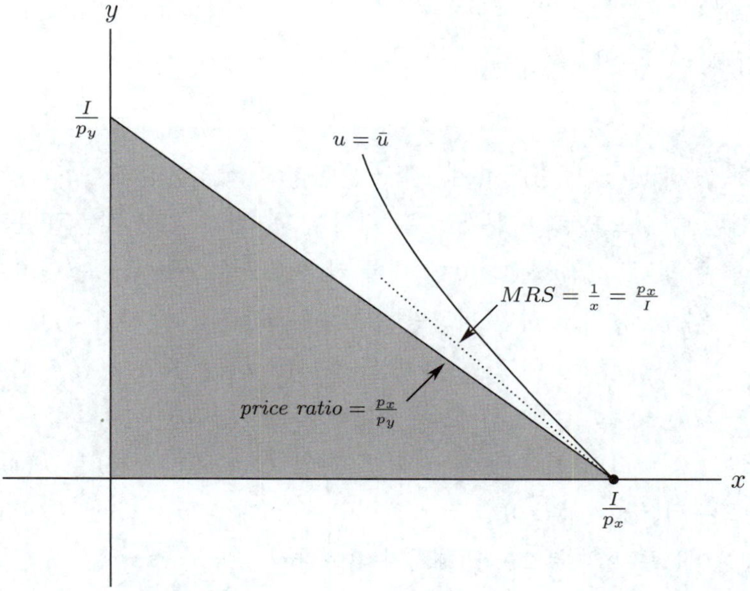

그림 9.10 모서리 해

있다. 그림에서 보는 바와 같이 모든 x 에서 MRS 가 가격비보다 큼을 알 수 있다. 이 예제에서 최적 $y = 0$ 이므로 이 최대화 문제의 해는 모서리해이다.

문제 9.18 이 예제에서 $p_y < I$ 이면 최적 $y > 0$ 임을 라그랑즈 방법과 그림을 이용하여 보여라. ■

9.5 등식 제약조건

제약조건이 등식인 다음 최대화 문제를 생각하자.

$$\max_{x1,x2} f(x_1, x_2) \text{ s.t. } g(x_1, x_2) = 0.$$

라그랑즈 함수는 표준적 문제에서와 마찬가지로 정의된다.

$$L(x_1, x_2, \lambda) = f(x_1, x_2) + \lambda g(x_1, x_2)$$

정리 9.4 (쿤-터커 정리) (x_1^*, x_2^*) 가 $\max_{x_1,x_2} f(x_1, x_2)$ s.t. $g(x_1, x_2) = 0$ 의 지역최대점이고 제약자격을 만족하면 다음 조건을 만족하는 λ^* 가 존재한다.

(i) $L_1(x_1^*, x_2^*, \lambda^*) = 0$, $L_2(x_1^*, x_2^*, \lambda^*) = 0$,

(ii) $L_\lambda(x_1^*, x_2^*, \lambda^*) = 0$.

Box 9.3 (정리 9.4의 증명) $g(x_1, x_2) = 0$은 $g(x_1, x_2) \geq 0$과 $-g(x_1, x_2) \geq 0$으로 표현할 수 있으므로 이 문제는 두 개의 부등 제약조건을 갖는 표준적 문제로 생각할 수 있다. $g(x_1, x_2) \geq 0$에 대한 라그랑즈 승수를 λ_1, $-g \geq 0$에 대한 라그랑즈 승수를 λ_2라고 하면 라그랑즈 함수는 $\tilde{L}(x_1, x_2, \lambda_1, \lambda_2) = f(x_1, x_2) + \lambda_1 g(x_1, x_2) - \lambda_2 g(x_1, x_2)$이고 쿤-터커 조건은 (i) $\tilde{L}_1 = f_1 + \lambda_1 g_1 - \lambda_2 g_1 = 0$, $\tilde{L}_2 = f_2 + \lambda_1 g_2 - \lambda_2 g_2 = 0$, (ii) $\tilde{L}_{\lambda_1} = g \geq 0$, $\lambda_1 \geq 0$, $\lambda_1 \tilde{L}_{\lambda_1} = 0$, $\tilde{L}_{\lambda_2} = -g \geq 0$, $\lambda_2 \geq 0$, $\lambda_2 \tilde{L}_{\lambda_2} = 0$이다. $\lambda = \lambda_1 - \lambda_2$로 하면 $\tilde{L}(x_1, x_2, \lambda_1, \lambda_2) = L(x_1, x_2, \lambda)$이다. (i)로부터 $\tilde{L}_i = L_i = 0$ $(i = 1, 2)$이고 (ii)로부터 $g = L_\lambda = 0$이다. $\lambda_i \geq 0$ $(i = 1, 2)$이므로 λ의 부호는 정해지지 않는다. □

문제 9.19 위 증명에서 $\tilde{L}$에 대한 조건들로부터 L에 대한 조건들을 유도하였다. 그 반대 경우도 성립함을 보여라. ■

예제 VIII

다음 최대화 문제를 생각하자.

$$\max_{x_1, x_2} \left(x_1 - \frac{1}{2}\right)^2 + \left(x_2 + \frac{1}{2}\right)^2 \text{ s.t. } x_1^2 + x_2^2 = 1.$$

이 문제는 예제 I에서 부등식 제약조건이 등식 제약조건으로 바뀐 것이다. 전역최대점은 그림 9.3를 참조하면 $(x_1, x_2) = \left(-\frac{\sqrt{2}}{2}, \frac{\sqrt{2}}{2}\right)$ 임을 쉽게 알 수 있다.

라그랑즈 함수는

$$L(x_1, x_2, \lambda) = \left(x_1 - \frac{1}{2}\right)^2 + \left(x_2 + \frac{1}{2}\right)^2 + \lambda(1 - x_1^2 - x_2^2)$$

이고 쿤-터커 조건은

$$\text{(i) } L_1 = 2\left(x_1 - \frac{1}{2}\right) - 2\lambda x_1 = 0, L_2 = 2\left(x_2 + \frac{1}{2}\right) - 2\lambda x_2 = 0,$$

$$\text{(ii) } L_\lambda = 1 - x_1^2 - x_2^2 = 0$$

이다. $\lambda = 0$ 이면 $x_1 = \frac{1}{2}$, $x_2 = -\frac{1}{2}$ 이므로 $L_\lambda > 0$ 이 되어 모순이다. 예제 I의 풀이 과정을 이용하면 해는

$$(x_1^A, x_2^A, \lambda^A) = (-\frac{\sqrt{2}}{2}, \frac{\sqrt{2}}{2}, 1 + \frac{\sqrt{2}}{2}),\ (x_1^B, x_2^B, \lambda^B) = \left(\frac{\sqrt{2}}{2}, -\frac{\sqrt{2}}{2}, 1 - \frac{\sqrt{2}}{2}\right)$$

이다.

문제 9.20 $\max_{x_1,x_2}\ -x_1^2 + x_2$ s.t. $x_1^2 + x_2^2 = 1$ 의 라그랑즈 함수와 쿤-터커 조건을 나열하고 쿤-터커 조건의 해를 구하라. ■

Box 9.4 $\max_{x_1,x_2}\ f(x_1,x_2)$ s.t. $x_2 - g(x_1) = 0$ 의 쿤-터커 조건을 다른 방법으로 구해 보자. 이 문제의 지역최대점이 (x_1^*, x_2^*) 이면 최대값은 $f(x_1^*, x_2^*)$ 이다. $x_1(\epsilon) = x_1^* + \epsilon$, $x_2(\epsilon) = g(x_1(\epsilon)) = g(x_1^* + \epsilon)$ 이면 목적함수의 값은 $v(\epsilon) = f(x_1(\epsilon), x_2(\epsilon))$ 이다. 정의에 의해 $v(0) = f(x_1^*, x_2^*) \geq v(\epsilon)$ 이므로 $v'(0) = f_1^* + f_2^* x_2'(\epsilon) = 0$ 이다. 이 식은 (x_1^*, x_2^*) 가 지역최대점이기 위한 필요조건이지만 $x_2'(\epsilon)$ 을 알기 어렵기 때문에 그리 유용하지는 않다.

이 문제를 해결하기 위해 임의의 실수 λ 에 대해 $L(x_1, x_2, \lambda) = f(x_1, x_2) + \lambda(x_2 - g(x_1))$ 라고 정의하자. $L(x_1^*, x_2^*, \lambda) = f(x_1^*, x_2^*) \geq f(x_1(\epsilon), x_2(\epsilon)) = L(x_1(\epsilon), x_2(\epsilon), \lambda)$ 이다. $\hat{v}(\epsilon) = L(x_1(\epsilon), x_2(\epsilon), \lambda)$ 이라고 하면 $\hat{v}(0) \geq \hat{v}(\epsilon)$ 이다. 따라서 $\hat{v}'(0) = f_1^* - \lambda g_1^* + (f_2^* + \lambda)x_2'(\epsilon) = 0$ 이다. $\lambda^* = -f_2^*$ 라고 하자. $\hat{v}'(0) = 0$ 은 임의의 λ 에 대해 성립하므로 $\lambda = \lambda^*$ 일 때도 성립한다. 따라서 $f_1^* - \lambda^* g_1^* = 0$ 이고 $f_2^* + \lambda^* = 0$ 이다. 이것은 정리 9.4의 조건 (i)에 해당한다. $x_2^* - g(x_1^*) = 0$ 이므로 조건 (ii)가 성립한다.[a]

문제 9.21 $\max_{x_1,x_2}\ f(x_1,x_2)$ s.t. $g(x_1,x_2) = 0$ 에 대해 위 논의를 적용하여 쿤-터커 조건을 도출하라. ■

[a] 이 방법은 5편 13.B절에서 폰트리아긴 최대원리를 도출할 때 사용된다.

9.6 다양한 형태의 제약조건

선택변수의 부호에 대한 제약과 제약조건이 다양한 형태인 일반적인 최대화 문제를 생각하자. 이제까지의 논의로부터 쿤-터커 조건은 다음과 같을 것으로 유추할 수 있다.

(i) 선택변수 x_i 에 대해 아무 제약이 없는 경우 $L_i^* = 0$ 이고 비음 제약이 있는 경우 $L_i^* \le 0$, $x_i^* \ge 0$, $x_i^* L_i^* = 0$ 이다.

(ii) k 번째 제약조건이 부등식이면 $L_{\lambda_k}^* \ge 0$, $\lambda_k^* \ge 0$, $\lambda_k^* L_{\lambda_k}^* = 0$ 이고 등식이면 $L_{\lambda_k}^* = 0$ 이다.

예제 IX

다음 최대화 문제를 생각하자.

$$\max_{x_1 \ge 0, x_2} \left(x_1 - \frac{1}{2}\right)^2 + \left(x_2 + \frac{1}{2}\right)^2 \text{ s.t. } x_1^2 + x_2^2 \le 1, x_1 + x_2 = 1.$$

라그랑즈 함수는

$$\begin{aligned} L(x_1, x_2, \lambda) = & \left(x_1 - \frac{1}{2}\right)^2 + \left(x_2 + \frac{1}{2}\right)^2 \\ & + \lambda_1(1 - x_1^2 - x_2^2) + \lambda_2(x_1 + x_2 - 1) \end{aligned}$$

이고 쿤-터커 조건은

$$\begin{aligned} \text{(i) } & L_1 = 2\left(x_1 - \frac{1}{2}\right) - 2\lambda_1 x_1 + \lambda_2 \le 0,\ x_1 \ge 0,\ x_1 L_1 = 0, \\ & L_2 = 2\left(x_2 + \frac{1}{2}\right) - 2\lambda_1 x_2 + \lambda_2 = 0, \\ \text{(ii) } & L_{\lambda_1} = 1 - x_1^2 - x_2^2 \ge 0,\ \lambda_1 \ge 0,\ \lambda_1 L_{\lambda_1} = 0, \\ & L_{\lambda_2} = x_1 + x_2 - 1 = 0 \end{aligned}$$

이다

쿤-터커 조건의 해를 구해 보자. 먼저 $L_{\lambda_1} = 1 - x_1^2 - x_2^2 > 0$ 이면 $\lambda_1 = 0$ 이다. $1 - x_1^2 - x_2^2 = 1 - (x_1 + x_2)^2 + 2x_1x_2 = 2x_1x_2 > 0$ 이므로 $x_1 > 0$ 이고 $L_1 = 0$ 이다. $L_1 = 2x_1 - 1 + \lambda_2 = 0$, $L_2 = 2x_2 + 1 + \lambda_2 = 0$, $L_{\lambda_2} = x_1 + x_2 - 1 = 0$ 의 해를 구하면 $x_1 = 1$, $x_2 = 0$, $\lambda_2 = -1$ 이 되어 모순이다. 따라서 $L_{\lambda_1} = 1 - x_1^2 - x_2^2 = 0$ 이다.

$L_{\lambda_1} = 0$ 과 $L_{\lambda_2} = 0$ 의 해는 $(x_1, x_2) = (1, 0)$ 과 $(x_1, x_2) = (0, 1)$ 이다. $(x_1, x_2) = (1, 0)$ 이면 $L_1 = 0$ 과 $L_2 = 0$ 으로부터 $\lambda_1 = 0$ 과 $\lambda_2 = -1$ 이다. 따라서

$$(x_1^G, x_2^G, \lambda_1^G, \lambda_2^G) = (1, 0, 0, -1)$$

는 해이다. $(x_1, x_2) = (0, 1)$ 이면 $L_1 \leq 0$ 로부터 $\lambda_2 \leq 1$ 이다. $L_2 = 0$ 으로부터 $3 - 2\lambda_1 + \lambda_2 = 0$ 이다. 따라서

$$(x_1^D, x_2^D, \lambda_1^D, \lambda_2^D) = (0, 1, \lambda_1, \lambda_2)$$

도 해이다. (단, $\lambda_1 \geq 0$, $\lambda_2 \leq 1$, $3 - 2\lambda_1 + \lambda_2 = 0$.)

문제 9.22 위 결과를 그림을 그려 확인하라. ■

9.7 이계필요조건과 충분조건

쿤-터커 조건을 만족하는 해는 지역최대점일 가능성만 있다. 이계조건을 이용하면 지역최대점 여부에 대해 더 많은 정보를 얻을 수 있다. 쿤-터커 조건의 해가 이계충분조건을 만족하면 지역최대점이다. 이계충분조건을 만족하지 않으면 이계필요조건을 확인한다. 이계필요조건도 만족하지 않으면 쿤-터커 조건의 해는 지역최대점이 아니라는 사실은 알 수 있다. 이계조건은 등식제약조건인 경우에 대해 먼저 생각하고 그 결과를 표준적 문제로 확장하기로 한다.

9.7.1 등식 제약조건

제약조건이 등식인 다음 최대화 문제를 생각하자.

$$\max_{x_1, x_2} f(x_1, x_2) \text{ s.t. } g(x_1, x_2) = 0$$

x_1, x_2 와 λ 의 함수 $D(x_1, x_2, \lambda)$ 를

$$\begin{aligned} D(x_1, x_2, \lambda) = 2g_1(x_1, x_2)g_2(x_1, x_2)L_{12}(x_1, x_2, \lambda) \\ - (g_1(x_1, x_2))^2 L_{22}(x_1, x_2, \lambda) \\ - (g_2(x_1, x_2))^2 L_{11}(x_1, x_2, \lambda) \end{aligned}$$

로 정의하자.

정리 9.5 (이계조건) (x_1^*, x_2^*) 에서 제약자격이 만족된다고 하자.

(i) (x_1^*, x_2^*) 가 $\max_{x_1, x_2}$ $f(x_1, x_2)$ s.t. $g(x_1, x_2) = 0$ 의 지역최대점이고 λ^* 가 이에 대응하는 라그랑즈 승수이면 $D(x_1^*, x_2^*, \lambda^*) \geq 0$ 이다.

(ii) $(x_1^*, x_2^*, \lambda^*)$ 가 쿤-터커 조건, (i) $L_1(x_1^*, x_2^*, \lambda^*) = 0$, $L_2(x_1^*, x_2^*, \lambda^*) = 0$, (ii) $L_\lambda(x_1^*, x_2^*, \lambda^*) = 0$ 의 해이고 $D(x_1^*, x_2^*, \lambda^*) > 0$ 이면 (x_1^*, x_2^*) 는 $\max_{x_1,x_2} f(x_1, x_2)$s.t. $g(x_1, x_2) = 0$ 의 지역최대점이다.

Box 9.5 (정리 9.5의 증명) $g_2^* \neq 0$ 이라고 하자. (i) (x_1^*, x_2^*) 가 지역최대점이면 $h(x_1) \equiv f(x_1, x_2(x_1))$ 은 x_1^* 에서 지역최대이다. (정리 9.1의 증명 참조.) $h'(x_1) = f_1(x_1, x_2(x_1)) + f_2(x_1, x_2(x_1))\frac{dx_2}{dx_1}$ 를 한번 더 미분하면 $h''(x_1) = \left\{f_{11} + f_{12}\frac{dx_2}{dx_1} + \left(f_{21} + f_{22}\frac{dx_2}{dx_1}\right)\frac{dx_2}{dx_1}\right\} + f_2\frac{d^2x_2}{dx_1^2} = A + B$ 이다. (단, A 는 중괄호 안의 수식이고 B 는 $f_2\frac{d^2x_2}{dx_1^2}$.) $g_2^2 h''(x_1) = g_2^2 A + g_2^2 B$ 을 (x_1^*, x_2^*) 에서 계산하자. (a) $\left.\frac{dx_2}{dx_1}\right|_{x_1=x_1^*} = -\frac{g_1^*}{g_2^*}$ 이므로 $(g_2^*)^2 A^* = -2g_1^* g_2^* f_{12}^* + (g_1^*)^2 f_{22}^* + (g_2^*)^2 f_{11}^*$ 이다. (b) $\frac{d^2x_2}{dx_1^2} = -\frac{1}{g_2^2}\left\{g_2\left(g_{11} + g_{12}\frac{dx_2}{dx_1}\right) - g_1\left(g_{21} + g_{22}\frac{dx_2}{dx_1}\right)\right\}$ 이고 $\lambda^* = -\frac{f_2^*}{g_2^*}$ 이므로 $(g_2^*)^2 B^* = \lambda^*(-2g_1^* g_2^* g_{12}^* + (g_1^*)^2 g_{22}^* + (g_2^*)^2 g_{11}^*)$ 이다. 따라서 $(g_2^*)^2 h''(x_1^*) = -2g_1^* g_2^*(f_{12}^* + \lambda^* g_{12}^*) + (g_1^*)^2(f_{22}^* + \lambda^* g_{22}^*) + (g_2^*)^2(f_{11}^* + \lambda^* g_{11}^*) = -2g_1^* g_2^* L_{12}^* + (g_1^*)^2 L_{22}^* + (g_2^*)^2 L_{11}^* = -D(x_1^*, x_2^*, \lambda^*) \leq 0$ 이다. (ii) (x_1^*, x_2^*) 가 쿤-터커 조건을 만족하므로 $f_1^* + \lambda^* g_1^* = 0$ 이고 $f_2^* + \lambda^* g_2^* = 0$ 이다. 이 두 식에서 λ^* 를 소거하여 정리하면 $h'(x_1^*) = 0$ 이다. $D^* > 0$ 이므로 $h''(x_1^*) < 0$ 이고 x_1^* 의 근방에서 $h(x_1^*) > h(x_1)$ 이다. 그런데 $h(x_1^*) = f(x_1^*, x_2(x_1^*)) = f(x_1^*, x_2^*)$ 이고 $h(x_1) = f(x_1, x_2(x_1))$ 이므로 위 결과가 성립한다. □

예제 9.7 예제 VIII의 $\max_{x_1,x_2} \left(x_1 - \frac{1}{2}\right)^2 + \left(x_2 + \frac{1}{2}\right)^2$ s.t. $x_1^2 + x_2^2 = 1$ 에서 쿤-터커 조건을 만족하는 해는 $(x_1^A, x_2^A, \lambda^A) = \left(-\frac{\sqrt{2}}{2}, \frac{\sqrt{2}}{2}, 1 + \frac{\sqrt{2}}{2}\right)$ 와 $(x_1^B, x_2^B, \lambda^B) = \left(\frac{\sqrt{2}}{2}, -\frac{\sqrt{2}}{2}, 1 - \frac{\sqrt{2}}{2}\right)$ 두 개가 있다. 이 두 해에 대해 이계조건을 적용하여 보자. $L_{11} = L_{22} = 2(1-\lambda)$, $L_{12} = 0$, $g_1 = -2x_1$, $g_2 = -2x_2$ 이다. 따라서 $D(x_1, x_2, \lambda) = -8(1-\lambda)(x_1^2 + x_2^2)$ 이다. $D^A > 0$ 이고 $D^B < 0$ 이므로 (x_1^A, x_2^A) 는 지역최대점이고 (x_1^B, x_2^B) 는 지역최대점이 아니다. ■

문제 9.23 문제 9.20의 $\max_{x_1,x_2} -x_1^2 + x_2$ s.t. $x_1^2 + x_2^2 = 1$ 에서 쿤-터커 조건을 만족하는 해 중 이계조건을 이용하여 지역최대점을 구하고 그림을 그려 확인하라. ■

9.7.2 부등식 제약조건

다음으로 제약조건이 부등식인 표준적 최대화 문제를 생각하자. (x_1^*, x_2^*) 가

$$\max_{x_1,x_2} f(x_1,x_2) \text{ s.t. } g(x_1,x_2) \geq 0$$

의 쿤-터커 조건을 만족한다고 하자. $g(x_1^*,x_2^*) > 0$ 이면 제약식이 없는 문제와 마찬가지이다. 따라서 이계조건은 정리 8.3의 제약식이 없는 최대화 문제의 이계조건을 이용하면 되고 $g(x_1^*,x_2^*) = 0$ 이면 정리 9.5를 적용할 수 있다.

정리 9.6 (이계조건) (x_1^*,x_2^*) 에서 제약자격이 만족된다고 하자.

(i) (x_1^*,x_2^*) 가 $\max_{x_1,x_2} f(x_1,x_2)$ s.t. $g(x_1,x_2) \geq 0$ 의 지역최대점이고 λ^* 가 이에 대응하는 라그랑즈 승수이며 $g(x_1^*,x_2^*) = 0$ 이면 $D(x_1^*,x_2^*,\lambda^*) \geq 0$ 이다.

(ii) (x_1^*,x_2^*,λ^*) 가 쿤-터커 조건, (i) $L_1(x_1^*,x_2^*,\lambda^*) = 0$, $L_2(x_1^*,x_2^*,\lambda^*) = 0$, (ii) $L_\lambda(x_1^*,x_2^*,\lambda^*) \geq 0$, $\lambda^* \geq 0$, $\lambda^* L_\lambda(x_1^*,x_2^*,\lambda^*) = 0$ 의 해이고 $g(x_1^*,x_2^*) = 0$ 이며 $D(x_1^*,x_2^*,\lambda^*) > 0$ 이면 (x_1^*,x_2^*) 는 $\max_{x_1,x_2} f(x_1,x_2)$ s.t. $g(x_1,x_2) \geq 0$ 의 지역최대점이다.

예제 9.8 예제 I의 $\max_{x_1,x_2} \left(x_1 - \frac{1}{2}\right)^2 + \left(x_2 + \frac{1}{2}\right)^2$ s.t. $x_1^2 + x_2^2 = 1$ 에서 쿤-터커 조건을 만족하는 해는 $(x_1^A,x_2^A,\lambda^A) = \left(-\frac{\sqrt{2}}{2}, \frac{\sqrt{2}}{2}, 1 + \frac{\sqrt{2}}{2}\right)$, $(x_1^B,x_2^B,\lambda^B) = \left(\frac{\sqrt{2}}{2}, -\frac{\sqrt{2}}{2}, 1 - \frac{\sqrt{2}}{2}\right)$, $(x_1^C,x_2^C,\lambda^C) = \left(\frac{1}{2}, -\frac{1}{2}, 0\right)$ 이다. (x_1^C,x_2^C,λ^C) 에서는 제약조건이 소극적이므로 제약식이 없는 최대화 문제의 이계조건을 적용할 수 있다. $f_{11} = 2 > 0$ 이므로 (x_1^C,x_2^C) 는 지역최대점이 아니다. (x_1^A,x_2^A) 와 (x_1^B,x_2^B) 에서는 제약조건이 적극적이다. 예제 9.7에서 이미 본 바와 같이 (x_1^A,x_2^A) 는 지역최대점이고 (x_1^B,x_2^B) 는 지역최대점이 아니다. ■

문제 9.24 $\max_{x_1,x_2} -x_1^2 + x_2$ s.t. $x_1^2 + x_2^2 \leq 1, x_1 + x_2 \leq 0$ 의 쿤-터커 조건의 해가 지역최대점인지를 확인하라. ■

예제 9.9 예제 VII의 소비자 효용최대화 문제

$$\max_{x,y} u(x,y) \text{ s.t. } p_x x + p_y y \leq I$$

를 생각하자. 라그랑즈함수는 $L(x,y,\lambda) = u(x,y) + \lambda(I - p_x x - p_y y)$ 이다. 쿤-터커 조건을 만족하는 (x,y) 에 대해 예산제약조건은 적극적이므로 정리 9.5를 적용할 수 있다. 이계충분조건은 $D = 2p_x p_y u_{xy} - p_x^2 u_{yy} - p_y^2 u_{xx} > 0$ 이다. 그런데 쿤-터커 조건 (i)은 $L_x = u_x - \lambda p_x = 0$, $L_y = u_y - \lambda p_y = 0$ 이므로 이것을 대입하면 $D = \frac{1}{\lambda^2}(2u_x u_y u_x y - u_x^2 u_y y - u_y^2 u_x x) > 0$ 이다. $\lambda > 0$ 이므로 이계충분조건은 $2u_x u_y u_{xy} - u_x^2 u_{yy} - u_y^2 u_{xx} > 0$

이다. ■

예제 9.10 $u(x,y) = \alpha \ln x + \beta \ln y$ 라고 하자. $u_x = \frac{\alpha}{x}$, $u_y = \frac{\beta}{y}$, $u_{xx} = -\frac{\alpha}{x^2}$, $u_{xy} = 0$, $u_{yy} = -\frac{\beta}{y^2}$ 이므로 $2u_x u_y u_{xy} - u_x^2 u_{yy} - u_y^2 u_{xx} = \frac{\alpha\beta(\alpha+\beta)}{x^2y^2} > 0$ 이다. 콥-더글라스 효용함수의 경우에는 이계충분조건이 모든 $x, y > 0$ 에 대해 성립하기 때문에 쿤-터커 조건을 만족하는 점에서는 당연히 성립한다. 따라서 쿤-터커 조건의 해는 지역최대점이다. 즉, $x^* = \frac{\alpha}{\alpha+\beta}\frac{I}{p_x}$, $y^* = \frac{\beta}{\alpha+\beta}\frac{I}{p_y}$ 이다. ■

위 예제는 제약조건이 선형인 경우에는 $D(x_1, x_2, \lambda)$ 는 f 의 일계도함수와 이계도함수만의 함수로 표현될 수 있음을 보여준다.

$$g(x_1, x_2) = a_0 + a_1 x_1 + a_2 x_2$$

라고 하자. $g_1 = a_1$, $g_2 = a_2$ 이므로 $g_{ij} = 0$ $(i, j = 1, 2)$ 이고 따라서 $L_{ij} = f_{ij}$ 이다. $\lambda \neq 0$ 이면 쿤-터커 조건에서 $a_i = -\frac{f_i}{\lambda}$ 이므로 이것을 $D(x_1, x_2, \lambda)$ 에 대입하면 다음 결과를 얻는다.

정리 9.7 $g(x_1, x_2) = a_0 + a_1 x_1 + a_2 x_2$ 이고 (x_1, x_2, λ) 가 쿤-터커 조건을 만족하며 $\lambda \neq 0$ 이면 $D(x_1, x_2, \lambda) = \frac{1}{\lambda^2}(2f_1 f_2 f_{12} - f_1^2 f_{22} - f_2^2 f_{11})$ 이다.

CHAPTER 10

제약조건이 있는 최대화 : 해의 성질과 전역최대화

이 장에서는 3편에서 논의한 비교정태 분석, 포락선 정리와 전역최대화에 대한 결과들을 선택변수가 두 개인 경우로 확장한다.

10.1 비교정태분석

예제 10.1 예제 9.4에서 X 재에 대한 수요 $x^* = \frac{\alpha}{\alpha+\beta}\frac{I}{p_x}$ 는 소득이 클수록, X 재의 가격이 낮을수록 크다. $\frac{\alpha}{\alpha+\beta}$ 는 X 재에 대한 상대적 선호도를 나타낸다. 따라서 X 재에 대한 선호가 커질수록 X 재를 더 많이 소비한다. ■

다음과 같은 최대화 문제를 생각하자.

$$\max_{x_1, x_2} f(x_1, x_2, a) \text{ s.t. } g(x_1, x_2, a) = b.$$

라그랑즈 함수는 $L(x_1, x_2, \lambda, a, b) = f(x_1, x_2, a) + \lambda(b - g(x_1, x_2, a))$ 이고 쿤-터커 조건은

(i) $L_1(x_1, x_2, \lambda, a, b) = 0,\ L_2(x_1, x_2, \lambda, a, b) = 0,$

(ii) $L_\lambda(x_1, x_2, \lambda, a, b) = 0$

이다. $a = a^0$, $b = b^0$ 일 때 $(x_1^0, x_2^0, \lambda^0)$ 이 쿤-터커 조건의 해라고 하자. 즉, (i) $L_1^0 = 0$, $L_2^0 = 0$, (ii) $L_\lambda^0 = 0$ 이다. (윗첨자 '0'은 해당 변수들이 $(x_1^0, x_2^0, \lambda^0, a^0, b^0)$ 에서 계산됨을 의미한다.) 이계충분조건이 만족된다고 하면 즉, $D^0 = 2g_1^0 g_2^0 L_{12}^0 - (g_1^0)^2 L_{22}^0 - (g_2^0)^2 L_{11}^0 > 0$ 이면 (x_1^0, x_2^0) 은 지역최대점이다.

$$\bar{\mathbf{H}} = \bar{\mathbf{H}}(x_1, x_2, \lambda, a, b) = \begin{bmatrix} L_{11} & L_{12} & L_{1\lambda} \\ L_{21} & L_{22} & L_{2\lambda} \\ L_{\lambda 1} & L_{\lambda 2} & L_{\lambda\lambda} \end{bmatrix}$$
$$= \begin{bmatrix} L_{11} & L_{12} & -g_1 \\ L_{21} & L_{22} & -g_2 \\ -g_1 & -g_2 & 0 \end{bmatrix}$$

라고 하자. (단, $L_{ij} = f_{ij} - \lambda g_{ij}$ $(i, j = 1, 2, \lambda)$.) 음함수 정리에 의해 $|\bar{\mathbf{H}}^0| \neq 0$ 이면 (a^0, b^0) 근방에서 쿤-터커 조건 (i)과 (ii)를 x_1, x_2, λ 에 대해 풀 수 있다. (3편 정리 7.3 참조.) 그런데

$$|\bar{\mathbf{H}}^0| = 2g_1^0 g_2^0 L_{12}^0 - (g_1^0)^2 L_{22}^0 - (g_2^0)^2 L_{11}^0 = D^0 > 0$$

이므로 음함수 정리의 충분조건이 만족된다. (a^0, b^0) 근방에서의 쿤-터커 조건 (i)과 (ii)의 (연속미분가능한) 해를 $x_1^* = x_1(a, b)$, $x_2^* = x_2(a, b)$, $\lambda^* = \lambda(a, b)$ 라고 하자. 음함수 정리에 의해 $x_1^0 = x_1(a^0, b^0)$, $x_2^0 = x_2(a^0, b^0)$, $\lambda^0 = \lambda(a^0, b^0)$ 이고 (i) $L_1(x_1^*, x_2^*, \lambda^*, a, b) = 0$, $L_2(x_1^*, x_2^*, \lambda^*, a, b) = 0$, (ii) $L_\lambda(x_1^*, x_2^*, \lambda^*, a, b) = 0$ 이다. (i)과 (ii)의 미분을 구하면

$$dL_1 = L_{11}^* \, dx_1^* + L_{12}^* \, dx_2^* + L_{1\lambda}^* \, d\lambda^* + L_{1a}^* \, da + L_{1b}^* \, db = 0$$
$$dL_2 = L_{21}^* \, dx_1^* + L_{22}^* \, dx_2^* + L_{2\lambda}^* \, d\lambda^* + L_{2a}^* \, da + L_{2b}^* \, db = 0$$
$$dL_\lambda = L_{\lambda 1}^* \, dx_1^* + L_{\lambda 2}^* \, dx_2^* + L_{\lambda\lambda}^* \, d\lambda^* + L_{\lambda a}^* \, da + L_{\lambda b}^* \, db = 0$$

이다. (단, $L_{ij}^* = L_{ij}(x_1^*, x_2^*, \lambda^*, a, b)$ $(i = 1, 2, \lambda; j = 1, 2, \lambda, a, b)$.)

$\bar{\mathbf{H}}^* = \bar{\mathbf{H}}(x_1^*, x_2^*, \lambda^*, a, b)$ 라고 하자. 위 결과를 행렬과 벡터 형식으로 표현하면

$$\bar{\mathbf{H}}^* \begin{bmatrix} dx_1^* \\ dx_2^* \\ d\lambda^* \end{bmatrix} = - \begin{bmatrix} L_{1a}^* \\ L_{2a}^* \\ -g_a^* \end{bmatrix} da - \begin{bmatrix} 0 \\ 0 \\ 1 \end{bmatrix} db \qquad (10\text{-}\dagger)$$

이다.

a는 변하지 않고 b만 약간 변하는 경우를 생각하자. $da = 0$을 (10-†)에 대입하고 양 변을 db로 나누고 정리하면 다음 결과를 얻는다.

$$\begin{bmatrix} \dfrac{\partial x_1^*}{\partial b} \\ \dfrac{\partial x_2^*}{\partial b} \\ \dfrac{\partial \lambda^*}{\partial b} \end{bmatrix} = -(\bar{\mathbf{H}}^*)^{-1} \begin{bmatrix} 0 \\ 0 \\ 1 \end{bmatrix}. \tag{10-‡}$$

b가 b^0에서 약간 증가할 때의 영향은 $(\bar{\mathbf{H}}^*)^{-1}$를 $(\bar{\mathbf{H}}^0)^{-1}$로 대치하여 얻을 수 있다.[1]

이제까지의 결과에서 다음 몇 가지 점을 유의하도록 하자. 첫째, 환경변수에서 윗첨자 '0'은 별다른 역할을 하지 못하므로 비교정태분석은 보통 (10-‡)로 표현한다. 둘째, 앞으로 보게 되겠지만 실제로 비교정태분석을 하기 위해서는 (10-†)의 공식을 사용하기보다는 이 공식을 직접 유도하는 것이 더 편리하다. 즉, 쿤-터커 조건을 선택변수, 라그랑즈 승수와 환경변수에 대해 미분을 구하고 이것을 행렬과 벡터의 형식으로 정리한 다음 선형연립방정식을 푼다. 이 때 선택변수와 라그랑즈 승수는 환경변수의 함수임을 유념하여야 한다. 목적함수와 제약조건이 닫힌형식의 함수이면 쿤-터커 조건의 해가 이계충분조건이 만족하는지를 확인하여야 한다. 일반적인 함수 형태이면 보통 이계충분조건이 만족된다고 가정한다. 따라서 음함수 정리의 충분조건은 자동적으로 충족된다.

셋째, 위에서와 같이 $(\bar{\mathbf{H}}^*)^{-1}$를 이용할 수도 있지만 크래머 법칙을 사용하는 것이 편리할 수 있다. 예를 들어

$$\frac{\partial x_1^*}{\partial b} = \frac{\begin{vmatrix} 0 & L_{12}^* & -g_1^* \\ 0 & L_{22}^* & -g_2^* \\ -1 & -g_2^* & 0 \end{vmatrix}}{|\bar{\mathbf{H}}^*|} = \frac{-g_1^* L_{22}^* + g_2^* L_{12}^*}{|\bar{\mathbf{H}}^*|}$$

이다. 이계충분조건이 만족된다고 가정하므로 분모는 양이다. 따라서 $\frac{\partial x_1^*}{\partial b}$의 부호는 분자 $-g_1^* L_{22}^* + g_2^* L_{12}^*$의 부호와 같다.

문제 10.1 $\frac{\partial x_2^*}{\partial b}$를 구하라. ■

---

[1] f와 g가 이계연속미분가능하다고 가정하면 충분히 작은 (a^0, b^0) 근방에서는 $|\bar{\mathbf{H}}^*| < 0$이므로 이 근방에서는 $(\bar{\mathbf{H}}^*)^{-1}$가 존재한다.

예제 10.2 예제 VII의 예산제약조건이 등식으로 성립하는 효용최대화 문제를 생각하자. 쿤-터커 조건은

$$\text{(i) } L_x = u_x - \lambda p_x = 0,\ L_y = u_y - \lambda p_y = 0,$$
$$\text{(ii) } L_\lambda = I - p_x x - p_y y = 0$$

이다. (i)과 (ii)의 미분을 취하면 $u_{xx}\,dx + u_{xy}\,dy - p_x\,d\lambda - \lambda\,dp_x = 0$, $u_{yx}\,dx + u_{yy}\,dy - p_y\,d\lambda - \lambda\,dp_y = 0$, $-p_x\,dx - p_y\,dy - x\,dp_x - y\,dp_y + dI = 0$이다. 이것을 행렬과 벡터의 형식으로 정리하면

$$\begin{bmatrix} u_{xx} & u_{xy} & -p_x \\ u_{yx} & u_{yy} & -p_y \\ -p_x & -p_y & 0 \end{bmatrix} \begin{bmatrix} dx \\ dy \\ d\lambda \end{bmatrix} = \begin{bmatrix} \lambda dp_x \\ \lambda dp_y \\ x\,dp_x + y\,dp_y - dI \end{bmatrix}$$

이다. ■

문제 10.2 위 예제에서 $\frac{\partial x^*}{\partial p_x}$와 $\frac{\partial x^*}{\partial I}$를 구하라. ■

예제 10.3 위 예제에서 $u(x,y) = \alpha \ln x + \beta \ln y$이면 쿤-터커 조건은

$$\text{(i) } L_x = \frac{\alpha}{x} - \lambda p_x = 0,\ L_y = \frac{\beta}{y} - \lambda p_y = 0$$
$$\text{(ii) } L_\lambda = I - p_x x - p_y y = 0$$

이다. (i)과 (ii)의 미분을 취하면 $-\frac{\alpha}{x^2}\,dx - p_x\,d\lambda - \lambda\,dp_x = 0$, $-\frac{\beta}{y^2}\,dy - p_y\,d\lambda - \lambda\,dp_y = 0$, $-p_x\,dx - p_y\,dy - x\,dp_x - y\,dp_y + dI = 0$이다.

위 결과를 행렬과 벡터의 형식으로 정리하면

$$\begin{bmatrix} -\dfrac{\alpha}{x^2} & 0 & -p_x \\ 0 & -\dfrac{\beta}{y^2} & -p_y \\ -p_x & -p_y & 0 \end{bmatrix} \begin{bmatrix} dx \\ dy \\ d\lambda \end{bmatrix} = \bar{\mathbf{H}} \begin{bmatrix} dx \\ dy \\ d\lambda \end{bmatrix} = \begin{bmatrix} \lambda dp_x \\ \lambda dp_y \\ x\,dp_x + y\,dp_y - dI \end{bmatrix}$$

이다. p_y와 I가 고정되어 있고 p_x가 약간 변화할 때 x에 미치는 영향을 생각해 보자. $dp_y = dI = 0$이므로 위 식 오른쪽 항 벡터의 성분은 각각 $\lambda\,dp_x$, 0, $x\,dp_x$가 된다. 예제 9.4에서 구한 $x^* = \frac{\alpha}{\alpha+\beta}\frac{I}{p_x}$, $y^* = \frac{\beta}{\alpha+\beta}\frac{I}{p_y}$, $\lambda^* = \frac{\alpha+\beta}{I}$를 대입하면

$$|\bar{\mathbf{H}}| = \alpha\left(\frac{p_y}{x}\right)^2 + \beta\left(\frac{p_x}{y}\right)^2 = \frac{\alpha+\beta}{\alpha\beta}\lambda^2 p_x^2 p_y^2 > 0$$

이다. 크래머 법칙을 이용하면

$$dx = \frac{\begin{vmatrix} \lambda\, dp_x & 0 & -p_x \\ 0 & -\dfrac{\beta}{y^2} & -p_y \\ x\, dp_x & -p_y & 0 \end{vmatrix}}{|\bar{\mathbf{H}}|} = \frac{-\left(\lambda p_y^2 + x p_x \dfrac{\beta}{y^2}\right) dp_x}{|\bar{\mathbf{H}}|}$$

이다. 분자는 $-\frac{\alpha+\beta}{\beta}\lambda p_y^2\, dp_x$ 이므로

$$\frac{\partial x^*}{\partial p_x} = -\frac{\alpha}{\lambda p_x^2} = -\frac{\alpha}{\alpha+\beta}\frac{I}{p_x^2} < 0$$

이다. 이것은 $x^* = \frac{\alpha}{\alpha+\beta}\frac{I}{p_x}$ 를 p_x 로 직접 미분하여 구한 결과와 같다. ■

문제 10.3 위 예제에서 크래머 법칙을 이용하여 $\frac{\partial x^*}{\partial p_y}$ 와 $\frac{\partial x^*}{\partial I}$ 를 구하라. ■

10.2 포락선 정리와 라그랑즈 승수의 해석

다음 문제를 생각하자.

$$\max_{x_1, x_2} f(x_1, x_2, a) \text{ s.t. } b - g(x_1, x_2, a) \geq 0.$$

지역최대점이 $x_1^* = x_1(a,b)$, $x_2^* = x_2(a,b)$ 이고 $\lambda^* = \lambda(a,b)$ 가 이에 대응하는 라그랑즈 승수일 때 $v(a,b) \equiv f(x_1(a,b), x_2(a,b), a) = f(x_1^*, x_2^*, a)$ 라고 하자.

정리 10.1 (포락선 정리)

(i) $$\frac{\partial v(a,b)}{\partial a} = \frac{\partial L(x_1^*, x_2^*, \lambda^*, a, b)}{\partial a},$$

(ii) $$\frac{\partial v(a,b)}{\partial b} = \frac{\partial L(x_1^*, x_2^*, \lambda^*, a, b)}{\partial b} = \lambda^*.$$

증명 $dv = f_1^*\, dx_1^* + f_2^*\, dx_2^* + f_a^*\, da = \lambda^*(g_1^*\, dx_1^* + g_2^*\, dx_2^*) + f_a^*\, da$ 이다. $\lambda^* > 0$ 이면 $b \equiv g(x_1^*, x_2^*, a)$ 이므로 $db = g_1^*\, dx_1^* + g_2^*\, dx_2^* + g_a^*\, da$ 이다. $g_1^*\, dx_1^* + g_2^*\, dx_2^* = -g_a^*\, da$ 를 dv 에 대입하면 $dv = \lambda^*\, db + (f_a^* - \lambda^* g_a^*)\, da = L_b^*\, db + L_a^*\, da$ 이다. □

문제 10.4 (i) $\lambda^* = 0$ 일 때 위 정리를 증명하라. (ii) 제약조건이 없는 경우의 포락선

정리는 위 정리의 특수한 경우임을 확인하라. ■

예제 10.4 예제 III의 효용최대화 문제에서 최적해는 $x^* = \frac{\alpha}{\alpha+\beta}\frac{I}{p_x}$, $y^* = \frac{\beta}{\alpha+\beta}\frac{I}{p_y}$ 임을 보았다. $v(p_x, p_y, I) = \alpha \ln x^* + \beta \ln y^*$ 이므로 $\frac{\partial v}{\partial p_x} = \alpha \frac{1}{x^*}\frac{\alpha}{\alpha+\beta}\frac{-I}{p_x^2} = -\frac{\alpha}{p_x}$ 이다. 그런데 이것은 $\frac{\partial L}{\partial p_x} = -\lambda^* x^* = -\frac{\alpha}{p_x}$ 와 동일하다. ■

문제 10.5 위 예제에서 $\frac{\partial v}{\partial I} = \lambda^*$ 임을 보여라. ■

* 간접효용함수

예제 VII의 효용최대화 문제를 생각하자.

$$\max_{x \geq 0, y \geq 0} \; u(x, y) \text{ s.t. } p_x x + p_y y \leq I$$

의 해를 $x^* = x(p_x, p_y, I)$ 와 $y^* = y(p_x, p_y, I)$ 라고 하고

$$v(p_x, p_y, I) = u(x(p_x, p_y, I), y(p_x, p_y, I))$$

로 정의하자. $v(p_x, p_y, I)$ 를 **간접효용함수 (indirect utility function)** 라고 한다. 포락선 정리에 의해 $\lambda^* = \lambda(p_x, p_y, I) = \frac{\partial v}{\partial I}$ 이다. 이것은 소득이 약간 증가할 때 최대로 얻을 수 있는 효용이 얼마나 증가할 것인가를 나타내며 **소득의 한계효용 (marginal utility of income)** 이라고 한다.

효용은 측정할 수 없으므로 '한계효용'이라는 용어는 엄밀히 말해 잘못된 것이지만 편의상 효용을 계량화할 수 있는 것처럼 가정하기로 하자. λ 는 효용으로 환산한 추가적 소득 1원의 가치이다. 소득에 λ 를 곱하면 소득을 효용 단위로 환산한 가치라고 생각할 수 있다. 이것은 마치 사과 한 개의 가격이 500원일 때 두 개를 갖고 있다면 (가격을 환산 도구로 사용하여) 사과 두 개의 화폐적 가치는 $500 \times 2 = 1{,}000$(원)이라고 하는 것과 마찬가지다. 이런 의미에서 λ 를 **그림자가격 (shadow price)** 라고 한다. '그림자'라고 부르는 이유는 이것이 실제 시장에서 관찰할 수 있는 가격이 아니고 최적화 문제에서 산정된, 효용 단위로 표시한 소득의 한계적 가치이기 때문이다.

라그랑즈 함수 $L(x, y, \lambda) = u(x, y) + \lambda(I - p_x x - p_y y)$ 를 다시 생각해 보자. $I - p_x x - p_y y$ 는 소비하지 않은 소득의 잔여분이고 $\lambda(I - p_x x - p_y y)$ 는 이 잔여분을 효용으로 표시한 가치이다. 따라서 라그랑즈 함수는 소비로부터 얻는 효용과 소비하지 않은 잔여분 효용의 합이며 라그랑즈 방법은 총효용이 최대가 되도록 소비량을 결정해야 해야 함을 시사한다.

10.3 전역최대와 준오목함수

제약조건이 없는 경우 이계충분조건이 전역적으로 성립하면 다시 말해 목적함수가 순오목함수이면 지역최대점이 전역최대점이 됨을 보았다. 제약조건이 있는 경우 정리 9.5에서 보는 바와 같이 이계충분조건은 목적함수와 제약조건이 결합된 라그랑즈 함수의 편도함수로 표현되기 때문에 의미 있는 조건을 생각하기 어렵다. 아래에서는 목적함수와 제약조건 각각에 대해 오목성을 확인하고 이에 근거하여 전역최대점이 되기 위한 충분조건을 살펴보기로 하자.

정리 9.7로부터 제약조건이 선형이면 쿤-터커 조건의 해 (x_1^*, x_2^*)가 지역최대점이 되기 위한 충분조건은 $2f_1^* f_2^* f_{12}^* - (f_1^*)^2 f_{22}^* - (f_2^*)^2 f_{11}^* > 0$임을 알 수 있다. 따라서 이 경우에는 제약조건이 없는 경우와 마찬가지로 목적함수의 형태에만 의존하는 충분조건을 생각할 수 있다. 즉, 제약조건이 선형일 때 모든 x_1과 x_2에 대해 $2f_1 f_2 f_{12} - f_1^2 f_{22} - f_2^2 f_{11} > 0$이고 (x_1^*, x_2^*)가 쿤-터커 조건의 해이면 (x_1^*, x_2^*)는 전역최대점일 것으로 기대할 수 있다. 그런데 $2f_1 f_2 f_{12} - f_1^2 f_{22} - f_2^2 f_{11} > 0$은 아래에서 정의할 준오목함수가 미분가능할 때 갖는 성질과 밀접하게 관련된다. 아래에서는 목적함수와 제약조건이 준오목함수이면 쿤-터커 조건을 만족하는 해는 전역최대점일 수 있음에 대해 논의한다.

10.3.1 준오목함수의 정의

준오목함수는 오목함수 개념을 확장한 것이다. 그림 10.1을 보자. (a)는 오목함수이지만 (b)는 오목함수가 아니다. (b)는 오목함수와 비슷하지만 볼록한 부분을 갖고 있다. 그럼에도 불구하고 이 두 그래프는 다음과 같은 공통점을 갖고 있다. $x^a < x^b$일 때 $x^t \in [x^a, x^b]$이면 $f(x^t)$는 $f(x^a)$나 $f(x^b)$ 둘 중 적어도 하나보다는 같거나 크다. 준오목함수는 이와 같은 성질을 갖는 함수이다.

문제 10.6 (i) $y = x$는 위 성질을 만족함을 보여라. (ii) $y = x^2$일 때 $x \in R_+ = \{x \mid x \geq 0\}$이면 위 성질이 만족되지만 $x \in R$이면 만족되지 않음을 보여라. ■

정의 10.1 ((순) 준오목함수 ((strictly) quasi-concave function)) 볼록집합 $X \subset R^2$에서 정의되는 함수 $f(x_1, x_2)$를 생각하자. 임의의 두 점 (x_1^a, x_2^a), (x_1^b, x_2^b)에 대해 $(x_1^t, x_2^t) = (tx_1^a + (1-t)x_1^b, tx_2^a + (1-t)x_2^b)$라고 하자.

(i) 모든 $0 \leq t \leq 1$에 대해 $f(x_1^t, x_2^t) \geq \min\{f(x_1^a, x_2^a), f(x_1^b, x_2^b)\}$이면 $f(x_1, x_2)$를 준오목함수라고 한다.

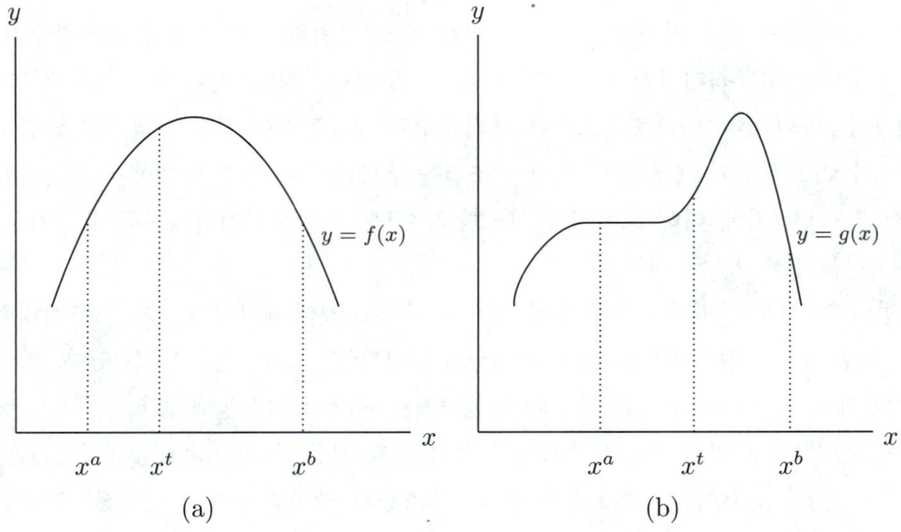

그림 10.1 준오목함수

(ii) 모든 $0 < t < 1$에 대해 $(x_1^a, x_2^a) \neq (x_1^b, x_2^b)$일 때 $f(x_1^t, x_2^t) > \min\{f(x_1^a, x_2^a), f(x_1^b, x_2^b)\}$이면 $f(x_1, x_2)$를 순준오목함수라고 한다.

그림 10.1에 위 정의를 적용하면 (a)는 순준오목함수임은 쉽게 알 수 있다. 그러나 (b)는 준오목함수이지만 x 축과 평행인 부분의 모든 점에 대해 y 값이 같기 때문에 순준오목함수가 아니다.

문제 10.7 (i) 일변수함수에 대해 준오목함수와 순준오목함수를 정의하라. (ii) $y = x^3$은 순준오목함수임을 보여라. ■

예제 10.5 $f(x_1, x_2) = x_1 x_2$ $(x_1, x_2 \geq 0)$를 생각하자.[2] $x_1^b x_2^b \geq x_1^a x_2^a$인 임의의 두 점 (x_1^a, x_2^a)와 (x_1^b, x_2^b)를 생각하자. $x_1^b(x_1^b x_2^a + x_1^a x_2^b - 2x_1^a x_2^a) = (x_1^b)^2 x_2^a + x_1^a(x_1^b x_2^b) - 2x_1^a x_1^b x_2^a \geq (x_1^b)^2 x_2^a + (x_1^a)^2 x_2^a - 2x_1^a x_1^b x_2^a = (x_1^b - x_1^a)^2 x_2^a \geq 0$이므로 $x_1^b x_2^a + x_1^a x_2^b \geq 2x_1^a x_2^a$이다. ■

문제 10.8 $f(x_1, x_2) = x_1 x_2$ $(x_1, x_2 > 0)$이라고 하자. $(x_1^a, x_2^a) \neq (x_1^b, x_2^b)$이고 $x_1^b x_2^b \geq x_1^a x_2^a$이면 $x_1^b x_2^a + x_1^a x_2^b > 2x_1^a x_2^a$임을 보여라. ■

[2] 이 예제의 결과는 다음 몇몇 예제와 문제에서 사용된다.

예제 10.6 $f(x_1, x_2) = x_1x_2$ $(x_1, x_2 \geq 0)$ 일 때 $x_1^bx_2^b \geq x_1^ax_2^a$ 인 임의의 두 점 (x_1^a, x_2^a) 와 (x_1^b, x_2^b) 를 생각하자. 위 예제의 결과로부터 $f(x_1^t, x_2^t) = t^2x_1^ax_2^a + t(1-t)(x_1^bx_2^a + x_1^ax_2^b) + (1-t)^2x_1^bx_2^b \geq t^2x_1^ax_2^a + 2t(1-t)x_1^ax_2^a + (1-t)^2x_1^ax_2^a = x_1^ax_2^a$ 이다. 마찬가지로 생각하면 $x_1^ax_2^a \geq x_1^bx_2^b$ 이면 $f(x_1^t, x_2^t) \geq x_1^bx_2^b$ 이다. $f(x_1^t, x_2^t) \geq \min\{x_1^ax_2^a, x_1^bx_2^b\}$ 이므로 $f(x_1, x_2) = x_1x_2$ $(x_1 \geq 0, x_2 \geq 0)$ 는 준오목함수이다. ■

문제 10.9 (i) $f(x_1, x_2) = x_1x_2$ $(x_1, x_2 \geq 0)$ 은 순준오목함수가 아니고 $f(x_1, x_2) = x_1x_2$ $(x_1, x_2 > 0)$ 은 순준오목함수임을 보여라. (ii) $f(x_1, x_2) = x_1 + x_2$ 는 준오목함수이나 순준오목함수는 아님을 보여라. ■

정의를 사용하여 함수의 준오목성을 확인하는 것은 위 예제에서 보는 바와 같이 쉽지 않다. 아래 정리는 준오목함수 여부를 볼록집합을 이용하여 판별할 수 있음을 보여준다.

정리 10.2 볼록집합 $X \subset R^2$ 에서 정의되는 함수 $f(x_1, x_2)$ 와 임의의 두 점 (x_1^a, x_2^a), (x_1^b, x_2^b) 그리고 임의의 실수 γ 를 생각하자.

(i) 모든 $0 \leq t \leq 1$ 에 대해 $f(x_1^a, x_2^a) \geq \gamma$, $f(x_1^b, x_2^b) \geq \gamma$ 일 때 $f(x_1^t, x_2^t) \geq \gamma$ 이면 $f(x_1, x_2)$ 는 준오목함수이다. 그 역도 성립한다.

(ii) 모든 $0 < t < 1$ 에 대해 $(x_1^a, x_2^a) \neq (x_1^b, x_2^b)$ 이고 $f(x_1^a, x_2^a) \geq \gamma$, $f(x_1^b, x_2^b) \geq \gamma$ 일 때 $f(x_1^t, x_2^t) > \gamma$ 이면 $f(x_1, x_2)$ 는 순준오목함수이다. 그 역도 성립한다.

증명 (i) $\gamma = \min\{f(x_1^a, x_2^a), f(x_1^b, x_2^b)\}$ 라고 하자. $f(x_1^a, x_2^a) \geq \gamma$, $f(x_1^b, x_2^b) \geq \gamma$ 이므로 $f(x_1^t, x_2^t) \geq \gamma = \min\{f(x_1^a, x_2^a), f(x_1^b, x_2^b)\}$ 이다. 따라서 $f(x_1, x_2)$ 는 준오목함수이다. $f(x_1, x_2)$ 가 준오목함수이면 $f(x_1^t, x_2^t) \geq \min\{f(x_1^a, x_2^a), f(x_1^b, x_2^b)\}$ 이다. $f(x_1^a, x_2^a) \geq \gamma$, $f(x_1^b, x_2^b) \geq \gamma$ 이면 $\min\{f(x_1^a, x_2^a), f(x_1^b, x_2^b)\} \geq \gamma$ 이므로 $f(x_1^t, x_2^t) \geq \gamma$ 이다. (ii) 생략. □

문제 10.10 위 정리 (ii)를 증명하라. ■

문제 10.11 (i) (a) $x_1^a, x_1^b, x_2^a, x_2^b \geq 0$, $x_1^ax_2^a \geq \gamma$, $x_1^bx_2^b \geq \gamma$ 이면 $x_1^ax_2^b + x_1^bx_2^a \geq \gamma$ 임을 보여라. (b) $\min\{a, b\} + \min\{c, d\} \leq \min\{a + c, b + d\}$ 임을 보여라. (ii) 정리 10.2와 (i-a), (i-b)를 이용하여 다음 함수들은 준오목함수이지만 순준오목함수는 아님을 보여라. (a) $f(x_1, x_2) = x_1x_2$ $(x_1 \geq 0, x_2 \geq 0)$. (b) $g(x_1, x_2) = \min\{x_1, x_2\}$ $(x_1 > 0, x_2 > 0)$. ■

정리 10.2 (i)은 $f(x_1, x_2)$가 준오목함수이면 $\{(x_1, x_2) \mid f(x_1, x_2) \geq \gamma\}$가 볼록집합이고 그 역도 성립함을 의미한다.[3]

예제 10.7　$x_1, x_2 > 0$일 때 $\{(x_1, x_2) \mid f(x_1, x_2) = x_1 x_2 \geq \gamma\}$는 그림 10.2에서 보는 바와 같이 볼록집합이므로 $f(x_1, x_2) = x_1 x_2$는 준오목함수이다. 다음으로 이 함수는

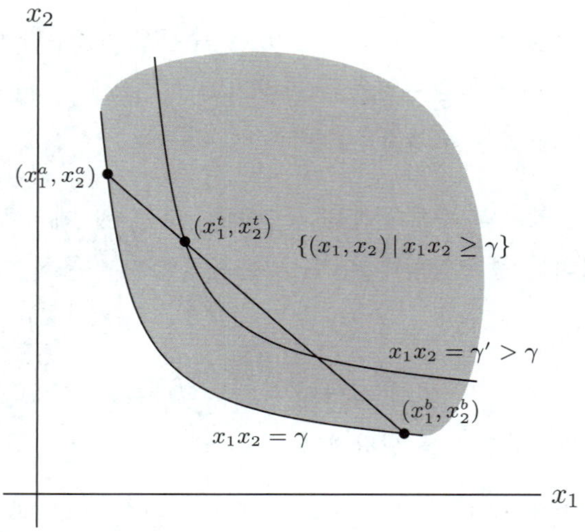

그림 10.2　순준오목함수

순준오목함수임을 살펴보자. $\{(x_1, x_2) \mid f(x_1, x_2) \geq \gamma\}$에 속하는 서로 다른 임의의 두 점 (x_1^a, x_2^a)와 (x_1^b, x_2^b)의 볼록결합 (x_1^t, x_2^t) $(0 < t < 1)$에 대해 $f(x_1^t, x_2^t) = \gamma' > \gamma$이므로 $f(x_1, x_2) = x_1 x_2$는 순준오목함수이다. ■

문제 10.12　위 예제에서 $x_1, x_2 \geq 0$이면 $f(x_1, x_2) = x_1 x_2$는 순준오목함수가 아님을 그림 10.2를 이용하여 보여라. ■

10.3.2　준오목함수의 성질

정리 10.3

(i) 순준오목함수는 준오목함수이다.

---

[3] $\{(x_1, x_2) \mid f(x_1, x_2) \geq \gamma\}$가 순볼록집합이면 $f(x_1, x_2)$가 순준오목함수일 것 같으나 이것은 사실이 아니다. 그림 10.1 (b)의 경우 $\{x \mid g(x) \geq \gamma\}$는 순볼록집합이지만 $g(x)$는 순준오목함수가 아니다. 또 다른 예로서 x_1-x_2 평면 상에 놓여 있는 아랫 면이 더 넓은 **원뿔대 (truncated circular cone)**를 생각할 수 있다. 원뿔대가 $y = f(x_1, x_2)$라고 하면 $\{(x_1, x_2) \mid f(x_1, x_2) \geq \gamma\}$는 순볼록집합이지만 $f(x_1, x_2)$는 순준오목함수가 아니다.

(ii) (순) 오목함수는 (순) 준오목함수이다. 그 역은 성립하지 않는다.

증명 (i) 생략. (ii) $\gamma = \min\{f(x_1^a, x_2^a), f(x_1^b, x_2^b)\}$ 라고 하자. 오목함수의 정의에 의해 $f(x_1^t, x_2^t) \geq tf(x_1^a, x_2^a) + (1-t)f(x_1^b, x_2^b) \geq t\gamma + (1-t)\gamma = \gamma$ 이다. □

문제 10.13 (i) 선형함수는 준오목함수임을 보여라. (ii) $f(x) = mx + n$ $(m \neq 0)$ 는 순준오목함수이지만 $f(x_1, x_2) = m_1x_1 + m_2x_2 + n$ $(m_1 \neq 0, m_2 \neq 0)$ 는 순준오목함수가 아님을 보여라. (iii) $f(x_1, x_2) = x_1x_2$ $(x_1, x_2 \geq 0)$ 는 오목함수가 아님을 이계도함수 조건을 이용하여 보여라. ■

다음 정리는 $f(x_1, x_2)$ 가 일계연속미분가능할 때 준오목함수의 여부를 판별할 수 있는 기준을 제시한다. (327-328쪽 *준오목함수와 기울기벡터 참조.)

정리 10.4 일계연속미분가능함수 $f(x_1, x_2)$ 를 생각하자.

(i) $f(x_1, x_2)$ 가 준오목함수라고 하자. 임의의 (x_1^a, x_2^a) 와 (x_1^b, x_2^b) 에 대해 $f(x_1^b, x_2^b) \geq f(x_1^a, x_2^a)$ 이면 $f_1(x_1^a, x_2^a)(x_1^b - x_1^a) + f_2(x_1^a, x_2^a)(x_2^b - x_2^a) \geq 0$ 이고 그 역도 성립한다.

(ii) 임의의 서로 다른 (x_1^a, x_2^a) 와 (x_1^b, x_2^b) 를 생각하자. (a) $f(x_1, x_2)$ 가 순준오목함수이고 $(f_1(x_1, x_2), f_2(x_1, x_2)) \neq (0, 0)$ 이라고 하자. $f(x_1^b, x_2^b) \geq f(x_1^a, x_2^a)$ 이면 $f_1(x_1^a, x_2^a)(x_1^b - x_1^a) + f_2(x_1^a, x_2^a)(x_2^b - x_2^a) > 0$ 이다.[4] (b) $f(x_1^b, x_2^b) \geq f(x_1^a, x_2^a)$ 라고 하자. $f_1(x_1^a, x_2^a)(x_1^b - x_1^a) + f_2(x_1^a, x_2^a)(x_2^b - x_2^a) > 0$ 이면 $f(x_1, x_2)$ 은 순준오목함수이다.

예제 10.8 $f(x_1, x_2) = x_1x_2$ $(x_1, x_2 \geq 0)$ 이라고 하자. $f_1 = x_2$, $f_2 = x_1$ 이므로 $f_1(x_1^a, x_2^a)(x_1^b - x_1^a) + f_2(x_1^a, x_2^a)(x_2^b - x_2^a) = x_2^a(x_1^b - x_1^a) + x_1^a(x_2^b - x_2^a) = x_1^bx_2^a + x_1^ax_2^b - 2x_1^ax_2^a \geq 0$ 이다. (예제 10.5 참조.) 따라서 이 함수는 준오목함수이다. ■

문제 10.14 $f(x_1, x_2) = x_1x_2$ $(x_1, x_2 > 0)$ 는 순준오목함수임을 보여라. ■

예제 10.9 $f(x_1, x_2) = -x_1^3 + x_2$ $(x_1, x_2 \geq 0)$ 을 생각하자. $(x_1^a, x_2^a) \neq (x_1^b, x_2^b)$ 이고 $f(x_1^b, x_2^b) \geq f(x_1^a, x_2^a)$ 즉, $-(x_1^b)^3 + x_2^b \geq (-x_1^a)^3 + x_2^a$ 라고 하자. 이 부등식을 다시 쓰면 $x_2^b - x_2^a \geq (x_1^b - x_1^a)((x_1^b)^2 + x_1^ax_1^b + (x_1^a)^2)$ 이다. $(x_1^a, x_2^a) \neq (x_1^b, x_2^b)$ 이므로 $x_1^a = x_1^b$ 이면 $x_2^b > x_2^a$ 이다.

---

[4] $y = x^3$ 는 순준오목함수이지만 (a) 는 성립하지 않는다. $x^a = 0$, $x^b = 1$ 이면 $f'(x^a) = 0$ 이므로 $f'(x^a)(x^b - x^a) = 0$ 이다.

$f_1 = -3x_1^2$, $f_2 = 1$ 이므로 $A = f_1(x_1^a, x_2^a)(x_1^b - x_1^a) + f_2(x_1^a, x_2^a)(x_2^b - x_2^a) = -3(x_1^a)^2(x_1^b - x_1^a) + (x_2^b - x_2^a)$ 이다. $x_1^a = x_1^b$ 이면 $x_2^b > x_2^a$ 이므로 $A > 0$ 이다. $x_1^a \neq x_1^b$ 이라고 하자. $x_2^b - x_2^a \geq (x_1^b - x_1^a)((x_1^b)^2 + x_1^a x_1^b + (x_1^a)^2)$ 를 A 에 대입하여 정리하면 $A \geq (x_1^b - x_1^a)^2(x_1^b + 2x_1^a) > 0$ 이다. (부등호는 $x_1^a, x_1^b \geq 0$ 이기 때문에 성립한다.) 따라서 $f(x_1, x_2)$ 는 순준오목함수이다. ■

Box 10.1 $f(x_1, x_2) = -x_1^3 + x_2$ $(x_1, x_2 \geq 0)$ 가 순준오목함수임을 그래프를 이용하여 살펴보자. 그림 10.3에 점 A, C 그리고 A 와 C 의 볼록결합 B 에 해당하는 f 의 등가곡선들이 그려져 있다.

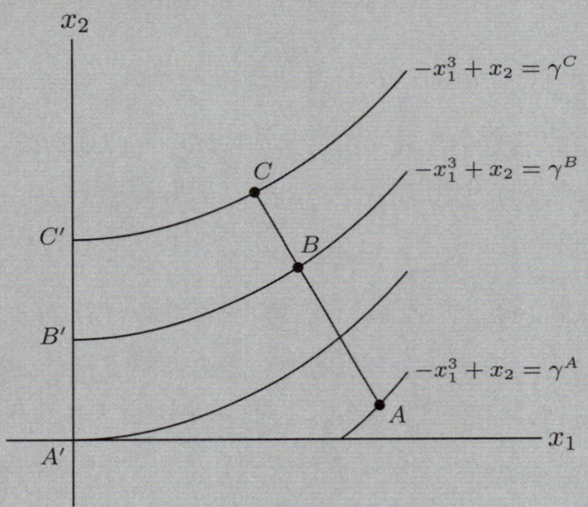

그림 10.3 순준오목함수의 판별

등가곡선이 더 높이 위치할수록 f 값이 커지므로 $\gamma^A < \gamma^B < \gamma^C$ 이다. 따라서 볼록결합 B 에서의 f 값은 A 에서의 f 값보다 크다. 이것은 다른 점들(예를 들어 $A'B'$, C')에 대해서도 마찬가지다. 따라서 f 는 순준오목함수이다.

문제 10.15 $f(x_1, x_2) = -x_1^2 + x_2$ $(x_1, x_2) \in R^2)$ 이 순준오목함수임을 보여라. ■

$f(x_1, x_2)$ 가 이계연속미분가능하면 준오목함수의 여부는 이계도함수의 부호로 판별할 수 있다.

정리 10.5 이계연속미분가능함수 $f(x_1, x_2)$ 를 생각하자.

(i) $f(x_1, x_2)$ 가 준오목함수이면 $2f_1f_2f_{12} - f_1^2f_{22} - f_2^2f_{11} \geq 0$ 이다. 그 역도 성립한다.

(ii) $2f_1f_2f_{12} - f_1^2f_{22} - f_2^2f_{11} > 0$ 이면 순준오목함수이다.

예제 10.10 $f(x_1, x_2) = x_1^\alpha x_2^\beta$ $(x_1 \geq 0, x_2 \geq 0)$ 을 생각하자. $f_1 = \alpha x_1^{\alpha-1}x_2^\beta$, $f_2 = \beta x_1^\alpha x_2^{\beta-1}$, $f_{11} = \alpha(\alpha-1)x^{\alpha-2}y^\beta$, $f_{12} = \alpha\beta x^{\alpha-1}y^{\beta-1}$, $f_{22} = \beta(\beta-1)x^\alpha y^{\beta-2}$ 이므로 $2f_1f_2f_{12} - f_1^2f_{22} - f_2^2f_{11} = \alpha\beta(\alpha+\beta)x^{3\alpha-2}y^{3\beta-2}$ 이다. 따라서 $\alpha, \beta \geq 0$ 이면 f 는 준오목함수이며 $\alpha, \beta > 0$, $x_1, x_2 > 0$ 이면 f 는 순준오목함수이다. 위 결과에 의해 콥-더글라스 효용함수 $u(x, y) = x^\alpha y^\beta$ 는 준오목함수이다. ■

예제 10.11 9.3.3 절 예제 I 의 목적함수 $f(x_1, x_2) = \left(x_1 - \frac{1}{2}\right)^2 + \left(x_2 + \frac{1}{2}\right)^2$ 을 생각하자. $f_1 = 2\left(x_1 - \frac{1}{2}\right)$, $f_2 = 2\left(x_2 + \frac{1}{2}\right)$, $f_{11} = f_{22} = 2, f_{12} = 0$ 이다. $(x_1, x_2) \neq (\frac{1}{2}, -\frac{1}{2})$ 이면 $2f_1f_2f_{12} - f_1^2f_{22} - f_2^2f_{11} = -8\left(\left(x_1 - \frac{1}{2}\right)^2 + \left(x_2 + \frac{1}{2}\right)^2\right) < 0$ 이므로 준오목함수가 아니다.

예제 II 의 목적함수 $f(x_1, x_2) = -x_1^2 + x_2$ 의 경우에는 $f_1 = -2x_1$, $f_2 = 1$, $f_{11} = -2$, $f_{12} = f_{22} = 0$ 이므로 $2f_1f_2f_{12} - f_1^2f_{22} - f_2^2f_{11} = 2 > 0$ 이고 따라서 순준오목함수이다. 또한 제약조건 $g(x_1, x_2) = 1 - x_1^2 - x_2^2$ 에서 $g_1 = -2x_1$, $g_2 = -2x_2$, $g_{11} = g_{22} = -2$, $g_{12} = 0$ 이다. $2g_1g_2g_{12} - g_1^2g_{22} - g_2^2g_{22} = 8(x_1^2 + x_2^2) \geq 0$ 이므로 $g(x_1, x_2)$ 는 준오목함수이다. ■

예제 10.12 정리 10.5 (ii) 의 역은 성립하지 않는다. 예제 10.9 에서 $f(x_1, x_2) = -x_1^3 + x_2$ $(x_1, x_2 \geq 0)$ 은 순준오목함수임을 보았다. 그런데 $f_1 = -3x_1^2$, $f_2 = 1$, $f_{11} = -6x_1$, $f_{12} = 0$, $f_{22} = 0$ 이므로 $(0, x_2)$ 에서 $2f_1f_2f_{12} - f_1^2f_{22} - f_2^2f_{11} = 6x_1 = 0$ 이다. ■

문제 10.16 (i) $f(x_1, x_2)$ 가 준오목함수이고 $\phi(\cdot)$ 가 증가함수이고 오목함수라고 하자. $\tilde{f}(x_1, x_2)\phi(f(x_1, x_2))$ 은 준오목함수임을 보여라. (ii) 위 결과를 이용하여 $u(x, y) = \alpha \ln x + \beta \ln y$ $(\alpha, \beta > 0, x_1, x_2 > 0)$ 이 준오목함수임을 보여라. 정리 10.5를 이용하여 $u(x, y)$ 가 순준오목함수임을 보여라. ■

*준오목함수와 기울기벡터

정리 10.4를 이해하기 위해 아래 그림을 살펴보자. $f(\mathbf{x})$ 가 준오목함수라고 하자. (단, $\mathbf{x} = (x_1, x_2)$.) $\mathbf{x}' = (x_1', x_2')$, $\nabla f(\mathbf{x}) = (f_1(x_1, x_2), f_2(x_1, x_2))$ 라고 하자. $f(\mathbf{x}) \geq \gamma$ 인 $\mathbf{x}$ 의 영역은 회색으로 표시된 부분이다. 정리 10.2에 의해 이 영역은 볼록집합이다. 3편 부록 7.B에서 살펴 본 바와 같이 점 $\mathbf{x}$ 에서의 기울기벡터 $\nabla f(\mathbf{x})$ 는 $(f(\mathbf{x}) = \gamma$ 의

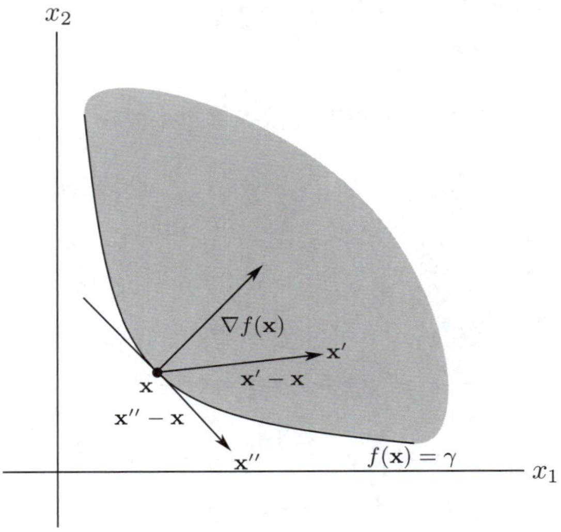

그림 10.4 준오목함수와 기울기벡터

$\mathbf{x}$ 에서의 접선과 수직인) 우상향하는 화살표로 표시된다. $f(\mathbf{x}') \geq \gamma$ 이면 $\mathbf{x}'$ 는 회색 영역에 위치하므로 $\mathbf{x}' - \mathbf{x}$ 는 $\nabla f(\mathbf{x})$ 와 예각을 이룬다. 따라서 $\nabla f(\mathbf{x})(\mathbf{x}' - \mathbf{x}) \geq 0$ 이다. (1 편 62-63쪽 코사인 법칙 참조.) 이것은 (i) 의 필요조건이다.

그림으로부터 다음 사실도 알 수 있다. $\mathbf{x}''$ 이 $f(\mathbf{x}) = \gamma$ 의 $\mathbf{x}$ 에서의 접선 상에 위치하면 즉, $\nabla f(\mathbf{x})(\mathbf{x}'' - \mathbf{x}) = 0$ 이면 $f(\mathbf{x}'') \leq \gamma = f(\mathbf{x})$ 이다.

문제 10.17 (i) 의 충분조건을 증명하기 위해 $f(\mathbf{x}) \geq \gamma$ 인 $\mathbf{x}$ 의 영역이 볼록집합이 아니라고 하자. $f(\mathbf{x}') \geq \gamma$ 이지만 $\nabla f(\mathbf{x})(\mathbf{x}' - \mathbf{x}) < 0$ 일 수 있음을 그림으로 보여라. ■

10.3.3 전역최대

목적함수가 순오목함수인 제약조건이 없는 최대화 문제에서 지역최대점은 전역최대점임은 앞에서 살펴 본 바 있다. 제약조건이 있는 최대화 문제에서는 목적함수와 제약조건의 준오목성은 전역최대와 밀접한 관련이 있다.

그림 10.1 (a) 의 제약조건이 $x^a \leq x \leq x^t$ 이면 x^t 가 지역최대점이자 전역최대점이다. 그러나 이것은 (b) 에서는 성립하지 않는다. 제약조건이 $x^a \leq x \leq x^t$ 이면 x^a 는 지역최대점이지만 전역최대점은 x^t 이다. 따라서 목적함수가 준오목함수인 것만으로는 전역최대점은 보장되지 않는다. (b) 를 다시 살펴보면 x^* 가 전역최대점이 되지 않는 이유는 x 축과 평행인 부분이 있기 때문임을 알 수 있다. 따라서 이 가능성을 배제하거나 목적함수가 오목함수이면 지역최대점은 전역최대점이 될 수 있을 것으로 생각할 수

있다.

정리 10.6 $\max_{x_1,x_2}\ f(x_1,x_2)$ s.t. $g(x_1,x_2) \geq 0$ 을 생각하자. $f(x_1,x_2)$ 와 $g(x_1,x_2)$ 가 준오목함수이고 $(x_1^*, x_2^*, \lambda^*)$ 가 이 최대화 문제 쿤-터커 조건의 해이며 (x_1^*, x_2^*) 에서 제약자격이 만족된다고 하자. 다음 조건 중 하나가 만족되면 (x_1^*, x_2^*) 는 이 최대화 문제의 전역최대점이다.

(i) $(f_1(x_1^*, x_2^*), f_2(x_1^*, x_2^*)) \neq (0,0)$,

(ii) $f(x_1,x_2)$ 가 오목함수.

Box 10.2 (정리 10.6의 증명) 이 정리는 다음 정리의 특수한 경우이다.

정리 10.7 $g(x_1,x_2)$ 가 준오목함수이고 $(x_1^*, x_2^*, \lambda^*)$ 가 $\max_{x_1,x_2}\ f(x_1,x_2)$ s.t. $g(x_1,x_2) \geq 0$ 의 쿤-터커 조건의 해이며 (x_1^*, x_2^*) 가 제약자격을 만족한다고 하자. $f(x_1,x_2)$ 가 다음 조건을 만족하면 (x_1^*, x_2^*) 는 위 최대화 문제의 전역최대점이다. $f(x_1', x_2') > f(x_1^*, x_2^*)$ 이면 $f_1(x_1^*, x_2^*)(x_1' - x_1^*) + f_2(x_1', x_2')(x_2^* - x_2^*) > 0$ 이다.

(정리 10.7의 증명) $g(x_1', x_2') \geq 0$ 이라고 하자. $\lambda^* > 0$ 이면 $g(x_1^*, x_2^*) = 0$ 이다. 정리 10.4에 의해 $g_1(x_1^*, x_2^*)(x_1' - x_1^*) + g_2(x_1^*, x_2^*)(x_2' - x_2^*) \geq 0$ 이다. $f_1(x_1^*, x_2^*) = -\lambda^* g_1(x_1^*, x_2^*)$, $f_2(x_1^*, x_2^*) = -\lambda^* g_2(x_1^*, x_2^*)$ 을 대입하여 정리하면 $f_1(x_1^*, x_2^*)(x_1' - x_1^*) + f_2(x_1^*, x_2^*)(x_2' - x_2^*) \leq 0$ 이다. $f(x_1', x_2') > f(x_1^*, x_2^*)$ 이면 $f_1(x_1^*, x_2^*)(x_1' - x_1^*) + f_2(x_1^*, x_2^*)(x_2' - x_2^*) > 0$ 이므로 모순이다. □

문제 10.18 $\lambda^* = 0$ 인 경우에도 위 정리가 성립함을 보여라. ■

문제 10.19 정리 10.7에서 $f(x_1', x_2') > f(x_1^*, x_2^*)$ 이면 $f_1(x_1^*, x_2^*)(x_1' - x_1^*) + f_2(x_1', x_2')(x_2^* - x_2^*) > 0$ 은 (i) $f(x_1,x_2)$ 가 준오목함수이고 $(f_1^*, f_2^*) \neq (0,0)$ 이거나 (ii) $f(x_1,x_2)$ 가 오목함수이면 성립함을 보여라. 이 결과를 이용하여 정리 10.6을 증명하라. ■

문제 10.20 $y = f(x) = x^2$ $(0 \leq x \leq \bar{x})$ 를 생각하자. $x = \bar{x}$ 는 전역최대점임을 그림과 정리 10.6를 이용하여 확인하라. ■

예제 10.13 그림 10.1 (b) 의 $g(x)$ 가 목적함수인 최대화 문제 $\max_x\ g(x)$ s.t. $x \geq$

$\bar{x}$ $(\bar{x} < x^a)$를 생각하자. $x - \bar{x} \geq 0$에 대한 라그랑즈 승수를 λ라고 하면 $x^* = x^a$, $\lambda^* = 0$은 쿤-터커 조건의 해이다. 그러나 $x^* = x^a$는 전역최대점이 아니다. 정리 10.6의 충분조건을 확인하자. $f(x)$는 오목함수가 아니므로 (ii)는 만족되지 않는다. $f'(x^a) = 0$ 때문에 (i)도 만족되지 않는다. ■

문제 10.21 9.3.3절 예제 III의 효용최대화 문제를 생각하자. 쿤-터커 조건의 해가 전역최대점이 될 수 있는 u의 형태에 대해 정리 10.6을 이용하여 설명하라. 효용함수가 콥-더글라스 함수이면 효용최대화 문제의 지역최대점이 전역최대점임을 보여라. ■

전역최대점은 여러 개 있을 수 있다. 예를 들어 $f(x_1, x_2) = x_1 + x_2$, $g(x_1, x_2) = -x_1 - x_2 \geq 0$이면 $x_1 + x_2 = 0$인 모든 x_1, x_2는 지역최대점이며 동시에 전역최대점이다.

문제 10.22 정리 10.6를 이용하여 이 결과를 확인하라. ■

정리 10.8 $\max_{x_1,x_2} f(x_1, x_2)$ s.t. $g(x_1, x_2) \geq 0$의 $f(x_1, x_2)$와 $g(x_1, x_2)$가 준오목함수라고 하자.

(i) 전역최대점이 존재하면 전역최대점의 집합은 볼록집합이다.

(ii) $f(x_1, x_2)$가 순준오목함수이고 전역최대점이 존재하면 단 하나 존재한다.

문제 10.23 (i) 9.3.3절 예제 II에서 쿤-터커 조건을 만족하는 해는 유일한 전역최대점임을 보여라. (ii) 정리 10.8을 증명하라. ■

*두 제약조건이 모두 적극적인 경우

$(x_1^*, x_2^*, \lambda_1^*, \lambda_2^*)$가

$$\max_{x_1,x_2} f(x_1, x_2) \text{ s.t. } g^1(x_1, x_2) \geq 0, g^2(x_1, x_2) \geq 0$$

의 쿤-터커 조건의 해이고 (x_1^*, x_2^*)는 제약자격을 만족한다고 하자. (x_1^*, x_2^*)에서 g^1과 g^2가 적극적이면 즉, $g^1(x_1^*, x_2^*) = 0$, $g^2(x_1^*, x_2^*) = 0$이면 이계조건을 사용할 수 없다. 이계조건은 정리 9.5의 증명(Box 9.5)에서 보는 바와 같이 지역최대점의 목적함수의 값과 이 점 근방에서 제약조건이 등식으로 성립하는 다른 점들의 목적함수 값들을 비교하여 도출된 것이다. 그런데 선택변수가 두 개일 때 제약조건 두 개가 모두 등식이면 이 두 제약조건이 동시에 만족되는 점은 지역최대점 외에는 존재하지 않는다. 지역최

대점과 비교할 다른 점들이 존재하지 않으므로 이계조건을 생각할 수 없다.

(x_1^*, x_2^*) 에서 x_1 과 x_2 를 dx_1 과 dx_2 만큼 변화시키면 (단, $(dx_1, dx_2) \neq (0,0)$) $df = f_1^* \, dx_1 + f_2^* \, dx_2$ 이다. 일계조건으로부터 $L_1^* = f_1^* + \lambda_1^*(g_1^1)^* + \lambda_2^*(g_1^2)^* = 0$, $L_2^* = f_2^* + \lambda_1^*(g_2^1)^* + \lambda_2^*(g_2^2)^* = 0$ 이다. $dg^1 = (g_1^1)^* \, dx_1 + (g_2^1)^* \, dx_2$, $dg^2 = (g_1^2)^* \, dx_1 + (g_2^2)^* \, dx_2$ 이므로 $df = -(\lambda_1^*(g_1^1)^* + \lambda_2^*(g_1^2)^*) \, dx_1 - (\lambda_1^*(g_2^1)^* + \lambda_2^*(g_2^2)^*) \, dx_2 = -\lambda_1^* \, dg^1 - \lambda_2^* \, dg^2$ 이다.

dx_1 과 dx_2 는 제약조건이 만족되도록 선택하여야 하므로 $g^i(x_1^* + dx_1, x_2^* + dx_2) \geq 0 = g^i(x_1^*, x_2^*)$ $(i = 1, 2)$ 이다. g^i 가 준오목함수이므로 정리 10.4 에 의해 $dg^i = g_1^i(x_1^*, x_2^*) \, dx_1 + g_2^i(x_1^*, x_2^*) \, dx_2 \geq 0$ 이다. 제약자격이 만족되므로 $(dg^1, dg^2) \neq (0,0)$ 이다. 따라서 $\lambda_1^*, \lambda_2^* > 0$ 이면 $df < 0$ 이다. 요약하면 제약조건이 준오목함수이고 (x_1^*, x_2^*) 에서 제약자격이 만족되며 두 제약조건이 적극적일 때 $\lambda_1^*, \lambda_2^* > 0$ 이면 (x_1^*, x_2^*) 는 지역최대점이다.

문제 10.24 제약자격이 만족되면 $(dg^1, dg^2) \neq (0,0)$ 임을 보여라. ■

문제 10.25 3 편 Box 7.8 의 $\max_{x \geq a} \; f(x)$ 에서 $f'(a) < 0$ 이면 a 는 지역최대점임을 보았다. 이것을 위 결과를 이용하여 재확인하라. ■

예제 10.14 예제 V 에서

$$\max_{x_1, x_2} \left(x_1 - \frac{1}{2}\right)^2 + \left(x_2 + \frac{1}{2}\right)^2 \text{ s.t. } x_1^2 + x_2^2 \leq 1, x_1 + x_2 \geq 1$$

의 쿤-터커 조건의 해는 $(x_1^D, x_2^D, \lambda_1^D, \lambda_2^D) = (0, 1, 2, 1)$ 이다. $g^1(x_1, x_2) = 1 - x_1^2 - x_2^2$ 과 $g^2(x_1, x_2) = x_1 + x_2 - 1$ 는 준오목함수이고 $(0,1)$ 에서 두 제약조건 모두 적극적이며 제약자격을 만족한다. 또 $\lambda_1^D > 0, \lambda_2^D > 0$ 이므로 $(0,1)$ 은 지역최대점이다. ■

예제 10.15 9.3.3 절 예제 IX 에서

$$\max_{x_1, x_2} \left(x_1 - \frac{1}{2}\right)^2 + \left(x_2 + \frac{1}{2}\right)^2 \text{ s.t. } x_1^2 + x_2^2 \leq 1, x_1 + x_2 = 1$$

의 쿤-터커 조건의 해는 $(x_1^D, x_2^D, \lambda_1^D, \lambda_2^D) = (0, 1, 2, 1)$ 과 $(x_1^G, x_2^G, \lambda_1^G, \lambda_2^G) = (1, 0, 0, -1)$ 이다. $(x_1^D, x_2^D, \lambda_1^D, \lambda_2^D)$ 와 $(x_1^G, x_2^G, \lambda_1^G, \lambda_2^G)$ 에 대해 두 제약조건 모두 적극적이다. $\lambda_1^D > 0, \lambda_2^D > 0$ 이므로 $(0,1)$ 는 지역최대점이다. 그러나 $\lambda_2^G < 0$ 이므로 $(1,0)$ 이 지역최대점인지 여부는 알 수 없다. ■

문제 10.26 (i) 위 예제의 $(x_1^G, x_2^G, \lambda_1^G, \lambda_2^G)$에 대해 $df = -\lambda_1^G dg^1 - \lambda_2^G dg^2 = 0$임을 보여라. (ii) 위 예제에서 $(x_1^D, x_2^D) = (0,1)$에서 (a) 제약조건을 만족하는 dx_1과 dx_2의 범위를 구하라. (b) (a)의 결과를 이용하여 $dg^1 > 0, dg^2 = 0$임을 보여라. (c) $df = f_1^D\, dx_1 + f_2^D\, dx_2 = -\lambda_1^D\, dg^1 - \lambda_2^D\, dg^2 = 4\, dx_2 < 0$임을 보여라. ■

예제 10.16 9.3.3절 예제 VI에서 쿤-터커 조건을 만족하는 해는 B, C, D, E, F이다. B에서는 $x_1^2 + x_2^2 \le 1$만이 적극적이므로 이계조건을 적용할 수 있으며 예제 9.7에서 본 바와 같이 지역최대점이 아니다. C에 대해서는 제약조건이 없는 이계조건을 적용하면 역시 지역최대점이 아니다. 그러나 D, E에서는 두 개의 제약조건 $x_1 \ge 0$과 $x_1^2+x_2^2 \le 1$이 적극적이므로 이계조건을 적용할 수 없다. 위 결과를 사용하기 위해서는

$$\max_{x_1, x_2} \left(x_1 - \frac{1}{2}\right)^2 + \left(x_2 + \frac{1}{2}\right)^2 \text{ s.t. } x_1^2 + x_2^2 \le 1, x_1 \ge 0$$

을 풀고 $x_1 \ge 0$에 해당하는 라그랑즈 승수 $\lambda_2 > 0$인지를 확인하여야 한다. 정리 9.3의 증명 결과를 이용하면 D, E에 대해서는 $\lambda_2 = 1$이다. $\lambda_1^D = \frac{3}{2}$, $\lambda_1^E = \frac{1}{2}$이므로 D, E는 지역최대점이다. ■

문제 10.27 F에서는 $x_1 \ge 0$만 적극적이다. 이계조건을 이용하여 F는 지역최대점이 아님을 보여라. ■

그림 10.5에 이제까지의 논의가 정리되어 있다.

10.4 완전경쟁시장 분석

앞에서 기업의 이윤최대화와 소비자의 효용최대화 이론을 논의하였다. 이 장에서는 이 두 이론을 결합하여 기업과 소비자들 간의 상호작용과 이를 통해 이루어지는 시장균형에 대해 분석하기로 한다.

10.4.1 완전경쟁 시장이론의 개관

시장은 소비자들과 생산자들 간에 재화와 용역이 거래되는 장소이다. 경제적 가치는 일차적으로 생산을 통해 이루어지지만 거래를 통해서도 새로운 가치가 창출된다. 미시경제학에서의 두 가지 중요한 질문은 거래의 결과(가격과 거래량)와 성과(사회후생)에 대한 것이다. 성과에 대해서는 5편에서 다루기로 하고 이 장에서는 가격과 거래량이 어떻게 결정되는가에 대해 생각하기로 한다.

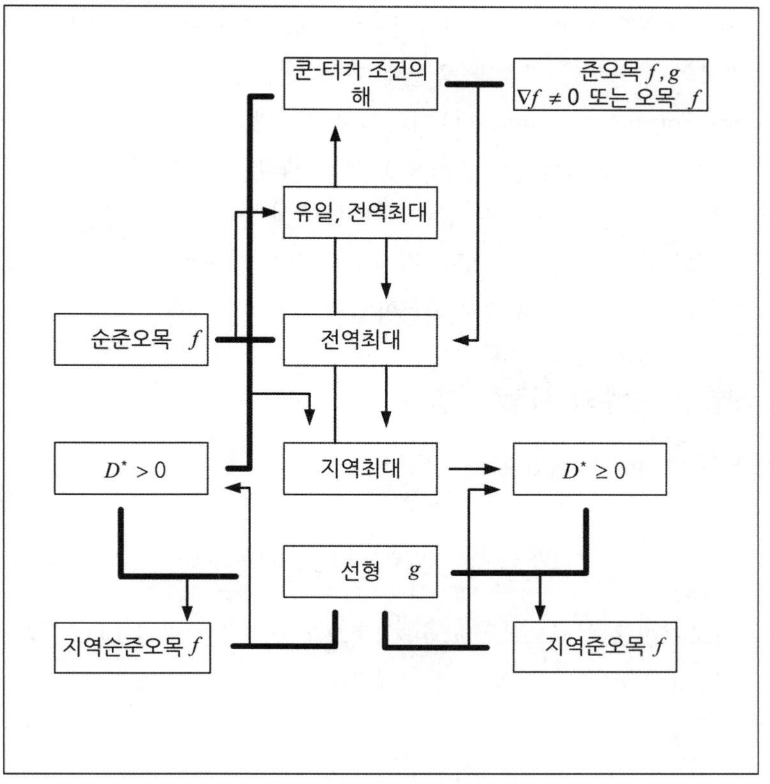

그림 10.5 제약조건이 있는 최대화와 준오목성

사과 한 개를 팔고자 하는 생산자가 있고 이 사과를 사고자 하는 두 (잠재적) 소비자 A와 B가 있다고 하자. 이 사과가 누구에게 팔릴 것인지는 A와 B가 생산자에게 지불할 의향이 있는 금액의 크기에 달려 있다. 이 사과의 가치가 A에게는 1,000 원이고 B에게는 1,200 원이라고 하자. 각 소비자는 자신이 지불할 의향이 있는 금액을 생산자에게 제시하며 궁극적으로 B가 1,000 과 1,200 원 사이의 가격에 사게 된다. 이것은 두 소비자가 제시하는 금액을 통해 서로 경쟁한 결과이다.

시장에 수많은 소비자가 있다면 각 개별 소비자는 다른 소비자들이 제시하는 금액을 알 수도 없고 알려고 하지도 않는다. 대신 개별 소비자는 시장에서 형성된 가격과 자신의 사과에 대한 가치를 비교하게 된다. 시장에서 거래되는 사과 가격이 1,100 원이라면 A는 사지 않을 것이고 B는 살 것이다. 1 편 2.5.1 절에서 논의한 가격순응적 소비자는 이와 같은 경쟁적 환경에서 소비 활동을 하는 소비자를 말한다. 소비자에 대한 논의는 생산자에게도 마찬가지로 적용된다. 시장에 수많은 판매자가 존재하면 개별 판매자는 가격순응적으로 행동하며 가격의 높고 낮음에 따라 자신의 생산 수준을 결정하게 된다.

수많은 가격순응적 소비자와 생산자가 존재하고 한 개의 동질적인 재화가 거래되며 모든 소비자와 생산자가 가격과 품질에 대해 완전한 정보를 갖는 시장을 **완전경쟁시장** (**perfectly competitive market**) 이라고 한다. 완전경쟁시장에서의 가격은 모든 소비자와 생산자 간의 상호작용의 결과로 나타난 재화의 평균적 가치라고 할 수 있다. 따라서 개별 소비자와 생산자는 사실상 가격을 매개변수로 하여 각각 다른 소비자와 생산자와 간접적으로 경쟁하는 셈이다. 가격이 어떻게 결정되는지를 알기 위해서는 각 소비자와 생산자의 의사결정 행태를 분석하여야 한다.[5]

10.4.2 개별수요함수와 시장수요함수

9.3.3 절 예제 III의 효용최대화 문제

$$\max_{x\geq 0, y\geq 0} u(x,y) \text{ s.t. } p_x x + p_y y \leq I$$

에서 예산제약조건이 선형이므로 $u(x,y)$가 준오목함수이면 정리 10.6에 의해 쿤-터커 조건을 만족하는 (x^*, y^*)는 (전역) 최적소비량이다. 최적 X재 소비량은 p_x, p_y와 I에 따라 달라지므로

$$x^* = x^d(p_x, p_y, I)$$

로 쓸 수 있다. 이 식을 이 소비자의 X재에 대한 **개별수요함수** (**individual demand function**) 라고 한다. 수요함수는 $x^d(p_x; p_y, I)$로도 쓰는데 이것은 p_y와 I가 주어질 때 p_x가 변화함에 따라 소비자가 소비량을 어떻게 바꿀지를 나타낸다. 수요함수가 재화의 가격과 수요량 간의 함수관계를 나타내는 것임을 강조하기 위해 보통 p_y와 I가 암묵적으로 일정한 값으로 고정되어 있다고 생각하고 $x^d(p_x)$로 쓴다. $\frac{\partial x^d}{\partial p_x}$의 부호는 양일 수도 있고 음일 수도 있지만 일반적으로 음이라고 가정한다. 이것은 X재의 가격이 오르면 소비자는 이 재화 소비를 줄이려 할 것임을 의미한다.

예제 10.17 9.3.3절 예제 III에서 콥-더글라스 효용함수는 순준오목함수이므로 최적 소비량은 단 하나 존재하며 개별수요함수는 $x^* = x^d(p_x; p_y, I) = \frac{I}{2p_x}$이다. (단, 계산 편의상 $\alpha = \beta = \frac{1}{2}$로 가정한다.) $\frac{\partial x^d}{\partial p_x} = -\frac{I}{2p_x^2} < 0$이므로 개별수요곡선은 우하향한다. ■

X재 시장에 m명의 소비자가 있을 때 i번째 소비자의 소득을 I_i라고 하면 이 소비

[5] 완전경쟁시장의 조건의 일부가 충족되지 않으면 불완전경쟁시장이다. 예를 들어 생산자가 하나면 독점시장이고 소수이면 과점시장이다.

자의 수요함수는 $x_i = x_i^d(p_x; p_y, I_i)$ 이다. 시장수요함수는 모든 개별수요함수의 합이며

$$X^d(p_x; p_y, I_1, \cdots, I_m) = X^d(p_x) = \sum_{i=1}^{m} x_i^d(p_x; p_y, I_i)$$

로 정의된다. 그림 10.6은 두 명의 소비자가 있을 때 시장수요곡선은 개별수요곡선의 수평적 합임을 보여준다. 가격이 p_x^0 일 때 시장수요량은 각 소비자의 수요량 $x_1^d(p_x^0) = x_1^d(p_x^0; p_y, I_1)$ 와 $x_2^d(p_x^0) = x_2^d(p_x^0; p_y, I_2)$ 의 합 $x_1^d(p_x^0) + x_2^d(p_x^0)$ 이다. 그림에서 보는 바와 같이 모든 가격 수준에 대해 시장수요량을 구해 연결하면 시장수요곡선 또는 시장수요함수 $X^d(p_x)$ 가 된다. 다시 말해 시장수요곡선은 개별수요곡선을 수평적으로 더한 것이다. 시장수요곡선은 우하향으로 즉, $\frac{\partial X^d}{\partial p_x} < 0$ 으로 가정한다.

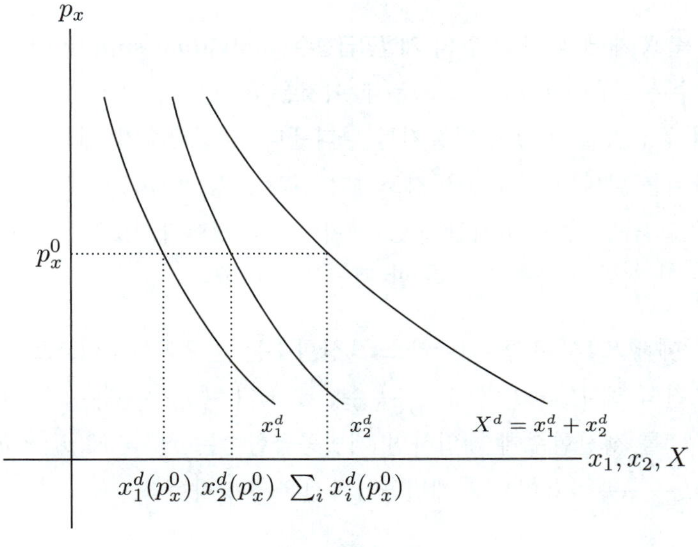

그림 10.6 시장수요함수

예제 10.18 모든 소비자의 효용함수와 소득이 동일하다고 하자. 효용함수가 콥-더글라스 효용함수$\left(\alpha = \beta = \frac{1}{2}\right)$ 이면 시장수요함수는

$$X^d(p_x) = mx^d(p_x) = \frac{mI}{2p_x} = \frac{\Phi}{p_x}$$

이다. (단, $\Phi = \frac{mI}{2}$). $\frac{\partial X^d}{\partial p_x} = -\frac{\Phi}{p_x^2} < 0$ 이므로 이 시장수요함수는 우하향한다. ■

10.4.3 개별공급함수와 시장공급함수

8.2 절 기업의 이윤최대화 문제

$$\max_{l,k} \ \pi(l,k;p_x,w,v) = p_x f(l,k) - wl - vk$$

에서 f 가 오목함수이면 이윤함수도 오목함수이므로 쿤-터커 조건의 해 (l^*, k^*) 는 (전역) 최적 요소투입량이다. l^* 는 k^*, p_x, w, v 에 의존하므로 $l^* = l(p_x, w, v)$, $k^* = k(p_x, w, v)$ 로 쓸 수 있다.

x^* 를 최적 공급량이라고 하면

$$x^* = f(l(p_x,w,v), k(p_x,w,v)) = x^s(p_x,w,v)$$

이다. 이 식을 X 재에 대한 기업의 **개별공급함수 (individual supply function)** 라고 한다.[6] 공급함수는 $x^s(p_x;w,v)$ 로도 쓰는데 이것은 w 와 v 가 주어질 때 p_x 가 변화함에 따라 기업이 공급량을 어떻게 바꿀지를 나타낸다. 공급함수가 재화의 가격과 공급량 간의 함수관계를 나타내는 것임을 강조하기 위해 보통 $x^s(p_x)$ 로 쓴다. $\frac{\partial x^s}{\partial p_x}$ 의 부호는 양일 수도 있고 음일 수도 있지만 보통 양이라고 가정한다. 이것은 X 재의 가격이 오르면 기업은 이 재화 공급을 늘리려 할 것임을 의미한다.

예제 10.19 예제 8.4 에서 콥-더글라스 생산함수는 순오목함수이므로 $\alpha = \beta = \frac{1}{4}$ 일 때의 일계조건의 해 $l^* = \left(\frac{Ap_x}{4}\right)^2 \frac{1}{w^{3/2}v^{1/2}}$, $k^* = \left(\frac{Ap_x}{4}\right)^2 \frac{1}{w^{1/2}v^{3/2}}$ 는 최적 요소투입량이다. l^*, k^* 를 생산함수에 대입하면 개별공급함수는 $x^* = x^s(p_x;v,w) = \frac{A^2 p_x}{4(wv)^{1/2}}$ 이다. $\frac{\partial x^s}{\partial p_x} = \frac{A^2}{4(wv)^{1/2}} > 0$ 이므로 개별공급곡선은 우상향한다. ■

시장에 n 개의 기업이 있다고 하자. j 번째 기업의 공급함수는 $x_j^s(p_x;w,v)$ 이다. 시장공급량함수는 개별공급함수의 합이며

$$X^s(p_x) = X^s(p_x;v,w) = \sum_{j=1}^{n} x_j^s(p_x;v,w)$$

로 정의된다. $X^s(p_x)$ 를 시장공급함수라고 하며 $\frac{\partial X^s}{\partial p_x} > 0$ 으로 가정한다. 시장공급곡선

[6] 보통 미시경제학 교과서에서는 공급함수를 이와 같이 구하지 않고 간접적인 방법을 사용한다. 먼저 w 와 v 가 주어질 때 x 단위를 생산하기 필요한 최소비용 $c(x)$ 를 계산한다. 다음으로 이윤 $\pi(x) = p_x x - c(x)$ 를 최대로 하는 x^* 를 구한다. 이렇게 구한 x^* 는 위에서 구한 x^* 와 같다.

도 시장수요곡선과 마찬가지로 개별 공급곡선을 수평적으로 더해 구할 수 있다.

예제 10.20 모든 기업이 동일한 콥-더글라스 생산함수($\alpha = \beta = \frac{1}{4}$)를 갖고 있다면 시장공급함수는

$$X^s(p_x) = nx_j^s(p_x) = \frac{nA^2p_x}{4(wv)^{1/2}} = \Psi p_x, \quad \left(\Psi = \frac{nA^2}{4(wv)^{1/2}}\right)$$

이므로 시장공급곡선은 우상향한다. ■

10.4.4 완전경쟁시장균형

그림 10.7에 X 재 시장에서의 수요와 공급 상황이 나타나 있다. 곡선 X^d 는 시장수요함수를, 곡선 X^s 는 시장공급함수를 나타낸다. 시장에서 일어나는 거래는 소비자와 기업 간의 상호 경쟁적인 자원배분적 활동이며 그 결과로서 가격과 거래량이 결정된다. 앞에서 논의한 바와 같이 시장수요함수는 가격순응적 소비자들의 소비의향($x_i^d(p_x; p_y, I^i)$)을, 시장공급함수는 가격순응적 기업의 공급의향($x_j^s(p_x; w, v)$)을 대표한다. 따라서 시장의 작동 원리와 관련된 질문은 시장수요함수와 시장공급함수를 이용하여 답할 수 있다.

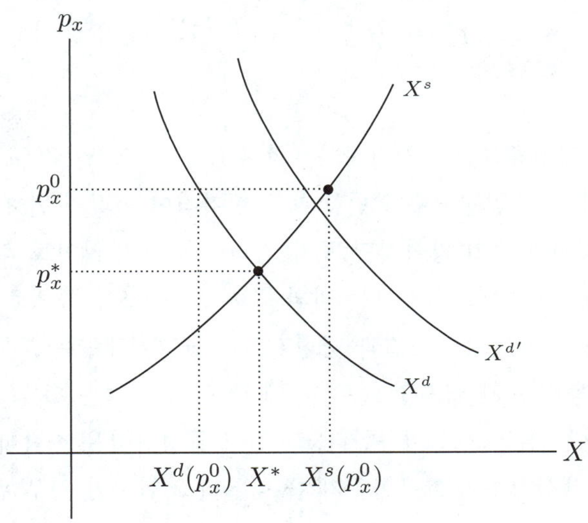

그림 10.7 시장균형

2편 5.7.1절에서 균형은 일단 도달하면 외부적 교란 요인이 없는 한 그 상태에서 계속 머무르는 성질을 갖는 상태로 정의하였다. **시장균형 (market equilibrium)** 은 구입

하고자 하는 양(**수요량(quantity demanded)**)과 판매하고자 하는 양(**공급량(quantity supplied)**)이 같은 상태로 정의된다. 수요량과 공급량은 가격에 의해 결정되므로 시장 균형은 가격으로 대표된다. 그림 10.7에서 가격이 p_x^* 보다 높으면, 예를 들어 p_x^0 이면 수요량($X^d(p_x^0)$)이 공급량($X^s(p_x^0)$)에 미치지 못한다. 팔고자 하는 양이 사고자 하는 양을 초과하므로 가격은 내리려는 경향이 있게 된다. 따라서 가격이 p_x^0 인 상태는 유지될 수 없다. 마찬가지로 가격이 p_x^* 보다 낮으면 가격이 오르려는 경향이 있을 것이므로 역시 균형이라고 할 수 없다. 가격이 p_x^* 이면 수요량과 공급량이 같으므로 (타 재화의 가격, 소득, 생산요소 가격 등 외부적 요인의 변화가 없는 한) 가격은 p_x^* 에서 계속 유지될 수 있다. 따라서 이 시장에서의 균형가격은 p_x^* 이다. 현실에서 관찰할 수 있는 가격이 반드시 균형가격은 아니겠지만 적어도 균형가격 주위에서 형성될 것이라고 생각할 수 있다. (5편 13.4.3절 참조.)

완전경쟁시장 이론에서의 주된 관심사는 균형 상황이며 대부분의 분석은 균형가격을 중심으로 이루어진다. 균형가격 p_x^* 는 $X^d(p_x) = X^s(p_x)$ 의 해이므로 다음 식을 만족한다.

$$X^d(p_x^*) = X^s(p_x^*)$$

다시 말해 균형가격은 수요곡선과 공급곡선이 만나는 점에서의 가격이다.

예제 10.21 예제 10.18와 10.20에서 시장수요함수와 시장공급함수가 $X^d(p_x) = \frac{\Phi}{p_x}$ 와 $X^s(p_x) = \Psi p_x$ 이므로 $p_x^* = \sqrt{\frac{\Phi}{\Psi}} = \frac{1}{A}\left(\frac{2mI}{n}\right)^{1/2}(wv)^{1/4}$ 이고 $X^* = \sqrt{\Phi\Psi} = \frac{A}{2^{3/2}}\frac{(mnI)^{1/2}}{(wv)^{1/4}}$ 이다. ■

시장균형의 비교정태분석은 시장참가자의 수(m, n), 요소가격(w, v), 타 상품의 가격(p_y), 소득(I)과 같은 환경변수가 변할 때 균형가격이 어떻게 변하는가에 대한 분석이다. 예를 들어 소비자 수가 많아지면 X 재 가격이 변하지 않아도 시장수요량은 늘어나게 된다. 따라서 그림 10.7에서 보는 바와 같이 X^d 는 오른쪽으로 이동하여 새로운 시장수요함수는 $X^{d'}$ 이 된다. 그 결과 균형가격과 균형거래량은 모두 증가하게 된다. 반면 기술진보를 통해 A가 커지면 같은 p_x 에 대해 각 기업은 더 많이 공급하려 하므로 시장공급곡선은 오른쪽으로 이동한다. 그 결과 균형가격은 하락하고 균형거래량은 늘어난다. 이것은 생산함수와 효용함수가 콥-더글라스 함수인 경우 위 예에서 쉽게 확인할 수 있다.

문제 10.28 다른 환경변수가 변할 때 시장공급함수와 시장수요함수가 어떻게 이동하는지를 직관적으로 설명하라. 균형가격과 거래량에 미치는 영향을 분석하고 예제 10.21을 이용하여 확인하라. ■

시장수요에 영향을 주는 환경변수를 α, 시장공급에 영향을 주는 환경변수를 β 라고 하자. 시장수요함수는 $X^d(p_x, \alpha)$, 시장공급함수는 $X^s(p_x, \beta)$ 로 쓸 수 있다. 시장균형가격 p_x^* 라고 하면 $X^d(p_x^*, \alpha) = X^s(p_x^*, \beta)$ 이다. 양 변을 미분하면

$$\frac{\partial X^d(p_x^*, \alpha)}{\partial p_x} dp_x^* + \frac{\partial X^d(p_x^*, \alpha)}{\partial \alpha} d\alpha = \frac{\partial X^s(p_x^*, \beta)}{\partial p_x} dp_x^* + \frac{\partial X^s(p_x^*, \beta)}{\partial \beta} d\beta$$

이다. α 의 변화가 p_x^* 에 미치는 영향을 보기 위해 $d\beta = 0$ 으로 하고 위 식을 정리하면

$$\frac{\partial p_x^*}{\partial \alpha} = \frac{\partial X^d(p_x^*, \alpha)/\partial \alpha}{\partial X^s(p_x^*, \beta)/\partial p_x - \partial X^d(p_x^*, \alpha)/\partial p_x}$$

이다.

분모의 부호는 양이므로 $\frac{\partial p_x^*}{\partial \alpha}$ 의 부호는 분자의 부호에 따라 달라진다. $\alpha = p_y$ 이라고 하자. X 재와 Y 재가 대체적인 관계에 있으면 p_y 가 오를 때 Y 재에 대한 수요가 줄어들므로 X 재에 대한 수요는 늘어나게 될 것이다. 따라서 $\frac{\partial X^d}{\partial p_y} > 0$ 이므로 $\frac{\partial p_x^*}{\partial p_y} > 0$ 이다. 이것은 그림 10.7 에서 대체재의 가격이 올라가게 되면 시장수요함수가 오른쪽으로 이동하여 균형가격이 상승하게 됨을 의미한다.

문제 10.29 $\frac{\partial p_x^*}{\partial \beta}$ 를 구하고 β 가 임금 (w) 일 때 β 의 변화가 균형가격에 미치는 영향을 설명하라. ■

CHAPTER 11

최적화 문제의 일반화

이 장에서는 8장과 9장에서 다룬 최대화 문제를 선택변수가 n 개이고 제약조건이 m 개인 일반적인 다변수함수의 최대화 문제로 확장한다. 다변수함수의 최대화 문제는 이변수함수 경우에 비해 다소 복잡해지지만 해를 구하는 방법은 근본적으로 다를 바 없다. 최대화 조건은 행렬과 벡터를 이용하여 간결하게 정리할 수 있다.

11.1 다변수함수의 최대화

연속미분가능한 함수 $f(\mathbf{x})$ $(\mathbf{x} \in R^n)$ 를 생각하자. 제약집합이 $C \subset R^n$ 일 때 $f(\mathbf{x})$ 를 최대로 하는 $\mathbf{x}$ 를 찾는 문제는 다음과 같다.

$$\max_{\mathbf{x}} \quad f(\mathbf{x}) \text{ s.t. } \mathbf{x} \in C \subset R^n.$$

지역최대와 전역최대는 다음과 같이 정의된다.

정의 11.1 (지역최대와 전역최대)

(i) 모든 $\mathbf{x} \in C$ 에 대해 $f(\mathbf{x}^*) \geq f(\mathbf{x})$ 이면 $\mathbf{x}^*$ 를 전역최대점이라고 한다.

(ii) 모든 $\mathbf{x} \in (N(\mathbf{x}^*) \cap C)$ 에 대해 $f(\mathbf{x}^*) \geq f(\mathbf{x})$ 가 되는 $N(\mathbf{x}^*)$ 가 존재하면 $\mathbf{x}^*$ 를

지역최대점이라고 한다.

일변수함수의 최대점 정의에서 x를 $\mathbf{x}$로 대치하면 이 정의와 형식적으로 동일하다. 반대로 일변수함수의 최대점 정의는 위 정의에서 $n = 1$인 특수한 경우로 생각할 수 있다.

정리 11.1 (바이어슈트라스 정리) 정의역이 $X \subset R^n$인 연속함수 $y = f(\mathbf{x})$를 생각하자. X가 컴팩트집합이면 $f(\mathbf{x})$는 X에서 (전역) 최대와 (전역) 최소를 갖는다.

11.2 제약조건이 없는 최대화

선택변수가 n개이고 제약조건이 없는 최대화 문제는 다음과 같다.

$$\max_{\mathbf{x}} \quad f(\mathbf{x}).$$

11.2.1 일계필요조건

정리 11.2 $\mathbf{x}^*$가 $\max_{\mathbf{x}} \; f(\mathbf{x})$의 지역최대점이면 $\nabla f(\mathbf{x}^*) = \mathbf{0}$이다.

예제 11.1 다음 최대화 문제를 생각하자.

$$\max_{x_1, x_2, x_3} \; f(x_1, x_2, x_3) = -\frac{4}{3}x_1^3 + 2x_1x_2 + 2x_1 - x_2^2 - 2x_2 - x_3^2 + 2x_3.$$

일계조건은

$$f_1 = -4x_1^2 + 2x_2 + 2 = 0,$$
$$f_2 = 2x_1 - 2x_2 - 2 = 0,$$
$$f_3 = -2x_3 + 2 = 0$$

이다. 이 세 식의 해는

$$\mathbf{x}^A = (x_1^A, x_2^A, x_3^A) = \left(\frac{1}{2}, -\frac{1}{2}, 1\right), \; \mathbf{x}^B = (x_1^B, x_2^B, x_3^B) = (0, -1, 1)$$

이다. ■

11.2.2 헤시안행렬

이계조건을 기술하기 위해서는 **헤시안행렬 (Hessian matrix)** 과 이에 관련된 몇 가지 개념이 필요하다. 함수 $f(\mathbf{x})$ 의 이계편도함수 f_{ij} $(i, j = 1, 2, \cdots, n)$ 가 존재하며 연속이라고 하자. $f(\mathbf{x})$ 의 헤시안행렬은 다음과 같이 정의된다.

$$\mathbf{H}(\mathbf{x}) = \nabla^2 f(\mathbf{x}) = \begin{bmatrix} \nabla f_1(\mathbf{x}) \\ \nabla f_2(\mathbf{x}) \\ \vdots \\ \nabla f_n(\mathbf{x}) \end{bmatrix} = \begin{bmatrix} f_{11}(\mathbf{x}) & f_{12}(\mathbf{x}) & \cdots & f_{1n}(\mathbf{x}) \\ f_{21}(\mathbf{x}) & f_{22}(\mathbf{x}) & \cdots & f_{2n}(\mathbf{x}) \\ \vdots & \vdots & \ddots & \vdots \\ f_{n1}(\mathbf{x}) & f_{n2}(\mathbf{x}) & \cdots & f_{nn}(\mathbf{x}) \end{bmatrix}.$$

영의 정리에 의해 $f_{ij} = f_{ji}$ 이므로 $\mathbf{H}(\mathbf{x})$ 는 대칭행렬이다.

예제 11.2 예제 11.1 의 $f(x_1, x_2, x_3)$ 의 헤시안행렬은

$$\mathbf{H}(\mathbf{x}) = \begin{bmatrix} -8x_1 & 2 & 0 \\ 2 & -2 & 0 \\ 0 & 0 & -2 \end{bmatrix}$$

이다. ■

$\mathbf{H}(\mathbf{x})$ 의 부분행렬

$$\mathbf{H}_k(\mathbf{x}) = \begin{bmatrix} f_{11}(\mathbf{x}) & f_{12}(\mathbf{x}) & \cdots & f_{1k}(\mathbf{x}) \\ f_{21}(\mathbf{x}) & f_{22}(\mathbf{x}) & \cdots & f_{2k}(\mathbf{x}) \\ \vdots & \vdots & \ddots & \vdots \\ f_{k1}(\mathbf{x}) & f_{k2}(\mathbf{x}) & \cdots & f_{kk}(\mathbf{x}) \end{bmatrix}$$

를 $\mathbf{H}(\mathbf{x})$ 의 **축차주부분행렬 (successive principal submatrix)**, $|\mathbf{H}_k(\mathbf{x})|$ 를 **축차주소행렬식 (successive principal minor)** 이라고 한다.

예제 11.3 $n = 2$ 이면 $|\mathbf{H}_1| = f_{11}$ 이고 $|\mathbf{H}_2| = f_{11}f_{22} - f_{12}^2$ 이다. ■

축차주부분행렬과 축차주소행렬식은 아래에서 정의되는 주부분행렬과 주소행렬식의 특수한 경우이다. $(1, 2, \cdots, n)$ 에서 $k \leq n$ 개의 정수를 선택한 다음 이 정수들의 모든 순열을 생각하자. $(i, j, \cdots, k)$ 를 임의의 순열이라고 하면 $\mathbf{H}(\mathbf{x})$ 의 **주부분행렬 (principal submatrix)** $\tilde{\mathbf{H}}_k(\mathbf{x})$ 과 **주소행렬식 (principal minor)** $|\tilde{\mathbf{H}}_k(\mathbf{x})|$ 는 다음과 같다.

$$\tilde{\mathbf{H}}_k(\mathbf{x}) = \begin{bmatrix} f_{ii}(\mathbf{x}) & f_{ij}(\mathbf{x}) & \cdots & f_{ik}(\mathbf{x}) \\ f_{ji}(\mathbf{x}) & f_{jj}(\mathbf{x}) & \cdots & f_{jk}(\mathbf{x}) \\ \vdots & \vdots & \ddots & \vdots \\ f_{ki}(\mathbf{x}) & f_{kj}(\mathbf{x}) & \cdots & f_{kk}(\mathbf{x}) \end{bmatrix}$$

예제 11.4 $n = 2$ 이라고 하자. 한 개의 숫자를 선택하면 $(k = 1)$ 가능한 순열은 그 숫자 자체이다. 선택할 수 있는 숫자가 두 개이므로 모든 가능한 순열은 (1) 과 (2) 이며 각 순열에 대해 $\tilde{\mathbf{H}}_1 = f_{11}, f_{22}$ 이다. 두 개의 숫자를 선택하면 $(k = 2)$ 모든 가능한 순열은 $(1, 2)$ 와 $(2, 1)$ 이다. 각 순열에 대해 $\tilde{\mathbf{H}}_2 = \begin{bmatrix} f_{11} & f_{12} \\ f_{21} & f_{22} \end{bmatrix}, \begin{bmatrix} f_{22} & f_{21} \\ f_{12} & f_{11} \end{bmatrix}$ 이다. $n = 3$ 인 경우를 생각하자. 한 개의 숫자를 선택하면 모든 가능한 순열은 (1), (2), (3) 이므로 $\tilde{\mathbf{H}}_1 = f_{11}, f_{22}, f_{33}$ 이다.

두 개의 숫자를 선택하면 모든 가능한 순열은 $(1, 2)$, $(2, 1)$, $(1, 3)$, $(3, 1)$, $(2, 3)$, $(3, 2)$ 이므로 $\tilde{\mathbf{H}}_2 = \begin{bmatrix} f_{11} & f_{12} \\ f_{21} & f_{22} \end{bmatrix}, \begin{bmatrix} f_{22} & f_{21} \\ f_{12} & f_{11} \end{bmatrix}, \begin{bmatrix} f_{11} & f_{13} \\ f_{31} & f_{33} \end{bmatrix}, \begin{bmatrix} f_{33} & f_{31} \\ f_{13} & f_{11} \end{bmatrix}, \begin{bmatrix} f_{22} & f_{23} \\ f_{32} & f_{33} \end{bmatrix}, \begin{bmatrix} f_{33} & f_{32} \\ f_{23} & f_{22} \end{bmatrix}$ 이다. $\mathbf{H}_k(\mathbf{x})$ 는 한 개이지만 $\tilde{\mathbf{H}}_k(\mathbf{x})$ 는

$$\binom{n}{k} k! = \frac{n!}{(n-k)!}$$

개이다.

문제 11.1 $\tilde{\mathbf{H}}_3$ 을 구하라. ■

모든 $|\tilde{\mathbf{H}}_k|$ 를 계산할 필요는 없다. $\begin{vmatrix} f_{11} & f_{12} \\ f_{21} & f_{22} \end{vmatrix}, \begin{vmatrix} f_{22} & f_{21} \\ f_{12} & f_{11} \end{vmatrix}$ 를 생각하자. 뒤의 행렬식은 앞의 행렬식에서 행과 열을 한 번씩 바꾼 것이므로 두 행렬식의 값은 같다. 사실상 k 개의 숫자를 선택할 때 이 숫자들의 각 순열에 해당하는 주소행렬식은 모두 같은 값을 가지므로 $\binom{n}{k}$ 개의 주소행렬식만 계산하면 된다. 예를 들어 $n = 3$ 일 때 $|\tilde{\mathbf{H}}_2|$ 는 $\begin{vmatrix} f_{11} & f_{12} \\ f_{21} & f_{22} \end{vmatrix}, \begin{vmatrix} f_{11} & f_{13} \\ f_{31} & f_{33} \end{vmatrix}, \begin{vmatrix} f_{22} & f_{23} \\ f_{32} & f_{33} \end{vmatrix}$ 만을, $|\tilde{\mathbf{H}}_3|$ 은 $\begin{vmatrix} f_{11} & f_{12} & f_{13} \\ f_{21} & f_{22} & f_{23} \\ f_{31} & f_{32} & f_{33} \end{vmatrix}$ 만을 계산하면 된다. ■

11.2.3 테일러 정리

기울기벡터와 헤시안행렬을 이용하면 일반적인 (일계와 이계전개) 테일러 정리는 다음과 같이 간결하게 표현할 수 있다.

정리 11.3 (테일러 정리)

(i) $f(\mathbf{x}) = f(\mathbf{x}^0) + \nabla f(\mathbf{x}^0)(\mathbf{x} - \mathbf{x}^0) + R_1$, (단, R_1은 나머지 항.)

(ii) $$f(\mathbf{x}) = f(\mathbf{x}^0) + \nabla f(\mathbf{x}^0)(\mathbf{x} - \mathbf{x}^0) + \frac{1}{2}(\mathbf{x} - \mathbf{x}^0)^T \mathbf{H}^0 (\mathbf{x} - \mathbf{x}^0) + R_2.$$ (단, R_2는 나머지 항.)

문제 11.2 위 테일러 정리와 $n = 1$ 과 $n = 2$ 일 때의 테일러 정리 (3 편 정리 6.4와 정리 11.3) 를 비교하라. ■

11.2.4 이계필요조건과 충분조건

정리 11.4 (이계필요조건과 충분조건)

(i) $\mathbf{x}^*$ 가 $\max_{\mathbf{x}} \ f(\mathbf{x})$ 의 지역최대점이면 $|\tilde{\mathbf{H}}_1(\mathbf{x}^*)| \leq 0$, $|\tilde{\mathbf{H}}_2(\mathbf{x}^*)| \geq 0$, $\cdots$, $(-1)^n |\tilde{\mathbf{H}}_n(\mathbf{x}^*)| \geq 0$ 이다.

(ii) $\nabla f(\mathbf{x}^*) = \mathbf{0}$ 이고 $|\mathbf{H}_1(\mathbf{x}^*)| < 0$, $|\mathbf{H}_2(\mathbf{x}^*)| > 0$, $\cdots$, $(-1)^n |\mathbf{H}_n(\mathbf{x}^*)| > 0$ 이면 $\mathbf{x}^*$ 는 $\max_{\mathbf{x}} \ f(\mathbf{x})$ 의 지역최대점이다.

예제 11.5 위 정리로부터 $n = 2$ 일 때의 이계필요조건은

$$|\tilde{\mathbf{H}}_1(\mathbf{x}^*)| = f_{11}^* \leq 0, f_{22}^* \leq 0, \ |\tilde{\mathbf{H}}_2(\mathbf{x}^*)| = \begin{vmatrix} f_{11}^* & f_{12}^* \\ f_{21}^* & f_{22}^* \end{vmatrix} = f_{11}^* f_{22}^* - (f_{12}^*)^2 \geq 0$$

이고 이계충분조건은

$$f_1^* = f_2^* = 0, \ |\mathbf{H}_1(\mathbf{x}^*)| = f_{11}^* < 0, \ |\mathbf{H}_2(\mathbf{x}^*)| = f_{11}^* f_{22}^* - (f_{12}^*)^2 > 0$$

이다. 이것은 정리 8.3 의 결과와 동일하다. ■

문제 11.3 정리 8.2와 정리 11.4를 3 편 정리 6.7와 정리 6.4의 증명에서 x 를 $\mathbf{x}$ 로 바꾸어 증명하라. ■

예제 11.6 예제 11.1에서 일계조건의 해 $\mathbf{x}^A$에 대해 $\mathbf{H}^A(\mathbf{x}) = \begin{bmatrix} -4 & 2 & 0 \\ 2 & -2 & 0 \\ 0 & 0 & -2 \end{bmatrix}$이다.

$|\mathbf{H}_1^A| = -4 < 0$, $|\mathbf{H}_2^A| = \begin{vmatrix} -4 & 2 \\ 2 & -2 \end{vmatrix} = 4 > 0$, $|\mathbf{H}_3^A| = |\mathbf{H}^A| = -8 < 0$이므로 $\mathbf{x}^A$는 지역최대점이고 지역최댓값은 $\frac{25}{12}$이다. 반면 $\mathbf{x}^B$에 대해서는 $\mathbf{H}^B = \begin{bmatrix} 0 & 2 & 0 \\ 2 & -2 & 0 \\ 0 & 0 & -2 \end{bmatrix}$이다.

$|\tilde{\mathbf{H}}_2^B| = \begin{vmatrix} 0 & 2 \\ 2 & -2 \end{vmatrix} = -4 < 0$이므로 $\mathbf{x}^B$는 이계필요조건을 만족하지 않는다. 따라서 지역최대점이 아니다. ■

11.2.5 전역최대와 오목함수

정의 11.2 (오목함수와 순오목함수) 볼록집합 $X \subset R^n$에서 정의되는 함수 $f(\mathbf{x})$를 생각하자. 임의의 두 점 $\mathbf{x}^a$와 $\mathbf{x}^b$에 대해 $\mathbf{x}^t = t\mathbf{x}^a + (1-t)\mathbf{x}^b$라고 하자.

(i) $0 \le t \le 1$일 때 $f(\mathbf{x}^t) \ge tf(\mathbf{x}^a) + (1-t)f(\mathbf{x}^b)$이면 $f(\mathbf{x})$를 오목함수라고 한다.

(ii) $0 < t < 1$이고 $\mathbf{x}^a \ne \mathbf{x}^b$일 때 $f(\mathbf{x}^t) > tf(\mathbf{x}^a) + (1-t)f(\mathbf{x}^b)$이면 $f(\mathbf{x})$를 순오목함수라고 한다.

정의 11.3 $f^1(\mathbf{x})$와 $f^2(\mathbf{x})$가 오목함수이고 $s_1, s_2 \ge 0$이면 $s_1 f^1(\mathbf{x}) + s_2 f^2(\mathbf{x})$도 오목함수이다.

정리 11.5 $f(\mathbf{x})$가 일계연속미분가능한 함수라고 하자.

(i) $f(\mathbf{x})$가 오목함수이면 임의의 $\mathbf{x}^a$와 $\mathbf{x}^b$에 대해 $f(\mathbf{x}^b) \le f(\mathbf{x}^a) + \nabla f(\mathbf{x}^a)(\mathbf{x}^b - \mathbf{x}^a)$이고 그 역도 성립한다.

(ii) $f(\mathbf{x})$가 순오목함수이면 임의의 서로 다른 $\mathbf{x}^a$와 $\mathbf{x}^b$ $(\ne \mathbf{x}^a)$에 대해 $f(\mathbf{x}^b) < f(\mathbf{x}^a) + \nabla f(\mathbf{x}^a)(\mathbf{x}^b - \mathbf{x}^a)$이고 그 역도 성립한다.

$f(\mathbf{x})$가 이계연속미분가능하면 이 함수의 오목성은 다음 정리에 의해 확인할 수 있다.

정리 11.6 $f(\mathbf{x})$ 가 이계연속미분가능하다고 하자.[1]

(i) $f(\mathbf{x})$ 가 오목함수이면 $|\tilde{\mathbf{H}}_1(\mathbf{x})| \leq 0,\ |\tilde{\mathbf{H}}_2(\mathbf{x})| \geq 0, \cdots, (-1)^n|\tilde{\mathbf{H}}_n(\mathbf{x})| \geq 0$ 이고 그 역도 성립한다.

(ii) $|\mathbf{H}_1(\mathbf{x})| < 0,\ |\mathbf{H}_2(\mathbf{x})| > 0, \cdots, (-1)^n|\mathbf{H}_n(\mathbf{x})| > 0$ 이면 $f(\mathbf{x})$ 는 순오목함수이다.

예제 11.7 $f(x_1, x_2) = -(x_1 + x_2)^2$ 라고 하자. $\mathbf{H} = \begin{bmatrix} -2 & -2 \\ -2 & -2 \end{bmatrix}$ 이다. $|\tilde{\mathbf{H}}_1| = -2, -2$ 이고 $|\tilde{\mathbf{H}}| = 0$ 이다. 따라서 $f(x_1, x_2)$ 는 오목함수이다. 그러나 $|\tilde{\mathbf{H}}_2| = 0$ 이므로 순오목함수라고 할 수 없다. 반면 $g(x_1, x_2) = x_1^2 - x_2^2$ 이면 $|\mathbf{H}_1(\mathbf{x})| - 2,\ |\mathbf{H}(\mathbf{x})| = 4$ 이므로 순오목함수이다. ■

예제 11.8 콥-더글라스 생산함수의 헤시안행렬은

$$\mathbf{H} = \begin{bmatrix} A\alpha(\alpha-1)l^{\alpha-2}k^{\beta} & A\alpha\beta l^{\alpha-1}k^{\beta-1} \\ A\alpha\beta l^{\alpha-1}k^{\beta-1} & A\beta(\beta-1)l^{\alpha}k^{\beta-2} \end{bmatrix}$$

이다. $\alpha, \beta > 0,\ \alpha + \beta < 1$ 이므로 $A\alpha(\alpha-1)l^{\alpha-2}k^{\beta} < 0$ 이고 $|\mathbf{H}| = A^2\alpha\beta(1 - \alpha - \beta)l^{2(\alpha-1)}k^{2(\beta-1)} > 0$ 이다. 따라서 콥-더글라스 생산함수는 순오목함수이다. ■

정리 11.7 $f(\mathbf{x})$ 가 일계연속미분가능한 오목함수라고 하자. $\nabla f(\mathbf{x}^*) = \mathbf{0}$ 이면 $\mathbf{x}^*$ 는 $\max_{\mathbf{x}} f(\mathbf{x})$ 의 전역최대점이다.

문제 11.4 정리 11.5를 이용하여 위 정리를 증명하라. ■

정리 11.8 $f(\mathbf{x})$ 가 오목함수이고 $\mathbf{x}^*$ 가 $\max_{\mathbf{x}} f(\mathbf{x})$ 의 지역최대점이면 $\mathbf{x}^*$ 는 전역최대점이다.

문제 11.5 (i) 3편 Box 7.7를 참조하여 위 정리를 증명하라. (ii) 위 정리에서 $f(\mathbf{x})$ 가 일계연속미분가능하고 $\nabla f(\mathbf{x}^*) = \mathbf{0}$ 이면 $\mathbf{x}^*$ 는 전역최대점임을 보여라. ■

* 정부호행렬, 정부호행렬과 오목함수

정리 11.6의 조건들은 준정부호행렬와 정부호행렬 개념과 밀접히 관련된다.

[1] 이계연속미분가능에 대해서는 정리 8.7의 각주 참조.

정의 11.4 (준정부호행렬와 정부호행렬)

(i) 임의의 n(열) 벡터 $\mathbf{y}$ 에 대해 $\mathbf{y}^T\mathbf{A}\mathbf{y} \leq 0$ (≥ 0) 이면 $\mathbf{A}$ 를 **음의 준정부호행렬 (negative semidefinite matrix)** (**양의 준정부호행렬 (positive semidefinite matrix)**) 이라고 한다.

(ii) 임의의 n(열) 벡터 $\mathbf{y} \neq \mathbf{0}$ 에 대해 $\mathbf{y}^T\mathbf{A}\mathbf{y} < 0$ (> 0) 이면 $\mathbf{A}$ 를 **음의 정부호행렬 (negative definite matrix)** (**양의 정부호행렬 (positive definite matrix)**) 이라고 한다.

문제 11.6 $\begin{bmatrix} -1 & 0 \\ 0 & -1 \end{bmatrix}$ 은 음의 정부호행렬이고 $\begin{bmatrix} -1 & -1 \\ -1 & -1 \end{bmatrix}$ 은 음의 준정부호행렬임을 보여라. ■

$f(\mathbf{x})$ 를 생각하자. 아래 (i), (ii), (iii) 은 동치이다. 즉, (i) $\Leftrightarrow$ (ii) $\Leftrightarrow$ (iii) 이다.

(i) 모든 $\mathbf{x}$ 에 대해 $|\tilde{\mathbf{H}}_1(\mathbf{x})| \leq 0$, $|\tilde{\mathbf{H}}_2(\mathbf{x})| \geq 0$, $\cdots$, $(-1)^n|\tilde{\mathbf{H}}_n(\mathbf{x})| \geq 0$ 이다.

(ii) 모든 $\mathbf{x}$ 에 대해 $\mathbf{H}(\mathbf{x})$ 가 음의 준정부호행렬이다. 즉, 임의의 n 열벡터 $\mathbf{y}$ 에 대해 $\mathbf{y}^T\mathbf{H}(\mathbf{x})\mathbf{y} \leq 0$ 이다.

(iii) $f(\mathbf{x})$ 는 오목함수이다.

다음으로 아래 (i), (ii), (iii) 은 (i) $\Leftrightarrow$ (ii) $\Rightarrow$ (iii) 의 관계에 있다.

(i) 모든 $\mathbf{x}$ 에 대해 $|\mathbf{H}_1(\mathbf{x})| < 0$, $|\mathbf{H}_2(\mathbf{x})| > 0$, $\cdots$, $(-1)^n|\mathbf{H}_n(\mathbf{x})| > 0$

(ii) 모든 $\mathbf{x}$ 에 대해 $\mathbf{H}(\mathbf{x})$ 가 음의 정부호행렬이다. 즉, 임의의 n 열벡터 $\mathbf{y} \neq \mathbf{0}$ 에 대해 $\mathbf{y}^T\mathbf{H}(\mathbf{x})\mathbf{y} < 0$ 이다.

(iii) $f(\mathbf{x})$ 는 순오목함수이다.

문제 11.7 위 결과들 중 (i)과 (iii)을 $\mathbf{x} \in R^2$ 일 때로 바꾸어 정리하고 정리 7.10의 결과들과 같음을 확인하라. ■

11.3 제약조건이 있는 최대화: 라그랑즈 방법

11.3.1 표준적 문제: 부등식 제약조건

m 개의 제약조건 $g^i(\mathbf{x}) \geq 0$ $(i = 1, 2, \cdots, m)$ 을 갖는 최대화 문제를 생각하자. $n > m$

이라고 가정하고 $\mathbf{x} = \begin{bmatrix} x_1 \\ x_2 \\ \vdots \\ x_n \end{bmatrix}$, $\mathbf{g}(\mathbf{x}) = \begin{bmatrix} g^1(\mathbf{x}) \\ g^2(\mathbf{x}) \\ \vdots \\ g^m(\mathbf{x}) \end{bmatrix}$ 라고 하면 최대화 문제는 다음과 같다.

$$\max_{\mathbf{x}} f(\mathbf{x}) \text{ s.t. } \mathbf{g}(\mathbf{x}) \geq \mathbf{0}.$$

λ_i 를 i 번째 제약조건에 대한 라그랑즈 승수라고 하자. 라그랑즈 승수의 벡터는 보통 행벡터로 표시한다. $\boldsymbol{\lambda} = [\lambda_1\ \lambda_2\ \cdots\ \lambda_m] \in R^m$ 이라고 하면 라그랑즈 함수는 다음과 같이 정의된다.

$$L(\mathbf{x}, \boldsymbol{\lambda}) = f(\mathbf{x}) + \sum_{i=1}^{m} \lambda_i g^i(\mathbf{x}) = f(\mathbf{x}) + \boldsymbol{\lambda}\mathbf{g}(\mathbf{x}).$$

$L_j \equiv \dfrac{\partial L}{\partial x_j}$, $L_{\lambda_i} \equiv \dfrac{\partial L}{\partial \lambda_i}$, 그리고 앞으로의 논의에서 사용할 몇 가지 벡터와 행렬을 다음과 같이 정의하자.

$$\text{(i) } \nabla \mathbf{g}(\mathbf{x}) \equiv \begin{bmatrix} \nabla g^1(\mathbf{x}) \\ \nabla g^2(\mathbf{x}) \\ \vdots \\ \nabla g^m(\mathbf{x}) \end{bmatrix} = \begin{bmatrix} g_1^1(\mathbf{x}) & g_2^1(\mathbf{x}) & \cdots & g_n^1(\mathbf{x}) \\ g_1^2(\mathbf{x}) & g_2^2(\mathbf{x}) & \cdots & g_n^2(\mathbf{x}) \\ \vdots & \vdots & \ddots & \vdots \\ g_1^m(\mathbf{x}) & g_2^m(\mathbf{x}) & \cdots & g_n^m(\mathbf{x}) \end{bmatrix},$$

$$\begin{aligned}\text{(ii) } L_{\mathbf{x}}(\mathbf{x}, \boldsymbol{\lambda}) &\equiv \nabla_{\mathbf{x}} L(\mathbf{x}, \boldsymbol{\lambda}) \equiv \nabla f(\mathbf{x}) + \boldsymbol{\lambda}\nabla \mathbf{g}(\mathbf{x}) = \nabla f(\mathbf{x}) + \sum_{i=1}^{m} \lambda_i \nabla g^i(\mathbf{x}) \\ &= [f_1(\mathbf{x}) + \sum_{i=1}^{m} \lambda_i g_1^i(\mathbf{x})\ \ f_2(\mathbf{x}) + \sum_{i=1}^{m} \lambda_i g_2^i(\mathbf{x})\ \ \cdots \\ &\qquad f_n(\mathbf{x}) + \sum_{i=1}^{m} \lambda_i g_n^i(\mathbf{x})],\end{aligned}$$

$$\text{(iii) } L_{\boldsymbol{\lambda}}(\mathbf{x}, \boldsymbol{\lambda}) \equiv \nabla_{\boldsymbol{\lambda}} L(\mathbf{x}, \boldsymbol{\lambda}) \equiv \begin{bmatrix} L_{\lambda_1}(\mathbf{x}) \\ L_{\lambda_2}(\mathbf{x}) \\ \vdots \\ L_{\lambda_m}(\mathbf{x}) \end{bmatrix} = \begin{bmatrix} g^1(\mathbf{x}) \\ g^2(\mathbf{x}) \\ \vdots \\ g^m(\mathbf{x}) \end{bmatrix} = \mathbf{g}(\mathbf{x}).$$

(i) 에서 $\nabla \mathbf{g}(\mathbf{x})$ 는 $\mathbf{g}(\mathbf{x})$ 의 **자코비안 (Jacobian)** 행렬이라고 한다.

정의 11.5 (제약자격) $\mathbf{x}^*$ 가 지역최대점일 때 $\{\nabla g^i(\mathbf{x}^*) \mid g^i(\mathbf{x}^*) = 0\}$ 에 속하는 기울기벡터들이 선형독립이면 $\mathbf{x}^*$ 는 제약자격을 만족한다.

정리 11.9 (쿤-터커 정리) $\mathbf{x}^*$ 가 $\max_{\mathbf{x}} f(\mathbf{x})$ s.t. $\mathbf{g}(\mathbf{x}) \geq \mathbf{0}$ 의 지역최대점이고 제약자격을 만족하면 다음 조건을 만족하는 $\boldsymbol{\lambda}^*$ 가 존재한다.

(i) $L_{\mathbf{x}}(\mathbf{x}^*, \boldsymbol{\lambda}^*) = \mathbf{0}$,

(ii) $L_{\boldsymbol{\lambda}}(\mathbf{x}^*, \boldsymbol{\lambda}^*) \geq \mathbf{0}$, $\boldsymbol{\lambda}^* \geq \mathbf{0}$, $\boldsymbol{\lambda}^* L_{\boldsymbol{\lambda}}(\mathbf{x}^*, \boldsymbol{\lambda}^*) = 0$.

문제 11.8 $m = 2$ 이면 쿤-터커 조건 (ii) 에서 $\boldsymbol{\lambda}^* L_{\boldsymbol{\lambda}}(\mathbf{x}^*, \boldsymbol{\lambda}^*) = \lambda_1 L_{\lambda_1} + \lambda_2 L_{\lambda_2} = 0$ 이다. 정리 9.1 에서 이것에 해당하는 조건은 $\lambda_1 L_{\lambda_1} = \lambda_2 L_{\lambda_2} = 0$ 이다. 양 조건이 동일함을 보여라. ■

위에서 보는 바와 같이 벡터와 행렬을 이용하면 쿤-터커 정리를 간결하게 표현할 수 있지만 실제 문제를 풀 때에는 오히려 번거로울 수가 있다.

예제 11.9 다음 최대화 문제를 생각하자.

$$\max_{x_1, x_2, x_3} \left(x_1 - \frac{1}{2}\right)^2 + \left(x_2 + \frac{1}{2}\right)^2 + x_3^2 \text{ s.t. } x_1^2 + x_2^2 + x_3^2 \leq 1, x_1 + x_2 + x_3 \geq 1.$$

$$\mathbf{x} = \begin{bmatrix} x_1 \\ x_2 \\ x_3 \end{bmatrix}, \ \boldsymbol{\lambda} = [\lambda_1 \ \lambda_2], \ f(\mathbf{x}) = \left(x_1 - \frac{1}{2}\right)^2 + \left(x_2 + \frac{1}{2}\right)^2 + x_3^2,$$

$$\mathbf{g}(\mathbf{x}) = \begin{bmatrix} g^1(\mathbf{x}) \\ g^2(\mathbf{x}) \end{bmatrix} = \begin{bmatrix} 1 - x_1^2 - x_2^2 - x_3^2 \\ x_1 + x_2 + x_3 - 1 \end{bmatrix}$$

라고 하면 이 최대화 문제는

$$\max_{\mathbf{x}} f(\mathbf{x}) \text{ s.t. } \mathbf{g}(\mathbf{x}) \geq \mathbf{0}$$

로 표현할 수 있다. 라그랑즈 함수는

$$\begin{aligned} L(\mathbf{x}, \boldsymbol{\lambda}) &= f(\mathbf{x}) + \boldsymbol{\lambda}\mathbf{g}(\mathbf{x}) \\ &= \left(x_1 - \frac{1}{2}\right)^2 + \left(x_2 + \frac{1}{2}\right)^2 + x_3^2 \\ &\quad + \lambda_1(1 - x_1^2 - x_2^2 - x_3^2) + \lambda_2(x_1 + x_2 + x_3 - 1) \end{aligned}$$

이고 쿤-터커 조건은

(i) $L_{\mathbf{x}}(\mathbf{x}, \boldsymbol{\lambda}) = \nabla f(\mathbf{x}) + \boldsymbol{\lambda}\nabla \mathbf{g}(\mathbf{x})$

$$= \left[2\left(x_1 - \tfrac{1}{2}\right)\ 2\left(x_2 + \tfrac{1}{2}\right)\ 2x_3\right] + [\lambda_1\ \lambda_2]\begin{bmatrix} -2x_1 & -2x_2 & -2x_3 \\ 1 & 1 & 1 \end{bmatrix}$$

$$= \left[2\left(x_1 - \tfrac{1}{2}\right) - 2\lambda_1 x_1 + \lambda_2\ \ 2\left(x_2 + \tfrac{1}{2}\right) - 2\lambda_1 x_2 + \lambda_2\ \ 2x_3 - 2\lambda_1 x_3 + \lambda_2\right]$$

$$= [0\ 0\ 0]$$

$$= \mathbf{0}$$

(ii) $L_{\boldsymbol{\lambda}}(\mathbf{x}, \boldsymbol{\lambda}) = \mathbf{g}(\mathbf{x}) = \begin{bmatrix} 1 - x_1^2 - x_2^2 - x_3^2 \\ x_1 + x_2 + x_3 - 1 \end{bmatrix} \geq \begin{bmatrix} 0 \\ 0, \end{bmatrix}$

$$\boldsymbol{\lambda} = [\lambda_1\ \lambda_2] \geq [0\ 0] = \mathbf{0},$$

$$\boldsymbol{\lambda} L_{\boldsymbol{\lambda}} = [\lambda_1\ \lambda_2]\begin{bmatrix} 1 - x_1^2 - x_2^2 - x_3^2 \\ x_1 + x_2 + x_3 - 1 \end{bmatrix}$$

$$= \lambda_1(1 - x_1^2 - x_2^2 - x_3^2) + \lambda_2(x_1 + x_2 + x_3 - 1) = 0$$

이다. ■

위 예제에서 보는 바와 같이 3변수함수의 경우 벡터와 행렬로 쿤-터커 조건을 표현하는 것은 번거로운 일이다. 이보다는 쿤-터커 조건을 x_j 에 대해서는 최대화, λ_i 에 대해서는 $\lambda_i \geq 0$ 제약 하에 최소화를 위한 필요조건으로 생각하는 것이 편리하다. 위 예제의 해는 Box 11.1에서 다루기로 하고 두 번째 제약조건이 없는 최대화 문제를 생각하기로 하자.

예제 11.10 다음 최대화 문제를 생각하자.

$$\max_{x_1, x_2, x_3} \left(x_1 - \frac{1}{2}\right)^2 + \left(x_2 + \frac{1}{2}\right)^2 + x_3^2 \ \text{ s.t. } \ x_1^2 + x_2^2 + x_3^2 \leq 1.$$

라그랑즈 함수는

$$L(x_1, x_2, x_3, \lambda) = \left(x_1 - \frac{1}{2}\right)^2 + \left(x_2 + \frac{1}{2}\right)^2 + x_3^2 + \lambda(1 - x_1^2 - x_2^2 - x_3^2)$$

이고 쿤-터커 조건은

$$
\begin{aligned}
\text{(i) } L_1 &= 2\left(x_1 - \frac{1}{2}\right) - 2\lambda x_1 = 0, \\
L_2 &= 2\left(x_2 + \frac{1}{2}\right) - 2\lambda x_2 = 0, \\
L_3 &= 2x_3 - 2\lambda x_3 = 0, \\
\text{(ii) } L_\lambda &= 1 - x_1^2 - x_2^2 - x_3^2 \geq 0,\ \lambda \geq 0,\ \lambda L_\lambda = 0
\end{aligned}
$$

이다. $L_3 = 0$ 으로부터 $2(1-\lambda)x_3 = 0$ 이다. $\lambda = 1$ 이면 $L_1 = -1 < 0$ 이 되어 모순이므로 $x_3 = 0$ 이다. 이것을 대입하면 위 쿤-터커 조건은 9.3.3절 예제 I에서의 쿤-터커 조건과 동일함을 알 수 있다. 이 예제의 결과를 이용하면 해는 $(\mathbf{x}^A, \lambda^A) = \left(-\frac{\sqrt{2}}{2}, \frac{\sqrt{2}}{2}, 0, 1 + \frac{\sqrt{2}}{2}\right), (\mathbf{x}^B, \lambda^B) = \left(\frac{\sqrt{2}}{2}, -\frac{\sqrt{2}}{2}, 0, 1 - \frac{\sqrt{2}}{2}\right), (\mathbf{x}^C, \lambda^C) = \left(\frac{1}{2}, -\frac{1}{2}, 0, 0\right)$ 이다. ■

예제 11.11 $\max_{x_1,x_2,x_3}\ -\frac{4}{3}x_1^3 + 2x_1x_2 + 2x_1 - x_2^2 - 2x_2 - x_3^2 + 2x_3$ s.t. $x_2 \geq x_1, x_1 + x_2 \leq 2$ 를 생각하자. 라그랑즈 함수는

$$
\begin{aligned}
L(x_1, x_2, \lambda_1, \lambda_2) = &-\frac{4}{3}x_1^3 + 2x_1x_2 + 2x_1 - x_2^2 - 2x_2 - x_3^2 + 2x_3 \\
&+ \lambda_1(x_2 - x_1) + \lambda_2(2 - x_1 - x_2)
\end{aligned}
$$

이고 쿤-터커 조건은

$$
\begin{aligned}
\text{(i) } L_1 &= -4x_1^2 + 2x_2 + 2 - \lambda_1 - \lambda_2 = 0, \\
L_2 &= 2x_1 - 2x_2 - 2 + \lambda_1 - \lambda_2 = 0, \\
L_3 &= -2x_3 + 2 = 0, \\
\text{(ii) } L_{\lambda_1} &= x_2 - x_1 \geq 0,\ \lambda_1 \geq 0,\ \lambda_1 L_{\lambda_1} = 0, \\
L_{\lambda_2} &= 2 - x_1 - x_2 \geq 0, \lambda_2 \geq 0, \lambda_2 L_{\lambda_2} = 0
\end{aligned}
$$

이다. $L_3 = 0$ 으로부터 $x_3 = 1$ 이다. $L_2 = 0$ 로부터 $\lambda_1 - \lambda_2 = 2(1 - x_1 + x_2) > 0$ 이므로 $\lambda_1 > \lambda_2 \geq 0$ 이다. 따라서 $x_1 = x_2$ 이다. $L_{\lambda_2} = 0$ 이면 $x_1 + x_2 = 2$ 이므로 $x_1 = x_2 = 1$ 이 된다. 그러나 $L_1 = 0$ 이므로 $\lambda_1 + \lambda_2 = 0$ 이 되어 모순이다. 따라서 $L_{\lambda_2} > 0$ 이고 $\lambda_2 = 0$ 이다. $L_1 = 0$ 와 $L_2 = 0$ 을 더하면 $x_1 = 0$ 또는 $x_1 = \frac{1}{2}$ 이다. 따라서 쿤-터커 조건을 만족하는 해는 $(\mathbf{x}^1, \boldsymbol{\lambda}) = \left(\frac{1}{2}, \frac{1}{2}, 1, 2, 0\right)$ 과 $(\mathbf{x}^2, \boldsymbol{\lambda}) = (0, 0, 1, 2, 0)$ 두 개가 있다. 첫 번째 제약조건은 $\mathbf{x}^1$ 과 $\mathbf{x}^2$ 에서 적극적이다. 반면 $x_1^1 + x_2^1 < 2$ 이고 $x_1^2 + x_2^2 < 2$ 이기 때문에 두 번째 제약조건은 $\mathbf{x}^1$ 과 $\mathbf{x}^2$ 에서 소극적이다. ■

Box 11.1 예제 11.9의 제약조건이 두 개인 경우의 최대화 문제를 생각하자. 쿤-터커 조건은

$$\begin{aligned}
\text{(i)}\quad & L_1 = 2\left(x_1 - \frac{1}{2}\right) - 2\lambda_1 x_1 + \lambda_2 = 0,\\
& L_2 = 2\left(x_2 + \frac{1}{2}\right) - 2\lambda_1 x_2 + \lambda_2 = 0,\\
& L_3 = 2x_3 - 2\lambda_1 x_3 + \lambda_2 = 0,\\
\text{(ii)}\quad & L_{\lambda_1} = 1 - x_1^2 - x_2^2 - x_3^2 \geq 0, \lambda_1 \geq 0, \lambda_1 L_1 = 0,\\
& L_{\lambda_2} = x_1 + x_2 + x_3 - 1 \geq 0,\ \lambda_2 \geq 0,\ \lambda_2 L_2 = 0
\end{aligned}$$

이다.

$\lambda_2 = 0$ 이면 λ_2 에 대한 쿤-터커 조건을 제외하고는 ($\lambda_1 = \lambda$ 로 생각하면) 예제 11.10에서의 쿤-터커 조건과 같다. 따라서 예제 11.10에서의 $(\mathbf{x}^A, \lambda^A)$, $(\mathbf{x}^B, \lambda^B)$, $(\mathbf{x}^C, \lambda^C)$ 만이 해가 될 수 있지만 $L_{\lambda_2} \geq 0$ 을 만족하지 못하므로 해가 될 수 없다. $\lambda_2 > 0$ 이므로 $x_1 + x_2 + x_3 = 1$ 이다. $L_1 = 0$, $L_2 = 0$, $L_3 = 0$ 을 더하면 $2(1-\lambda_1)(x_1 + x_2 + x_3) + 3\lambda_2 = 0$ 이므로 $\lambda_1 > 1$ 이고 따라서 $x_1^2 + x_2^2 + x_3^2 = 1$ 이다. $L_1 = 0$ 에서 $L_2 = 0$ 을 빼면 $2(x_1 - x_2 - 1) - 2\lambda_1(x_1 - x_2) = 0$ 이고 $L_2 = 0$ 에서 $L_3 = 0$ 을 빼면 $2(x_2 - x_3) + 1 - 2\lambda_1(x_2 - x_3) = 0$ 이다. $x_1 \neq x_2$ 이고 $x_2 \neq x_3$ 임은 쉽게 알 수 있다. 이 두 식에서 λ_1 을 소거하고 정리하면 $x_1 + x_2 = 2x_3$ 이다. $x_1 + x_2 + x_3 = 1$ 이므로 $x_3 = \frac{1}{3}$ 이다. 따라서 $x_1 + x_2 = \frac{2}{3}$ 이고 $x_1^2 + x_2^2 = \frac{8}{9}$ 이다. 이 두 식을 풀면 $(x_1, x_2) = \left(\frac{1-\sqrt{3}}{3}, \frac{1+\sqrt{3}}{3}\right)$ 와 $(x_1, x_2) = \left(\frac{1+\sqrt{3}}{3}, \frac{1-\sqrt{3}}{3}\right)$ 이다. $(x_1, x_2) = \left(\frac{1-\sqrt{3}}{3}, \frac{1+\sqrt{3}}{3}\right)$ 에 대해서는 $\lambda_1 = 1 + \frac{\sqrt{3}}{2}$ 이다. $(x_1, x_2) = \left(\frac{1+\sqrt{3}}{3}, \frac{1-\sqrt{3}}{3}\right)$ 이면 $\lambda_1 = 1 - \frac{\sqrt{3}}{2} < 1$ 이므로 해가 될 수 없다. $L_3 = 0$ 으로부터 $\lambda_2 = 2x_3(\lambda_1 - 1) = \frac{\sqrt{3}}{3}$ 이다. 정리하면 쿤-터커 조건의 해는

$$(\mathbf{x}, \boldsymbol{\lambda}) = \left(\frac{1-\sqrt{3}}{3}, \frac{1+\sqrt{3}}{3}, \frac{1}{3}, 1 + \frac{\sqrt{3}}{2}, \frac{\sqrt{3}}{3}\right)$$

이다.

11.3.2 비음 제약조건

경제/경영변수는 일반적으로 비음이다. 또 제약조건이 등식인 경우도 있다. 전 절에서 논의한 표준적 최대화 문제의 결과를 이용하여 다양한 형태의 제약조건에 대한 일계조건을 도출하자.

표준적 문제에 비음 제약조건이 부가된 최대화 문제를 생각해 보자. 편의상 첫 $n_1(\leq n)$ 개의 x_j 가 비음이라고 하자. $\mathbf{x} = \begin{bmatrix} \mathbf{x}_1 \\ \mathbf{x}_2 \end{bmatrix}$, $\mathbf{x}_1 = \begin{bmatrix} x_1 \\ \vdots \\ x_{n_1} \end{bmatrix}$, $\mathbf{x}_2 = \begin{bmatrix} x_{n_1+1} \\ \vdots \\ x_n \end{bmatrix}$라고 하고 다음 최대화 문제를 생각하자.

$$\max_{\mathbf{x}_1 \geq \mathbf{0}, \mathbf{x}_2} f(\mathbf{x}) \text{ s.t. } \mathbf{g}(\mathbf{x}) \geq \mathbf{0}.$$

표준적 문제와 마찬가지로 라그랑즈 함수는

$$L(\mathbf{x}, \boldsymbol{\lambda}) = f(\mathbf{x}) + \boldsymbol{\lambda}\mathbf{g}(\mathbf{x})$$

이다.

정리 11.10 $\mathbf{x}^*$ 가 $\max_{\mathbf{x}_1 \geq \mathbf{0}, \mathbf{x}_2} f(\mathbf{x})$ s.t. $\mathbf{g}(\mathbf{x}) \geq \mathbf{0}$ 의 지역최대점이고 제약자격을 만족하면 다음 조건을 만족하는 $\boldsymbol{\lambda}^*$ 가 존재한다.

(i) $L_{\mathbf{x}_1}(\mathbf{x}^*, \boldsymbol{\lambda}^*) \leq \mathbf{0}$, $\mathbf{x}_1^* \geq \mathbf{0}$, $\mathbf{x}_1^* L_{\mathbf{x}_1}(\mathbf{x}^*, \boldsymbol{\lambda}^*) = 0$, $L_{\mathbf{x}_2}(\mathbf{x}^*, \boldsymbol{\lambda}^*) = \mathbf{0}$,

(ii) $L_{\boldsymbol{\lambda}}(\mathbf{x}^*, \boldsymbol{\lambda}^*) \geq \mathbf{0}$, $\boldsymbol{\lambda}^* \geq \mathbf{0}$, $\boldsymbol{\lambda}^* L_{\boldsymbol{\lambda}}(\mathbf{x}^*, \boldsymbol{\lambda}^*) = 0$.

Box 11.2 (정리 11.10의 증명) $\mathbf{x}_1 \geq 0$을 새로운 제약조건으로 생각하면 이 문제는 $m+n_1$ 개의 부등 제약조건을 갖는 표준적 문제로 생각할 수 있다. $\mathbf{g}(\mathbf{x}) \geq \mathbf{0}$에 대한 라그랑즈 승수를 $\boldsymbol{\lambda}$, $\mathbf{x}_1 \geq \mathbf{0}$에 대한 라그랑즈 승수를 $\boldsymbol{\mu}$라고 하면 라그랑즈 함수는 $\tilde{L}(\mathbf{x}, \boldsymbol{\lambda}, \boldsymbol{\mu}) = f(\mathbf{x}) + \boldsymbol{\lambda}\mathbf{g}(\mathbf{x}) + \boldsymbol{\mu}\mathbf{x}_1 = L(\mathbf{x}, \boldsymbol{\lambda}) + \boldsymbol{\mu}\mathbf{x}_1$ 이고 쿤-터커 조건은 (i) $\tilde{L}_{\mathbf{x}_1} = \nabla_{\mathbf{x}_1} f(\mathbf{x}) + \boldsymbol{\lambda}\nabla_{\mathbf{x}_1}\mathbf{g}(\mathbf{x}) + \boldsymbol{\mu} = \mathbf{0}$, $\tilde{L}_{\mathbf{x}_2} = \mathbf{0}$, (ii-a) $\tilde{L}_{\boldsymbol{\lambda}} = \mathbf{g}(\mathbf{x}) \geq \mathbf{0}$, $\boldsymbol{\lambda} \geq \mathbf{0}$, $\boldsymbol{\lambda}\tilde{L}_{\boldsymbol{\lambda}} = 0$, (ii-b) $\tilde{L}_{\boldsymbol{\mu}} = \mathbf{x}_1 \geq \mathbf{0}$, $\boldsymbol{\mu} \geq \mathbf{0}$, $\boldsymbol{\mu}\tilde{L}_{\boldsymbol{\mu}} = 0$이다. (i)과 (ii-b)로부터 $\tilde{L}_{\mathbf{x}_1} = L_{\mathbf{x}_1} + \boldsymbol{\mu} = \mathbf{0}$이므로 $-\boldsymbol{\mu} = L_{\mathbf{x}_1} \leq \mathbf{0}$, $\tilde{L}_{\boldsymbol{\mu}} = \mathbf{x}_1 \geq \mathbf{0}$, $\boldsymbol{\mu}\tilde{L}_{\boldsymbol{\mu}} = (-L_{\mathbf{x}_1})\mathbf{x}_1 = 0$, $\tilde{L}_{\mathbf{x}_2} = L_{\mathbf{x}_2} = \mathbf{0}$이다. (ii-a)로부터 $\tilde{L}_{\boldsymbol{\lambda}} = L_{\boldsymbol{\lambda}} = \mathbf{g}(\mathbf{x}) \geq \mathbf{0}$, $\boldsymbol{\lambda} \geq \mathbf{0}$, $\boldsymbol{\lambda}\tilde{L}_{\boldsymbol{\lambda}} = \boldsymbol{\lambda}L_{\boldsymbol{\lambda}} = 0$이다. □

$L_{\mathbf{x}_1}(\mathbf{x}^*, \boldsymbol{\lambda}^*) \leq 0$, $\mathbf{x}_1^* \geq 0$, $\mathbf{x}_1^* L_{\mathbf{x}_1}(\mathbf{x}^*, \boldsymbol{\lambda}^*) = 0$은 L을 $\mathbf{x}_1 \geq \mathbf{0}$ 조건하에서 x_j에 대해 최대화하는 문제의 필요조건이다. 일반적으로 x_j에 대해 비음 조건이 있으면 이 변수에 해당하는 쿤-터커 조건은 $L_j(\mathbf{x}^*, \boldsymbol{\lambda}^*) \leq 0$, $x_j^* \geq 0$, $x_j^* L_j(\mathbf{x}^*, \boldsymbol{\lambda}^*) = 0$가 된다.

예제 11.12 다음 최대화 문제를 생각하자.

$$\max_{x_1 \geq 0, x_2, x_3} \left(x_1 - \frac{1}{2}\right)^2 + \left(x_2 + \frac{1}{2}\right)^2 + x_3^2 \text{ s.t. } x_1^2 + x_2^2 + x_3^2 \leq 1.$$

라그랑즈 함수는

$$L(x_1, x_2, x_3, \lambda) = \left(x_1 - \frac{1}{2}\right)^2 + \left(x_2 + \frac{1}{2}\right)^2 + x_3^2 + \lambda(1 - x_1^2 - x_2^2 - x_3^2)$$

이고 쿤-터커 조건은

$$\begin{aligned}
\text{(i) } L_1 &= 2\left(x_1 - \frac{1}{2}\right) - 2\lambda x_1 \leq 0, x_1 \geq 0, x_1 L_1 = 0 \\
L_2 &= 2\left(x_2 + \frac{1}{2}\right) - 2\lambda x_2 = 0, \\
L_3 &= 2x_3 - 2\lambda x_3 = 0, \\
\text{(ii) } L_\lambda &= 1 - x_1^2 - x_2^2 - x_3^2 \geq 0, \lambda \geq 0, \lambda L = 0
\end{aligned}$$

이다. 쿤-터커 조건의 해를 구해 보자. $x_1 > 0$이면 $L_1 = 0$이므로 쿤-터커 조건은 예제 11.10에서의 조건과 같다. 예제 11.10의 결과 중 $x_1 > 0$인 해는 $(\mathbf{x}^B, \lambda^B) = \left(\frac{\sqrt{2}}{2}, -\frac{\sqrt{2}}{2}, 0, 1 - \frac{\sqrt{2}}{2}\right)$, $(\mathbf{x}^C, \lambda^C) = \left(\frac{1}{2}, -\frac{1}{2}, 0, 0\right)$이다. 다음으로 $x_1 = 0$인 경우를 생각하자. $\lambda = 1$이면 $L_2 = 1 \neq 0$이 되어 모순이므로 $\lambda \neq 1$이다. $L_3 = 0$으로부터 $x_3 = 0$이 되어 예제 VI과 같아진다. 예제 VI에서의 결과를 이용하면 $\lambda > 0$이면 $(\mathbf{x}^D, \lambda^D) = \left(0, 1, 0, \frac{3}{2}\right)$, $(\mathbf{x}^E, \lambda^E) = \left(0, -1, 0, \frac{1}{2}\right)$가 해이고 $\lambda = 0$이면 $(\mathbf{x}^F, \lambda^F) = \left(0, -\frac{1}{2}, 0, 0\right)$가 해이다. ■

문제 11.9 $\max_{x_1, x_2 \geq 0, x_3} -\frac{4}{3}x_1^3 + 2x_1x_2 + 2x_1 - x_2^2 - 2x_2 - x_3^2 + 2x_3$ s.t. $x_2 \geq x_1$의 쿤-터커 조건을 나열하고 이 조건을 만족하는 해를 구하라. ■

11.3.3 등식 제약조건

첫 $m_1(\leq m)$개의 제약조건이 등식이고 나머지는 부등식인 경우를 생각하자.

$$\mathbf{g}^1(\mathbf{x}) = \begin{bmatrix} g^1(\mathbf{x}) \\ \vdots \\ g^{m_1}(\mathbf{x}) \end{bmatrix}, \mathbf{g}^2(\mathbf{x}) = \begin{bmatrix} g^{m_1+1}(\mathbf{x}) \\ \vdots \\ g^{m}(\mathbf{x}) \end{bmatrix}, \boldsymbol{\lambda}_1 = [\lambda_1 \ \cdots \ \lambda_{m_1}], \boldsymbol{\lambda}_2 = [\lambda_{m_1+1} \ \cdots \ \lambda_m],$$

$\boldsymbol{\lambda} = [\boldsymbol{\lambda}_1 \ \boldsymbol{\lambda}_2]$이라고 하고 다음 최대화 문제를 생각하자.

$$\max_{\mathbf{x}} \ f(\mathbf{x}) \text{ s.t. } \ \mathbf{g}^1(\mathbf{x}) = 0, \ \mathbf{g}^2(\mathbf{x}) \geq 0.$$

표준적 문제와 마찬가지로 라그랑즈 함수는

$$L(\mathbf{x}, \boldsymbol{\lambda}) = f(\mathbf{x}) + \boldsymbol{\lambda}\mathbf{g}(\mathbf{x}) = f(\mathbf{x}) + \boldsymbol{\lambda}_1\mathbf{g}^1(\mathbf{x}) + \boldsymbol{\lambda}_2\mathbf{g}^2(\mathbf{x})$$

이다.

정리 11.11 $\mathbf{x}^*$ 가 $\max_{\mathbf{x}} \ f(\mathbf{x})$ s.t. $\mathbf{g}^1(\mathbf{x}) = \mathbf{0}, \mathbf{g}^2(\mathbf{x}) \geq \mathbf{0}$ 의 지역최대점이고 제약자격을 만족하면 다음 조건을 만족하는 $\boldsymbol{\lambda}^*$ 가 존재한다.

(i) $L_{\mathbf{x}} \ (\mathbf{x}^*, \boldsymbol{\lambda}^*) = \mathbf{0}$,

(ii) $L_{\boldsymbol{\lambda}_1}(\mathbf{x}^*, \boldsymbol{\lambda}^*) = \mathbf{0}$, $L_{\boldsymbol{\lambda}_2}(\mathbf{x}^*, \boldsymbol{\lambda}^*) \geq \mathbf{0}$, $\boldsymbol{\lambda}_2^* \geq 0$, $\boldsymbol{\lambda}_2^* L_{\boldsymbol{\lambda}_2}(\mathbf{x}^*, \boldsymbol{\lambda}^*) = 0$.

Box 11.3 (정리 11.11의 증명) $\mathbf{g}_1(\mathbf{x}) = \mathbf{0}$ 은 $\mathbf{g}^1(\mathbf{x}) \geq \mathbf{0}$ 과 $-\mathbf{g}^1(\mathbf{x}) \geq \mathbf{0}$ 으로 표현할 수 있으므로 이 문제는 $m+m_1$ 개의 부등 제약조건을 갖는 표준적 문제로 생각할 수 있다. $\mathbf{g}^1(\mathbf{x}) \geq 0$에 대한 라그랑즈 승수를 $\boldsymbol{\mu}_1$, $\mathbf{g}^2(\mathbf{x}) \geq 0$에 대한 라그랑즈 승수를 $\boldsymbol{\mu}_2$, $-\mathbf{g}^1(\mathbf{x}) \geq 0$에 대한 라그랑즈 승수를 $\boldsymbol{\nu}$ 라고 하자. 라그랑즈 함수는 $\tilde{L}(\mathbf{x}, \boldsymbol{\mu}_1, \boldsymbol{\mu}_2, \boldsymbol{\nu}) = f(\mathbf{x}) + (\boldsymbol{\mu}_1 - \boldsymbol{\nu})\mathbf{g}^1(\mathbf{x}) + \boldsymbol{\mu}_2\mathbf{g}^2(\mathbf{x})$ 이고 쿤-터커 조건은 (i) $\tilde{L}_{\mathbf{x}} = \mathbf{0}$, (ii-a) $\tilde{L}_{\boldsymbol{\mu}_1} = \mathbf{g}^1(\mathbf{x}) \geq \mathbf{0}$, $\boldsymbol{\mu}_1 \geq \mathbf{0}$, $\boldsymbol{\mu}_1\tilde{L}_{\boldsymbol{\mu}_1} = 0$, (ii-b) $\tilde{L}_{\boldsymbol{\mu}_2} = \mathbf{g}^2(\mathbf{x}) \geq \mathbf{0}$, $\boldsymbol{\mu}_2 \geq \mathbf{0}$, $\boldsymbol{\mu}_2\tilde{L}_{\boldsymbol{\mu}_2} = 0$, (ii-c) $\tilde{L}_{\boldsymbol{\nu}} = -\mathbf{g}^1(\mathbf{x}) \geq \mathbf{0}, \boldsymbol{\nu} \geq \mathbf{0}, \boldsymbol{\nu}\tilde{L}_{\boldsymbol{\nu}} = 0$ 이다. $\boldsymbol{\lambda}_1 = \boldsymbol{\mu}_1 - \boldsymbol{\nu}$, $\boldsymbol{\lambda}_2 = \boldsymbol{\mu}_2$, $\boldsymbol{\lambda} = [\boldsymbol{\lambda}_1 \ \boldsymbol{\lambda}_2]$ 로 하면 $\tilde{L}(\mathbf{x}, \boldsymbol{\mu}_1, \boldsymbol{\mu}_2, \boldsymbol{\nu}) = f(\mathbf{x}) + \boldsymbol{\lambda}_1\mathbf{g}^1(\mathbf{x}) + \boldsymbol{\lambda}_2\mathbf{g}^2(\mathbf{x}) = L(\mathbf{x}, \boldsymbol{\lambda})$ 이다. (i) 로부터 $\tilde{L}_{\mathbf{x}} = L_{\mathbf{x}} = \mathbf{0}$ 이고 (ii-a) 와 (ii-c) 로부터 $\mathbf{g}^1(\mathbf{x}) = L_{\boldsymbol{\lambda}_1} = \mathbf{0}$ 이다. $\boldsymbol{\mu}_1 \geq \mathbf{0}, \boldsymbol{\nu} \geq \mathbf{0}$ 이므로 $\boldsymbol{\lambda}_1 = \boldsymbol{\mu}_1 - \boldsymbol{\nu}$ 의 부호는 정해지지 않는다. (ii-b) 로부터 $\tilde{L}_{\boldsymbol{\mu}_2} = L_{\boldsymbol{\lambda}_2} \geq \mathbf{0}$, $\boldsymbol{\mu}_2 = \boldsymbol{\lambda}_2 \geq \mathbf{0}$, $\boldsymbol{\mu}_2\tilde{L}_{\boldsymbol{\mu}_2} = \boldsymbol{\lambda}_2 L_{\boldsymbol{\lambda}_2} = 0$ 이다. □

$L_{\boldsymbol{\lambda}_1}(\mathbf{x}^*, \boldsymbol{\lambda}^*) = \mathbf{0}$ 는 $\boldsymbol{\lambda}_1$ 의 부호에 대한 제약이 없을 때 L 을 $\boldsymbol{\lambda}_1$ 에 대해 최소화하기 위한 필요조건이다. 다시 말해 i 번째 제약조건이 등식이면 $L_{\lambda_i}(\mathbf{x}^*, \boldsymbol{\lambda}^*) = 0$ 이다.

예제 11.13 다음 최대화 문제를 생각하자.

$$\max_{x_1,x_2,x_3} \left(x_1 - \frac{1}{2}\right)^2 + \left(x_2 + \frac{1}{2}\right)^2 + x_3^2 \text{ s.t. } x_1^2 + x_2^2 + x_3^2 = 1.$$

라그랑즈 함수는

$$\begin{aligned} L(x_1, x_2, x_3, \lambda) = &\left(x_1 - \frac{1}{2}\right)^2 + \left(x_2 + \frac{1}{2}\right)^2 + x_3^2 \\ &+ \lambda(1 - x_1^2 - x_2^2 - x_3^2) \end{aligned}$$

이고 쿤-터커 조건은

$$\begin{aligned} \text{(i) } L_1 &= 2\left(x_1 - \frac{1}{2}\right) - 2\lambda x_1 = 0 \\ L_2 &= 2\left(x_2 + \frac{1}{2}\right) - 2\lambda x_2 = 0, \\ L_3 &= 2x_3 - 2\lambda x_3 = 0, \\ \text{(ii) } L_\lambda &= 1 - x_1^2 - x_2^2 - x_3^2 = 0 \end{aligned}$$

이다. ■

문제 11.10 위 예제의 쿤-터커 조건의 해를 구하라. ■

문제 11.11 $\max_{x_1,x_2,x_3} \; -\frac{4}{3}x_1^3 + 2x_1x_2 + 2x_1 - x_2^2 - 2x_2 - x_3^2 + 2x_3 \text{ s.t. } x_1 - x_2 = 0$ 의 쿤-터커 조건을 나열하고 이 조건을 만족하는 해를 구하라. ■

11.3.4 일반적 최대화 문제

이제까지의 결과를 정리하면 다음과 같다. 선택변수의 부호에 대한 제약과 제약조건의 등식 부등식 여부에 관계없이 라그랑즈 함수는 항상

$$L(\mathbf{x}, \boldsymbol{\lambda}) = f(\mathbf{x}) + \sum_{i=1}^{m} \lambda_i g^i(\mathbf{x}) = f(\mathbf{x}) + \boldsymbol{\lambda}\mathbf{g}(\mathbf{x})$$

로 정의된다. 쿤-터커 조건은 선택변수가 비음인지 혹은 제약조건이 부등식인지에 따라 달라진다.

(i) x_j 의 부호에 대해 아무런 제약이 없으면 $L_j(\mathbf{x}^*, \boldsymbol{\lambda}^*) = 0$ 이고 $x_j \geq 0$ 이면

$L_j(\mathbf{x}^*, \boldsymbol{\lambda}^*) \le 0,\ x_j^* \ge 0,\ x_j^* L_j(\mathbf{x}^*, \boldsymbol{\lambda}^*) = 0,$

(ii) $g^i(\mathbf{x}) \ge 0$ 이면 $L_{\lambda_i}(\mathbf{x}^*, \boldsymbol{\lambda}^*) \ge 0,\ \lambda_i^* \ge 0,\ \lambda_i^* L_{\lambda_i}(\mathbf{x}^*, \boldsymbol{\lambda}^*) = 0$ 이고 $g^i(\mathbf{x}) = 0$ 이면 $L_{\lambda_i}(\mathbf{x}^*, \boldsymbol{\lambda}^*) = 0$ 이다.

문제 11.12 $\max_{x_1 \le 0, x_2 \ge 0, x_3}\ -\frac{4}{3}x_1^3 + 2x_1x_2 + 2x_1 - x_2^2 - 2x_2 - x_3^2 + 2x_3$ s.t. $x_1 - x_2 \le 0$ 를 생각하자. $y = -x_1$ 로 정의한 후 라그랑즈 함수와 쿤-터커 조건을 나열하고 그 해를 구하라. ■

11.3.5 경계헤시안행렬과 이계조건

제약조건이 있는 경우의 이계조건을 생각하자. 제약조건이 없을 때 헤시안행렬을 이용하여 이계조건을 구한 것처럼 이 경우에는 **경계헤시안 (bordered Hessian)** 행렬이 필요하다. $n > m$ 일 때 $L_{ij} = \frac{\partial^2 L}{\partial x_i \partial x_j}$ 라고 하면 경계헤시안행렬은

$$\bar{\mathbf{H}}(\mathbf{x}, \boldsymbol{\lambda}) = \begin{bmatrix} L_{11}(\mathbf{x}, \boldsymbol{\lambda}) & \cdots & L_{1n}(\mathbf{x}, \boldsymbol{\lambda}) & \cdots & g_1^1(\mathbf{x}) & \cdots & g_1^m(\mathbf{x}) \\ \vdots & \ddots & \vdots & \ddots & \vdots & \ddots & \vdots \\ L_{n1}(\mathbf{x}, \boldsymbol{\lambda}) & \cdots & L_{nn}(\mathbf{x}, \boldsymbol{\lambda}) & \cdots & g_n^1(\mathbf{x}) & \cdots & g_n^m(\mathbf{x}) \\ g_1^1(\mathbf{x}) & \cdots & g_n^1(\mathbf{x}) & \cdots & 0 & \cdots & 0 \\ \vdots & \ddots & \vdots & \ddots & \vdots & \ddots & \vdots \\ g_1^m(\mathbf{x}) & \cdots & g_n^m(\mathbf{x}) & \cdots & 0 & \cdots & 0 \end{bmatrix}_{(m+n)\times(m+n)}$$

로 정의된다.

$$\mathbf{L}_{\mathbf{xx}}(\mathbf{x}, \boldsymbol{\lambda}) \equiv \nabla_{\mathbf{xx}}^2 L(\mathbf{x}, \boldsymbol{\lambda}) = \begin{bmatrix} L_{11}(\mathbf{x}, \boldsymbol{\lambda}) & \cdots & L_{1n}(\mathbf{x}, \boldsymbol{\lambda}) \\ \vdots & \ddots & \vdots \\ L_{n1}(\mathbf{x}, \boldsymbol{\lambda}) & \cdots & L_{nn}(\mathbf{x}, \boldsymbol{\lambda}) \end{bmatrix}_{n\times n}$$

이라고 하면

$$\bar{\mathbf{H}}(\mathbf{x}, \boldsymbol{\lambda}) = \begin{bmatrix} L_{\mathbf{xx}}(\mathbf{x}, \boldsymbol{\lambda}) & \nabla g(\mathbf{x})^T \\ \nabla g(\mathbf{x}) & \mathbf{0} \end{bmatrix}_{(m+n)\times(m+n)}$$

이다.

예제 11.14 경계헤시안행렬을 구하기 위해 위 공식을 반드시 사용할 필요는 없으며 쿤-터커 조건으로부터 직접 구할 수 있다. $n = 3,\ m = 2$ 이고 편의상 모든 제약조건은

등식이라고 가정하자. 쿤-터커 조건은

$$\begin{aligned}&\text{(i)}\ \ L_1 = f_1 + \lambda_1 g_1^1 + \lambda_2 g_1^2 = 0,\ L_2 = f_2 + \lambda_1 g_2^1 + \lambda_2 g_2^2 = 0,\\ &\qquad L_3 = f_3 + \lambda_1 g_3^1 + \lambda_2 g_3^2 = 0,\\ &\text{(ii)}\ \ L_{\lambda_1} = g^1 = 0,\ L_{\lambda_2} = g^2 = 0\end{aligned}$$

이다. 첫 식을 x_1, x_2, x_3, λ_1, λ_2 에 대해 각각 미분하면 그 결과는 각각 L_{11}, L_{12}, L_{13}, g_1^1, g_1^2 이다. 두 번째와 세 번째 식을 이들 변수에 대해 미분하면 각각 L_{21}, L_{22}, L_{23}, g_2^1, g_2^2 와 L_{31}, L_{32}, L_{33}, g_3^1, g_3^2 이다. 마찬가지로 네 번째와 다섯 번째 식을 미분하면 각각 g_1^1, g_2^1, g_3^1, 0, 0 과 g_1^2, g_2^2, g_3^2, 0, 0 이다. 이 결과를 정리하면

$$\bar{\mathbf{H}} = \begin{bmatrix} L_{11} & L_{12} & L_{13} & g_1^1 & g_1^2 \\ L_{21} & L_{22} & L_{23} & g_2^1 & g_2^2 \\ L_{31} & L_{32} & L_{33} & g_3^1 & g_3^2 \\ g_1^1 & g_2^1 & g_3^1 & 0 & 0 \\ g_1^2 & g_2^2 & g_3^2 & 0 & 0 \end{bmatrix}$$

가 된다. ■

k 번째 **축차경계헤시안행렬 (successive bordered Hessian)** $\bar{\mathbf{H}}_k$ $(k = m+1, \cdots, n)$ 은 (i) $L_{\mathbf{xx}}$ 와 $\nabla \mathbf{g}^T$ 의 첫 k 개의 행을 제외한 나머지 행을 제거하고, (ii) $L_{\mathbf{xx}}$ 와 $\nabla \mathbf{g}$ 의 첫 k 개의 열을 제외한 나머지 열을 제거하여 얻은 행렬이며 아래에 나타나 있다.

$$\bar{\mathbf{H}}_k(\mathbf{x}, \boldsymbol{\lambda}) = \begin{bmatrix} L_{11}(\mathbf{x},\boldsymbol{\lambda}) & \cdots & L_{1k}(\mathbf{x},\boldsymbol{\lambda}) & \cdots & g_1^1(\mathbf{x}) & \cdots & g_1^m(\mathbf{x}) \\ \vdots & \ddots & \vdots & \ddots & \vdots & \ddots & \vdots \\ L_{k1}(\mathbf{x},\boldsymbol{\lambda}) & \cdots & L_{kk}(\mathbf{x},\boldsymbol{\lambda}) & \cdots & g_k^1(\mathbf{x}) & \cdots & g_k^m(\mathbf{x}) \\ g_1^1(\mathbf{x}) & \cdots & g_k^1(\mathbf{x}) & \cdots & 0 & \cdots & 0 \\ \vdots & \ddots & \vdots & \ddots & \vdots & \ddots & \vdots \\ g_1^m(\mathbf{x}) & \cdots & g_k^m(\mathbf{x}) & \cdots & 0 & \cdots & 0 \end{bmatrix}.$$

$\bar{\mathbf{H}}_k$ 는 $k+m$ 계 행렬이며 가장 작은 행렬은 $2m+1$ 계이고 가장 큰 행렬은 $m+n$ 계이다.

예제 11.15 $n = 3$, $m = 1$ 일 때 축차경계헤시안행렬 $\bar{\mathbf{H}}_k$ $(k = 2, 3)$ 을 구해 보자. 먼저 $\bar{\mathbf{H}}$ 는 다음과 같다.

$$\bar{\mathbf{H}} = \begin{bmatrix} L_{11} & L_{12} & L_{13} & g_1 \\ L_{21} & L_{22} & L_{23} & g_2 \\ L_{31} & L_{32} & L_{33} & g_3 \\ g_1 & g_2 & g_3 & 0 \end{bmatrix}$$

$\bar{\mathbf{H}}_3 = \bar{\mathbf{H}}$ 이고 $\bar{\mathbf{H}}_2$ 는 아래에서 보는 바와 같이 $L_{\mathbf{xx}}$ 와 $\nabla\mathbf{g}^T$ 의 세 번째 행, $L_{\mathbf{xx}}$ 와 $\nabla\mathbf{g}$ 의 세 번째 열을 제거하여 얻을 수 있다.

$$\begin{bmatrix} L_{11} & L_{12} & L_{13} & g_1 \\ L_{21} & L_{22} & L_{23} & g_2 \\ L_{31} & L_{32} & L_{33} & g_3 \\ g_1 & g_2 & g_3 & 0 \end{bmatrix}$$

그림 11.1 축차경계헤시안행렬

따라서

$$\bar{\mathbf{H}}_2 = \begin{bmatrix} L_{11} & L_{12} & g_1 \\ L_{21} & L_{22} & g_2 \\ g_1 & g_2 & 0 \end{bmatrix}$$

이다. ■

문제 11.13 $n = 4$ 이고 $m = 1$ 인 경우의 축차경계헤시안행렬을 구하라. ■

$|\bar{\mathbf{H}}_k|$ $(k = m+1, \cdots, n)$ 을 k 번째 **축차경계헤시안행렬식 (successive bordered Hessian determinant)** 이라고 한다. 제약조건이 모두 등식인 최대화 문제의 이계조건은 아래와 같다.

정리 11.12 (이계필요조건과 충분조건: 등식 제약조건) $\mathbf{x}^*$ 에서 제약자격이 만족된다고 하자.

(i) $\mathbf{x}^*$ 가 $\max_{\mathbf{x}} f(\mathbf{x})$ s.t. $\mathbf{g}(\mathbf{x}) = \mathbf{0}$ 의 지역최대점이고 $\boldsymbol{\lambda}^*$ 가 이에 대응하는 라그랑즈 승수이면 $(-1)^k|\bar{\mathbf{H}}_k(\mathbf{x}^*, \boldsymbol{\lambda}^*)| \geq 0$ $(k = m+1, \cdots, n)$ 이다.[2]

[2] 제약조건이 없는 경우 이계필요조건을 확인하기 위해서는 주소행렬식이 필요함을 보았다. 제약식이 있는 경우에도 k $(k = m+1, \cdots, n)$ 개의 자연수의 모든 순열에 해당하는 k 번째 경계헤시안행렬식들로 표현할 수 있으나 이것은 다소 복잡하므로 축차경계헤시안행렬에 대해

(ii) $\mathbf{x}^*$, $\boldsymbol{\lambda}^*$ 가 쿤-터커 조건, (i) $L_{\mathbf{x}}$ $(\mathbf{x}^*\boldsymbol{\lambda}^*) = \mathbf{0}$ (ii) $L_{\boldsymbol{\lambda}}(\mathbf{x}^*, \boldsymbol{\lambda}^*) = \mathbf{0}$ 을 만족하고 $(-1)^k|\bar{\mathbf{H}}_k(\mathbf{x}^*, \boldsymbol{\lambda}^*)| > 0$ $(k = m+1, \cdots, n)$ 이면 $\mathbf{x}^*$ 는 $\max_{\mathbf{x}}$ $f(\mathbf{x})$ s.t. $\mathbf{g}(\mathbf{x}) = \mathbf{0}$ 의 지역최대점이다.

예제 11.16 $n = 2$, $m = 1$ 일때 축차경계헤시안행렬식은 $|\bar{\mathbf{H}}_2| = |\bar{\mathbf{H}}| = 2g_1g_2L_{12} - (g_1)^2L_{22} - (g_2)^2L_{11}$ 이다. 그런데 이것은 9.7.1 절에서 정의한 D 이므로 정리 9.5는 위 정리의 특수한 경우임을 알 수 있다. ■

예제 11.17 예제 11.13 의

$$\max_{x_1, x_2, x_3} \left(x_1 - \frac{1}{2}\right)^2 + \left(x_2 + \frac{1}{2}\right)^2 + x_3^2 \text{ s.t. } x_1^2 + x_2^2 + x_3^2 = 1$$

을 생각하자. 쿤-터커 조건의 해는 $(\mathbf{x}^A, \lambda^A) = \left(-\frac{\sqrt{2}}{2}, \frac{\sqrt{2}}{2}, 0, 1 + \frac{\sqrt{2}}{2}\right)$, $(\mathbf{x}^B, \lambda^B) = \left(\frac{\sqrt{2}}{2}, -\frac{\sqrt{2}}{2}, 0, 1 - \frac{\sqrt{2}}{2}\right)$ 이고 경계헤시안행렬은

$$\bar{\mathbf{H}} = \begin{bmatrix} 2(1-\lambda) & 0 & 0 & -2x_1 \\ 0 & 2(1-\lambda) & 0 & -2x_2 \\ 0 & 0 & 2(1-\lambda) & -2x_3 \\ -2x_1 & -2x_2 & -2x_3 & 0 \end{bmatrix}$$

이다. $n = 3$ 이고 $m = 1$ 이므로 이계조건은 $k = 2, 3$ 에 대해서 축차경계헤시안행렬식을 확인하여야 한다. $|\bar{\mathbf{H}}|$ 의 세 번째 열에 의해 라플라스 전개를 하면 $x_3^A = x_3^B = 0$, $(x_1^A)^2 + (x_2^A)^2 = (x_1^B)^2 + (x_2^B)^2 = 1$ 이므로

$$\begin{aligned} |\bar{\mathbf{H}}_3| &= (-1)^{3+3}2(1-\lambda) \begin{vmatrix} 2(1-\lambda) & 0 & -2x_1 \\ 0 & 2(1-\lambda) & -2x_2 \\ -2x_1 & -2x_2 & 0 \end{vmatrix} \\ &= -16(1-\lambda)^2(x_1^2 + x_2^2) = -16(1-\lambda)^2 \end{aligned}$$

이다. $\lambda^A \neq 1$, $\lambda^B \neq 1$ 이므로 $|\bar{\mathbf{H}}_3| < 0$ 이다. 다음으로

서만 기술한다.

$$|\bar{\mathbf{H}}_2| = \begin{vmatrix} 2(1-\lambda) & 0 & -2x_1 \\ 0 & 2(1-\lambda) & -2x_2 \\ -2x_1 & -2x_2 & 0 \end{vmatrix} = -8(1-\lambda)$$

이다. $|\bar{\mathbf{H}}_2^A| > 0$ 이고 $|\bar{\mathbf{H}}_2^B| < 0$ 이므로 $(\mathbf{x}^A, \lambda^A)$ 는 지역최대점이지만 $(\mathbf{x}^B, \lambda^B)$ 는 지역최대점이 아니다. ■

문제 11.14 문제 11.11 의 $\max_{x_1,x_2,x_3} -\frac{4}{3}x_1^3+2x_1x_2+2x_1-x_2^2-2x_2-x_3^2+2x_3$ s.t. $x_1-x_2=0$ 에 대해 이계조건을 확인하라. ■

제약조건이 부등식인 경우에 쿤-터커 조건의 $(\mathbf{x}^*, \boldsymbol{\lambda}^*)$ 에 대해 $\mathbf{x}^*$ 에서 적극적 제약식만으로 경계헤시안행렬을 생각하면 정리 11.12 은 성립한다. 편의상 첫 m' 개의 제약식이 $\mathbf{x}^*$ 에서 적극적이라고 하자. 이 적극적인 제약식에 해당하는 경계헤시안행렬을 $\bar{\mathbf{H}}'$, 축차경계헤시안행렬 $\bar{\mathbf{H}}'_k$ $(k = m'+1, \cdots, n)$ 이라고 하자.

정리 11.13 (이계필요조건과 충분조건: 부등식 제약조건) $\mathbf{x}^*$ 에서 제약자격이 만족된다고 하자.

(i) $\mathbf{x}^*$ 가 $\max_{\mathbf{x}} f(\mathbf{x})$ s.t. $\mathbf{g}(\mathbf{x}) \geq \mathbf{0}$ 의 지역최대점이고 $g^i(\mathbf{x}^*) = 0$ $(i = 1, 2, \cdots, m')$ 이며 $\boldsymbol{\lambda}^*$ 가 이에 대응하는 라그랑즈 승수이면 $(-1)^k|\bar{\mathbf{H}}'_k(\mathbf{x}^*, \boldsymbol{\lambda}^*)| \geq 0$ $(k = m'+1, \cdots, n)$ 이다.

(ii) $\mathbf{x}^*$, $\boldsymbol{\lambda}^*$ 가 쿤-터커 조건, (i) $L_{\mathbf{x}}$ $(\mathbf{x}^*\boldsymbol{\lambda}^*) = \mathbf{0}$ (ii) $L_{\boldsymbol{\lambda}}(\mathbf{x}^*, \boldsymbol{\lambda}^*) \geq \mathbf{0}$, $\boldsymbol{\lambda}^* \geq \mathbf{0}$, $\boldsymbol{\lambda}^* L_{\boldsymbol{\lambda}}(\mathbf{x}^*, \boldsymbol{\lambda}^*) = 0$ 을 만족하고 $(-1)^k|\bar{\mathbf{H}}'_k(\mathbf{x}^*, \boldsymbol{\lambda}^*)| > 0$ $(k = m'+1, \cdots, n)$ 이면 $\mathbf{x}^*$ 는 $\max_{\mathbf{x}} f(\mathbf{x})$ s.t. $\mathbf{g}(\mathbf{x}) \geq \mathbf{0}$ 의 지역최대점이다.

예제 11.18

$$\max_{x_1,x_2,x_3} \left(x_1 - \frac{1}{2}\right)^2 + \left(x_2 + \frac{1}{2}\right)^2 + x_3^2 \text{ s.t. } x_1^2 + x_2^2 + x_3^2 \leq 1$$

을 생각하자. 쿤-터커 조건의 해는 $(\mathbf{x}^A, \lambda^A) = \left(-\frac{\sqrt{2}}{2}, \frac{\sqrt{2}}{2}, 0, 1+\frac{\sqrt{2}}{2}\right)$, $(\mathbf{x}^B, \lambda^B) = \left(\frac{\sqrt{2}}{2}, -\frac{\sqrt{2}}{2}, 0, 1-\frac{\sqrt{2}}{2}\right)$, $(\mathbf{x}^C, \lambda^C) = \left(\frac{1}{2}, -\frac{1}{2}, 0, 0\right)$ 이다. $\mathbf{x}^A$ 와 $\mathbf{x}^B$ 에서는 제약조건이 적극적이다. 따라서 예제 11.17 에서 본대로 $\mathbf{x}^A$ 는 지역최대점이지만 $\mathbf{x}^B$ 는 아니다. $\mathbf{x}^C$ 에서는 제약조건이 소극적이므로 제약조건이 없는 경우의 이계조건을 적용하여야 한다. ■

문제 11.15 위 예제에서 $\mathbf{x}^C$ 는 지역최대점이 아님을 보여라. ■

문제 11.16 예제 11.12 의 쿤-터커 조건의 해에 대해 이계조건을 확인하라. ■

Box 11.4 (예제 11.9 최대화 문제의 이계조건) 쿤-터커 조건의 해는 $(\mathbf{x}, \boldsymbol{\lambda}) = (\frac{1-\sqrt{3}}{3}, \frac{1+\sqrt{3}}{3}, \frac{1}{3}, 1+\frac{\sqrt{3}}{2}, \frac{\sqrt{3}}{3})$ 이고 경계헤시안행렬은

$$\bar{\mathbf{H}} = \begin{bmatrix} 2(1-\lambda_1) & 0 & 0 & -2x_1 & 1 \\ 0 & 2(1-\lambda_1) & 0 & -2x_2 & 1 \\ 0 & 0 & 2(1-\lambda_1) & -2x_3 & 1 \\ -2x_1 & -2x_2 & -2x_3 & 0 & 0 \\ 1 & 1 & 1 & 0 & 0 \end{bmatrix}$$

이다. $n = 3$, $m' = 2$ 이므로 이계조건은 $r = 3$ 에 대해서만 즉, $|\bar{\mathbf{H}}_3| = |\bar{\mathbf{H}}| < 0$ 여부를 확인하면 된다. $|\bar{\mathbf{H}}|$ 의 마지막 열에 $2x_1$ 을 곱한 후 네 번째 열에 더하고 마지막 열에 $-2(1-\lambda_1)$ 을 곱하여 첫 번째 열에 더하면 행렬식은 변하지 않는다. 따라서

$$|\bar{\mathbf{H}}| = \begin{vmatrix} 0 & 0 & 0 & 0 & 1 \\ -2(1-\lambda_1) & 2(1-\lambda_1) & 0 & -2(x_2-x_1) & 1 \\ -2(1-\lambda_1) & 0 & 2(1-\lambda_1) & -2(x_3-x_1) & 1 \\ -2x_1 & -2x_2 & -2x_3 & 0 & 0 \\ 1 & 1 & 1 & 0 & 0 \end{vmatrix}$$

이다.

첫 번째 행에 대해 라플라스 전개를 하면

$$|\bar{\mathbf{H}}| = \begin{vmatrix} -2(1-\lambda_1) & 2(1-\lambda_1) & 0 & -2(x_2-x_1) \\ -2(1-\lambda_1) & 0 & 2(1-\lambda_1) & -2(x_3-x_1) \\ -2x_1 & -2x_2 & -2x_3 & 0 \\ 1 & 1 & 1 & 0 \end{vmatrix}$$

이다.

Box 11.4 (계속)

문제 11.17 두 번째 열과 세 번째 열에서 각각 첫 번째 열을 빼고 마지막 행에 대해 라플라스 전개를 하면

$$|\bar{\mathbf{H}}| = -\begin{vmatrix} 4(1-\lambda_1) & 2(1-\lambda_1) & -2(x_2-x_1) \\ 2(1-\lambda_1) & 4(1-\lambda_1) & -2(x_3-x_1) \\ -2(x_2-x_1) & -2(x_3-x_1) & 0 \end{vmatrix}$$

임을 보여라. ■

$z = \frac{\sqrt{3}}{3}$ 이라고 하면 $1-\lambda_1 = -\frac{3}{2}z$, $x_2 - x_1 = 2z$, $x_3 - x_1 = z$ 이다. 이것을 위 식에 대입하여 정리하면 $|\bar{\mathbf{H}}| = -24\sqrt{3} < 0$ 이다. 따라서 이계충분조건이 만족된다.

문제 11.18 $\max_{x_1 \geq 0} f(x_1, x_2, x_3)$ s.t. $g(x_1, x_2, x_3) \geq 0$ 을 생각하자. 쿤-터커 조건의 해에서 $x_1 = 0$ 이라고 하자. (i) g 가 적극적이면 이계필요조건은 $|\bar{\mathbf{H}}'_3| = \begin{vmatrix} L_{22} & L_{23} & g_2 \\ L_{32} & L_{33} & g_3 \\ g_2 & g_3 & 0 \end{vmatrix} \geq 0$ 임을 보여라. (ii) $\max_{x_2, x_3} \tilde{f}(x_2, x_3) \equiv f(0, x_2, x_3)$ s.t. $\tilde{g}(x_2, x_3) \equiv g(0, x_2, x_3) \geq 0$ 의 이계필요조건을 구하고 (i) 에서의 결과와 비교하라. (iii) g 가 소극적이면 이계필요조건은 $|\bar{\mathbf{H}}'_2| = -f_{22}, -f_{33} \geq 0$ 이고 $|\bar{\mathbf{H}}'_3| = \begin{vmatrix} f_{22} & f_{23} \\ f_{32} & f_{33} \end{vmatrix} \geq 0$ 임을 보여라. ■

선형 제약조건

제약조건이 하나이고 선형인 최대화 문제

$$\max_{\mathbf{x}} \; f(\mathbf{x}) \text{ s.t. } g(\mathbf{x}) = a_0 + a_1 x_1 + \cdots + a_n x_n = 0$$

를 생각하자 g 가 선형이기 때문에 $L_{ij} = f_{ij}$ 이다. $(\mathbf{x}, \lambda)$ 가 쿤-터커 조건의 해이면 $g_i = a_i = -\frac{f_i}{\lambda}$ 이므로

$$\bar{\mathbf{H}} = \begin{bmatrix} L_{11} & \cdots & L_{1n} & g_1 \\ \vdots & \ddots & \vdots & \vdots \\ L_{n1} & \cdots & L_{nn} & g_n \\ g_1 & \cdots & g_n & 0 \end{bmatrix} = \begin{bmatrix} f_{11} & \cdots & f_{1n} & -\frac{f_1}{\lambda} \\ \vdots & \ddots & \vdots & \vdots \\ f_{n1} & \cdots & f_{nn} & -\frac{f_n}{\lambda} \\ -\frac{f_1}{\lambda} & \cdots & -\frac{f_n}{\lambda} & 0 \end{bmatrix}$$

이다. 따라서

$$|\bar{\mathbf{H}}| = \frac{1}{\lambda^2} \begin{vmatrix} f_{11} & \cdots & f_{1n} & -f_1 \\ \vdots & \ddots & \vdots & \vdots \\ f_{n1} & \cdots & f_{nn} & -f_n \\ -f_1 & \cdots & -f_n & 0 \end{vmatrix}$$

이다. f 의 k 번째 축차경계헤시안행렬을 다음과 같이 정의하자.

$$\bar{\mathbf{H}}_k^f(\mathbf{x}) = \begin{bmatrix} f_{11}(\mathbf{x}) & \cdots & f_{1k}(\mathbf{x}) & -f_1(\mathbf{x}) \\ \vdots & \ddots & \vdots & \vdots \\ f_{k1}(\mathbf{x}) & \cdots & f_{kk}(\mathbf{x}) & -f_k(\mathbf{x}) \\ -f_1(\mathbf{x}) & \cdots & -f_k(\mathbf{x}) & 0 \end{bmatrix} \quad (k = 2, \cdots, n).$$

제약조건이 선형이고 한 개이면 $\bar{\mathbf{H}}_r^f$ 를 이용하여 이계조건은 다음과 같이 단순화할 수 있다.

정리 11.14 $g(\mathbf{x}) = a_0 + a_1x_1 + \cdots + a_nx_n$ 이고 $(\mathbf{x}^*, \lambda^*)$ 가 쿤-터커 조건을 만족하며 $\lambda^* \neq 0$ 이면 정리 11.13의 이계조건에서 축차경계헤시안행렬식 조건은 다음과 같다.

(i) (필요조건) $|\bar{\mathbf{H}}_2^f(\mathbf{x}^*)| \geq 0$, $|\bar{\mathbf{H}}_3^f(\mathbf{x}^*)| \leq 0$, $|\bar{\mathbf{H}}_4^f(\mathbf{x}^*)| \geq 0$, $\cdots$, $(-1)^n|\bar{\mathbf{H}}_n^f(\mathbf{x}^*)| \geq 0$,

(ii) (충분조건) $|\bar{\mathbf{H}}_2^f(\mathbf{x}^*)| > 0$, $|\bar{\mathbf{H}}_3^f(\mathbf{x}^*)| < 0$, $|\bar{\mathbf{H}}_4^f(\mathbf{x}^*)| > 0$, $\cdots$, $(-1)^n|\bar{\mathbf{H}}_n^f(\mathbf{x}^*)| > 0$.

11.4 전역최대와 준오목함수

아래 정의와 정리는 10.3절에서의 정의와 정리를 다변수함수로 확장한 것이다.

정의 11.6 (준오목함수와 순준오목함수) 볼록집합 $X \subset R^n$ 에서 정의되는 함수 $f(\mathbf{x})$ 를 생각하자. 임의의 두 점 $\mathbf{x}^a$ 와 $\mathbf{x}^b$ 에 대해 $\mathbf{x}^t = t\mathbf{x}^a + (1-t)\mathbf{x}^b$ 라고 하자.

(i) 모든 $0 \le t \le 1$ 에 대해 $f(\mathbf{x}^t) \ge \min\{f(\mathbf{x}^a), f(\mathbf{x}^b)\}$ 이면 $f(\mathbf{x})$ 를 준오목함수라고 한다.

(ii) 모든 $0 < t < 1$ 에 대해 $\mathbf{x}^a \ne \mathbf{x}^b$ 일 때 $f(\mathbf{x}^t) > \min\{f(\mathbf{x}^a), f(\mathbf{x}^b)\}$ 이면 $f(\mathbf{x})$ 를 순준오목함수라고 한다.

문제 11.19 $f(\mathbf{x})$ 가 순준오목함수이고 제약집합 C 가 볼록집합이라고 하자. $\mathbf{x}^*$ 가 $\max_{\mathbf{x}}\ f(\mathbf{x})$ s.t. $\mathbf{x} \in C$ 의 지역최대점이면 $\mathbf{x}^*$ 는 전역최대점임을 3편 정리 7.13를 참고하여 보여라. ■

정리 11.15 일계연속미분가능함수 $f(\mathbf{x})$ 를 생각하자.

(i) $f(\mathbf{x})$ 가 준오목함수라고 하자. 임의의 $\mathbf{x}^a$ 과 $\mathbf{x}^b$ 에 대해 $f(\mathbf{x}^b) \ge f(\mathbf{x}^a)$ 이면 $\nabla f(\mathbf{x}^a)(\mathbf{x}^b - \mathbf{x}^a) \ge 0$ 이고 그 역도 성립한다.

(ii) 임의의 서로 다른 $\mathbf{x}^a$ 와 $\mathbf{x}^b$ 를 생각하자. (a) $f(\mathbf{x})$ 가 순준오목함수이고 $\nabla f(\mathbf{x}) \ne \mathbf{0}$ 이라고 하자. $f(\mathbf{x}^b) \ge f(\mathbf{x}^a)$ 이면 $\nabla f(\mathbf{x}^a)(\mathbf{x}^b - \mathbf{x}^a) > 0$ 이다. (b) $f(\mathbf{x}^b) \ge f(\mathbf{x}^a)$ 라고 하자. $\nabla f(\mathbf{x}^a)(\mathbf{x}^b - \mathbf{x}^a) > 0$ 이면 $f(\mathbf{x})$ 는 순준오목함수이다.

함수의 준오목성은 쿤-터커 조건의 해가 전역최대점이 되기 위한 충분조건이다. $f(\mathbf{x})$ 가 이계연속미분가능하면 준오목함수 여부는 f 의 축차경계헤시안행렬식을 이용하여 판별할 수 있다.

정리 11.16

(i) $f(\mathbf{x})$ 가 준오목함수이면 $|\bar{\mathbf{H}}_2^f| \ge 0$, $|\bar{\mathbf{H}}_3^f| \le 0$, $\cdots$, $(-1)^n|\bar{\mathbf{H}}_n^f| \ge 0$ 이다.

(ii) $|\bar{\mathbf{H}}_2^f| > 0$, $|\bar{\mathbf{H}}_3^f| < 0$, $\cdots$, $(-1)^n\bar{\mathbf{H}}_n^f| > 0$ 이면 $f(\mathbf{x})$ 는 순준오목함수이다.

정리 11.17

$\max_{\mathbf{x}}\ f(\mathbf{x})$ s.t. $\mathbf{g}(\mathbf{x}) \ge \mathbf{0}$ 를 생각하자. $f(\mathbf{x})$ 와 $g^i(\mathbf{x})$ $(i = 1, 2, \cdots, m)$ 가 준오목함수이고 $(\mathbf{x}^*, \boldsymbol{\lambda}^*)$ 가 이 최대화 문제 쿤-터커 조건의 해이며 $\mathbf{x}^*$ 에서 제약자격이 만족된다고 하자. 다음 조건 중 하나가 만족되면 $\mathbf{x}^*$ 는 이 최대화 문제의 전역최대점이다.

(i) $\nabla f(\mathbf{x}^*) \ne 0$,

(ii) $f(\mathbf{x})$ 가 오목함수.

문제 11.20 Box 10.2 의 정리 10.6 의 증명을 참조하여 위 정리를 증명하라. ■

* 정부호행렬, 정부호행렬과 준오목함수

$f(\mathbf{x})$ 를 생각하자. $F = \{\mathbf{y} \mid \nabla f(\mathbf{x})\mathbf{y} = 0\}$, $\tilde{\bar{\mathbf{H}}}_k^f(\mathbf{x})$ 를 k $(k = 2, \cdots, n)$ 개의 자연수의 모든 순열에 해당하는 k 번째 $f(\mathbf{x})$ 의 경계헤시안행렬식이라고 하자. 아래 (i), (ii), (iii)은 동치이다.

(i) 모든 $\mathbf{x}$ 에 대해 $|\tilde{\bar{\mathbf{H}}}_2^f| \geq 0$, $|\tilde{\bar{\mathbf{H}}}_3^f| \leq 0$, $\cdots$, $(-1)^n|\tilde{\bar{\mathbf{H}}}_n^f| \geq 0$ 이다.

(ii) 모든 $\mathbf{x}$ 와 임의의 n 열벡터 $\mathbf{y} \in F$ 에 대해 $\mathbf{H}$ 가 음의 준정부호행렬이다. 즉, $\nabla f(\mathbf{x})\mathbf{y} = 0$ 이면 $\mathbf{y}^T\mathbf{H}\mathbf{y} \leq 0$ 이다.

(iii) $f(\mathbf{x})$ 는 준오목함수이다.

다음으로 아래 (i), (ii), (iii) 은 (i) $\Leftrightarrow$ (ii) $\Rightarrow$ (iii) 의 관계에 있다.

(i) 모든 $\mathbf{x}$ 에 대해 $|\bar{\mathbf{H}}_2^f| > 0$, $|\bar{\mathbf{H}}_3^f| < 0$, $\cdots$, $(-1)^n|\bar{\mathbf{H}}_n^f| > 0$ 이다.

(ii) 모든 $\mathbf{x}$ 와 임의의 n 열벡터 $\mathbf{y} \in F$ 에 대해 $\mathbf{H}$ 가 음의 정부호행렬이다. 즉, $\nabla f(\mathbf{x})\mathbf{y} = 0$ 이면 $\mathbf{y}^T\mathbf{H}\mathbf{y} < 0$ 이다.

(iii) $f(\mathbf{x})$ 는 순준오목함수이다.

문제 11.21 위 결과들 중 (i) 과 (iii) 을 $\mathbf{x} \in R^2$ 일 때로 바꾸어 정리하고 정리 10.5 의 결과들과 같음을 확인하라. ■

부 록

11.A 최소화

11.A.1 제약조건이 없는 최소화

다음과 같은 최소화 문제를 생각하자.

$$\min_{x_1,x_2} f(x_1,x_2) \tag{11.A-†}$$

이 최소화 문제의 최적해는

$$\max_{x_1,x_2} -f(x_1,x_2) \tag{11.A-‡}$$

의 최적해와 동일하다.

일계조건과 이계조건

최대화 문제 (11.A-‡) 의 일계조건은 $-f_1(x_1^*,x_2^*) = -f_2(x_1^*,x_2^*) = 0$ 이다. 따라서 $f_1(x_1^*,x_2^*) = f_2(x_1^*,x_2^*) = 0$ 이므로 최소화 문제와 최대화 문제의 일계조건은 동일하다. (11.A-‡) 의 이계충분조건은 $-f_1(x_1^*,x_2^*) = -f_2(x_1^*,x_2^*) = 0$, $-f_{11}(x_1^*,x_2^*) < 0$, $(-f_{11}(x_1^*,x_2^*))(-f_{22}(x_1^*,x_2^*)) - (-f_{12}(x_1^*,x_2^*))^2 > 0$ 이므로 $f_1(x_1^*,x_2^*) = f_2(x_1^*,x_2^*) = 0$ 이고 $f_{11}(x_1^*,x_2^*) > 0$, $f_{11}(x_1^*,x_2^*)f_{22}(x_1^*,x_2^*) - f_{12}^2(x_1^*,x_2^*) > 0$ 이다. 정리 8.3 의 이계충분조건과 비교하면 $f_{11}(x_1^*,x_2^*)$ 의 부호가 반대임을 알 수 있다. 이계필요조건도 마찬가지로 생각할 수 있다.

예제 11.A.1 다음 최소화 문제를 생각하자.

$$\min_{x_1,x_2} \; f(x_1,x_2) = \frac{4}{3}x_1^3 - 2x_1x_2 - 2x_1 + x_2^2 + 2x_2.$$

일계조건은

$$f_1 = 4x_1^2 - 2x_2 - 2 = 0,$$

$$f_2 = -2x_1 + 2x_2 + 2 = 0$$

이고 이 연립방정식의 해는 $(x_1^a, x_2^a) = (\frac{1}{2}, -\frac{1}{2})$ 과 $(x_1^b, x_2^b) = (0, -1)$ 이다.

$f_{11} = 8x_1$, $f_{12} = -2$, $f_{22} = 2$ 이다. $f_{11}^a = 4 > 0$ 이고 $f_{11}^a f_{22}^a - (f_{12}^a)^2 = 4 > 0$ 이므로 $(x_1^a, x_2^a) = (\frac{1}{2}, -\frac{1}{2})$ 는 지역최소점이다. 반면 $f_{11}^b f_{22}^b - (f_{12}^b)^2 = -4 < 0$ 이므로 $(x_1^b, x_2^b) = (0, -1)$ 는 지역최소점이 아니다. ■

다변수함수 경우의 일계조건과 이계조건은 다음과 같다.

정리 11.A.1 (일계조건) $\mathbf{x}^*$ 가 $\min_{\mathbf{x}} f(\mathbf{x})$ 의 지역최소점이면 $\nabla f(\mathbf{x}^*) = \mathbf{0}$ 이다.

정리 11.A.2 (이계필요조건과 충분조건)

(i) $\mathbf{x}^*$ 가 $\min_{\mathbf{x}} f(\mathbf{x})$ 의 지역최소점이면 $|\tilde{\mathbf{H}}_1(\mathbf{x}^*)| \geq 0$, $|\tilde{\mathbf{H}}_2(\mathbf{x}^*)| \geq 0$, $\cdots$, $|\tilde{\mathbf{H}}_n(\mathbf{x}^*)| \geq 0$ 이다.

(ii) $\nabla f(\mathbf{x}^*) = \mathbf{0}$ 이고 $|\mathbf{H}_1(\mathbf{x}^*)| > 0$, $|\mathbf{H}_2(\mathbf{x}^*)| > 0$, $\cdots$, $|\mathbf{H}_n(\mathbf{x}^*)| > 0$ 이면 $\mathbf{x}^*$ 는 $\max_{\mathbf{x}} f(\mathbf{x})$ 의 지역최소점이다.[3]

전역최소와 볼록함수

볼록함수의 정의와 전역최소점과 관련된 정리는 다음과 같다.

정의 11.A.1 (볼록함수와 순볼록함수) 볼록집합 $X \subset R^n$ 에서 정의되는 함수 $f(\mathbf{x})$ 를 생각하자. $-f(\mathbf{x})$ 가 오목함수(순오목함수이)면 $f(\mathbf{x})$ 는 볼록함수(순볼록함수)이다.

문제 11.A.1 볼록함수와 순볼록함수는 다음과 같이 정의할 수 있음을 보여라. 임의의 두 점 $\mathbf{x}^a$ 과 $\mathbf{x}^b$ 에 대해 $\mathbf{x}^t = t\mathbf{x}^a + (1-t)\mathbf{x}^b$ 라고 하자. (i) $0 \leq t \leq 1$ 일 때 $f(\mathbf{x}^t) \leq tf(\mathbf{x}^a) + (1-t)f(\mathbf{x}^b)$ 이면 $f(\mathbf{x})$ 를 볼록함수라고 한다. (ii) $0 < t < 1$ 이고 $\mathbf{x}^a \neq \mathbf{x}^b$ 일 때 $f(\mathbf{x}^t) < tf(\mathbf{x}^a) + (1-t)f(\mathbf{x}^b)$ 이면 $f(\mathbf{x})$ 를 순볼록함수라고 한다. ■

문제 11.A.2 $f(\mathbf{x})$ 가 볼록함수이고 $\mathbf{x}^*$ 가 $f(\mathbf{x})$ 의 지역최소점이면 $\mathbf{x}^*$ 는 전역최소점임을 보여라. ■

[3] (i) 은 $\mathbf{H}(\mathbf{x}^*)$ 가 양의 준정부호행렬이기 위한 필요충분조건이고 (ii) 는 $\mathbf{H}(\mathbf{x}^*)$ 가 양의 정부호행렬이기 위한 필요충분조건이다. (346-347쪽의 *준정부호행렬, 정부호행렬과 오목함수 참조.)

정리 11.A.3 $f(\mathbf{x})$ 가 일계연속미분가능하다고 하자.

(i) $f(\mathbf{x})$ 가 볼록함수이면 임의의 $\mathbf{x}^a$ 와 $\mathbf{x}^b$ 에 대해 $f(\mathbf{x}^b) \geq f(\mathbf{x}^a) + \nabla f(\mathbf{x}^a)(\mathbf{x}^b - \mathbf{x}^a)$ 이고 그 역도 성립한다.

(ii) $f(\mathbf{x})$ 가 순볼록함수이면 임의의 서로 다른 $\mathbf{x}^a$ 와 $\mathbf{x}^b$ 에 대해 $f(\mathbf{x}^b) > f(\mathbf{x}^a) + \nabla f(\mathbf{x}^a)(\mathbf{x}^b - \mathbf{x}^a)$ 이고 그 역도 성립한다.

정리 11.A.4 $f(\mathbf{x})$ 가 일계연속미분가능하고 볼록함수라고 하자. $\nabla f(\mathbf{x}^*) = \mathbf{0}$ 이면 $\mathbf{x}^*$ 는 $\min_{\mathbf{x}} f(\mathbf{x})$ 의 전역최소점이다.

정리 11.A.5 $f(\mathbf{x})$ 가 이계연속미분가능하다고 하자.

(i) $f(\mathbf{x})$ 가 볼록함수이면 $|\tilde{\mathbf{H}}_1(\mathbf{x})| \geq 0$, $|\tilde{\mathbf{H}}_2(\mathbf{x})| \geq 0$, $\cdots$, $|\tilde{\mathbf{H}}_n(\mathbf{x})| \geq 0$ 이고 그 역도 성립한다.[4]

(ii) $|\mathbf{H}_1(\mathbf{x})| > 0$, $|\mathbf{H}_2(\mathbf{x})| > 0$, $\cdots$, $|\mathbf{H}_n(\mathbf{x})| > 0$ 이면 $f(\mathbf{x})$ 는 순볼록함수이다.[5]

11.A.2 제약조건이 있는 최소화

다음 최소화 문제를 생각하자.

$$\min_{x_1 \geq 0, x_2} f(x_1, x_2) \text{ s.t. } g(x_1, x_2) \leq 0. \tag{11.A-§}$$

제약조건의 부등호 방향이 '≤' 임을 유의하도록 하자. 이 최소화 문제의 최적해는 다음 최대화 문제와 동일하다.

$$\max_{x_1 \geq 0, x_2} -f(x_1, x_2) \text{ s.t. } -g(x_1, x_2) \geq 0. \tag{11.A-§§}$$

문제 11.A.3 위 결과를 증명하라. ■

쿤-터커 조건과 이계조건

(11.A-§§) 의 라그랑즈 함수는

[4]이 조건은 $\mathbf{H}(\mathbf{x})$ 가 양의 준정부호행렬이기 위한 필요충분조건이다. (346-347 쪽 참조.)

[5]이 조건은 이 조건은 $\mathbf{H}(\mathbf{x})$ 가 양의 정부호행렬이기 위한 필요충분조건이다. (346-347 쪽 참조.)

$$\tilde{L}(x_1, x_2, \lambda) = -f(x_1, x_2) - \lambda g(x_1, x_2)$$

이고 쿤-터커 조건은

(i) $\tilde{L}_1 = -f_1 - \lambda g_1 \leq 0$, $x_1 \geq 0$, $x_1 \tilde{L}_1 = 0$, $\tilde{L}_2 = -f_2 - \lambda g_2 = 0$,

(ii) $\tilde{L}_\lambda = -g \geq 0$, $\lambda \geq 0$, $\lambda \tilde{L}_\lambda = 0$

이다.

$L(x_1, x_2, \lambda) = f(x_1, x_2) + \lambda g(x_1, x_2)$ 라고 하면 위 조건은

(i) $L_1 = f_1 + \lambda g_1 \geq 0$, $x_1 \geq 0$, $x_1 L_1 = 0$, $L_2 = 0$,

(ii) $L_\lambda = g \leq 0$, $\lambda \geq 0$, $\lambda L_\lambda = 0$

으로 다시 쓸 수 있다. (i)은 λ가 주어질 때 L을 $x_1 \geq 0$ 조건 하에서 x_1과 x_2에 대해 최소화하기 위한 필요조건이고 (ii)는 x_1과 x_2가 주어질 때 $\lambda \geq 0$ 조건 하에서 L을 λ에 대해 최대화하기 위한 필요조건이다. 다시 말해 최소화 문제의 라그랑즈 함수는 최대화 문제의 라그랑즈 함수와 같고 쿤-터커 조건은 라그랑즈 함수를 선택변수에 대해서는 최소화, 라그랑즈 승수에 대해서는 최대화 문제로 생각하여 구할 수 있다.

예제 11.A.2 $\min_{x_1, x_2} \left(x_1 - \frac{1}{2}\right)^2 + \left(x_2 + \frac{1}{2}\right)^2$ s.t. $x_1^2 + x_2^2 \geq 1$를 생각하자. 라그랑즈 함수는

$$L = L(x_1, x_2, \lambda) = \left(x_1 - \frac{1}{2}\right)^2 + \left(x_2 + \frac{1}{2}\right)^2 + \lambda(1 - x_1^2 - x_2^2)$$

이고 쿤-터커 조건은

$$\text{(i)}\ \ L_1 = 2\left(x_1 - \frac{1}{2}\right) - 2\lambda x_1 = 0,\ \ L_2 = 2\left(x_2 + \frac{1}{2}\right) - 2\lambda x_2 = 0,$$

$$\text{(ii)}\ \ L_\lambda = 1 - x_1^2 - x_2^2 \leq 0,\ \ \lambda \geq 0,\ \ \lambda L_\lambda = 0$$

이다.

$\lambda = 0$이면 (i)로부터 $x_1 = \frac{1}{2}$, $x_2 = -\frac{1}{2}$이다. $L_\lambda = 1 - \left(\frac{1}{2}\right)^2 - \left(-\frac{1}{2}\right)^2 > 0$이므로 모순이다. 따라서 $\lambda > 0$이고 (ii)로부터 $x_1^2 + x_2^2 - 1 = 0$이다. $L_1 = 0$와 $L_2 = 0$을 더하면 $2(1-\lambda)(x_1 + x_2) = 0$이다. $\lambda = 1$이면 $L_1 = -1 \neq 0$이 되어 모순이므로 $x_1 + x_2 = 0$이다. 따라서 $(x_1, x_2) = \left(-\frac{\sqrt{2}}{2}, \frac{\sqrt{2}}{2}\right)$와 $(x_1, x_2) = \left(\frac{\sqrt{2}}{2}, -\frac{\sqrt{2}}{2}\right)$이다. $L_1 = 0$에 이 해를 대입하여 라그랑즈 승수를 구하면 앞의 해에 대해서는 $\lambda = 1 + \frac{\sqrt{2}}{2}$이고 뒤의 해에 대해서는 $\lambda = 1 - \frac{\sqrt{2}}{2}$이다. 따라서 쿤-터커 조건의 해는

$$(x_1^a, x_2^a, \lambda^a) = \left(-\frac{\sqrt{2}}{2}, \frac{\sqrt{2}}{2}, 1+\frac{\sqrt{2}}{2}\right),$$
$$(x_1^b, x_2^b, \lambda^b) = \left(\frac{\sqrt{2}}{2}, -\frac{\sqrt{2}}{2}, 1-\frac{\sqrt{2}}{2}\right)$$

이다. ■

$\min_{x_1,x_2} f(x_1,x_2)$ s.t. $g(x_1,x_2)=0$ 의 이계조건의 판별 기준을 생각하자.

$$\begin{aligned}\tilde{D}(x_1,x_2,\lambda) &= 2(-g_1)(-g_2)\tilde{L}_{12} - (-g_1)^2\tilde{L}_{22} - (-g_2)^2\tilde{L}_{11} \\ &= -2g_1g_2L_{12} + g_1^2L_{22} + g_2^2L_{11} \\ &= -D(x_1,x_2,\lambda)\end{aligned}$$

이다. 따라서 필요조건은 $D(x_1^*, x_2^*, \lambda^*) \le 0$ 이고 충분조건은 $D(x_1^*, x_2^*, \lambda^*) < 0$ 이다. 제약조건이 부등식일 때는 11.3.5 절에서와 같이 적극적인 제약조건에 대해 위 결과를 적용할 수 있다.

예제 11.A.3 예제 11.A.2 를 생각하자. 예제 9.7 에서 본 바와 같이 $D^a > 0$ 이고 $D^b < 0$ 이므로 (x_1^b, x_2^b) 는 지역최소점이고 (x_2^a, x_2^a) 는 지역최소점이 아니다. ■

표준적 최소화 문제의 쿤-터커 조건과 이계조건은 다음과 같다.

정리 11.A.6 (쿤-터커 정리) $\mathbf{x}^*$ 가 $\min_{\mathbf{x}} f(\mathbf{x})$ s.t. $\mathbf{g}(\mathbf{x}) \le \mathbf{0}$ 의 지역최소점이고 제약자격을 만족하면 다음 조건을 만족하는 $\boldsymbol{\lambda}^*$ 가 존재한다.

(i) $L_{\mathbf{x}}(\mathbf{x}^*, \boldsymbol{\lambda}^*) = \mathbf{0}$,

(ii) $L_{\boldsymbol{\lambda}}(\mathbf{x}^*, \boldsymbol{\lambda}^*) \le \mathbf{0}$, $\boldsymbol{\lambda}^* \ge \mathbf{0}$, $\boldsymbol{\lambda}^* L_{\boldsymbol{\lambda}}(\mathbf{x}^*, \boldsymbol{\lambda}^*) = 0$.

문제 11.A.4 제약조건이 비음인 경우와 등식인 경우의 최소화 문제에 대해 쿤-터커 정리를 기술하라. ■

최소화 문제의 첫 m' 개의 제약조건이 적극적이라고 하자.

정리 11.A.7 (이계필요조건과 충분조건) $\mathbf{x}^*$ 에서 제약자격이 만족된다고 하자.

(i) $\mathbf{x}^*$ 가 $\min_{\mathbf{x}} f(\mathbf{x})$ s.t. $\mathbf{g}(\mathbf{x}) \le \mathbf{0}$ 의 지역최소점이고 $g^i(\mathbf{x}^*) = 0$ $(i = 1, 2, \cdots, m')$ 이며 $\boldsymbol{\lambda}^*$ 가 이에 대응하는 라그랑즈 승수이면 $(-1)^{m'}|\bar{\mathbf{H}}_k| \ge 0$ $(k = m'+1, \cdots, n)$ 이다.

(ii) $\mathbf{x}^*$, $\boldsymbol{\lambda}^*$ 가 쿤-터커 조건, (i) $L_{\mathbf{x}}(\mathbf{x}^*, \boldsymbol{\lambda}^*) = \mathbf{0}$, (ii) $L_{\boldsymbol{\lambda}}(\mathbf{x}^*, \boldsymbol{\lambda}^*) \leq \mathbf{0}$, $\boldsymbol{\lambda} \geq \mathbf{0}$, $\boldsymbol{\lambda}^* L_{\boldsymbol{\lambda}}(\mathbf{x}^*, \boldsymbol{\lambda}^*) = 0$ 을 만족하고 $(-1)^{m'}|\bar{\mathbf{H}}'_k| > 0$ $(k = m'+1, \cdots, n)$ 이면 $\mathbf{x}^*$ 는 $\min_{\mathbf{x}} f(\mathbf{x})$ s.t. $\mathbf{g}(\mathbf{x}) \leq \mathbf{0}$ 의 지역최소점이다.

Box 11.A.1 위 정리에서 이계필요조건 판별 기준은 $(-1)^{m'}|\bar{\mathbf{H}}_k| \geq 0$ $(k = m'+1, \cdots, n)$ 이다. 그 이유를 살펴보자. 정리 11.13로부터 최대화 문제 (11.A-§§)의 이계조건 판별 기준은 $(-1)^k|\hat{\mathbf{H}}_k| \geq 0$ 이다. (단,

$$|\hat{\mathbf{H}}_k| = \begin{vmatrix} -L_{11}(\mathbf{x},\boldsymbol{\lambda}) & \cdots & -L_{1k}(\mathbf{x},\boldsymbol{\lambda}) & \cdots & -g_1^1(\mathbf{x}) & \cdots & -g_1^{m'}(\mathbf{x}) \\ \vdots & \ddots & \vdots & \ddots & \vdots & \ddots & \vdots \\ -L_{k1}(\mathbf{x},\boldsymbol{\lambda}) & \cdots & -L_{kk}(\mathbf{x},\boldsymbol{\lambda}) & \cdots & -g_k^1(\mathbf{x}) & \cdots & -g_k^{m'}(\mathbf{x}) \\ -g_1^1(\mathbf{x}) & \cdots & -g_k^1(\mathbf{x}) & \cdots & 0 & \cdots & 0 \\ \vdots & \ddots & \vdots & \ddots & \vdots & \ddots & \vdots \\ -g_1^{m'}(\mathbf{x}) & \cdots & -g_k^{m'}(\mathbf{x}) & \cdots & 0 & \cdots & 0 \end{vmatrix}$$

이다.) $|\hat{\mathbf{H}}_k| = (-1)^{k+m'}|\bar{\mathbf{H}}_k|$ 이므로 $(-1)^k|\hat{\mathbf{H}}_k| = (-1)^{2k+m'}|\bar{\mathbf{H}}_k| = (-1)^{m'}|\bar{\mathbf{H}}_k|$ 이다. 예를 들어 앞에서 본 바와 같이 등식제약식이 한 개인 경우 $\hat{D}(x_1, x_2, \lambda) = -D(x_1, x_2, \lambda)$ 이다.

전역최소와 준볼록함수

다변수함수의 경우 정의와 정리는 다음과 같다.

정의 11.A.2 (준볼록함수와 순준볼록함수) 볼록집합 $X \subset R^n$ 에서 정의되는 함수 $f(\mathbf{x})$ 를 생각하자. $-f(\mathbf{x})$ 가 준오목함수(순준오목함수)이면 $f(\mathbf{x})$ 는 준볼록함수(순준볼록함수)이다.

문제 11.A.5 준볼록함수와 순준볼록함수는 다음과 같이 정의할 수 있음을 보여라. 임의의 두 점 $\mathbf{x}^a$ 와 $\mathbf{x}^b$ 에 대해 $\mathbf{x}^t = t\mathbf{x}^a + (1-t)\mathbf{x}^b$ 라고 하자. (i) 모든 $0 \leq t \leq 1$ 에 대해 $f(\mathbf{x}^t) \leq \max\{f(\mathbf{x}^a), f(\mathbf{x}^b)\}$ 이면 $f(\mathbf{x})$ 는 준볼록함수이다. (ii) 임의의 서로 다른 $\mathbf{x}^a$ 와 $\mathbf{x}^b$ 와 모든 $0 < t < 1$ 에 대해 $f(\mathbf{x}^t) < \max\{f(\mathbf{x}^a), f(\mathbf{x}^b)\}$ 이면 $f(\mathbf{x})$ 는 순준볼록함수이다. ■

정리 11.A.8 일계연속미분가능함수 $f(\mathbf{x})$를 생각하자.

(i) $f(\mathbf{x})$가 준볼록함수라고 하자. 임의의 $\mathbf{x}^a$과 $\mathbf{x}^b$에 대해 $f(\mathbf{x}^b) \le f(\mathbf{x}^a)$이면 $\nabla f(\mathbf{x}^a)(\mathbf{x}^b - \mathbf{x}^a) \le 0$이고 그 역도 성립한다.

(ii) 임의의 서로 다른 $\mathbf{x}^a$와 $\mathbf{x}^b$를 생각하자. (a) $f(\mathbf{x})$가 순준볼록함수이고 $\nabla f(\mathbf{x}) \neq \mathbf{0}$이라고 하자. $f(\mathbf{x}^b) \le f(\mathbf{x}^a)$이면 $\nabla f(\mathbf{x}^a)(\mathbf{x}^b - \mathbf{x}^a) < 0$이다. (b) $f(\mathbf{x}^b) \le f(\mathbf{x}^a)$라고 하자. $\nabla f(\mathbf{x}^a)(\mathbf{x}^b - \mathbf{x}^a) < 0$이면 $f(\mathbf{x})$는 순준볼록함수이다.

정리 11.A.9 (i) $f(\mathbf{x})$가 준볼록함수이면 $|\bar{\mathbf{H}}_2^f| \le 0$, $|\bar{\mathbf{H}}_3^f| \le 0$, $\cdots$, $|\bar{\mathbf{H}}_n^f| \le 0$이다.[6] (ii) $|\bar{\mathbf{H}}_2^f| < 0$, $|\bar{\mathbf{H}}_3^f| < 0$, $\cdots$, $|\bar{\mathbf{H}}_n^f| < 0$ 이면 $f(\mathbf{x})$는 순준볼록함수이다.

정리 11.A.10

$\min_{\mathbf{x}} f(\mathbf{x})$ s.t. $\mathbf{g}(\mathbf{x}) \le \mathbf{0}$를 생각하자. $f(\mathbf{x})$와 $g^i(\mathbf{x})$ $(i = 1, 2, \cdots, m)$가 준볼록함수이고 $(\mathbf{x}^*, \boldsymbol{\lambda}^*)$가 이 최소화 문제 쿤-터커 조건의 해이며 $\mathbf{x}^*$에서 제약자격이 만족된다고 하자. 다음 조건 중 하나가 만족되면 $\mathbf{x}^*$는 이 최대화 문제의 전역최소점이다.

(i) $\nabla f(\mathbf{x}^*) \neq 0$,

(ii) $f(\mathbf{x})$가 볼록함수.

11.B 쿤-터커 정리의 그래프적 해석과 제약자격

11.B.1 쿤-터커 정리의 그래프적 해석

9.3.1절에서 쿤-터커 정리를 그래프적으로 살펴보았다. 여기서는 다소 다른 시각에서 쿤-터커 정리를 다시 생각해 보자. 선택변수가 두 개이고 제약조건이 하나인 최대화 문제

$$\max_{\mathbf{x}} f(\mathbf{x}) \text{ s.t. } g(\mathbf{x}) \ge 0$$

을 생각하자.

그림 11.B.1에서 $g(\mathbf{x}) \ge 0$인 영역은 회색으로 표시되어 있다. f의 두 등가곡선 $f(\mathbf{x}) = f^*$와 $f(\mathbf{x}) = \bar{f}$가 그려져 있다 (단, $f^* = f(\mathbf{x}^*) > f(\bar{\mathbf{x}}) = \bar{f}$.) $g(\mathbf{x}) = 0$ 상의 점 $\bar{\mathbf{x}}$가 지역최대점인지를 살펴보자. 그림에서 보는 바와 같이 $\bar{\mathbf{x}} + \mathbf{h}$가 회색으로 표시된 부분에 있도록 하는 $\mathbf{h}$가 존재하며 이 $\mathbf{h}$에 대해 $g(\bar{\mathbf{x}} + \mathbf{h}) > 0$이다.

[6] 보다 일반적인 결과는 366쪽의 *준정부호행렬, 정부호행렬과 준오목함수에서의 결과로부터 유추할 수 있다.

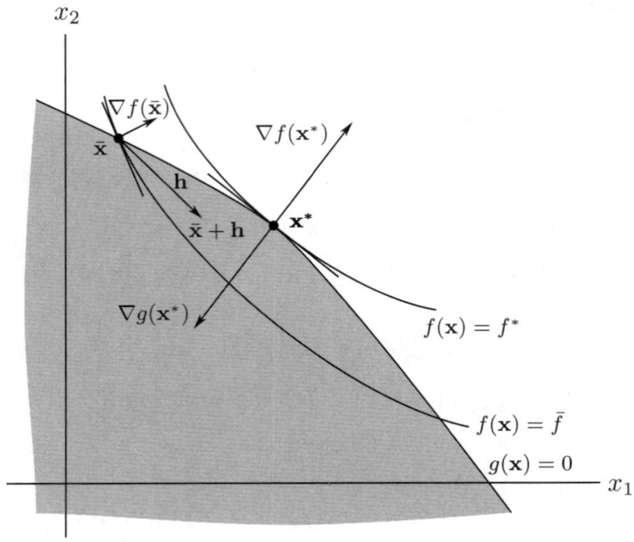

그림 11.B.1 쿤-터커 정리의 그래프적 해석

$f(\bar{\mathbf{x}}+\mathbf{h}) - f(\bar{\mathbf{x}}) \approx \nabla f(\bar{\mathbf{x}})\mathbf{h}$ 이고 $\nabla f(\bar{\mathbf{x}})$ 와 $\mathbf{h}$ 는 예각을 이루므로 $\mathbf{h}$ 가 $\mathbf{0}$ 에 충분히 가까우면 $f(\bar{\mathbf{x}}+\mathbf{h}) > f(\bar{\mathbf{x}})$ 이다. 따라서 $\bar{\mathbf{x}}$ 는 지역최대점이 될 수 없다.

$\mathbf{x}^*$ 의 경우에는 $g(\mathbf{x}^*+\mathbf{h}) \geq 0$ 인 어떤 $\mathbf{h} \neq \mathbf{0}$ 에 대해서도 $\nabla f(\mathbf{x}^*)$ 와 $\mathbf{h}$ 사이의 각도는 $90°$ 이상이다.[7] $f(\mathbf{x}^*) \geq f(\mathbf{x}^*+\mathbf{h})$ 이므로 $\mathbf{x}^*$ 는 지역최대점이다. $\mathbf{x}^*$ 에서 $f(\mathbf{x}) = f^*$ 와 $g(\mathbf{x}) = 0$ 은 접한다. 또한 $\mathbf{x}^*$ 에서 우상향으로 이동하면 f 값이 증가하고 좌하향으로 이동하면 g 값이 증가하므로 $\nabla f(\mathbf{x}^*)$ 와 $\nabla g(\mathbf{x}^*)$ 는 반대 방향을 가리킨다. 따라서 위 그림으로부터 $\nabla f(\mathbf{x}^*) = -\lambda^*\nabla g(\mathbf{x}^*)$ 가 되는 λ^* 가 존재함을 알 수 있다. 이것은 쿤-터커 조건 (i) 에 해당한다.

문제 11.B.1 (i) $\mathbf{x}^*$ 가 제약집합의 내부점이거나 (ii) $\mathbf{x}^*$ 가 경계점이고 목적함수가 $f(x_1, x_2) = -(x_1 - x_1^*)^2 - (x_2 - x_2^*)^2$ 이면 $\lambda^* = 0$ 임을 그림 11.B.1를 이용하여 보여라. ■

다음으로 그림 11.B.2 에 나타나 있는 제약조건이 두 개인 최대화 문제

$$\max_{\mathbf{x}} f(\mathbf{x}) \text{ s.t. } g^1(\mathbf{x}) \geq 0,\ g^2(\mathbf{x}) \geq 0$$

[7] 이 논의에서 약한 부등식 가능성을 배제할 수 없는 이유는 $\mathbf{x}^*$ 근방에서 $g(\mathbf{x}) = 0$ 과 $f(\mathbf{x}) = f^*$ 가 직선일 수 있기 때문이다.

을 생각하자.

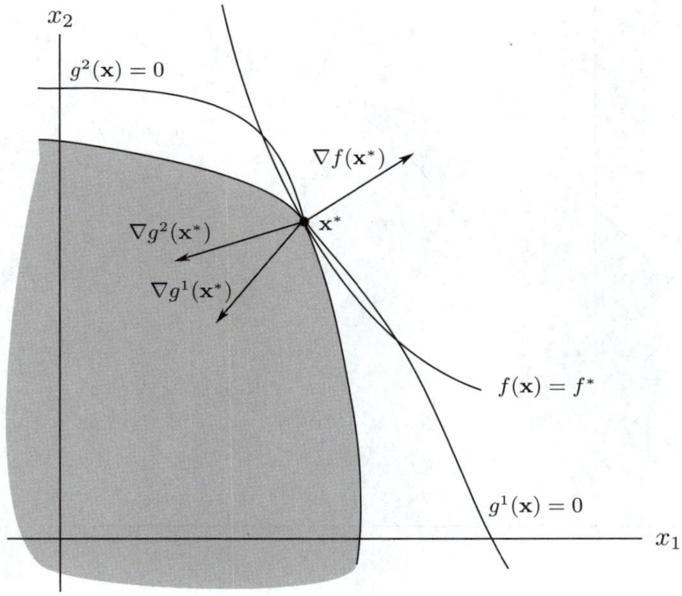

그림 11.B.2 두 개의 제약조건과 쿤-터커 정리

$g^i(\mathbf{x}) \geq 0,\ (i = 1, 2)$ 인 영역은 $g^i(\mathbf{x}) = 0$ 의 아래 부분이며 제약집합은 이 두 영역이 겹치는 회색으로 표시된 부분이다. 지역최대점은 $\mathbf{x}^*$ 이며 이 점에서의 $\nabla g^1(\mathbf{x}^*)$, $\nabla g^2(\mathbf{x}^*)$ 와 $\nabla f(\mathbf{x}^*)$ 는 화살표로 표시된다. $\nabla g^1(\mathbf{x}^*)$ 와 $\nabla g^2(\mathbf{x}^*)$ 는 서로 다른 방향을 가리키고 있으므로 선형독립이다. 따라서 $\nabla f(\mathbf{x}^*)$ 는 이 두 기울기 벡터의 선형결합으로 나타낼 수 있다. 다시 말해 $\nabla f(\mathbf{x}^*) = -\lambda_1^* \nabla g^1(\mathbf{x}^*) - \lambda_2^* \nabla g^2(\mathbf{x}^*)$ 이 되는 λ_1^* 와 λ_2^* 이 존재한다. 이것은 제약조건이 두 개일 때의 쿤-터커 조건 (i)에 해당한다.

문제 11.B.2 (i)$\lambda_1^* = 0,\ \lambda_2^* > 0$ 인 경우와 (ii) $\lambda_1^* = \lambda_2^* = 0$ 인 경우를 그림을 그려 보여라. ■

11.B.2 제약자격

앞에서 쿤-터커 조건 (i)은 지역최대점에서 $\nabla f(\mathbf{x}^*)$ 를 $\nabla g^1(\mathbf{x}^*)$ 과 $\nabla g^2(\mathbf{x}^*)$ 의 선형결합으로 나타낼 수 있음을 의미하는 것을 보았다. 그러나 이것이 항상 가능한 것은 아니다. 그림 11.B.3에서 살펴보자.

$g^1(\mathbf{x}) \geq 0$ 인 영역은 $g^1(\mathbf{x}) = 0$ 의 아랫부분이고 $g^2(\mathbf{x}) \geq 0$ 인 영역은 $g^2(\mathbf{x}) = 0$ 의 윗부분이다. 제약집합은 이 두 영역이 겹치는 회색으로 표시된 부분이며 지역최대점은

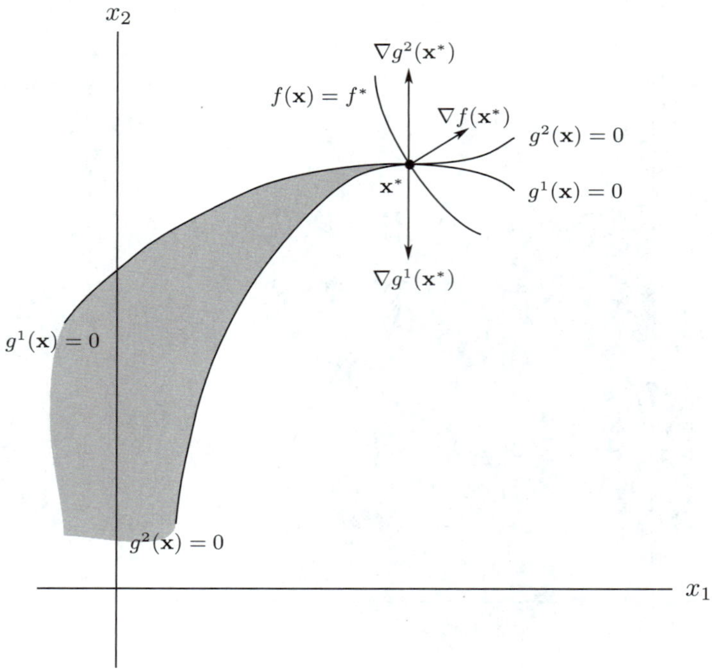

그림 11.B.3 제약자격의 불성립

$\mathbf{x}^*$ 이다. $\mathbf{x}^*$ 에서 $g^1(\mathbf{x}) = 0$ 과 $g^2(\mathbf{x}) = 0$ 은 서로 접하며 $\nabla g^1(\mathbf{x}^*)$ 과 $\nabla g^2(\mathbf{x}^*)$ 가 정반대 방향을 가리키므로 이 두 기울기 벡터는 선형종속이다. $\nabla f(\mathbf{x}^*)$ 는 이들 벡터와는 다른 방향을 가리키므로 $\nabla f(\mathbf{x}^*)$ 는 $\nabla g^1(\mathbf{x}^*)$ 과 $\nabla g^2(\mathbf{x}^*)$ 의 선형결합으로 나타낼 수 없다. 따라서 쿤-터커 조건 (i) 은 성립하지 않는다. 제약자격 조건은 이 가능성을 배제하기 위한 것이다.

제약자격은 지역최대점이 쿤-터커 조건 (i) 이 성립하기 위한 충분조건이다. 예를 들어 그림 11.B.3 에서 $\mathbf{x}^*$ 에서 제약자격이 만족되지 않지만 $\nabla f(\mathbf{x}^*)$ 의 방향이 $\nabla g^1(\mathbf{x}^*)$ 와 반대 방향이면 어떤 λ_1^* 에 대해 $\nabla f(\mathbf{x}^*) = -\lambda_1^* g^1(\mathbf{x}^*) + 0 \times \nabla g^2(\mathbf{x}^*)$ 로 표현할 수 있으므로 쿤-터커 조건 (i) 이 성립한다.

예제 11.B.1 3 편 예제 7.9 에서 논의한 슬레이터 예

$$\max_x f(x) = x \text{ s.t. } g(x) = -x^2 \geq 0$$

을 다시 생각하자. 지역최대점은 $x^* = 0$ 인데 $g'(x^*) = g'(0) = 0$ 이므로 '선형독립' 이 아니고 따라서 $x^* = 0$ 는 제약자격을 만족하지 않는다. $f'(x^*) = f'(0) = 1$ 이므로 $f'(x^*) + \lambda^* g'(x^*) = 1 + \lambda^* \times 0 = 0$ 이 되는 λ^* 는 존재하지 않는다. 그러나 앞에서 본

것처럼 제약자격은 지역최대점이 쿤-터커 조건 (i) 이 성립하기 위한 필요조건은 아니다. $f(x) = x^2$ 이면 $f'(x^*) = f'(0) = 0$ 이므로 $f'(x^*) + \lambda^* g'(x^*) = 0 + \lambda^* \times 0 = 0$ 은 어떤 λ^* 에 대해서도 성립한다. ■

PART V

적분과 미분방정식

제 12장　적 분

제 13장　미분방정식

5편에서는 적분과 미분방정식에 대해 논의한다. 적분은 일차적으로는 실직선 상에서 정의되는 함수 아랫부분의 면적 또는 실평면 상에서 정의되는 함수 아랫부분의 부피를 구하는 데 이용할 수 있다. 그러나 그 활용 범위는 미분방정식이나 동태적 최적화 이론에서 6편에서 다룰 확률적 상황의 분석에 이르기까지 광범하다. 적분과 미분의 관계는 뺄셈과 덧셈, 나눗셈과 곱셈 간의 관계처럼 역의 관계에 있으며 적분 이론은 3편에서 다룬 미분 이론과 밀접하게 연관된다.

12장에서는 정적분의 경제학적 응용 예로서 소비자잉여, 생산자잉여와 사회후생의 개념에 대해 살펴보고 정적분과 부정적분를 이어주는 미적분학의 기본정리, 그리고 몇 가지 적분 방법에 대해 논의한다. 13장에서는 미분방정식의 개념과 해를 구하는 다양한 방법을 살펴보고 경제성장 모형과 신상품 확산 모형 등에 미분방정식이 유용하게 사용될 수 있음을 볼 것이다. 마지막으로 부록에서는 동태적 최적화 문제의 분석 도구인 변분법과 최적제어이론에 대해 원론적인 수준에서 논의한다.

CHAPTER 12

적 분

이 장에서는 먼저 정적분의 개념과 이와 관련된 몇 가지 유용한 결과에 대해 알아본다. 정적분의 개념을 이해하기 위해 면적을 계산하는 방법을 살펴보고 아울러 정적분 응용의 예로서 시장 성과를 나타내는 소비자잉여와 생산자잉여에 대해 논의한다. 다음으로 정적분을 실제로 계산하기 위해 필요한 부정적분에 대해 논의하고 이 부정적분을 구하는 몇 가지 방법에 대해 살펴본다.

12.1 정적분의 응용

12.1.1 면적 계산

그림 12.1에 $y = x^2$이 그려져 있다. 회색으로 표시된 부분($x = 1$과 $x = 2$ 사이의 $y = x^2$의 아랫부분)의 면적 S를 계산해 보자. S의 근삿값은 다음과 같이 구할 수 있다. 그림에서와 같이 닫힌구간 $[1, 2]$를 길이가 $\frac{1}{5}$인 다섯 개의 소구간으로 나누고 각 구간별로 그 구간을 밑변으로 하고 그 구간에서 가장 큰 y 값을 높이로 하는 직사각형을 그리자. i 번째 $(i = 1, 2, \cdots, 5)$ 직사각형의 높이는 $\left(1 + \frac{i}{5}\right)^2$이다. 예를 들어 첫 번째 직사각형의 높이는 $1.2^2 = 1.44$이고 네 번째 직사각형의 높이는 $1.8^2 = 3.24$이다. 이 다섯 개 직사각형들의 총면적은 $S_5 = \sum_{i=1}^{5}(\frac{1}{5})\left(1 + \frac{i}{5}\right)^2 = 2.64$이다. 그림에서 보는

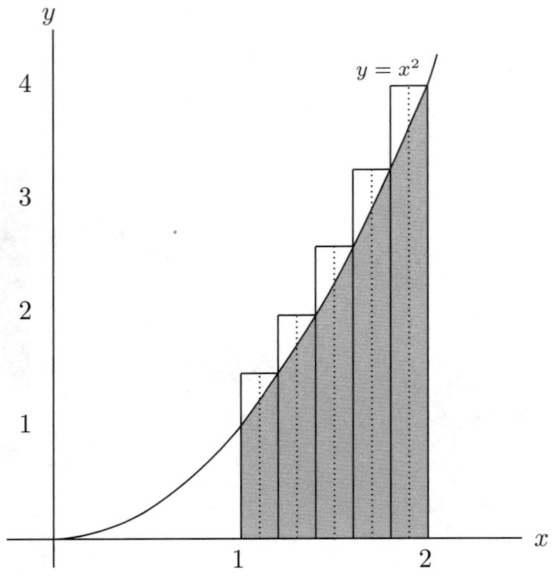

그림 12.1 면적 계산

바와 같이 $S_5 > S$ 이다.

점선으로 표시된 것과 같이 각 소구간을 절반으로 나누면 10개의 새로운 소구간을 얻을 수 있다. i 번째 소구간에 해당하는 직사각형은 밑변이 $\frac{1}{10}$, 높이는 $\left(1+\frac{i}{10}\right)^2$ 이므로 총면적은 $S_{10} = \sum_{i=1}^{10}\left(\frac{1}{10}\right)\left(1+\frac{i}{10}\right)^2 = 2.485$ 이다. 그런데 $S_5 > S_{10} > S$ 이므로 $S_{10} = 2.485$ 가 $S_5 = 2.64$ 보다는 더 정확한 근삿값이다. 이런 식으로 생각하면 $[1, 2]$ 를 10개 구간보다 더 세분화하고 이 소구간들에 해당하는 직사각형들의 총면적을 구하면 S 에 더 근접한 값을 구할 수 있을 것이라고 기대할 수 있다.

$[1, 2]$ 를 길이가 $\frac{1}{n}$ 인 n 개의 소구간으로 나누고 해당 직사각형들의 총면적을 구하면 다음과 같다.

$$S_n = \sum_{i=1}^{n} \frac{1}{n}\left(1+\frac{i}{n}\right)^2 = \frac{1}{n}\sum_{i=1}^{n}\left(1+\frac{2i}{n}+\frac{i^2}{n^2}\right) = \frac{7}{3}+\frac{3}{2n}+\frac{1}{6n^2}.$$

그림 12.1 으로부터 $S_n > S$ 임을 알 수 있다.[1] n 을 무한히 크게 하면 $\lim_{n\to\infty} S_n = \frac{7}{3} \approx 2.333$ 이 된다.

이제까지는 직사각형을 그릴 때 각 소구간에서 가장 큰 y 값을 그 높이로 생각하였다. 반대로 각 소구간에서 가장 작은 y 값을 높이로 하는 직사각형들의 총면적을 구

[1] 위 결과는 1편 2장 부록의 $\sum_{i=1}^{n} i = \frac{n(n+1)}{2}$, $\sum_{i=1}^{n} i^2 = \frac{n(n+1)(2n+1)}{6} = \frac{n^3}{3}+\frac{n^2}{2}+\frac{n}{6}$ 을 이용하여 얻을 수 있다.

해 보자. n 개 소구간의 i 번째 직사각형은 밑변이 $\frac{1}{n}$, 높이는 $(1+\frac{i-1}{n})^2$ 이 된다. 모든 직사각형들의 총면적은

$$s_n = \sum_{i=1}^{n} \frac{1}{n}\left(1+\frac{i-1}{n}\right)^2 = \frac{7}{3} - \frac{3}{2n} + \frac{1}{6n^2}$$

이며 당연히 $s_n < S$ 이다. n 을 무한히 크게 하면 $\lim_{n\to\infty} s_n = \frac{7}{3} \approx 2.333$ 이다.

$s_n < S < S_n$ 이므로 $\lim_{n\to\infty} s_n \le S \le \lim_{n\to\infty} S_n$ 이다. 그런데 $\lim_{n\to\infty} s_n = \lim_{n\to\infty} S_n$ 이므로 $\lim_{n\to\infty} s_n = \lim_{n\to\infty} S_n = S = \frac{7}{3}$ 이다. 따라서 S 는 S_n 또는 s_n 의 극한으로 생각할 수 있다.

예제 12.1 $x \in [0,a]$ $(a>0)$ 일 때 $y=e^x$ 의 아랫부분 면적 S 를 구해보자. $[0,a]$ 를 $n+1$ 개의 점 $0, \frac{a}{n}, \frac{2a}{n}, \cdots, \frac{a(n-1)}{n}, a$ 로 n 개의 소구간으로 나누고, i 번째 $(i=1,2,\cdots,n)$ 구간에서 밑변의 길이가 $\frac{a}{n}$ 이고 높이가 $e^{ia/n}$ 인 직사각형을 그리자. n 개의 직사각형의 총면적은

$$S_n = \sum_{i=1}^{n} \frac{a}{n} e^{ia/n} = \frac{ae^{a/n}}{n} \frac{1-e^a}{1-e^{a/n}}$$

이다.

$\frac{a}{n} = h$ 라고 하면 $S_n = (1-e^a)\frac{he^h}{(1-e^h)}$ 이다. $n \to \infty$ 이면 $h \to 0$ 이므로 로피탈 정리를 이용하면 $\lim_{h\to 0} \frac{he^h}{(1-e^h)} = \lim_{h\to 0} \frac{e^h(h+1)}{-e^h} = -1$ 이다. 따라서 $\lim_{n\to\infty} S_n = e^a - 1$ 이다. 다음으로 i 번째 구간에서 밑변의 길이가 $\frac{a}{n}$ 이고 높이가 $e^{(i-1)a/n}$ 인 직사각형들의 총면적은

$$s_n = \sum_{i=1}^{n} \frac{a}{n} e^{(i-1)a/n} = \frac{S_n}{e^{a/n}} = \frac{S_n}{e^h}$$

이다. $\lim_{h\to 0} s_n = \lim_{h\to 0} S_n = e^a - 1 = S$ 이므로 앞에서와 마찬가지 결과를 얻는다. ■

예제 12.2 위 방법에 의해 면적을 구할 때 항상 유한한 값을 얻을 수 있는 것은 아니다. $x \in [0,1]$ 일 때 $f(x) = \frac{1}{x}$ 의 아랫부분 면적을 구하기 위해 $\lim_{n\to\infty} s_n$ 을 계산하자. (단, $f(0) < \infty$.) $s_n = \sum_{i=1}^{n} \frac{1}{n}\frac{n}{i} = \sum_{i=1}^{n} \frac{1}{i}$ 이므로 $\lim_{n\to\infty} s_n = \sum_{i=1}^{\infty} \frac{1}{i} = \infty$ 이다.[2] ■

[2] $\sum_{i=1}^{\infty} \frac{1}{i}$ 를 **조화급수 (harmonic series)** 라고 한다. $\sum_{i=1}^{\infty} \frac{1}{i} = \infty$ 은 다음과 같이 증명할 수 있다. $\sum_{i=1}^{\infty} \frac{1}{i} = 1 + \frac{1}{2} + \frac{1}{3} + \frac{1}{4} + \frac{1}{5} + \frac{1}{6} + \frac{1}{7} + \frac{1}{8} \cdots > 1 + \frac{1}{2} + (\frac{1}{4} + \frac{1}{4}) + (\frac{1}{8} + \frac{1}{8} + \frac{1}{8} + \frac{1}{8}) + \cdots$ 이다. 그런데 오른쪽 항은 $1 + \frac{1}{2} + \frac{1}{2} + \cdots = \infty$ 이므로 $\sum_{i=1}^{\infty} \frac{1}{i} = \infty$ 이다.

12.1.2　소비자 잉여와 생산자 잉여의 개념

소비자잉여

시장 메커니즘과 관련하여 생각할 수 있는 두 가지 질문 중 균형가격과 거래량의 결정에 대해서는 3편 10.4절에서 논의하였다. 여기서는 시장의 성과에 대해 생각하기로 하자. 이 두 번째 질문에 대해 답하기 위해서는 수요함수와 공급함수를 3편 10.4절에서와는 다른 시각에서 볼 필요가 있다.

그림 12.2에 가격순응자인 어느 소비자의 X 재에 대한 개별수요곡선이 그려져 있다. 이 소비자는 가격이 20보다 크면 이 재화를 소비하지 않는다. 가격이 18보다 크고

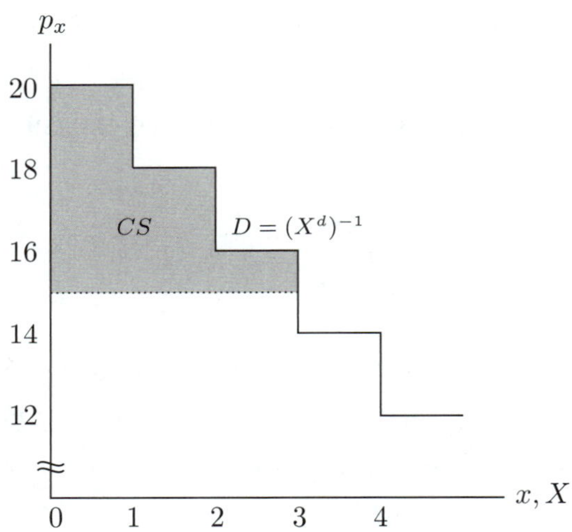

그림 12.2　소비자잉여

20보다 같거나 작으면 한 단위를 소비하며 가격이 16보다 크고 18보다 같거나 작으면 두 단위를 소비한다. 다음과 같은 **사고실험 (thought experiment)** 을 생각하자. 현재 이 소비자는 이 재화를 소비하지 않고 있다. 어느 생산자가 가격 22에 한 단위를 팔겠다고 제의하면 이 소비자는 제의를 받아들이지 않을 것이다. 생산자가 가격을 점차 내려 20까지 내리면 이 소비자는 비로소 한 단위를 구입하게 된다. 따라서 이 소비자는 첫 번째 단위를 구입하기 위해서 (최대) 20을 지불할 의향이 있는 셈이다.

첫 번째 단위를 판매한 후 생산자가 가격을 18까지 내리게 되면 추가적으로 한 단위 더 팔 수 있다. 따라서 이 소비자는 두 번째 단위를 구입하기 위해서는 18을 지불할 의향이 있다. 마찬가지로 생각하면 세 번째 단위와 네 번째 단위에 대한 지불의향금액은 각각 16과 14이고 다섯 번째 단위에 대한 지불의향금액은 12이다.

한 단위를 추가적으로 소비하고자 할 때 소비자가 지불하고자 하는 (최대) 금액을

한계지불의향 (**marginal-willingness-to-pay**) 이라고 한다. 따라서 수요함수는 p_x 축에서 바라보면 소비하고자 하는 수요량을 나타내지만 이것을 X 축에서 바라보면 한계지불의향함수가 된다. 즉, 수요함수 $X^d(p_x)$ 와 한계지불의향함수는 역함수의 관계에 있으며 역수요함수 $D(X)$ 는 한계지불의향함수이다. 그림 12.2에 나타나 있는 것처럼 한계지불의향함수가 우하향하는 것은 소비를 늘려 가면 일반적으로 추가적인 소비 한 단위에 대한 지불의향금액이 작아지기 때문이다. 예를 들어 더운 날 갈증을 느낄 때 음료수를 한 잔 마시면 상당 부분 갈증이 가신다. 두 번째 잔도 어느 정도 갈증 해소에 도움을 주겠지만 첫 잔에 비해서는 적기 때문에 두 번째 잔에 대해 지불할 의향이 있는 금액은 첫 번째 잔에 비해 작아진다.[3]

시장 성과를 분석하기 위해 개별 소비자에 대한 논의를 다수의 소비자가 존재하는 시장으로 확장하도록 하자. 분석을 간단하게 하기 위해 각 소비자는 X 재를 최대 한 단위만 소비한다고 가정하자. 그림 12.2의 개별수요곡선을 시장수요곡선으로 생각하면 가격이 20일 때 시장수요량은 1, 가격이 18이면 시장수요량은 2가 된다. X 축에서 바라보면 첫 번째 소비자의 한계지불의향은 20, 두 번째 소비자의 한계지불의향은 18로 해석할 수 있다.

시장가격이 15이면 세 명의 소비자가 각각 한 단위씩 구입한다. 첫 번째 소비자는 20을 지불할 의향이 있지만 15를 지불하였으므로 5만큼의 이득을 얻는 셈이 된다. 마찬가지로 두 번째 소비자는 3, 세 번째 소비자는 1의 이득을 얻으며 이 소비자들이 얻는 총이득은 9가 된다. 이것은 X 재를 구입한 소비자들이 지불할 의향이 있는 총금액 ($20 + 18 + 16 = 54$: $0 \le X \le 3$ 에서 $D(X)$ 의 아랫부분 면적)에서 이들이 실제로 지불한 총금액 ($15 \times 3 = 45$: $0 \le X \le 3$ 에서 높이가 15인 사각형의 면적)을 뺀 금액 ($54 - 45 = 9$) 로 생각할 수 있다. 소비자들이 X 재를 구입하여 얻는 이득을 **소비자잉여** (**consumer surplus;** CS) 라고 하며 그림 12.2에 회색 부분으로 표시되어 있다.

생산자잉여

그림 12.3에 가격순응자인 어느 생산자(기업)의 공급함수가 그려져 있다. 이 생산자는 가격이 12보다 낮으면 생산을 하지 않는다. 가격이 12 이상이고 14보다 낮으면 한 단위를 생산하고 가격이 14 이상이고 15보다 낮으면 두 단위를 생산한다.

생산자에 대해서도 소비자의 경우와 마찬가지로 비슷한 사고실험을 할 수 있다. 생산자가 생산을 시작하기 전에 어느 소비자가 가격 10에 한 단위를 팔 것을 제의한다면 이 생산자는 이 제의를 받아들이지 않을 것이다. 이 소비자가 가격을 점차 올려 12가

[3] 4편 9.1절의 한계대체율에 대한 논의 참조.

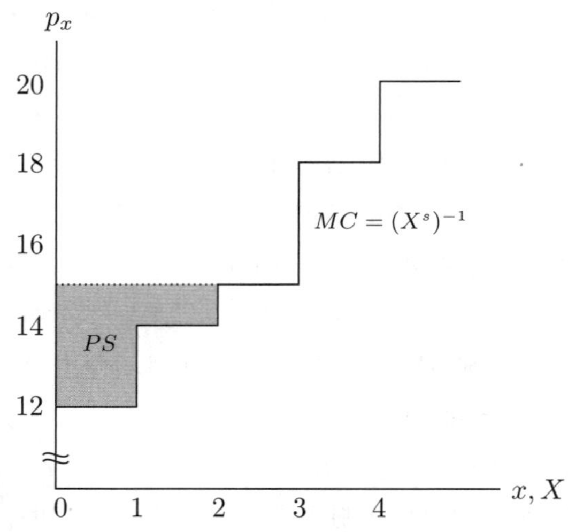

그림 12.3 생산자잉여

되면 생산자는 비로소 한 단위를 팔게 된다. 이것은 생산자가 첫 번째 단위를 생산하는 데 드는 비용이 12임을 의미한다.

첫 번째 단위를 구입한 후 소비자가 14를 제시하면 추가적으로 한 단위를 더 팔 것이므로 두 번째 단위의 생산비용은 14이다. 이런 식으로 생각하면 세 번째 단위와 네 번째 단위의 생산비용은 각각 15와 18이 된다. 이 생산비용은 한 단위를 추가적으로 생산할 때 발생하는 비용이므로 3편 6.6.1절에서 논의한 한계비용이다. 따라서 공급함수는 p_x 축에서 바라보면 생산하고자 하는 공급량을 나타내지만 이것을 X 축에서 바라보면 한계비용이 된다. 즉, 공급함수 $X^s(p_x)$와 한계비용함수 $MC(X)$는 역함수의 관계에 있다.

그림 12.3에서는 한계비용곡선이 우상향하므로 생산량이 클수록 추가적인 생산비용이 커진다. 그러나 현실에서는 반드시 그렇지 않다. 소프트웨어 프로그램을 CD에 담아 판매한다고 하자. 첫 번째 CD의 한계비용은 개발비 전부와 공 CD 가격의 합이므로 매우 크다. 그러나 두 번째 CD부터는 공 CD 가격만 한계비용이므로 거의 0에 가깝다. 이와 같은 경우에는 한계비용곡선은 우하향한다.

개별 생산자에 대한 논의를 다수의 생산자가 존재하는 시장으로 확장하자. 분석을 간단하게 하기 위해 각 생산자는 X 재를 최대 한 단위만 생산한다고 가정하자. 그림 12.3의 개별공급곡선을 시장공급곡선으로 생각하면 가격이 12일 때 시장공급량은 1, 가격이 14이면 시장공급량은 2가 된다. 따라서 첫 번째 생산자의 한계비용은 12, 두 번째 생산자의 한계비용은 14로 생각할 수 있다.

시장가격이 15이면 세 명의 생산자가 각각 한 단위씩 생산한다. 첫 번째 생산자는 한계비용이 12인데 15를 받으므로 3의 이득을 얻고 마찬가지로 두 번째 생산자와 세 번째 생산자는 각각 1과 0의 이득을 얻는다. 따라서 세 생산자가 얻는 총이득은 4가 된다. 이것은 생산자들이 얻는 총수입 ($15 \times 3 = 45$: $0 \leq X \leq 3$에서 높이가 15인 사각형의 면적) 에서 총비용 ($12 + 14 + 15 = 41$: $0 \leq X \leq 3$에서 $MC(X)$의 아랫부분의 면적) 을 뺀 금액 ($45 - 41 = 4$) 이다. 생산자들이 X재를 생산하여 얻는 이득을 **생산자잉여 (producer surplus; PS)** 라고 하며 그림 12.3에 회색 부분으로 표시되어 있다.

12.2 정적분

12.2.1 정 의

그림 12.4에 $[a, b]$에서 연속함수인 $y = f(x)$가 그려져 있다. 이 함수의 a에서 b까지의

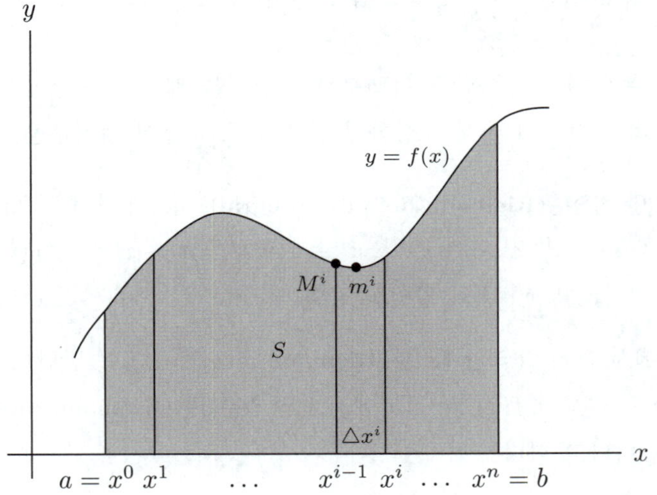

그림 12.4 정적분

아랫부분 면적을 S라고 하자. $[a, b]$를 $n+1$개의 점 $a \equiv x^0, x^1, \cdots, x^{n-1}, x^n \equiv b$로 n개의 소구간으로 나누고 $\triangle x^i = x^i - x^{i-1} > 0$ $(i = 1, 2, \cdots, n)$ 이라고 하자. $[x^{i-1}, x^i]$는 컴팩트집합이고 $f(x)$가 연속이므로 각 구간별로 최댓값 M^i와 최솟값 m^i가 존재한다.

$$S_n = \sum_{i=1}^{n} M^i \triangle x^i, \quad s_n = \sum_{i=1}^{n} m^i \triangle x^i$$

라고 하면 $s_n \leq S \leq S_n$이고 $S_n - s_n = \sum_{i=1}^{n}(M^i - m^i)\triangle x^i$이다.

이제 (i) 소구간의 개수 n을 증가시키면서, (ii) 소구간의 길이는 줄어들도록 하자.

$\delta = \max_i \{\triangle x^i\}$ 이라고 하면 (i)과 (ii)는 각각 $n \to \infty$과 $\delta \to 0$를 의미한다. $n \to \infty$과 $\delta \to 0$일 때 $S_n - s_n \to 0$이면 $\lim\limits_{\substack{n\to\infty \\ \delta\to 0}} S_n = \lim\limits_{\substack{n\to\infty \\ \delta\to 0}} s_n = S$이다. 그런데 $M^i - m^i \to 0$이면 $(M^i - m^i)\triangle x^i \to 0$이지만 $(M^i - m^i)\triangle x^i$의 개수가 무한히 증가하기 때문에 $\sum_{i=1}^n (M^i - m^i)\triangle x^i \to 0$일지는 직관적으로 알기는 어렵다.

정리 12.1 $f(x)$가 연속함수이면 $\lim\limits_{\substack{n\to\infty \\ \delta\to 0}} \sum_{i=1}^n (M^i - m^i)\triangle x^i = 0$이다.

증명 $\mu = \max_i \{M^i - m^i\}$라고 하자. $0 \le \sum_{i=1}^n (M^i - m^i)\triangle x^i \le \sum_{i=1}^n \mu\triangle x^i = \mu(b-a)$이다. $f(x)$가 연속함수이므로 $n \to \infty, \delta \to 0$이면 $M^i - m^i \to 0$이다. 따라서 $\mu \to 0$이고 $\sum_{i=1}^n (M^i - m^i)\triangle x^i \to 0$이다. □

문제 12.1 $f(x)$가 연속함수라고 하자. ξ^i가 $[x^i - 1, x^i]$ 안의 임의의 점이고 $S'_n = \sum_{i=1}^n f(\xi^i)\triangle x^i$라고 하면 $\lim\limits_{\substack{n\to\infty \\ \delta\to 0}} S'_n = S$임을 보여라. ■

이제까지의 논의에서 연속함수 아랫부분의 면적을 계산할 수 있음을 알 수 있다. 이 논의를 일반적인 함수에 대해 확장하기 위해 다음과 같이 정적분을 정의하자.

정의 12.1 (리만 정적분 (Riemann definite integral)) $[a,b]$에서 정의되는 유계함수 $f(x)$를 생각하자. $a \equiv x^0, x^1, \cdots, x^{n-1}, x^n \equiv b$, $\triangle x^i = x^i - x^{i-1} > 0\ (i = 1, 2, \cdots, n)$이라고 하자. ξ^i가 $[x^{i-1}, x^i]$ 내의 임의의 점일 때 $\lim\limits_{\substack{n\to\infty \\ \delta\to 0}} \sum_{i=1}^n f(\xi^i)\triangle x^i$가 존재하면 그 극한값을 $[a,b]$에서 $f(x)$의 **리만 정적분 (Riemann integral)** 또는 간단히 정적분이라고 하고 $\int_a^b f(x)\,dx$로 쓴다.[4] $f(x)$는 $[a,b]$에서 **리만 적분가능 (Riemann integrable)** 또는 간단히 적분가능하다고 한다.

a를 **적분하한 (lower limit of integration)**, b를 **적분상한 (upper limit of integration)**, $f(x)$를 **피적분함수 (integrand)**, x를 **적분변수 (variable of integration)** 라고 한다. 위 정의에서 x는 단순히 적분변수를 나타내는 기호이다. 예를 들어 $\int_a^b f(x)\,dx$, $\int_a^b f(s)\,ds$와 $\int_a^b f(t)\,dt$는 모두 동일한 리만 정적분을 나타낸다.

$\int_a^b f(x)\,dx$의 정의는 대략 $[a,b]$에서 밑변이 '충분히' 작은 직사각형들의 면적의 합으로 생각할 수 있다. 임의의 점 x 근방에서 정의되는 직사각형은 밑변이 $dx = (x+dx) - x$이고 높이가 $f(x)$이다. 따라서 $f(x)\,dx$는 이 직사각형의 면적이며 $f(x)dx$는 $f(x)$와 dx의 곱이다. 이렇게 생각하면 '$\int_a^b$'는 a와 b 사이의 x에 대해 $f(x)\,dx$를

[4] 극한값이 존재한다는 것은 소구간의 개수가 증가하고 소구간의 길이가 줄어드는 방식에 관계없이 존재하여야함을 의미한다.

합하는 연산 기호로 생각할 수 있다.

문제 12.2 $[a, b]$에서 $f(x) = c$일 때 $\int_a^b f(x)\,dx$를 구하라. ■

앞에서 본 바와 같이 연속함수의 아랫부분 면적을 구할 수 있으므로 다음 정리가 성립한다.

정리 12.2 $f(x)$가 $[a, b]$에서 연속함수이면 리만 적분가능하다.

이하에서는 표현을 간단하게 하기 위해 '리만'은 생략하기로 한다.

예제 12.3 1편의 예제 3.13에서 본 바와 같이 원금 A를 연이자율 $100r\%$로 연속복리로 은행에 예금하면 t년 후에는 원리금이 $V = Ae^{rt}$이 된다. 따라서 t년 후의 V의 **현재가치 (present value)**는 $A = Ve^{-rt}$라고 할 수 있다. V의 현재가치를 구하는 것을 현재가치로 할인한다고 한다.

현재 시점을 0이라고 하자. 매 시점 $t \in [0, T]$ $(T > 0)$에서의 현금수입이 $R(t)$이고 T 년에 걸쳐 수행되는 사업계획이 있다고 하자. 시점 t에서의 현금수입의 현재가치는 $\tilde{R}(t) = R(t)e^{-rt}$이다. 이 프로젝트의 현재가치를 $[0, T]$에서 $\tilde{T}(t)$ 아랫부분의 면적으로 정의하면 $\int_0^T R(t)e^{-rt}\,dt$이다. ■

예제 12.2에서 $f(x) = \frac{1}{x}$의 아랫부분의 면적이 무한대임을 보았다. 다시 말해 $\frac{1}{x}$는 $[0, 1]$에서 적분이 불가능하다. 이것은 불연속함수의 경우 적분이 불가능할 수 있는 예이다. 적분불가능한 불연속함수의 다른 예를 보기로 하자.

예제 12.4 1편 문제 3.32에서 살펴 본 모든 점에서 불연속인 함수

$$f(x) = \begin{cases} 1, & x\text{는 유리수} \\ 0, & x\text{는 무리수} \end{cases}$$

를 생각하자. $x \in [a, b]$일 때 $S_n = \sum_{i=1}^n M^i \triangle x^i = \sum_{i=1}^n 1 \times \triangle x^i = b - a$이고 $s_n = \sum_{i=1}^n m^i \triangle x^i = \sum_{i=1}^n 0 \times \triangle x^i = 0$이다. 따라서 $\lim_{\substack{n\to\infty \\ \delta\to 0}} S_n = b - a \neq 0 = \lim_{\substack{n\to\infty \\ \delta\to 0}} s_n$ 이다. ■

불연속함수라고 해서 항상 적분이 불가능한 것은 아니다. 한 점에서만 불연속이고 불연속의 크기가 유한한 함수를 생각하자. 이제까지의 논의로부터 이 함수가 적분이 불가능하다면 이 불연속 점 때문이다. 그런데 이 점을 포함하는 소구간의 길이가 줄어들 때 $M^i - m^i$는 0에 수렴하지 않더라도 $(M^i - m^i)\triangle x^i$는 0에 수렴한다. 그리고

이 점은 한 개 밖에 없기 때문에 $\sum_{i=1}^{n}(M^i - m^i)\triangle x_i \to 0$ 에 영향을 주지 않는다. 이 논의를 확장하면 다음 결과를 얻는다.

정리 12.3 $[a,b]$ 에서 정의되는 $f(x)$ 가 $[a,b]$ 에서 유한개의 점에서 불연속이고 불연속의 크기가 유한하면 $f(x)$ 는 $[a,b]$ 에서 적분가능하다.

예제 12.5 예제 12.2 에서는 $x = 0$ 에서의 불연속의 크기가 무한하고 예제 12.4 에서는 모든 점에서 불연속이므로 위 정리의 가정이 충족되지 않는다. ■

12.2.2 소비자잉여, 생산자잉여와 정적분

$X^d(p_x)$ 와 $X^s(p_x)$ 가 계단함수가 아니고 그림 12.5 에서와 같이 연속함수일 때 소비자잉여와 생산자잉여를 정의하자. (X 재를 **무한히 작은 단위 (infinitely divisible)** 로 사고 팔 수 있다고 가정하는 셈이다.) 가격이 p_x^0 이고 소비자들이 X^0 단위를 소비한다고 하자. 그림 12.2 에서는 $X^0 = X^d(p_x^0)$ 를 (즉, 소비하고자 하는 양과 실제 소비하는 양이 같은 상황을) 가정한 셈인데 반드시 그런 것은 아니다. 예를 들어 정부가 완전경쟁시장의 균형가격 (4 편 10.4.4 절에서 논의한 p_x^*) 이 너무 높다고 판단하여 가격상한 $p_x^0(< p_x^*)$ 을 두면 소비하고자 하는 양 $X^d(p_x^0)$ 은 생산하고자 하는 양 $X^s(p_x^0)$ 보다 커진다. 따라서 실제 거래량 $X^0 = X^s(p_x^0) < X^d(p_x^0)$ 이다.

그런데 $X^0 < X^* = X^d(p_x^*)$ 이므로 정부는 시장이 위축되는 것을 우려할 수 있다. 정부가 거래가 충분히 일어나기를 원하기 때문에 생산자에게 완전경쟁시장에서의 균형거래량 X^* 이상을 생산하도록 강제할 수 있다고 하자. 이렇게 되면 생산자는 X^* 를 생산할 것이므로 실제 거래량 X^0 은 X^* 와 같아진다. 그림 12.5 에서는 $X^0 = X^*$ 인 상황이 그려져 있지만 정부의 가격규제나 수량규제와 같은 외부적인 힘이 시장에 작용하면 가격과 거래량은 시장수요와 시장공급과는 독립적으로 결정될 수 있다.

소비자들이 X^0 을 소비하기 위해 소비자가 지불할 의향이 있는 총금액은 $0 \le X \le X^0$ 에서 $D(X)$ 의 아랫부분 면적이다. 반면 이들이 실제로 지불한 총금액은 $0 \le X \le X^0$ 에서 높이가 p_X^0 인 사각형의 면적이므로 소비자잉여는

$$CS(p_x^0, X^0) = \int_0^{X^0} D(s)\,ds - p_x^0 X^0$$

이다. 그림 12.5 의 (a) 에 $CS(p_x^0, X^0)$ 가 회색 부분으로 표시되어 있다.

문제 12.3 $X^0 > X^d(p_x^0)$ 일 때 $CS(p_x^0, X^0)$ 를 그려라. ■

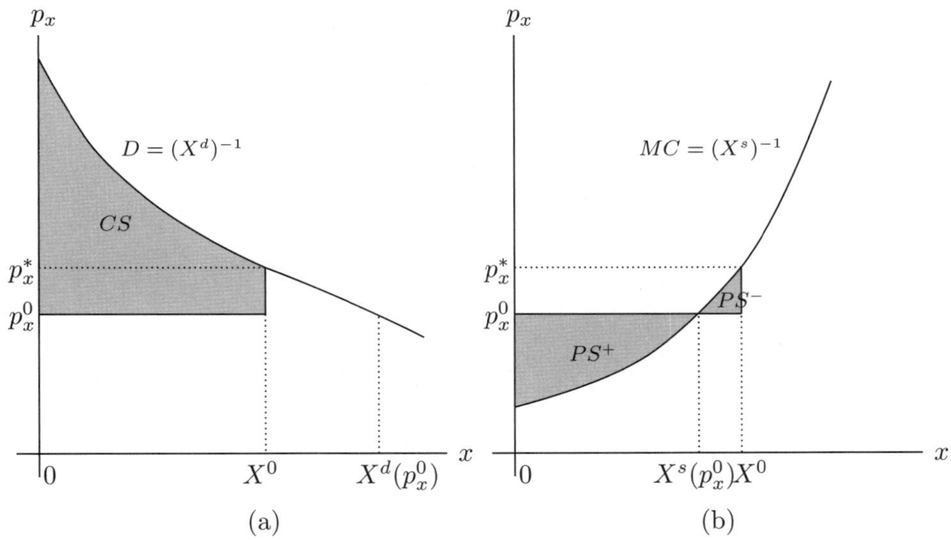

그림 12.5 소비자잉여와 생산자잉여

생산자잉여에 대해서도 마찬가지로 생각할 수 있다. 가격이 p_x^0 이고 생산자들이 X^0 을 생산한다고 하자. (소비량과 생산량은 같기 때문에 앞에서와 같은 기호 X^0 을 사용한다.)

문제 12.4 $X^0 < X^s(p_x^0)$ 인 상황의 예를 들어라. ■

생산자가 얻는 총수입은 $0 \le X \le X^0$ 에서 높이가 p_x^0 인 사각형의 면적이다. 반면 생산에 소요된 비용은 $0 \le X \le X^0$ 에서 $MC(X)$ 의 아랫부분 면적이다. 따라서 생산자잉여는

$$PS(p_x^0, X^0) = p_x^0 X^0 - \int_0^{X^0} MC(s)\,ds$$

이다. 그림 12.5 (b)에서 $PS(p_x^0, X^0)$ 는 회색 부분으로 표시된 PS^+ 에서 PS^- 를 뺀 부분이다.

문제 12.5 $X^0 < X^s(p_x^0)$ 일 때 $PS(p_x^0, X^0)$ 를 그려라. ■

위 소비자잉여와 생산자잉여의 정의에서 위 첨자 '0'은 큰 의미가 없으므로 간단히 다음과 같이 표현하기로 하자.

$$CS(p_x, X) = \int_0^X D(s)\,ds - p_x X$$
$$PS(p_x, X) = p_x X - \int_0^X MC(s)\,ds.$$

소비자잉여와 생산자잉여와 관련하여 다음 두 가지 점을 유의할 필요가 있다. 첫째, 앞에서 논의한 바와 같이 외부적 힘이 작용하지 않는 시장균형에서는 p_x 와 X 가 독립적으로 결정되지 않는다. 완전경쟁시장에서는 $p_x^* = D(X^*) = MC(X^*)$ 이므로

$$CS(p_x^*, X^*) = CS(D(X^*), X^*) = \int_0^{X^*} D(s)\,ds - D(X^*)X^*,$$
$$PS(p_x^*, X^*) = PS(D(X^*), X^*) = D(X^*)X^* - \int_0^{X^*} MC(s)\,ds$$

이다. 한편 독점시장에서는 독점자는 자신의 이윤이 최대가 되도록 수요곡선 상의 한 점을 선택한다. 독점 생산량 X^m 은 $MR(X^m) = MC(X^m)$ 을 만족하며 독점가격은 $p_x^m = D(X^m)$ 이다. (독점기업을 한 단위 씩 생산하는 기업들이 합병하여 한 개의 기업이 된 것으로 생각하면 그림 12.5 에서의 (시장) 한계비용함수 MC 는 독점기업의 한계비용함수가 된다.) 따라서

$$CS(p_x^m, X^m) = CS(D(X^m), X^m) = \int_0^{X^m} D(s)\,ds - D(X^m)X^m,$$
$$PS(p_x^m, X^m) = PS(D(X^m), X^m) = D(X^m)X^m - \int_0^{X^m} MC(s)\,ds$$

이다. 다시 말해 완전경쟁시장이나 독점시장에서는 소비자잉여와 생산자잉여는 생산량 X 만의 함수이다.

Box 12.1 $\int_0^{X^0} MC(s)\,ds = VC(X^0)$ 는 X^0 를 생산하기 위해 필요한 총생산비용이 아니고 **변동비용** (variable cost) 이다. 따라서 생산자잉여는 총수입에서 변동비용을 뺀 것이다. 변동비용은 생산량에 따라 달라지는 비용이다. 한계비용은 추가적으로 한 단위 더 생산할 때 즉, 생산량이 변할 때 발생하는 비용이므로 한계비용의 합은 변동비용이 된다.

반면 기계장비나 건물에 대한 임대료는 생산량의 변화와 관계없이 발생하며 이러한 생산비용을 **고정비용** (fixed cost) 이라고 한다. 고정비용은 보통 단기적으로는 자본재의 양을 변화시키기 어렵기 때문에 발생하나 장기적으로는 시설을 증설하거나 노후된 시설을 개체하지 않으면 시설의 양도 변할 수 있기 때문에 고정비용도 변동비용화된다. 4편의 8.2절에서는 자본 투입량을 선택할 수 있는 것으로 생각하였으므로 암묵적으로 고정비용이 없는 것으로 가정한 셈이다.

문제 12.6 독점시장과 완전경쟁시장에서의 소비자잉여와 생산자잉여를 그림으로 표시하라. ■

둘째, $CS(p_x, X)$ 가 항상 존재한다는 보장은 없다. 예를 들어 $D(X) = \frac{1}{X}$ 이면 앞에서 본 바와 같이 $CS(p_x, X) = \infty$ 이다. 이하에서는 $D(X)$ 가 적분가능한 경우만 생각하기로 한다.

문제 12.7 $MC(X) \geq 0$ 이라고 하자. $PS(p_x, X)$ 이 존재하지 않는 상황을 그림을 그려 설명하라. ■

12.2.3 정적분 정리

아래에 적분과 관련된 몇 가지 유용한 결과가 정리되어 있다.

정리 12.4 a, b, c 가 실수이고 $f(x)$ 와 $g(x)$ 가 $[a, b]$ 에서 적분가능하다고 하자.

(i) $f(x) + g(x)$ 는 적분가능하며 $\int_a^b (f(x) + g(x))\,dx = \int_a^b f(x)\,dx + \int_a^b g(x)\,dx$ 이다.

(ii) $cf(x)$ 는 적분가능하며 $\int_a^b cf(x)\,dx = c\int_a^b f(x)\,dx$ 이다.

(iii) $f(x)g(x)$ 는 적분가능하다.

(iv) $\int_a^b f(x)\,dx = -\int_b^a f(x)\,dx$, $\int_a^a f(x)\,dx = 0$ 이다.

(v) $a \leq \xi \leq b$ 이면 $\int_a^b f(x)\,dx = \int_a^\xi f(x)\,dx + \int_\xi^b f(x)\,dx$ 이다.

(vi) $g(x) \geq f(x)$ 이면 $\int_a^b g(x)\,dx \geq \int_a^b f(x)\,dx$ 이다.

(vii) $|f(x)|$ 는 적분가능하며 $\left|\int_a^b f(x)\,dx\right| \leq \int_a^b |f(x)|\,dx$ 이다.

(viii) M 과 m 이 $\{f(x) \,|\, x \in [a, b]\}$ 의 최댓값과 최솟값이라고 하자.[5] $\int_a^b f(x)\,dx = c(b-a)$ 가 되도록 하는 c $(m \leq c \leq M)$ 가 존재한다. $f(x)$ 가 연속함수이면 $c = f(\xi)$ 인 $\xi \in [a, b]$ 가 존재한다.

이 정리의 결과들은 면적 개념을 이용하여 해석할 수 있다. 예를 들어 (i) 은 두 함수를 합하여 얻은 함수의 아랫부분의 면적은 각 함수의 아랫부분 면적의 합과 같음을 보여 준다. (iv) 에서 $\int_a^a f(x)\,dx = 0$ 은 높이는 있지만 밑변의 길이가 0 인 직사각형의 면적은 0 이므로 적분구간이 0 인 함수의 아랫부분 면적은 0 이다. (v) 는 $f(x)$ 의 $[a, b]$ 에서의 면적은 $[a, \xi]$ 에서의 면적과 $[\xi, b]$ 에서의 면적의 합임을 의미한다. (viii) 는 $f(x)$

[5] 엄밀히 말하면 M 과 m 은 최소상계와 최대하계다. (1편 Box 1.2참조.)

가 연속함수이면 $f(x)$ 의 $[a,b]$ 에서의 아랫부분 면적과 같은 면적인, 길이가 $b-a$ 이고 높이가 $f(\xi)$ 인 직사각형이 존재함을 보여 준다.

문제 12.8 (i) 나머지 결과에 대해서도 면적 개념을 이용하여 해석하라. (ii) 그림을 이용하여 $\int_0^a f(x)\,dx = \int_0^a f(a-x)\,dx$ 을 보여라. ■

예제 12.6 정리 12.4를 $a=0$, $b=1$, $f(x)=x$, $g(x)=1-x$, $h(x)=1$ 의 예를 이용하여 살펴보자. 정적분을 계산하는 일반적인 방법에 대해서는 뒤에서 다루기로 한다. 여기서는 f 와 g 가 단순한 함수이므로 그래프의 아랫부분 면적을 쉽게 계산할 수 있다. $\int_0^1 f(x)\,dx = \int_0^1 g(x)\,dx = \frac{1}{2}$ 이고 $\int_0^1 h(x)\,dx = 1$ 이다.

(i) $f(x)+g(x)=1$ 이므로 $\int_0^1 (f(x)+g(x))\,dx = \int_0^1 h(x)\,dx = 1$ 이다. (ii) $c=-1$ 이라고 하자. $\int_0^1 (-x)\,dx = -\int_0^1 f(x)\,dx = -\frac{1}{2}$ 이다. 이것은 $[0,1]$ 에서 $y=-x$ 의 윗부분의 면적은 $-\frac{1}{2}$ 로 생각할 수 있음을 의미한다. (v) $\xi = \frac{1}{4}$ 이면 $\int_0^{1/4} f(x)\,dx = \frac{1}{32}$, $\int_{1/4}^1 f(x)\,dx = \frac{15}{32}$ 이고 $\int_0^{1/4} f(x)\,dx + \int_{1/4}^1 f(x)\,dx = \frac{1}{2} = \int_0^1 f(x)\,dx$ 이다. (viii) $\xi = \frac{1}{2} \in [0,1]$ 이면 $(1-0)\times f(\xi) = \int_0^1 f(x)\,dx$ 이다. ■

예제 12.7 $f(x)$ 가 불연속함수일 때 정리 12.4의 (viii)에 대해 살펴보자.

$$f(x) = \begin{cases} \frac{1}{2}, & 0 \le x < \frac{1}{2} \\ 1, & \frac{1}{2} \le x \le 1 \end{cases}$$

이라고 하면 $M=1$ 이고 $m=\frac{1}{2}$ 이다. $f(x)$ 는 $\frac{1}{2}$ 에서만 불연속이므로 정리 12.3에 의해 적분가능하며 $\int_0^1 f(x)\,dx = \frac{3}{4}$ 이므로 $c=\frac{3}{4}$ 이며 $m<c<M$ 이다. 그러나 $f(\xi)\times(1-0) = \frac{3}{4}$ 인 $\xi \in [0,1]$ 는 존재하지 않는다. 이것은 $f(x)$ 가 불연속함수이면 (viii)의 두 번째 결과가 성립하지 않을 수도 있음을 보여준다. ■

정리 12.4 (viii)에서 $f(x)$ 의 연속성은 다음 문제에서 보는 바와 같이 해당 결과가 성립하기 위한 충분조건이다.

문제 12.9 $f(x) = x^{-1/2}$ $(0 \le x \le 1)$, $f(0) < \infty$ 라고 하면 $\int_0^1 f(x)\,dx = 2$ 이다. (이 적분의 계산 방법에 대해서는 12.4절에서 다룬다.) M, m, c 를 구하라. $f(x)$ 는 0에서 불연속이지만 (viii)의 두 결과가 모두 성립함을 보여라. ■

이제까지 정적분의 개념에 대해 논의하였는데 정적분의 정의를 이용하여 그 값을 계산하는 것은 용이한 일이 아니다. 아래에서는 부정적분을 이용하여 정적분 계산 방법에 대해서 알아보기로 한다.

12.3 부정적분

12.3.1 정의

$[a, b]$ $(a < b)$ 에서 적분가능한 함수 $f(x)$ 를 생각하자. $x \in [a, b]$ 에 대해 $\int_a^x f(u)\,du$ 는 x 값에 따라 달라지므로 이 정적분은 x 의 함수이다. 이 함수를 $F(x)$ 로 표현하자. 즉,

$$F(x) = \int_a^x f(u)\,du$$

이다.

정리 12.5 $f(x)$ 가 $[a, b]$ 에서 적분가능하면

(i) $F(x) = \int_a^x f(u)\,du$ 는 연속함수이고,

(ii) $f(x)$ 가 $x^0 \in (a, b)$ 에서 연속이면 $F'(x^0) = f(x^0)$ 이다. $f(x)$ 가 연속함수이면 (a, b) 의 모든 점에서 $F'(x) = f(x)$ 이다.

증명 (i) $x^0 \in (a, b)$ 를 생각하자. 정리 12.4 의 (v) 와 (viii) 에 의해 $F(x) - F(x^0) = \int_a^x f(u)\,du - \int_a^{x^0} f(u)\,du = \int_{x^0}^x f(u)\,du = c(x - x^0)$ 이다. $\lim_{x \to x^0}(F(x) - F(x^0)) = \lim_{x \to x^0} c(x - x^0) = 0$ 이므로 $F(x)$ 는 $x = x^0$ 에서 연속이다. (ii) $x, x^0 \in (a, b)$ 라고 하자. 편의상 $f(x)$ 가 연속함수인 경우에 대해 증명한다. 정리 12.4 의 (viii) 에 의해 $F(x) - F(x^0) = \int_{x^0}^x f(u)du = f(\xi)(x - x^0)$ 이 되는 $\xi \in [x^0, x]$ 가 존재한다. 따라서 $F'(x^0) = \lim_{x \to x^0} \dfrac{F(x) - F(x^0)}{x - x^0} = \lim_{x \to x^0} f(\xi) = f(x^0)$ 이다. □

예제 12.8 예제 12.7 의 불연속함수

$$f(x) = \begin{cases} \frac{1}{2}, & 0 \le x < \frac{1}{2} \\ 1, & \frac{1}{2} \le x \le 1 \end{cases}$$

를 생각하자. $f(x)$ 의 아랫부분의 면적은

$$F(x) = \int_0^x f(u)\,du = \begin{cases} \frac{x}{2}, & 0 \le x < \frac{1}{2} \\ x - \frac{1}{4}, & \frac{1}{2} \le x \le 1 \end{cases}$$

이다. $F(x)$ 는 연속함수임이다. ■

Box 12.2 (정리 12.5 (ii) 의 증명)

문제 12.10 $\left|\frac{F(x^0+\triangle x)-F(x^0)}{\triangle x} - f(x^0)\right| \leq \frac{1}{|\triangle x|}\int_{x^0}^{x^0+\triangle x} |f(u) - f(x^0)|\, du$ 임을 보여라. ■

$f(x)$ 가 x^0 에서 연속이므로 ϵ-δ 함수의 연속 정의에 의해 모든 $\epsilon > 0$ 에 대해 $|x - x^0| < \delta$ 이면 $|f(x) - f(x^0)| < \epsilon$ 이 되도록 하는 δ 가 존재한다. 따라서 $0 < |\triangle x| < \delta$ 이면 $\left|\frac{F(x^0+\triangle x)-F(x^0)}{\triangle x} - f(x^0)\right| \leq \frac{1}{|\triangle x|}\int_{x^0}^{x^0+\triangle x} |f(u) - f(x^0)|\, du < \frac{1}{|\triangle x|}\int_{x^0}^{x^0+\triangle x} \epsilon\, du = \epsilon$ 이다. ϵ-δ 함수의 극한 정의에 의해 $\lim_{\triangle x \to 0} \dfrac{F(x^0+\triangle x) - F(x^0)}{\triangle x} = f(x^0)$ 이다. (1편 Box 3.2 참조.)

정의 12.2 (부정적분 (indefinite integral)) 도함수가 $f(x)$ 인 함수를 $f(x)$ 의 부정적분, **원시함수 (primitive), 또는 역도함수 (antiderivative)** 라고 하며 $\int f(x)\, dx$ 로 쓴다.

예제 12.9 $f(x) = x^2$ 이면 $\int x^2\, dx = \frac{x^3}{3} + C$ 이다. (단, C 는 임의의 상수이며 **적분상수 (constant of integration)** 라고 한다.) 이것을 확인하기 위해 우변을 미분하면 $\frac{d}{dx}\left(\frac{x^3}{3} + C\right) = x^2$ 이다. ■

부정적분과 관련하여 다음 몇 가지 점을 유의할 필요가 있다. 첫째, $\int f(x)\, dx$ 는 $f(x)$ 의 (부정) 적분이고, 반대로 $\int f(x)\, dx$ 를 미분하면 $f(x)$ 이기 때문에 미분과 적분은 덧셈과 뺄셈, 곱셈과 나눗셈처럼 서로 역의 관계에 있다. 그러나 이 관계가 항상 성립하는 것은 아니다. 예제 12.8에서 $F(x)$ 는 $f(x)$ 를 적분한 것이지만 $x = \frac{1}{2}$ 에서 미분불가능하기 때문에 $f(x)$ 의 부정적분이 아니다.

둘째, $f(x)$ 가 연속함수라고 하자. $F(x) = \int_a^x f(u)\, du$ 를 x 에 대해 미분하면 정리 12.5에 의해 $F'(x) = f(x)$ 이다. 따라서 $F(x)$ 는 $f(x)$ 의 부정적분이다. 또한 $G(x) = F(x) + C$ 이면 $G'(x) = F'(x) = f(x)$ 이므로 $G(x)$ 도 역시 부정적분이다.

문제 12.11 (i) 위 결과의 역 즉, $G(x)$ 가 연속함수 $f(x)$ 의 부정적분이면 $G(x) = F(x) + C$ 임을 보여라. (ii) $f(x)$ 가 연속함수이면 $c - \int_x^b f(u)\, du$ 는 $f(x)$ 의 부정적분임을 보여라. (단, c 는 상수.) ■

셋째, $f(x)$ 가 불연속함수인 경우에도 부정적분이 존재할 수 있다.

문제 12.12 $x=0$ 에서 불연속인 함수

$$f(x)=\begin{cases}2x\sin\left(\dfrac{1}{x}\right)-\cos\left(\dfrac{1}{x}\right), & x\neq 0\\ 0, & x=0\end{cases}$$

을 생각하자.

$$F(x)=\begin{cases}x^2\sin\left(\dfrac{1}{x}\right), & x\neq 0\\ 0, & x=0\end{cases}$$

이 $f(x)$ 의 부정적분임을 보여라. ■

넷째, $G^1(x)$ 와 $G^2(x)$ 가 모두 $f(x)$ 의 부정적분이면 $\frac{d}{dx}\left(G^1(x)-G^2(x)\right)=f(x)-f(x)=0$ 이므로 $G^1(x)-G^2(x)=C$ 이다. 다시 말해 임의의 두 부정적분은 상수만큼만 차이가 있다. 반대로 $G(x)$ 가 $f(x)$ 의 부정적분이면 $G(x)+C$ 도 역시 $f(x)$ 의 부정적분이다. '적분' 앞에 '부정'이라는 수식어가 붙는 이유는 정적분과는 달리 부정적분은 무수히 많이 존재하기 때문이다. $\int f(x)\,dx$ 는 $f(x)$ 의 모든 부분적분을 총칭할 때 사용되기 때문에 상수 C 는 필요 없다.

문제 12.13 a,b 가 상수일 때 $\int(af(x)+bg(x))\,dx=a\int f(x)\,dx+b\int g(x)\,dx$ 임을 보여라. ■

12.3.2 부정적분 공식

미분 공식과 마찬가지로 구체적인 함수들의 부정적분은 이미 계산되어 있으며 표 12.1 에 경제/경영 분야에서 자주 쓰이는 함수의 부정적분이 정리되어 있다.

예제 12.10 (i) $\int\frac{1}{x^2}\,dx=\int x^{-2}\,dx=\frac{x^{-2+1}}{-2+1}+C=-\frac{1}{x}+C$, (ii) $\int\sqrt{x^3}\,dx=\int x^{3/2}\,dx=\frac{x^{5/2}}{5/2}+C=\frac{2x^2\sqrt{x}}{5}+C$, (단, $x>0$.) (iii) $\int(x^2+4)^2x\,dx=\int(x^5+8x^3+16x)\,dx$. 문제 12.13 으로부터 $\int(x^5+8x^3+16x)\,dx=\int x^5\,dx+\int 8x^3\,dx+\int 16x\,dx=\frac{x^6}{6}+2x^4+8x^2+C$, (iv) $\int\frac{x^2+1}{x}\,dx=\int\left(x+\frac{1}{x}\right)\,dx=\int x\,dx+\int\frac{1}{x}\,dx=\frac{x^2}{2}+\ln|x|+C$. ■

---

[6] $\int\frac{1}{x}\,dx=\ln|x|+C$ 인 이유는 다음과 같다. $x>0$ 이면 $\frac{d}{dx}(\ln|x|+C)=\frac{d}{dx}(\ln x+C)=\frac{1}{x}$ 이다. $x<0$ 이면 $y=-x$ 라고 하자. $\frac{d(\ln|x|+C)}{dx}=\frac{d}{dy}(\ln y+C)\frac{dy}{dx}=-\frac{1}{y}=\frac{1}{x}$ 이다.

$f(x)$	$\int f(x)\,dx$
$x^n\ (n \neq -1)$	$\frac{x^{n+1}}{n+1} + C$
$\frac{1}{x}$	$\ln\lvert x\rvert + C$[6]
e^x	$e^x + C$
a^x (a 는 실수)	$\frac{a^x}{\ln a} + C$
$\sin x$	$-\cos x + C$
$\cos x$	$\sin x + C$

표 12.1 부정적분 공식

문제 12.14 다음 부정적분을 구하라. (i) $\int \frac{1}{\sqrt{x}}\,dx$. (ii) $\int (x^3 + x^2 - x - 1)\,dx$. (iii) $\int \frac{\sqrt{x}-1}{x}\,dx$. ■

12.4 미적분학의 기본정리

12.4.1 기본적 논의

앞에서 살펴본 바와 같이 정적분을 정의를 이용하여 계산하는 것은 매우 번거로운 일이다. 다음 정리는 부정적분을 이용하면 정적분의 계산을 용이하게 할 수 있음을 보여준다.

정리 12.6 (미적분학의 기본정리 (fundamental theorem of calculus)) $f(x)$ 가 $[a, b]$ 에서 적분가능하고 $G(x)$ 가 부정적분이면 $\int_a^b f(x)\,dx = G(b) - G(a)$ 이다. $G(b) - G(a)$ 는 $G(x)\big|_a^b$ 로도 쓴다.[7]

증명 이 정리는 $f(x)$ 의 연속성에 관계없이 성립하지만 $f(x)$ 가 연속함수인 경우에는 다음과 같이 증명할 수 있다. (일반적인 경우의 증명에 대해서는 아래 Box 12.3를 참조.) $G(x)$ 와 $F(x)$ 가 모두 부정적분이므로 $G(x) = F(x) + C = \int_a^x f(u)\,du + C$ 이다. 이 식에서 $x = a$ 이면 $G(a) = C$ 가 되므로 $\int_a^x f(u)\,du = G(x) - G(a)$ 이다. $x = b$ 이면 $\int_a^b f(x)dx = G(b) - G(a)$ 이다. □

예제 12.11 $f(x) = x^2$ 이라고 하자. $\frac{x^3}{3}$ 은 $f(x)$ 의 부정적분이므로 $\int_1^2 x^2\,dx = \frac{x^3}{3}\Big|_1^2 =$

[7]이 정리와 정리 12.5을 합하여 미적분학의 기본정리라고도 한다.

$\frac{2^3}{3} - \frac{1^3}{3} = \frac{7}{3}$ 이다. 이것은 12.1.1 절에서 논의한 $[1,2]$ 에서의 $y = x^2$ 의 아랫부분 면적이다. ■

문제 12.15 (i) $\int_0^a e^x\,dx$ 를 구하고 그 결과가 예제 12.1 에서의 결과와 같음을 보여라. (ii) 다음을 구하라. (a) $\int_{-1}^2 (x^2+4)^2 x\,dx$. (b) $\int_1^2 \frac{x^2+1}{x}\,dx$. ■

Box 12.3 (정리 12.6의 증명) $a \equiv x^0, x^1, \cdots, x^{n-1}, x^n \equiv b$, $\triangle x^i = x^i - x^{i-1} > 0$ $(i = 1, 2, \cdots, n)$ 이라고 하자. $G(b) - G(a) = \sum_{i=1}^n (G(x^i) - G(x^{i-1})) = \sum_{i=1}^n G'(\xi^i)\triangle x^i = \sum_{i=1}^n f(\xi^i)\triangle x^i$ 이다. (단, ξ 는 x^i 와 x^{i-1} 사이의 값.) $n \to \infty, \delta \to 0$ 일 때 양 변의 극한을 취하면 $G(b) - G(a) = \int_a^b f(x)dx$ 이다.

12.4.2 *추가적 논의

예제 12.8 에서 불연속함수

$$f(x) = \begin{cases} \frac{1}{2}, & 0 \le x < \frac{1}{2} \\ 1, & \frac{1}{2} \le x \le 1 \end{cases}$$

는 적분가능하며

$$F(x) = \int_0^x f(u)\,du = \begin{cases} \frac{x}{2}, & 0 \le x < \frac{1}{2} \\ x - \frac{1}{4}, & \frac{1}{2} \le x \le 1 \end{cases}$$

는 연속함수임을 보았다.

미적분학의 기본정리가 성립하는지를 살펴보자. 예를 들어 $0 \le a < \frac{1}{2}$ 이고 $\frac{1}{2} \le b \le 1$ 이면 $\int_a^b f(x)\,dx = \frac{1}{2}\left(\frac{1}{2} - a\right) + \left(b - \frac{1}{2}\right) = -\frac{a}{2} + b - \frac{1}{4}$ 이다. 또한 $F(b) - F(a) = \left(b - \frac{1}{4} - \frac{a}{2}\right)$ 이므로 $\int_a^b f(x)\,dx = F(b) - F(a)$ 이다.

문제 12.16 다른 a, b 에 대해서도 $\int_a^b f(x)\,dx = F(b) - F(a)$ 가 성립함을 보여라. ■

$F(x)$ 는 $x = \frac{1}{2}$ 에서 미분이 불가능하므로 $f(x)$ 의 부정적분이 아니지만 미적분학의 기본정리가 성립한다. 이 점을 고려하면 미적분학의 기본정리가 성립하는 함수를 부정적분을 정의할 수도 있다. 다시 말해 $f(x)$ 가 $[a,b]$ 에서 적분가능하고 $F(x) =$

$\int_a^x f(u)\,du$ 라고 할 때 $F(b) - F(a) = \int_a^b f(x)\,dx$ 이면 $F(x)$ 를 $f(x)$ 의 부정적분으로 정의할 수도 있다.

이제까지의 논의를 반대 방향에서 다시 생각해 보자. $[a, b]$ 에서 정의되는 함수 $F(x)$ 를 생각하자. 이 함수가 미분가능하면 $F(x)$ 는 $F'(x)$ 의 부정적분이다. 미적분학의 기본정리에 의해 $F(b) - F(a) = \int_a^b F'(x)\,dx$ 일 것으로 생각할 수 있다. 그러나 미적분학의 기본정리가 성립하기 위해서는 $F'(x)$ 가 적분가능하여야 하는데 $F'(x)$ 가 반드시 적분가능한 것은 아니다. 예를 들어

$$F(x) = \begin{cases} x^2 \sin\left(\dfrac{1}{x^2}\right), & x \neq 0 \\ 0, & x = 0 \end{cases}$$

이면 $F(x)$ 는 미분가능하며

$$F'(x) = \begin{cases} 2x \sin\left(\dfrac{1}{x^2}\right) - \frac{2}{x}\cos\left(\dfrac{1}{x^2}\right), & x \neq 0 \\ 0, & x = 0 \end{cases}$$

이다. 그러나 $\lim_{x\to 0} F'(x) = \pm\infty$ 이므로 적분불가능하다.

예제 12.8 에서와 같이 $F(x)$ 가 정의역의 유한개의 점을 제외한 모든 점에서 미분가능하고 $F'(x)$ 가 적분가능하여도 이 정리가 성립하지 않을 수 있다.[8] 예를 들어

$$F(x) = \begin{cases} 0, & 0 \leq x < \frac{1}{2} \\ 1, & \frac{1}{2} \leq x \leq 1 \end{cases}$$

이면 $F(x)$ 는 $x = \frac{1}{2}$ 를 제외하고는 $F'(x) = 0$ 이다. 이 경우 $\int_0^1 F'(x)dx = 0$ 이고 $F(1) - F(0) = 1$ 이므로 $F(1) - F(0) \neq \int_0^1 F'(x)dx$ 이다.

정리 12.7 $[a, b]$ 에서 미분가능한 함수 $F(x)$ 를 생각하자. $F'(x)$ 가 유계이고 '거의' 모든 점에서 연속이면 $F(b) - F(a) = \int_a^b F'(x)\,dx$ 이다.[9]

증명 $F(x)$ 가 미분가능하면 $F(x)$ 는 $F'(x)$ 의 부정적분이다. $F'(x)$ 가 유계이고 '거의'

---

[8] $F(x)$ 가 미분불가능한 x 에서의 $F'(x)$ 는 임의의 유한한 값이라고 하자.

[9] '거의' 모든 점은 르베그 측도가 0 인 집합의 점을 제외한 모든 점이라는 의미이다. (르베그 측도에 대해서는 6편 부록 16.B 참조.) 여기서는 $F'(x)$ 을 대략 불연속인 점의 집합이 유한 또는 가산무한집합인 함수 정도로 생각하자.

모든 점에서 연속이면 $F'(x)$는 적분가능하다.[10] 미적분학의 기본정리에 의해 $F(b) - F(a) = \int_a^b F'(x)\,dx$ 이다. □

문제 12.17 $F(b) - F(a) = \int_a^b F'(x)\,dx$가 성립하지 않는 위 예제들은 정리 12.7의 조건을 만족하지 않음을 확인하라. ■

12.5 부정적분 방법

비교적 단순한 형태의 함수의 부정적분은 표 12.1을 참조하여 계산할 수 있지만 많은 경우 이것으로는 충분치 않다. 예를 들어 $\int e^{2x}\,dx$나 $\int \cos 2x\,dx$는 이 표만을 이용해서는 구할 수 없다. 이 절에서는 부정적분의 계산에 있어 유용한 두 가지 방법에 대해 살펴본다.

12.5.1 부정적분의 미분적 해석

부정적분을 다른 시각에서 살펴보기로 하자. 3편 7.2절에서 $\frac{dy}{dx}$는 도함수를 나타내는 기호이지만 dy와 dx를 양으로 간주하여 이 두 양의 비율로도 생각할 수 있음을 보았다. 또한 $dy = f'(x)\,dx$는 x가 독립변수인지 또는 종속변수인지 여부에 관계없이 성립하기 때문에 합성함수의 도함수와 편도함수를 상대적으로 용이하게 구할 수 있음을 보았다.

이 생각은 적분에도 적용될 수 있다. 부정적분 $\int f(x)\,dx$를 도함수가 $f(x)$인 함수로 해석하는 것은 암묵적으로 x를 독립변수로 생각하는 것이다. $\int f(x)\,dx$의 미분은 $d\int f(x)\,dx = \left(\frac{d}{dx}\int f(x)\,dx\right)\,dx = f(x)\,dx$이므로 부정적분 $\int f(x)\,dx$를 미분이 $f(x)\,dx$인 x의 어떤 함수라고 생각할 수 있다. 이런 식으로 생각하면 x가 독립변수인지 또는 종속변수인지를 구분할 필요가 없기 때문에 편리하다. 특히 앞으로 논의할 미분방정식의 해를 구할 때 매우 유용하다.

미분가능함수 $u = f(x)$를 생각하자. $du = f'(x)\,dx$이다. $\int du$는 미분이 du인 함수이므로 정의에 의해 $\int du = u + C = f(x) + C = \int f'(x)\,dx$이다. 이식은 $\int du$에서 du를 $f'(x)\,dx$로 치환한 것처럼 생각할 수 있다. 또는 $du = f'(x)\,dx$ 양 변의 각 항의 앞에 적분기호 '$\int$'를 더한 것으로 생각할 수 있으며 이것을 양 변을 적분한다고 한다. 다시 말해 $\int du$는 본래 전체가 하나의 기호이지만 미분적 시각에서는 적분기호 '$\int$'와 적분변수 'du'를 각각 독립된 기호처럼 생각할 수 있게 된다.

[10] $f(x)$가 유계이고 '거의' 모든 점에서 연속이면 $f(x)$는 적분가능하다. 이것을 **르베그 정리 (Lebesgue's theorem)** 라고 한다.

예제 12.12 $u(x) = x$, $v = 2x + 1$ 이라고 하자. $\int u\,dv$ 는 미분이 $u\,dv = 2x\,dx$ 인 함수이므로 $x^2 + C$ 이다. 이것은 $d(x^2 + c) = 2x\,dx = u\,dv$ 으로부터 확인할 수 있다. ■

예제 12.13 변수 u 와 v 를 생각하자. $\int du = u + C_1$ 이고 $\int dv = v + C_2$ 이다. $\int(du + dv) = u + v + C$ 이고 $\int du + \int dv = u + C_1 + v + C_2$ 이다. $C = C_1 + C_2$ 로 하면 $\int (du + dv) = \int du + \int dv$ 이다. ■

12.5.2 변수변환

예제 12.14 $\int e^{2x}\,dx$. $t = 2x$ 라고 하면 $dt = 2\,dx$ 이다. x 와 dx 를 각각 $\frac{t}{2}$ 와 $\frac{dt}{2}$ 로 치환하면 $e^{2x}\,dx = \frac{e^t}{2}\,dt$ 이다. 양 변을 적분하면 $\int e^{2x}\,dx = \int \frac{e^t}{2}\,dt$ 이다. 이 식의 우변을 표 12.1 의 부정적분 공식을 이용하여 구하고 t 를 $2x$ 로 다시 치환하면 $\int e^{2x}\,dx = \frac{e^t}{2} + C = \frac{e^{2x}}{2} + C$ 이다. ■

문제 12.18 위 예제의 결과를 확인하라. ■

위 예에서와 같이 부정적분을 구하는 방법을 **변수변환(change of variables)** 이라고 한다. 일반적인 변수변환 방법은 다음과 같이 이루어진다. 예제 12.14 에서와 같이 $t = \phi(x)$, $dt = \phi'(x)\,dx$ 를 이용하여 $\int f(x)\,dx$ 를 $\int g(t)\,dt$ 형태로 바꾼 후 표 12.1 이나 부정적분을 구하는 다른 방법을 이용하여 계산한다.[11] 마지막으로 $\int g(t)\,dt$ 는 t 의 함수이므로 x 와 t 의 함수관계를 이용하여 이것을 x 의 함수로 바꾼다.

예제 12.15 (i) $\int(x^2+4)^2x\,dx$. $t = x^2+4$ 라고 하면 $dt = 2x\,dx$ 이므로 $\int(x^2+4)^2x\,dx = \int \frac{t^2}{2}\,dt = \frac{t^3}{6} + C = \frac{(x^2+4)^3}{6} + C$. 이것은 예제 12.10 의 (iii) 와 같은 결과이다. (ii) $\int \frac{1}{1+x}\,dx$. $t = 1 + x$ 라고 하면 $dt = dx$ 이므로 $\int \frac{1}{1+x}\,dx = \int \frac{1}{t}\,dt = \ln|t| + C = \ln|1 + x| + C$. (iii) $\int xe^{x^2}\,dx$. $t = x^2$ 이라고 하면 $dt = 2x\,dx$ 이므로 $\int xe^{x^2}\,dx = \int \frac{e^t}{2}\,dt = \frac{e^t}{2} + C = \frac{e^{x^2}}{2} + C$. (iv) $\int \frac{1}{x^2-1}\,dx = \frac{1}{2}\left(\int \frac{1}{x-1}\,dx - \int \frac{1}{x+1}\,dx\right) = \frac{1}{2}\ln\left|\frac{x-1}{x+1}\right| + C$. ■

문제 12.19 위 예제의 결과를 확인하라. ■

문제 12.20 변수변환 방법을 이용해 다음을 구하라. (i) $\int \frac{e^x}{1+e^x}\,dx$, (ii) $\int \frac{dx}{1+e^x}$, (iii) $\int \sin 2x\,dx$, (iv) $\int \tan x\,dx$. ($t = \cos x$.) (v) $\int x^3\sqrt{1+x^2}\,dx$. ($t = \sqrt{1+x^2}$.) (vi) $\int \frac{1}{\sqrt{e^{2x}+1}}\,dx$. ($t = \sqrt{e^{2x}+1}$.) ■

---

[11] $x = \psi(t)$, $dx = \psi'(t)\,dt$ 또는 $\xi(x,t) = 0$, $\xi_1\,dx + \xi_2\,dt = 0$ 을 이용할 수도 있다. 예를 들어 $\int e^{2x}\,dx$ 에서 $x = \frac{t}{2}$ 라고 하면 $dx = \frac{dt}{2}$ 이므로 $\int e^{2x}\,dx = \frac{1}{2}\int e^t\,dt$ 이다.

변수변환 방법을 이용해 부정적분을 구할 수 있는 유용한 방법이지만 항상 가능한 것은 아니다.

예제 12.16 $\int e^{x^2}\,dx$. $t = x^2$ 이라고 하면 $dt = 2x\,dx$ 이다. $t > 0$ 에 대해 이 두 식을 대입하여 얻은 $\int \frac{e^t}{2\sqrt{t}}\,dt$ 는 표 12.1 의 공식을 이용하여 구할 수 없다. ■

변수변환을 이용해 부정적분을 구하면 미적분학의 기본정리를 이용하여 정적분을 구할 수 있다.

예제 12.17 $\int_{-1}^{2}(x^2+4)^2x\,dx$. 예제 12.15 의 (i) 에서 변수변환에 의해 부정적분은 $\int(x^2+4)^2x\,dx = \frac{(x^2+4)^3}{6} + C$ 이므로 $\int_{-1}^{2}(x^2+4)^2x\,dx = \frac{(x^2+4)^3}{6}\Big|_{-1}^{2} = \frac{129}{2}$ 이다. ■

* 정적분의 변수변환

예제 12.17 에서 변수변환 방법으로 정적분을 계산할 때 t 의 함수로 구한 부정적분을 x 의 함수로 바꾼 다음 x 의 적분상한과 적분하한에 대해 계산하였다. 그런데 t 의 함수로 구한 부정적분을 x 의 함수로 바꾸지 않고 x 의 적분상한과 하한에 해당하는 t 의 값에 대하여 정적분을 계산할 수 있으면 더 편리할 것이다. 위 예제에서 $t = x^2 + 4$ 일 때 $x = -1$ 이면 $t = 5$ 이고 $x = 2$ 이면 $t = 8$ 이다. $\int(x^2+4)^2x\,dx = \int \frac{t^2}{2}\,dt$ 이므로 $\int_{-1}^{2}(x^2+4)^2x\,dx = \int_5^8 \frac{t^2}{2}\,dt$ 일 것으로 추측할 수 있다. 실제로 우변 항의 정적분을 계산하면 $\int_5^8 \frac{t^2}{2}\,dt = \frac{t^3}{6}\Big|_5^8 = \frac{129}{2}$ 이다. 아래에서 이 추측이 성립하는 조건에 대해 알아보자.

정리 12.8 $[a, b]$ 에서 정의되는 연속이고 일계연속미분 가능한 함수 $t = \phi(x)$ 를 생각하자. $\phi(a) = \alpha$, $\phi(b) = \beta$ 라고 할 때 $[\alpha, \beta]$ 에서 연속인 함수 $g(t)$ 에 대해 $f(x) = g(\phi(x))\phi'(x)$ 이면 $\int_a^b f(x)\,dx = \int_\alpha^\beta g(t)\,dt$ 이다.

Box 12.4 (정리 12.8의 증명) $G(t) = \int_\alpha^t g(u)\,du$ 라고 하자. $g(t)$ 가 연속함수이므로 $G'(t) = g(t)$ 이다. 따라서 $dG(\phi(x)) = G'(\phi(x))\phi'(x)\;dx = g(\phi(x))\phi'(x)\,dx$ 이므로 $G(\phi(x))$ 는 $g(\phi(x))\phi'(x)$ 의 부정적분이다. $g(\phi(x))\phi'(x)$ 는 연속함수이므로 적분가능하고 따라서 미적분학의 기본정리에 의해 $\int_a^b f(x)\,dx = \int_a^b g(\phi(x))\phi'(x)\,dx = G(\phi(b)) - G(\phi(a)) = G(\beta) - G(\alpha) = \int_\alpha^\beta g(t)\,dt$ 이다. □

$\int_a^b f(x)\,dx$ 를 구할 때 이 정리의 유용성을 살펴보자. $\int f(x)\,dx$ 를 변수변환 $t =$

$\phi(x)$ 를 이용하여 $\int g(t)\,dt$ 로 바꿀 수 있다고 하자. $dt = \phi'(x)\,dx$ 이므로 $f(x)\,dx = g(t)\,dt = g(\phi(x))\phi'(x)\,dx$ 이다. 위 정리에 의해 $\phi(x)$ 와 $\phi'(x)$ 가 $[a,b]$ 에서 연속이고 $\phi(a)=\alpha$, $\phi(b)=\beta$ 이며, $g(t)$ 가 $[\alpha,\beta]$ 에서 연속이면 $\int_a^b f(x)\,dx$ 는 $\int_\alpha^\beta g(t)\,dt$ 을 계산함으로써 구할 수 있다.

예제 12.18 예제 12.15 (i) 의 $\int_{-1}^{2}(x^2+4)^2x\,dx$ 에서 $f(x) = (x^2+4)^2x$ 이다. $t = \phi(x) = x^2+4$ 라고 하면 $\phi(x)$ 와 $\phi'(x)$ 는 $[-1,2]$ 에서 연속이며 $\phi(-1)=5$, $\phi(2)=8$ 이다. $\int(x^2+4)^2x\,dx = \int \frac{t^2}{2}\,dt$ 이므로 $g(t) = \frac{t^2}{2}$ 이고 $g(t)$ 는 $[5,8]$ 에서 연속이다. 따라서 위 정리에 의해 $\int_{-1}^{2}(x^2+4)^2x\,dx = \int_5^8 \frac{t^2}{2}\,dt = \frac{129}{2}$ 이다. ■

정리 12.8 은 $\int_\alpha^\beta g(t)\,dt$ 를 $t=\phi(x)$ 변수변환을 통해 $\int_a^b f(x)\,dx$ 의 형태로 바꾸어 계산하는 것으로 활용할 수 있다. 일반적으로 구하고자 하는 정적분의 형태는 $\int_a^b f(x)\,dx$ 이기 때문에 이 정리를 t 와 x, α 와 a, β 와 b 를 서로 바꾸고 ϕ 를 ψ 로 치환한 후 정리하면 다음과 같다.

정리 12.9 $[\alpha,\beta]$ 에서 정의되는 연속이고 일계연속미분 가능한 함수 $x=\psi(t)$ 를 생각하자. $\psi(\alpha)=a$, $\psi(\beta)=b$ 라고 할 때 $[a,b]$ 에서 연속인 함수 $f(x)$ 에 대해 $g(t) = f(\psi(t))\psi'(t)$ 이면 $\int_a^b f(x)\,dx = \int_\alpha^\beta g(t)\,dt$ 이다.

예제 12.19 $\int_0^1 \sqrt{1-x^2}\,dx$ 를 생각하자. $x = \psi(t) = \sin t$ $(0 \le t \le \pi/2)$ 라고 하면 $dx = \cos t\,dt$, $\sqrt{1-x^2} = \sqrt{1-\sin^2 t} = \cos t$ 이다.[12] $\cos 2t = 2\cos^2 t - 1$ 이므로 $\int\sqrt{1-x^2}\,dx = \int \cos^2 t\,dt = \frac{1}{2}\int(1+\cos 2t)\,dt = \frac{1}{2}\left(t + \frac{\sin 2t}{2}\right) + C$ 이다. 우변을 x 에 관한 식으로 바꾸자. $\psi'(t) > 0$ 이므로 $x = \sin t$ 의 역함수는 $t = \sin^{-1} x$ 이다. $\sin 2t = 2\sin t\cos t = 2x\sqrt{1-x^2}$ 이므로 $\int\sqrt{1-x^2}\,dx = \frac{1}{2}(\sin^{-1}x + x\sqrt{1-x^2})$ 이므로 $\int_0^1\sqrt{1-x^2}\,dx = \frac{1}{2}(\sin^{-1}x + x\sqrt{1-x^2})\big|_0^1 = \frac{1}{2}(\sin^{-1}1 - \sin^{-1}0) = \frac{1}{2}(\frac{\pi}{2}-0) = \frac{\pi}{4}$ 이다.

다음으로 위 정리를 이용하여 $\int_0^1\sqrt{1-x^2}\,dx$ 을 구해 보자. $\psi(t)$ 와 $\psi'(t) = \cos t$ 는 $[0,\frac{\pi}{2}]$ 에서 연속이다. $\psi(0)=0$, $\psi\left(\frac{\pi}{2}\right)=1$ 이고 $\sqrt{1-x^2}$ 은 $[0,1]$ 에서 연속이다. 위 정리의 조건을 만족하므로 $\int_0^1\sqrt{1-x^2}\,dx = \left(\frac{t}{2} + \frac{\sin 2t}{2}\right)\big|_0^{\pi/2} = \frac{\pi}{4}$ 이다. ■

정리 12.9 의 조건이 만족되지 않으면 이 정리는 성립하지 않을 수 있다. 그 예를 살펴보자. $\int_{-1}^1 x\,dx = \frac{x^2}{2}\big|_{-1}^1 = 0$ 이다. $x = \psi(t) = \frac{1}{t}$ 라고 하자. $\psi(-1)=-1$, $\psi(1)=1$ 이다. $dx = -\frac{1}{t^2}\,dt$ 이므로 $\int_{-1}^1 x\,dx = -\int_{-1}^1 \frac{1}{t^3}\,dt$ 일 것으로 기대할 수 있다. 그러나

[12] $0 \le t \le \frac{\pi}{2}$ 이므로 $\cos t \ge 0$ 이다.

12.6.1 절에서 논의할 것이지만 $-\int_{-1}^{1}\frac{1}{t^3}\,dt$ 는 정의되지 않는다. (문제 12.25 참조.) 이 경우 $\psi(t)$ 는 $\psi(0)$ 값에 관계없이 $[-1,1]$ 에서 불연속이므로 정리 12.9 의 조건이 성립하지 않는다.

반면에 $x=\psi(t)=t^3+7$ 로 하면 $\psi(-2)=-1$, $\psi((-6)^{1/3})=1$ 이고 $\psi(t)$ 와 $\psi'(t)=3t^2$ 은 $[-2,(-6)^{1/3}]$ 에서 연속이다. $f(x)=x$ 는 $[-1,1]$ 에서 연속이므로 정리 12.9 의 조건이 만족된다. $dx=3t^2\,dt$ 이므로 $\int_{-1}^{1}x\,dx=3\int_{-2}^{(-6)^{1/3}}(t^3+7)t^2\,dt=\left(\frac{t^6}{2}+7t^3\right)\Big|_{-2}^{(-6)^{1/3}}=0$ 이다.

문제 12.21 $\int_{1/2}^{1}x\,dx$ 이면 $x=\frac{1}{t}$ 로 변수변환으로 계산할 수 있음을 확인하고 그 이유를 설명하라. ■

12.5.3 부분적분

두 변수 u 와 v 를 생각하자. $d(uv)=u\,dv+v\,du$ 이므로 $\int d(uv)=\int(v\,du+u\,dv)=\int v\,du+\int u\,dv$ 이다. (예제 12.13 참조.) 따라서

$$\int u\,dv=\int d(uv)-\int v\,du=uv-\int v\,du$$

이다. $u=f(x)$ 이고 $v=g(x)$ 이면 $du=f'(x)\,dx$, $dv=g'(x)\,dx$ 이므로 이 식은 다음과 같이 쓸 수 있다.

$$\int f(x)g'(x)\,dx=f(x)g(x)-\int g(x)f'(x)\,dx$$

이와 같이 부정적분을 구하는 방법을 **부분적분 (integration by parts)** 이라고 한다.

예제 12.20 (i) $\int \ln x\,dx$. $u=\ln x$, $dv=dx$ 라고 하면 $du=\frac{dx}{x}$, $v=x$ 이다. $\int \ln x\,dx=x\ln x-\int x\frac{dx}{x}=x(\ln x-1)+C$ 이다. (ii) $\int\cos^2 x\,dx$. $u=\cos x$, $dv=\cos x\,dx$ 라고 하자. $du=-\sin x\,dx$, $v=\int\cos x\,dx=\sin x$ 이므로 $\int\cos^2 x\,dx=\cos x\,\sin x-\int\sin x\,(-\sin x)\,dx=\cos x\,\sin x+\int(1-\cos^2 x)\,dx=\cos x\,\sin x+x-\int\cos^2 x\,dx$ 이다. 따라서 $\int\cos^2 x\,dx=\frac{\sin x\,\cos x+x}{2}$ 이다. (iii) (ii) 에서 보는 바와 같이 부분적분에 의해 부정적분을 구할 수 있는지의 여부는 $\int u\,dv$ 의 부분 u 와 dv 를 어떻게 선택하는 가에 달려 있다. 위 예제에서 $u=\cos^2 x$, $dv=dx$ 로 하면 $du=-2\cos x\sin x\,dx$, $v=x$ 이다. 따라서 $\int\cos^2 x\,dx=x\cos^2 x-\int x(-2\cos x\,\sin x)\,dx$ 이다. $\int\cos^2 x\,dx$ 를 구하기 위해서는 $\int 2x\,\cos x\sin x\,dx$ 를 구하여야 하기 때문에 u 와 v 를 이와 같이 선택하면

$\int \cos^2 x\,dx$ 를 구하기 어렵다. 그러나 위 예제에서 $\int \cos^2 x\,dx$ 를 이미 구하였으므로 거꾸로 $\int 2x\cos x\,\sin x\,dx = \frac{\sin x\,\cos x + x}{2} - x\,\cos^2 x$ 임을 알 수 있다. ■

문제 12.22 위 예제의 결과를 확인하라. ■

예제 12.21 (i) $\int xe^x\,dx$. $u = x$, $dv = e^x\,dx$ 라고 하면 $du = dx$, $v = \int e^x\,dx = e^x$ 이므로 $\int xe^x\,dx = xe^x - \int e^x\,dx = (x-1)e^x + C$ 이다. (ii) $\int x^2e^x\,dx$. $u = x^2$, $dv = e^x\,dx$ 라고 하면 $du = 2x\,dx$, $v = \int e^x\,dx = e^x$ 이므로 $\int x^2e^x\,dx = x^2e^x - 2\int xe^x\,dx = (x^2 - 2x + 2)e^x + C$ 이다. ■

문제 12.23 부분적분 방법을 이용하여 다음 부정적분을 구하라. (i) $\int x\,\sin x\,dx$, (ii) $\int x^3\sqrt{1+x^2}\,dx$, (iii) $\int x^n \ln x\,dx$. ■

정리 12.10 $f(x)$ 와 $g(x)$ 가 각각 $[a,b]$ 에서 연속이고 미분가능한 함수라고 하자. $\int_a^b f(x)g'(x)\,dx = f(b)g(b) - f(a)g(a) - \int_a^b g(x)f'(x)\,dx$ 이다.

문제 12.24 위 정리를 증명하라. ■

예제 12.22 $\int_1^2 \ln x\,dx$. 예제 12.20 (i) 에서 $\int_1^2 \ln x\,dx = x(\ln x - 1)\big|_1^2 = 2\ln 2 - 1$ 이다. $f(x) = \ln x$, $g'(x) = 1$ 이라고 하면 $f'(x) = \frac{1}{x}$, $g(x) = x$ 이다. 위 정리에 의해 $\int_1^2 \ln x\,dx = 2\ln 2 - 1 \times \ln 1 - \int_1^2 \frac{1}{x}x\,dx = 2\ln 2 - 1$ 이다. ■

12.6 이상적분

(리만) 적분은 피적분함수가 불연속이더라도 불연속의 크기가 유한하거나 적분상한과 하한이 유한한 경우에 대해 정의된다. 여기서는 적분의 개념을 이 가정들이 성립하지 않는 경우로 확장한다. 이와 같은 상황에서 적분이 존재하면 이것을 **이상적분 (improper integral)** 이라고 한다.

12.6.1 무한 피적분함수

$y = \frac{1}{x}$ 은 $(0, x^0]$ 에서는 연속이지만 $x = 0$ 에서는 불연속이다. 또한 $\lim_{x\to 0^+} = \infty$ 이다. 따라서 그림 12.6 에서 보는 바와 같이 $[0, x^0]$ 에서 $y = \frac{1}{x}$ 의 아랫부분의 면적 (옅은 회색 부분) 이 유한할지 무한할지를 직관적으로 알기는 어렵다. (실제로는 무한하다.) 이와 같이 적분구간 내에서 피적분함수의 값이 무한대일 때 정적분은 다음과 같이 정의된다.

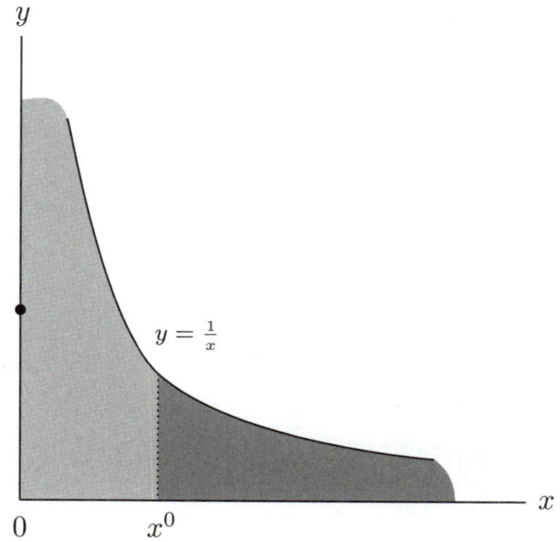

그림 12.6 이상적분

정의 12.3 $[a,b]$ 에서 정의되고 모든 α $(a < \alpha < b)$ 에 대해 $[\alpha, b]$ 에서 적분가능한 함수 $f(x)$ 를 생각하자. $\lim_{x\to a^+} f(x) = \infty$ 이거나 $\lim_{x\to a^+} f(x) = -\infty$ 이라고 하자. $\lim_{\alpha\to a^+} \int_\alpha^b f(x)\,dx = L$ 이 존재하면 $\int_a^b f(x)\,dx = L$ 이다.

예제 12.23 $\int_0^1 \frac{1}{\sqrt{x}}\,dx$. $\frac{1}{\sqrt{x}}$ 은 $x = 0$ 에서 불연속의 크기가 무한대이다. $\int_0^1 \frac{dx}{\sqrt{x}} = \lim_{\alpha\to 0+} \int_\alpha^1 \frac{dx}{\sqrt{x}} = \lim_{\alpha\to 0+} 2x^{1/2}\Big|_\alpha^1 = 2$ 이다. ■

예제 12.24 $\int_0^1 \frac{dx}{x}$. $\frac{1}{x}$ 은 $x = 0$ 에서 불연속의 크기가 무한대이다. $\lim_{\alpha\to 0+} \int_\alpha^1 \frac{dx}{x} = \lim_{\alpha\to 0+} \ln x\Big|_\alpha^1 = \lim_{\alpha\to 0+}(-\ln\alpha) = \infty$ 이므로 $\int_0^1 \frac{dx}{x}$ 는 정의되지 않는다. ■

문제 12.25 $n < 1$ 이면 $\int_0^1 \frac{dx}{x^n} = \frac{1}{1-n}$ 이고 $n \geq 1$ 이면 $\int_0^1 \frac{dx}{x^n}$ 는 정의되지 않음을 보여라. ■

$f(x)$ 가 $[a,b]$ 에서 정의되고 $\lim_{x\to b^-} f(x) = \infty$ 이거나 $\lim_{x\to b^-} f(x) = -\infty$ 인 경우도 마찬가지로 생각할 수 있다. $\lim_{\beta\to b^-} \int_a^\beta f(x)\,dx = L$ 이 존재하면 $\int_a^b f(x)\,dx = L$ 이다. 마지막으로 $f(x)$ 가 $[a,b]$ 에서 정의되고 $x = c$ $(a < c < b)$ 에서 불연속의 크기가 무한대인 경우는 $\lim_{\gamma\to c^-} \int_a^\gamma f(x)\,dx = L_1$ 과 $\lim_{\gamma\to c^+} \int_\gamma^b f(x)\,dx = L_2$ 가 존재하면 $\int_a^b f(x)\,dx = L_1 + L_2$ 이다.

예제 12.25 $\int_{-1}^1 x^{-2/3}dx$ 를 구해 보자. $x^{-2/3}$ 는 $x = 0$ 에서 불연속이며 그 크기는 무한대이다. $\int_{-1}^1 x^{-2/3}dx = \int_{-1}^0 x^{-2/3}dx + \int_0^1 x^{-2/3}dx = \lim_{\gamma\to 0^-} \int_{-1}^\gamma x^{-2/3}dx +$

$\lim\limits_{\gamma\to 0^+}\int_\gamma^1 x^{-2/3}dx = 6$ 이다. ■

문제 12.26 (i) 위 예제의 계산 결과를 확인하라. (ii) 미적분학의 기본정리를 사용하여 $\int_0^2 \frac{dx}{(x-1)^2} = -\frac{1}{x-1}\Big|_0^2 = -2$ 로 계산할 때 이 계산 과정에 오류가 있음을 설명하라. 또 이 적분은 정의되지 않음을 보여라. ■

12.6.2 무한 적분구간

그림 12.6 에서 $[x^0,\infty)$ 에서 $y=\frac{1}{x}$ 의 아랫부분 면적(짙은 회색 부분)이 유한할지 무한할지는 직관적으로 알기 어렵다. (실제로 무한하다.) 이와 같이 적분구간이 무한한 경우의 적분은 다음과 같이 정의된다.

정의 12.4 $[a,\infty)$ 에서 정의되고 모든 β $(a<\beta<\infty)$ 에 대해 $[a,\beta]$ 에서 적분가능한 함수 $f(x)$ 를 생각하자. $\lim\limits_{\beta\to\infty}\int_a^\beta f(x)\,dx = L$ 이 존재하면 $\int_a^\infty f(x)\,dx = L$ 이다.

예제 12.26 $\lim\limits_{\beta\to\infty}\int_1^\beta \frac{dx}{x^2} = -\lim\limits_{\beta\to\infty}\left(\frac{1}{\beta}-1\right) = 1$ 이므로 $\int_1^\infty \frac{dx}{x^2} = 1$ 이다. ■

문제 12.27 (i) $\int_1^\infty \frac{dx}{x}$ 는 존재하지 않음을 보여라. (ii) $(-\infty,\infty)$ 에서 정의되는 함수 $f(x)$ 에 대해 $\int_{-\infty}^\infty f(x)\,dx$ 를 정의하라. ■

* 소비자잉여

그림 12.5 에서 소비자잉여 $CS(p_x,X)=\int_0^X D(s)\,ds - p_xX$ 로 정의하였다. 역수요함수 $D(X)=\frac{1}{X}$ 와 같이 $X=0$ 에서 한계지불의향이 무한히 클 수 있다. (즉, $\lim\limits_{\epsilon\to 0^+} D(\epsilon)=\infty$.) 이 경우 $CS(p_x,X)$ 는 다음과 같이 정의된다.

$$CS(p_x,X)=\lim_{\epsilon\to 0^+}\int_\epsilon^X D(s)\,ds - p_xX.$$

$CS(p_x,X)$ 가 존재한다고 가정하자. 수요곡선을 p_x 축에서 바라보면 소비자잉여는 $[D(X),\infty)$ 에서 수요곡선$\left(X^d(p_x)\right)$ 의 아래 부분의 면적$\left(\int_{D(X)}^\infty X^d(t)\,dt\right)$ 과 오른쪽에 인접한 직사각형의 면적 $((D(X)-p_x)X)$ 의 합으로 생각할 수 있다. 따라서 가격이 p_x 이고 소비량이 X 이면 소비자잉여는

$$CS(p_x,X)=\int_{D(X)}^\infty X^d(t)\,dt + (D(X)-p_x)X \tag{12-†}$$

로 표현할 수 있다. 아래에서 이 사실을 확인해 보자.

문제 12.28 식 (12-†)를 그림으로 표현하라. ■

$\epsilon > 0$이라고 하자. $\int_\epsilon^X D(s)\,ds \le CS(p_x, X)$이므로 $\int_\epsilon^X D(s)\,ds$는 존재한다. $s = X^d(t)$라고 하면 $ds = \frac{dX^d(t)}{dt}\,dt$이다. $X = X^d(D(X))$, $\epsilon = X^d(p_x^\epsilon)$이므로 변수변환에 의해 $\int_\epsilon^X D(s)\,ds = \int_{p_x^\epsilon}^{D(X)} D(X^d(t))\frac{dX^d(t)}{dt}\,dt = \int_{p_x^\epsilon}^{D(X)} t\frac{dX^d(t)}{dt}\,dt$이다. 두 번째 등식이 성립하는 것은 D와 X^d가 역함수 관계에 있기 때문이다.

$u = t$, $dv = \frac{dX^d(t)}{dt}\,dt$로 하면 $du = dt$이고 $v = \int \frac{dX^d(t)}{dt}\,dt = X^d(t)$이므로 $\int_{p_x^\epsilon}^{D(X)} t\frac{dX^d(t)}{dt}\,dt = tX^d(t)\Big|_{p_x^\epsilon}^{D(X)} - \int_{p_x^\epsilon}^{D(X)} X^d(t)\,dt = D(X)X - \epsilon p_x^\epsilon - \int_{p_x^\epsilon}^{D(X)} X^d(t)\,dt$이다. $\lim_{\epsilon\to 0+} \epsilon p_x^\epsilon = 0$이고 $\lim_{\epsilon\to 0+} p_x^\epsilon = \infty$이므로 (12-†)가 성립한다.

문제 12.29 (i) $CS(p_x, X)$가 존재하면 $\lim_{\epsilon\to 0+} \epsilon p_x^\epsilon = 0$임을 증명하라. 또한 $X^d(p_x) = \frac{1}{p_x}$이면 이 결과가 성립하지 않음을 보여라. (ii) $p_x^0 = D(0) < \infty$이면 $CS(p_x, X) = \int_{D(X)}^{p_x^0} X^d(t)\,dt + (D(X) - p_x)X$임을 보여라. (iii) $MC'(X) \ge 0$이고 $MC(0) = c_0 \ge 0$이면 생산자잉여는 $PS(p_x, X) = (p_x - MC(X))X + \int_{c_0}^{MC(X)} X^s(t)\,dt$임을 보여라. $p_x = D(X)$인 경우와 $p_x = MC(X)$인 경우 $PS(p_x, X)$를 구하고 그림으로 표현하라. (iv) 완전경쟁시장 균형 가격과 거래량을 p_x^*와 X^*이라고 하면 $CS(p_x^*, X^*) = \int_{p_x^*}^\infty X^d(t)\,dt$이고 $PS(p_x^*, X^*)) = \int_{c_0}^{p_x^*} X^s(t)\,dt$임을 보여라. ■

12.7 적분기호 하의 미분

다음 정적분을 생각하자.

$$S(\alpha) = \int_{a(\alpha)}^{b(\alpha)} f(x, \alpha)\,dx.$$

(단, $a(\alpha)$와 $b(\alpha)$는 $[\alpha_1, \alpha_2]$에서 미분가능하고 $f_\alpha(x, \alpha)$는 $a(\alpha) \le x \le b(\alpha)$, $\alpha_1 \le \alpha \le \alpha_2$에서 연속함수이다.) 그림 12.7에 $f(x, \alpha)$가 그려져 있다.

α가 $d\alpha$만큼 증가하면 $a(\alpha)$와 $b(\alpha)$ 사이에서 $y = f(x, \alpha)$의 아랫부분 면적 $S(\alpha)$는 세 가지 경로를 통해 영향을 받는다. 첫째, $[a(\alpha), b(\alpha)]$의 모든 x에 대해 $f(x, \alpha)$가 $f_\alpha(x, \alpha)\,d\alpha$만큼 위로 올라가므로 $S(\alpha)$는 $\left(\int_{a(\alpha)}^{b(\alpha)} f_\alpha(x, \alpha)\,dx\right) d\alpha$만큼 증가한다. 둘째, 적분하한이 $a(\alpha)$에서 $da = \frac{da}{d\alpha}\,d\alpha$만큼 오른쪽으로 이동하므로 아랫부분 면적은 $f(a(\alpha),\ \alpha)\,da = f(a(\alpha), \alpha)\frac{da}{d\alpha}\,d\alpha$만큼 감소한다. 셋째, 적분상한도 $db = \frac{db}{d\alpha}\,d\alpha$만큼 오른쪽으로 이동한다. 따라서 아랫부분 면적은 $f(b(\alpha), \alpha)\,db = f(b(\alpha), \alpha)\frac{db}{d\alpha}\,d\alpha$만큼

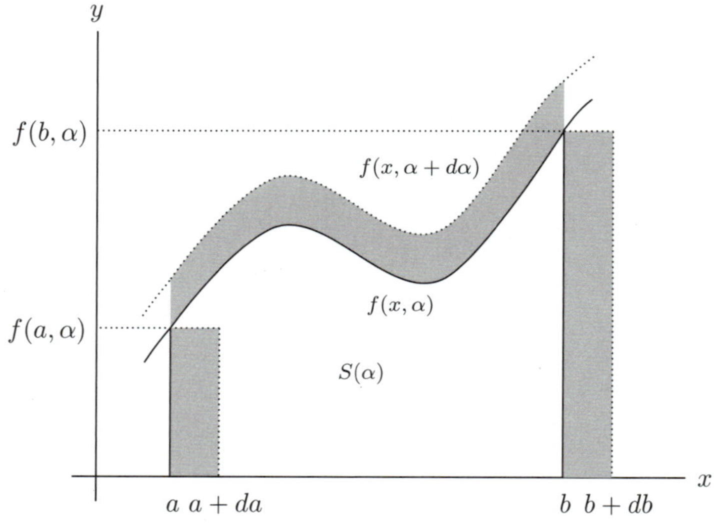

그림 12.7 적분 기호 하의 미분

증가한다. 다음 정리에 이 결과가 나타나 있다.

정리 12.11 (적분기호 하의 미분(differentiation under the integral sign)) $S(\alpha) = \int_{a(\alpha)}^{b(\alpha)} f(x,\alpha)\,dx$ 라고 하자. $\frac{dS}{d\alpha} = \int_{a(\alpha)}^{b(\alpha)} f_\alpha(x,\alpha)\,dx - f(a(\alpha),\alpha)\frac{da(\alpha)}{d\alpha} + f(b(\alpha),\alpha)\frac{db(\alpha)}{d\alpha}$ 이다.

예제 12.27 $S(\alpha) = \int_\alpha^{2\alpha}(\alpha+x)^2\,dx = \frac{19\alpha^3}{3}$ 이므로 $\frac{dS}{d\alpha} = 19\alpha^2$ 이다. 위 정리를 이용하면 $\frac{dS}{d\alpha} = \int_\alpha^{2\alpha} 2(\alpha+x)\,dx - (2\alpha)^2 + 2(3\alpha)^2 = 19\alpha^2$ 이다. ■

Box 12.5 Box 12.1 에서 X 재를 생산하기 위해 소요되는 변동비용은 $VC(X) = \int_0^X MC(s)\,ds$ 임을 보았다. $\frac{d(VC)}{dX} = MC(X)$ 이므로 변동비용함수를 미분하면 한계비용함수가 된다. 따라서 한계비용은 한 단위 추가적으로 생산하기 위해 소요되는 변동비용의 증가분이다. 한계비용함수를 적분하면 변동비용함수가 되므로 변동비용함수를 미분하면 당연히 한계비용함수가 된다.

예제 12.28 앞에서 본 바와 같이 생산자가 독점이거나 완전경쟁시장에서는 가격이 주어지면 소비자들은 항상 자신이 원하는 양을 구입할 수 있다. 즉, $X = X^d(p_x)$ 또는 $p_x = D(X)$ 이다. 이와 같은 상황에서는 $CS(p_x, X) = \int_0^X D(s)\,ds - D(X)X$ 이고 $PS(p_x, X) = D(X)X - \int_0^X MC(s)\,ds$ 임을 보았다. 정부가 기업들에게 생산량을 약간 늘리도록 강제한다고 하자. (이 결과 가격은 하락하게 된다.) $\frac{d(CS)}{dX} = D(X) - (D(X) + D'(X)X) = -D'(X)X$ 이다. $D' < 0$ 이고 $X^* > 0$, $X^m > 0$ 이므로 독점시장이든 완전경쟁시장이든 소비자잉여는 증가한다.

$\frac{d(PS)}{dX} = D(X) + D'(X)X - MC(X)$ 이다. 독점시장에서는 이윤최대화 일계조건으로부터 $MR(X^m) - MC(X^m) = (D(X^m) + D'(X^m)X^m) - MC(X^m) = 0$ 이므로 생산자잉여의 변화는 미미하다. 그러나 $D(X^*) + D'(X^*)X^* - MC(X^*) = D'(X^*)X^* < 0$ 이므로 완전경쟁시장에서의 생산자잉여는 감소한다. ■

문제 12.30 (i) 위 사실을 그림을 그려 확인하라. (ii) 식 (12-†) 에 $p_x = D(X)$ 을 대입하고 $\frac{d(CS)}{dX}$ 와 $\frac{d(PS)}{dX}$ 를 계산하면 위에서와 마찬가지 결과를 얻음을 보여라. (iii) 문제 12.29 의 결과를 이용하여 $PS(p_x, X) = (D(X) - MC(X))X + \int_{c_0}^{MC(X)} X^s(t)\,dt$ 임을 보이고 $\frac{d(PS)}{dX}$ 을 계산하면 위에서와 마찬가지 결과를 얻음을 보여라. ■

12.8 이중적분

이중적분 또는 다중적분은 6 편에서 다룰 확률이론에서 광범하게 사용된다. 이중적분에 대해 알아보기 위해 그림 12.8 을 살펴보자. (회색으로 표현된) **닫힌영역 (closed region)** $S \subset R^2$ 에서 정의되는 유계함수 $z = f(x, y)$ 를 생각하자.

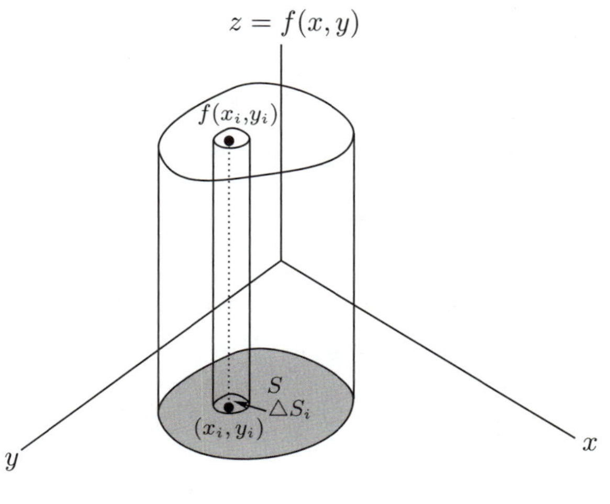

그림 12.8 이중적분

$f(x, y)$ 와 S 에 의해 만들어진 입체도형의 부피를 V 를 12.1.1 절에서 면적을 구할 때의 방법을 사용하여 구해 보자. S 를 n 개의 상호배타적인 소영역 $\triangle S_i$ $(i = 1, 2, \cdots, n)$ 으로 나누고 (x_i, y_i) 를 $\triangle S_i$ 의 임의의 점이라고 하자. $\triangle S_i$ 는 소영역을

나타내지만 편의상 해당 면적도 $\triangle S_i$ 로 표현하기로 한다. $\triangle S_i$ 에 해당하는 부피는 대략 $f(x_i, y_i)\triangle S_i$ 이므로 전체 부피는 근사적으로 $\sum_{i=1}^{n} f(x_i, y_i)\triangle S_i$ 이다. 면적을 구할 때와 마찬가지로 소영역의 개수를 늘리면서 그 면적을 줄여 가면 더 정교한 근삿값을 얻을 수 있다.

정의 12.5 (이중적분 (double integral)) $S \subset R^2$ 에서 정의되는 유계함수 $f(x, y)$ 에 대해 $\lim_{\substack{n\to\infty \\ \triangle S_i \to 0}} \sum_{i=1}^{n} f(x_i, y_i)\triangle S_i$ 가 존재하면 그 극한값을 S 에서 $f(x, y)$ 의 이중적분이라고 하며 $\int_S f(x, y)\, dS$ 또는 $\iint_S f(x, y)\, dy\, dx$ 로 쓴다. $S = \{(x, y) \mid (x, y) \in A \times B \subset R^2\}$ 이면 $\int_A \int_B f(x, y)\, dy\, dx$ 로 쓸 수 있다.

$f(x)$ 가 $[a, b]$ 에서 연속이면 $\int_a^b f(x)\, dx$ 가 존재하는 것과 마찬가지로 $f(x, y)$ 가 S 에서 연속이면 $\int_S f(x, y)\, dS$ 가 존재한다.[13] 이하에서는 $f(x, y)$ 는 연속함수라고 가정한다.

위 이중적분의 정의는 R 에서의 정적분의 정의를 직접적으로 확장한 것이지만 실제 부피 계산을 하기에는 불편하다. 입체도형의 부피를 다른 방법으로 구해 보자. 그림 12.9를 살펴보자. 영역 S 는 다음과 같이 표현할 수 있다. x 축에서 y 축에 평행인 직선이 S 와 접하는 두 점 A 와 B 의 x 값을 각각 a 와 b 라고 하면

$$S = \{(x, y) \mid a \le x \le b, y^1(x) \le y \le y^2(x)\}$$

이다. 이 식에서 $y^1(x)$ 는 x 축에서 바라볼 때 점 A 와 점 B 의 아랫부분의 곡선이고 $y^2(x)$ 는 윗부분의 곡선이다. $y^1(x)$ 와 $y^2(x)$ 는 연속함수이고 모든 $x \in [a, b]$ 에 대해 그림 12.9 에서와 같이 $y^1(x) \le y \le y^2(x)$ 라고 가정하자.

V 는 x 의 구간 $[a, b]$ 를 작은 소구간으로 나누고 각 소구간별로 부피를 구한 다음 이를 모두 더 한 것으로 생각할 수 있다. 입체도형을 임의의 x 에서 yz 평면에 평행하도록 잘라 얻은 단면의 면적을 $\phi(x)$ 라고 하자. $[x - dx, x]$ 에 해당하는 부피는 대략 $\phi(x)\, dx$ 이므로 전체 부피는 $\int_a^b \phi(x)\, dx$ 이다. yz 평면에서 생각하면 $\phi(x)$ 는 $[y^1(x), y^2(x)]$ 에서 $f(x, y)$ 의 아랫부분 면적이다. 즉, $\phi(x) = \int_{y^1(x)}^{y^2(x)} f(x, y)\, dy$ 이다.[14] 따라서

$$V = \int_a^b \phi(x)\, dx = \int_a^b \int_{y^1(x)}^{y^2(x)} f(x, y)\, dy\, dx$$

---

[13] $f(x, y)$ 가 S 에서 연속이고 그 면적을 편의상 S 라고 하면 $\int_S f(x, y)\, dS = f(\xi, \eta)S$ 가 되는 $(\xi, \eta) \in S$ 가 존재한다. 이것은 이중적분의 평균값의 정리이다.

[14] 엄밀히 말해 $\phi(x)$ 에서 $f(x, y)$ 는 x 가 고정된 y 만의 함수이다. 이 함수를 g_x 라고 하면 $g_x(y) = f(x, y)$ 이다. g_x 는 적분가능하다.

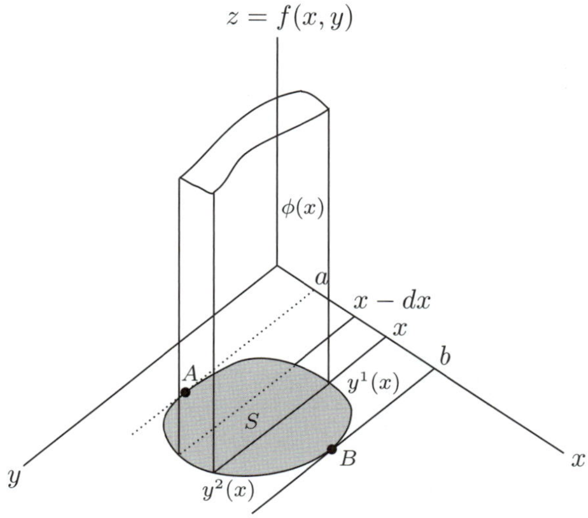

그림 12.9 반복적분

이다. $\int_a^b \int_{y^1(x)}^{y^2(x)} f(x,y)\,dy\,dx$ 를 **반복적분 (iterated integral)** 이라고 한다. 아래 결과는 이중적분과 반복적분은 일정한 조건 하에서는 동일함을 보여준다.

정리 12.12 $S \subset R^2$ 에서 정의되는 유계연속함수 $f(x,y)$ 를 생각하자. $y^1(x)$ 와 $y^2(x)$ 가 연속함수이면 $f(x,y)$ 는 적분가능하고 $\int_S f(x,y)\,dS = \int_a^b \int_{y^1(x)}^{y^2(x)} f(x,y)\,dy\,dx$ 이다.

반복적분은 x 를 고정하고 y 에 대해서 적분한 다음 그 결과를 다시 x 에 대해 적분하므로 단순적분을 두 번 하는 셈이다. 반복적분은 일반적으로 이중적분보다는 계산이 용이하다.

문제 12.31 y 를 먼저 고정한 다음 위와 같은 방식으로 반복적분을 정의하라. ■

예제 12.29 $S = \{(x,y) \mid y \le x, y \ge x^2, 0 \le x \le 1\}$, $f(x,y) = xy$ 일 때 $\int_S f(x,y)\,dS$ 를 구해 보자. $y^1(x) = x^2$, $y^2(x) = x$ 이므로 $\int_S f(x,y)\,dS = \int_0^1 \int_{x^2}^{x} xy\,dy\,dx$ 이다. (그림 12.10 참조.) $\int_{x^2}^{x} xy\,dy = \frac{x^3}{2} - \frac{x^5}{2}$ 이므로 $\int_0^1 \left(\frac{x^3}{2} - \frac{x^5}{2}\right) dx = \frac{1}{24}$ 이다. ■

문제 12.32 위 예제에서 y 를 고정하고 x 에 대해 적분한 다음 그 결과를 다시 y 에 대해 적분하면 같은 결과를 얻음을 보여라. ■

닫힌영역 S 가 그림 12.11 에서와 같은 모양이면 어떤 x 값에 대해 세 개 이상의 y 값이 대응하므로 앞에서 논의한 반복적분 방법을 적용할 수 없다. 이 경우에는 S 를 그림에서와 같이 S_1, S_2, S_3 의 세 부분으로 나누어 각각에 대해 반복적분을 하면 된다.

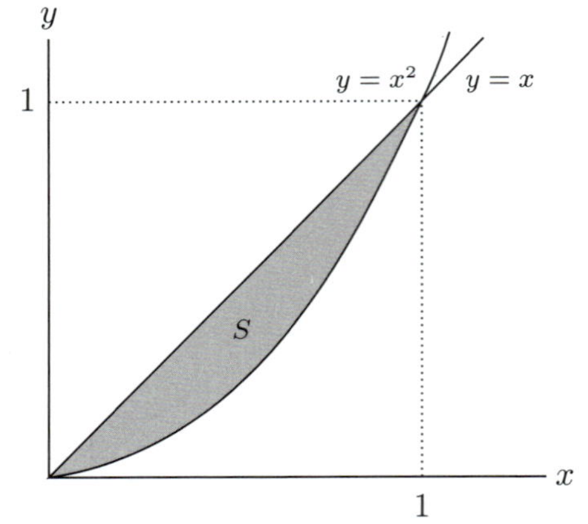

그림 12.10　반복적분 예

문제 12.33　그림 12.11에서 y를 고정하고 x에 대해 먼저 적분하고 그 결과를 다시 y에 대해 적분하면 위와 같은 문제가 없음을 보여라. ■

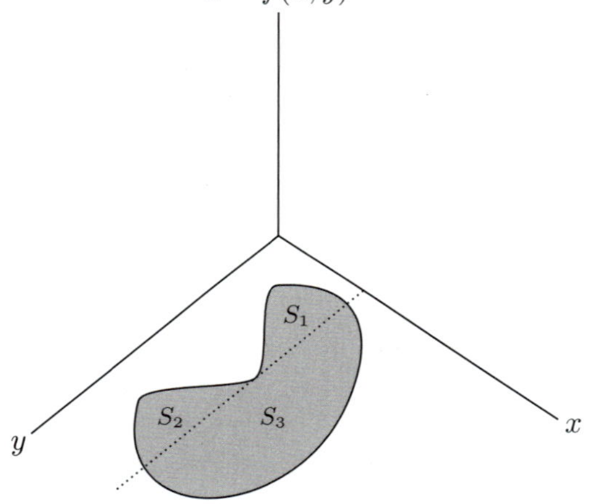

그림 12.11　적분 영역의 분할

* 푸비니 정리

정리 12.12은 푸비니 정리로 불린다. 일반적인 컴팩트 영역 S에 대해 푸비니 정리는 다음과 같다. $S(x) = \{y \mid (x,y) \in S\}$, $T_x = \{x \mid S(x) \neq \emptyset\}$ 이라고 하자.

정리 12.13 (푸비니 정리(Fubini's theorem))　$S \subset R^2$에서 정의되는 유계연속함수

$f(x, y)$ 는 적분가능하고 $\int_S f(x, y)\, dS = \int_{T_x} \int_{S(x)} f(x, y)\, dy\, dx$ 이다.

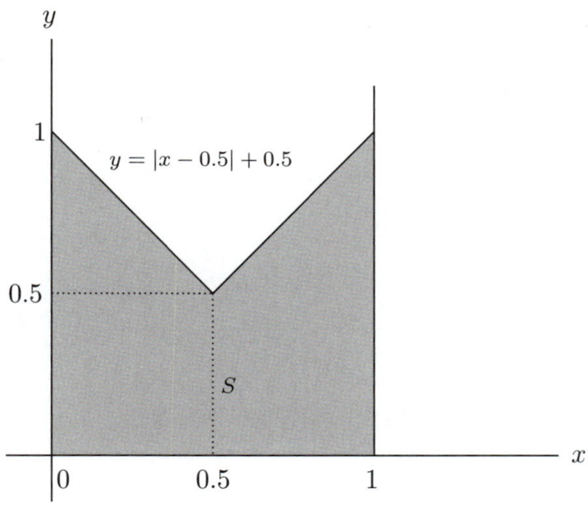

그림 12.12 푸비니 정리를 이용한 면적 계산

예제 12.30 그림 12.12의 회색으로 표현된 부분 $S = \{(x, y) \,|\, 0 \le x \le 1, 0 \le y \le |x - 0.5| + 0.5$ 의 면적을 구해 보자. 편의상 이 면적을 S 라고 하자. $S(x) = \{y \,|\, 0 \le y \le |x - 0.5| + 0.5\}$ 이고 $T_x = [0, 1]$ 이다. 구하고자 하는 면적은 $S = \int_S dS = \int_0^1 \int_0^{|x-0.5|+0.5} dy\, dx = \int_0^{0.5} (1 - x)\, dx + \int_{0.5}^1 x\, dx = 0.75$ 이다. ■

문제 12.34 (i) 위 예제에서 $S(y)$ 와 T_y 를 이용하여 S 를 구하라. (ii) $S = [0, 1] \times [0, 1]$, $A = \{(x, y) \,|\, x \ge 0, y \ge 0, x + y \le 1\}$ 이고 $f(x, y) = \begin{cases} 1 - x - y & (x, y) \in A \\ 0, & (x, y) \notin A \end{cases}$ 라고 하자. $\int_S f(x, y)\, dS$ 를 구하라. ■

문제 12.35 $S = A \times B \subset R^2$ 이라고 하자. $\int_S f(x, y)\, dS = \int_A \int_B f(x, y)\, dy\, dx = \int_B \int_A f(x, y)\, dx\, dy$ 임을 보여라. ■

이중적분과 반복적분: 사면체의 부피 계산

그림 12.13에 사면체 $\frac{x}{a} + \frac{y}{b} + \frac{z}{c} = 1$ 이 그려져 있다. 이 사면체의 부피 V 를 이중적분으로 구해보자. $(x, y) \in S$ 에 대해 사면체의 높이는 $z = c\left(1 - \frac{x}{a} - \frac{y}{b}\right)$ 이므로 부피는

$$V = c \int_S \left(1 - \frac{x}{a} - \frac{y}{b}\right) dS$$

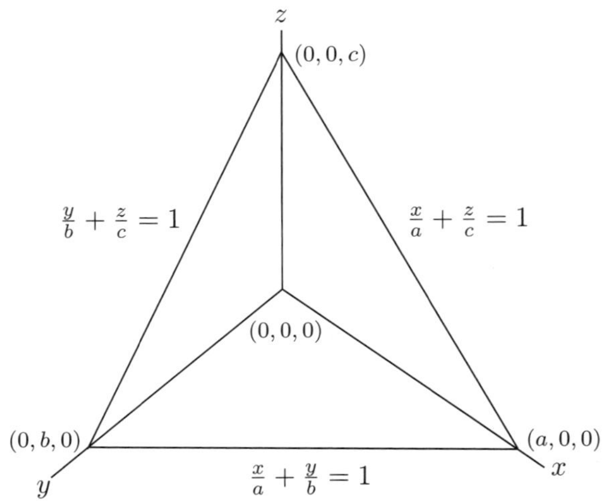

그림 12.13 사면체의 부피 계산

이다. 이것을 구하기 위해 S를 그림 12.14에 나타나 있는 것처럼 $0 \le x \le a$와 $0 \le y \le b$를 각각 n개 구간으로 나누면 넓이가 $\frac{ab}{n^2}$인 $\frac{n(n-1)}{2}$개의 직사각형과 넓이가 $\frac{ab}{2n^2}$인 n개의 직각삼각형이 생긴다.

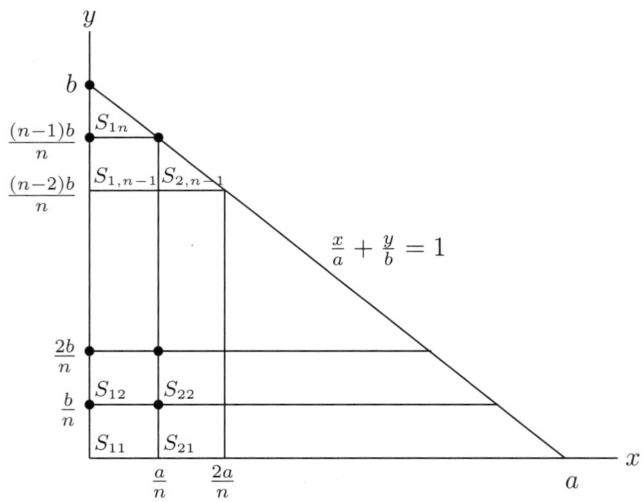

그림 12.14 사면체의 부피 계산을 위한 적분 영역의 분할

각 소영역의 왼쪽 위 꼭짓점(그림에 표시되어 있는 검은 점)에서 $z' = 1 - \frac{x}{a} - \frac{y}{b}$를 구하자. 예를 들어 S_{11}의 왼쪽 위 꼭짓점의 좌표는 $\left(0, \frac{b}{n}\right)$이므로 $z' = 1 - \frac{1}{n}$이다. 마찬가지로 S_{12}와 S_{21}에 대해서는 $z' = 1 - \frac{2}{n}$이다. 소영역 S_{ij}의 $z' = 1 - \frac{i-1+j}{n}$이다. 직각삼각형 소영역 $S_{i,n-(i-1)}$에 대해서는 $z' = 0$이다. $A(n) = \sum_{i=1}^{n-1} \sum_{j=1}^{n-i} \left(1 - \frac{i-1+j}{n}\right)$

이라고 하면 $V = abc\lim_{n\to\infty}\frac{1}{n^2}A(n)$ 이다.

$\sum_{j=1}^{n-i}\left(1-\frac{i-1+j}{n}\right) = \frac{(n-i)(n-i+1)}{2n}$ 이므로 $A(n) = \frac{1}{2n}\sum_{i=1}^{n-1}(n-i)(n-i+1) = \frac{1}{2n}\sum_{k=1}^{n-1}k(k+1) = \frac{n^2-1}{6}$ 이다. 따라서

$$V = abc\lim_{n\to\infty}\frac{1}{n^2}\frac{n^2-1}{6} = \frac{abc}{6}$$

이다. (사면체의 부피 공식은 밑면의 넓이에 높이를 곱한 값을 3으로 나눈 것이다. 밑면의 넓이는 $\frac{ab}{2}$ 이고 높이는 c 이므로 부피는 $\frac{abc}{6}$ 이다.)

다음으로 반복적분을 이용하여 부피를 계산해 보자. x 값이 주어지면 y 는 0에서 $b(1-\frac{x}{a})$ 사이에서 변한다. 따라서 $V = \int_0^a\int_0^{b(1-x/a)} c\left(1-\frac{x}{a}-\frac{y}{b}\right)dy\,dx = \int_0^a A(x)\,dx$ 이다. $A(x) = \frac{bc}{2}\left(1-\frac{x}{a}\right)^2$ 이므로

$$V = \frac{bc}{2}\int_0^a\left(1-\frac{x}{a}\right)^2 dx = \frac{abc}{6}$$

이다. 반복적분이 이중적분에 비해 계산이 훨씬 용이함을 알 수 있다.

12.9 시장과 사회후생

12.2.2 절에서 시장가격이 p_x 이고 거래량이 X 일 때 소비자잉여와 생산자잉여는 각각 $CS(p_x,X) = \int_0^X D(s)\,ds - p_xX$ 와 $PS(p_x,X) = p_xX - \int_0^X MC(s)\,ds$ 으로 정의하였다. 소비자잉여와 생산자잉여의 합을 **사회후생(social welfare: SW)** 이라고 한다.

$$\begin{aligned} SW(X) &= CS(p_x,X) + PS(p_x,X) \\ &= \int_0^X D(s)\,ds - \int_0^X MC(s)\,ds \end{aligned}$$

의 계산에서 CS 와 PS 의 p_xX 가 상쇄되므로 SW 는 CS 와 PS 와는 달리 X 만의 함수이다.

미시경제학에서는 사회후생을 시장의 성과를 판단하는 기준으로 삼는다. 소비자잉여와 생산자잉여의 상대적 크기와는 무관하게 사회후생이 클수록 시장이 잘 작동하는 것으로 생각한다. 그런데 SW 는 가격과 관계없이 X 만의 함수이므로 사실상 시장 존재 여부와 관계없는 성과 지표가 된다. 예를 들어 계획경제에서는 자원배분은 중앙집권적인 방식으로 이루어지므로 시장과 가격은 존재하지 않지만 이 경제의 성과는 X

의 크기로써 판단할 수 있다.[15] 시장경제에서 가격은 가치의 척도, 자원의 최적 배분, 가치의 저장과 같은 중요한 기능을 하며 사회후생에 관련해서는 소비자들과 생산자들 간의 잉여의 분배를 결정하는 역할을 한다.

사회적으로 최적인 거래량은 사회후생이 최대가 되는 X 이다. 사회후생 최대화 문제는

$$\max_{X} SW(X)$$

이다. 일계필요조건은

$$\frac{d(SW)}{dX} = D(X) - MC(X) = 0$$

이다. $D'(X) < 0$, $MC'(X) > 0$ 이므로 $\frac{d^2(SW)}{dX^2} = D'(X) - MC'(X) < 0$ 이다. 즉, $SW(X)$ 는 순오목함수이다. 따라서 $D(X) - MC(X) = 0$ 의 해는 전역최대점이다.

완전경쟁시장 균형에서 $D(X^*) = MC(X^*) = p_x^*$ 이므로 X^* 는 위 조건을 만족한다. (4편 10.4.4절 참조.) 따라서 완전경쟁시장에서는 사회후생이 최대가 된다. 완전경쟁시장에서 소비자와 생산자가 자신의 효용과 이윤이 최대가 되도록 행동하며 사회후생에는 관심이 없음에도 불구하고 결과적으로 사회후생이 최대가 되는 것을 '**보이지 않는 손의 정리 (invisible hand theorem)**'라고 한다. 이것은 개인적 합리성 추구(효용과 이윤의 최대화)가 공동의 선(사회적 최적)으로 실현되는 현상이 마치 어떤 보이지 않는 힘이 있어, 이 힘이 작용한 결과 이루어진 것처럼 비유한 것이다. 그림 12.15에 완전경쟁시장에서의 사회후생이 회색 부분으로 표시되어 있다.

생산자가 하나만 존재하는 독점 상황에서는 사회후생은 줄어든다. 독점자의 이윤 최대화를 위한 필요조건은

$$\pi'(X) = (D(X) + D'(X)X) - MC(X) = 0$$

이다.

$\pi(X)$ 가 순오목함수라고 가정하면 $\pi'(X) = 0$ 의 해는 전역최대점이다. $\pi'(X)$ 에 완전경쟁시장의 균형거래량 X^* 를 대입하면 $\pi'(X^*) = (D(X^*) + D'(X^*)X^*) -$

---

[15] 소비자와 생산자 간의 총잉여의 분배, 즉 소비자잉여와 생산자잉여에 대한 상대적인 사회적 선호도를 α 와 β 라고 하면 시장의 성과는 $\alpha CS+\beta PS$ 로 정의하는 것이 합리적이다. 이렇게 되면 일반적으로 사회후생은 가격에 따라 달라진다. 위에서 사회후생이 가격에 의존하지 않는 이유는 $\alpha=\beta$ 라는 사회적 합의를 묵시적으로 전제로 하기 때문이다. 이와 같은 시각은 비판과 논란의 대상이 될 수밖에 없다. 시장 성과를 평가함에 있어 소비자와 생산자에 대한 상대적 사회적 선호 뿐 아니라 보다 넓은 시각에서 자유, 정의, 평등, 사회적 약자에 대한 배려 등과 같은 다른 보편적 가치도 고려되어야 할 것이다.

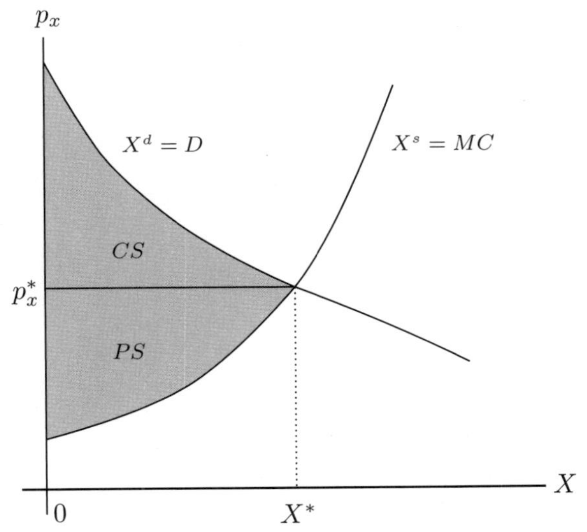

그림 12.15 사회후생 최대화

$MC(X^*) = D'(X^*)X^* < 0$ 이다. 그런데 $\pi''(X) < 0$ 이므로 $\pi'(X)$ 는 우하향한다. 따라서 독점 생산자의 이윤이 최대가 되는 생산량 $X^m < X^*$ 이다.

문제 12.36 위 결과를 그림을 그려 확인하라. ■

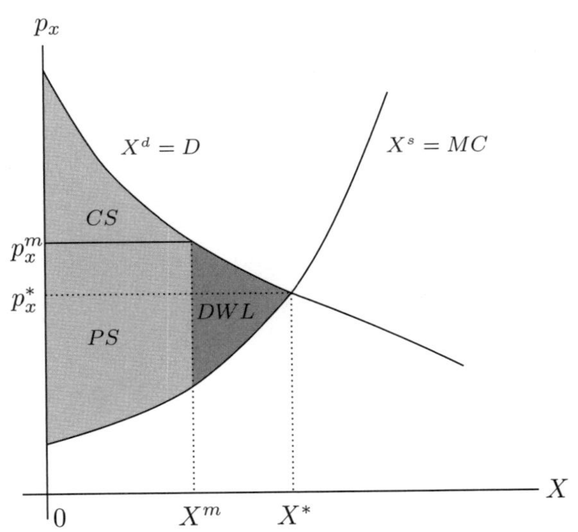

그림 12.16 자중손실

독점생산자의 생산량은 완전경쟁시장의 균형거래량보다 작고 이에 따라 사회후생은 감소한다. 이 사회후생의 감소분을 **자중손실 (dead-weight loss;** DWL**)** 이라고 한다. 그림 12.16에 독점시장에서의 사회후생과 자중손실이 각각 옅은 회색부분과 짙은 회색부분으로 표시되어 있다.

Box 12.6 12.6.2절에서 $CS(p_x, X) = \int_{D(X)}^{\infty} X^d(t)\,dt + (D(X) - p_x)X$ 이고 $PS(p_x, X) = (p_x - MC(X))X + \int_{c_0}^{MC(X)} X^s(t)\,dt$ 임을 보았다. 따라서

$$SW(X) = \int_{D(X)}^{\infty} X^d(t)\,dt + \int_{c_0}^{MC(X)} X^s(t)\,dt + (D(X) - MC(X))X$$

이다.

$$\begin{aligned}\frac{d(SW)}{dX} &= -D'(X)X^d(D(X)) + MC'(X)X^s(MC(X)) \\ &\quad + (D'(X) - MC'(X))X + D(X) - MC(X) \\ &= D(X) - MC(X)\end{aligned}$$

이다.

예제 12.31 4편 예제 10.20에서 $X^s(p_x) = \Psi p_x$ 이므로 $MC(X) = \frac{X}{\Psi}$ 이고 예제 10.18에서 $X^d(p_x) = \frac{\Phi}{p_x}$ 이므로 $D(X) = \frac{\Phi}{X}$ 이다. 그런데 $CS(p_x, X) = \int_0^X \frac{\Phi}{s}\,ds - p_x X = \infty$ 이므로 소비자잉여를 분석하기에는 적합하지 못하다. 소비자잉여가 무한대로 커지는 이유는 X 가 0에 가까워지면 한계지불의향이 지나치게 빠르게 커지기 때문이다. 현실적으로 한계지불의향이 무한한 경우는 거의 없을 것이므로 X^d 를 다음과 같이 수정하자.

$$X^d = \begin{cases} 0, & p_x > \bar{p}_x \\ \frac{\Phi}{p_x}, & p_x \le \bar{p}_x \end{cases}$$

(단, $\bar{p}_x < \infty$.) 이것은 가격이 충분히 높으면 X 재에 대한 수요가 사라짐을 의미한다. $X^d(\bar{p}_x) = \bar{X}$ 라고 하면 역수요함수는

$$D(X) = \begin{cases} \bar{p}_x, & X < \bar{X} \\ \frac{\Phi}{X}, & X \ge \bar{X} \end{cases}$$

이다.

시장에서 $X(>\bar{X})$ 단위가 p_x 에 거래될 때 소비자잉여, 생산자잉여, 사회후생은 각각

$$\begin{aligned} CS(p_x, X) &= \int_0^X D(s)\,ds - p_x X \\ &= \int_0^{\bar{X}} \bar{p}_x\,ds + \int_{\bar{X}}^X \frac{\Phi}{s}\,ds - p_x X \\ PS(p_x, X) &= p_x X - \int_0^X \frac{s}{\Psi}\,ds \\ &= p_x X - \frac{X^2}{2\Psi} \\ SW(X) &= \Phi\left(1 + \ln\frac{X}{\bar{X}}\right) - \frac{X^2}{2\Psi} \end{aligned}$$

이다.

사회적 최적을 위한 일계조건 $\frac{\partial(SW)}{\partial X} = \frac{\Phi}{X} - \frac{X}{\Psi} = 0$ 의 해는 $X = \sqrt{\Phi\Psi}$ 이다. 이것은 4편 예제 10.21 에서 구한 완전경쟁시장에서의 균형거래량과 동일하다.

예제 12.32 $\bar{X} \leq \sqrt{\Phi\Psi} = X^*$ 라고 하자. $MC(X) = \frac{X}{\Psi}$ 이므로 독점기업의 비용함수는 $\int_0^X \frac{s}{\Psi}\,ds = \frac{X^2}{2\Psi}$ 이다. (고정비용은 없다고 가정한다.) 독점기업의 이윤함수는

$$\pi(X) = \begin{cases} \bar{p}_x X - \frac{X^2}{2\Psi}, & X < \bar{X} \\ \Phi - \frac{X^2}{2\Psi}, & X \geq \bar{X} \end{cases}$$

이다. $X < \bar{X}$ 이면 $\pi'(X) = \bar{p}_x - \frac{X}{\Psi} = \frac{\Phi\Psi - \bar{X}X}{\bar{X}\Psi} > \frac{\Phi\Psi - \bar{X}^2}{\bar{X}\Psi} \geq 0$ 이고 $X \geq \bar{X}$ 이면 $\pi'(X) = -\frac{X}{\Psi} < 0$ 이다. 따라서 독점기업의 이윤을 최대로 하는 생산량은 $X^m = \bar{X} < X^*$ 이다. ■

문제 12.37 위 예제에서 독점시장에서의 최적가격규제를 구하라. ■

CHAPTER 13

미분방정식

미분방정식은 공학과 같은 자연과학 뿐 아니라 경제/경영학과 같은 사회과학에서도 동태적 분석을 위해 널리 사용된다. 이 장에서는 미분방정식의 해를 구하는 다양한 방법과 그 응용 예에 대해 논의한다.

13.1 미분방정식의 정의

미분방정식은 미지의 함수와 이 함수의 도함수 혹은 미분을 포함하는 방정식이다. 미분방정식 중 항등식이나 성립할 수 없는 미분방정식도 있다.

예제 13.1 $\left(\frac{dy}{dx} - y\right)^2 = \left(\frac{dy}{dx}\right)^2 - 2y\frac{dy}{dx} + y^2$ 은 도함수를 포함하는 식이지만 어떤 함수 $y = f(x)$ 에 대해서도 성립하므로 항등식이다. $\left(\frac{dy}{dx}\right)^2 + y^2 = -1$ 의 좌변항은 어떤 함수 $y = f(x)$ 에 대해서도 비음이므로 성립할 수 없다. 마지막으로 $\frac{dy}{dx} = x$ 는 $y = \frac{x^2}{2} + C$ 인 경우에만 성립한다. ■

미분방정식은 **상미분방정식 (ordinary differential equation)** 과 **편미분방정식 (partial differential equation)** 으로 나뉜다. 전자는 독립변수가 한 개인 경우이며 후자는 독립변수가 두 개 이상이어서 편도함수를 포함하는 경우이다. 일반적으로 편미분방정식은 상미분방정식에 비해 해를 발견하기가 훨씬 어렵다. 여기에서는 상미분방정식에 대해서만 논의하기로 한다.

예제 13.2 $\frac{dy}{dx} = x$ 는 상미분방정식이고 $y\frac{\partial f(x,y)}{\partial y} = f(x,y)$ 은 편미분방정식이다.[1] ■

미분방정식은

$$F\left(x, y, \frac{dy}{dx}, \frac{d^2y}{dx^2}, \cdots, \frac{d^ny}{dx^n}\right) = 0$$

으로 표현된다. 미분방정식에 포함된 가장 높은 계수의 도함수의 계수를 미분방정식의 **계수 (order)** 라고 한다. 또 가장 높은 계수의 도함수의 승수를 미분방정식의 **차수 (degree)** 라고 한다.

예제 13.3 (i) $\frac{dy}{dx} = x$ 에서 도함수 $\frac{dy}{dx}$ 의 계수는 1이고 승수는 1이므로 이 미분방정식의 계수와 차수는 각각 1이다. (ii) $x^2\frac{d^2y}{dx^2} - 4x\frac{dy}{dx} + 6y = 0$ 에서 가장 계수가 큰 고계도함수는 이계도함수인 $\frac{d^2y}{dx^2}$ 이다. 이 도함수의 승수는 1이므로 이 미분방정식의 계수는 2, 차수는 1이다. (iii) $\left(\frac{dy}{dx}\right)^2 = (y-1)^2 + 1$ 의 계수는 1, 차수는 2이다. ■

이하의 논의에서는 $\frac{dy}{dx}, \frac{d^2y}{dx^2}, \cdots \frac{d^ny}{dx^n}$ 와 $y', y'', \cdots, y^{(n)}$ 을 혼용하기로 한다.

13.2 미분방정식의 해와 응용

13.2.1 해의 개념

예제 13.4 C_1, C_2 가 임의의 상수일 때 $y = C_1x^3 + C_2x^2$ 을 생각하자. $y' = 3C_1x^2 + 2C_2x$ 이고 $y'' = 6C_1x + 2C_2$ 이다. 첫 두 식을 C_1 과 C_2 에 대해 풀면 $C_1 = \frac{-2y+xy'}{x}^3$, $C_2 = \frac{3y-xy'}{x}^2$ 이다. C_1 과 C_2 를 $y'' = 6C_1x + 2C_2$ 에 대입하여 정리하면 미분방정식

$$x^2y'' - 4xy' + 6y = 0$$

을 얻을 수 있다. ■

문제 13.1 (i) 위 예제에서 C_1 과 C_2 를 $y' = 3C_1x^2 + 2C_2x$ 과 $y'' = 6C_1x + 2C_2$ 로부터 구하고 이것을 $y = C_1x^3 + C_2x^2$ 에 대입하면 같은 미분방정식을 얻을 수 있음을 보여라. (ii) $y = C_1e^x + C_2x$ 일 때 위 방법을 이용하여 미분방정식을 도출하라. ■

---

[1] 이 편미분방정식의 일반적인 해는 $f(x,y) = yg(x)$ 이다.

정의 **13.1 (미분방정식의 해 (solution of a differential equation))** n 계 미분방정식 $F\left(x, y, \frac{dy}{dx}, \frac{d^2y}{dx^2}, \cdots, \frac{d^ny}{dx^n}\right) = 0$ 을 생각하자. 이 미분방정식의 해는 다음 조건을 만족하는 함수 $y(x)$ 로 정의된다.

(i) $y(x)$ 는 n 번 미분가능하다. 즉, n 개의 도함수, $\frac{dy}{dx}, \frac{d^2y}{dx^2}, \cdots \frac{d^ny}{dx^n}$ 를 갖는다.[2]

(ii) $y, \frac{dy}{dx}, \frac{d^2y}{dx^2}, \cdots \frac{d^ny}{dx^n}$ 를 $F\left(x, y, \frac{dy}{dx}, \frac{d^2y}{dx^2}, \cdots, \frac{d^ny}{dx^n}\right) = 0$ 에 대입하면 이 식은 모든 x 에 대해 성립하는 항등식이 된다.

예제 13.5 예제 13.4 의 일계미분방정식 $x^2y'' - 4xy' + 6y = 0$ 의 해는 $y = C_1x^3 + C_2x^2$ 이다. 이것을 확인하기 위해 $y' = 3C_1x^2 + 2C_2x$, $y'' = 6C_1x + 2C_2$ 를 이 미분방정식에 대입하면 $x^2(6C_1x + 2C_2) - 4x(3C_1x^2 + 2C_2x) + 6(C_1x^3 + C_2x^2) = 0$ 은 항등적으로 성립한다. ■

예제 13.4 에서 미분을 통해 미분방정식을 유도하는 과정을 생각하면 미분방정식의 해를 구하는 것은 반대로 적분을 통해 미분방정식에 포함된 미분 또는 도함수를 제거하는 과정으로 생각할 수 있다. 적분이 항상 가능하지 않기 때문에 미분방정식의 해가 반드시 존재하는 것은 아니다. 또 한 개만 존재할 수도 있고 여러 개 존재할 수도 있다. 앞에서 본 바와 같이 미분방정식 $(y')^2 + y^2 = -1$ 의 좌변은 항상 비음이므로 이 식을 만족하는 $y(x)$ 는 존재하지 않는다. 반면 미분방정식 $(y')^2 + y^2 = 0$ 의 해는 $y = 0$ 뿐이다. $y \neq 0$ 이면 $(y')^2 \geq 0$ 이고 $y^2 > 0$ 이므로 이 미분방정식의 해가 될 수 없다.

미분방정식의 해가 존재할 때 그 중 한 해를 **특수해** (**particular solution**) 라고 한다. **일반해** (**general solution**) 는 모든 특수해의 집합이다. 특수해는 정의에 의해 임의의 상수를 포함할 수 없다. 반면 일반해는 모든 특수해를 포함하기 때문에 일반적으로 임의의 상수를 포함한다. 보통 특수해는 x 와 $y, y', y'', \cdots$ 사이에 성립하여야 하는 **초기조건** (**initial condition**) 또는 **경계조건** (**boundary condition**) 이 있을 때 이를 이용하여 일반해에 포함된 임의의 상수 값을 특정 값으로 고정함으로써 구한다.[3]

예제 13.6 $\frac{dy}{dx} = x$ 를 생각하자. 양 변에 dx 를 곱하면 $dy = x\,dx$ 이다. $\int dy = \int x\,dx$ 이므로 $y = \frac{x^2}{2} + C$ 이다. 이것이 해임을 확인하기 위해 y 를 x 로 미분하면 $\frac{dy}{dx} = x$ 이다. 이 결과를 위 미분방정식에 대입하면 $x = x$ 가 되므로 항등적으로 성립한다. 따라서 $y = \frac{x^2}{2} + C$ 는 이 미분방정식의 일반해이다. 초기조건이 $y(0) = 0$ 이면 $C = 0$ 이므로

[2] $\frac{d^ny}{dx^n}$ 이 존재한다는 것은 첫 $n-1$ 개의 도함수가 연속함수이어야 함을 의미한다.

[3] 일반적으로 n 계 미분방정식의 일반해는 (대부분의 경우) n 개의 임의의 상수를 갖지만 항상 그런 것은 아니다. 앞에서 본 바와 같이 일계미분방정식 $(y')^2 + y^2 = 0$ 의 해 $y = 0$ 은 특수해이지만 유일하기 때문에 동시에 일반해이다. 이 일반해는 임의의 상수를 포함하지 않는다.

$y = \frac{x^2}{2}$ 는 특수해이다. ■

예제 13.7 예제 13.4에서 생각한 $x^2y'' - 4xy' + 6y = 0$ 의 일반해는 $y = C_1x^3 + C_2x^2$ 이다. x와 y의 경계조건이 $y(1) = 2$, $y(2) = 12$이면 $C_1 = C_2 = 1$이다. 따라서 $y = x^3 + x^2$은 특수해이다. $y(1) = 1$이고 $y'(1) = 3$이면 $C_1 = 1$, $C_2 = 0$이 되므로 $y = x^3$ 역시 특수해이다. ■

13.2.2 경제성장 모형

다음과 같은 경제성장 모형을 생각하자. 시점 t에서의 어느 국가의 전체 노동력의 크기는 $L(t)$, 자본량의 크기는 $K(t)$이다. $L(t)$와 $K(t)$는 1편 2.6.1절에서 논의한 저량이다. 순간증가율 $\frac{dK}{dt}$는 시점 t에서의 자본량 변화의 '**흐름(flow)**'을 나타내는 유량이다. 자본량의 변화를 구하기 위해서는 자본량 변화의 '흐름'에 시간 단위를 곱하여야 한다. 예를 들어 매우 짧은 시간 dt 동안의 자본량의 변화는 대략 $\left(\frac{dK}{dt}\right) dt = dK$이다. 그런데 유량을 마치 저량처럼 생각하면 표현이 간단해진다. 이하에서는 $\frac{dK}{dt}$를 시점 t에서의 자본량의 변화로, 또 $Q(t)$는 시점 t에서의 국민총생산의 '흐름'을 나타내는 유량이지만 '흐름'을 생략하고 시점 t에서의 국민총생산으로 표현하기로 한다.

시점 t에서 생산되는 국민총생산은

$$Q(t) = F(L(t), K(t))$$

이다.[4] (단, $F_L, F_K > 0$, F는 순오목함수라고 가정한다.) 이하에서는 편의상 시간을 나타내는 변수 t는 생략한다. 노동력의 (순간) 성장률을

$$\frac{dL/dt}{L} = n$$

이라고 하자. 국민총생산 한 단위 중 $1 - s$만큼은 소비되고 나머지 s는 저축되어 자본으로 전환된다. (단, $0 \le s \le 1$.) 자본량은 매 시점 δK $(0 \le \delta \le 1)$만큼 감가상각된다고 하면 자본량의 (순간) 증가율은

$$\frac{dK}{dt} = sQ - \delta K$$

[4] 이 생산함수에서 $Q(t)$는 유량이고 $L(t)$, $K(t)$는 각각 노동서비스와 자본서비스를 나타내는 유량이다. (1편 2.6.1절 참조.)

이다.

$k = \frac{K}{L}$ 를 노동 일인당 자본량이라고 하자. 양 변에 로그를 취하면 $\ln k = \ln K - \ln L$ 이다. 양 변을 t 에 대해 미분하면

$$\frac{dk/dt}{k} = \frac{dK/dt}{K} - \frac{dL/dt}{L} = \frac{sQ}{K} - (n+\delta)$$

이다. 양 변에 k 를 곱하고 $k = \frac{K}{L}$ 을 이용하여 정리하면

$$\begin{aligned}\frac{dk}{dt} &= s\frac{Q}{L} - (n+\delta)k \\ &= s\frac{F(L,K)}{L} - (n+\delta)k\end{aligned}$$

이다. F 는 L 과 K 에 대해 연속함수이고 다음 성질을 갖는다고 가정하자.

(i) $F(0,K) = F(L,0) = 0$,

(ii) 임의의 상수 $a > 0$ 에 대해 $F(aL, aK) = aF(L,K)$.

(i) 은 노동과 자본이 생산에 있어 필수적인 요소임을 의미한다. (ii) 를 만족하는 함수를 일차동차함수라고 한다. 일반적인 동차함수에 대해서는 아래 13.3.2 절에서 다시 논의하기로 한다. $a = \frac{1}{L}$ 이면 $\frac{F(L,K)}{L} = F\left(1, \frac{K}{L}\right) = F(1,k)$ 이다. $F(1,k) \equiv f(k)$ 를 노동 일인당 생산량으로 정의하면 위 미분방정식은

$$\frac{dk}{dt} = \phi(k) = sf(k) - (n+\delta)k$$

가 된다. 이 식이 의미하는 바는 다음과 같다. 시점 t 에서 저축 sQ 는 자본으로 전환된다. 그러나 자본은 매 시점 δK 만큼 감가상각 되므로 자본량의 순증가분은 이것을 뺀 $sQ - \delta K$ 이다. 노동력의 성장률이 n 이므로 노동 일인당 자본량을 유지하기 위해 필요한 자본량은 nK 이다. 따라서 이것을 빼고 남은 $sQ - (n+\delta)K$ 가 노동 일인당 자본량을 증가시키는 데 사용될 수 있다. 즉, 노동 일인당 자본량의 증가분은 $\frac{sQ-(n+\delta)K}{L} = sf(k) - (n+\delta)k$ 이다. 이 식은 저축율과 노동력의 성장률이 주어질 때 노동 일인당 자본량이 동태적으로 변화해 가는 과정을 나타낸다.

$\frac{dk}{dt} = \phi(k)$ 는 시간 변수 t 를 매개변수로 하는 매개변수 방정식에서 t 를 소거하고 k 와 $\frac{dk}{dt}$ 간의 관계로 표현한 것이다. 이와 같이 시간 변수 t 가 명시적으로 나타나지 않는 k 와 $\frac{dk}{dt}$ 간의 관계를 그림으로 나타낸 것을 **위상그림 (phase diagram)** 이라고 한다. 그림 13.1 에 $f'(0) > \frac{n+\delta}{s}$ 일 때 $\frac{dk}{dt} = \phi(k)$ 가 그려져 있다.

$\frac{dk}{dt} = \phi(k)$ 상의 화살표는 시간의 변화에 따른 k 의 변화를 나타낸다. $[0, k^*]$ 에서는

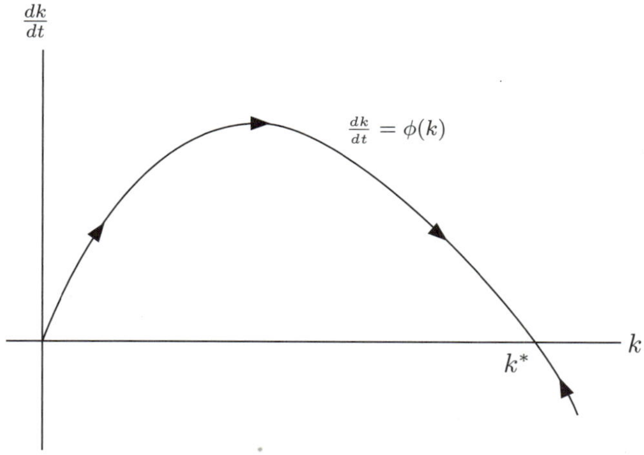

그림 13.1 경제성장모형

$\frac{dk}{dt} > 0$ 이다. 따라서 이 구간의 k 에 대해서는 화살표가 보여 주듯이 시간이 가면서 k 가 증가한다. 반면 $k > k^*$ 이면 $\frac{dk}{dt} < 0$ 이므로 k 는 감소한다. 따라서 시점 0 에서의 자본량 $k(0)$ 에 관계없이 k 는 궁극적으로 k^* 로 수렴한다.

Box 13.1 그림 13.1 에서 $\frac{d\phi}{dt} = \phi(k)$ 가 위와 같은 모양을 갖는 이유를 살펴보자.

(i) $\phi(k)$ 는 순오목함수이다. $\frac{F(L,K)}{L} = f(k)$ 의 양 변을 K 에 대해 편미분하면 $\frac{F_K}{L} = f'(k)\frac{\partial k}{\partial K} = f'(k)\frac{1}{L}$ 이므로 $f'(k) = F_K > 0$ 이다. $f'(k) = F_K$ 의 양 변을 K 에 대해 편미분하면 $f''(k)\frac{\partial k}{\partial K} = F_{KK}$ 이므로 $f''(k) = LF_{KK} < 0$ 이다. 따라서 $f(k)$ 는 증가함수이고 순오목함수이다. $\phi''(k) = sf''(k) < 0$ 이므로 $\phi(k)$ 역시 순오목함수이다.

(ii) $\lim\limits_{k\to\infty} \frac{f(k)}{k} = \lim\limits_{L\to 0} \frac{LF(1,K/L)}{K} = \lim\limits_{L\to 0} \frac{F(L,K)}{K} = \frac{F(0,K)}{K} = 0$ 이다.

(iii) $\lim\limits_{k\to 0} \frac{f(k)}{k} = \lim\limits_{k\to 0} \frac{f(k)-f(0)}{k} = f'(0) > \frac{n+\delta}{s}$ 이다.

(iv) $\phi(k^*) = 0$ 인 $k^* > 0$ 이 단 하나 존재한다. $\frac{f(k)}{k}$ 는 연속함수이므로 k 가 충분히 크면 (ii) 에 의해 $\frac{f(k)}{k} < \frac{n+\delta}{s}$ 이다. k 가 충분히 작으면 (iii) 에 의해 $\frac{f(k)}{k} > \frac{n+\delta}{s}$ 이므로 중간값 정리에 의해 $\frac{f(k^*)}{k^*} = \frac{n+\delta}{s}$ 또는 $\phi(k^*) = 0$ 인 $k^* > 0$ 이 존재한다. $\phi(k)$ 가 순오목함수이므로 k^* 는 단 하나 존재한다.

(v) $\phi(0) = 0$ 이고 (iii) 에 의해 $\phi'(0) = sf'(0) - (n+\delta) > 0$ 이므로 $k = 0$ 에서 $\frac{dk}{dt} = 0$ 이고 $\frac{dk}{dt}$ 는 증가한다.

미분방정식의 해를 구하는 일반적인 방법은 없다. 아래에서는 특별한 형태의 미분방정식의 일반해를 구하는 방법에 대해 살펴보기로 한다.

13.3 일계미분방정식

$M(x,y)$ 와 $N(x,y)$ 가 연속함수일 때 다음과 같은 형태의 미분방정식을 **일계미분방정식** **(first order differential equation)** 이라고 한다.

$$M(x,y)+N(x,y)\frac{dy}{dx}=0.$$

양 변에 dx 를 곱하여

$$M(x,y)\,dx+N(x,y)\,dy=0.$$

의 형태로 표현하기도 한다.

예제 13.8 다음 미분방정식은 일계미분방정식이다. (i) $y\,dx+x\,dy=0$, (ii) $(x^2+y^2)\,dx=2xy\,dy$, (iii) $\left(y+\frac{1}{x}\right)dx+x\,dy=0$, (iv) $\left(\frac{y}{x^2}-x\right)dx+\frac{dy}{x}=0$, (v) $\frac{dy}{dx}+\frac{y}{x}=x^2$. ■

문제 13.2 위 예제에서 각 미분방정식에 대해 $M(x,y)$ 와 $N(x,y)$ 를 판별하라. ■

13.3.1 변수분리

예제 13.9 예제 13.8의 (i) $y\,dx+x\,dy=0$ 을 생각하자. 이 경우의 해는 구하기 어렵지 않다. $y=0$ 는 이 미분방정식의 해이지만 별 의미가 없으므로 다른 해가 있는지를 알아보자. 이 미분방정식의 해가 있다고 가정하고 양 변을 xy 로 나누면 $\frac{dy}{y}+\frac{dx}{x}=0$ 이다. 이것이 가능하기 위해서는 $x\neq 0$ 이어야 하므로 $x>0$ 인 구간만 고려하기로 하자. 마찬가지로 $y\neq 0$ 이어야 하므로 $x>0$ 인 구간에서 $y\neq 0$ 인 해를 구하여야 한다. 양 변을 적분하면 $\ln|y|+\ln x=\ln C_0$ 가 된다. 따라서 $|xy|=C_0$ 또는 $xy=\pm C_0$ 이다. $C=\pm C_0$ 이라고 하면 $y=\frac{C}{x}$ $(x>0, C\neq 0)$ 가 이 미분방정식의 일반해가 된다. 그런데 $y=\frac{C}{x}$ 에서 $C=0$ 이면 $y=0$ 이다. 이것이 해인 것은 이미 보았기 때문에 이 미분방정식의 해는 $y=\frac{C}{x}$ $(x>0)$ 이다.[5]

[5] 이상의 논의에서 구한 해는 $x>0$ 인 구간에서 $y(x)\neq 0$ 이라는 가정 하에 구한 것이기 때문에 $x>0$ 인 일부 구간에서 $y(x)=0$ 인 해가 존재할 가능성을 배제할 수 없다. 그러나

$y = \frac{C}{x}$ 가 해임을 보기 위해 양 변의 미분을 취하면 $dy = -\frac{C}{x^2}\,dx$ 이다. 양 변에 x 를 곱하고 정리하면 $y\,dx + x\,dy = 0$ 이다. 이하에서는 미분방정식의 해가 존재하는 x 구간에 대해서는 명시적으로 논의하지 않기로 한다. ■

위 예에서와 같은 방법으로 미분방정식의 해를 구하는 것을 **변수분리 (separation of variables)** 방법이라고 한다. 이렇게 부르는 이유는 x 관련 항과 y 관련 항을 나눈 후 각각을 적분하여 해를 구할 수 있기 때문이다. 일반적으로 이 방법이 적용될 수 있는 경우는 $M(x,y) = f(x)$, $N(x,y) = g(y)$ 의 형태일 때이다. 이 경우 미분방정식은 $f(x)\,dx + g(y)\,dy = 0$ 이므로 양 변의 적분할 수 있다. 따라서 이 미분방정식의 일반해는

$$\int f(x)dx + \int g(y)\,dy = C$$

가 된다.[6]

Box 13.2 $\int f(x)\,dx + \int g(y)\,dy = C$ 가 $f(x) + g(y)\frac{dy}{dx} = 0$ 의 해인지를 확인해 보자. $\int f(x)\,dx = F(x)$, $\int g(y)\,dy = G(y)$ 라고 하면 위 식은 $F(x)+G(y) = C$ 이다. 이 음함수로부터 $y = y(x)$ 를 풀 수 있다고 가정하자. $y = y(x)$ 를 이 식에 대입하면 $F(x) + G(y(x)) \equiv C$ 이다. 양 변을 x 에 대해 미분하면 $f(x) + g(y(x))\frac{dy}{dx} = 0$ 이다.

예제 13.10 $x(1+y^2)\,dx + y(1+x)\,dy = 0$. 양 변을 $(1+x)(1+y^2)$ 으로 나누면 $\frac{x}{1+x}\,dx + \frac{y}{1+y^2}\,dy = 0$ 이다. 양 변을 적분하면 $\int \frac{x}{1+x}\,dx + \int \frac{y}{1+y^2}\,dy = C_0$ 이다. $\int \frac{x}{1+x}\,dx = \int \left(1 - \frac{1}{1+x}\right)\,dx = x - \ln|1+x| + C_1$ 이고 $\int \frac{y}{1+y^2}\,dy = \frac{1}{2}\ln(1+y^2) + C_2$ 이므로 $x - \ln|1+x| + \frac{1}{2}\ln(1+y^2) = C_3 = C_0 - C_1 - C_2$ 이다. 양 변에 2를 곱하고 정리하면 $2x + \ln\frac{1+y^2}{(1+x)^2} = C$ 이다. (단, $C = 2C_3$.) ■

예제 13.11 13.2.2 절에서 $f(k) = k^\alpha$ 라고 하자. (단, $0 < \alpha < 1$.) 이것을 $\frac{dk}{dt} = sf(k) - (n+\delta)k$ 에 대입하면 $\frac{dk}{dt} = sk^\alpha - (n+\delta)k$ 이고 이 식을 변수분리하면 $\frac{dk}{sk^\alpha - (n+\delta)k} = dt$ 이다. 양 변을 적분하면 $\int \frac{dk}{sk^\alpha - (n+\delta)k} = \int dt = t + C_0$ 이다. 먼저 $A = \int \frac{dk}{sk^\alpha - (n+\delta)k} = \int \frac{k^{-\alpha}}{s - (n+\delta)k^{1-\alpha}}\,dk$ 를 구하자. $u = s - (n+\delta)k^{1-\alpha}$ 라고 하면 $du = (n+\delta)(\alpha - 1)k^{-\alpha}\,dk$

이것은 불가능하다. $d(xy) = x\,dy + y\,dx$ 이므로 양 변의 적분을 취하면 $xy = C$ 이다. $x > 0$ 인 일부 구간에서 $y(x) = 0$ 이면 $C = 0$ 이어야 하므로 모든 $x > 0$ 에 대해 $y(x) = 0$ 이다.

[6] $f(x)$ 과 $g(y)$ 는 연속함수로 가정한다. 따라서 두 함수 모두 적분가능하다.

이므로 이것을 대입하면 $A = \int \frac{du}{(n+\delta)(\alpha-1)u} = \frac{\ln|u|}{(n+\delta)(\alpha-1)} + C_1 = t + C_0$ 이다. 이 식을 k 에 대해 풀면

$$k = \left(\frac{s - Ce^{-(n+\delta)(1-\alpha)t}}{n+\delta}\right)^{1/(1-\alpha)}$$

이다.

문제 13.3 (i) 위 결과를 확인하라. (ii) $k = \left(\frac{s-Ce^{-(n+\delta)(1-\alpha)t}}{n+\delta}\right)^{1/(1-\alpha)}$ 로부터 $\frac{dk}{dt}$ 를 구하여 이것이 해임을 보여라. ■

$k(0) = k_0$ 이면 $C = s - (n+\delta)k_0^{1-\alpha}$ 이다. 또한

$$k(\infty) = \lim_{t\to\infty} k = \left(\frac{s}{n+\delta}\right)^{1/(1-\alpha)}$$

이다.[7] ■

문제 13.4 다음 미분방정식의 해를 구하라. (i) $\frac{dy}{dx} = \frac{1+y}{x-1}$, (ii) $\frac{dy}{dx} = \frac{4xy}{1+y^2}$, (iii) $\sin x\, dx + \cos 2y\, dy = 0$. ■

* 신상품 확산 모형

다음과 같은 신상품 확산모형을 생각하자.[8] N 명의 잠재적 고객이 있는 시장에서 새로운 상품이 시점 0에서 출시되었다고 하자. 시점 t 에서 이 중 $x(t)$ 명은 이 상품에 대해 알지 못하고 $z(t)$ 명은 이 상품을 구입한다. 상품의 존재를 알면서도 사지 않는 소비자는 없다고 가정한다. 즉, $N = x(t) + z(t)$ 이다. 매 시점 $\mu x(t)$ $(\mu > 0)$ 명은 광고에 의해 상품의 존재를 알게 되어 상품을 구입하게 된다. 상품을 구입한 소비자 중 $bz(t)$ $(b > 0)$ 명은 다른 소비자들을 접촉하여 상품에 대해 알려 준다.

상품을 구입하지 않은 소비자가 이들 소비자를 접촉하게 되면 상품의 존재를 알게 되어 상품을 구입하게 된다. 상품을 구입하지 않은 소비자의 비중은 $\frac{x(t)}{N}$ 이기 때문에 이 구전효과에 의해 상품에 대해 새롭게 알게 되어 구입하는 소비자 수는 $\frac{x(t)}{N}bz(t) = \beta x(t)z(t)$ 이다.(단, $\beta = \frac{b}{N}$.) 따라서 $x(t)$ 의 변화율은

[7] $k(\infty)$ 는 다음과 같이 구할 수도 있다. 시간이 무한히 흘러 k 가 어떤 특정한 값으로 수렴한다면 $\lim_{t\to\infty} \frac{dk}{dt} = 0$ 이 된다. $sk(\infty)^\alpha - (n+\delta)k(\infty) = 0$ 을 풀면 $k(\infty) = \left(\frac{s}{n+\delta}\right)^{\frac{1}{1-\alpha}}$ 이다.

[8] 여기서 논의하는 모형은 "Models of New Product Diffusion Through Advertising and Word-of-Mouth, Joe A. Dodson, Jr. and Eitan Muller, Management Science, Vol. 24, No. 15 (Nov., 1978), pp. 1568-1578" 의 모형을 단순화한 것이다.

$$\frac{dx}{dt} = -\beta x(t)z(t) - \mu x(t)$$

가 된다. $x(t) = N(t) - z(t)$, $dx = -dz$ 를 위 미분방정식에 대입하여 정리하면

$$\frac{dz}{dt} = -\beta(z - N)\left(z + \frac{\mu}{\beta}\right)$$

이다. 이 미분방정식은 변수분리형이므로 양 변을 적분하면 그 해를 구할 수 있다. 좌변의 분모를 다시 쓰면 $\left(z - \frac{\beta N - \mu}{2\beta}\right)^2 - \left(\frac{\beta N + \mu}{2\beta}\right)^2$ 이다.

문제 13.5 $\int \frac{dx}{x^2 - a^2} = \frac{1}{2a} \ln\left|\frac{x-a}{x+a}\right| + C$ 임을 확인하라. ■

위 문제의 결과를 이용하여 위 미분방정식을 풀면

$$z(t) = \frac{1}{\beta}\left(\frac{\rho}{1 - Ce^{-\rho t}} - \mu\right)$$

이다. (단, $\rho = \beta N + \mu$.)

시점 0에서는 이 상품의 소비자가 없으므로 $z(0) = 0$ 이다. 이것을 이용하여 특수해를 구하면

$$z(t) = \frac{N(1 - e^{-\rho t})}{1 + \frac{\beta N}{\mu} e^{-\rho t}}$$

이다.

문제 13.6 위 예제의 결과가 해임을 확인하라. ■

$\frac{dz}{dt} = -\frac{dx}{dt} = \beta xz + \mu x > 0$ 이고 $\lim_{t\to\infty} z(t) = N$ 이므로 시간이 지나면서 z 가 증가하고 궁극적으로 N 에 점근적으로 수렴한다.

13.3.2 동차방정식

예제 13.12 예제 13.8의 (ii) $(x^2+y^2)\,dx = 2xy\,dy$ 를 생각하자. 이 경우는 좌변항 $(x^2+y^2)\,dx$ 때문에 x 관련 항과 y 관련 항으로 분리할 수 없어 변수분리 방법을 적용할 수 없다. 새로운 변수 v 를 $y = vx$ 로 정의하자. 이 식의 양 변을 미분하면 $dy = v\,dx + x\,dv$ 이다. 이 두 식을 미분방정식에 대입하면 $(x^2 + v^2x^2)\,dx = 2x(vx)(v\,dx + x\,dv)$ 이다. 양 변을 x^2 으로 나누고 정리하면 $(1+v^2)\,dx = 2v^2\,dx + 2vx\,dv$ 가 된다. 이 미분방정식을 x 관련 항과 v 관련 항으로 변수분리하여 정리하면 $\frac{2v}{1-v^2}\,dv = \frac{dx}{x}$ 이고 양 변을 적분하면 $-\ln(1-v^2) = \ln x + C_0$ 이다. $v = \frac{y}{x}$ 이므로 이 식을 정리하면 $x^2 - y^2 = Cx$ 이다. ■

문제 13.7 위 예제의 결과가 해임을 확인하라. ■

위 예제에서와 같이 해를 구하는 방법을 **동차방정식** (**homogeneous equation**) 방법이라고 한다. 이 방법을 논의하기 위해서는 동차함수의 개념이 필요하다.

정의 13.2 (동차함수 (homogeneous function)) 모든 x, y와 상수 $a>0$에 대해 $f(ax,ay)=a^n f(x,y)$이면 $f(x,y)$는 n차동차함수이다.

일차동차함수는 **선형동차함수** (**linearly homogeneous function**) 라고도 한다.

예제 13.13 $f(x,y)=2x^2y-3xy^2$을 생각하자. $f(ax,ay)=2(ax)^2(ay)-3(ax)(ay)^2=a^3(2x^2y-3xy^2)=a^3f(x,y)$이므로 이 함수는 3차동차함수이다. 반면 $f(x,y)=x+y^2$이면 모든 x, y와 $a\neq 0$에 대해 $f(ax,ay)=ax+a^2y^2=a^nx+a^ny^2$가 되는 n이 존재하지 않으므로 동차함수가 아니다. ■

문제 13.8 다음 함수들이 동차함수인지 여부를 확인하라. (i) $f(x,y)=\frac{1}{\sqrt{x^2+y^2}}$, (ii) $f(x,y)=x^\alpha y^\beta$, (iii) $f(x,y)=\alpha\ln x+\beta\ln y$. ■

$M(x,y)$와 $N(x,y)$가 각각 n차동차함수이면 동차방정식 방법을 사용할 수 있다.[9]

$$M(ax,ay)=a^nM(x,y),\ N(ax,ay)=a^nN(x,y)$$

라고 하자. $a=\frac{1}{x}$로 하면 $M(x,y)=x^nM\left(1,\frac{y}{x}\right)$, $N(x,y)=x^nN(1,\frac{y}{x})$이다. 이것을 $M(x,y)\,dx+N(x,y)\,dy=0$에 대입하고 정리하면 $M\left(1,\frac{y}{x}\right)dx+N\left(1,\frac{y}{x}\right)dy=0$이다. 새로운 변수 v를 $y=vx$로 정의하고, $\phi(v)=\frac{M(1,v)}{N(1,v)}$라고 하자. 이 미분방정식을 다시 쓰면 $\phi(v)\,dx+dy=0$이 된다. 마지막으로 $dy=v\,dx+x\,dv$이므로 이것을 대입하면 $(\phi(v)+v)\,dx+x\,dv=0$이 된다. 이 식에 변수분리 방법을 적용하면 다음 일반해를 얻는다.

$$\int\frac{dv}{\phi(v)+v}+\int\frac{dx}{x}=C.$$

문제 13.9 예제 13.12에서 $\phi(v)$를 구하고 위 식에 대입하여 해를 구하라. ■

예제 13.14 $\left(1+e^{y/x}\left(1-\frac{y}{x}\right)\right)dx+\left(1+e^{y/x}\right)dy=0$. $1+e^{y/x}\left(1-\frac{y}{x}\right)$와 $1+e^{y/x}$은 각각 0차 동차함수다. $y=vx$와 $dy=v\,dx+x\,dv$를 대입하고 정리하면 $(1+v+$

[9] 위 예제 13.12에서는 x^2+y^2과 $2xy$가 모두 이차동차함수이다.

$e^v)\,dx + x(1+e^v)\,dv = 0$ 이다. 변수분리 후 적분하면 $x + y + xe^{y/x} = C$ 이다. ■

문제 13.10 다음 미분방정식의 해를 구하라. (i) $(x^2 - y^2)\,dx + 2xy\,dy = 0$, (ii) $(y^2 + xy)\,dx + 3x^2\,dy = 0$, (iii) $(x+y)\,dx + (x-y)\,dy = 0$, (iv) $(x^3 + y^3)\,dx = xy^2\,dy$. (v) $(x-y)e^{\frac{y}{x}}\,dx + x(1+e^{\frac{y}{x}})\,dy = 0$. ■

Box 13.3

동차미분방정식의 경우 새로운 변수 v를 이용하여 y를 vx로 치환하였다. 변수를 치환하여 해를 구하는 다른 예로서

$$\frac{dy}{dx} = f(ax + by)$$

을 생각하자. (단, a, b는 상수, $b \neq 0$.) $u = ax + by$라고 하면 $du = a\,dx + b\,dy$ 이다. $dy = \frac{du}{b} - \frac{a}{b}\,dx$를 위 미분방정식에 대입하여 정리하면 $du = (a + bf(u))\,dx$ 이다. 어떤 u^0에 대해 $a + bf(u^0) = 0$이라고 하자. $u = u^0$이면 $du = 0$이므로

$$ax + by = u^0$$

는 해이다. $a + bf(u) \neq 0$이면 해는

$$\int \frac{du}{a + bf(u)} = x + C$$

이다.

예제 13.15 $\frac{dy}{dx} = -(x+y)^2$. $a = b = 1$이므로 $a + bf(u) = 1 - u^2$이다. $u = \pm 1$이면 $a + bf(u) = 0$이므로 $x + y = \pm 1$은 해이다. $x + y \neq \pm 1$이면 해는 $\int \frac{du}{1-u^2} = x + C_0$ 이다. $\int \frac{du}{1-u^2} = \frac{1}{2}\ln\frac{1+x+y}{1-x-y} + C_1$ 이므로 해는 $\frac{1}{2}\ln\frac{1+x+y}{1-x-y} = x + C$ 이다. (단, $C = C_0 - C_1$) ■

문제 13.11 위 예제의 결과가 해임을 확인하라. ■

* 동차함수와 관련된 몇 가지 유용한 결과

정리 13.1 $f(x, y)$가 n차동차함수라고 하자.

(i) $f_1(x,y)$ 와 $f_2(x,y)$ 는 $n-1$ 차동차함수이다.

(ii) (**오일러 정리 (Euler's theorem)**) $xf_1(x,y)+yf_2(x,y)=nf(x,y)$ 이다.

(iii) $\frac{f_1(ax,ay)}{f_2(ax,ay)}=\frac{f_1(x,y)}{f_2(x,y)}$ 이다.

증명 (i) $f(ax,ay)=a^n f(x,y)$ 의 양 변을 x 에 대해 미분하면 $af_1(ax,ay)=a^n f_1(x,y)$ 이므로 $f_1(ax,ay)=a^{n-1}f_1(x,y)$ 이다. (ii) $f(ax,ay)=a^n f(x,y)$ 의 양 변을 a 에 대해 미분하면 $f_1(ax,ay)x+f_2(ax,ay)y=na^{n-1}f(x,y)$ 이다. $a=1$ 이면 위 결과를 얻는다. □

문제 13.12 위 정리의 (iii)을 증명하라. ■

예제 13.16 $f(x,y)=2x^2y-3xy^2$ 이라고 하자. $f(x,y)$ 는 3차동차함수이다. (i) $f_1=4xy-3y^2$ 이고 $f_2=2x^2-6xy$ 이다. $f_1(ax,ay)=4(ax)(ay)-3(ay)^2=a^2(4xy-3y^2)=a^2f_1(x,y)$ 이므로 f_1 은 2차동차함수다. (ii) $xf_1(x,y)+yf_2(x,y)=x(4xy-3y^2)+y(2x^2-6xy)=3(2x^2y-3xy^2)=3f(x,y)$ 이다. ■

문제 13.13 효용함수 $u(x,y)$ 가 동차함수이면 한계대체율은 원점을 지나는 직선 상에 존재하는 모든 (x,y) 에 대해 같음을 보여라. ■

예제 13.17 13.2.2절에서 $F(L,K)$ 가 일차동차함수라고 가정하였다. 오일러 정리에 의해 $LF_L(L,K)+KF_K(L,K)=F(L,K)$ 이다. F_L 과 F_K 는 각각 노동과 자본의 한계생산물이다. 임금이 F_L 이고 임대료가 F_K 이면 즉, 각 생산요소에 대한 보수가 자신의 한계생산물과 같으면 이 식은 총생산물이 각 생산요소에게 분배되어 소진됨을 보여준다.

2편 4.1절에서 생산국민소득과 분배국민소득은 사후적으로 항상 같음을 보았다. 이에 반해 이 식은 사전적 의미를 갖는다. 예를 들어 $F(L,K)$ 가 0.9차 동차함수면 $LF_L(L,K)+KF_K(L,K)=0.9\times F(L,K)$ 이다. 각 생산요소에게 자신의 한계생산물만큼 보수로 지급되면 총생산물 중 10%가 남게 되지만 이 잉여분은 사후적으로 어떤 형태로든지 노동과 자본에게 귀속된다. ■

13.3.3 완전미분방정식

예제 13.18 예제 13.8의 (iii) $\left(y+\frac{1}{x}\right)dx+x\,dy=0$ 의 경우에는 $M(x,y)=y+\frac{1}{x}$, $N(x,y)=x$ 이므로 변수분리나 동차방정식 방법은 사용할 수 없다. ■

위 예제에서 $\frac{\partial M}{\partial y} = \frac{\partial N}{\partial x} = 1$ 이다. 이와 같이 $\frac{\partial M}{\partial y} = \frac{\partial N}{\partial x}$ 인 미분방정식을 **완전미분방정식 (exact differential equation)** 이라고 한다. $\frac{\partial M}{\partial y} = \frac{\partial N}{\partial x}$ 일 때 완전미분방정식으로 부르는 이유는 $du = M(x,y)\,dx + N(x,y)\,dy$ 가 되는 함수 $u(x,y)$ 가 존재하기 때문이며 $u(x,y) = \int M(x,y)\,dx + \psi(y)$ 의 형태를 갖는다. 이 식에서 $\int M(x,y)\,dx$ 는 y 를 고정하고 M 을 x 에 대해 적분한 함수이다. (Box 13.4 참조.) 따라서 완전미분방정식 $M(x,y)\,dx + N(x,y)\,dy = 0$ 의 일반해는

$$u(x,y) = \int M(x,y)\,dx + \psi(y) = C$$

가 된다.

$u(x,y)$ 를 구하기 위해서는 $\psi(y)$ 를 알아야 한다. $du = M(x,y)\,dx + N(x,y)\,dy$ 이므로 정의에 의해 $\frac{\partial u}{\partial y} = N(x,y)$ 이다. 한편 $u(x,y) = \int M(x,y)\,dx + \psi(y)$ 이므로 $\frac{\partial u}{\partial y} = \frac{\partial}{\partial y}\int M(x,y)\,dx + \psi'(y)$ 이다. 따라서

$$\frac{\partial}{\partial y}\int M(x,y)\,dx + \psi'(y) = N(x,y)$$

이고 이 식을 이용하여 $\psi(y)$ 를 구할 수 있다.[10]

Box 13.4

$\frac{\partial M}{\partial y} = \frac{\partial N}{\partial x}$ 이면 $du = M\,dx + N\,dy$ 가 되는 함수 $u(x,y)$ 가 존재하는 것을 확인하자. $\int M\,dx$ 는 x 와 y 의 함수이다. $\frac{\partial}{\partial x}\left(N - \frac{\partial}{\partial y}\int M\,dx\right) = \frac{\partial N}{\partial x} - \frac{\partial}{\partial x}\frac{\partial}{\partial y}\int M\,dx = \frac{\partial N}{\partial x} - \frac{\partial}{\partial y}\frac{\partial}{\partial x}\int M\,dx = \frac{\partial N}{\partial x} - \frac{\partial M}{\partial y} = 0$ 이다. 따라서 $N - \frac{\partial}{\partial y}\int M\,dx$ 는 x 에 의존하지 않는 y 만의 함수이다. $\psi'(y) = N - \frac{\partial}{\partial y}\int M\,dx$, $u(x,y) = \int M\,dx + \psi(y)$ 라고 하자. $du = M\,dx + \left[\frac{\partial}{\partial y}\int M\,dx + \left(N - \frac{\partial}{\partial y}\int M\,dx\right)\right] dy = M\,dx + N\,dy$ 이다.

예제 13.19 $\left(y + \frac{1}{x}\right) dx + x\,dy = 0$. $u(x,y) = \int \left(y + \frac{1}{x}\right) dx + \psi(y) = xy + \ln x + \psi(y)$ 이다. $\frac{\partial u}{\partial y} = x + \psi'(y) = N = x$ 이므로 $\psi'(y) = 0$ 이다. $\psi(y) = C_0$ 이므로 이 미분방정식의 해는 $xy + \ln x = C$ 이다. ■

문제 13.14 위 예제의 결과가 해임을 확인하라. ■

[10] $u(x,y) = \int N\,dy + \psi(x)$ 로 쓸 수도 있다. 이 경우 $\psi(x)$ 는 $\frac{\partial}{\partial x}\int N\,dy + \psi'(x) = M$ 으로부터 구할 수 있다.

예제 13.20 $\left(\ln x - \frac{y}{x^2}\right) dx + \frac{dy}{x} = 0$. $\frac{\partial\left(\ln x - y/x^2\right)}{\partial y} = \frac{\partial(1/x)}{\partial x} = -\frac{1}{x^2}$ 이므로 이 미분방정식은 완전미분방정식이다. $u(x,y) = \int \frac{1}{x}\,dy + \psi(x) = \frac{y}{x} + \psi(x)$ $\psi(x) = \int \ln x\,dx = x(\ln x - 1) + C_0$ 이므로 이 미분방정식의 해는 $\frac{y}{x} + x(\ln x - 1) = C$ 이다. ■

문제 13.15 위 예제의 결과가 해임을 확인하라. ■

문제 13.16 다음 미분방정식의 해를 구하라.(i) $y\,dx + (x+y)\,dy = 0$, (ii) $(e^y + ye^x)\,dx + (xe^y + e^x)\,dy = 0$, (iii) $y\sin(xy)\,dx + x\sin(xy)\,dy = 0$. ■

13.3.4 적분인자

예제 13.21 예제 13.8의 (iv) $\left(\frac{y}{x^2} - x\right) dx + \frac{dy}{x} = 0$ 을 생각하자. 이 미분방정식에 대해 변수분리와 동차방정식 방법은 사용할 수 없음은 쉽게 알 수 있다. 또한 $\frac{\partial}{\partial y}\left(\frac{y}{x^2} - x\right) = \frac{1}{x^2}$ 이고 $\frac{\partial}{\partial x}\frac{1}{x} = -\frac{1}{x^2}$ 이기 때문에 완전미분방정식도 아니다.

이 식의 양 변에 x^2 을 곱하면 $(y - x^3)\,dx + x\,dy = 0$ 이다. $\frac{\partial}{\partial y}(y - x^3) = 1 = \frac{\partial x}{\partial x}$ 이므로 이 미분방정식은 완전미분방정식이다. 따라서 $u(x,y) = \int x\,dy + \psi(x) = xy + \psi(x)$ 이고 $\frac{\partial u}{\partial x} = y + \psi'(x) = y - x^3$ 이다. $\psi(x) = -\frac{x^4}{4} + C_0$ 이므로 이 미분방정식의 일반해는 $xy - \frac{x^4}{4} = C$ 이다.[11] ■

문제 13.17 위 예제의 결과가 해임을 확인하라. ■

위 예제에서 x^2 과 같이 어떤 미분방정식의 양 변에 곱하여 그 미분방정식을 완전미분방정식으로 바꾸어 주는 x 와 y 의 함수를 **적분인자 (integrating factor)** 라고 한다.

예제 13.22 $dx + (ax - b)\,dy = 0$. 이 미분방정식은 완전미분방정식이 아니다. 적분인자를 $I(y)$ 라고 하면 $I(y)\,dx + I(y)(ax - b)\,dy = 0$ 이다. 이 미분방정식이 완전미분방정식이기 위해서는 $\frac{dI}{dy} = aI$ 이어야 한다. 미분방정식 $\frac{dI}{dy} = aI$ 을 변수분리 방법을 이용하여 구하면 $\ln I = ay + c_0$ 이므로 $I = e^{ay+c_0} = e^{c_0}e^{ay} = ce^{ay}$ $(c = e^{c_0} \neq 0)$ 이다.

$c = 1$ 이라고 하자. e^{ay} 를 $dx + (ax - b)dy = 0$ 의 양 변에 곱하면 $e^{ay}\,dx + (ax - b)e^{ay}\,dy = 0$ 이다. 완전미분방정식 방법을 이용하면 $u = \int e^{ay}\,dx + \psi(y) = xe^{ay} + \psi(y)$ 이고 $\frac{\partial u}{\partial y} = axe^{ay} + \psi'(y) = (ax - b)e^{ay}$ 이므로 $\psi(y) = -\frac{b}{a}e^{ay} + C_0$ 이다. 따라서 이 미분방정식의 일반해는 $\left(x - \frac{b}{a}\right) e^{ay} = C$ 이다. ■

---

[11] 이 미분방정식은 다른 방법으로 해를 구할 수 있다. $(y - x^3)\,dx + x\,dy = 0$ 를 다시 쓰면 $y\,dx + x\,dy - x^3\,dx = d(xy) - x^3\,dx = 0$ 의 양 변을 적분하면 $\int d(xy) - \int x^3\,dx = xy - \frac{x^4}{4} = C$ 이다.

문제 13.18 위 예제의 결과가 해임을 확인하라. ■

예제 13.23 $x\,dy - y\,dx$ 에 $\frac{1}{x^2}$ 을 곱하면 $\frac{x\,dy-y\,dx}{x^2} = d\left(\frac{y}{x}\right)$ 이므로 $\frac{x\,dy-y\,dx}{x^2} = 0$ 은 완전미분방정식이다. 따라서 $\frac{1}{x^2}$ 는 $x\,dy - y\,dx = 0$ 의 적분인자다. 적분인자를 발견하는 일반적인 방법은 없다. 그러나 특정 함수의 미분 결과를 이용하여 적분인자를 찾을 수 있다. 예를 들어 $d\left(-\frac{x}{y}\right) = \frac{x\,dy-y\,dx}{y^2}$ 이므로 $\frac{1}{y^2}$ 은 적분인자이다. 마찬가지로 $d\left(\ln\frac{y}{x}\right) = \frac{x\,dy-y\,dx}{xy}$ 이므로 $\frac{1}{xy}$ 역시 적분인자이다. ■

Box 13.5

문제 13.19 $\frac{1}{x^2+y^2}$, $\frac{1}{x^2-y^2}$ 도 $x\,dy - y\,dx = 0$ 의 적분인자임을 보여라. ■

적분인자 $\frac{1}{x^2+y^2}$ 를 이용하여 $x\,dy - y\,dx = 0$ 의 해를 구해 보자. $\frac{x}{x^2+y^2}\,dy - \frac{y}{x^2+y^2}\,dx = 0$ 이므로 $u(x,y) = \int \frac{x}{x^2+y^2}\,dy + \psi(x)$ 이다. 적분 공식 $\int \frac{dx}{a^2+x^2} = \frac{1}{a}\arctan\frac{x}{a} + C$ 를 이용하면 $u(x,y) = \arctan\frac{y}{x} + \psi(x)$ 이다.[a] $\frac{\partial u}{\partial x} = -\frac{y}{x^2+y^2} + \psi'(x)$ 이므로 $\psi'(x) = 0$ 이다. 따라서 $\arctan\frac{y}{x} = C_0$ 이므로 해는 $\frac{y}{x} = C$ 이다.

문제 13.20 $\frac{\partial u}{\partial x} = -\frac{y}{x^2+y^2} + \psi'(x)$ 임을 보여라. ■

[a] arctan 함수는 tan 함수의 역함수이다.

예제 13.24 $x\,dy - (y-x)\,dx = 0$. 이 미분방정식을 다시 쓰면 $x\,dy - y\,dx + x\,dx = 0$ 이다. 양 변을 x^2 으로 나누면 $d\left(\frac{y}{x}\right) + \frac{dx}{x} = 0$ 이다. 양 변을 적분하면 $\frac{y}{x} + \ln x = C$ 이다. ■

문제 13.21 다음 미분방정식에 대해 적분인자를 발견하고 이를 이용하여 해를 구하라. (i) $x^2\,dy + xy\,dx = 0$, (ii) $\left(x^2y + x\right)\,dx + x^3\,dy = 0$, (iii) $ye^{2y}\,dx + (xe^{2y} - e^{2y} - 1)\,dy = 0$. ■

13.3.5 일계선형미분방정식

예제 13.25 예제 13.8의 (v) $\frac{dy}{dx} + \frac{y}{x} = x^2$ 를 생각하자. 이 미분방정식을 다시 쓰면 $\left(\frac{y}{x} - x^2\right)dx + dy = 0$ 이다. 양 변에 x 를 곱하여 정리하면 $(y - x^3)dx + xdy = 0$ 이다. 이 미분방정식은 완전미분방정식이므로 x 는 $\frac{dy}{dx} + \frac{y}{x} = x^2$ 의 적분인자이며 일반해는

$xy - \frac{x^4}{4} = C$ 이다. ■

문제 13.22 위 예제의 결과가 해임을 확인하라. ■

위 예제에서 $\frac{dy}{dx} + \frac{y}{x} = x^2$ 는 $\frac{dy}{dx}$ 와 y 에 대해 선형이므로 **일계선형미분방정식 (first order (linear) differential equation)** 이라고 하며 일반적인 형태는 다음과 같다.

$$\frac{dy}{dx} + P(x)y = Q(x).$$

이 식을 다시 쓰면 $(P(x)y - Q(x))\,dx + dy = 0$ 이다.

$$I(x) = e^{\int P(x)\,dx}$$

라고 하면 $I'(x) = I(x)P(x)$ 이다. 양 변에 $I(x)$ 를 곱하면 $I(x)(P(x)y - Q(x))\,dx + I(x)\,dy = M(x,y)\,dx + N(x,y)\,dy$ 이다. $\frac{\partial M}{\partial y} = I(x)P(x) = I'(x) = \frac{\partial N}{\partial x}$ 이므로 $I(x)$ 는 일계선형미분방정식의 적분인자이다. (Box 13.6 참조.)

Box 13.6 $\frac{dy}{dx} + P(x)y = Q(x)$ 를 다시 쓰면 $(P(x)y - Q(x))\,dx + dy = 0$ 이다. 적분인자를 $I(x)$ 라고 하면 $I(x)(P(x)y - Q(x))\,dx + I(x)\,dy = M\,dx + N\,dy$ 이다. $\frac{\partial M}{\partial y} = \frac{\partial N}{\partial x}$ 으로부터 미분방정식 $I(x)P(x) = \frac{dI}{dx}$ 을 얻는다. 이 미분방정식에 변수분리 방법을 적용하면 $\int P(x)\,dx = \ln I + C_0$ 이다. I 에 대해 풀면 $I = Ce^{\int P(x)\,dx}$ 이다.

예제 13.26 $\frac{dy}{dx} + \frac{y}{x} = x^2$ 에 대해 $e^{\int 1/x\,dx} = x + C$ 이므로 x 는 적분인자이다. ■

적분인자를 이용하여 $\frac{dy}{dx} + P(x)y = Q(x)$ 의 일반해를 구해보자. $I(x)(P(x)y - Q(x))\,dx + I(x)\,dy = 0$ 으로부터 $u(x,y) = \int I(x)\,dy + \psi(x) = I(x)y + \psi(x)$ 이다. $\frac{\partial u}{\partial x} = I'(x)y + \psi'(x) = I(x)P(x)y + \psi'(x) = I(x)P(x)y - I(x)Q(x)$ 이므로 $\psi'(x) = -I(x)Q(x)$ 이다. $\psi(x) = -\int I(x)Q(x)\,dx$ 이므로 $\frac{dy}{dx} + P(x)y = Q(x)$ 의 일반해는 다음과 같다.

$$I(x)y - \int I(x)Q(x)\,dx = C.$$

예제 13.27 예제 13.25 에서 $I(x) = x$, $Q(x) = x^2$ 이므로 $I(x)y - \int I(x)Q(x)\,dx =$

$xy - \int x^3\,dx = xy - \frac{x^4}{4} = C$ 이다.[12] ■

예제 13.28 $\frac{dy}{dx} + y = e^x$. $I(x) = e^{\int 1\,dx} = e^x$ 이다. $(y - e^x)dx + dy = 0$ 의 양 변에 e^x 를 곱하면 $e^x(y - e^x)dx + e^x dy = 0$ 이다. $u(x,y) = \int e^x\,dy + \psi(x) = e^x y + \psi(x)$ 으로부터 $\psi'(x) = -e^{2x}$ 이다. 따라서 일반해는 $e^x y - \frac{e^{2x}}{2} = C$ 이다. ■

문제 13.23 위 예제의 결과가 해임을 확인하라. ■

문제 13.24 다음 미분방정식의 해를 구하라. (i) $\frac{dy}{dx} + \frac{2xy}{x^2+1} = \frac{x^2}{x^2+1}$, (ii) $\frac{dy}{dx} + \frac{x}{1+x}y = 1 + x$, (iii) $\frac{dy}{dx} + \frac{x}{1+x}y = (1+x)^2$. ■

13.4 n 계선형미분방정식

13.4.1 정의와 해

정의

$I \subset R$ 에서 정의되며 n 번 미분가능한 함수 $y(x)$ 에 대해 $y^{(n)}, y^{(n-1)}, \cdots, y$ 가 다음과 같이 선형으로 결합된 형태의 미분방정식을 n 계선형미분방정식이라고 한다.[13]

$$a_0(x)y^{(n)} + a_1(x)y^{(n-1)} + \cdots + a_{n-2}(x)y'' + a_{n-1}(x)y' + a_n(x)y = f(x).$$

(단, 모든 $x \in I$ 에 대해 $a_0(x) \neq 0$, $a_i(x)$ $(i = 0, 1 \cdots, n)$ 와 $f(x)$ 는 연속함수.) $f(x) = 0$ 이면 **동차(homogeneous)** 선형미분방정식, $f(x) \neq 0$ 이면 **비동차(nonhomogeneous)** 선형미분방정식이라고 한다. 앞에서 논의한 일계선형미분방정식은 $n = 1$ 인 비동차선형미분방정식이다.

선형미분방정식을 간단하게 표현하기 위해

$$L(y) \equiv a_0(x)y^{(n)} + a_1(x)y^{(n-1)} + \cdots + a_{n-2}(x)y'' + a_{n-1}(x)y' + a_n(x)y$$

로 정의하자. n 계선형미분방정식은

$$L(y) = f(x)$$

[12] 일반해 공식을 사용할 수도 있지만 적분인자 $I(x) = e^{\int P(x)\,dx}$ 를 곱하여 완전미분방정식으로 바꾸어 직접 해를 구하는 것이 편리할 수도 있다.

[13] 여기서는 편의상 $\frac{dy}{dx}, \frac{d^2y}{dx^2}, \cdots$ 대신 $y', y'', \cdots$ 를 주로 사용하기로 한다.

로 쓸 수 있다. $L(y)$ 는 y 의 선형함수임은 쉽게 알 수 있다. 즉,

$$L(C_1y_1 + C_2y_2) = C_1L(y_1) + C_2L(y_2)$$

이다. (단, C_1, C_2 는 상수.)

예제 13.29 $L(y) = y'' - 3y' + 2y$ 라고 하자. $L(C_1y_1 + C_2y_2) = (C_1y_1 + C_2y_2)'' - 3(C_1y_1+C_2y_2)'+2(C_1y_1+C_2y_2) = (C_1y_1''-3C_1y_1'+2C_1y_1)+(C_2y_2''-3C_2y_2'+2C_2y_2) = C_1L(y_1) + C_2L(y_2)$ 이다. ■

함수의 선형독립성

정의 13.3 $I \subset R$ 에서 정의되는 n 개 함수 $y_1(x), y_2(x), \cdots, y_n(x)$ 를 생각하자. 모든 x 에 대해 $C_1y_1(x)+C_2y_2(x)+\cdots+C_ny_n(x) = 0$ 이 되는 $(C_1, C_2, \cdots, C_n) \neq (0, 0, \cdots, 0)$ 이 존재하면 이 함수들은 선형종속이고 그렇지 않으면 선형독립이다.

예제 13.30 $y_1 = x^2$ 이고 $y_2 = 2x^2$ 이면 모든 x 에 대해 $2y_1 - y_2 = 0$ 이므로 y_1 와 y_2 는 선형종속이다. 반면 $y_3 = x$ 와 $y_4 = x^2$ 은 선형독립이다. ■

문제 13.25 $y_3 = x$, $y_4 = x^2$ 은 선형독립임을 보여라. ■

$y_1(x), y_2(x), \cdots, y_n(x)$ 가 선형독립인지를 판별할 수 있는 유용한 방법이 있다.

$$W(y_1(x), y_2(x), \cdots, y_n(x)) \equiv \begin{vmatrix} y_1(x) & y_2(x) & \cdots & y_n(x) \\ y_1'(x) & y_2'(x) & \cdots & y_n'(x) \\ \vdots & \vdots & \ddots & \vdots \\ y_1^{(n-1)}(x) & y_2^{(n-1)}(x) & \cdots & y_n^{(n-1)}(x) \end{vmatrix}$$

를 **론스키 행렬식 (Wronskian)** 이라고 한다.

정리 13.2 적어도 한 $x \in I$ 에 대해 $W(y_1(x), y_2(x), \cdots, y_n(x)) \neq 0$ 이면 $y_1(x)$, $y_2(x)$, $\cdots$, $y_n(x)$ 는 선형독립이다.

예제 13.31 예제 13.30 에서 $y_1 = x^2$ 와 $y_2 = 2x^2$ 이면 모든 x 에 대해 $W(y_1, y_2) = \begin{vmatrix} x^2 & 2x^2 \\ 2x & 4x \end{vmatrix} = 0$ 이므로 이 두 함수는 선형종속이다. $y_3 = x$ 와 $y_4 = x^2$ 이면 $W(y_3, y_4) =$

$\begin{vmatrix} x & x^2 \\ 1 & 2x \end{vmatrix} = x^2$ 이므로 모든 $x \neq 0$ 에 대해 $W \neq 0$ 이다. 따라서 이 두 함수는 선형독립이다. ■

위 정리의 역은 다음 문제에서 보는 바와 같이 성립하지 않지만 선형독립인 함수들이 $L(y) = 0$ 의 해이면 성립한다.

문제 13.26 $y_1 = x^3$, $y_2 = |x|^3$ 이라고 하자. (i) y_1 과 y_2 는 선형독립임을 보여라. (ii) 모든 x 에 대해 $W(y_1, y_2) = 0$ 임을 보여라. ■

정리 13.3 $y_1(x), y_2(x), \cdots, y_n(x)$ 가 $L(y) = 0$ 의 선형독립인 해이면 모든 $x \in I$ 에 대해 $W(y_1(x), y_2(x), \cdots, y_n(x)) \neq 0$ 이다.

동차선형미분방정식의 일반해

정리 13.4 (n 계동차선형미분방정식의 일반해)

(i) $L(y) = 0$ 에 대해 n 개의 선형독립인 해가 존재한다.

(ii) $y_1(x), y_2(x), \cdots, y_n(x)$ 가 $L(y) = 0$ 의 선형독립인 해이면 $y(x) = C_1y_1(x) + C_2y_2(x) + \cdots + C_ny_n(x)$ 는 $L(y) = 0$ 의 일반해이다. (단, $C_1, C_2, \cdots, C_n$ 은 임의의 상수.)

Box 13.7 (정리 13.4의 증명) 증명을 위해 다음 정리를 이용한다.

정리 13.5 (n 계선형미분방정식 해의 존재와 유일성) $I \subset R$ 에서 정의되는 n 계미분가능한 함수 $y(x)$ 를 생각하자. 모든 $x \in I$ 에 대해 $a_0(x) \neq 0$ 이고 $a_i(x)$ $(i = 0, 1, \cdots, n)$ 와 $f(x)$ 가 연속함수라고 하자. $x^0 \in I$ 에 대해 경계조건 $y(x^0) = b$, $y'(x^0) = b'$, $\cdots$, $y^{(n-1)}(x^0) = b^{(n-1)}$ 을 만족하는 n 계선형미분방정식 $L(y) = f(x)$ 의 해는 단 하나 존재한다.

편의상 $n = 2$ 인 경우를 생각하자. (i) 경계조건이 $y(x^0) = 1$, $y'(x^0) = 0$ 일 때 $L(y) = 0$ 의 유일한 해를 y_1 이라고 하자. 마찬가지로 경계조건이 $y(x^0) = 0$, $y'(x^0) = 1$ 일 때 $L(y) = 0$ 의 유일한 해를 y_2 라고 하자. y_1 과 y_2 의 론스키 행렬식을 x^0 에서 계산하면 1 이므로 이 두 해는 선형독립이다.

Box 13.7 (계속)

(ii) y_1과 y_2가 $L(y) = 0$의 임의의 선형독립인 해이라고 하자. 선형연립방정식 $\begin{bmatrix} y_1(x^0) & y_2(x^0) \\ y_1'(x^0) & y_2'(x^0) \end{bmatrix} \begin{bmatrix} C_1 \\ C_2 \end{bmatrix} = \begin{bmatrix} b \\ b' \end{bmatrix}$를 생각하자. 정리 13.3에 의해 $\begin{vmatrix} y_1(x^0) & y_2(x^0) \\ y_1'(x^0) & y_2'(x^0) \end{vmatrix} \neq 0$이므로 이 선형연립방정식의 해는 단 하나 존재한다. 이 해를 $\hat{C}_1$과 $\hat{C}_2$라고 하자. $\hat{y} = \hat{C}_1 y_1 + \hat{C}_2 y_2$라고 하면 $\hat{y}(x^0) = b$, $\hat{y}'(x^0) = b'$이다. $L(\hat{y}) = \hat{C}_1 L(y_1) + \hat{C}_2 L(y_2) = 0$이므로 $\hat{y}$는 경계조건을 만족하는 $L(y) = 0$의 해이다. 그런데 경계조건을 만족하는 $L(y) = 0$의 해는 위 정리에 의해 유일하므로 $\hat{y}$은 특수해이다. 모든 특수해는 $\hat{y}$과 같은 형태이므로 $y = C_1 y_1 + C_2 y_2$는 일반해이다.

예제 13.32 $L(y) = y'' - 3y' + 2y = 0$을 생각하자. $L(e^x) = e^x - 3e^x + 2e^x = 0$이고 $L(e^{2x}) = 4e^{2x} - 3(2e^{2x}) + 2e^{2x} = 0$이므로 $y_1 = e^x$와 $y_2 = e^{2x}$는 이 미분방정식의 특수해이다. (이 해를 구하는 방법에 대해서는 다음 절에서 논의한다.) 또한 $W = \begin{vmatrix} e^x & e^{2x} \\ e^x & 2e^{2x} \end{vmatrix} = e^{3x} \neq 0$이므로 이 두 해는 선형독립이다. 정리 13.4에 의해 일반해는 $y = C_1 e^x + C_2 e^{2x}$이다. ■

문제 13.27 위 예제의 결과가 해임을 확인하라. ■

비동차선형미분방정식의 일반해

정리 13.6 $L(y) = f(x) \neq 0$이라고 하자. $L(y) = 0$의 일반해를 $y_c(x)$라고 하고 $L(y) = f(x)$의 특수해를 $y_p(x)$라고 하면 $L(y) = f(x)$의 일반해는 $y(x) = y_c(x) + y_p(x)$이다. $y_c(x)$는 **보조해 (complementary solution)** 라고 한다.

증명 y가 $L(y) = f(x)$의 일반해이면 $L(y - y_p) = L(y) - L(y_p) = f(x) - f(x) = 0$이므로 $y - y_p$는 $L(y) = 0$의 일반해이다. $L(y) = 0$의 일반해는 y_c이므로 $y - y_p = y_c$ 또는 $y = y_c + y_p$이다. □

예제 13.33 $y'' - 3y' + 2y = 2$를 생각하자. 예제 13.32에서 $y'' - 3y' + 2y = 0$의 일반해는 $y = C_1e^x + C_2e^{2x}$이다. 이 미분방정식의 특수해는 $y_p = 1$이다. (특수해를 구하는 방법에 대해서는 다음 절에서 논의한다.) 따라서 이 미분방정식의 일반해는 $y = C_1e^x + C_2e^2x + 1$이다. ■

문제 13.28 위 예제에서 $y_p = 1$임을 확인하라. ■

$f(x) = f^1(x) + f^2(x) + \cdots + f^r(x)$인 경우를 생각하자. $y^i(x)$가 $L(y) = f^i(x)$의 해이면 (특수해이든 일반해이든) $y^1(x) + y^2(x) + \cdots + y^r(x)$은 $L(y) = f(x)$의 해임은 쉽게 알 수 있다.

문제 13.29 위 결과가 성립함을 보여라. ■

이 결과를 이용하여 다음 정리를 얻을 수 있다.

정리 13.7 $L(y) = f^i(x)$의 특수해를 $y_p^i(x)$라고 하면 $L(y) = f(x)$의 일반해는 $y(x) = y_c(x) + y_p^1(x) + y_p^2(x) + \cdots + y_p^r(x)$이다.

증명 y_p^i가 $L(y) = f^i(x)$의 특수해이므로 $y_p^1 + y_p^2 + \cdots + y_p^r$는 $L(y) = f(x)$의 특수해이다. y_c는 $L(y) = 0$의 일반해이므로 정리 13.6에 의해 $y = y_c + y_p^1 + y_p^2 + \cdots + y_p^r$는 $L(y) = f(x)$의 일반해이다. □

예제 13.34 $y'' - 3y' + 2y = 2 + e^{2x}$. $f(x) = f_1(x) + f_2(x) = 2 + e^{2x}$이다. 예제 13.33에서 본 바와 같이 $f^1(x) = 2$에 대해서는 $y_p^1 = 1$이다. $f^2(x) = e^{2x}$에 대해서는 $y_p^2 = xe^{2x}$이다. (특수해를 구하는 방법에 대해서는 다음 절에서 논의한다.) 따라서 이 미분방정식의 일반해는 $y = C_1e^x + (C_2 + x)e^{2x} + 1$이다. ■

이제까지의 결과는 실제로 선형미분방정식의 해 즉, y_c와 y_p^i를 구하는 데는 그리 유용하지 않다. 선형미분방정식의 해를 구하는 일반적인 방법은 없지만 계수가 상수인 경우에는 유용한 방법이 있다.

13.4.2 n 계상수계수 동차선형미분방정식

이계선형미분방정식

$$a_0y'' + a_1y' + a_2y = 0$$

을 생각하자. $y = e^{mx}$가 이 미분방정식의 해라고 가정해 보자. 그러면 $y' = me^{mx}$, $y'' = m^2e^{mx}$이다. 이것을 미분방정식에 대입하여 정리하면 $(a_0m^2 + a_1m + a_2)e^{mx} = 0$

가 된다. 따라서 $y = e^{mx}$ 가 해가 되기 위해서는

$$p(m) = a_0 m^2 + a_1 m + a_2 = 0$$

이어야 한다. 이 식을 **보조방정식 (auxiliary equation)** 또는 **특성방정식 (characteristic equation)** 이라고 한다. m_1 과 m_2 가 이 식의 해라고 하자. m_1 과 m_2 는 실수일 수도 있고 복소수일 수도 있다. 각각의 경우에 있어서의 일반해에 대해 살펴보자.

실수 해

m_1 과 m_2 가 실수인 경우를 생각하자. $y_1 = e^{m_1 x}$ 와 $y_2 = e^{m_2 x}$ 는 이 미분방정식의 특수해이다. $m_1 \neq m_2$ 이면 y_1 과 y_2 는 선형독립이므로 정리 13.4 에 의해 일반해는

$$y = C_1 e^{m_1 x} + C_2 e^{m_2 x}$$

이다.

보조방정식의 해는 중복될 수 있다. 해가 중복될 경우, 즉 $m_1 = m_2 = m$ 인 경우를 생각해 보자. y_1 과 y_2 에 대해

$$W = \begin{vmatrix} e^{mx} & e^{mx} \\ me^{mx} & me^{mx} \end{vmatrix} = 0$$

이므로 y_1 과 y_2 는 선형종속이다. 따라서 $y = C_1 e^{mx} + C_2 e^{mx} = Ce^{mx}$ $(C = C_1 + C_2)$ 는 일반해라고 할 수 없다. (정리 13.4 참조.)

이 경우에는 특수해의 후보로 $y_1 = e^{mx}$ 외에 $y_2 = xe^{mx}$ 를 생각할 수 있다. $y_2' = (mx+1)e^{mx}$, $y_2'' = (m^2 x + 2m)e^{mx}$ 를 미분방정식에 대입하여 정리하면 $a_0 y'' + a_1 y' + a_2 y = (x(a_0 m^2 + a_1 m + a_2) + 2a_0 m + a_1)e^{mx}$ 이다. 그런데 $a_0 m^2 + a_1 m + a_2 = 0$ 이고 $2m = -\frac{a_1}{a_0}$ 이므로 $a_0 y'' + a_1 y' + a_2 y = 0$ 이다. 따라서 $y_2 = xe^{mx}$ 는 특수해이다. $y_1 = e^{mx}$ 와 $y_2 = xe^{mx}$ 의 $W = e^{2mx} \neq 0$ 이므로 선형독립이다. 따라서 일반해는

$$y = (C_1 + C_2 x)e^{mx}$$

이다.

이상의 논의를 상수계수 동차선형미분방정식으로 확장하자.

$$L(y) \equiv a_0 y^{(n)} + a_1 y^{(n-1)} + \cdots + a_{n-2} y'' + a_{n-1} y' + a_n y = 0$$

의 보조방정식

$$p(m) = a_0 m^n + a_1 m^{n-1} + \cdots + a_{n-2} m^2 + a_{n-1} m + a_n = 0$$

의 해가 m_1 이 k_1 회, m_2 가 k_2 회, $\cdots$, m_r 가 k_r 회 각각 중복된다고 하자. (단, $k_1 + k_2 + \cdots + k_r = n$.) $L(y) = 0$ 의 일반해는

$$\begin{aligned} y = &(C_1^0 + C_1^1 x + \cdots + C_1^{k_1-1} x^{k_1-1}) e^{m_1 x} \\ &+ (C_2^0 + C_2^1 x + \cdots + C_2^{k_2-1} x^{k_2-1}) e^{m_2 x} \\ &+ \cdots \\ &+ (C_r^0 + C_r^1 x + \cdots + C_r^{k_r-1} x^{k_r-1}) e^{m_r x} \end{aligned}$$

이다.

예제 13.35 (i) $y'' - 3y' + 2y = 0$. 보조방정식 $m^2 - 3m + 2 = 0$ 의 해는 $m_1 = 1, m_2 = 2$ 이다. 따라서 일반해는 $y = C_1 e^x + C_2 e^{2x}$ 이다. (ii) $y'' - 6y' + 9y = 0$. 보조방정식은 $m^2 - 6m + 9 = 0$ 의 중근은 $m = 3$ 이다. 따라서 일반해는 $y = (C_1 + C_2 x) e^{3x}$ 이다. (iii) $y''' - y'' - y' + y = 0$. 보조방정식은 $m^3 - m^2 - m + 1 = (m-1)^2(m+1) = 0$ 이므로 일반해는 $y = (C_1 + C_2 x) e^x + C_3 e^{-x}$ 이다. ■

문제 13.30 (i) 위 예제들의 결과가 해임을 확인하라. (ii) 다음 동차선형미분방정식의 일반해를 구하라. (a) $y''' - 3y'' + 2y' = 0$, (b) $y'''' - 8y'' + 16y = 0$. ■

복소수 해

a, b 가 실수이고 i 가 허수단위일 때 $a + bi$ 를 복소수라고 하며 $a + bi$ 와 $a - bi$ 를 **켤레복소수 (conjugate complex number)** 라고 한다. 보조방정식 $p(m) = a_0 m^2 + a_1 m + a_2 = 0$ 의 해가 복소수 $m_1 = a + bi$ 이면 $m_2 = a - bi$ 도 해이다.[14]

문제 13.31 위 사실이 성립함을 보여라. ■

일반해는

$$y(x) = e^{ax}(C_1 \cos bx + C_2 \sin bx)$$

[14] $p(m)$ 이 계수가 실수인 n 차다항식일 때 $a + bi$ 가 해이면 $a - bi$ 도 해이며 **켤레근 (conjugate roots)** 이라고 한다.

이다.

Box 13.8 위 결과를 확인하자. z가 복소수일 때

$$e^z = 1 + z + \frac{z^2}{2!} + \cdots + \frac{z^k}{k!} + \cdots$$

로 정의하자. e^z는 z가 실수일 때 지수함수의 성질을 그대로 갖는다. 예를 들어 $e^{z_1+z_2} = e^{z_1}e^{z_2}$이다. $i^2 = -1$, $i^3 = -i$, $i^4 = 1, \cdots$ 등을 이용하여 $z = bi$일 때 위 식을 정리하면

$$\begin{aligned} e^{bi} &= 1 + bi - \frac{b^2}{2!} - \frac{b^3}{3!}i + \frac{b^4}{4!} + \frac{b^5}{5!}i + \cdots \\ &= \left(1 - \frac{b^2}{2!} + \frac{b^4}{4!} - \cdots\right) + \left(b - \frac{b^3}{3!} + \frac{b^5}{5!} - \cdots\right)i \end{aligned}$$

이고 $z = -bi$이면

$$\begin{aligned} e^{-bi} &= 1 - bi - \frac{b^2}{2!} + \frac{b^3}{3!}i + \frac{b^4}{4!} - \frac{b^5}{5!}i + \cdots \\ &= \left(1 - \frac{b^2}{2!} + \frac{b^4}{4!} - \cdots\right) - \left(b - \frac{b^3}{3!} + \frac{b^5}{5!} - \cdots\right)i \end{aligned}$$

이다. 그런데 테일러 정리에 의해

$$\sin b = b - \frac{b^3}{3!} + \frac{b^5}{5!} - \cdots, \ \cos b = 1 - \frac{b^2}{2!} + \frac{b^4}{4!} - \cdots$$

이므로

$$e^{bi} = \cos b + i\sin b, \ e^{-bi} = \cos b - i\sin b$$

이다. 이것을 **오일러 공식 (Euler's formula)** 이라고 한다. $e^z = e^{a+bi} = e^a e^{bi} = e^a(\cos b + i\sin b)$이다.

문제 13.32 오일러 공식을 이용하여 $e^{(b_1+b_2)i} = e^{b_1 i}e^{b_2 i}$임을 보여라. ■

$p(m) = a_0m^2 + a_1m + a_2 = 0$의 해가 $m_1 = a + bi$, $m_2 = a - bi$이면 정리 13.4와 오일러 공식에 의해 일반해는

Box 13.8 (계속)

$$y = A_1 e^{m_1 x} + A_2 e^{m_2 x} = e^{ax}((A_1 + A_2)\cos bx + (A_1 - A_2)i \sin bx)$$

이다. y는 실수이기 때문에 $A_1 + A_2$와 $(A_1 - A_2)i$는 실수이어야 한다. 이것은 A_1과 A_2가 켤레복소수임을 의미한다.

문제 13.33 위 결과를 확인하고 A_1과 A_2가 켤레복소수임을 보여라. ■

마지막으로 $C_1 = A_1 + A_2$와 $C_2 = (A_1 - A_2)i$라고 하면 일반해는

$$y = e^{ax}(C_1 \cos bx + C_2 \sin bx)$$

이다.

예제 13.36 $y'' - 2y' + 2y = 0$. $p(m) = m^2 - 2m + 2 = 0$의 해는 $m_1 = 1 + i$, $m = 1 - i$이다. 따라서 일반해는 $y = e^x(C_1 \cos x + C_2 \sin x)$이다. ■

문제 13.34 위 예제의 결과가 해임을 확인하라. ■

13.4.3 n 계상수계수 비동차선형미분방정식

미정계수법

예제 13.37 상수계수 비동차선형미분방정식 $L(y) = f(x)$에서 $f(x)$가 상수이면 특수해는 용이하게 구할 수 있다. $f(x) = a$라고 하자. (단, a는 상수.) $y = \frac{a}{a_n}$이면 $y^{(n)} = y^{(n-1)} = \cdots = y' = 0$이므로 $L(y) = a$가 된다. 따라서 특수해는 $y_p = \frac{a}{a_n}$이다. ■

일반적으로 $f(x)$는 상수가 아니다. 상수계수 비동차선형미분방정식의 특수해를 구하는 대표적인 방법은 **미정계수법 (undetermined coefficients)** 이다. 이것은 $f(x)$가 지수함수이거나 거듭제곱함수인 경우 아래와 같이 특정한 형태의 함수를 특수해로 상정하고 원래의 미분방정식과 모순이 되지 않도록 이 해에 포함된 상수를 정하는 방법이다.

(i) $f(x) = ae^{bx}$이고 (a, b는 상수) b가 보조방정식 $p(m) = 0$의 k회 중근이면

$y_p(x) = Ax^k e^{bx}$ 이다.

(ii) $f(x) = ax^b$ 이고 $(a, b$는 상수) b가 보조방정식 $p(m) = 0$의 k회 중근이면 $y_p(x) = x^k(A_0x^b + A_1x^{b-1} + \cdots + A_{b-1}x + A_b)$ 이다.

예제 13.38 $y'' - 3y' + 2y = 2 + e^{2x}$. 보조방정식은 $m^2 - 3m + 2 = 0$의 해는 $m = 1, 2$ 이므로 $y_c = C_1e^x + C_2e^{2x}$ 이다. $f(x) = f^1(x) + f^2(x) = 2 + e^{2x}$ 이므로 $f(x)$에 대한 특수해는 $f^1(x)$와 $f^2(x)$ 각각에 대해서 미정계수법 (i)를 적용하여 특수해를 구하고 이들을 더하면 된다. (정리 13.7 참조.)

$f^1(x)$에 대해서는 $b = 0$이므로 $y_p^1(x) = A$이다. $L(y_p^1) = 2y_p^1 = 2A = 2$이므로 $A = 1$이다. $f^2(x) = e^{2x}$에 대해서는 $b = 2$가 보조방정식의 해 $m = 2$와 1회 중복되므로 $y_p^2 = Axe^{2x}$ 이다. $(y_p^2)' = A(2x+1)e^{2x}$, $(y_p^2)'' = 4A(x+1)e^{2x}$을 대입하여 정리하면 $L(y_p^2) = Ae^{2x} = e^{2x}$이므로 $A = 1$이다. 따라서 $y_p^2 = xe^{2x}$이고 일반해는 $y = C_1e^x + (C_2 + x)e^{2x} + 1$ 이다. ■

문제 13.35 위 예제의 결과가 해임을 확인하라. ■

예제 13.39 $y'' - y' = 1 + 6x$. 보조방정식 $m^2 - m = 0$으로부터 $m = 0, 1$이므로 $y_c = C_1 + C_2e^x$ 이다. 특수해를 미정계수법 (ii)를 이용하여 구해 보자.

$f^1(x) = 1$에 대해서는 $b = 0$이 보조방정식의 해 0과 1회 중복되므로 $y_p^1 = A_0x$ 이다. $L(y_p^1) = -A_0 = 1$이므로 $y_p^1 = -x$이다. $f^2(x) = 6x$에 대해서는 $b = 1$이 보조방정식의 해 $m = 1$과 1회 중복되므로 $y_p^2 = x(A_0x + A_1) = A_0x^2 + A_1x$ 이다. $(y_p^2)' = 2A_0x + A_1$, $(y_p^2)'' = 2A_0$를 대입하여 정리하면 $L(y_p^2) = 2A_0 - A_1 - 2A_0x = 6x$ 이므로 $A_0 = -3$, $A_1 = -6$이다. 따라서 일반해는 $y = C_1 + C_2e^x - x - 3x^2 - 6x = C_1 + C_2e^x - 7x - 3x^2$ 이다. ■

문제 13.36 위 예제의 결과가 해임을 확인하라. ■

문제 13.37 다음 미분방정식의 해를 구하라. (i) $y'' - 2y' = 2x^2$. (ii) $y'' - 6y' + 9y = 2e^3x$. ■

* 보조방정식과 특수해

앞에서 $f(x) = ae^{bx}$인 경우 b가 보조방정식 $p(m) = a_0m^n + a_1m^{n-1} + \cdots + a_{n-2}m^2 + a_{n-1}m + a_n = 0$의 k회 중근이면 $y_p(x) = Ax^ke^{bx}$ 임을 보았다. 아래에서는 $p(m)$을 이용하여 A를 계산하는 방법을 알아보자.

문제 13.38 $y = x^k e^{bx}$ 라고 하자. $y^{(i)} = \left(\sum_{j=0}^{\min\{i,k\}} \binom{i}{j} b^{i-j} \binom{k}{j} j!\, x^{k-j} \right) e^{bx}$ $(i \geq 1)$ 이고 $p^{(i)}(b) = \sum_{j=0}^{n-i} a_j \binom{n-j}{i} i!\, b^{n-i-j}$ $(1 \leq i \leq n)$ 이다. $n = 4$, $k = 2$ 일 때 y''' 와 p''' 를 (i) 직접 (ii) 위 공식을 이용하여 구하고 그 결과가 같음을 확인하라. ■

위 결과를 이용하여 $L(x^k e^{bx})$ 는 다음과 같이 표현할 수 있다.

$$L(x^k e^{bx}) = (p(b)x^k + kp'(b)x^{k-1} + k(k-1)\frac{p''(b)}{2!}x^{k-2} + k(k-1)(k-2)\frac{p'''(b)}{3!}x^{k-3} + \cdots + p^{(k)}(b))e^{bx}$$

이다.

문제 13.39 $L(x^2 e^{bx}) = e^{bx}(p(b)x^2 + 2p'(b)x + p''(b))$ 임을 보여라. ■

b 가 보조방정식의 k 회 중근이면 $p(m) = (m-b)^k g(m)$ 으로 표현할 수 있다. (단, $g(b) \neq 0$.[15]) $p(m)$, $p'(m)$, $\cdots$, $p^{(k-1)}(m)$ 의 모든 항들은 $m-b$ 를 포함하기 때문에 $p(b) = p'(b) = \cdots = p^{(k-1)}(b) = 0$ 이다. 반면 $p^{(k)}(m)$ 는 $m-b$ 를 포함하는 항과 $g(m)$ 항으로 구성되기 때문에 $p^{(k)}(b) \neq 0$ 이다. 따라서 $L(Ax^k e^{bx}) = Ae^{bx}p^{(k)}(b) = ae^{bx}$ 이다. $A = \frac{a}{p^{(k)}(b)}$ 이므로

$$y_p = \frac{ax^k e^{bx}}{p^{(k)}(b)}$$

이다. 다시 말해 $p(b) = p'(b) = \cdots = p^{(k-1)}(b) = 0$ 이고 $p^k(b) \neq 0$ 이면 특수해는 위 공식을 이용하여 구할 수 있다.

예제 13.40 예제 13.38 의 $y'' - 3y' + 2y = 2 + e^{2x}$ 를 생각하자. 보조방정식 $p(m) = m^2 - 3m + 2 = 0$ 의 해는 $m = 1, 2$ 이다. $f_1(x) = 2$ 에 대해서는 $a = 2, b = 0, k = 0$ 이므로 $y_p^1 = \frac{2}{p(0)} = 1$ 이다. $f_2(x) = e^{2x}$ 에 대해서는 $a = 1, b = 2, k = 1$ 이다. $p'(m) = 2m - 3$ 이므로 $p'(2) = 1$ 이다. 따라서 $y_p^2 = \frac{xe^{2x}}{p'(2)} = xe^{2x}$ 이다. 이것은 예제 13.38 에서의 결과와 같다. ■

[15] $g(b) = 0$ 이면 b 가 $k+1$ 회 중복이 되므로 모순이다.

장기시장균형

시점 t에서의 시장수요함수와 시장공급함수가 다음과 같은 완전경쟁시장 모형을 생각하자.

$$X^d(t) = a - bp_x(t),\ X^s(t) = A + Bp_x(t).$$

(단, $a > A > 0, b, B > 0$.) 매 시점 시장균형이 이루어지면 시점 t에서의 균형가격은

$$p_x^*(t) = \frac{a - A}{b + B}$$

이다.

가격이 균형가격에서 벗어나면 수요량이 공급량을 초과하거나 공급량이 수요량을 초과하게 된다. 이 불균형은 가격의 조정을 거쳐 해소된다. 예를 들어 수요량이 공급량을 초과하여 초과수요가 발생하면 가격이 상승하여 초과수요가 줄어들게 된다. 가격이 균형가격에 도달하면 초과수요는 사라지게 된다. 앞에서의 모형에서는 이 조정 과정이 순식간에 일어난다고 가정한 셈이다. 그러나 조정 과정은 일반적으로 시간을 두고 일어난다. 가격이 p_x일 때 초과수요함수를

$$E(p_x) = X^d(p_x) - X^s(p_x)$$

로 정의하고 아래와 같은 가격 조정 과정 모형을 생각하자.

$$\frac{dp_x}{dt} = kE(p_x)\ (k > 0).$$

위 식은 가격이 p_x일 때 초과수요가 있으면 $(X^d > X^s)$ 가격이 상승하고 초과공급이 있으면 $(X^d < X^s)$ 가격이 하락함을 나타낸다. $X^d = a - bp_x$와 $X^s = A + Bp_x$를 대입하면 조정 과정은 다음 미분방정식으로 표현된다.

$$\frac{dp_x}{dt} + k(b + B)p_x = k(a - A).$$

보조해는 $(p_x)_c = Ce^{-k(b+B)t}$이다. 미정계수법을 이용하여 위 미분방정식의 특수해를 구하면 $(p_x)_p = \frac{a-A}{b+B}$이다. 초기조건이 $p_x(0) = p_x^0$이면 이 미분방정식의 해는

$$p_x(t) = \frac{a - A}{b + B} + \left(p_x^0 - \frac{a - A}{b + B}\right)e^{-k(b+B)t} \tag{13-†}$$

이다. $b+B>0$ 이므로

$$\lim_{t\to\infty} p_x(t) = \frac{a-A}{b+B} = p_x^*$$

이다. p_x 는 p_x^0 에 관계없이 p_x^* 에 수렴하므로 p_x^* 를 장기시장균형가격이라고 한다. 이와 같은 성질을 갖는 균형가격 p_x^* 를 **안정적 (stable)** 이라고 한다. k 가 충분히 크면, 또는 수요곡선과 공급곡선이 충분히 가파르면 짧은 시간에 p_x^* 에 근접할 것이다. 이 경우에는 분석의 초점을 p_x^* 의 성질에 두는 정태적 분석이 합리화될 수 있다.

문제 13.40 $\epsilon>0$ 에 대해 $p_x^0 < p_x^* - \epsilon = \bar{p}_x$ 이라고 하자. p_x 가 $\bar{p}_x$ 이 될 때까지 걸리는 시간을 구하고 위 결론을 확인하라. ■

X^d 와 X^s 가 p_x 의 비선형함수인 경우 p_x 의 시간적 변화를 닫힌 형식으로 구할 수는 없지만 정성적인 분석은 가능하다. p_x^* 를 초과수요가 0이 되는 가격 즉, $E(p_x^*)=0$ 인 가격이라고 하자. 테일러의 정리에 의해 p_x 가 p_x^* 에 충분히 가까우면 $E(p_x) \approx E(p_x^*) + E'(p_x^*)(p_x - p_x^*) = E'(p_x^*)(p_x - p_x^*)$ 이 된다. 따라서 위 가격 조정 과정은

$$\frac{dp_x}{dt} = kE'(p_x^*)(p_x - p_x^*) \ (k>0)$$

로 쓸 수 있으며 이 미분방정식의 해는

$$p_x(t) = p_x^* + (p_x^0 - p_x^*)e^{kE'(p_x^*)t}$$

이다. $E'(p_x^*)<0$ 이면 $\lim_{t\to\infty} p_x(t) = p_x^*$ 이다. 따라서 초기 가격 p_x^0 이 p_x^* 에서 크게 벗어나지 않고 균형가격 근방에서 초과수요함수의 기울기가 음이면 p_x 는 p_x^* 에 수렴한다. 이것은 p_x^0 이 p_x^* 에서 크게 벗어나 있지 않을 때 성립하므로 p_x^* 는 **지역적으로 안정적 (locally stable)** 이라고 한다. 일반적으로 수요함수의 기울기는 음이고 공급함수의 기울기는 양으로 가정하므로 안정적 균형을 위한 초과수요함수의 기울기 조건은 충족된다.

문제 13.41 수요함수와 공급함수가 선형이면 위 미분방정식의 해가 (13-†) 와 동일함을 보여라. ■

매개변수변동법

비동차선형미분방정식의 특수해를 구하는 일반적인 방법인 **매개변수변동법 (variation of parameters)** 에 대해 논의하자. 이 방법은 보조방정식의 해가 선형독립이면 (계수가

상수가 아닌 경우에도) 사용할 수 있다.

$y'' - 3y' + 2y = f(x)$ 를 생각하자. 예제 13.35 에서 본 것처럼 이 비동차선형미분방정식의 보조해는 $y = C_1 e^x + C_2 e^{2x}$ 이다. C_1 과 C_2 를 각각 $v^1(x)$ 와 $v^2(x)$ 로 치환한 다음 $y = v^1(x)e^x + v^2(x)e^{2x}$ 가 특수해가 될 수 있는 $v^1(x)$ 와 $v^2(x)$ 를 찾아보자. $y = v^1 e^x + v^2 e^{2x}$ 가 특수해가 되기 위해서는 y'' 와 y' 을 구하여 $y'' - 3y' + 2y = f(x)$ 에 대입하면 이 식이 항등식이 되어야 한다. 그런데 구하여야 하는 함수가 두 개이므로 이 항등식 조건과 함께 (임의의) 제약조건이 하나 더 필요하다. $y' = v^1 e^x + 2v^2 e^{2x} + ((v^1)'e^x + (v^2)'e^{2x})$ 이므로 추가적 조건을

$$(v^1)'e^x + (v^2)'e^{2x} \equiv 0$$

으로 하면 y' 은 $(v^1)'$ 과 $(v^2)'$ 을 포함하지 않게 되어 y'' 계산 시 편리하게 된다. $y' = v_1 e^x + 2v_2 e^{2x}$ 와 $y'' = v_1 e^x + 4v_2 e^{2x} + ((v^1)'e^x + 2(v^2)'e^{2x})$ 을 $y'' - 3y' + 2y = f(x)$ 에 대입하여 정리하면

$$(v^1)'e^x + 2(v^2)'e^{2x} = f(x)$$

이다. 이 식과 앞에서 가정한 $(v^1)'e^x + (v^2)'e^{2x} = 0$ 을 $(v^1)'$ 과 $(v^2)'$ 에 대해 풀면 $(v^1)' = -f(x)e^{-x}$, $(v^2)' = f(x)e^{-2x}$ 이다. 따라서

$$v^1 = -\int f(x)e^{-x}\,dx,\ v^2 = \int f(x)e^{-2x}\,dx$$

이다.

예제 13.38 의 $f(x) = 2 + e^{2x}$ 를 생각하자. 이 경우 $v^1 = -\int (2e^{-x} + e^x)\,dx = 2e^{-x} - e^x$ 이고 $v^2 = \int (2e^{-2x} + 1)\,dx = -e^{-2x} + x$ 이다. 따라서 특수해 $y_p = v^1 e^x + v^2 e^{2x} = 1 - e^{2x} + xe^{2x}$ 이다. e^{2x} 는 이미 $y = C_1 e^x + C_2 e^{2x}$ 에 포함되어 있으므로 일반해는 $y = C_1 e^x + (C_2 + x)e^{2x} + 1$ 이다. ■

예제 13.41 $f(x)$ 가 상수 a 이면 $v^1 = ae^{-x}$, $v^2 = -\frac{a}{2}e^{-2x}$ 이므로 $y_p = v^1 e^x + v^2 e^{2x} = \frac{a}{2}$ 이다. 이것은 예제 13.37 의 결과와 같다. ■

문제 13.42 매개변수변동법을 이용하여 $y'' - 3y' + 2y = x$ 의 일반해를 구하라. ■

일계선형연립미분방정식과 특성근

$y'' - 3y' + 2y = f(x)$ 을 생각하자. $y' = z$ 라고 하면 이 식은 $z' = -2y + 3z + f(x)$ 으로 다시 쓸 수 있다. 다시 말해 이계선형미분방정식은 두 개의 **일계선형연립미분방정식 (first**

order simultaneous differential equation system) 으로 바꿀 수 있다.

이 연립방정식을 행렬의 형태로 다시 쓰면

$$\begin{bmatrix} y' \\ z' \end{bmatrix} = \begin{bmatrix} 0 & 1 \\ -2 & 3 \end{bmatrix} \begin{bmatrix} y \\ z \end{bmatrix} + \begin{bmatrix} 0 \\ f(x) \end{bmatrix}$$

이다. 먼저 동차연립방정식 $\begin{bmatrix} y' \\ z' \end{bmatrix} = \begin{bmatrix} 0 & 1 \\ -2 & 3 \end{bmatrix} \begin{bmatrix} y \\ z \end{bmatrix}$을 생각하자. 잠정적으로 $y = Ae^{\lambda x}$ 와 $z = Be^{\lambda x}$ 가 해이라고 가정하고 이 방정식에 대입하면 $\begin{bmatrix} \lambda Ae^{\lambda x} \\ \lambda Be^{\lambda x} \end{bmatrix} = \begin{bmatrix} 0 & 1 \\ -2 & 3 \end{bmatrix} \begin{bmatrix} Ae^{\lambda x} \\ Be^{\lambda x} \end{bmatrix}$이다. 양 변을 $e^{\lambda x}$ 로 나누고 정리하면

$$\begin{bmatrix} 0 & 1 \\ -2 & 3 \end{bmatrix} \begin{bmatrix} A \\ B \end{bmatrix} - \begin{bmatrix} \lambda & 0 \\ 0 & \lambda \end{bmatrix} \begin{bmatrix} A \\ B \end{bmatrix} = \begin{bmatrix} -\lambda & 1 \\ -2 & 3-\lambda \end{bmatrix} \begin{bmatrix} A \\ B \end{bmatrix} = \begin{bmatrix} 0 \\ 0 \end{bmatrix}$$

이다. 이 식은 A와 B에 대해 동차연립방정식이다. 자명하지 않은 해($A = B = 0$ 이 아닌 해)가 존재하기 위해서는 $\begin{bmatrix} 0 & 1 \\ -2 & 3 \end{bmatrix}$의 (행렬의) 계수가 2보다 작아야 한다. 즉, $\begin{vmatrix} -\lambda & 1 \\ -2 & 3-\lambda \end{vmatrix} = \lambda^2 - 3\lambda + 2 = 0$ 이어야 한다. (2편 정리 4.16 참조.) 이 방정식의 해 $\lambda_1 = 1$, $\lambda_2 = 2$ 를 $\begin{bmatrix} 0 & 1 \\ -2 & 3 \end{bmatrix}$의 **특성근 (characteristic root)** 이라고 한다. $-\lambda A + B = 0$ 이므로 $\lambda_1 = 1$ 에 대해서는 $A = B$ 이고 $\lambda_2 = 2$ 에 대해서는 $2A = B$ 이다. 따라서 이 연립미분방정식은 다음과 같은 두 쌍의 해를 갖는다.

$$y_1 = C_1e^x,\ z_1 = C_1e^x$$
$$y_2 = C_2e^{2x},\ z_2 = 2C_2e^{2x}.$$

따라서 일반해는

$$y = C_1e^x + C_2e^{2x},\ z = C_1e^x + 2C_2e^{2x}$$

이다.

특수해를 발견하기 위해 매개변수 변동법을 이용하자. $y = v^1e^x + v^2e^{2x}$, $z = v^1e^x + 2v^2e^{2x}$ 라고 하자. $y' = v^1e^x + 2v^2e^{2x} + (v^1)'e^x + (v^2)'e^{2x}$ 이고 $y' = z =$

$v^1(x)e^x + 2v^2(x)e^{2x}$ 이므로

$$(v^1)'e^x + (v^2)'e^{2x} = 0$$

이다. 또 $z' = v^1e^x + 4v^2e^{2x} + (v^1)'e^x + 2(v^2)'e^x$ 이고 $z' = -2y + 3z + f(x) = v^1e^x + 4v^2e^{2x} + f(x)$ 이므로

$$(v^1)'e^x + 2(v^2)'e^{2x} = f(x)$$

이다. 이것은 예제 13.4.3에서의 결과와 마찬가지이다.

이제까지 한 개의 이계선형미분방정식을 두 개의 일계선형미분방정식 $y' = z$ 와 $z' = -2y + 3z + f(x)$ 로 변환하였다. 반대로 두 개의 일계선형미분방정식은 한 개의 이계선형미분방정식으로 바꿀 수 있다. $y'' = z'$ 에 $z' = -2y + 3z + f(x)$ 를 대입하면 원래의 미분방정식 $y'' - 3y' + 2y = f(x)$ 을 얻는다.

부 록

13.A 변분법

3편과 4편에서 다룬 최적화 문제는 의사결정과 결과가 동시에 일어나는 정태적 분석이다. 그러나 현실적으로는 의사결정과 결과 사이에는 시차가 있고 의사결정도 시간에 걸쳐 일어나게 마련이다. 젊을 때 소득의 일부를 저축하여 노후를 대비하는 소비 행태를 분석하고자 할 때에는 정태적 최적화 방법으로 분석하는 데는 한계가 있다.

예제 13.A.1 시점 t에서 어느 소비자의 소득은 임금 $w(t)$와 금융자산 $K(t)$로부터 얻는 자산소득 $rK(t)$ 두 부분으로 구성된다. (단, r은 1편 예제 3.13에서의 연속복리 이자율이다.) 소비자는 $c(t)$를 소비하고 $k(t)$를 저축하여 금융자산에 투자한다. 따라서 $k(t) = \frac{dK}{dt} = K'(t)$이다. 시점 t에서의 예산제약식은

$$c(t) + k(t) = c(t) + K'(t) = w(t) + rK(t)$$

이다. 이 소비자는 T년을 산다. 시점 t에서의 효용함수가 $u(c(t))$ (단, $u' > 0, u'' < 0$)이고 미래에 대한 주관적 시간할인율이 ρ이면 이 소비자의 일생동안의 효용은

$$U = \int_0^T e^{-\rho t} u(c(t))\, dt$$

이다. 이 소비자의 시점 0에서의 금융자산이 K_0이고 자손에게 $K(T) = K_T$를 유산으로 남기고자 한다면 소비-저축 계획은 U를 최대로 하는 $K(t)$ $(0 \le t \le T)$를 선택하는 것이다. (단, $K(0) = K_0$, $K(T) = K_T$.) 이 문제를 푸는 고전적인 방법은 **변분법 (calculus of variation)**이다. 변분법 외에도 동태적 최적화 문제의 해법으로 **최적제어이론 (optimal control theory)**과 **동적계획법 (dynamic programming)**이 있다. 여기서는 정태적 최적화 이론을 직접적으로 확장한 변분법에 대해 알아 보고 다음 절에서 보다 현대적인 최적제어이론에 대해 논의한다. ■

일반적인 변분법 문제는 다음과 같다.

$$\max_{x(t)} \int_0^T F(t, x(t), x'(t))\, dt \text{ s.t. } x(0) = x_0, x(T) = x_T. \tag{13.A-†}$$

F 는 t, x, x' 에 대해 연속이고 x 와 x' 에 대해 연속 편도함수를 갖는다고 가정한다. $x(t)$ 는 초기조건 $x(0) = x_0$ 과 종기조건 $x(T) = x_T$ 를 만족하는 연속미분가능한 함수이다. 일계필요조건은 다음과 같다.

정리 13.A.1 (오일러 방정식 (Euler equation)) $x^*(t)$ 가 (13.A-†) 의 해이면

$$F_x(t, x^*(t), x^{*\prime}(t)) = \frac{d}{dt} F_{x'}(t, x^*(t), x^{*\prime}(t)) \ (0 \le t \le T)$$

이다.

증명 $a(t)\ (0 \le t \le T)$ 를 임의의 연속미분가능 함수라고 하자. (단, $a(0) = a(T) = 0$.) $\int_0^T F(t, x, x')\, dt$ 에 $x = x^* + \epsilon a$ 와 $x' = x^{*\prime} + \epsilon a'$ 를 대입한 결과를 $v(\epsilon)$ 이라고 하자. $v(0) \ge v(\epsilon)$ 이므로 $v'(0) = \int_0^T [F_x(t, x^*, x^{*\prime})a + F_{x'}(t, x^*, x^{*\prime})a']dt = 0$ 이다.

$\int_0^T F_{x'}(t, x^*, x^{*\prime})a'\, dt$ 를 부분적분 방법으로 구해 보자. $u = F_{x'}$, $dv = a'\, dt$ 라고 하면

$$\begin{aligned}\int_0^T F_{x'}(t, x^*, x^{*\prime})a'\, dt &= F_{x'}a\Big|_0^T - \int_0^T a\frac{dF_{x'}}{dt}\, dt \\ &= -\int_0^T a\frac{dF_{x'}}{dt}\, dt\end{aligned}$$

이다.[16] 이 결과를 대입하면

$$v'(0) = \int_0^T [F_x(t, x^*, x^{*\prime}) - \frac{d}{dt} F_{x'}(t, x^*, x^{*\prime})]a\, dt = 0$$

이다. $a(t)$ 는 임의의 함수이므로 $F_x(t, x^*, x^{*\prime}) - \frac{d}{dt} F_{x'}(t, x^*, x^{*\prime}) = 0\ (0 \le t \le T)$ 이어야 한다. □

문제 13.A.1 (i) $g(t) = F_x(t, x^*(t), x^{*\prime}(t)) - \frac{d}{dt} F_{x'}(t, x^*(t), x^{*\prime}(t))$ 가 연속함수임을 보여라. (ii) $g(t)$ 가 연속함수이므로 $g(t^0) > 0$ 이면 $g(t) > 0$ 인 t 를 포함하는 구간 $(\underline{t}, \bar{t})$ 이 있다. $t \in [\underline{t}, \bar{t}]$ 에 대해서는 $a(t) > 0$, $t \notin (\underline{t}, \bar{t})$ 에 대해서는 $a(t) = 0$ 인 연속미분가능한

[16] 이 부분적분이 가능하기 위해서는 $F_{x'}$ 의 t 에 대한 전도함수가 존재하여야 하는데 실제로 $\frac{dF_{x'}}{dt}$ 가 존재하는 것이 증명될 수 있다.

$a(t)$ 를 구하라. (iii) (ii) 에서 구한 $a(t)$ 를 이용하여 $g(t) = 0$ 임을 보여라. ■

예제 13.A.2 다음 문제를 생각하자.

$$\max_{x(t)} \int_0^1 (-2tx - (x')^2)\, dt \text{ s.t. } x(0) = x(1) = 1.$$

$F(t, x, x') = -2tx - (x')^2$ 이므로 $F_x = -2t$, $F_{x'} = -2x'$ 이다. 오일러 방정식은 $-2t = -2x''$ 이며 이 미분방정식의 해는 $x = \frac{t^3}{6} - \frac{t}{6} + 1$ 이다. ■

예제 13.A.3 예제 13.A.1 의 소비자의 소비-저축 문제

$$\max_{K(t)} \int_0^T e^{-\rho t} u(c(t))\, dt \text{ s.t. } K(0) = K_0, K(T) = K_T$$

를 생각하자. (단, $c = w + rK - K'$.) $F(t, K, K') = e^{-\rho t} u(c)$ 라고 하자. $F_K = re^{-\rho t} u'(c)$, $F_{K'} = -e^{-\rho t} u'(c)$ 이다. $\frac{d}{dt} F_{K'} = e^{-\rho t}(\rho u'(c) - c' u''(c))$ 이므로 오일러 방정식은

$$-\frac{c' u''(c)}{u'(c)} = r - \rho$$

이다. 위 식으로부터 $r \gtreqless \rho \Leftrightarrow c' \gtreqless 0$ 이다. 이것은 상대적으로 이자율이 높거나 또는 미래가 상대적으로 중요하면 $(r > \rho)$ 젊은 시절에 더 많은 저축을 하고 노년에 더 많은 소비를 하여야 함을 의미한다.

닫힌 형식의 해를 구하기 위해 $u(c) = \ln c$ 라고 하면 오일러 방정식은 $\frac{c'}{c} = r - \rho$ 가 된다. 이 미분방정식의 해는 $c = C_1 e^{(r-\rho)t}$ 이므로 임금 소득이 $\bar{w}$ 로 일정하면 $K' - rK = \bar{w} - C_1 e^{(r-\rho)t}$ 이다. 이 일계비동차선형미분방정식의 해는

$$K = -\frac{\bar{w}}{r} + \frac{C_1}{\rho} e^{(r-\rho)t} + C_2 e^{rt}$$

이다. $K(0) = K_0$ 와 $K(T) = K_T$ 로부터 C_1 과 C_2 를 구하면

$$C_1 = \frac{\rho(\bar{w}(1 - e^{-rT})/r + K_0 - K_T e^{-rT})}{1 - e^{-\rho T}} > 0$$
$$C_2 = K_0 + \frac{\bar{w}}{\rho} - \frac{C_1}{\rho}$$

이다. ■

문제 13.A.2 위 예제의 결과가 해임을 확인하라. ■

정리 13.A.1의 증명을 살펴보면 오일러 방정식은 최소화 문제의 필요조건이기도 함을 알 수 있다. 4편의 8.7.2절에서 목적함수가 오목함수이면 일계조건을 만족하는 해는 전역최대점임을 보았다. 동태적 최적화 문제에서도 비슷한 결과를 얻을 수 있다.

정리 13.A.2 $F(t, x(t), x'(t))$ 가 x 와 x' 에 대해 오목함수이고 $x^*(t)$ 가 오일러 방정식의 해이면 $x^*(t)$ 는 (13.A-†) 의 해이다.

증명 $F^* = F(t, x^*, x^{*\prime})$, $F = F(t, x^* + a, x^{*\prime} + a')$ 라고 하면 $F - F^* \le F_x a + F_{x'} a'$ 이다. 따라서 $\int_0^T (F - F^*)\, dt \le \int_0^T (F_x a + F_{x'} a') dt = \int_0^T \left(F_x - \frac{d}{dt} F_{x'}\right) a\, dt = 0$ 이다. □

예제 13.A.4 예제 13.A.2에서 $F_x = F_{x'} = -2$ 이고 $F_{xx'} = 0$ 이므로 F 는 x 와 x' 에 대해 오목함수이다. 따라서 오일러 방정식의 해 $x = \frac{t^3}{6} - \frac{t}{6} + 1$ 는 최대화 문제의 해이다. ■

문제 13.A.3 예제 13.A.3에서 오일러 방정식의 해는 소비-저축 모형의 해임을 보여라. ■

13.B 최적제어이론

변분법이 동태적 최적화 문제의 해를 구하는 고전적인 기법임에 반해 **최적제어이론 (optimal control theory)** 또는 **폰트리아긴 최대원리 (Pontryagin's maximum principle)** 는 상대적으로 현대적인 기법이다. 최적제어이론에서는 (동태적) 변수를 **선택변수 (choice variable)** 와 **상태변수 (state variable)** 로 구분한다. 선택변수의 경로를 선택하면 이에 따라 상태변수의 경로가 정해진다. 매 시점 목적함수 값은 선택변수와 상태변수의 값에 의존하며 최적화의 목표는 일정 기간 동안의 총 목적함수 값을 최대화하는 데 있다.

최적제어이론은 변분법에 비해 더 광범한 동태적 최적화 문제를 다룰 수 있다. 예를 들어 변분법을 적용하기 위해서는 목적함수가 연속이고, 선택변수가 연속미분가능하며 (일반적으로) 내부해를 가정하여야 한다. 그러나 최적제어이론에서는 기간별로 **조각적 미분가능한 (piecewise differentiable)** 선택변수도 허용되며 선택변수와 상태변수에 대해 제약이 있는 문제도 직접적으로 다룰 수 있다.

예제 13.B.1 예제 13.A.1의 소비자의 소비-저축 모형을 최적제어이론의 틀에서 표현하면 다음과 같다.

$$\max_{c(t)} \int_0^T e^{-\rho t} u(c(t))\, dt \text{ s.t. } K'(t) = w(t) + rK(t) - c(t).$$

소비자의 문제는 T 년 동안의 누적 할인 효용 ($\int_0^T e^{-\rho t}u(c(t))$) 을 최대로 하는 소비 계획 ($c(t)$) 을 세우는 것이다. 소비자는 소비 계획을 수립함에 있어 소비 활동이 금융자산의 형성 ($K'(t) = w(t) + rK(t) - c(t)$) 과 미래 소비에 영향를 미치는 것을 고려하여야 한다. ■

$x(T)$ 에 제약이 없는 다음 최적제어 문제를 생각하자.

$$\begin{aligned} &\max_{u(t)} \int_0^T F(t, x(t), u(t))\, dt \\ &\qquad \text{s.t. } x'(t) = f(t, x(t), u(t)), x(0) = x_0, x(T)\text{: 제약 없음.} \end{aligned} \tag{13.B-†}$$

상태변수의 변화를 나타내는 $x'(t) = f(t, x(t), u(t))$ 를 **운동방정식 (equation of motion)** 또는 **상태방정식 (state equation)** 이라고 한다. 시점 t 에서의 라그랑즈 승수를 $\lambda(t)$ 라고 하면 **해밀턴 함수 (Hamiltonian)**, $H(t, x(t), u(t))$ 는 다음과 같이 정의된다.

$$H(t, x(t), u(t)) = F(t, x(t), u(t)) + \lambda(t) f(t, x(t), u(t)). \tag{13.B-‡}$$

일계필요조건은 다음과 같다.

정리 13.B.1 $u^*(t)$ 와 $x^*(t)$ 가 (13.B-†) 의 해이면 다음을 만족하는 $\lambda^*(t)$ 가 존재한다.

(i) $H_u(t, x^*(t), u^*(t)) = 0$,

(ii) $-H_x(t, x^*(t), u^*(t)) = \lambda^{*\prime}(t)$,

(iii) $H_\lambda(t, x^*(t), u^*(t)) = x^{*\prime}(t)$,

(iv) $x(0) = x_0$, $\lambda^*(T) = 0$.[17]

변분법 문제는 항상 최적제어 문제로 바꾸어 생각할 수 있다. 13.A-† 에서 $x'(t) = u(t)$ 로 정의하면 이 문제는 다음과 같이 최적제어 문제로 바꿀 수 있다.

$$\begin{aligned} &\max_{u(t)} \int_0^T F(t, x(t), u(t))\, dt \\ &\qquad \text{s.t. } x'(t) = f(t, x(t), u(t)),\ x(0) = x_0,\ x(T) = x_T. \end{aligned}$$

해밀턴 함수는 $H = F(t, x(t), u(t)) + \lambda f(t, x(t), u(t))$ 이고 정리 13.B.1 의 조건은 (i)

[17] $\lambda^*(T) = 0$ 를 **횡단선 조건 (transversality condition)** 이라고 한다. 종기조건에 제약이 있는 경우에는 (iv) 의 횡단선 조건은 $X(T) = x_T$ 로 대치된다.

$\frac{\partial H}{\partial u} = F_u + \lambda = 0$, (ii) $-\frac{\partial H}{\partial x} = -F_x = \lambda'$, (iii) $\frac{\partial H}{\partial \lambda} = x' = u$ 이다. (i)의 양 변을 t에 대해 전미분하고 (ii)를 대입하면

$$\frac{d}{dt}F_u + \lambda' = \frac{d}{dt}F_{x'} - F_x = 0$$

이다. 이 식은 정리 13.A.1의 오일러 방정식이다.

정리 13.B.1은 변분법에서와 마찬가지로 최적경로와 이 경로로부터 약간 이탈된 경로를 비교함으로써 증명할 수 있다. 임의의 함수 $a(t)$에 대해

$$u(t,\epsilon) = u^*(t) + \epsilon a(t)$$

라고 하고, $x(t,\epsilon)$을 x_0에서 출발하고 $u(t,\epsilon)$을 선택했을 때 얻어지는 상태변수의 경로라고 하자. 따라서 $x(t,0) = x^*(t)$이고 $x(0,\epsilon) = x_0$이다. 이탈 경로로부터 얻을 수 있는 효용은 $v(\epsilon) = \int_0^T F(t, x(t,\epsilon), u(t,\epsilon))\,dt$이다. 정의에 의해 $v(0) \geq v(\epsilon)$이므로

$$v'(0) = \int_0^T \left(F_x^* \frac{\partial x(t,\epsilon)}{\partial \epsilon} + F_u^* a(t) \right) dt = 0$$

이다. 그런데 일반적으로 $\frac{\partial x(t,\epsilon)}{\partial \epsilon}$을 알기 어려우므로 이 식으로부터 의미있는 필요조건을 얻을 수 없다. 포트리아긴의 최대원리는 새로운 변수 $\lambda(t)$를 도입하여 이 난점을 해결한다. (4편 Box 9.4 참조.)

$x'(t) = f(t, x(t), u(t))$이므로 임의의 연속미분가능한 함수 $\lambda(t)$에 대해

$$\begin{aligned}&\int_0^T F(t, x(t), u(t))\,dt \\ &\quad = \int_0^T (F(t, x(t), u(t)) + \lambda(t)(f(t, x(t), u(t)) - x'(t))\,dt\end{aligned}$$

이다. 부분적분에 의해

$$\int_0^T \lambda(t)x'(t)dt = \lambda(T)x(T) - \lambda(0)x(0) - \int_0^T x(t)\lambda'(t)dt$$

이다. 이것을 위 식에 대입하면

$$\begin{aligned}\textstyle\int_0^T F(t, x(t), u(t))\,dt &= \textstyle\int_0^T [(F(t, x(t), u(t)) + \lambda(t) f(t, x(t), u(t)) \\ &\quad + x(t)\lambda'(t)]\,dt - \lambda(T)x(T) + \lambda(0)x_0\end{aligned} \qquad (13.B\text{-}\S)$$

이다.

증명 (정리 13.B.1의 증명) 식 (13.B-§)를 이용하면 $v(\epsilon) = \int_0^T [(F(t, x(t,\epsilon), u(t,\epsilon)) + \lambda(t) f(t, x(t,\epsilon), u(t,\epsilon)) + x(t,\epsilon)\lambda'(t)]\, dt - \lambda(T)x(T,\epsilon) + \lambda(0)x_0$ 이다. 따라서 $v'(0) = \int_0^T \left((F_x^* + \lambda f_x^* + \lambda')\frac{\partial x(t,\epsilon)}{\partial \epsilon} + (F_u^* + \lambda f_u^*)a\right) dt - \lambda(T)\frac{\partial x(T,0)}{\partial \epsilon} = 0$ 이다. (단, $F_i^* = F_i(t, x^*(t), u^*(t)), f_i^* = f_i(t, x^*(t), u^*(t))$ $(i = x, u)$.) $\lambda^*(t)$ 가 $\lambda' = -(F_x^* + \lambda f_x^*)$, $(\lambda(T) = 0)$ 의 해라고 하자. 즉, $-H_x^* = \lambda^{*\prime}(t)$ 이고, $\lambda^*(T) = 0$ 이다. $\lambda^*(t)$ 를 위 식에 대입하면 $v(0) = \int_0^T (F_u^* + \lambda^* f_u^*)a\, dt = 0$ 이다. a 는 임의의 함수이므로 $F_u^* + \lambda^* f_u^* = H_u^* = 0$ 이어야 한다. $H_\lambda^* = x^{*\prime}$ 은 자명하다. □

라그랑즈 승수 $\lambda(t)$ 의 의미를 살펴보자. $x(0) = x_0$ 일 때의 최적해를 $x^*(t)$, $u^*(t)$, 그리고 이에 해당하는 라그랑즈 승수를 $\lambda^*(t)$ 라고 하자. 또 임의의 $\hat{x}_0$ 에 대해 $x(0) = \hat{x}_0$ 일 때의 최적해가 $\hat{x}(t)$, $\hat{u}(t)$ 이라고 하자. 13.B-§ 는 임의의 $\lambda(t)$ 에 대해 성립하므로

$$v(\hat{x}_0) = \int_0^T [\hat{F} + \lambda^* \hat{f} + \hat{x}\lambda^{*\prime}]\, dt + \lambda^*(0)\hat{x}_0$$

이다. (단, $\hat{F} = F(t, \hat{x}(t), \hat{u}(t)), \hat{f} = f(t, \hat{x}(t), \hat{u}(t))$.) 따라서 v 값에 관한 한 λ 는 λ^* 로 고정된 것으로 생각할 수 있다.

정리 13.B.2 $v'(x_0) = \lambda^*(0)$ 이다.

증명 $v'(x_0) = \int_0^T [(F_x^* + \lambda^* f_x^* + \lambda^{*\prime})\frac{\partial x^*}{\partial x_0} + (F_u^* + \lambda^* f_u^*)\frac{\partial u^*}{\partial x_0}]\, dt + \lambda^*(0) = \lambda^*(0)$ 이다. □

위 정리에 의해 $\lambda(0)$ 는 x_0 가 약간 증가할 때 증가하는 효용의 양이므로 4 편 10.2 절의 효용최대화 문제에서 논의한 바와 같이 시점 0 에서의 x 의 그림자가격이라고 할 수 있다. 또한 10.2 절에서 다음 사실을 보았다. (i) 라그랑즈 함수 $L(x, y, \lambda) = u(x, y) + \lambda(I - p_x x - p_y y)$ 는 소비로부터 얻는 효용과 소비하지 않은 잔여분의 효용 가치의 합으로 생각할 수 있다. (ii) 라그랑즈 방법은 총 효용이 최대가 되도록 소비량을 결정해야 해야 함을 시사한다.

최적제어 문제를 이와 같은 관점에서 다시 생각해 보자. 시점 t 에서 목적함수의 값은 $F(t, x, u)$ 이다. 시점 t 에서 변화하는 x 의 가치는 $\lambda x'$ 이고 λ 의 변화에 따라 변화하는 x 의 가치는 $\lambda' x$ 이다. (정태적 최적화에서는 시간의 변화가 없기 때문에 $\lambda' = 0$ 이다.) 시점 t 에서 목적함수의 현재 가치와 의사결정에 따라 영향을 받는 미래 가치의 변화를 모두 합하면

$$F(t, x, u) + \lambda x' + \lambda' x = H(t, x, u) + \lambda' x$$

이다. 동태적 최대화 문제는 $H(t,x,u)+\lambda' x$ 의 u 와 x 에 대한 제약조건이 없는 정태적 최대화 문제로 생각할 수 있다. 일계필요조건은

$$H_u = 0,\ H_x + \lambda' = 0$$

이며 이것은 정리 13.B.1의 결과이다.

예제 13.B.2 예제 13.A.1의 소비자의 소비-저축 모형을 최적제어 문제로 바꾸면 다음과 같다.

$$\begin{aligned}&\max_{c(t)} \int_0^T e^{-\rho t} u(c(t))\,dt \\ &\qquad \text{s.t. } K'(t) = c(t) + w(t) - rK(t),\ K(0) = K_0,\ K(T) = K_T.\end{aligned}$$

해밀턴 함수는

$$H(t,c(t),K(t)) = e^{-\rho t}u(c(t)) + \lambda(c(t) + w(t) - rK(t))$$

이다. $c^*(t), K^*(t)$ 가 소비-저축 모형의 해라고 하면 필요조건은 (i) $H_c = e^{-\rho t}u'(c) - \lambda = 0$, (ii) $-H_K = -r\lambda = \lambda'$, (iii) $H_\lambda = c + w - rK = K'$, (iv) $x(0) = x_0$, $K(T) = K_T$ 이다. (i)을 t 에 대해 미분하면 $e^{-\rho t}u''c' - \rho e^{-\rho t}u' = \lambda'$ 이다. 이 식에 (ii)를 대입하여 정리하면 예제 13.A.3에서와 마찬가지로

$$-\frac{c'u''(c)}{u'(c)} = r - \rho$$

를 얻는다. ■

PART VI

확률 이론

제 14 장　확률모형과 확률변수

제 15 장　이산확률변수와 연속확률변수

제 16 장　조건부확률과 조건부기댓값

확률은 불확실한 상황을 표현하고 분석할 수 있는 유용한 수학적 도구이다. 통상적인 경제/경영 모형 분석은 의사결정에 따른 행동과 그 결과가 일대일의 관계에 있다는 가정 하에서 이루어진다. 그러나 현실에 있어서는 같은 행동에 대해 여러 가지 다른 결과 즉, 불확실한 결과가 뒤따르기 마련이다. 확률 이론만이 불확실성을 분석할 수 있는 이론은 아니지만 가장 보편적으로 사용된다. 6편에서는 불확실성을 확률모형으로 구현하는 근본적 원리에 대해 논의하기로 한다.

14장에서는 간단한 불확실성 모형들을 살펴보고 이것을 토대로 확률모형과 확률이론의 핵심적인 개념인 확률변수에 대해 살펴본다. 15장에서는 두 종류의 확률변수, 이산확률변수와 연속확률변수 그리고 이들의 확률적 분포에 대해 알아본다. 마지막 장에서는 축적된 정보를 활용하여 확률변수의 확률적 분포를 갱신하는 과정 즉, 조건부확률과 조건부기댓값에 대해 논의한다.

CHAPTER 14

확률모형과 확률변수

이 장에서는 앞으로 논의할 확률 이론을 이해하는 데 도움이 될 몇 가지 확률적 실험 모형에 대해 설명한다. 아울러 동전을 한 번 또는 두 번 던져 앞면이 나올지, 또는 뒷면이 나올지를 알아보는 간단한 실험과 이것을 응용한 주식시장모형에 대해 살펴보기로 한다.

14.1 불확실성 하에서의 의사결정

모든 결과에는 이를 일으키는 동인이 있게 마련이다. 이 동인은 자연현상일 수도 있고 인간의 행동일 수도 있다. 많은 사람들이 먹구름이 끼면 비가 올 것으로, 중동지역에 분쟁이 발생하면 원유가격이 오를 것으로 예상한다. 앞일에 대해 예상을 하는 이유는 예상되는 결과에 따라 취할 행동이 달라지기 때문이다. 비가 올 것 같으면 우산을 준비하고, 원유가격이 오를 것 같으면 가격의 상승에 따른 미래의 손실 가능성에 대비하기 위해 원유 선물 계약을 체결할 수 있다.

그런데 같은 동인에 대해서도 단 하나의 결과가 발생하는 것은 아니다. 먹구름이 끼어도 비가 오지 않을 수도 있고 지역적 분쟁은 국제기구나 다른 나라들의 중재를 통해 평화적으로 해결될 수도 있다. 지금 어떤 행동을 취할 것인가 하는 것은 앞으로 어떤 결과가 일어날 것인가와 그 가능성에 의존하게 된다. 먹구름이 끼어도 비가 올

가능성이 그리 크지 않다고 판단되면 우산을 준비할 필요가 없다. 분쟁이 제한적이고 일시적일 가능성이 많다면 원유 가격의 변동 위험에 대한 헤징은 고려하지 않아도 괜찮을 것이다.

어떤 경우에는 한 가지 결과만 일어난다고 가정할 수 있다. 예를 들어 현재 지구상에 살고 있는 사람 중 200 년 후에도 살아 있는 사람이 있을 가능성은 없다고 생각하는 것이 합리적이다. 그러나 거의 대부분의 경우 한 가지 동인에 대해 다수의 결과가 존재한다. 그런데 일어날 수 있는 모든 결과를 파악하는 것은 현실적으로 불가능할 뿐 아니라 의사결정에 도움이 되지도 않는다. 우산을 준비할 것인가 말 것인가와 같은 단순한 결정을 하기 위해서는 비가 올 것인지 아닌지만 판단하면 되는 것이지 예상 강수량을 mm 단위로 알아야 할 필요는 없다. 또 비를 조금 맞는 것은 별로 개의치 않는다면 비가 많이 올지 아니면 조금 올지만을 생각해 보는 것으로 충분하다. 따라서 의사결정의 목적에 따라 결과의 정의도 달라진다.

이와 같이 미래에 발생할 수 있는 불확실한 결과에 어떻게 대처할 것인가 하는 것을 다루는 연구 분야를 '**불확실성 하에서의 의사결정 (decision-making under uncertainty)**'이라고 한다. 이 문제 해결에 도움을 주는 유용한 도구가 확률 개념이다. 확률은 미래에 일어날 수 있는 사건의 가능성에 대한 경험적 지식이나 주관적 믿음이며 0 과 1 사이의 값으로 표현한 것이다. (사건은 결과와 밀접히 연관되지만 다른 개념이다. 엄밀한 의미의 사건은 앞으로 다룰 것이며 여기서는 일상적인 의미의 사건으로 생각한다.) 어떤 사건이 일어날 확률 값이 클수록 그 사건이 일어날 가능성이 크다고 해석한다. 어떤 사건이 일어날 확률이 0 이라면 그 사건은 절대로 일어나지 않음을 의미한다. 반대로 어떤 사건이 일어날 확률이 1 이라면 그 사건은 반드시 일어난다는 것을 뜻한다. 지금 막 태어난 어린아이가 200 년 후에도 생존할 확률은 0 이라고 생각할 수 있다. 반면 어떤 특정 동전을 여러 번 던졌을 때 대략 절반 정도가 앞면이 나왔다면 이 동전의 앞면이 나올 확률은 0.5 로 가정하는 것이 합리적일 것이다.

14.2 동전 던지기

14.2.1 동전 1 회 던지기

2 편의 금융자산시장 모형에서는 불확실한 미래 상황을 '상태'로 표현하였으나 확률 이론에서는 보통 '**결과 (outcome)**'로 부른다. 동전을 던져 그 결과를 알아보는 실험을 생각해보자. 일반적으로 예상할 수 있는 결과는 '앞면'과 '뒷면' 두 가지가 있다. 그러나 엄밀히 말하면 똑바로 서는 가능성도 배제할 수는 없다. 또 가능성은 거의 없지만 비스

듬히 서거나 또는 공중에서 사라져 버릴지도 모른다. 이와 같이 상상할 수 있는 모든 경우를 생각하는 것은 불가능할 뿐 아니라 현실적으로 유용하지 못하므로 실험 결과는 앞면이나 뒷면 둘 중의 하나라고 가정하기로 한다. 결과가 불확실한 상황을 분석하는 대표적인 수학적 도구는 **확률모형** (**probability model**) 이다.

표본공간 (**sample space**) 은 모든 가능한 실험 결과들의 집합이다. 동전을 던져 앞면이 나오는 결과를 H, 뒷면이 나오는 결과를 T 로 표현하자. 동전 던지기 실험의 표본공간 Ω 는 이 결과들의 집합이며

$$\Omega = \{H, T\}$$

이다. 이 실험을 수행한 사람에게 그 결과를 물어 본다면 보통 "앞면이다." 또는 "뒷면이다." 둘 중 하나로 대답할 것이다. 그러나 별 의미는 없지만 앞면이 나왔을 때 (마찬가지로 뒷면이 나왔을 때) "앞면 또는 뒷면이다." 라고 대답할 수도 있다. 또 사실이 아니지만 "앞면과 뒷면 어느 것도 아니다."라고 대답할 수도 있다. "앞면이다," "뒷면이다," "앞면 또는 뒷면이다," "앞면과 뒷면 어느 것도 아니다."와 같은 표현을 **사건** (**event**) 이라고 한다. 다시 말해 사건은 결과 개념을 확장한 것이며 결과들의 모음으로 정의된다.

1편 1장에서 논의한 대로 사물들의 모음은 집합이므로 사건은 결과들의 집합으로 표현할 수 있다. 예를 들어 "앞면이다."는 $\{H\}$ 로, "뒷면이다."는 $\{T\}$ 로 표현할 수 있다. 마찬가지로 "앞면 또는 뒷면이다."와 "앞면과 뒷면 어느 것도 아니다."는 각각 $\{H, T\} = \Omega$ 와 $\emptyset$ 이 된다. 어떤 사건이 일어난다는 것은 해당 집합에 속한 결과 중 하나가 실현된다는 것을 의미한다. 예를 들어 "앞면 또는 뒷면이다."는 Ω 의 원소 H 나 T 가 실현됨을 의미한다. 사건 $\emptyset$ 은 원소가 없으므로 H 와 T 어느 것도 실현될 수 없고 따라서 사건 "앞면과 뒷면 어느 것도 아니다."에 해당한다. 실제로는 H 나 T 중 하나가 항상 실현되므로 $\emptyset$ 은 일어날 수 없는 사건을 나타낸다.

사건은 결과들의 집합이므로 Ω 의 부분집합이다. 결과는 사건을 구성하는 원소이고 사건과는 다른 개념임을 유념하여야 한다. 예를 들어 H 는 결과이지만 $\{H\}$ 는 사건이다. 앞에서 논의한 사건들의 집합을 $\mathscr{F}$ 라고 하면

$$\mathscr{F} = \{\emptyset, \{H\}, \{T\}, \Omega\}$$

이며 이것은 Ω 의 모든 부분집합들의 집합이다. (뒤에서 논의하겠지만 항상 Ω 의 모든 부분집합을 사건으로 생각할 수 있는 것은 아니다.) 어떤 결과도 실현되지 않는 사건

즉, 일어나지 않는 사건 $\emptyset$ 과 적어도 하나의 결과가 실현되는 사건 즉, 항상 일어나는 사건 Ω 는 현실적으로는 큰 의미가 없으나 수학적 완비성을 위해 $\mathscr{F}$ 에 포함된다.

확률모형에서 결과에 더하여 구태여 사건을 정의하는 이유는 의사결정자의 의사결정에 실질적으로 중요한 요소는 사건이기 때문이다. 예를 들어 오전에 외출을 준비하는 사람을 생각해 보자. 오후가 되면 비가 오지 않거나 조금 오거나 많이 올 수 있는데 일기예보에 의하면 각각 10%, 70%, 20% 의 가능성이 있다고 하자. 이 사람이 비 맞는 것을 매우 싫어한다면 비가 조금이라도 오는 가능성이 90% 이기 때문에 우산을 준비할 것이다. 반면 우산을 들고 다니는 것을 귀찮게 생각한다면 비가 많이 오지는 않을 가능성이 80% 이기 때문에 우산 없이 외출하려 할 것이다. 여기서 비가 조금이라도 오는 상황은 비가 조금 오거나 많이 오는 두 결과로 구성된 사건이다. 마찬가지로 비가 많이 오지는 않는 상황은 비가 오지 않거나 조금 오는 두 결과로 구성된 사건이다.

사건이 일어날 가능성을 **확률 (probability)** 이라고 한다. 앞에서 언급한 대로 확률은 0과 1 사이의 값으로 정의되며 어떤 사건의 확률이 클수록 그 사건이 일어날 가능성이 크다는 것을 의미한다. 결과의 가능성을 알고 있을 때 모든 사건의 확률을 정의해보자. 동전 1회 던지기에서 앞면이 나올 가능성이 0과 1 사이의 실수 p 라고 하자. 앞면이 나올 가능성이 클수록 p 값이 커진다. 결과는 앞면 아니면 뒷면이기 때문에 뒷면일 가능성은 $q = 1 - p$ 이다.

p 값을 구하는 대표적인 방법은 실험이다. 이 방법의 근거는 앞면이 나올 가능성이 p 일 때 동전던지기 실험을 상당히 많이 수행하면 앞면이 나올 빈도의 비중은 p 에 접근하게 된다는 데 있다. 이것을 **대수의 법칙 (law of large numbers)** 이라고 한다. 예를 들어 이 실험을 10,000 번 독립적으로 수행한 결과 H 가 6,000 번 나오고 T 가 4,000 번 나왔다면 $p = \frac{6,000}{10,000} = 0.6$ 이고 $q = \frac{4,000}{10,000} = 0.4$ 로 생각할 수 있다.[1]

사건 $\{H\}$ 가 일어날 확률은 H 가 실현될 가능성 p 로, $\{T\}$ 가 일어날 확률은 T 가 실현될 가능성 q 로 정의하는 것이 합리적이다. 마찬가지로 Ω 는 항상 일어나므로 (실험 결과가 H 아니면 T 이므로) 1로, $\emptyset$ 은 절대로 일어나지 않으므로 (실험 결과가 H 도 아니고 T 도 아닐 수는 없으므로) 0 으로 정의하여야 한다. 이것을 정리하면

$$P(\emptyset) = 0,\ P(\{H\}) = p,\ P(\{T\}) = q,\ P(\Omega) = 1$$

[1] 실험만이 결과가 실현될 가능성을 구하는 유일한 방법은 아니다. 예를 들어 우리나라의 8 월의 평균기온이 25° 에서 30° 사이일 가능성은 과거 수십 년에 걸쳐 축적된 데이터를 통해 구할 수 있다. 반면 처음 만난 이성 친구가 자신을 좋아할 가능성은 주관적으로만 판단할 수 있다.

로 나타낼 수 있다. P는 정의역이 집합의 집합인 함수이다. 독립변수에 해당하는 변량이 집합이므로 P를 **확률집합함수** (probability set function) 또는 **확률측도** (probability measure) 라고 한다.

14.2.2 동전 2회 던지기

같은 동전을 2회 반복하여 던지는 실험에서 표본공간, 사건들의 집합, 확률집합함수에 대해 생각해보자. 두 번 이상의 실험으로 구성된 실험을 **복합실험** (compound experiment) 이라고 하며 각 **요소실험** (component experiment) 을 **단순실험** (simple experiment) 이라고 한다. 요소실험들은 독립적일 수도 있고 종속적일 수도 있다. 독립적이라는 것은 어느 한 실험의 결과가 다른 실험의 결과에 영향을 받지 않는다는, 또는 의존하지 않는다는 것을 뜻한다. 동전 2회 던지기 실험에서 동전을 두 번째 던질 때 이 동전이 앞면이 나올 가능성은 첫 번째 던졌을 때의 결과에 영향을 받지 않을 것이므로 첫 번째 실험과 두 번째 실험은 독립적이라고 할 수 있다. 그러나 앞면이 나올 확률이 서로 다른 두 개의 동전이 들어 있는 항아리에서 한 개를 무작위로 뽑는 실험과 뽑힌 동전을 한 번 던지는 실험에서는, 동전이 앞면이 나올 가능성은 항아리에서 어떤 동전이 뽑히는가에 따라 달라지므로 이 두 실험은 독립적이라고 할 수 없다.

첫 번째 실험에서의 표본공간을 Ω_1 이라고 하면 $\Omega_1 = \{H, T\}$ 이다. 마찬가지로 두 번째 실험에서의 표본공간을 Ω_2 이라고 하면 Ω_2 역시 $\{H, T\}$ 이다. 두 실험의 결과는 (i) 양 실험에서 모두 앞면이 나오는 경우 (HH), (ii) 첫 번째는 앞면이 나오고 두 번째는 뒷면이 나오는 경우 (HT), (iii) (ii)의 반대 경우 (TH), (iv) 양 실험에서 모두 뒷면이 나오는 경우 (TT)의 4가지가 있다. 따라서 동전을 2회 던지는 실험의 표본공간을 Ω 라고 하면

$$\Omega = \Omega_1 \times \Omega_2 = \{HH, HT, TH, TT\}$$

이다.

Ω에는 4개의 원소가 있으므로 Ω의 부분집합, 즉 사건은 모두 $2^4 = 16$ 개가 있다. 모든 사건들의 집합을 $\mathscr{F}$ 라고 하면

$$\begin{gathered}\mathscr{F} = \{\emptyset, \{HH\}, \{HT\}, \{TH\}, \{TT\}, \\ \{HH, TH\}, \{HH, TT\}, \{HT, TH\}, \{HT, TT\}, \{TH, TT\}, \\ \{HH, HT\}, \{HH, HT, TH\}, \{HH, HT, TT\}, \{HH, TH, TT\}, \{HT, TH, TT\}, \Omega\}\end{gathered}$$

이다.

$\mathscr{F}$ 에 포함된 사건은 동전을 두 번 던져 일어날 수 있는 결과들의 모음이다. 예를 들어 $\{HH\}$ 는 동전 두 개가 모두 앞면인 사건이고 $\{HT, TH, TT\}$ 는 뒷면이 적어도 한번은 나오는 사건이다.

문제 14.1 $\{HH, HT, TH\}$ 와 $\{HT, TH\}$ 는 어떤 사건인지를 설명하라. ■

첫 번째 동전이 앞면인 사건을 $A = \{HH, HT\}$ 라고 하자. 이 사건은 첫 번째, 두 번째 동전이 모두 앞면인 사건 $A^1 = \{HH\}$ 이 일어나거나 첫 번째 동전이 앞면이고 두 번째 동전이 뒷면인 사건 $A^2 = \{HT\}$ 가 일어나는 것과 같다. 집합기호로 표현하면 $A = A^1 \bigcup A^2$ 이다. 다시 말해 두 사건 중 어느 한 사건이 일어나는 사건은 두 사건의 합집합으로 표현할 수 있다. 두 동전 모두 뒷면이 아닌 사건, $\{HH, HT, TH\}$ 가 일어나거나 첫 번째 동전이 뒷면인 사건, $\{TH, TT\}$ 가 일어나는 사건은 이 두 사건의 합집합 $\{HH, HT, TH\} \bigcup \{TH, TT\} = \Omega$ 이다. n 개의 사건 $A^1, A^2, \cdots, A^n$ 에 대해

$$\bigcup_{i=1}^{n} A^i = \Omega$$

이면 이 사건들을 **총망라적 (collectively exhaustive)** 이라고 한다.

문제 14.2 첫 번째 동전이 앞면인 사건과 뒷면이 한번 이상 나오는 사건은 총망라적임을 보여라. ■

다음으로 첫 번째 동전이 앞면인 사건 $A^1 = \{HH, HT\}$ 과 두 번째 동전이 앞면인 사건 $A^2 = \{HH, TH\}$ 를 생각하자. 이 두 사건이 동시에 일어나는 것은 동전 두 개가 모두 앞면인 사건 $A = \{HH\}$ 과 같으므로 $A = A^1 \bigcap A^2$ 이다. 다시 말해 두 사건이 동시에 일어나는 사건은 이 두 집합의 교집합으로 표현할 수 있다.

어느 한 사건이 일어나면 다른 한 사건은 절대로 일어날 수 없는 경우가 있다. 예를 들어 첫 번째 동전이 앞면인 사건과 첫 번째 동전이 뒷면인 사건은 동시에 일어날 수 없다. 다시 말해 $\{HH, HT\} \bigcap \{TH, TT\} = \emptyset$ 이다. 두 사건 A^1 과 A^2 에 대해

$$A^1 \bigcap A^2 = \emptyset$$

이면 이 두 사건을 **상호배타적 (mutually exclusive)** 이라고 한다.

앞면이 나올 가능성이 p 이고 뒷면이 나올 가능성이 $q = 1 - p$ 일 때 $\mathscr{F}$ 의 각 사건에 대한 확률, 즉 확률집합함수를 정의하자. (단, $0 \leq p, q \leq 1$) 동전 2회 던지기 실험을 독립적으로 10,000 번 수행하면 첫 번째 던지기에서 앞면은 대략 $10{,}000p$ 번일 것이고

이 중 두 번째 던지기에서 또 앞면이 나올 횟수는 대략 $(10{,}000p) \times p$ 번 나올 것이다. 따라서 사건 $\{HH\}$ 가 일어날 확률은 $p^2 = \frac{10{,}000p^2}{10{,}000}$ 으로 정의하는 것이 합리적이다. 마찬가지로 생각하면 사건 $\{HT\}$ 와 $\{TH\}$ 가 일어날 확률은 각각 pq, 사건 $\{TT\}$ 가 일어날 확률은 q^2 이 된다. 이것을 확률집합함수로 나타내면

$$P(\{HH\}) = p^2,\ P(\{HT\}) = P(\{TH\}) = pq,\ P(\{TT\}) = q^2$$

이다.

다른 사건들에 대해서도 확률을 정의하여 보자. 상호배타적 사건 $\{HH\}$ 와 $\{HT\}$ 중 한 사건이 일어나는 사건은 $\{HH\}\bigcup\{HT\} = \{HH, HT\}$ 인데 이것은 첫 번째 던지기에서 앞면이 나올 확률이므로 p 가 되어야 한다. 즉, $P(\{HH, HT\}) = p$ 이다. 그런데 상호배타적인 사건 $\{HH\}$ 와 $\{HT\}$ 가 일어날 확률의 합은 $p^2 + pq = p(p+q) = p$ 이므로 첫 번째 던지기에서 앞면이 나올 확률과 같다. A^1 과 A^2 가 상호배타적이면 두 사건 중 하나가 일어날 확률은

$$P(A^1 \bigcup A^2) = P(A^1) + P(A^2)$$

으로 생각할 수 있다.

$\{HH, HT, TH\} = \{HH\}\bigcup\{HT\}\bigcup\{TH\}$ 이므로 $\{HH, HT, TH\}$ 은 세 상호배타적인 사건, $\{HH\}$, $\{HT\}$, $\{TH\}$ 중 하나가 일어나는 사건이다. 따라서

$$\begin{aligned} P(\{HH, HT, TH\}) &= P(\{HH\}) + P(\{HT\}) + P(\{TH\}) \\ &= p^2 + 2pq = p(1+q) \end{aligned}$$

이다. 그런데 이 사건은 두 상호배타적 사건 $\{HH, HT\}$ 와 $\{TH\}$ 중 한 사건이 일어나는 사건이다. 따라서 $P(\{HH, HT, TH\}) = P(\{HH, HT\}) + P(\{TH\}) = p + pq = p(1+q)$ 로 계산할 수도 있다.

문제 14.3 $\{HH, HT, TH\} = \{HH\}\bigcup\{HT, TH\}$ 를 이용하여 $P(\{HH, HT, TH\})$ 를 계산하라. $P(\{HH, HT, TH\}) \neq P(\{HH, HT\}) + P(\{HT, TH\})$ 인 이유를 설명하라. ■

Ω 는 일어날 수 있는 모든 결과 중 적어도 하나가 일어나는 사건이므로 확률이 1 이어야 한다. 이것은 $P(\Omega) = P(\{HH\}) + P(\{HT\}) + P(\{TH\}) + P(\{TT\}) = p^2 + 2pq + q^2 = (p+q)^2 = 1$ 이므로 성립한다. 또 $P(\Omega) = P(\{HH, HT, TH\}) + P(\{TT\})$

로 계산하여도 $(p^2 + 2pq) + q^2 = 1$을 얻는다. 이와 같은 방법으로 각 사건의 확률을 계산하면 다음과 같다.[2]

$$\begin{aligned}
&P(\emptyset) = 0,\\
&P(\{HH\}) = p^2, P(\{HT\}) = P(\{TH\}) = pq, P(\{TT\}) = q^2,\\
&P(\{HH,HT\}) = P(\{HH,TH\}) = p, P(\{HH,TT\}) = p^2 + q^2,\\
&P(\{HT,TH\}) = 2pq, P(\{HT,TT\}) = P(\{TH,TT\}) = q,\\
&P(\{HH,HT,TH\}) = p(1+q),\\
&P(\{HH,HT,TT\}) = P(\{HH,TH,TT\}) = p^2 + pq + q^2,\\
&P(\{HT,TH,TT\}) = q(1+p),\\
&P(\Omega) = 1.
\end{aligned}$$

문제 14.4 위 결과를 확인하고 해석하라. ■

14.3 주식시장모형

14.2.2절에서 논의한 동전 2회 던지기 실험을 보다 현실적인 문제, 주식시장 모형으로 바꾸어 보자. 주식시장 모형은 앞으로의 논의에서 빈번히 사용된다. 그림 15.4에 2기간 3시점 주식시장 모형이 나타나 있다.

시점 0에서의 주식가격은 S_0이다. 이 주식은 시점 1과 시점 2에서만 거래되며 시점 3 이후에는 시장은 폐쇄된다. 매 기간 시간할인율은 β이다. 매 시점 주식가격은 $u-1$의 비율로 올라가거나 $1-d$의 비율로 내려간다. (단, $0 < d < \frac{1}{\beta} < u$.[3]) 다시 말해 시점 1에서 주식가격은 uS_0이거나 dS_0이고 시점 2에서의 주식가격은 u^2S_0, udS_0, d^2S_0 중 하나가 된다.

예제 14.1 $S_0 = 100$, $p = \frac{2}{3}$, $u = 1.2$, $d = 0.9$라고 하자. 시점 1에서의 주식가격은 $\frac{2}{3}$의 확률로 120이거나 $\frac{1}{3}$의 확률로 90이 된다. 시점 1에서의 주식가격이 120이면 시점 2에서는 확률 $\frac{2}{3}$로 144, 확률 $\frac{1}{3}$로 108이 된다. 마찬가지로 시점 1에서의 주식가격이 90이면 시점 2에서는 확률 $\frac{2}{3}$로 108, 확률 $\frac{1}{3}$로 81이 된다. ■

---

[2] $P(\Omega)$를 계산할 때 Ω의 상호배타적이고 총망라적인인 사건들의 확률의 합으로 계산함을 유의하라. 또한 $P(\Omega) = P(\Omega \bigcup \emptyset) = P(\Omega) + P(\emptyset)$이므로 $P(\emptyset) = 0$이다.

[3] 이 가정은 2편 5.6.1에서 살펴본 바와 같이 무위험차익거래 가능성을 배제하기 위해 필요하다.

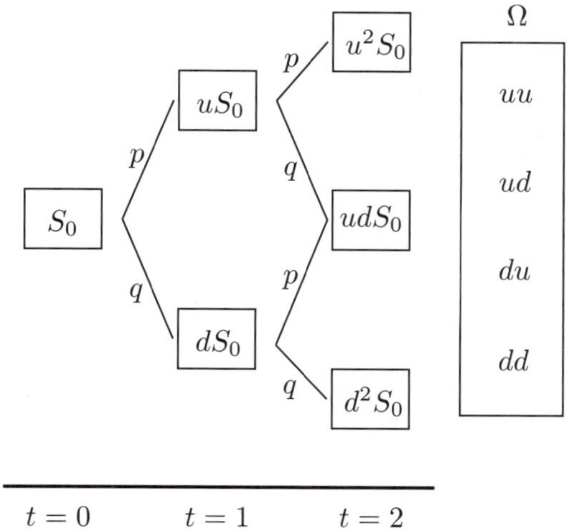

그림 14.1 주식시장 모형

매 시점에서의 가격 변동은 타 시점과는 관계없이 독립적으로 이루어진다고 하자. 각 시점에서의 결과는 주식가격이 오르는 경우와 내리는 경우 두 가지가 있다. 오르는 경우를 u, 내리는 경우를 d 라고 표현하자. 시점 1에서의 표본공간을 Ω_1 이라고 하면 $\Omega_1 = \{u, d\}$ 이다. 마찬가지로 시점 2에서의 표본공간을 Ω_2 이라고 하면 $\Omega_2 = \{u, d\}$ 이다. 시점 1과 2의 가격변동의 결과는 (i) 양 시점 모두 오르는 경우(uu), (ii) 시점 1에서 오르고 시점 2에서 내리는 경우(ud), (iii) (ii)의 반대 경우(du), (iv) 양 시점 모두 내리는 경우(dd)의 4가지가 있다. 따라서 시점 1과 2의 가격변동의 표본공간을 Ω 라고 하면

$$\Omega = \Omega_1 \times \Omega_2 = \{uu, ud, du, dd\}$$

이며 모든 사건들의 집합을 $\mathscr{F}$ 라고 하면

$$\begin{gathered}\mathscr{F} = \{\emptyset, \{uu\}, \{ud\}, \{du\}, \{dd\},\\ \{uu, ud\}, \{uu, du\}, \{uu, dd\}, \{ud, du\}, \{ud, dd\}, \{du, dd\},\\ \{uu, ud, du\}, \{uu, ud, dd\}, \{uu, du, dd\}, \{ud, du, dd\}, \Omega\}\end{gathered}$$

이다.

예제 14.2 사건 $\{uu, ud\}$ 는 시점 1에서 가격이 오르는 사건이고 $\{dd\}$ 는 시점 1과 2에서 주식가격이 모두 내리는 사건이다. ■

문제 14.5 $\{uu, ud, du\}$ 와 $\{ud, du\}$ 는 각각 어떤 사건인지를 설명하라. ■

매 시점에서 주식가격이 오르는 가능성은 경험적으로 p 이고 내리는 가능성은 $q = 1-p$ 임이 알려져 있다고 하자. (단, $0 \le p, q \le 1$.) p 와 q 를 이용하여 각 사건의 확률을 정의하면 다음과 같다.

$$
\begin{aligned}
&P(\emptyset) = 0,\\
&P(\{uu\}) = p^2, P(\{ud\}) = P(\{du\}) = pq, P(\{dd\}) = q^2,\\
&P(\{uu, ud\}) = P(\{uu, du\}) = p, P(\{uu, dd\}) = p^2 + q^2,\\
&P(\{ud, du\}) = 2pq, P(\{ud, dd\}) = P(\{du, dd\}) = q,\\
&P(\{uu, ud, du\}) = p(1+q),\\
&P(\{uu, ud, dd\}) = P(\{uu, du, dd\}) = p^2 + pq + q^2,\\
&P(\{ud, du, dd\}) = q(1+p),\\
&P(\Omega) = 1.
\end{aligned}
$$

문제 14.6 위 결과를 확인하고 해석하라. ■

14.4 확률 모형의 개관

14.4.1 확률공간

이제까지 간단한 확률적 모형을 통해 살펴본 확률의 기본적인 개념들 즉, 표본공간, 사건들의 집합과 확률집합함수에 대해 보다 엄밀하게 논의하고 이를 토대로 일반적인 확률모형을 정의하기로 하자. 시점 0(현재)에서 행동을 취하는 어떤 의사결정자를 생각하자. 의사결정자의 행동에 대한 성과는 시점 1(미래)에서 실현되는 결과에 따라 달라진다.[4] 결과를 ω 로 표현하자. ω 는 어느 초월자에 의해 이미 정해져 있지만 의사결정자는 시점 0에서는 ω 가 무엇인지를 알 수 없고 시점 1에 이르러서만 알 수 있다고 생각하자. 의사결정자는 시점 1에서 어떤 결과가 실현될지 모르므로 각 ω 의 (주관적 혹은 객관적으로 추정된) 실현 가능성을 고려하여 행동을 취하게 된다.

이 모형은 지나치게 단순하여 그리 유용하다고 할 수 없다. 이제 이 모형을 미래가

[4] 예를 들어 5,000원을 내면 동전을 한 번 던질 수 있고, 앞면이 나오는 경우에만 10,000원을 받을 수 있는 내기에 응할 것인지 말 것인지를 결정해야 하는 사람을 생각할 수 있다.

두 개의 시점(시점 1과 시점 2)으로 표현되는 모형으로 확장하자. 초월자는 시점 0에서 시점 2의 결과가 무엇인지를 알고 있지만 의사결정자는 각 ω의 실현 가능성만에 대해서만 알고 있다는 점에서는 앞에서의 단순한 모형과 다를 바 없다. 그러나 시점 1이 되면 의사결정자는 (진정한) ω에 대해 불완전하지만 도움이 되는 정보를 얻을 수 있다. 예를 들어 동전 2회 던지기에서 초월자가 $\omega = HH$로 정했다고 하자. 동전을 한 번 던지면 앞면이 나온다. 이것은 사건 $\{HH, HT\}$가 일어나는 것이고 이것을 관찰하면 $\omega \in \{HH, HT\}$이고 $\omega \notin \{TH, TT\}$임을 알 수 있게 된다. $\omega \in \{HH\}$인지, $\omega \in \{HT\}$인지는 알 수 없지만 $\omega \neq TH, TT$임은 알 수 있다. 이것은 표본공간이 사실상 $\{HH, HT\}$으로 줄어든 셈이다.

동전의 앞면이 나온 것을 확인한 후에 또 다른 의사결정을 할 필요가 있다면 HH와 HT의 실현 가능성을 동전을 던지기 전에 추정한 값보다 더 높게 수정할 것이다. 이와 같이 수집된 정보를 이용하여 수정된 사건의 확률을 조건부확률이라고 하며 14.5.1절과 16장에서 다룰 것이다. 따라서 (반복적인) 확률적 실험은 정보의 수집을 통해 ω를 보다 정확하게 추정하기 위해 노력하는 과정이라고 할 수 있다.

이상의 논의로부터 단순한 모형에서는 사건의 개념이 별도로 필요하지 않지만 확장된 모형에서는 정보의 수집과 관련하여 필수적임을 알 수 있다. 또한 결과의 실현 가능성에 더하여 사건의 가능성 즉, 확률의 개념이 필요할 것임을 쉽게 짐작할 수 있다. 표본공간 Ω를 확률적 결과의 집합, $\mathscr{F}$를 모든 사건(잠정적으로 Ω의 모든 부분집합)들의 집합, P를 $\mathscr{F}$의 각 사건에 대해 정의되는 확률이라고 하자.

$$(\Omega, \mathscr{F}, P)$$

를 **확률공간(probability space)**이라고 부른다. Ω와 $\emptyset$은 Ω의 부분집합이므로 항상 $\Omega \in \mathscr{F}$, $\emptyset \in \mathscr{F}$이다. $\mathscr{F}$의 원소, 즉 사건은 $A, B, \cdots$ 등으로 표현하기로 한다.

Ω는 유한집합, 가산무한집합이거나 비가산집합일 수 있다. 위 동전 던지기 실험에서는 결과가 4개이므로 유한집합이다. 가산무한집합의 예로서는 동전을 던져 앞면이 나오면 끝나고 결과는 그 때까지의 동전을 던진 횟수인 실험을 생각할 수 있다. 이 경우 표본공간은 $\Omega = \{1, 2, \cdots\}$이 된다. $[0, 1]$에서 숫자 한 개를 무작위적으로 뽑는 실험은 결과가 0과 1 사이의 숫자, 즉 $\Omega = [0, 1]$이므로 Ω가 비가산집합인 예이다.

Ω가 유한집합이거나 가산무한집합이면 동전 던지기 실험에서처럼 $\mathscr{F}$를 Ω의 모든 부분집합의 집합으로 정의하여도 아무런 문제가 없다. 다시 말해 Ω의 어떤 부분집합도 사건으로 생각할 수 있고 각 사건에 대해 확률을 정의할 수 있다. 그러나 비가산집합인 경우 Ω의 모든 부분집합을 사건으로 생각하면 어떤 부분집합에 대해서는

의미 있는 확률을 정의할 수 없는 경우가 생긴다. Ω가 비가산집합인 경우에는 보통 확률을 정의하는 데 아무 문제가 없는 사건들로부터 출발하여 '직관적이지 않지만 의미 있는' 사건들에까지 확장한다. 이를 위해서는 **측도이론(measure theory)**이 필요하나 이 책의 수준을 넘어서므로 Ω가 비가산집합이면 $\mathscr{F}$는 (아래 14.4.2절에서 제시되는) 확률 정의와 모순되지 않는 (다시 말해 확률이 정의될 수 있는) 사건들의 집합 정도로 생각하기로 한다.[5,6]

확률모형이 의미가 있기 위해서는 사건 A가 일어날 확률이 정의되면 이 사건이 일어나지 않을 확률도 정의되며, $A^1, A^2, \cdots$가 일어날 확률이 정의되면 이 사건 중 하나가 일어날 확률도 정의되어야 한다. 이런 관점에서 사건들의 집합 $\mathscr{F}$는 다음 특성을 갖는 Ω의 부분집합들의 집합으로 정의된다. $A \in \mathscr{F}$이면 $A^c \in \mathscr{F}$이고 $A^1, A^2, \cdots \in \mathscr{F}$이면 $\bigcup_{i=1}^{\infty} \in \mathscr{F}$이다.[7]

문제 14.7 (i) $A^1, A^2 \in \mathscr{F}$이면 $A^1 \bigcap A^2 \in \mathscr{F}$임을 보여라. (ii) 주식시장 모형에서의 $\mathscr{F}$는 위 특성을 만족함을 확인하라. ■

14.4.2 확률집합함수

전 절에서 결과가 일어날 가능성을 알고 있을 때 이것을 이용하여 사건의 확률을 정의하였다. 또한 이 확률은 몇 가지 성질을 갖고 있음을 보았다. 예를 들어 두 상호배타적인 사건의 합집합인 사건의 확률은 두 개별 사건의 확률의 합이다. 실제로 필요한 것은 사건의 확률이기 때문에 구태여 결과의 가능성으로부터 시작하여 사건의 확률로 확장하는 것은 큰 의미가 없다. 일반적인 확률모형에서는 전 절에서의 논의와 반대로 몇몇 성질을 갖는 함수를 확률집합함수 즉, 사건의 확률로 정의한다.

정의 14.1 (확률집합함수(probability set function)) 표본공간이 Ω이고 사건들의 집합이 $\mathscr{F}$일 때 다음 조건을 만족하는 함수 $P : \mathscr{F} \to [0, 1]$를 확률집합함수라고 한다.

(i) 모든 $A \in \mathscr{F}$에 대해 $P(A) \geq 0$,

---

[5]Box 14.2 참조. 부록 16.B에 입문 수준의 측도이론적 확률이론이 소개되어 있다.

[6]Ω가 유한집합과 가산무한집합의 경우에는 측도이론이 필요 없으나 앞에서의 주식시장모형에 대한 논의는 사실상 측도이론적 사고를 배경으로 하고 있다. 앞으로 비가산집합의 경우는 유한집합과 가산무한집합 경우의 결과에서 유추하여 생각하기로 한다.

[7]거꾸로 어떤 Ω의 부분집합들의 집합이 이 특성을 만족한다고 해서 이 집합을 사건들의 집합으로 생각할 수 있는 것은 아니다. Ω가 비가산집합인 경우 Ω의 모든 부분집합의 집합은 위 특성을 자동적으로 만족하지만 앞에서 언급한 바와 같이 모든 사건에 대해 확률을 정의할 있는 것은 아니다. 부록 16.B.2절 참조.

(ii) $P(\Omega) = 1$,

(iii) $A^1, A^2, \cdots \in \mathscr{F}$ 가 상호배타적이면 $P\left(\bigcup_{i=1}^{\infty} A^i\right) = \sum_{i=1}^{\infty} P(A^i)$.[8]

위 정의에서 $P(A)$ 는 사건 A 가 일어날 확률이며 전 절에서 다룬 확률집합함수를 일반화한 것임을 쉽게 알 수 있다. (i) 과 (ii) 의 의미는 자명하다. 전 절에서 유한개의 상호배타적인 사건들 중 적어도 한 사건이 일어날 확률은 각 사건이 일어날 확률의 합으로 생각하는 것이 합리적임을 살펴 본 바 있다. (iii) 은 이것을 무한개의 상호배타적 사건들로 확장한 것이다.[9]

Box 14.1 정의 14.1 (iii) 을 만족하는 확률집합함수를 **가산가법적** (**countably additive**) 이라고 한다. 확률집합함수가 $n < \infty$ 일 때만 이 성질을 만족하면 **유한가법적** (**finitely additive**) 이라고 한다. 어떤 사건들에 대해 확률이 정의되면 여집합과 유한개의 상호배타적인 집합들의 합집합에 대해서는 직관에 부합되는 (유한가법적인) 확률을 정의할 수 있으나 무한개의 합집합에 대해서는 다음 예에서 보는 바와 같이 반드시 그렇지는 않다. 다시 말해 문제 14.10 에서 보듯이 확률집합함수가 가산가법적이면 유한가법적이지만 그 역은 성립하지 않는다.

$\Omega = \{1, 2, \cdots\}$ 이고 $\mathscr{F}$ 는 Ω 의 모든 유한집합과 그 여집합의 집합이라고 하자. 모든 가산무한 부분집합이 $\mathscr{F}$ 의 원소는 아니다. 예를 들어 $A^1 = \{2, 3, \cdots\} \in \mathscr{F}$ 이지만 $A^2 = \{1, 3, 5, \cdots\} \notin \mathscr{F}$ 이다. 확률집합함수 P 를 A 가 유한집합이면 $P(A) = 0$, A^c 가 유한집합이면 $P(A) = 1$ 로 정의하자. 예를 들어 $(A^1)^c = \{1\}$ 이므로 $P(A^1) = 1$ 이다.

문제 14.8 A^i $(i = 1, 2, \cdots)$ 가 상호배타적이면 여집합이 유한한 집합은 최대 한 개만 있을 수 있음을 보여라. ■

상호배타적인 A^i 가 모두 유한집합이면 $P\left(\bigcup_{i=1}^{n} A^i\right) = 0 = \sum_{i=1}^{n} P(A^i)$ 이고 여집합이 유한한 집합이 한 개 있으면 $P\left(\bigcup_{i=1}^{n} A^i\right) = 1 = \sum_{i=1}^{n} P(A^i)$ 이다. 따라서 P 는 유한가법적이다. 그러나 $A^i = \{i\}$ 이면 $P(\bigcup_{i=1}^{\infty} A^i) = P(\Omega) = 1 \neq 0 = \sum_{i=1}^{\infty} P(A^i)$ 이므로 가산가법적이 아니다.

---

[8] $\sum_{i=1}^{\infty} P(A^i) = \lim_{n \to \infty} \sum_{i=1}^{n} P(A^i)$.

[9] 이 조건이 현실적 타당성을 갖는지에 대해서는 긍정도 부정도 하기 힘들지만 확률이론의 정립에 매우 긴요하다.

문제 14.9 주식시장모형의 확률집합함수가 위 정의를 만족함을 보여라. ■

문제 14.10 (iii)이 성립한다고 하자. $A^1, A^2, \cdots A^n$ 이 상호배타적인 $\mathscr{F}$ 의 원소이면 $P(\bigcup_{i=1}^n A^i) = \sum_{i=1}^n P(A^i)$ 임을 보여라. (단, $n < \infty$) ■

위 정의로부터 다음과 같은 몇 가지 유용한 결과를 얻을 수 있다.

정리 14.1 $A, B \in \mathscr{F}$ 라고 하자.

(i) $P(A^c) = 1 - P(A)$, $P(\emptyset) = 0$,

(ii) $A \subset B$ 이면 $P(B) = P(A) + P(B - A)$, $P(A) \leq P(B)$,

(iii) $P(A \bigcup B) = P(A) + P(B) - P(A \bigcap B) \leq P(A) + P(B)$.

증명 (i) A^c 와 A 는 상호배타적이다. 따라서 $P(A) + P(A^c) = P(A \bigcup A^c) = 1$ 이다. $P(\emptyset) = P(\Omega^c) = 1 - P(\Omega) = 0$ 이다. (ii) $A \bigcap (B - A) = \emptyset$ 이므로 $P(A) + P(B - A) = P(A \bigcup (B - A)) = P(B)$ 이다. $P(B) - P(A) = P(B - A) \geq 0$ 이다. □

문제 14.11 위 정리의 (iii)을 증명하라. ■

문제 14.12 동전을 던져 앞면이 나오면 끝나는 실험을 생각하자. 실험이 끝날 때까지 던진 동전의 횟수의 표본공간은 $\Omega = \{1, 2, \cdots\}$ 이다. 이 동전을 한 번 던져 앞면이 나올 가능성이 $\frac{1}{2}$ 이면 n 번째에 처음으로 앞면이 나올 사건의 확률은 $P(\{n\}) = 2^{-n}$ 으로 생각하는 것이 합리적이다. 이 확률집합함수를 이용하여 $P(\{1, 2, 3\} \bigcup \{4, 5\})$ 을 구하고 그 의미를 설명하라. $P(\Omega) = 1$ 을 증명하라. ■

예제 14.3 (숫자 1회 뽑기) $[0, 1]$ 에서 숫자 한 개를 무작위적으로 추출하는 실험의 표본공간은 $\Omega = [0, 1]$ 이다. $0 \leq a < b \leq 1$ 일 때 선택된 숫자를 ω 라고 할 때 $a \leq \omega \leq b$ 일 사건을 $[a, b]$ 라고 하자. 이 사건이 일어날 확률을 $P[a, b]$ 라고 하면 $P[a, b]$ 는 $[a, b]$ 의 $[0, 1]$ 에 대한 상대적 길이라고 생각하는 것이 합리적이다.[10] 그런데 $[a, b]$ 의 길이는 $b - a$ 로 생각할 수 있으므로 $P[a, b] = b - a$ 로 정의할 수 있다. 구간 $[a, b]$ 에 대해 확률을 이렇게 정의하면 확률집합함수의 성질을 이용하여 $[0, 1]$ 의 다른 부분집합에 대해 확률을 정의할 수 있다. 예를 들어 $P(\{a\}) = P[a, a] = a - a = 0$ 이다. 또한 $P[a, b] = P((a, b] \bigcup \{a\}) = P(a, b] + P(\{a\}) = P(a, b]$ 이므로 $P(a, b] = b - a = P[a, b]$ 이다. ■

[10] 엄밀히 말하면 $P([a, b])$ 로 표현하여야 하겠지만 간단히 $P[a, b]$ 로 쓰기로 한다. 이 확률 측도를 **르베그 측도 (Lebesgue measure)** 라고 한다.

문제 14.13 위 예제에서 (i) $P[a,b)$, $P(a,b)$, $P(\Omega)$를 구하라. (ii) $P(a,b] = b-a$ 임을 보여라. 이를 위해 먼저 $(a,b] = \bigcup_{i=1}^{\infty} \left[a+\frac{1}{i}, b\right]$ 임을 보여라. ■

Box 14.2 $\Omega = [0,1]$ 이라고 하면 다음 성질을 만족하는 집합 S와 상호배타적 S^i $(i = 1, 2, \cdots)$가 존재함이 알려져 있다. $P(S) = P(S^i)$ $(i = 1, 2, \cdots)$, $[0,1] = \bigcup_{i=1}^{\infty} S^i$. P가 정의 14.1 (iii)을 만족하면 $P(\Omega) = \sum_{i=1}^{\infty} P(S^i)$이다. S에 확률을 부여할 수 있다고 하자. $P(S) > 0$이면 $P(\Omega) = \infty$이고 $P(S) = 0$이면 $P(\Omega) = 0$이므로 정의 14.1 (ii)가 성립하지 않는다. 다시 말해 S에 확률을 부여할 수 없다.

이러한 가능성을 배제하기 위해 표본공간이 비가산집합이면 확률 정의에 문제가 되지 않는 특수한 부분집합들의 집합만을 고려한다. 특히 $\Omega = R$일 때 $(a,b]$ 형태의 모든 반열린구간과 이 반열린구간들의 여집합, 가산 합집합, 가산 교집합으로 구성된 집합을 **보렐 σ 집합대수 (Borel σ-algebra)** 라고 하며 $\mathscr{B}(R)$로 쓴다. $\mathscr{B}(R)$의 원소를 **보렐 집합 (Borel set)** 이라고 하는데 보렐 집합에 대해서는 항상 확률을 정의할 수 있다. (보렐 σ 집합대수와 σ 집합대수에 대한 보다 자세한 논의는 부록 16.B을 참조.) 우리가 일상적으로 접하는 열린구간과 닫힌구간과 같은 R의 부분집합은 보렐 집합이므로 실제 응용측면에서는 보렐 집합 여부에 대해 크게 신경 쓸 필요는 없다.

14.4.3 확률변수

많은 경우 의사결정자가 관심을 갖는 것은 결과가 아니고 결과에 따라 정해지는 성과이다. 예를 들어 어떤 사람이 동전을 두 번 던져 앞면이 한 번 이상 나오면 10,000원을 받기로 한다면 이 사람은 실현된 결과가 HH, HT 또는 TH 인지를 구별하는 데는 관심이 없고 사건 $\{HH, HT, TH\}$가 일어나는지, 사건 $\{TT\}$가 일어나는지, 다시 말해 10,000원을 받을 수 있는지 또는 없는지에만 관심이 있을 것이다. 받을 수 있는 금액은 결과에 따라 달라지므로 결과의 함수이다. 위 예는 $X(HH) = X(HT) = X(TH) = 10{,}000$, $X(TT) = 0$으로 정의되는 함수 $X : \Omega \to R$로 표현할 수 있다. 이와 같이 정의역이 Ω인 실가함수를 확률변수라고 한다.

확률공간을 이용하여 확률변수에 관한 여러 가지 특성을 알 수 있지만 Ω는 일반적인 집합이기 때문에 다루기가 불편하다. 확률변수에만 관심이 있다면 확률모형으로부터 얻을 수 있는 확률변수에 대한 확률적 정보를 실수 공간으로 옮겨 사용하는 것이 편리하다. 예를 들어 $\{HH, HT, TH\}$ 가 일어날 확률이 $\frac{2}{3}$, $\{TT\}$ 일어날 확률이 $\frac{1}{3}$ 이라면 10,000 원을 받을 확률이 $\frac{2}{3}$, 받지 못할 확률이 $\frac{1}{3}$ 로 생각하면 원래의 확률공간은 더 이상 고려할 필요가 없게 된다. 즉, $\Omega_X = \{10{,}000, 0\}$, $\mathscr{F}_X = \{\emptyset, \{10{,}000\}, \{0\}, \Omega_X\}$, $P_X(\emptyset) = 0, P_X(\{10{,}000\}) = \frac{2}{3}$, $P_X(\{0\}) = \frac{1}{3}$, $P_X(\Omega_X) = 1$ 로 정의하면 $(\Omega_X, \mathscr{F}_X, P_X)$ 는 원래의 확률공간으로부터 X 에 의해 파생된 새로운 확률공간으로 생각할 수 있다.[11]

위 예는 매우 단순하기 때문에 원래의 표본공간으로부터 확률변수에 관련된 정보를 옮겨 사용하는 데 별 문제가 없지만 일반적인 상황 하에서는 그렇지 못하다. 앞으로 논의할 누적확률분포함수는 이러한 문제점을 해결할 수 있는 유용한 도구이다.

14.5 조건부확률과 독립사건

14.5.1 조건부확률과 총확률정리

예제 14.4 (주식시장) 주식시장 모형에서 구한 확률집합함수는 각 사건이 일어날 확률을 시점 0 에서 (ω 에 대해 아무런 정보 없이) 계산한 것이다. 예를 들어 $S_2 = u^2 S_0$ 일 확률은 $P(\{uu\}) = p^2$ 이다. 시점 1 에 이르러 $S_1 = uS_0$ 임을 관찰한다면 $S_2 = u^2 S_0$ 일 확률이 계속 p^2 이라고 생각하는 것은 합리적이지 못하다. 주식가격이 uS_0 에서 $u^2 S_0$ 가 되기 위해서는 시점 2 에서 한 번 더 올라야 하기 때문에 그 확률은 p 라고 생각하여야 한다. 또 $S_1 = dS_0$ 이면 $S_2 = u^2 S_0$ 이 될 가능성은 전혀 없기 때문에 확률은 0 으로 생각하여야 한다. 이 사실은 시점 1 에서 주식가격을 관찰하게 되면 그 정보를 이용하여 확률을 갱신할 필요가 있음을 보여 준다.

이제까지의 논의를 표본공간의 관점에서 다시 살펴보자. 시점 1 에서 투자자가 $S_1 = uS_0$ 을 관찰하면 $\omega \in \{uu, ud\}$, 즉 사건 $\{uu, ud\}$ 이 일어남을 알 수 있다. 이것은 표본공간이 Ω 에서 $\{uu, ud\}$ 으로 사실상 '줄어든' 것으로 생각할 수 있다. 표본공간이 줄어들었기 때문에 원래의 확률을 그대로 사용할 수는 없다. 왜냐하면 $P\{uu\} + P\{ud\} = P(\{uu, ud\}) = p^2 + pq = p < 1$ 이기 때문이다. 이 문제를 해결하기 위한 직관적인 방법은 각각의 확률을 $P(\{uu, ud\})$ 로 나눈 상대적인 확률

$$\frac{P(\{uu\})}{P(\{uu, ud\})} = p, \ \frac{P(\{ud\})}{P(\{uu, ud\})} = q$$

[11] 엄밀히 말하면 $(\Omega_X, \mathscr{F}_X, P_X)$ 는 X 에 의해 원래의 확률공간으로부터 파생된 새로운 확률공간으로 적합하지 않다. 확률변수의 공역은 R 이기 때문에 $\Omega_X = R$ 이고 $\mathscr{F}_X$ 와 P_X 도 이에 대응하여 정의할 필요가 있다. Box 14.9 참조.

로 갱신하는 것이다. 이 확률을 조건부확률이라고 하며 각각 $P(\{uu\}|\{uu, ud\})$ 와 $P(\{ud\}\,|\,\{uu, ud\})$ 로 쓴다. 이것은 사건 $\{uu, ud\}$ 가 일어난다는 조건 하에 사건 $\{uu\}$ 와 사건 $\{ud\}$ 가 일어나는 (갱신된) 확률이다. ■

사건 $B \in \mathscr{F}$ 가 일어날 때 사건 $A \in \mathscr{F}$ 가 일어날 **조건부확률 (conditional probability)** 을

$$P(A\,|\,B)$$

로 쓴다. 표본공간이 B 로 축소되므로 사건 A 도 의미가 있기 위해서는 마찬가지로 $A \bigcap B$ 로 축소되어야 한다. 조건부확률은 줄어든 표본공간에 대한 상대적인 확률로 생각하면 (무조건부) 확률 $P(A)$ 는 조건부확률 $P(A\,|\,\Omega)$ 인 셈이다.

정의 14.2 사건 $A, B \in \mathscr{F}$ 에 대해 $P(B) > 0$ 이라고 하자. 사건 B 가 일어날 때 사건 A 가 일어날 조건부확률 $P(A\,|\,B)$ 는 $P(A\,|\,B) = \frac{P(A \bigcap B)}{P(B)}$ 이다.[12]

예제 14.5 (주식시장) $A = \{uu\}$, $B = \{uu, ud\}$ 라고 하자. $P(A\,|\,B) = \frac{P(\{uu\})}{P(\{uu,ud\})} = \frac{p^2}{p} = p$ 이다. ■

정리 14.2 조건부확률은 다음 세 가지 성질을 만족하는 확률집합함수이다. $B \in \mathscr{F}$ 에 대해 $P(B) > 0$ 이라고 하자.

(i) 모든 $A \in \mathscr{F}$ 에 대해 $P(A\,|\,B) \geq 0$,

(ii) $P(B\,|\,B) = 1$,

(iii) $A^1, A^2, \cdots \in \mathscr{F}$ 가 상호배타적이면 $P(\bigcup_{i=1}^{\infty} A^i\,|\,B) = \sum_{i=1}^{\infty} P(A^i\,|\,B)$.[13]

증명 (iii) 정의에 의해 $P(\bigcup_{i=1}^{\infty} A_i\,|\,B) = \frac{P((\bigcup_{i=1}^{\infty} A^i) \bigcap B))}{P(B)} = \frac{P(\bigcup_{i=1}^{\infty}(A^i \bigcap B))}{P(B)} = \lim_{n\to\infty} \sum_{i=1}^{n} \frac{P(A^i \bigcap B)}{P(B)} = \lim_{n\to\infty} \sum_{i=1}^{n} P(A_i\,|\,B)$. □

문제 14.14 (i) 위 정리의 (i)과 (ii)를 증명하라. (ii) $A, A^1, A^2, B \in \mathscr{F}$ 일 때 다음을 증명하라. (a) $P(A^c\,|\,B) = 1 - P(A\,|\,B)$, $P(\emptyset\,|\,B) = 0$ (b) $A^1 \subset A^2$ 이면 $P(A^2\,|\,B) = P(A^1\,|\,B) + P(A^2 - A^1\,|\,B)$, $P(A^1\,|\,B) \leq P(A^2\,|\,B)$. (c) $P(A^1 \bigcup A^2\,|\,B) = P(A^1\,|\,B) + P(A^2\,|\,B) - P(A^1 \bigcap A^2\,|\,B) \leq P(A^1\,|\,B) + P(A^2\,|\,B)$ 임을 증명하고 그 의미를 해석하라. ■

[12] 문제 14.7 에서 본 것처럼 $A \bigcap B \in \mathscr{F}$ 이다.

[13] $\sum_{i=1}^{\infty} P(A^i\,|\,B) = \lim_{n\to\infty} \sum_{i=1}^{n} P(A^i\,|\,B)$

이제까지는 (무조건부)확률로부터 조건부확률을 계산하는 것에 대해 논의하였다. 반대로 조건부확률로부터 (무조건부)확률을 계산할 수 있다. 다시 말해 조건부확률이 정의되면 이것으로부터 (무조건부)확률을 정의할 수 있다.

정리 14.3 (총확률정리(theorem of total probability)) 표본공간 Ω 에서 상호배타적이고 총망라적인 사건 $B^1, B^2, \cdots \in \mathscr{F}$ 을 생각하자. 즉, $B^i \bigcap B^j = \emptyset$, $(i \neq j)$ 이고 $\bigcup_{i=1}^{\infty} B^i = \Omega$ 이다. $A \in \mathscr{F}$ 가 임의의 사건이면

(i) $P(A) = \sum_{i=1}^{\infty} P\left(A \bigcap B^i\right)$,

(ii) $P(A) = \sum_{i=1}^{\infty} P(A \,|\, B^i) P(B^i)$ 이다. (단, $P(B^i) > 0$.)

증명 (i) $A = A \bigcap \Omega$ 이므로 $P(A) = P\left(A \bigcap \left(\bigcup_{i=1}^{\infty} B^i\right)\right) = P\left(\bigcup_{i=1}^{\infty} \left(A \bigcap B^i\right)\right) = \sum_{i=1}^{\infty} P\left(A \bigcap B^i\right)$ 이다. □

문제 14.15 (i) 위 정리의 (ii)를 증명하라. (ii) 위 정리의 (ii)는 $P(B^i) = 0$ 일 때도 성립함을 보여라. ■

예제 14.6 (주식시장) $A = \{uu, du\}$ 이고 $B^1 = \{uu, ud\}$, $B^2 = \{du, dd\}$ 이라고 하자. $P(A) = P(\{uu\}) + P(\{du\}) = p^2 + pq = p$ 이다. 다음으로 $B^1 \bigcap B^2 = \emptyset$ 이고 $B^1 \bigcup B^2 = \Omega$ 이므로 위 정리를 적용할 수 있다. $P(B^1) = P(\{uu\}) + P(\{ud\}) = p$, $P(B^2) = P(\{du\}) + P(\{dd\}) = q$, $P(A \,|\, B^1) = \frac{P(\{uu\})}{P(\{uu,ud\})} = \frac{p^2}{p} = p$, $P(A \,|\, B^2) = \frac{P(\{du\})}{P(\{du,dd\})} = \frac{pq}{q} = p$ 이므로 $P(A) = P(A \,|\, B^1)P(B^1) + P(A \,|\, B^2)P(B^2) = p^2 + pq = p$ 이다. ■

예제 14.7 (주식시장) 주식가격의 확률적 변동에 대하여 다음 사실만을 알고 있다고 하자. 시점 1 에서 주식가격이 오르는 확률이 p 이고 내리는 확률은 q 이다. 시점 1 에서 주식가격의 변동에 관계없이 시점 2 에서도 가격이 오르는 확률은 p 이고 내리는 확률은 q 이다. 다시 말해 $P(\{uu, ud\}) = P(\{uu\}|\{uu, ud\}) = p$, $P(\{du, dd\}) = P(\{dd\} \,|\, \{du, dd\}) = q$ 이다.

이 정보를 이용하여 $P(\{ud\})$ 를 구해 보자. $\{uu, ud\} \bigcap \{du, dd\} = \emptyset$, $\{uu, ud\} \bigcup \{du, dd\} = \Omega$ 이므로 총확률정리에 의해 $P(\{ud\}) = P(\{ud\} \,|\, \{uu, ud\})P(\{uu, ud\}) + P(\{ud\}|\, \{du, dd\})P(\{du, dd\})$ 이다. $P(\{ud\} \,|\, \{du, dd\}) = 0$ 이므로 $P(\{ud\}) = pq$ 이다. ■

문제 14.16 위 예제에서 $P(\{du\})$ 를 구하라. ■

예제 14.8 경제 상황이 좋을 확률이 p 이고 나쁠 확률이 $q = 1 - p$ 라고 하자. 경제 주체들이 체감하는 경제 상황은 실제 상황과는 차이가 있을 수 있다. 경제 상황이 좋을 때 상황이 좋다고 느낄 확률이 r 이고 경제 상황이 나쁠 때 상황이 좋다고 느낄 확률은 s 라고 하자. i 를 실제 경제 상황, j 를 체감 경제 상황이라고 하면 결과는 ij $(i, j = u, d)$ 로 표현할 수 있다. 여기서 u 는 '좋은'을, d 는 '나쁜'을 나타낸다.

경제 상황이 좋은 사건은 $\{uu, ud\}$ 이고 경제 상황이 나쁜 사건은 $\{du, dd\}$ 이며 각각의 확률은 $P(\{uu, ud\}) = p$, $P(\{du, dd\}) = q$ 이다. 경제 상황이 좋다고 느끼는 사건 $\{uu, du\}$ 의 조건부확률은 $P(\{uu, du\} \mid \{uu, ud\}) = P(\{uu\} \mid \{uu, ud\}) = r$, $P(\{uu, du\} \mid \{du, dd\}) = P(\{du\} \mid \{du, dd\}) = s$ 이다. 이상의 확률과 총확률정리를 이용하여 경제 상황이 좋다고 느낄 확률 $P(\{uu, du\})$ 를 계산해 보자. $P(\{uu, du\}) = P(\{uu, du\} \mid \{uu, ud\})P(\{uu, ud\}) + P(\{uu, du\} \mid \{du, dd\})P(\{du, dd\}) = rp + sq$ 이다. ■

문제 14.17 (i) 실제 경제 상황을 정확하게 알 수 있는 경우와 (ii) 낙관적이어서 항상 좋다고 느낄 때 $P(\{uu, du\})$ 를 구하고 그 결과를 직관적으로 설명하라. ■

14.5.2 베이즈 법칙

상호배타적이고 총망라적인 모든 B^i 에 대해 $P(A|B^i)$ 와 $P(B^i)$ 를 알면 총확률정리을 이용하여 $P(A)$ 를 구할 수 있다. 역으로 조건부확률의 정의와 총확률정리를 이용하여 A 가 일어날 때 B^j 가 일어나는 확률 즉, $P(B^j|A)$ 을 구할 수 있다. 이것을 베이즈 법칙이라고 한다.

정리 14.4 (베이즈 법칙(Bayes rule)) 상호배타적이고 총망라적인 사건 $B^1, B^2, \cdots \in \mathscr{F}$ 을 생각하자. $A \in \mathscr{F}$ 가 임의의 사건이면 $P(B^j \mid A) = \frac{P(A \mid B^j)P(B^j)}{\sum_i P(A \mid B^i)P(B^i)}$ 이다.

증명 $P(B^j \mid A) = \frac{P(B^j \bigcap A)}{P(A)} = \frac{P(A \mid B^j)P(B^j)}{\sum_i P(A \mid B^i)P(B^i)}$ 이다. 두 번째 등호는 총확률정리와 조건부확률의 정의에 의해 성립한다. □

예제 14.9 예제 14.8에서 서베이를 통해 경제 주체들이 경제 상황이 좋다고 느끼고 있음을 알았을 때 실제로 경제 상황이 좋을 확률을 구해보자. 베이즈의 법칙에 의해

$$\begin{aligned} P(\{uu, ud\} \mid \{uu, du\}) &= \frac{P(\{uu, du\} \mid \{uu, ud\})P(\{uu, ud\})}{P(\{uu, du\})} \\ &= \frac{rp}{rp + sq} \end{aligned}$$

이다. ■

문제 14.18 (i) 실제 경제 상황을 정확하게 알 수 있는 경우와 (ii) 낙관적이어서 항상 좋다고 느낄 때 위 예의 결과를 해석하라. ■

Box 14.3 베이즈의 법칙에서 $P(B^j)$ 는 **사전확률 (prior probability)** 이라고 하며 A 에 관한 어떠한 정보도 없는 상황 하에서 계산된 B^j 가 일어나는 확률을 의미한다. 이것은 의사결정자가 사전적으로 갖는 주관적 확률이다. 예제 14.8 에서 사전확률은 정부가 애초에 갖고 있는 경제 상황에 대한 믿음이다. $P(B^j \mid A)$ 는 **사후확률 (posterior probability)** 이라고 한다. 예제 14.8 에서 사후확률은 정부가 서베이를 통해 경제 주체들의 체감 경제 상황을 파악한 후 새로 계산한 갱신된 믿음이다.

일반적으로 경제 상황이 좋을 때 경제 주체들이 경제 상황이 좋다고 느낄 가능성이 높다. 베이즈의 법칙도 이 관계에 의존하고 있지만 $(P(A \mid B^j))$ 결과(경제 상황에 대한 체감)로부터 원인(실제 경제 상황)을 주관적으로 추정하는 방법이다. $(P(B^j \mid A))$. 확률을 실험이나 과거 경험으로부터 추정한 객관적인 가능성의 척도로 생각하는 입장에서는 베이즈의 법칙은 쉽게 받아들일 수 없다.

그러나 현실적으로 확률을 주관적인 믿음으로 생각하는 것은 쉽게 찾아 볼 수 있다. 임의의 동전을 던져 서너 번 계속해서 앞면이 나왔을 때 객관적 확률의 신봉자라면 실험 횟수가 작기 때문에 이 동전의 성질에 대해서 확신을 가지고 말할 수 있는 것이 많지 않다. 그러나 대부분의 사람들은 처음에는 앞면과 뒷면이 나올 확률이 일단 반반이라고 생각하지만 이와 같은 상황 하에서는 그 동전은 앞면이 나올 가능성이 뒷면이 나올 가능성보다 약간 높다고 생각할 것이다. 이것은 알게 모르게 사람들이 베이즈적 사고방식을 갖고 있음을 시사한다.

14.5.3 독립사건

예제 14.10 (주식시장) A 를 시점 2 에서 주식가격이 오르는 사건, B 를 시점 1 에서 주식가격이 오르는 사건이라고 하면 $A = \{uu, du\}$ 와 $B = \{uu, ud\}$ 이고

$$P(A \mid B) = \frac{P\left(A \bigcap B\right)}{P(B)} = \frac{P(\{uu\})}{P(\{uu, ud\})} = p$$

이다. $P(A) = p$ 이므로 $P(A \mid B) = P(A)$ 이다. 시점 1에서 주식가격이 올랐음을 알았음에도 불구하고 시점 2에서 주식가격이 오를 확률은 달라지지 않는다. 이것은 시점 1에서 얻은 주식가격에 대한 정보는 시점 2에서의 주식가격을 예측하는 데 도움이 되지 않음을 의미한다. 이런 의미에서 A는 B와 독립적이라고 할 수 있다.[14] ■

$P(A \mid B) = P(A)$ 이면 사건 A는 사건 B와 확률적으로 독립이라고 생각할 수 있다. 그런데 $P(A \mid B) = P(A)$ 이면 조건부확률의 정의로부터 $P(A \bigcap B) = P(A)P(B)$ 이다. $P(B \mid A) = \frac{P(B \bigcap A)}{P(A)} = P(B)$ 이므로 B는 A와 독립이라고 할 수 있다. 따라서 A는 B와, 또는 B는 A와 확률적 독립이라고 구분할 필요 없이 A와 B는 확률적으로 독립이라고 말할 수 있다.

정의 14.3 (독립사건 (independent events)) 두 사건 $A, B \in \mathscr{F}$ 에 대해 $P(A \bigcap B) = P(A)P(B)$ 이 성립하면 A와 B는 (확률적으로) 독립이라고 한다.

예제 14.11 (주식시장) 시점 2에서 주식가격에 대한 기록은 소실되고 다만 주식가격이 오른 ($A = \{uu, du\}$ 인) 사실만을 안다고 하자. 시점 1에서도 주식가격이 역시 올랐을지에 ($B = \{uu, ud\}$) 대해 생각해 보자. $B = \{uu, ud\}$ 가 일어났을 조건부확률을 계산하면

$$P(B \mid A) = \frac{P(B \bigcap A)}{P(A)} = \frac{P(\{uu\})}{P(\{uu, du\})} = p = P(B)$$

이다. 이것은 시점 2에서 주식가격이 올랐음을 안다고 해도 이것은 시점 1에서 주식가격이 올랐는지를 판단하는 데는 아무런 도움이 되지 않음을 의미한다. 다시 말해 $P(\{uu, ud\} \bigcap \{uu, du\}) = P(\{uu\}) = p^2 = P(\{uu, ud\})P(\{uu, du\})$ 이므로 A와 B는 독립이다. ■

예제 14.12 (주식시장) $S_2 = u^2 S_0$ 인 사건(사건 $A = \{uu\}$)과 $S_1 = uS_0$ 인 사건(사건 $B = \{uu, ud\}$)은 독립이 아니다. 왜냐하면 $P(A \bigcap B) = P(\{uu\}) = p^2 \neq p^3 = P(A)P(B)$ 이기 때문이다. 이것은 시점 2에서의 주식가격이 시점 1에서의 가격에 의존함을 의미한다. ■

문제 14.19 (i) 시점 2에서 주식가격이 $S_2 = u^2 S_0$ 인 사건과 시점 1에서 $S_1 = dS_0$ 인 사건은 독립이 아님을 보여라. (ii) 주식가격이 한 번 오르고 한 번 내리는 사건과 시점 1에서 $S_1 = uS_0$ 인 사건은 $p = \frac{1}{2}$ 이면 독립이고 그렇지 않으면 독립이 아님을 보이고

[14] 실제로 14.3절에서 주식시장의 확률집합함수를 정의할 때 묵시적으로 시점 1과 2에서의 주식가격은 독립적으로 변동한다고 가정하였다.

그 이유를 설명하라. (iii) 주식가격이 주식가격이 한 번 오르고 한 번 내리는 v를 받을 수 있는 파생상품이 있다고 하자. (a) $p = \frac{1}{2}$ 일 때 v를 받을 가능성이 가장 크게 됨을 보이고 그 이유를 설명하라. (b) $p > \frac{1}{2}$ 이면 시점 1 에서 $S_1 = uS_0$ 일 때보다 $S_1 = dS_0$ 일 때 v를 받을 가능성이 더 큼을 보이고 그 이유를 설명하라. ■

정리 14.5 $A \in \mathscr{F}$ 와 $B \in \mathscr{F}$ 가 독립이면 (i) A^c 와 B, (ii) A^c 와 B^c 도 독립이다.

증명 (i) $P(A^c \bigcap B) = P(B - A) = P(B - (A \bigcap B)) = P(B) - P(A \bigcap B) = (1 - P(A))P(B) = P(A^c)P(B)$ 이다. □

문제 14.20 위 정리의 (ii)를 증명하라. ■

> **Box 14.4** 다수의 사건에 대한 독립 정의는 다소 복잡하다. 예를 들어 사건 A, B, C 가 독립이기 위해서는 $P(A \bigcap B) = P(A)P(B)$, $P(A \bigcap C) = P(A)P(C)$, $P(B \bigcap C) = P(B)P(C)$ 일 뿐만 아니라 $P(A \bigcap B \bigcap C) = P(A)P(B)P(C)$ 이어야 한다.
>
> **문제 14.21** 주식시장 모형에서 A를 시점 1 에서 주식가격이 내리는 사건, B를 시점 2 에서 주식가격이 오르는 사건, C는 두 번 모두 오르거나 두 번 모두 내리는 사건이라고 하자. $p = \frac{1}{2}$ 일 때 A와 B, A와 C, B와 C는 서로 독립이나 A, B, C는 독립이 아님을 보여라. ■

14.6 확률변수, 기댓값과 누적확률분포함수

이 절에서는 확률적 상황을 확률공간보다는 상대적으로 용이하게 다룰 수 있는 도구인 확률변수에 대해 보다 자세히 알아본다. 확률변수에 대한 논의는 주식시장 모형과 같이 표본공간이 유한집합이거나 가산무한집합이면 다루기가 용이하다. 이러한 이유로 이 장에서는 표본공간이 유한집합이거나 가산무한집합인 경우를 중심으로 논의하기로 한다. 표본공간이 비가산집합이면 (예제 14.3 (숫자 1 회 뽑기) 참조)와 (Box 14.2 에서의 논의와 관련된) 개념적 어려움이 발생하지만 결과에 있어 근본적으로는 다를 바 없다.

14.6.1 확률변수와 기댓값

확률적 상황을 묘사하고 확률적 문제를 해결하기 위해서는 원칙적으로 확률공간으로 충분하다. 그러나 현실적인 문제를 다루는 데는 두 가지 점에서 불편하다. 주식시장 예를 살펴보자. 첫째 시점 2에서의 투자 수익에 관심이 있는 투자자라면 주식가격의 변동보다는 시점 2에서의 주식가격 S_2에만 관심이 있을 것이다. 이 투자자의 입장에서는 ud와 du를 구태여 구분할 필요가 없다. 둘째, S_2와 관련된 확률적 질문에 대해 답을 얻기 위해 매번 확률공간을 참조하는 것은 번거로운 일이다. 이 문제를 해결할 수 있는 방법은 S_2의 확률적 성격을 확률공간으로부터 실수공간 R로 이전하는 것이다. S_2의 확률적 성격을 R에서 정의하게 되면 더 이상 기반이 되는 확률공간을 참조할 필요가 없게 된다. 그럼에도 불구하고 S_2에 관한 확률적 상황의 기반은 확률공간임을 잊지 말아야 한다.

시점 0에서 주식을 구입하여 2기간 보유한 다음 시점 2에서 매도할지 여부를 고려하는 투자자를 생각하자. 앞에서 이미 언급한 것처럼 주식가격의 변동 과정에 대한 정보는 이 투자자의 매수/매도 결정에 그리 유용하지 않다. 투자자가 주식 거래에 따른 수익에만 관심이 있으면 주식가격의 변동 과정보다는 가격 그 자체에 더 주의를 기울일 것이다.

시점 2에서의 주식가격 S_2는 결과 ω에 의존한다. $\omega = uu$이면 $S_2 = u^2S_0$이고 $\omega = ud$ 또는 $\omega = du$이면 $S_2 = udS_0$이며 $\omega = dd$이면 $S_2 = d^2S_0$이다. 따라서 S_2는 다음과 같은 ω의 함수 $S_2(\omega)$로 생각할 수 있다.

$$S_2(uu) = u^2S_0,\ S_2(ud) = S_2(du) = udS_0,\ S_2(dd) = d^2S_0$$

그림 14.2에 $S_2(\omega)$가 그려져 있다.

정의 14.4 (확률변수(random variable)) 확률공간 $(\Omega, \mathscr{F}, P)$을 생각하자. 실가함수 $X : \Omega \to R$를 확률변수라고 한다.

$S_2 = S_2(\omega)$는 확률변수이다.[15,16] 마찬가지로 시점 1에서의 주식가격도 ω에 의존하므로 확률변수 $S_1 = S_1(\omega)$를 아래와 같이 정의할 수 있다.

$$S_1(uu) = S_1(ud) = uS_0,\ S_1(du) = S_1(dd) = dS_0$$

이다. 마지막으로 시점 0에서 주식가격 S_0는 상수이지만 모든 ω에 대해 같은 값을 갖는 확률변수로 생각할 수 있다. 즉,

[15] 엄밀한 확률변수의 정의에 대해서는 Box 14.5와 부록 16.B를 참조.

[16] 1편 2.2.3절에서 언급한 바와 같이 변수와 함수는 종종 혼용된다. $S_2 = S_2(\omega)$에서 등식 왼쪽의 S_2는 변수, 오른쪽의 S_2는 함수를 나타낸다.

$$S_0(uu) = S_0(ud) = S_0(du) = S_0(dd) = S_0$$

이다.

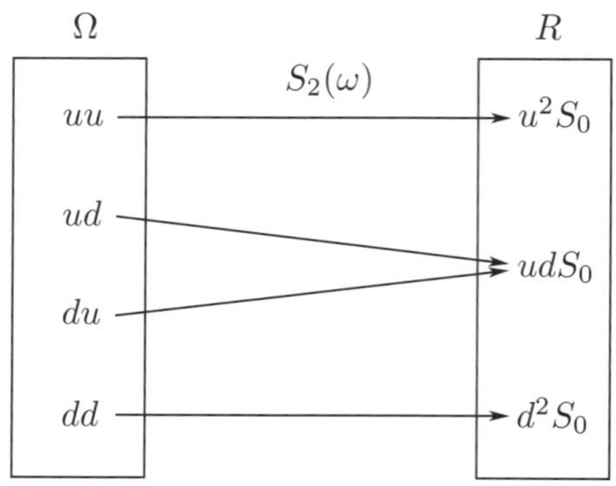

그림 14.2 확률변수 ($S_2(\omega)$)

Box 14.5 확률공간 $(\Omega, \mathscr{F}, P)$ 와 확률변수 X 를 생각하자. 임의의 보렐 집합 $B \in \mathscr{B}(R)$ 에 대해 (Box 14.2 참조) x 가 B 에 속할 확률은 $P(X^{-1}(B)) = P(\{\omega \mid X(\omega) \in B\})$ 이므로 P_X 는 X 에 대한 확률적 정보를 갖는다. 그런데 14.4.1 에서 논의한 바와 같이 Ω 가 비가산집합이면 Ω 의 모든 부분집합에 대해 확률을 정의할 수 있는 것은 아니다. 다시 말해 $X^{-1}(B) = \{\omega \mid X(\omega) \in B\}$ 의 확률이 정의되지 않을 수도 있다. 이러한 X 를 생각하는 것은 사실상 무의미하므로 모든 $B \in \mathscr{B}(R)$ 에 대해 $P(X^{-1}(B))$ 를 계산할 수 있는 즉, $X^{-1}(B) \in \mathscr{F}$ 인 X 만을 고려할 필요가 있다. 이러한 X 를 **보렐 측도가능 (Borel-measurable)** 함수라고 한다. 확률변수는 엄밀히 말하면 보렐 측도가능 실가함수이다. 기호로 표현하면 $X : (\Omega, \mathscr{F}) \to (R, \mathscr{B}(R))$ 이다.

예제 14.13 투자자의 관심에 따라 여러 가지 다른 확률변수를 정의할 수 있다. 2 기간 동안 주식가격이 오르는 횟수를 나타내는 확률변수 $N(\omega)$ 는 다음과 같다. $N(uu) = 2$, $N(ud) = N(du) = 1$, $N(dd) = 0$ 이다. ■

문제 14.22 시점 2 에서의 주식가격이 시점 1 에서의 주식가격보다 크거나 같으면 1, 그렇지 않으면 0 인 확률변수 M 을 정의하라. ■

예제 14.14 (주식시장) 예제 14.1 에서와 같이 $S_0 = 100$, $u = 1.2$, $d = 0.9$, $p = \frac{2}{3}$,

$q = \frac{1}{3}$, $r = 0.05$ 라고 하자. 시점 0에서 투자에 소요되는 금액은 100으로 확정되지만 시점 2에서 주식을 처분할 때의 수익은 확률적으로만 알 수 있기 때문에 이것이 유리한 투자인지 아닌지를 판단하기는 쉽지 않다. 그런데 시점 2에서의 주식가격을 확률적 값이 아니고 고정 값으로 나타낼 수 있으면 투자의사결정에 도움이 될 것이다. 이 고정 값은 가격분포를 잘 대표할 수 있는 값이어야 한다. 직관적으로 생각할 수 있는 대푯값은 예상 주식가격을 해당 확률로 **가중평균 (weighted average)** 한 값이다.

시점 2에서의 주식가격의 확률적 분포에 대해 생각해보자. $P(\{uu\}) = \frac{4}{9}$ 이므로 $S_2 = 144$ 일 확률은 $\frac{4}{9}$ 이다. 마찬가지로 생각하면 $P(\{ud\}) = P(\{du\}) = \frac{2}{9}$ 이므로 $S_2 = 108$ 일 확률은 $\frac{4}{9}$ 이다. 마지막으로 $S_2 = 81$ 일 확률은 $\frac{1}{9}$ 이다. 따라서 가중평균값은 $144 \times \frac{4}{9} + 108 \times \frac{4}{9} + 81 \times \frac{1}{9} = 121$ 이며 시점 0에서의 가치는 $\frac{121}{1.05^2} \approx 109.7506 > 100$ 이다. 이 투자자가 가중평균 값에만 관심이 있다면 이 주식에 투자할 것이다. ■

Box 14.6 예제 14.14에서 가중평균 값이 현재 주식가격보다 크다고 해서 반드시 이 주식을 살 것이라고 단정할 수는 없다. 시점 2의 주식가격이 144, 108, 81 중 하나이므로 기대수익이 얼마가 될 지 불확실하다. 투자자가 이 불확실성에 따른 투자 위험을 싫어한다면 주식의 가치를 109.7506보다 낮게 평가할 수도 있다. 이러한 투자 성향을 위험회피적이라고 한다. (514-515쪽의 *위험회피적 효용함수 참조.) 만약 이 투자자가 매우 위험회피적이라면 기댓값이 투자 금액을 상회하더라도 투자하지 않을 것이다.

예제 14.14에 논의한 가중평균 값을 기댓값이라고 한다. Ω가 유한집합 또는 가산무한집합일 때 기댓값은 다음과 같이 정의된다.

정의 14.5 확률공간이 $(\Omega, \mathscr{F}, P)$ 일 때 확률변수 X 의 **기댓값 (expectation)** 또는 **평균 (mean)** 은 $X(\omega)$ 를 확률 $P(\{\omega\})$ 로 가중평균한 것이며 $E[X]$ 로 표현한다.[17] 즉, $E[X] = \sum_{\omega \in \Omega} X(\omega) P(\{\omega\})$.

예제 14.15 (주식시장) S_2 의 기댓값은 $E[S_2] = S_2(uu)P(\{uu\}) + S_2(ud)P(\{ud\}) +$

[17] 이 정의는 Ω가 유한집합이거나 무한가산집합인 경우이다. $\Omega = [0, 1]$ 에서 무작위적으로 뽑은 숫자를 X 라고 하자. (예제 14.18 참조.) X 의 기댓값은 본질적으로 확률변수 값의 가중평균이라는 점은 마찬가지이지만 Ω가 무한가산집합이므로 합의 형태로 표현할 수 없고 측도이론에 의한 르베그 적분이 필요하다. (부록 16.B 참조.) 그러나 15.4.1절에서 논의하겠지만 '확률밀도함수'가 존재하면 리만 적분을 사용할 수 있다.

$S_2(du)P(\{du\}) + S_2(dd)P(\{dd\}) = (pu + qd)^2 S_0$ 이다. ■

문제 14.23 $E[S_1]$ 과 $E[S_0]$ 를 구하라. ■

14.6.2 누적확률분포함수

이미 살펴 본 바와 같이 확률변수 X 에 대한 모든 확률적 질문은 **기반 (underlying)** 이 되는 확률공간을 참조함으로써 대답할 수 있다. 그러나 실제 응용적 측면에서는 확률공간으로부터 유도되는 누적확률분포함수를 이용한다. X 의 모든 확률적 정보는 누적확률분포함수에 포함되기 때문에 누적확률분포함수를 알게 되면 확률공간은 더 이상 참조할 필요가 없게 된다. (Box 14.9 참조.) 누적확률분포함수는 모든 실수 값 x 에 대해 확률변수 X 가 x 이하의 값을 가질 확률을 나타낸다.

정의 14.6 (누적확률분포함수 (cumulative probability distribution function: cdf)) 확률변수 $X : \Omega \to R$ 의 누적확률분포함수 $F_X : R \to [0,1]$ 는 $F_X(x) = P(\{\omega \in \Omega \,|\, X(\omega) \le x\})$ 로 정의된다.

편의상 앞으로는 $\{\omega \in \Omega \,|\, X(\omega) \le x\}$ 는 $\{X \le x\}$ 로 쓰기로 한다. 이 기호를 사용하여 $P(\{\omega \in \Omega \,|\, X(\omega) \le x\})$ 를 $P(\{X \le x\})$ 또는 더 간단히 $P\{X \le x\}$ 로 쓸 수 있다. 따라서

$$F_X(x) = P\{X \le x\}$$

이다. 마찬가지로 $P\{\omega \in \Omega \,|\, X(\omega) \in B\}$ 는 $P\{X \in B\}$ 로 쓴다.

예제 14.16 (주식시장) 주식시장 확률공간 $(\Omega, \mathscr{F}, P)$ 을 생각하자. 모든 ω 에 대해 $S_2(\omega) \le u^2 S_0$ 이므로 $s_2 \ge u^2 S_0$ 이면 $\{S_2 \le s_2\} = \Omega$ 이다. 따라서 $s_2 \ge u^2 S_0$ 이면 $F_{S_2}(s_2) = P\{S_2 \le s_2\} = P(\Omega) = 1$ 이다. $udS_0 \le s_2 < u^2 S_0$ 이면 $\{S_2 \le s_2\} = \{ud, du, dd\}$ 이므로 $F_{S_2}(s_2) = 2pq + q^2 = q(1+p)$ 이다. 다른 s_2 에 대해서도 이와 같이 생각하면

$$F_{S_2}(s_2) = \begin{cases} 0, & s_2 < d^2 S_0 \\ q^2, & d^2 S_0 \le s_2 < udS_0 \\ q(1+p), & udS_0 \le s_2 < u^2 S_0 \\ 1, & s_2 \ge u^2 S_0 \end{cases}$$

이다. F_{S_2} 는 **계단함수 (step function)** 이며 그림 14.3 에 그려져 있다. ■

문제 14.24 위 예제의 결과를 확인하라. ■

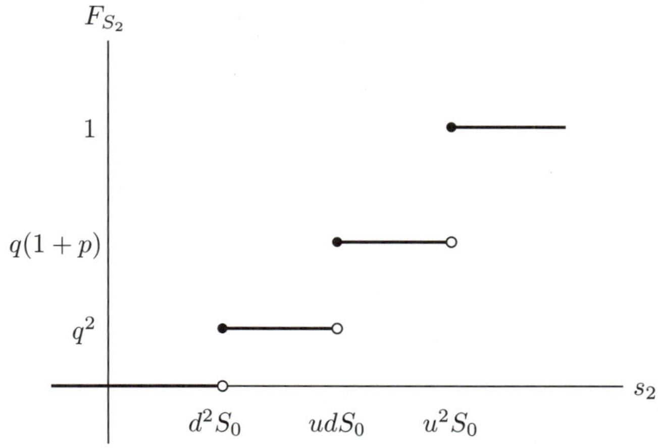

그림 14.3 계단누적확률분포함수

문제 14.25 주식시장 모형에서 F_{S_1} 을 구하고 이를 그림으로 표현하라. ■

문제 14.26 동전을 던져 앞면이 나오면 끝나는 실험에서 처음 앞면이 나올 때까지 동전을 던지는 횟수를 N 이라고 할 때 $F_N(n)$ 를 구하라. ■

예제 14.17 (숫자 1 회 뽑기) 0 과 1 사이에서 무작위로 뽑아 나오는 숫자를 X 라고 하면 X 는 그림 14.4 에 나타나 있는 것처럼 표본공간은 $\Omega = [0,1]$ 이고 $X(\omega) = \omega$ $(\omega \in \Omega)$ 로 정의되는 확률변수이다. ■

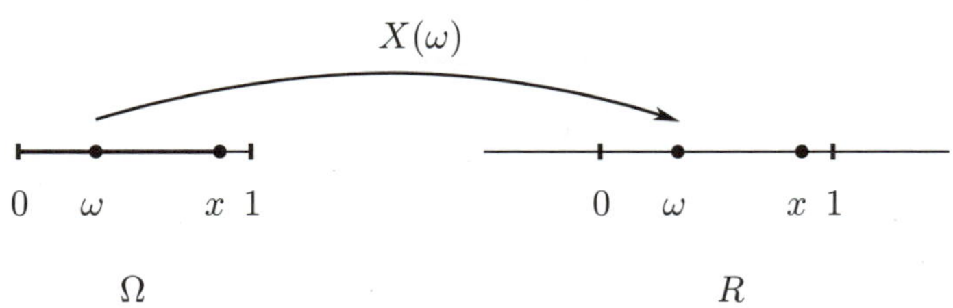

그림 14.4 확률변수 $(X(\omega))$

예제 14.18 (숫자 1 회 뽑기) 예제 14.3 에서 확률집합함수 P 를 $P[a,b] = b-a$ 로 정의하였다. 위 예제에서 X 의 확률누적분포함수를 구해 보자. $0 \le x \le 1$ 이면 $F(x) = P\{X \le x\} = P\{\omega \,|\, X(\omega) \le x\} = P\{\omega | \omega \le x\} = P[0,x] = x$ 이다. 여기서

$\{\omega \mid X(\omega) \le x\}$ 는 그림 14.4 의 왼쪽 실직선 상의 굵은 선으로 표시되어 있다. $x < 0$ 이면 $F(x) = 0$ 이고 $x > 1$ 이면 $F(x) = 1$ 임은 자명하다. 따라서

$$F_X(x) = \begin{cases} 0, & x < 0 \\ x, & 0 \le x < 1 \\ 1, & x \ge 1 \end{cases}$$

이며 이것은 그림 14.5 에 나타나 있다. ■

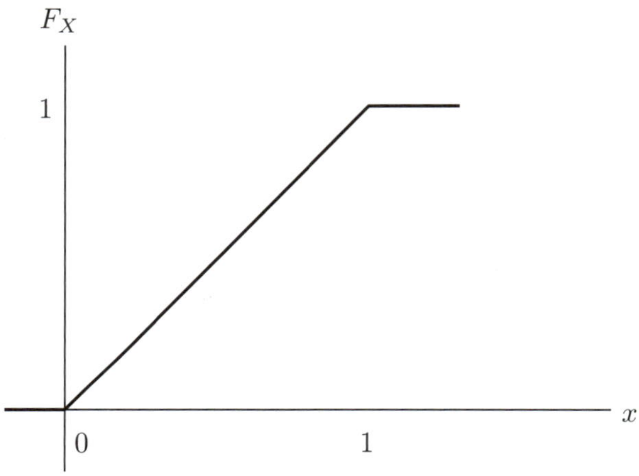

그림 14.5 연속누적확률분포함수

그림 14.3 와 14.5 에서 보는 바와 같이 두 가지 형태의 누적확률분포함수가 있다. 주식시장 모형에서와 같이 누적분포함수가 계단함수인 확률변수를 **이산확률변수** (**discrete random variable**) 라고 하고 숫자 1 회 뽑기 실험에서와 같이 누적분포함수가 연속함수이면 **연속확률변수** (**continuous random variable**) 라고 한다.

누적확률분포함수를 이용하면 확률변수와 관련된 모든 확률을 계산할 수 있다. 정의에 의해 $P\{X \le a\} = F_X(a)$ 이고 $P\{X < a\} = F_X(a^-) \equiv \lim_{x \to a^-} F_X(x)$ 이다. (Box 14.7 참조.) 이것을 이용하면 다음 결과를 얻을 수 있다.

정리 14.6 $-\infty < a < b < \infty$ 이라고 하자.

(i) $P\{a < X \le b\} = F_X(b) - F_X(a)$,

(ii) $P\{a < X < b\} = F_X(b^-) - F_X(a)$,

(iii) $P\{a \le X < b\} = F_X(b^-) - F_X(a^-)$,

(iv) $P\{a \le X \le b\} = F_X(b) - F_X(a^-)$,

(v) $P\{X = a\} = F_X(a) - F_X(a^-)$.

증명 (i) $F_X(b) - F_X(a) = P\{X \le b\} - P\{X \le a\} = P\{a < X \le b\}$ 이다. (마지막 등호는 정리 14.1 (ii) 에 의해 성립한다. (ii) $F_X(b^-) - F_X(a) = P\{X < b\} - P\{X \le a\} = P\{a < X < b\}$ 이다. □

문제 14.27 (i) 위 정리의 (iii), (iv) 와 (v) 를 증명하라. (ii) 이 결과를 이용하여 X 가 연속확률변수이면 $P\{X = a\} = 0$ 임을 보여라. (iii) $P\{X = a\} > 0$ 이면 F_X 는 a 에서 불연속임을 보여라. ■

예제 14.19 (주식시장) $udS_0 \le \underline{s} < u^2S_0 \le \bar{s}$ 라고 하자. $P\{\underline{s} < S_2 \le \bar{s}\} = F_{S_2}(\bar{s}) - F_{S_2}(\underline{s}) = 1 - q(1+p) = p^2$ 이다. 이 결과는 $\underline{s}$ 와 $\bar{s}$ 사이에 있는 S_2 는 u^2S_0 밖에 없으므로 $P\{\underline{s} < S_2 \le \bar{s}\} = P\{S_2 = u^2S_0\}$ 는 자명하다. (그림 14.3 참조.) ■

문제 14.28 주식시장 모형에서 (i) $u^2S_0 \le \bar{s}$ 이고 $d^2S_0 \le \underline{s} < udS_0$ 일 때 $P\{\underline{s} < S_2 \le \bar{s}\}$ 를 구하라. (ii) $P\{d^2S_0 < S_2 \le u^2S_0\}$ 과 $P\{d^2S_0 \le S_2 < u^2S_0\}$ 를 구하라. ■

Box 14.7 $A^i = \left\{X \le a - \frac{1}{i}\right\}$ 이라고 하면 $A^1 \subset A^2 \subset \cdots$ 이다. $A = \bigcup_{i=1}^{\infty} A^i$ 로 정의하면 $A = \{X < a\}$ 이다. $A = A^1 \bigcup (A^2 - A^1) \bigcup \cdots \bigcup (A^i - A^{i-1}) \bigcup \cdots$ 로 쓸 수 있고 $A^1, A^2 - A^1, \cdots$ 는 상호배타적이므로 $P(A) = P(A^1) + P(A^2 - A^1) + \cdots + P(A^i - A^{i-1}) + \cdots$ 이다. 정리 14.1 의 (ii) 에 의해 $P(A) = P(A^1) + P(A^2) - P(A^1) + \cdots + P(A^i) - P(A^{i-1}) + \cdots = \lim_{i\to\infty} P(A^i)$ 이다. 따라서 $P\{X < a\} = \lim_{i\to\infty} P(A^i) = \lim_{i\to\infty} F_X\left(a - \frac{1}{i}\right) = F_X(a^-)$ 이다.

문제 14.29 $A = \{X < a\}$ 임을 보여라. ■

X 가 연속함수이면 $F_X(x) = F_X(x^-)$ 이므로 $P\{a < X \le b\} = P\{a < X < b\} = P\{a \le X < b\}$ 이다.

문제 14.30 (숫자 1회 뽑기) $P(0.3 \le X < 0.7)$ 과 $P(0.3 < X \le 0.7)$ 를 구하라. ■

그림 14.3과 14.5를 보면 누적확률분포함수 F_X 는 이산확률변수와 연속확률변수에 관계없이 다음 세 가지 성질을 가짐을 알 수 있다.

(i) F_X 는 x 의 **비감소함수 (nondecreasing function)** 이다.

(ii) F_X 는 오른쪽으로 연속이다. 즉, $\lim_{x \to a^+} F_X(x) = F_X(a)$ 이다.[18]

(iii) $\lim_{x \to \infty} F_X(x) = 1$ 이고 $\lim_{x \to -\infty} F_X(x) = 0$ 이다.

역으로 이 세 성질을 만족하는 함수 F 가 있으면 어떤 확률변수의 누적확률분포함수로 정의할 수 있다. 이것이 가능한 이유는 이 F 에 대해서 이것이 누적확률분포함수가 되는 확률공간이 항상 존재하기 (또는 정의할 수 있기) 때문이다. (이 결과와 관련하여 Box 15.2 의 논의 참조.)

경제 / 경영모형에서는 기반이 되는 확률공간을 명시적으로 정의하지 않고 관심이 있는 확률변수와 누적확률분포함수를 상정하여 분석을 시작하는 것이 보통이다. 물론 누적확률분포함수는 위 세 가지 성질을 만족하여야 한다. 예를 들어 그림 14.3 에 나타나 있는 F_{S_2} 는 주식시장모형에서 도출된 것이지만 이 도출 과정없이 주식시장에 대한 분석을 직접 S_2 의 누적확률분포함수가 F_{S_2} 라고 가정하여 시작할 수 있다.

Box 14.8 확률변수는 이산적 성격과 연속적 성격을 모두 지닐 수 있다. 동전을 던져 앞면이 나오면 $\frac{1}{2}$ 을 선택하고 뒷면이 나오면 $[0,1]$ 에서 숫자 한 개를 무작위로 뽑는 실험을 생각하자. 동전의 앞면이 나올 확률은 $0 < p < 1$ 라고 하자. 표본공간은 $\Omega = \{H, T\} \times R$ 이다. $\{H, T\}$ 의 원소를 ω_1, $[0,1]$ 의 원소를 ω_2, 확률변수 $X(\omega_1, \omega_2) = \omega_2$ 로 정의하면 X 는 뽑은 숫자를 나타낸다.

X 의 누적확률분포함수 $F_X(x) = P\{X \leq x\}$ 를 계산하자. $x < 0$ 이면 $F_X(x) = 0$ 이고 $x > 1$ 이면 $F_X(x) = 1$ 임은 자명하다. $0 \leq x < \frac{1}{2}$ 인 경우 동전 앞면이 나오면 $X \leq x$ 일 확률은 0 이고 뒷면이 나오면 $X \leq x$ 일 확률은 x 이다. 따라서 총확률정리에 의해 $F_X(x) = p \times 0 + (1-p)x = (1-p)x$ 이다. $\frac{1}{2} \leq x \leq 1$ 이면 동전 앞면이 나올 때 $X \leq x$ 일 확률은 1 이므로 $F_X(x) = p + (1-p)x$ 이다. $F_X(x)$ 는 증가함수이며 $x = \frac{1}{2}$ 에서 불연속이다. 따라서 $F_X(x)$ 는 계단함수도 아니고 연속함수도 아니다.

문제 14.31 (i) $F_X(x)$ 의 그래프를 그려 위 결과를 확인하라. (ii) $P\{X = \frac{1}{2}\} = p$ 임을 보이고 그 이유를 직관적으로 설명하라. ■

---

[18] X 가 연속확률변수이면 F_X 는 왼쪽으로도 연속이므로 $\lim_{x \to a} F_X(x) = F_X(a)$ 이다.

Box 14.9 확률공간 $(\Omega, \mathscr{F}, P)$ 에서 정의되는 확률변수 $X : \Omega \to R$ 를 생각하자. 정리 14.6 에서 누적확률분포함수 F_X 를 이용하여 여러 가지 사건들의 확률을 계산할 수 있음을 보았다. 그러나 이것만으로는 모든 보렐 집합 B 에 대해 $X \in B$ 일 확률을 계산할 수 있는지, 다시 말해 F_X 가 X 에 대한 모든 확률정보를 포함하는지는 분명치 않다.

$B \in \mathscr{B}(R)$ 일 때 함수 $P_X : \mathscr{B}(R) \to R$ 를 다음과 같이 정의하면

$$P_X(B) = P(X^{-1}(B)) = P(\{\omega \,|\, X(\omega) \in B\})$$

$(R, \mathscr{B}(R), P_X)$ 는 확률공간이다. P_X 는 확률집합함수 P 로부터 확률변수 X 에 의해 **유도된 (induced)** 확률집합함수이다. 다시 말해 확률공간 $(\Omega, \mathscr{F}, P)$ 으로부터 유도된 이 새로운 확률공간 $(R, \mathscr{B}(R), P_X)$ 은 X 에 관한한 $(\Omega, \mathscr{F}, P)$ 에 포함된 모든 확률적 정보를 물려받는다. 따라서 P_X 를 이용하여 X 에 관련된 모든 확률적 질문에 대해 대답할 수 있지만 P 와 마찬가지로 실제 응용적 측면에서는 불편하다.

정의에 의해 $F_X(b) - F_X(a) = P\{\omega \,|\, a < X(\omega) \le b\} = P_X(a, b]$ 이므로 F_X 가 주어지면 $(a, b]$ 형태의 집합에 대해 P_X 를 계산할 수 있다.[a] 또 이 결과를 모든 보렐 집합에 대해 확장할 수 있음이 증명될 수 있다. 역으로 P_X 가 주어지면 정의로부터 F_X 를 계산할 수 있다. 다시 말해 P_X 와 F_X 는 X 에 관해서는 같은 확률적 정보를 갖고 있다는 점에서 일대일의 관계에 있다. 그러나 정의역의 원소가 집합인 P_X 보다는 정의역의 원소가 실수인 R 인 F_X 를 다루기가 더 편할 것임은 자명하다.

---

[a] $F_X(b) - F_X(a)$ 를 (F_X 에 해당하는) **르베그-스틸체스 측도 (Lebesgue-Stieltjes measure)** 라고 한다.

CHAPTER 15

이산확률변수와 연속확률변수

누적확률분포함수는 기반이 되는 확률공간을 고려할 필요가 없다는 점에서 매우 유용하다. 또한 이산확률변수와 연속확률변수 모두에 사용할 수 있어 이론적으로도 유용한 도구이다. 그러나 응용성의 측면에서는 누적확률분포함수를 사용하는 것보다는 이산확률변수와 연속확률변수를 구분하여 각각의 확률질량함수와 확률밀도함수를 이용하는 것이 편리하다. 특히 연속확률변수의 경우에는 확률밀도함수에 리만 적분 기법을 사용할 수 있다는 점에서 더욱 그러하다.

15.1 이산확률변수

15.1.1 확률질량함수

그림 15.1에 나타나 있는 것과 같이 x_i $(i = 1, 2, \cdots)$에서 불연속인 계단함수 형태의 누적확률분포함수 F_X를 갖는 확률변수 X를 생각하자. (단, $x_1 < x_2 < \cdots$.) 앞으로 별도의 언급이 없는 한 X가 가질 수 있는 값의 개수가 가산무한인 경우를 중심으로 논의하지만 유한한 경우도 마찬가지이다.

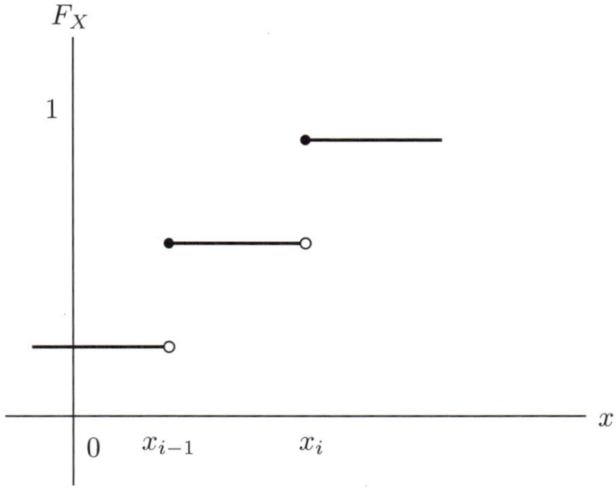

그림 15.1 이산확률변수

$P\{X = x\}$ 를 구해보자. 정리 14.6 (v) 에 의해

$$P\{X = x\} = F_X(x) - F_X(x^-)$$

이다. 위 그림으로부터 $x < x_1$ 이면 $P\{X = x\} = 0$ 이다. $x_{i-1} \le x < x_i$ $(i = 2, 3, \cdots)$ 이라고 하자. $x = x_{i-1}$ 이면 $F_X(x^-) = F_X(x_{i-2})$ 이므로 $P\{X = x_i\} = F_X(x_{i-1}) - F_X(x_{i-2}) > 0$ 이다. $x_{i-1} < x < x_i$ 이면 $P\{X = x\} = 0$ 임을 알 수 있다. 따라서 X 는 $x_1, x_2, \cdots$ 값만을 가질 수 있다.

예제 15.1 (주식시장) $P\{S_2 = u^2S_0\} = F_{S_2}(u^2S_0) - F_{S_2}(udS_0) = 1 - q(1 + p) = p^2$ 이다. 마찬가지로 $P\{S_2 = udS_0\} = 2pq$ 이고 $P\{S_2 = d^2S\} = q^2$ 이다. $s_2 \ne u^2S_0, udS_0, d^2S_0$ 이면 $P\{S_2 = s_2\} = 0$ 이다. ■

앞에서 누적확률분포함수 F_X 로부터 $P\{X = x\}$ 를 계산하였다. 이것을 이산확률변수 X 의 확률질량함수라고 한다. 그런데 $P\{X = x\}$ 는 구태여 누적확률분포함수를 거치지 않고 확률집합함수로부터 직접 구할 수 있다.

정의 15.1 (이산확률변수와 확률질량함수 (probability mass function)) 가질 수 있는 값이 $x_1, x_2, \cdots$ $(x_1 < x_2 < \cdots)$ 인 확률변수를 이산확률변수라고 하며 $p_X(x) = P\{X = x\}$ 로 정의되는 함수 $p_X : R \to [0, 1]$ 를 X 의 **확률질량함수 (probability mass function)** 라고 한다.

정의에 의해

$$p_X(x) = \begin{cases} p_X(x_i) > 0, & x = x_i \\ 0, & x \neq x_i \end{cases}$$

이다. $A \subset R$ 에 대해

$$P\{X \in A\} = \sum_{x_i \in A} p_X(x_i)$$

이며 $A = R$ 이면 $\sum_{x_i \in R} p_X(x_i) = P\{X \in R\} = 1$ 이다.

Box 15.1 이산확률변수 S_2 의 표본공간 Ω 는 유한집합이다. 그러나 이산확률변수의 기반확률공간이 반드시 유한집합 또는 가산무한집합일 필요는 없다. $[0,1]$ 에서 무작위로 숫자를 뽑고 그 숫자가 $[0, \frac{1}{2})$ 사이 값이면 0, $[\frac{1}{2}, 1]$ 이면 1이 대응되는 확률변수 X 를 생각하자. 즉, X 는 $\Omega = [0,1]$ 에서

$$X(\omega) = \begin{cases} 0, & 0 \leq \omega < \frac{1}{2} \\ 1, & \frac{1}{2} \leq \omega \leq 1 \end{cases}$$

이고 누적확률분포함수

$$F_X(x) = \begin{cases} 0, & x < 0 \\ \frac{1}{2}, & 0 \leq x < 1 \\ 1, & 1 \leq x \end{cases}$$

이다. $F_X(x)$ 가 계단함수이므로 X 는 이산확률변수이다.

예제 15.2 (주식시장) $p_{S_2}(u^2 S_0) = p^2$, $p_{S_2}(udS_0) = 2pq$, $p_{S_2}(d^2 S_0) = q^2$ 이고 $s_2 \neq u^2 S_0, udS_0, d^2 S_0$ 이면 $p_{S_2}(s_2) = 0$ 이다. $d^2 S_0 < \underline{s} < udS_0$, $\bar{s} > u^2 S_0$ 일 때 $P\{\underline{s} \leq S_2 \leq \bar{s}\} = P\{ud, u^2\} = p(1+q)$ 이다. 이것을 확률질량함수를 이용하여 구하면 마찬가지로 $\sum_{\underline{s} \leq s_2 \leq \bar{s}} p_{S_2}(s_2) = p_{S_2}(udS_0) + p_{S_2}(u^2 S_0) = p(1+q)$ 이다. ■

정의 15.1 에서 확률질량함수는 확률집합함수를 이용하여 구하였다. 그런데 앞에서 기반공간과 확률집합함수로부터 누적확률분포함수를 유도할 필요 없이, 누적확률분포함수의 성질 세 가지를 만족하는 함수를 누적확률분포함수로 정의할 수 있음을 보았다.

이것은 확률질량함수에도(그리고 뒤에서 논의할 확률밀도함수) 적용할 수 있다.

보통 이산확률변수 X 는 $x_1, x_2, \cdots$ 을 값으로 가지며 확률질량함수 p_X 가

$$p_X(x) = \begin{cases} p_X(x_i) > 0, & x = x_i \\ 0, & x \neq x_i \end{cases}$$

$$\sum_{i=1}^{\infty} p_X(x_i) = 1$$

을 만족하는 확률변수로 정의한다.

Box 15.2 이산확률변수를 위에서와 같이 정의할 수 있기 위해서는 이 확률변수의 기반이 되는 확률공간이 존재하여야 한다. $\Omega = \{x_1, x_2, \cdots\} \subset R$ 이고 $\mathscr{F}$ 가 Ω 의 모든 부분집합의 집합이며 모든 $A \in \mathscr{F}$ 에 대해 $P(A) = \sum_{x_i \in A} p_X(x_i)$ 인 확률공간을 생각하자. $X(\omega) = \omega$ 로 정의되는 확률변수 $X : \Omega \to R$ 의 확률질량함수는 아래 문제에서 보는 바와 같이 $p_X(x)$ 이므로 확률질량함수가 p_X 인 이산확률변수 X 가 정의될 수 있는 확률공간이 존재한다.

문제 15.1 (i) $P(A) \geq 0$, $P(\Omega) = 1$, $A^1, A^2, \cdots$ 가 상호배타적인 $\mathscr{F}$ 의 원소이면 $P\left(\bigcup_{j=1}^{\infty} A^j\right) = \sum_{j=1}^{\infty} P(A^j)$ 임을 보여라. (ii) P 로부터 정의되는 확률질량함수를 $\hat{p}_X$ 라고 하면 $\hat{p}_X = p_X$ 임을 보여라. ■

예제 15.3 (주식시장) 이제까지 그림 15.4에서와 같이 주식시장 모형을 상정하고 이 모형으로부터 S_1 과 S_2 의 확률질량함수를 구하였다. 그러나 이 과정을 생략하고 직접 S_2 의 확률질량함수를 $p_{S_2}(u^2 S_0) = p^2$, $p_{S_2}(udS_0) = 2pq$, $p_{S_2}(d^2 S_0) = q^2$ 으로 정의하고 주식시장 모형의 확률적 분석을 하는 것이 보다 간편하다. ■

Box 15.3 확률질량함수의 합으로 누적확률분포함수를 표현할 수 있다. 정의 15.1와 정리 14.6 (v)에 의해 $p_X(x) = P\{X = x\} = F_X(x) - F_X(x^-)$ 이다. $x_{i-1} < x \leq x_i$ $(i = 1, 2, \cdots)$ 라고 하자.

문제 15.2 $F_X(x^-) = F(x_{i-1})$ 임을 보여라. ■

Box 15.3 (계속) 위 문제의 결과를 이용하면 $F_X(x) = F_X(x_{i-1}) + p_X(x) = F_X(x_{i-2}) + p_X(x_{i-1}) + p_X(x) = \cdots = \sum_{k=1}^{i-1} p_X(x_k) + p_X(x) = \sum_{x_k \le x} p_X(x_k)$ 이다.

문제 15.3 $F_X(x) = \sum_{x_k \le x} p_X(x_k)$ 가 누적확률분포함수의 성질 (i), (ii), (iii) 을 만족함을 보여라. ■

$F_X(x)$ 를 이용하여 $a < X \le b$ 일 확률을 계산하면 $P\{a < X \le b\} = F_X(b) - F_X(a) = \sum_{x_i \le b} p_X(x_i) - \sum_{x_i \le a} p_X(x_i) = \sum_{a < x_i \le b} p_X(x_i)$ 이다. 이 결과는 확률질량함수의 정의를 이용하여 계산한 결과와 동일하다.

문제 15.4 (i) $F_X(x^-) = \sum_{x_k < x} p_X(x_k)$ 임을 보여라. (ii) $P\{a \le X < b\} = \sum_{a \le x_i < b} p_X(x_i)$ 임을 보여라. ■

15.1.2 이항확률변수

자주 쓰이는 이산확률변수는 이항확률변수, 기하확률변수, 푸아송확률변수 등이 있으나 여기서는 이항확률변수에 대해서만 논의하기로 한다.

예제 15.4 동전 2회 던지기 실험의 표본공간은 $\Omega = \{HH, HT, TH, TT\}$ 이다. $X : \Omega \to R$ 를 앞면이 나오는 횟수라고 하면 X 는 $0, 1, 2$ 값을 갖는 확률변수이다. X 의 확률질량함수 $p_X(i)$ $(i = 0, 1, 2)$ 를 구해보자. A_k $(k = 1, 2)$ 를 k 번째 동전 던지기에서 H 가 나오는 사건이라고 하자. 즉, $A_1 = \{HH, HT\}$ 이고 $A_2 = \{HH, TH\}$ 이다. 실험이 독립적이므로 A_1 과 A_2 는 독립이며 $P(A_k) = p$ 이다. 앞면이 한 번도 나오지 않는 사건은 $\{i = 0\} = A_1^c \bigcap A_2^c$ 이므로 $P\{i = 0\} = P(A_1^c \bigcap A_2^c) = P(A_1^c)P(A_2^c) = q^2$ 이다.[1]

다음으로 앞면이 한 번 나오는 사건을 생각하자. 이 사건은 첫 번째 던지기에서 앞면이 나오고 두 번째 던지기에서는 뒷면이 나오거나 그 반대인 경우다. 다시 말해 이 사건은 $(A_1 \bigcap A_2^c) \bigcup (A_1^c \bigcap A_2)$ 이다. $A_1 \bigcap A_2^c$ 와 $A_1^c \bigcap A_2$ 는 상호배타적이므로 $P\{i = 1\} = P(A_1 \bigcap A_2^c) + P(A_1^c \bigcap A_2) = 2pq$ 이다. ■

문제 15.5 $p_X(2) = P\{i = 2\} = p^2$ 임을 보여라. ■

[1] $A_1^c \bigcap A_2^c = \{TT\}$ 이고 $P(\{TT\}) = q^2$ 임은 이미 앞에서 본 바 있다.

결과가 '**성공** (**success**)' 이거나 '**실패** (**failure**)' 인 실험을 n 번 독립적으로 시행할 때 X 번 '성공' 한다고 하자. '성공' 을 S, '실패' 를 F 로 표현하면 표본공간 Ω 는 성분이 S 와 F 로 구성된 길이가 n 인 열의 집합이다. Ω 에는 모두 2^n 개의 원소가 있으며 $X : \Omega \to R$ 는 $0, 1, \cdots, n$ 값을 갖는 이산확률변수이다. 각 실험에서 성공이 일어날 확률을 p, 실패가 일어날 확률을 $q = 1 - p$ $(0 \leq p \leq 1)$ 라고 하고 X 의 확률질량함수를 $p_X(i)$ $(i = 0, 1, \cdots, n)$ 라고 하면

$$p_X(i) = \binom{n}{i} p^i q^{n-i} = \frac{n!}{i!(n-i)!} p^i q^{n-i} \ (i = 0, 1, \cdots, n)$$

이다. 이와 같은 확률변수를 **이항확률변수** (**binomial random variable**) 라고 하며 $X \sim B(n, p)$ 로 쓴다.

$p_X(i)$ 가 확률질량함수가 되기 위해서는 (i) $p_X(i) \geq 0$ 이고 (ii) $\sum_{i=1}^{\infty} p_X(i) = 1$ 이어야 한다. $p_X(i) \geq 0$ 은 명백하다. 또한 **이항정리** (**the binomial theorem**) 에 의해 $\sum_{i=0}^{\infty} p_X(i) = \sum_{i=0}^{n} p_X(i) = \sum_{i=0}^{n} \frac{n!}{i!(n-i)!} p^i q^{n-i} = (p+q)^n = 1$ 이다. 따라서 $p_X(i)$ 는 확률질량함수이다.

문제 15.6 (주식시장) 주식시장이 3 기간 동안 존속할 때 주식가격이 오르는 횟수를 N 이라고 하자. N 은 이항확률변수임을 보이고 확률질량함수를 구하라. ■

Box 15.4 이항확률변수의 확률질량함수 $p_X(i)$ 는 다음과 같이 구할 수 있다. A_k 를 k 번째 동전 던지기에서 S 가 나오는 사건이라고 하면 $P(A_k) = p$ 이고 $P(A_k^c) = q$ 이다. 첫 i 번째 던지기까지 계속 S 가 나오고 나머지 던지기에서는 F 가 나오는 사건은 $A_1 \bigcap \cdots \bigcap A_i \bigcap A_{i+1}^c \bigcap \cdots \bigcap A_n^c$ 이다. 동전 던지기는 독립적으로 이루어지므로 $P(A_1 \bigcap \cdots \bigcap A_i \bigcap A_{i+1}^c \bigcap \cdots \bigcap A_n^c) = P(A_1) \cdots P(A_i) P(A_{i+1}^c) \cdots P(A_n^c) = p^i q^{n-i}$ 이다. 그런데 S 가 i 번 나오는 사건의 확률은 S 가 나오는 순서에 관계없이 모두 $p^i q^{n-i}$ 이다. S 가 i 번 나오는 사건은 모두 $\binom{n}{i} = \frac{n!}{i!(n-i)!}$ 개이고 이 사건들은 모두 상호배타적이므로 위 결과를 얻는다.

15.1.3 기댓값과 분산

정의 14.5 에서 확률변수 X 의 기댓값을 $E[X] = \sum_{\omega \in \Omega} X(\omega) P(\{\omega\})$ 로 정의하였다. 그림 15.2 에 원소가 세 개인 Ω 와 두 개의 값을 갖는 이산확률변수 X 가 그려져 있다.

정의에 의해

$$
\begin{aligned}
E[X] &= X(\omega_1)P(\{\omega_1\}) + X(\omega_2)P(\{\omega_2\}) + X(\omega_3)P(\{\omega_3\}) \\
&= x_1(P(\{\omega_1\}) + P(\{\omega_2\})) + x_2 P(\{\omega_3\})
\end{aligned}
$$

이다. 그런데 $P(\{\omega_1\}) + P(\{\omega_2\}) = P\{X = x_1\} = p_X(x_1)$ 이고 $P(\{\omega_3\}) = P\{X = x_2\} = p_X(x_2)$ 이므로 이 식은

$$E[X] = x_1 p_X(x_1) + x_2 p_X(x_2)$$

로 다시 쓸 수 있다.

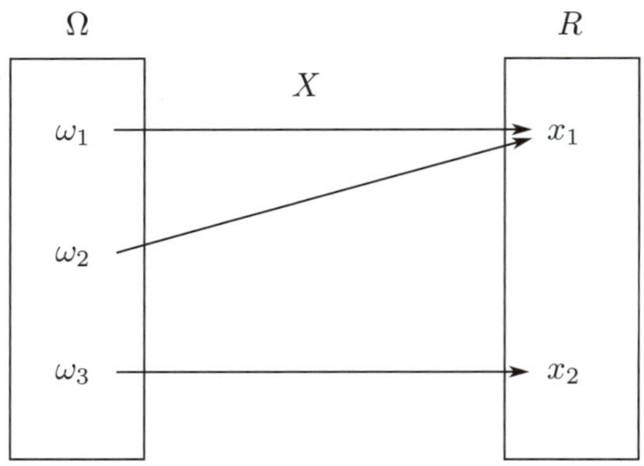

그림 15.2 이산확률변수의 기댓값

이 예에서 보는 바와 같이 이산확률변수의 기댓값은 확률질량함수를 이용하여 정의할 수 있다.

정의 15.2 (이산확률변수의 기댓값) X 가 이산확률변수이고 p_X 가 확률질량함수이면 X 의 기댓값은 $E[X] = \sum_{i=1}^{\infty} x_i p_X(x_i)$ 이다.

예제 15.5 주식시장 모형에서 S_2 가 취할 수 있는 값은 u^2S_0, udS_0, d^2S_0 이고 확률질량함수는 $p_{S_2}(u^2S_0) = p^2$, $p_{S_2}(udS_0) = 2pq$, $p_{S_2}(d^2S_0) = q^2$ 이므로 기댓값은 $E[S_2] = u^2S_0 \times p^2 + udS_0 \times 2pq + d^2S_0 \times q^2 = (pu+qd)^2S_0$ 이다. 이것은 예제 14.15 에서의 결과와 동일하다. ■

문제 15.7 $E[S_1]$ 를 구하라. ■

예제 15.6 이항확률변수 $X \sim B(n,p)$ 의 기댓값을 구해 보자. $E[X] = \sum_{i=0}^{n} i p_X(i) =$

$\sum_{i=1}^{n} \frac{n!}{i!(n-i)!} i p^i q^{n-i} = np \sum_{i=1}^{n} \frac{(n-1)!}{(i-1)!(n-i)!} p^{i-1} q^{n-i}$ 이다. 우변 항에 $m = n-1$, $j = i-1$ 을 대입하면 $np \sum_{j=0}^{m} \frac{m!}{j!(m-j)!} p^j q^{m-j} = np$ 이다. 등호는 이항정리에 의해 성립한다. 이것은 성공할 확률이 p 인 실험을 n 번 반복 시행하면 평균적으로 np 회 성공함을 의미한다. ■

문제 15.8 2기간 동안 주식가격이 오르는 횟수 N 의 기댓값을 구하라. ■

X 의 실가함수 $Z = g(X)$ 를 생각하자. ω 가 주어지면 X 값이 정해지고 g 에 의해 Z 값이 정해지므로 $Z(\omega) = g(X(\omega)) = h(\omega)$ 로 쓸 수 있다. 합성함수 h 는 실가함수이므로 Z 도 역시 확률변수이다. Z 가 취할 수 있는 값이 z_j $(j = 1, 2, \cdots)$ 이고 p_Z 가 기반확률공간으로부터 구한 Z 의 확률질량함수라고 하면 Z 의 기댓값은

$$E(Z) = \sum_{j=1}^{\infty} z_j p_Z(z_j)$$

이다. 그런데 X 의 합성함수인 새로운 확률변수를 정의할 때마다 해당 확률질량함수를 구하는 것은 번거로운 일이다.

예제 15.7 그림 15.3에 확률변수 X 와 $Z = g(X)$ 가 나타나 있다. 정의에 의해

$$\begin{aligned} E[Z] &= z_1 p_Z(z_1) + z_2 p_Z(z_2) \\ &= z_1(p_X(x_1) + p_X(x_2)) + z_2 p_X(x_3) \\ &= g(x_1)p_X(x_1) + g(x_2)p_X(x_2) + g(x_3)p_X(x_3) \end{aligned}$$

이다. 이 결과는 p_Z 를 구하지 않고 p_X 를 이용하여 Z 의 기댓값을 구할 수 있음을 보여준다. ■

정리 15.1 (무의식 통계학자 법칙 (law of unconscious statistician)) 확률변수 X 의 합성함수인 확률변수 $Z = g(X)$ 의 기댓값은 $E[Z] = \sum_{i=1}^{\infty} g(x_i) p_X(x_i)$ 이다.

문제 15.9 위 법칙의 이름이 왜 '무의식' 통계학자의 법칙인지를 생각하라. ■

이 법칙은 연속확률변수나 앞으로 설명할 다수의 확률변수의 합성함수의 경우에도 성립하며 매우 유용한 법칙이다.

이제까지 확률변수를 대표하는 값으로 가중평균인 기댓값에 대해 논의하였다. 확률변수의 값이 기댓값 주위에서 얼마나 떨어져 분포되어 있는지도 확률변수가 갖는

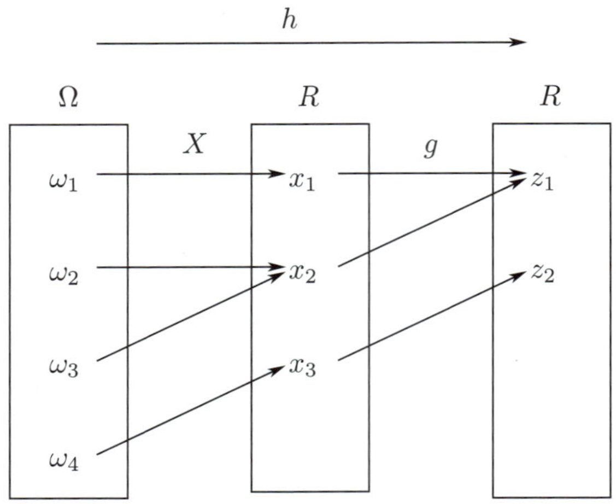

그림 15.3 무의식 통계학자 법칙의 예시

또 다른 중요한 성질이다. X 와 $E[X]$ 간의 거리를 $(X - E[X])^2$ 로 측정할 때 (가중) 평균적인 거리 $E[(X - E[X])^2]$ 을 분산이라고 한다.[2]

정의 15.3 (이산확률변수의 분산 (variance)) X 가 이산확률변수이고 p_X 가 확률질량함수이면 X 의 분산은 $\mathrm{Var}[X] = E[(X - E[X])^2] = \sum_{i=1}^{\infty}(x_i - E[X])^2 p_X(x_i)$ 이다.[3]

예제 15.8 $\mathrm{Var}(S_2) = E[(S_2 - E[S_2])^2] = (u^2 S_0 - (pu + qd)^2 S_0)^2 p^2 + 2(udS_0 - (pu + qd)^2 S_0)^2 pq + (d^2 S_0 - (pu + qd)^2 S_0)^2 q^2$ 이다. $S_0 = 100$, $u = 1.2$, $d = 0.8$, $p = \frac{2}{3}$, $q = \frac{1}{3}$ 이면 $\mathrm{Var}[S_2] = 821.73$ 이다. ■

무의식 통계학자 법칙을 이용하면 다음 결과를 얻는다.

정리 15.2 a, b 는 상수이고 X 가 이산확률변수이면

(i) $E[aX + b] = aE[X] + b$,

(ii) $\mathrm{Var}[X] = E[X^2] - (E[X])^2$,

(iii) $\mathrm{Var}[aX] = a^2 \mathrm{Var}[X]$ 이다.

증명 (ii) 정의에 의해 $E[aX + b] = \sum_{i=1}^{\infty}(ax_i + b)p_X(x_i) = a\sum_{i=1}^{\infty} x_i p_X(x_i) + b\sum_{i=1}^{\infty} p_X(x_i) \sum_{i=1}^{\infty} x_i p_X(x_i) + (E[X])^2 = E[X^2] - (E[X])^2$ □

[2] X 와 $E[X]$ 간의 거리는 직관적으로 $|X - E[X]|$ 이지만 $E[|X - E[X]|]$ 는 다루기가 불편하다.

[3] 위 식에서 두 번째 등식은 무의식 통계학자 법칙에 의해 성립한다.

문제 15.10 위 정리 (i)과 (iii)을 증명하라. ■

예제 15.9 $E[S_2^2]-(E[S_2])^2 = (u^4p^2+2u^2d^2pq+d^4q^2-(pu+qd)^4)S_0^2 = ((u^2p+d^2q)^2-(pu+qd)^4)S_0^2$ 이다. 예제 15.8에서 마찬가지로 $E[S_2^2]-(E[S_2])^2 = \mathrm{Var}[S_2] = 821.73$ 이다. ■

15.2 위험중립확률

시점 1에서 m개의 상태가 실현될 수 있는 2시점 1기간 금융시장 모형을 생각하자. (2편 4.2절과 5.7.2절 참조.) 애로우 증권 $\mathbf{e}^k$의 가격을 α_k $(k=1,2,\cdots,m)$, 가격벡터를 $\boldsymbol{\alpha} = [\alpha_1\ \alpha_2\ \cdots\ \alpha_m]$이라고 하자. 모든 $\alpha_k > 0$이라고 가정하면 2편 정리 5.2에 의해 무위험차익거래 기회는 존재하지 않으며 금융자산 $\mathbf{a}^j = \begin{bmatrix} a_{1j} \\ a_{2j} \\ \vdots \\ a_{mj} \end{bmatrix}$의 가격은 $q_j = \boldsymbol{\alpha}\mathbf{a}^j$이다. 모든 애로우 증권을 각각 한 단위씩 구입하면 시점 1에서 어떤 상태가 실현되더라도 단위수익을 얻을 수 있다. 이 포트폴리오를 구입하는 데 필요한 비용은 $\beta = \sum_{i=1}^m \alpha_i$이므로 β는 무위험채권의 시점 0에서의 가격이 된다.

$\pi_i = \frac{\alpha_i}{\beta}$로 정의하면 $0 < \pi_i < 1$이고 $\sum_{i=1}^m \pi_i = 1$이므로

$$\boldsymbol{\pi} = [\pi_1\ \pi_2\ \cdots\ \pi_m]$$

는 확률적 성격을 갖는다. 금융시장 모형을 기초로 하는 다음과 같은 확률모형을 생각할 수 있다. 상태 i를 결과 s_i로 나타내면 표본공간은 $S = \{s_1, s_2 \cdots, s_m\}$, 사건의 집합 $\mathscr{F}$는 S의 모든 부분집합의 집합, 확률집합함수는 $A \in \mathscr{F}$에 대해 $\Pi(A) = \sum_{s_i \in A} \pi_i$이며, 금융자산 $\mathbf{a}^j$는 $\mathbf{a}^j(s_i) = a_{ij}$로 정의되는 확률변수이다.

π_i는 상태 i가 실현되는 실제 확률이 아니고 (무위험차익거래 기회가 없는) 애로우 증권의 가격으로부터 도출된 가상적인 확률이며 **위험중립확률 (risk-neutral probability)** 이라고 부른다. '위험중립'으로 부르는 이유를 살펴보자. 금융자산 $\mathbf{a}^j$의 가격을 결정하는 직관적인 방법은 먼저 **실제 확률 (actual probability)** 로 $\mathbf{a}^j$의 기댓값을 계산하는 것이다. 일반적으로 투자자들은 위험회피적이므로 위험에 따른 보상 즉, 위험프리미엄을 요구한다. (514-515쪽의 *위험회피적 효용함수 참조.) 따라서 $\mathbf{a}^j$의 가격을 결정하기 위해서는 이 프리미엄이 반영되어야 한다.

그러나 금융자산마다 위험 수준이 다르고 투자자들도 위험에 대한 태도가 다르기 때문에 이 방식으로 가격을 결정하기는 쉽지 않다. 위험중립확률을 이용하여 $\mathbf{a}^j$ 의 가격을 결정하는 방법을 살펴보자. $\boldsymbol{\alpha} = \beta\boldsymbol{\pi}$ 이므로

$$
\begin{aligned}
q_j &= \boldsymbol{\alpha}\mathbf{a}^j = \beta\boldsymbol{\pi}\mathbf{a}^j = \beta(a_{1j}\pi_1 + a_{2j}\pi_2 + \cdots + a_{mj}\pi_m) \\
&= \beta E^{\Pi}[\mathbf{a}^j]
\end{aligned}
$$

이다. 이 식에서 E^{Π} 는 Π 하에서 $\mathbf{a}^j$ 의 기댓값이며 실제 확률로 계산한 기댓값과는 일반적으로 다르다.[4,5] $E^{\Pi}[\mathbf{a}^j]$ 는 시점 1 에서의 $\mathbf{a}^j$ 의 가치이며 $\beta E^{\Pi}[\mathbf{a}^j]$ 는 시점 1 에서의 가치를 시점 0 에서의 가치로 바꾸기 위해 β 로 할인한 것이다. 이 가격 결정 방법에는 위험에 따른 위험프리미엄이 직접적으로 고려되지 않는다. 달리 말하면 위험중립확률에 모든 투자자들의 위험프리미엄이 간접적으로 반영되어 있는 셈이며 위험회피적 투자자들이 마치 **위험중립적 (risk-neutral)** 투자자처럼 행동하는 것으로 생각할 수 있다.[6] (Box 15.5 참조.)

예제 15.10 2 편 예제 5.29 의 1 기간 2 시점 금융시장 모형에서 $\alpha_1 = \frac{1-\beta d}{u-d}$, $\alpha_2 = \frac{\beta u-1}{u-d}$ 이므로 $\alpha_1 + \alpha_2 = \beta$ 이다. 위험중립확률은 $\pi = \frac{1-\beta d}{\beta(u-d)}$, $1-\pi = \frac{\beta u-1}{\beta(u-d)}$ 이므로 $C_0 = \beta E^{\Pi}[C] = \frac{(1-\beta d)(uS_0-X)}{u-d}$ 이다. 이 결과는 예제 5.29 에서 구한 것과 동일하다. ■

문제 15.11 $\beta E^{\Pi}[S_1] = S_0$ 임을 보여라. ■

위험중립확률에 의한 가격결정방법은 위험프리미엄을 별도로 계산할 필요가 없다는 것 외에도 다음과 같은 이점이 있다. 모든 금융자산의 가격은 위험중립확률에 의한 할인된 기댓값이므로 시장에서 거래되는 어떤 금융자산의 현재 가격이 균형 수준이라면 이것으로부터 위험중립확률을 알 수 있다. 그리고 일단 위험중립확률이 계산되면 다른 파생금융상품의 가격은 이 확률을 이용하여 계산할 수 있다.

---

[4] 2 시점 모형에서는 결과(상태)와 사건을 구별할 필요가 없기 때문에 구태여 π 와 Π 를 달리 사용할 필요는 별로 없다. 그러나 그림 15.4 의 3 시점 모형에서 p, q 와 P 가 구별되는 것처럼 다시점 모형에서는 π 와 Π 는 구별하여 사용하여야 한다.

[5] $q_j = \beta\boldsymbol{\pi}\mathbf{a}^j$ 를 다시 쓰면 $r = \frac{\boldsymbol{\pi}\mathbf{a}^j - q_j}{q_j}$ 이다. 왼쪽 항은 무위험자산의 수익률(무위험 이자율)이고 오른쪽 항은 금융자산 $\mathbf{a}^j$ 의 위험중립확률로 평가한 기대수익률이다. 따라서 위험중립확률로 평가한 모든 금융자산의 수익률은 무위험자산의 수익률과 같다.

[6] 위험중립적 투자자는 금융자산 보유나 판매에 따른 위험에는 관심이 없고 금융자산의 평균적 가치(기댓값)과 가격만 비교하여 투자 여부를 결정하는 사람이다. 다시 말해 위험중립적 투자자는 위험프리미엄을 요구하지 않는다.

예제 15.11 예제 15.10를 다시 생각하자. 위험중립확률이 π와 $1-\pi$라고 하면 $S_0 = \beta(\pi u S_0 + (1-\pi)dS_0)$이다. 이 식을 π에 대해 풀면 예제 15.10에서와 같이 $\pi = \frac{1-\beta d}{\beta(u-d)}$를 얻는다. ■

예제 15.12 (주식시장) 예제 14.14의 주식시장 모형을 생각하자. $S_0 = 100$, $p = \frac{2}{3}$, $u = 1.2$, $d = 0.9$ $r = 0.05$이다. 시점 2에서 주식 한 단위를 110에 살 수 있는 콜옵션을 생각하자. 주식가격이 두 번 올라 144일 때에만 옵션을 행사할 것이기 때문에 이 콜옵션의 수익은 $C_{uu} = 34$, $C_{ud} = C_{du} = C_{dd} = 0$이다. 시점 1에서 가격이 오른 경우를 생각하면 가격이 120에서 다음 시점에 144로 오르거나 108로 내리는 2 시점 모형과 동일하다. 15.11의 결과로부터 $\pi = \frac{1-0.9/1.05}{(1.2-0.9)/1.05} = \frac{1}{2}$이고 $1-\pi = \frac{1}{2}$이다. 콜옵션의 시점 1에서의 가치는 $V_u = \frac{1}{1.05}(\frac{1}{2} \times 34 + \frac{1}{2} \times 0) = 16.1905$이다. 시점 1에서 가격이 내린 경우도 마찬가지로 생각하면 위험중립확률은 마찬가지이다. 따라서 콜옵션의 가치 $V_d = \frac{1}{1.05}(\frac{1}{2} \times 0 + \frac{1}{2} \times 0) = 0$이다.

시점 0에서 생각하면 이 콜옵션은 시점 1에서의 수익이 16.1905과 0인 금융자산이다. 시점 0에서의 위험중립확률은 시점 1에서의 위험중립확률와 마찬가지로 $(\frac{1}{2}, \frac{1}{2})$이다. 따라서 시점 0에서 콜옵션의 가치는 $V_0 = \frac{1}{1.05}(\frac{1}{2} \times 16.1905 + \frac{1}{2} \times 0) = 7.7098$이므로 콜옵션의 가격은 7.7098이다. ■

Box 15.5 상태 1이 실현될 실제 확률이 p $(0 < p < 1)$, 위험중립확률이 π $(0 < \pi < 1)$라고 하자. 실제 확률로 계산한 $\mathbf{a}^j$의 시점 0에서의 가치는 $\beta(a_{1j}p + a_{2j}(1-p))$이다. 투자자가 위험회피적이면 $q_j < \beta(a_{1j}p + a_{2j}(1-p))$이어야 한다.

문제 15.12 $a_{1j} > a_{2j}$이면 $\pi < p$임을 보여라. ■

위 문제의 결과로부터 위험중립확률에 의한 가격책정 방식은 확률을 비관적으로 조정함으로써, 다시 말해 '나쁜' 상태(상태 2)가 일어날 확률을 부풀리고 '좋은' 상태(상태 1)가 일어날 확률을 줄이는 것으로 금융자산 수익의 위험을 반영하는 것으로 생각할 수 있다.

* 자기조달

위험중립확률에 의한 금융자산 가격 결정은 무위험차익거래의 다른 일면이다. 2편 5.6.2절의 시점 1에서 만기가 되는 (유럽피안) 콜 옵션을 판매하는 투자자를 생각하자.

이 투자자는 시점 0에서 X_0의 자산을 가지고 있으며 이 자산 중 $\triangle_0$ 만큼 주식을 사고 나머지는 무위험 채권을 구입한다. (주식구입대금이 초기 자산보다 많으면 그 차액만큼 빌리는 것이 된다.) 이와 같이 외부적인 자금 유입이나 유출없이 기존의 자산만으로 포트폴리오 구성을 바꾸는 거래 행위를 **자기조달 (self-financing)** 이라고 한다. 시점 1에서의 자기조달 자산의 가치는

$$X_1 = \frac{1}{\beta}(X_0 - \triangle_0 S_0) + \triangle_0 S_1 = \frac{1}{\beta}X_0 + \triangle_0\left(S_1 - \frac{1}{\beta}S_0\right)$$

이다. 위험중립확률로 βX_1의 기댓값을 구하면

$$E^{\Pi}[\beta X_1] = E^{\Pi}[X_0] + \triangle_0(\beta E^{\Pi}[S_1] - E^{\Pi}[S_0])$$

이다. X_0와 S_0는 상수이므로 $E^{\Pi}[X_0] = X_0$이고 $E^{\Pi}[S_0] = S_0$이다. 또한 문제 15.11에서 $\beta E^{\Pi}[S_1] = S_0$이므로

$$E^{\Pi}[\beta X_1] = X_0$$

이다. 이 결과는 시점 0에서 주식을 몇 단위 구입하든지에 상관없이 시점 1에서의 할인된 자산 가치를 위험중립확률로 평가한 기댓값은 X_0임을 보여준다.

또한 이 결과로부터 $\pi > 0$이면 무위험차익거래가 불가능함을 알 수 있다. 무위험차익거래가 가능하다면 상태 1과 상태 2의 X_1 값이 모두 $\frac{X_0}{\beta}$ 이상이고 둘 중 한 값은 $\frac{X_0}{\beta}$보다 커야 한다. 그러나 이렇게 되면 $\pi, 1-\pi > 0$이므로 $E^{\Pi}[\beta X_1] > X_0$가 되어 모순이다.[7]

시점 1에서의 수익이 C_u와 C_d인 콜옵션을 생각하자. 시점 0에서 투자자가 $X_0 = \beta E^{\Pi}[C_1]$의 자산을 가지고 있고 주식을 $\triangle_0 = \frac{C_u - C_d}{S_0(u-d)}$ 단위 산다고 하자. 시점 1에서 상태 1이 실현되면 위 식으로부터 자기조달 자산의 가치는

$$\begin{aligned} X_1 &= \frac{1}{\beta}X_0 + \triangle_0\left(S_1 - \frac{1}{\beta}S_0\right) \\ &= \pi C_u + (1-\pi)C_d + \frac{C_u - C_d}{S_0(u-d)}\left(uS_0 - \frac{1}{\beta}S_0\right) \\ &= C_u \end{aligned}$$

이다. 마찬가지로 상태 2가 실현되면 그 가치는 C_d이다.

[7] 주식가격과 시간이 연속적으로 변화할 때는 상태의 수가 비가산적이기 때문에 상태가격으로부터 위험중립확률을 구할 수 없다. 역으로 βS_1의 기댓값이 S_0가 되도록 하는 확률을 위험중립확률으로 정의한다.

문제 15.13 (i) 위 결과를 확인하고 (ii) 상태 2가 실현되면 그 가치는 C_d 임을 보여라.

따라서 콜옵션 한 단위와 자산 $\beta E^{\Pi}[C_1]$ 의 가치는 동일하므로 $C_0 = \beta E^{\Pi}[C_1]$ 이다. 이 결과는 이미 앞에서 살펴 본 바 있다.

*15.3 보험시장

시점 1의 상태가 불확실한 상황 하에서 시점 0에서 의사결정을 하여야 하는 어떤 개인을 생각하자. 이 개인은 시점 0에서는 재산이 없지만 시점 1에서는 재산이 상태가 좋으면(g) w_g^0, 나쁘면(b) w_b^0 $(< w_g^0)$ 을 갖게 된다고 하자. 상태가 좋을 확률은 p, 나쁠 확률은 $q = 1 - p$ 이다. 일반적으로 사람들은 위험을 싫어하기 때문에 시점 0에서 시점 1에서의 불확실성을 제거 혹은 줄이기 위해 노력한다. 아래에서는 이 문제를 분석하는 몇 가지 모형에 대해 논의한다.

* 조건부재화 모형

통상적으로 사과를 사면 사과 값을 지불함과 동시에 사과를 받게 된다. 그러나 내일 먹을 사과를 오늘 돈을 내고 사야 한다면 불확실성이 발생하게 된다. 극단적인 상황에서는 오늘 돈을 지불하였음에도 불구하고 내일 사과를 받지 못할 수도 있다. 4편 9.1절의 효용최대화 문제에서는 소비 의사결정과 소비 행위가 동시에 일어나는 즉, 불확실성의 문제가 없는 상황을 분석한다. 따라서 효용최대화 모형, 그리고 이윤최대화 모형과 이 두 모형을 결합한 시장 모형은 불확실성의 분석에는 적합하지 않은 것처럼 보인다. 그러나 재화의 개념을 재정립하면 이 모형은 불확실성 하에서의 의사결정 문제를 분석하는 도구로서 계속 유용함을 살펴보도록 하자.

같은 사과라도 인도되는 날짜, 장소, 품종, 질 등에 따라 다른 사과로 구분할 수 있다. 예를 들어 2012년 12월 31일에 서울역에서 인도되는 최상품 홍옥 사과와 같은 날 인천공항에서 인도되는 최상품 홍옥 사과를 서로 다른 재화로 간주하면 효용최대화와 이윤최대화 분석은 달라질 것이 없다. 한 걸음 더 나아가 특정 상태에서만 인도되는 재화도 생각할 수 있다. 이러한 재화를 **조건부재화 (contingent commodity)** 라고 한다. 이 절 처음에 상정하였던 상황을 조건부재화의 개념을 이용하여 재구성해 보자. 편의상 이자율은 0이라고 가정한다.

시점 0에서 두 개의 (특별한) 통화 시장, 시장 g 와 b 가 존재한다. 시장 g 에서 거래되는 재화 g(1원)은 다음 특성을 갖는다. q_g 를 주고 이 재화를 사는 경우를 생각하자. 시점 1에서 상태 g 가 실현되면 1원을 받고 상태 b 가 실현되면 받지 못한다. 반대로 q_g

를 받고 이 재화를 팔 때에는 시점 1 에서 상태 g 가 실현되면 1 원을 주어야 하고 상태 b 가 실현되면 주지 않아도 된다. 시장 b 에서 재화 b(1 원) 을 q_b 에 사는 (파는) 경우에도 마찬가지로 생각할 수 있다. 이 경우에는 시점 1 에서 1 원을 주는 (받는) 것은 상태 b 가 실현될 때만 일어난다. 실제 거래는 시점 0 에서 일어나고 시점 1 에서는 시점 0 에서의 계약 내용이 단지 이행될 뿐이라는 점을 유의하여야 한다.

이 두 시장은 독립적이지 않다. 예를 들어 $q_g + q_b < 1$ 이면 무위험차익거래가 가능하게 된다. 1 원을 빌려 재화 g 와 재화 b 를 각각 한 단위씩 사면 시점 0 에서는 $1 - (q_g + q_b) > 0$ 의 이익을 얻는다. 시점 1 에서 실현되는 상태에 관계없이 1 을 받아 빚을 갚으면 되므로 아무런 위험 없이 차익을 얻을 수 있다.

문제 15.14 $q_g + q_b > 1$ 일 때도 무위험차익거래가 가능함을 보여라. ■

Box 15.6 (대차거래) 내일 교환되는 10,000 원 (내일 10,000 원) 은 오늘 교환되는 10,000 원 (오늘 10,000 원) 과는 다른 재화이다. 내일 10,000 원의 오늘의 가치를 A 는 8,000 원으로 평가하고 B 는 9,000 원으로 평가한다고 하자. 두 사람이 서로 다르게 평가하므로 거래의 유인이 발생한다. 예를 들어 A 가 B 에게 8,500 원에 내일 10,000 원을 팔게 되면 두 사람 모두 500 원의 이익을 얻게 된다. A 는 B 로부터 오늘 8,500 원을 받고 내일 10,000 원을 B 에게 주어야 한다. 이것은 사실상 A 가 B 로부터 오늘 8,500 원을 빌리고 내일 이자 1,500 원과 함께 원금 8,500 원을 갚는 대차거래이다. 이 거래 행위에 의해 내일 10,000 원은 더 낮게 평가하는 사람으로부터 더 높게 평가하는 사람에게로 이전되며 두 사람 모두 이 **거래로부터 이득 (gains from trade)** 를 얻는다. 이렇게 보면 대차거래도 일반적인 시장에서 일어나는 거래와 다를 바 없음을 알 수 있다.

문제 15.15 위 예에서와 반대의 거래 즉 B 가 A 로부터 빌리는 것은 자발적으로는 일어나지 않음을 보여라. ■

균형에서는 무위험차익거래가 불가능하므로

$$q_g + q_b = 1$$

이어야 한다. 이 개인이 시점 1 에서의 자신의 재산을 시점 0 에서 판다고 하자. 판매 재산의 가치는 $q_g w_g^0 + q_b w_b^0$ 이다. 이 판매 대금으로 다시 재화 g 와 재화 b 를 각각 w_g

와 w_b 단위를 사면 $q_g w_g + q_b w_b$ 가 필요하다. 따라서 예산제약조건은

$$q_g w_g + q_b w_b = q_g w_g^0 + q_b w_b^0$$

이 된다. (이 예산제약조건은 가용 재산이 q_g 와 q_b 에 의존한다는 점에서 통상적인 예산제약조건과 차이가 있다.)

예제 15.13 이 개인의 재산이 $w_g^0 = 100$, $w_b^0 = 80$, 각 재화의 가격이 $q_g = 0.75$, $q_b = 0.25$ 이면 예산제약식은 $0.75w_g + 0.25w_b = 0.75 \times 100 + 0.25 \times 80 = 95$ 이다. 이 개인은 $w_g = w_b = 95$ 를 사면 시점 1 에서 상태에 관계없이 재산이 95 가 되므로 위험이 없어진다. 이것은 상태 b 가 실현되면 20 을 보상받는 보험을 보험료 5 를 지불하고 든 셈이다. 이렇게 하면 위험을 완전히 제거할 수 있지만 이것이 반드시 효용을 최대로 한다고 할 수는 없다. 각 상태에서의 재산 수준이 다른 것을 크게 개의치 않는다면 구태여 5 를 지불하여 보험을 들 필요가 없을 것이다. ■

*금융시장

앞에서 논의한 시장 g 와 b 는 현실적으로 존재하기 어렵다. 애로우 증권(또는 수익벡터가 선형독립인 두 개의 금융자산)을 이용하여 위험에 대처할 수 있음을 살펴보자. 증권 g 를 한 단위 보유하면 상태 g 가 실현되는 경우에만 1 을 받고 증권 b 를 한 단위 보유하면 상태 b 가 실현되는 경우에만 1 을 받는다. 각 증권의 가격은 $\alpha_g, \alpha_b > 0$ 이라고 하자. (단, $\alpha_g + \alpha_b = 1$) 이 개인의 애로우 증권 포트폴리오를 (z_g, z_b) 라고 하자. 애로우 증권을 사면 $z_i > 0$ $(i = g, b)$ 이고 팔면 $z_i < 0$ 이다. 시점 1 에서의 재산 상태는 포트폴리오에 따라 달라진다. 어느 애로우 증권을 사는 데 소요되는 비용을 충당하기 위해서는 다른 애로우 증권을 증권을 팔아야 한다고 하면 예산제약조건은 다음과 같다.

$$\begin{aligned} &\alpha_g z_g + \alpha_b z_b = 0 \\ &w_g = w_g^0 + z_g \\ &w_b = w_b^0 + z_b \end{aligned}$$

이다.

문제 15.16 (i) 위 예산제약조건을 설명하라. (ii) 차입과 대출이 가능할 때의 예산제약식을 구하라. ■

위 식들을 정리하여 다시 쓰면

$$\alpha_g w_g + \alpha_b w_b = \alpha_g w_g^0 + \alpha_b w_b^0$$

이다. 만약 $q_i = \alpha_i$ $(i = g, b)$ 이면 이 식은 조건부재화 모형에서의 예산제약식과 같다. 다시 말해 조건부재화시장이 존재하는 경제와 금융시장이 존재하는 시장은 동일하다고 할 수 있다.

문제 15.17　문제 15.16 (ii) 의 경우에도 위 식이 성립함을 보여라. ■

문제 15.18　조건부재화시장과 금융시장이 동시에 존재하면 $q_i = \alpha_i$ $(i = g, b)$ 임을 보여라. ■

예제 15.14　$\alpha_g = 0.75$, $\alpha_b = 0.25$, $z_g = -5$, $z_b = 15$ 라고 하자. 애로우 증권 g 를 5 단위 팔면 $0.75 \times 5 = 3.75$ 를 얻는다. 이 판매 대금으로 애로우 증권 b 를 $\frac{3.75}{0.25} = 15$ 단위 살 수 있다. 즉, 이 포트폴리오의 가치는 $0.75 \times (-5) + 0.25 \times 15 = 0$ 이다. 상태 g 에서의 재산은 $100 - 5 = 95$ 이고 상태 b 에서는 $80 + 15 = 95$ 이다. 이것은 예제 15.13 에서의 결과와 같다. ■

* 기대효용최대화와 보험

이 개인의 효용함수가

$$U(w_g, w_b, p) = pu(w_g) + qu(w_b)$$

라고 하자. (이와 같은 효용함수를 **폰노이만-모겐스턴 기대효용함수 (von-Neumann Morgenstern expected utility function)** 라고 한다.) (단, $q = 1 - p$, $u' > 0$, $u'' < 0$ 이다.) $u(w)$ 는 어느 소비자의 재산이 w 일 때 이 소비자의 효용 수준이며 $U(w_g, w_b, p)$ 는 확률 p 로 재산이 w_g, 확률 q 로 재산이 w_b 일 때의 효용 수준을 나타낸다. $U(w_g, w_b, p)$ 는 효용 수준을 확률로 가중평균하기 때문에 기대효용으로 부른다.[8]

문제 15.19　U 는 순오목함수임을 보여라. ■

재화 g 와 재화 b 시장이 존재한다고 하자. 재화 g 를 한 단위 살 때의 기대 이윤은 $p \times 1 + q \times 0 - q_g = p - q_g$ 이다. 이 이윤이 0 또는 $q_g = p$ 이면 시장은 **보험계리적으로**

[8] 어떤 조건이 충족되면 불확실한 상황에서의 효용을 기대효용으로 나타낼 수 있다. 이것을 **기대효용가설 (expected utility hypothesis)** 라고 한다.

공정(actuarially fair) 하다고 한다. 시장이 보험계리적으로 공정한 경우를 생각하자. 개인의 효용최대화 문제는

$$\max_{w_g, w_b} \; pu(w_g) + qu(w_b) \text{ s.t. } q_g w_g + q_b w_b = q_g w_g^0 + q_b w_b^0.$$

이다. 일계조건은

$$MRS = \frac{\partial U/\partial w_g}{\partial U/\partial w_b} = \frac{pu'(w_g)}{qu'(w_b)} = \frac{q_g}{q_b}$$

이다. $p = q_g$, $q = q_b$ 이므로 $u'(w_g) = u'(w_b)$ 이다. 따라서 최적해는 $w_g^* = w_b^* = w^*$ 이고 위험을 완전히 제거하는 것이 최적이다. 이 결과는 그림 15.4에 나타나 있다.[9]

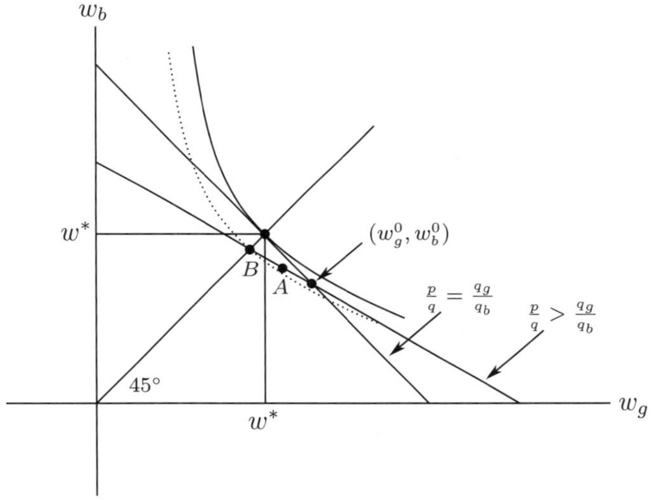

그림 15.4 완전 보험

$q_g = p$ 이면 위 결과로부터 u 의 형태에 관계없이 U 의 무차별곡선의 기울기는 $w_g = w_b$ 일 때 $\frac{q_g}{q_b}$ 이다. 따라서 최적해는 45° 선이 예산제약식과 만나는 점에서 결정된다. 이 개인은 상태 g 에서의 재산을 줄이고 상태 b 에서의 재산을 늘림으로써 효용을 늘릴 수 있다. 특히 이 경우에는 효용함수의 형태와는 관계없이 위험을 완전히 없애는 것이 최적이다.

문제 15.20 $w_g = 100$, $w_b = 80$, $p = 0.75$, $q_g = 0.75$ 일 때 최적 선택을 구하라. 개인의 최적 선택은 보험료로 5를 지불하고 상태 b 가 실현되면 20을 보상받는 것과 동일함을 보여라. ■

[9] 문제 15.19로부터 U 는 순오목함수이므로 U 의 무차별곡선은 원점에 대해 볼록하다.

시장이 보험계리적으로 공정하지 않으면 위험을 완전히 제거하는 것이 최적이 아니다. $p > q_g$ 라고 하자. $\frac{p}{q} > \frac{q_g}{q_b}$ 이므로 예산제약식은 (w_g^0, w_b^0) 을 중심으로 아래로 회전하게 된다. 위험을 완전히 제거하기 위해서는 점 B 를 선택하여야 하나 이것보다는 점 A 에서의 효용이 더 크다. 다시 말해 이 경우에는 재화 g 의 가격이 상대적으로 낮기 때문에, 달리 말하면 상태 g 가 실현될 가능성이 높으므로 위험을 완전히 없애는 것보다는 상태 b 에서의 재산 가치 저하를 다소 감수하는 것이 더 좋은 선택이다.[10]

문제 15.21 재화 g 시장과 재화 b 시장이 독점자에 운영된다고 하자. 이 독점자가 $q_g = \frac{2}{3}$ 으로 책정할 때 이 개인의 최적 선택은 $(96, 88)$ 이라고 하자. 이것은 보험료로 4를 지불하고 상태 b 가 실현되면 $12 (< w_g - w_b)$ 를 보상받는 것과 동일함을 보이고 독점자의 기대 이윤을 계산하라. ■

* 위험회피적 효용함수

앞에서 $u(w)$ 를 순오목함수로 가정하였는데 $(u'' < 0)$ 그 의미를 살펴보자. 효용함수가 그림 15.5 에 그려져 있는 $u(w)$ 인 어느 개인을 생각하자.

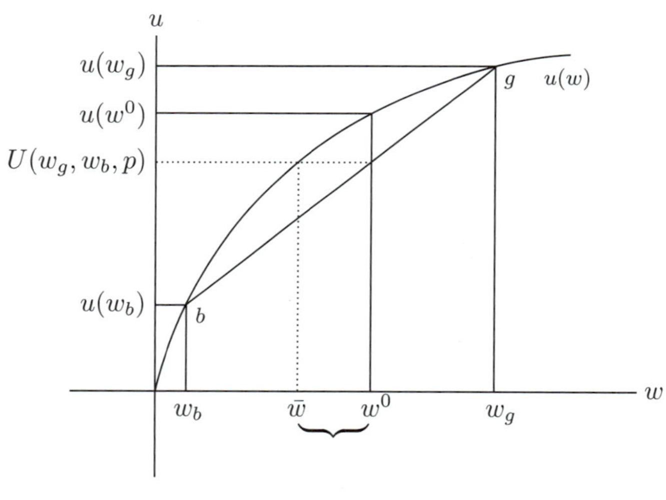

그림 15.5 위험회피적 효용함수

이 개인의 재산에 관련하여 두 가지 상황을 생각하자. 첫 번째 상황에서는 확률 1로 재산이 w^0 이며 두 번째 상황에서는 재산이 확률 p $(0 < p < 1)$ 로 w_g, 확률

[10] 이것은 자동차나 의료보험의 경우 보험회사가 사고나 질병에 따른 비용 중 **본인부담금 (deductible)** 을 제외한 나머지 금액만 지급하는 보험 상품에 해당한다.

$q = 1 - p$ 로 w_b 이다. $w^0 = pw_g + qw_b$ 라고 가정한다. 즉, 기댓값 측면에서는 두 상황은 동일하다. 두 점 $g = (w_g, u(w_g))$ 와 $b = (w_b, u(w_b))$ 의 볼록결합은 두 점을 잇는 직선이며 (1편 1.10절 참조) $t(w_g, u(w_g)) + (1-t)(w_b, u(w_b)) = (tw_g + (1-t)w_b, tu(w_g) + (1-t)u(w_b))$ $(0 \le t \le 1)$ 로 표현된다. $t = p$ 일 때의 볼록결합은 $(pw_g + qw_b, pu(w_g) + qu(w_b)) = (w^0, U(w_g, w_b, p))$ 이다. 그림에서 보는 바와 같이 $U(w_g, w_b, p) < u(w^0)$ 이므로 이 개인은 두 상황에서의 재산의 기댓값이 같음에도 불구하고 두 번째의 불확실한 상황보다는 첫 번째의 확실한 상황을 선호한다.

현재 w^0 을 보유하고 있는 이 개인이 재산 상태가 확률 p 로 w_g, 확률 q 로 w_b 가 되는 불확실한 상황에 직면하고 있다고 하자. 이 개인은 이 불확실한 상황을 회피할 수 있다면 일정 금액을 지불할 의향이 있다. $\bar{w}$ 를 $u(\bar{w}) = U(w_g, w_b, p)$ 로 정의하자. $u(\bar{w}) = u(w^0 - (w^0 - \bar{w}))$ 이므로 이 개인은 불확실성을 회피하는 데 최대 $w^0 - \bar{w} > 0$ 을 (그림 15.5의 아래로 향한 중괄호) 지불할 의향이 있다. 이 금액을 **위험프리미엄 (risk premium)** 이라고 하며 위험프리미엄이 클수록 위험을 싫어한다고 할 수 있다.

이제까지의 논의로부터 $u(w)$ 가 순오목함수인 것과 위험프리미엄이 양의 값을 갖는 것은 동일한 것임을 알 수 있다. 따라서 순오목 효용함수를 갖는 개인을 **위험회피적 (risk averse)** 이라고 부른다. 앞에서의 보험시장 분석 결과는 시장이 보험계리적으로 공정하면 위험회피적 개인은 위험회피 성향의 정도에 관계없이 위험을 완전히 제거하려하는 것으로 재정리할 수 있다.

문제 15.22 선형의 $u(w)$ 를 갖는 개인을 **위험중립적 (riskneutral)**, 볼록함수인 $u(w)$ 를 갖는 개인을 **위험선호적 (risk loving)** 이라고 한다. 그 이유를 설명하라. ■

15.4 연속확률변수

15.4.1 확률밀도함수

그림 15.6에 나타나 있는 바와 같이 확률변수 X 의 누적확률분포함수 F_X 가 연속함수 형태인 경우를 생각하자. 정리 14.6에서 본 것처럼 $P\{X = x\} = F_X(x) - F_X(x^-)$ 이므로 모든 x 에 대해 $P\{X = x\} = 0$ 이다. 따라서 연속확률변수가 특정 값을 가질 확률은 0이다.

정의 15.4 (연속확률변수와 확률밀도함수 (probability density function)) 모든 $A \subset R$ 에 대해 $P\{X \in A\} = \int_A f_X(x)\,dx$ 인 비음함수 $f_X(x)$ 가 존재하면 X 는 연속확률변수

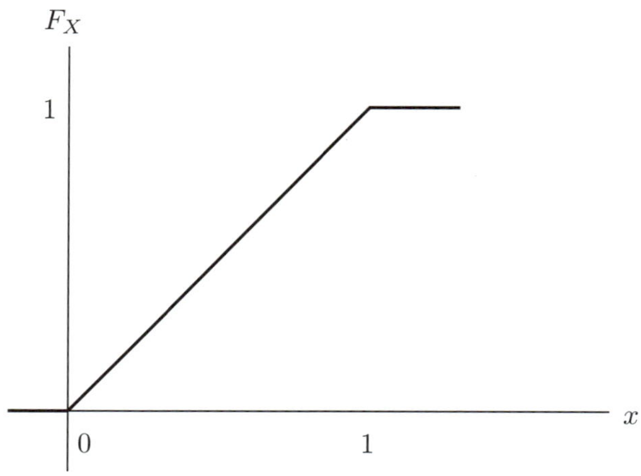

그림 15.6 연속확률변수

이며 $f_X : R \to [0, \infty)$ 를 X 의 확률밀도함수라고 한다.[11]

확률밀도함수의 정의로부터 $\int_R f_X(x)\,dx = \int_{-\infty}^{\infty} f_X(x)\,dx = 1$ 이다. 확률밀도함수 $f_X(x)$ 가 존재하면 $F_X(x) = P\{X \le x\} = \int_{-\infty}^{x} f_X(u)\,du$ 이므로

$$F_X'(x) = \frac{dF_X(x)}{dx} = f_X(x)$$

이다.

예제 15.15 (숫자 1회 뽑기) $[0, 1]$ 에서 무작위로 뽑은 숫자를 X,

$$f_X(x) = \begin{cases} 1, & x \in [0,1] \\ 0, & x \notin [0,1] \end{cases}$$

이라고 하자. 예제 14.18 로부터

$$F_X(x) = \begin{cases} 0, & x < 0 \\ x, & 0 \le x < 1 \\ 1, & x > 1 \end{cases} = \int_{-\infty}^{x} f_X(u)\,du$$

[11] 확률이론은 확률변수의 특성에 관계없이 르베그 적분에 그 기반을 두나 확률밀도함수를 이용할 때에는 5 편에서 논의한 리만 적분을 사용할 수 있다. 이하에서는 $\int_A f_X(x)\,dx$ 를 리만 적분으로 생각하기로 한다. 르베그 적분에 대해서는 부록 16.B 참조.

이므로 $f_X(x)$ 는 X 의 확률밀도함수이다.

$A = [-0.5, 0.3]$ 라고 하면 $P\{X \in A\} = F_X(0.3) - F_X(-0.5) = 0.3$ 이다. 확률밀도함수를 이용하면 구하면 $\int_A f_X(x)\,dx = \int_{-0.5}^{0.3} f_X(x)\,dx = \int_{-0.5}^{0} 0\,dx + \int_0^{0.3} 1\,dx = 0.3$ 이다. ■

Box 15.7 확률밀도함수의 정의와 관련하여 몇 가지 유의할 점이 있다. 먼저 $P\{X \in A\} = \int_A f_X(x)\,dx$ 의 A 는 Box 14.2 에서 논의한 보렐 집합이다. 그러나 이미 언급한 바 있듯이 일상적으로 접하는 R 의 부분집합은 보렐 집합이기 때문에 보렐 집합 여부에 대해서 신경 쓰지 않아도 무방하다.

다음으로 위 식을 만족하는 비음함수 $f_X(x)$ 가 존재하다는 보장은 없다. $F_X(x)$ 가 P 로부터 도출된 누적확률분포함수라고 하자. $F_X(x) = \int_{-\infty}^{x} F'_X(u)\,du$ 이 성립하면 $f_X(x) = F'_X(x)$ 가 존재하지만 5 편 12.4.2 절에서 본 것처럼 이것이 항상 가능한 것은 아니다. $\int_{-\infty}^{x} F'_X(u)\,du$ 가 리만 적분일 때 위 식이 성립하기 위한 충분조건은 5 편 정리 12.7 에 나타나 있다. $\int_{-\infty}^{x} F'_X(u)\,du$ 가 르베그 적분인 경우에는 $F_X(x)$ 가 연속보다 강한 **절대적 연속** (**absolutely continuous**) 인 것이 필요충분조건이 된다. 이 경우 $F'_X(x)$ 가 존재하며 위 식이 성립한다.

문제 15.23 위 예제에서 $F_X(x) = \int_{-\infty}^{x} f_X(x)\,dx$ 임을 확인하라. ■

확률밀도함수의 정의에 의해

$$P\{a < X \leq b\} = \int_a^b f_X(x)\,dx$$

이다. 이것은 이산확률변수 경우에서의 결과에 유추하여 다음과 같이 생각할 수 있다. $P\{x < X \leq x + dx\} = \int_x^{x+dx} f_X(u)\,du \approx f_X(x)\,dx$ 이므로 $f_X(x)\,dx$ 는 dx 가 충분히 작다면 X 가 구간 $(x, x + dx]$ 내의 값을 취할 확률로 생각할 수 있다. 다음으로 $a \equiv x_0, x_1, \cdots, x_{n-1}, x_n \equiv b$ 로 n 개의 소구간 $(x_{i-1}, x_i], (i = 1, 2, \cdots, n)$ 으로 나누자. (단, $x_i = x_{i-1} + dx$, $dx > 0$.) X 가 $(x_{i-1}, x_i]$ 사이의 값을 취할 확률은 $f_X(x_i)\,dx$ 이고 $(x_{i-1}, x_i]$ 들은 독립이므로 $P\{a < X \leq b\}$ 은 대략 $\sum_{i=1}^{n} f_X(x_i)\,dx$ 이다. $n \to \infty$ 이고 $dx \to 0$ 일 때 이 값의 극한을 취하면

$$P\{a < X \leq b\} = \lim_{\substack{n\to\infty \\ dx\to 0}} \sum_{i=1}^{n} f_X(x_i)\,dx = \int_a^b f_X(x)\,dx$$

이다.

이산확률변수와 마찬가지로 연속확률변수의 경우에도 확률집합함수로부터 확률밀도함수를 도출하기보다는 아래 두 가지 성질을 만족하는 함수를 직접 확률밀도함수로 상정하는 것이 보통이다.

$$f_X(x) \geq 0, \quad \int_{-\infty}^{\infty} f_X(x)\,dx = 1.$$

문제 15.24 위 두 성질을 만족하는 $f_X(x)$에 대해 $F_X(x) = \int_{-\infty}^{x} f_X(u)\,du$가 누적확률분포함수의 성질 (i), (ii), (iii)을 만족함을 보여라. ■

15.4.2 연속확률변수의 예

균등확률변수

확률밀도함수

$$f_X(x) = \begin{cases} \dfrac{1}{b-a}, & x \in [a,b] \\ 0 & x \notin [a,b] \end{cases}.$$

를 갖는 확률변수 X를 **(연속) 균등확률변수 (uniform random variable)** 라고 하며 $X \sim U(a,b)$로 쓴다. $f_X(x) \geq 0$이고 $\int_{-\infty}^{\infty} f(x)\,dx = \int_a^b \frac{1}{b-a}\,dx = 1$이다. 숫자 1회 뽑기에서는 $X \sim U(0,1)$이다.

문제 15.25 (i) $X \sim U(0,5)$일 때 $P\{2 < X \leq 4\}$와 $P\{X < 4\}$를 구하라. (ii) $X \sim U(a,b)$일 때 X의 확률분포함수를 구하라. ■

정규확률변수

확률밀도함수가

$$f_X(x) = \frac{1}{\sqrt{2\pi}\sigma} e^{-(x-\mu)^2/2\sigma^2} \; (\sigma > 0, -\infty < X < \infty)$$

인 연속확률변수 X를 매개변수가 μ와 σ^2인 **정규확률변수 (normal random variable)** 라고 하며 $X \sim N(\mu, \sigma^2)$으로 쓴다. $f_X(x)$는 μ를 중심으로 대칭이며 종 모양을 하고 있다. $f_X(x) \geq 0$임은 자명하다. 또한

$$\int_{-\infty}^{\infty} f_X(x)\,dx = \int_{-\infty}^{\infty} \frac{1}{\sqrt{2\pi}\sigma} e^{-(x-\mu)^2/2\sigma^2}\,dx = 1$$

임은 잘 알려진 결과다.

$X \sim N(\mu, \sigma^2)$ 일 때 X 의 확률분포함수는

$$F_X(x) = \int_{-\infty}^{x} \frac{1}{\sqrt{2\pi}\sigma} e^{-(u-\mu)^2/2\sigma^2}\, du \ (-\infty < x < \infty)$$

이다.

예제 15.16 $X \sim N(\mu, \sigma^2)$ 일 때 확률변수 $Y = aX + b$ 를 생각하자. $a > 0$ 일 때 Y 의 확률분포함수 $F_Y(y)$ 를 구해보자.

$$\begin{aligned} F_Y(y) &= P\{Y \le y\} = P\{aX + b \le y\} = F_X\left(\frac{y-b}{a}\right) \\ &= \int_{-\infty}^{(y-b)/a} \frac{1}{\sqrt{2\pi}\sigma} e^{-(x-\mu)^2/2\sigma^2}\, dx \end{aligned}$$

$t = ax + b$ 라고 하면

$$F_Y(y) = \int_{-\infty}^{y} \frac{1}{\sqrt{2\pi}a\sigma} e^{-(t-(a\mu+b))^2/2a^2\sigma^2}\, dt$$

이다. 따라서 $X \sim N(\mu, \sigma^2)$ 이면 $aX + b \sim N(a\mu + b, a^2\sigma^2)$ 이다. ■

15.4.3 기댓값과 분산

연속확률변수 X 의 기댓값에 대해 생각하자. $x \in [a, b]$ 에 대해서는 $f_X(x) > 0$ 이고 $x \notin [a, b]$ 에 대해서는 $f_X(x) = 0$ 이라고 하자. 구간 $[a, b]$ 를 $a \equiv x_0, x_1, \cdots, x_{n-1}, x_n \equiv b$ 로 n 개의 소구간 $(x_{i-1}, x_i]$ $(i = 1, 2, \cdots, n)$ 으로 나누자. (단, $x_i = x_{i-1} + dx$, $dx > 0$.) X 가 $(x_{i-1}, x_i]$ 사이의 값을 취할 확률은 대략 $f_X(x_i)\, dx$ 이므로 X 의 기댓값은 대략 $\sum_{i=1}^{n} x_i f_X(x_i)\, dx$ 이다. $n \to \infty$ 이고 $dx \to 0$ 일 때 이 값의 극한을 취하면 $\lim\limits_{\substack{n\to\infty \\ dx\to 0}} \sum_{i=1}^{n} x_i f_X(x_i)\, dx = \int_a^b x f_X(x)\, dx$ 이다. 따라서 기댓값은 다음과 같이 정의할 수 있다.

정의 15.5 (연속확률변수의 기댓값) X 가 연속확률변수이고 f_X 가 확률밀도함수이면 X 의 기댓값은 $E[X] = \int_{-\infty}^{\infty} x f_X(x)\, dx$ 이다.

예제 15.17 $X \sim U(a, b)$ 이라고 하자. $E[X] = \int_a^b \frac{x}{b-a}\, dx = \frac{a+b}{2}$ 이다. 숫자 1회 뽑기 예제에서 $a = 0, b = 1$ 이므로 $E[X] = \frac{1}{2}$ 이다. ■

예제 15.18 $X \sim N(\mu, \sigma^2)$ 일 때 $E[X] = \int_{-\infty}^{\infty} x \frac{1}{\sqrt{2\pi}\sigma} e^{-(x-\mu)^2/2\sigma^2}\,dx$ 를 구해보자. $y = x-\mu$ 로 하면 $E[X] = \int_{-\infty}^{\infty} (\mu+y) \frac{1}{\sqrt{2\pi}\sigma} e^{-y^2/2\sigma^2}\,dy = \mu + \int_{-\infty}^{\infty} \frac{y}{\sqrt{2\pi}\sigma} e^{-y^2/2\sigma^2}\,dy = \mu$ 이다. ■

문제 15.26 위 결과를 확인하라. ■

이산확률변수의 경우와 마찬가지로 $Z = g(X)$ 의 기댓값을 계산할 때 Z 의 확률밀도함수를 사용하지 않고 X 의 확률밀도함수를 이용하여 다음과 같이 계산할 수 있다.

정리 15.3 (무의식 통계학자 법칙) $E[Z] = \int_{-\infty}^{\infty} g(x) f(x)\,dx$.

무의식 통계학자 법칙을 이용하여 연속확률변수 X 의 분산은 다음과 같이 정의한다.

정의 15.6 (연속확률변수의 분산) X 가 연속확률변수이고 f_X 가 확률밀도함수이면 X 의 분산은 $\mathrm{Var}[X] = E[(X - E[X])^2] = \int_{-\infty}^{\infty} (x - E[X])^2 f_X(x)\,dx$ 이다.

예제 15.19 $X \sim U(a,b)$ 를 생각하자. $E[X] = \mu = \frac{a+b}{2}$ 라고 하면 $\mathrm{Var}[X] = \int_a^b (x - \mu)^2 \frac{1}{b-a}\,dx = \frac{1}{3(b-a)}((b-\mu)^3 - (a-\mu)^3)$ 이다. μ 를 대입하고 정리하면$\mathrm{Var}[X] = \frac{(b-a)^2}{12}$ 이다. ■

문제 15.27 $X \sim N(\mu, \sigma^2)$ 의 분산은 $\mathrm{Var}[X] = \int_{-\infty}^{\infty} (x - \mu)^2 \frac{1}{\sqrt{2\pi}\sigma} e^{-(x-\mu)^2/2\sigma^2}\,dx = \int_{-\infty}^{\infty} y^2 \frac{1}{\sqrt{2\pi}\sigma} e^{-y^2/2\sigma^2}\,dy = \sigma^2$ 임을 부분적분을 이용하여 보여라. (단, $y = x - \mu$.) ■

문제 15.28 정리 15.2 는 연속확률변수의 경우에도 성립함을 보여라. ■

*15.5 모멘트생성함수

확률변수의 기댓값과 분산은 **모멘트생성함수 (moment generating function)** 를 이용하여 구할 수 있다. $E[X^k]$ 를 X 의 k 번째 **모멘트 (moment)** 라고 한다. 함수

$$M(t) = E[e^{tX}]$$

를 생각하자. $M(0) = 1$ 이다.

$$M'(t) = \frac{d}{dt} E[e^{tx}] = E\left[\frac{d}{dt} e^{tX}\right] = E[Xe^{tX}]$$

이므로 $M'(0) = E[X]$ 이다. 다음으로

$$M''(t) = \frac{d}{dt}E[Xe^{tX}] = E[X^2e^{tX}]$$

이므로 $M''(0) = E[X^2]$ 이다. 일반적으로

$$M^{(k)}(0) = E[X^k]$$

이며 $M(t)$ 를 모멘트생성함수라고 한다.

문제 15.29 $\frac{d}{dt}E[e^{tX}] = E\left[\frac{d}{dt}e^{tX}\right]$ 임을 보여라. ■

예제 15.20 $X \sim U(a,b)$ 라고 하자. $M(t) = \int_a^b \frac{e^{tX}}{b-a}\,dX = \frac{e^{bt}-e^{at}}{(b-a)t}$ 이다. $M'(t) = \frac{(be^{bt}-ae^{at})/(b-a)-M(t)}{t}$ 인데 우변은 $t=0$ 일 때 $\frac{0}{0}$ 형태이다. 로피탈 정리를 사용하면 우변은 $\left((b^2e^{bt} - a^2e^{at})/(b-a) - M'(t)\right)\Big|_{t=0} = a + b - M'(0)$ 이므로 $M'(0) = E[X] = \frac{a+b}{2}$ 이다.

다음으로 $M''(t) = \frac{(b^2e^{bt}-a^2e^{at})/(b-a)-2M'(t)}{t}$ 이다. 우변에 로피탈 정리를 적용하면 $a^2 + ab + b^2 - 2M''(0)$ 이므로 $M''(0) = E[X^2] = \frac{a^2+ab+b^2}{3}$ 이다. 따라서 $\mathrm{Var}[X] = E[X^2] - (E[X])^2 = \frac{(a-b)^2}{12}$ 이다. 이 결과들은 앞에서 구한 결과들과 동일하다. ■

다양한 확률변수들에 대해 모멘트생성함수가 이미 계산되어 있다. 예를 들어 $X \sim N(\mu, \sigma^2)$ 이면

$$M(t) = e^{\mu t + \sigma^2 t^2/2}$$

이다. $M'(t) = (\mu + \sigma^2 t)e^{\mu t+\sigma^2t^2/2}$, $M''(t) = (\mu + \sigma^2 t)^2 e^{\mu t+\sigma^2t^2/2} + \sigma^2 e^{\mu t+\sigma^2t^2/2}$ 이다. 따라서 $M'(0) = E[X] = \mu$, $M''(0) = E[X^2] = \mu^2 + \sigma^2$ 이고 따라서 $\mathrm{Var}[X] = E[X^2] - (E[X])^2 = \sigma^2$ 이다.

$X \sim B(n,p)$ 이면

$$M(t) = \sum_{i=0}^{n} e^{ti}\frac{n!}{i!(n-i)!}p^i q^{n-i} = (pe^t + q)^n$$

이다. $M'(t) = n(pe^t+q)^{n-1}pe^t$, $M''(t) = n(n-1)(pe^t+q)^{n-2}(pe^t)^2 + n(pe^t+q)^{n-1}pe^t$ 이다. 따라서 $M'(0) = E[X] = np$, $M''(0) = E[X^2] = n(n-1)p^2 + np$ 이다.

문제 15.30 $X \sim B(n,p)$ 이면 $\mathrm{Var}[X] = npq$ 임을 보여라. ■

*15.6 유인임금계약

피고용인이 고용인을 위해 일을 하고 그 대가를 받는 계약 관계에서 불확실성이 수반되는 것이 일반적이다. 예를 들어 택시 기사가 열심히 일을 했지만 예상치 못한 도심의 시위때문에 수입이 그리 크지 않을 수 있다. 이러한 상황 하에서 고용인과 피고용인 모두가 위험중립적이 아니라면 이들 간의 **위험분담 (risk sharing)** 이 사회적, 경제적으로 중요한 쟁점이 된다. 보통 피고용인이 더 위험을 싫어할 것으로 생각할 수 있으므로 고용인이 더 많은 위험을 짊어지는 것이 바람직하다고 할 수 있다. 택시 회사가 택시 기사에게 매월 일정액을 지급하는 월급제를 시행하는 것이 그 예가 될 것이다.

그런데 고용인이 위험의 전부 또는 대부분을 떠안는 계약은 또 다른 문제를 가져 온다. 피고용인의 행동에 대해 고용인과 피고용인 간에는 **비대칭정보 (asymmetric infromation)** 의 문제가 존재한다. 피고용인은 자신의 행동에 대해 알고 있지만 고용인은 알기 어려운 것이 일반적이다. 자신의 행동과 관계없이 일정한 금액의 보수를 받는다면 피고용인은 고용인을 위해 일하기 보다는 자신의 이익을 위해 행동할 가능성이 높게 된다. 예를 들어 택시 기사가 고정된 금액을 월급으로 받는다면 열심히 일하기 보다는 휴식 시간을 더 많이 가지려 할 것이다. 이와 같은 현상을 **도덕적해이 (moral hazard)** 라고 한다. 이와 같은 도덕적해이 문제를 불완전하게나마 해결할 수 있는 방법은 임금을 관찰할 수 있는 성과에 연계하여 계약하는 것이다. 택시 기사의 수입 중 일부 (사납금) 를 택시 회사에게 납부하고 나머지를 택시 기사가 갖는 것이 그 예가 될 수 있다. 이 경우 모든 위험을 상대적으로 위험회피적인 택시 기사가 짊어지게 되므로 앞에서 논의한 위험분담의 문제가 발생한다. 이제까지의 논의를 모형화하여 보자.

피고용인은 a 만큼의 노력을 하며 그에 따라 $c(a)$ $(c' > 0, c'' > 0)$ 의 비효용이 발생한다. 노력의 결과 얻는 성과는 $x = a + \epsilon$ 이며 $\epsilon \sim N(0, \sigma^2)$ 이다. x 는 고용인에게 귀속되며 이 중 임금으로 w 가 피고용인에게 지급된다. 피고용인이 얻는 효용은

$$u(w, a) = v(w - c(a)) \ (v' > 0, v'' < 0)$$

이다. $v'' < 0$ 이므로 피고용인은 위험회피적이다. 피고용인이 다른 곳에서 일할 때 얻을 수 있는 최대 효용은 u^0 이다. 고용인은 위험중립적이며 기대이익 $E[x - w]$ 가 최대가 되는 임금계약을 맺으려 한다.

먼저 고용인이 피고용인의 노력 정도를 관찰할 수 있고 따라서 원하는 수준을 강제할 수 있는 경우를 생각하자. 피고용인으로 하여금 자신을 위해 일하도록 하려면 효용

수준을 u^0 이상을 보장하여야 한다. 다시 말해 $v(w-c(a))=u^0$ 이 되도록 하는 w, 즉,

$$w = c(a) + v^{-1}(u^0)$$

을 지급하면 피고용인을 고용할 수 있다. 이 조건을 (피고용인의) **자발적참여조건 (voluntary participation constraint)** 또는 **개인적합리성조건 (individual rationality constraint)** 이라고 한다.

고용인의 기대이익 최대화 문제는

$$\max_a E[x-w] = a - c(a) - v^{-1}(u^0)$$

이고 일계필요조건은

$$1 - c'(a) = 0$$

이다. 이 조건의 해를 a^* 라고 하자.[12] 고용인과 피고용인은 피고용인이 a^* 의 노력을 하고 그 대가로 고용인이 $w^* = c(a^*) + v^{-1}(u^0)$ 를 지급하는 계약을 맺게 된다.

다음으로 고용인이 피고용인의 노력 정도를 알 수 없고 그 성과만 관찰할 수 있는 상황을 생각하자. 고용인은 피고용인에게 성과에 의존하는 다음과 같은 선형 임금계약을 제시한다고 하자.[13]

$$w = \alpha + \beta x.$$

피고용인이 이 계약 조건을 받아들이면 $u(w,a) = v(\alpha + \beta x - c(a))$ 의 효용을 얻는다. x 가 확률변수이므로 $u(w,a)$ 는 고정된 값이 아니다. 또한 고용인은 a 를 관찰할 수 없으므로 피고용인은 이 계약 하에서 자신의 기대효용을 최대로 하려 한다. 피고용인의 기대효용 최대화 문제는

$$\max_a E[u(w,a)] = E[v(w-c(a))]$$

이고 일계필요조건은

$$(\beta - c'(a))E[v'(w-c(a))] = 0$$

이다. $v' > 0$ 이므로 이 조건은 $\beta - c'(a) = 0$ 이 된다. 이 조건의 해를 $\hat{a} = a(\beta)$ 라고 하자. 이것은 고용인이 β 를 제시할 때 피고용인이 $\hat{a}$ 의 노력을 할 것임을 염두에

[12] $E[x-w]$ 는 a 에 대해 순오목함수이므로 a^* 는 전역최대점이다.

[13] 선형임금계약이 고용인에게 최적이라는 보장은 없다.

두어야 함을 의미한다. 이 조건을 (피고용인의) **유인일치조건 (incentive compatibility constraint)** 이라고 한다. 이것은 고용인이 피고용인의 노력 정도를 관찰할 수 없기 때문에 자발적참여조건 외에 추가적으로 고려하여하는 조건이다.

문제 15.31 $\hat{a}$ 이 이계충분조건을 만족함을 보여라. ■

피고용인의 자발적 참여조건은

$$E[v(\hat{w} - c(\hat{a})] = u^0$$

이다. (단, $\hat{w} = \alpha + \beta\hat{x} = \alpha + \beta(\hat{a} + \epsilon)$.) 이 조건을 만족하는 α 를 $\hat{\alpha} = \alpha(\beta)$ 라고 하자. 고용인의 기대이익 최대화 문제는

$$\max_{\beta} E[\hat{x} - (\hat{\alpha} + \beta\hat{x})] = (1 - \beta)\hat{a} - \hat{\alpha}$$

이고 일계필요조건은

$$(1 - \beta)a'(\beta) - a(\beta) - \alpha'(\beta) = 0$$

이다.

이하에서는 $v(w - c(a))$ 와 $c(a)$ 가 다음과 같은 구체적인 함수 형태일 때 닫힌형식의 해를 구해 보자.

$$v(w - c(a)) = \bar{u} - e^{-b(w - c(a))},\ c(a) = \frac{ca^2}{2}.$$

피고용인의 일계필요조건 $\beta - c(a) = 0$ 으로부터 $\hat{a} = a(\beta) = \frac{\beta}{c}$ 이고 $a'(\beta) = \frac{1}{c}$ 이다. 15.5 절의 결과를 이용하면

$$E[v(w - c(a))] = \bar{u} - e^{-b(E[w] - b\mathrm{Var}[w]/2 - ca^2/2)}$$

이다. (단, $E[w] = \alpha + \beta a$, $\mathrm{Var}[w] = \beta^2\sigma^2$.) 이 식으로부터 $\frac{d\hat{\alpha}}{d\beta}$ 를 구하면

$$\frac{d\hat{\alpha}}{d\beta} = b\beta\sigma^2 - a(\beta)$$

이다. 이것을 고용인의 기대이익 최대화를 위한 일계필요조건에 대입하여 정리하면 최적 β 는

$$\hat{\beta} = \frac{1}{1 + bc\sigma^2}$$

이다.

문제 15.32 위 결과를 확인하라. ■

따라서 피고용인의 노력을 관찰할 수 없을 때의 피고용인의 노력은

$$\hat{a} = \frac{1}{c(1 + bc\sigma^2)} < a^*$$

이다.

문제 15.33 위 결과에 대해 비교정태분석을 하고 그 의미를 해석하라. ■

부 록

15.A 혼합확률변수

$\Omega = [0,1]$ 에서 정의되는 다음과 같은 확률변수 $Y(\omega)$ 를 생각하자. 14.3 절에서와 같이 $P[\omega_1, \omega_2] = \omega_2 - \omega_1$ 이라고 하자.

$$Y(\omega) = \begin{cases} b, & 0 \le \omega < c \\ a\omega, & c \le \omega \le 1 \end{cases}$$

(단, $0 < c < 1$, $b < ac$.) 그림 15.A.1 에 Y 가 그려져 있다.

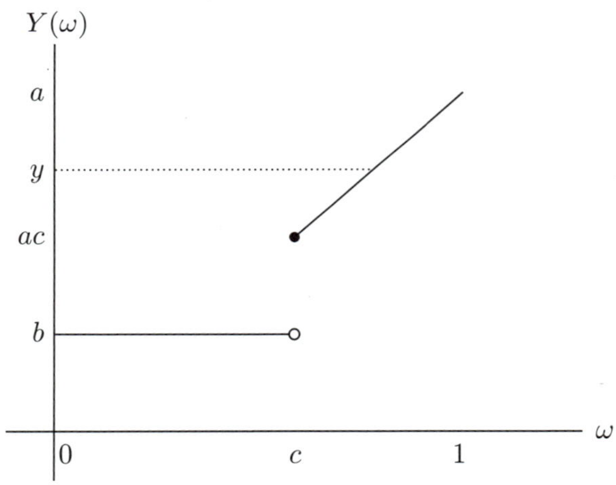

그림 15.A.1 혼합확률변수

Y 의 확률분포함수 $F_Y(y) = P\{Y \le y\}$ 를 구해 보자. $A = \{\omega \,|\, 0 \le \omega < c\}$, $B = \{\omega \,|\, c \le \omega \le 1\}$ 이라고 하면 $P(A) = c$, $P(B) = 1 - c$ 이다. 총확률정리에 의해

$$P\{Y \le y\} = P\{Y \le y \,|\, A\}c + P\{Y \le y \,|\, B\}(1-c)$$

이다. 그림 15.A.1 에 나타나 있는 $ac \le y < a$ 인 경우를 생각하자. $y > b$ 이므로

$P\{Y \le y \,|\, A\} = 1$ 이다. 반면 B가 일어날 때 $Y \le y$ 이려면 $\omega \in [c, \frac{y}{a}]$ 이어야 하므로 $P\{Y \le y \,|\, B\} = \frac{y/a-c}{1-c}$ 이다. 따라서 $P\{Y \le y\} = 1 \times c + \frac{y/a-c}{1-c}(1-c) = \frac{y}{a}$ 이다. 모든 y에 대해 $P\{Y \le y\}$를 구해 정리하면

$$F_Y(y) = \begin{cases} 0, & y < b \\ c, & b \le y < ac \\ \dfrac{y}{a}, & ac \le y < a \\ 1, & y \ge a \end{cases}$$

이며 그림 15.A.2에 $F_Y(y)$가 나타나 있다.

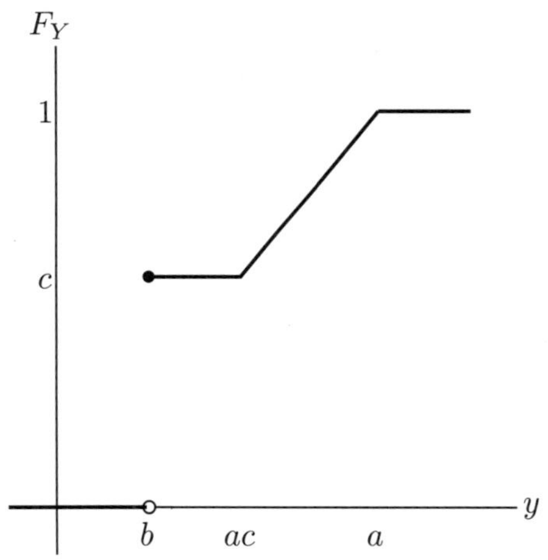

그림 15.A.2 혼합확률변수의 누적확률분포함수

문제 15.A.1 $y < b$, $b \le y < ac$, $y \ge a$ 인 경우에 대해 위 결과를 확인하라. ■

그림에서 보는 바와 같이 $F_Y(y)$는 $y = b$에서 불연속이다. 이 점을 제외하고는 모든 y에 대해 연속이므로 Y는 이산확률변수도 아니고 연속확률변수도 아니다.

문제 15.A.2 그림 15.A.2의 누적확률분포함수를 이용하여 $y = b$에 대해서는 확률질량함수, 그 외의 점에 대해서는 확률밀도함수를 그려라. ■

위 문제의 그림을 이용하여 Y의 기댓값 $E[Y]$을 구하면

$$E[Y] = bc + \int_{ac}^{a} \frac{y}{a}\, dy = bc + \frac{a}{2}(1 - c^2)$$

이다.

혼합확률변수인 Y의 누적확률분포함수를 구하는 것은 위에서 본 것처럼 번거롭다. Y의 기댓값만 구하려면 무의식 통계학자 법칙을 이용할 수 있다. X가 균등확률변수 즉, $X(\omega) = \omega$라고 하자.

$$g(x) = \begin{cases} b, & 0 \le x < c \\ ax, & c \le x \le 1 \end{cases}$$

이면 $Y = g(X)$이다. 예를 들어 $c \le \omega \le 1$이면 $Y(\omega) = a\omega$이고 $g(X(\omega)) = g(\omega) = a\omega$이다.

$$\begin{aligned} E[Y] = E[g(X)] &= \int_{-\infty}^{\infty} g(x)\,dx \\ &= \int_0^1 g(x)\,dx = \int_0^c b\,dx + \int_c^1 ax\,dx \\ &= bc + \frac{a}{2}(1-c^2) \end{aligned}$$

이다.

마지막으로 모멘트생성함수를 이용하여 $E[X]$를 구해 보자.

$$\begin{aligned} M(t) &= E[e^{tY}] = ce^{bt} + \int_{ac}^{a} e^{ty}\frac{1}{a}\,dy = ce^{bt} + \frac{1}{at}(e^{at} - e^{act}) \\ M'(t) &= bce^{bt} + \frac{e^{at} - ce^{act} - M(t) + ce^{bt}}{t} \end{aligned}$$

이다.

문제 15.A.3 (i) $M'(t) = bce^{bt} + \frac{e^{at} - ce^{act} - M(t) + ce^{bt}}{t}$와 (ii) $M'(0) = E[Y] = bc + \frac{a(1-c^2)}{2}$임을 보여라. ■

문제 15.A.4 $0 < c < 1$, $ac < b < a$일 때 $F_Y(y)$와 $f_Y(y)$를 구하라. ■

CHAPTER 16

조건부확률과 조건부기댓값

같은 확률공간 상에서 여러 개의 확률변수를 정의할 수 있다. 이 확률변수들을 따로따로 생각하기보다는 결합하여 동시에 고려하는 것이 편리할 뿐만 아니라 조건부확률과 같은 확률변수들 간의 관계를 파악하기 위해서는 불가피하다. 동일한 확률공간 상에서 정의되는 복수의 확률변수들을 **결합분포확률변수 (jointly distributed random variable)** 라고 하며 이 장에서는 이들의 **결합확률분포 (joint probability distribution)** 와 확률적 특성에 대해 살펴본다. 앞으로 별도의 언급이 없는 한 모든 확률변수는 동일한 확률공간 $(\Omega, \mathscr{F}, P)$ 에서 정의된다. 또한 논의를 쉽게 하기 위해 X 와 Y 가 모두 이산확률변수이거나 모두 연속확률변수인 경우만 고려하기로 한다.[1] 편의상 이산확률변수인 경우에는 이 확률변수가 가질 수 있는 값은 가산무한적이라고 가정한다.

16.1 총확률정리

여러 개의 확률변수를 고려할 때 총확률정리는 중요한 역할을 한다. 두 개의 확률변수 X 와 Y 를 생각하자. $C \subset R^2$ 일 때 사건 $\{(X,Y) \in C\} = \{\omega \in \Omega \,|\, (X(\omega), Y(\omega)) \in C\}$

[1] (X, Y) 를 **확률벡터 (random vector)** 라고 한다. 앞으로의 논의는 확률변수가 여러 개인 경우에도 본질적으로 달라질 것이 없다.

와 이 사건이 일어날 확률 $P\{(X,Y) \in C\}$ 를 생각하자. 먼저 X 와 Y 가 이산확률변수이고 각각 x_i $(i = 1, 2, \cdots)$ 와 y_j $(j = 1, 2, \cdots)$ 의 값을 갖는 경우를 생각하자. 정리 14.3 의 (ii) 의 총확률정리는

$$P\{(X,Y) \in C\} = \sum_{j=1}^{\infty} P\{(X,Y) \in C \,|\, Y = y_j\} p_Y(y_j)$$

이다.

$$C(y_j) = \{x_i \,|\, (x_i, y_j) \in C\}$$

로 정의하면 $Y = y_j$ 일 때 $(X,Y) \in C$ 인 사건은 $X \in C(y_j)$ 인 사건과 같다. 따라서 총확률정리는

$$P\{(X,Y) \in C\} = \sum_{j=1}^{\infty} P\{X \in C(y_j) \,|\, Y = y_j\} p_Y(y_j)$$

로 쓸 수도 있다.

X 와 Y 가 연속확률변수인 경우 $P\{X \in A \,|\, Y = y\}$ 를 $Y = y$ 일 때 $X \in A$ 일 조건부확률이라고 하자. $Y = y$ 일 확률은 0 이므로 $P\{X \in A \,|\, Y = y\}$ 이 정의될 수 있는지에 대해 의문이 있을 수 있다. $[0, 1]$ 에서 숫자를 뽑아 그 숫자가 y 이면 앞면이 나올 확률이 y 인 동전을 n 번 던지는 실험을 생각하자. $Y = y$ 일 확률은 0 이지만 앞면이 나올 확률이 y 인 동전을 n 번 던져 X 번 나오는 사건의 (조건부) 확률은 정의할 수 있다. (예제 16.16 참조.)

$$C(y) = \{x \,|\, (x, y) \in C\},$$

라고 하면 $Y = y$ 일 때 $(X,Y) \in C$ 인 사건은 $X \in C(y)$ 인 사건과 같다. Y 가 $(y, y+dy]$ 내의 값을 취할 확률은 대략 $f_Y(y)\,dy$ 이므로 총확률정리는 다음과 같이 쓸 수 있다.

$$\begin{aligned} P\{(X,Y) \in C\} &= \int_{-\infty}^{\infty} P\{(X,Y) \in C \,|\, Y = y\} f_Y(y)\,dy \\ &= \int_{-\infty}^{\infty} P\{X \in C(y) \,|\, Y = y\} f_Y(y)\,dy. \end{aligned}$$

총확률정리는 조건부확률 $(P\{X \in C(y_j) \,|\, Y = y_j\}$, $P\{X \in C(y) \,|\, Y = y\})$ 와 개별확률 $(p_Y(y)$, $f_Y(y)\,dy)$ 를 이용하여 총확률 $(P\{(X,Y) \in C\})$ 을 계산할 수 있음을 보여준다. 특히 $C = \{X \le x, Y \le y\}$ 이면 $P\{(X,Y) \in C\}$ 는 아래에서 다룰 결합누적확률분포함수이다. 부록 16.A 에서 주식시장 모형의 S_1 과 S_2 의 결합누적확률분포함수와, 숫자 2 회 뽑기 실험의 X_1 과 X_2 의 결합누적확률분포함수를 구하는 과정에 대해 살펴

본다.

총확률정리는 연속확률변수의 조건부확률을 정의하는 데도 중요한 역할을 한다. 16.4.2 절에서 $P\{(X,Y) \in C\} = \int_{-\infty}^{\infty} P(C(y),y) f_Y(y)\,dy$ 가 성립하는 $P(C(y),y)$ 가 존재하면 이것을 $Y=y$ 일 때 $(X,Y) \in C$ 인 사건이 일어날 조건부확률로 생각할 수 있음을 볼 것이다.

16.2 결합분포확률변수

16.2.1 결합누적확률분포함수

확률변수가 한 개일 때의 누적확률분포함수 정의를 확률변수가 두 개인 경우로 확장하자. 확률변수 X 와 Y 의 결합누적확률분포함수는 다음과 같이 정의된다.

정의 16.1 (결합누적확률분포함수 (joint cumulative probability distribution function)) 확률변수 X 와 Y 의 결합누적확률분포함수 $F_{XY} : R^2 \to [0,1]$ 는 $F_{XY}(x,y) = P\{\omega \,|\, X(\omega) \le x, Y(\omega) \le y\} \equiv P\{X \le x, Y \le y\}$ 로 정의된다.[2]

$F_{XY}(x,\infty) = P\{X \le x, Y \le \infty\} = P\{X \le x\} = F_X(x)$ 이다. $F_{XY}(x,\infty)$ 는 X 의 **주변누적확률분포함수 (marginal cumulative probability distribution function)** 라고 하며 X 의 (개별) 누적확률분포함수와 동일하다. 마찬가지로 Y 의 주변누적확률분포함수는 $F_{XY}(\infty,y) = F_Y(y)$ 이다. 결합누적확률분포함수로부터 주변누적확률분포함수를 도출할 수 있으므로 X 와 Y 의 결합누적확률분포함수는 이 확률변수들 각각의 확률적 성질에 대한 모든 정보를 지닌다. 뿐만 아니라 이 두 확률변수 간의 확률적 관계에 대한 정보도 갖는다. 결합확률질량함수와 결합확률밀도함수는 결합누적확률분포함수를 이용하여 정의할 수 있지만 확률변수가 한 개인 경우에서와 마찬가지로 확률집합함수로부터 직접 정의하기로 한다.

16.2.2 결합확률질량함수와 주변확률질량함수

정의 16.2 (결합확률질량함수 (joint probability mass function)) X 와 Y 가 가질 수 있는 값이 각각 $x_1, x_2, \cdots$ $(x_1 < x_2 < \cdots)$ 와 $y_1, y_2, \cdots$ $(y_1 < y_2 < \cdots)$ 인 이산확률

---

[2] F_{XY} 는 개별누적확률분포함수와 같은 성질을 갖는다. 즉, F_{XY} 는 X 와 Y 모두에 대해 비감소함수이고 오른쪽으로 연속이다. 또 $\lim_{x \to -\infty} F_{XY}(x,y) = 0$, $\lim_{y \to -\infty} F_{XY}(x,y) = 0$ 이고 $\lim_{(x,y) \to (\infty,\infty)} F_{XY}(x,y) = 1$ 이다.

변수라고 하자. $p_{XY}(x,y) = P\{X = x, Y = y\}$ 로 정의되는 $p_{XY} : R^2 \to [0,1]$ 를 X 와 Y 의 결합확률질량함수라고 한다.

예제 16.1 (주식시장) $p_{S_1S_2}(uS_0, u^2S_0) = P\{S_1 = uS_0, S_2 = u^2S_0\} = P(\{uu\}) = p^2$ 이다. 나머지 (s_1, s_2) 에 대해 $p_{S_1S_2}$ 를 계산하여 정리하면 S_1 과 S_2 의 결합확률질량함수는 $p_{S_1S_2}(uS_0, u^2S_0) = p^2$, $p_{S_1S_2}(uS_0, udS_0) = pq$, $p_{S_1S_2}(dS_0, udS_0) = pq$, $p_{S_1S_2}(dS_0, d^2S_0) = q^2$, $(s_1, s_2) \neq (uS_0, u^2S_0), (uS_0, udS_0), (dS_0, udS_0), (dS_0, d^2S_0)$ 이면 $p_{S_1S_2}(s_1, s_2) = 0$ 이다. ■

확률변수가 한 개일 때와 마찬가지로 결합확률집합함수로부터 결합확률질량함수를 도출하기보다는 직접 결합확률질량함수를 정의하는 것이 보통이다. 두 이산확률변수 X 와 Y 의 결합확률질량함수는 다음을 만족하는 함수로 정의할 수 있다.

$$p_{XY}(x,y) = \begin{cases} p_{XY}(x_i, y_j) > 0, & (x,y) = (x_i, y_j) \\ 0, & (x,y) \neq (x_i, y_j) \end{cases}$$

$$\sum_{i=i}^{\infty} \sum_{j=1}^{\infty} p_{XY}(x_i, y_j) = 1$$

문제 16.1 예제 16.1 에서 정의한 결합확률질량함수는 위 성질을 가짐을 보여라. ■

예제 16.2 그림 16.1 에 각각 x_1, x_2, x_3, x_4, x_5 와 y_1, y_2, y_3, y_4 의 값을 갖는 이산확률변수 X 와 Y 가 나타나 있다. $P\{(X,Y) \in C\} = \sum_{(x_i,y_j)\in C} p_{XY}(x_i, y_j)$ 를 다음과 같이 계산해 보자.

(i) y_j 를 고정하고 $(x_i, y_j) \in C$ 가 되는 모든 x_i 에 대해 $p_{XY}(x_i, y_j)$ 를 더하여 그 결과를 구한다. $(x_i, y_j) \in C$ 가 되는 x_i 가 없으면 그 결과는 0 이다.

(ii) 모든 y_j 에 대해 (i) 을 반복하고 그 결과들을 더한다.

16.1 절에서와 같이

$$C(y_j) = \{x_i \,|\, (x_i, y_j) \in C\}$$

로 정의하자. 그림을 살펴보면 $C(y_1) = \{x_1, x_2, x_3\}$, $C(y_2) = \{x_3, x_4, x_5\}$, $C(y_3) = \{x_2, x_3, x_4\}$, $C(y_4) = \emptyset$ 이므로

$$\sum_{(x_i,y_j)\in C} p_{XY}(x_i, y_j) = \sum_{j=1}^{4} \sum_{x_i \in C(y_j)} p_{XY}(x_i, y_j)$$

이다. ■

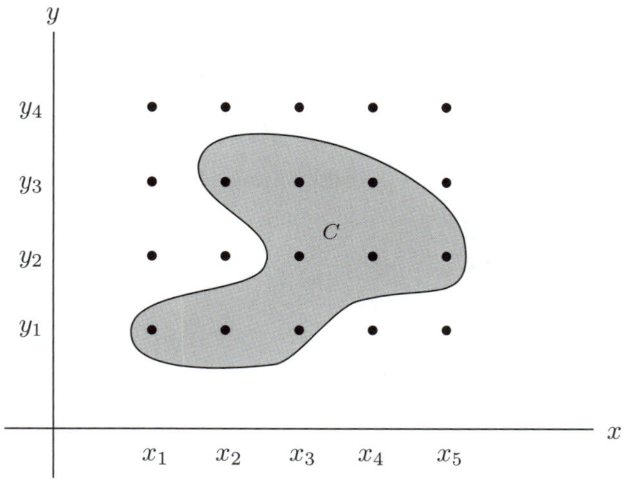

그림 16.1 결합이산확률분포

위 예제의 결과를 일반화하면 다음과 같다.

정리 16.1 $P\{(X,Y) \in C\} = \sum_{j=1}^{\infty} \sum_{x_i \in C(y_j)} p_{XY}(x_i, y_j)$.

예제 16.3 (주식시장) 시점 2의 주식 가격 $S_2 \geq udS_0$ 인 사건을 생각하자. $C = \{(s_1, s_2) \,|\, s_2 \geq udS_0\} = \{(uS_0, u^2S_0), (uS_0, udS_0), (dS_0, u^2S_0), (dS_0, udS_0)\}$ 라고 하면 $P\{(S_1, S_2) \in C\} = p_{S_1S_2}(uS_0, u^2S_0) + p_{S_1S_2}(uS_0, udS_0) + p_{S_1S_2}(dS_0, u^2S_0) + p_{S_1S_2}(dS_0, udS_0) = p^2 + pq + 0 + pq = p^2 + 2pq$ 이다.

다음으로 $C(u^2S_0) = \{uS_0, dS_0\}$, $C(udS_0) = \{uS_0, dS_0\}$, $C(d^2S_0) = \emptyset$ 이므로 $\sum_{s_1 \in C(u^2S_0)} p_{S_1S_2}(s_1, u^2S_0) = p^2 + 0$, $\sum_{s_1 \in C(udS_0)} p_{S_1S_2}(s_1, udS_0) = pq + pq = 2pq$, $\sum_{s_1 \in C(d^2S_0)} p_{S_1S_2}(s_1, d^2S_0) = 0$ 이다. 따라서 $P\{(S_1, S_2) \in C\} = p^2 + 2pq$ 이다. ■

문제 16.2 (i) $C(x_i) = \{y_j \,|\, (x_i, y_j) \in C\}$ 를 이용하여 $P\{(X,Y) \in C\}$ 를 구하라. (ii) 위 예제에서 $C(s_1)$ 을 이용하여 $P\{(S_1, S_2) \in C\}$ 를 구하라. ■

정리 16.1에서 $C = A \times B$ 라고 하자. $y_j \in B$ 이면 $C(y_j) = A$ 이고 $y_j \notin B$ 이면 $C(y_j) = \emptyset$ 이므로

$$P\{(X,Y) \in A \times B\} = \sum_{y_j \in B} \sum_{x_i \in A} p_{XY}(x_i, y_j)$$

이다.

문제 16.3 (i) 위 결과를 확인하고 $P\{(X,Y) \in A \times B\} = \sum_{x_i \in A} \sum_{y_j \in B} p_{XY}(x_i, y_j)$

임을 보여라. (ii) $P\{(X,Y) \in A \times R\} = P\{X \in A\} = \sum_{j=1}^{\infty} \sum_{x_i \in A} p_{XY}(x_i, y_j)$ 임을 보여라. ■

$p_{XY}(x, y_j)$를 모든 y_j에 대해 더한 $\sum_{j=1}^{\infty} p_{XY}(x, y_j)$는 x의 함수이다. 이 함수를 X의 **주변확률질량함수 (marginal probability mass function)** 라고 한다. 마찬가지로 $\sum_{i=1}^{\infty} p_{XY}(x_i, y)$를 Y의 주변확률질량함수라고 한다. 아래 정리에서 보는 바와 같이 주변확률질량함수는 개별확률질량함수와 같다.

정리 16.2 X와 Y가 이산확률변수이면 $\sum_{j=1}^{\infty} p_{XY}(x, y_j) = p_X(x)$, $\sum_{i=1}^{\infty} p_{XY}(x_i, y) = p_Y(y)$ 이다.

증명 문제 16.3 (iii)의 결과를 이용하면 $p_X(x_i) = P\{X = x_i\} = \sum_{j=1}^{\infty} p_{XY}(x_i, y_j)$ 이다. $x \neq x_i$ 이면 $\sum_{j=1}^{\infty} p_{XY}(x, y_j) = 0 = p_X(x)$ 이다. □

예제 16.4 (주식시장) $p_{S_1}(uS_0) = p_{S_1S_2}(uS_0, u^2S_0) + p_{S_1S_2}(uS_0, udS_0) + p_{S_1S_2}(uS_0, d^2S_0) = p^2 + pq + 0 = p$ 이다. ■

문제 16.4 (주식시장) 정리 16.2를 이용하여 (i) $p_{S_1}(dS_0)$를 구하라. (ii) $s_2 = u^2S_0, udS_0, d^2S_0$ 에 대해 $p_{S_2}(s_2)$를 구하고 예제 15.2에서의 결과와 동일함을 보여라. ■

16.2.3 결합확률밀도함수와 주변확률밀도함수

정의 16.3 (결합확률밀도함수 (joint probability density function)) 모든 $C \subset R^2$에 대해 $P\{(X,Y) \in C\} = \iint_C f_{XY}(x,y)\,dx\,dy$ 인 비음함수 $f_{XY}(x,y)$가 존재하면 $f_{XY} : R^2 \to [0, \infty)$를 연속확률변수 X와 Y의 결합확률밀도함수라고 한다.[3]

예제 16.5 (숫자 2회 뽑기) 예제 14.18의 숫자 뽑기 모형을 다음과 같이 확장하자. 먼저 $[0,1]$에서 무작위로 뽑은 숫자를 X_1이라고 하고 $X_1 = x_1$이면 $[0, x_1]$에서 다시 무작위로 숫자를 뽑고 그 숫자를 X_2라고 하자. 그림 16.2에 확률변수 X_1과 X_2가 나타나 있다. 결합확률밀도함수 $f_{X_1X_2}(x_1, x_2)$는 다음과 같다. (도출 과정은 부록 16.A.3 참조.)

$$f_{X_1X_2}(x_1, x_2) = \begin{cases} \dfrac{1}{x_1}, & 0 \le x_2 \le x_1 \le 1 \\ 0, & \text{나머지 경우} \end{cases}$$

[3] $\iint_C f_{XY}(x,y)\,dx\,dy$는 리만 적분으로 생각하기로 한다.

■

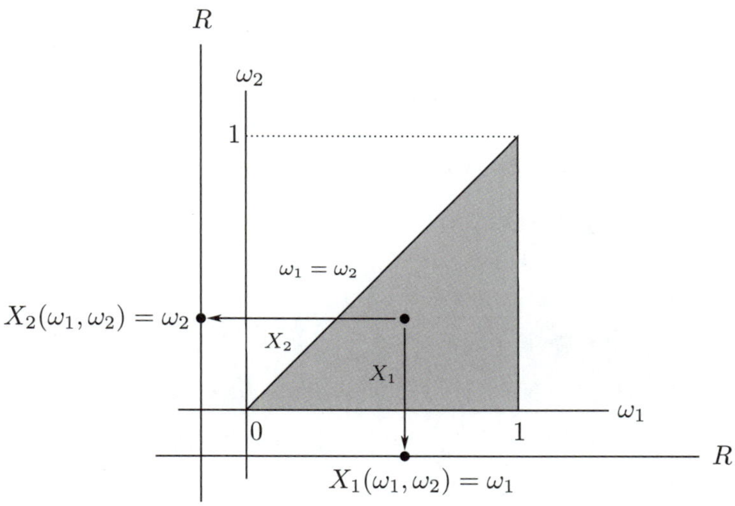

그림 16.2 숫자 **2**회 뽑기

결합확률질량함수의 논의에서와 마찬가지로 연속확률변수 X 와 Y 의 결합확률밀도함수는 다음 성질을 만족하는 함수로 정의할 수도 있다.

$$f_{XY}(x, y) \geq 0, \quad \int_{-\infty}^{\infty} \int_{-\infty}^{\infty} f_{XY}(x, y)\, dx\, dy = 1.$$

문제 16.5 예제 16.5 의 결합확률밀도함수는 위 성질을 만족함을 보여라. ■

X 와 Y 가 이산확률변수일 때 $P\{(X, Y) \in C\}$ 를 결합확률질량함수로 표현할 수 있음을 보았다. X 와 Y 가 연속확률변수인 경우에도 마찬가지 결과가 성립한다. $P\{(X, Y) \in C\} = \iint_C f_{XY}(x, y)\, dx\, dy$ 은 이중적분이므로 5 편 12.8 절의 푸비니 정리를 이용하여 다음과 같이 반복적분으로 바꿀 수 있다.

정리 16.3 $P\{(X, Y) \in C\} = \int_{-\infty}^{\infty} \int_{C(y)} f_{XY}(x, y)\, dx\, dy.$

위 정리에서 $\int_{C(y)} f_{XY}(x, y)\, dx$ 는 y 를 고정하고 $f_{XY}(x, y)$ 를 $C(y)$ 에서 적분한 것이다. $C(y) = [x^1(y), x^2(y)]$ 이라고 하면 $\int_{C(y)} f_{XY}(x, y)\, dx = \int_{x^1(y)}^{x^2(y)} f_{XY}(x, y)\, dx$ 이다. $C(y)$ 가 두 개 이상의 구간으로 구성되면 각각에 대해 적분한 결과를 합한 것이 된다.

예제 16.6 (숫자 2회 뽑기) $0 \le X_1 + X_2 \le 1$ 일 확률은 다음과 같이 구할 수 있다.[4] $C = \{(x_1, x_2) \,|0 \le x_1 + x_2 \le 1, 0 \le x_1 \le 1, 0 \le x_2 \le x_1\}$ 라고 하자. $x_2 \in [0, 0.5]$ 이면 $C(x_2) = [x_2, 1 - x_2]$, $x_2 \notin [0, 0.5]$ 이면 $C(x_2) = \emptyset$ 이다. (그림 16.3 참조.) 따라서 $P\{(X_1, X_2) \in C\} = \int_0^{0.5} \int_{x_2}^{1-x_2} \frac{1}{x_1}\, dx_1\, dx_2 = \int_0^{0.5} \ln \frac{1-x_2}{x_2}\, dx_2 = 0.6932$ 이다. ■

문제 16.6 (i) $C(x)$ 를 이용하여 $P\{(X, Y) \in C\}$ 를 구하라. (ii) 위 예제에서 $C(x_1)$ 을 이용하여 $P\{0 \le X_1 \le \frac{1}{2}, 0 \le X_2 \le \frac{1}{4}\}$ 를 구하라. ■

Box 16.1 숫자 2회 뽑기 실험은 다음과 같은 확률모형으로 표현할 수 있다. $i = 1, 2$ 일 때 $\Omega_i = [0, 1]$, $\Omega = \Omega_1 \times \Omega_2$ 라고 하자. $(a, b]$ $(0 \le a < b \le 1)$ 형태의 모든 반열린구간과 이 반열린구간들의 여집합, 가산 합집합, 가산 교집합으로 구성된 집합을 $\mathscr{B}([0, 1])$, $\mathscr{F}_i = \mathscr{B}([0, 1])$ ($i = 1, 2$), $\mathscr{F} = \mathscr{F}_1 \times \mathscr{F}_2$ 로 정의하자.

$\mathscr{F}$ 에서의 확률집합함수는 다음과 같이 정의할 수 있다. $A \times B \in \mathscr{F}$ 라고 하자. 첫 번째 뽑은 숫자가 ω_1 일 때 두 번째 뽑은 숫자가 B 에 속할 조건부확률 $P(B, \omega_1)$ 은 $B \bigcap [0, \omega_1]$ 의 길이를 ω_1 으로 나눈 값이다. 예를 들어 $B = [a_2, b_2]$ $(a_2 \le \omega_1 \le b_2)$ 이면 $P(B, \omega_1) = \frac{\omega_1 - a_2}{\omega_1}$ 이다. 첫 번째 뽑은 숫자가 ω_1 근방에 있을 확률은 숫자 1회 뽑기에서 본 바와 같이 대략 $d\omega_1$ 이므로 총확률정리에 의해 $P(A \times B) = \int_A P(B, x_1)\, d\omega_1$ 이다. (부록 16.A.3 참조.) 마지막으로 첫 번째 뽑은 숫자를 X_1, 두 번째 뽑은 숫자를 X_2 라고 하면 $X_i(\omega_1, \omega_2) = \omega_i$ $((\omega_1, \omega_2) \in \Omega)$ 이다.

정리 16.3에서 $C = A \times B$ 라고 하자. $y \in B$ 이면 $C(y) = A$ 이고 $y \notin B$ 이면 $C(y) = \emptyset$ 이므로

$$P\{(X, Y) \in A \times B\} = \int_B \int_A f_{XY}(x, y)\, dx\, dy$$

이다.

문제 16.7 (i) 위 결과를 확인하라. (ii) $P\{(X, Y) \in A \times B\} = \int_A \int_B f_{XY}(x, y)\, dy\, dx$ 임을 보여라. (iii) $P\{(X, Y) \in A \times R\} = P\{X \in A\} = \int_{-\infty}^{\infty} \int_A f_{XY}(x, y)\, dx\, dy$ 임을 보여라. ■

[4] $0 \le x_1 \le 0.5$ 이면 $0 \le x_2 \le x_1$ 이므로 항상 $0 \le x_1 + x_2 \le 1$ 이다. 따라서 $0 \le X_1 + X_2 \le 1$ 일 확률은 $0 \le X_1 \le 0.5$ 일 확률 즉 0.5보다 크다.

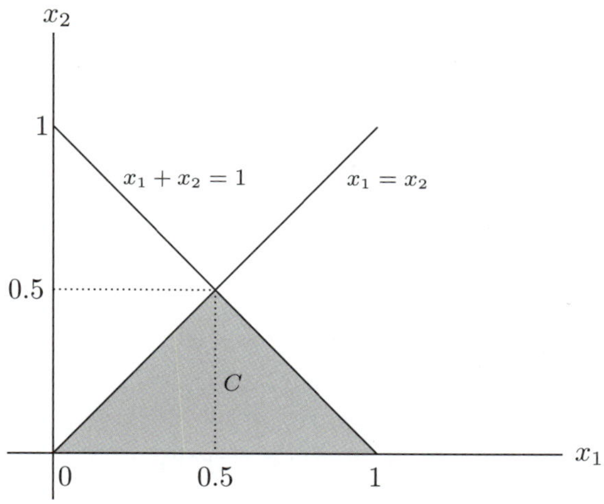

그림 16.3 숫자 **2**회 뽑기 확률계산

$f_{XY}(x,y)$를 y에 대해 적분한 $\int_{-\infty}^{\infty} f_{XY}(x,y)\,dy$는 x의 함수이다. 이 함수를 X의 **주변확률밀도함수 (marginal probability density function)** 라고 한다. 마찬가지로 $\int_{-\infty}^{\infty} f_{XY}(x,y)\,dx$를 Y의 주변확률밀도함수라고 한다. 아래 정리에서 보는 바와 같이 주변확률밀도함수는 개별확률밀도함수와 같다.

정리 16.4 X와 Y가 연속확률변수이면 $f_X(x) = \int_{-\infty}^{\infty} f_{XY}(x,y)\,dy$, $f_Y(y) = \int_{-\infty}^{\infty} f_{XY}(x,y)\,dx$ 이다.

증명 $A \subset R$에 대해 $\int_A (\int_{-\infty}^{\infty} f_{XY}(x,y)\,dy)\,dx = \int_{-\infty}^{\infty} \int_A f_{XY}(x,y)\,dx\,dy = P\{X \in A\}$ 이다. (문제 16.7의 결과 참조.) 확률밀도함수의 정의에 의해 $\int_{-\infty}^{\infty} f_{XY}(x,y)\,dy = f_X(x)$ 이다. (정의 15.4 참조.) □

예제 16.7 (숫자 2회 뽑기) X_1의 주변확률밀도함수를 구해 보자. $x_1 \in [0,1]$ 이면 $f_{X_1}(x_1) = \int_{-\infty}^{\infty} f_{X_1X_2}(x_1,x_2)\,dx_2 = \int_0^{x_1} \frac{1}{x_1}\,dx_2 = 1$, $x_1 \notin [0,1]$ 이면 $f_{X_1}(x_1) = 0$ 이다. ■

문제 16.8 위 예제에서 X_2의 주변확률밀도함수는 $x_2 \in [0,1]$ 이면 $f_{X_2}(x_2) = \ln \frac{1}{x_2}$, $x_2 \notin [0,1]$ 이면 $f_{X_2}(x_2) = 0$ 임을 보여라. ■

16.2.4 기댓값과 공분산

X와 Y의 기댓값은 각각 결합확률질량함수와 결합확률밀도함수를 이용하여 구할 수 있다.

정리 16.5

(i) X 와 Y 가 이산확률변수이면 $E(X) = \sum_{j=1}^{\infty}\sum_{i=1}^{\infty} x_i p_{XY}(x_i, y_j), E(Y) = \sum_{i=1}^{\infty}\sum_{j=1}^{\infty} y_j p_{XY}(x_i, y_j)$,

(ii) X 와 Y 가 연속확률변수이면 $E[X] = \int_{-\infty}^{\infty}\int_{-\infty}^{\infty} x f_{XY}(x,y)\,dx\,dy, E[Y] = \int_{-\infty}^{\infty}\int_{-\infty}^{\infty} y f_{XY}(x,y)\,dy\,dx$.

증명 (i) $\sum_{j=1}^{\infty}\sum_{i=1}^{\infty} x_i p_{XY}(x_i, y_j) = \sum_{i=1}^{\infty} x_i \sum_{j=1}^{\infty} p_{XY}(x_i, y_j) = \sum_{i=1}^{\infty} x_i p_X(x_i) = E[X]$ 이다. □

이 정리는 X 의 기댓값을 계산할 때 개별확률질량함수와 결합확률질량함수 중 어느 것을 사용하여도 상관없음을 보여 준다.

문제 16.9 (ii) 를 증명하라. ■

예제 16.8 (주식시장) S_2 의 기댓값을 결합확률질량함수 $p_{S_1S_2}$ 를 이용하여 구해 보자. $E[S_2] = (u^2S_0p_{S_1S_2}(uS_0, u^2S_0) + udS_0p_{S_1S_2}(uS_0, udS_0) + d^2S_0p_{S_1S_2}(uS_0, d^2S_0)) + (u^2S_0p_{S_1S_2}(dS_0, u^2S_0) + udS_0p_{S_1S_2}(dS_0, udS_0) + d^2S_0p_{S_1S_2}(dS_0, d^2S_0)) = S_0(u^2p^2 + udpq + d^2 \times 0) + S_0(u^2 \times 0 + udpq + d^2q^2) = (pu + qd)^2S_0$ 이다. 이것은 예제 14.15 와 예제 15.5 에서의 결과와 동일하다. ■

예제 16.9 (숫자 2 회 뽑기) $E[X_2] = \int_0^1\int_0^{x_1} x_2\frac{1}{x_1}\,dx_2\,dx_1 = \int_0^1 \frac{x_1}{2}\,dx_2 = \frac{1}{4}$ 이다. ■

문제 16.10 $E[X_2] = \int_0^1\int_{x_2}^1 x_2\frac{1}{x_1}\,dx_1\,dx_2$ 임을 보여라. ■

확률변수가 다수인 경우에도 무의식 통계학자 법칙이 성립한다.

정리 16.6 (무의식 통계학자 법칙)

(i) X 와 Y 가 이산확률변수이면 $E[g(X,Y)] = \sum_{j=1}^{\infty}\sum_{i=1}^{\infty} g(x_i, y_j)p_{XY}(x_i, y_j)$,

(ii) X 와 Y 가 연속확률변수이면 $E[g(X,Y)] = \int_{-\infty}^{\infty}\int_{-\infty}^{\infty} g(x,y)f_{XY}(x,y)\,dx\,dy$.

X 와 Y 의 공분산 $\mathrm{Cov}[X,Y]$ 는 두 확률변수의 확률적 관계를 나타내는 지표이며 다음과 같이 정의된다.

정의 16.4 (공분산 (Covariance)) 확률변수 X 와 Y 의 공분산은 $\mathrm{Cov}[X,Y] = E[(X - E[X])(Y - E[Y])]$ 이다.

문제 16.11 (i) X 와 Y가 이산확률변수이면 $\text{Cov}[X,Y] = \sum_{j=1}^{\infty}\sum_{i=1}^{\infty}(x_i - E[X])(y_j - E[Y])p_{XY}(x_i, y_j)$, (ii) X 와 Y 가 연속확률변수이면 $\text{Cov}[X,Y] = \int_{-\infty}^{\infty}\int_{-\infty}^{\infty}(x - E[X])(y - E[Y])f_{XY}(x,y)\,dx\,dy$ 임을 보여라. ■

정리 16.7 a, b가 실수이면

(i) $E[aX + bY] = aE[X] + bE[Y]$,

(ii) $\text{Cov}[X,Y] = E[XY] - E[X]E[Y]$

(iii) $\text{Cov}[aX,Y] = a\text{Cov}[X,Y]$ 이다.

증명 (무의식 통계학자 법칙을 이용하여 증명한다.) (i) X 와 Y 가 이산확률변수이면 $E[aX + bY] = \sum_{j=1}^{\infty}\sum_{i=1}^{\infty}(ax_i + by_j)p_{XY}(x_i, y_j) = a\sum_{j=1}^{\infty}\sum_{i=1}^{\infty}x_i p_{XY}(x_i, y_j) + b\sum_{j=1}^{\infty}\sum_{i=1}^{\infty}y_j p_{XY}(x_i, y_j) = aE[X] + bE[Y]$ 이다. X 와 Y 가 연속확률변수이면 $E[aX + bY] = \int_{-\infty}^{\infty}\int_{-\infty}^{\infty}(ax + by)f_{XY}(x,y)\,dx\,dy = a\int_{-\infty}^{\infty}\int_{-\infty}^{\infty}xf_{XY}(x,y)\,dx\,dy + b\int_{-\infty}^{\infty}\int_{-\infty}^{\infty}yf_{XY}(x,y)\,dy\,dx = aE[X] + bE[Y]$ 이다. □

문제 16.12 (i) 위 정리 (ii)와 (iii)을 증명하라. (ii) $\text{Cov}[X,X] = \text{Var}[X]$ 임을 보여라. ■

예제 16.10 시점 1과 시점 2의 가격 변화를 $Z = g(S_1, S_2) = S_2 - S_1$ 라고 하면 기댓값은 $= E[S_2] - E[S_1] = (pu + qd)^2 S_0 - (pu + qd)S_0 = (pu + qd)(pu + qd - 1)S_0$ 이다. ■

문제 16.13 (i) 위 예제에서 $g(s_1, s_2)$과 $p_{S_1S_2}(s_1, s_2)$를 이용하여 $E[Z]$를 구하고 위 결과와 같음을 보여라. (ii) (숫자 2회 뽑기) $E[X_2 - X_1]$을 정리 16.7와 $f_{X_1X_2}$를 사용하여 구하고 그 결과가 같음을 보여라. ■

문제 16.14 다음을 보여라. (i) $\text{Var}[X + Y] = \text{Var}[X] + \text{Var}[Y] + 2\text{Cov}[X,Y]$, (ii) $\text{Cov}[X, Y + Z] = \text{Cov}[X,Y] + \text{Cov}[X,Z]$, (iii) $E[XY] = E[X]E[Y] + \text{Cov}(X,Y)$. ■

*16.3 금융자산 가격결정 모형

소비-저축과 위험분산

4편 9.1절의 소비-저축 모형에 불확실성을 도입하자. 2기에는 두 상태 중 한 상태가 실현된다. 상태 1이 실현되는 확률은 p $(0 < p < 1)$이고 상태 2가 실현되는 확률은

$q = 1 - p$ 이다. 상태 1 에서의 소비는 c_{12}, 상태 2 에서의 소비는 c_{22} 라고 하면 2 기의 소비 c_2 는 확률 p 로 c_{12}, 확률 q 로 c_{22} 의 값을 갖는 확률변수이다. 2 기에서의 불확실성 때문에 소비자는 소비-저축(c_1 과 c_2) 에 대한 의사결정에 더하여 위험 분산(c_{12} 과 c_{22}) 에 대한 의사결정을 하여야 한다.

금융시장에서는 수익벡터가 선형독립인 두 개의 금융자산(예를 들어 무위험채권과 주식)이 거래된다.[5] 금융자산 a_j 는 확률 p 로 a_{1j}, 확률 q 로 a_{2j} 의 값을 갖는 확률변수이며 a_j 의 가격을 q_j 이라고 하자. 2 기에서의 불확실성을 다루기 위해 다음과 같은 소비자 효용함수를 생각하자.

$$\begin{aligned} u(c_1, c_2) &= v(c_1) + \delta E[v(c_2)] \\ &= v(c_1) + \delta(pv(c_{12}) + qv(c_{22})). \end{aligned}$$

(단, $v' > 0$, $v'' < 0$.[6]) δ 는 소비자의 주관적 시간할인요소을 나타낸다. 1 기에서의 소득은 w_1 이고 2 기에서의 소득 w_2 는 상태별 소득이 각각 w_{12} 과 w_{22} 인 확률변수이다. 1 기에서 두 종류의 선형독립인 금융자산 a^1 과 a^2 를 각각 x_1 단위와 x_2 단위를 구입하면

$$\begin{aligned} c_1 &= w_1 - q_1x_1 - q_2x_2 \\ c_{i2} &= w_{i2} + a_{i1}x_1 + a_{i2}x_2 \ (i = 1, 2) \end{aligned}$$

이다. 이것을 효용함수에 대입하고, 효용최대화 문제의 해가 내부해라고 가정하여 일계조건을 구하면

$$v'(c_1)(-q_j) + \delta(pv'(c_{12})a_{1j} + qv'(c_{22})a_{2j}) = 0 \ (j = 1, 2)$$

이다. 표현을 간단히 하기 위해 $v'(c_2)$ 를 확률 p 로 $v'(c_{12})$, 확률 q 로 $v'(c_{22})$ 의 값을 갖는 확률변수로 정의하면 일계조건은 $v'(c_1)(-q_j) + \delta E[v'(c_2)a_j] = 0$ 으로 쓸 수 있다.

문제 16.15 $pv'(c_{12})a_{1j} + qv'(c_{22})a_{2j} = E[v'(c_2)a_j]$ 임을 보여라. ■

이 일계조건을 다시 쓰면

$$\begin{aligned} q_j &= E\left[\delta \frac{v'(c_2)}{v'(c_1)} a_j\right] \\ &= E[ma_j] \ (j = 1, 2) \end{aligned}$$

[5]따라서 금융시장은 완전하다. 소비-저축과 위험 분산을 위해 반드시 금융자산만 생각할 필요는 없으며 부동산과 같은 실물자산도 사용할 수 있다.

[6]이 효용함수는 15.2 절에서 다룬 기대효용함수이다.

이다. 이 식에서

$$m = \delta \frac{v'(c_2)}{v'(c_1)}$$

를 **확률적할인요소 (stochastic discount factor)** 라고 한다.

이 식은 일차적으로는 개별 소비자가 소비-저축과 위험분산을 최적으로 하기 위한 조건이지만 그 이상의 의미를 가진다. 먼저 이 식은 금융시장의 균형에서도 성립하므로 q_j 가 균형가격이면 개별 소비자의 균형 소비-저축과 위험분산 행위를 표현하는 것으로 생각할 수 있다. 다음으로 금융자산의 균형가격은 이 식의 오른쪽 항에 의해 결정되는 것으로 생각할 수 있다. 엄밀히 말해 이것은 오른쪽 항의 c_1 과 c_2 가 q_j 의 함수이므로 현 상태에서는 사실이 아니다. 아래에서 실제로 이 식이 금융자산의 가격을 결정하는 식으로 이용될 수 있음을 보기로 하고 일단 이 식을 금융자산의 가격결정식으로 받아들이기로 하자. 수익이 $(1,1)$ 인 금융자산의 가격은 β 이므로

$$\beta = E\left[\delta \frac{v'(c_2)}{v'(c_1)}\right] = E[m]$$

이 성립한다. 마지막으로 두 개의 선형독립인 금융자산만을 구입할 필요는 없다. 임의의 금융자산에 대해서도 이 금융자산을 구입하면 (그리고 일계조건이 등식으로 성립하면) 이 식은 성립한다. 따라서 이하에서는 이 식에서 첨자를 생략하고

$$q = E[ma] \tag{16-†}$$

로 쓰기로 한다.

m 을 확률적할인요소로 부르는 이유를 살펴보자. 먼저 m 은 c_2 의 함수이므로 확률변수이다. 불확실성이 없으면 즉, 2기의 상태가 한 개이면 금융자산은 $a = \bar{a}$ 로 쓸 수 있으며 a 의 가격은 $\beta\bar{a}$ 이다.

문제 16.3.1 a 의 가격은 $\beta\bar{a}$ 임을 보여라. ■

일반적으로 $\beta < 1$ 이므로 이 식은 금융자산의 가격을 구하기 위해서는 수익을 할인하여야 함을 의미한다. 금융자산이 위험자산이고 소비자가 위험을 싫어하면 수익의 기댓값에 금융자산별로 위험을 고려한 (일반적으로 β 보다 더 작은) 할인율을 곱하여야 한다. 위 식은 금융자산의 가격은 m 으로 조정(할인)한 수익(ma)의 기댓값으로 계산할 수 있음을 보여 준다.

위험중립확률 가격결정

이하에서는 표현을 간단히 하기 위해 $p = p_1$, $q = p_2$, $\pi = \pi_1$, $1 - \pi = \pi_2$ 로 쓰기로 하자. 두 개의 금융자산이 가격이 α_1 과 α_2 인 애로우 증권이면 식 (16-†) 은

$$\begin{aligned}\alpha_i &= E\left[\delta \frac{v'(c_2)}{v'(c_1)} e^i\right] \\ &= p_i \delta \frac{v'(c_{i2})}{v'(c_1)} \ (i = 1, 2).\end{aligned}$$

이다. 따라서 $m_i = \frac{\alpha_i}{p_i}$ 이다. $\pi_i = \frac{m_i p_i}{\beta}$ $(i = 1, 2)$ 로 정의하면 $\sum_{i=1}^{2} \pi_i = \frac{E[m]}{\beta} = 1$ 이고 $\pi_i > 0$ 이므로 (π_1, π_2) 는 확률로 생각할 수 있다. 실제로 π_i 는 $\frac{m_i p_i}{\beta} = \frac{\alpha_i}{\beta}$ 이므로 15.2 절에서 논의한 위험중립확률이다. 식 (16-†) 은

$$q = \sum_{i=1}^{2} p_i m_i a_i = \beta \sum_{i=1}^{2} \pi_i a_i = \beta E^{\Pi}[a]$$

이 된다. (단, E^{Π} 는 2 기의 상태 i 의 확률이 π_i 일 때의 기댓값.) 이것은 15.2 절에서 논의한 위험중립확률에 의한 금융자산의 가격결정 방식이다.

소비기반 자본자산 가격결정

$R = \frac{a}{q}$ 를 a 의 수익률이라고 하자. $q = E[ma]$ 의 양변을 q 로 나누면 $1 = E[mR] = E[m]E[R] + \mathrm{Cov}[m, R] = \beta E[R] + \mathrm{Cov}[m, R]$ 이다. 양 변을 β 로 나누고 정리하면

$$E[R] = R_0 - R_0 \mathrm{Cov}[m, R]$$

이다. (단 $R_0 = \frac{1}{\beta}$ 는 무위험채권의 수익률.)

$-R_0 \mathrm{Cov}[m, R]$ 는 a 에 대한 위험프리미엄이다. c_2 와 R 의 공분산이 양이면 즉, m 과 R 의 공분산이 음이면 a 는 소비의 변동성을 심화시키므로 위험프리미엄이 크지 않으면 즉, 기대수익률이 높지 않으면 소비자가 a 를 보유하지 않는다. ($v'' < 0$ 이므로 c 와 m 은 반대 방향으로 움직인다.) 반대로 c_2 와 R 의 공분산이 음이면 a 는 안정적 소비를 가능케하는 보험적 성격을 가지므로 기대수익률이 무위험이자율보다 낮아도 소비자가 a 를 보유하려 한다. (Box 15.5 참조.) 이 금융자산 가격결정 모형을 **소비기반 자본자산가격결정 모형 (consumption-based capital asset pricing model)** 이라고 한다.[7]

[7] 전통적인 자본자산가격결정 모형에서의 a 의 기대수익률은 $E[R] = R_0 + \beta_a(E[R_m] - R_0)$

16.4 조건부확률질량함수와 조건부확률밀도함수

16.4.1 조건부확률질량함수

이산확률변수 X 와 Y 를 생각하자. $Y = y_j$ 를 관찰하면 ω 에 대한 정보를 얻을 수 있으므로 이 정보를 이용하여 X 의 확률적 분포를 갱신하는 것이 합리적이다. 다시 말해 예제 14.4에서 논의한 바와 같이 표본공간이 사실상 축소된 셈이므로 X 의 (조건부) 확률을 계산해야 할 필요가 생긴다. $Y = y_j$ 일 때 $X = x_i$ 일 조건부확률은

$$P\{X = x_i \,|\, Y = y_j\} = \frac{P\{X = x_i, Y = y_j\}}{P\{Y = y_j\}} = \frac{p_{XY}(x_i, y_j)}{p_Y(y_j)}$$

이다. 이상의 논의로부터 다음과 같이 조건부확률질량함수을 정의할 수 있다.

정의 16.5 (조건부확률질량함수(conditional probability mass function)) $Y = y$ 일 때 X 의 조건부확률질량함수 $p_{X\,|\,Y} : R \to [0,1]$ 은 $p_Y(y) > 0$ 인 모든 y 에 대해

$$p_{X|Y}(x \,|\, y) = \frac{p_{XY}(x, y)}{p_Y(y)}$$

로 정의된다.

정의에 의해 $p_{X|Y}(x \,|\, y)$ 는 $y = y_j$ 에 대해서만 정의되고 $x \neq x_i$ 이면 $p_{X|Y}(x \,|\, y_j) = 0$ 이다. $P\{X = x_i \,|\, Y = y_j\} = p_{X|Y}(x_i \,|\, y_j)$ 이므로 $p_{X|Y}(x_i \,|\, y_j)$ 는 $Y = y_j$ 일 때 $X = x_i$ 일 조건부확률이다.

문제 16.16 (i) $p_{X\,|\,Y}(x \,|\, y) \geq 0$, $\sum_{i=1}^{\infty} p_{X\,|\,Y}(x_i \,|\, y_j) = 1$ 임을, 따라서 조건부확률질량함수는 확률질량함수임을 보여라. (ii) $p_X(x_i) = \sum_{j=1}^{\infty} p_{X\,|\,Y}(x_i \,|\, y_j) p_Y(y_j)$ 임을 보여라. ■

문제 16.17 $p_{X|Y}(x \,|\, y)$ 를 이용하여 정리 16.1 의 총확률정리 $\sum_{j=1}^{\infty} P\{X \in C(y_j) \,|\, Y = y_j\} p_Y(y_j) = P\{(X, Y) \in C\}$ 가 성립함을 보여라. ■

예제 16.11 (주식시장) $p_{S_2\,|\,S_1}(u^2 S_0 \,|\, u S_0) = \frac{p_{S_1 S_2}(u S_0, u^2 S_0)}{p_{S_1}(u S_0)} = \frac{p^2}{p} = p$ 이다. ■

로 주어진다. $E[R_m] - R_0$ 는 거래되는 모든 금융자산으로 구성된 인덱스 수익률의 변동(시장위험)에 대한 위험프리미엄이며 β_a 는 시장위험에 기여하는 a 의 위험 부분을 나타낸다. a 에 대한 위험 프리미엄은 $\beta_a(E[R_m] - R_0)$ 이다. $\beta_a = 1$ 이면 a 의 변동성은 시장의 변동성과 같으므로 기대수익률은 $E[R_m]$ 이어야 한다. $\beta_a < 0$ 이면 a 는 시장과 반대 방향으로 변동하므로 시장위험을 줄여주는 효과를 가져 온다. 따라서 a 의 수익률이 R_0 보다 낮아도 거래된다.

문제 16.18 (i) 위 예제에서 $p_{S_2\,|\,S_1}(\cdot\,|\,\cdot)$ 의 다른 값들도 구하라. (ii) 시점 2 에서만 주식가격을 관찰할 수 있거나 시점 1 에서의 주식가격을 관찰하였으나 시점 2 에서 잊어버렸다고 하자. (a) $p_{S_1\,|\,S_2}(uS_0\,|\,udS_0) = p_{S_1\,|\,S_2}(dS_0\,|\,udS_0) = \frac{1}{2}$ 임을 보이고 직관적으로 그 이유를 설명하라. (b) $p_{S_1\,|\,S_2}(uS_0\,|\,u^2S_0)$ 와 $p_{S_1\,|\,S_2}(uS_0\,|\,d^2S_0)$ 를 구하고 직관적으로 그 이유를 설명하라. ■

문제 16.19 예제 16.3 을 조건부확률질량함수를 이용하여 다시 풀어라. ■

16.4.2 조건부확률밀도함수

X 와 Y 가 연속확률변수일 때 이산확률변수의 경우에서와 같이 $P\{X \in A\,|\,Y = y\} = \frac{P\{X \in A, Y=y\}}{P\{Y=y\}}$ 로 정의할 수는 없다. 왜냐하면 $P\{Y = y\} = 0$ 이므로 위 식은 성립하지 않기 때문이다. $f_Y(y) > 0$ 일 때 다음 함수를 생각하자.

$$P(A, y) = \int_A \frac{f_{XY}(x,y)}{f_Y(y)}\, dx.$$

아래에서 $P(A, y)$ 를 $P\{X \in A\,|\,Y = y\}$ 로 생각할 수 있음을 직관적으로 살펴보자.

$dy > 0$ 에 대해 $B = [y - dy, y + dy]$ 라고 하자.

$$\begin{aligned} P\{X \in A\,|\,Y \in B\} &= \frac{P\{X \in A, Y \in B\}}{P\{Y \in B\}} \\ &= \frac{\int_A \int_{y-dy}^{y+dy} f_{XY}(x,v)\, dv\, dx}{\int_{y-dy}^{y+dy} f_Y(v)\, dv} \end{aligned}$$

이다. 우변 마지막 항의 분자와 분모는 대략 $2dy \int_A f_{XY}(x,y)\, dx$ 와 $2f_Y(y)\, dy$ 이므로 $P\{X \in A\,|\,Y \in B\} \approx \frac{\int_A f_{XY}(x,y)\, dx}{f_Y(y)} = \int_A \frac{f_{XY}(x,y)}{f_Y(y)}\, dx$ 이다. dy 가 충분히 작다면 좌변항을 $P\{X \in A\,|\,Y = y\}$ 로 생각할 수 있으므로 $P\{X \in A\,|\,Y = y\} = P(A, y)$ 로 생각할 수 있다. 이렇게 정의한 조건부확률이 합당하려면 총확률정리가 성립하여야 할 것이다. 아래에서 이것이 사실임을 살펴 보자.

$$\begin{aligned} \int_{-\infty}^{\infty} P(C(y), y) f_Y(y)\, dy &= \int_{-\infty}^{\infty} \left(\int_{C(y)} \frac{f_{XY}(x,y)}{f_Y(y)}\, dx \right) f_Y(y)\, dy \\ &= \int_{-\infty}^{\infty} \int_{C(y)} f_{XY}(x,y)\, dx\, dy \\ &= P\{(X, Y) \in C\} \end{aligned}$$

이다. 마지막 등호는 정리 16.3의 결과이다. 위 식은 $P(A, y)$를 조건부확률로 생각하면 총확률정리가 성립함을 보여 준다.

정의 16.6 (조건부확률밀도함수(conditional probability density function)) X의 $Y = y$일 때의 조건부확률밀도함수 $f_{X\,|\,Y} : R \to [0, \infty)$는 $f_Y(y) > 0$인 모든 y에 대해

$$f_{X\,|\,Y}(x\,|\,y) = \frac{f_{XY}(x, y)}{f_Y(y)}$$

로 정의된다.

정의에 의해 $P\{X \in A\,|\,Y = y\} = \int_A f_{X\,|\,Y}(x\,|\,y)\,dx$이다. dx가 충분히 작다면 $f_{X\,|Y}(x\,|\,y)\,dx$는 $Y = y$일 때 X가 구간 $(x, x + dx]$ 내의 값을 가질 확률로 생각할 수 있다.

문제 16.20 $f_{X|Y}(x|y) \geq 0$, $\int_{-\infty}^{\infty} f_{X|Y}(x|y)\,dx = 1$임을, 따라서 조건부확률밀도함수는 확률밀도함수임을 보여라. ■

예제 16.12 $f_{X\,|\,Y}$와 f_Y가 주어질 때 $\{(X, Y) \in C\}$와 $\{Y \in B\}$가 동시에 일어날 확률 $P\{(X, Y) \in C\} \bigcap \{Y \in B\} = \int_B P\{(X, Y) \in C\,|\,Y = y\} f_Y(y)\,dy$이다. 그런데 $P\{(X, Y) \in C\,|\,Y = y\} = \int_{C(y)} f_{X\,|\,Y}(x\,|\,y)\,dx$이므로

$$\begin{aligned} P\{(X, Y) \in C\} \bigcap \{Y \in B\} &= \int_B \left(\int_{C(y)} f_{X\,|\,Y}(x\,|\,y)\,dx \right) f_Y(y)\,dy \\ &= \int_B \int_{C(y)} f_{X\,|\,Y}(x\,|\,y) f_Y(y)\,dx\,dy \\ &= \int_B \int_{C(y)} f_{XY}(x, y)\,dx\,dy \end{aligned}$$

이다. 정리 16.3의 결과는 $B = R$인 경우이다. ■

예제 16.13 (숫자 2회 뽑기) $0 \leq x_2 \leq x_1 \leq 1$이면 $f_{X_1X_2}(x_1, x_2) = \frac{1}{x_1}$, $f_{X_1}(x_1) = 1$이므로 $f_{X_2\,|\,X_1}(x_2\,|\,x_1) = \frac{f_{X_1X_2}(x_1, x_2)}{f_{X_1}(x_1)} = \frac{1}{x_1}$이다. 나머지 경우는 $f_{X_2\,|\,X_1}(x_2\,|\,x_1) = 0$이다. $0 \leq a \leq x_1$이면 $P\{X_2 \in [0, a]\,|\,X_1 = x_1\} = \int_0^a \frac{1}{x_1}\,dx_2 = \frac{a}{x_1}$이다. ■

예제 16.14 (숫자 2회 뽑기) $C = \{(x_1, x_2)\,|\,0 \leq x_1 + x_2 \leq 1, 0 \leq x_1 \leq 1, 0 \leq x_2 \leq x_1\}$라고 하자. $x_1 < 0.5$이면 $C(x_1) = [0, x_1]$이고 $x_1 \geq 0.5$이면 $C(x_1) = [0, 1 - x_1]$이다. $x_1 < 0.5$이면 $P\{X_2 \in C(x_1)\,|\,X_1 = x_1\} = \int_0^{x_1} \frac{1}{x_1}\,dx_2 = 1$이다. 이것은 두 번째 뽑힌 숫자가 0.5보다 작으므로 두 숫자의 합은 항상 1보다 작기 때문이다.

$0.5 \le x_1 \le 1$ 이면 $P\{X_2 \in C(x_1) \,|\, X_1 = x_1\} = \int_0^{1-x_1} \frac{1}{x_1}\, dx_2 = \frac{1-x_1}{x_1}$ 이다. $x_1 = 0.75$ 이면 이 확률은 $\frac{0.25}{0.75} = \frac{1}{3}$ 이다. 이것은 직관적으로 다음과 같이 생각할 수 있다. 첫 번째 뽑힌 숫자가 0.75 일 때 두 숫자의 합이 1 보다 작기 위해서는 두 번째 숫자가 0.25 보다 작아야 한다. $[0, 0.75]$ 에서 0.25 보다 작은 숫자가 뽑힐 확률은 $\frac{0.25}{0.75} = \frac{1}{3}$ 이다. 마지막으로 $P\{(X_1, X_2) \in C\} = \int_0^{0.5} 1\, dx_1 + \int_{0.5}^1 \frac{1-x_1}{x_1} = -\ln 0.5 = 0.6932$ 이다. 이것은 16.6 의 결과와 동일하다. ■

문제 16.21 (i) 위 예제 (i) 에서 $a > x_1$ 이면 $P\{X_2 \in [0, a] \,|\, X_1 = x_1\} = 1$ 임을 보여라. (ii) $f_{X_1 \,|\, X_2}(x_1 \,|\, x_2)$ 와 $P\{X_1 \in [0, a] \,|\, X_2 = x_2\}$ 를 구하라. (iii) $C(x_2)$, $P\{X_1 \in C(x_2) \,|\, X_2 = x_2\}$ 를 이용하여 $P\{(X_1, X_2) \in C\}$ 를 구하고 위 예제 (ii) 의 결과와 동일함을 보여라. ■

Box 16.2 이제까지의 논의는 확률변수가 다수일 때도 마찬가지이다. 예를 들어 세 개의 확률변수 X, Y, Z 의 개별확률밀도함수가 각각 f_X, f_Y, f_Z 이고 결합확률밀도함수가 $f_{XYZ}(x, y, z)$ 라고 하자. 개별확률밀도함수는 결합확률밀도함수의 주변확률밀도함수이다. 예를 들어 $f_Z(z) = \int_{-\infty}^{\infty} \int_{-\infty}^{\infty} f_{XYZ}(x, y, z)\, dx\, dy$ 이다. $Z = z$ 일 때 X, Y 의 결합조건부확률밀도함수 $f_{XY \,|\, Z} : R^2 \to [0, \infty)$ 는 $f_Z(z) > 0$ 인 모든 z 에 대해 $f_{XY \,|\, Z}(x, y \,|\, z) = \frac{f_{XYZ}(x,y,z)}{f_Z(z)}$ 로 정의된다. 또한 Y 와 Z 의 주변확률밀도함수는 $f_{YZ}(y, z) = \int_{-\infty}^{\infty} f_{XYZ}(x, y, z)\, dx$ 이며 $Y = y, Z = z$ 일 때 X 의 조건부확률밀도함수 $f_{X \,|\, Y,Z} : R \to [0, \infty)$ 는 $f_{YZ}(y, z) > 0$ 인 모든 (y, z) 에 대해 $f_{X \,|\, Y,Z}(x \,|\, y, z) = \frac{f_{XYZ}(x,y,z)}{f_{YZ}(y,z)}$ 로 정의된다.

문제 16.22 (i) $\int_{-\infty}^{\infty} f_{XY \,|\, Z}(x, y \,|\, z)\, dy = f_{X \,|\, Z}(x \,|\, z)$ 임을 보여라. (ii) X, Y, Z 가 이산확률변수일 때 위 논의를 재현하라. ■

예제 16.15 (숫자 2 회 뽑기) 예제 16.5 에서 첫 번째 뽑은 숫자가 X_1, 두 번째 뽑은 숫자가 X_2 일 때 X_1 과 X_2 의 결합확률밀도함수는

$$f_{X_1 X_2}(x_1, x_2) = \begin{cases} \frac{1}{x_1}, & 0 \le x_2 \le x_1 \le 1 \\ 0, & \text{나머지 경우} \end{cases}$$

임을 보았다. 그리고 이 결합확률밀도함수를 이용하여 조건부확률밀도함수를 유도하였다. 역으로 조건부확률밀도함수로부터 결합확률밀도함수를 유도할 수 있다. $X_1 = x_1$

일 때 X_2 의 조건부확률밀도함수는 $0 \le x_2 \le x_1 \le 1$ 에 대해 $f_{X_2 \mid X_1}(x_2 \mid x_1) = \frac{1}{x_1}$ 으로 생각할 수 있다. $0 \le x_1 \le 1$ 에 대해 $f_{X_1}(x_1) = 1$ 이므로 $0 \le x_2 \le x_1 \le 1$ 에 대해 $f_{X_1 X_2}(x_1, x_2) = \frac{1}{x_1} \times 1 = \frac{1}{x_1}$ 이다. ■

* 기타 결과

(i) X 가 이산확률변수이고 Y 가 연속확률변수인 경우의 총확률정리는

$$\begin{aligned} P\{(X,Y) \in C\} &= \int_{-\infty}^{\infty} P\{X \in C(y) \mid Y = y\} f_Y(y)\, dy \\ &= \int_{-\infty}^{\infty} \left(\sum_{x_i \in C(y)} p_{X \mid Y}(x_i \mid y) \right) f_Y(y)\, dy \end{aligned}$$

이다.

예제 16.16 Y 가 $[0,1]$ 에서 정의되는 균등분포확률변수함수라고 하자. $Y = y$ 이면 앞면이 나올 확률이 y 인 동전을 n 번 던진다. 동전 앞면이 나오는 횟수를 X 라고 할 때 $X = i$ $(i = 0, 1, 2, \cdots, n)$ 일 확률을 구해 보자. $f_Y(y) = 1$ 이고 X 는 모수가 (n, y) 인 이항분포이므로 조건부확률질량함수는 $p_{X \mid Y}(i \mid y) = \binom{n}{i} y^i (1-y)^{n-i}$ 이다. 총확률정리에 의해

$$P\{X = i\} = \int_0^1 \binom{n}{i} y^i (1-y)^{n-i}\, dy = \binom{n}{i} \int_0^1 y^i (1-y)^{n-i}\, dy.$$

그런데 $\int_0^1 y^i (1-y)^{n-i}\, dy = \frac{i!(n-i)!}{(n+1)!}$ 임이 알려져 있다. 따라서

$$P\{X = i\} = \frac{1}{n+1}$$

이다. 동전을 n 회 던질 때 앞면이 나오는 횟수가 0회, 1회, $\cdots$, n 회 나올 가능성은 모두 $\frac{1}{n+1}$ 로 같다. ■

문제 16.23 X 는 이산확률변수, Y 는 연속확률변수일 때 $P\{Y \in B \mid X = x_i\} = \frac{\int_B P\{X = x_i \mid Y = y\} f_Y(y)\, dy}{P\{X = x_i\}}$ 임을 보여라. ■

(ii) 앞에서 본 바와 같이 X 와 Y 가 연속확률변수이면 조건부확률은 직접적으로 정의되지 않으므로 직관적으로 조건부확률을 정의하였다. 조건부확률을 보다 엄밀하게 정의하자. $F \in \mathscr{F}$, $B \subset R$ 이라고 하자. 총확률정리에 의해 $P(F \cap \{Y \in B\}) =$

$\int_B P(F \mid Y = y) f_Y(y)\, dy$ 가 된다. 이것에 착안하여 모든 B 에 대해

$$P(F \bigcap \{Y \in B\}) = \int_B P(F, y) f_Y(y) dy$$

가 성립하는 $P(F, y)$ 가 존재하면 $P(F, y)$ 를 $Y = y$ 일 때 F 가 일어날 조건부확률이라고 하며 $P(F \mid Y = y)$ 로 쓴다.

문제 16.24 $C = \{(X(\omega), Y(\omega)) \mid \omega \in F \bigcap \{Y \in B\}\}$ 라고 하자. (i) $\{(X, Y) \in C\} = F \bigcap \{Y \in B\}$ 임을 보여라. (ii) $y \in B$ 이면 $C(y) = \{x \mid X(\omega) = x, Y(\omega) = y, \omega \in F\}$ 이고 $y \notin B$ 이면 $C(y) = \emptyset$ 임을 보여라. (iii) $P(C(y), y) = \int_{C(y)} \frac{f_{XY}(x,y)}{f_Y(y)}\, dx$ 라고 하자. $P(C(y), y) = P(F \mid Y = y)$ 임을 보여라. ■

위 문제로부터 $P(C(y), y) = P(F \mid Y = y)$ 이므로 조건부확률은 항상 존재함을 알 수 있다. F 가 주어질 때 $P(F \mid Y = y)$ 는 y 에 의존하므로 Y 의 함수이다. 따라서 조건부확률은 확률변수이다. 조건부확률이 두 개 있으면 이 두 조건부확률은 '거의' 모든 y 에 대해 같음이 알려져 있다. 다시 말해 조건부확률은 기본적으로 단 하나만 존재한다.

(iii) 이산확률변수의 경우 $p_Y(y) = 0$ 인 y 는 무시할 수 있는 것과 같이 연속확률변수의 조건부확률을 정의할 때 $f_Y(y) = 0$ 인 y 를 무시할 수 있는 이유에 대해 살펴보자. $C = \{(x, y) \mid f_Y(y) = 0\}$, $C(x) = \{y \mid (x, y) \in C\} = \{y \mid f_Y(y) = 0\}$ 이라고 하고 $P\{(X, Y) \in C\}$ 을 구해 보자. $C(x)$ 는 x 에 의존하지 않으므로

$$\begin{aligned} P\{(X, Y) \in C\} &= \int_{-\infty}^{\infty} \left(\int_{C(x)} f(x, y)\, dy \right) dx \\ &= \int_{C(x)} \left(\int_{-\infty}^{\infty} f(x, y)\, dx \right) dy \\ &= \int_{\{y : f_Y(y) = 0\}} f_Y(y)\, dy \\ &= 0 \end{aligned}$$

이다. 따라서 $P\{(X, Y) \in C\} = 0$ 이다.

16.4.3 독립확률변수

14.5.3 절에서 논의한 확률적으로 독립인 사건들의 개념을 독립확률변수 개념으로 확장하자.

예제 16.17 $N_t, (t = 1, 2)$ 를 시점 t 에서 주식가격이 오르면 1, 내리면 0 인 확률변수라고 하자. $N_1(uu) = N_1(ud) = 1$, $N_1(du) = N_1(dd) = 0$, $N_2(uu) = N_2(du) = 1$, $N_2(ud) = N_2(dd) = 0$ 이므로 $\{N_1 = 1\} = \{uu, ud\}$ 이고 $\{N_2 = 1\} = \{uu, du\}$ 이다. $P\{N_1 = 1\}P\{N_2 = 1\} = P(\{uu, ud\})P(\{uu, du\}) = p^2$ 이고 $P(\{N_1 = 1, N_2 = 1\}) = P(\{uu\}) = p^2$ 이다.

문제 16.25 $\{N_1 = 1\}$ 과 $\{N_2 = 0\}$, $\{N_1 = 0\}$ 과 $\{N_2 = 1\}$, $\{N_1 = 0\}$ 과 $\{N_2 = 0\}$ 도 확률적으로 독립임을 보여라. ■

각 시점에서 주식가격이 오르거나 내리는 사건들은 확률적으로 독립이므로 두 확률변수 N_1 과 N_2 는 독립이라고 할 수 있다. ■

X 와 Y 의 확률적 독립성 여부는 확률분포함수로 정의할 수 있다.

정의 16.7 (독립확률변수 (independent random variable)) 모든 $x, y \in R$ 에 대해 $P\{X \le x, Y \le y\} = P\{X \le x\}P\{Y \le y\}$ 또는 $F_{XY}(x, y) = F_X(x)F_Y(y)$ 이면 X 와 Y 는 독립이다.

문제 16.26 예제 16.17 에서 N_1 과 N_2 가 독립임을 위 정의를 이용하여 보여라. ■

예제 16.18 시점 2 에서의 주식가격은 시점 1 에서의 주식가격에 따라 달라지므로 두 주식가격은 독립적이라고 할 수 없다. $0 < q < 1$ 이므로 $F_{S_1}(dS_0)F_{S_2}(d^2S_0) = q^3 \neq q^2 = F_{S_1S_2}(dS_0, d^2S_0)$ 이다. ■

예제 16.19 (숫자 2 회 뽑기) 직관적으로 X_2 의 분포는 X_1 값에 의존하므로 두 확률변수는 독립이 아니다. 이것은 누적분포함수를 이용하여 확인할 수 있다. 부록 16.A.3 의 결과를 이용하면 $0 < x_2 \le x_1 < 1$ 에 대해 $F_{X_1X_2}(x_1, x_2) = x_2(1 + \ln x_1 - \ln x_2)$ 인데 이것은 $F_{X_1}(x_1)F_{X_2}(x_2) = x_1x_2(1 - \ln x_2)$ 와 다르다. ■

정리 16.8 X 와 Y 가 이산확률변수이고 모든 $x, y \in R$ 에 대해 $p_{XY}(x, y) = p_X(x)p_Y(y)$ 이면 X 와 Y 는 독립이다. 마찬가지로 X 와 Y 가 연속확률변수이고 모든 $x, y \in R$ 에 대해 $f_{XY}(x, y) = f_X(x)f_Y(y)$ 이면 X 와 Y 는 독립이다.

예제 16.20 (숫자 2 회 뽑기) $0 < x_2 \le x_1 < 1$ 이면 $f_{X_1X_2}(x_1, x_2) = \frac{1}{x_1} \neq 1 \times \ln \frac{1}{x_2} = f_{X_1}(x_1)f_{X_2}(x_2)$ 이므로 X_1 과 X_2 는 독립이 아니다. ■

문제 16.27 정리 16.8 를 이용하여 주식시장 모형에서의 S_1 과 S_2 의 독립성을 판별하

라. ■

16.5 조건부기댓값

16.5.1 정 의

예제 16.21 (주식시장) 예제 14.15 에서 $E[S_2] = (pu+qd)^2 S_0$ 임을 보았는데 이것은 시점 0 에서의 기댓값이다. 즉 ω 에 대해 아무런 정보가 없을 때의 기댓값이다. 시점 1 이 되면 S_1 을 관찰하여 ω 에 대해 어느 정도의 정보를 얻게 되므로 이 정보를 이용하여 기댓값을 수정할 필요가 있다. 예를 들어 $S_1 = uS_0$ 이면 S_2 는 $u^2 S_0$ 나 udS_0 두 가격 중 하나가 될 것임을 알 수 있다. 각각의 조건부확률은 p 와 q 이므로 S_2 에 대한 기댓값을 p 와 q 를 가중치로 사용한 $u^2 S_0$ 와 udS_0 의 가중평균 $pu^2 S_0 + qudS_0 = (pu+qd)uS_0$ 으로 수정하는 것이 합리적이다. 이 수정된 기댓값을 조건부기댓값이라고 하며 $E[S_2 \,|\, S_1 = uS_0]$ 로 쓴다.

$E[S_2 \,|\, S_1 = uS_0]$ 과 $E[S_2] = (pu+qd)^2 S_0$ 을 비교하면 $E[S_2 \,|\, S_1 = uS_0] - E[S_2] = q(pu+qd)(u-d)S_0 > 0$ 이다. 이는 시점 1 에서 주식가격이 상승하였으므로 이를 감안하여 시점 0 에서의 (시점 2 의 주식가격에 대한) 예상을 상향 조정함을 의미한다. 마찬가지로 $E[S_2 \,|\, S_1 = dS_0] = (pu+qd)dS_0$ 이다. ■

문제 16.28 $E[S_2|S_1 = dS_0] < E[S_2]$ 임을 보이고 그 의미를 해석하라. ■

정의 16.8 (조건부기댓값 (conditional expectation))

(i) X 와 Y 가 이산확률변수이면 $E[X \,|\, Y = y_j] = \sum_{i=1}^{\infty} x_i p_{X \,|\, Y}(x_i \,|\, y_j)$,

(ii) X 와 Y 가 연속확률변수이면 $E[X \,|\, Y = y] = \int_{-\infty}^{\infty} x f_{X \,|\, Y}(x \,|\, y)\, dx$.

확률변수 X 에 대한 판단이 의사결정의 중요한 요소일 때 확률변수 Y 를 관찰하는 것은 ω 에 대해 정보를 수집하여 X 에 대해 가능한 한 정확한 예측을 하려는 노력으로 생각할 수 있다. (부록 16.B.4 절 참조.)

예제 16.22 (숫자 2 회 뽑기) $E[X_2] = \int_0^1 x_2 \ln \frac{1}{x_2}\, dx_2 = \frac{1}{4}$ 이다. 첫 번째 뽑은 숫자가 x_1 일 때 X_2 의 조건부확률밀도함수는 $0 \le x_2 \le x_1 \le 1$ 이면 $f_{X_2 \,|\, X_1}(x_2 \,|\, x_1) = \frac{1}{x_1}$ 이므로 조건부기댓값은 $E[X_2 \,|\, X_1 = x_1] = \int_0^{x_1} x_2 \frac{1}{x_1} dx_2 = \frac{x_1}{2}$ 이다. ■

Box 16.3

X 와 Y 가 이산확률변수이고

$$I_{x_i}(X) = \begin{cases} 1, & X = x_i \\ 0, & X \neq x_i \end{cases}$$

라고 하자. I_{x_i} 는 X 의 함수이므로 확률변수이다. 그런데 무의식 통계학자 법칙에 의해 $E[I_{x_i} \mid Y = y_j] = 1 \times p_{X|Y}(x_i \mid y_j) + \sum_{k \neq i} 0 \times p_{X\,|\,Y}(x_k \mid y_j) = p_{X\,|\,Y}(x_i \mid y_j)$ 이므로 조건부확률은 조건부기댓값의 특수한 경우로 생각할 수 있다.

문제 16.29 $E[I_{x_i}]$ 를 구하고 그 의미를 설명하라. ■

문제 16.30 X 와 Y 가 연속확률변수이고 $I_A(X) = \begin{cases} 1, & X \in A \\ 0, & X \notin A \end{cases}$ 이면 $E[I_A]$ 와 $E[I_A \mid Y = y]$ 을 구하고 그 의미를 설명하라. ■

정리 16.9 a 와 b 가 상수이고 X, Y, Z 가 이산확률변수라고 하자.

(i) $E[a \mid Y = y_j] = a$,

(ii) $E[aX + bZ \mid Y = y_j] = aE[X \mid Y = y_j] + bE[Z \mid Y = y_j]$,

(iii) X 와 Y 가 독립이면 $E[X \mid Y = y_j] = E[X]$ 이다.

X, Y, Z 가 연속확률변수인 경우 y_j 를 y 로 대치하면 위 결과는 마찬가지로 성립한다.

문제 16.31 X, Y, Z 가 연속확률변수일 때 정리 16.9를 증명하라. ■

Box 16.4 X 와 Y 가 이산확률변수이고 $Y \in B$ 때 일 때 X 의 조건부기댓값은

$$\begin{aligned} E[X \mid Y \in B] &= \sum_{i=1}^{\infty} x_i P\{X = x_i \mid Y \in B\} \\ &= \frac{1}{P\{Y \in B\}} \sum_{i=1}^{\infty} x_i P(\{X = x_i\} \bigcap \{Y \in B\}) \end{aligned}$$

Box 16.4 (계속) 로 정의하는 것이 합리적이다. $A_i = \{X = x_i\}$, $B_j = \{Y = y_j\}$ 라고 하면 $\{Y \in B\} = \bigcup_{y_j \in B} B_j$ 이고 B_j 는 상호배타적이므로

$$
\begin{aligned}
P(\{X = x_i\} \bigcap \{Y \in B\}) &= P\left(A_i \bigcap \left(\bigcup_{y_j \in B} B_j\right)\right) \\
&= \sum_{y_j \in B} P\left(A_i \bigcap B_j\right) \\
&= \sum_{y_j \in B} p_{XY}(x_i, y_j)
\end{aligned}
$$

이다. 따라서

$$
\begin{aligned}
E[X \mid Y \in B] &= \frac{1}{P(Y \in B)} \sum_{i=1}^{\infty} x_i \sum_{y_j \in B} p_{XY}(x_i, y_j) \\
&= \frac{1}{P(Y \in B)} \sum_{y_j \in B} p_Y(y_j) \sum_{i=1}^{\infty} x_i \frac{p_{XY}(x_i, y_j)}{p_Y(y_j)} \\
&= \frac{1}{P(Y \in B)} \sum_{y_j \in B} E[X \mid Y = y_j] p_Y(y_j)
\end{aligned}
$$

이다.

X 와 Y 가 연속확률변수이고 $P\{Y \in B\} > 0$ 이라고 하자. $Y = y$ 일 확률은 대략 $f_Y(y)\,dy$ 이므로 $Y \in B$ 때 일 때 X 의 조건부기댓값은 위 결과에 유추하여 다음과 같이 정의할 수 있다.

$$
E[X \mid Y \in B] = \frac{1}{P\{Y \in B\}} \int_B E[X \mid Y = y] f_Y(y)\,dy
$$

16.5.2 반복기대법칙

이산확률변수 Y 에 대해 $g(y_j) = E[X \mid Y = y_j]$ 로 정의하자. $g(Y)$ 는 Y 의 값에 따라 달라지는 즉, 확률변수 Y 의 함수이므로 역시 확률변수이다. $g(y_j)$ 가 조건부기댓값임을 나타내기 위해 보통 $g(Y) = E[X \mid Y]$ 로 쓴다. Y 가 연속확률변수이면 $E[X \mid Y]$ 는

$Y = y$ 일 때 $E[X \mid Y = y]$ 값을 갖는 확률변수이다.[8]

예제 16.23 (i) (주식시장) 앞에서 $E[S_2 \mid S_1 = uS_0] = (pu+qd)uS_0$, $E[S_2 \mid S_1 = dS_0] = (pu+qd)dS_0$ 임을 보았다. 따라서 $E[S_2 \mid S_1]$ 는 $S_1 = uS_0$ 이면 $(pu+qd)uS_0$, $S_1 = dS_0$ 이면 $(pu+qd)dS_0$ 인 확률변수이다. (ii) (숫자 2회 뽑기) $E[X_2 \mid X_1 = x_1] = \frac{x_1}{2}$ 이므로 $E[X_2 \mid X_1] = \frac{X_1}{2}$ 이다. ■

정리 16.9 의 결과는 $E[X \mid Y]$ 에 대해서도 성립한다.

정리 16.10 a 와 b 가 상수이고 X, Y, Z 가 확률변수라고 하자.

(i) $E[a \mid Y] = a$,

(ii) $E[aX + bZ \mid Y] = aE[X \mid Y] + bE[Z \mid Y]$,

(iii) X 와 Y 가 독립이면 $E[X \mid Y] = E[X]$ 이다.

예제 16.24 (주식시장) 시점 0 에서 S_2 의 기댓값은 $E[S_2] = (pu+qd)^2 S_0$ 이다. 이것은 시점 0 에서는 아무런 정보가 없으므로 $S_2 = u^2 S_0$, $S_2 = udS_0$, $S_2 = d^2 S_0$ 을 각각의 확률로 가중평균하여 얻은 것이다. 그런데 $E[S_2 \mid S_1 = uS_0]$ 와 $E[S_2 \mid S_1 = dS_0]$ 를 각각 $p_{S_1}(uS_0)$ 와 $p_{S_1}(dS_0)$ 로 가중평균하면 $E[S_2 \mid S_1 = uS_0] \times p + E[S_2 \mid S_1 = dS_0] \times q = (pu+qd)^2 S_0 = E[S_2]$ 이다. 이 식의 좌변은 $E[E[S_2 \mid S_1]]$ 이므로 $E[E[S_2 \mid S_1]] = E[S_2]$ 이다. 아래 정리는 이 결과가 일반적으로 성립함을 보여 준다. ■

정리 16.11 (반복기대법칙 (law of iterated expectation)) 결합확률변수 X 와 Y 에 대해 $E[E[X \mid Y]] = E[X]$ 이다.[9]

증명 X 와 Y 가 이산확률변수이라고 하자. $E[E[X \mid Y]] = \sum_{j=1}^{\infty} E[X \mid Y](y_j) p_Y(y_j) = \sum_{j=1}^{\infty} E[X|Y = y_j] p_Y(y_j) = \sum_{j=1}^{\infty} \sum_{i=1}^{\infty} x_i p_{X \mid Y}(x_i \mid y_j) p_Y(y_j)$ 이다. 첫 번째 등호는 $E[X \mid Y]$ 가 확률변수 Y 의 함수이므로 무의식 통계학자 법칙에 의해 성립한다. $p_{X \mid Y}(x_i \mid y_j) p_Y(y_j) = p_{XY}(x_i, y_j)$ 이므로 $E[E[X \mid Y]] = E[X]$ 이다. □

문제 16.32 X 와 Y 가 연속확률변수일 때 위 정리를 증명하라. ■

---

[8]확률변수 Y 에 대해 $h(\omega) \equiv g(Y(\omega))$ 라고 하면 h 는 Ω 에서 정의되는 실가함수이므로 확률변수이다. $h = E[X \mid Y]$ 로 쓰기도 한다. 이 경우 $E[X \mid Y]$ 의 독립변수는 ω 이다. (부록 16.B 의 16.B.5 절 참조.)

[9]반복기대법칙은 확률변수의 유형에 관계없이 성립한다.

반복기대법칙은 Y 를 관찰하여 얻은 정보를 활용하여 계산한 X 의 조건부기댓값을 이 정보가 없다고 생각하고 그 기댓값을 수정하면 애초에 아무런 정보 없이 계산한 X 의 기댓값과 마찬가지임을 보여 준다.

이 법칙을 $E[X] = E[E[X \mid Y]]$ 로 쓰면 기댓값을 계산하는 공식으로 생각할 수 있다. 예를 들어 X 의 기댓값을 직접 계산하는 것이 용이하지 않다고 하자. 이산확률변수 Y 를 관찰할 수 있으면 먼저 $E[X \mid Y = y_j]$ 를 계산하고 이것을 다시 $p_Y(y_j)$ 로 가중평균하여 모두 더한 총기댓값으로 생각할 수 있다.[10]

예제 16.25 (숫자 2회 뽑기) $E[X_2] = E[E[X_2 \mid X_1]] = E\left[\frac{X_1}{2}\right] = \frac{1}{2}E[X_1] = \frac{1}{4}$ 이다. ■

예제 16.26 15.2 절에서 논의한 위험중립확률과 금융자산의 가격결정모형을 3 시점 2 기간 모형으로 확장하자. 앞에서 시점 0 에서의 위험중립확률 $\pi = \frac{1-\beta d}{\beta(u-d)} > 0$, $1-\pi = \frac{\beta u-1}{\beta(u-d)} > 0$ 임을 보았다. u, d 와 β 가 시간에 따라 변하지 않는다고 가정하면 시점 1 에서 각 상태의 위험중립확률은 시점 0 에서와 마찬가지로 π 과 $1-\pi$ 이다.

주식시장 모형의 확률공간 $(\Omega, \mathscr{F}, P)$ 에 대응하는 새로운 확률공간 $(\Omega, \mathscr{F}, \Pi)$ 을 생각하자. 예를 들어 $\Pi(\{uu\}) = \pi^2$, $\Pi(\{ud\}) = \Pi(\{du\}) = \pi(1-\pi)$, $\Pi(\{dd\}) = (1-\pi)^2$ 이며 기타 다른 사건에 대한 확률은 확률집합함수의 성질을 이용하여 구할 수 있다. 시점 2 에서의 콜옵션의 수익 C_2 는 S_2 에 의존하는 확률변수이다. 시점 1 에서의 무위험차익거래의 가능성이 존재하지 않기 위해서는 시점 1 에서의 콜옵션의 가격은 $C_1 = \beta E^{\Pi}[C_2|S_1]$ 이어야 한다. (E^{Π} 는 위험중립확률 하의 기댓값을 의미한다. 15.2 절 참조.) 따라서 이 콜옵션은 시점 1 에서 수익이 C_1 인 금융자산이다. C_1 은 S_1 에 의존하는 확률변수이다. 시점 0 에서 무위험차익거래의 가능성이 존재하지 않기 위해서는 시점 0 에서 콜옵션의 가격은

$$C_0 = \beta E^{\Pi}[C_1] = \beta^2 E^{\Pi}[E^{\Pi}[C_2|S_1]] = \beta^2 E^{\Pi}[C_2]$$

이다. (마지막 등호는 반복기대법칙에 의해 성립한다.)

예제 15.12 에서 $S_0 = 100$, $u = 1.2$, $d = 0.9$ $r = 0.05$ 일 때 시점 2 에서 가격 110 에 주식 한 단위를 살 수 있는 콜옵션을 생각하였다. 시점 2 에서의 수익은 $C_2(uu) = 34$, $C_2(ud) = C_2(du) = C_2(dd) = 0$ 이다. 그런데 $\Pi(\{uu\}) = \Pi(\{ud\}) = \Pi(\{du\}) = \Pi(\{dd\}) = \frac{1}{4}$ 이므로 $C_0 = \frac{1}{1.05^2} \times \frac{1}{4} \times 34 = 7.7098$ 이다. 이것은 예제 15.12 의 결과와

[10] 이러한 측면에서 반복기대법칙을 **총기댓값정리** (**theorem of total expectation**) 라고도 한다.

마찬가지이다. ■

문제 16.33 위 예제의 숫자 예를 이용하여 $S_0 = \beta E^{\Pi}[S_1] = \beta^2 E^{\Pi}[S_2]$ 임을 보여라. ■

문제 16.34 다음 상황을 생각하자. $S_0 = 100$, $r = 0.05$ 이고 시점 0에서 주식가격이 오르는 비율은 $u = 1.2$, 내리는 비율은 $d = 0.9$ 이다. 시점 0에서 주식가격이 오르는 경우 시점 1에서 다시 오르는 비율은 $u = 1.25$, 내리는 비율은 $d = 0.95$ 이다. 시점 0에서 주식가격이 내리는 경우 시점 1에서 가격이 오르는 비율은 $u = 1.15$ 이고 내리는 비율은 $d = 0.85$ 이다. 시점 2에서 주식 한 단위를 100에 살 수 있는 콜옵션을 생각하자. 예제 15.12와 위 예제의 방법을 이용하여 이 콜옵션의 가격을 각각 구하고 일치함을 보여라. ■

Y 를 관찰할 수 있다면 $g(Y)$ 도 관찰할 수 있다. 따라서 Y 를 관찰할 수 있을 때 $Xg(Y)$ 를 예측하려면 X 의 예측 값에 $g(Y)$ 를 곱하는 것이 합리적이다.

정리 16.12 $E[Xg(Y) \mid Y] = g(Y)E[X \mid Y]$ 이다.

증명 $E[Xg(Y) \mid Y = y] = E[Xg(y) \mid Y = y] = g(y)E[X \mid Y = y]$ 이다. □

이 정리는 조건부기댓값을 계산할 때 알고 있는 (관찰할 수 있는) 것은 기댓값 연산자 **밖으로 꺼낼 수 있음 (taking out what is known)** 을 의미한다. $Y = X$ 이고 $g(Y) = 1$ 이면

$$E[X \mid X] = X$$

이다. 이것은 X 를 관찰할 수 있다면 X 의 가장 좋은 예측 값은 당연히 X 그 자체임을 의미한다.

* 반복기대법칙의 응용

세 확률변수 X, Y, Z 를 생각하자.

문제 16.35 반복기대법칙을 이용하여 $E[E[E[X \mid Y] \mid Z]] = E[X]$ 임을 보여라. ■

위 문제에서 보는 바와 같이 반복기대법칙은 임의의 확률변수들에 대해 반복적으로 성립한다. $[0, 1]$ 에서 무작위로 숫자를 3회 뽑는 실험을 생각하자. 첫 번째 뽑은 숫자가 $X_1 = x_1$ 이면 두 번째 숫자는 $[0, x_1]$ 에서 뽑고 두번째 뽑은 숫자가 $X_2 = x_2$ 이면 세 번째 숫자 X_3 은 $[0, x_2]$ 에서 뽑는다.

문제 16.36 $E[X_3 \mid X_2] = \frac{X_2}{2}$ 임을 보여라. ■

위 문제의 결과를 이용해 X_3 의 기댓값을 구하면 $E[X_3] = E[E[E[X_3 \mid X_2] \mid X_1]] = E\left[E\left[\frac{X_2}{2} \mid X_1\right]\right] = \frac{1}{2}E[E[X_2 \mid X_1]] = \frac{1}{2}E\left[\frac{X_1}{2}\right] = \frac{1}{2} \times \frac{1}{2} \times E[X_1] = \frac{1}{8}$ 이다.

다음으로 $E[E[X \mid Y, Z] \mid Y] = E[X \mid Y]$ 이다. 이 결과는 Y 와 Z 를 관찰하여 얻은 정보를 이용하여 얻은 X 의 조건부기댓값을 Z 를 관찰할 수 없다고 생각하고 그 기댓값을 수정하면 애초에 Y 만을 관찰할 수 있을 때 계산한 X 의 기댓값과 마찬가지임을 의미한다.

X, Y, Z 가 이산확률변수일 때 이 결과를 증명하자. $E[E[X \mid Y, Z] \mid Y = y_j] = E[E[X \mid Y = y_j, Z] \mid Y = y_j]$ 이다. $E[X \mid Y = y_j, Z]$ 는 $Y = y_j$ 로 주어질 때 Z 의 함수이므로 무의식 통계학자 법칙에 의해

$$
\begin{aligned}
&E[E[X \mid Y = y_j, Z] \mid Y = y_j] \\
&\quad = \sum_k E[X \mid Y = y_j, Z = z_k] p_{Z \mid Y}(z_k \mid y_j) \\
&\quad = \sum_k \sum_i x_i p_{X \mid YZ}(x_i \mid y_j, z_k) p_{Z \mid Y}(z_k \mid y_j) \\
&\quad = E[X \mid Y = y_j]
\end{aligned}
$$

이다.

문제 16.37 위 결과의 마지막 등호를 증명하라. ■

문제 16.38 X, Y, Z 가 연속확률변수일 때 $E[E[X \mid Y, Z] \mid Y] = E[X \mid Y]$ 임을 보여라. ■

부 록

16.A 결합누적확률분포함수

15.1.1 절과 15.4.1 절에서 확률공간 $(\Omega, \mathscr{F}, P)$ 로부터 이산확률변수의 경우 결합확률질량함수, 연속확률변수의 경우 결합확률밀도함수를 직접 정의하였다. 또 이들을 이용하여 주변확률질량함수와 주변확률밀도함수를 구하고 여러 가지 확률적 계산을 할 수 있음을 보았다. 여기서는 확률공간 $(\Omega, \mathscr{F}, P)$ 로부터 결합누적확률분포함수를 구하는 과정에 대해 논의한다.

16.A.1 결합누적확률분포함수와 확률계산

결합누적확률분포함수를 도출하기 전에 결합누적확률분포함수를 이용하여 X 와 Y 에 관련된 확률을 계산하여 보자. 정리 14.6 에서 확률변수가 한 개일 때 $a < X \le b$ 일 확률은 $F_X(b) - F_X(a)$ 임을 보았다. 확률변수가 두 개일 때는 $P\{a_1 < X \le b_1, a_2 < Y \le b_2\} = F_{XY}(b_1, b_2) - F_{XY}(a_1, a_2)$ 일 것으로 생각하기 쉽지만 그렇지 않다.

그림 16.A.1 의 확률변수 $X \ge 0$ 과 $Y \ge 0$ 를 살펴보자.

$P\{a_1 < X \le b_1, a_2 < Y \le b_2\}$ 은 (X, Y) 가 $ABCD$ 에 속할 확률이다. (선분 BC 와 CD 는 포함되지 않는다.) 반면 $F_{XY}(b_1, b_2) - F_{XY}(a_1, a_2) = P\{X \le b_1, Y \le b_2\} - P\{X \le a_1, Y \le a_2\}$ 은 (X, Y) 가 $Ab_1 0 b_2$ 에서 $Ca_1 0 a_2$ 을 뺀 면적에 속한 값을 가질 확률이므로 $P\{a_1 < X \le b_1, a_2 < Y \le b_2\}$ 와 다르다. 그림으로부터 $ABCD = Ab_1 0 b_2 - Bb_1 0 a_2 - Da_1 0 b_2 + Ca_1 0 a_2$ 이다. 그런데 (X, Y) 가 $Bb_1 0 a_2$, $Da_1 0 b_2$, $Ca_1 0 a_2$ 에 속할 확률은 각각 $F_{XY}(b_1, a_2)$, $F_{XY}(a_1, b_2)$, $F_{XY}(a_1, a_2)$ 이므로

$$
\begin{aligned}
&P\{a_1 < X \le b_1, a_2 < Y \le b_2\} \\
&= F_{XY}(b_1, b_2) - F_{XY}(b_1, a_2) - (F_{XY}(a_1, b_2) - F_{XY}(a_1, a_2))
\end{aligned}
$$

이 된다. (이 결과는 $F_{XY}(b_1, b_2) - F_{XY}(b_1, a_2) = P\{X \le b_1, Y \le b_2\} - P\{X \le b_1, Y \le a_2\} = P\{X \le b_1, a_2 < Y \le b_2\}$ 이고 $F_{XY}(a_1, b_2) - F_{XY}(a_1, a_2) = P\{X \le a_1, a_2 <$

$Y \le b_2\}$ 으로부터 확인할 수 있다.)

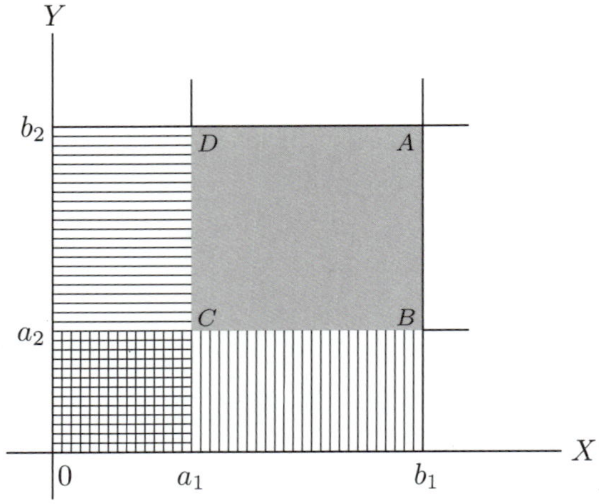

그림 16.A.1 결합누적확률분포함수와 확률계산

다른 형태의 사건에 대한 확률도 마찬가지로 생각할 수 있다. $P\{a_1 < X < b_1, a_2 < Y \le b_2\}$ 를 생각하자. $\{a_1 < X < b_1, a_2 < Y \le b_2\}$ 은 위에서 논의한 사건에서 $X = b_1$ 을 배제한 것이다. $F_{XY}(x^{0-}, y) = \lim_{x \to x^{0-}} F_{XY}(x, y)$ 라고 하자. 정리 14.6에서의 결과를 이용하면 $F_{XY}(b_1^-, y) = P\{X < b_1, Y \le y\}$ 이다. 따라서

$$
\begin{aligned}
&P\{a_1 < X < b_1, a_2 < Y \le b_2\} \\
&= F_{XY}(b_1^-, b_2) - F_{XY}(b_1^-, a_2) - (F_{XY}(a_1, b_2) - F_{XY}(a_1, a_2))
\end{aligned}
$$

이다.

문제 16.A.1 (i) 위 결과를 증명하라. (ii) 그림을 그려 $P\{a_1 \le X \le b_1, a_2 < Y \le b_2\} = F_{XY}(b_1, b_2) - F_{XY}(b_1, a_2) - (F_{XY}(a_1^-, b_2) - F_{XY}(a_1^-, a_2))$ 임을 확인하고 이 결과를 증명하라. (iii) (ii)의 결과를 이용하여 $P\{X = a_1, a_2 < Y \le b_2\} = F_{XY}(a_1, b_2) - F_{XY}(a_1, a_2) - (F_{XY}(a_1^-, b_2) - F_{XY}(a_1^-, a_2))$ 을 확인하라. X가 연속확률변수이면 $P\{X = a_1, a_2 < Y \le b_2\} = 0$ 임을 보여라. ■

Box 16.A.1 위에서 본 바와 같이 결합확률변수의 경우 누적확률분포함수를 이용하여 확률을 구하는 것은 쉽지 않지만 아래 방법을 이용하면 비교적 용이하게 구할 수 있다. 함수 $G(x_1, x_2, \cdots, x_n)$ 에 대해

Box 16.4 (계속)

$$\begin{aligned}\triangle_{b_i a_i} G(x_1, x_2, \cdots, x_n) = G(x_1, x_2, \cdots, x_{i-1}, b_i, x_{i+1}, \cdots, x_n) \\ - G(x_1, x_2, \cdots, x_{i-1}, a_i, x_{i+1}, \cdots, x_n)\end{aligned}$$

로 정의하자. $\triangle_{b_1 a_1} F_{XY}(x, y) = F_{XY}(b_1, y) - F_{XY}(a_1, y)$ 이고 $\triangle_{b_1 a_1} F_{XY}(x, y)$ 에 이 연산을 한번 더 행하면 $\triangle_{b_2 a_2} \triangle_{b_1 a_1} F_{XY}(x, y) = F_{XY}(b_1, b_2) - F_{XY}(b_1, a_2) - (F_{XY}(a_1, b_2) - F_{XY}(a_1, a_2)) = P\{a_1 < X \le b_1, a_2 < Y \le b_2\}$ 이다. b_1 대신에 b_1^- 을 대입하면 $P\{a_1 < X < b_1, a_2 < Y \le b_2\}$ 을 얻을 수 있다. $X < b_1$ 형태이면 b_1 대신 b_1^-, $a_1 \le X$ 형태이면 a_1 대신 a_1^- 를 사용하여 위에서와 같이 계산하면 원하는 확률을 얻을 수 있다. Y 에 대해서도 마찬가지로 생각할 수 있다. 확률변수가 n 개이면 n 번 연산하면 된다.

문제 16.A.2 위 방법을 이용하여 (i) $P\{a_1 \le X < b_1, a_2 < Y < b_2\}$, (ii) $P\{X = a_1, Y = a_2\}$ 를 구하라. ■

16.A.2 주식시장 모형

그림 16.A.2 에 S_1 과 S_2 를 결합확률변수로 생각한 주식시장 모형이 그려져 있다. S_1

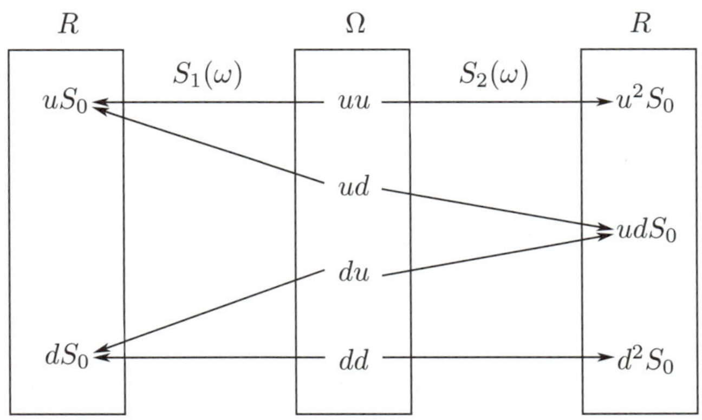

그림 16.A.2 주식시장 모형

과 S_2 의 결합누적확률분포함수 $F_{S_1 S_2}(s_1, s_2) = P\{S_1 \le s_1, S_2 \le s_2\}$ 를 구해보자.

$\{S_1 \leq s_1\}$ 와 $\{S_2 \leq s_2\}$ 는 다음과 같다.

$$\{S_1 \leq s_1\} = \begin{cases} \emptyset, & s_1 < dS_0 \\ \{du, dd\}, & dS_0 \leq s_1 < uS_0 \\ \Omega, & s_1 \geq uS_0, \end{cases}$$

$$\{S_2 \leq s_2\} = \begin{cases} \emptyset, & s_2 < d^2S_0 \\ \{dd\}, & d^2S_0 \leq s_2 < udS_0 \\ \{ud, du, dd\}, & udS_0 \leq s_2 < u^2S_0 \\ \Omega, & s_2 \geq u^2S_0. \end{cases}$$

예를 들어 $uS_0 \leq s_1$ 이고 $udS_0 \leq s_2 < u^2S_0$ 이라고 하자. $\{S_1 \leq s_1, S_2 \leq s_2\} = \Omega \bigcap \{ud, du, dd\} = \{ud, du, dd\}$ 이므로 $F_{S_1S_2}(s_1, s_2) = P(\{ud, du, dd\}) = 2pq + q^2 = q(1+p)$ 이다. 이와 같은 방법으로 계산한 결과가 그림 16.A.3에 나타나 있다. 왼쪽

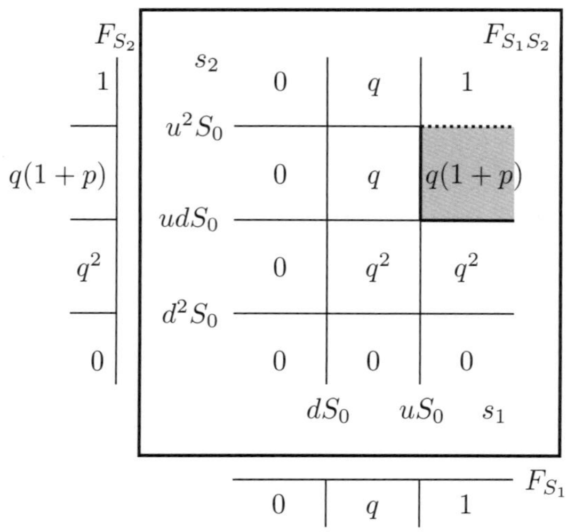

그림 16.A.3 누적확률분포함수 (주식시장)

변과 아래 변은 굵은 실선으로, 윗변은 굵은 점선으로 표시된 옅은 회색 사각형 안의 $q(1+p)$ 는 앞에서 구한 $uS_0 \leq s_1$ 와 $udS_0 \leq s_2 < u^2S_0$ 일 때의 $F_{S_1S_2}(s_1, s_2)$ 를 나타낸다. (굵은 실선과 굵은 점선은 각각 s_1 과 s_2 의 범위를 나타내는 부등호에서 약한 부등호와 강한 부등호를 나타낸다.) 다른 사각형들의 값들도 마찬가지로 생각할 수 있다.

문제 16.A.3 (i) 다른 사각형 안의 확률 값들을 확인하라. (ii) p_{S_1} 과 16.1 절에서 논의한 총확률정리를 이용하여 $uS_0 \leq s_1$ 이고 $udS_0 \leq s_2 < u^2S_0$ 일 때 $F(s_1, s_2)$ 를 구하라.

■

이 그림을 살펴보면 16.2 절에서 논의한 누적확률분포함수가 갖는 성질을 만족함을 알 수 있다. 이 그림에서 왼쪽에서 오른쪽으로, 아래에서 위로 움직이면 즉, s_1 과 s_2 가 증가하면 $F_{S_1S_2}$ 는 감소하지 않는다. 다시 말해 $F_{S_1S_2}(s_1, s_2)$ 는 s_1 과 s_2 의 비감소 함수이다. 또한 이 그림에서 좌하향할 때 즉, s_1 과 s_2 가 감소할 때 경계점에서 확률이 변하지 않으므로 $F_{S_1S_2}(s_1, s_2)$ 는 오른쪽으로 연속이다. 마지막으로 s_1 과 s_2 가 모두 충분히 커지면 $F_{S_1S_2}\ (s_1, s_2) = 1$ 이고 s_1 과 s_2 중 어느 것이라도 충분히 작아지면 $F_{S_1S_2}(s_1, s_2) = 0$ 이다.

그림 16.A.3 을 이용하면 S_2 의 누적확률분포함수는

$$F_{S_2}(s_2) = F_{S_1S_2}(\infty, s_2) = \begin{cases} 0, & s_2 < d^2S_0 \\ q^2, & d^2S_0 \le s_2 < udS_0 \\ q(1+p), & udS_0 \le s_2 < u^2S_0 \\ 1, & s_2 \ge u^2S_0 \end{cases}$$

이다. 이것은 예제 14.16 에서 구한 것과 동일하다.

문제 16.A.4 (i) 그림 16.A.3 을 이용하여 $F_{S_1}(s_1)$ 를 구하라. (ii) 16.A.1 절의 결과를 이용하여 $P\{dS_0 < S_1 \le uS_0, d^2S_0 < S_2 \le udS_0\}$ 를 구하라. ■

결합확률질량함수는 결합누적확률분포함수를 이용하여 구할 수 있다. 16.A.1 절의 결과로부터

$$\begin{aligned} p_{XY}(x_i, y_j) &= P\{x_{i-1} < X \le x_i, y_{j-1} < Y \le y_j\} \\ &= F_{XY}(x_i, y_j) - F_{XY}(x_i, y_{j-1}) \\ &\quad - (F_{XY}(x_{i-1}, y_j) - F_{XY}(x_{i-1}, y_{j-1})) \end{aligned}$$

이다.

예제 16.A.1 (주식시장) $p_{S_1S_2}(uS_0, u^2S_0) = P\{S_1 = uS_0, S_2 = u^2S_0\} = P\{dS_0 < S_1 \le uS_0, udS_0 < S_2 \le u^2S_0\} = F_{S_1S_2}(uS_0, u^2S_0) - F_{S_1S_2}(uS_0, udS_0) - (F_{S_1S_2}(dS_0, u^2S_0) - F_{S_1S_2}(dS_0, udS_0)) = 1 - q(1+p) - (q-q) = p^2$ 이다. ■

16.A.3 숫자 2회 뽑기

숫자 2회 뽑기에서 X_1과 X_2의 결합확률분포함수 $F_{X_1X_2}(x_1, x_2) = P\{X_1 \le x_1, X_2 \le x_2\}$를 구해 보자. 이것을 구하기 위해 그림 16.A.5에서와 같이 x_1-x_2 평면을 $C_0 = \{(x_1, x_2) \,|\, x_1 \le 0 \text{ 또는 } x_2 < 0\}$, $C_1 = \{(x_1, x_2) \,|\, 0 \le x_2 \le \min\{x_1, 1\}\}$, $C_2 = \{(x_1, x_2) \,|\, 0 < x_1 < \min\{x_2, 1\}\}$, $C_3 = \{(x_1, x_2) \,|\, x_1 \ge 1, x_2 > 1\}$의 네 영역으로 나누자. $(x_1, x_2) \in C_0$이면 $F_{X_1X_2}(x_1, x_2) = 0$이고 $(x_1, x_2) \in C_3$이면

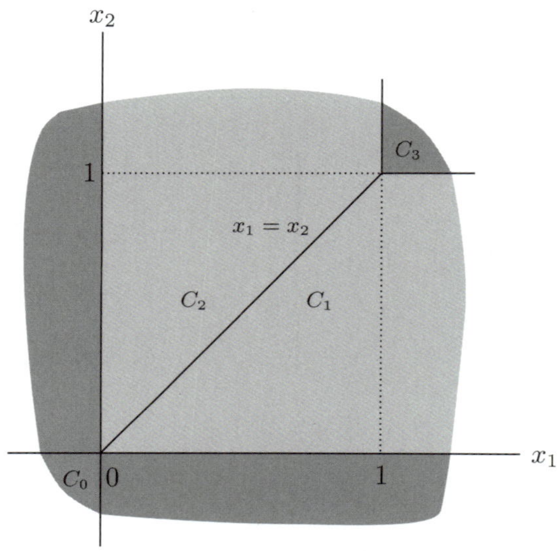

그림 16.A.4 C_0, C_1, C_2, C_3 **(숫자 2회 뽑기)**

$F_{X_1X_2}(x_1, x_2) = 1$임은 자명하다.

$(x_1, x_2) \in C_1 \bigcup C_2$인 경우를 생각하자. X_1이 x_1의 근처에 있을 확률은 대략 $f_{X_1}(x_1)\,dx_1$이므로 총확률정리에 의해

$$P\{X_1 \le x_1, X_2 \le x_2\} = \int_{-\infty}^{\infty} P\{X_1 \le x_1, X_2 \le x_2 \,|\, X_1 = u\} f_{X_1}(u)\,du$$

이다. 예제 15.15에서 본 바와 같이 $x_1 \in [0, 1]$이면 $f_{X_1} = 1$, $x_1 \notin [0, 1]$이면 $f_{X_1} = 0$이다. $u \in [0, \min\{x_1, 1\}]$이라고 하자. $P\{X_1 \le x_1, X_2 \le x_2 \,|\, X_1 = u\}$를 구하기 위해 다음 두 경우를 살펴보자.

(i) $u \in [0, \min\{x_1, 1\}]$이면 $X_1 = u \le \min\{x_1, 1\} \le x_1$이므로 $X_1 \le x_1$이다. 따라서 $P\{X_1 \le x_1, X_2 \le x_2 \,|\, X_1 = u\} = P\{X_2 \le x_2 \,|\, X_1 = u\}$이고 $u \in [0, 1]$이므로 $f_{X_1}(u) = 1$이다.

(ii) $u \notin [0, \min\{x_1, 1\}]$ 인 경우에는 $f_{X_1}(u) = 0$ 이거나 $P\{X_1 \le x_1, X_2 \le x_2 \,|\, X_1 = u\} = 0$ 이다. 먼저 $u < 0$ 이면 $f_{X_1}(u) = 0$ 이다. $u > \min\{x_1, 1\}$ 인 경우 $x_1 < 1$ 이면 $u > \min\{x_1, 1\} = x_1$ 이므로 $P\{X_1 \le x_1, X_2 \le x_2 \,|\, X_1 = u\} = 0$ 이고 $x_1 \ge 1$ 이면 $u > \min\{x_1, 1\} = 1$ 이므로 $f_{X_1}(u) = 0$ 이다.

(i)과 (ii)를 이용하면

$$\begin{aligned} P\{X_1 \le x_1, X_2 \le x_2\} &= \int_0^{\min\{x_1,1\}} P\{X_1 \le x_1, X_2 \le x_2 \,|\, X_1 = u\}\, du \\ &= \int_0^{\min\{x_1,1\}} P\{X_2 \le x_2 \,|\, X_1 = u\}\, du \end{aligned}$$

이다. 그림 16.A.5에 $x_1 < 1$ 이고 $(x_1, x_2) \in C_1$ 인 경우가 그려져 있다. 짙은 회색부분

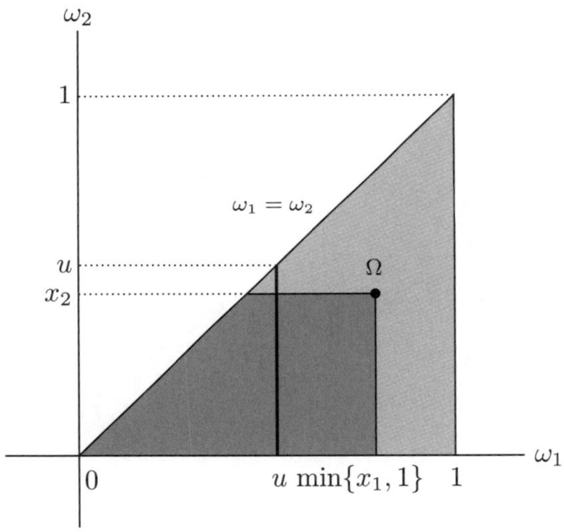

그림 16.A.5 누적확률분포함수 계산 (숫자 2회 뽑기)

은 $\{(\omega_1, \omega_2) \,|\, X_1(\omega_1, \omega_2) \le x_1, X_2(\omega_1, \omega_2) \le x_2\}$ 를 나타낸다.

$X_1 = u$ 는 그림 16.A.5에서 굵은 직선으로 표시된 사건 $\{(\omega_1, \omega_2) \,|\, \omega_1 = u, 0 \le \omega_2 \le u\}$ 을 나타낸다. $u \in [x_2, \min\{x_1, 1\}]$ 이면 $P\{X_2 \le x_2 \,|\, X_1 = u\}$ 은 두 길이, u 와 x_2 의 비율 $\frac{x_2}{u}$ 로 정의할 수 있다. 반면 $u \in [0, x_2]$ 이면 $P\{X_2 \le x_2 \,|\, X_1 = u\} = 1$ 이 된다. 따라서

$$\begin{aligned} P\{X_1 \le x_1, X_2 \le x_2\} &= \int_0^{x_2} 1\, du + \int_{x_2}^{\min\{x_1,1\}} \frac{x_2}{u}\, du \\ &= x_2(1 + \ln \min\{x_1, 1\} - \ln x_2) \end{aligned}$$

이다.

문제 16.A.5 위 논의가 $x_1 \geq 1$ 일 때도 성립함을 그림을 그려 보여라. ■

$(x_1, x_2) \in C_2$ 이면 $0 < x_1 < \min\{x_2, 1\}$ 이므로 $x_1 < 1$ 이고 $\min\{x_1, 1\} = x_1$ 이다. 모든 $u \in [0, \min\{x_1, 1\}] = [0, x_1]$ 에 대해 $P\{X_1 \leq x_1, X_2 \leq x_2 \mid X_1 = u\} = 1$ 이므로

$$P\{X_1 \leq x_1, X_2 \leq x_2\} = x_1$$

이다. 이상의 논의를 정리하면 X_1 과 X_2 의 결합누적확률분포함수는 다음과 같다.

$$F_{X_1X_2}(x_1, x_2) = \begin{cases} 0, & (x_1, x_2) \in C_0 \\ x_2(1 + \ln \min\{x_1, 1\} - \ln x_2), & (x_1, x_2) \in C_1 \\ x_1, & (x_1, x_2) \in C_2 \\ 1, & (x_1, x_2) \in C_3 \end{cases}$$

문제 16.A.6 위에서 구한 $F_{X_1X_2}$ 가 결합누적확률분포함수가 갖는 세 가지 성질을 만족함을 보여라. ■

위 결과를 이용하여 X_1 의 주변누적확률분포함수 $F_{X_1}(x_1) = F_{X_1X_2}(x_1, \infty)$ 를 구해 보자. 그림 16.A.5을 살펴보면 (x_1, ∞) 는 C_1 에 속할 수 없다. 또한 $(x_1, \infty) \in C_0$ 는 $x_1 \leq 0$ 과 동일하고, 마찬가지로 $(x_1, \infty) \in C_2$ 는 $0 < x_1 < 1$ 과, $(x_1, \infty) \in C_3$ 는 $x_1 \geq 1$ 과 동일하다. 이 사실로부터

$$F_{X_1}(x_1) = \begin{cases} 0, & x_1 < 0 \\ x_1, & 0 \leq x_1 \leq 1 \\ 1, & x_1 > 1 \end{cases}$$

이다. 이것은 예제 14.18 에서의 결과와 같다. 마찬가지로 생각하면

$$F_{X_2}(x_2) = \begin{cases} 0, & x_2 < 0 \\ x_2(1 - \ln x_2), & 0 \leq x_2 \leq 1 \\ 1, & x_2 > 1 \end{cases}$$

이다.

문제 16.A.7 $F_{X_2}(x_2)$에 대한 결과를 확인하라. ■

15.4.1절에서 $f_X(x) = F'_X(x)$임을 보았다. X와 Y가 연속확률변수이면 F_{XY}를 x와 y에 대해 이계편미분하면 결합확률밀도함수 f_{XY}를 얻을 수 있다. 즉,

$$f_{XY}(x,y) = \frac{\partial^2 F_{XY}(x,y)}{\partial x \partial y}$$

이다.[11]

문제 16.A.8 위 결과를 증명하라. ■

Box 16.A.2 X_2의 개별누적확률분포함수는 다음과 같이 직접적으로 구할 수 있다. $x_2 > 1$이면 $F_{X_2}(x_2) = 1$이고 $x_2 < 0$이면 $F_{X_2}(x_2) = 0$임은 자명하다. $0 \le x_2 \le 1$인 경우를 생각하자. 총확률정리에 의해 $F_{X_2}(x_2) = P\{X_2 \le x_2\} = \int_0^1 P\{X_2 \le x_2 \,|\, X_1 = u\}\, du$이다.

$0 \le u < x_2$이면 $P\{X_2 \le x_2 \,|\, X_1 = u\} = 1$이고 $x_2 \le u \le 1$이면 $P\{X_2 \le x_2 \,|\, X_1 = u\} = \frac{x_2}{u}$이다. 따라서

$$\begin{aligned} F_{X_2}(x_2) &= \int_0^{x_2} P\{X_2 \le x_2 \,|\, X_1 = u\}\, du \\ &\quad + \int_{x_2}^1 P\{X_2 \le x_2 \,|\, X_1 = u\} du \\ &= x_2(1 - \ln x_2) \end{aligned}$$

이다.

문제 16.A.9 F_{X_2}가 누적확률분포함수의 세 가지 성질을 만족함을 보여라. ■

예제 16.A.2 (숫자 2회 뽑기) $(x_1, x_2) \in C_0 \bigcup C_2 \bigcup C_3$이면 $\frac{\partial^2 F_{X_1X_2}(x_1,x_2)}{\partial x_1 \partial x_2} = 0$이다. $(x_1, x_2) \in C_1$인 경우를 생각하자. $x_1 > 1$이면 $F_{X_1X_2}(x_1, x_2) = x_2(1 + \ln \min\{x_1, 1\} - \ln x_2) = x_2(1 - \ln x_2)$이므로 $F_{X_1X_2}(x_1, x_2) = 0$이다. $x_1 \le 1$이면 $F_{X_1X_2}(x_1, x_2) =$

[11] 확률변수가 한 개일 때와 마찬가지로 결합확률밀도함수가 존재한다고 가정한다.

$x_2(1+\ln x_1 - \ln x_2)$ 이므로 $\frac{\partial^2 F_{X_1X_2}}{\partial x_1 \partial x_2} = \frac{1}{x_1}$ 이다. 따라서

$$f_{X_1X_2}(x_1, x_2) = \begin{cases} \frac{1}{x_1}, & 0 \le x_2 \le x_1 < 1 \\ 0, & \text{기타의 경우} \end{cases}$$

이다. ■

Box 16.A.3 결합확률밀도함수를 이중적분하면 결합누적확률분포함수가 된다. 즉,

$$F_{XY}(x,y) = P\{X \le x, Y \le y\} = \int_{-\infty}^{y} \int_{-\infty}^{x} f_{XY}(u,v)\, du\, dv$$

이다.

문제 16.A.10 예제 16.A.2의 결합확률밀도함수를 이용하여 숫자 2회 뽑기에서 X_1과 X_2의 결합확률분포함수를 구하라. ■

16.B 르베그 적분과 확률이론

16.B.1 르베그 적분

12.2.1절에서 논의한 리만 적분 방법을 다시 살펴보자. 그림 12.4에서 $y = f(x)$의 a에서 b까지의 아랫부분 면적은 다음과 같이 구한다. 먼저 구간 $X = [a, b]$를 여러 개의 소구간으로 나누고 각 소구간 별로 임의의 x에 대응하는 y 값을 높이로 하는 직사각형을 그린다. 이 직사각형들의 면적의 합은 구하고자 하는 면적의 근삿값으로 생각할 수 있다. 원하는 면적은 소구간의 길이는 줄이면서 개수를 무한히 늘림으로써 구할 수 있다.

이 면적을 구하는 다른 방법에 대해 생각해 보기 위해 그림 16.B.1을 살펴보자. 편의상 $f(x) \ge 0$ $(x \in A)$이라고 하자. y축의 $[0, \infty)$ 구간을 소구간 $[y^{i-1}, y^i]$ $(i = 1, 2, \cdots)$로 나누고 (단, $y^0 \equiv 0$) $A^i = \{x \in X \,|\, f(x) \in [y^{i-1}, y^i]\}$라고 하자. 구간 $[x^1, x^2]$의 길이를 $\mu([x^1, x^2]) = x^2 - x^1$라고 하자. μ는 예제 14.3에서 논의한 르베그 측도이다. $\mu(A^i)$를 A^i의 길이라고 하면 $\mu(A^i)$는 그림 16.B.1의 x축에서 굵은 선으로 표시된 구간들의 길이의 합이다. 진한 회색으로 표시된 세 개의 직사각형들의 면적의 합은 $y^i\mu(A^i)$이다. 각 i에 대해 해당 직사각형들의 면적의 합을 구하고, 다시 모든 i에 대해

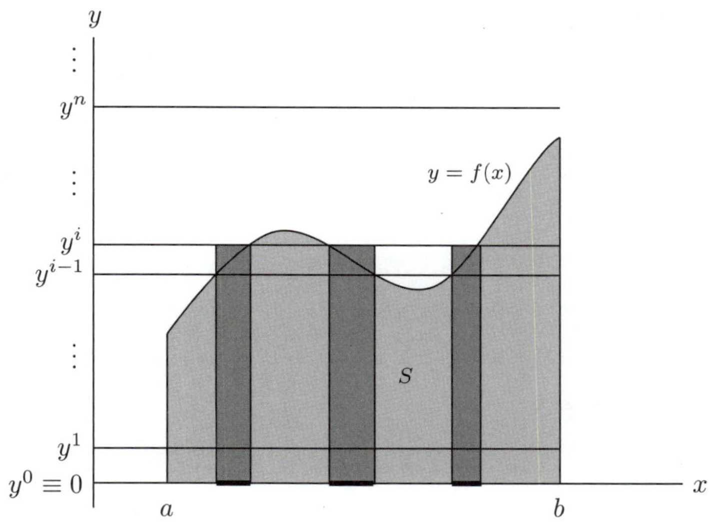

그림 16.B.1 르베그 적분

그 결과를 합한 $\sum_{i=1}^{\infty} y^i \mu(A^i)$ 는 $\bigcup_{i=1}^{\infty} A^i = X$ 이므로 구하고자 하는 면적의 근삿값이 된다. 마지막으로 소구간의 길이를 0 에 수렴시키면서 개수를 무한히 늘리면 구하고자 하는 면적이 될 것으로 생각할 수 있다.[12] 이와 같은 방법으로 구한 면적을 **르베그 적분 (Lesbegue integral)** 이라고 하며

$$\int_X f(x)\, d\mu(x)$$

또는 간단히 $\int_X f\, d\mu$ 로 쓴다.[13,14] 리만 적분이 존재하면 르베그 적분이 존재하며 두 적분 값은 같다. 그러나 리만 적분이 존재하지 않아도 르베그 적분은 존재할 수 있다.

예제 16.B.1 $X = [0,1]$ 에서 정의되는 함수

$$f(x) = \begin{cases} 1, & x\text{는 유리수} \\ 0, & x\text{는 무리수} \end{cases}$$

[12] $f(x) < 0$ 인 x 구간이 있으면 그 구간에 대해서는 $-f(x)$ 의 아랫부분 면적을 구하여 $f(x) \geq 0$ 에 해당하는 아랫부분 면적에서 빼면 된다.

[13] 이상의 논의는 르베그 적분에 대한 직관적이고 개략적인 논의이며 본격적인 논의는 이보다 훨씬 복잡하다. 이하의 논의는 직관적인 수준에 그친다.

[14] 이 논의에서와 같이 $X \subset R$ 이면 르베그 적분을 $\int_X f(x)\, dx$ 로도 표현한다. 이 경우 외양상으로는 리만 적분과 동일하다.

를 생각하자. 예제 12.4의 결과에 의해 리만 적분은 존재하지 않는다. $y(\geq)0$ 축을 소구간으로 나누어 르베그 적분을 구하면, 그 결과는 $1 \times [0,1]$ 에 포함되는 유리수 집합의 길이와 $0 \times [0,1]$ 에 포함되는 무리수 집합의 길이의 합이다. 그런데 유리수 집합은 가산무한이고 각 점의 길이는 0 이므로 $[0,1]$ 에 포함되는 유리수 집합의 길이는 0 이다. $[0,1]$ 의 길이는 1 이므로 $[0,1]$ 에 포함되는 무리수 집합의 길이는 1 이다. 따라서 $\int_X f\,d\mu = 0$ 이다. ■

르베그 적분의 장점은 독립변수의 정의역이 실수 집합(또는 실수벡터의 집합)에 국한될 필요가 없다는 데 있다.[15] 실제로 14장 - 16장에서의 논의는 묵시적으로 르베그 적분적 관점에서 이루어졌다.

예제 16.B.2 (주식시장)

$\Omega = \{uu, ud, du, dd\}$ 이다. $[0,\infty)$ 를 $[S_2^{i-1}, S_2^i]$ $(i = 1, 2, \cdots)$ 로 나누고 (단, $S_2^0 \equiv 0$) $A^i = \{\omega \in \Omega \,|\, S_2(\omega)) \in [S_2^{i-1}, S_2^i]\}$ 라고 하자. 소구간들의 길이가 충분히 작으면 $\sum_{i=1}^{\infty} S_2^i P(A^i) = S_2^{uu}P(\{uu\}) + S_2^{ud}P(\{ud\}) + S_2^{du}P(\{du\}) + S_2^{dd}P(\{dd\})$ 이다. (단, S_2^k $(k = uu, ud, du, dd)$ 는 $S_2(k)$ 각 속한 소구간의 상한 값.) 소구간의 길이를 0 에 수렴시키면서 개수를 무한히 늘리면 $S_2^k \to S_2(k)$ 이므로 $\sum_{i=1}^{\infty} S_2^i P(A^i)$ 는 $S_2(uu)P(\{uu\}) + S_2(ud)P(\{ud\}) + S_2(du)P(\{du\}) + S_2(dd)P(\{dd\})$ 에 수렴한다. 따라서 $E[S_2] = \int_\Omega S_2(\omega)\,dP(\omega) = \int_\Omega S_2\,dP$ 이다. ■

문제 16.B.1 (주식시장) $\int_\Omega dP = \int_\Omega 1\,dP = P(\Omega) = 1$ 임을 보여라. ■

예제 16.B.3 (숫자 뽑기) 숫자 뽑기 실험은 $\Omega = [0,1]$ 에서 정의된 확률변수 $X(\omega)$ 로 표현된다. $A^i = [x^{i-1}, x^i]$ 가 $[0,\infty)$ 의 소구간일 때 $X \in A^i$ 일 확률은 $P(A^i) = x^i - x^{i-1}$ 이다. 소구간의 길이를 0 에 수렴시키면서 개수를 무한히 늘릴 때 $\sum_{i=0}^{\infty} x^i P(A^i)$ 의 극한 값을 기댓값 $E[X]$ 로 정의하면 $E[X] = \int_\Omega X\,dP$ 이다. ■

예제 16.B.2 와 예제 16.B.3 에서 보는 바와 같이 X 가 이산확률변수이든 연속확률변수이든 관계없이 $E[X] = \int_\Omega X dP$ 즉, 르베그 적분 형태로로 표현된다. 이상에서 본 바와 같이 르베그 적분은 리만 적분을 확장한 것이며 리만 적분의 (거의) 모든 결과와 추가적으로 유용한 결과가 성립한다

X 의 부분집합 A 에서 $y = f(x)$ 의 아랫부분의 면적(르베그 적분)을 생각해보자.

---

[15] 리만 적분의 문제점 중 하나는 리만 적분 가능한 함수들의 수열의 극한이 존재할 때 이 함수가 반드시 리만 적분 가능하지 않는다는 점이다. 르베그 적분의 경우에는 이 문제는 (거의) 사라진다.

이제까지의 논의로부터 유추하여 생각하면 이 면적은 최대 소구간의 길이가 0에 수렴할 때 $\sum_{i=1}^{\infty} y^i \mu(A \bigcap A^i)$ 의 극한값이며

$$\int_A f(x)\, d\mu(x)$$

또는 $\int_A f\, d\mu$ 로 쓴다.

문제 16.B.2 (i) (a) $\bigcup_{i=1}^{\infty} \left(A \bigcap A^i\right) = A$ 임을 보여라. (b) $\int_A d\mu = \mu(A)$ 임을 보여라. (c) 함수 I_A 를 다음과 같이 정의하자. $x \in A$ 이면 $I_A(x) = 1$, $x \notin A$ 이면 $I_A(x) = 0$. $\int_A f(x)\, d\mu(x) = \int_X I_A(x) f(x)\, d\mu(x)$ 임을 보여라. (ii) 주식시장 모형에서 $A = \{udS_0 \leq S_2 \leq u^2 S_0\}$ 일 때 $\int_A dP$ 를 구하라. ■

f 가 일반적인 Ω 의 부분집합에 대해 르베그 적분을 계산할 수 있는 전제조건을 생각해 보자. Ω 의 모든 부분집합에 대해 의미 있는 측도(길이, 크기)를 정의할 수 있으면 르베그 적분은 앞에서와 같이 계산할 수 있다. 그러나 모든 부분집합에 대해 의미 있는 측도를 정의할 수 없는 Ω 도 존재한다. 이와 같은 경우에는 의미 있는 측도를 정의할 수 있는 부분집합들의 집합만 고려할 수밖에 없다. 부분집합들의 집합을 특정한 부분집합들의 집합으로 논의를 국한해도 위에서 생각한 A^i 가 이 특정한 부분집합들의 집합의 원소가 아니면 역시 문제가 발생한다. 따라서 이 문제를 회피하기 위해서는 이와 같은 문제가 발생하지 않는 특정한 함수만 고려하여야 한다. 이하에서는 이와 같은 어려움을 염두에 두고 논의를 진행하자.

16.B.2 σ 집합대수

이하의 논의는 가산무한(또는 유한) 표본공간을 중심으로 이루어지지만 별도의 언급이 없는 한 비가산 표본공간에 대해서도 유추적으로 성립한다.

14.4절에서 표본공간(Ω), 표본공간의 부분집합인 사건, 모든 사건들의 집합($\mathscr{F}$) 그리고 이 집합 등에 대해 정의되는 확률집합함수(P)에 대해 논의하였다. 실험자 또는 관찰자가 일어났는지, 일어나지 않았는지를 알 수 있는 사건들로 구성된 집합을 **정보집합(information set)**이라고 한다.[16] 정보집합은 실험자가 처한 상황에 따라 달라진다. 예를 들어 동전을 2회 던지는 실험에서 첫 번째 동전의 결과를 관찰한 직후의 정보집합을 생각하자. 앞면이 나오면 $\{HH, HT\}$ 이 일어난 것이고 뒷면이 나오면 $\{HH, HT\}$ 이 나오지 않은 것이므로 $\{HH, HT\}$ 는 정보집합에 속한다. 마찬가지로

[16] ω 를 결정할 수 있는 초월자의 정보집합은 모든 사건들의 집합이다.

$\{TH, TT\}$ 도 정보집합에 속한다. $\{HT, TH\}$ 는 앞면이 한 번만 나오는 사건이다. 첫 번째 동전의 결과를 관찰하는 것만으로는 두 번째 동전이 앞면일지 아닐지를 알 수 없으므로 $\{HT, TH\}$ 는 정보집합에 속하지 않는다. 이런 식으로 생각하면 첫 번째 동전의 결과를 관찰하였을 때의 정보집합은 $\{\emptyset, \{HH, HT\}, \{TH, TT\}, \Omega\}$ 이다.[17]

문제 16.B.3 (동전 2회 던지기) 첫번 째 동전이 앞면이면 한 번 더 던지고 뒷면이면 중단하는 실험이 끝났을 때의 정보집합을 구하라. ■

사건 A, A^1, A^2 가 정보집합에 속한다고 하자. A 가 일어났음을 알 수 있으면 A^c 는 일어나지 않았음을 알 수 있고, A 가 일어나지 않았음을 알 수 있으면 A^c 는 일어났음을 알 수 있으므로 A^c 도 정보집합에 속한다. 다음으로 A^1 과 A^2 가 일어났는지 아닌지를 알 수 있으므로 A^1 또는 A^2 가 일어났는지 아닌지를 알 수 있다. 따라서 $A^1 \bigcup A^2$ 도 정보집합에 속한다.

예제 16.B.4 (동전 2회 던지기) 동전을 두 번 던지고 나면 두 번 모두 앞면이 나왔는지 여부를 알 수 있다. 이것은 뒷면이 적어도 한 번 나왔는지를 알 수 있음을 의미한다. 즉, $\omega \in \{HH\}$ 또는 $\omega \notin \{HH\}$ 인지를 알 수 있으므로 $\omega \in \{HH\}^c = \{HT, TH, TT\}$ 또는 $\omega \notin \{HH\}^c$ 인지를 알 수 있다. 따라서 $\{HH\}$ 가 정보집합에 속하면 $\{HT, TH, TT\}$ 도 정보집합에 속한다. ■

이상의 논의를 바탕으로 σ 집합대수를 다음과 같이 정의하자.

정의 16.B.1 (σ 집합대수 (σ-algebra)) Σ 가 Ω $(\neq \emptyset)$ 의 부분집합의 집합이라고 할 때 다음 조건이 만족되면 Σ 를 σ 집합대수라고 한다.

(i) $\emptyset \in \Sigma$,

(ii) $A \in \Sigma$ 이면 $A^c \in \Sigma$,

(iii) $A^1, A^2, \cdots \in \Sigma$ 이면 $\bigcup_{i=1}^{\infty} A^i \in \Sigma$.

문제 16.B.4 $A^1, A^2, \cdots \in \Sigma$ 이면 $\bigcap_{i=1}^{\infty} A^i \in \Sigma$ 임을 증명하라. ■

정의에 의해 정보집합은 σ 집합대수이다. 그러나 σ 집합대수는 정보집합보다 넓은 개념이다. Ω 의 모든 부분집합은 당연히 σ 집합대수이다. $\{\emptyset, \Omega\}$ 도 σ 집합대수임은 쉽게 알 수 있다. 실제로 Ω 의 모든 부분집합은 가장 큰 σ 집합대수이고 $\{\emptyset, \Omega\}$ 는 가장

[17] $\emptyset$ 은 절대로 일어나지 않고 Ω 는 항상 일어나므로 정보집합에 포함된다.

작은 σ 집합대수이다.

문제 16.B.5 다음 집합들이 σ 집합대수인지 여부를 확인하라. (i) $\{\{HH, HT\}, \{TH, TT\}\}$, (ii) $\{\emptyset, \{HH, HT\}, \{TH, TT\}, \Omega\}$, (iii) $\{\emptyset, \{HH\}, \{HT\}, \{TH, TT\}, \Omega\}$ (iv) 문제 16.B.3의 사건들의 집합, (v) 주식시장 모형에서 Ω의 모든 부분집합의 집합. ■

ω에 대한 정보가 전혀 없어 ($\emptyset$과 Ω를 제외한) 모든 사건에 대해 일어날 가능성만 생각할 수 있는 상황을 생각하자. 모든 가능한 경우에 대해 확률적 판단을 할 수 있기 위해서는 Ω의 모든 부분집합에 대해 확률을 정의할 수 있는 것이 가장 이상적일 것이다. 표본공간 Ω가 유한집합이나 가산무한집합이면 모든 부분집합에 대해 (의미있는) 확률을 정의할 수 있지만 표본공간이 비가산집합이면 모든 부분집합에 대해 확률을 정의하는 것이 가능하지 않다. 확률을 정의할 수 있는 사건들의 집합을 $\mathscr{F}$라고 하자. A가 일어날 확률을 정의할 수 있으면 A^c가 일어날 확률도 정의할 수 있는 것이 합리적이다. 또 A^1과 A^2가 일어날 확률을 정의할 수 있으면 A^1 또는 A^2가 일어날 확률도 정의할 수 있어야 할 것이다. 이렇게 생각하면 $\mathscr{F}$는 σ 집합대수이어야 한다. 확률을 정의할 수 있는 σ 집합대수의 원소(사건)을 **측도가능 (measurable)** 하다고 한다. $\mathscr{F}$가 확률을 정의할 수 있는 사건들의 σ 집합대수임에 반해 정보집합은 일어났는지 아닌지 여부를 알 수 있는 사건들의 σ 집합대수임을 유의하여야 한다.

대표적인 비가산집합은 실수집합 R이다. $(a, b]$ 형태의 모든 반열린구간과 이 반열린구간들의 여집합, 가산무한합집합, 가산무한교집합으로 구성된 집합은 σ 집합대수이다. 이것을 **보렐 σ 집합대수 (Borel σ-algebra)** 라고 하며 그 원소를 **보렐 집합 (Borel set)** 이라고 한다.[18] 보렐 σ 집합대수에 대해서는 항상 확률(확률집합함수)를 정의할 수 있기 때문에 표본공간이 R 또는 R의 부분집합이면 보렐 σ 집합대수 또는 보렐 σ 집합대수의 부분집합만 고려한다. 확률이론에서 광범하게 사용되는 르베그 적분이론은 보렐 집합을 기반으로 한다.[19] R^n에 대해서도 마찬가지로 보렐 σ 집합대수를 정의할 수 있으나 여기서는 R에 대해서만 논의를 집중하기로 한다. R의 보렐 σ 집합대수는 $\mathscr{B}(R)$로 표현하기로 한다.

---

[18] 보렐 σ 집합대수는 집합대수이며 모든 반열린구간을 포함하는 집합대수 중 가장 작은 집합대수이다. 보렐 σ 집합대수를 정의함에 있어 반열린구간 만을 생각할 필요는 없으며 열린구간이나 닫힌구간으로 정의할 수도 있다. 예를 들어 보렐 σ 집합대수는 모든 열린구간들과 이 열린구간들의 여집합, 가산무한합집합, 가산무한교집합으로 구성된 집합으로 정의하여도 된다.

[19] 일상적으로 접하는 R의 부분집합은 거의 예외 없이 보렐 집합이다. 따라서 실제 응용적 측면에서는 R의 부분집합이 보렐 집합인지의 여부에 대해 신경을 쓸 필요는 없다.

16.B.3 확률변수

확률공간이 $(\Omega, \mathscr{F}, P)$ 일 때 Ω 에서 정의되는 실가함수 X 를 생각하자. 14.6 절에서 이 실가함수를 확률변수로 정의하였다. 그런데 X 가 확률변수로서 의미가 있기 위해서는 X 에 관련한 사건에 대해 확률을 계산할 수 있어야 한다. 이 점을 고려하여 확률변수는 다음과 같이 보다 엄밀하게 정의된다.

정의 16.B.2 확률공간이 $(\Omega, \mathscr{F}, P)$ 일 때 $X : (\Omega, \mathscr{F}) \to (R, \mathscr{B}(R))$ 가 모든 보렐 집합 $B \in \mathscr{B}(R)$ 에 대해 $\{\omega \,|\, X(\omega) \in B\} \in \mathscr{F}$ 이면 X 를 확률변수라고 한다.

X 가 확률변수이면 $B \in \mathscr{B}(R)$ 에 대해 $\{\omega \,|\, X(\omega) \in B\} \in \mathscr{F}$ 이므로 $P\{X \in B\}$ 을 계산할 수 있다. 이와 같은 함수를 **보렐 측도가능함수 (Borel measurable function)** 이라고 한다. 따라서 확률변수는 Ω 에서 정의되는 보렐 측도가능함수이다. 보통 확률변수 X 는 Ω 에서 정의되는 실가함수로 생각하는데 이것은 암묵적으로 X 가 보렐 측도가능함을 가정하는 것이다. 앞으로 편의상 확률변수를 $X : \Omega \to R$ 로 표현하기로 한다.

문제 16.B.6 (주식시장) $\mathscr{F} = \{\emptyset, \{uu\}, \{ud, du, dd\}, \Omega\}$ 일 때 S_0 는 확률변수이지만 S_1 과 S_2 는 확률변수가 아님을 보여라. 그리고 이 상황이 어떤 상황인지를 설명하라. ■

16.B.4 정보와 정보집합

정보집합

14.5.1 절에서 어떤 사건이 일어났을 때 다른 사건이 일어날 조건부확률에 대해 논의하였다. 이 논의를 정보의 관점에서 다시 생각해 보자. 그림 15.4 에 나타나 있는 주식시장의 확률적 모형을 잘 알고 있는 투자자를 생각하자. 시점 1 에서 투자자는 주식가격이 uS_0 이거나 dS_0 임을 알 수 있다. 이 주식가격 정보는 투자의사결정과 관련하여 매우 유용하다. 만약 주식가격이 uS_0 이면 시점 2 에서는 가격이 d^2S_0 는 될 수 없음을 알 수 있다. 따라서 시점 0 에서의 예측에 비해 더 정교한 예측이 가능하게 된다.

투자자가 시점 1 에서 주식가격을 관찰하는 것은 사실상 ω 에 대한 정보를 얻는 것이다. 그리고 관찰한 S_1 값에 근거한 S_2 에 대한 조건부기댓값은 ω 에 대한 정보를 이용하여 S_2 가 어떻게 될지를 예측하는 것이다. 더 나아가 ω 에 대한 정보는 주식가격을 관찰하는 것 말고도 주식가격의 변동 상황을 살펴보는 것과 같이 여러 가지 다른 방법을 통해서 얻을 수 있다.

S_1 을 관찰하여 얻은 정보를 16.B.2 절에서 논의한 정보집합을 이용하여 표현해 보자. 시점 1 에서 $S_1 = uS_0$ 이면 사건 $\{uu, ud\}$ 가 일어났고 $S_1 = dS_0$ 이면 $\{uu, ud\}$ 은 일어나지 않았음을 의미한다. 따라서 시점 1 에서는 사건 $\{uu, ud\}$ 가 일어났는지 또는 일어나지 않았는지를 알 수 있다. 다시 말해 $\omega \in \{uu, ud\}$ 인지 또는 $\omega \notin \{uu, ud\}$ 인지를 알 수 있다. 마찬가지로 $S_1 = dS_0$ 이면 $\{du, dd\}$ 가 일어났고 $S_1 = uS_0$ 이면 사건 $\{du, dd\}$ 는 일어나지 않았으므로 $\omega \in \{du, dd\}$ 인지 또는 $\omega \notin \{du, dd\}$ 인지를 알 수 있다. $\{uu, ud\}$ 와 $\{du, dd\}$ 외에도 일어났는지 또는 일어나지 않았는지를 알 수 있는 사건들이 있다. S_1 은 항상 uS_0 이거나 dS_0 이므로 $\omega \in \{uu, ud\}$ 이거나 $\omega \in \{du, dd\}$ 이다. 즉, $\omega \in \{uu, ud\} \bigcup \{du, dd\} = \Omega$ 이므로 항상 $\omega \in \Omega$ 이다. 마찬가지로 항상 $\omega \notin \emptyset$ 이다.

$\emptyset, \{uu, ud\}, \{du, dd\}, \Omega$ 외의 다른 사건들에 대해서는 일어났는지 또는 일어나지 않았는지를 항상 알 수는 없다. 사건 $\{uu\}$ 를 생각해 보자. dS_0 를 관찰하면 위에서 본 것처럼 $\omega \notin \{uu, ud\}$ 이기 때문에 $\omega \notin \{uu\}$ 임을 알 수 있다. 그러나 uS_0 를 관찰하는 경우에는 $\omega \in \{uu, ud\}$ 임은 알 수 있지만 $\omega \in \{uu\}$ 인지 또는 $\omega \notin \{uu\}$ 인지는 알 수 없다. 또 다른 예로서 $\{uu, ud, du\}$ 를 생각해 보자. 이 사건은 주식가격이 연속으로 두 번 내리지는 않는 사건이다. dS_0 를 관찰하는 경우 시점 2 에서 가격이 오를지 내릴지 알 수 없으므로 이 사건이 일어났는지 여부를 알 수 없다.

문제 16.B.7 $\mathscr{F}$ 의 다른 사건들 $\{ud\}$, $\{du\}$, $\{dd\}$, $\{ud, du, dd\}$ 등도 시점 1 에서는 일어났는지 여부를 알 수 없음을 보여라. ■

이상의 결과를 정리하면

$$\sigma(S_1) = \{\emptyset, \{uu, ud\}, \{du, dd\}, \Omega\}$$

이다. $\sigma(S_1)$ 로 표현하는 이유는 이 집합이 S_1 을 관찰하여 얻은 정보로부터 생성된 σ 집합대수이기 때문이다.

문제 16.B.8 시점 2 에서의 정보집합은

$$\sigma(S_2) = \{\emptyset, \{uu\}, \{dd\}, \{uu, dd\}, \{ud, du\}, \{ud, du, dd\}, \{uu, ud, du\}, \Omega\}$$

임을 보여라. ■

문제 16.B.9 (i) $\sigma(S_1)$ 과 $\sigma(S_2)$ 가 σ 집합대수임을 보여라. (ii) $\{uu, ud, du\} \notin \sigma(S_1)$

과 $\{uu, ud, du\} \in \sigma(S_2)$ 의 의미를 설명하라. (iii) 시점 0 에서는 아무런 정보가 없음을 정보집합을 이용하여 설명하라. ■

이제까지 주식가격을 관찰하여 ω 에 대한 정보를 수집하는 것에 대해 논의하였다. 그러나 현실 세계에서는 정보를 얻는 다양한 방법들이 존재한다. 실질적으로 중요한 것은 정보를 어떻게 활용할 것인가이기 때문에 구태여 정보를 얻는 방법을 명시적으로 고려할 필요는 없다. 시점 t $(t = 0, 1, 2)$ 에서 투자자가 갖고 있는 모든 정보를 정보집합 $\mathcal{I}_t$ 로 표현하자. 주식시장에서 주식가격은 일반적으로 모든 사람에게 알려져 있으므로 $\sigma(S_t) \subset \mathcal{I}_t$ 라고 생각할 수 있다.

문제 16.B.10 (주식시장) 투자자가 주식가격의 변동 추이를 관찰하는 것도 정보를 수집하는 또 다른 방법이다. 이때의 정보집합을 $\mathcal{I}_t$ $(t = 0, 1, 2)$ 라고 하면 $\mathcal{I}_0 = \sigma(S_0)$, $\mathcal{I}_1 = \sigma(S_1)$, $\mathcal{I}_2 = \mathscr{F}$ 임을 보이고 $\mathcal{I}_2 \neq \sigma(S_2)$ 의 의미를 설명하라. ■

의사결정자는 확률을 정의할 수 있는 사건에만 관심이 있으므로 $\mathcal{I} = \mathscr{F}$ 이면 모든 사건에 대해 완전한 정보를 갖는다고 할 수 있다. 다시 말해 어떤 특정 사건이 일어났는지 아닌지를 정확하게 알 수 있다. 반면 $\mathcal{I} = \{\emptyset, \Omega\}$ 이면 정보가 전혀없기 때문에 어떤 사건에 대해서도 그 사건이 일어나는지는 확률적으로만 판단할 수 있다.

일반적으로 시간이 경과하면서 (정보가 소실되지 않는다면) 더 많은 정보가 축적된다. 이것은 정보집합이 점점 커짐을 의미한다. 다시 말해 현재의 정보로 과거에 어떤 사건이 일어났는지 알 수 있는 것이 보통이다. 예를 들어 $\sigma(S_0) \subset \sigma(S_1)$ 이므로 시점 0 에서보다 시점 1 에서의 정보의 양이 더 많다. 당연히 시점 1 에서는 시점 0 에서의 가격 S_0 을 알 수 있다. 그러나 과거를 모두 기억할 수 있는 것은 아니다. 시점 1 과 시점 2 에서의 정보집합들을 비교하면 $\{uu, ud\} \in \sigma(S_1)$ 이지만 $\{uu, ud\} \notin \sigma(S_2)$ 이므로 $\sigma(S_1) \not\subset \sigma(S_2)$ 이다. 따라서 시점 2 에서의 정보가 시점 1 에서의 정보의 양보다 많은 것은 아니다. 시점 2 에서 $S_2 = udS_0$ 임을 관찰한다면 $\omega \in \{ud, du\}$, $\omega \in \{ud, du, dd\}$, $\omega \in \{uu, ud, du\}$, $\omega \in \Omega$, $\omega \notin \emptyset$, $\omega \notin \{uu\}$, $\omega \notin \{dd\}$, $\omega \notin \{uu, dd\}$ 임을 알 수 있다. 그러나 $\omega \in \{uu, ud\}$ 인지 $\omega \in \{du, dd\}$ 인지를 알 수 없다. 이것은 $S_2 = udS_0$ 를 관찰할 때 시점 1 에서 $S_1 = uS_0$ 인지 $S_1 = dS_0$ 인지를 알 수 없기 때문이다.

두 정보집합 $\mathcal{I}'$ 과 $\mathcal{I}''$ 간에 $\mathcal{I}' \subset \mathcal{I}''$ 의 관계가 있으면 $\mathcal{I}''$ 는 $\mathcal{I}'$ 보다 더 많은 (정확히 말하면 더 적지 않은) 정보를 가진다. 어떤 사건 $A \in \mathscr{F}$ 가 일어났는지 아닌지를 $\mathcal{I}'$ 에 포함된 정보로 알 수 있으면 $(A \in \mathcal{I}')$ $\mathcal{I}''$ 에 포함된 정보로는 당연히 알 수 있다. $(A \in \mathcal{I}' \subset \mathcal{I}''.)$

원자

정보집합 $\sigma(S_2)$ 의 사건 $\{ud, du\}$ 와 $\{uu, ud, du\}$ 를 생각하자. $S_2 = udS_0$ 이면 $\omega \in \{ud, du\}$ 임은 알 수 있지만 $\omega = ud$ 인지 $\omega = du$ 인지 알 수 없다. 즉, ud 와 du 는 구별할 수 없다. 반면 $\{uu, ud, du\}$ 의 원소 중 $\omega \neq uu$ 이므로 uu 와 ud, du 는 구별된다. $\{ud, du\}$ 는 구별할 수 없는 원소들의 집합임에 반해 $\{uu, ud, du\}$ 는 그렇지 않다는 점에서 차이가 있다. 달리 생각하면 $\{ud, du\}$ 는 $\sigma(S_2)$ 의 다른 사건들의 합집합으로 표현할 수 없지만 $\{uu, ud, du\} = \{uu\} \bigcup \{ud, du\}$ 로 표현할 수 있다는 점에서 다르다.

마찬가지로 $\{uu\}$ 와 $\{dd\}$ 도 다른 집합들의 합집합으로 표현할 수 없다. $\sigma(S_2)$ 에는 합집합으로 표현할 수 없는 사건들은 ($\emptyset$ 을 제외하고) $\{uu\}$, $\{ud, du\}$, $\{dd\}$ 의 세 개가 있다. $\emptyset$ 을 제외한 나머지 사건들은 이 세 사건들의 합집합으로 표현된다. 이것은 $\sigma(S_2)$ 에는 실질적인 정보는 $\{uu\}$, $\{ud, du\}$, $\{dd\}$ 에 포함되어 있음을 의미한다. 예를 들어 사건 $\{uu, ud, du\}$ 가 일어날 확률은 사건 $\{uu\}$ 와 $\{ud, du\}$ 이 일어날 확률의 합으로 계산할 수 있다.

정의 16.B.3 (원자(atom)) 정보집합 $\mathcal{I}$ 의 사건 중에서 ($\emptyset$ 을 제외하고) $\mathcal{I}$ 의 다른 사건들의 합집합으로 표현할 수 없는 사건을 원자라고 한다.[20]

정보집합 내의 원자는 더 이상 나눌 수 없는 사건이며 원자의 원소는 구별할 수 없다. 두 개의 원자의 교집합은 공집합, 즉 두 원자는 상호배타적이다. 또한 정보집합 내의 모든 사건은 원자들의 합집합과 여집합들로 표현할 수 있다.[21] 특히 모든 원자의 합집합은 표본공간, 즉 모든 원자들은 총망라적이다. 따라서 $\mathcal{I}$ 에 담겨있는 실질적인 정보는 원자에 포함되어 있으며 $\mathcal{I}$ 의 임의의 사건에 대한 확률적 정보는 이 사건을 구성하는 원자로부터 얻을 수 있다.

가질 수 있는 값이 $x_1, x_2, \cdots$ 인 이산확률변수 X 를 생각하자. X 를 관찰하여 얻는 정보집합 $\sigma(X)$ 의 원자는 $\{\omega \,|\, X(\omega) = x_i\}$ 의 형태의 집합이며 $\sigma(X)$ 는 이 원자들의 여집합과 가산무한합집합들의 집합이다.

예제 16.B.5 (주식시장) $\sigma(S_2)$ 의 원자는 $\{uu\}, \{ud, du\}, \{dd\}$ 이다. 이것은 S_2 가 갖는 값을 이용하여 구할 수 있다. 즉 $\{\omega \,|\, S_2(\omega) = u^2 S_0\} = \{uu\}$, $\{\omega \,|\, S_2(\omega) = udS_0\} = \{ud, du\}$, $\{\omega \,|\, S_2(\omega) = d^2 S_0\} = \{dd\}$ 이다. ■

[20] 이것은 다음과 같이 생각할 수도 있다. B 가 $\sigma(S_2)$ 의 원자이고 A 가 B 의 진부분집합이면 $A \notin \sigma(S_2)$ 이다. Ω 가 비가산집합일 때 원자는 이 성질을 이용하여 정의한다.

[21] 표본공간이 비가산집합이면 이것은 성립하지 않을 수 있다. 16.B.5 절 참조.

문제 16.B.11 (주식시장) (i) $\sigma(S_0)$ 와 $\sigma(S_1)$ 의 원자를 구하라. (ii) 투자자가 시점 2 에서 주식가격의 변동 추이를 관찰하여 얻은 정보집합을 $\mathcal{I}_2$ 의 원자를 구하라. ■

16.B.5 조건부기댓값

정의

예제 16.B.6 (주식시장) S_1 을 관찰한 정보를 이용하여 S_2 를 예측할 때 조건부기댓값을 정의 16.8 에서처럼 $E[S_2 \,|\, S_1 = uS_0]$ 나 확률변수 $E[S_2 \,|\, S_1]$ 로 정의하는 것이 직관적이다. 그러나 앞에서 본 바와 같이 정보를 획득하는 방법을 명시적으로 고려하지 않는다면 조건부기댓값을 표본공간에서 직접 정의해야 할 필요가 있다.

시점 1 에서 S_2 를 예측하려는 투자자를 생각하자. 투자자의 정보집합이 $\sigma(S_1)$ 이면 투자자는 $\omega \in \{uu, ud\}$ 인지 $\omega \in \{du, dd\}$ 인지를 알 수 있다. $\omega \in \{uu, ud\}$ 이면 S_2 는 u^2S_0 나 udS_0 둘 중 하나가 될 것임을 알 수 있다. 따라서 합리적인 예측치는 이 두 값을 각각의 조건부확률로 가중평균한

$$\frac{p^2}{p^2+pq}u^2S_0 + \frac{pq}{p^2+pq}udS_0 = E[S_2 \,|\, S_1 = uS_0] = (pu+qd)uS_0$$

이다. 마찬가지로 생각하면 $\omega \in \{du, dd\}$ 일 때 합리적인 예측치는 $E[S_2 \,|\, S_1 = dS_0] = (pu+qd)dS_0$ 이다. ■

이상의 논의는 사실상 $g(\omega) = E[S_2 \,|\, S_1 = S_1(\omega)]$ 인 확률변수 $g : \Omega \to R$ 를 정의한 것이다. 함수 g 는 S_1 을 관찰하여 얻은 정보집합 $\sigma(S_1)$ 을 이용하여 S_2 를 예측하는 것임을 강조하기 위해 보통 $E[S_2 \,|\, \sigma(S_1)]$ 로 또는 간단히 $E[S_2 \,|\, S_1]$ 로 표현한다. 그러나 16.5.1 절에서의 $E[S_2 \,|\, S_1]$ 은 S_1 의 합성함수이지만 g 는 Ω 에서 직접 정의된다는 점에서 구별된다. $E[S_2 \,|\, \sigma(S_1)]$ 과 같이 조건부기댓값을 정보집합에 의존하는 것을 생각하는 것은 $E[S_2 \,|\, S_1]$ 에 비해 이해하는 데는 다소 어려움이 있지만 보다 유연하게 사용할 수 있다는 장점이 있다.

정보집합의 실질적인 정보는 원자에 포함되어 있고 임의의 사건에 대한 확률적 정보는 이 원자로부터 얻을 수 있음은 살펴보았다. 조건부기댓값은 위에서 논의한 것과 같이 각 원자 별로 정의한다. 그리고 임의의 사건에 대한 조건부기댓값은 각 원자 별로 정의한 조건부기댓값을 이용하여 구할 수 있다.

$(\Omega, \mathscr{F}, P)$ 에서 정의되는 확률변수 X 와 정보집합 $\mathcal{I}$ 를 생각하자. $E[X \,|\, \mathcal{I}]$ 를 $\mathcal{I}$ 에 포함된 정보를 이용하여 예측한 X 의 기댓값을 나타내는 확률변수라고 하자. $E[X \,|\, \mathcal{I}]$

를 $\mathcal{I}$가 주어질 때 X의 조건부기댓값이라고 한다. A^i $(i=1,2,\cdots)$를 $\mathcal{I}$의 원자라고 하자. A^i의 원소는 구별할 수 없으므로 모든 원소에 대해 같은 조건부기댓값이 정의되어야 한다. 앞에서의 논의에 유추하여 생각하면 조건부기댓값 $E[X\,|\,\mathcal{I}]$는 $\omega \in A^i$이면

$$E[X\,|\,\mathcal{I}](\omega) = \sum_{\omega\in A^i} X(\omega)\frac{P(\{\omega\})}{P(A^i)} = \frac{1}{P(A^i)}\sum_{\omega\in A^i} X(\omega)P(\{\omega\})$$

로 정의하는 것이 합리적이다.

문제 16.B.12 $E[X] = E[X\,|\,\{\emptyset,\Omega\}]$임을 보이고 그 의미를 설명하라. ■

위 식과 관련하여 다음 몇 가지 사항을 유의할 필요가 있다. 첫째, $E[X\,|\,\mathcal{I}]$는 A^i의 모든 원소에 대해서는 같은 함수 값을 갖는다. 둘째, 예제 16.B.2에서와 같이 르베그 적분으로 표현하면 $E[X\,|\,\mathcal{I}](\omega) = \frac{1}{P(A^i)}\int_{A^i} X(\omega)dP(\omega)$이다. 셋째, $E[X\,|\,\mathcal{I}](\omega)$는 위 식의 마지막 항 즉, A^i에 속하는 모든 ω에 대해 해당 X 값을 해당 확률로 곱하여 모두 더하고 그 결과를 A^i의 확률로 나눈 것으로 생각하는 것이 편리하다. 넷째, 위 식의 양변에 $P(A^i)$를 곱하면

$$\sum_{\omega\in A^i} X(\omega)P(\{\omega\}) = P(A^i)E[X\,|\,\mathcal{I}](\omega) = \sum_{\omega\in A^i} E[X\,|\,\mathcal{I}](\omega)P(\{\omega\})$$

이다. 즉, A^i에 속하는 모든 ω에 대해 해당 X 값을 해당 확률로 곱하여 모두 더한 것과 $E[X\,|\,\mathcal{I}](\omega)$을 해당 확률로 곱하여 모두 더한 것은 같다. 이것을 르베그 적분으로 표현하면

$$\int_{A^i} X(\omega)dP(\omega) = \int_{A^i} E[X\,|\,\mathcal{I}](\omega)dP(\omega)$$

이다. 이 성질은 비가산 표본공간에서 조건부기댓값을 정의할 때 유용하다.

예제 16.B.7 (주식시장) $\sigma(S_1)$의 원자 $A^i = \{uu, ud\}$를 생각하자. $P(A^i) = p$이므로 $\omega \in A^i$에 대해 $E[S_2\,|\,\sigma(S_1)](\omega) = \frac{1}{p}(u^2S_0 \times p^2 + udS_0 \times pq) = (pu+qd)uS_0$이다. ■

문제 16.B.13 (주식시장) (i) $\omega \in A^2 = \{du, dd\}$에 대해 $E[S_2|\,\sigma(S_1)](\omega)$를 구하라. (ii) $E[S_2\,|\,\sigma(S_0)]$을 구하라. ■

정리 16.10에서의 $E[X\,|\,Y]$에 대한 결과는 $E[X\,|\,\mathcal{I}]$에 대해서도 성립한다.

정리 16.B.1 a와 b가 상수이고 X, Y, Z가 확률변수라고 하자.[22]

[22] 정리 16.10 (iii)에 대해서는 다음 절 참조.

(i) $E[a \,|\, \mathcal{I}] = a$,

(ii) $E[aX + bZ \,|\, \mathcal{I}] = aE[X \,|\, \mathcal{I}] + bE[Z \,|\, \mathcal{I}]$.

문제 16.1 위 정리의 결과를 증명하라. ■

정의 16.B.4 확률변수 X 와 정보집합 $\mathcal{I}$ 를 생각하자. 모든 $A \in \sigma(X)$ 과 $B \in \mathcal{I}$ 에 대해 $P(A \bigcap B) = P(A)P(B)$ 이면 X 는 $\mathcal{I}$ 에 대해 독립이라고 한다.

예제 16.B.8 (주식시장) 예제 16.17 에서 N_t 를 시점 t 에서 주식가격이 오르면 1, 내리면 0 인 확률변수로 정의하였다. $\mathcal{I} = \{\emptyset, \{uu, ud\}, \{du, dd\}, \Omega\}$ 이면 N_2 는 $\mathcal{I}$ 와 독립임을 살펴보자. $\sigma(N_2) = \{\emptyset, \{uu, du\}, \{ud, dd\}, \Omega\}$ 이다. 예를 들어 $A = \{uu, ud\} \in \mathcal{I}$ 이고 $B = \{ud, dd\} \in \sigma(N_2)$ 라고 하자. $P(A \bigcap B) = P(\{ud\}) = pq = P(A)P(B)$ 이다.[23] ■

정리 16.B.2 X 가 $\mathcal{I}$ 에 대해 독립이면 $E[X \,|\, \mathcal{I}] = E[X]$ 이다.

예제 16.B.9 (주식시장) 예제 16.B.8 에서 $\mathcal{I}$ 의 원자 $A^1 = \{uu, ud\}$ 을 생각하자. $\omega \in A^1$ 에 대해

$$E[N_2 \,|\, \mathcal{I}](\omega) = \frac{1}{P(A^1)} \sum_{\omega \in A^1} N_2(\omega) P(\{\omega\})$$
$$= \frac{1}{p}(1 \times p^2 + 0 \times pq) = p$$

이다. 다음으로 $E[N_2]$ 를 계산하자. $E[N_2] = N_2(uu)P(\{uu\}) + N_2(ud)P(\{ud\}) + N_2(du)P(\{du\}) + N_2(dd)P(\{dd\}) = 1 \times p^2 + 0 \times pq + 1 \times pq + 0 \times q^2 = p$ 이므로 $E[N_2 \,|\, \mathcal{I}](\omega) = E[N_2]$ 이다.

■

문제 16.B.14 (주식시장) 위 예제의 $\mathcal{I}$ 의 원자 $A^2 = \{du, dd\}$ 를 생각하자. $\omega \in A^2$ 에 대해 $E[N_2 \,|\, I](\omega) = p = E[N_2]$ 임을 보여라. ■

반복기대법칙

예제 16.B.10 (주식시장) 앞서 이미 살펴 본 바와 같이 S_1 을 관찰할 때의 정보집합은 $\sigma(S_1) = \{\emptyset, \{uu, ud\}, \{du, dd\}, \Omega\}$ 이고 S_0 을 관찰할 때의 정보집합은 $\sigma(S_0) = \{\emptyset, \Omega\}$ 이다. $E[E[S_2 \,|\, \sigma(S_1)] \,|\, \sigma(S_0)]$ 즉, 정보집합이 $\sigma(S_0)$ 일 때 $E[S_2 \,|\, \sigma(S_1)]$ 의 조건부기댓

[23] 이 예에서 $\mathcal{I} = \sigma(N_1)$ 이므로 $\sigma(N_1)$ 과 $\sigma(N_2)$, 그리고 N_1 과 N_2 는 독립이라고 한다.

값을 구해 보자.

$\sigma(S_1)$ 의 원자는 $A^1 = \{uu, ud\}$, $A^2 = \{du, dd\}$ 이다. 예제 16.B.7와 문제 16.B.13에서 본 바와 같이 $\omega \in A^1$ 이면 $E[S_2 \,|\, \sigma(S_1)](\omega) = (pu + qd)uS_0$ 이고 $\omega \in A^2$ 이면 $E[S_2 \,|\, \sigma(S_1)](\omega) = (pu + qd)dS_0$ 이다. $\sigma(S_0)$ 의 원자는 Ω 이므로 $\omega \in \Omega$ 이면

$$\begin{aligned}
E[E[S_2 \,|\, \sigma(S_1)] \,|\, \sigma(S_0)](\omega) &= \frac{1}{p(\Omega)} \sum_{\omega \in \Omega} E[S_2 \,|\, \sigma(S_1)](\omega) P(\{\omega\}) \\
&= (pu + qd)uS_0 \times p^2 + (pu + qd)uS_0 \times pq \\
&\quad + (pu + qd)dS_0 \times pq + (pu + qd)dS_0 \times q^2 \\
&= (pu + qd)^2 S_0 \\
&= E[S_2 \,|\, \sigma(S_0)](\omega)
\end{aligned}$$

이다. ■

위 예제의 결과를 반복기대법칙이라고 한다. $\sigma(S_0) \subset \sigma(S_1)$ 이므로 $\sigma(S_1)$ 에 포함된 정보의 양이 $\sigma(S_0)$ 보다 크다. 이것은 더 많은 정보를 이용하여 예측한 시점 2 에서의 주식가격을 더 적은 정보를 이용하여 수정하면 애초에 더 적은 정보를 이용하여 얻은 예측치와 같음을 의미한다.

정리 16.B.3 (반복기대법칙) 정보집합 $\mathcal{I}$, $\mathcal{J}$ $(\mathcal{J} \subset \mathcal{I})$ 에 대해 $E[E[X \,|\, \mathcal{I}] \,|\, \mathcal{J}] = E[X \,|\, \mathcal{J}]$ 이다.

이 정리는 $\mathcal{I}$ 로부터 얻은 정보를 이용하여 계산한 X 의 조건부기댓값을 더 적은 정보집합 $\mathcal{J}$ 의 정보를 이용하여 다시 기댓값을 계산하면 애초에 정보집합 $\mathcal{J}$ 의 정보를 이용하여 계산한 X 의 기댓값과 마찬가지임을 보여 준다. 위 정리에서 조건부기댓값을 구하는 순서를 바꾸어도 결과는 마찬가지이다. 다시 말해 $E[E[X \,|\, \mathcal{J}] \,|\, \mathcal{I}] = E[X \,|\, \mathcal{J}]$ 이다. 따라서 조건부기댓값을 구하는 순서에 관계없이 결과는 더 적은 정보를 이용하여 구한 기댓값이 된다.

예제 16.B.11 (주식시장) 예제 16.B.10 의 $\sigma(S_1)$ 의 원자 A^1 과 A^2 를 생각하자. $\omega \in A^1$ 이면 $E[E[S_2 \,|\, \sigma(S_0)] \,|\, \sigma(S_1)] = \frac{1}{P(A^1)}((pu + qd)^2 \times p^2 + (pu + qd)^2 \times pq)S_0 = (pu + qd)^2 S_0 = E[S_2 \,|\, \sigma(S_0)]$ 이다. $\omega \in A^2$ 일 때에도 $E[E[S_2 \,|\, \sigma(S_0)] \,|\, \sigma(S_1)] = (pu + qd)^2 S_0 = E[S_2 \,|\, \sigma(S_0)]$ 이다. ■

예제 16.B.12 (주식시장) $E[S_1 \,|\, \sigma(S_1)]$ 를 구하자. $\omega \in A^1$ 이면 $E[S_1 \,|\, \sigma(S_1)](\omega) =$

$\frac{1}{p}(uS_0 \times p^2 + uS_0 \times pq) = uS_0$ 이고 $\omega \in A^2$ 이면 $E[S_1 \,|\, \sigma(S_1)](\omega) = \frac{1}{q}(dS_0 \times pq + dS_0 \times q^2) = dS_0$ 이다. 모든 ω 에 대해 $E[S_1 \,|\, \sigma(S_1)](\omega) = S_1(\omega)$ 이므로 $E[S_1 \,|\, \sigma(S_1)] = S_1$ 이다. 시점 1 에서 $\sigma(S_1)$ 에 포함된 정보를 이용하여 S_1 을 예측하면 S_1 그 자체가 되는 것은 자명하다. ■

위 예제에서 $\sigma(S_1)$ 은 S_1 값을 알 수 있는 충분한 정보를 담고 있다고 할 수 있다. 이 사실을 일반화하면

정의 16.B.5 모든 $B \in \mathscr{B}(R)$ 에 대해 $\{\omega \,|\, X(\omega) \in B\} \in \mathcal{I}$ 이면 X 는 **$\mathcal{I}$-측도가능(**$\mathcal{I}$**-measurable)** 하다고 한다.

정보집합이 $\mathcal{I}$ 일 때 X 가 $\mathcal{I}$-측도가능하면 X 가 어떤 특정 값 또는 특정 구간에 속하는지를 알 수 있다. 이것은 X 값을 관찰 또는 알 수 있음을 의미한다.

예제 16.B.13 S_1 과 S_2 는 확률변수이므로 $\mathscr{F}$ -측도가능(보렐 측도가능)하다. 이것은 정보집합이 $\mathscr{F}$ 이면, 예를 들어 시점 2 에서 주식가격의 모든 변동 추이를 관찰할 수 있으면 시점 1과 시점 2에서의 주식가격을 알 수 있음을 의미한다. 예제 16.B.12로부터 S_1 은 $\sigma(S_1)$-측도가능하다. 마찬가지로 S_2 는 $\sigma(S_2)$-측도가능하다. 그러나 S_2 는 $\sigma(S_1)$-측도가능하지 않고 S_1 은 $\sigma(S_2)$-측도가능하지 않다. ■

문제 16.B.15 위 예제 결과를 확인하고 그 의미를 설명하라. ■

위 정의로부터 $\mathcal{J} \subset \mathcal{I} \subset \mathscr{F}$ 이고 X 가 $\mathcal{J}$-측도가능하다고 하면 $B \in \mathscr{B}(R)$ 에 대해 $\{\omega \,|\, X(\omega) \in B\} \in \mathcal{J} \subset \mathcal{I}$ 이므로 X 는 $\mathcal{I}$-측도가능하다.

정리 16.B.4 X 가 $\mathcal{I}$-측도가능하면 $E[g(X)Y \,|\, \mathcal{I}] = g(X)E[Y \,|\, \mathcal{I}]$ 이다.

이 정리는 조건부기댓값을 계산할 때 알고 있는 것은 기댓값 연산자 밖으로 꺼낼 수 있음을 의미한다. X 가 $\mathcal{I}$-측도가능할 때 $g(X) = X$ 이고 $Y = 1$ 이면 $E[X \,|\, \mathcal{I}] = X$ 이다. 이 결과는 이미 예제 16.B.12에서 살펴 본 바 있다.

비가산 표본공간에서의 조건부기댓값

표본공간이 비가산집합인 경우에는 원자가 일어날 확률은 일반적으로 0이다. 또 정보집합의 사건을 원자의 (가산무한) 합집합으로 표현할 수 없을 수도 있다. 이러한 이유로 16.B.5 절에서 논의한 가산무한 표본공간의 조건부기댓값 정의를 비가산 표본공간에서는 사용할 수 없다.

예제 16.B.14 예제 16.5의 숫자 2회 뽑기 모형에서 $\Omega = \{(\omega_1, \omega_2) \mid 0 \leq \omega_2 \leq \omega_1 \leq 1\}$ 이고 $X_i : \Omega \to [0,1]\,(i = 1,2)$ 는 $X_1(\omega_1, \omega_2) = \omega_1$ 와 $X_2(\omega_1, \omega_2) = \omega_2$ 로 정의하였다. X_1 을 관찰하여 얻은 정보집합 $\sigma(X_1)$ 은 보렐 σ 집합대수이고 (단, B 는 $[0,1]$ 에서의 보렐 집합) 원자는 $\{(\omega_1, \omega_2) \mid X_1(\omega_1, \omega_2) = x_1\}, (0 \leq x_1 \leq 1)$ 의 형태의 집합이다. 이 사건이 일어날 확률은 0이다. 또한 $B = [a,b]\ (0 \leq a < b \leq 1)$ 이면 $\{X_1 \in B\}$ 는 원자들의 (가산무한) 합집합으로 표현할 수 없다.[24] ■

표본공간의 성질에 관계없이 $E[X \mid \mathcal{I}]$ 를 정의하기 위한 방법은 표본공간이 유한집합이나 가산무한집합일 때 조건부기댓값이 갖는 특성을 발견하고 이 특성을 정의로 삼는 것이다.

(i) $E[X \mid \mathcal{I}]$ 의 정의에 의해 $E[X \mid \mathcal{I}]$ 는 $\mathcal{I}$-측도가능함은 자명하다.

(ii) 577쪽에서 A^i 가 $\mathcal{I}$ 의 원자이면

$$\sum_{\omega \in A^i} X(\omega) P(\{\omega\}) = \sum_{\omega \in A^i} E[X \mid \mathcal{I}](\omega) P(\{\omega\})$$

임을 보았다. 이 관계는 임의의 $A \in \mathcal{I}$ 에 대해서도 성립한다. 정의에 의해 A 는 $\mathcal{I}$ 의 원자들의 합집합이다. 예를 들어 A^1, A^2 가 $\mathcal{I}$ 의 원자이고 $A = A^1 \bigcup A^2$ 라고 하자. $\sum_{\omega \in A} X(\omega)P(\{\omega\}) = \sum_{\omega \in A^1} X(\omega)P(\{\omega\}) + \sum_{\omega \in A^2} X(\omega)P(\{\omega\}) = \sum_{\omega \in A^1} E[X \mid \mathcal{I}](\omega)P(\{\omega\}) + \sum_{\omega \in A^2} E[X \mid \mathcal{I}](\omega)P(\{\omega\}) = \sum_{\omega \in A} E[X \mid \mathcal{I}](\omega)$ $P(\{\omega\})$ 이다. 이것을 르베그 적분으로 표현하면

$$\int_A X(\omega)\, dP(\omega) = \int_A E[X \mid \mathcal{I}](\omega)\, dP(\omega)$$

이다.[25]

예제 16.B.15 (주식시장) $\Omega \in \sigma(S_1)$ 는 $\sigma(S_1)$ 의 원자가 아니지만 Ω 에 대해서도 위 식이 성립함을 살펴보자. $\sigma(S_1)$ 의 원자 $A^1 = \{uu, ud\}$ 와 $A^2 = \{du, dd\}$ 에 대해 $\Omega = A^1 \bigcup A^2$ 이고 $A^1 \bigcap A^2 = \emptyset$ 이다. 따라서 $\sum_{\omega \in \Omega} E[S_2 \mid \sigma(S_1)](\omega)P(\{\omega\}) = \sum_{i=1}^{2} \sum_{\omega \in A^i} E[S_2 \mid \sigma(S_1)](\omega)P(\{\omega\}) = (pu + qd)^2 S_0$ 이다.

---

[24] 비가산적 표본공간에서는 $B \in \mathscr{F}$ 에 대해 $P(B) > 0$ 이고 B 의 진부분집합인 $A \in \mathscr{F}$ 에 대해 $P(A) = 0$ 이면 B 를 $\mathscr{F}$ 의 원자로 정의한다. 예를 들어 $\Omega = R$, $\mathscr{F} = \{\emptyset, \Omega\}$, $P(\emptyset) = 0$, $P(\Omega) = 1$ 이면 R 은 원자이다. 이 정의에 의한 숫자 뽑기 모형에서는 원자가 존재하지 않는다.

[25] 이 성질을 **부분평균화 (partial averaging)** 라고 한다.

그런데 $\sum_{\omega\in\Omega} S_2(\omega)P(\{\omega\}) = \sum_{i=1}^{2}\sum_{\omega\in A^i} S_2(\omega)P(\{\omega\}) = (pu+qd)^2 S_0$ 이므로

$$\sum_{\omega\in\Omega} E[S_2 \,|\, \sigma(S_1)](\omega)P(\{\omega\}) = \sum_{\omega\in\Omega} S_2(\omega)P(\{\omega\})$$

이다. ■

일반적인 확률공간 $(\Omega, \mathscr{F}, P)$ 에서 정의되는 (르베그 적분 가능한) 확률변수 X 를 생각하자. (단, $E[|X|] < \infty$.) $\mathcal{I} \subset \mathscr{F}$ 에 대해 X 의 조건부기댓값 $E[X \,|\, \mathcal{I}]$ 는 다음 성질을 만족하는 확률변수로 정의된다.

(i) $E[X \,|\, \mathcal{I}]$ 는 $\mathcal{I}$-측도가능하다. 정보집합이 $\mathcal{I}$ 이면 $E[X \,|\, \mathcal{I}]$ 의 값을 알 수 있으므로 이 성질은 조건부기댓값은 $\mathcal{I}$ 에 포함된 정보에 근거하여야 함을 의미한다.

(ii) 모든 $A \in \mathcal{I}$ 에 대해 $\int_A X(\omega)\, dP(\omega) = \int_A E[X \,|\, \mathcal{I}](\omega)\, dP(\omega)$ 이다.

(i) 과 (ii) 를 만족하는 $E[X \,|\, \mathcal{I}]$ 는 존재하며 (거의) 유일함이 증명될 수 있다.[26] 또한 $E[E[X \,|\, \mathcal{I}]] < \infty$ 이다. 이 결과는 표본공간이 유한집합이든 가산무한집합이든 비가산집합이든 관계없이 성립한다.

조건부기댓값을 위와 같이 정의하면 조건부기댓값이 갖는 성질을 쉽게 보일 수 있다. 예를 들어 $\mathcal{J} \subset \mathcal{I}$ 이라고 하자. $A \in \mathcal{J}$ 이면 $A \in \mathcal{I}$ 이므로 $\int_A E[X \,|\, \mathcal{J}]\, dP = \int_A X\, dp = \int_A E[X \,|\, \mathcal{I}]\, dP$ 이다. $Z = E[X \,|\, \mathcal{I}]$ 이라고 하면 $\int_A E[X \,|\, \mathcal{J}]\, dP = \int_A Z\, dP$ 이므로 $E[X \,|\, \mathcal{J}]$ 는 $\mathcal{J}$ 에 대한 Z 의 조건부기댓값이다.[27] 즉,

$$E[X \,|\, \mathcal{J}] = E[Z \,|\, \mathcal{J}] = E[E[X \,|\, \mathcal{I}] \,|\, \mathcal{J}]$$

이다. 이것은 앞에서 살펴 본 반복기대법칙이다.

문제 16.B.16 (i) X 가 $\mathcal{I}$-측도가능하다고 하자. $\int_A X\, dP = \int_A X\, dP$ 를 이용하여 $E[X \,|\, \mathcal{I}] = X$ 임을 증명하라. (ii) (a) $A = \Omega, \emptyset$ 이면 $\int_A E[X]\, dP = \int_A X\, dP$ 임을 보여라. (b) (a) 의 결과를 이용하여 $E[X \,|\, \{\emptyset, \Omega\}] = E[X]$ 임을 보여라. (iii) $\mathcal{J} \subset \mathcal{I}$ 일 때 $E[X \,|\, \mathcal{J}] = E[E[X \,|\, \mathcal{J}] \,|\, \mathcal{I}]$ 임을 보여라. ■

[26] 16.3 에서 본 바와 같이 조건부확률은 조건부기댓값이므로 X 와 Y 가 연속확률변수일 때 조건부확률은 (거의) 유일하게 존재한다.

[27] 정의에 의해 $E[X \,|\, \mathcal{J}]$ 는 $\mathcal{J}$-측도가능하다.

참고 문헌

[1] T. M. Apostol. *Mathematical Analysis: A Modern Approach to Advanced Calculus.* Addison-Wesley , Reading, 1973.

[2] R. B. Ash. *Real Analysis and Probability.* Academic Press, New York, 1972.

[3] R. Bailey. *The Economics of Financial Markets.* Cambridge University Press, Cambridge, 2005.

[4] E. Burmeister and A. R. Dobell. *Mathematical Theories of Economic Growth.* Macmillan, London, 1970.

[5] A. Černý. *Mathematical Techniques in Finance: Tools for Incomplete Markets.* Princeton University Press, Princeton and Oxford, 2004.

[6] A. C. Chiang. *Fundamental Methods of Mathematical Economics.* McGraw-Hill, Tokyo, 1984.

[7] A. C. Chiang. *Elements of Dynamic Optimization.* McGraw-Hill, New York, 1992.

[8] J. H. Cochrane. *Asset Pricing.* Princeton University Press, Princeton and Oxford, 2001.

[9] M. D. Intriligator. *Mathematical Optimization and Economic Theory.* Prentice-Hal, Englewood Cliffs, 1971.

[10] G. A. Jehle and P. J. Reny. *Advanced Microeconomic Theory.* Addison-Wesley, Boston, 2001.

[11] M. I. Kamien and N. L. Schwartz. *Dynamic Optimization: The Calculus of*

Variations and Optimal Control in Economics and Management. North Holland, New York, 1981.

[12] D. Léonard and N. V. Long. *Mathematical Analysis: A Modern Approach to Advanced Calculus.* Cambridge University Press, Cambridge, 1992.

[13] K. Lancaster. *Mathematical Economics.* The Macmillan Company, 1971.

[14] Y. Lengwiler. *Microfoundations of Financial Economics: An Introduction to General Equilibrium Asset Pricing.* Princeton University Press, Princeton and Oxford, 2004.

[15] D. G. Luenberger. *Introduction to Linear and Nonlinear Programming.* Addison-Wesley, Reading, 1973.

[16] A. Mas-Colell, M. D. Whinston, and J. R. Green. *Microeconomic Theory.* Oxford University Press, New York, 1995.

[17] P. D. Ritger and N. J. Rose. *Differential Equations with Applications.* General Publishing Company, Toronto, 1968.

[18] S. E. Shreve. *Stochastic Calculus for Finance I, II.* Springer, New York, 2000.

[19] N. L. Stokey and Robert E. Lucas, Jr. with Edward C. Prescott. *Recursive Methods in Economic Dynamics.* Harvard University Press, Cambridge and London, 1989.

[20] R. K. Sundaram. *A First Course in Optimization Theory.* Cambridge University Press, Cambridge, 2009.

[21] A. Takayama. *Mathematical Economics.* Cambridge University Press, Cambridge, UK, 1985.

[22] J. Tirole. *The Theory of Industrial Organization.* The MIT Press, Cambridge, 1989.

[23] H. R. Varian. *Microeconomic Analysis.* W.W.Norton & Company, New York and London, 1992.

찾아보기

ㅈ

ㅊ

저자에 대하여

김재철 교수는 1972년 서울대학교 상과대학 상학과와 1974년 동 대학교 대학원 경제학과를 졸업하였다. 한국은행을 거쳐 1979년 미국 로체스터 대학에 유학하여 1983년에 경제학 박사 학위를 취득하였다. 이후 미국 버팔로 소재 뉴욕주립대학에서 조교수를 역임하였으며 1987년 카이스트 경영대학의 전신인 한국과학기술원 경영과학과에 부임하여 현재에 이르고 있다. 연구 관심 분야는 산업조직론, 통신경제학, 규제경제학, 법경제학 등이다.

주요 논문으로 "The Market for "Lemons" Reconsidered: A Model of the Used Car Market with Asymmetric Information" (American Economic Review), "On the Economics of Cogeneration: Pricing and Efficiency" (Energy Journal), "An Optimal Tax/Subsidy for Output and Pollution Control under Asymmetric Information in Oligopoly" (Journal of Regulatory Economics), "Current Policies Issues in the Korean Telecommunications Industry" (Telecommunications Policy), "Regulating a Multi-Product Monopolist" (Journal of Regulatory Economics), "An Incentive Scheme of Non-linear Price Schedule for Regulating a Monopolist with Unknown Cost" (Economics Letters) " Pricing Strategies in B2C Electronic Commerce: Analytic and Empirical Approaches" (Decision Support Systems) " Versioning Information Goods of Multi-channel Publishers in Two-sided Markets" (Online Information Review) 등이 있다.

경제 · 경영학적 사고와 수학적 원리

2012년 7월 25일 초판 인쇄
2012년 7월 30일 초판1쇄 발행

저 자 김 재 철
발행인 배 효 선
발행처 도서출판 法 文 社

413-756 경기도 파주시 교하읍 문발리 526-3
(파주출판문화정보산업단지)
등 록 1957년 12월 12일/제2-76호(윤)
전 화 031-955-6500~6/ 팩 스 031-955-6525
e-mail(영업): bms@bobmunsa.co.kr
(편집): edit66@bobmunsa.co.kr
홈 페 이 지: http://www.bobmunsa.co.kr

정가 35,000원 ISBN 978-89-18-12345-5